中華大藏經

中華大藏經編輯局編

漢文部分

七二

中華書局

圖書在版編目(CIP)數據

中華大藏經:漢文部分. 第72册/《中華大藏經》編輯局編. —
北京:中華書局,1984. 4(2023. 11 重印)
ISBN 978-7-101-01266-8

Ⅰ. 中…　Ⅱ. 中…　Ⅲ. 大藏經　Ⅳ. B941

中國版本圖書館 CIP 數據核字(2016)第 050343 號

內封題簽:李一氓
裝幀設計:伍端端

中華大藏經(漢文部分)
第七二册
《中華大藏經》編輯局 編
*
中華書局出版發行
(北京市豐臺區太平橋西里 38 號　100073)
http://www.zhbc.com.cn
E-mail:zhbc@zhbc.com.cn
北京建宏印刷有限公司印刷
*
787×1092 毫米 1/16 · 59¾印張 · 2 插頁
1984 年 4 月第 1 版　2023 年 11 月第 4 次印刷
定價:600.00 元

ISBN 978-7-101-01266-8

中華大藏經（漢文部分）

第七十二册目録

千字文編次　軍——馳

軍

一六六七　法苑珠林　五一——一〇〇卷

西明寺沙門釋道世撰

燕

法苑珠林卷第五十一　滅二十四紙

西明寺沙門釋道世撰

善友篇(此有二部)

述意部第一

夫理之所窮唯善與惡顧此二途條然易辯幽則有罪福苦樂顯則有賢愚榮辱變榮憎辱逃樂背苦含識所必同也今愛榮而不知慕賢求福而不知避禍譬猶播植秕稗而欲歲取精粮驅駑駕蹇而望騰超貧絕不亦惑哉如鳥獸蟲豸之智猶知因風假鶩託迹附高以成其事矣況於人而無託友以就其善乎故所託善友則身存而成德所親闇蔽則身瘁而名惡也故玄執之宗出於高範切瑳之意事存我友又如蟻牛之蝨飛極百步若附鸞尾則一翥萬里此豈非其翼工之所託迹也亦同凡夫㶊喪極趣不越人天若憑大聖之威則高昇十地同生淨域也

引證部第二

如涅槃經云阿難比丘說半梵行名善知識佛言不介具足梵行乃名善知識又云善知識者如法而說如說而行云何名為如法而說如法而行自不殺生教人不殺生乃至自行正見教人行正見若能如是則得名為眞善知識自修菩提亦能教人修行菩提以是義故名善知識自能修行信戒布施多聞智慧亦能教人修行信戒布施多聞智慧復以是義名善知識善知識者有善法故何等善法所作之事不求自樂常為衆生而求於樂見他有過不訟其短口常宣說純善之事以是義故名善知識善男子如空中月從初一日至十五日漸漸增長善知識者亦復如是令諸學人漸遠惡法增長善法善男子若有親近善知識者本未有定慧解脫解脫知見即便有之未具足者則得增廣又云善友當觀是人貪欲瞋恚愚癡思覺何者偏多若知是人貪欲多者則應為說

不淨觀法瞋恚多者爲說慈悲愚覺多者教令數息著我多者當爲分析十八界等聞已修行次第獲得四念處觀身受心法得是觀已次第復觀十二因緣如是觀已次得煖法從得煖法乃至漸得羅漢辟支佛果菩薩大乘佛果等依此而生更無疑滯自利利他不加水乳是名眞善知識法師之位若不具此非善知識加水之法不可依承故佛性論引經偈云

無知無善識　惡友損正行
龍犢落乳中　是乳轉成毒

是故要須眞實利益衆生先自調伏然後教人無寡聞失無退行失無散亂失無輕慢失無顛倒失無貪求失無瞋恚失無邪行失無著我失無小行失具此十法名善知識故莊嚴論偈云

多聞及見諦　巧說亦憐愍
不退此丈夫　菩薩勝依止

又佛本行經云尒時世尊又共長老難陀至於一賣香鄽見彼鄽上有諸香裹見已即告長老難陀作如是言難陀汝來取此鄽上諸香裹物難陀尒時即依佛教於彼鄽上取諸香裹佛告難陀汝於㵎刻一移之頃捉持香裹然後放地尒時長老難陀聞佛如此語已手執此香於一刻間還放地上尒時佛告長老難陀汝今當自齅於手看尒時難陀聞佛語已即齅自手佛語難陀汝齅此手作何等氣白佛言世尊其手香氣微妙無量佛告難陀如是如是若人親近諸善知識時常共居隨順染習相親近故必定當得廣大名聞尒時世尊因此事故而說偈言

若有手執沈水香　及以藿香麝香等
須臾執持香自染　親附善友亦復然

尒時世尊復說偈言

若人親近惡知識　現世不得好名聞
必以惡友相親近　當來亦墮阿鼻獄
若人親近善知識　隨順彼等所業行
雖不現證世間利　未來當得盡苦因

又四分律親友意者要具七法方成親友一難作能作二難與能與三難忍能忍四密事相告五互相覆藏六遭苦不捨七貧賤不輕如是七法人能行者是親善友應親附之又莊嚴論佛說偈云

無病第一利　知足第一富
善友第一親　涅槃第一樂

又迦羅越六向拜經云善知識者有四輩一外如怨家內有厚意二於人前直諫於外說其善三病瘦縣官爲其怔忪憂解之四見人貧賤心不棄捐當念欲富之善知識者復有四輩一爲吏所捕將歸藏匿於後解決之二有病瘦消損將歸養視之三知識死亾棺斂視之四知識已死復念其家

又生經云佛告諸比丘往古久遠不可計時於他異土時有四人以爲親厚共止一處時有獵師射獵得鹿欲來入城各共議言吾等設計從其獵師當索鹿宍知誰獲多俱即發行一人陳辭其言麁獷而高自大咄男子當惠我宍欲得食之第二人曰唯兄施宍令弟得食第三人曰仁者可愛以宍相與吾思食之第四人曰親厚

損宍唯見乞施吾欲食之俱共飢渴時獵師觀察四人言辭各隨所言以偈報之先報第一人曰

御辭甚麁獷　云何相與宍
其言如剌人　且以角相施

報第二人曰

此人為善哉　謂我以為兄
其辭如枝體　便持一膊與

報第三人曰

可愛敬施我　而心懷慈哀
其辭如腹心　便以心肝與

報第四人曰

以我為親厚　其身得同契
此言快善哉　以宍皆相與

於時獵師隨其所志言辭麁細各與宍分於是天說頌曰

一切男子辭　柔軟歸其身
是故莫麁言　衰利不離身

尒時佛告諸比丘第一麁辭則所欣釋子是第二人者颰陀和梨是第三人者黑優陀是第四人者今阿難是天說偈者則吾身是尒時相遇今亦如是

又佛本行經云佛告諸比丘我念往昔久遠之時波羅柰國有一烏王其烏名曰蘇弗多羅（隋言善子）而依住彼波羅柰城與八萬烏和合共住善子烏王有妻名曰蘇弗窒利（隋言善女）時彼烏妻共彼烏王行欲懷妊時彼烏妻忽作是念願我得淨香潔飲食現今人王之所食者而彼烏妻思是飲食不能得故宛轉迷悶身體燋瘁羸瘦顫掉不自安故問其妻言汝今何乃宛轉於地身體燋瘁羸瘦顫掉不能自安彼時烏妻報烏王言善哉聖子我今有娠乃作是念願得清淨香潔餚饍如王食者時善子烏告其妻言異哉賢者如我今日何處得是香美飲食王宮深邃不可得到我若入者於彼手邊必失身命彼妻又復報烏王言聖子今者若不能得如是飲食我死無疑并其胎子亦必無活善子烏王復告妻言異哉賢者汝今死日必當欲至乃思如是難得之物善子烏王作是語已憂愁悵怏思惟而住復作是念如我意者如是香潔清淨飲食

如王食者實難得也尒時烏王群衆之内乃有一烏見善子烏心懷愁憂不樂而住見是事已詣烏王所白烏王言異哉賢者何故憂愁思惟而住善子烏王於時廣說前事因緣彼烏復白善子王言善哉聖子莫復愁憂我能為王覓是難得香美餚膳王所食者是時烏王復告彼烏作如是言善哉善友汝若力能為我辦得如此事者我當報汝所作功德尒時彼烏從烏王所居住之處飛騰虛空至梵德王宮去廚不遠坐一樹上觀梵德王食廚之内其王食辦有一婦女備具餚膳食時將至專以銀器盛彼飲食欲奉與王尒時彼烏從樹飛下在彼婦女頭上而立啄鴿其鼻時彼婦女患其鼻痛即翻此食在於地上

尒時彼烏即取其食將與烏王烏王得已即將與妻其妻得已尋時飽食身體安隱如是產生尒時彼烏日別數往奪彼食取將與烏王時梵德王屢見此事作如是念奇哉怪異云何此烏數數常來穢汙我食復以觜

爪傷我婦女而王不能忍此事故尋時勑喚網捕獵師而語之言卿等急速至彼烏處生捕將來其諸獵師聞王勑已啓白王言如王所勑不敢違命獵師往至以其羅網捕得此烏生捉將來付梵德王時梵德王語其烏言汝比何故數汙我食復以觜爪傷我婦女尒時彼烏語梵德王善哉大王聽我向王說如此事令王歡喜時梵德王心生喜悅作如是念希有斯事云何此烏能作人語作是念已告彼烏言善哉善哉汝必為我說斯事意令我歡喜尒時彼烏即以偈頌向梵德王而說之曰

大王當知波羅奈　有一烏王常依止
八萬烏衆所圍繞　悉皆取彼王勑分
彼烏王妻有所憶　我向大王說其緣
烏妻所思香美膳　如是大王所食者
是故我今數數來　抄撥大王香美食
今者為彼烏王故　致被大王之所繫
善哉唯願大聖王　慈悲憐愍放脫我
我為烏王彼妻故　數來抄撥大王食
我念從此一生來　未曾經造如此事
今為大王一勑已　於後不敢更復為

時梵德王既聞彼烏如此語已心生喜悅作如是言希有此事人尚不能於其主邊有如是等愛重之心如此烏也作是語已其梵德王而說偈言

若有如是大目者　彼應重賚食封祿
須似如是猛健烏　為主求食不惜命

其梵德王說此偈已復告烏言善哉汝烏於今已去常來至此取香美食若其有人遮斷於汝不與食者來語我知我自與汝已分所食而將去耳佛告諸比丘汝等當知彼烏王者我身是也彼時為主偷食烏者即憂陀夷比丘是也梵德王者此即輸頭檀王是也於時比丘憂陀夷令彼歡喜為我取食今亦復尒令淨飯王心生歡喜又復為吾而將食來頌曰

澡身沐德　鑪冶心塵　氷開春日
蘭敗秋年　慧人成哲　愚友增纏
將昇寶地　願值善緣

惡友篇第五十四 此有二部

述意部第一

惟夫大聖垂化正攝群心善惡二門用標宗極善類清昇惡穪俯墜良由業惑未傾牢籠三界情塵不靜擁翳五燒滯八倒之沈淪勞四生之維縶是故隨順邪師信受惡友致使煩惑難攝亂使常行心馬易馳情猴難禁修福念善罕自無聞造罪營愆日就增進因此輪迴生死不絕大聖愍之豈不痛心也

引證部第二

如尸迦羅越六向拜經云惡知識者有四輩一內有怨心外強為知識二於人前好言語背後說人惡三有急時於人前愁苦背後歡喜四外如親厚內興怨謀惡知識復有四輩一小侵之便大怒二有倩使之便不肯行三見人有急時避人走四見人死亾棄之不視又涅槃經云菩薩摩訶薩觀於惡象及惡知識等無有二何以故俱壞身故菩薩摩訶薩於惡象等心無怖懼於惡知識生怖畏心何以故是惡象等唯能壞身不能壞心惡知識者二俱壞故是惡象等唯壞一身惡知識者壞無量善身無量善心是

惡象等唯能破壞不淨臭身惡知識者能壞淨身及以淨心是惡象等能壞宍身惡知識者壞於法身爲惡象殺不至三惡爲惡友殺必至三惡是惡象等但爲身怨惡知識者爲善法怨是故菩薩常當遠離諸惡知識

又增一阿含經世尊說偈云

莫親惡知識　亦莫從愚事
當近善知識　人中最勝者
人中無有惡　習近惡知識
後必種惡根　永在暗中行

又中阿含經云尒時世尊告諸比丘有七怨家法而作怨家第一不欲令怨家有好色雖好沐浴名香塗身然爲色故瞋恚覆心而作怨家第二不欲令怨家安隱睡眠雖卧牀枕覆以錦綺然故憂苦不捨瞋恚覆心而作怨家第三不欲令怨家而得大利雖應得利而不得利應不得利而得其利彼此二法更互相違瞋恚覆心而作怨家第四不欲令怨家有朋友若有親朋捨離避去因瞋覆心而作怨家第五不欲令怨家有稱譽彼惡名醜聲周聞諸方瞋覆心而作怨家第六不欲令怨家極大財富彼大富人儻失財物因瞋覆心而作怨家第七不欲令怨家身壞命終往至善處彼身口意惡行已命終必至惡處生地獄中而作怨家

又佛本行經云尒時佛告諸比丘言我念往昔久遠世時於雪山下有二頭鳥同共一身在於彼住一頭名曰迦樓茶鳥一頭名憂波迦樓茶鳥而彼二鳥一頭若睡一頭便寤其迦樓茶有時睡眠近彼寤頭有一果樹名摩頭迦其樹花落風吹至彼所寤頭邊其頭尒時作如是念我今雖復獨食此華若入於腹二頭俱時得色得力並除飢渴而彼寤頭遂即不令彼頭睡寤亦不告知默食彼華其彼睡頭於後寤時腹中飽滿欬噦氣出即語彼頭作如是言汝於何處得此香美微妙飲食而噉食之令我身體安隱飽滿令我所出音聲微妙彼寤頭報言汝睡眠時此處去我頭邊不遠有摩頭迦華果之樹當於彼時一華墮落在我頭邊我於尒時作如是念今我但當獨食此華若入於腹俱得色力並除飢渴是故我時不令汝寤亦不語知即食此華尒時彼頭聞此語已即生瞋恚嫌恨之心作如是念其所得食不語我知不喚我覺即便自食若如此者我從今後所得飲食我亦不喚彼寤語知而彼二頭至於一時游行經歷忽然值遇一毒藥華便作是念我食此華願令二頭俱時取死于時語彼迦樓茶言汝今睡眠我當寤住時迦樓茶聞彼憂波迦樓茶頭如是語已便即睡眠其彼憂波迦樓茶頭尋食毒華迦樓茶頭既寤已欬噦氣出於是即覺有此毒氣而告彼頭作如是言汝向寤時食何惡食令我身體不得安隱命將欲死又令我今語言麁澀欲作音聲障礙不利於是寤頭報彼頭言汝睡眠時我食毒華願令二頭俱時取死於時彼頭語別頭言汝所爲者一何太弊云何乃作如是惡事即說偈曰

汝於昔日睡眠時　我食妙華甘美味

其華風吹在我邊　汝反生此大瞋恚
凡是癡人願莫見　亦願莫聞癡共居
與癡共居無利益　自損及以損他身
佛告諸比丘汝等若有心疑彼時迦樓荼鳥食美華者莫作異見即我身是彼時憂波迦樓荼鳥食毒華者即此提婆達多是也我於彼時爲作利益反生瞋恚今亦復尒我教利益反更用我爲怨讎也

又佛本行經云尒時世尊與彼難陀入迦毗羅婆蘇都城入巳漸至一賣魚店尒時世尊見彼店内茅草鋪上有一百頭臭爛死魚置彼草鋪見巳告彼長老難陀作如是言難陀汝來取此魚鋪一把茅草其彼難陀而白佛言如世尊教作是語巳即於彼店魚鋪下抽取一把臭惡茅草既執取巳佛復告言長老難陀少時促住還放於地難陀白言如世尊教即把草住尒時難陀促得彼草經一時頃便放於地尒時佛復告難陀言汝自齅手尒時難陀即齅其手尒時佛復告難陀言汝手何氣長老難陀報言世尊唯有不淨腥臭氣也尒時佛告長老難陀如是如是若人親近諸惡知識共爲朋友灾往止住雖經少時共相隨順後以惡業相染習故令其惡聲名聞遠至尒時世尊因斯事故而說偈言

猶如在於魚鋪下　以手執取一把茅
其人手即同魚臭　親近惡友亦如是

頌曰

峨峨王舍城　欝欝靈竹園
中有神化長　巧誘入幽昏
善人慕授福　惡友樂讎怨
善惡昇沈異　薰猷別路門

擇交篇第五十五 此有二部

述意部第一

蓋聞經說善知識者不得暫離惡知識者不得暫近但凡夫識心譬同素絲隨緣改轉受色有殊境來纏心心應其境心境相乘善惡業現故知三寶所資在物爲貴其德既弘其功亦大願捐棄惡友親近善人非直自行得成亦使幽顯歸心也

引證部第二

如僧祇律云佛告諸比丘過去世時雪山根底曲山巖中有向陽處衆鳥雲集便共議言我等今日當推舉一鳥爲王令衆畏難不作非法衆鳥議言善誰應爲王有一鳥言當推鵂鶹有一鳥言此事不可何以故高脚長頸衆鳥脱犯啄我等腦衆咸言尒復有一鳥言當推鵝爲王其色絶白衆鳥所敬衆鳥復言此亦不可顔貌雖白項長且曲自項不直安能正他是故不可又復衆言正有孔雀衣毛綵飾觀者悦目可應爲王復言不可所以者何衣毛雖好而無慚愧每至儛時醜形出現是故不可有一鳥言土梟爲王所以者何晝則安靜夜則勤伺守護我等堪爲王者衆咸可尒有一鸚鵡在一處住有多智慧作是念言衆鳥之法夜應眠息晝則求食是土梟法夜則不眠晝則多睡而諸衆鳥圍侍左右晝夜警宿不復眠睡甚爲苦事我今設語彼當瞋恚拔我毛羽正欲不言衆鳥之類長夜受困寧受拔毛不越正理便到衆鳥前舉翅恭

敬白衆鳥言願聽我說如前意見尒
時衆鳥即說偈荅
黠慧廣知義　不必以年耆
汝年雖幼小　智者宜時說
尒時鸚䳇聞衆鳥說即說偈言
若從我意者　不用土梟王
歡喜時覩面　常令衆鳥怖
況復瞋恚時　其面不可觀
時衆鳥咸言實如所說即共集義此
鸚䳇鳥聰明黠慧堪應為王便拜為
王佛告諸比丘彼時土梟者今闡陀
比丘是鸚䳇鳥者今阿難是
又僧祇律云佛告諸比丘如過去世
時有群雞依榛林住有貍侵食雄雞
唯有雌在後有烏來覆之共生一子
子作聲時公說偈言
此兒非我有　野父聚落母
共合生一子　非烏復非雞
若欲學公聲　復是雞母生
若欲學母鳴　其父復是烏
學烏似雞鳴　學雞作烏聲
烏雞二兼學　是二俱不成
又智度論云何布施生尸波羅蜜菩

薩思惟衆生不知布施後世貧窮以
貧窮故劫盜心生以劫盜故而有殺
害以貧窮故不足於色色不足故而
行邪行以貧窮故為人下賤下賤畏
他而生妄語如是等貧行十不善道
若行布施生有財物不為非法何以故
五欲充足無乏所短故如提婆達多本
生曾為一蛇與一蝦蟇一龜在一池中
共結親友其後池水竭盡飢窮困乏
無所控告時蛇遣龜以呼蝦蟇蝦蟇
說偈以遣龜言
若遭貧窮失本心　不惟本義食為先
汝持我聲以語蛇　蝦蟇終不到汝邊
若修布施後生有福無所短乏則能
持戒無此衆惡是為布施能生尸羅
波羅蜜若能布施以破慳心然後持
戒忍辱等易可得行如文殊師利在
昔過去久遠劫時曾為比丘入城乞
食得滿鉢百味歡喜丸城中有一小
兒追而從乞不即與之乃至佛圖手
捉二丸而要之言汝若能自食一丸以
一丸施僧者當以施汝即相然可以
一歡喜丸布施衆僧然後於文殊師

利許受戒發心作佛如是布施能令
受戒發心作佛頌曰
善惡自相違　明闇不同止
聖人愍迷徒　乘機入生死
慕德祛囂煩　懲心見真理
擇夾惡自終　出苦方有始
感應緣（略引三驗）
魏沙門釋超達
魏沙門釋僧朗
齊沙門釋道豐
魏滎陽釋超達未詳氏族元魏中行
業僧也多知解善稅術帝禁圖讖尤
急所在搜訪有人誣達乃收付滎陽
獄時魏博陵公檢勘窮覈達以實告
公遂大怒以車輪繫頸嚴防衛之自
知無活專念觀音至夜四更忽不見
輪唯見守者皆大昏睡因走出外將
欲遠避以繫獄因久脚遂攣急不能
遠行至曉虜騎四出追之達急伏卧
草中兵騎蹹草悉皆靡偏對逼不
見仰看虜面悉以皮障自遮一心服
死唯專誠稱念夜中虜去尋即得脫
又有僧明道人爲北臺石窟寺主魏

氏之王天下每疑沙門爲賊官收數百僧並五繫縛之僧明爲魁首以繩急繫從頭至足剋期斬決僧明大怖一心念觀世音至於半夜覺繩小寬私心欣幸精誠彌切及曉索繩都斷既因得脫迸逸奔山明旦獄監來見不見唯有斷繩在地知爲神力所加非關人事即以奏聞帝信道人不反遂總釋放

魏涼州釋僧朗魏虜攻涼州城民少逼僧上城舉城同陷收登城僧三千人王軍將至魏主所謂曰道人當坐禪行道乃復作賊登城罪極刑戮明日當殺至期食時赤氣數文貫日直度天師寇謙之爲帝所信奏曰上天降異正爲道人實非本心官抑令上願不須殺帝遂放之猶散配役徒唯朗等數僧別付帳下從駕東歸及魏軍衆還朗與同學思慕本鄉中路共叛然嚴防守更無走處東西絕壁莫測淺深上有大樹傍垂岸側遂以皷旗竿繩繫樹縣下時夜大暗崖底純棘無安足處欲上崖頭復恐軍覺投

計慞惶投繩縣住勢非及久共相謂曰今厄頓至唯念觀音以頭扣石一心專注須臾光明從日處出通照天地乃見棘中有得下處因光至地還忽冥暗方知聖力非關天明相慶感遇便泰稍眠良久天曉始聞軍衆警備將發而山谷重疊襄回萬里不知出路倏月而行路值大虎出在其前相顧而言雖免虜難虎口難脫朗語僧曰不如君言正以我等有感所以現光今遇此虎將非聖人示吾路耶於是二人徑詣虎所虎即前行若朗小遅虎亦暫住至曉得出而失虎蹤便隨道自進至于七日達於仇池又至涼漢出于荊州不測所終

齊相州鼓山釋道豐未詳氏族世稱得道之流與弟子三人居相州鼓山中不求利養或云鍊丹黃白醫療占相世之術藝無所不解齊高來往并鄴常過問之應對不思隨事標荅帝曾命酒并蒸肫勅置豐前令遣食之豐聊無辭讓極意飽噉帝乃大笑亦不與言駕去後謂弟子曰除却

牀頭物及發撤牀見向者蒸肫酒等猶在都不似噉嚼處時石窟寺有一坐禪僧每日西則東望山巔有丈八金像現此僧私喜謂覩靈瑞日日禮拜如此可經兩月後在房臥忽聞枕間有語謂之曰天下更何處有佛汝今道成即是佛也尒當好作佛身莫自輕脫此僧聞已便起鄭重傍視群僧猶如草芥於大衆前側手指胷云你輩頗識真佛不泥龕畫佛語不出脣智慮何如你見真佛不知禮敬猶作本日期我悉憧阿鼻又眼睛已赤噉呼無常合寺知是驚禪及未發前舉詣豐所住即謂曰汝兩月已來常見東山上現金像耶荅曰實見又曰汝聞枕閒道作佛耶荅曰實然豐曰此風動失心耳若不早治或狂走難制便以鍼鍼之三處因即不發及豐臨終謂弟子曰吾在山久汝等有谷汲之勞今去無以相遺當留一泉與汝既無陟降辛苦努力勤修道業便指竈傍去一方石遂有縣泉澄瑛不盈不減於今現存 右三驗出梁高僧傳

法苑珠林卷第五十一

法苑珠林卷第五十一　第二十四張　匪字号

傳歸道者大師賜紫沙門臣德麟校勘
功德監印經院臣陳景璨
勾當傳法高品内常侍經院月卿官鈞

法苑珠林卷第五十一

校勘記

一　底本，金藏廣勝寺本。一頁中一行至本頁下五行原版殘，以麗藏本換。

一　一頁中一行經名，徑作「法苑珠林卷第六十四」。

一　一頁中二行撰者，資、磧、普、南作「大唐上都西明寺沙門釋道世字玄惲撰」；徑作「唐上都西明寺沙門釋道世玄惲撰」；清作「唐西明寺沙門釋道世撰」。

一　一頁中三行「善友篇第五十三」下，資、磧、普、南、清有夾註「此有二部」。

一　一頁中四行至五行「惡友篇第五十四擇交篇第五十五」，徑、清無。

一　一頁中六行「善友篇此有二部」，資、磧、普、南、徑、清無。

一　一頁中六行與七行之間，清有「述意部　引證部」一行。

一　一頁中七行「第一」，徑無。下至六頁中末行部目下序數例同。

一　一頁中九行第四字「幽」，南作「報」。

一　一頁中一四行第七字「廸」，資、磧、普、南、徑、清作「卉」。

一　一頁中一五行首字「鶩」，資、磧、普、南、徑、清作「霧」。

一　一頁中一九行「如嗅」，資、磧、普、南、徑、清作「搏」。

一　一頁中二〇行「鸞尾」，磧、「作頭尾」；南、徑、清作「龍尾」。

一　一頁中二一行「迅也」，磧作「迅速」。又「覊喪極趣」，資作「弱喪極趣」；磧、普、南、徑、清作「弱喪極」。

一　一頁中末行第一〇字「威」，南、徑、清作「力」。

一　一頁下六行第一一字「法」，徑作「説」。

一　二頁上一二行「鼅鼄」，資、磧、普、南、徑、清作「蜘蛛」。

一　二頁上二二行第八字「邸」，資、磧作「底」。下至本頁中二行第九字同。

一　二頁中一一行「時常共居」，資、磧、普、南、徑、清作「恒常自居」。

一　二頁下二行「莊嚴」，資、磧、普、南、徑、清作「大莊嚴」。

一　二頁下八行「其善」，資、磧、普、南、徑、清作「人善」。

一　二頁下八行至九行「三病瘦縣官爲其怔忪」，資、磧、普、南、徑、清作「三縣官若爲其征訟」。

一　二頁下九行末字「捐」，資、磧、普、南作「損」。

一　三頁上一行「損宍」，資、磧、普、南、徑、清作「捎肉」。

一　三頁上八行「枝體」，普、南、徑、清作「肢體」。

一　三頁上一一行「其辭」，資、磧、普、南、徑、清作「詞其」。

一　三頁上一六行「天說頌曰」，資、磧、普、南、徑、清作「天現其身而作頌曰」。

一　三頁中三行夾註右「隨言」，資、磧、普、南、徑、麗作「隋言」；清作「此言」。

一　三頁中五行夾註右「隋言」，清作「此言」。

一　三頁中七行第一〇字「食」，資、磧、普、南、徑、清無。

一　三頁中九行「樵瘁」，資、磧、普、南、徑、清作「顦顇」；麗作「憔瘁」。下同。

一　三頁中一四行第九字「告」，資、磧、普、南、徑、清作「語」。

一　三頁下四行「賢者」，資、磧、南、徑、清作「聖者」。

一　三頁下九行「辨得」，資、磧、普、南、徑、清作「得辦」。

一　三頁下一三行第八字「辨」，資、磧、普、南、徑、清作「辦」。

一　三頁下一六行「啄鵮」，資、磧、普、南、徑、清作「啄嚙」。

一　三頁下一九行「即將與妻」，資、磧、普、南、徑、清作「即將與彼善女烏妻」。

一　三頁下二〇行「日別」，資、磧、普、南、徑、清作「別日」。

一　三頁下二二行「怪異」，資、磧、普、南、徑、清作「奇異」。

一　三頁下末行第五字「常」，資、磧、普、南、徑、清作「恒」，次頁上一五行第一二字同。又夾註「下淮」，資、磧、普、南、徑、清無。

一　四頁中一八行「鑪治心塵」，資、磧、普、南、徑、清作「爐治心塵」；麗作「爐治心堅」。

一　四頁中二一行夾註「此有二部」，徑無。

一　四頁中二一行與二二行之間，清有「述意部　引證部」一行。

一　四頁中末行「大聖」，資、磧、普、南、徑、清作「七聖」。

一　四頁下三行第九字「勞」，資、磧、普、南、徑、清作「繫」。

一　四頁下六行第五字「罕」，清作

一「空」。又第一一字「營」，資、磧、普、南、徑、清作「造」。

一　五頁上六行第六字「常」，資、磧、普、南、徑、清無。

一　五頁上八行「從愚事」，資、磧、普、南、徑、清作「愚從事」。

一　五頁中一行第五字「瞋」，諸本（不含石，下同）作「因瞋」。

一　五頁中一二行首字「有」，資、磧、普、南、徑、清作「又」。

一　五頁下九行「一毒藥華」，資、磧、普、南、徑、清作「一箇毒華」。

一　五頁下一四行第一〇字「寤」，資、磧、普、南、徑、清作「睡寤」。

一　五頁下二二行「惡事」，資、磧、普、南、徑、清作「事已」。

一　六頁上六行首字「身」，南、徑、清無。

一　六頁上一八行第一二字「促」，諸本作「捉」。二〇行第五字同。

一　六頁中一一行末字「昏」，資、磧、普、南、徑、清作「玄」。

一　六頁中一二行第三字「慕」，資、磧、普、南、徑、清作「募」。

一　六頁中一三行「薰猷」，諸本作「薰猶」。

一　六頁中一四行夾註「此有二部」，資、磧、普、南、徑無。

一　六頁中一四行與一五行之間，清有「述意部　引證部」一行。

一　六頁中一八行「纏心」，諸本作「熏心」。

一　六頁中一九行第八字「乘」，磧、南、徑、清作「成」。

一　六頁下五行「鴿鵠」，資、普、徑、清作「鵠鴿」。

一　六頁下一五行至次行「勤伺守護」，資、磧、普、南、徑、清作「伺守能護」。

一　六頁下一七行第七字「有」，資、磧、普、南、徑、清作「而」。

一　六頁下一九行「夜則不眠」，資、磧、普、南、徑、清作「夜寤」。

一　七頁上九行「集義」，資、磧、普、南、徑、清作「集議」。

一　七頁中四行首字「行」，資、磧、普、南、徑、清作「作」。

一　七頁中七行「無乏所短故」，資、磧、普、南、徑、清作「無所乏短」；麗作「無所乏短故」。

一　七頁下一二行「柷術」，諸本作「呪術」。

一　七頁下一四行第一〇字「劾」，資、磧作「効」。

一　七頁下二一行第一〇字「自」，南、麗作「目」。

一　七頁下二二行第八字「中」，資、磧、普、南、徑、清無。

一　八頁上三行第八字「期」，諸本作「明」。

一　八頁上八行「不反」，資、磧、普、南、徑、清作「不久」。

一　八頁上一二行第二字「王」，資、磧、普、南、徑、清作「至」。

一　八頁上一四行「數文」，諸本作「數丈」。

一　八頁上一九行第二字「衆」，諸本作「東」。

一　八頁中一行第四字「投」，諸本作「捉」。

一　八頁中一八行「練丹」，資、磧、普、南、徑、清作「靈丹」。

一　八頁下八行「鄭重」，資、磧、普、南、徑、清作「恃重」。

一　八頁下一二行「期我」，麗作「欺我」。又「眼睛」，資、磧、普、南、徑、清作「眼精」。

一　八頁下一三行「鶖禪」，資、磧、南作「鶖憚」。

一　八頁下一四行第五字「住」，資、磧、普、南、徑、清作「徑」。

一　九頁上卷末經名，徑無（未換卷）。

法苑珠林卷第五十二　滅

西明寺沙門釋道世撰

眷屬篇第五十六
校量篇第五十七

眷屬篇此有四部

述意部　哀戀部
改易部　離著部

述意部第一

竊尋眷屬萍移新故輪轉去留難卜聚會暫時良由善惡緣別昇沉殊趣善如難陀棄榮欲而從道羅雲捨王位而斷結如旃檀林栴檀圍繞隨應而度調御之美於茲可見惡如調達破僧闍王害父常懷毒意常結怨讎既同棘刺之林亦類蚖蛇之種善惡路分禍福可覩也

哀戀部第二

如須摩提長者經云佛在世時舍衛城有大長者子名須摩提是人命終父母宗親及諸知識一時號哭哀悼躃踊攀怨大喚悶絕于地或有喚父母兄弟者或有呼夫主大家者如是

種種號咷啼哭又有把土而自坌者又有持刀斷其頭者譬如有人毒箭入心苦惱無量或有以衣自覆而悲泣者譬如大風鼓扇林樹枝柯相棖又如失水之魚宛轉在地又如斬截大樹崩倒狼藉以如是楚毒而加其身尒時世尊知而故問阿難彼諸大衆何故哀號悲泣如是阿難具以白佛唯願世尊爲度一切可往至彼諸佛世尊不以無請而有不說我今爲彼諸人勸請於佛世尊以大慈悲願往至彼

尒時如來受阿難請即往其家是時彼諸人等遥見世尊各各以手拭面前來迎佛既至佛所頭面禮足悲哀鯁塞不能發言正欲長歎以敬佛故不敢出息噎氣而住尒時佛告長者父母等汝等何故悲泣懊惱著此幻法是諸人等同時發言而白佛言世尊是城中唯有此人聰明智慧端正姝妙年既盛壯於諸人中爲無有上又復多饒財寶倉庫盈溢車馬衣服奴婢使人如是悉備無所乏短一旦命終

是故我等悲泣戀慕不能自勝善哉世尊願爲我等方便說法得離諸惱從今已後更不復受如是諸苦

尒時世尊告長者父母宗親知識及諸大衆汝等曾見有生不老病死不諸人白佛言未曾見也佛復告諸大衆汝等欲離生老病死憂悲苦惱者莫復念是恩愛之縛摽心正見歸命三寶所以者何於諸世間無過佛者能導盲冥愚癡之衆佛所說法即是良藥尒時世尊即說偈言

十方世界中　生者無不死　生死往來道
唯法能除滅　無有十方刹　命終能避者
唯佛能除斷　是故歸命佛　若人作不善
好行十惡者　心常懷憍慢　不敬於三寶
不能淨持戒　懈怠不精進　如是諸人等
皆名之爲死　無常計有常　不淨計有淨
實苦而言樂　無我計有我　衆生生死中
深著於倒見　千萬億劫中　不知生死本
若有人能解　眞實大法者　能知此非常
最爲大苦本　若人見垢濁　斷除三毒本
必能得成就　無上之大決

尒時長者諸眷屬等聞佛所說悲苦

皆息並獲道果

又法句喻經云昔有婆羅門少年出家學至六十不能得道婆羅門法六十不得道然後歸家娶婦為居家生得一男端正可愛至年七歲書學聰慧才辯出口有逾人之操卒得重病一宿命終梵志憐惜不能自勝伏其尸上氣絕復蘇親族諫喻奪尸殯斂埋著城外梵志自念我今啼哭計無所益不如往至閻羅王所乞索兒命於是梵志沐浴齋戒賫持華香發舍而去所在問人閻羅王所治處為在何許展轉前行行數千里至深山中見諸得道梵志復問如前諸梵志問曰卿問閻羅王所治處欲求何等答曰我有一子辯慧過人近日卒亡悲窮懊惱不能自解欲至王所求乞兒命還將歸家養以備老諸梵志等愍其愚癡即告之曰閻羅王所治之處非是生人所可得到也當示卿方宜從此西行四百餘里有大川其中有城此是諸天神案行世間停宿之城閻羅王常以四月四日案行必

過此城卿持齋戒往必見之梵志歡喜奉教而去到其川中見好城郭宮殿屋舍如忉利天梵志詣門燒香翹脚祝願求見閻羅王王勅守門人引見之梵志啓言晚生一男欲以備老養育七歲近日命終唯願大王垂恩布施還我兒命閻羅王言所求大善卿兒今在東園中戲自往將去梵志即往見兒與諸小兒共戲即前抱之向之啼泣曰我晝夜念汝食寐不甘汝寧不念父母辛苦以不小兒驚喚逆呵之曰癡騃老翁不達道理寄住須臾名人為子勿妄多言不如早去今我此間自有父母邂逅之間唐自手抱梵志悵然涕泣而去即自念言我聞瞿曇沙門知人鬼神變化之道當往問之於是梵志即還佛所時佛在舍衛祇桓為大衆說法梵志見佛稽首作禮具以本末向佛陳之實是我兒不肯見名反謂語我為癡騃老翁寄住須臾認我為子永無父子之情何緣乃尒佛告梵志汝實愚癡人死神去便更受形父母妻子因緣合居

譬如寄客起則離散愚迷縛著計為已有憂悲苦惱不識本根沉溺生死未央休息唯有慧者不貪恩愛覺苦捨習勤修經戒滅除識想生死得盡梵志聞已豁然意解即於座上得羅漢道

又大法炬經云佛言一切衆生皆悉隨其形類而置名字如烏雀等而彼餓鬼衆生之中無有決定差別名字勿謂天定天也人定人也餓鬼定餓鬼也如一事上有種種名如一人上有種種名如一天乃至餓鬼畜生有種種名亦復如是亦有多餓鬼全無名字於一彈指頃轉變身體作種種形云何可得呼其名也彼中惡業因緣未盡故於一念中種種變身

改易部第三

如法句喻經云昔佛在舍衛國為天人說法時城中有婆羅門長者財富無數為人慳貪不好布施食常閉門不喜人客若有其食時輒勅門士堅閉門戶勿令有人妄入門裏乞丐求索尒時長者欲思美食便勅其妻令

作飯食敎殺肥雞薑椒和調煑之令
熟飯食飣餖即時已辦勅外閉門夫
妻二人坐一小兒著聚中央便共飲
食父母取雞肉著兒口中如是數數
初不有廢佛知此長者宿福應度化
作沙門伺其坐食現出坐前便祝願
云但言多少布施可得大福長者舉
頭見化沙門即罵之言汝為道人而
無羞恥室家坐食何為唐突沙門荅
曰卿自愚癡不知羞恥今我乞士何
故慚羞長者問曰吾及室家自共娛
樂何故慚羞沙門荅曰卿殺父妻母
供養怨家不知慚恥反謂乞士何不
慚羞於是世尊即說偈言
所生枝不絕　但用食貪欲　養怨益丘塚
愚人當汲汲　雖獄有鉤鍱　慧人不謂牢
愚見妻子飾　深著愛甚牢　慧說愛為獄
深固難得出　是故當斷棄　不親欲能安
長者聞偈驚而問之道人何故說此
荅曰案上雞者是卿先世時父以慳
貪故常生雞中為卿所食此小兒者
往作羅剎卿作賈客大人乘船入海
舟輒失流墮羅剎國中為羅剎所食

如是五百世壽盡來生為卿作子以卿
餘罪未畢故來欲相害耳今是妻者
是卿先世時母以恩愛深固今還與
卿作婦今卿愚癡不識宿命殺父養
怨以母為妻五道生死輪轉無際周旋
五道誰能知者唯有道人見此睹彼
愚者不知豈不慚恥於是長者慉然
毛竪如畏怖狀佛現威神令識宿命
長者見佛即識宿命尋則懺悔謝
過便受五戒佛為說法得須陀洹道
又雜寶藏經云佛時遊行到居阿羅
國便於中路一樹下坐有一老母名
迦旦遮羅繫屬於人井上汲水佛語
阿難往索水來阿難承佛勅即往索
水尒時老母聞佛索水自擔鑵往既
到佛所放鑵著地直往抱佛阿難欲
遮佛言莫遮此老母者五百身中曾
為我母愛心未盡是以抱我若當遮
者沸血從面門出而即命終既得抱
佛嗚其手足在一面立佛語阿難往
喚其主其主來至頭面禮佛却住一
面佛語主言放此老母使得出家若
出家者當得羅漢主便即放迦葉佛

時出家學道故得羅漢尒時為徒眾
主罵諸聖尼為婢今屬於他五百身
中常為我母遮我布施常生貧賤
又賢愚經云舍衛國中有豪富長者
唯無子息每禱祀神祇求索一子精
誠款篤婦便懷妊日月滿足生一男
兒其兒端正世所希有父母宗親共
相合集詣大江邊飲食自娛臨河不
固失兒墮水尋時撐撮竟不能得父
母憐念絕氣復蘇其兒功德竟復不
死至河水中隨水沈浮時有一魚吞
此小兒雖在魚腹猶復不死時有小
村而在下流有一富家亦無子姓種
種求索困不能得而彼富家常令一
奴捕魚販賣其奴捕得吞小兒魚割
腹看之得一小兒面貌端正得已歡
喜我家由來禱祠求索精誠報應故
天與我即便摩抆乳哺養之時彼上
村父母追索此是我兒於彼河失今
汝得之願以見還時彼長者而荅之
曰我家由來禱祠求子今神報應賜
我一兒君之亾兒竟何所在紛紜不
了詣王求斷於是二家各引道理王

聞其說靡知所如即為二家共養此兒至兒長大各為娶婦安置家業二處異居此婦生子即屬此家彼婦生兒即屬彼家時二長者各隨王教其兒長大俱為娶婦供給所須無有乏短其兒白二父母請求出家父母心愛不能距逆即便聽許即往佛所求索入道佛即聽之讚言善來頭鬚自墮即成沙門字曰重姓佛為說法得盡諸苦即於座上成阿羅漢阿難白佛不審世尊此重姓比丘本造何行種何善根而今生世墮水魚呑而故不死佛告阿難汝且聽之吾當為說過去久遠有佛世尊號毗婆尸集諸大衆為說妙法時有長者來至會中聞受三歸受不殺戒復以一錢布施彼佛由是之故世世受福無有乏短佛告阿難尒時長者今重姓比丘是也由施一錢九十一劫常富錢財至於今世二家供給受不殺戒故墮水魚呑不死受三自歸故今值我世得阿羅漢道又佛說長者子懊惱三處經云尒時舍衛城有大富長者財

寶無數家無親子恐終後沒官夫婦禱祠歸命三寶精勤不懈便得懷軀婦人黠者有五事應知一知夫婿意二知夫婿念不念三知所因懷軀四別知男女五別知善惡是婦報長者我已懷軀長者歡喜月滿生男加五乳母供養抱持長大索得好婦其兒夫婦行園園中有樹名曰無憂華色鮮白絜弱緋色婦語夫言欲得此華夫便上樹為取此華樹枝細劣即時摧折兒便墮死父母聞之奔趣抱頭摩挲占視永絕不蘇父母悲哀五內摧傷衆客見之亦代哀痛佛與阿難因入城見愍獨一子而墮樹死佛告長者人生有死物成有敗對至命盡不可避藏捐去憂念勿復憂慼佛語長者此兒本從忉利天上壽盡來生卿家卿家壽盡便生龍中金翅鳥王即取噉之三處父母一時共啼哭為是誰子佛即說偈言

天上諸天子　為是卿子乎　為在諸龍中
龍神之子耶　時佛自解言　非是諸天子
亦非為卿子　復非諸龍子　生死諸因緣

無常譬如幻　一切不久立　譬若如過客

佛語長者死不可離去不可追長者白佛此兒宿命罪福云何佛言此兒前世好喜布施尊敬於人緣此福德生豪富家喜獵傷害令身命短罪福隨人如影隨形長者踊躍逮得法忍

雜著部第四

如十住毗婆沙論云於此家中父母兄弟妻子眷屬車馬等物增長貪求無有厭足家是難滿如海吞流家是無足如火焚薪家是無息覺觀相續家是苦性如怨詐親家是障礙能妨聖道家是鬬亂共相違諍家是多瞋呵責好醜家是無常雖久失壞家是衆苦馳求守護家是疑處猶如怨賊家是顛倒貪著假名家是伎人種種妝飾家是變異貪必離散家是假借無有實事家如眠夢富貴則失家如朝露須臾變滅家如蜜滴其味甚少家如棘叢欲刺傷人家如鐵蟲覺觀常唼如是等患不可具述是故在家菩薩當如是觀知其家過在家妻子眷屬奴婢財物等不能作救作歸　非我

善友是故宜當急捨離之又無始巳
來一切衆生於六道中互爲父子親
踈何定故偈云
無明蔽慧眼　數數生死中　往來多所作
更互爲父子　貪著世間樂　不知有勝事
怨數爲知識　知識數爲怨　是故我方便
莫生憎愛心　若起憎愛心　不能通達法
又大善權藏經云舍利子若有衆生
味著男女妻妾諸女色欲當知即是
味著礫石之毫即是味著利刀之刃則
是味著大熱鐵丸即是味著熱鐵
牀即是味著熱鐵几隥舍利子若有
味著華鬘香塗即是味著熱鐵華
鬘亦是味著屎尿塗身舍利子若有
攝受居處舍宅當知攝受大熱鐵甕
若有攝受奴婢作使當知攝受地獄
惡卒若有攝受象馬駝驢牛羊雞豕
當知攝受地獄之中黑駮豬狗又是攝
百踰繕那禁衛之卒取要言之若有
攝受妻妾男女諸女色欲當知即是
攝受一切衆苦憂愁悲惱之聚舍利
子寧當依附千踰繕那量大熱鐵牀極
熱徧熱猛焰洞然於彼父母所給妻妾

諸女色欲乃至不以染愛之心遠觀
其相何況親附抱持之者何以故舍
利子當知婦人是衆苦本是障礙
本是殺害本是繫縛本是憂愁本
是怨對本是生盲本當知婦人滅聖
慧眼當知婦人如熱鐵華散布於地
足蹈其上當知婦人於諸邪性流布
增長舍利子何因緣故名爲婦人所
言婦者名加重擔何以故能使衆生
受重擔故能使衆生持於重擔有所
行故能使衆生荷於重擔徧周行故
能令衆生於此重擔心疲苦故能令
衆生爲於重擔所煎迫故能令衆生
爲於重擔所傷害故舍利子復以何
緣名之爲婦所言婦者是諸衆生所
輸委處是貪愛奴所流没處是順婦
者所輸稅處是婦媚者所迷惑處是
婦勝者所歸投處是屈婦者所憑仗
處婦自在者所放逸處爲婦奴者所
疲苦處隨婦轉者所欣仰處舍利子
以如是等諸因緣故名是諸處以之
爲婦
又雜阿含經云尒時世尊告諸比丘

有三種子何等爲三有隨生子有勝
生子有下生子何等爲隨生子謂子
父母不殺不盜不婬不妄語不飲酒
子亦隨學不殺等是名隨生子何等
爲勝生子若父母不受不殺等子能
受不殺等是名勝生子何下生子若
子父母不受不殺等子亦不能受不
殺等是名下生子又五無返復經云
聞如是一時佛在舍衛國與千二百
五十比丘俱時有一梵志從羅閱祇
國來欲得學問便到舍衛國見父子
二人耕田毒蛇螫殺其子其父猶耕
如故不看其子亦不啼哭梵志問曰
此是誰兒耕者荅言是我之子曰是
卿之子何不啼哭耕者荅曰人生有
死夫盛有衰善者有報惡者有對
愁憂啼哭無益死者卿今入城我家
某處願過語之吾子已死持一人食
來梵志自念此是何人而無返復見
死在地情不愁憂反更索食此人不
慈無復此比梵志入城詣耕者家見
死兒母即便語之卿兒巳死其夫寄
信持一人食來梵志曰何以不念子

耶兒母即爲梵志說譬喻言兒來託
生我亦不呼兒今自去非我能留譬
如行客因過主人客今自去何能得留
我之母子亦復如是去來進止非我
之力隨其本行不能救護
復詔其姊卿弟已死何不啼哭姊復
說譬喻向梵志言譬如巧師入山斫木
縛作大筏安置水中卒逢大風吹破
筏散隨水流去前後分張不相顧望
我弟亦尒因緣和合共一家生隨命
長短死生無常合會有離我弟命盡
各自所隨不能救護
復語其婦卿夫已死何不啼哭婦說
喻向梵志言譬如飛鳥暮宿高樹同
止共宿伺明早起各自飛去行求飮
食有緣即合無緣即離我等夫婦亦
復如是無常對至隨其本行不能救
護
復語其奴大家已死何不啼哭奴復
說譬喻言我之大家因緣和合我如
犢子隨逐大牛人殺大牛犢子在邊
不能救護大牛之命愁憂啼哭無所
補益梵志聞已心感自責不識東西

我聞此國孝順奉事恭敬三寶故從
遠來欲得學問既來到此了無所益
更問行人佛在何許欲往問之行人
荅言近在祇桓精舍梵志即到佛所
稽首作禮却坐一面合掌低頭默無
所說佛知其意謂梵志曰何以低頭
愁憂不樂梵志曰所願不果違我本
心是故不樂佛語梵志有何所失愁憂
不樂梵志對曰我從羅閱祇國來欲
得學問既來到此見五無返復佛問
梵志何等五無返復梵志曰我見父
子二人耕田下種兒死在地父亦不
愁居家大小都無愁悲是爲大逆佛
言不然不如卿語此之五人最爲返復
知身非常身非已有往古聖人不免
斯患何爲凡夫大啼小哭無益死者
世俗之人無所識知生死流轉無有
休息梵志心開意解我聞佛說如病
得愈盲者得視如暗得明於是梵志
即得道迹一切死亾不足啼哭滅死
防生非愁憂法死者身歸於土生者
種持産業欲爲亾者請佛及僧燒香
供養讀誦經書日日作禮復能布施

三寶最是爲要梵志稽首爲佛作禮
歡喜奉行
頌曰
眷屬多孜擾　染著亂心神　親疎未可定
何得偏憎憐　乾城無片實　渴鹿諍餘塵
息心上空響　廢念心源眞
感應緣略引七驗
晉居士杜願　晉居士董靑建
宋居士袁廓　宋居士卞悦之
唐沙門釋慧如　唐居士王會師
唐居士李信
晉杜願字永平梓橦涪城人也家巨
富有一男名天保願愛念年十歲秦
元三年暴病而死經數月日家所養豬
生五子一子最肥後官長新到願將
以作禮從就殺之有一比丘忽至願前
謂曰此豬是君兒也如何百餘日中而
相忘乎言竟忽然不見四顧尋視見
在天西騰空而去香氣充布彌日乃
歇
晉董靑建者不知何許人父字賢明
建元初爲越騎校尉建母宋氏孕建
時夢有人語云尒必生男體上當有

青誌可名爲青律及生如言即名焉
有容止美言笑性理竟和家人未嘗
覩其慍色見者咸異之至年十四而
州迎主簿律元初皇儲鎮樊漢爲水
曹參軍二年七月十六日寢疾自云必
不振濟至十八日臨盡起坐謂母曰
罪盡福至緣累永絶願母自割不須
憂念因七聲大哭聲盡而絶將殯喪
齋前其夜靈語云生死道乖勿安齋
前自當有道像道人來迎喪者明日
果有道人來名曇順即依靈語向曇
順說之曇順曰貧道住在南林寺道
文八像垂成賢子乃有此感應寺西
有少空地可得安喪也遂葬寺邊三
日其母將親表十許人墓所致祭於墓
東見律如生云願母割哀還去律今
還在寺住母即止哭而還舉家菜食
長齋至閏月十一日賢明夢見律云
願父暫出東齋賢明便香湯自浴齋
戒出東齋至十四夜於眠中聞律喚
聲驚起見律在齋前如生時父問汝
往在何處律云從亡來住在鍊神宮中
滿百日當得生忉利天律不忍見父母

兄弟哭泣傷慟三七日禮諸佛菩薩
請四天王故得暫還願父母從今以後
勿復啼哭祭祠阿母已發願求見律律
不久當命終即共律同生一處父壽可
得七十三命終之後當三年受罪報勤
苦行道可得免脫問曰汝從夜中來那
得有光明律曰今與菩薩諸天共下
此其身光耳又問云汝天上識誰律
曰見王車騎張吳興外祖宋西河律
曰非但此一門中生從四十七年以
來至今七死七生已得四道果先發
七願願生人間故歷生死從今永畢
得離七苦律臨盡時見七處生死所
以大哭者與七家分別也問云汝皆生
誰家律曰生江吏部羊廣州張吳興
王車騎蕭吳興梁給事董越騎等家
唯此間生十七年餘處正五三年耳自
今以後毒厲歲多宜勤修功德律見
世人死多墮三塗生天者少勤精進
可得免度發願生天亦得相見行脫
差異無相值期又問云汝母憂憶汝
垂死可令見汝不律曰不須相見益
懷煎苦耳耶但依向言說之諸天

已去不容久住慘有悲色忽然不見
去後竹林左右猶有香氣家人亦並
聞餘香焉律云所生七家江縣羊希
張永王玄宋謨蕭惠明梁季父也賢
明遂以出家名法藏也
宋袁廓字思度陳郡人也元徽中爲
吳郡丞病經少日奄然如死但餘息
未盡棺櫬之具並備待畢而蘇三日
而能轉動視瞬自說云有使者稱教
喚廓隨去既至有大城池樓堞高整
階闥崇麗既命廓進主人南面陛森
然威飾冠自執刀者點廓坐坐定溫
涼畢設酒炙果粽菹餚等廓皆嘗進
種族形味不異世中酒數巡行主人謂
廓曰身主簿不幸閤任有闕以君才
穎故欲相屈當能顧懷不廓意亦知
是幽途乃固辭凡薄非所克堪加少
窮孤兄弟零落公私二三乞蒙恩放
主人曰君當以幽顯異方故有辭耳
此間榮祿貴待身口服御乃當勝君
世中勤勤之懷甚貪共事想必降意
副所期也廓復固請曰男女藐然並
在齠齔僕一旦忝任養視無託父子

之戀理有可矜廓因流涕稽顙主人
曰君辭讓乃介何容相逼願言不獲
深爲嘆恨就案上取一卷文書句點
之既而廓謝恩辭歸主人曰君不欲
定省先亡乎乃遣人將廓行經歷寺
署甚衆未得一一城門楯並黑圖圖
也將廓入中斜趣一隅有諸屋宇駢
填街接而甚陋獘次有一屋見其所
生母辛氏在此屋中容服不佳甚異
平生見廓驚喜戶邊有一人身面瘍
痍形類甚異呼廓語廓驚問其誰芉
氏謂廓曰此王夫人汝不識耶王夫人
曰吾在世時不信報應雖復無甚餘
罪正坐鞭撻婢僕過苦故受此罰亡
來楚毒始無暫休今特少時寬隙耳
前喚汝姊來望以自代竟無所益徒
爲憂聚言畢涕泗王夫人即廓嫡
母也廓姊時亦在其側有須使人復
將廓去經涉街陌閭里整頓似是民
居末有一宅竹籬茅屋見父披被著
巾馮案而坐廓入門父揚手遣廓曰
汝既蒙罷可速歸去不須來也
廓跪辭而歸使人送廓至家而去廓

今太子洗馬是也
宋居士卞悅之濟陰人也作朝請居
在潮溝行年五十未有子息婦爲取
妾復積載不孕將祈求繼嗣千徧轉
觀世音經其數垂竟妾便有娠遂生
一男元嘉十八年巳五歲（右四驗出冥祥記）
唐京城真寂寺沙門慧如少精勤苦
行師事信行信行亡後奉尊其徒隋
大業中因坐禪修定遂七日不動衆
皆歎異之以爲入三昧也既而慧如
開目涕泣交流僧衆怪問之荅曰火
燒脚痛待視瘡畢乃說衆皆怪問慧
如曰被閻羅王請行道七日滿王問
須見先亡知識不如荅欲見二人王
即遣喚一人唯見龜來舐慧如足目
中淚出而去更一人者云罪重不可
喚令就見之使者引慧如至獄門門
閉甚固使呼守者有人應聲使者語
慧如師急避道莫當門立如始避而
門開大火從門流出如鏇星迸著如
脚被之舉目視門門已閉訖竟不得
相見王施絹三十匹固辭不許云已
遣送後房衆僧爭往房視之則絹在

牀矣其脚燒瘡大如錢百餘日乃愈
至武德初年卒真寂寺即今化度寺
是（右一驗出冥報記之）
唐京都西市北店有王會師者其母
先終服制已畢至顯慶二年內其家
乃產一青黃母狗會師妻爲其盜食
乃以杖擊之數下狗遂作人語曰我是
汝姑新婦杖我大錯我爲嚴酷家人
過甚遂得此報今既被打羞向汝家
因即走出會師聞而涕泣抱以歸家
而復還去凡經四五會師見其意正
乃屈請市北大街中正是已店北大牆
後作小舍安置每日送食市人及行
客就觀者極衆投餅與者不可勝數
此犬常不離此舍過齋時即不肯食
經一二歲莫知所之
唐居士李信者并州文水縣之太平
里人也身爲隆政府衛士至顯慶年
冬隨例往朔州赴番乘赤草馬一匹
并將草駒是時歲晚凝陰風雪嚴厚
行十數里馬遂不進信以番期逼促
楇之數十下馬遂作人語謂信曰我
是汝母爲生平避汝父將石餘米乞女

故獲此報此駒即是汝妹也以力償債
何了汝復何苦敦逼如是信聞之驚
愕流洟不能自勝乃拜謝之躬馱鞍
韂謂曰若是信孃當自行歸家馬遂
前行信負鞍韂隨之至家信兄弟等
見之悲哀相對別爲廄櫪養飼有同
事母屈僧營齋合門莫不精進鄉閭
道俗咸歎異之時工部侍郎溫無隱
岐州司法張金停俱爲丁艱在家聞
而奇之故就信家顧訪見馬猶在問
其由委並如所傳右二驗出冥報拾遺
校量篇第五十七此有七部
述意部　施田部　十地部
福業部　罪業部　雜行部
方土部
述意部第一
蓋聞睿知一揆圖度萬端業行黑白
受報昇降大小方音長短別域德有
隱顯行有淺深是以群聖降迹緣感
斯應或標奇顯相或韜形晦跡軌轍
雖殊弘道罔異若不校量孚知優劣也
施田部第二
如菩薩本行經云佛告須達過去世時

有一婆羅門名曰比藍端正無比聰
慧第一財富無量不可憶數比藍財
寶所有皆悉非常我不用之欲施
窮乏即設大壇人民雲集皆來至所
時比藍欲澡自手傾於軍持而水不
出大用愁憂今我大祠將有何過而
水不出即時天人於虛空中語比藍
言汝施大好無能過者但所施人盡
是邪偽倒見之徒不堪受汝恭敬之
施以是之故水不能出於是比藍聞
天人語意便開解即作誓言今我所
施用成無上正眞之道審如所願者
今我瀉水當墮我手作誓願已便傾
澡瓶水即墮手諸天讚言如汝所願
成佛不久尒時比藍布施貧乏衣服
飲食十二年中盡用布施無所藏積
佛告須達尒時比藍婆羅門者今我
身是而我所施亦好其心亦好受者
不好所施雖多獲報甚少而今我法
眞妙清淨弟子眞正所施雖少獲報
甚多於十二年所作布施及閻浮提
一切人民計其功德不如布施一須
陀洹人其福甚多過出其上施百須

陀洹并前福報不如施一斯陀含人
施百斯陀含并前福報不如施一阿
那含人施百阿那含并前福報不如
施一阿羅漢施百阿羅漢并前功德
不如施一辟支佛施百辟支佛百阿
羅漢百阿那含百斯陀含百須陀洹
及施閻浮提人所得功德不如起塔
僧坊精舍衣食等供養過去來今四
方衆僧給其所須計其功德過前所
作功德將前所作福德不如施佛一
人功德甚多不可復計雖供養佛并
前施功德不如有人一日之中受三
自歸八關齋若持五戒所得功德逾
過於前百千萬倍不可爲喻復以持
戒之福并合集前一切功德不如坐禪
慈念衆生經一食頃所得功德逾過
於前百千萬倍復合前功德不如聞
法執在心懷思惟四諦比前功德最
尊第一無有過上於是須達聞法踊
躍身心清淨得阿那含道
十地部第三
如金剛三昧不壞不滅經云佛告彌
勒菩薩我今爲汝說菩薩所行功德

地法初地菩薩猶如初月光明未顯然其明相皆悉具足二地菩薩如五日月三地菩薩如八日月四地菩薩如九日月五地菩薩如十日月六地菩薩如十一日月七地菩薩如十二日月八地菩薩如十三日月九地菩薩如十四日月十地菩薩如十五日月圓滿可覩明相具足其心澹泊安住不動不没不退住首楞嚴三昧又無性攝論釋云謂於初地達法界時徧能通達一切地者若於初地正通達時速能通達後一切地此種類故如有頌曰

如竹破初節　餘節速能破　得初地眞智
諸地疾當得

福業部第四

依增一阿含經云一閻浮提人福德等一轉輪聖王福一輪王福等一東弗于逮人福一東弗于逮人福等一俱耶尼人福一俱耶尼人福等一欝單越人福一欝單越人福等一四天王福一四天王福等一三十二天王福一三十二天王福等一帝釋福一帝釋福

等一炎摩天福如是展轉校量乃至非想天福不可思量

又正法念經云如三十三天受五欲樂喻如金輪王所受之樂比於天樂十六分中不及其一所受天身無有骨宍亦無汙垢不生嫉妬其目不眴衣無塵垢無有煙霧亦無大小便利之患其身光明能有遠照轉輪聖王都無此事於己妻子不偏攝受離於嫉妬飲食自在無有睡眠疲極等苦轉輪聖王等都無此事此諸天等初生之時歌儛音樂無有教者不從他學以善業故自然皆知退時善業盡故一切皆忘忉利下天尚有大樂況上天樂難可爲比如是展轉校量從下向上乃至非想非非想天不可爲比

罪業部第五

如十輪經云佛言若有剎利旃陀羅王於三寶所起於惡心一切諸佛所不能救譬如壓油一一麻中皆生諸蟲以壓油輪而壓取之即便油出此壓油人於其日夜爲應定殺幾所衆

生若復有人以是十輪而壓油者一輪一日一夜壓油千斛如是乃至滿於千年是壓油人得幾所罪地藏菩薩言甚多世尊無能知是人罪量其數多少唯佛知之佛言譬如十輪之罪等一婬女舍罪其舍有千女皆爲求欲如是十婬女舍其罪等一酒家如是十酒家等一屠兒舍如是十屠兒舍罪等一剎利旃陀羅居士旃陀羅十輪中等於一王輪一日一夜罪尒時世尊而說偈言

十輪罪等一婬舍　十婬罪等同一酒
十酒罪等一屠兒　十屠坊罪等剎家

雜業部第六

如樹提伽經偈云

何物高於空　我慢高於空　何物重於地
戒德重於地　何物多草木　亂想多草木
何物疾於風　意念疾於風　何物得生天
十善得生天　何物服人身　五戒服人身
何物落地獄　十惡落地獄　何物墮畜生
觝突墮畜生　何物堅金剛　無著堅金剛
何物輭鵝毛　心柔輭鵝毛　何物香旃檀
持戒香旃檀　何物明日月　佛光明日月

何物安於山　坐禪安於山　何物動於地
三界動於地　何物最清淨　泥洹最清淨
何物最穢濁　生死最穢濁　何物最為高
家和最為高　何山最為明　須彌最為明
何國最為樂　舍衛最為樂　何國饒人民
迦夷國饒人　何物戲深山　麋鹿戲深山
何物樂叢林　狐狢樂叢林　何物憧風塵
沙礫憧風塵　何物戲深淵　鯉魚戲深淵
又雜阿含經云有天子說偈問佛云
何戒何威儀　何得何為業　慧者云何住
云何往生天
尒時世尊說偈答言
遠離於殺生　持戒自防禦　害心不加生
是則生天路　遠離不與取　與取心欣樂
斷除賊盜心　是則生天路　不行他所愛
遠離於邪婬　自受知止足　是則生天路
自為己及他　為財及戲笑　妄語而不為
是則生天路　斷除於兩舌　不離他親友
常念和彼此　是則生天路　遠離不愛語
輭語不傷人　常說淳美言　是則生天路
不為不成說　無義不饒益　常順於法言
是則生天路　聚落若空地　見利言我有
不行此貪想　是則生天路　慈心無害想

不害於眾生　心常無怨結　是則生天路
苦業及果報　二俱生淨信　受持於正見
是則生天路　如是諸善法　十種淨業跡
等受堅固持　是則生天路
時釋提桓因說偈問佛云
何法命不知　何法命不覺　何法鏁於命
何法為命縛
尒時世尊說偈答言
色者命不知　諸行命不覺　身鏁於其命
愛縛於命者
又雜阿含經云尒時世尊手捉團土大如梨果告諸比丘云何我手中團土為多大雪山中土石為多諸比丘白佛言世尊手中少少耳彼雪山土石甚多乃至筭數不得為比佛告諸比丘如是眾生知四聖諦苦集滅道者如我所捉團上不如實知者如大雪山土石尒時世尊以爪甲擎土告諸比丘於意云何我甲上土為多此大地土多諸比丘白佛言世尊甲上土甚少少耳此大地土甚多乃至筭數不可為比佛告諸比丘若諸眾生形可見者如甲上土其形微細不可見者如

大地土如陸地如是水性亦尒得人道者如甲上土墮非人者如大地土如是生中國者如甲上土生邊地者如大地土如是成聖慧眼者如甲上土不成聖者如大地土如是知法律者如甲上土不知法律者如大地土如是知有父母者如甲上土不知有父母者如大地土如是知受齋戒者如甲上土不知受齋戒者如大地土如是從地獄畜生餓鬼命終生人中者如甲上土從地獄命終還生地獄畜生餓鬼者如大地土如是眾生從地獄畜生餓鬼命終生天上者如甲上土還生地獄畜生餓鬼者如大地土如是從天命終還生天上者如甲上土從天命終還生地獄畜生餓鬼者如大地土

方土部第七

如起世經云閻浮提洲有五事勝瞿陁尼弗婆提欝單越閻摩世一切龍及金翅阿脩羅何等為五　一勇律二正念三佛出世處四是修業地五行梵行處瞿陁尼洲有三事勝閻浮提

洲一鐃牛二鐃羊三鐃摩尼寶弗婆提洲有三事勝一洲寬大二普含諸渚三洲甚勝妙鬱單越洲有三事勝一彼人無我我所二壽命最勝三有勝上行閻摩州中有三事勝一壽命長二身形大三有自然衣食一切龍及金翅鳥有三事勝一壽命長二身形大三宮殿寬博阿脩羅中有三事勝一壽命長二形色勝三受樂多四天王天有三事勝一宮殿高二宮殿妙三宮殿有勝光明三十三天有三事勝一長壽二色勝三多樂餘上四天及魔身天等同三十三天有前三勝閻浮提有五事勝餘諸天如上所説頌曰

惡多難算　善少可陳　人天蓋寡
濁趣如塵　貴賤交易　貧富異因
校量優劣　樂苦昇沈

法苑珠林卷第五十二

甲辰歲高麗國分司大藏都監奉
勅彫造

法苑珠林卷第五十二

校勘記

一　底本，麗藏本。

一　三頁上一行經名，徑無（未換卷）。

一　三頁上二行撰者，資、磧作「大唐上都西門寺釋道世字玄惲撰」；普、南作「大唐上都西明寺沙門釋道世字玄惲撰」；徑無（未換卷）；清作「唐西明寺沙門釋道世撰」。

一　三頁上三行「第五十六」，普、南、清作「第五十六此有四部」；徑作「第五十六之一」。

一　三頁上四行「校量篇第五十七」，南、徑、清無。

一　三頁上五行「眷屬篇此有四部」，諸本（不含石，下同）無。

一　三頁上六行至七行「述意部……離著部」，徑無。

一　三頁上八行「第一」，徑無。下至一六頁下七行部目下序數例同。

一　三頁上九行第五字「萍」，諸本作「洴」。

一　三頁上一四行第一一字「常」，諸本作「恒」。

一　三頁上一六行末字「也」，諸本無。

一　三頁中四行末字「棖」，普、徑、清作「振」。

一　三頁下五行第九字「生」，諸本作「生者」。

一　三頁下一六行「淨持戒」，諸本作「持淨戒」。

一　四頁上四行第一一字「爲」，諸本作「爲此」。

一　四頁上六行「聰慧」，諸本作「聰了」。

一　四頁上一〇行第一二字「先」，諸本無。

一　四頁上二一行「大川」，諸本作「一大川」。

一　四頁中一六行「鬼神」，磧、普、南、徑、清作「神魂」。

一四頁中二〇行第五字「名」，諸本作「召」。

一四頁下三行第二字「夾」，諸本作「復」。

一四頁下六行「羅漢」，磧、普、南、徑、清作「阿羅漢」。次頁下一行同。

一四頁下一六行「變身」，至此，徑卷第六十四終，卷第六十五始，並有「眷屬篇第五十六之餘」一行。

一四頁下二一行第六字「有」，諸本無。

一五頁上二行「飯食」，諸本作「飲食」。

一五頁上七行「但言」，諸本作「且言」。

一五頁上一六行「鈎鍱」，諸本作「鉤鍱」。

一五頁中六行「睹彼」，諸本作「覩彼」。

一五頁中七行「慉然」，諸本作「忽然」。

一五頁中八行「畏悑」，諸本作「怖畏」。

一五頁中一九行「命終」，諸本作「命絶」。

一五頁中末行「出家者」，諸本作「令出家」。又「羅漢主」，磧作「阿羅漢」，普、南、徑、清作「阿羅漢主」。又第一一字「放」，諸本作「放緣此老母」。

一五頁下三行第二字「常」，諸本作「恒」，下至次頁上一九行第一一字同。又「貧賤」，諸本作「貧賤也」。

一五頁下五行「子息」，諸本作「子姓」。

一五頁下一〇行第五字「氣」，諸本作「而」。

一五頁下一五行末字「割」，諸本作「剖」。

一六頁上一行「所如」，諸本作「所以」。

一六頁上七行「距逆」，諸本作「拒逆」。

一六頁上八行「頭鬚」，諸本作「頭髮」。

一六頁上二一行首字「水」，諸本作「水中」。又第七字「二」，諸本作「三」。

一六頁下一行「若如」，磧、普、南、徑、清作「如若」。

一六頁下九行「增長」，諸本作「唯增」。

一六頁下一八行第五字「如」，磧、普、南、徑、清作「是」。

一六頁下二〇行「鐵蟲」，諸本作「鐵觜蟲」。

一七頁上一行「捨離」，諸本作「離捨」。

一七頁上一二行「几隥」，徑、清作「几凳」。

一七頁上一八行「豬狗」，資、磧作「諸狗」。

一七頁上二二行第三字「當」，諸本無。又末字「極」，諸本作「是牀

極」。
一 一七頁下六行第一〇字「何」，諸本作「云何」。
一 一七頁下一二行「螫殺」，資、磧、南作「蜇殺」；普、徑、清作「蟄殺」。
一 一七頁下一四行第一三字「曰」，諸本作「梵志又問」。
一 一八頁上二行「能留」，諸本作「不留」。
一 一八頁上六行第二字「詔」，諸本作「語」。
一 一八頁上七行「斫木」，普作「斫林」。
一 一八頁下六行「源真」，諸本作「真源」。
一 一八頁下七行夾註「略引七驗」，磧、南無。
一 一八頁下一二行第一〇字「城」，諸本無。
一 一八頁下一七行「如何」，諸本作「如前」。
一 一八頁下一九行「天西」，諸本作「西天」。
一 一八頁下二二行「肆母宋氏」，諸本作「初建母宋氏」。
一 一九頁中三行「祭祠」，諸本作「祭祀」。又末字「肆」，諸本作「母」。
一 一九頁中九行「宋西河」，諸本作「宗西河」。
一 一九頁中一七行第一〇字「正」，資、南、徑、清作「止」。
一 一九頁下三行「江槩羊希」，資、磧、南、徑、清作「江縣羊布」；普作「江槩羊布」。
一 一九頁下八行「棺櫬」，諸本作「棺唅」。
一 一九頁下一一行第一三字「陛」，諸本作「階陛」。
一 一九頁下一二行第五字「自」，普、南、徑、清作「首」。
一 一九頁下一四行第一一字「巡」，諸本無。
一 一九頁下一七行第一三字「加」，諸本作「家」。
一 二〇頁上三行「句點」，諸本作「拘黵」。
一 二〇頁上六行第一二字「黑」，諸本作「盖」。
一 二〇頁上一〇行末字「殤」，諸本作「傷」。
一 二〇頁上二一行「馮案」，資、普、南、徑、清作「凭案」。又「入門」，清作「入問」。
一 二〇頁上二二行第三字「蒙」，磧、南作「夢」。
一 二〇頁中二行「居士」，諸本無。
一 二〇頁中六行「巳五歲」，資、磧、普、南作「巳五歲云云」，徑、清作「巳丑歲云云」。又夾註右第三字「驗」，磧、南無。
一 二〇頁中二一行「被之」，諸本作「被燒之」。
一 二〇頁下二行第五字「年」，諸本無。
一 二〇頁下三行夾註「右一驗出冥報記之」，資、普、徑、清作「右一驗

出冥報記」；磧、南無。
一　二〇頁下一一行「意正」，諸本作「意止」。
一　二〇頁下一五行第三字「常」，諸本作「恒」。又第一一字「即」，磧、普、南、徑、清作「而」。
一　二〇頁下一九行第八字「畨」，諸本作「蕃」。南、徑、清下同。
一　二〇頁下二一行第一二字「期」，諸本作「期期」。
一　二〇頁下末行末字「女」，諸本作「汝」。
一　二一頁上二行「向了」，普、徑、清作「向子」。
一　二一頁上三行第一三字「馱」，諸本作「駝」。
一　二一頁上一一行夾註「右二驗出冥報拾遺」，磧、南無。
一　二一頁上一二行夾註「此有七部」，徑無。
一　二一頁上一三行至一五行「述意部……方土部」，徑無。
一　二一頁上一六行「第一」，徑無。以下部目下序數例同。
一　二一頁中二行「憶數」，諸本作「億數」。又「比藍」，諸本作「比藍曰」。
一　二一頁中一三行首字「今」，諸本作「令」。
一　二一頁中二〇行「真正」，磧、南、徑、清作「正真」。
一　二一頁中末行第一一字「上」，資、磧作「水」。
一　二一頁下末行「所行」，諸本作「所得」。
一　二二頁上一一行末字「速」，南作「遍」。
一　二二頁上一八行「一轉輪聖王」，諸本作「一鐵輪聖王」。又「一輪王」，諸本作「一鐵輪王」。
一　二二頁上一九行第四字至本頁中一行第六字「一……福」，諸本作「上二天下人福等一銅輪王福一銅輪王福等一俱耶尼人福上三天下人福等一銀輪王福一銀輪王福等一鬱單越人福上四天下人福等一金輪王福一金輪王（「王」，資、磧、普、南無）福等一四天王天人福一四天王天人福等一天王福一四（「四」，徑、清無）天王福等一三十三天人福一三十三天人（「天人」，資、磧、普、南作「人天」）福等一帝釋福一帝釋福等一焰摩天人福一焰摩天人福（「福」，資、磧、普、南無）等一天王福」。
一　二二頁中六行「汙垢」，諸本作「汗垢」。
一　二二頁中一一行第三字「聖」，諸本無。
一　二二頁中一四行「忉利下天」，磧、南作「忉利天下」。
一　二二頁中二二行「油輪」，諸本作「油轉」。又「油出」，諸本作「得油」。
一　二二頁下六行「有千女」，諸本作「有千女人」。
一　二二頁下一〇行第六字「王」，諸本無。

一　二二頁下一三行「十層坊罪等剎家」，諸本作「十層兒罪等一王」。

一　二二頁下一六行第七字「慢」，諸本作「德」。

一　二二頁下一七行首字「戒」，諸本作「相」。

一　二三頁上一六行第七字「受」，諸本作「愛」。

一　二三頁中一四行「少少耳」，諸本作「土少耳」。

一　二三頁中二〇行「世尊」，諸本作「世尊世尊」。

一　二三頁中二一行首字「少」，諸本無。

一　二三頁下一行「如陸地」，資、磧作「如地是陸」；普、南、徑、清作「如是陸地」。又第一三字「得」，諸本作「如得」。

一　二三頁下七行第三字「有」，諸本作「其」。

一　二三頁下二一行「阿脩羅」，諸本作「阿脩羅等」。

一　二四頁上二行第一二字「普」，磧、徑、清作「並」。

一　二四頁上卷末經名，徑作「法苑珠林卷第六十五」。

法苑珠林卷第五十三　滅　帚

西門寺沙門釋道世　撰

機辯篇第五十八

愚戇篇第五十九

機辯篇　此有三部

述意部　菩薩部　羅漢部

述意部第一

惟夫三藏浩汗七衆紛綸設教備機煥然通解聞苦集則哀切追情聽滅道則喜捨啓寤清泠音韻鬱若芝蘭峻旨宮商開導耳目所以馬鳴迪其幽宗龍樹振其絶緒提婆折其名數羅漢揔其條理並胡梵妙典俘翦外學迷津見衢長夜逢曉繼釋典之高範表師資之訓術屬于斯也可謂咸哉祇園若在鹿苑如瞻誠未證果趣佛邇也

菩薩部第二　略列二三餘散別篇

馬鳴菩薩傳云佛去世後三百餘年（摩耶經六百年）出自東天竺桑岐多國婆羅門種也弱狀奇譽以文談見稱天竺俗法論師文士皆執勝相以表其德

馬鳴用其俗法以利刀貫杖銘云天下智士其有能以一理見屈一文見勝者當以此刀自刎其首常執此刀周游諸國文論之士莫能抗之者是時韻陀山中有一羅漢名富樓那外道名理無不綜達於是馬鳴詣而候焉見其端坐林下志氣眇然若不可測神色謙退似而可屈遂與言沙門說之敢有所明要必屈汝我若不勝便刎頸相謝沙門默然容無負色亦無勝顏和之數四曾無應情馬鳴退自思惟我負矣彼勝矣彼安無言故無可屈吾以言之雖知言者可屈自吾未免於言眞可愧耳退謝其屈便欲刎首沙門止之汝以自刎謝我當隨我意歸汝周羅爲我弟子即以理伏落鬚投簪受具足戒聖則文宣佛法游則闡揚道化作莊嚴佛法諸論百有萬言大行天竺舉世推宗以爲造作之式雖復西河之亂孔父身子之疑聖師蔑以過也其後龍樹染翰之初著論之始未嘗不稽首馬鳴作自歸之偈謙讓憑其冥照以自寤焉

今天竺諸王勢士皆爲之立廟宗之若佛評有之曰

龍樹菩薩傳并付法藏傳云有一大士名曰龍樹（依傳云佛去世後七百年內出現於世依奘法師傳云西梵正音名爲龍猛舊翻訛略故曰龍樹佛去世後三百年出現於世壽年七百歲故人錯稱佛滅後七百年出世）天聰奇寤事不再問建立法幢摧伏異道託生南天竺國出梵志種大豪貴家始生之時在於樹下由龍成道因號龍樹少小聰哲才學超世本童子時處在襁抱聞諸梵志誦四韋陀論其典淵博有四萬偈各三十二字皆即照了達其句味弱冠馳名擅步諸國天文地理星緯圖讖及餘道術無不綜練朋友三人天姿奇秀相與議曰天下理義開寤神明洞發幽旨增長智慧若斯之事吾等悉達更以何方而自娛樂復作是言世間唯有追求好色縱情極欲最是一生上妙快樂宜可共求隱身之藥事若斯果此願必就咸言善哉斯言甚快即至術處求隱身法術師念曰此四梵志才智高遠生大憍慢草芥群生今以術故屈辱就我然此人輩研窮博達

所不知者唯此賤術若授其方則永
見棄且與彼藥使不知之藥盡必來
師諮可久即便各授青藥一丸而告
之曰汝持此藥以水磨之用塗眼瞼
形當自隱尋受師敎各磨此藥龍樹
嗅香即便識之分數多少錙銖無失
還向其師具陳斯事此藥滿足有七
十種名字兩數皆如其方師聞驚愕
問其所由龍樹荅言大師當知一切
諸藥自有氣分因此知之何足為怪
師聞其言歎未曾有即作是念若此
人者聞之猶難況我親遇而惜斯術
即以其法具授四人四人依方和合
此藥自翳其身遊行自在即共相將
入王後宮宮中美人皆被侵掠百餘日
後懷妊者衆尋往白王庶免罪咎王聞
是已心大不悅此何不祥為怪乃尒
召諸智臣共謀斯事時有一臣即白
王言凡此之事應有二種一是鬼魅二
是方術可以細土置諸門中令人守
衛斷往來者若是方術其跡自現設
鬼魅入必無其跡人可兵除鬼當呪滅
王用其計依法為之見四人跡從門

而入時防衛者驟以聞王王將勇士
凡數百人揮刀空中斬三人首近王
七尺內刀所不至龍樹斂身依王而
立於是始寤欲為苦本敗德危身汙
辱梵行即自誓曰我若得脫免斯厄
難當詣沙門受出家法既出入山至
一佛塔捨離欲愛出家為道於九十
日誦閻浮提所有經論皆悉通達更
求異典都無得處遂向雪山見一比
丘以摩訶衍而授與之讀誦愛樂恭
敬供養雖達實義未獲道證辯才無
盡善能言論外道異學咸皆摧伏請
為師範即便自謂一切智人心生憍
慢甚大貢高便欲往彼瞿曇門入尒
時門神告龍樹曰今汝智慧猶如蠡
溢比於如來非言能辯無異螢火齊
輝日月以須彌山等葶藶子我觀仁
者非一切智云何欲此門而入聞是
語已赧然有愧時有弟子白龍樹言
師常自謂一切智人今來屈辱為佛
弟子弟子之法諮承於師諮承不足
非一切智於是龍樹辭窮理屈心自
念言世界法中津塗無量佛經雖妙

句義未盡我今宜可更敷演之開寤
後學饒益衆生作是言已獨處靜室
水精房中大龍菩薩愍其若此即以
神力接入大海至其宮殿開七寶函
以示諸方等深奧經典無量妙法授
與龍樹九十日中通解甚多其心深
入體得實利龍知心念而問之曰汝
今看經為徧未耶龍樹荅言汝經無
量不可得盡我所讀者足滿十倍過
閻浮提龍王問言忉利天上釋提桓
因所有經典倍過此宮百千萬倍諸
處比此易可稱數尒時龍樹既得諸
經豁然通達善解一相深入無生二
忍具足龍知寤道還送出宮時南天
竺王夲甚邪見承事外道毀謗正法
見其龍樹是一切智人共大論師論
難不逮稽首禮敬剃除鬚髮而就出家
如是所度無量邪見王家常送十車
衣鉢終竟一日皆悉都盡如是展轉
乃至無數廣開分別摩訶衍義造憂
波提舍論十萬偈莊嚴佛道大慈方
便如是等論各十萬偈令摩訶衍先
宣於世造無畏論滿十萬偈中論出

於無畏部中凡五百偈其所敷演義味深邃摧伏一切外道勝幢是時有一小乘法師見其高明常懷忿嫉龍樹菩薩所作已辦將去此土問法師云汝今樂我久住世不答曰仁者實不願也即入閑室經日不現弟子咸怪破戶看之遂見其師蟬蛻而去天竺諸國並為立廟種種供養敬事如佛焉

羅漢部第三

如智度論云舍利弗於一切弟子中智慧最為第一如佛偈說

一切衆生中　唯除佛世尊　欲比舍利弗
智慧及多聞　於十六分中　猶尚不及一

舍利弗智慧多聞年始八歲誦十八部經通解一切義是時摩伽陀國有龍王兄弟一名姞利二名阿伽羅降雨以時國無荒年人民感之常以仲春之月大集龍處為設大會作樂談義終此一日自古及今斯集未替此日常法敷四高座一為國王二為太子三為大臣四為論士尒時舍利弗以八歲之身問衆人言此四高座為誰敷之衆人答言為國王大子大臣論士是時舍利弗觀察時人無勝己者便昇論床結跏趺坐衆人疑怪或謂愚小無知或謂智量過人雖復嘉其神異而猶各懷自矜恥其年小不自與語皆遣年少傳言問之其答曆言辭理超絕時諸論師歎未曾有愚智大小一切皆伏王大歡喜即命有司封一聚落常以給之王乘象輦振鈴告令宣示一切十六大國無不慶悅（如四分律云舍利弗具足四辯一法辯二義辯三詞辯四了了辯若具此辯而外道不伏者無有是處又勝思惟論云菩薩有七種德皆依樂說辯中何等為七一種種樂說辯中二無滞樂說辯中三堅固樂說辯中四了了樂說辯中五不怯弱樂說辯中六相應樂說辯中七任放樂說辯中此八地菩薩得也）是時吉古師子名拘律陀姓大目揵連是舍利弗友二人才智德行互同行則俱游住則同止少長交契結要始終後俱猒世出家學道作梵志弟子情求道門久而無徵以問於師師名訕闍耶而答之言自我求道彌歷年歲不知道果非其人耶他日師疾舍利弗在頭邊立大目連在足邊立二人惴惴其師將終乃愍而笑二人同心俱問笑意師答之言世俗無眼為恩愛所侵我見金地國王死其大夫人自投火積求同一處而此二人行報各異生處殊絕是時二人筆受師語欲以驗其虛實後有金地賈人遠來摩伽陀國以疏驗之果如師語乃撫然歎曰我昔非其人耶為是師隱我耶二人誓曰若先得甘露要畢相報（故佛本行經云是時舍利弗見馬師比丘入城乞食城內一切人民各共評論說偈云

巧攝諸根識　進止常寂定　含笑出美言　此必釋種子

尒時舍利弗即請云汝大師德術亦勝汝耶尒時阿溼波踰戒多隋云馬宿即說偈報云

如芥對須彌　牛跡比大海　蚊蟻並金翅　我與彼亦然
假使聲聞度彼岸　成就諸地猶弟子　於彼師邊不入數
與彼世尊威德列

於是舍利弗復聞說偈云

諸法因緣生　亦從因緣滅　吾師大沙門　常說如是法

舍利弗聞已即得見諦得法眼淨舍利弗既得須陀洹果復向目連亦說是偈目連聞舍利弗說亦得須陀洹果於是舍利弗目連二人將五百眷屬同詣佛所皆得阿羅漢果依四分律及餘經等皆云千二百五十人至於佛所得阿羅漢果）依論問曰何以名舍利弗答曰是母所作字伽陀國是中有大城名王舍城王名頻婆娑羅有婆羅門論師名摩陀羅王以其人善能論故賜封一邑去城不遠是摩陀羅遂有居家婦生一女眼似舍利鳥眼即名此女為舍利次生一男膝骨麤大名拘絺羅（秦言大膝）既有居家畜養男女所學經書皆已陳故不復業新是時南

天竺有一婆羅門大論議師字提舍
於十八種大經皆悉通利是人入王
舍城頭上戴火以銅鍱鍱腹人問其
故便言我所學經書甚多恐腹破裂
是故鍱之又問頭上何以戴火荅言以
大暗故衆人言日日出照明何以言
暗荅曰暗有二種一者日光不照二
者愚癡暗故今雖有日明而愚癡猶
黑衆人言汝但未見婆羅門摩陀羅
論師汝若見者腹當縮明當暗是婆
羅門徑至鼓邊打論議鼓國王聞之
問是何人衆臣荅言南天竺有一婆
羅門名提舍是大論師欲求論處故
打論鼓王大歡喜即集衆人而告之曰
有能難者與之論議摩陀羅聞之自
疑我以陳故不復業新不知我今能
與論不俛仰而來於道中見二特牛
方相觝觸心中作想此牛是我彼牛
是彼以此爲占知誰得勝此牛不如
便大愁憂而自念言如此相者我將
不如欲入衆時見有母人挾一瓶水
正在其前躃地破瓶復作是念是亦
不吉甚大不樂既入衆中見彼論師

顏貌意色勝相具足自知不如事不獲已
與共論議論議既交便墮負處王大
歡喜大智明人遠入我國復欲爲之
封一聚落諸臣議言一聰明人來便
封一邑功臣不賞但寵語論恐非安
國全家之道今摩陀羅論議不如應
奪其封以與勝者若更有勝人復以
與之王用其言即奪與後人是時摩
陀羅語提舍言汝是聰明人我以女
妻汝男兒相累今欲遠出他國以求
本志提舍納其女爲婦其婦懷妊夢
見一人身被甲冑手執金剛摧破諸
山而在大山邊立覺已白其夫言我
夢如是提舍言汝當生男摧伏一切
諸論議師唯不勝一人常與作弟子
舍利懷妊以其子故母亦聰明大能
論議其弟拘絺羅與姊談論每屈不
如知所懷子必大智慧未生如是何
況出生即捨家學道至南天竺不剪
指爪讀十八種經書皆令通利是故
時人名爲長爪梵志姊子既生七日
之後裹以白氎以示其父其父思惟
我名提舍逐我名字字爲憂波提舍

憂波秦言逐提舍是星名是爲父母作字衆人以其
舍利所生皆共名之爲舍利弗弗秦言子也
又舍利弗者世世本願於釋迦佛所
作智慧第一弟子字舍利弗是爲本
願因緣以名舍利弗
問曰若尒者何以不言憂波提舍但
言舍利弗荅曰時人貴重其母於衆
女人中聰明第一以是因緣故稱舍利
弗
又佛本行經云佛於舍婆城於其中
間有一大樹名尸舍波其樹蔭下多
有一切諸婆羅門止息其下諸婆羅
門遥見阿難來欲到邊各相告言汝
輩當知此是沙門瞿曇弟子於諸聰
明多聞之中最第一者作是語已阿
難便至白言仁者今請觀此樹合有
幾葉尒時阿難觀其樹已而報彼言
東枝合有若干百葉若干千葉如是
南枝西枝北枝皆言合有若干百葉
若干千葉作是語已遂即捨去尒時
彼諸婆羅門輩阿難去後取百數葉
隱藏一邊阿難迴已諸婆羅門於是
復問仁者阿難汝復來耶乞更觀此

樹有幾多葉尒時阿難仰觀樹已知
婆羅門等所摘藏葉若干百數便
即報彼婆羅門言東枝合有若干百
葉若千 千葉如是南枝西枝北枝亦言
合有若千百葉若千 千葉作是語已
便即過去尒時彼等婆羅門輩生希
有心未曾有之各相謂言此之沙門
甚大聰明有大智慧諸婆羅門以此
因緣心得正信得正信已其後不久
悉各出家成羅漢果 略述三餘備經文

頌曰

樞機巧對辯　善誘令心伏　八水潤焦芽
三明啓瞽目　來問各不同　詶荅皆芬郁
冀捨四龍驚　亦除二鼠逐　意樹發空華
心蓮吐輕馥　喻此滄海變　譬彼蓍羅熟
妙智方縟錦　詞深同霧縠　善學乖梵允
眞言異鏤腹

感應緣 略引四驗

秦太守趙正
晉沙門釋僧叡
晉沙門支孝龍
晉沙門康僧淵

秦苻堅臣武威太守趙正立志忠政

大弘佛法苻堅初敗群鋒互起戎妖
縱暴民流四出而得傳譯大部蓋由
趙正之力矣又有正字文業洛陽長
水人或曰濟陰人年至十八爲僞秦著
作郎後遷至黃門郎武威太守爲人
無鬚而瘦有妻妾而無兒時謂閹人
然而性度敏達學兼內外性好譏諫
無所迴避苻堅末年寵惑鮮卑惰於
治政因歌諫曰

昔聞孟津河千里作一曲此水本自
清是誰攪令濁堅動容曰是朕也又
歌曰

北園有一棗布葉垂重陰外雖饒棘
刺內實有赤心

堅笑曰將非趙文業耶其調戲機捷
皆此類也後因關中佛法之盛願欲
出家堅惜而未許及堅死後方遂其
志更名道整因作頌曰

佛生何以晚　泥洹一何早　歸命釋迦文
今來投大道

後遁迹商洛山專精經律晉雍州刺
史郗恢欽其風尚逼共同游終於襄陽
春秋六十餘矣

晉長安有釋僧叡魏郡長樂人也博
通經論機辯難及姚興興姚嵩特加禮
遇興問嵩曰叡公何如嵩荅實鄴衛
之松栢興勑見之欲觀其才器叡風韻
窪流含吐彬蔚興大賞悅即勑給俸
卹吏力人轝興後謂嵩曰此乃四海
摽領何獨鄴衛之松柏耶於是美聲
遐布遠近歸德什所翻經叡並恭正
昔竺法護翻正法華經至受決品云天
見人人見天什譯經至此乃言曰此語
與西域義同但在言過質叡曰將非人
天交接兩得相見什喜曰實然其領
標出皆此類也什歎曰吾傳譯經論
得與子相值眞無所恨矣著大智論
十二門論中論等諸序并著大品法
華維摩思益自在王禪經等序皆傳
於世叡弘讚經法常迴此業願生安
養於是臨終之日入房洗浴燒香禮拜
還牀面向西方合掌而卒是日同寺
咸見五色香煙從叡房出春秋六十
七矣

晉淮陽有支孝龍淮陽人少小風姿
見重加復神采卓犖高論適時無人

能抗陳留阮瞻潁川庾凱並結知音
之交世人呼為八達時或嘲之曰大晉
龍興天下為宗沙門何不全髮膚去
袈裟釋梵服披綾羅龍曰抱一以逍
遙唯寂以致誠剪髮毀容改服變形
彼謂我辱我棄彼榮故無心於貴而
逾貴無心於足而逾足矣其機辯適
時皆此類也故孫綽為之贊曰
小方易擬　大器難像　桓桓孝龍
尅邁高廣　物競宗歸　人思効仰
雲泉彌漫　蘭風肝響
晉康僧淵本西域人生于長安貌雖
胡人語實中國容止詳正志業弘深
晉成之世與康法暢支敏度等俱過
江暢亦有才思善為往復著人物始
義論等暢常執麈尾行每值名賓
輙清談盡日庾元規謂暢曰此麈尾
何以常在暢曰廉者不求貪者不與
故得常在淵亦機辯逾過於暢時琅
邪王茂弘以見淵鼻高眼深每戲弄
之淵曰鼻者面之山眼者面之淵山
不高則不靈淵不深則不清時人以
為名荅

愚戇篇第五十九　此有三部

述意部　般陀部　雜癡部

述意部第一

夫愚戇者是衆病之本障道之源致
使昏滯三有沈溺四流六情常閉三
毒常開問者口爽發語成狂洪癡不
得振其翼名愛不得逞其足棟善心
於毫芒拔凶頑於虎口魚魯不辯菽
麥何知愚惑之甚罪莫大焉

般陀部第二

如善見律云般陀者此言路邊生何
以故般陀母本是大富長者家女長
者唯有此一女憐愛甚重作七層樓
安置此女遣一奴子供給所須奴子
長大便與私通即共奴籌量我今共
汝叛往餘國如是三問奴子奴子言不
能去女語奴言汝若不去我父母知必
當殺汝奴荅言我若往他方貧無錢
寶云何生活女語奴言汝隨我去我
當偷取珍寶共汝將去奴荅言若如
是者我共汝去此女日日偷取珍寶
與奴將出在外藏竿計得二人重擔
遣奴前出在外共期此女假著婢服

反鑰戶而出共奴相隨遠到他國安
處住止一二年中即懷胎欲產心自
念言我今在此若產無人料理思念
憶母欲得還家共壻籌量奴壻不去
云若歸必當殺我壻入山斫樵不在
於後閉戶而去壻還不見其婦即問
比隣見我婦不荅言汝婦已去其夫
即逐至半路及其婦已生一男兒夫
語婦言汝為欲產故去汝今已產何
須去耶婦聞即還其後未久以復懷
胎欲產復叛至半路中復生一男其
壻追逐半路共還其二兒並於路邊
生故便字為般陀般陀兄弟與諸同
類共戲二兒力大打諸同類同類罵
言汝無六親眷屬孤單在此何敢打
我兒聞此呵還家啼泣問母此事其
母默然不荅其兒啼哭不肯飲食母
見不食慈念二兒便語其實二人聞
已便語母言送我外家不能住此其
母不許二兒啼泣不已母共壻籌量
即共往送到父門外遣人通知父母
聞已荅言使二兒入汝不須相見長
者即遣人迎二兒入入已以香湯洗

浴著衣瓔珞抱取二兒置兩膝上問言汝母在他方云何生活不甚貧乏耶二兒荅言他方貧窮賣樵自活母聞慈念即以囊盛金遣送與女語言汝留二兒我自養活汝將此金還先住處好自生活不須與我相見二兒年大為其取婦翁婆年老臨欲終時以其家業悉付二兒其翁婆命終其兄以家事付弟出家出家不久即得羅漢其弟猒俗後往兄所求欲出家兄即度之兄教一偈四月不得忘前失後兄呵念言此人於佛法無緣當遣還家即牽袈裟驅令出門門外啼泣不欲還家尒時世尊以天眼觀看衆生見周羅般陀應可度緣從至其所問何以啼般陀具荅世尊兄驅因緣佛知非聲聞能度是以牽出世尊安慰其心即以少許白氎與周羅般陀汝捉此氎向日而摩當作是念取垢取垢世尊教已即入聚落受毗舍佉母請世尊臨中觀般陀將得道果即說偈言

入寂者歡喜　見法得安樂　先無恚最樂

不害於衆生　世間無欲樂　出離於愛欲

若調伏我慢　是為第一樂

尒時周羅般陀遙聞此偈即得阿羅漢果又增一阿含經云朱利般特佛教執箒箕令誦誦箒忘箕誦箕忘箒乃經數日始得箒箕復名除垢般特思念灰土瓦石若除即清淨也結縛是垢智慧能除我今以智慧箕箒除諸結縛

又新婆沙論云兄授伽陀一偈經四月誦不得兄訶擯出尒時世尊見啼愍之即以神力轉彼所誦伽陀更為授之尋時誦得過四月所用功勞復別授以除塵垢頌而語之言今日苾芻從外來者汝皆可為拭革屣上所有塵垢小路敬諾如教奉行至日暮時有一苾芻革屣極為塵垢所著小路拭之一隻極淨一隻苦拭而不能淨即作是念外物塵垢暫時染著猶不可淨況內貪欲瞋癡等垢長夜染心何由能淨作是念時彼不淨觀及持息念便現在前次第即得阿羅漢果問小路何緣如此闇鈍荅尊者小路

於昔迦葉波佛法中具足受持彼佛三藏由法慳垢覆蔽其心曾不為他受文解義及理廢忘由彼業故今得如是極闇鈍果有說彼尊者曾於婆羅痆斯城作販豬人縛五百豬口運置船上度至彼岸及下船時氣不通故豬皆已死由彼業力如是闇鈍有說彼尊者昔餘生中曾閉塞瞿陀獸窟門令不得出在中而死由彼業故闇鈍如是

又處處經云佛言昔者朱利槃特比丘學問經於二十四年唯得五言然解垢不憂何以故由本宿命更見五百佛悉通知衆經但由閉藏經道不肯教人後被病二十四日臨死時乃悔呼人教之有是一福故知五言何況乃具足教人得福不可計也

又法句經云佛在世時有一比丘字朱利般特新作出家稟性闇塞佛令五百阿羅漢日日教之三年之中不得一偈國中四輩並知愚冥佛愍傷之授與一偈守口攝意身莫犯如是行者得度世汝今年老方得一偈人皆知之不

足爲奇今當爲汝解說其義豁然心開得阿羅漢道時波斯匿王請佛及僧於正殿會佛欲現般特威神與鉢令持隨後而行門士識之留不聽入卿爲沙門一偈不可受請何爲吾是俗人由尚知偈豈況沙門無有智慧施卿無益不須入門般特即住門外佛坐殿上行水已畢般特擎鉢申臂遥以授佛王及群臣夫人太子衆會四輩見臂來入不見其形怪而問佛是何人臂佛言是賢者般特比丘臂也即便請入威神倍常王白佛言聞尊者般特本性愚鈍方知一偈何緣得道佛告王曰學不必多行之爲上賢者般特解一偈義精理入神身口意寂淨如天金雖復多學不行徒喪識想有何益哉於是世尊即說偈言

雖誦千章　句義不正　不如一要
聞可滅意　雖誦千言　不義何益
不如一義　聞行可度　雖多誦經
不解何益　解一法句　行可得道

同聞此偈二百比丘得阿羅漢道王及群臣夫人太子莫不歡喜

又法句喻經云昔有一國名多摩羅去城七里有精舍五百沙門常處其中讀經行道有一老比丘名摩訶盧爲人暗塞五百道人傳共教之數年之中不得一偈衆共輕之不將會同常守精舍勑令埽除後日國王請諸道人入宫供養摩訶盧比丘自念言我生世間暗塞如此不知一偈人所薄賤用是活爲即持繩至後園中大樹下欲自縊死佛以道眼遥見如是化作樹神半身人現而訶之曰咄咄比丘何爲作此摩訶盧即具陳辛苦化神訶曰勿得作是且聽我言汝往迦葉佛時卿作三藏沙門有五百弟子自以多智輕慢衆人悋惜經義初不訓誨是以世世所生諸根暗鈍但當自責何爲自賊於是世尊現神光像爲說偈言

自愛身者　慎護所守　希望欲解
學正不寐　身爲第一　當自勉學
利乃誨人　不倦則智　學先自正
然後正人　調身入慧　必還爲上
身不能利　安能利人　心調體正
何願不至　本我所造　後我自愛
爲惡自更　如剛鑽珠

摩訶盧比丘見佛現身光相悲喜悚慄稽首佛足思惟偈義即入定意得阿羅漢道自識宿命無數世事三藏衆經即貫在心佛語摩訶盧著衣持鉢就王宫食在五百道人上坐此諸道人是卿先世五百弟子還爲說經令得道迹并使國王明信罪福即受佛教徑入王宫在於上坐衆人心悉怪其所以各護王意不敢訶譴念其愚癡不曉達嚫心爲之疲王便下食手自斟酌摩訶盧即爲達嚫音如雷震清辭雨下座上道人驚怖自悔皆得羅漢爲王說法莫不解釋群臣百官皆得須陀洹道

雜癡部第三

打蝨

十誦律云佛爲諸比丘說本生經云過去有秃頭染衣人共兒持衣詣水邊澣衣已捩曬持歸尒時大熱眼闇道中見一樹便以衣囊枕頭下睡有蝨子來嗄其頭血兒見已父疲極睡

臥便發惡罵云是弊惡微陋蟲子何以故來唼我父血即持大棒欲打蟲子蟲子飛去棒著父頭即死時此樹神便說偈言

寧與智者讎　不與無智親　愚為父害蚊
蟲去破父頭

打蠅

賢愚經云舍衛國中有一老公出家兒小即為沙彌共父入村乞食村遠日暮父老行遲兒畏毒獸急扶其父推父墮地應時而死佛言我知汝心無有惡意不得殺罪此由過去父病睡臥多有飛蠅數來惱觸父令逐蠅蠅來兒額以杖打之即殺其兒亦非惡意今還相報

救月

僧祇律云佛告諸比丘過去世時有城名波羅柰國名伽尸於空閑處有五百獼猴遊行林中到一尼俱律樹下樹下有井井有月影現時獼猴主見是月影語諸伴言月今日死落在井中當共出之莫令世間長夜闇冥共作議言云何能出時獼猴主言我知出法我捉樹枝汝捉我尾展轉相連乃可出之時諸獼猴即如主語展轉相捉小未至水連獼猴重樹弱枝折一切獼猴墮井水中尒時樹神便說偈言

是等騃榛獸　癡衆共相隨　坐自生苦惱
何能救世月

佛告諸比丘尒時獼猴主者今提婆達多是尒時獼猴者今六群比丘是尒時已曾更相隨順受諸苦惱今復如是

妒影

雜譬喻經云夫婦二人向蒲萄酒甕內欲取酒夫妻兩人互相見人影二人相妒謂甕內藏人二人相打至死不休時有道人為打破甕酒盡了無二人意解知影懷愧比丘為說法要夫婦俱得阿惟越致佛以為喻見影鬪者譬三界人不識五陰四大苦空身有三毒生死不絶

分衣

十誦律云佛在憍薩羅國與大比丘僧安居有兩老比丘夏罷得多施物自念人少物多不敢分之恐其得罪跋難陀比丘知往與分問二比丘言汝得衣分未耶答未分二老比丘問言汝能分不答言能是中應作羯磨即持衣物來置其前跋難陀分作三聚是二比丘聞著一聚自向二聚衣間立言汝聽作羯磨

汝二人一聚　如是汝有三　兩聚并及我
如是我有三

問是羯磨好不答言善跋難陀擔衣欲去彼比丘言大德上座我等衣物未分跋難陀言與汝分知法人應與一好衣彼言當與跋難陀是聚中取大價衣著一處餘分作二分與已擔去諸比丘聞已白佛佛廣呵責已告諸比丘是跋難陀非但今世奪前世亦奪乃過去世一河曲中有二獺河中得大鯉魚不能分二獺守之有野干來飲水見獺語言外甥是中作何等獺答言阿舅是河曲中得此鯉魚不能分汝能分不野干言能是中說偈分作三分即問獺言汝誰喜入淺答言是某獺誰喜入深答言是某

獺野干言汝聽我說偈
入淺應與尾　入深應與頭　中間身完分
應與知法者
野干銜魚身來雌者說偈
汝何處銜來　滿口河中得　如是無頭尾
鯉魚好完食
雄野干說偈言
人有相言諍　不知分別法　能知分別者
如官藏所得　無頭尾鯉魚　是故我得食
佛語諸比丘時二獺者二老比丘是
野干者跋難陀是是跋難陀前世
曾奪今世復奪

造樓

百喻經云往昔愚人癡無所知到餘富家見三重樓高廣嚴麗即作是念我有錢財不減於彼云何不造即喚木匠而問言曰解作彼舍不木匠答言是我所作即便語言今為我造木匠即便經地壘墼作樓愚人見壘語木匠言我不欲下二重先為作最上屋木匠荅言無有是事何有不作最下造彼第二不造第二云何得造第三屋愚人固言我不用下二必為

我作上時人聞已便生怪笑譬如世尊四輩弟子不勤修敬三寶嬾墮懈怠欲求道果不欲下三果唯欲得第四阿羅漢果亦為時人之所嗤笑如彼愚者等無有異不依三乘次第先學大乘亦復如是故佛藏經云不先學小乘後學大乘者非佛弟子

磨刀

百喻經云昔有一人貧窮困苦為王作事日月經久身體羸瘦王見憐愍賜一死駝貧人得已即便剝皮嫌刀鈍故求石欲磨乃於樓上得一磨石磨刀令利來下而剝如是數數往來磨刀後轉苦憚不能上樓懸駝上樓就石磨刀深為人笑猶如愚人毀破禁戒多取錢財以用修福望得生天反得其殃如懸駝上樓磨刀用功甚多所得甚少

賣香

百喻經云昔有長者入海取沈水香積有年載方得一車詣市賣之以其貴故卒無買者多日不售心生疲猒見人賣炭時得速售便燒作炭不得半車價直世間愚人亦復如是無

量方便勤求佛果以其難得便生退心不如發心求聲聞果速斷生死作阿羅漢

賭餅

百喻經云昔者夫婦有三番餅夫婦共分各食一餅餘一番在共作要言若有語者要不與餅既作要已為一餅故各不敢語須臾有賊入家偷盜取其財物一切所有盡畢賊手夫婦二人以先要故眼看不語賊見不語即其夫前侵掠其婦其夫眼見亦復不語婦便喚賊語其夫言云何癡人為一餅故見賊不喚其夫拍手笑言咄婢我定得餅不復與尒世人聞之不無嗤笑凡夫之人亦復如是為小名利詐現靜默為虛假煩惱種種惡賊之所侵掠喪其善法遂墮三塗都不怖畏求出世道方於五欲躭著嬉戲雖遭大苦不以為患如彼愚人等無有異

畏婦

百喻經云昔有一人娉娶二婦若近其一為一所瞋不能裁斷便在二婦

中開正身仰臥值天大雨屋舍霖漏水土俱下墮其眼中以先有要不敢起避遂令二目俱失其明世間凡夫亦復如是親近邪友習行非法造作結業墮三惡道長處生死喪智慧眼如彼愚夫爲其二婦故二眼俱失

擣米

百喻經云昔有一人至婦家舍見其擣米便往其所偷米擣之婦來見夫欲共其語滿口中米都不應和羞其婦故不肯棄之是以不語婦怪不語以手摸看謂其口腫語其父言我夫始來卒得口腫都不能語其父即便喚醫治之時醫言曰此病最重狀似石癰以刀抉之可得差耳即便以刀抉破其口米從中出其事彰露世間之人亦復如是作諸惡行犯於淨戒覆藏其過不肯發露墮於地獄畜生餓鬼如彼愚人以小羞故不肯吐米以刀抉口乃顯其過

效眴

百喻經云昔有一人欲得王意問餘人言云何得之有人語言若欲得意王

形相汝當效之此人見王眼眴便效王眴王問之言汝爲病耶爲著風耶何以眼眴其人荅王我不病眼亦不著風欲得王意見王眼眴故效王也王聞是語即大瞋恚使人加害擯令出國世人亦尒於佛法王欲得親近求其善法以自增長既得親近不解如來法王爲衆生故種種方便現其短闕便生譏毀效其不是由是之故於佛法中永失其善墮於三惡如彼效王亦復如是

悑樹

百喻經云譬如野干在於樹下風吹枝折墮其脊上即便閉目不欲看樹捨棄而走到于露地乃至日暮亦不肯來遙見風吹大樹枝柯動搖上下便言喚我還來樹下愚癡弟子亦復如是已得出家得近師長以小呵責即便迸走復於後時遇惡知識惱亂不已方還師所如是去來是爲愚惑

頌曰

愛網結心闇　貪癡背智明　雖蒙慧炬照
愚昧猶自盲　頑戇常不覺　慧種未開萌

自非慕高友　何得寤神英

法苑珠林卷第五十三

法苑珠林卷第五十三

校勘記

一　底本，麗藏本。金藏廣勝寺本原版多殘，今採用其中可用者十四版，即三五頁中至卷末。

一　二九頁上一行經名，徑作「法苑珠林卷第六十六」。卷末經名同。

一　二九頁上二行撰者，資、磧、普作「大唐上都西明寺沙門釋道世字玄惲撰」；南作「唐上都西明寺沙門釋道世字玄惲撰」；徑作「唐上都西明寺沙門釋道世玄惲撰」；清作「唐西明寺沙門釋道世撰」。

一　二九頁上三行「機辯篇第五十八」

下，資、磧、普、南、清有夾註「此有三部」。

一　二九頁上四行「愚戇篇第五十九」，徑、清無。

一　二九頁上五行「機辯篇此有三部」，資、磧、普、南、徑、清無。

一　二九頁上六行「迷意部……羅漢部」，徑無。

一　二九頁上七行「第一」，徑無。下至三一頁上一〇行部目下序數例同。

一　二九頁上八行「浩汗」，資、磧、南、徑、清作「浩瀚」；普作「浩翰」。

一　二九頁上一〇行「清泠音韻鬱若芝蘭」，資、磧、普、南、徑、清作「清詞妙氣鬱若芬蘭」。

一　二九頁上一一行第四字「商」，資、磧、普、南、徑、清作「商」，下同。又第一三字「迪」，資、磧、普、南、徑、清作「抽」。

一　二九頁上一二行第一一字「折」，南、徑、清作「析」。

一　二九頁上一三行「翊贊」，資、磧、普、南、徑、清作「翼贊」。

一　二九頁上一六行第九字「瞻」，資、磧、普、南、徑、清作「見」。

一　二九頁上一八行「略列二三餘散別篇」，磧、南作「略引二三」；普作「略引二三餘散別篇」；徑無；清作「略引二」。

一　二九頁中一行第一〇字「貫」，資、磧、普、南、徑、清作「冠」。又第一三字「云」，資、磧、普、南、徑、清作「其」。

一　二九頁中三行第一一字「常」，資、磧、普、南、徑、清作「當」。

一　二九頁中六行「綰達」，資、磧、普、南、徑、清作「綜達」。

一　二九頁中九行第六字「明」，資、磧、普、南、徑、清作「盟」。

一　二九頁中一五行「刎首」，資、磧、普、南、徑、清作「自刎首」。

一　二九頁中一九行「百有萬言」，磧、南作「文宣佛言」。

一　二九頁中二〇行「孔父」，資、磧、普、南、徑、清作「孔文」。

一　二九頁下二行末字「曰」，資、磧、普、南、徑、清作「日」。

一　二九頁下五行夾註右「舊翻訛略」，資、磧、普、南、徑、清作「舊訛略」。

一　二九頁下一〇行「襁抱」，資、磧、普、南、徑、清作「襁褓」。

一　二九頁下一四行「朋友」，資、磧、普、南、徑、清作「有友」。

一　三〇頁上四行「眼瞼」，資、磧、普、南、徑、清作「眼臉」。

一　三〇頁中一四行「往彼」，資、磧、南、徑、清作「往復」。

一　三〇頁中一七行首字「輝」，資、磧、普、南、徑、清作「耀」。

一　三〇頁中二〇行第二字「常」，資、磧、普、南、徑、清作「恒」。

一　三〇頁下七行「實利」，徑、清作「寶利」。又「龍知」，資、磧、普、南、徑、清作「龍之」。

一　三〇頁下一六行末字「論」，資、磧、普、南、徑、清作「擊」。

一　三一頁上六行「閑室」，資、磧、普、南、徑、清作「闇室」。

一　三一頁上一四行「智慧」，磧、南作「智度」。

一　三一頁中五行「自矜」，資、磧、普、南、徑、清作「自矜」。

一　三一頁中一〇行「告令」，資、磧、普作「告吉」；南、徑、清作「告言」。

一　三一頁中一二行夾註左「一種」，資、磧、普、南、徑、清作「一曰」。

一　三一頁中一四行夾註左首字「八」，資、磧、普、南、徑、清作「辯」。又左末字「也」，資、普、南、徑、清無。

一　三一頁中一七行「交契」，資、磧、普、南、徑、清作「繾綣」。

一　三一頁中二二行「惴惴」，資、磧、普、南、徑、清作「喘喘」。

一　三一頁下九行夾註左「常寂定」，資、磧、普、南、徑、清作「恒靜定」。

一　三一頁下一〇行夾註右首二字「尒時」，磧、南、徑、清作「是時」。又左末字「云」，資、磧、普、南、徑、清作「言」。

一　三一頁下一一行夾註右「蟁蝱」，磧作「蚊虫」。

一　三一頁下一二行夾註左「吾師」，資、磧、普無；南、徑、清作「我佛」。又「常說如是法」，資、磧、普、南作「說是法」。

一　三一頁下一五行「論問」，資、磧、普、南、徑、清作「問論」。

一　三二頁上五行「何以」，磧、普、南、徑、清作「何故」。六行同。

一　三二頁上一一行「徑至」，資、磧、普、南、徑、清作「遥至」。

一　三二頁上一六行第四字「陳」，資、磧、普、南、徑、清作「塵」。

一　三二頁上一九行第九字「得」，資、磧、普、南、徑、清無。

一　三二頁上二一行第七字「見」，磧、南無。

一　三二頁中八行「後人」，徑、清作「彼人」。

一　三二頁中一二行「金剛摧破」，資、磧、普、南、徑、清作「金剛杵摧」。

一　三二頁中一五行第一〇字「常」，資、磧、普、南、徑、清作「當」。

一　三二頁中一七行末字「不」，磧作「於」。

一　三二頁中一九行「學道」，資、磧、普、南、徑、清作「學問」。

一　三二頁中二〇行「皆令」，南、徑、清作「令皆」。

一　三二頁下一二行第九字「息」，清作「恖」。

一　三二頁下一四行「當知」，磧作「告言」。

一　三三頁上一行末字「知」，資、磧、普、南、徑、清作「即知」。

一　三三頁上七行「言此」，磧、南作「此言」。

一　三三頁上一四行第一〇字「逐」，資、磧、普、南、徑、清作「逼」。

一　三三頁上一六行第一〇字「穀」，磧作「教」。

一　三三頁上一八行夾註「略引四驗」，

磧無。

一　三三頁中三行末字「長」，資、磧、普、南、徑、清作「清」。

一　三三頁中五行第八字「郎」，資、磧、普、南、徑、清作「侍郎」。

一　三三頁中末行末字「矣」，資、磧、普、南、徑、清無。

一　三三頁下六行第二字「吏」，資、磧、普、南、徑、清作「使」。

一　三三頁下二二行第二、三字「淮陽」，南、徑、清作「沙門」。

一　三四頁上一行「阮贍」，資、磧、普、南、徑、清作「阮瞻」。

一　三四頁上一〇行「物競」，磧、南、徑、清作「物竟」。

一　三四頁上一一行第七字「盱」，資、磧、普、南、徑、清作「肹」。

一　三四頁上一二行第九字「生」，資、磧、普、南、徑、清作「至」。

一　三四頁中二行「述意部……雜癡部」，徑無。

一　三四頁中三行「第一」，徑無。以下部目下序數例同。

一　三四頁中四行「愚戇」，資、磧、普、南、徑、清作「愚惷」。

一　三四頁中六行第二字「常」，資、磧、普、南、徑、清作「恒」。

一　三四頁中八行第四字「拔」，資、磧、普、南、徑、清作「狀」。

一　三四頁中一八行末字「錢」，磧、普、南、徑、清作「財」。

一　三四頁中二二行第八字「筭」，資、磧、普、南、徑、清作「舉」。又末字「擔」，資、磧、普、南、徑、清作「已」。

一　三四頁中末行「此女」，資、磧、普、南、徑、清作「此女便」。

一　三四頁下五行第二字「若」，資作「何」；磧、普、南、徑、清作「何得」。

一　三四頁下一四行第五字「兒」，南作「男」。又末字「詈」，資、磧、普、南、徑、清作「罵」。

一　三四頁下二一行第六字「父」，資、磧、普、南、徑、清作「已」。

一　三五頁上一四行「啼泣」，資、磧、普、南、徑、清作「啼哭」。

一　三五頁上一九行第一一字「[illegible]」，資、磧、普、南、徑、清作「帑」。

一　三五頁中五行第四字「篲」，資、磧、普、南、徑、清作「箒」。下同。

一　三五頁中六行第九字「復」，南、徑、清作「更」。

一　三五頁下四行「有說」，資、磧、南作「不說」。

一　三五頁下七行第四字「皆」，資、磧、普、南、徑、清無。

一　三五頁下八行第一〇字「曾」，資、磧、普、南、徑、清作「曾聞」。

一　三六頁上四行「令持」，清作「令持」；麗作「令特」。

一　三六頁中三行「讀經」，麗作「讀誦」。

一　三六頁中一〇行「縊死」，資、磧、普、南、徑、清作「絞死」。

一　三六頁下一行「自愛」，資、磧、普、南、徑、清作「自受」。

一　三六頁下二行「自吏」，徑、清作

「自受」。

一　三六頁下一〇行「上坐」，清作「三坐」。

一　三六頁下一七行「第三」下，清有夾註「凡一十三段」。

一　三六頁下二一行第五字「捩」，資、磧、普、南、徑、清作「絞」。

一　三六頁下末行第四字「唼」，資、磧、普、南、徑、清作「飲」。

一　三七頁上一行「微陋」，資、磧、普、南、徑、清作「婢兒」。

一　三七頁上二行「故來唼」，資、磧、普、南、徑、清作「來飲」。

一　三七頁上二〇行第六字「井」，諸本(不含石，下同)作「井中」。

一　三七頁中七行第四字「世」，徑、清作「出」。

一　三七頁中一四行第一〇字「相」，資、磧、普、南、徑、清無。

一　三七頁中一五行「至死」，資、磧、南作「生死」。

一　三七頁下一行第一二字「其」，南作「真」。

一　三七頁下五行「跋難陀」，資、磧、普、南、徑、清作「難陀」。

一　三七頁下六行第五字「間」，磧、南作「問」。又「二聚」，資、磧、南作「三聚」。

一　三七頁下一〇行第九字「善」，資、磧、普、南、徑、清作「好」。

一　三七頁下一六行第一二字「奪」，資、磧、南無。

一　三七頁下一七行第一三字「獺」，資、磧、普、南、徑、清作「狙」。下同。

一　三八頁上二行末字「分」，磧、南作「食」。

一　三八頁上一二行第五字「復」，磧、南作「得」。

一　三八頁上一九行第七字「塹」，諸本作「塹」。

一　三八頁下四行「賭餅」，資、磧作「覩餅」。

一　三八頁下五行第一一字「番」，資、磧、普、南、徑、清作「播」。下同。

一　三八頁下一四行第五字「定」，麗作「家」。

一　三八頁下一五行「不無」，資、磧、普、南、徑、清作「無不」。

一　三九頁上七行首字「揜」，資、磧、普、南、徑、清作「唵」。九行第九字同。

一　三九頁上一五行「石癰」，資、磧、南作「石壅」。又第六字「抉」，資、磧、普、南、徑、清作「決」，下同。

一　三九頁上二一行第二字「眴」，資、磧、普、南、徑、清作「瞤」。下同。

一　三九頁中六行「亦尒」，磧、南作「亦是」。又第九字「王」，資、磧、普、南、徑、清作「中」。

一　三九頁中二〇行「師所」，資、磧、普、南、徑、清作「所去」。

一　三九頁中末行第八字「常」，資、磧、普、南、徑、清作「恒」。

法苑珠林卷第五十四　寧

西明寺沙門釋道世撰

詐僞篇第六十

惰慢篇第六十一

詐僞篇此有六部

述意部第一

夫至道無隔貴在忠言故出其言善則千里應之出其言不善則咫尺如讎但敎流末代人法譌替或憑眞以搆僞或飾虛以詐眞良由人懷邪正故法通眞俗名利既侵則我人逾盛現親尚無附之況元來䟽薄故難交友故經曰直心是道場不虛假故也

詐親部第二

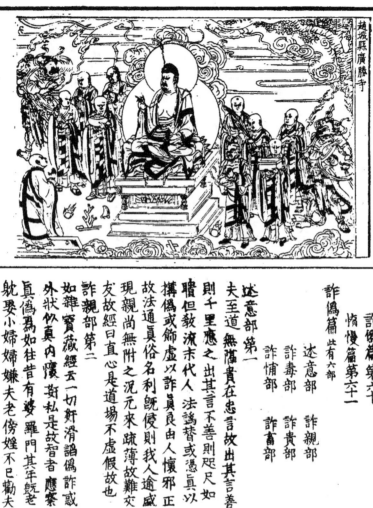

如雜寶藏經云一切姧滑諂僞詐惑外狀似眞內懷姧私是故智者應察眞僞爲如往昔有婆羅門其年既老躭娶小婦婦嫌夫老傍婬不已勸夫設會請諸少壯婆羅門等夫疑有姧不肯延致前婦之子墮於火中尒時小婦眼看不捉婆羅門言兒今墮火何故不捉婦即荅言我自少來唯近已夫不近餘男云何令我提此男子老夫聞已謂如其言便設大會集婆羅門尒時少婦便共交通老夫見已心懷忿恨即取寶物棄婦而去於其路中見一婆羅門便共爲伴至暮共宿明旦前行語老婆羅門言於昨宿處有一草葉著我衣裳我自少來無侵世物欲還草葉歸彼主人尒並停住待我往還老婆羅門深信其言倍生愛敬許當住待詐捉草葉入溝假臥良久乃還云葉歸了老婆羅門因便利故即以寶物而用寄之此人尋後賷寶便走老婆羅門見偷已物惋彼不已小復前行憇一樹下見一鸛雀口中銜草語諸鳥言我等共相憐愍集會一處而共住止尒時諸鳥皆信其言而來聚集時此鸛雀趣鳥飛後就他巢窠啄卵而食諸鳥將至更復銜草諸鳥知諂悉捨而去於此樹下更經少時見一外道出家之人

身披納衣安行徐步口云去去衆生
老婆羅門而問之言何以並行口唱
去去外道荅言我出家人憐愍一切
畏傷蟲蟻是故耳介時婆羅門見其
此語深生篤信尋至其家於其暮宿
但聞歌儛之聲便出看之乃見出家
外道住室有一地孔内出婦女與共
灾歡彈琴儛戲老婆羅門見已天
下萬物無一可信故說偈言
不捉他男子　以草還主人　鸛雀詐銜草
外道畏蟲傷　口言唱去去　如是詐諂偽
都無可信者　來苦實難當
故涅槃經云佛言如我昔日所說偈言
一切江河　必有回曲　一切藂林
必有樹木　一切女人　必有諂曲
一切自在　必受安樂

詐毒部第三

如雜寶藏經云時提婆達多作種
種因緣欲得殺佛然不能得時南天
竺國有婆羅門來善知呪術和合毒
藥提婆即合毒藥以散佛上風吹此
藥反墮已頭上即便悶絕躃地欲死
醫不能治阿難白佛言世尊提婆達
多被毒欲死佛憐愍故爲說實語我
從菩薩成佛已來於提婆達多常生
慈悲無有惡心者毒當自滅作是語
已毒即消滅諸比丘言希有世尊提
婆達多常起惡心於如來如來云何
猶故活之佛言非但今日惡心向我
過去亦介即問佛言惡心於佛其事
云何佛言過去之世迦尸國中有波
羅柰城有二輔相一名斯那二名惡
意斯那常順法行惡意常行惡行好
爲讒搆而語王言斯那欲作惡逆王
即收閉諸天善神於虚空中出聲而
言如此賢人實無過罪云何拘縛第
二惡意刼王庫藏反著斯那王亦不
信王言捉此惡意付與斯那仰使斷之
斯那即教惡意向王懺悔惡意自知
有罪便走向毗提醯王所作一寶篋
盛二惡蛇見毒具足令毗提醯王遣
使送與王并及斯那二人共看莫示
餘人王見寶篋極以嚴飾心大歡喜即喚斯那欲共
發看斯那荅言遠來之物不得自看遠來果食不得
即食何以故彼有惡人或能以惡來
見中傷王言我必欲看殷勤三諫王
不用語復白王言不用自語王自看
之目不能看王即發看兩眼盲冥不
見於物斯那憂苦愁瘁欲死遣人四
出徧歷諸國遠覓良藥既得好藥以
治王眼平復如故介時王者舍利弗
是介時斯那者我身是介時惡意者
提婆達多是也

詐貴部第四

如僧祇律云佛告諸比丘過去世時
有城名波羅柰國名伽尸時有弗盧
醯大學婆羅門爲國王師常教五百
弟子時婆羅門家生一奴名迦羅呵
常使供給諸童子等是奴利根聞說
法言盡能憶持此奴一時共諸童子小
有嫌恨便走他國詐自稱言我是弗
盧醯婆羅門子字耶若達多語此
國師言我是波羅柰國王師弗盧醯
子故來至此欲從大師學婆羅門法
師荅言可介是奴聰明本已曾聞今
復重聞悉能持其師大喜即令教
授五百門徒汝代我教我當往來王
家是師無有男兒唯有一女即告之
曰耶若達多當用我語汝莫還國我

今以女妻汝荅言從教共作生活家
漸豐樂耶若違多爲人難可婦爲作
食常瞋生熟不能適口婦常念言脫
有行人從波羅柰國來者當從彼受
飲食法然後供養夫主彼弗盧醯婆
羅門具聞是事便作是念我奴迦羅
呵逃在他國當往捉來或可得直便
詣彼國時奴與諸門徒詣園游戲在
於中路遥見本主即便驚怖密語門
徒汝等還去各自誦習門徒去已便
到主前頭面禮足白其主言我來此
國稱道大家是我之父便投此國師
大學經典與女爲婦願尊今日勿彰
我事當與奴直奉上大家主婆羅門
善解世事即荅言汝實我兒但早發
遣奴即將主歸家告家中言我所親
來其婦歡喜爲辦種種飲食奉食訖
已伺小空閑密禮婆羅門足而問之
曰我奉事夫飲食供養常不可意願
尊指授本在家時何所食噉當如先
法爲作飲食客婆羅門便即瞋恚而
作是念如是如是困苦他女汝但速發
遣我我臨去時教汝一偈使夫無言

女聞歡喜辭出而退即語夫言尊婆
羅門故從遠來宜早發遣夫即念言
如婦所說宜應早遣莫令久住恐言
漏失損我不少便大與財物教婦作
食自行供之夫爲曹主求伴不在婦
奉食訖禮足辭別請求先偈即教偈
言

無親游他方　欺誑天下人　麁食是常食
細食復何嫌

今與汝此偈若彼瞋恚嫌食惡時便
在其邊背面微誦令其得聞作是教
已便還本國是奴送主去已每至食
時還復瞋恚婦於夫邊試誦其偈夫
聞是偈心即不喜便作是念咄是老
物發我臭穢從是已後常作輭語求
婦不瞋恐婦向人說其陰私佛告諸
比丘時本主弗盧醯婆羅門者即我
身是時奴迦羅呵者今闡陀比丘是
彼於尒時已曾恃我凌他今復如是
恃我勢力凌易他人

詐情部第五

如智度論云一切諸法皆是虛誑衆
生愚癡不識親疏瞋罵加害乃至奪
命起此重罪故墮三塗受無量苦譬
如山中有一佛圖彼中有一別房房
中有鬼來恐惱道人故諸道人皆捨
房去有一客僧來維那處分令住此
房而語之言此房中有鬼神喜惱人
能住中者住客僧自以持戒力多聞
故言小鬼何所能爲我能伏之即入
房住暮更有一僧來求此住處維那
亦令在此房住亦語有鬼惱人其人
亦言小鬼何所能爲我當伏之先入
者閉戶端坐待鬼後來者夜闇打門
求入先入者謂爲是鬼不爲開戶後
來者極力打門在內道人以力排之
外者得勝排門得入內者打之外者
亦打至旦相見乃是故舊同學識已
各相愧謝衆人雲集笑而怪之衆生
亦復如是五陰皆虛無我無人取相
鬬諍橫加毒害若剋解在地但有骨
肉無人無我是故菩薩語衆生言汝
等莫於根本空中鬬諍人身尚不可得
何況值佛

詐畜部第六

如舊雜譬喻經云昔有婦人富有金

跟與男子交通盡取金銀衣物相逐俱去到一急水河邊男子語言汝持財物來我先度之當還迎汝男子度已便走不還婦人獨住水邊憂苦無人可救唯見一野狐捕得一鷹復見河魚捨鷹捨魚魚既不得復失本鷹婦語狐曰汝何太癡貪捕其兩不得其一狐言我癡尚可汝癡劇我也

又僧祇律云佛告諸比丘過去世時非時連雨七日不止諸放牧者七日不出時有餓狼飢行求食徧歷七村都無所得便自剋責我何薄相經歷七村都無所得不如守齋住還山林自於窟穴祝願言使一切衆生皆得安隱然後攝身安坐閉目帝釋至齋日乘伊羅白龍象觀察世間持戒破戒到彼山窟見狼閉目思惟便作是念咄哉狼獸甚為奇特人尚無此心況此狼獸而能如是便欲試之知其虛實釋即變身化為一羊在窟前住高聲命群狼時見羊便作是念奇哉齋福報應忽至我游七村求食不獲今暫守齋餚饍自來厨供已到但當食已然後守齋即便出穴往趣羊所羊見狼來便驚驁走狼便尋逐羊去不住追之既遠羊化為狗方口耽耳反來逐狼急聲喚之狼見狗來驚怖還走狗急追之劣乃得免還至窟中便作念言我欲食彼反欲噉我尒時帝釋便於狼前作跛腳羊鳴喚而住狼作是念前者是狗我飢悶眼花謂為是羊今所見者此真是羊復更諦觀看耳角尾真實是羊便出往趣羊復驚走驁逐垂得復化作狗反還逐狼亦復如前我欲食彼反欲見噉時天帝釋即於狼前化為羔子鳴群喚母狼便瞋言汝作肉段我尚不出況為羔子而欲見欺還更守齋靜心思惟時天帝釋知狼心念還齋猶作羊羔於狼前住狼便說偈言

若真實是羊　猶故不能出　況復作虛妄
如前恐怖我　見我還齋已　汝復來見試
假使為肉段　猶尚不可信　況作羔羊子
而詐喚咩咩

於是世尊而說偈言

若有出家人　持戒心輕漂　不能捨利養
猶如狼守齋

又五分律云佛告諸比丘乃往古昔有一摩納在山窟中誦剎利書有一野狐住其左右專聽誦書心有所解作是念言我解此書語足堪作諸獸中王作是念已便起游行逢一羸瘦野狐便欲殺之彼言何故殺我答言我是獸王汝不伏我是以相殺彼言願莫殺我我當隨從於是二狐便共游行復逢一狐又欲殺之問答如上亦言隨從如是展轉伏一切狐便以群狐伏一切象復以衆象伏一切虎復以衆虎伏一切師子遂權得為王既作王已復作是念我今為獸中王不應以獸為婦便乘白象率諸群獸不可稱數圍迦夷城數百千帀王遣使問汝諸群獸何故如是野狐答言我是獸王應娶汝女與我者善若不與我當滅汝國還白如此王集群臣共議唯除一臣皆云應與所以者何國之所恃唯賴象馬我有象馬彼有師子象馬聞氣惶怖伏地戰慄不如為獸所

滅何惜一女而喪一國時一大臣聰
叡遠略而白王言臣觀占今未曾聞
見人王之女與下賤獸臣雖弱昧要
殺此狐使諸群獸各各散走王即問
言計將焉出大臣荅言王但剋期戰
日先當從彼求索一願願令師子先
戰後吼彼謂吾畏必令師子先吼後
戰王至戰日當勑城內皆令塞耳王
用其語遣使剋期并求上願至于戰
日復遣信求然後出軍軍鋒欲交野
狐果令師子先吼野狐聞之心破七分
便於象上墜落于地於是群獸一時
散走佛以是事而說偈言
野狐憍慢盛　欲求其眷屬　行到迦夷城
自稱是獸王　人憍亦如是　覩統於徒衆
在摩竭之國　法主以自號
尒時迦夷王者我身是聰叡大臣者
舍利弗是野狐王者調達是諸比丘
調達往昔詐得眷屬今亦如是故佛
說偈云
善人共會易　惡人共會難　惡人共會易
善人共會難
又佛本行經云尒時佛告諸比丘謂

我念往昔有一河名波利耶多隨著彼節
時彼河岸有一人是結華鬘師其人
有園在彼河側而彼河內時有一龜
從水而出至華園中求食而行處處
經歷蹹壞其華時彼園主見龜壞華
即捉置於一篋篋中將欲殺食彼龜
作念云何得脫此難作何方便誑此
園主即向園主而說偈言
我從水出身有泥　汝且置華洗我體
我身既有泥不淨　恐畏汙汝篋及華
時彼園主作如是念善哉此龜善言
教我今不得不取其言我洗其身勿
令泥汙我之華篋作是念已即手執
龜將向水所欲洗龜身是時彼人即
捉龜出置於石上抄水欲洗是時彼
龜出大筋力忽投沒水時華鬘師見
龜沒水作如是言奇哉是龜乃能如
是誑逗於我我今還可誘誑是龜使
令出水時華鬘師即向彼龜而說偈
言
賢龜諦聽我作意　汝今親舊甚衆多
我作華鬘繫汝咽　姿汝歸家作喜樂
尒時彼龜作如是念此華鬘師妄言

誑我彼師毋患著牀其姊搩華造鬘
欲賣以用活命今作是言定是誑我
欲食我故誘我出耳是時彼龜向華
鬘師而說偈言
汝家造酒欲會親　廣作種種諸味食
汝至家內作是語　龜宍煑已晴糕頭
尒時佛告諸比丘言汝諸比丘欲知彼
時入水龜者我身是也華鬘師者魔
波旬是其於尒時欲誑惑於我而不
能著今復欲誑何由可得
又佛告諸比丘言我念往昔於大海
中有一大虬其虬有婦身正懷妊
忽然思欲獼猴心食以是因緣其身
羸瘦痿黃踠轉顫慄不安時彼特
虬見婦身體如是羸瘦無有顏色是
已問言賢善仁者汝何所患欲思何
食我不聞汝從我索食何故如是時
其特虬默然不報其夫復問汝今何
故不向我道婦報夫言汝若能與我
隨心願我當說之若不能者我何暇
說夫復荅言汝但說看若可得理我
當方便會覓令得婦即語言我今意
思獼猴心食汝能得不夫即報言汝

所須者此事甚難所以者何我居大海猴在山樹何由可得婦言奈何若不得是物此胎必墮我身不久恐取命終是時其夫復語婦言賢善仁者汝且容忍我今求去若成此事深不可言則我與汝並皆慶快尒時彼虬即從海出至於岸上去岸不遠有一大樹名優曇婆羅（隋言氷願）時彼樹上有一大獼猴在於樹頭取果子食是時彼虬既見獼猴在樹上坐食於樹子見已漸漸到於樹下到已即便共相慰喻以美語言問訊獼猴善哉善哉婆私師吒在此樹上作於何事不甚辛勤受苦惱耶求食易得無疲倦不獼猴報言如是仁者我今不大受於苦惱虬復重更語獼猴言汝在此處何所食噉獼猴報言我在優曇婆羅樹上食噉其子是時虬復語獼猴言我今見汝甚大歡喜徧滿身體不能自勝我欲將汝作於善友共相愛敬汝取我語何須住此又復此樹子少無多云何乃能此處願樂汝可下來隨逐於我我當將汝度海彼岸別有大林種種諸樹華果豐饒獼猴問言我云何得至彼處海水深廣甚難越度云何堪度是時彼虬報獼猴言我背負汝將度彼岸汝今但當從樹下來騎我背上尒時獼猴心無定故陋劣愚癡心生歡喜從樹而下上虬背上欲隨虬去其虬內心生如是念善哉善哉我願已成即欲相將至自居處及獼猴俱沒於水猴問虬言善友何故忽沒於水虬即報言我婦懷妊彼如是思欲汝心食以是因緣我將汝來尒時獼猴作如是念嗚呼我今甚不吉利自取磨滅作何方便而得免此急速厄難不失身命復如是念我須誑虬作是念已而語虬言仁者善友我心留在優曇婆羅樹上寄著不持將行仁於當時云何不依實語我知今須汝心我於當時即將相隨善友還迴放我取心得已還來尒時彼虬聞獼猴語已二俱還出獼猴見虬欲出水岸是時獼猴努力奮迅捷疾跳躑出大筋力從虬背上跳下上彼優曇大樹之上其虬在下少時停待見猴淹遲不下而語之言親密善友汝速下來共汝相隨至於我家獼猴默然不肯下樹虬見獼猴經久不下而說偈言

善友獼猴得心已　願從樹上速下來
我當送汝至彼林　多饒種種諸果樹

尒時獼猴作是思惟此虬無智即說偈言

汝虬計挍雖能寬　而心智慮甚陋劣
汝但審諦自思忖　一切衆類誰無心
彼林雖復子豐饒　及諸菴羅等少果
我今意實不在彼　寧自食此優曇婆

尒時佛告諸比丘言當知彼時大獼猴者我身是也彼虬者魔波旬是彼時猶尚誑惑於我而不能得今復欲將世間五欲之事而來誘我豈能動我此之坐處

又雜寶藏經云昔有烏梟共相怨憎烏待晝日知梟無見蹹殺群梟噉食其宍梟便於夜知烏眼闇復啄群烏開穿其腹亦復噉食畏晝畏夜無有竟已有一智烏語衆烏言已爲怨憎不可求解終相誅滅勢不兩全

宜作方便殄覆諸梟然後我等可得
歡樂若其不尒終為所敗衆鳥答言
當作何方得滅讎賊智烏答言尒等
衆鳥拔我毛羽啄破我頭我當設計
要令殄覆即如其言樵瘁形容向
梟穴外而自悲鳴聞其聲已便言今
尒何故破傷來至我所烏語梟言
衆鳥讎我不得生活故來相投以避
怨惡時梟憐愍遂便養給常與殘宍
日月轉久毛羽平復烏作微計銜乾
樹枝并諸草木著梟穴中似如報恩
梟語烏言何用是為烏即答言孔穴
之中純是冷石用此草木以御風寒
梟以為尒默然不荅而烏於是即求
守孔穴而作給使令用報恩時會暴
雪寒風猛盛衆梟率尒來集孔中烏
得其便尋生歡喜銜攸人火用燒梟
孔衆梟一時於孔焚滅尒時諸天說
偈言曰
諸有宿嫌處　不應生體信　如烏詐託寒
焚滅苑梟身
又六度集經云昔者菩薩為孔雀王
從妻五百棄其舊匹欲娶青雀為妻

其青雀唯食甘露好果孔雀為妻日
行取之其國王夫人有疾夢覩孔雀
云其宍可為藥寤已啓聞王令獵士
疾行索之夫人曰有能得之者娉以
季女賜金千斤國諸獵士分布行索
覩孔雀王從一青雀在常食處即以
蜜麨每處塗樹孔雀輒取以供其妻
射師以蜜麨塗身踞坐而候孔雀取
麨人應獲之焉孔雀曰子之勤身必
為利也吾示子金山可為無盡之寶
子原吾命矣獵者又曰大王賜吾千
斤金妻以季女豈信汝言乎旬以送
獻汝矣孔雀曰大王懷仁潤無不周
願納微言乞得少水吾以慈祝服之
疾瘳矣若其無効受罪不晚王順其
意夫人服之衆疾皆瘳華色煒曄宮
人皆然舉國歎王弘慈全孔雀之命
獲延一國之壽孔雀曰願得投身于
彼大湖并祝以水率土黎民衆疾可
瘳若有疑妄願以杖極吾足王曰許
可孔雀如之國人飲水並皆得力聾聽
盲視瘖語躄申衆疾皆然夫人疾除
國人並得無病兼無害孔雀之心孔

雀具知向王陳曰受王生潤之恩吾
報濟一國之命報畢乞退王曰可尒
雀即翔飛昇樹重曰天下有三癡王
曰何謂三耶一者吾癡二者獵士癡
三者大王癡王曰願釋之也雀曰諸
佛重戒以色為火燒身危命貪色之
由也吾捨五百供養之妻而貪青雀
索食供之有如僕使為狂用所得始
危身命斯吾癡也獵者之癡吾至誠
之言捨一山之金棄無窮之寶信夫
人邪僞之欺望季女之妻覩世狂愚
皆斯類矣損佛真誠之戒信鬼魅之
欺酒藥婬亂或度破門之禍或死入
太山其苦無數思還為人猶無羽之
鳥欲飛昇天豈不難哉婬婦之妖蠱
喻彼魁魅靡不由之亾國危身而愚
夫尊之萬言無一誠也而射師信之
斯謂獵者愚矣王得天醫除一國疾
諸毒都滅顔如盛華巨細欣賴而王
放之斯謂王愚矣佛告舍利弗孔雀
王者自是之後周旋八方輒以神藥
慈心布施愈衆生病雀王者吾身是
也國王者舍利弗是也獵者調達是

也夫人者調達婦是菩薩慈慧度無極行布施如是

又雜寶藏經云佛言乃往過去時有蓮華池多有水鳥在中而住時有鸛雀在於池中徐步舉脚諸鳥皆言此鳥善行威儀徐序不惱水性時有白鵠而說偈言

舉脚而徐步　音聲極柔軟　欺誑於世間
誰不知諂譏

鸛雀語言何為作此語來共作親善白鵠荅言我知汝諂譏終不親善汝欲知尒時鵝王者即我身是也尒時鸛雀者今提婆達多是也

又雜寶藏經云佛言於過去世雪山之側有山雞王多將雞衆而隨從之雞冠極赤身體甚白語諸雞言汝等遠離城邑聚落莫與人民之所噉食我等多諸怨嫉好自慎護時聚落中有一貓子聞彼有雞便往趣之在於樹下徐行低視而語雞言我為汝婦汝為我夫而汝身形端正可愛頭上冠赤身體俱白我相承事安隱快樂雞說偈言

貓子黃眼愚小物　觸事懷害欲噉食
不見有畜如此婦　而得壽命安隱者

尒時雞者我身是也尒時貓者提婆達多是也昔於過去欲誘誑我今日亦復欲誘誑我衆我徒衆頌曰

姧情詐癡　令信匪疑　僞現依附
虛誑來隨　外親內損　夙夜侵移
久共同住　方覺相欺

嫚慢篇第六十一　此有二部

述意部第一

夫人所以不得道者由於心神昏惑心神所以昏惑由於外物擾之擾之者多其事略三一則勢利榮名二則妖妍靡曼三則甘脂肥濃榮名雖日用於心要無晷刻之累妖妍靡曼方之已深甘脂肥濃為累甚切萬事云云皆三者之枝葉耳聖人知不斷此三事故求道無從可得如水大擁之亟之則其用彌全決之散之則其勞彌薄故論云質微則勢重重則勢微是以思之測之寔由勤功而寤道惰之慢之良因貪聲色而障聖所以釋氏震法鼓於鹿菀夫子揚德音於陬魯尚耳目所不聞豈心識之能契也

別證部第二

如薩婆多論云波羅提木叉之戒五道而言唯人道得戒餘四不得如天道以著樂深重不能得戒如昔一時大目連以弟子有病上忉利天以問耆婆正值諸天入歡喜園尒時目連在於路側立待一切諸天無顧看者唯耆婆後至顧見目連向舉一切乘車直過目連自念此本人間是我弟子今受天福以著天樂都失本心即以神力制車令住耆婆下車禮目連足目連種種因緣呵責耆婆荅目連曰以我人中為大德弟子是故舉手問訊頗見諸天有尒者不時目連勸誡釋提桓因云佛世難值何不數數相近諮受正法帝釋欲解目連意故遣使勑一天子令來返覆三喚猶故不來後不應已而來帝釋白目連曰此天子唯有一伎樂以自娛樂以染欲情深雖復命重不能自割故不肯來況作天王種種宮觀無數天女須食自然百味百千伎樂以自

娛樂視東念西雖知佛世難遇正法難聞而以染樂纏縛不得自在知復如何三塗苦難無緣得戒人中唯三天下得戒北鬱單越無有佛法不得戒以福報障并愚癡故不受聖法

又善見律云時有六群比丘自身在下請法人在高而爲說法以慢法故佛呵責之佛語比丘往昔波羅㮈國有一居士名曰車波加其婦懷妊思菴羅果語其壻言我思菴羅果君爲我覓其夫荅言此非果時我云何得婦語夫言君若不得我必當死夫聞婦語心自念言唯王園中有非時果我當往偷作是念已即夜入王園取果未得明相已出不得出園於是樹上藏住時王與婆羅門入園欲食菴婆羅果婆羅門在下王在高座婆羅門爲王說法偷果人樹上自念言我偷果事應合死因王聽婆羅門說法故我今得脫我今無法王亦無法婆羅門亦無法何以故我爲婦故而偷王果王由憍慢故師在下座自在高座而聽說法婆羅門爲貪利養故自在下坐爲王說法我今二人相與無法我今得脫即便下樹往至王前而說偈言

二人不知法　二人不見法　教者不依法
聽者不解法　爲是飲食故　我言是無法
爲以名利故　毀碎汝家法

王聞此偈怒偷果人罪我爲凡時尚見非法況今成佛汝諸弟子爲下人說法時偷果人者我身是也

又智度論云如迦葉佛時有兄弟二人出家求道一人持戒誦經坐禪一人廣求檀越修諸福業至釋迦佛出世一人生長者家一人作大白象力能破賊長者子出家學道得六神通阿羅漢而以薄福乞食難得他日持鉢入城乞食徧不能得到白象廄見王供象種種豐足語此象言我之與汝俱有罪過象即感信三日不食守象人怖求覓道人見而問言汝作何術令王白象病不能食耶荅曰此象是我先身時弟共於迦葉佛時出家學道我但持戒誦經坐禪不行布施弟但廣求檀越作諸布施不持戒不學問以其不持戒誦經坐禪故今作此象大修布施故飲食備具種種豐足我但行道不修布施故今雖得道果乞食不能得以是事故因緣不同雖值佛世猶故飢渴

又百喻經云昔外國節慶之日一切婦女盡持優鉢羅華以爲鬘飾有一貧人其婦語言尒若能得優鉢羅華來與我爲尒作妻若不能得我捨尒去其夫先來常善能作鴛鴦之鳴即入王池作鴛鴦鳴偷優鉢羅華時守池者而作是問池中者誰而此貧人失口荅言我是鴛鴦守者捉得將詣王所而於中道復更和聲作鴛鴦鳴守池者言尒先不作今作何益世間愚人亦復如是終身殘害作衆惡業不習心行使令調善臨命終時方言今我欲得修善獄卒將去付閻羅王雖欲修善亦無所及如彼愚人欲到王所作鴛鴦鳴

又百喻經云昔有大富長者左右之人欲取其意皆盡恭敬長者唾時左右侍人以脚蹹却有一愚者不及得蹹而作是言若唾地者諸人蹹却欲

唖之時我當先蹹於是長者正欲欬
唖時此愚人即便舉脚蹹長者口破
脣折齒長者語言汝何以故蹹我脣
口愚人具答所由故唖欲出舉脚先
蹹望得汝意凡物須時未及到強設
功力反得苦惱以是之故世人當知
時與非時

頌曰

憒學迷三教　罔者不知一　合蔓不結棘
敷華何得實　徒生高慢心　陵他非好畢
墜落幽闇道　關閉牢深密　一入百千年
萬億苦切逼　對苦悔無知　方由憒慢得
至人善取譬　愚智須明律　英雄慢法時
焉知悔今日

感應緣　略引八驗

晉抵世常至晉太康中有富人居時
禁晉人作沙門常奉法不懼憲綱潛
於宅中立精舍供養沙門于法蘭亦
在其中比丘來者不憚後有僧來姿
形頑陋衣弊足泥常逆作禮命奴洗
足僧曰常自洗之何用奴也常曰老
病以奴自代僧不許常私罵而去僧
現八尺形容儀光偉飛行去常撫膺
自撲泥中家內僧尼行路五六十人望
見空中數十丈分明奇香芬氣一月
留宅

莊子曰人而不學謂之視肉學而不
行命之曰撮囊

列女傳曰河南樂羊子常行得遺金
還以與妻妻曰妾聞志士不飲盜泉
廉者不受嗟來之食況拾遺求利以
汙其行乎羊子慚棄金於野遠尋師
而學

文子曰上學以神聽之中學以心聽
之下學以耳聽之

孫卿子曰不登高山不知天之高也
不聞先王之道言不知學問之大君
子之學入乎耳著乎心布乎四支形
乎動靜小人學出乎口入乎耳之閒四
寸耳曷足以美七尺之軀鹽鐵論曰
內無其質而外學其文雖有賢師良
友若畫脂鏤氷費日損功故良師不能
飾成施澤香不能加嫫母

說苑曰晉平公問師曠曰吾年七十欲
學恐已暮矣對曰暮何不秉燭乎曰
聞少而學者如日出之陽壯而學者
如日中之光老而學者如秉燭之明秉
燭之明孰與昧行乎公曰善哉論衡
曰手中無錢而之市決貨貨主必不
與也夫胷中無學亦猶手中無錢也

法苑珠林卷第五十四

法苑珠林卷第五十四

校勘記

一　底本，金藏廣勝寺本。

一　四四頁中一行經名，徑作「法苑珠林卷第六十七」。

一　四四頁中二行撰者，資、磧、普、南作「大唐上都西明寺沙門釋道世字玄惲撰」；徑作「唐上都西明寺沙門釋道世玄惲撰」；清作「唐西明寺沙門釋道世撰」。

一　四四頁中三行「詐僞篇第六十」下，資、磧、南、清有夾註「此有六部」。

一　四四頁中四行「惰慢篇第六十一」，徑、清無。

一　四四頁中五行「詐僞篇此有六部」，資、磧、普、南、徑、清無。

一　四四頁中六至八行「述意部……詐畜篇」，徑無。

一　四四頁中九行「第一」，徑無，以下部目下序數例同。

一　四四頁中一二行首字「贖」，資、磧、普、南、徑、清作「聾」。

一　四四頁中一九行「似真」，諸本（不含石，下同）作「似直」。

一　四四頁下二行「小婦」，資、磧、普、南、徑、清作「少婦」。

一　四四頁下四行第一一字「提」，資、磧、普、南、徑、清作「捉」。

一　四四頁下一一行第一三字「並」，資、磧、普、南、徑、清作「且」。

一　四四頁下一四行「云葉」，資、磧、普、南、徑、清作「葉云」。

一　四四頁下一七行第九字「愒」，諸本作「憩」。

一　四五頁上一五行第二字「有」，資、磧、普、南、徑、清作「名」。

一　四五頁上二一行「提婆」，資、磧、普、南、徑、清作「提婆達多」。

一　四五頁中五行第四字「常」，資、磧、普、南、徑、清作「恒」。次頁上三行第二字同。

一　四五頁中六行第三字「活」，資、磧、普、南、徑、清作「治」。

一　四五頁中一〇行「常行惡行」，資、磧、普、南、徑、清作「恒作惡行」。

一　四五頁中一八行「見毒」，資、磧、普、南、徑、清作「其毒」。

一　四五頁中一九行「送與王」，資、磧、普、南、徑、清作「送與彼國王」；麗作「送與彼王」。

一　四五頁中二〇行第六字「遂」，諸本作「篋」。

一　四五頁中二二行首字「即」，資、磧、普、南、徑、清作「自」。

一　四五頁下一一行第一二字「教」，資、磧、普、南、徑、清作「教學」。

一　四五頁下一四行第八字「奴」，資、磧、普、南、徑、清無。

一　四五頁下一五行末字「弗」，資、磧、普、南、徑、清無。

一　四五頁下末行第五字「多」，資、磧、南無。

一　四六頁上一行第一〇字「共」，資、磧、南無。

一　四六頁上二〇行第一二字「當」，

資、磧、普、南、徑、清作「常」。

一　四六頁中一五行第四字「臭」，資、磧、普、南、徑、清作「瞋」。

一　四六頁下三行第四字「來」，普、徑、清作「頻來」。

一　四六頁下五行首字「房」，資、磧、普、南、徑、清作「室房」。

一　四六頁下一三行「道人」，普、徑、清作「僧人」。

一　四七頁上一七行首字「日」，資、磧、普、南、徑、清作「日月」。

一　四七頁中七行「念言」，資、磧、普、南、徑、清作「是念」。

一　四八頁上四行至五行「王即問言計將焉出」，資、磧、南作「言王即問何計將兵馬出」；徑、清作「王即問言何計將兵馬出」。

一　四八頁上九行「并求」，磧、南、徑、清作「共求」。

一　四八頁上一五行第一一字「規」，資、磧、普、南、徑、清作「領」。

一　四八頁上末行末字「謂」，諸本作「言」。

一　四八頁中一行第三字「往」，資、磧、普、南、徑、清無。又夾註右「隨言」，資、磧、普、南、麗作「隋言」；徑、清作「此言」。

一　四八頁中六行首字「即」，資、磧、普、南、徑、清作「園主即」。

一　四八頁中二二行第八字「姿」，諸本作「恣」。

一　四八頁下六行第一二字「脂」，諸本作「脂」。

一　四八頁下一四行「踠轉」，資、磧、普、南、徑、清作「宛轉」。

一　四八頁下一五行末字「是」，諸本作「見」。

一　四九頁上八行夾註「隨言氷願」，資、普、南作「隋言水願」；徑、清作「此言水願」；磧、麗作「隋言求願」。

一　四九頁下一四行末字「彼」，資、磧、普、南、徑、清作「於」。

一　五〇頁上四行第七字「啄」，資、磧、普、南、徑、清無。

一　五〇頁上五行「樵瘁」，資、磧、普、南、徑、清作「憔悴」；麗作「憔瘁」。

一　五〇頁上六行第七字「鳴」，清作「烏」。

一　五〇頁上九行第一一字「常」，資、磧、普、南、徑、清作「恒」。

一　五〇頁上一七行「妝人」，諸本作「牧人」。

一　五〇頁上二〇行「託寒」，資、磧、普、南、徑、清作「託善」。

一　五〇頁上二一行「莵梟」，資、磧、普、南、徑、清作「衆梟」。

一　五〇頁中一行末字「日」，資、磧、普、南、徑、清作「曰」。

一　五〇頁中九行第三字「應」，資、磧、普、南、徑、清作「應手」。

一　五〇頁中一三行「孔雀曰」，資、磧、普、南、徑、清作「孔雀見王曰」。

一　五〇頁下八行「狂罔」，資、磧、普、南、徑、清作「狂網」。

一　五〇頁下一六行「魆魅」，資、磧、普、南、徑、清作「魆魅」。

一　五〇頁下二〇行「放之」，資、磧、普、南、徑、清作「放之王始欲殺吾以肉療夫人疾」。

一　五〇頁下二二行「雀王」，資、磧、普、南、徑、清作「孔雀王」。

一　五一頁上一二行第六字「王」，資、磧、普、南、徑、清無。

一　五一頁中六行第五字「令」，資、磧、普、南、徑、清作「今」。

一　五一頁中九行「此有二部」，徑無。

一　五一頁中九行與一〇行之間，清有「述意部　引證部」一行。

一　五一頁中一〇行「第一」，徑無。

一　五一頁中一八行第一一字「大」，諸本作「火」。又末字「亟」，資、磧、普、南作「亟」；徑、清作「然」。

一　五一頁中二〇行「重則勢微」，資、磧、南作「勢微質重」；普、徑、清作「勢微則質重」。

一　五一頁中二一行「測之」，資、磧、南作「惻之」；普、徑、清作「則之」。

一　五一頁中二二行「良因」，資、磧、普、南、徑、清作「良由」。

一　五一頁下二行「別證部第二」，資、磧、普、南、清、麗作「引證部第二」；徑作「引證部」。

一　五一頁下九行「一切」，諸本作「一手」。

一　五一頁下一五行第一一字「時」，資、磧、普、南、徑、清作「有時」。

一　五一頁下一六行第六字「云」，資、磧、普、南、徑、清無。

一　五一頁下一七行第三字「謥」，諸本作「諮」。

一　五一頁下二二行「天王」，資、磧、普、南、徑、清作「天主」。

一　五二頁上一行「念西」，諸本作「忘西」。

一　五二頁上一〇行第五字「[illegible]」，諸本作「堉」。

一　五二頁上一九行第一三字「故」，資、磧、普、南、徑、清無。

一　五二頁中六行第五字「恕」，普、南、徑作「怒」。

一　五二頁下五行「節慶」，資、磧、普、南、徑、清作「節度」。

一　五二頁下九行第九字「能」，普作「化」。

一　五三頁上四行「欲出」，資、磧、普、南、徑、清作「未出」。

一　五三頁上五行第九字「時」，諸本作「時時」。

一　五三頁上一一行第三字「幽」，南、徑、清作「於」。

一　五三頁上一二行末字「得」，資、磧、南作「掮」；普、徑、清作「楯」。

一　五三頁上一三行首字「至」，資、磧、普、南、徑、清作「聖」。

一　五三頁上一五行與一六行之間，徑、清有　八驗篇目　「晉抵世常奉法驗　莊子驗　列女傳驗　文子驗　孫卿子驗　鹽鐵論驗　晉平公驗　論衡驗」。

一　五三頁上一七行「憲綱」，資、磧、南、徑、清作「憲綱」。

一　五三頁上二〇行第九字「逆」，資、

磧、普、南、徑、清作「遂」。

一　五三頁上二一行第四字「常」，資、磧、南、徑、清作「恒」。

一　五三頁上末行第一一字「去」，諸本作「而去」。

一　五三頁中二行「芬氣」，資、磧、南、徑、清作「芬氳」。

一　五三頁中六行第一〇字「常」，資、磧、普、南、徑、清作「嘗」。

一　五三頁中九行「遠尋」，資、磧、普、南、徑、清作「逮尋」。

一　五三頁中一六行「入乎耳之間」，資、磧、普、南、徑、清作「入乎耳耳目之間」。

一　五三頁中一九行「晝脂」，資、磧、南作「晝暗」；普、徑、清、麗作「晝脂」。

一　五三頁中二〇行「成施」，普、徑、清作「西施」。

法苑珠林卷第五十五　滅

西明寺沙門釋道世撰

破邪篇第六十二 此有二部

述意部第一

蓋聞三乘啓轍諸子免火宅之災八正開元群生寤無爲之果是故慈雲降潤不別蒿蘭慧日流輝寧分岸谷且立教垂範盡妙窮微發至生情難量亘測雖周孔儒術莊老玄風將欲方茲逈非倫擬其有帝代賢士今古明君咸共遵崇無乖敬仰欲使玉礫異價涇渭分流制六師而正八邪反四倒而歸一味折染俗之自然興因果之正路挫邪智之虛角杜異見之妄言求珠之寶心開觀象之僞識正自非德均眞際體合無生豈能契此玄門履之一實者也

引證部第二

如增一阿含經云尒時有長者名阿那邠邸其家大富不可稱計尒時滿富城中有長者名曰滿財亦大富饒財復是邠邸少小舊好共相敬愛邠邸長者常有千萬寶貨在滿富城中販賣使滿財長者經紀然滿財長者亦有數千萬寶在舍衛城中販賣使邠邸經紀是時邠邸有女名須摩提顏貌端正如桃華色世之希有尒時滿財見須摩提女端正見已問邠邸曰此是誰家女邠邸報曰是我所生滿財曰我有小息未有匹偶可適貧家不時邠邸報曰事不宜尒滿財問曰以何等故邠邸報曰種姓財貨足相訓匹所事神祠與我不同此女事佛汝事外道以是之故不赴來意滿財報曰我等所事自當別祀此女所事別自供養邠邸報曰我女設當適汝家者彼此各出財寶不可稱計滿財問曰汝今索幾許財寶邠邸報曰我今須六萬兩金是時長者即與六萬兩金邠邸以方便前却猶不能使止語彼長者曰設我嫁女當往問佛若有教勅我當奉行是時阿那邠邸即往至世尊所白世尊曰須摩提女爲滿富城中滿財長者所求爲可與不世尊告曰若須摩提女適彼國者

多所饒益度脫人民不可稱量聞已
禮退還至家中共辦飲食與滿財長
者滿財問曰我不用食但嫁女與我
不耶　外邸報曰欲尒者便可却後十
五日使兒至此作是語已便退而去
是時滿財長者辦具所須乘寶羽
之車從八十由旬內來外邸復莊嚴
已女乘寶羽之車將女往迎中道相
遇滿財得女便將至滿富城中人民
之類各作制限若此城中有女出適他
國者當重刑罰若他國取婦將入國
者亦重刑罰尒時彼國有六千梵志
國人所奉制限有言犯者當飯六千
梵志長者自知犯制即飯六千梵志
梵志所食純食豬宍及重釀之酒又
梵志所著衣服或被白氎或被毳衣
以衣偏著右肩半身露現即白時到
入長者家長者見來膝行前迎恭敬
作禮最大梵志舉手稱善抱長者頸
往詣座所各隨坐訖時長者語須摩
提女曰汝自莊嚴向我師禮須摩提
女報曰止止大家我不堪任向裸形人
禮長者報曰此非裸形但所著衣是

其法服須摩提女報曰此無慚愧之
人皆共露形有何法服之用世尊所
說世人所貴有慚有愧若無此二則
尊卑無異共豬犬無別我實不堪向
作禮拜時須摩提夫語其婦曰汝今
可起向我師作禮此諸人等皆是我所
事天婦報曰且止我不禮此無慚愧
裸形人令我向驢犬作禮夫曰勿作
是言自護汝口勿有所犯此非驢非
狗但所著之衣正是法衣是時須摩
提女洟零悲泣顏色變異並作是說
寧斷命根終不墮此邪見之中時六
千梵志各共高聲何故使此婢罵詈
乃尒是諸梵志已食少多便去是時
滿財長者在高樓上煩冤愁惋我今
取此來便為破家辱我門戶時有梵
志名曰修跋得五神通往長者家上
高樓上與長者相見梵志問長者曰
何故愁憂長者報曰昨因為兒娶婦
具說前緣梵志報曰此女所事之師
皆是梵行之人今日現在甚奇甚特
長者問曰汝為外道異學何故歎譽
沙門釋子有何神德有何神變梵志

報曰欲聞神德今粗說原此女所事
之師最小弟子名曰均頭沙彌飛來
詣阿耨達泉洗垢之衣阿耨大神天
龍鬼神皆起前迎恭敬問訊善來人
師可就此坐却後坐食食竟盪鉢在
金案上跏趺正身次第入九次第定
是時天龍鬼神與蹋洗衣舉著空中
而曝使乾時彼沙彌收攝衣已便飛
在空還歸所在長者當知最小弟子
有此神力況最大者何況如來至真
正覺而可及乎是時長者語梵志曰
我等可得見此女所事師乎梵志報
曰可還問此女是時長者問須摩提女
曰吾今欲得見汝所事師能使來不
女聞歡喜不能自勝願時辦具飲食
明日如來當來至此及比丘僧長者
報曰汝今自請吾不解法是時長者
女沐浴身體手執香火上高樓上叉
手向如來而歎之曰
諸變不可計　皆使立正道　我今復值厄
唯願尊屈神　尒時香如雲　縣在虛空中
徧滿祇桓舍　住在如來前　諸釋虛空中
歡喜而作禮　又見香在前　須摩提所請

雨諸種種華　而不可計量　悉滿祇桓林
如來笑放光
尒時世尊告諸神足比丘大目連大迦葉阿那律乃至均頭沙彌等汝等以神足先往至彼城中諸比丘對曰如是世尊是時衆僧使人名曰乾荼明旦躬負大釜飛在空中往至彼城繞城三帀詣長者家是時均頭沙彌化作五百華樹色若干種皆悉敷茂是時般特化作五百頭牛衣毛皆青在牛上坐往詣彼城尒時羅雲復化作五百孔雀色若干種在上坐往詣彼城是時迦匹那化作五百金翅鳥極為勇猛在上坐往詣彼城尒時優毗迦葉化作五百龍皆有七頭在上坐往詣彼城是時須菩提化作琉璃山入中跏坐往詣彼城尒時大迦旃延復化作五百鶴色皆純白往詣彼城是時離越化作五百虎在上坐往詣彼城是時阿那律化作五百師子極為勇猛在上坐往詣彼城是時大迦葉化作五百匹馬皆朱尾金銀交飾在上坐往詣彼城是時目連化

作五百白象皆有六牙七處平整金銀交飾在上坐往詣彼城如是現神變皆繞城三帀往長者家是時世尊以知時到在虛空中去地七仞阿若拘隣在右舍利弗在左阿難在後而手執拂千二百弟子前後圍繞如來在中及餘諸天帝釋諸王皆現神變悉在空中作唱伎樂數千萬種雨衆天華散如來上舍衛城內人民皆見如來在空去地七仞皆懷歡喜不能自勝是時滿財長者遙見如來相好猶如金聚放大光明以偈問須摩提女須摩提女復以偈報之天人梵志皆自歸命是時六千梵志見如此神變各相謂言我等可離此國更適他土猶如禽獸各奔所趣是諸梵志聞如來響各各馳走不得自寧由如來有大威力故不自安是時世尊還捨神足入城以足蹈門閫上是時天地大動諸神散華詣長者家就座而坐世尊漸與長者及八萬四千人民說戒施生天之論訶欲不淨出家為要各於座上諸塵垢盡得法眼淨

皆自歸三寶受持五戒此須摩提女及八萬四千人皆由久遠迦葉佛所四事供養一施二愛敬三利人四等利不慎貧家當來之世亦當復值如此之尊使我莫轉女身得法眼淨是時城中人民聞哀愍王女作此誓願人皆隨喜此願尒時哀愍王者今須達長者是尒時王女者今須摩提女是尒時國土人民之類者今八萬四千人是由彼誓願故今值我身聞法得道

又智度論云有梵志名長爪（別經梵云名勝且乂）是閻浮提大論議師言一切論可破一切言可壞一切執可轉無有實法可信可恭敬者舍利弗舅摩訶俱絺羅與姊舍利論議不如俱絺羅思惟念言非姊力也必懷智人寄言母口未生乃尒及生長大當如之何思惟是已生憍慢心為廣論議故出家作梵志入南天竺國始讀經書諸人問言汝志何求長爪答言十八種大經盡欲讀之諸人語言盡汝壽命猶不能知一何況能盡長爪自念皆作

憍慢爲姊所勝今此諸人復見輕辱
爲是二事故自作誓言我不剪爪要
讀十八種經書盡人見爪長因號長
爪梵志是人以種種經書譏刺是非
破他論議譬如大力狂象唐突蹴蹹
無能制者如是長爪梵志摧伏諸論
師已還至摩伽陀國王舍城那羅陀聚
落至本生處問人言我姊生子今在
何處有人語言汝姊子者適生八歲
讀一切經書盡至年十六論議勝一切
人有釋種道人姓瞿曇與作弟子長
爪聞之即起憍慢生不信心而作是言
如我姊子聰明如是彼以何術誘誑
剃頭作弟子作是語已直向佛所
尒時舍利弗初受戒半月佛邊侍立
以扇扇佛長爪見佛問訊訖一面坐
作是念一切論可破一切語可壞一
切執可轉是中何者是諸法實相何
者是第一義譬如大海欲盡其底求
之既久不得一法彼以何論議而得我
姊子作是思惟已而語佛言瞿曇我
一切法不受
佛問長爪汝一切法不受是見受不

佛所質義汝已領之邪見毒熾今出
是毒氣言一切法不受是見汝受不
尒時長爪如好馬見鞭影覺畏便
著正道長爪梵志既得佛語鞭影入
心即棄貢高慚愧低頭如是思惟佛
置我兩處負門中若我說是見我受
是負處門麁故衆人所共知云何自
言一切法不受今受是見此現前妄
語是麁負處門多人所知第二負處
門細我欲受之以少少知故作是念
已荅佛言瞿曇一切法不受是見亦
不受佛語梵志汝不受一切法是見
亦不受則無所破與衆人無異何用
自高而生憍慢如是長爪不能荅佛
自知已墮負處即於佛智起恭敬信
心自思惟我墮負處世尊不彰不言
是非不以爲意佛心柔輭第一清淨
得大甚深最可恭敬無過佛者佛爲
說法斷其邪見即於坐處遠塵離垢
得法眼淨是時舍利弗聞是語時得
阿羅漢是長爪梵志出家作沙門得
阿羅漢
又佛說乳光佛經云時佛世尊適小

中風當須牛乳尒時維耶離國有梵
志名摩耶利爲五萬弟子作師復爲
國王大臣人民所敬遇豪富貪嫉不
信佛法但好異道於是佛告阿難持
如來名往到梵志摩耶利家從其求
索牛乳湩來阿難受教著衣持鉢到
其門下梵志摩耶利適與五百上足
弟子欲行入宮與王相見時即出舍
值遇阿難因問言汝朝來早欲何所
求阿難荅曰佛世尊身小不安隱使
我索乳梵志默然不報自思惟念我
若不持牛乳與謂我慳惜適持乳與
諸餘梵志便復謂我事瞿曇道進
退惟宜難尒當指撥與惡牛令自毄
取當使牴殺折辱其道便見捐棄我
還爲人所敬若不得乳明我不惜謀議
是已即告阿難牛朝已放在彼墪中
汝自往搆摩耶勑兒汝將阿難示此
牛處慎莫爲捉時五百弟子聞師說
是悉大歡喜
尒時維摩詰來欲至佛所道經梵志
門前因見阿難即謂何謂晨朝持鉢住此
欲何求索阿難荅曰如來身小有風

當須牛乳故使我來維摩詰即告阿
難莫作是語如來正覺身如金剛衆
惡已斷但有諸善當有何病默然行
矣勿得外道誹謗如來無使天龍神
等得聞是聲十方菩薩阿羅漢得聞
此言轉輪聖王尚得自在何況如來阿
難勿為羞慚索乳疾行慎莫多言阿
難聞此大自慚懼聞空中有聲言阿
難如長者所言但為如來於五濁世
示現度脫一切三毒之行故時往取
乳向者維摩詰雖有是語莫得羞慚
於是五百梵志聞空中聲即無狐疑
皆大踊躍悉發無上正真道意
尒時摩耶利內外眷屬及聚邑中合
數千人皆隨阿難往觀牛阿難即住
牛傍自念言今我所事師法不得自
手聲乳語適竟第二忉利天帝便從
天來化作年少梵志被服因住牛傍
阿難見之心用歡喜謂言年少梵志
請取乳湩即答阿難我非梵志是天
帝釋我聞如來欲得牛乳故來到此
阿難言天帝位尊何能近此腥穢之
牛帝釋答曰雖我之豪何如如來尊

尚不猒倦建立功德何況小天阿難報
釋為我取乳唯願用時釋應曰諾尋
即持器前至牛所時牛靜住不敢復
動其來觀者皆驚怪之尒時帝釋
而說偈言
今佛示微恙　汝與我乳湩　今佛服之差
得福無有量　佛尊天人師　常慈心憂念
蜎飛蠕動類　皆欲令度脫
尒時犢母即為天帝釋說偈言
此手捫摸我　何一快乃尒　取我兩乳湩
置於後餘者　當持遺我子　朝來未得飲
雖知有福多　作意當平等
於是犢子便為母說偈言
我從無數劫　今得聞佛聲　即言持我分
盡用奉上佛　世尊一切師　甚難得再見
我食草飲水　可自足今日　我作人已來
飲乳甚大久　及在六畜中　亦尒不可數
世間愚癡者　亦甚大衆多　不知佛布施
後因悔無益　我乃前世時　慳貪坐抵突
復隨惡知友　不信佛經戒　使我作牛馬
至于十六劫　今乃知有佛　如病得醫藥
持我所飲乳　盡與滿鉢去　今我後智慧
得道願如佛

時天帝釋即取乳滿鉢阿難得乳意
甚歡喜於是梵志從邑中來者聞此
牛子母所說皆共驚怪此牛弊惡人
不得近今日何故柔善乃尒想是阿
難所感發耳瞿曇弟子尚猶如此何
況佛德威神變化而我等不信其教
時梵志男女合萬餘人皆悉踊躍遠
塵離垢逮得法眼阿難持乳還至佛
所具白所由佛告阿難如牛子母所說
此牛子母乃昔宿命時曾為長者大
富饒財復慳不施不信佛戒不知生
死常喜出財外人從舉日月適至喜
多責息無有道理既償錢畢復謗抵
人言其未畢但坐是故墮畜生中十
六劫今聞我名歡喜者何畜生之罪
亦當畢是此牛子母却後命盡七返
生兜術天及梵天上七返生世間當為
豪富家不生惡道所在常當通識宿
命當供養諸佛燒香持經牛母從是
因緣最後當值見彌勒佛作沙門精
進不久得羅漢道犢子亦當如是上
下二十劫竟當得作佛號曰乳光牛
母之子俱得度脫會中五百長者子

悉發無上道意三千八百梵志應時得須陀洹道
又佛說心明經云佛游王舍城靈鳥山與五百比丘四部衆俱往之一縣而行分衛諸天龍神追於上侍到梵志館門外而住佛放大光普照十方時梵志婦執爨炊飯見光照身身得安隱解懌無量還顧見佛端政姝好倍加踴躍重自惟忖今得覩佛及衆弟子誠副宿願欲以食餜奉進正覺隱察愚夫不信道德志存邪疑見安所施必興結恨不得由已當如之何便即威飯取汁一杓以用上佛佛以威神鉢中自然有百味食佛時達嚫口歎頌曰
假以馬百匹　金銀校鞍勒　持用惠施人
不如杓飯汁　設以七寶車　載滿諸珍奇
杓飯汁施佛　其福過於彼　若施白象百
明珠瓔珞飾　供佛一杓汁　其福超彼上
如轉輪聖王　普賢王女后　端正無有比
七寶瓔珞身　如是之妙類　其數各有百
悉以配施人　不如一杓汁
於是梵志靜住而聽聞佛所歎心懷疑惑前問佛言一杓飯汁何所直耶而乃稱讚若干寶施而云不如一杓汁施斯之飯汁不直一錢然乃咨嗟若干億倍孰當信哉於是世尊尋即顯露廣長之舌以覆其面上至梵天告梵志曰吾從無數億百千劫常行至誠乃獲斯舌寧以妄語能致之乎吾欲問卿至誠荅之曾頗往返舍衛羅閱中路有樹名尼拘類蔭覆人衆五百乘車乎對曰唯然有之曾所見也世尊又問其子大小荅曰形如芥子佛告梵志卿真兩舌實如芥子樹何大乎對曰審尒不敢欺也佛又告種如芥子生樹廣大地之生植適無所置所覆彌廣何況如來無上正覺無量福會普勝者哉大慈弘哀無所不濟以餜供獻功祚難計梵志默然無以加報佛告阿難斯婦壽終當轉女像得爲男子生于天上下生爲人解深妙法却十三劫當得作佛名曰心明如來梵志意伏五體投地剋心自責歸命於佛加恩矜攝令得出家佛即納受以爲沙門佛講四諦漏盡意解又涅槃經云尒時十仙外道欲共佛捔試神力阿闍世王報外道云汝等今者欲以手爪爬須彌山欲以口齒齧囓金剛諸大士譬如愚人見師子王飢時睡眠而欲寤之如人以指置毒蛇口如欲以手觸灰覆火汝等今者亦復如是善男子譬如野狐作師子吼猶如蚊子共金翅鳥捔行遲疾如兔度海欲盡其底汝等今者亦復如是汝等今者興建是意猶如飛蛾投於火聚汝隨我語不復更說
又大莊嚴論時憍尸迦向外道說偈言
外道所爲作　虛妄不真實　猶如小兒戲
聚土作城郭　醉象踐踏之　散壞無遺餘
佛破諸外論　其事亦如是
又百喻經云昔有愚人煑黑石蜜有一富人來至其家時此愚人取石蜜漿爲富人煑即於火上以扇扇之望得使冷傍人語言下不止火扇扇不已云何得冷尒時人衆悉皆嗤笑其猶外道不滅煩惱熾然之火少作苦行卧棘刺上泄糠飲汁斷穀自餓五熱

炙身而望清涼寂靜之道終無是處
徒爲智者之所怪哂受苦現在殃流
來劫
又百喻經云昔有愚人其婦端正情
甚愛重婦無貞信後於中間共他交
往邪婬心盛欲逐傍夫捨離己壻於
是密語一老母言我去之後汝可齎
一死婦女尸安著屋中語我夫言云
我已死老母於後伺其夫主不在之
時以一死尸置其家中及其夫還老
母語言汝婦已死夫即往視信是己
婦哀哭懊惱大積薪油燒取其骨以
囊盛之晝夜懷挾婦於後時心猒傍
夫便還歸家語其夫言我是汝妻夫
荅之言我婦久死汝是阿誰妄言我
婦乃至二三猶故不信如彼外道聞
他邪說心生惑著謂爲真實永不可
改雖聞正教不信受持
又百喻經云昔有二賈客共行商賈
一賣真金其第二者賣兜羅綿有他
買真金者燒而試之第二賈客即便
偷他被燒之金裹兜羅綿時金熱故
燒綿都盡情事既露二事俱失如

彼外道偷取佛法著己法中妄稱己
有非是佛法由是之故燒滅外典不
行於世如彼偷金事情睹見亦復如
是
又百喻經云過去之世有一山羌偷王
庫物而遠逃走尒時國王遣人四出
推尋捕得將至王邊王即責其所得
衣處山羌荅言我衣乃是祖父之物
王遣著衣實非山羌本所有故不知
著之應在手之者著於脚上應在腰
者反著頭上王見賊已集諸臣等共
詳此事而語之言若是汝之祖父已
來所有衣者應當解著云何顛倒用
上爲下以下爲上以不解故定知汝
衣必是偷得非汝舊物借以爲譬王
者如佛寶藏如法愚癡羌者猶如外
道竊偷佛語著己法中以爲自有然
不解故布置佛法迷亂上下不知法
相如彼山羌得王寶衣不識次第顛倒
而著亦復如是
又百喻經云昔有一人形容端正智
慧具足復多錢財舉世人聞無不稱
歎時有愚人見其如此便言我兄見

後還債言非我兄傍人語言汝是愚
人云何須財認他爲兄及其還債復
言非兄愚人荅言我以欲得彼之財
物故認爲兄實非是兄人聞此語無
不笑之猶彼外道聞佛善語竊而
用以爲己有乃至傍人教使修行不
肯修行而作是言爲利養故偷取佛
說化導衆生而無實事云何修行猶
向愚人爲得財故言是我兄及其債
時復言非兄此亦如是
頌曰
正邪乖明昧　善惡異相征　大慈降梵志
乘空各變誠　六千俱捨執　七衆各休禎
邪徒虛抗志　鑠腹浪求名　身子多才智
陵化照機怦　四辯無不可　六通奮英情
乘權摧異見　伏邪同幽明　自知螢光劣
徒諍太陽精
感應緣　略引六驗
辯聖真僞一　邪正相翻二
妄傳邪教三　妖惑亂衆四
道教敬佛五　捨邪歸正六
辯聖真僞第一
夫邪正交侵禍福繁雜自非極聖

焉能開誘是以九十五種宗上界之
天尊二十五諦計衆生之冥本皆陳
正法咸稱大濟又有魯邦孔氏道禮
樂於九州楚國李聃開虛玄於五岳
各自吏於機務並衢分於限域辯御
乖張理路沈溺致令惑網覆心莫知
投趣未若皇覺無私道濟群有幽顯
歸心凡聖稽首譬天無二日國無兩
君故天上天下俱唱獨尊三千大千
咸稱正覺爲四生之導首作六趣之
舟航者也

故史錄太宰嚭問孔子曰夫子聖人
歟對曰博識强記非聖人也又問三
王聖人歟對曰三王善用智勇聖非
丘所知又問五帝聖人歟對曰五帝
善用仁義聖非丘所知又問三皇聖
人歟對曰三皇善用時政聖非丘所
知太宰大駭曰然則孰爲聖人乎夫
子動容而荅曰丘聞西方有聖者焉
不治而不亂不言而自信不化而自行
蕩蕩乎人無能名焉據斯以言孔子
深知佛爲大聖也時緣未昇故默而
識之有機故舉然未得昌言其致矣

又後漢時通人傅毅開顯佛化造法
本內傳云漢明帝永平三年上夢神
人金身丈六項有日光寤已問諸臣
等傅毅對詔有佛出於天竺乃遣使
往求備獲經像及僧二人帝乃爲立佛
寺畫壁千乘萬騎繞塔三帀又於
南宮清涼臺及高陽門上顯節陵所
圖佛立像并四十二章經緘於蘭臺
石室廣如前敬三寶篇述傳云時有
沙門迦攝摩騰竺法蘭位行難測志
存開化蔡愔使達請騰東行不守區
域隨至雒陽曉喻物情崇明信本帝
問騰曰法王出世何以化不及此荅曰
迦毗羅衛者三千大千世界百億日
月之中心也三世諸佛皆在彼生乃
至天龍鬼神有願行者皆生於彼受
佛正化咸得寤道餘處衆生無緣感
佛佛不往也佛雖不往光明及處或
五百年或一千年或一千年外皆有
聖人傳佛聲教而化導之

傳云漢永平十四年正月一日 五岳
諸山道士朝正之次自相命曰天子
棄我道法遠求胡教今因朝集可以

表抗之其表略曰五岳十八山觀太
上三洞弟子褚善信等六百九十人
至於方術無所不能願與西僧比較
得辯眞僞若比對不如任聽重決如
其有勝乞除虛妄勑遣尚書令宋庠
引入長樂宮以今月十五日可集白馬
寺道士等便置三壇壇別開二十四門
五岳道士各賫道經置於三壇帝御
行殿在寺南門佛舍利經像置於道西
十五日齋訖道士等以紫荻和沈檀
香爲炬繞經泣淚啓白天尊乞驗縱
火焚經經從火化悉成煨燼五岳道
士相顧失色大生怖懼南岳道士費
叔才自感而死太傅張衍語褚信曰
卿等所試無驗即是虛妄宜就西來
眞法褚信曰茅成子云太上者靈寶
天尊是也造化之作謂之太素斯豈
妄乎衍曰太素有貴德之名無言教
人稱今子說有言教即爲妄也信聞
默然不對時佛舍利光明五色直上
空中旋環如蓋遍覆大衆暎蔽日光
摩騰法師踊身高飛坐臥空中廣現
神變于時天雨寶華在佛僧上又聞

天樂感動人情大衆感悦歎未曾有皆繞法蘭聽説法要并吐梵音讚佛功德初立佛寺同梵福量司空陽城侯劉峻與諸官人仕庶等千有餘人出家四岳諸道士呂慧通等六百二十人出家陰夫人王婕妤等與諸宫人婦女二百三十人出家便立十寺七所城外安僧三所城内安尼自斯已後廣徧天下傳有五卷略不備載有人疑此傳近出本無揄力之事案吴書明費叔才有感死故傳爲實録不虚矣

吴書云孫權赤烏四年有康居國沙門名僧會姓康來到吴國遂感舍利五色光曜天地鎚之逾堅燒之不然光明出火作大蓮華照曜宫殿日主驚嗟歎希有瑞爲立塔寺度人出家又以教法初興名爲建初寺勑下問尚書令闞澤曰漢明已來凡有幾年佛教入漢既久何縁始至江東澤曰自漢明永平十年佛法初來至今赤烏四年則一百七十年矣初永平十四年五岳道士與摩騰揄力之時道士不如南岳道士褚善信費叔才等在會自感而死門徒弟子歸葬南岳不預出家無人流布後遭漢政淩遲兵戎不息經今多載始得興行

又曰孔丘李老得與佛比對不澤曰臣聞魯孔君者英才誕秀聖德不群世號素王著述經典訓奬周道教化來葉師儒之風澤潤今古亦有逸民如許成子原陽子莊子老子等百家子書皆修身自翫放暢山谷縱汰其心學歸澹泊事乖人倫長幼之節亦非安俗化民之風至漢景帝以黄子老子義體尤深改子爲經始立道學勑令朝野悉諷誦之若以孔老二教比方佛法遠則遠矣所以然者孔老二教法天制用不敢違天諸佛設教天法奉行不敢違佛以此言之實非比對（今見章醮似俗祭神安設酒脯棊琴之事）吴主大悦以澤爲太子太傅

宋文帝高祖第三子也聰睿英博雅稱令達在位三十年嘗以暇日縱容而顧問侍中何尚之吏部羊玄保曰朕少來讀經不多比復無暇三世因果未辯措懷而復不敢立異者正以卿輩時秀率所敬信也范泰謝靈運常言經典文本在俗爲政必求性靈眞奥豈得不以佛理爲指南耶帝曰釋門有卿亦猶孔門之有季路所謂惡言不入於耳也自是文帝致意佛經卷不釋手

邪正相翻第二

邪惑問曰蓋聞釋迦生於天竺修多出自西蕃名號無傳於周孔功德靡稱於典謨寔遠夷所尊敬非中夏之師儒廣致精舍甲第當衢虚費金帛福利焉在未若銷像而絶鑄鐯貨泉可以無損毀經以禁繕寫廢僧以從編戶竊謂益國利人興家多福也

方外對曰察斯濫濁非忠孝之道也夫忠臣奉國願受福之無疆孝子安親務防災於未兆聞多福之因縁求之如不及覩速禍之萌柢避之若探湯國重天地之祈祈於福也家避陰陽之忌忌於禍也福疑從取禍疑從去人之情也忠之道焉子乃去人之所謂

缺豈是忠臣益國之計非孝子安親之方也若夫廢宗廟之粢盛加子孫之魚宍毀蒸嘗之獻冕充僕妾之衣服苟求惠下之恩不崇安上之福恨養親之費饍思廢養之潤屋如此可謂忠孝之道乎

夫三達之智百神無以類其通十力之尊千聖莫足儔其大萬惑盡矣万德備矣梵天仰焉帝釋師焉道濟四生化通三界拔生死於輪迴示涅槃於常樂周孔未足擬議傅施廣濟堯舜其猶病諸等慈而無棄物可不謂之仁乎具智而有妙覺可不謂之聖乎

夫體仁聖之至道者豈爲苟欺之詭言哉靜而思之信逾堅矣至如立寺功深於巨海度僧福重乎高嶽法王之所明言開士之所篤勸若興之者增慶益國不亦大乎敬之者生善利人不亦廣乎或小損而大益豈非國之所宜崇乎或小益而大損豈非民之所當避乎臣無斯慎於其君非忠臣也子無此慮於其親非孝子也

邪惑問曰佛法本出於西蕃不應奉之於中國耳

方外對曰夫由余出自西戎輔秦穆以開霸業日磾生於北狄侍漢武而除危害昔既有之師亦宜尒何必取同俗而捨其異方乎師以道大爲尊無論於彼此法以善高爲勝不計於遐邇豈得以生於異域而賤其道出於遠方而棄其寶

夫絕群之駿非唯中邑之產曠代之珍不必諸華之物漢求西域之名馬魏收南海之明珠貢犀象之牙角採翡翠之毛羽物生遠域未可非珍佛出遐方柰何獨棄若藥物出於戎夷禁呪起於胡越苟可以蠲邪而去疾豈以遠來而不用之哉

夫滅三毒以證無爲其蠲邪也大矣除八苦而致常樂其去疾也深矣何得局夷夏而計親疏乎況百億日月之下三千世界之內則中在於彼域不在於此方矣

邪惑問曰詩書所未言以爲修多不足尚矣方外對曰夫天文曆像之秘輿地理山川之卓詭經脉孔穴之診候針藥符呪之方術詩書有所不載周孔未之明言然考之吉凶而有徵矣察其行用而多効焉又且周孔未言之物蠢蠢無窮詩書不載之法滋滋何限信矣書不盡言言不盡意何得拘六經之局教而背三乘之通旨哉夫能事未興於上古聖人開務於後代故棟宇易橧巢之居文字代結繩之制飲血茹毛之饌則先用而未珍粒食火化之功雖後作而非弊亦如幼啜藜藿長飡粱肉少爲布衣老遇侯服豈得以藜藿先獲謂勝粱肉之味侯服晚遇不如布衣之貴乎

夫萬物有遷三寶常住寂然不動感而通化非初誕於王宮不長逝於雙樹何得論生滅乎計感修促乎來乎去也

邪惑問曰佛是妖魅之氣寺爲淫邪之祀豈堪中夏爲人師之軌

方外對曰妖唯作孽豈弘十善之化魅必憑邪寧興八正之道妖猶畏狗魅亦懼貍何以降帝釋之高心摧天魔

之巨力又如圖澄羅什之侶道安慧
遠之儔高德高名非狂非醉豈容辭
愛榮位求魑魅之邪道勤身苦節事
魍魎之妖神又自東漢至我
大唐代代而禁妖言處處而斷淫祀
豈容捨其財力放其仕民營魑魅之
堂塔入魍魎之徒衆又上古帝自冠
蓋人倫並稟教而歸依曆心以崇信
豈容尊妖奉魅以自屈乎良由睹妙
知真使之然耳明主賢臣謀其德也
凡百君子思其言也大士高僧慕其
理也而歷代寶之以爲大訓凡聖軌
摸人天師範理盡窮微福同眞濟何
聖能逾何道能加不荷其恩反作狂
言
邪惑問曰夫父母之體不可毀傷何
故沙門剔髮去鬚反先王之道失忠
孝之義耶
方外對曰若夫事君親而盡節雖殺
身而稱仁虧忠孝而偷存徒全膚而
非義論美見危而致命禮防臨難
而苟免何得一槩而避死傷雷同而
顧膚髮割股納肝爲傷甚矣剔鬚

落髮其毀微焉立忠不顧其命論
者莫之咎求道不愛其毛何獨以爲
過湯恤蒸民尚焚軀以祈澤墨敦兼
愛欲磨足而至頂況夫上爲君父深
求福利鬚髮之毀何足顧哉且夫聖
人之教有殊途而同歸君子之道或
反經而合義則太伯其人也廢在家
之就養託採藥而不歸棄中國之
服章依剪髮以爲飾反經悖禮莫甚
於斯然而仲尼稱之曰太伯可謂至
德矣其何故也雖迹背君親而心忠
於家國形虧百越而德全乎三讓故
太伯棄衣冠之制而無損於至德沙
門捨搢紳之容亦何傷於妙道雖易
服改貌違臣子之常儀而信道歸心
顧君親之多福苦其身意修出家之
衆善遺其君父以歷劫之深慶其
爲忠孝不亦多乎謂善沙門爲不忠
未之信矣
邪惑問曰西域胡人因泥而生是以
便事泥瓦塔像尒
方外對曰此又未思之言也夫崇立
靈像摸寫尊形所用多途非獨泥瓦

或雕或鑄則以鐵木金銅圖之繡之
亦在丹青縑素復謂西域士女徧從
此物而生乎且又中國之廟以木爲
主則謂制禮君子皆從木而育耶親
不可忘故爲宗廟佛不可忘故立其
形像以表罔極之心用如在之敬歛
聖仰德何失之有哉若塔廟是泥木
之像不可敬者則國廟木主之形亦
不可敬耶夫以善過者故亦以惡爲
功矣
邪惑問曰無佛則國治年長有佛
則政虐祚短耳
方外對曰此又未思之言凶悖輒出
斯語愚謂能仁設教皆闡淫虐之風
菩薩立言專弘桀紂之事以實論之
殊不然矣夫殷喪大寶災興妲巳之
言周失諸侯禍由褒姒之笑三代之
亡皆此物也三乘之教豈斯尚矣佛
之爲道慈悲喜捨慾親等護物我俱
齊恩德既弘賢愚慕上假使羲軒舜
禹之德在六度而包籠羿浞癸辛之
咎摠十惡以防禁向使桀弘少欲之
教紂順大慈之道伊呂無所用其謀

湯武馬得行其討可使鳴條免去國之禍牧野息倒戈之亂夏后從雒汭之誚楚子無乾溪之歎然則釋氏之化爲益非小延福祚於無窮遏危亾於未兆

邪惑問曰有之爲損無之爲益故未有佛法之前人皆淳和世無篡逆佛法來到多興悖亂尒

方外對曰愚戇不思輒出凶誣夫九黎亂德豈非無佛之年三苗逆命非當有法之後夏殷之季何有淳和春秋之時寧無篡逆寇賊姧宄作士命於臯繇獫狁孔熾薄伐勞於吉甫而愚謂佛興篡逆法敗淳和專搆虛言皆違實録一縷之盜佛猶戒之豈長篡逆之亂乎一言之競佛亦防之何敗淳和之道乎惟佛之爲教也勸臣以忠勸子以孝勸國以治勸家以和弘善示天堂之樂懲非顯地獄之苦不唯一字以爲褒豈止五刑而作戒乃謂傷和而長亂不亦誣謗之甚亦何傷於佛日乎但自淪於苦海矣輕而不避良可悲夫

邪惑問曰天道無親頬成虛禍淫福善胡其爽歟因何捐替者翻享遐齡崇敬者無終厥壽計應蘊福延慶積惡招殃何乃進退鉾楯情狀眏然去取自乖若爲酬對

方外對曰道教浮疎詎明三報儒宗齷齪但叙一生故仲尼荅季路曰生與人事汝尚未知死與鬼神尒焉能事袁宏後漢曰道家者流出於老子以清虛澹泊爲主祐善嫉惡爲教畜妻子用符書禍福報應在一生之內此並區中之近唱非象外之遐談所以荀悅頤疑史遷深惑至如唐虞上聖乃育朱均瞽叟下愚是生有舜顏回大賢而夭絶商臣極惡而胤昌盜跖縱暴而福終夷叔至仁而餓死張湯酷吏七世垂璣比干正臣一身屠戮如此流例胡可勝言渠或致疑故常情耳所以我之種覺獨號徧知遐唱二生廣敷三報欲使繫疑霧卷風滯雲披玉諜周陳金言備顯故經云有業現苦有報有業現苦有樂報有業現樂有樂報有業現樂有苦報或

餘福未盡惡不即加或宿殃尚在善緣便發如灰覆火豈得稱無替闇尋聲當知必有且夫善惡無爽狀麟鬬以日虧報應有歸等鯨亾而星現但察感通之分足明善惡之徵也

妄傳邪教第三

竊聞白馬東遊三藏創茲而起青牛西逝二篇自此而興或闡玄玄以化民或明空空而救物驗之圖牒抵掌可知所以發唱顯宗終乎此世釋教翻譯時代炳然文史備彰黎民不惑至如道家玄籍斯則不然唯老子二篇李聃躬闡自餘經制皆雜凡情何者前漢時王褒造洞玄經後漢時張陵造靈寶經及章醮等道書二十四卷吳時葛孝先造上清經晉時道士王浮造明威化胡經又鮑靜造三皇經齊時道士陳顯明造六十四卷眞步虛品經梁時陶弘景造太清經及衆醮儀十卷後周武帝滅二教時有華州前道士張賓詔授本州刺史長安前道士焦子順一名道抗選得開府扶風前道士馬翼雍州別駕李運

等四人以天和五年於故城内守眞
寺挑攬佛經造道家僞經一千餘卷
時萬年縣人嵠昳裝潢但見甄鸞笑
道之處並改除之近如大業末年有
五通觀道士輔慧祥三年不言因改
涅槃經爲長安經當時禁約不許道
士出城門家見道士内著黄衣執送
留守改經事發爲尚書衛文昇所奏
於金光門外勑令誅戮此是近事耳
目同驗又甄鸞笑道論云道家妄注
諸子三百五十卷爲道經又驗玄都
目録妄取藝文志書名矯注八百八
十四卷爲道經據此而言足明虛謬
又至麟德元年西京諸觀道士郭行
眞等明諸道士見行眞恩勑驅使假
託天威感亂百姓更相扇動簡集道
士東明觀李榮姚義玄劉道合會聖
觀道士田仁慧郭蓋宗等摠集古今
道士所作僞經前後隱没不行者重
更修改私竊佛經簡取要略改張文
句迴換佛語人法名數三界六道五
陰十二入十八界三十七道品大小
法門並偷安道經將爲華典舊時道

經祭醮並有鹿脯清酒今新改安設
衆香水但道經言辭拙朴雜惡處並
以除却如大業年中五通觀道士輔
慧祥改涅槃爲長安經被殺不行今
復取用改爲太上靈寶元陽經復更
改餘佛經別號勝牟尼經或云太平
經等如道經之内本無優婆塞優婆
夷檀越賢者達觀之名今諸道士並
皆偷用未知此名爲是漢語爲是梵
音若是漢語何故諸史無文若是梵
音未知此言翻表何義莊老復非西
人故知偷用眞僞可測如老子依書乃
是周時柱下藏史執板稱目共俗無
異今時即安別觀如似伽藍天尊老
子並塗金色如佛經舊稱佛爲天尊
復即偷用如漢魏已來及至苻姚並
喚僧名道士復偷將已用道士舊名祭
酒如道經本無金剛師子今觀門首
並學佛置之未知金剛師子此漢地
何曾有之今忽浪造如内教佛經世
尊及摩訶迦葉並皆金色依經作之
如法又佛經須達買園爲佛造伽藍
並依聖教如是展轉徧通十方及世

尊成道感得五百金剛山百白象五
百師子如是所爲皆作聖教若依佛
經此方他方諸佛菩薩梵王帝釋所
現供具莊嚴寶物無量無邊不可盡
述備在經文即時道者万無成一今
時老子五千文兩卷之内何曾有此
莊嚴若出餘經餘經非眞如是改換
佛經偷安道經者向有數千餘卷如
佛說經並置如是我聞說時說處證
經生信即如
大唐太宗文皇帝及今
皇帝命朝散大夫衛尉寺丞上護軍
李義表副使前融州黄水縣令王玄
策等二十二人使至西域前後三度
更使餘人及古帝王前後使人往來
非一皆親見世尊說經時處伽藍聖
迹及七佛已來所有徵祥靈感應具
存西國志六十卷内現傳流行寧貴
共知未知天尊老子既出尒許經書
尒時說處在何對何人說說時說處
有何靈驗何帝何時說是經等若有
時處片有徵祥何故五經無文諸史
不載止欲苟存同異用多派行誑於

草萊無識之徒不知有識君子久知其僞良由漢時有黄巾五斗米賊前後踵繼迄今不除故涅槃百喻經等我涅槃後有諸外道偷我佛語著已法中以爲自有以不解布置迷亂上下譬如山羌偷得王寶衣雖得不識次第顛倒而著亦如偷狗夜入人舍不知食處佛既懸記不可不信今時道士偷佛經將爲已法亦不可怪若今不偷佛便妄語非大聖人也故吳主孫權問尚書令闞澤曰仙有靈寶之法其教如何闞澤對曰夫靈寶者一無氏族可依二無成道處所教出山谷非人所知直是幽居濫説非聖人制也吳主歎其善對焉所言天尊之號出自佛經竊我聖蹤施乎已典何者案五經正史三皇已來並不云別有天尊住於天上但叙周公孔子制禮刪詩所以五典三墳靡靚大羅之稱前王往帝不聞郊祀之名安有執玉璋披黄褐垂素髮戴金冠別號天尊端拱九華之殿獨稱大道統御七英之宫縱有道教辯天尊諸子談

靈寶此乃道聽途説未詎可依委術之書非關國史又齊儀矯制事跡可尋莫不廣列金銀多班繒綵並是三張詭述修靜妄言庳破逗遛備如琳論又道士之號老教先無河上之言儒宗未辯何者姚書云始乎漢魏終既苻姚皆號衆僧以爲道士至魏太武世有寇謙之始竊道士之名私易祭酒之稱此豈妄之臆斷乃是史籍風明又班固漢書文帝傳及潘岳關中記執康皇甫謐高士傳及訪父若等皆無河上公結草爲菴現神變事處並虛謬不涉典謨妄攡斐然動成卨有當今主上垂拱問道坐朝九族既親平章百姓寔可黜三張之穢術闡五千之妙門

又案後漢明帝永平十四年道士褚善信等六百九十人聞佛教入雒請求角試總將道家經書合有三十七部七百四十四卷就中五十九卷是道經餘二百三十五卷是諸子書又案晉葛洪神仙傳云老教所有度世消災之法凡九百三十卷符書等七

十卷揔一千卷又案宋太始七年道士陸修靜答明帝云道家經書并藥方符圖等揔一千二百二十八卷云一千九十卷已行於世一百三十八卷猶在天宫案今玄都經目云依宋人陸修靜所上目今乃言有六千三百六十三卷云二千四十卷見有其本四千三百二十三卷云並未見以此詳檢事跡可知詭妄之由暴之國史若據蕭温等議止有道德二篇如取漢帝校量便應七百餘卷約葛洪神仙之説僅有一千准修靜所上目中過前九十又檢玄都經録轉復彌多既其先後不同虛妄明矣增加卷軸添足篇章依傍佛經改頭換尾或道名山自出時唱仙洞飛來何乃黄領獨知英賢不覩書史無聞典籍不記請問當今道士推勘後出之經爲是老子別陳爲是天尊更説縱其説也應有時方師諮説處爲是何代何邦何年何月如其有據容可流行若也妄言理須焚剪當今明朝馭宇承獎百王聖上臨軒應朞千載方欲廣

敷五教杜絶妖妄之書重述九疇弘
揚要道之訓豈敢以麟麕剌上鹿馬
譏朝但以無識黃巾混其眞僞莞見
道士不別是非所以借況秦人譬之
魯俗若乾坤之象龍馬豈天地則可
騰驤理固不然如何見責

妖惑亂衆第四

竊聞聲調響順形直影端未見鑽火
得氷種豆得麥所以蘇張逢於鬼谷
處淨詐之先顔閔遇於孔門標德行
之始故知習二篇之化徼妙無爲行三
張之風謀爲亂首何者後漢順帝時
沛人張陵客游蜀土聞古老相傳云
昔漢高祖應二十四氣祭二十四壇遂
王有天下陵不度己德遂攜此謀殺
牛祭祀二十四所置以土壇戴以草
屋稱二十四治治館之興始乎此也二
十三所在於蜀地尹喜一所在於咸
陽於是誑誘愚民招合兇黨斂租稅
米謀僞亂階時被蛇吞疊逆弗作又
陵孫張魯行其祖術後於漢中自稱
師君禍亂方起爲曹公所滅又中平
元年鉅鹿人張角自稱黃天部師有

三十六將皆著黃巾遂與張魯相應
衆至十萬焚燒鄴城漢遣河南尹
何進將兵討滅又晉武帝咸寧二年
有道士陳瑞以左道惑衆自號天師
徒附數千積有年歲爲益州刺史王
濬誅滅又晉文帝太和元年彭城道
士盧悚自稱大道祭酒以邪術惑衆
聚合徒黨向日辰攻廣漢門云迎海
西公時殿中桓祕等覺知與戰尋被
誅斬又梁武帝大同五年道士袁敵
矜媺言惑衆行禁步罡官軍收掩尋
被誅滅又隨文帝開皇十年有緜州
昌隆縣道士蒲童與左童二人在崩
溪館自稱得聖誑惑人民重牀至屋
却坐其上云十五童女方堪受法令女
登牀以幕圍繞遂便姧匿如此經日
後事發覺因即逃亾又開皇十八年
益州道士韓朗緜州道士黃儒林翁
惑蜀王令興逆云欲建大事須藉勝
緣遂教蜀主傾倉竭庫造千尺道像
建千人大齋畫先帝形反縛頭手祝
而魘之河北公趙仲卿檢察得實送
身京省被問伏罪在市被刑近有大

唐武德三年緜州昌隆縣民李望先
事黃老常作媺邪去大業年有道士
蒲子眞緻聞道術被送東京至雒身
死因葬在彼而李望矯云子眞近還
又彼縣山側有一石室巖穴幽闇人莫
敢窺望乃依馮以作媺詐在明張喉
大語領納通傳入闇則噎氣小聲詐
陳禍福遂令道士等傳說達縣聞州
官人初撿並皆信受後刺史李大禮
云此事非輕必須申奏要假親驗方
定是非遂與合州官人并道士等一
百餘騎同至穴所再拜請期望時詐
荅聞者傾心唯巴西縣令樂世質深達
機情知其誑詐入闇審喉見望噎聲
質時喝之望即欵伏收禁州獄方欲
科罪未經數日服藥而終近至貞觀
十三年有西京西華觀道士秦英會
聖觀道士韋靈符還俗道士朱靈感
並薄解章醮勑令事東宮惑亂東宮
結謀大意爲事不果秦英靈符靈感
等並被誅斬私宅財物及有婦兒並
配入官又至龍朔三年西華觀道士
郭行眞家業卑賤宿素寒門亦薄解

章醮濫承供奉勑令投龍尋山採藥上託天威惑亂百姓廣取財物姧謀極甚并共京城道士雜糅佛經偷安道法聖上鑒照知僞付法法官栲撻苦楚方承勑恩恕死流配遠州所有妻財並没入官是知所習非正釁逆相仍左道鄙俗斯辱頻興矣勑道士朝散大夫騎都尉郭行真器識無取道藝缺然爲其小解醫藥薄閑章醮當爲皇太子弘療患得損録其功効叨授以榮班緣前驅使安作威禍兼以夾結選曹周旋法吏專行欺詐取人財物遺營功德隱盜尤多朱紫莫分而僞數至教菽麥詎辯而潛讀禁書徒知僕妾是求莊宅爲務雖靈溪千仞何能蕩其穢質神丹九液豈可練其瑕心擢髮未數其愆刋竹寧書其罪論斯咎釁宜從伏法以其叅迹道門情所未忍可除名長配流愛州仍即發遣令長綱領送至彼官司撿挍不得令出縣境其私畜奴婢田宅水碓車牛馬等並宜没官

龍朔二年十二月十四日宣

竊惟賊飾黃巾興乎鉅鹿鬼書丹簡發自平陽而云服象雲羅斯言徑廷衣同雨穀不近人情安有駕鶴乘龍披巾布褐驅鸞策鳳頂戴皮冠所以白石赤松之流皆非鬼卒王喬羨門之輩並匪治頭又李舳事周之辰服同儒墨公旗謀漢之日始有黃巾如其祖習伯陽道士並宜朝拜若也宗旗取則斯弊特可湮除矣

道教敬佛第五

述曰上來所列並引典籍邪正顯然昇沈殊趣豈可以爝火之暉爭日月之光隣虛之塵同太岳之峻故知佛法幽邃非凡所測僧衆高遠亦非黃官之儔夫出家者内辭親愛外捨官榮志求無上菩提願出生死苦海所以棄朝宗之服披福田之衣行道以報四恩立德以資三有此其之大意也信知三寶位重豈同孔老兩教故案孔老經書漢魏已來内外史籍略引外道經中敬佛僧文具列如左既敬已經依法遵佛冀伏邪愚依承正典略引二十二經令敬三寶文

一依道士法輪經天尊說偈誡勗道士云

若見佛圖　思念無量　當願一切
普入法門　若見沙門　思念無量
願早出身　以習佛眞

二依太上清淨消魔寶眞安志智慧本願大戒上品經四十九願天尊說願文若見沙門尼當願一切明解　法塵得道如佛

三依老子昇玄經云天尊告道陵使往東方詣受法教昇玄又云東方如來遣善勝大士詣太上曰如來聞子爲張陵說法故遣我來看子語張曰卿隨我往詣佛所當令子得見所未見聞所未聞陵即禮大士隨往佛所聽法

四依道士張陵別傳云陵在鵠鳴山中供養金像轉讀佛經

五依老子西昇經云吾師化游天竺善入泥洹又苻子云老氏之師名釋迦文佛

六依智慧觀身大戒經云道學當念旋大梵流影宮禮佛

七依昇玄經云若有沙門欲來聽經觀察供主不得計飲食費遏截不聽當推置上座道士經師自在其下昇玄又云道士設齋供若比丘來者可推爲上座好設供養道士經師自在其下若沙門尼來聽法者當隱處安置推爲上座供主如法供養不得遮止

八依化胡經天尊敬佛說偈云

願採優曇華　願燒旃檀香　供養千佛身
稽首禮定光　佛生何以晚　泥洹一何早
不見釋迦文　心中常懊惱

九依靈寶消魔安志經天尊說偈云

道以齋爲先　勤行當作佛（道士新改本云勤行登金闕）
故設大法橋　普度諸物

十依老子大權菩薩經云老子是迦葉菩薩化游震旦

十一依靈寶法輪經云葛仙公生始數日有外國沙門見仙公禮拜抱持而語仙公父母曰此兒是西方善見菩薩今來漢地教化衆生當游仙道白日昇天仙公自語子弟云吾師姓波闍宗字維那訶西域也

十二依仙人請問衆聖難經云葛仙公告弟子曰吾昔與釋道微竺法開張太鄭思遠等四人同時發願道微法開二人願爲沙門張太鄭思遠願爲道士

十三依仙公起居注云于時生在葛尚書家尚書年逾八十始有一子時有沙門自稱天竺僧於市大買香市人怪問僧曰我昨夜夢見善思菩薩下生葛尚書家吾將此香浴之到生時僧至燒香右繞七帀禮拜恭敬沐浴而止

十四依仙公請問上經云與沙門道士言則志於佛敬於僧

十五依上品大戒經校量功德品云施佛塔廟得千倍報布施沙門得百倍報

十六依昇玄內教經云或復有人平常之時不一月作福見沙門道士說法勸善了無從意

十七依道士陶隱居作禮佛文一卷

十八依智慧本願戒上品經云曰別施散佛僧中食塔寺一錢已上皆二

萬四千報功多報多世世賢明翫好不絕七祖皆得入無量佛國

十九依仙公請問經云復有凡人行是功德願爲沙門道士大博至後生便爲沙門大學佛法爲衆法師復有一人見沙門道士齋請讀經乃笑曰彼向空吟經欲何希耶虛腹日中一食此罪人耳道士乃慈心喻之故報意不釋死入地獄考毒五苦

二十依仙公請問經云五經儒俗之業佛道各歎其教大師善也

二十一依太上靈寶眞一勸誡法輪妙經云吾曆觀諸天從無數劫來見道士百姓男子女人已得無上正眞之道高仙眞人自然十方佛皆受前世勤苦求道不可稱計

二十二依法輪妙經云道言夫輪轉不滅得還生人中大智慧明達者從無數劫來學已成眞人高仙自然十方佛者莫不從行業所致也（上來所列諸經未知此經爲眞爲僞若是眞經今時道士女官不懺三寶便違天尊老子師教即是邪見之人非眞弟子便同無識之徒何須師敬此經若僞則一切道經皆須除卻進退詆替然成亂俗也）

捨邪歸正第六

梁高祖武皇帝年三十八登位在政四十九年雖億兆務殷而卷不釋手內經外典罔不厝懷皆爲訓解數千餘卷而儉約自節羅綺不服覆麁虛閑晝夜無怠致有布被莞席草屨葛巾初臨大寶即備斯事日惟一食永絕辛膻自有帝王罕能及此舊事老子宗尚符圖窮討根源有同妄作帝乃躬運神筆下詔捨道文曰

維天監三年四月八日梁國皇帝蘭陵蕭衍稽首和南十方諸佛十方尊法十方聖僧伏見經云發菩提心者即是佛心其餘諸善不得爲喻能使衆生出三界之苦門入無爲之勝路故如來涌蓋智凝成覺至道通機德圓取聖發慧炬以照迷鏡法流以澄垢啓瑞迹於天中爍靈儀於像外度群生於欲海引含識於涅槃登常樂之高山出愛河之深際言乖四句語絕百非應迹娑婆王宮誕相步三界而爲尊普大千而流照但以機心淺薄好生厭怠遂乃湛說圓常亦復潛輝鶴樹閻王滅罪婆藪除殃若不逢值大聖法王誰能救接斯苦在迹雖隱其道無虧弟子經遲迷荒耽事老子歷葉相承染此邪法習因善發棄迷知返今捨舊醫歸憑正覺願使未來生世童男出家廣弘經教化度含識同共成佛寧在正法中長淪惡道不樂依老子教暫得上天涉大乘心離二乘念正願諸佛證明菩薩攝受

弟子蕭衍和南

于時帝與道俗二萬餘人於重雲殿重閣上手書此文發菩提心至四月十一日又勅門下大經中說道有九十六種惟佛一道是於正道其餘九十五種名爲邪道

朕捨邪外以事正內諸佛如來若有公卿能入此誓者各可發菩提心老子周公孔子等雖是如來弟子而化迹既邪止是世間之善不能革凡成聖其公卿百官王侯宗族宜返僞就眞捨邪入正故經教成實論云若事外道心重佛法心輕即是邪見若心一等是無記性不當善惡若事佛心強老子心弱者乃是清信言清信者清是表裏俱淨垢穢惑累皆盡信是信正不信邪故言清信弟子其餘諸信皆是邪見不得稱清信也門下速施行

至四月十七日侍中安前將軍丹陽尹邵陵王上啓云

臣綸聞如來嚴相魏魏架于有頂微妙色身蕩蕩顯乎無際假金輪而啓物託銀粟以應凡砥般若之利刀收涅槃之妙果況生死之苦海濟常樂於彼岸故能降慈悲雲垂甘露雨七處八會敷化之義不窮四諦五時利益之方無盡並冰清日感霧散雲除爝火螢光塵熱自靜可謂入俗化於蒙底出世冥此眞如使稠林邪徑之人景法門而無倦渴愛聾瞽之士慕探賾而知迴道樹始於迦維德音感于京雒常星不現周鑒娠徵滿月圓姿漢感宵夢五法用傳萬德方坻華俗潛故競扇高風資此三明照迷途之失憑茲七覺拔長夜之苦屬值皇帝菩薩應天御物負扆臨民含光宇宙照清海表垂無礙辯以接黎庶以本

願力攝受衆生故能隨方逗藥示權
顯正崇一乘之旨廣十地之基是以
萬邦迴向俱禀正識幽顯靈祇皆蒙
誘濟人興等覺之願物起菩提之心
莫不翹勤歸宗之境悅懌還源之趣
共保慈悲俱修忍辱所謂覆護饒益
橋梁津濟者矣道既光被民亦化之
於是應真飛錫騰虛接影破邪外道
堅持正國伽藍精舍寶刹相望講會
傳經德音盈耳自昔未達理源承事
外道如欲須甘果翻種苦栽欲除渴
乏反趣鹹水今啓迷方粗知歸向受
菩薩大戒誡節身心捨老子之邪風
入法流之真教伏願天慈曲垂矜許
至四月十八日中書舍人臣任孝恭
宣勑云能改迷入正可謂是宿植勝
因宜加勇猛也廢李老道法詔北齊
高祖文宣皇帝昔金陵道士陸修靜
者道門之望在宋齊兩代祖述三張
弘衍二葛郗張之士封門受録遂妄
加穿鑿廣制齋儀糜費極繁意在
王者遵奉會梁祖啓運下詔捨道修
靜不勝其憤遂與門人及邊境亾命

叛入北齊又傾散金玉贈諸貴游託
以襟期冀興道法帝惑之也於天保
六年九月乃下勑召諸沙門與道士
學達者十人親自對軮于時道士祝
諸沙門衣鉢或飛或轉祝諸梁木或
橫或豎沙門曾不學術默無一對士
女擁夾貴賤移心並以靜徒為勝也
諸道士等踊躍騰倚魚睨雲漢高談
自矜誇衒道術仍又唱曰神通權設
抑挫强禦沙門現一我當現二令薄
示小術並辭退屈事亦可見帝命上
統法師與靜捔試上曰方術小技俗
儒恥之況出家人也雖然天命難排
豈得無言可令最下座僧對之即往
尋覓有僧名佛儁又字曇顯者不
知何人游行無定飲噉同俗時有教
言標瘖宋遠上統知其深量私與之
交于時名僧咸集顯居末座酣酒大
醉昂兀而坐有司不敢召之以事告
於上統上曰道士祭酒常道所行止
是飲酒道人可共言耳可扶輿將來
於是合衆皆憚而怯上統心怱權不敢
有諫乃兩人扶顯令上高座顯既上

便立而含笑曰我飲酒大醉耳中有
所聞云沙門現一我當現二此言虛
實道士曰有實顯即翹足而立我已
現一卿可現二各無對之顯曰向祝諸
衣物飛揚者我故開門試卿術耳命
稠禪師衣鉢祝之諸道士一時奮發
共祝一無動搖帝勑取衣乃至十人
牽舉不動顯乃令以衣置諸梁木又
令祝之都無一驗道士等相顧亾賴
猶以言辯自高乃曰佛家自號為內
內則小也說我道家為外外則大也
顯應聲曰若然則天子處內定小百
官矣靜與其屬緘口無言帝自驗臧
否便下詔曰法門不二真宗在一求
之正路寂泊為本祭酒道者世中假
妄俗人未寤仍有祕崇麴櫱是味清
虛焉在醴脯斯甘慈悲永隔求異仁
祠下乖祭典皆宜禁絕不復遵事須
勤遠近咸使知聞其道士歸伏者並
付昭玄大統上法師度聽出家未發
心者可令染鬄尒日斬首者非一自
謂神仙者可上三爵臺令其投身飛
逝諸道士等皆碎屍塗地偽妄斯絕

致使齊境國無兩信迄于隨初漸開其術至今東川此宗微末無足抗言至大唐貞觀二十二年有吉州囚人劉紹略妻王氏有五岳眞仙圖及舊道士鮑靜所造三皇經合一十四紙上云凡諸侯有此文者必爲國王大夫有此文者爲人父母庶人有此文者錢財自聚婦人有此文者必爲皇后時吉州司法叅軍吉辯因檢囚廗乃於王氏衣籠中得之時追紹略等勘問云向道士所得之受持州官將爲圖讖因封此圖及經馳驛申省奏勑勑令省官勘當時朝議郎刑部郎中紀懷業等乃追京下清都觀道士張慧元西華觀道士成武英等勘問並款稱云此先道士鮑靜等所作妄爲墨書非今元等所造

勑遣除毀又得田令官奏云如佛教依内律僧尼受戒得蔭田人各三十畝令道士女道士皆依三皇經受並清下清替僧尼戒处亦合蔭田三十畝此經既僞廢除道士女道士既無戒法即不合受田請同經廢京城道

士等當時懼怕畏廢蔭田私馮奏官請將老子道德經替處其年五月十五日出勑侍郎崔仁師宣

勑旨云三皇經文字既不可傳又語涉妖妄宜並除之即以老子道德經替處有諸道觀及以百姓人間有此文者並勒送省除毀其年冬諸州考使入京朝集括得此文者摠取禮部尚書廳前並從火謝也故知代代穿鑿狂簡寔繁人人妄作斐然盈卷無識之徒將爲聖說晉彭城郡有釋道融汲郡林慮人十二出家厥師愛其神彩先令外學往村借論語竟不賫歸於彼已誦師便借本覆之不遺一字既嗟而異之於是恣其游學迄至立年才解英絶内外經書暗游心府姚興曰昨見融公復是奇聰明釋子

勑入逍遙園與什叅正詳譯俄而師子國有一婆羅門聰辯多學西土俗書罕不披誦爲彼國外道之宗聞什在關大行佛法乃誦其徒曰寧可使釋氏之風獨傳震旦而吾等正化不洽東國遂乘駝負書來入長安姚興

見其口眼便僻頗亦惑之婆羅門乃啓興曰至道無方各尊其事今請與秦僧捔其辯力隨有優者即傳其化興即許焉時關中僧衆相視缺然莫敢當者什謂融曰此外道聰明殊人捔言必勝使無上大道在吾徒而屈良可悲矣若使外道得志則法輪摧軸豈可然乎如吾所覩在君一人融自顧才力不減而外道經書未盡披讀乃密令人寫婆羅門所持經目一披即誦後尅日論義姚興自出公卿皆會關中僧衆四遠必集融與婆羅門擬相酬抗鋒辯飛玄彼所不及婆羅門自知辭理已屈猶以廣讀爲本融乃列其所讀書并秦地經史名目卷部三倍多之什因嘲之曰君不聞大秦廣學那忽輕尒遠來婆羅門心愧悔伏頂禮融足旬日之中無何而去像運再興融有力也後還彭城常講說相續聞道至者千有餘人依隨門徒數盈三百性不狎諠常登樓披翫殷勤善誘畢命弘法後卒於彭城春秋七十四矣所著法華大品金光

明十地維摩等義並行於世
魏書云正光元年明帝加朝服大赦天
下召佛道二宗門人殿前齋訖侍中
劉騰宣勅請法師等與道士論議以
釋弟子疑網時清通觀道士姜斌與
融覺寺僧曇謨最對論帝曰佛與老
子同時不斌曰老子西入化胡佛時以
充侍者明是同時最曰何以知之斌
曰案老子開天經是以得知最曰老
子當周何王幾年而生周何王幾年
西入斌曰當周定王即位三年乙卯之
歲於楚國陳苦縣厲鄉曲仁里九日
十四日夜子時生至周簡王四年丁丑
歲事周爲守藏吏簡王十三年遷爲
太史至敬王元年庚辰歲年八十五
見周德凌遲與散關令尹喜西入化
胡斯足明矣最曰佛以周昭王二十
四年四月八日生穆王五十三年二月
十五日滅度計入涅槃後經三百四十
五年始到定王三年老子方生生已
年八十五至敬王元年凡經四百二十
五年始與尹喜西遁據此年載懸殊
無乃謬乎斌曰若佛生周昭之時有

何文記最曰周書異記漢法本內傳
並有明文斌曰孔子既是制法聖人
當時於佛逈無文記何耶最曰仁者
識同莞窺覽不弘遠案孔子有三備
卜經謂天地人也佛之文言出在中
備仁者早自披究不有此迷斌曰孔
子聖人不言而何知假卜乎最曰惟
佛是衆聖之王四生之導首達一切
含靈前後二際吉凶終始不假卜觀
自餘小聖雖曉未然之理必藉著龜
以通靈卦也侍中尚書令元文宣勅語
道士姜斌等論無宗旨宜退下席又
問開天經何處得來是誰所說即遣
中書侍郎魏收尚書郎祖瑩等就觀
取經帝令議之太尉丹陽王蕭綜本
傳李寔衛尉許伯桃吏部尚書邢欒
散騎常侍溫子昇等一百七十人讀
訖奏云老子止著五千文更無言說
臣等所議姜斌罪當惑衆帝加極刑
時有三藏法師菩提流支行佛慈化
諫帝乃止配徒馬邑右一驗出梁高僧傳
晉程道慧字文和武昌人也世奉五
斗米道不信有佛常云古來正道莫

踰李老何乃信惑胡言以爲勝教太元
十五年病死心下尚暖家不殯斂數
日得蘇說初死時見十許人縛録將
去逢一比丘云此人宿福未可縛也乃
解其縛散驅而去道路修平而兩邊
棘刺森然略不容足驅諸罪人馳走
其中宍隨著刺號呻聒耳見慧行在
平路皆歎羨曰佛弟子行路修福人
也慧曰我不奉法其人笑曰君忘之
耳慧因自憶先身奉佛已經五生五
死忘失本志今生在世幼遇惡人未
達邪正乃惑邪道既至大城徑進聽
事見一人年可四五十南面而坐見慧
驚曰君不應來有一人著單衣幘持
薄書對曰此人伐社殺人罪應來此
向所逢比丘亦隨慧入申理甚至云
伐社非罪也此人宿福甚多殺人雖
重報未至也南面坐者曰可罰所録
人命慧就坐謝曰小鬼謬濫枉相録
來亦由君忘失宿命不知奉大正法
故也將遣慧還乃使數兼覆校將軍
歷觀地獄慧欣然辭出導從而行行
至諸城城皆是地獄人衆巨億悉受

罪報見有猘狗齧人百節肌肉散落流血𣿅地又有群鳥其喙如鋒飛來甚速欻然而至入人口中表裏貫洞其人踠轉呼嗷筋骨碎落其餘經見與趙泰屑荷大抵粗同不復具載唯此二條為異故詳記之觀歷既徧乃遣慧還復見向所逢比丘與慧一銅物形如小鈴曰君還至家可棄此門外勿以入室某年月日君當有厄誡慎遇此壽延九十時道慧家於京師大桁南自見來還達皂莢橋見親表三人住車共語悼慧之亡至門見婢行哭而市彼人及婢咸弗見也慧將入門置向銅物門外樹上光明舒散流飛屬天良久還小奄尒而滅至戶聞尸臭惆悵惡之時賓親奔弔突慧者多不得襃回因進入戶忽然而蘇說所逢車人及市婢咸皆符同慧後為廷尉預西堂聽誦未及就列欻然頓悶不識人半日乃愈計其時日即道人所戒之期須之遷為廣州刺史元嘉六年卒六十九矣 右一驗出冥祥記

唐益州福壽寺釋寶瓊俗姓馬氏綿

竹縣人小年出家清卓儉素讀誦大品兩日一徧以為常業勸歷邑義曰誦一卷者向有千計四遠聞者皆來欽敬本邑連比什邡諸縣並是道民執邪日久投寄無容瓊雖桑梓習俗而不事道李氏諸族值作道會邀瓊赴之來既後至不禮而坐皆謂不禮天尊輕我宗法耶瓊曰邪正道殊所事各異天尚不禮何況老君衆議紛紜頗相凌侮瓊見諍訟不止又報曰吾禮非所禮恐貽厚先宗遂禮一拜道像并座一時動搖又禮一拜連座反倒墜落在地身座摧毀道民羞恥唱言風鼓競來周正又禮還倒瓊曰天朗和暢而言怨風汝之愚戇不測吾風合衆驚懼一心禮瓊遠近聞知皆捨道歸佛闔境道俗及以傍縣道黨同唴皆來請瓊受菩薩戒縣令高達素有誠信敬承威德更於州寺召僧弘講以貞觀八年終於所住 右一驗出唐高僧傳

法苑珠林卷第五十五

法苑珠林卷第五十五

校勘記

一　底本，金藏廣勝寺本。五八頁中下原版殘，以麗藏本換。

一　五八頁中一行經名，[徑]作「法苑珠林卷第六十八」。

一　五八頁中二行撰者，[資]、[磧]、[普]、[南]作「大唐上都西明寺沙門釋道世字玄惲撰」；[徑]作「唐上都西明寺沙門釋道世玄惲撰」；[清]作「唐西明寺沙門釋道世撰」。

一　五八頁中三行「破邪篇第六十二」下，[徑]有「之一」二字。又「此有二部」，[磧]、[徑]無。

一　五八頁中三行與四行之間，[清]有「述意部　引證部」一行。

一　五八頁中四行「第一」，[徑]無。一八行部日下序數例同。

一　五八頁中七行「蒿蘭」，[資]、[磧]、[普]、[南]、[徑]、[清]作「芳蘭」。

一　五八頁中八行「發至」，[資]、[磧]、[普]、

南、徑、清作「發志」。

一　五八頁中一一行「玉磔」，資、磧、普、南、徑、清作「玉礰」。

一　五八頁中一二行至次行「正八邪反四倒」，資、磧、普、南、徑、清作「正四倒反八邪」。

一　五八頁下一行第四字「常」，資、磧、普、南、徑、清作「恒」。

一　五八頁下八行「匹偶」，資、磧、普、南、徑、清作「婚對」。

一　五九頁上七行「由旬」，諸本(不含石，下同)作「由延」。

一　五九頁上一九行第一一字「抱」，資、磧、普、南、徑、清作「揖」。又末字「頸」，資、磧、普、南、徑、清作「頃」。

一　五九頁中一五行第一一字「愁」，諸本作「愁」。下同。

一　五九頁中一六行第二字「此」，普、徑、清作「此人」。

一　六〇頁上一一行「在牛上坐」，資、磧、普、南、徑、清作「在中止坐」。

一　六〇頁上一三行「迦匹那」，資、磧、普、南、徑、清作「迦延那」。

一　六〇頁上一六行「琉瑠」，諸本作「琉璃」。

一　六〇頁上二二行末字「交」，普、徑、清作「校」。本頁中二行第二字同。

一　六〇頁中三行首字「變」，資、磧、普、南、徑、清無。

一　六〇頁中一九行第二字「捨」，普、徑、清作「攝」。

一　六〇頁下六行第一三字「此」，資、磧、普、南、徑、清作「如此」。

一　六一頁上一三行「誘誑」，資、磧、普、南、徑作「謗誑」。

一　六一頁上末行「佛問」，資、磧、普、南、徑、清作「時佛問」。

一　六一頁中一〇行「少少知」，諸本作「少人知」。

一　六一頁下一四行「令自」，資、磧、普、南、徑、清作「自令」。

一　六一頁下一七行末字「中」，資、磧、普、南、徑、清作「裏」。

一　六一頁下末行第一三字「有」，資、磧、普、南、徑、清作「中」。

一　六二頁上八行第一三字「言」，資、磧、普、南、徑、清作「言是」。

一　六二頁上一一行第六字「詰」，資、磧、普、南、徑、清無。

一　六二頁上一五行第一〇字「牛」，資、磧、普、南、徑、清作「惡牛」。

一　六二頁中六行「示微恙」，資、磧、普、南、徑、清作「小中風」。

一　六二頁中二一行「乃知」，資、磧、普、南、徑、清作「乃值」。

一　六二頁中二二行第一三字「後」，麗作「得」。

一　六二頁下五行「尚猶」，資、磧、普、南、徑、清作「尚能」。

一　六二頁下九行第一〇字「如」，諸本作「實如」。

一　六二頁下一三行末字「牴」，普、徑、清作「枉」。

一　六三頁上一一行「見妄」，資、磧、普、南、徑、清作「見妄」。

一　六三頁上一三行「盛飯」，資、磧、普、南、徑、清作「撥飯」。
一　六三頁上二〇行「王女」，諸本作「玉女」。
一　六三頁中一三行第一三字「告」，資、磧、普、南、徑、清作「告曰」。
一　六三頁中二二行第八字「矜」，資、磧、普、南、徑、清作「矜」。下同。
一　六三頁下三行第八字「胞」，資、磧、普、南、徑、清作「抱」。
一　六三頁下二〇行首字「使」，徑作「便」。
一　六四頁上二一行第六字「而」，資、磧、普、南、徑、清無。
一　六四頁中三行「睹見」，資、磧、普、南、徑、清作「都現」。
一　六四頁中一七行第二字「竊」，資、磧、普、南、徑、清作「窮」。
一　六四頁中二二行「人間」，資、磧、普、南、徑、清作「人聞」。
一　六四頁下三行末字至次行首字「財物」，資、磧、普、南、徑、清作「錢財」。

一　六四頁下九行第一二字「及」，資、磧、普、南、徑、清作「及還」。
一　六四頁下一三行「各變誠」，資、磧、普、南、徑、清作「各變形」。
一　六四頁下一五行第五字「怦」，諸本作「庭」。
一　六四頁下一六行「幽明」，資、磧、普、南、徑、清作「幽冥」。
一　六四頁下一九行至二一行序數「一」、「二」、「三」、「四」、「五」、「六」，徑無。
一　六五頁上三行「道禮」，資、磧、普、南、徑、清作「導禮」。
一　六五頁上一〇行「導首」，資、磧、普、南、徑、清作「道首」。
一　六五頁上一三行「對曰」，資、磧、普、南、徑、清作「對曰非也」。
一　六五頁上一七行第一〇字「政」，資、磧、普、南、徑、清無。
一　六五頁上一九行「而答曰」，資、磧、普、南、徑、清作「有問曰」。
一　六五頁上末行第一三字「致」，資、磧、南、徑、清作「且致」。

一　六五頁中一行「通人」，資、磧、普、南、徑、清作「史官」。
一　六五頁中三行「日光」，資、磧、普、南、徑、清作「白光」。
一　六五頁下三行「比較」，資、磧、普、南、徑、清作「比校」。
一　六五頁下一四行「自感」，麗作「自憾」。下同。
一　六五頁下一八行「太素」，資、磧、普、南、徑、清作「太上」。
一　六五頁下一九行首字「人」，諸本作「之」。
一　六六頁上一行「感悦」，諸本作「咸悦」。
一　六六頁上四行「仕庶」，資、磧、普、南、徑、清作「士庶」。
一　六六頁上五行「呂慧通」，資、磧、普、南、徑、清作「呂惠通」。
一　六六頁上七行「三十」，資、磧、普、南、徑、清作「四十」。
一　六六頁上一〇行「掮力」，資、磧、

普、南、徑、清作「角力」。

一　六六頁上一五行第六字「地」，資、磧、普、南、徑、清無。

一　六六頁上一八行「勑下」，資、磧、普、南、徑、清作「下勑」。

一　六六頁中七行「著述」，資、磧、普、南、徑、清作「制述」。

一　六六頁中一四行末字「比」，資、磧、普、南、徑、清作「遠」。

一　六六頁中二一行「縱容」，普、徑、清、麗作「從容」。

一　六六頁下一行第五字「懷」，諸本作「懐」。

一　六六頁下二行第九字「也」，資、磧、普、南、徑、清作「也答曰」。

一　六六頁下三行第三字「經」，麗作「六經」。又第八字「俗」，麗作「濟俗」。

一　六六頁下二〇行「萌抵」，諸本作「萌抵」。

一　六六頁下末行至次頁「子乃去人之之所謂殃」，諸本作「子乃去人之所謂福取人之所謂殃（「殃」，麗作「禍」）」。

一　六七頁上三行「獄冤」，普、南、徑、清作「黻冕」。

一　六七頁上一一行「傅施」，諸本作「博施」。

一　六七頁下九行「悚宇」，諸本作「棟宇」。

一　六七頁下一七行第八字「計」，諸本作「訃」。

一　六八頁上四行第五字「神」，資、磧、普、南無；徑、清作「言」。

一　六八頁上五行「大唐」，南作「有唐」。

一　六八頁上一三行首字「摸」，資、磧、普、南、徑、清作「模」。

一　六八頁中末行「摸寫」，徑、清作「模寫」。

一　六八頁下五行「宗廟」，麗作「其宗廟」。

一　六八頁下一五行第六字「弘」，資、磧、普、南、徑、清作「知」。

一　六八頁下一六行「妲巳」，資、磧、普、南、徑、清作「妲妃」。

一　六九頁上八行「悖亂」，資、磧作「博亂」。

一　六九頁上一二行「姧兇」，資、磧、普、南、徑、清作「姧究」。

一　六九頁上一三行「睪繇」，資、磧、普、南、徑、清作「皋繇」。又「獫狁」，資、磧作「獫狁」。又「薄伐」，資、磧、普作「薄代」。

一　六九頁上二一行「之甚」，諸本作「之甚哉」。

一　六九頁中一行第一一字「虛」，諸本作「虛闢」。

一　六九頁中四行「鉾楯」，普、徑、清作「矛盾」。又「晈然」，資、磧、普、南、徑、清作「皎然」。

一　六九頁中七行「齷齪」，資、磧、普、南、徑、清作「握躖」。

一　六九頁中九行「後漢」，麗作「後漢書」。

一　六九頁中一〇行第八字「祐」，資、

磧、普、南、徑、清作「務」。
- 六九頁中一九行「偏知」，資、磧、普、南、徑、清作「正偏知」。
- 六九頁中二〇行第九字「繫」，資、磧、普、南、徑、清作「繫」。又第一三字「風」，諸本作「夙」。
- 六九頁中二一行「玉諜」，普、徑、清作「玉牒」。
- 六九頁下一行「尚在」，資、磧、普、南、徑、清作「尚存」。
- 六九頁下五行「徵也」，資、磧、普、南、徑、清作「懲也」。至此，徑卷第六十八終，卷第六十九始，並有「破邪篇第六十二之餘」及夾註「感應緣之餘」一行。
- 六九頁下九行「抵掌」，諸本作「指掌」。
- 六九頁下一三行「經制」，麗作「經教」。
- 六九頁下一八行第一三字「卷」，資、磧、普、南、徑、清無。
- 六九頁下二二行「道抗」，資、磧作「道杭」。
- 六九頁下末行「道士」，資、磧、普、南、徑、清作「進士」。又「李運」，資、磧、普、南、徑、清作「李通」。
- 七〇頁上一行「宇真」，普、南、徑、清作「守真」。
- 七〇頁上二行「枇攪」，資、磧、普、南、徑、清作「抄攪」；麗作「挑攪」。
- 七〇頁上九行「誅戮」，資、磧、普、南、徑、清作「戮殺」。
- 七〇頁上一五行第三字「明」，諸本作「時」。
- 七〇頁上一六行「簡集」，資、磧、南作「蘭集」。
- 七〇頁中一二行「依書」，麗作「依舊」。
- 七〇頁下一行第一〇字「山」，諸本作「五」。
- 七〇頁下二行「皆作」，資、磧、普、南、徑、清作「皆依」。
- 七〇頁下四行末字至次行首字「盡述」，資、磧、普、南、徑、清作「述盡」。
- 七〇頁下一一行「大唐」，南作「有唐」；徑、清作「唐」。
- 七〇頁下一七行「應應」，諸本作「變應」。
- 七〇頁下二〇行「介時」，資、磧、普、南、徑、清作「今時」。
- 七〇頁下二二行第二字「片」，資、磧、普、南、徑、清作「即」。
- 七一頁上一四行第七字「直」，資、磧、普、南、徑、清作「真」。
- 七一頁上二〇行「之名」，資、磧、普、南、徑、清作「天尊」。
- 七一頁上末行第二字「英」，資、磧、普、南、徑、清作「映」。
- 七一頁中一行「導聽」，諸本作「道聽」。又「未詎」，麗作「未足」。
- 七一頁中三行「多班」，資、磧、普、南作「多斑」。
- 七一頁中四行「逗遛」，資、磧、普、南、徑、清作「逗留」。又「備如」，資、磧、普、南作「被如」；徑、清作「彼如」。

一 七一頁中七行首字「既」，諸本作「曁」。
一 七一頁中八行第二字「世」，資、磧、普、南、徑、清作「二年」。
一 七一頁中九行第七字「妄」，麗作「琳」。
一 七一頁中一一行「父者」，諸本作「父老」。
一 七一頁下末行首字「獎」，資、磧、南、徑、清作「弊」。
一 七二頁上一一行「徼妙」，資、磧、普、南、徑、清作「激妙」。
一 七二頁上一五行第八字「已」，資、磧、普、南、徑、清無。
一 七二頁上二〇行第三字「僞」，諸本作「爲」。
一 七二頁中三行「咸寧」，資、磧、普、南、徑、清作「咸康」。
一 七二頁中八行「向日辰」，麗作「向晨」。
一 七二頁中一〇行至次行「袁敢矜」，資、磧、普、南、徑、清作「袁矜」。
一 七二頁中一一行第九字「罔」，資、磧、普、南、徑、清作「山」。
一 七二頁中一二行「隨文帝」，諸本作「隋文帝」。
一 七二頁中一五行第一〇字「方」，資、磧、普、南、徑、清作「有」。
一 七二頁中一九行「蜀主」，諸本作「蜀王」。二〇行同。
一 七二頁中二二行「魔之」，資、磧、普、南、徑、清作「厭之」。
一 七二頁中末行「近有」，資、磧、普、南、徑、清作「近如」。
一 七二頁下二行「常作」，資、磧、普、南、徑、清作「恒作」。又「去大業年」，資、磧、普、南、徑、清作「至大業季年」；麗作「去大業季年」。
一 七二頁下七行「領納」，資、磧、普、南、徑、清作「願納」。
一 七二頁下一四行「密喉」，諸本作「密候」。
一 七二頁下一五行「喝之」，資、磧、普、南、徑、清作「呵之」。
一 七二頁下末行「宿素」，資、磧、南作「素」；普、徑、清作「素是」。
一 七三頁上四行「栲捷」，諸本作「拷捷」。
一 七三頁上五行第三字「承」，資、磧、普、南、徑、清作「臣」。
一 七三頁上一〇行末字「叨」，資、磧、普、南、徑、清無。
一 七三頁上一一行第六字「前」，資、磧、普、南、徑、清作「煎」。
一 七三頁上一八行第一〇字「以」，資、磧、普、南、徑、清無。
一 七三頁上一九行第一二字「愛」，資、磧、普、南、徑、清作「受」。
一 七三頁上二〇行第六字「綱」，資、磧、普、南、徑、清作「剛」。
一 七三頁上末行「二年」，諸本作「三年」。
一 七三頁中二行「平陽」，資、磧、普、南、徑、清作「陽平」。
一 七三頁中九行「湮除」，資、磧、普、南、徑、清作「漂除」。

一　七三頁中一五行首字「官」，南、徑、清作「冠」。
一　七三頁下一三行「張曰」，資、磧、普、南、徑、清作「張陵曰」。
一　七四頁上七行第九字「法」，資、磧、普、南、徑、清無。
一　七四頁上一一行「佛生」，徑、清作「我生」。
一　七四頁上一四行「當作」，資、磧、普、南、徑、清作「常作」。
一　七四頁上二一行「令來」，諸本作「今來」。
一　七四頁上末行第四字「宇」，諸本作「字」。又「西域」，麗作「西域人」。
一　七四頁下二〇行夾註右「所列」，資、磧、普、南、徑、清作「所引」。
一　七四頁下二一行夾註右「今時道士女官」，資、磧、普、南、徑、清作「今道士女冠」。
一　七四頁下二二行夾註右第三字「便」，資、磧、普、南、徑、清無。又左「亂俗也」，至此，清卷第五十五之一終，卷第五十五之二始，並有「破邪篇第六十二之餘」一行。
一　七五頁上三行第五字「国」，資、磧、普、南、徑、清作「固」。
一　七五頁上一六行「圓取」，資、磧、普、南、徑、清作「圖取」。
一　七五頁下二行「弟子」，資、磧、普、南、徑、清作「佛弟子」。
一　七五頁下一三行「氷清」，資、磧、普、南、徑、清作「水清」。又「霧散」，資、磧、普、南、徑、清作「霧豁」。
一　七五頁下一四行「螢光」，資、磧、普、南、徑、清作「翳光」。
一　七五頁下一六行「無倦」，資、磧、普、南、徑、清作「不倦」。
一　七五頁下一八行「常星」，諸本作「恒星」。
一　七六頁上一〇行末字「事」，資、磧、普、南、徑、清無。
一　七六頁上一四行「矝許」，資、磧、普、南、徑、清作「矜許」。
一　七六頁上一七行至一八行「廢李老道法詔北齊高祖文宣皇帝」，徑、清作「北齊高祖文宣皇帝廢李老道法詔」。
一　七六頁上二〇行「受録」，普、徑、清作「受籙」。
一　七六頁中四行「親自對較」，資、磧、普、南、徑、清作「親目對校」。
一　七六頁中七行「攤夬」，資、磧、普、南作「權鬧」；徑、清作「歡鬧」。
一　七六頁中九行「自矝」，資、磧、普、南、徑、清作「自矜」。又「唱曰」，資、磧、普、南、徑、清作「唱言曰」。
一　七六頁中一六行「游行無定」，資、磧、普、南、徑、清作「遊無定方」。
一　七六頁下三行「丙立」，資、磧、普、南、徑、清作「丙立云」。
一　七六頁下五行末字「命」，諸本作「命取」。
一　七六頁下九行「亾賴」，諸本作「無賴」。
一　七六頁下一六行「麴孽」，資、磧、普、南、徑、清作「麴蘖」。

一七六頁下一七行第五字「晡」，諸本作「脯」。又「求異」，諸本作「上異」。

一七七頁上一行「隨初」，諸本作「隋初」。

一七七頁上三行「大唐」，南作「有唐」；徑、清作「唐」。又「二十二年」，資、磧、普、南、徑、清作「二十年」。

一七七頁上一三行首字「勑」，資、磧、普、南、徑、清作「閙」。

一七七頁上一五行「勘問」，資、磧、普、南、徑、清作「勘同」。

一七七頁上二一行首字「清」，諸本作「上清」。又第四字「替」，磧、普、南、徑、清作「昔」。

一七七頁中六行「聞有」，諸本作「問有」。

一七七頁中二一行「乃誦」，諸本作「乃謂」。

一七七頁下一二行「必集」，普作「畢集」。

一七八頁上四行「請法師」，資、磧、普、南、徑、清作「諸法師」。

一七八頁上一三行第三字「日」，資、磧、普、南、徑、清無。

一七八頁中四行「筦窺」，資、磧、普、南、徑、清作「管窺」。

一七八頁中七行「何知」，諸本作「知何」。

一七八頁中一五行第一三字「綜」，資、磧、普、南、徑、清無。又末字至次行首字「本傳」，資、磧、普、南、徑、清作「太傳」；麗作「大傳」。

一七八頁中一六行「許伯桃」，普、南、徑、清作「許伯姚」。

一七八頁中一九行「加極刑」，資、磧、普、南、徑、清作「加弑極刑」。

一七八頁中二一行小字「右一驗」，諸本作「右二驗」。

一七八頁中末行首字「斗」，資、磧、普、南、徑、清作「升」。

一七八頁下八行「修福」，資、磧、普、南、徑、清作「復勝」。

一七八頁下一四行第一三字「憤」，諸本作「幘」。

一七八頁下二〇行「忘失」，資、磧、普、南、徑、清作「妄失」。

一七八頁下末行「城城」，資、磧、普、南、徑、清作「城城城」。

一七九頁上一行「猘狗齩人」，資、磧、普、南、徑、清作「掣狗嚙人」。

一七九頁上二行第三字「蔽」，麗作「藉」。又第一〇字「喙」，資、磧、普、徑、清作「啄」。

一七九頁上三行「炊然而至」，資、磧、普、南、徑、清作「鴪然血至」。

一七九頁上四行「踠轉呼噭」，資、磧、普、南、徑、清作「宛轉呼叫」。

一七九頁上一〇行「遇此」，諸本作「過此」。

一七九頁上一一行「大桁」，資、磧、普、南、徑、清作「大街」。

一七九頁上一九行「聽誦」，徑、清作「聽訟」。

一七九頁中一四行第四字「競」，磧、

一　七九頁中一九行「召僧」，資、磧、普、南、徑、清作「名僧」。

一　七九頁中卷末經名，徑作「法苑珠林卷第六十九」；清作「法苑珠林卷第五十五之二」。

法苑珠林卷第五十六　減

西明寺沙門釋道世撰

富貴篇第六十三

貧賤篇第六十四

富貴篇 此有二部

述意部第一

夫行善感樂如影隨形作惡招苦猶聲發響故富同珠玉貴若蕭曹錦繡為衣金銀作屋雲起龍吹之前風喧鳳管之上趨鏘廣殿容與長廊曳珠履於丹墀珥金貂於青瑣食則珍羞滿席海陸盈前鼎味星羅芬馨雲布坐則高堂雅室玉砌珠簾絲竹絃莞淒清飄颺臥則蘭燈炳曜繡晃垂陰錦被既敷襦氈且拂行則駟馬電飛輦轝雷動千乘萬騎隱隱闐闐略述福因善報如是由昔行檀受斯勝利也

引證部第二

如賢愚經云昔佛在時舍衛國有一長者豪貴巨富生一男兒面貌端正世所希有父母歡喜因為立字名檀

彌離年漸長大其父命終波斯匿王即以父爵而以封之受王封已其家舍宅變成七寶諸庫藏中悉皆盈滿種種寶物時王太子字毗琉璃遇得熱病諸醫處藥啟王云須牛頭栴檀用塗其身當得除愈王即募覓若有得者一兩之直賞金千兩無持來者有人白王檀彌離家舍內大有時王聞已躬自往求到檀彌離長者門前見其外門純是白銀即遣門人入通消息時守門人入白長者波斯匿王今在門外長者聞已即出奉迎請王入宮王入門內見有一女面首端正世間無比坐白銀牀紡白銀縷小女十人侍從左右時王問言是卿婦耶長者答言是守門婢其小女者通白消息次入中門純紺琉璃門內有女坐琉璃牀面首端正倍勝於前左右侍從倍復前數次入內門純以黃金門內一女面首端正轉復倍勝坐黃金牀紡黃金縷左右侍從復倍上數王復問言是卿婦耶長者答言是守門婢入到舍內見琉璃地屋間彫鏤種種百獸風

吹動之形現地上王見謂水怖不敢前語長者言餘更無地殿前作海彌離白王是琉璃地非是水也即脫手上七寶環擲著于地礙壁乃住王知地已即共入內昇七寶殿婦在殿上坐琉璃牀更有寶牀請王令坐時婦見王眼中淚出王問之言何故不喜眼中淚出婦答大王但於今者聞王身上煙氣是以淚出王即問言家不然火耶答言不也王復問言用何作食婦答曰須食之時百味自至王復問言夜不須明耶婦答王言用摩尼珠而以照之徧室大明時檀彌離跪白王曰大王何故勞屈尊神到此波斯匿王具以事答長者聞已即將王入徧示諸藏七寶盈滿牛頭香積不可稱計王須任取王取二兩遣人先送王敬語之今有佛出卿聞不耶彌離答言云何名佛王即為說彌離歡喜即往佛所佛為說法得須陀洹尋即出家得阿羅漢三明六通具八解脫阿難見已而白佛言此檀彌離宿植何業生於人中受天福報又

值世尊出家得道佛告阿難乃往過去九十一劫有佛出世號毗婆尸入涅槃後於像法中有五比丘共立要契在一林中精勤修道語一比丘此去城遠乞食勞苦汝當爲福一夏乞食供養我等其一比丘即便入城勸諸檀越日爲送食四人身安專精行道得阿羅漢即語此人緣汝之故我等安隱所作已辦汝願何等其人聞已歡喜發願使我來世天上人中富貴自然值佛獲道緣是功德從是以來九十一劫不墮惡道天上人中當處豪貴所須自然今值我故出家得道

又賢愚經云昔佛在時舍衛國中有一長者其家巨富財寶無量不可稱計生一男兒身體金色端正少雙父母見已歡喜無量因爲立字名曰金天其生之日家中自然出一井水縱廣八尺深亦八尺汲用能稱人意須衣出衣須食出食金銀珍寶一切所須作願取之如意即得兒年長大才藝博通其父念言我兒端正容貌絕

倫要覓名女金容妙體類我兒者當往求之時閻婆國有大長者而生一女字金光明端正非凡身體金色晃煒照人初生之日亦有自然八尺井水其井亦能出種種寶衣服飲食一切所須稱適人情其父母亦自念言我女端正人中英妙要得賢士金色光暉類我女者乃共爲婚其女名稱遠徹金天遂娶爲婦後時金天請佛及僧飯食供養飯食訖已佛爲說法金天夫婦及其父母悉皆獲得須陀洹果金天夫婦俱白父母求索出家父母即聽既出家已夫婦並得阿羅漢果一切功德皆悉具足阿難見已而白佛言金天夫婦宿殖何福生豪族家身體金色復有自然八尺井水出種種物佛告阿難乃往過去九十一劫毗婆尸佛入涅槃後有諸比丘游行教化到一村中村人見僧競共供養時有夫婦二人貧窮家無升斗其夫見他供養衆僧向婦啼哭懊惱涙墮婦臂上婦即問夫何故啼哭夫荅婦言我父在時積財滿藏富溢難

量至我身上貧窮困極今日雖有而不布施今日值僧貧無可施前身不施今致此貧今又不施未來轉劇吾思惟此是以懊惱婦語夫言雖有空意無錢可施知當如何婦又語夫試至故舍徧推覓看儻或得之夫遂往覓得一金錢持至婦所其婦尒時有一明鏡復得一瓶盛滿淨水安錢瓶中以鏡著上夫婦同心持布施僧發願而去緣是功德從是以來九十一劫不墮惡道天上人中常爲夫婦身體金色受福快樂今值我故出家得道

又出曜經云昔佛在世時迦毗羅衛國中有目連同產弟大富饒財七珍具足庫藏盈溢奴婢僕從不可稱計時目揵連數往弟家而告弟曰聞卿慳嫉不好布施佛常說施獲報無數卿今施者得福無量弟聞兄教開藏布施更立新藏欲受其報未經旬日財寶竭盡故藏悉空新藏無報其弟懊惱向兄說曰前見兄勅施獲大報不敢違教諸來求乞竭藏施盡故藏悉空新藏無報將無爲兄所疑誤耶兄曰止止

莫陳此語勿使外道邪見之人聞此鹿
言若使福德當有形者虛空境界所
不容受吾今權示汝微報即以神力
手接其弟至第六天見有宮殿七寶
合成香風浴池庫藏盈溢不可稱計
玉女營從數千萬衆純女無男即問
兄曰是何言殿巍巍乃尒目連告弟
汝自往問弟即自往問天女曰是何宮
殿七寶合成巍巍堂堂懸處虛空誰有
福德於中受報天女報曰閻浮提內迦
毗羅國中釋迦文佛神足弟子名曰
目連彼有賢弟大富長者由好布施
後生此處而與我等作其夫主弟聞
歡喜善心生焉還至兄所具白其情
目連告曰夫人布施爲有報耶爲無
報耶弟懷慚愧向兄懺悔後至家中轉
更修福命終之後即生天上受斯果
報
又樹提伽經云佛在世時有一大富
長者名爲樹提伽倉庫盈溢金銀具
足奴婢成行無所可欲有一白氎手巾
掛著池邊爲天風起吹王殿前王即
大會群臣共參論羅列卜問怪其

所以諸臣皆言國將欲興天賜白氎
樹提默然王語樹提諸臣皆慶卿何
無言樹提荅王不敢欺王是臣家拭
體白氎掛著池邊爲天風起吹王殿
前故默不言却後數日有一九色金
華大如車輪墮王殿前王復會臣問
荅如前樹提荅王言臣不敢欺王是
臣之家後園之中萎落之華爲天風
起吹王殿前故默無言王語樹提卿家
能尒卿須還歸任作謂度吾領二十
萬衆往到卿舍看去樹提荅言願王
相隨不須預去是臣之家自然牀席
不須人鋪自然飲食不須人作自然
擎來不須喚呼自然擎去不須反顧
王即將領二十萬衆到樹提伽南門
而入有一童子端正可愛王語樹提
是卿兒不荅言是臣守閤之奴小復
前行至內閤門有一童女顏色端正
皮色瑤悅甚復可愛王語樹提是卿
女耶婦耶荅言是臣守閤之婢小復
前行至其堂前白銀爲壁水精爲地
王見謂水疑不得前樹提導前將王
上堂坐金牀踞玉机樹提伽婦坐百

二十重金銀幃帳褰披帳而出爲王
設拜眼中淚出王語樹提卿婦拜我
何故淚出臣不敢欺王聞王煙氣眼
中淚出王言庶民然脂諸侯然蜜天
子然漆漆亦無煙何得淚出樹提
荅王臣家有一明月神珠掛著堂殿
晝夜無異不須火光樹提堂前有一
十二重高樓將王上看四面觀視恍
忽經月大臣白王國計事大王可還
歸王謂須臾小復可忍復遊園池不
覺經月問荅同前樹提出七寶施兼
綾羅繒綵二十萬衆人馬俱重一時
還國王語群臣其樹提伽是我之民
婦女宅舍過殊於我我欲伐之可取
以不諸臣皆言可取王將四十萬衆
椎鐘鳴鼓圍樹提宅數百餘重樹
提伽宅南門中有一力士手捉金
杖一擬四十萬衆人馬俱倒手腳繚
戾腰髖婀娜狀似醉容頭腦嶇峨不
復得起於是樹提乘雲母之車來問
諸人來時何苦臥地不起大王遣來欲
伐長者長者力士手捉金杖一擬四十
萬衆人馬俱倒不復得起樹提問言

欲得起不諸人皆言欲得起樹提一放神力令四十萬衆人馬俱起一時還國王即遣使喚樹提伽同車而載往詣佛所白言世尊樹提先身作何功德得是果報佛言善聽先有五百同緣在於山阻道逢一病道人賜其庵屋米糧燈燭尒時廣乞多願天自供我從空來下變身十八放大光明蕩照天下又願作佛破散鐵圍鑊湯生華獄出旃檀餓鬼作沙門羅刹坐誦經五百賈人賣其重寶由供病僧從僧廣乞天供今得斯報于時施者樹提伽是病道人者我身是也五百賈人皆得阿羅漢道

又百緣經云佛在世時舍衛城中有一長者名曰善賢財寶無量不可稱計其婦生女端正殊妙世所希有頂上自然有一寶珠光曜城內父母歡喜因為立字名曰寶光年漸長大體性調順好喜施惠頂上寶珠有來乞者即取施與尋復還生父母歡喜將詣佛所以生善樂求索出家佛告善來比丘尼鬚髮自落法服著身成比

丘尼精勤修習得阿羅漢諸天世人所見敬仰時諸比丘見是事已請問因緣佛告比丘乃往過去九十一劫有佛出世號毗婆尸入涅槃後有王名曰梵摩達多收取舍利起四寶塔而供養之時有一人入此塔中持一寶珠繫著棖頭發願而去緣是功德九十一劫不墮惡趣天上人中常有寶珠隨共俱生受天快樂乃至今者遭值於我出家得道比丘聞已歡喜奉行

又百緣經云佛在世時迦毗羅衛城中有一長者財富無量不可稱計其婦生一宍團長者見已心懷愁惱謂為非祥往詣佛所請問吉凶佛告長者汝莫疑怪但好養育滿七日已汝當自見時長者聞是語已喜不自勝還詣家中勑令瞻養七日頭到宍團開敷有百男子端正殊妙世所希有年漸長大值佛出家得阿羅漢果諸天世人所見敬仰時諸比丘見已請說得道因緣佛告比丘乃往過去九十一劫有佛出世號毗婆尸入涅槃

後時彼國王名槃頭末帝收取舍利造四寶塔高一由旬而供養之時有同邑一百餘人作倡伎樂賫持香華供養彼塔各共發願以此功德使我來世所在生處共為兄弟發是願已各自歸去

佛告比丘欲知彼時同邑人者今此一百比丘是由於彼誓願力故九十一劫不墮三塗天上人中常共同生受天快樂乃至今者遭值於我故復同生出家得道比丘聞已歡喜奉行

頌曰

韞石諒非真　飾瓶信為假　窮服墨門上
濫吹緇軒下　鳳把徒驚心　驪文終好野
真相豈式昭　浮榮未能捨　迹殊冠冕容
事襲驅馳者　已矣歎鄭聲　天然亂周雅
富貴空爭名　寵辱虛相罵　須臾風火燭
幻泡何足把

感應緣 略引六驗

晉王文度　晉張氏
晉劉伯祖　晉太守李常
唐中書令岑文本

唐別駕沈裕善

晉王文度鎮廣陵忽見二騶持鵠頭版來召之王文大驚問騶我作何官騶云尊作平北將軍徐兖二州刺史王曰吾已作此官何故復召耶鬼云此人間耳今所作是天上官也王大懼之尋見迎官玄衣人及鵠衣小吏甚多王尋病薨右一驗出幽冥錄

晉長安有張氏者晝獨處室有鳩自外入止于牀張氏惡之披懷而祝曰鳩尒來為我禍耶飛上承塵為我福耶來入我懷鳩翻飛入懷乃化為一鉤從尒資產巨萬

晉博陵劉伯祖為河東太守所止承塵上有神能語京師詔書告下消息輒豫告伯祖伯祖問其所食啾欲得羊肝買羊肝於前切之臠臠隨刀不見兩羊肝盡有一老貍眇眇在案前侍者舉刀欲斫之伯祖訶止自舉著承塵上須臾大笑曰向者啖肝醉忽然失形與府君相見大慚愧後伯祖當為司隸神復先語伯祖某月某日書當到到期如言及入司隸府神隨逐承塵上輒言省內事伯祖大恐懼謂神曰今職在刺史左右貴人間神在此因以相害神荅曰如府君所慮當相捨去遂絕無聲

晉李常字元文譙國人少時有一沙門造常謂曰君福報將至而復對來隨之君能守貧修道不仕宦者福增對滅君其勉之常性躁又寒門但問仕宦當何所至了不尋究修道意也與一卷經常不肯取又固問榮途貴賤何如沙門曰當帶金紫極於三郡若能於一郡止者亦為善也常曰且當富貴何顧後患因留宿常夜起見沙門身滿一牀入呼家人大小闚視復變為大鳥踆屋梁上天曉復形而去常送出門忽不復見知是神人因此事佛而亦不能精至後為西陽江夏廬江太守加龍驤將軍大興中預錢鳳之亂被誅右一驗出冥祥記

唐中書令岑文本江陵人少信佛常念誦法華經普門品曾乘船於吳江中船壞人盡死文本沒在水中聞有人言但念佛必不死也如是三言之既而隨波涌出已著北岸遂免死後於江陵設齋僧徒集其家有一客僧獨後去謂文本曰天下方亂君幸不預其災終逢太平致富貴也言畢趨出送出外不見既而文本食齋於自食盌中得舍利二枚後果如其言文本自向臨說

唐戶部尚書武昌公戴胄素與舒州別駕沈裕善胄以貞觀七年薨至八年八月裕在州夢其身行於京師義寧坊西南街忽見胄著故弊衣顏容甚瘁見裕悲喜問公生平修福今者何為荅曰吾時誤奏殺人吾死後他人殺羊祭我由此二事辯荅辛苦不可具言今亦勢了矣因謂裕曰吾平生與君善友音不能進君官位深恨于懷君今自得五品文書已過天曹相助欣慶故以相報言畢而寤向人說之冀夢有徵其年冬裕入京參選有銅罰不得官又向人說所夢無驗九年春裕將歸江南行至徐州忽奉詔書授裕五品為婺州治中臨兄為

夫人部侍郎闍之召裕問云尒　右二驗出冥報記

貧賤篇第六十四　此有五部

述意部　引證部　須達部

貧兒部　貧女部

述意部第一

夫貧富貴賤並因往業得失有無皆由昔行故經言欲知過去因當觀現在果欲知未來果當觀現在因所以原憲之家黔婁之室繩樞甕牖無掩風塵席戶蓬扉不遮霜露或編稻藁以爲薦或裁荷葉以充衣鍛肘則兩袖皆穿納屨則雙衿同缺口腹乃資於安邑宿止則寄在於靈臺頭戴十年之冠身披百結之縷鄉里既無田宅雒陽又闕主人浪宕隨時崎嶇度日雖慚靈輒而有翳桑之變乃愧伯夷便致首陽之苦袁安頓乏豈見陽春升斗並無何以卒歲所以如此者皆由曩日不行惠施常蘊慳貪致令果報一朝罄盡是故行者宜當布施也

引證部第二

如燈指經云當知貧窮比於地獄失所依憑栖寄無處憂心火熾愁痒燋然華色既衰容轉憔顇身體尪羸飢渴消削眼目掐陷諸節骨立薄皮纏裹筋脉露現頭髮蓬亂手足皴細其色艾白舉體皴裂又無衣裳至糞穢中拾掇麁弊連綴相著纔遮人形赤露四體倚臥糞堆復無席薦語親舊等見而不識歷街乞食猶如餓烏至知友邊欲從乞食守門之人遮而不聽伺便輒入復爲排辱舍主既出欲加鞭打俯僂曲躬再拜謝罪舍主輕蔑聊不迴顧設得入舍輕賤之故既不與語又不敷座與少飲食撩擲盂器不使充飽設值大會望乞殘食以輕賤故不喚令坐反被驅走貧窮之人譬如林樹無華衆蠡遠離被霜之草葉自焦卷枯涸之池鴻鴈不游被燒之林麞鹿不趣田苗刈盡無人捃拾今日貧困說往富樂但謂虛談誰肯信之由我貧窮所向無路譬如曠野爲火所焚人不喜樂如枯樹無蔭無依投者如苗被霜雹捐棄不收如毒蛇害人皆遠離如雜毒食無有嘗者如空塚間無人趣向如惡廁溷臭穢盈集如魁膾者人所惡賤雖說好語他以爲非若造善業他以爲鄙所爲機捷復嫌輕躁若復舒緩又言重直設復讚歎人謂諂譽若不加譽復生誹謗言此貧人常無好語若復教授復言詐僞若廣言說人謂多舌若默無言人謂藏情若正直說復云麁獷若求人意復言諂曲若數親附復言幻惑若不親附復言矯誕若順他所說復言詐取他意若不隨順復言自專若屈意承望罵言寒賤若不屈意言是貧人猶故恃我若小自寬放言其愚癡無有拘忌若自攝斂言其空廉詐自端確若復歡逸言其譸縱狀似狂人若復憂慘言其含毒初無歡心若聞他語有所不盡爲其判釋言其貪趣以愚代智耐羞之甚若復默然復言頑嚚不識道理若小戲論言不信罪福若有所索言其苟得不知廉恥若無所索言今雖不求後望大得若言引經書復云詐作聰明若言語朴素復嫌踈鈍若公論事

實復言強說若私屏正語復言讒佞 法苑珠林卷第五十六 第十九張 識
若著新衣復言假借嚴飾若著獘衣
復言傳身寒痒若多飲食復言飢餓
饕餮若小飲食言腹中實餓詐作清
廉若說經論言顯已所知彰我闇短
若不說經論言愚癡無識可使放牛
若自道昔日事業言誇誕自譽若自
杜默言門資淺薄諸貧窮者行來進
止言說俯仰盡是愆過富貴之人作
諸非法都無過患舉措云為斯皆得
所貧窮之人如起死屍鬼一切怖畏
如遇死病難可療治曠野險處絕無
水草如墮大海沒溺洪流如人搤咽
不得出氣如眼上瞖不知所至如厚
垢膩難可洗去亦如怨家雖同衣食
不捨惡心如夏暴井人入斷氣如入
深泥滯不可出如山暴水駛流吹漂
樹木摧折貧亦如是多諸艱難夫富
貴者有好威德姿貌從容意度寬廣
禮義競興能生智勇增長家業眷
屬和讓善名遠聞以此觀之一切世
人富貴榮華不足貪著於諸人天尊
貴不應逸樂當知貧窮是大苦聚欲

斷貧窮不應慳貪是以經中言貧 法苑珠林卷第五十六 第二十張 識 潭
窮者甚為大苦

須達部第三

如雜寶藏經云昔佛在世時須達長
者最後貧苦財物都盡客作傭力
得米四升吹作飯食值阿那律來從
乞食婦即取鉢盛滿飯與後須菩
提迦葉目連舍利弗等次第來乞悉
施滿鉢末後佛來亦與滿鉢須達在
外行還到家從婦索食婦即語言其
若尊者阿那律來汝當自食為施尊
者不須達答言寧自不食當施尊者
婦又語言若復迦葉大目連及須菩
提舍利弗等乃至佛來汝當云何夫答
婦言寧自不食盡當施與婦即語夫
言朝來諸聖盡來索食所有飲食盡
施與之夫聞歡喜而語婦言我等罪
盡福德應生即開庫藏穀帛飲食悉
皆充滿用盡復生果報云云不可說
盡
又雜譬喻經云昔長者須達七貧
後貧最劇乃無一錢後糞壤中得一
木升其實是栴檀出市賣之得米四

升語婦併炊一升吾當索菜茹還時 法苑珠林卷第五十六 第廿一張 識案
共食佛念日當度須達令福更生
炊米方熟舍利弗目連迦葉佛來四
升米次第炊盡將去後富更請佛僧
供養盡空佛為說法得道
又菩薩本行經云初時須達長者家
貧焦煎蒙佛說法身心清淨得阿
那含道唯有五金錢一日持一錢施
佛一錢施法一錢施僧一錢自食一
錢作本日日如是常有一錢終無有
盡即受五戒欲心已斷婦女各各隨
其所樂有一婦人炒穀作麨失火廣
燒人畜波斯匿王勅自作限自今以
去夜不得燃火及於燈燭其有犯者
罰金千兩尒時須達得道在家晝夜
坐禪入定夜半雞鳴然燈坐禪伺捕
得之捉燈白王當輸罰負須達白王
今我貧窮無百錢產當用何輸王
瞋勅使閉著獄中即將須達付獄
執守初夜四天王來下語須達言我
與汝錢用輸王罰可得來出為四天
王說經便去到中夜天帝復來見之
須達為說法竟帝釋便去次到後夜

梵天復下見為說法梵天復去時王夜
於觀上見獄上有大光時王明日即便
遣人往語須達坐火被閉而無慚羞
續復然火須達荅言我不然火若然
火者當有煙炭復語須達初夜有四火
中夜有一火倍大前火後夜復有一
火還倍於前言不然火為是何等須
達荅言此非是火也初夜四天王來
見我中夜天帝來見我後夜梵天
來見我是天身上光明之焰非是火
也吏聞其語即往白王王聞如是心
驚毛竪王言此人福德殊特乃尒我
今云何而毀辱之即勑吏言促放出
去勿使稽遲便放令去須達得出往
到佛所禮佛聽法波斯匿王即便嚴
駕尋至佛所人民見王皆悉避起唯
有須達心存法味見王不起王心微
恨此是我民懷於輕慢見我不起遂
懷惱心佛知其意止不說法王白佛
言願說經法佛告王言今非是時為
王說法云何非時人起瞋恚忿結不
解貪婬女色自大無敬其心垢濁聞
於妙法而不能解以是之故今非是

時為王說法王聞佛語意自念言坐
此人故令我今日有二折減又起瞋
恚不得聞法為佛作禮而去出到於
外勑語左右此人若出直斫頭取作
是語已應時四面虎狼師子毒害之
獸悉來圍繞於王王見恐怖還至佛
所佛問大王何以來還王白佛言見
怖來還佛告王曰識此人不王曰不
識佛言此人已得阿那含道坐起惡
意向此人故是故使尒若不還者王
必當危不得全濟王聞佛語即大恐
怖即向須達懺悔作禮䠒跪四布於
須達前王言此是我民而向屈辱實
為甚難須達復言而我貧窮行於
布施亦復甚難尸羅師質為國平正
為賊所捉臨終不犯妄語賊便放之
實為甚難復有天名曰尸迦梨於高
樓上臥有天玉女來以持禁戒而不
受之實為甚難於是四人即於佛前
各說頌曰

貧窮布施難　豪貴忍辱難　危險持戒難
少壯捨欲難

佛說偈已王及臣民皆大歡喜作禮

而去

貪兒部第四

如辯意長者子經云於是辯意長者
子為佛作禮叉手白佛言唯願世尊
過於貧舍及諸衆會明日屈於舍
食尒時世尊默然許可諸長者子禮
佛而去到舍具饌明日世尊與諸大衆
往到其處就坐儼然辯意白父母及
諸眷屬前禮佛足各自供侍辯意起
行澡水敬意奉食下食未訖有一乞
兒前歷座乞佛未祝願無敢與者遍無
所得瞋恚而去便生惡念此諸沙門
放逸愚惑有何道哉貪者從乞無心
見與長者愚惑用為餚此無慈悲意
吾為王者以鐵輞車轢斷其頭言已
便去佛達嚫既訖復有一乞兒來入
乞食座中衆人各各與之大得飯食
歡喜而去即生念言此諸沙門皆有
慈心憐吾貧窶施食充飽得濟數
日善哉善哉長者乃能供事此諸大
士其福無量吾為王者當供養佛及
衆弟子乃至七日猶不報今日飢渴
之恩言已便去佛食已訖說法既即

還精舍之中佛告阿難從今已後覩
訖下食以此為常時二乞兒展轉乞
丐到他國中臥於道邊深草之中時
彼國王忽然崩亡無有繼後時國相
師明知相法讖書記曰當有賤人應
為王者諸臣百官千乘萬騎案行國
界誰應為王顧視道邊深草之中上
有雲蓋相師占相日中有神人即見
乞兒相應為王諸臣拜謁各稱為臣
乞兒驚愕自云下賤非是王種皆言
應相非是強力香湯沐浴著王者之
服光相儼然稱善無量導從前後迴
車入國時惡念者在深草中臥寐不
覺車轢斷其頭王到國中陰陽和調
四氣隆赫人民安樂稱王之德
尒時國王自念昔者貧窮之人以何
因緣得為國王昔行乞時得蒙佛恩
大得飯食便生善念得為王者供養
七日佛之恩德今已果之即召群臣
進向舍衛國燒香作禮即遣使者往
請佛言蒙世尊遺恩得為人王願屈
尊神來化此國愚冥之人得見教訓
於是佛告諸弟子當受彼請佛與弟

子無央數眾往到彼國時王出迎為
佛作禮入宮食訖王請世尊說得王
緣佛具為說如前因緣由起善念令
王是也時惡念者非直轢頭而死死
已復入地獄為火車所轢億劫乃出
王今請佛報誓過厚世世受福無有
極已尒時世尊以偈頌曰
人心是毒根　口為禍之門　心念而口言
身受其罪殃　不念人善惡　自作身受患
意欲害於彼　不覺車轢頭　心為甘露法
令人生天上　心念而口言　身受其福德
有念善惡人　自作安身本　意念一切善
如王得天位
是時國王聞經歡喜舉國臣民得須
陀洹道
又賢愚經云佛在舍衛國與諸弟子
千二百五十人俱國中有五百乞兒常
依如來隨逐眾僧乞丐自活貪心內
發求索出家共白佛言如來出世甚
為難遇我等下賤蒙濟身命今貪出
家不審許不佛告諸乞兒我法清淨
無有貴賤譬如清水洗諸不淨若貴
若賤水之所洗無不淨者又如大火

所至之處其被燒者無不焦然又如
虛空貧富貴賤有入中者隨意自恣
乞兒聞說並皆歡喜信心倍隆歸誠
出家佛告善來頭髮自墮法衣在身
沙門形相於是具足佛為說法成阿
羅漢於時國中諸豪長者聞度乞
兒皆興慢心云何如來聽此下賤之
人在眾僧次我等修福請佛眾食令
此下賤坐我牀席捉我食器尒時太
子祇陀請佛及僧遣使白佛唯願世
尊明受我請及比丘僧所度乞兒我
不請之慎勿將來明日食時佛告乞
兒吾受彼請汝不及例今可往至鬱
多越取自然成熟粳米還至其家隨
意坐次自食粳米比丘如命即以神
足往彼世界各各自取滿鉢還攝威
儀乘空而來如鴈飛至祇陀家坐隨
次各食於時太子覩眾比丘威儀進
止神足福德敬心歡喜歎未曾有而
白佛言不審此諸賢聖從何方來佛
告祇陀若欲知者正是昨日所不請
者具向太子說其因緣尒時祇陀聞
說是語極懷慚愧自我愚癡不別明

闇不審此徒種何善行今值世尊特蒙殊潤復造何咎乞丐自活佛告祇陁過去久遠時有大國名波羅柰有一山名曰利師古昔諸佛多住其中若無佛時有二千辟支佛常止其中有一長者名曰散陀寧時世旱儉其家巨富即問藏監今我藏中穀米多少欲請大士未知供不藏監對曰饒多足供即請二千辟支飯食供養差五百使人供設飯食時諸使人厭心便生我等諸人所以辛苦皆由此諸乞兒尒時長者常令一人知白時到養一狗子日日逐往尒時使人卒值一日忘不往白狗子時到獨往常處向諸大士高聲而吠諸辟支佛聞其狗吠即知時到來詣便坐如法受食因白長者天今當雨宜可種殖長者如言耕種所種之物盡變為瓠長者見怪隨時溉灌後熟皆大即劈看之隨所種物成治淨好麥滿其中長者歡喜其家滿溢復分親族合國一切咸蒙恩澤是時五百作食之人念言斯之獲果實是大士之恩我等云何惡

言向彼即往其所請求改悔復立誓言願使我等於將來世遭值賢聖蒙得解脫由此之故五百世中常作乞見因其改悔復立誓故今遭我世蒙得過度太子當知尒時大富散陀寧者我身是也時藏臣者今須達是也日日白時到者今優填王是也五百作食人者今此五百阿羅漢是也尒時祇陀及衆會者覩其神變皆獲四果

貧女部第五

如賢愚經云昔佛在世時尊者迦旃延在阿槃提國時彼國中有一長者大富饒財家有一婢小有愆過長者鞭打晝夜走使衣不蓋形食不充口年老辛苦思死不得適持瓶詣河取水舉聲大哭尒時尊者聞其哭聲往到其所問知因緣即語之言汝若貧者何不賣之老母答言誰買貧者迦旃延言貧實可賣老母白言貧可賣者賣之云何迦旃延言汝若賣者一隨我語告令先洗洗已教施母白尊者我今貧窮身上衣無毛許完納唯有此瓶是大家許當以何施即持鉢與教

取水施受為祝願次與授戒後教念佛竟問之言汝止何處婢即答言無定止處隨舂炊磨即宿其處或在糞壤上尊者語言汝好勤心恭謹走使伺其大家一切臥訖竊開戶入於其戶內敷草而坐思惟觀佛母受教已至夜坐處戶內命終生忉利天大家曉見瞋恚而言此婢常不聽入舍何忽此死即便遣人以草繫脚置寒林中此婢生天與五百天子以為眷屬即以天眼觀見故身生天因緣尋即將彼五百天子賷持香華到寒林中燒香散花供養死屍放天光明照於村林大家見怪普告遠近詣林觀看見已語言此婢已死何故供養天子報言此吾故身即為具說生天因緣後皆迴詣迦旃延所禮拜供養因緣說法五百天子悉皆獲得須陀洹果既得果已還歸天上以是因緣智者應當皆如是學

又佛說摩訶迦葉度貧母經云佛在舍衛國是時摩訶迦葉獨行教化到王舍城常行大哀福於衆生捨諸豪

法苑珠林卷五十六　第二十張　淑
富而從貧乞時欲分衞先入三昧何
所貧人吾當福之即入王舍大城之
中見一孤母最甚貧困在於街巷大
糞聚中傍鑿糞聚以爲巖窟羸瘦
疾病常臥其中孤單零丁無有衣食
便於巖窟施小籬柵以障五形迦葉
三昧知此人宿不植福是以今貧知
母壽命終日在近若吾不度永失福
堂母時飢困長者青衣而棄米汁臭
惡難言母從乞之即以破瓦盛著左
右迦葉到所祝願從乞多少施我可
得大福尒時老母即說偈言
舉身得疾病　孤窮安可言　一國之最貧
衣食不蓋形　世有不慈人　嘗見矜愍憐
云何名慈哀　而不知此厄　普世之寒苦
無過我之身　願見矜愍我　實不爲仁惜
摩訶迦葉即荅偈言
佛爲三界尊　吾備在其中　欲除汝飢貧
是故從貧乞　若能減身口　分鉢以爲施
長夜得解脫　後生得豪富
尒時老母聞偈歡喜心念前日有臭
米汁欲以施之則不可飲遙啓迦葉哀我
受不迦葉荅言大善母即在窟匍匐取之

法苑珠林卷五十六　第二十一張　淑
形體裸露不得持出側身僂體籬上授
與迦葉受之尊口祝願使獲福安迦
葉心念若吾費去著餘處飲母則不
信謂吾棄之即於母前飲訖盪鉢還
著囊中於是老母特復眞信迦葉自
念當現神足令此母人必獲大安即
在空中廣現神變尒時母人見此踊
躍一心長跪遙視迦葉迦葉告曰母
今意中所願何等即啓迦葉願以微
福得生天上於是迦葉忽然不現老
母數日壽終即生忉利天上威德巍
巍震動天地光明挺特譬如七日一
時俱出照曜天宮帝釋驚悸何人福
德感動勝吾即以天眼觀此天女福
德使然即知天女本生來處尒時天
女即自念言此之福報緣其前世供
養迦葉所致假令當以天上珍寶種
種百千施上迦葉猶尚未報須臾之
恩即將侍女持天香華忽然來下於
虛空中散迦葉上然後來下五體投
地禮畢却住叉手歎曰
大千國土　佛爲特尊　次有迦葉
能閉罪門　昔在閻浮　糞窟之前

法苑珠林卷五十六　第二十二張　淑
爲甚貧母　開說眞言　時母歡喜
貢上米瀋　施如芥子　獲報如山
自致天女　封受自然　是故來下
歸命福田
天女說已俱還天上帝釋心念女施
米汁乃致此福迦葉大哀但化福劣
家不往大姓當作良策即與天后持
百味食藏小瓶中詣王舍城街邊作
小陋屋變其形狀似于老翁身體瘠
瘦傴行而步公妻二人而共織席貧
窮之狀不儲飲食迦葉後行分衞見
此貧人而往乞食翁言至貧無有如
何迦葉祝願良久不去翁言我等夫
妻甚老織席不暇向乞唯有少飯適
欲食之聞仁慈德但從貧乞欲以福
之今雖窮困意自割捐以施賢者審
如所云令吾得福天食之香非世所
聞若預開瓶苾芬之香迦葉覺之全
不肯取即言道人獎食不多將鉢來
取迦葉即以鉢取受祝願施家其香
普薰王舍大城及其國界迦葉即嫌
其香翁母釋身疾飛空中彈指歎善
迦葉思惟即知帝釋化作老翁而爲

法苑珠林第五十六　第二十張　城字

福祚吾今已受不宜復還迦葉讚歎
帝釋種福無猒忍此醜類來下殖福
必獲影報帝釋及后倍復欣踊是時
天上伎樂來迎帝釋到宮倍益歡喜

感應緣略引一驗

漢陰生者長安渭橋下乞小兒也常
於市匄市中厭食之以糞灑之旋復見
黑灑衣不汙如故長吏知試繫著桎梏
而續在市乞試欲殺之乃去灑之者家
室屋自壞殺十餘人長安中謠言曰
見乞兒與美酒以免壞屋之咎見搜
神記

頌曰

業風常泛濫　苦海濤波聲　漂我常游浪
遠離涅槃城　何時慈舟至　運我出愛瀛
寔由高慕施　頓捨貪窮情　罪垢蒙除結
神珠啓闇明　貴門光景麗　賤業永休寧
志求八解脫　誓捨六塵縈　儻遇慈父誨
開我心中怦

法苑珠林卷第五十六

甲辰歲高麗國分司大藏都監奉
勑彫造

法苑珠林卷第五十六

校勘記

一　底本，麗藏本。

一　八八頁上一行經名，徑作「法苑珠林卷第七十」。

一　八八頁上二行撰者，資、磧作「大唐上都西明寺沙門釋道世字玄惲撰」；普作「大唐上都西明寺沙門釋道世撰」；南作「唐上都西明寺沙門釋道世字玄惲撰」；徑作「唐上都西明寺沙門釋道世玄惲撰」；清作「唐西明寺沙門釋道世撰」。

一　八八頁上三行「富貴篇第六十三」下，資、磧、普、南、清有夾註「此有二部」。

一　八八頁上四行「貧賤篇第六十四」，徑、清無。

一　八八頁上五行「富貴篇此有二部」，諸本(不含石，下同)無。

一　八八頁上五行與六行之間，清有「述意部　引證部」一行。

一　八八頁上六行「第一」，徑無。一九行部目下序數例同。

一　八八頁上八行「珠玉」，徑、清作「朱栢」。

一　八八頁上九行末字「喧」，諸本作「生」。

一　八八頁上一〇行第一三字「曳」，諸本作「申」。

一　八八頁上一一行「金貂」，資、磧、普、南作「金鏵」；徑、清作「金蟬」。

一　八八頁上一四行第三字「飄」，諸本作「飆」。又第一二字「晃」，諸本作「幌」。

一　八八頁上二〇行「在時」，諸本作「在世時」。次頁上一五行同。

一　八八頁中四行「毗琉瑠」，諸本作「毗琉璃」。

一　八八頁下二行末字「海」，諸本作「池」。

一　八八頁下四行「環玔」，諸本作「環釧」。

一　八九頁上一二行末字「當」，諸本

作「常」。

一 八九頁上二〇行第八字「汲」，徑作「没」。

一 八九頁下六行第七字「看」，諸本作「者」。

一 八九頁下八行「復得」，磧、普、南、徑、清作「復有」。

一 八九頁下一一行第九字「常」，諸本作「恒」。

一 八九頁下一四行「七珍」，磧、南、徑、清作「七寶」。

一 八九頁下一六行第一一字「閙」，磧、南無。

一 八九頁下一七行第七字「施」，磧、普、南、徑、清作「布施」。

一 八九頁下一八行末字「立」，磧、普、南、徑、清作「開」。

一 八九頁下二一行第六字「勑」，諸本作「勸」。

一 九〇頁上二一行「無所」，磧、南、徑、清作「無數」。

一 九〇頁中一〇行「謂度」，資、磧、南、徑、清作「調度」。

一 九〇頁中一八行「前行」，諸本作「前著」。

一 九〇頁下一四行「婦女」，諸本作「女婦」。

一 九〇頁下一九行「婀娜」，諸本作「婀娑」。又「岠峨」，諸本作「巨我」。

一 九一頁上五行「五百」，諸本作「五百人」。

一 九一頁上一二行「從僧」，諸本無。

一 九一頁上二二行第四字「以」，諸本作「心」。

一 九一頁上末行「鬚髮」，諸本作「頭髮」。

一 九一頁中七行第四字「根」，資、磧、普、南作「棠」；徑、清作「橕」。

一 九一頁下三行「貫持」，磧、南作「各持」。

一 九一頁下八行第八字「彼」，諸本作「彼時」。

一 九一頁下一四行「罼門」，磧、南、清作「皐門」。

一 九一頁下一五行「濫吹」，磧、南、徑、清作「濫次」。

一 九一頁下一六行末字「容」，諸本作「客」。

一 九一頁下二二行末字「常」，諸本作「恒」。下至次頁中一六行第三字同。

一 九二頁上三行「版來召之」，諸本作「板來名之」。

一 九二頁上四行「平北」，磧、普、南、徑、清作「平地」。

一 九二頁上五行「復召」，諸本作「復名」。

一 九二頁上一二行末字「一」，磧、普、南、徑、清無。

一 九二頁上一五行第二字「上」，磧、普作「止」。

一 九二頁上一六行「欲得」，諸本作「答曰欲得」。

一 九二頁上一七行「買羊肝」，諸本作「遂買羊肝」。

一 九二頁上一八行「兩羊肝盡」，諸

本作「輒盡兩羊肝」。

一　九二頁上一九行「侍者」，諸本作「持者」。

一　九二頁中七行第一一字「官」，諸本作「宦」。

一　九二頁中一九行夾註「出冥祥記」，諸本作「出冥祥記内」。

一　九二頁中二二行「聞有」，諸本作「間有」。

一　九二頁下八行「戴文胄」，諸本作「戴天胄」。

一　九二頁下一一行「忽見」，諸本作「每見」。

一　九二頁下一八行首字「曹」，資、磧、普、南作「胄」。

一　九三頁上二行「第六十四」，徑作「第六十四之一」。又「此有五部」，徑無。

一　九三頁上三至四行「述意部……貧女部」，徑無。

一　九三頁上五行「第一」，徑無。以下部目下序數例同。

一　九三頁上一〇行「或編稻藁」，諸本作「或舒稻蒿」。

一　九三頁上一八行「升斗」，諸本作「升合」。

一　九三頁中二行「障礙」，諸本作「麁鄙」。

一　九三頁中三行「諸節」，諸本作「支節」。

一　九三頁中二二行第一三字「雹」，諸本無。

一　九三頁中末行第五字「害」，諸本作「室」。

一　九三頁下一〇行「矯誕」，諸本作「驕誕」。

一　九三頁下一三行第五字「是」，諸本無。又第一〇字「恃」，諸本作「持」。

一　九三頁下一四行末字「斂」，諸本作「檢」。

一　九三頁下一五行第一一字「歡」，諸本作「勸」。

一　九三頁下一八行第六字「趨」，諸本作「趣」。

一　九四頁上一七行第三字「滯」，諸本作「殢」。

一　九四頁中二行第三字「甚」，諸本作「其」。

一　九四頁中五行「都盡」，磧、普、南、徑、清作「都無」。

一　九四頁中六行第五字「吹」，諸本作「炊」。

一　九四頁中一四行第一四字「夫」，諸本作「亦」。

一　九四頁中一八行「穀帛」，諸本作「穀帛」。

一　九四頁下三行第七字「弗」，諸本無。

一　九四頁下一三行第七字「王」，徑作「來」。

一　九四頁下一八行「無百錢」，徑、清作「無有錢」。

一　九四頁下二〇行第二字「守」，諸本作「守四天王見」。

一　九五頁上二行「於觀上見獄上有

火光」，資、磧、普、南作「於樓觀上見獄中有火光」；徑、清作「於樓觀上見獄中有火」。

一 九五頁上三行第四字「語」，磧、普、南、徑、清作「詣」。

一 九五頁上七行第二字「還」，諸本作「遂」。

一 九五頁上一二行「乃尒」，磧、普作「乃是」；南作「如是」。

一 九五頁上一三行第一二字「促」，諸本作「捉」。

一 九五頁上一五行首字「到」，諸本作「至」。

一 九五頁中四行「直斫頭取」，資、磧、普、南作「直所取頭」；徑、清作「直斫取頭」。

一 九五頁中一二行「⿸厂毛⿰並毛」，諸本作「羊皮」。

一 九五頁中一八行「天玉女」，資作「天王女」。

一 九五頁中二〇行「頌曰」，諸本作「偈曰」。

一 九五頁中末行第六字「及」，磧、南作「及人」。

一 九五頁下一四行「慈悲」，諸本作「慈愍」。

一 九五頁下末行第一三字「既」，諸本無。

一 九六頁上七行「顧視」，磧、普作「願視」。

一 九六頁上一一行末字「之」，南、徑、清作「冠」。

一 九六頁上一三行「入國」，南作「入城」。

一 九六頁上末行第四字「告」，南作「及」。

一 九六頁中一行第七字「到」，南、徑、清作「詣」。

一 九六頁中二行第一二字「説」，諸本無。

一 九六頁中三行首字「緣」，諸本作「因緣」。

一 九六頁中一〇行「心爲」，諸本作「心念」。

一 九六頁中二〇行第一三字「貧」，諸本作「貪」。

一 九六頁中二一行第六字「佛」，資、磧、普、南無。

一 九七頁上五行第一一字「常」，諸本作「恒」。一二行第六字同。

一 九七頁上八行第八字「供」，諸本作「供足」。

一 九七頁中八行第一〇字「漢」，資、磧、普無。

一 九七頁中九行「四果」，至此，徑卷第七十終，卷第七十一始，並有「貧賤篇第六十四之餘」一行。

一 九七頁中一三行「一婢」，諸本作「小婢」。

一 九七頁中一五行第一一字「⿰𧾷氏」，資作「⿰工氏」；磧、普、南、徑、清作「坁」。末行首字同。

一 九七頁下三行第二字「止」，普作「立」。

一 九七頁下四行首字「壞」，諸本作「垍」。

一　九八頁上四行末字「瘦」，諸本作「劣」。

一　九八頁上七行末字「知」，諸本作「如」。

一　九八頁中五行第八字「特」，磧、普、南作「持」。

一　九八頁中二一行第四字「却」，磧、普、南、徑、清作「即」。

一　九八頁下二行「米潘」，諸本作「米瀋」。

一　九八頁下六行第二字「汁」，諸本作「瀋」。又第一二字「化」，諸本無。

一　九八頁下七行「良筞」，磧、普、南、徑、清作「良榮」。

一　九九頁上五行夾註「略引一驗」，磧、南無。

一　九九頁上一一行第一二字「各」，諸本作「咎」。

一　九九頁上一四行第三字「常」，諸本作「恒」。

一　九九頁上一七行「闇明」，諸本作「闇冥」。

一　九九頁上一九行末字「怦」，諸本作「經」。

一　九九頁上卷末經名，徑無（未換卷）。

法苑珠林卷第五十七　軍

西明寺沙門釋道世撰

債負篇第六十五

諍訟篇第六十六

債負篇 此有二部

述意部第一

夫勸善懲過大士常心捨惡爲福菩薩常願是以善惡之運業猶形影之相須債負之殃各植三報之苦果或有現負現報或有現負次報或有現負後報如是三時隨負一毫推而不還決定受苦是故經云偷盜之人先入地獄畜生餓鬼後得人身得二種果報一者常處貧窮二者雖得少財常被他奪斯言有徵省已爲人也

引證部第二

如法句喻經云昔佛在世時有弗迦沙王比丘入羅閱城分衛於城門中有新產犢牛所觝殺牛主怖懼賣牛轉與他人其人牽牛欲飲水牛從後復觝殺其主其主家人瞋恚取牛殺之於市賣宍有田舍人買取牛頭貫擔持歸去舍田邊坐樹下息以牛頭掛樹枝須臾繩斷牛頭落下正墮人上牛角刺人即時命終一日之中凡殺三人缾沙王聞之怪其如此即與群臣往詣佛所具問其意佛告王曰往昔有賈客三人到他國內興生寄住孤獨老母舍應與雇舍直見老母孤獨欺不欲與伺老母不在默去不與母歸不見客即問比居皆云已去老母瞋恚尋後逐及疲頓索直三客迸罵我前已與云何復索同聲共抵不肯與直老母單弱不能奈何懊惱守祝我後世所生之處若當相值要當殺汝正使得道終不相置佛語缾沙王介時老母者今此犢牛是也三賈客者弗迦沙等三人爲牛所觝殺者是也於是世尊即說偈言

惡言罵詈　憍陵蔑人　興起是行　嫉怨滋生
遜言慎辭　尊敬於人　棄結忍惡　嫉怨自滅
夫士之生　斧在口中　所以斬身　由其惡言

又出曜經云昔罽賓國中有兄弟二人其兄出家得阿羅漢弟在家中治修居業時兄數來教誨勸弟布施持戒修善作福現有名譽死生善處而弟報曰兄今出家不慮官私不念妻子田業財寶我有此務而兄數誨不用兄教後病命終生在牛中爲人所驅馱鹽入城兄從城中出遇見之即爲說法時牛聞已悲哽不樂牛主見已語道人曰汝何道說而使我牛愁憂不樂道人報曰此牛前身本是我弟昔日負君一錢鹽債故墮牛中以償君力牛主聞已語道人曰君弟昔日與我親友是時牛主即語牛曰吾今放汝不復役使牛聞感激至心念佛自投深澗即便命終得生天上受極快樂以是因緣若人負債不可不償

又成實論云若人負債不償墮牛羊麞鹿驢馬等中償其宿債

又百緣經云佛入舍衛城乞食至一街中逢一婆羅門以指畫地不聽佛去語佛言汝今還我五百金錢介乃聽過若不與我者終不聽過佛默然住不能前進波斯匿王等聞佛被留

難各送珍寶與婆羅門然不肯受須達聞之取五百金錢與婆羅門乃聽佛過比丘問佛何緣乃尒佛言過去波羅柰國梵摩達王太子名善生遊行見一戲人共輔相子樗蒱賭五百金錢時輔相子負戲人錢尋索不償太子語言彼若不與我當代償後竟不償從是以來無量世中常為戲人從我索錢佛言昔太子者今我身是輔相子者今須達是昔戲人者今婆羅門是也

又雜寶藏經云昔罽賓國中有阿羅漢名曰離越山中坐禪時有一人失牛逐蹤至離越所時值離越煑草染衣衣即自然變作牛皮染汁自然變作牛血所煑染草變成牛宍所持鉢盂變作牛頭牛主見已即捉收縛將詣王所王即付獄經十二年常與獄監飼馬除糞離越弟子得阿羅漢者有五百人觀見其師不知所在業緣欲盡有一弟子觀見師在罽賓獄中即來告王我師在獄願王斷理王即遣人就獄檢校使至獄中唯見有人威色憔悴鬚髮極長而為獄監飼馬除糞使還白王獄中都不見有沙門離越弟子復白王言願王說教有比丘者悉聽出獄王即宣令有僧悉遣出獄離越聞已鬚髮自落袈裟著身踊出虛空作十八變王見是事五體投地白言尊者願受我懺悔王即問言以何業緣在獄受苦離越荅言我於往昔亦曾失牛逐蹤諆他經一日一夜後墮三塗受苦無量餘殃不盡今得羅漢猶被諆謗以是因緣一切衆生應護口業莫諆謗他離越昔所諆人是辟支佛以是因緣故得此報依法華經說謗誦經人若實若不實現世得白癩病

又毗婆沙論云曾聞有一女人為餓鬼所持即以呪術而問鬼言何以惱他女人鬼荅之言此女人者是我怨家五百世中而常殺我我亦五百世中斷其命根若彼能捨舊怨之心我亦能捨尒時女人作如是言我今已捨怨心鬼觀女人雖口言捨而心不放即斷其命

又雜寶藏經云目連至殑伽河邊見五百餓鬼群來趣水有守水鬼以鐵杖驅逐令不得近於是諸鬼徑詣目連禮目連足各問其罪一鬼曰我受此身常患熱渴先聞殑伽河水清且涼歡喜趣之沸熱壞身試飲一口五藏燋爛臭不可當何因緣故受如此罪目連曰汝先世時曾作相師相人吉凶少實多虛或毀或譽自稱審諦以動人心詐惑欺誑以求財利迷惑衆生失如意事

復有一鬼言我常為天祠有狗利牙赤白來噉我宍唯有骨在風來吹起宍續復生狗復來噉此苦何因目連荅言汝前世時作天祠主常教衆生殺羊以血祠天汝自食宍是故今日以宍償之

復有一鬼言我常身上有糞周徧塗漫亦復噉之是罪何因目連荅曰汝前世時作婆羅門惡邪不信道人乞食取鉢盛滿糞以飯著上持與道人道人持還以手食飯糞汙其手是故今日受如此罪

復有一鬼言我腹極大如甕咽喉手脚其細如針不得飲食何因此苦目連答言汝前世時作聚落主自恃豪貴飲酒縱橫輕欺餘人奪其飲食飢困衆生

復有一鬼言我常趣溷欲噉食糞有大群鬼捉杖驅我不得近廁口中爛臭飢困無賴何因如此目連答言汝前世時作佛圖主有諸白衣供養衆僧供辦食具汝以麁供設客僧細者自食

復有一鬼言我身上徧滿生舌斧來斫舌斷復續生如此不已何因故尒目連答言汝前世時作道人衆僧差作蜜漿石蜜齒大難消以斧斫之盜心噉一口以是因緣故還斫舌也

復有一鬼言我常有七枚熱鐵丸直入我口入腹五藏焦爛出復還入何因故受此罪目連答言汝前世時作沙彌行果蓏子時到自師所敬其師故偏心多與實長七枚

復有一鬼言常有二熱鐵輪在我兩腋下轉身體焦爛何因故尒目連答言汝前世時與衆僧作餅盜心取二番挾兩腋底故受此苦

復有一鬼言我癭丸極大如甕行時擔著肩上住則坐上進止患苦何因故尒目連答言汝前世時作市令常以輕秤小斗與他重秤大斗自取常自欲得大利於已侵尅餘人

復有一鬼言我常兩肩有眼胷有口鼻常無有頭何因故尒目連答言汝前世時常作魁膾弟子若殺罪人時汝常歡喜心以繩著髻挽之

復有一鬼言我常有熱鐵鍼入出我身受苦無間何因故尒目連答言汝前世時作調馬師或作調象師象馬難制汝以鐵鍼刺脚又時牛遲亦以鍼刺

復有一鬼言我身常有火出自然懊惱何因故尒目連答言汝前世時作國王夫人更一夫人王甚幸愛常生妬心伺欲危害值王卧起去時所愛夫人眠猶未起著衣即生惡心正值作餅有熱麻油即以灌其腹上腹爛即死故受此苦

復有一鬼言我常有旋風迴轉我身不得自在隨意東西心常惱悶何因故尒目連答言汝前世時常作卜師或時實語或時妄語迷惑人心不得隨意

復有一鬼言我身常如古宍無有脚手眼耳鼻等常爲蟲鳥所食罪苦難堪何因故尒目連答言汝前世時常與他藥墮他兒胎

復有一鬼言我常有熱鐵籠籠絡我身焦熱懊惱何因受此目連答言汝前世時常以羅網掩捕魚鳥

復有一鬼言我常以物自蒙籠頭亦常畏人來殺我心常怖懼不可堪忍何因故尒目連答言汝前世時婬犯外色常畏人見或畏其夫捉縛打殺或畏官法戮之都市恐怖相續

復有一鬼問言我受此身肩上常有銅瓶滿中洋銅手捉一杓取自灌頭舉體焦爛如是受苦無數無量有何罪咎答言汝前世時出家爲道典僧飲食以一酥瓶私著餘處有客道人來者不與之去已出酥行與舊僧此酥是招提僧物一切有分此人藏隱

雖與不等由是緣故受此罪也
譬喻經云昔外國有人死魂還自鞭
其屍傍人問曰是人已死何以復鞭
報曰此是我故身爲我作惡見經戒
不讀偷盜欺詐犯人婦女不孝父母
兄弟惜財不肯布施今死令我墮惡
道中勤苦毒痛不可復言是故來鞭
之耳依無量壽經云憍梵波提過去
世曾作比丘於他粟田邊摘一莖粟
觀其生熟數粒墮地五百世作牛償
之

頌曰

人負富欠財　債負相違　舉貸抵拒
業結常馳　心無悔償　苦報何疑
墮斯惡道　長夜無歸

感應緣　略引十一驗

漢沙門釋安清
晉沙門釋帛遠
梁南陽人侯慶
隋揚州人卞士瑜
隋雍州人王五戒
隋冀州人耿伏生
唐鄭州人婦女朱氏
唐汾州人路伯達
唐雍州人程華
唐潞州人李校尉
唐雍州婦人陳氏

漢雒陽有沙門安清字世高安息國
王正后之太子也幼以孝行見稱加又
志業聰敏剋意好學外國典籍及七
曜五行醫方異術乃至鳥獸之聲無
不綜達嘗行見有群鷰忽謂伴曰鷰
云應有送食者頃之果有致焉衆咸
奇之故雋乃異之聲早被西域高窮理
盡性自識宿緣業多有神迹世莫能
量初高自稱先身已經出家有一同
學多瞋分衛值施主不稱情每輒懟
恨高屢加訶諫終不悛改如此二十
餘年乃與同學辭訣云我當往廣州
畢宿世之對卿明經精勤不在吾後
而性多恚怒命過當受惡形我若有
力必當相度既而遂適廣州值寇賊
大亂行路逢一年少唾手拔刀曰眞
得汝矣高笑曰我宿命負卿故遠相
償卿之忿怒故是前世時意也遂申
頸受刃容無懼色賊遂殺之觀者盈
路莫不駭其奇異而此神識還爲安
息王太子即今時世高身是也高游
化中國宣經事畢值靈帝之末關雒
擾亂乃振錫江南云我當過廬山度
昔同學行達䢼亭湖廟此廟舊有靈
威商旅祈禱乃分風上下各無留滯
嘗有乞神竹者未許輒取舫即覆沒
竹還本處自是舟人敬憚莫不懾影
高同旅三十餘人船主奉牲請福神
乃降祝曰舫有沙門可更呼上客咸
驚愕請高入廟神告高曰吾外國與
子俱共出家學道好行布施而性多
瞋怒今爲䢼亭廟神周迴千里並吾
所治以布施故珍玩甚豐以瞋恚故墮
此神報今見同學悲欣可言壽盡旦夕
而醜形長大若於此捨命穢汙江湖
當度山西澤中此身滅後恐墮地獄
吾有絹千疋并雜寶物可爲立法營
塔使生善處也高曰故來相度何不
出形神曰形甚醜異衆人必懼高曰
但出衆不怪也神從牀後出頭乃是
大蟒不知尾之長短至高膝邊高向
之梵語數番讚唄數契蟒悲淚如雨

須臾還隱高即取綃物辭別而去舟侶颺帆蟒復出身登山而望衆人舉手然後乃滅儵忽之頃便達豫章即以廟物造東寺高去後神即命過暮有一少年上船長跪高前受其呪願忽然不見高謂船人曰向之少年即𨛦亭廟神得離惡形矣於是廟神歇滅無復靈驗後人於山西澤中見一死蟒頭尾數里今潯陽郡蛇村是也高後復到廣州尋其前世害己少年時少年尚在高徑投其家說昔日償對之事并叙宿緣歡喜相向云吾猶有餘報今當往會稽畢對廣州客寤高非凡豁然意解追悔前愆厚相資供隨高東遊遂達會稽至便入市正值市中有亂相打者誤著高頭應時殞命廣州客頻驗二報遂精勤佛法具說事緣遠近聞知莫不悲歎明三世之有徵也

晉長安有帛遠字法祖本姓萬氏河內人才思儁徹敏浪絕倫誦經日八九千言研味方等妙入幽微世俗墳索多所該貫祖至晉惠之末欲潛遁

隴右以保雅操會張輔秦州刺史先有州人管蕃與祖論義屢屈深恨向輔所謀輔收之行罰衆咸憤惋祖曰我來畢對此宿命久結非今事也乃呼十方佛祖前身罪緣歡喜畢對願從此已後與輔為善知識無令受殺人之罪遂鞭之五行奄然命終輔後具聞其事方大悔恨道俗流涕衆咸憤激共分祖屍各起塔廟輔雖有才解而酷不以理橫殺德僧天水太守封尚百姓疑駭因亂而斬焉管蕃亦卒時有人姓李名通死而更蘇云見祖法師在閻羅王處為王講首楞嚴經云講竟應往忉利天又見祭酒王浮一云道士基公次被鏁械求祖懺悔昔祖平素之日與浮每爭邪正浮屢屈既瞋不自忍乃作老子化胡經以誣謗佛法殃有所歸故死方思悔孫綽道賢論以法祖匹嵇康論云帛祖釁起於管蕃中散禍作於鍾會二賢並以俊邁之氣昧其圖身之慮栖心事外輕世招患殆不異也其見稱如此

右二驗出梁高僧傳

梁南陽人侯慶有銅像一區可高尺餘慶有牛一頭擬貨為金色遇有急事遂以牛與他用之經二年慶妻馬氏忽夢此像謂之曰卿夫婦負我金色久而不償今取卿兒醜多以充金色馬氏寤覺而心不安至曉醜多得病而亡慶年餘五十唯有一子悲哀之聲感於行路醜多亡日像忽自有金色光照四隣隣里之內咸聞香氣道俗長幼皆來觀矚尚書右僕射元積聞里內頻有怪異遂改負財里為齊諧里也見雒陽寺記

隋揚州卞士瑜者其父在隋以平陳功授儀同慳悋嘗雇人築宅不還其價作人求錢卞父鞭之怒曰若實負我死當與汝作牛須臾之間卞父死其年作牛孕產一黃犢腰有黑文橫絡周帀如人要帶右跨有白文斜貫大小正如象笏形牛主呼之曰卞公何為負我犢即屈前膝以頭著地瑜以錢十萬贖之牛主不許死乃收葬瑜為臨自說之尒

隋大業中雒陽有人姓王常持五戒

時言未然之事閭里敬信之一旦忽謂人曰今當有人與我一頭驢至日午果有人牽驢一頭送來涕泣說言早喪父其母寡養一男一女女嫁而母亡二十年矣寒食日持酒食祭墓此人乘驢而往墓所伊水東欲度伊水驢不肯度鞭其頭面破傷流血既至墓所放驢而祭俄失其驢還本處其日妹獨在兄家忽見其母入來頭面流血形容毀顇號泣告女我生時避汝兄送米五斗與汝坐得此罪報受驢身償汝兄五年矣今日欲度伊水水深畏之汝兄鞭捶我頭面盡破仍期還家更苦打我我走來告汝吾今償債垂畢何太非理相苦也言訖出尋之不見其母兄既而還女先覩驢頭面傷破流血如見其母傷狀女抱以號泣兄怪問之女以狀告兄亦言初不肯度及失還得之言狀符同於是兄妹抱持慟哭驢亦涕淚皆流不食水草兄妹跪請若是母者願為食草驢即為食既而復止兄妹莫如之何遂備粟送王五戒處乃復食後驢死兄妹收葬焉（右二驗出冥報記）

隋冀州臨黃縣東有耿伏生者其家薄有資產隋大業十一年伏生母張氏避父將絹兩疋乞女數歲之後母遂終亡變作母豬在其家生復產二肫伏生並已食盡遂使不產伏生即召屠兒出賣未取之間有一客僧從生乞食即於生家少停將一童子入豬圈中遊戲豬語之言我是伏生母為於往日避生父眼取絹兩疋乞女我坐此罪變作母豬生得兩兒被生食盡還債既畢更無所負欲召屠兒賣我請為報之童子具陳向師師時怒曰汝甚顛狂豬那解作此語遂即寢眠又經一日豬見童子又云屠兒即來何因不報童子重白師主又亦不許少頃屠兒即來取豬豬踰圈走出而向僧前牀下屠兒逐至僧房僧曰豬投我來今為贖取遂出錢三百文贖豬後乃竊語伏生曰家中曾失絹不生報僧云父存之日曾失絹兩疋又問姊妹幾人生又報云唯有一姊姊與縣北公乘家僧即具陳童子所說伏生聞之悲泣不能自已更別加心供養豬母凡經數日豬忽自死託其女夢云還債既畢得生善處兼勸其女更修功德

唐鄭州陽武縣婦女姓朱其夫先負外縣人絹百匹夫死之後遂無人還貞觀末因病死經一宿而蘇自云彼人執至一所見一人云我是司命府吏汝夫生時負我家絹若干匹所以追汝今放汝歸宜急具物至某縣某村某家送還我母如其不送捉遣更切兼為白我孃努力為某造像修福朱即告乞鄉閭得絹送還其母具言其兒貌狀有同生平其母亦對之流涕歔欷久之

唐汾州孝義縣人路伯達至永徽年中負同縣人錢一千文後乃違契拒諱及執契往徵遂共錢主於佛前為信誓曰若我未還公願吾死後與公家作牛畜言訖未逾一年而死至二歲時向錢主家牸牛產一赤犢子額上生白毛為路伯達三字其子姪等恥之將錢五千文求贖主不肯與乃

施與隰城縣啓福寺僧眞如助造十
五級浮圖人有見者發心止惡競投
錢物布施 右此三驗出冥報
唐永徽五年京城外東南有陂名苟
家嘴有靈泉鄉里長姓程名華秋季
輸炭時程華已取一炭丁錢足此人
家貧復不識文字不取他抄程華後
時復從丁索炭炭丁不伏程華言我
若得你錢將汝抄來炭丁云吾不識
文字汝語吾云我既得汝錢足何須
用抄吾聞此語遂信不取何因今日
復從吾索錢程華不信因果遂爲他
炭丁立誓云我若得汝錢願我死後
爲汝作牛炭丁懊惱別舉錢與之
程華未經三五月身亡即託炭丁牸
牛處胎後生犢子徧體皆黑唯額上
有一雙白程華字分明人見皆識程
華兒女倍加將錢救贖不與其牛尚
在 左近村人同見說之
唐龍朔元年懷州有人至潞州市豬
至懷州賣有一豬潞州三百錢買
將至懷州賣與屠家得六百錢至年
冬十一月潞州有人姓李不得字任

校尉至懷州上番因向市欲買肉食
見此豬豬已縛四足在店前將欲殺
之見此校尉語云汝是我女兒我是
汝外婆本爲汝家貧汝母數從我索
粮食爲數索不可供足我大兒不許
我憐汝母子私避兒與五斗米我今
作豬償其盜債汝何不救我校尉
聞此從屠兒贖豬屠兒初之不信餘
人不解此豬語唯校尉得解屠兒語
云審若是汝外婆我解放之汝對我
更請共語屠兒爲解放已校尉更請
豬語云某今當上一月未得將婆還
舍未知何處安置婆豬即語校尉言
我今已滿世受此惡形縱汝下番亦
不須將我還汝母見在汝復爲校尉
家鄉眷屬見我此形決定不喜恐損
辱汝家門吾聞某寺有長生豬羊汝
安置吾此寺校尉復語豬言婆若有
驗自預向寺豬聞此語遂即走向寺
寺僧初不肯受校尉具爲寺僧說
此靈驗合寺僧聞並悵慚愍爲造舍
屏處安置校尉復留小氈令臥寺僧
道俗競施飲食久後寺僧並解豬語

校尉下番辭向本州報母此事母後
自來看豬母子相見一時泣淚豬至
麟德元年猶聞平安 東宮率梁難迪并州人攻任懷州新下折衝具見說之
唐龍朔三年長安城內通軌坊三衛
劉公信妻陳氏母先亡陳因患暴死
見人將入地獄備見諸苦不可具述
末後見一地獄石門牢固有兩大鬼
形容偉壯守門左右怒目瞋陳汝何
人到此見石門忽開亡母在中受苦
不可具述受苦稍歇近門母子相見
遙得共語母語女言汝還努力爲吾
寫經女諮孃欲寫何經爲吾寫法華
言訖石門便閉陳還得蘇具向夫說
夫即憑妹夫趙師子欲寫法華其師
子舊解寫經有一經生將一部新寫
法華未裝潢其人先與他受雇寫經
主姓范此經生將他法華轉向趙師
子處貿二百錢施主不知貿錢師子
復語婦兄云今既待經在家有一
部法華兒贖取此經向直一千錢陳
夫將四百錢贖得裝潢周訖在家爲
母供養其女陳後夢見母從女索經

吾先遣汝為吾寫一部法華何因迄今不得女報母言已為嬢贖得一部法華現裝潢了在家供養母語女言止為此經吾轉受苦冥道中獄卒打吾脊破汝看吾身瘡獄官語云汝何因取他范家經將為已經汝何有福汝大罪過女見母說如此更為母別寫法華其經未了女夢中復見母來催經即見一僧手捉一卷法華語母云汝女已為汝寫經第一卷了功德已成何因復來數逼待寫了何須怱急後寫經成母來報女因汝為吾寫經今得出冥道好處受生得汝恩力故來報汝汝當好住善為婦禮信心為本言訖悲淚共別後時勘問前贖法華主果是姓范范家雖不得經其經已成施福已滿後人轉貿自得罪咎劉妻贖所微得少福然亡母不得力陳文夫劉公信具向拾遺自說之

諍訟篇第六十六　此有二部

述意部第一

夫慈言一發則人天含笑鄙語一彰則幽顯皆瞋將恐聞聲傳惡永隔心目見善懷親長同赤子既知邪正異蹤善惡分路勸止三毒之凶言興善和之敬順所以大聖之訓修本去末即心為毒主口為禍器因事成災訟流惡道未有諍訟違形而存大化也

引證部第二

如中阿含經云尒時祇桓中有兩比丘諍起一人罵詈一人默然其罵詈者即便改悔懺謝於彼而彼比丘不受其懺以不受故眾多比丘共相勸諫高聲鬧亂尒時世尊以淨天耳過於人耳聞祇桓中聲鬧亂聞已從禪覺還精舍於大眾前敷座而坐告諸比丘我今至安陁林坐禪聞精舍中高聲鬧亂竟為是誰比丘具述前事白佛佛告比丘云何愚癡之人人向悔謝不受其懺若人懺謝而不受者是愚癡人長夜當得不饒益苦告諸比丘過去世時釋提桓因有三十三天共諍說偈教誡言

於他無害心　瞋亦不纏結
懷恨不經久　於瞋以不住
雖復瞋恚盛　不發於麁言
不求彼制節　揚人之虛短
常當自防護　以義內省察
不怒亦不虛　常與賢聖共
若與惡人俱　剛強猶山石
感恚能自持　如制逸馬車
我說為善師　非謂執繩者

尒時世尊告諸比丘過去世時有天帝釋共天阿脩羅對陣欲戰釋提桓因語三十三天眾言今日諸天與阿脩羅軍戰諸天得勝阿脩羅不如者當生擒毗摩質多羅阿脩羅王以五繫縛將還天宮脩羅復作是語當其戰時諸天不如脩羅得勝者當生擒帝釋以五繫縛將還自宮當其戰時諸天得勝脩羅不如諸天以五繫縛阿脩羅將還天宮縛在天帝釋斷法殿前門下帝釋從此門入出之時阿脩羅縛在門側瞋恚罵詈時帝釋御者見阿脩羅王身被五縛在於門側帝釋出入之時輒瞋恚罵詈見已即便說偈白帝釋言

釋今為畏彼　為力不足耶
能忍阿脩羅　面前而罵辱

帝釋即荅
不以畏故忍　亦非力不足
何有黠慧人　而與愚夫對
御者復白言
若但行忍者　於事則有闕
愚癡者當言　畏怖故行忍
是故當苦治　以智制愚癡
帝釋荅言
我當觀察彼　制彼愚夫者
見愚瞋熾盛　智以靜默伏
非力而爲力　是彼愚癡力
愚癡違遠法　於道則無有
若使有大力　能忍於劣者
是則爲上忍　無力何有忍
於他極罵辱　大力者能忍
是則爲上忍　無力何有忍
於己及他人　善護大恐怖
知彼瞋恚感　還自守靜默
於二義俱備　自利亦利他
謂言愚夫者　以不見法故
愚夫謂勝忍　重增於惡口
未知忍彼罵　於彼常得勝
於勝己行忍　是名恐怖忍
於等者行忍　是名忍諍忍
於劣者行忍　是名爲上忍

佛告諸比丘釋提桓因於三十三天爲自在王常行忍辱讚歎於忍汝等比丘正信非家出家學道亦應如是行忍讚歎於忍應當勤學

又起世經云佛告諸比丘往昔諸天與阿脩羅起大鬪戰尒時帝釋告其所領三十三天言諸仁者汝等諸天若與脩羅共爲戰鬪宜好莊嚴善持器仗若諸天勝脩羅不如汝等可共生捉毗摩質多羅阿脩羅王以五繫縛之將到善法堂前諸天會處三十三天聞帝釋命依教奉行尒時毗摩質多羅阿脩羅王亦復告諸脩羅言若諸天不如即當生捉帝釋天王以五繫縛之將詣諸阿脩羅七頭會處立置我前諸脩羅衆亦受教行當於彼時帝釋得勝即便生捉阿脩羅王以五繫縛之將詣善法堂前諸天集處向帝釋立尒時毗摩質多羅王若作是念願諸脩羅各自安善我今不用諸阿脩羅我當在此與天一處同受娛樂甚適我意興此念時即見自身五縛悉解五欲功德皆現其前或作是念我今不用三十三天願諸天等各自安善我願還歸阿脩羅宫起此念時其身五繫即還縛之五欲功德忽即散滅阿脩羅王有如是等微細結縛諸魔結縛復細於此所以者何諸比丘邪思惟時即被結縛正憶念時即便解脫尒時毗摩質多羅阿脩羅王未戰已前作如是念我有如是威神德力日月宫殿及三十三天雖在我上運轉周行我力能取以爲耳璫處處游行不爲妨礙尒時羅睺羅阿脩羅王自服種種嚴身器仗與鞞摩質多羅王踊躍幻化諸小王眷屬前後圍繞從阿脩羅城道從而出欲共忉利諸天興大戰鬪尒時難陀憂波難陀二大龍王從其宫出各各以身繞須彌山周迴七帀一時動之動已復動以尾打海令一段水上於虚空在須彌頂上是時帝釋告諸天言汝等見此大地如是動不空中霏霺猶如雲雨又似重霧我今定知諸

阿脩羅欲與天鬬於是海內諸龍各
嚴器仗而出復往告六欲諸天各嚴
器仗乘空而來須夜摩天王與無量
百千萬數諸天子下至須彌山頂上
在東面竪純青難降伏幡依峯而立
尒時兜率陀天王與無量百千萬衆
一時雲集須彌山頂在其南面竪純
黃色難降伏幡依峯而立
尒時化樂天王與無量百千萬天子
下至須彌山頂在其西面竪純赤色
難降伏幡依峯而立
尒時他化自在天王與其無量百千
天子下至須彌山頂在其北面竪純
白色難降伏幡依峯而立
尒時帝釋見上諸天並皆雲集乃至
虛空夜叉咸皆隨從帝釋前立於是
帝釋自著鎧甲與諸天衆前後圍繞
從天宮出欲共大戰諸器仗等雜色
可愛皆七寶所成以此刀仗遙擲阿
脩羅身莫不洞徹而不爲害於其身
上不見瘡痕之跡唯以觸因緣故受
於苦痛諸阿脩羅器仗亦是七寶所
成穿諸天身亦皆徹過而無瘢痕唯

觸因緣故受苦痛
又增一阿含經云昔日諸天與阿須倫
共鬬時諸天得勝阿須倫王不如便
懷恐怖化形極小從藕根孔中過佛
眼所見非餘者所及
又大集經云尒時世尊告諸龍衆阿
脩羅言汝等莫鬬應當修忍仁者若
能離於瞋怒成就忍辱速得十處何
等爲十一得作王王四天下自在輪
王二毗樓博叉天王三毗樓勒叉天
王四提頭賴吒天王五毗沙門天王
六釋天王七須夜摩天王八兜率陀
天王九化樂天王十他化自在天王
諸仁者若具足忍是人速得如是十
處忍辱近果
又中阿含經世尊說頌曰
若有諍論議　雜意懷功高
非聖毀此德　各各相求便
但求他過失　意欲降伏彼
更互而求勝　聖不如是說
又中阿含經世尊告諸比丘汝莫鬬
諍所以者何
若以諍止諍　至竟不見止

唯忍能止諍　是法具尊貴
於是世尊不悅可拘舍彌諸比丘諍
已即從坐起而說頌曰
以若干言語　破壞最尊衆
破壞聖衆時　無能有訶止
碎身至斷命　奪象牛馬財
破國滅土盡　彼猶故和解
況汝小言罵　不能令和合
若不思眞義　怨結焉得息
罵詈責數說　而能制和合
若思眞實義　怨結必得息
若以諍止諍　至竟不見止
唯忍能止諍　是法可尊貴
瞋向慧眞人　口說無賴言
誹謗牟尼聖　是下賤非智
又佛本行經佛爲五比丘說偈云
一月之中千過鬬　一鬬百倍得勝他
若能歸信佛世尊　能勝於彼十六分
一月之中千過鬬　一鬬百倍得勝人
若能歸信法正眞　能勝於彼十六分
一月之中千過鬬　一鬬百倍得勝他
若能歸信一切僧　能勝於彼十六分
一月之中千過鬬　一鬬百倍得勝人

若能思惟法性空　能勝於彼十六分

又雜寶藏經云昔有一婢稟性廉謹常爲主人典麴麥豆時家有一羝羊伺空遂便噉食麥豆升量折損爲主所瞋信已不取皆由羊噉緣是之故婢常嫌恨每自杖捶用打羝羊羊亦含怨來觝觸婢如此相犯前後非一婢因一日空手取火羊見無杖直來觝婢婢緣急故用所取火著羊脊上羊得火熱所在觸突燒村人延及山澤于時山中五百獼猴火來熾盛不及避走即皆一時被火燒死諸天見已而說偈言

瞋恚鬪諍閒　不應於中止
羝羊共婢鬪　村人獼猴死

頌曰

富貴諍人我　貧賤自然著
强弱相享負　鬪訟未曾休
恥恨相侵奪　覓便報其讎
怨結常對值　累劫常苦愁

感應緣略引二驗

漢景帝時白頭烏鬪
漢中平年中有雀鬪

漢景帝三年十一月有白頸烏與黑烏群鬪楚國呂縣白頸不勝墮泗水中死者數千劉向以爲近日黑祥也楚王戊逆無道刑辱申公与吳謀反烏群鬪者師戰之象也白頸者小明小者敗也墮於水者將死水地王伐不寤遂舉兵應吳與漢大戰兵敗而走至於丹徒爲越人所斬墮泗水之効也京房易傳曰逆親親厥妖日黑烏鬪於國燕王旦之謀反也又有一烏一鵲鬪於燕宮中墮地死五行志以爲楚燕皆骨肉藩臣驕恣而謀不義俱有烏鵲鬪死之祥行同而占合此天人之明表也燕陰謀未發獨王自殺於宮故一烏而水色者死楚亢陽舉兵軍師大敗於野故烏衆而金色者死天道精微之効也京房易傳曰顓征去殺厥妖烏鵲鬪也

漢中平三年八月懷陵上有萬餘雀先極悲鳴已因亂鬪相殺皆斷頭懸著樹枝枳棘到六年靈帝崩夫陵者高大之象也雀者爵也天誡若曰懷爵祿而尊厚者自還相害至滅亡也

右二驗出搜神記

法苑珠林卷第五十七

甲辰歲高麗國分司大藏都監奉
勑彫造

法苑珠林卷第五十七

校勘記

一　底本，麗藏本。金藏廣勝寺本多所殘缺，今採用其中可用者四版，即卷首前四版。

一　一〇四頁上一行經名，徑無(未换卷)。

一　一〇四頁上二行撰者，資、磧、普作「大唐上都西明寺沙門釋道世字玄惲撰」；南作「唐上都西明寺釋道世字玄惲撰」；徑無(未换卷)；清作「唐西明寺沙門釋道世撰」。

一　一〇四頁上三行「債負篇第六十五」下，資、磧、普、南、清有夾註「此有二部」。

一　一〇四頁上四行「諍訟篇第六十六」，徑、清無。

一　一〇四頁上五行「債負篇此有二部」。資、磧、普、南、徑、清無。

一　一〇四頁上五行與六行之間，清有「述意部　引證部」一行。

一　一〇四頁上六行「第一」，徑無。一六行部目下序數例同。

一　一〇四頁上八行第二字「常」，資、磧、普、南、徑、清作「恒」。一五行首字、次頁上一八行第一二字同。

一　一〇四頁上一七行第一二字「有」，資、磧、普、南、徑、清作「有賈客名」。

一　一〇四頁上一八行「王比丘」，資、磧、普、南、徑、清作「因」。

一　一〇四頁上一九行首字「有」，資、磧、普、南、徑、清作「値」。

一　一〇四頁中一行「田邊」，資、磧、普、南、徑、清作「里餘」。

一　一〇四頁中一一行末字「抵」，資、磧、普、南、徑、清作「觝」。

一　一〇四頁中一三行「守祝」，資、磧、普、南、徑、清作「而呪」。又第三字「我」，諸本作「我今窮厄何忍欺觝(「觝」，麗作「抵」)願我」。

一　一〇四頁下三行第五字「令」，諸本作「今」。

一　一〇五頁上五行「榛蒱」，資、磧、普、南、徑、清作「樗蒱」。

一　一〇五頁上一五行第二字「衣」，資、磧、普、南、徑、清無。

一　一〇五頁中一行「樵瘁」，資、磧、普、南、徑、清作「憔悴」。

一　一〇五頁中三行第一〇字「王」，資、磧、普、南、徑、清無。

一　一〇五頁中七行「我懺悔」，資、磧、普、南、徑、清作「我懺尋即來下受王懺悔」。

一　一〇五頁中九行第一〇字「誅」，資、磧、普、南、徑、清作「誣」。下至一二行末字同。

一　一〇五頁中一〇行首字「夜」，資、磧、普、南、徑、清作「一夜」。

一　一〇五頁下一行「殑伽河」，資、磧、普、南、徑、清作「恒河」。五行同。

一　一〇五頁下三行第四字「令」，資、磧、普、南、徑、清無。

一　一〇五頁下八行第四字「曰」，資、

磧、普、南、徑、清作「答曰」。

一〇五頁下一五行第六字「時」，資、磧、普、南、徑、清無。次頁上二〇行第七字同。

一〇六頁上四行末字「飢」，磧、南、清作「餓」。

一〇六頁中一〇行第四字「常」，資、磧、普、南、徑、清作「恒」。本頁下六行第六字、次頁上一四行第三字同。

一〇六頁中一三行「無間」，資、磧、普、南、徑、清作「無賴」。

一〇六頁中二〇行第三字「眠」，資、磧、普、南、徑、清作「卧」。

一〇六頁下三行「迷惑」，資、磧、普、南、徑、清作「惑誑」。

一〇七頁上一三行「抵拒」，資、磧、普、南、徑、清作「觗拒」。

一〇七頁上二一行首字「隋」，清無。二二行首字同。

一〇七頁上末行第四字「人」，資、磧、普、南、徑、清無。

一〇七頁中一行首字「唐」，清無。下至四行首字同。

一〇七頁中七行「聰敏」，磧、普作「聽敏」。

一〇七頁中一四行第一一字「情」，資、磧、普、南、徑、清無。又末字「懟」，資、磧、普作「懟」；南、徑、清作「怨」。

一〇七頁中末行第三字「刀」，資、磧、普、南、徑、清作「刃」。

一〇七頁下六行第二字「商」，資、磧、普、南、清作「商」。

一〇七頁下八行「懾影」，資、磧、普、南、徑、清作「攝影」。

一〇七頁下一〇行第一三字「客」，磧、普作「容」。

一〇七頁下一四行第一四字「故」，資、磧、普、南、徑、清作「故故」。

一〇七頁下一八行「立法」，磧、南作「法立」。

一〇七頁下末行「梵語」，資、磧、普、南、徑作「胡語」。

一〇八頁上一一行「時少年」，資、磧、普、南、徑、清無。

一〇八頁上二一行第六字「徽」，資、磧、普、南、清作「徵」；徑作「微」。

一〇八頁上二二行「幽微」，資、磧作「幽徵」。

一〇八頁上末行首字「索」，資、磧、普作「素」；南、徑、清作「索」。

一〇八頁中一行「秦州」，資、磧、普、南、徑、清作「爲秦州」。

一〇八頁中三行第二字「謀」，資、磧、普、南、徑、清作「譖」。又第一〇字「憒」，資、磧、普、南、徑、清作「怪」。

一〇八頁中六行第二字「己」，資、磧、普、南、徑、清無。

一〇八頁中二一行「俊邁」，資、磧、普、南、徑、清作「高邁」。

一〇八頁中二二行第七字「不」，資、磧、普、南、徑、清無。

一〇八頁下一行「一區」，資、磧、普、南、徑、清作「一軀」。

一 一〇八頁下一一行首字「積」，資、磧、普、南、徑、清作「慎」。又第一一字「負」，資、磧、普、南、徑、清作「埠」。

一 一〇八頁下一二行夾註「見雒陽寺記」，資、磧、普、南、徑、清作「見洛陽寺記也」。

一 一〇八頁下一五行「怒曰」，資、磧、普、南、徑、清作「皆怒曰」。

一 一〇八頁下一六行「與汝」，資、磧、普、南、徑、清作「與我」。

一 一〇九頁上五行「二十年」，資、磧、普、南、徑、清作「二年」。

一 一〇九頁上一一行「五斛」，資、磧、普、南、徑、清作「五升」。

一 一〇九頁上二〇行「洟淚」，資、磧、普、南、徑、清作「啼淚」。

一 一〇九頁上末行第一二字「食」，資、磧、普、南、徑、清作「飲食」。

一 一〇九頁中一一行夾註右「右二驗出」，資、普作「右二驗並出」；磧、南、徑、清作「二驗並出」。

一 一〇九頁中六行第九字「使」，資、磧、普、南、徑、清作「便」。

一 一〇九頁中一八行第九字「逐」，磧、普、南、徑、清作「遂」。

一 一〇九頁中二一行第一二字「絹」，資、磧、普、南、徑、清無。

一 一〇九頁中末行首字「姉」，資、磧、普、南、徑、清作「嫁」。

一 一〇九頁下七行末字「彼」，資、磧、普、南、徑、清作「被」。

一 一〇九頁下一一行第一三字「遺」，資、磧、普、南、徑、清作「追」。

一 一〇九頁下一二行第一〇字「某」，資、磧、普、南、徑、清作「其」。

一 一〇九頁下一五行「歔欷」，資、磧作「戲欷」。

一 一〇九頁下一八行第五字「往」，資、磧、普、南、徑、清作「作」。

一 一一〇頁上二行第一三字「競」，磧、普、南、徑、清作「竟」。

一 一一〇頁上三行夾註第二字「此」，徑、清無。又「冥報」，資作「冥報拾遺也」；磧、普、南、徑、清作「冥報拾遺也」。

一 一一〇頁上四行末字至次行首二字「苟家觜」，資、磧、南、徑、清作「獨嘉嘴」；普作「狗喜嘴」。

一 一一〇頁上一三行「誓云」，資、磧、普、南、徑、清作「誓云誓云」。

一 一一〇頁上一八行第八字「救」，資、磧、普、南、徑、清作「收」。

一 一一〇頁上二一行「豶豬」，資、磧、普、南、徑、清作「特豬」。本頁中二行同。

一 一一〇頁上二二行第四字「州」，資、磧、普、南、徑、清無。

一 一一〇頁中六行「五斛米」，資、磧、普、南、徑、清作「五升」。

一 一一〇頁中二一行第一二字「爲」，資、磧、普、南、徑、清作「即爲」。

一 一一〇頁下四行夾註右「郭下」，資、磧、普、南、徑、清作「墎下」。又左「說之」，資、磧、普、南、徑、清作「說之也」。

一一〇頁下一八行第五字「經」，資、磧、普、南、徑、清無。

一一〇頁下一九行第三字「貿」，資、磧、普、南、徑、清作「質」。同行第一一字、次頁上一七行第一〇字同。

一一〇頁下末行第六字「陳」，資、磧、普、南、徑、清作「陳氏」。

一一一頁上六行末字「汝」，資、磧、普、南、徑、清作「甚」。

一一一頁上一八行第四字「所」，資、磧、普、南、徑、清作「取」。

一一一頁上一九行夾註左末字「之」，資、磧、普、南、徑、清無。至此，徑卷第七十一終，卷第七十二始。

一一一頁上二〇行「此有二部」，資、磧、普、南、徑無。

一一一頁上二〇行與二一行之間，清有「述意部　引證部」一行。

一一一頁上二一行「第一」，徑無。本頁中六行部目下序數例同。

一一一頁中一三行第二字「還」，資、磧、普、南、徑、清作「往」。

一一一頁下三行第二字「怒」，資作「恕」。

一一一頁下一一行第八字「羅」，資、磧、普、南、徑、清無。

一一一頁下一四行第九字「自」，資、磧、南、清作「天」；普、徑作「我」。

一一一頁下一六行第一〇字「天」，資、磧、普、南、徑、清無。

一一二頁上一行第四字「答」，徑作「答言」。

一一二頁上一九行「自利亦利他」下，資、磧、普、南、徑、清有「知彼瞋恚盛　還自守靜默　於二義俱備　自利亦利他」五言四句。

一一二頁中四行第四字「王」，資、磧、普、南、徑、清作「主」。

一一二頁中一六行「帝釋天王以」，資、磧、普、南、徑、清作「帝釋天主」。

一一二頁中二二行「安善」，資、磧作「安養」。

一一二頁下五行第一〇字「縛」，資、磧無。

一一三頁中一六行「又中阿含經世尊說頌曰」，資、磧、普、南、徑、清無。

一一三頁中一七行「功高」，資、磧、普、南、徑、清作「貢高」。

一一四頁上三行第六字「鰌」，資、磧、普、南、徑、清作「鈔」。又第一二字「一」，資、磧、普、南、徑、清無。

一一四頁上四行第三字「遂」，資、磧、普作「逐」。

一一四頁上六行第三字「固」，資、磧、普、南、徑、清作「因」。

一一四頁上二〇行第三字「常」，資、磧、普、南、徑、清作「恒」。

一一四頁上末行第五字「中」，資、磧、普、南、徑、清無。

一一四頁中二行「莒縣」，資、磧、普、南、徑、清作「呂縣」。

一一四頁中四行「楚王伐逆」，資、

磧、普、南作「楚王伐暴逆」；徑、清作「楚王戍暴逆」。

一一四頁中七行首字「伐」，徑、清作「戍」。

一一四頁中九行至一八行「京房易傳……烏鵲鬬也」，清無。

一一四頁中一〇行第九字「旦」，資、磧、普、南、徑作「且」。

一一四頁中一一行「墮地」，資、磧、普、南、徑作「烏墮地」。

一一四頁中一四行第五字「人」，資、磧、普、南、徑無。

一一四頁中一六行第六字「師」，資、磧、普、南、徑作「帥」。

一一四頁中一八行第一〇字「鵲」，資、磧、南、徑作「散」。

一一四頁下一行夾註「右二驗出搜神記」，資、磧、普、南、徑、清作「右一驗出搜神記也」。

一一四頁下末行經名，徑無（未換卷）。

法苑珠林卷第五十八

西明寺沙門釋道世撰

謀謗篇第六十七 此有五部

述意部　祝詛部
誹謗部　避讖部
宿障部

述意部第一

夫心者衆病之源口者臧否之本同出異名禍福殊分故知身口三業無非搆禍之因眼耳六情悉爲招疊之百致使謀謗聖凡枉壓良善横受三根長辭七衆但死生有命富貴由業縱加鴆毒毒不能傷異道興謀謀不能害徒起謗心虛施禱祀故班婕妤云修善尚不蒙福爲邪欲以何望若鬼神有知不受佞邪之譖若其無知譖之何益良由雪山之藥眞僞頗辯菴羅之果生熟難分故如來在世尚不免謗況今是凡豈逃斯責是宿殃時來須受此亦已事何得恨他然虛謗之罪自加塗炭如脣口是弓心慮如絃音聲如箭長夜空發徒染身口特須自省緘口慎心也

祝詛部第二

如大方廣摠持經云佛言善男子佛滅度後若有法師善隨樂欲爲人說法能令菩薩學大乘者及諸大衆有發一毛歡喜之心乃至暫下一滴淚者當知皆是佛之神力若有愚人實非菩薩假稱菩薩謗眞菩薩及所行法復作是言彼何所知彼何所解若彼此和合則能住持流通我法若彼此違諍則正法不行此謗法之人極大罪業墮三惡道難可出離若有愚人於佛所說而不信受雖復讀誦千部大乘爲人解說獲得四禪以謗他故七十劫中受大苦惱況彼愚人實無所知而自貢高乃至誹謗一四句偈當知是業定墮地獄永不見佛以惡眼視發菩提心人故得無眼報以惡口謗發菩提心人故得無舌報

又賢愚經云昔佛在世時有微妙比丘尼得阿羅漢果與諸尼衆自說往昔所造善惡業行果報告尼衆曰乃往過去有一長者其家巨富唯無子

息更取小婦夫甚愛念後生一男夫婦敬重視之無猒大婦心妒私自念言此兒若大當攝家業我唐勤苦聚積何益不如殺之即取鐵鍼刺兒顖上後遂命終小疑是大婦殺即便語言汝殺我子大婦尒時謂無罪福反報之焌即與祝誓若殺汝子使我世世夫爲蛇螫所生兒子水漂狼噉自食子宍身現生埋父母居家失火而死作是誓已後時命終緣殺兒故墮於地獄受苦無量地獄罪畢得生人中爲梵志女年漸長大適娶夫家產生一子後復懷妊月滿欲產夫婦相將向父母舍至於中路腹痛遂產夜宿樹下夫時別臥前所祝誓今悉受之時有毒蛇螫殺其夫婦見夫死即便悶絕後乃得蘇至曉天明便取大兒著於肩上小者抱之涕泣進路路有一河深而且廣即留大兒著於此岸先抱小者度著彼岸還迎大兒兒見母來入水趣母水即漂去母尋追之力不能救須臾之間俄尒沒死還趣小兒狼來噉訖但見流血狼藉

在地母時斷絕良久乃蘇遂前進路逢一梵志是父親友即向梵志具陳辛苦梵志憐愍相對啼哭尋問家中平安以不梵志荅言父母眷屬大小近日失火一時死盡聞之懊惱死而復蘇梵志將歸供給如女後復適娶妊身欲産夫外飲酒日暮乃還婦暗閉門在內獨坐須臾婦産夫在門喚婦産未竟無人往開夫破門入挺婦熟打婦陳産意夫瞋怒故尋取兒殺以蘇煑之逼婦合人死之食子後心中酸結自惟薄福乃值斯人便棄逃走到波羅柰至一園中樹下坐息有長者子其婦新死日來塚上追戀啼哭見此女人樹下獨坐即便問之遂爲夫婦經於數日夫忽壽終時彼國法若其生時夫婦相愛夫死之時合婦生埋時有群賊來開其塚賊帥見婦面首端正即納爲婦經於數旬夫破他塚爲主所殺賊伴將屍來付其婦復共生埋經於三日狐狼開塚因而得出自剋責言宿有何罪旬日之間遭斯禍戹死而復蘇今何所歸得全

餘命聞釋迦佛在祇桓中即往佛所求哀出家由於過去施辟支佛食發願力故今得值佛出家修道得阿羅漢達知先世殺生之業所作祝誓墮於地獄現在辛酸受斯惡報無相代者微妙自說昔大婦者今我身是雖得羅漢常熱鐵鍼從頂上入足下而出晝夜患此無復堪忍焌禍如是終無朽敗

又舊譬喻經云佛在世時有一大姓常好惠施後生一男無有手足形體似魚名曰魚身父母終亡襲持家業寢臥室內人無見者時有力士向王廚食常懷飢乏獨牽十六車樵賣以自給身又常不供魚身請與相見示其形體力士自惟我力乃尒不如無手足人往到佛所問其所疑佛言昔迦葉佛時魚身與此王共飯佛汝時貧窮助其驅使魚身所具與王行之而謂王言今日有務不得俱行若行無異斷我手足時行者今王是也不行言者魚身是也時佐助者汝身是也力士意寤即作沙門得阿羅漢道

又百緣經云佛在世時舍衛城中有一長者財寶無量不可稱計其婦產一男兒無有手產便能語作是唱言今此手者甚爲難得深生愛惜父母怪之因爲立字名曰兀手年漸長大見佛聞法得須陁洹果求佛出家佛告善來鬚髮自落法服著身便成沙門精勤修習得阿羅漢果諸天世人所見敬仰時諸比丘請佛說本因緣佛告比丘此賢劫中迦葉佛時有二比丘一是羅漢二是凡夫爲說法師時諸民衆競共請喚常將法師受檀越請後於一日法師不在將餘者行瞋恚罵言我常爲汝給使今將餘者共行自今以往更爲汝使令我無手作是語已各自辭退止不共行以是業緣五百世中受是果報是故唱言今此手者甚爲難得由於彼時供給聖人故今得值我出家得道比丘聞已歡喜奉行

又百緣經云佛在王舍城迦蘭陀竹林中時尊者那羅達多著衣持鉢入城乞食還歸本處遙見祇桓赤如

血色怪其所以尋即往看見一餓鬼肌宍消盡支節骨立一日一夜生五百子羸瘦尫劣氣力乏少當生之時菐悶殞絕支節解散極爲飢渴之所逼切隨生隨噉終無飽足時那羅達多便前問言汝造何業今獲斯報餓鬼荅曰汝今可自問佛世尊當爲汝說時那羅達多尋往佛所具問斯報佛告那羅達多云此賢劫中波羅柰國有長者金銀珍寶奴婢僕使象馬牛羊不可稱計唯一夫人無有子息禱祀神祇求索有子了不能得時彼長者即便更取族姓家女未久之間便覺有娠其大夫人見其有娠便生嫉妬密與毒藥令彼墮胎姊妹眷屬即詣其所彼大婦極共鬭諍遂相打棒問其虛實其大婦者止欲道實恐其紩死止欲不道苦痛叵言逼切得急而作呪詛若我眞實墮汝胎者令我捨身生餓鬼中一日一夜生五百子生已隨噉終不飽足作是誓已尋即放去佛告那羅達多欲知彼時其大婦者今餓鬼是佛說是時諸比丘

等皆捨惡心得四沙門果有發無上菩提心者歡喜奉行

又法句喻經云瑠璃王受佞臣阿薩陀等姧謀升殿遂將兵就祇桓不得還宮與王官屬戰王與夫人夜至王舍城國中道飢餓噉蘆菔根腹脹而薨於是瑠璃拔劒入東宮斫殺兄祇祇知無常心不恐懼命未斷間宮中自然音樂迎其魂神瑠璃復由誅釋種佛記及太史記却後七日當爲地獄火所燒殺

又入大乘論堅意菩薩說偈云

誹謗大乘法　決定趣惡道
焚燒甚苦痛　業報罪倍尒
若從地獄出　復受餘惡報
諸根常缺陋　永不聞法音
設使得聞者　復生於謗法
以謗法因緣　還墮於地獄

謗法衆生聞如是說於大乘中便生疑心如尊者提婆所說偈

薄福之人　不生於疑　能生疑者
必破諸有

大悲芬陀利經偈云

衆生老病死　沈沒愛流海
處在三界獄　衆苦受結縛
飲血毒相害　無始被燒煮
癡盲失善道　不能見正路
生死愚暗重　皆由著邪見
旋迴五道中　譬如車輪轉

誹謗部第三

如發覺淨心經云時有六十初發心菩薩共到佛所五體投地禮佛足已於地未起悲啼雨淚向佛合掌而作是言善哉世尊我等業障願分別說令我等輩自清淨心勿復更造

佛告彼菩薩言諸善男子汝等過去於拘留孫如來教中出家學道既出家已住於禁戒於戒放逸住於多聞於多聞放逸住於頭陀功德皆悉損減於時有二法師比丘汝於彼所誹謗婬欲爲多利養名聞因緣於彼親友施主之家嫉妒慳貪於二法師所親友檀越汝復破壞離散兩舌毀辱令生疑惑不生信心信不具足說非善事時二法師所有衆生心生敬信隨順之者令彼等輩斷諸善根作諸障礙汝等以此業障礙故遂於六十二百千歲墮於阿鼻大地獄中復於四萬歲墮於活地獄中復於二萬歲墮黑繩地獄復於八百千歲墮熱地獄復於彼處捨命已後還得人身於五百世中生盲無目以業障故所生之處一切暗鈍忘失本心善根閉塞少於威力衆皆捨棄常被欺輕爲人憎惡毀呰誹謗常生邊地貧賤之處下種姓家少利養少名聞不爲他人恭敬供養亦不尊重人所不喜衆所猒惡汝等從此捨身命已於後五百歲中正法滅時還生於惡國惡人之處下種姓家貧窮下賤被他誹謗忘失本心而於善根常有障礙雖暫遇明還被翳暗汝等於彼五百歲後一切業障尒乃滅盡於後得生阿彌陀國極樂世界時彼如來授汝等阿耨菩提記

尒時六十菩薩既聞此已捫淚恐怖毛竪而作是言我等從今若生瞋恚過失而更造業障我等今日於世尊前皆悉懺悔於世尊所立大誓願於一切所不起諸過尒時世尊讚彼六十菩薩言汝等發覺善作是願當盡一切業障當得善根淨尒時世尊而說偈言

莫於他邊見過失　勿說他人是與非
不著他家淨活命　諸所惡言當棄捨
棄捨衆閙極遠離　無法比丘勿親近
當修蘭若佛所讚　不著利故得涅槃

又涅槃經云佛在世時瞻波城中有大長者無有繼嗣共事六師請求子息於後不久其婦懷妊長者知已往六師所問言爲男爲女六師荅言生必是女長者愁惱復有知識語長者言先不聞優樓迦葉兄弟爲誰弟子六師若是一切智者迦葉何故捨之從佛

又舍利弗目揵連及頻婆娑羅王并諸王夫人末利夫人諸國大長者如須達等如是諸人皆佛弟子如來世尊於一切法知見無礙故名爲佛今者近在此住若欲實知當詣佛所尒時長者即詣佛所以事問佛佛言長者汝婦懷妊是男無疑福德無比長者

歡喜六師心嫉以菴羅果和合毒藥持與長者汝婦臨月可服此藥兒則端正産者無患長者受之與婦令服服已尋死六師歡喜周徧城市唱言沙門瞿曇記彼長者婦當生男今兒未生母已喪命尒時長者復於我所生不信心即便殯斂棺蓋焚之我見此事欲往摧邪六師遥見佛往各相謂言瞿曇沙門至此塚間欲噉宍耶未得法眼者各懷愧懼而白佛言彼婦已死願不須往尒時阿難語諸人言且待須臾如來不久當廣開闡諸佛境界佛到長者所長者難言所言無二兒母已終云何生子我言長者鄉於尒時都不見問母命修短但問所懷爲是男女諸佛如來發言無二是故當知定必得子是時死屍火燒腹裂子從中出端坐火中如蓮華臺六師見已謂爲幻術長者見喜訶責六師若言幻者汝何不作我於尒時告耆婆汝往火中抱是兒來耆婆前入火聚猶入清涼大河抱是兒還我受兒已告長者言一切衆生壽

命不定如水上泡衆生若有重業果報火及毒螫並不能害非我所作是兒生於猛火之中火名樹提因名樹提

又賢愚經云尒時舍衛國中有一婆羅門字曰師質居家大富無有子息詣六師所問其因緣六師荅言汝相無兒夫妻愁苦往問世尊世尊告曰汝當有兒福德具足長大出家師質聞喜而作是言但使有兒學道何苦因請佛及僧明日舍食是時世尊默然許之明時到佛與衆僧往詣其家食已還歸路游一澤泉水清美佛與比丘便往休息時諸比丘各各洗鉢有一獼猴來從阿難求索其鉢阿難恐破不欲與之佛告阿難速與勿憂奉教便與獼猴得鉢持至蜜樹威蜜滿鉢來奉上佛佛告之曰去中不淨獼猴即時拾却蠡蟲極令淨潔佛便告曰以水和之如語著水和調已竟奉授世尊世尊受已分布與僧咸共飲之皆悉周徧獼猴歡喜騰躍起儛墮大坑中即便命終魂歸受胎於師質

家婦便覺娠日月已足生一男兒端正少雙當生之時家内器物自然滿蜜師質夫婦喜不自勝語諸相師相師占善以初生之日蜜爲瑞應因名蜜勝兒既年大辭父出家得阿羅漢果與諸比丘人間游化若渴乏時擲鉢空中自然滿蜜衆人共飲咸蒙充足阿難白佛有何因緣生獼猴中佛告阿難乃往過去迦葉佛時有年少比丘見他沙門跳度渠水而作是言彼人飄疾熟似獼猴沙門語云我證四果悉辨年少聞已衣毛皆豎五體投地求哀懺悔由悔過故不墮地獄由彤呰羅漢故五百世中常作獼猴由前出家持禁戒故今得見我沐浴清化得盡諸苦

避譏部第四

如薩婆多論云瞿曇彌比丘尼是佛姨母來見佛時禮已不坐爲女人敬難情多是故不坐又不廣爲尼說法故不坐又爲止誹謗故不坐若坐聽法外道當言瞿曇沙門在王宫時與諸婇女共在一處而今出家與本無

異欲滅如是諸識毀故是以不坐又女人鄙陋多致譏疑是以不坐

又大乘方便經云尒時尊者阿難白佛言世尊我今晨朝入舍衛城次第乞食見衆尊王菩薩與一女人同一牀坐阿難說是語已即時大地六種震動衆尊王菩薩於大衆中上昇虛空高一多羅樹語阿難言尊者何有犯罪能住空耶可以此事問於世尊云何罪法云何非法尒時阿難憂愁向佛悔過如是大龍我說犯罪我求其過世尊我今悔過唯願聽許佛告阿難汝不應於大乘大士求覓其罪阿難汝諸聲聞人於障礙行寂滅定無有留難斷一切結菩薩成就一切智心雖在宮中婇女共相娛樂不起魔事及諸留難而得菩提佛告阿難彼女人者當於過去五百世中爲衆尊王菩薩作婦彼女人本習氣故見生愛著繫縛不捨若衆尊王菩薩能與我共一牀坐者我當發阿耨菩提心尒時菩薩知彼女人心之所念即入其舍尋時思惟如是法門若

內地大若外地大是一地大心執女人手共一牀坐即於座上而說偈言

如來不讚歎　凡夫所行欲
離欲及貪愛　乃成天人師

時彼女人聞此偈已心大歡喜即從座起向衆尊王菩薩接足敬禮說是偈言

我不貪愛欲　貪欲佛所訶
離欲及貪愛　乃成天人師

說是偈已我先所生惡欲之心今當悔過發菩提心願欲利益一切衆生尒時世尊記彼女人於此命終得轉女身當成男子於將來世得成爲佛號無垢煩惱

善男子我念過去阿僧祇劫復過是數時有梵志名曰樹提於四十二億歲在空林中常修梵行彼時梵志過是歲已從林中出入極樂城見一女人彼時女人見此梵志儀容端嚴即起欲心尋趣梵志以手執之即時躃地尒時梵志告女人曰姊何所求女人曰我求梵志梵志言我不行欲女曰若不從我我今當死尒時梵志如

是思惟此非我法亦非我時我於四十二億歲修淨梵行云何於今而當毀壞彼時梵志强自頓挽得離七步離七步已生哀愍心如是思惟我雖犯戒墮於惡道我能堪忍地獄之苦我今不忍見是女人受此苦惱不令是女以我致死尒時梵志還至女所以右手捉作如是言姊起恣汝所欲尒時梵志於十二年中共爲家室過十二年已尋復出家即還具四無量心具已命終生梵天中尒時梵志即我身是彼女人者今瞿夷是我於尒時爲彼女欲暫起悲心即得超越十百千劫生死之苦

又慧上菩薩經云昔拘樓秦佛時有一比丘名曰無垢處於閑居國界山窟去彼不遠有五神仙有一女人道過大雨入比丘窟雨晴出去時五仙人見之各各言曰比丘薉穢無垢聞之即自踊身在于虛空去地四丈九尺諸仙見之飛處空中各曰如吾經典所記染欲塵者則不得飛便五體投地伏首謀横假使比丘不現神變其五仙

人墮大地獄時無垢比丘今慈氏菩薩是也

法苑珠林卷第五十八

法苑珠林卷第五十八
校勘記

一　底本，金藏廣勝寺本。

一　一二〇頁中一行經名，[徑]無（未換卷）。

一　一二〇頁中二行撰者，[資]、[磧]、[普]作「大唐上都西明寺沙門釋道世字玄惲撰」；[南]作「唐上都西明寺沙門釋道世字玄惲撰」；[徑]無（未換卷）；[清]作「唐西明寺沙門釋道世撰」。

一　一二〇頁中三行「謀謗篇第六十七」，[徑]作「謀謗篇第六十七之一」。又「此有五部」，[徑]無。

一　一二〇頁中四行至六行「述意部……宿障部」，[徑]無。

一　一二〇頁中七行「第一」，[徑]無。以下部目下序數例同。

一　一二〇頁中一六行第七字「倭」，[資]、[磧]、[普]、[南]、[徑]、[清]作「倭」。下同。

一　一二〇頁中一七行「頗辯」，[徑]、[清]作「叵辯」。

一　一二〇頁下二行「祝詛部」，[資]、[普]、[徑]、[清]、[麗]作「呪詛部」；[磧]、[南]作「呪咀部」。

一　一二〇頁下一四行「解說」，[麗]作「解脱」。

一　一二一頁上四行第八字「即」，[資]、[磧]、[普]、[南]、[徑]、[清]無。

一　一二一頁上五行「小疑是」，[資]、[磧]、[普]、[南]、[徑]、[清]作「小婦疑是」；[麗]作「小婦是疑」。

一　一二一頁中一〇行第一〇字「故」，[資]、[磧]、[普]、[南]、[徑]、[清]無。

一　一二一頁中一一行「逼婦合人死之食子後」，諸本（不含[石]，下同）作「逼婦令食婦食子後」。

一　一二一頁中一三行「波羅柰」，[資]、[磧]、[普]、[南]、[徑]、[清]作「波羅柰國」。

一　一二一頁中一八行第一二字「師」，諸本作「師」。

一　一二一頁下七行第四字「常」，[資]、[磧]、[普]、[南]、[徑]、[清]作「恒」。一四行

第三字同。

- 一二二頁中三行第五字「䞣」，諸本作「𨑨」。
- 一二二頁中一〇行「有長者」，諸本作「有一長者」。
- 一二二頁中一六行第六字「彼」，諸本作「與彼」。
- 一二二頁中一八行「紩死」，資、磧、普、南、徑、清作「交死」。
- 一二二頁中一九行「祝詛」，資、磧、普、徑、清、麗作「呪詛」；南作「咒咀」。
- 一二二頁下四行「祇桓」，清作「祇洹斥徙父王」。
- 一二二頁下七行「瑠璃」，資、磧、普、南、徑、清作「瑠璃王」。九行同。
- 一二二頁下八行「宮中」，資、磧、普、南、徑、清作「空中」。
- 一二二頁下一六行「缺陋」，南作「缺漏」。
- 一二三頁上一六行第六字「住」，資、磧、普、南、徑、清無。
- 一二三頁中一行「六十」，麗作「六千」。
- 一二三頁中三行末字「歲」，資、磧、普、南、徑、清作「歲中」。
- 一二三頁中一五行「所於」，資、磧、普、南、徑、清作「所作」。
- 一二三頁中一八行第一〇字「授」，諸本作「方授」。
- 一二三頁下三行「善根淨」，資、磧、普、南、徑、清作「善根清淨」。
- 一二三頁下二二行第五字「佛」，資、磧、普、南、徑、清作「我」。
- 一二四頁上六行至七行「復於我所生不信心」，資、磧、普、南、徑、清作「陪復於我不生信心」。
- 一二四頁中八行「夫妻」，普、南、徑、清作「夫婦」。
- 一二四頁中九行「長大」，磧作「長者」。
- 一二四頁中一二行第四字「明」，諸本作「明日」。
- 一二四頁下七行第一二字「感」，資、磧、南、徑、清作「感」。
- 一二五頁上二行「不坐」，至此，徑卷第七十二終，卷第七十三始。
- 一二五頁上二行與三行之間，徑有「謀謗篇第六十七之二」、「宿障部」兩行；清有「宿障部第五」一行。
- 一二五頁上二一行第一二字「發」，資、磧、普、南、徑、清作「令發」。
- 一二五頁中末行第七字「今」，磧、普、南、徑、清作「爾」。
- 一二六頁上卷末經名，徑無（未換卷）。

法苑珠林卷第五十九　䌓

西明寺沙門釋道世撰

謀謗篇第六十七之二

宿障部第五　略引十緣

孫陀利謗佛緣第一

奢彌跋謗佛緣第二

佛患頭痛緣第三

佛患骨節煩疼緣第四

佛患背痛緣第五

佛被木搶刺脚緣第六

佛被提婆達擲石出血緣第七

佛被婆羅門女旃沙繫杅謗佛緣第八

佛食馬麥緣第九

佛經苦行緣第十

孫陀利謗佛緣第一

興起行經云：如來將五百羅漢常以月十五日於中說戒。因舍利弗問佛十事，舍利弗自從華座起，立整服偏露右臂，右膝跪坐，向佛叉手問世尊言：世尊無事不見，無事不聞，無事不知。世尊無比，衆惡滅盡，諸善普備。一切衆生皆欲度之。世尊今故現有殘緣，願佛自說，使天人解。以何因緣被孫陀利謗？以何因緣被奢彌跋提謗及五百羅漢？以何因緣世尊自患頭痛？以何因緣世尊自患骨節疼痛？以何因緣世尊自患背痛？以何因緣被木搶刺脚？以何因緣被調達破指出血？以何因緣被多舌女人繫杅大衆來相誹謗？以何因緣於毗蘭邑與五百比丘食其馬麥？以何因緣在鬱祕地苦行六年？佛語舍利弗還服華座，吾當爲汝說先因緣。舍利弗即還復坐。阿耨大龍王聞佛當說，踊躍歡喜，即爲佛作七寶交露蓋，蓋中雨栴檀末香，周徧無數。諸天八部皆來詣佛，作禮而立。佛告舍利弗：往昔過去波羅柰城，有博戲人名曰淨眼。時有婬女名曰鹿相，端正姝好。時淨眼語鹿相曰：當詣園中共相娛樂。女曰可介。鹿相便歸，莊嚴衣服，即共嚴駕至園娛樂，經於日夜。淨眼貪心，當殺此女，取其衣服，復念殺已當云何藏之。時此園中有辟支佛，名樂無爲，去其不遠伺乞食後，埋其廬中，持衣而去。

誰知我愛念已殺埋平地如故乘車而去從餘門入城尒時國王名梵達國人不見鹿相遂徹國王王召群臣徧城求之不得往到園廬捜索得屍諸臣語無為曰已行不淨乎為復殺辟支默然不荅如此至三不荅辟支便手脚著土此是先世因緣故衆臣便反縛辟支栲打問辭樹神現半身語衆人曰汝莫栲打此人衆臣曰何以不打神曰此無是法終不行非諸臣雖聞不肯聽用持詣王所王聞瞋恚勅諸臣等急縛驢馱打皷徧巡出城南門將至樹下計矛鉞之貫著竿頭極弓射之若不死者便破其頭諸臣受教國人皆怪或信不信衆人悲傷於時淨眼在破牆中藏聞衆人言盗視逐行見已念言此道人枉死念已走趣大衆並喚上官莫困殺此人是我殺耳願放道人縛我罪治諸官皆驚曰何能代他受罪即共解辟支便縛淨眼反縛如前諸上官等皆向辟支佛作禮懺悔我等愚癡無故枉困道人當以大慈原赦我罪莫令將來受此重殃如是至三辟支不荅辟支佛念不宜更復重入波羅柰城乞食我宜衆前取滅度耳便於衆前踊昇虛空於中往反坐臥住立作十八變一腰以下出煙腰以上出火二或腰以下出火腰以上出煙三或左脇出煙右脇出火四或左脇出火右脇出煙五或腹前出煙背上出火六或腹前出火背上出煙七或腰以下出火腰以上出水八或腰以下出水腰以上出火九或左脇出水右脇出火十或左脇出火右脇出水十一或復前出水背上出火十二或腹前出火背上出水十三或左肩出水右肩出火十四或左肩出火右肩出水十五或兩肩出水或兩肩出火十六或舉身出煙十七或舉身出火十八或舉身出水即於空中燒身滅度於是大衆皆悲啼泣或有懺悔或有作禮取其舍利於四衢道起於偷婆諸官即將淨眼詣王手脚復以著土王忿依前殺之佛語舍利弗尒時淨眼者則我身是其鹿相女者今孫陁利是尒時梵達王者今執杖釋種是我於尒時由殺鹿相枉困辟支以是罪緣無數千歲墮在泥犁無數千歲墮在畜生無數千歲墮在餓鬼中尒時餘殃今雖作佛故獲此謗

奢彌跋謗佛緣第二

興起行經云佛告舍利弗過去久遠九十一劫是時有王名曰善說所造有一婆羅門名延如達好學廣博常教五百豪族童子復有一婆羅門名曰梵天大富饒財婦名淨音容貌第一性行和調無嫉妒心延如以梵天為檀越其婦淨音供養延如四事無乏有一辟支佛名曰受學往到城內乞食偶至梵天門淨音見辟支佛衣服齊整行步徐審心甚歡喜即請供養自今已去常受我請即以美食滿鉢與之辟支受已昇空七返迴旋飛還時城內人見此神足舉國歡喜供養無厭淨音供養辟支日進侍延如達遂薄延如便興嫉妒誹謗之言此道人實無才德作不淨行遂告五百弟子曰此道人犯戒無精進行

諸童子各歸家宣令曰此道人無有淨行與淨音文通國人咸疑神足如是有此穢聲邪聲經七年乃斷於後辟支現十八變取於滅度衆人乃知延如虛謗辟支佛佛語舍利弗尒時延如達者則我身是尒時梵天者今優塡王是尒時淨音者今奢彌跋是尒時五百童子者今五百羅漢是佛語舍利弗我於尒時因共供養故便生嫉妒共汝誹謗辟支佛以是因緣共入地獄鑊湯煎煑無數千歲由是餘殃今雖得佛故與汝等有奢彌跋之誹謗也

佛患頭痛緣第三

興起行經云佛告舍利弗過去久遠世時於羅閱城中時世穀貴飢饉困苦人皆拾取白骨打煑飲汁掘百草根以續微命用一升金貿一升穀尒時羅閱祇城有大才數百家名曰吱(九支反)越村東不遠有池名曰多魚吱越村人將妻子詣多魚池捕魚食之捕魚著岸在陸而跳我於尒時爲小兒年適四歲見跳而喜時池中有兩種魚一名麩一名多舌此自相語曰我等不犯人橫見殺我後世當報佛語舍利弗尒時吱越村人男女大小者今迦毗羅越國諸釋種是尒時小兒者則我身是尒時麩魚者毗樓勒王是尒時多舌魚者今王相師婆羅門名惡舌者是尒時魚跳我以小杖打魚頭以是因緣墮地獄中無數千歲今雖得佛由是殘緣故被毗樓勒王伐釋種時我得頭痛佛語舍利弗我初頭痛時語阿難曰以四升鉢感滿冷水來阿難如敎持來以指抆額上汗滴入水中水卽尋消猶如火然終日亦如炊空大釜投一滴水水卽焦然頭痛之熱其狀如是假令須彌山邊旁出亞岸一由延至百由延鎭我頭痛熱者尒當消盡

佛患骨節煩疼緣第四

興起行經云佛告舍利弗往昔久遠世時於羅閱城中有一長者得熱病甚困其城中有一大醫子別識諸藥能治衆病長者子呼醫子曰爲我治病得愈吾大與卿財寶醫子卽治長者病旣差巳後不報功長者於後復病治差至三不報後復得病續喚治之醫子念曰前巳三治三差而不見報見欺如此我念治此當令大斷卽便與非藥病遂增劇便致無常佛語舍利弗尒時醫子者則我身是尒時病子者今調達是我於尒時與此非藥致令無常以是因緣於數千歲受地獄苦及畜生餓鬼之苦由是殘緣今雖得佛故有骨節煩疼病生也

佛患背痛緣第五

興起行經云佛告舍利弗往昔久遠世時於羅閱城時大節日聚會時國中有兩姓力士一姓剎帝利種一姓婆羅門種時共相撲婆羅門語剎帝利曰卿莫撲我我當大與卿錢寶剎帝便不盡力令其屈伏二人俱得皆受王賞於時婆羅門竟不報剎帝到後節日復來相撲還復相求如前相許剎帝復饒不撲得賞如上如是至三不報後節復會婆羅門重語剎曰前後所許當一時併報剎帝心念此人比數欺我旣不報我又侵我分

我今日當使其消便干笑語曰卿
誑我滿三今不用卿物便右手捺項
左手捉跨腰兩手擎之挫折其脊如
折甘蔗擎之三旋使衆人見然後撲
地即死王及群臣皆大歡喜賜金錢
十萬佛語舍利弗尒時刹帝者則
我身是婆羅門者提婆達是我於
尒時以貪恚故撲殺力士以是因緣墮
地獄中經數千歲今雖成佛諸漏已
盡尒時殘緣今故有此脊痛之患也

佛被木搶刺脚緣第六

興起行經云佛在羅閱祇竹園精舍
與大比丘僧五百人俱晨旦著衣持
鉢與五百比丘僧及阿難共入祇城
乞食家家徧至見此里中有破剛木
一片木長尺二於佛前立佛便心念
此是宿緣我自作是因當受之衆人
聞見皆共聚觀大衆見之驚愕失聲
佛復心念今當現償宿緣之報使衆
人見信解無對不敢造惡佛便踊在
虛空去地一仞木搶逐佛亦高一仞
於佛前立佛復上二仞四仞乃至七
仞搶亦高隨上七仞世尊復上高一

多羅此搶高一多羅佛復上乃至七
多羅搶亦隨上立於佛前佛復上高
七里乃至上七由延搶亦隨之佛於
空中化作青石厚六由延廣縱十二
由延佛於上立搶便穿石出在佛前
立佛復於空中化作水廣十由延縱
二由延深六由延於水上立搶復過
水於佛前立佛復空中化作大火縱
廣十二由延高六由延於其焰上立
搶亦過焰至佛前立佛復空中化作
旋風縱廣十二由延高六由延於風
上立搶從傍邊斜來趣佛前立佛復
上至四天王宮如是展轉乃至梵天木
搶從三十三天以次來上乃至梵天
於佛前立諸天皆相謂曰佛畏此搶
搶走然搶逐不置尒時世尊與梵天
說自宿緣法從梵天還展轉還至羅
閱城所過諸天皆為說宿緣法搶亦
隨從上下至羅閱城佛亦為羅閱祇
人說宿緣法佛與比丘僧出羅閱城
搶亦尋佛復國人盡逐佛出城佛問
衆人汝等欲何所至衆人荅曰欲隨
如來看此因緣佛語衆人各自還歸

如來自知時節阿難問佛如來何以
遣衆人還佛語阿難若衆人見我償
此緣者皆當盟死墮地阿難便默世
尊即還竹園僧伽藍自處已房勅諸
比丘各自還房阿難問佛我當云何
佛語阿難汝亦還房阿難即還佛便
心念是緣我宿自造必當償之即取
大衣四褺襞之還坐本座佛便展右
足木搶便從足趺上下入徹過入地
深六萬八千由延過地至水水深亦
六萬八千由延過水至火火高六萬
八千由延至火乃焦當尒之時地為
六返震動阿難諸比丘各自心念今
此地動其搶必刺佛脚足也佛被搶
已苦痛酸疼阿難即至佛所見佛脚
刺搶瘡便死倒地佛以水灑阿難乃
起起已禮佛足摩拭嗚佛脚足啼泣
懊淚佛以是脚行至樹下降魔上至
三十三天為母說法世尊金剛之身
作何因緣為木所害佛語阿難且止
勿啼世間因緣輪轉生死有是苦患
阿難問佛今者瘡痛增損何如佛語
阿難漸有降損舍利弗及諸比丘來

禮佛問荅亦復如是佛語比丘且止莫啼我乃先世自造此緣要當受之無可逃避此對非父非母所作亦非天王沙門等佛自造自受諸漏已盡得神通者各自默然思惟往日曾所說偈曰

世人所作行　或作善惡事
此行還歸身　終不朽敗亾

時耆婆阿闍世王等聞佛為木鎗刺脚從牀悶死墮地良久乃蘇舉宮驚慟王起啼泣勅諸臣曰速疾嚴駕欲至佛所諸臣受教即便嚴駕上車出城城內四姓宗族士女百千圍繞共至佛所佛右脇側臥王禮佛已手捉佛足摩扠口嗚世尊瘡痛寧有損不佛慰王已命王使坐王言我從如來所聞佛身金剛不壞今者何為木鎗所刺耶佛告王曰一切諸法皆為緣對我身雖是金剛非木鎗能壞此宿對所壞即說頌曰

世人所為作　各自見其行
行善得善報　行惡得惡報

是故大王當捨惡從善愚騃不學聞

未識真道者戲笑輕罪復當號泣不可以戲作罪後受大殃王語耆婆汝合好藥洗瘡祝治必令時差耆婆曰諾耆婆即便禮佛洗足安藥後續上痛耆婆出百千價氎用裹佛足以手摩足以口嗚之曰願佛老壽此患早除一切眾生長夜之苦亦得解脫即起禮佛於一面住佛於是為王及一切眾會說四諦法六十比丘得漏盡意解萬一千人得法眼淨復有百千諸天展轉相告皆來慰佛說偈讚已禮佛而去佛語舍利弗往昔無數阿僧祇劫前有兩部賈客各有五百人在波羅奈國各合資財嚴船度海乘風徑往即至寶渚渚上豐饒衣被飲食及妙婇女種種龍寶無物不有一部賈客語眾人曰我等所求已獲今當住此以五欲自娛第二薩薄告其部眾不應於此久住是時空中有天女慈愍此輩便於空中語眾賈曰此間雖有財寶婇女衣食不足久住却後七日此地皆當沒水語訖化去復有魔女欲使沒盡誑之不去前天所說水

當沒此皆是虛妄不足可信說已化去第一薩薄不信天告樂住不去第二薩薄懼水不住却後七日如前天言水滿其地先嚴辦船未至之日所將部眾即得上船第一薩薄先不嚴船水至之日與嚴治者著矛持杖共相格戰第二薩薄以鑹矛刺第一薩薄脚徹過即便命終佛語舍利弗汝知第一薩薄者今提婆達是第二薩薄者則我身是尒時第一賈客眾五百人者則今提婆達五百弟子是尒時第二賈客五百眾者則今五百羅漢是尒時第一天女者則今舍利弗是尒時第二天女者則今名滿月比丘婆羅門弟子是佛語舍利弗我往昔作薩薄貪財分死度海與彼爭船以鑹矛刺薩薄脚以是因緣無數千歲經地獄苦墮畜生中為人所射無數千歲在餓鬼中蹈鐵鏵上今雖得金剛之身以是餘殃故今為木鎗所刺

又大乘方便經云昔舍衛城中有三十人皆是最後邊身彼二十人更有

怨家二十人各各思惟我當爲作親友而至其舍奪其命根不向人說彼時四十人以佛神力故共至佛所如來尒時爲調伏是四十人故於大衆中告大目揵連言令此大地出佉達羅刺欲刺吾右足未至足之閒此佉達羅刺即從地出長一肘當出之時目連白佛言我今當取此刺擲著他方世界佛告目連非汝所能此刺在地汝不能拔尒時目連以大神力前拔此刺于時三千大千世界皆大震動一切世界隨刺而舉而不能動乃至一毛尒時世尊以神通力上四天王天彼刺亦隨佛去如是展轉乃至梵天亦復如是尒時如來從梵天還至閻浮提本所空處刺亦逐還至此地中豎向如來尒時如來即以右手捉刺左手按地右脚蹹之尒時三千大千世界皆大震動時尊者阿難向佛合掌而作是言世尊往昔作何等業得如是報佛告阿難我過去世入大海中將獲刺人斷其命根以此因緣得如此報善男子我說是業緣已彼二十

怨賊欲害二十人者作是思惟如來法王尚得如是惡業之報況我等輩不受此報是二十人即從空起頭面禮佛作如是言我等今日向佛悔過不敢覆藏我先惡心欲害彼人今重悔過不敢覆藏時二十人即得正解及四萬人亦得正解是故如來示佉達羅刺刺足是名如來方便

佛被提婆達擲石出血緣第七

興起行經云佛告舍利弗往昔過去世時於羅閱城有長者名曰須檀大富多饒財寶產業備足子名須摩提其父須檀奄然命終摩提異母弟名修耶舍摩提心念我當云何設計不與耶舍財分唯當殺之乃得不與摩提語耶舍云大弟共詣耆闍崛山上論說去來耶舍曰可尒摩提即執弟手上山將至絕高便推崖底以石塠之便即命絕佛語舍利弗汝知尒時長者須檀者則今父王眞淨是也尒時子須摩提者則我身是弟修耶舍者則今提婆達是佛語舍利弗我於尒時以貪財害弟以是罪故無數千

歲在地獄燒煮爲鐵山塠壓尒時殘緣今雖得佛不能免此宿對我於耆闍崛山經行爲提婆達舉崖石長六丈廣三丈以擲佛頭山神名金埤羅以手接石石邊小片迸墮中佛脚大拇指即破血出

佛被婆羅門女旃沙傑杅謗佛緣第八

興起行經云佛告舍利弗往昔阿僧祇劫前有佛名盡勝如來有兩種比丘一種名無勝一種名常歡無勝比丘得六神通常歡比丘結使未除尒時波羅奈城有長者名大愛財無極婦名善多端正無比兩種比丘往來其家以爲檀越善多婦者供養無勝比丘四事無乏常歡儭薄因此妒嫉橫生誹謗言無勝比丘與善多夾通不以道法供養自以恩愛供養耳佛語舍利弗尒時常歡比丘者則我身是善多婦者今婆羅門女名旃沙是我於尒時無故誹謗無勝羅漢以是罪緣無數千歲墮在地獄受諸苦痛今雖得佛以餘殃故爲多舌童女傑杅起腹來至我前曰沙門何以不自

說家事乃說他事爲汝今日獨自歡樂不知我苦汝先共我通使我有娠今當臨月事須蘇油養於小兒盡當給我尒時衆會皆低頭默然釋提桓因侍後執扇以神力化作一鼠入其衣裏齧於杅繫忽然落地尒時四部弟子及六師徒衆見杅墮地皆大歡喜撫慶欣笑無量皆同罵曰汝死赤吹罪物何能興此惡意誹謗清淨無上正真此地無知乃能容載如此惡物耶諸衆各說是時地即劈裂火焰踊耍便墮中住至阿鼻大泥犁中大衆驚恐衣毛爲豎即起叉手長跪白言此女所墮今在何處佛荅大王此女所墮名阿鼻泥犁闍王復問此女不殺人亦不偷盜妄語何因便墮阿鼻耶佛語闍王我所說緣法有上中下身口意行闍王復問何者爲重何者爲中何者爲下佛語闍王意行最重口行處中身行在下王復問佛佛荅王曰身行麁現此事可見口行耳聞此二事者世間聞見意行發念無見聞

者此是內事衆行爲意釘所繫縛如人欲行身三殺盜婬欲發口之四過妄言綺語惡口兩舌先心計校然後施行是故繫於意釘不在身口也於是世尊即說偈曰

意中熟思惟　然後行二事
揚勲於身口　未曾愧心意
先當勲於意　然後恥身口
此二不離身　亦不能獨行

於是阿闍世王聞佛說法啼泣悲感佛問王曰何爲啼耶王荅佛曰爲衆生無智不解三事常有折減是故悲耳此衆生等但謂身口爲大不知意爲深奧如人殺生偷盜婬泆天下盡見口行四事天下所聞意家三事非耳所聞非眼所見是故衆生以眼見耳聞爲大今佛說乃知心意爲大身口爲小以是故身口二事繫於意釘如多舌女欲謗毀佛先心思念當以繫杅起腹在大衆中說是謗事故知意大身口小也佛言善哉善哉大王善解此事常當學此意大身口小事說是法時八千比丘漏盡意解二百比丘得

阿那含道四百比丘得斯陁含道八百比丘得須陀洹道八萬天人得法眼淨十萬人及非人皆受五戒二十萬鬼神受三自歸

又生經云尒時世尊與千二百五十人俱入舍衞城欲詣波斯匿王宮受請時有比丘尼名曰暴志以木魁繫腹似如懷妊因牽佛衣君爲我夫從得有娠不給衣食此事云何時諸大衆天人釋梵四王諸天鬼神及國人民莫不驚惶佛爲一切三界之尊其心清淨過於摩尼智慧之明超於日月獨步三世無能逮者喻如虛空不可汙染佛心過彼無有等侶此比丘尼既佛弟子云何懷惡欲謗如來於是世尊見衆會心欲爲決疑仰瞻上方時天帝釋尋時來下化作一鼠齧繫魁繩魁即墮地衆會覩之瞋喜交集怪之所以時國王瞋此比丘尼棄家遠業爲佛弟子既不能報恩反懷妒結隙大聖乎即勅掘地爲坑深欲倒埋時佛解喻勿得尒也是吾宿罪非獨彼娛乃往過去久遠世時有賈客

賣好真珠數多圓好時有一女諸欲
買之有一男子逕益倍價獨得珠去
女人不得心懷瞋恨有從請看復不
肯與心戚遂怒汝毀辱我在在所生
當報汝怨所在毀辱悔無所及佛告
王等尒時買珠男子則我身是其女
人者則栴志尼是因彼懷恨所在生
處常欲相謗佛說如是衆會疑解莫
不歡喜

佛食馬麥緣第九

興起行經云佛告舍利弗過去久遠
世時佛名毗婆葉如來在槃頭摩跋
城中王名槃頭與群臣仕庶以四事供
養如來及衆終已無乏尒時城中有
婆羅門名因提耆利博達梵志四韋
典籍亦知尼揵算術及教五百童子
大王設會先請佛及諸大衆佛見時
到往王宮就座而坐王卽下食手自斟
酌種種餚饍有一比丘名曰彌勒時
病不行佛及大衆食已各還本處過
梵志山王見食香美便興嫉妒意曰
此髡頭沙門正應食馬麥不應食此
甘饌之供告諸童子汝等見此髡頭

道人食於甘美餚饍不諸童子曰嘗
見此等師主亦應但食馬麥佛語舍
利弗汝知尒時山王婆羅門者則我
身是尒時五百童子者今五百羅漢
是尒時病比丘彌勒者今彌勒菩薩
是我於尒時以興嫉妒罵言不應食
其甘饍正食馬麥卿等亦云如是以
是因緣我及卿等經歷地獄無數千
歲今雖成佛尒時殘緣我及卿等於
毗蘭邑故食馬麥九十日我於尒時不
言與佛馬麥但言與比丘以是故我今
得食擣麥人以卿等加言嘗與佛麥
故今日卿等食著皮麥耳

又大乘方便經云以何緣故如來及
僧在婆羅門毗蘭若聚落三月之中
食馬麥耶佛言善男子我於昔時知
此婆羅門必捨初始請佛僧心不給
飲食而故往受請何以故爲彼五百
馬先世中已學菩薩乘已曾供養過
去諸佛近惡知識作惡業緣故墮畜
生中五百馬中有一大馬名曰日藏是
大菩薩於過去人中已曾勸五百小
馬發菩提心爲欲度此五百馬故現

生馬中由大馬威德故令五百馬自
識宿命本所失心而今還得我愍彼
五百菩薩墮畜馬中者欲令得脫離於
畜生是故如來知故受請是時五百
馬減所食麥半分奉施僧大馬半
分奉施如來尒時大馬爲五百馬以
馬音聲而爲說法示教悔過令當禮
佛及比丘僧說此事已復作是言汝
等當以所食半分供養於僧尒時五
百馬悔過已於佛及僧生淨信心過
三月已其後不久是五百馬命終生
於兜術天上彼五百天子卽從天來
至於佛所聞說法已必定得成阿耨
菩提五百馬子於將來世得辟支佛
彼日藏大馬於當來世復得作佛號
曰善調如來雖食草木土凷瓦礫大
千界中無如是味尒時阿難心生憂
惱轉輪聖王種出家學道如下賤人
食此馬麥我於尒時見阿難心卽與
一粒麥語阿難言汝嘗此麥味爲何
如阿難嘗已生希有心我生王家已
來未曾得如是之味阿難食此麥已
七日七夜無飢渴想如來復知五百

比丘若食細食增益欲心若食麁食心則不爲貪欲所覆彼諸比丘過三月已離婬欲心證阿羅漢果善男子爲調伏五百比丘度五百馬菩薩故如來以方便力受三月食馬麥緣非是業報

佛經苦行緣第十

興起行經云佛告舍利弗往昔波羅柰城邊去城不遠有多狩邑中有婆羅門爲王太史國中第一有其一子頭上有自然火鬘因以爲名火鬘彼首端正有三十相梵志典籍圖書讖記無事不博時有一瓦師子名曰難提婆羅此云護喜與火鬘少小親友心相敬念須臾不忘瓦師精進慈仁孝順父母俱盲供養二親無所乏短雖爲瓦師手不掘地亦不使人掘唯取破墻崩岸鼠壤土等和以爲器成好無比若有男子女人欲來買者不爭價數不取金銀財帛唯取穀米供養而已迦葉如來所住精舍去邑不遠與大比丘衆二萬人俱皆是阿羅漢護喜語火鬘曰共見迦葉如來去

乎火鬘荅曰用見此髠頭道人爲眞是髠頭人耳何有道哉如是至三後日復語火鬘曰共至水上澡浴乎火鬘荅曰可介便共詣水澡浴著衣服已護喜舉右手遙指示曰如來精舍去是不遠可共暫見火鬘荅曰何用見此秃頭道人爲何有佛道難得護喜便捉衣牽不去火鬘便脫衣捨走護喜遂後捉腰帶挽曰可暫共見佛便即還耶火鬘復解帶捨走曰我不欲見此秃頭沙門護喜便撮其頭牽曰爲一過見佛去來介時國諱捉人頭捉者皆斬火鬘驚怖竊心念曰此瓦師子分死捉我頭此非小事必當有好事乃使此人分死相捉火鬘曰汝放我頭我隨子去護喜即放共詣佛所護喜禮如來足於一面坐火鬘直舉手問訊已便坐護喜叉手白迦葉佛言此火鬘者多狩邑中太史之子是我少時親友然其不識三尊不信三寶願世尊開化愚冥使其信解火鬘童子熟視世尊從頭至足覩佛相好威容巍巍諸根純淑調和以三十

二相嚴飾其體八十種好以爲容儀如娑羅樹華身猶須彌無能見頂面如滿月光如日明身色如金火鬘見佛相好便心念曰我梵讖記所載相好今佛盡有唯無二事一陰馬藏相二吐舌舐面相於是說偈問曰

所聞三十二　大士之相好
於此人中尊　唯不覩二事
豈有丈夫體　猶如馬藏不
寧有廣長舌　覆而舐頭不
願爲吐舌示　令我決狐疑
我見乃當知　如經所載不

於是如來便出廣長舌相以覆其面上及宍髻并覆兩耳七過舐頭縮舌入口色光出照大千世界蔽日月明乃至阿迦膩吒天光還繞身七帀從頂上入以神足力現陰馬藏相令火鬘獨見餘人不覩火鬘童子具足見佛三十二相無一缺減踊躍歡喜不能自勝如來爲火鬘說法止其三業令行菩薩行火鬘即禮佛足長跪白言我今懺悔身不可行而行口不可言而言意不可念而念願世尊受

我此懺從今已往不復敢犯如此至三迦葉如來默然受之火鬘童子護喜童子俱禮拜退後自尤責悔不早聞失於道利於是火鬘童子說偈讚護喜曰

仁為我善友　法友無所貪
道我以正道　是友佛所譽

於後二人投佛出家受具足戒佛語舍利弗尒時火鬘童子者則我身是火鬘父者今我父王眞淨是尒時瓦師童子護喜者我為太子在宮居婇女時至於夜半作瓶天子來語我言日時已到可出家去為道者是舍利弗此護喜者頻勸我出家是善知識也我前向護喜作惡語道迦葉佛禿頭沙門何有佛道難得以是惡言故臨成佛時六年苦行日食一麻一米大豆小豆雖受辛苦於法無益舍利弗我六年苦行者償先緣對畢已然後得佛佛語舍利弗汝觀如來衆惡已盡諸天人神一切衆生皆欲度之我猶不免宿對況復愚冥未得道者舍利弗當護身三口四意三當學

如是佛說先世因緣時萬一千天子得須陀洹道八千龍等皆受五戒五千夜叉受三自歸佛說是已舍利弗及五百羅漢阿耨大龍王八部鬼神歡喜受行

頌曰

惟斯上哲　濫被謗枉　清濁難分
善人惡網　幽顯冥知　眞僞鑒朗
自觀業對　如空影響

法苑珠林卷第五十九

法苑珠林卷第五十九

校勘記

一　底本，金藏廣勝寺本。

一　一二八頁中一行經名，[徑]無（未換卷）。又經名下，[資]、[磧]、[普]、[南]有夾註「謀謗之二」。

一　一二八頁中二行撰者，[資]、[磧]、[普]作「大唐上都西明寺沙門釋道世字玄惲撰」；[南]作「唐上都西明寺沙門釋道世字玄惲撰」；[徑]無（未換卷）；[清]作「唐西明寺沙門釋道世撰」。

一　一二八頁中三行「謀謗篇第六十七之二」，[資]、[磧]、[普]、[南]、[徑]無；[清]作「謀謗第六十七之餘」。

一　一二八頁中四行「宿障部第五略引十緣」，[徑]作「別有十緣」。

一　一二八頁中五行「第一」，[徑]無。下至一四行緣目下序數例同。

一　一二八頁中一一行「提婆達」，[普]、[南]、[徑]、[清]、[麗]作「提婆達多」。

一 一二八頁中一二行第一二字「佛」，資、磧、南無。

一 一二八頁下五行「背痛」，資、磧、普作「背强」。

一 一二八頁下一〇行第一二字「服」，徑、清作「復」。

一 一二九頁上五行第一一字「乎」，普、徑、清、麗作「胡」。

一 一二九頁上八行「栲打」，資、磧、普、徑、清作「考打」；南作「考持」。下同。又第一二字「視」，諸本(不含石，下同)作「現」。

一 一二九頁上九行「衆人」，徑、清作「衆臣」。

一 一二九頁上末行末字「令」，資、磧、普、南、徑、清無。

一 一二六頁中一行第二字「來」，資、磧、普、南、徑、清作「來世」。

一 一二九頁中八行第五字「或」，資、磧、普、南、徑、清無。

一 一二九頁中一二行末字「復」，諸本作「腹」。

一 一三〇頁上九行第一〇字「共」，資、磧、普、南、徑、清無。

一 一三〇頁上一三行第三字「謗」，資、磧、普、南、徑、清無。

一 一三〇頁上一九行「大才」，徑、清作「大村」。

一 一三〇頁中四行「迦毗羅越」，資、磧、普、南、徑、清作「迦羅越」。

一 一三〇頁中一一行「四升鉢」，諸本作「四斗鉢」。

一 一三〇頁中一三行「火然」，資、磧、普、南、徑、清作「自然」。

一 一三〇頁中一四行第八字「投」，資、磧、普、南作「假」。

一 一三〇頁下四行第八字「念」，諸本作「令」。

一 一三〇頁下七行第一〇字「於」，資、磧、普、南、徑、清無。

一 一三〇頁下一一行第四字「痛」，資、磧、普、南作「病」。

一 一三〇頁下一六行第二字「利」，資、磧、普、南、徑、清無。

一 一三〇頁下二一行末字「剎」，諸本作「剎帝」。

一 一三一頁上一行「便干」，普、南、徑、清作「弥乃」。

一 一三一頁上三行「兩手」，徑、清作「兩足」。

一 一三一頁上七行「提婆達」，資、磧、普、南、徑、清作「提婆達多」。

一 一三一頁上一四行「衹城」，資、磧、普、南、徑、清作「羅閱衹城」。

一 一三一頁上一七行第九字「固」，資、磧、普、南、徑、清作「用」。

一 一三一頁上末行第四字「高」，資、磧、普、南、徑、清無。

一 一三一頁中一行第三字「此」，資、磧、普、南、徑、清無。又第五字「高」，諸本作「亦高」。又末字「七」，麗作「十」。

一 一三一頁中三行第六字「七」，資、磧、普、南、徑、清無。

一 一三一頁中二一行第五字「復」，諸本作「後」。

一　一三一頁下九行第七字「跌」，資、磧、普、南、徑、清作「趺」。

一　一三一頁下一四行末字「搶」，資、磧、普、南、徑、清作「瘡」。

一　一三一頁下一七行第八字「拭」，資、磧、普、南、徑、清作「拭佛足」。

一　一三一頁下二〇行第一三字「且」，資、磧、普、南作「息」。

一　一三二頁上四行第六字「佛」，資、磧、普、南、徑、清作「作」。

一　一三二頁上五行第九字「思」，資、磧、普、南、徑、清無。

一　一三二頁上一三行末字「共」，磧作「佛」。

一　一三二頁中八行第一二字「及」，資、磧、普、南、徑、清無。

一　一三二頁中九行「六十」，資、磧、南作「十」；普、徑、清作「千」。

一　一三二頁下七行「鑹矛」，資、磧、南作「鋑矛」；普、徑、清作「鋭矛」。一七行同。

一　一三二頁下一五行第三字「門」，資、磧、普、南、徑、清無。

一　一三二頁下一八行第二字「經」，磧作「結」。

一　一三二頁下一九行「鐵錐」，資、磧、普、南、徑、清作「鐵針」。

一　一三二頁下二二行末字「三」，諸本作「二」。

一　一三三頁上五行第八字「令」，資、磧、普、南、徑、清作「今」。

一　一三三頁上六行「右足」，資、磧、普、南、徑、清作「左足」。

一　一三三頁中四行「我等」，資、磧、普、南、徑、清作「我等所興惡念不敢覆藏我先惡心欲害彼人」。

一　一三三頁中九行「提婆達」，資、磧、普、南、徑、清作「提婆達多」。

一　一三三頁中一八行末字「庳」，資、磧、普、南、徑、清作「埠」。

一　一三三頁中一九行第三字「即」，資、磧、普、南、徑、清無。

一　一三三頁中二〇行末字「尒」，資、磧、普、南作「命」。

一　一三三頁中二二行「提婆達」，諸本作「提婆達多」。

一　一三三頁下一行「庳壓」，資、磧、普、南、徑、清作「所埠」。

一　一三三頁下二一行第二字「諸」，資、磧、普、南、徑、清作「其」。

一　一三三頁下二二行首字「今」，資、磧、南作「言」。

一　一三四頁上二行第一〇字「通」，資、磧、普、南、徑、清作「交通」。

一　一三四頁上四行「釋提桓」，諸本作「時釋提桓」。

一　一三四頁上六行「杅犍」，麗作「犍杅」。

一　一三四頁上七行第五字「徒」，資、磧、普、南、徑、清作「從」。

一　一三四頁上八行「稱慶」，諸本作「揚聲稱慶」。又末字「赤」，磧、普、南、徑、清作「亦」。

一　一三四頁上一二行第二字「女」，資、磧、普、南、徑、清無。又第六字「住」，諸本作「徑」。

一　一三四頁中一二行第八字「常」，資、磧、普、南、徑、清作「恒」。

一　一三四頁中一三行第七字「謂」，南、徑、清作「爲」。

一　一三四頁下七行「木魁」，資、磧、南作「魁」；普、徑、清作「盂」；麗作「木盋」。

一　一三四頁下一三行「三世」，磧、普、南、徑、清作「三界」。

一　一三四頁下一五行第一〇字「誦」，資、磧、普、南、徑作「譟」。次頁上八行第五字資、磧、普、南、徑、清同。

一　一三四頁下一六行第八字「爲」，磧、普無。

一　一三四頁下一八行首字「魁」，普、徑、清作「盂」；麗作「盋」。第三字同。

一　一三四頁下二〇行「遠業」，徑、清作「達業」。又「報恩」，資、磧、普、南、徑、清作「盡欲」。

一　一三四頁下二一行第二字「隙」，資、磧、普、南、徑作「譟」；清作「謗」。

一　一三四頁下二二行第一〇字「是」，資、磧、普、南、徑、清無。

一　一三四頁下末行第一一字「時」，資、磧、普、南、徑、清作「時時」。

一　一三五頁上二行首字「買」，麗作「貿」。

一　一三五頁上九行「歡喜」，至此，徑卷第七十三終，卷第七十四始，並有「謀謗篇第六十七之三」、「別引十緣之餘」兩行。

一　一三五頁上一三行「仕庶」，資、磧、普、南、徑、清作「士女」。

一　一三五頁上一四行第五字「衆」，資、磧、普、南、徑、清作「衆僧」。

一　一三五頁上一五行末字「韋」，資、磧、普、南、徑、清作「韋陀」。

一　一三五頁上一六行第九字「及」，資、磧、普、南、徑、清作「及婆羅門戒」。

一　一三五頁上一七行首字「丶丶」，資、磧、普、南、徑、清作「時」。又「諸大衆」，資、磧、普、南、徑、清作「諸大衆僧」。

一　一三五頁上一七行至次行「佛見時到往王宮」，資、磧、普、南、徑、清作「佛默然許之王即還宮具饌種種腆美及設床座氍毹毾㲪辦具已畢王執香爐於殿上長跪啓白今時已到唯願屈尊時毗婆葉佛見時已至便勅大衆著衣持鉢當就王請大衆圍繞往詣王宮」；麗作「佛見時到往詣王宮」。

一　一三五頁上一九行第六字「有」，資、磧、普、南、徑、清作「尒時有」。

一　一三五頁上二〇行至次行「本處遇梵志山王」，普作「還時皆爲諸病比丘請食過梵志山」。

一　一三五頁上二二行首字「此」，清無。

一　一三五頁中四行第九字「者」，南無。

一　一三五頁中一九行ㄑ字「馬」，諸

本作「馬故此五百馬」。

一　一三五頁下七行第一二字「令」，資、磧、南作「今」。

一　一三六頁上四行「比丘」，資、磧、普、南、徑、清無。

一　一三六頁上五行第二字「以」，磧、南作「以如來」。

一　一三六頁上一一行末字「彼」，資、磧、普、南、徑、清作「面」。

一　一三六頁上一八行「壤土」，資、磧、麗作「壞土」。

一　一三六頁中一行「髡頭」，資、磧、普、南、徑、清作「禿頭」，下同。又末字「真」，資、磧、普、南、徑、清作「直」。

一　一三六頁中六行「暫見」，普、徑、清作「暫見否」。

一　一三六頁中七行「難得」，資、磧、普、南、徑、清作「可得」。次頁上一六行同。

一　一三六頁中九行「逐後」，資、磧、普、南、徑、清作「遂後」。

一　一三六頁中一二行末字「捉」，資、磧、南作「提」。

一　一三六頁中二〇行「少時」，資、磧、普、南作「少子」；徑、清作「少小」。

一　一三六頁下一行「容儀」，資、磧、普、南、徑、清作「媚儀」。

一　一三六頁下一〇行第七字「而」，諸本作「面」。

一　一三七頁上一三行「爲道者」，資、磧、普、南、徑、清作「爲導者」。

一　一三七頁中七行「惟斯」，資、普作「惟思」；磧、南、徑、清作「思惟」。

一　一三七頁中末行經名，徑無（未換卷）。

法苑珠林卷第六十　號

西明寺沙門釋道世撰

呪術篇第六十八 此有七部

述意部　懺悔部　彌陀部

彌勒部　觀音部　滅罪部

雜呪部

述意部第一

夫神呪之為用也拔朦昧之信心啓正真之明慧裂重空之巨障滅積刼之深痾業既謝遣累法潛形所以累聖式陳衆靈攸仰故波旬奉呪於白樹梵王顯儀於赤巖七佛揚道於時緣菩薩陳誠於法會廣羅經誥羌難備爲然陀羅尼者西梵天音東華人譯則云持也誦持善不失持惡不生據斯以言彌綸一化依法施行功用立驗或碎石拔木或移痛滅痾隨聲發而苦除逐音颺而事舉或召集神鬼或駕御虬龍興雲布而膏雨垂呼策志而禎瑞集感應不窮其來久矣

懺悔部第二

述曰夫呪是三世諸佛所說若能至心受持無不靈驗比見道俗雖有誦持無多功效自無志誠謗言無徵或有文字訛替或有音韻不典或飲噉酒宍或雜食葷辛或室宇汙穢或浪談俗語或衣服不淨或處所不嚴致令鬼神得便翻受其殃若欲懺悔先立道場懸繒幡蓋燒衆名香四門護淨禁止雜人隨其出入每須澡浴多見和香口內常含至誠殷重自責已躬愧謝十方一切賢聖然後普爲四生六趣心心相續剎那匪懈如是懇已定驗不疑故菩薩善戒經云菩薩爲破衆生種種惡故受持神呪故有五法不得爲一不食肉二不飲酒三不食五辛四不婬五不淨之家不在中食菩薩具足如是五法能大利益無量衆生諸惡鬼神諸惡毒病無不能治

千轉陀羅尼神呪釋迦牟尼佛說

此呪出於西梵由來盛傳至隋大業初東都雒陽翻經館笈多三藏譯出此呪以惠道學士釋彥琮法師即傳

譯之領袖也初獲此本通布華夷時有長安延興寺玄琬律師弘法寺靜琳法師等並是道光日下德振通賢創獲流布洗蕩瑕累即於別院仍建道場每至肇春爲受戒沙彌及餘道俗相續不絕靈相重疊至今五十餘年時漸訛替恐後人不知本末故委具述之然大集諸經及陀羅尼集十卷廣明雜呪不煩具錄今且逐要時濟所須意存滅罪除障出四十餘首除病濟貧護生延命雜術之徒亦略述二十餘或此處無文西域有本三藏口傳要用呪者亦翻出三五傳之流行餘之不盡者冀尋大本佛說呪曰

南慕遏羅(去聲)怛(入聲)那(故笛反)怛邏耶(羊多反)夜(羊笛反)南麼(去聲)阿羅耶阿(短聲)吠盧吉低溼吠邏夜菩提(上聲)薩哆皤(平聲)邪(羊可反)摩訶薩埵婆邪摩訶迦嚧膩(癸依反)迦夜(羊可反)怛默(地可反)誓曳(去聲)誓曳誓夜(羊可反)婆(長聲)醯(許兮反)你(奴棄反)誓揄怛喋迦(去聲)邏迦邏(去聲)磨(去聲)邏磨邏哆(都茄反)邏哆邏遮(章可反)邏遮

邏鉢邏(去聲)遮羅鉢邏遮羅器拏
(去聲)器拏薩婆(去聲)羯磨吠邏拏(平聲)
你迷婆伽吠底(都你反)索訶(去聲)薩囉吠
囉低　薩婆(去聲)勅陀(兵聲)吠盧吉低
隻蒭(歎鼓反)秫(疋出反)嚧怛邏揭(渠謁反)邏
拏(去聲)寔哈(呼閤反)婆(輕兵反)迦夜沫奴
比(扶必反)闍夜那比　輸達你　素嚕素
嚕　鉢邏鉢邏　素嚕素嚕薩婆勅
陀頞地瑟恥(土寄反)那駁(蘇閤反)婆訶達
磨陀(長聲)石揭唎鞞駁婆訶阿羅婆
(重聲)婆(去聲)駁婆(輕聲)婆(重聲)婆(去聲)薩
婆達摩婆(去聲)蒱達你　駁婆訶

此呪功能千劫聚集業障一時誦已皆盡去盡便獲千佛所集善根當得背於千劫流轉中生老病死邊際轉此生已見千轉輪王欲生清淨佛國者晝三夜三一時中各誦二十一徧至二十一日如其所欲即得如意或見金色佛像菩薩形像即是先相命終已後便生菩薩大集會中

彌陀部第三

此阿彌陀呪若欲誦者諸口傍字皆依本音轉言之無口者依字讀仍須

師授之聲韻合梵輕重得法依之修行剋有靈驗

那上謨菩上陀夜(蘖可反以下同)那上謨馱
上囉上摩上夜上那上謨僧伽夜那
上磨上阿弭多婆上夜路(丁可反)他伽上
多夜阿上囉上訶上羝上三藐三菩
上陀夜路姪他(地也反下同)阿上弭唎羝
阿上弭唎都婆鞞(善逮反以下同)阿上弭
唎路三婆上鞞阿上弭唎路鼻(善弭反)
迦上蘭羝伽弭你　伽上伽上那稽
(居移反)唎底(都你反)迦上唎(六娑反)上囉上
皤(蒲可反)皤波跛乂(楚我反)焰迦上唎(一切惡業
盡也)娑婆訶(公可反)

此之神呪先已流行功能利益不可說盡於晨朝時用楊枝淨口散華燒香佛像前胡跪合掌口誦七徧若二七三七徧滅四重五逆等罪現身不為諸橫所惱命終生無量壽國又此呪能轉女身令成男子今別勘梵本并問眞婆羅門僧等此呪威力不可思議但旦暮午時各誦一百徧能滅四重五逆拔一切罪根得生西方若能精誠滿二十萬徧則菩

提芽生得不退轉誦滿三十萬徧則面見阿彌陀佛決定得生安樂淨土又陁羅尼雜集經云尒時世尊告諸比丘今當為汝演說西方安樂世界今現有佛號阿彌陀若有四衆能正受持彼佛名號以此功德臨欲終時阿彌陀佛即與大衆往此人所令其得見見已尋生慶悅倍增功德以是因緣所生之處永離胞胎穢欲之形純處鮮妙寶蓮華中自然化生具大神通十方河沙諸佛皆共讚彼安樂世界所有佛法不可思議神通現化種種方便不可思議若有能信如是之事當知是人不可思議所得業報亦不可思議其國號曰清泰聖王所住其城縱廣十千由旬於中充滿刹利之種阿彌陀佛父名月上轉輪聖王其母名曰殊勝妙顏子名月明奉事弟子名無垢稱智慧弟子名曰慧光神足精勤名曰大化尒時魔王名曰無勝有提婆達多名曰勝寂阿彌陀佛與大比丘六萬人俱若有受持彼佛名號堅固其心憶念不忘十日十

夜除捨散亂精勤修集念佛三昧受持讀誦此鼓音聲王大陀羅尼十日十夜六時專念五體投地禮敬彼佛堅固正念悉除散亂若能令心念念不絕十日之中必得見彼阿彌陀佛并見十方世界如來及所住處唯除重障鈍根之人於今少時所不能覩一切諸善皆悉迴向願得往生安樂世界垂終之日阿彌陀佛與諸大衆現其人前安慰稱善是人即時甚生慶悅以是因緣如其所願尋得往生佛告諸比丘何等名爲鼓音聲王大陀羅尼吾今當說汝等善聽唯然受教於時世尊即說呪曰

多伕咃一 婆離二 阿婆離三 婆摩婆羅四 尼地奢五 呢闍多祢六 呢筏耶七 呢筏佉八 闍羅婆羅車馱祢九 宿佉波啼呢地奢十 阿彌多由婆離十一 阿彌多蛇波波羅十二 娑陀祢十三 涅淨提十四 阿迦舍呢淨陀十五 阿迦舍呢提奢十六 阿迦舍呢闍帝十七 阿迦舍夂舍離十八 阿迦舍達奢尼十九 阿迦舍提咃祢二十 留波呢提奢二十一 遮埵唎達摩波羅婆陀祢二十二 遮埵唎阿利蛇婆帝蛇波羅婆陀祢二十三 遮埵唎末伽婆那波羅婆陀祢二十四 婆羅毗梨耶波羅婆陀祢二十五 達摩呻他祢二十六 夂舍離二十七 夂舍羅呢提奢二十八 夂舍羅波羅啼咃祢二十九 佛陀夂舍離三十 毗佛陀波羅波斯三十一 達摩迦羅祢三十二 呢專啼三十三 呢淨提三十四 毗摩離三十五 毗羅闍三十六 羅闍三十七 羅斯三十八 羅婆岐三十九 羅婆伽羅婆離四十 羅婆伽羅阿地咃祢四十一 夂舍離四十二 波羅啼夂舍離四十二 毗夂舍離四十四 咃啼四十五 脩陀多至啼四十六 脩波羅舍多至啼四十七 脩波羅啼凝啼四十八 脩離四十九 脩目佉五十 達咩五十一 達達咩五十二 離婆五十三 遮婆離咩五十四 阿嵬舍婆離五十五 佛陀迦舍呢褒祢五十六 佛陀迦舍表祢五十七 娑婆訶五十八

此是阿彌陁鼓音聲王大陀羅尼若有比丘比丘尼清信士女常應至誠受持讀誦如說脩行行此持法當處閑寂洗浴其身著新淨衣飲食白素不噉酒宍及以五辛當修梵行以好香華供養阿彌陀如來及佛道場大菩薩衆常應如是專心繫念發願求生安樂世界精勤不怠如其所願必得往生

彌勒部第四

七佛所說神呪經云尒時文殊師利菩薩所說陁羅尼名闍摩兜秦言解衆生縛現在滿苦悉得消除能却障道拔三毒箭九十八使漸漸消除滅度三有流現身得道即說呪曰

攴不多奈帝 闍浮攴奈帝 蘇車不攴奈帝 杌耆亘不攴奈帝 烏蘇多攴奈帝 婆遮不攴奈帝 闍㤅賴長攴奈帝 阿怒婆賴長攴奈帝 怒波帝攴奈帝莎訶

誦此呪三徧縛五色結作二結繫項此陀羅尼四十二億諸佛所說若諸行人能書寫讀誦此呪者現世當爲千佛所護此人命終以後不墮惡道當生兠率天上面覩彌勒又有衆生能脩行此呪者斷食七日純服牛乳中時一食更無雜食一日夜六時懺悔先所作億千嫁劫所有重罪一時都盡得見千佛手摩其頭即與

授記宿罪殃惡悉滅無餘
願見彌勒佛呪（西國三藏口授得之）
南無彌帝隸耶夜　菩提薩埵夜
哆姪他　彌帝隸彌帝隸　彌哆囉摩
耶栖　彌哆囉　三皤䩮　彌哆嚕皤
䩮　莎婆訶

觀音部第五

觀世音隨心呪
南無曷囉怛那　怛囉夜　南無阿利
耶　嘙盧吉帝　濕嘙囉耶　菩提
薩埵耶　摩訶薩埵耶　摩訶迦
嚧膩迦耶　怛姪他　多利多利　咄多
利　咄咄多利　咄利　薩婆訶

請觀世音大勢至菩薩呪法
陀羅尼呪經云佛在舍衛國時有夜叉五頭面黑如墨而有五眼狗牙上出吸人精氣眼赤如血兩耳出膿鼻中流血舌噤無聲食化麁澀六識閉塞為鬼所致人民被害以命投佛遂令請觀世音菩薩除去毒害一名請觀世音菩薩消伏毒害陀羅尼呪經此乃南宋時外國船主笁難提譯出經云一切衆生有三毒畏死畏病畏破

梵行畏作十惡業牢獄繫閉水火鬼神所逼惱畏皆當歸依觀世音菩薩是故娑婆世界皆號為施無畏者有灌頂章句陀羅尼神呪畢定吉祥聞者獲益若欲誦者持齋奉戒不往女人穢念室處唯專念十方諸佛及七佛觀世音菩薩一心誦持現身得見觀世音菩薩諸願成就後生佛前長與苦別或於三七日七七日初立道場應六齋日律首莊嚴香泥塗地懸諸幡蓋安佛南向觀世音像別置東向日別楊枝淨水燒香散華行者當十人已還作之恐多嬈亂應西向席地地若卑濕安低脚牀當脫淨衣左右出入洗浴竟著淨衣服當日日盡力供養若不辦者初日不可無施既安畢已各執香鑪一心一意向彼西方五體投地使明了音聲者唱請十方七佛觀音大勢至菩薩等我今已具楊枝淨水惟願大慈哀愍攝受願救我厄放大光明滅除癡闇來至我所施我大樂我今稽首歸依奉請（如是三說）後復一心清淨其意專念西方觀音

大勢至誦呪七徧云
多姪陀　烏呼膩　摸呼膩　闍婆膩
躭婆膩・安荼詈　般荼詈　首埤帝
般荼囉　婆私膩　多咥他　痳梨
韻首梨　迦波梨　佉韻端耆　旃陀
梨　摩登耆勒叉勒叉　薩婆薩埵
薩婆耶哩　婆訶
多荼咃　伽帝伽帝　膩伽帝　修留修
留毗　勒叉勒叉　薩婆薩埵　薩婆婆
耶哩沙訶

若能潔淨身心善誦此呪感得觀音大勢大慈大悲遊戲神通來於五道常以善習普救一切離生死苦得安樂處脫諸煩惱到涅槃岸

第二更稱三寶名字誦破惡業障罪呪云
南無佛陀　南無達摩　南無僧伽　南無
觀世音　菩提薩埵　摩訶菩提薩埵
大慈大悲惟願愍我救護苦惱亦救
一切怖畏衆生令得大護
多姪咃　阿呼膩　摸呼膩　闍浮膩
躭婆膩　阿婆熙（虛梽反）　摸呼膩　分荼
梨　般荼梨　輪䩮帝　婆私膩　休樓

伱樓　兮荼梨　兜樓兜樓　般荼梨
周樓周樓　般荼梨　豆富豆富　般
荼囉　婆私膩　烿塀直賁反　跢塀乃拳反
膩跢塀　薩婆訶婆耶　羯多　薩婆
常婆娑陀　阿婆耶　畢離陀閑殿
娑訶
佛言若四部弟子受持觀世音菩薩
名誦此神呪一徧至七七徧身心安
隱一切業障如火燒薪永盡無餘乃
至三毒亦得消伏如經廣說
第三更稱三寶名誦六字章句呪云
多姪他　安陀詈　般賁雌　難多詈
娑伽詈　阿盧祢　薄鳩詈　莫鳩隸
兜毗隸　娑訶
佛言若四部弟子受諸苦惱一日至
十日一月至五月淨心係念歸依三
寶三稱觀世音名誦持此呪一切禍
對無不遠離解脫衆惱今世受樂後
生見佛此呪乃是十方三世諸佛所
說常為諸佛諸大菩薩之所護持若
有聞者如說修行罪垢消滅現身得
見八十億佛皆來授手即得無忘旋
陀羅尼若有宿罪及現造惡極重業

者夢中得見觀世音菩薩如大猛風
吹於重雲得離罪業生諸佛前
第四更為說灌頂吉祥陀羅尼呪云
多姪他　烏躭毗詈　兜毗詈　躭埤
波羅躭埤　捺吒　修奈吒　枳拔吒
牟那耶　三摩耶檀提　膩羅　枳尸
婆羅鳩甲　烏詈　攘瞿詈　娑訶
若有男子女人聞是經呪受持書寫
讀誦解說即超越無量阿僧祇劫生
死之罪消伏毒害不與禍對乃至具
足善根生淨佛國案西域傳南海之
濱有山寺觀世音菩薩常止其中隨
有念者隨應如響無不感赴若至山
寺斷食七日即見聖者親為說法良
以斷食心猛故使感見通明如上行法
斷食亦尒

滅罪部第六

東方最勝燈王如來經云東方去此百
千億佛剎過已有一佛剎名無邊華
世界彼世界中有一佛名最勝燈王
如來現在道遙說法遣二菩薩來此
娑婆世界一名大光菩薩二名甘露
光菩薩佛言汝等二菩薩往向娑婆

世界彼有一佛名釋迦牟尼將此陀
羅尼章句說為諸衆生故安樂故功
德故增益故名聞故生力故隨所意
行故所受樂故不擾亂故不殺衆生
故為擁護故而說呪曰
多上經地也反　他優波差泥　覩差泥
羅叉毘瞿　波多上曳波囉闍婆隸
闍上婆上隸闍婆隸摩亭上訶闍婆
隸　闍婆楞伽帝　闍婆隸　闍婆梨
尼　摩訶闍婆梨巳
闍婆囉末公娑利　摩娑利　阿迦上
隸摩迦上隸阿上公音渙摩上公那
上公婆上婆隸　摩訶娑婆隸　三
婆離　郁句　目句　三摩帝　摩訶三
摩帝帝　三摩帝　摩訶三摩帝
摩訶闍婆隸　娑曳　娑羅彌
目句奢彌　摩訶奢彌　三摩弟　摩
訶三摩弟　三目遐　毗目遐　阿囉細
摩訶阿羅細　摩那上細　摩那細
摩那細啼畢底　莎婆訶
尒時彼二菩薩受持此陀羅尼巳譬
如壯士屈申臂頃至釋迦牟尼所恭
敬禮巳具申來意作是言或被諸鬼

神惱害或被諸雜毒虫害或蠱道病
或有死屍病或有熱病自餘種種擾
亂鬼病而最勝燈王如來遣我等將
此陀羅尼呪來爲諸衆生作利益故
而說前呪尒時佛告阿難言汝持此
呪爲他解說宣通流布佛出世難值
此呪復甚難聞若有人能受持此陀
羅尼者火不能燒刀仗不傷諸毒不
害縣官不殺梵天不恚彼人七世常
知宿命此呪過去七十七億諸佛所
說若有人毀謗此呪者即是毀謗彼
等諸佛若有鬼神不敬重此呪者或
與我奪某甲威力者或已呪奪不還
者彼鬼神頭破作七分
尒時釋迦牟尼佛告諸比丘我今亦
說陀羅尼章句爲利益衆生故增長
功德故增長威德故增長色故增長
名聞故增長力故隨意受樂故隨行
受安樂故不擾亂故不殺害故守護
故而說呪曰
多上嵯他阿知上跋知上那上知上俱
上那上知上迦上那上知上吒羅跋
泥修羅跋泥 覩多羅上曳阿羅上

婆枳吒 枳吒荼枳羅婁迷呼盧迷婆
上隸摩訶婆隸差迷 摩訶差迷梨
隸 嗘隸 䀅隸嗘盧奈反隸 㾀隸 伊
隸上尸隸尸隸 尸尸利尸羅跋知上
阿上滯婆上滯那上滯俱上那滯頗
那上跋帝波上那跋帝上阿迦細摩
迦細迦細迦婆上迦細頗細頗婆上頗
細摩訶頗婆上頗細伊上泥 㾀泥多
侈多侈波多侈多婆多侈莎婆訶
尒時佛告阿難汝持此呪爲他解說
宣通流布佛告阿難聞此陀羅尼復
倍甚難若有人能受此呪復倍爲難
若有人能受持讀誦能爲他人宣通
解說彼人能知未來二十一世之事
此陀羅尼過去九十九億諸佛所說
若有人毀謗不信行者彼人則爲毀
謗過去諸佛若有人受持此呪結戒
守護作法尚能令彼枯樹生枝柯華
葉果子何況有識衆生受持此呪而
不差者無是處耶歸命一切諸佛願
我成就此呪莎婆訶
尒時世尊復說呪曰
多上姪他 阿嘖側皆反 婆嘖 吒稽吒囉

稽吒嚧六底 覩嚧末底 兜隸 覩
羅兜隸婆隸婆上隸 覩隸 度隸
度度隸 蘇上隸婆 哂哂婆哂利
溪利畢利底利 莎婆訶
尒時世尊告阿難言若有人受持此
呪爲他宣通彼人得知二十八世之
事此陀羅尼過去殑伽河沙諸佛所
說若有人毀謗此呪則是毀謗彼等
諸佛則爲捨彼諸佛一切諸天龍鬼
神縣官劫賊諸毒蠱等皆不能害
一切諸惡疾病亦不能害唯除宿殃
所造業報 略說功德廣說在經
大方等經七佛說滅罪呪
離婆離 婆帝 仇呵仇呵帝 陀羅離
帝 尼呵羅帝 毗摩離帝 莎訶
右此二呪諸佛共說功能利益滅罪除
障備在經文不可具說
新翻大般若經第五百七十一第六
分云
尒時最勝天王復白佛言諸菩薩摩
訶薩行般若波羅蜜多修何等行護
持正法佛告最勝天王當知若菩薩
摩訶薩行深般若波羅蜜多行一不

違言尊重師長隨順正法調柔志性
純質諸根寂靜遠離一切惡不善行
修習善根名護正法天王當知若諸
菩薩摩訶薩行深般若波羅蜜多修
身語意三業慈悲不拘利譽持戒清
淨遠離諸見名護正法天王當知若
菩薩摩訶薩行深般若波羅蜜多心
不隨愛恚怖癡行名護正行修習慚
愧名護正法說法修行皆如所聞名
護正法天王當知三世諸佛為護正
法說陀羅尼擁護天王及人王等令
護正法久住世間與諸有情作大饒
益陀羅尼曰
呾姪他 阿虎洛 尼洛罰底(丁履反下同) 虎
剌䫏莎(去聲呼下同) 窶𡨚者 遮者遮 折
(支熱反)尼 阿奔(音呼) 𦶜若剎多剎多剎 延
多剎也莎訶 陵末尼羯洛 鄔曾
鄔魯罰底迦 還跛底迦 阿鞞奢底
尼 莎剌尼 杜闍 杜闍末底 阿罰谿
尼 罰尸罰多罰多奴娑理尼 部多
奴悉没栗底 提罰多奴 悉没栗底
莎訶
天王當知此大神呪能令一切人非人

等皆得安樂此大神呪三世諸佛為
護正法及護一切人非人等令得安
樂以方便力而當說之是故天王及
人王等為護正法久住世故自身眷
屬得安樂故國土有情無災難故
各應精勤至誠誦念如是則令怨敵
災難魔事法障皆悉銷滅由斯正法
久住世間與諸有情作大饒益云云
五百七十八第一般若理趣分云云尒
時如來即說神呪
納慕薄伽筏帝一鉢剌壤波羅預
多曳二薄底(丁履反)筏擦(七男反) 羅曳三
畨跛履弭多窶挐曳四薩縛呾他
揭多跛履布視多曳五薩縛呾他揭
多奴壤多壤多郊壤多曳六怛姪他
七鉢剌呣(一第反下同)鉢剌呣八莫訶鉢
剌呣九鉢剌壤婆娑羯囇十鉢剌
壤路迦羯囇十一案馱迦囉毗談末
涅十二悉遮十三蘇悉遮十四悉殿都漫
薄伽筏底十五薩防伽孫達囇十六薄
底筏擦囇十七鉢剌娑履多喝悉帝
十八參磨涅嚩娑羯囇十九勃陀勃咤二十
悉咜悉咜二十一劍波劍波二十二漸羅漸

羅二十三曷邏嚩邏嚩二十四阿揭車阿揭
車二十五薄伽筏底二十六麼毗濫婆二十七莎
訶二十八
如是神呪三世諸佛皆共宣說同所
護念能受持者一切障滅隨心所欲
無不成辦疾證無上正等菩提尒時
如來復說神呪
納慕薄伽筏帝一鉢剌壤波囉弭多
曳二怛姪他三牟尼達謎四僧揭洛訶
達謎五遏奴揭洛訶達謎六毗目底達
謎七薩馱奴揭洛訶達謎八吠室洛末
拏達謎九參漫多奴跛履筏剌呾那
達謎十窶拏僧揭洛訶達謎十一薩
縛迦羅跛履波剌那達謎十二莎訶十三
如是神呪是諸佛母能誦持者一切
罪滅常見諸佛得宿住智疾證無上
正等菩提尒時如來復說神呪
納慕薄伽筏帝一鉢剌壤波囉弭多
曳二怛姪他三室麗曳四室麗曳五室
麗曳六室麗曳細七莎訶八
如是神呪具大威力能受持者業障
消除所聞正法摠持不忘疾得無上
正等菩提

此下三呪西京興善寺大唐翻經僧玄
摸法師於波頗三藏及餘大德婆羅
門所口決正得諸經先無正本舊依
婆羅門所翻得爲文訛略不依正
梵故更譯之雖有增減不勞致惑第
一大般若呪云
南無薄伽婆帝　摩訶鉢囉慎若波
羅蜜多㘑頞鉢　唎蜜多　瞿邪㘑　薩
嘙怛他伽多鉢　唎脯唎多㘑　薩
嘙怛他伽多慎若多毗慎若多㘑
怛姪他地夜反鉢囉慎喏而制反摩訶鉢囉
慎喏　鉢囉慎若婆塞羯𠼝鉢囉慎
若盧迦羯𠼝　頞鉢囉慎若南毗陀沫
涅悉提　蘇悉提　悉佃都旻薄伽嘙
底　薩囉馱烏附反伽孫達𠼝薄底薄
嗦𠼝鉢囉娑唎多曷薩帝　三摩涅
囉薩那羯𠼝　怛姪他　㮈姪㮈姪
悉姪悉姪　匈波匈波折羅折羅　囉婆
囉婆阿揭車　阿揭車　薄伽婆底磨
毗藍嘙　蘇嘙訶
此呪功德諸經具說受法別傳呪句二
十七字六十二令譯得一百七十一字
字有加減不須驚怪西方大德具正

斯文受持此呪者須造一軀般若母
像當取無子楮木作像端坐種種莊
嚴展右手用齋日造像匠須持八戒
齋法彩色中不得用膠只得用胡桃
油熏陸香及乳汁等欲持此呪者香
泥塗地須新瓦瓶八口須時華散著
道場所并插著瓶瓶中著八種漿石
榴葡萄乳汁酪蜜石蜜甘蔗等漿并
作種種素食分作八分燒種種名香
供養形像并然八支蘇燈其誦呪人
著淨潔衣持戒七日以前日夕燒香
禮拜誦呪滿一萬徧過七日後一日
斷食於此日夜誦呪滿八千徧下前
飲食行此法時於夢中見般若母像
隨願皆得成就
第二滅罪招福呪
娜謨曷囉上跢娜一怛囉上耶余者反
夜戈可反下同二娜麽莫我反賢𤢪如何反娜婆伽上
囉上裴盧者耶三怛他揭多夜四娜
麽阿唎耶跋盧枳羝五鑠筏囉夜六
菩提徒你反薩跢婆夜七莫訶薩跢婆
夜八莫訶迦嚕妳奴綺反迦夜九耶麽
薩囉上皤蒲可反怛他揭羝鏢比胡反十曷

羅上囉喝馱上散比可反十一三藐三菩上
提鏢比胡反十二跢姪他十三烏吽十四馱上
囉馱囉十五提徒尔反唎提唎十六杜嚕杜
嚕十七伊𪗉儞𪗉十八者黎者黎者黎十九鉢
囉上者黎鉢囉者黎二十𣑱蘇迷二十一
𣑱蘇上麽跋嚟二十二伊離上弭離上二十三只
離只知上二十四闍羅上麽跋捺夜二十五鉢
囉上末輸馱上薩跢皤二十六莫訶迦
嚕妳迦二十七莎婆訶二十八
若善男子善女人能有讀誦此呪晝
夜精勤勿令忘失於晨朝時先淨
澡浴若不澡浴當淨漱口澡洗手面
善持此呪現身即得十種果報一者
身當無病二者常爲十方諸佛憶
念三者一切財物衣服飲食自然充
足常無乏少四者破一切怨敵五者
能使一切有情者皆生慈心六者一
切蠱毒熱病不能侵害七者一切刀
仗不能爲害八者一切水難不能爲
溺九者一切火難不能燒害十者不
受一切横死復得四種果報一者臨
命終時得見十方無量諸佛二者永
不墮地獄三者不爲一切禽獸所噉

四者命終之後生無量壽國若有在家出家犯四重五逆必能依法潔淨身心讀誦此呪一徧乃至多徧一切根本重罪悉得除滅除不至心

第三禮佛滅罪呪亦名佛毋呪

娜上謨下達奢〈音何〉耶缽一菩陀俱致那缽二烏缽三尸嚕尸嚕四悉馱嚧者你五婆上囉上婆囉上他六婆達你七婆上婆訶八

此呪十俱胝諸佛所說〈一俱胝一百億也〉我今亦為憐愍一切眾生持此呪者能令一切瞋惡眾生皆悉歡喜若能日日三時誦呪禮拜者勝禮千萬俱胝諸佛功德命終之後得生西方無量壽佛國前謝本去臨命終時得諸佛來迎未來賢劫千佛一一皆得親承供養但有人能常誦此呪者最是不可思議

雜呪部第七

佛說護諸童子陀羅尼呪經〈已下並出陀羅尼雜集經〉

後魏三藏菩提流支譯

尒時如來初成正覺有一大梵天王來詣佛所敬禮佛足而作是言

南無佛陀耶　南無達摩耶

南無僧伽耶

我禮佛世尊　照世大法王　在於閻浮提最初說神呪　甘露淨勝法　及禮無著僧已禮牟尼足　即時說偈言　世尊諸如來聲聞及辟支　諸仙護世王　大力龍天神如是等諸眾　皆於人中生　有夜叉羅剎常喜噉人胎　非人王境界　強力所不制能令人無子　傷害於胞胎　男女交會時使其意迷亂　懷妊不成就　或歌羅安浮無子以傷胎　及生時奪命　皆是諸惡鬼為其作嬈害　我今說彼名　願佛聽我說

第一名彌酬迦　第二名彌伽王

第三名騫陀　第四名阿波悉摩羅

第五名牟致迦　第六名摩致迦

第七名閻彌迦　第八名迦彌尼

第九名梨婆坻　第十名富多那

第十一名曼多難提　第十二名舍究尼

第十三名揵吒波尼　第十四名目佉曼荼

第十五名藍婆

此十五鬼神常遊行世間為嬰孩小兒而作於恐怖我今當說此諸鬼神恐怖形相以此形相令諸小兒並生

驚畏

彌酬迦者其形如牛

彌伽王者其形如師子

騫陀者其形如鳩摩羅天

阿波悉摩羅者其形如野狐

牟致迦者其形如獼猴

摩致迦者其形如羅剎女

閻彌迦者其形如馬

迦彌尼者其形如婦女

棃婆坻者其形如狗

富多那者其形如豬

曼多難提者其形如猫兒

舍究尼者其形如烏

揵吒波尼者其形如鷄

目佉曼荼者其形如薰狐

藍婆者其形如蛇

此十五鬼神著諸小兒令其驚怖我今當復說諸小兒怖畏之相

彌酬迦鬼著者令小兒眼睛迴轉

彌伽王鬼著者令小兒數數歐吐

騫陀鬼著者令小兒其兩肩動

阿婆悉魔羅鬼著者令小兒口中沫出

牟致迦鬼著者令小兒把拳不展

摩致迦鬼著者令小兒自齧其舌
闍彌迦鬼著者令小兒喜啼喜笑
迦彌尼鬼著者令小兒樂著女人
黎婆坻鬼著者令小兒現種種雜相
富多那鬼著者令小兒眠中驚怖啼
哭
曼多難提鬼著者令小兒喜啼喜笑
舍究尼鬼著者令小兒不肯飲乳
揵吒波尼鬼著者令小兒咽喉聲塞
目佉曼荼鬼著者令小兒時氣熱病
下痢
藍婆鬼著者令小兒數噫數噦
此十五鬼神以如是等形怖諸小兒
及其小兒驚怖之相我皆已說復有
大鬼神王名旃檀乾闥婆於諸鬼
神最為上首當以五色線誦此陀羅
尼一徧一結作一百八結并書其神鬼
名字使人賷此書線語彼使言汝今
疾去行速如風到於四方隨彼十五
鬼神所住之處與旃檀乾闥婆大鬼
神王令以五縛縛彼鬼神兼以種種
美味飲食香華燈明及以乳粥供養
神王

尒時大梵天王復白佛言世尊若有
女人不生男女或在胎中失壞墮落
或生已奪命此諸女等欲求子息保
命長壽者常當繫念修行善法於
月八日十五日受持八戒清淨洗浴
著新淨衣禮十方佛至於中夜以少
芥子置已頂上誦我所說陀羅尼
呪者令此女人即得如願所生童子
安隱無患盡其形壽命不中夭若有
鬼神不順我呪者我當令其頭破為
七分如阿梨樹枝即說護諸童子陀
羅尼呪曰
嗟婭哋 阿伽囉伽泥 那伽伽泥 娑
樓隸 祇隸 伽婆隸 鉾隸 不隸 羅
收禰 脩羅俾 遮羅俾 婆陀尼 波
囉 阿曷利沙尼那易 彌那易 蘇婆訶
世尊我今說此陀羅尼呪護諸童子
令得安隱獲其長壽故
尒時世尊一切種智即說呪曰
嗟婭哋 善陀善陀善陀 羗摩帝
善提善提 摩隸 式乂夜 娑舍利
娑達祢 娑羅地 頭隸頭頭隸波膩
多頭隸 舍摩膩 扠鞞扠隸 波膩帝

扠藍舍彌帝 縏他縏絺 波呵膩
祇摩膩 陀波膩 蘇婆訶 膩婆羅
膩 蘇婆訶
此十五鬼神常食血宍以此陀羅尼
呪力故悉皆遠離不生惡心令諸童
子離於恐怖安隱無患處胎初生無
諸患難誦此呪者或於城邑聚落隨
其住處亦能令彼嬰孩小兒長得安
隱終保年壽南無佛陀成就此呪護
諸童子不為諸惡鬼神之所嬈害一
切諸難一切恐怖悉皆遠離蘇婆訶
時此梵天聞說此呪歡喜奉行
陁羅尼集經佛說止女人患血至困
陁羅尼呪曰
那摸薩利婆 伏陀偈 鼻悉侈喋
拏哆地夜他 至利彌 汪路彌 祢
離跋祢離 莎婆訶 帝使侘兜 路
地蘲 婆帝鈎 裨帝鈎絁離沙嗶鈎
娑祢婆帝鈎 薩利婆伏陀偈 坻
祇那 帝使侘兜 路地蘲 磨娑羅婆
兜 未伽羅兜 摩婆呵兜 莎婆訶
若行此法須用緋線為繩呪七徧作
七結繫腰血即止治宣下血

佛說婦人產難陀羅尼呪
目多修利夜　赦尸伽羅　悉侈　囉
睺失蒴陀羅　波羅目至也𠼝目多薩
婆婆婆　佛圖那梨伽羅　波羅　目
遮也𠼝　多啀他　阿吒毗莎呵　婆吒
莎呵　阿吒婆　婆吒毗　莎呵　慕遮因
地利夜　伽多姊　毗舍厲夜　婆婆𠼝
舍利夜　移遮舍　阿餘摩夜　伊咩遮
摩怒妙　舍盧夜　薩鞞舍盧　波羅
目遮𠼝　莎訶
行此呪法者呪油七徧塗產生所兒
即易出
佛說除災患諸邪惱毒呪
啞鍐摩夜輸盧多咩　迦悉底　三摩
夜婆伽鍐　舍羅　婆悉劒　阜呵囉坻
悉摩　拔多婆祢　阿那他比茶
達拖囉咩　多多羅婆伽鍐　仳閦
男曼多羅　耶坻悉摩　汙其㬋奚拏
多婆摩難大伊楊沙茶乂梨劒似
浚陀羅夜　婆遮夜　伽羅呵夜　鉡利
夜不那　鉡梨於遮仳悉侈梨拏
三婆羅　迦舍耶　多地夜他瞬鞞儺唊
鞞儺　吒吒支　吒吒支　莎婆訶

行此法用者須黑羊毛繩呪七徧繫
左臂若無羊毛用皁線亦得若患熱
病三四日呪黑線繫左臂若患頭痛
誦呪七徧以手摩之若患耳聾呪木
七徧塞之若牙痛呪楊枝七徧嚼之
若患腹痛呪鹽湯七徧服之若患產
難呪黑線七徧繫其咽兒即易生若
患宿食不消以手呪摩即便吐下若
患餘災難即能護身不畏水火刀兵
毒獸一切諸惡悉不能害除不用心
不慎口味穢惡不淨者即無神驗
佛說多聞强記陀羅尼呪
浮多弗嘍　摩難肇　頻帝收盧
那摩仳抚　達邏囉　閻婆浮嘍
娑伊旻仳抚波羅頭使迦梨使多
地夜地悉地　那薩坻　頻三坻　迦致
阜迦致　不柞押　夜羅坻　阿伽坻三
摩奚坻　悉地三摩比坻
佛告阿難若行此法汝取婆囉彌支
多翅（白呵梨勒）畢鉢梨三物合清晨呪滿
一千徧以蘇蜜和服即得一聞受持
觀世音菩薩行道求願陀羅尼呪
南無羅多那　哆羅耶耶　南無阿利

耶　婆盧吉底　奢婆羅耶　菩提薩
陲耶　摩訶菩提薩埵耶　摩訶薩埵
耶　摩訶迦留尼迦　多啀他　烏蘇咩
沙陀耶　蘇彌婆帝婆陀耶　守吉
利婆陀耶　守鞞婆陀耶　伊斯彌斯
悉纏泥波羅耶啤　悉婆訶
行此之法於觀世音像以香泥塗地
香華供養日夜六時誦之於一時中
誦滿百二十徧隨其所求觀世音
菩薩以其行人應現其身令其得見
所求皆得如願本心
乞雨陀羅尼呪
大雲經云尒時世尊神通力故起四
黑雲甘雨俱徧興三種雲謂下中上
發甘雨聲如天伎樂一切衆生之所
樂聞尒時世尊即說呪曰
羯帝　波利羯帝　僧羯帝　波羅僧羯
帝　波羅卑　羅延帝三波羅卑羅延
坻　娑羅娑羅　波娑羅　波娑羅　摩
閱閣摩閱閣遮羅坻遮羅坻　波
遮羅坻波遮羅坻　波遮羅坻　三波羅
遮羅坻　比提嘻梨嘻梨　薩隸醯
薩隸醯　富嚧富嚧　莎訶

若有諸龍聞是呪已不降甘雨者頭破作七分止齒痛陀羅尼呪

南無佛南無法南無比丘僧南無舍利弗揵樓摩訶目連比丘南無醫者覺意名聞徧十方北方揵陀摩訶衍山彼有蟲王名羞休無得在其牙齒彼當遣使者莫敢食其牙齒及在牙根牙中牙邊蟲若不速下器中頭破作七分如鳩羅勒繕梵天勸助是呪南無佛令我所呪即從如願若行此法以淨水含呪一徧便吐器中即止

呪穀子種之令無螽蝗災起陀羅尼呪

多擲哋　婆羅跋頭　那蛇婆提

若欲種時取種子一升呪二十一徧以投著大種子中種之終不被蟲食無有災蟥

呪田土陀羅尼

南無佛陀蛇　南無達摩蛇　南無僧伽蛇　南無彌留揭脾　菩提薩埵恒提哋躭婆佛者　比律咤佛者　且其梨比律咤佛者　彌樓閣婆　竭嚌波佛者呼蔞阿泥婆佛者　摩羅阿跋多佛尼蔞浮佛者

若恐田苗不好者以此陀羅尼呪土一斛滿二十一徧以土散穀上并令諸惡鬼不得吸此穀精稼食此穀者頭破作七分能除一切災蝗諸惡不起

呪蛇蠍毒陀羅尼

南無勒那奄婆羅等拏　多擲哋休婁浮泥婁浮　呵梨呵梨呵　莎訶南無居力拏移奄勒那　多擲哋因縷利　頻縷利浮　莎訶

以此陀羅尼呪之三七呪一七徧與水一口呪三徧與水三口即愈

療百病諸毒陀羅尼呪

南無觀世音菩薩　怛提哋　阿羅尼多羅尼　薩筏豆咤　筏羅尼　薩筏達咤　般宕彌　那筏陀梨　南沒遮彌悉但兜　曼哋波陀　莎訶

行此法者當用白縷誦一徧結一結誦七徧結七結若有病苦者繫著咽下百病諸毒悉得除愈

觀世音菩薩說滅罪得願陀羅尼呪

南無勒囊利蛇蛇　南無阿利蛇　婆路吉坻舍伏羅蛇　菩提薩埵蛇　摩訶薩埵蛇　多擲哆　兜流兜流　阿思摩思　摩利尼　互波摩利　豆豆脾那莫奈挪莫　莎呵

若行此法於觀世音菩薩像前燒好沈水香至心懺悔於六時中禮誦行道時時中各誦三徧能滅無始已來一切罪業獲大功德不可思議欲求所願如願必得

觀世音菩薩說除卒得腹痛陀羅尼呪

南無勒囊利蛇蛇　南無阿利蛇婆路吉坻　舍伏羅蛇　菩提薩埵蛇　摩訶薩埵蛇　多擲哆　究之究之羅之羅之　阿那三婆陀尼移　莎訶

若人卒得腹痛病困亘急呪鹽水三徧令腹痛者飲之其痛即差

觀世音菩薩說除中毒乃至已死陀羅尼呪

南無勒囊利蛇蛇　南無阿利蛇　婆路吉坻　舍伏羅蛇　菩提薩埵蛇　摩訶薩埵蛇　多擲哆　莎梨　莎梨　毗莎梨毗莎梨　薩婆毗沙那舍尼　莎訶

若人被諸雜毒中毒欲死若已死者
急以此呪呪於耳中即差縱暴死還
蘇
觀世音菩薩說除種種癩病乃至傷
破陁羅尼呪
南無勒囊利蛇蛇　南無阿梨蛇　婆
路吉埊　舍伏羅蛇　菩提薩埵蛇　摩
訶薩埵蛇　多擲哆　修目企　毗目企
休流　休流　修目流　比修目流　輸那濘
毗輸那濘　摩思多婆兜　摩首羅兠
摩當埊　婆波埊　多婆首　沙兜莎訶
若人癩病若白癩若赤癩至誠懺悔
行道常誦即差若狂噛齒若身瘡病
若被刀箭傷瘡破壞以此神呪呪士
塗上即差
觀世音菩薩說呪五種色菖蒲服得
聞持不忘陁羅尼呪
南無勒囊利蛇蛇　南無阿利蛇婆路
吉埊　舍伏羅蛇　菩提薩埵蛇摩訶
薩埵蛇　多擲哆　虔跏　富那離
波羅　婆離　莎訶
於觀世音菩薩像前燒上沈水香至
誠呪白菖蒲根滿八百徧服之得聞

持不忘自外黑赤青黃四種菖蒲亦
有別呪文煩不述
療腋臭鬼呪
若多奴知一䏲䏲䏲多奴知二浮流
流流流多奴知三摩賴帝多奴知四
阿那那那多奴知五莎訶六
若行此法用石灰三升苦酒三斗艌
上和呪三七徧團之更互替易男安
左腋下女安右腋下即差
療癰病鬼呪
須蜜多一阿膩吒二迦知膩吒三烏呼
那須蜜多四支波呼䏲須蜜多五伊知
膩吒吒須蜜多六莎訶
若行此法須五色縷線呪作七結若
痛從頭下先繫頂繫脚手令大急
之呪水三徧㗚之即差
療不得下食鬼呪
胡摩兜一烏奢䏲䏲胡摩兜阿嵬兜䞿
畢胡摩兜䞿畢胡摩兜三破波羅
胡摩兜四莎訶五
須呪水七徧與病人飲之無過三五
度即差
佛說神水呪療一切病經

南無佛　南無法　南無比丘僧　南無
過去七佛　南無諸佛　南無諸佛弟子
南無諸賢聖師　南無諸賢聖弟子
並誦七佛
第一維衛佛第二式棄佛第三隨葉佛
第四拘留秦佛　第五拘那含牟尼佛
第六迦葉佛　第七釋迦牟尼佛
此是佛說神呪隨呪井池河泉呪之
三徧飲者百病皆除
觀世音菩薩說隨願陀羅尼呪
南無觀世音菩薩　坦提吔呿羅婆多
呿羅　婆多　伽呵婆多　伽婆多
伽筏多　莎訶
行此法者應須潔淨三業在於淨
佛堂塔院専精禮拜繞塔誦是陀
羅尼滿一萬二千徧當見觀世音菩
薩一切所願隨意皆得也
佛說呪泥塗兵陀羅尼
多擲哆　伊利富利持利富倫提
阿味呼　摩味呼　婆味呼　比至味呼
比思坻呼　摩叱提呼　烏思羅
婆味呼　莎訶
若有人欲入賊中呪泥三徧以塗其身
若塗幢麾幡鼓角伎樂必能得勝若

爲毒蟲所嚙若有被毒若身有腫

處以呪泥塗之用青黛規院其上即

差　頌曰

沈痾誠已久　癰病實難痊　四魔恒相嬈

六賊競來牽　困厄無人救　惟仗大慈憐

遂慭愚心綱　振錫遠乘煙　授兹甘露藥

邪道莫能先　消災除業累　拔濟苦相煎

恩流振玄教　並利談大千　自非神呪力

何能益延年

法苑珠林卷第六十

甲辰歲高麗國分司大藏都監奉

勅彫造

法苑珠林卷第六十

校勘記

一　底本，麗藏本。

一　一四二頁上一行經名，徑無(未換卷)。

一　一四二頁上二行撰者，資、磧、南作「大唐上都西明寺釋沙門道世字玄惲撰」；徑無(未換卷)；清作「唐西明寺沙門釋道世撰」。

一　一四二頁上三行「呪術篇第六十八」，徑作「呪術篇第六十八之一」。

一　一四二頁上四行至六行「述意部……雜呪部」，徑無。又「此有七部」，徑無。

一　一四二頁上七行「第一」，徑無。以下部目下序數例同。

一　一四二頁上九行第二字「真」，資、磧、南、徑、清作「則」。

一　一四二頁上一三行至次行「羌難備焉」，資、磧、南、徑、清作「尤難備寫」。

一　一四二頁上一四行「西梵天音」，徑、清作「西天梵音」。

一　一四二頁上一五行第六字「誦」，徑、清無。

一　一四二頁上一六行「彌綸」，資、磧、南作「彌輪」。

一　一四二頁上一八行第六字「逐」，資、磧、南、徑、清作「遂」。

一　一四二頁上一九行至二〇行「興雲布而膏雨普呼策志而禎瑞集」，資、磧、南、徑、清作「興雲布雨集福祛災」。

一　一四二頁中四行「謁替」，資、磧、南、徑、清作「訖替」。本頁下七行同。

一　一四二頁中五行「室宇汙穢」，資、磧、南、徑、清作「觸手汙穢」。

一　一四二頁中一〇行首字「見」，資、磧、南、徑、清作「覓」。又第六字「常」，資、磧、南、徑、清作「嘗」。

一　一四二頁中末行「惠遣」，資、磧、南、徑、清作「惠遺」。又「士釋」，

資、磧、南、徑、清作「時有」。
一　一四二頁下一二行「二十餘」，資、磧、南、徑、清作「二十餘件」。
一　一四三頁上一四行「皆盡」，資、磧、南、徑、清作「皆悉」。
一　一四三頁上一八行「如其」，資、磧、南、徑、清作「如有」。
一　一四三頁上二一行「彌陀部第三」，資、磧、南無。
一　一四三頁上二二行第八字「誦」，資、磧、南、徑、清作「讀誦」。
一　一四三頁中一六行「胡跪」，資、磧、南、徑、清作「跍跪」。
一　一四三頁下一一行「河沙」，資、磧、南、徑、清作「恒沙」。
一　一四三頁下一九行末字「慧」，資、磧、南、徑、清作「覽」。
一　一四四頁中二二行「當修」，資、磧、南、徑、清作「常修」。
一　一四四頁下六行夾註左末「繫」，資、磧、南、徑、清作「纏」。
一　一四四頁下二二行第七字「姟」，資、磧、南、徑、清作「垓」。
一　一四五頁上一六行「狗牙」，資、磧、南、徑、清作「鉤牙」。
一　一四五頁下一二行「大勢」，資、磧、南、徑、清作「大勢至」。
一　一四五頁下一三行首字「常」，資、磧、南、徑、清作「恒」。
一　一四六頁中九行第五字「即」，資、磧、南、徑、清作「即得」。
一　一四六頁中一六行「亦尒」，至此，徑卷第七十四終，卷第七十五始，並有「咒術篇第六十八之二」一行。
一　一四六頁下二二行「釋迦牟尼所」，資、磧、南、徑、清作「釋迦牟尼佛所」。
一　一四七頁上一行第九字「虫」，資、磧、南、徑、清無。
一　一四七頁上九行末字「常」，資、磧、南、徑、清作「恒」。
一　一四七頁中一九行第三字「子」，資、磧、南、徑、清無。
一　一四七頁下七行「殑伽河沙」，磧、南、徑、清作「恒河沙」。
一　一四七頁下一〇行第八字「蟲」，資、磧、南、徑、清作「蟲」。
一　一四七頁下一二行夾註右二「説」，資、磧、南、徑、清作「述」。一七行末字同。
一　一四七頁下二一行第三字「行」，資、磧、南、徑、清作「行深」。
一　一四九頁上二行首字「摸」，清作「奘」。
一　一四九頁上二二行第七字「令」，資、南作「今」。
一　一四九頁中二行第六字「楮」，資、磧、南、徑、清作「褚」。
一　一四九頁中八行「石蜜」，資、磧、南、徑、清作「石蜜酒」。
一　一四九頁下一四行第七字「常」，資、磧、南、徑、清作「恒」。一六行第二字同。
一　一四九頁下一七行第七字「者」，資、磧、南、徑、清無。
一　一五〇頁上一二行「皆悉」，南、

一徑、清作「悉皆」。

一一五〇頁中八行首字「常」，資、磧、徑、清作「嘗」。又第一二字「力」，資、磧、南、徑、清作「士」。

一一五〇頁中二一行第一三字「孩」，資、磧、南作「姟」。下同。

一一五〇頁中末行第一三字「並」，資、磧、南、徑、清作「皆」。

一一五〇頁下五行第五字「羅」，資、磧、南無。

一一五〇頁下末行第三字「迦」，資、磧、南無。

一一五一頁上七行「小兒」，資、磧、南、徑、清作「小兒夜間」。

一一五一頁上二一行「五縛」，資、磧、南、徑、清作「五絲」。

一一五一頁中一八行第五字「獲」，資、磧、南、徑、清作「護」。

一一五一頁下六行「離於」，南、徑、清作「離諸」。

一一五一頁下一三行末字「因」，資、磧、南、徑、清作「困」。

一一五一頁下一四行末字「曰」，資、磧、南、徑、清無。

一一五二頁上一一行「產生」，資、磧、南、徑、清作「產門」。

一一五二頁中七行「易生」，資、磧、南、徑、清作「易出」。

一一五二頁下七行第九字「像」，資、磧、南、徑、清作「像前」。

一一五三頁上二行第六字「齒」，資、磧、南、徑、清作「牙齒」。

一一五三頁上四行「兆樓」，資、磧作「筧樓」。

一一五三頁上六行末字「齒」，資、磧、南作「止」。

一一五三頁上一〇行第四字「今」，資、磧、南、徑、清作「令」。

一一五三頁上一三行「呪」，資、磧、南、徑、清無。

一一五三頁上一六行第二字「投」，資、磧、南、徑、清作「穀」。又第五字「種」，資、磧、南、徑、清作「種種」。

一一五三頁上一七行末字「蟥」，徑、清作「蝗」。

一一五四頁上一六行「菖蒱」，資、磧、南、徑、清作「菖蒲」。下同。

一一五四頁上一七行末字「咒」，資、磧、南、徑、清無。

一一五四頁中八行「替易」，資、磧、南、徑、清作「易替」。

一一五四頁中一五行「繫頂繫脚手」，資、磧、南、徑、清作「繫項繫脚繫手」。

一一五四頁下三行夾註左「七佛」，資、磧、南、徑、清作「七佛名字」。

一一五四頁下四行「式棄」，資、磧、南、徑、清作「唯式」。

一一五四頁下一三行「淨處」，資、磧、南、徑、清作「靜處」。

一一五五頁上七行「邪道」，徑、清作「邪見」。

一一五五頁上八行「並利」，資、磧、南、徑、清作「普利」。

一一五五頁上卷末經名，徑作「法苑珠林卷第七十五」。

法苑珠林卷第六十一　綿

西明寺沙門釋道世撰

呪術篇第六十八之二

感應緣 略引八驗

前周葛由　晉釋耆域
晉竺佛圖澄　晉竺法印
宋釋寶意　宋釋杯度
宋釋玄暢　雜俗幻術

前周葛由蜀羌人也周成王時好刻木作羊賣之一旦乘木羊入蜀中蜀中王侯貴人追之上綏山綏山在峨嵋西南高無極也隨之者不復還皆得仙道故里諺曰得綏山一桃雖不能仙亦足以豪山下立祠數十處見搜神記

晉雒陽有釋耆域者天竺人也周流華戎靡有常所而倜儻神奇任性忽俗迹行不常時人莫之能測自發天竺至于扶南經諸海濱爰涉交廣並有靈異既達襄陽欲寄載過江船人見梵沙門衣服弊陋輕而不載船達北岸域已度前行見兩虎弭耳掉尾域以手摩其頭虎下道而去兩岸見

者隨從成群以晉惠之末至于雒陽諸道人悉為作禮域胡跽晏然不動容色時或告人以前身所更謂支法淵從羊中來竺法興從人中來又譏諸眾僧衣服華麗不應素法見雒陽宮城云髣髴似忉利天宮但自然之與人事不同耳域謂沙門耆闍密曰造此宮者從忉利天來成便還天上矣屋脊瓦下應有千五百作器時咸云昔聞此匠實以作器著瓦下又云宮成之後尋被焚焉衡陽太守南陽滕永文在雒寄住滿水寺得病經年不差兩脚攣屈不能起行域往看之曰君欲得病差不因取淨水一杯楊柳一枝便以楊枝拂水舉手向永文而呪如此者三因以手搦永文膝令起即起行步如故此寺中有思惟樹數十株枯死域問永文樹死來幾時永文曰積年矣域即向樹呪如呪永文法樹尋華發扶踈榮茂尚方署中有一人病將死域以應器著病者腹上白布通覆之呪願數千言即有臭氣熏徹一屋病者云我活矣域令人舉

布應器中有若垽淤泥者數升臭不可近病者遂活雒陽近亂辭還天竺雒中沙門竺法行者高足僧也時人令請域曰上人既得道之僧也願留一言以為永誡域曰可普會眾人也眾既集域昇高座說偈云

守口攝身意　慎莫犯眾惡
修行一切善　如是得度世

言絕便禪默行畫請曰願上人當授所未聞如斯偈義八歲童子亦已諳誦非所望於得道人也域笑曰八歲雖誦百歲不行誦之何益人皆知敬得道者不知行之自得道悲夫吾言雖少行者益多也於是辭去數百人各請域中食域皆許往明旦五百舍皆有一域始謂獨過來相訓問方知分身降焉既發諸道人送至河南城域徐行追者不及域迺以杖畫地曰於斯別矣其日有人從長安來見域在彼寺中又賈客胡濕登者即於是日將暮逢域於流沙中計見已行九千餘里既還西國不知所終

晉鄴中有竺佛圖澄者西域人也本

姓帛氏少出家清貞務學誦經數百萬言善解文義雖未讀此土儒史而與諸學士論辯疑滯皆暗若符契無能屈者自云再到罽賓受講名師西域咸稱得道者以晉懷帝永嘉四年來適雒陽志弘大法善誦神呪能役使鬼物以麻油雜胭脂塗掌千里外事皆徹見掌中如對面焉亦能令潔齋者同見又聽鈴音以言事無不効驗逎潛澤草野以觀世變時石勒屯兵葛陂專以殺戮爲威沙門遇害甚衆澄憫念蒼生欲以道化勒於是杖筞到軍門勒大將郭黑略素奉法澄即投止略家從受五戒崇弟子之禮勒召澄問曰佛道有何靈驗澄知勒不達深理正可以道術爲徵因而言曰至道雖遠亦可以近事爲證即取應器盛水燒香呪之須臾生青蓮華光色曜目勒由此信服澄因而諫曰夫王者德化洽於宇內則四靈表瑞政獘道消則彗孛現於上常象著見休咎隨行斯逎古今之常徵天人之明誡勒甚悅之凡應被誅殘蒙其益者

十有八九勒後因忿欲害諸道士并欲苦澄澄逎避至黑略舍告弟子曰若將軍信至問吾所在者報云不知所之信人尋至覓澄不得使還報勒勒驚曰吾有惡意向聖人聖人捨我去矣通夜不寢思欲見澄澄知勒意悔明旦告勒勒曰昨夜何行澄曰公有恚心昨夜故權避公今改意是以敢來勒大笑曰道人謬耳襄國城塹水源在城西北五里沠瀾祀下其水暴竭勒問澄曰何以致水澄曰今當勑龍勒字世龍謂澄嘲己荅曰正以龍不能致水故相問耳澄曰此誠言非戲也水泉之源必有神龍居之今往勑語水必可得逎與弟子法首等數人至泉源上其源故處久已乾燥坼如車轍從者心疑恐水難得澄坐繩牀燒安息香呪願數百言如此三日水忽然微流有一小龍長五六寸許隨水來出諸道士競往視之澄曰龍有毒氣勿臨其上有頃水大至隍塹皆滿澄預記萌兆難可述盡勒登位已後事澄彌篤時石葱將叛其年澄誡勒曰今

年葱中有蟲食必害人可令百姓無食葱也勒頒告境內愼無食葱到八月石葱果走勒益加尊重有事必諮而後行號大和尚石虎有子名斌後爲勒兒愛之甚重忽暴病而亡已涉二日勒曰朕聞虢太子死扁鵲能生大和尚國之神人可急往告必能致福澄逎取楊枝呪之須臾能起有頃平復由是勒諸稚子多在佛寺中養之每至四月八日勒躬自詣寺灌佛爲兒發願至建平四年四月天靜無風而塔上一鈴獨鳴澄謂衆曰鈴音云國有大喪不出今年矣是歲七月勒死子弘襲位少時虎廢弘自立遷都于鄴稱元年武傾心事澄有重於勒逎下書曰和尚國之大寶榮爵不加高祿不受榮祿匪顧何以旌德從此已往宜衣以綾錦乘以雕輦朝會之日和尚昇殿常侍以下悉助舉轝太子諸公扶翼而上主者唱大和尚至衆坐皆起以彰其尊又勑僞司空李農旦夕親問太子諸公五日一朝表朕敬焉時澄止鄴城內中寺遣弟子

法常北至襄國弟子法佐從襄國還相遇在梁基城下共宿對車夜談言及和尚比旦各去法佐至始入覲澄澄逆笑曰昨夜與法常交車共説汝師耶先民有言不曰敬乎幽而不改不曰慎乎獨而不忌幽獨者敬慎之本尒不識乎佐愕然愧懺於是國人每共相語曰莫起惡心和尚知汝及澄之所在無敢向其面涕唾便利者時太子石邃有二子在襄國澄語邃曰小阿彌比當得疾可往迎之邃即馳信往視果已得病大醫殷騰及外國道士自言能治澄告弟子法牙曰正使聖人復出不愈此病況此等乎後三日果死後晉軍出淮泗壠北瓦城皆被侵逼三方告急人情危擾虎乃瞋曰吾之奉佛供僧而更致外寇佛無神矣澄明旦早入虎以事問澄澄因諫虎曰王過去世經為大商主至罽賓寺嘗供大會中有六十羅漢吾此微身亦預斯會時得道人謂吾曰此主人命盡當更雞身後王晉地今王為主豈非福耶壃場軍寇國之常

耳何為怨謗三寶夜興毒念乎虎迺信悟跪而謝焉虎嘗問澄佛法不殺朕為天下之主非刑殺無以肅清海內既違戒殺生雖復事佛詎獲福耶澄曰帝王事佛當在體恭心順顯暢三寶不為暴虐不害無辜至於兇愚無賴非化所遷有罪不得不殺有惡不得不刑但當殺可殺刑可刑耳若暴虐恣意殺害非法雖復傾財事法無解殃禍願陛下省欲興慈廣及一切佛教永隆福祚方遠虎雖不能盡從而為益不少虎尚書張離張良家富事佛各起大塔澄謂曰事佛在於清靖無欲慈矜為心擅越雖儀奉大法而貪悋未已游獵無度積聚不窮方受現世之罪何福報之可希耶離等後並被戮滅盡澄嘗遣弟子向西域市香既行澄告餘弟子曰掌中見買香弟子在某處被劫垂死因燒香呪願遙救護之弟子後還云某月某日某處為賊所劫垂當見殺忽聞香氣賊無故自驚曰救兵已至棄之而走虎每欲伐燕澄諫曰燕國運未終

卒難可剋虎屢行敗績方信澄誡又黃河中舊不生黿忽得一以獻虎澄見而歎曰桓溫其入河不久溫字元子後果如言也澄嘗與虎共昇中堂澄忽驚曰變變幽州當火災仍取酒灑之久而笑曰救已得矣虎遣驗幽州云尒日火從四門起西南有黑雲來驟雨滅之雨亦頗有酒氣至虎建武十四年七月石宣石韜將圖相殺宣時到寺與澄同坐浮圖一鈴獨鳴澄謂宣曰解鈴音乎鈴云胡子落度宣變色曰是何言歟澄謬曰老胡為道不能山居無言重茵美服豈非落度乎石韜後至澄熟視良久韜懼而問澄澄曰怪公血臭故相視耳至八月澄使弟子十人齋于別室澄時暫入東閤虎與后杜氏問訊澄澄曰脇下有賊不出十日自佛圖以西此殿以東當有流血慎勿東行也杜后曰和尚耄耶何處有賊澄即易語云六情所受皆悉是賊老自應耄但使少者不昏遂便寓言不復彰的後二日宣果遣人害韜於佛寺中欲因虎臨喪

仍行大逆虎以澄先識故獲免及宣
法苑珠林第六十一　第十張　錦
事發被收澄諫虎曰既是陛下
乃重禍耶陛下若含怒加慈者尚有
六十餘歲如必誅之宣當為彗星下
埽鄴宮也虎不從之以鐵鏁穿宣頷
牽上薪積而焚之收其官屬三百
餘人皆轘裂支解投之漳河澄迺勑
弟子罷別室齋也後月餘日有一妖
馬騣尾皆有燒狀入中陽門出顯陽
門東首東宮皆不得入走向東北俄
尒不見澄聞而歎曰災其及矣至十
一月虎大饗群臣於太武前殿澄吟
曰殿殿乎棘子成林將壞人衣虎令
發殿石下視之有棘生焉澄還寺視
佛像曰悵恨不得莊嚴獨語曰得三
年乎自荅不得又曰得二年一年百
日一月乎自荅不得迺無復言還房
謂弟子法祚曰戊申歲禍亂漸萌己
酉石氏當滅吾及其未亂先從化矣
即遣人與虎辭曰物理必遷身命非
保貧道幻之軀化期已及既荷恩
殊重故逆以仰聞虎愴然曰不聞和
尚有疾迺忽尒告終即自出宮詣寺

而慰喻焉澄謂虎曰出生入死道之
法苑珠林第六十一　第十一張　錦
常也脩短分定非所能延夫道重行
全德貴無怠苟業操無虧雖亡若在
違而獲延非其所願今意未盡者以
國家心存佛理奉法無悋興起寺廟
崇顯壯麗稱斯德也宜享休祉而
布政猛烈淫刑酷濫顯違聖典幽背
法誡不自懲革終無福祐若降心易
慮惠此下民則國祚延長道俗慶賴
畢命就盡沒無遺恨虎悲慟嗚咽知
其必逝即為鑿壙營墳至十二月八
日卒於鄴宮寺是歲晉穆帝永和四
年也仕庶悲哀號赴傾國春秋一百
一十七矣仍窆之於臨漳西紫陌即虎所
創塚也俄而梁犢作亂明年虎死冉
閔篡位殺石種都盡閔小字棘奴澄
先所謂棘子成林者也澄左乳傍先
有一孔圍四五寸通徹腹內有時腸
從中出或以絮塞孔夜欲讀書輒拔
絮則一室洞明又齋日輒至水邊引
腸洗之還復內中澄身長八尺風姿
詳雅妙解深經傍通世論講說之日
正標宗致使始末文言昭然可了加

復慈治蒼生拯救危苦當二石兇強
法苑珠林第六十一　第十二張　錦
虐害非道若不與澄同日孰可言哉
但百姓蒙益日用不知耳佛調善提
等數十名僧皆出自天竺康居不遠
數萬之路足涉流沙詣澄受訓樊河
釋道安中山竺法雅並跨越關河聽
澄講說皆妙達精理研賾幽微澄自
說生處去鄴九萬餘里棄家入道一
百九年酒不踰齒過中不食非戒不
履無欲無求受業追隨常有數百前
後門徒幾且一萬所歷州郡興立佛
寺八百九十三所弘法之盛莫與先
矣初虎殮澄以生時錫杖及鉢內棺
中後冉閔篡位開棺唯得鉢杖不復
見屍或言澄死之月有人見在流沙
虎疑不死開見屍後慕容儁都鄴處
石虎宮中每夢見虎嚙其臂意謂石
虎為祟迺募覓虎屍於東明館掘得
之屍僵不毀儁蹋之罵曰死胡敢怖
生天子汝作宮殿成而為汝兒所圖
況復他耶鞭撻毀辱投之漳河屍倚
橋柱不移秦將王猛迺收而葬之麻
襦所讖麻襦者即是魏縣流民莫識其

族常著麻繻布裘在市乞丐似狂而
是賢人言同澄公極爲交密初見虎
共語了無異言唯道陛下當終一柱
殿下後苻堅征鄴雋子暐爲堅大
將郭神虎所執實先夢虎之驗也田
融趙記云澄未亡數年自營塚壙澄
既知塚必開又屍不在中何容預作
恐融之謬矣澄或言佛圖磴或言佛
圖澄或言佛圖澄皆取梵音之不同
耳
晉沙門竺法印者晉太元中稱爲佳
流甚見知遇安北將軍太原王文度友
而親之嘗共論説死生報應茫昧難
明爲當許其理耳未能審其實也因
爲結誓死而有知果見罪福者當相
報告也印後居會稽經年而卒王在
都弗之知也忽見印來王驚喜相慰
勞問印云貧道以某時病死罪福不
虛應若影響檀越宜勤脩道德以升
濟神明既有前約故詣相報言訖忽
不復見王自此後乃勤信向
宋京師中興寺有沙門寶意梵言阿
那摩低本姓康康居人世居天竺以

宋孝建中來止京師善曉經論亦號
三藏常轉側數百貝子立知吉凶善
能神呪以香塗掌亦見往事宋世祖
施其一銅唾壺高二尺許常在牀前
忽有人竊之意取坐席一領空卷呪
上數遍經于三夕唾壺還在席中莫
測其然於是四遠道俗咸敬而異焉
宋京師有釋杯度者不知俗姓名字
是何常乘木杯度水因而爲目初見
在冀州不脩細行神力卓越世莫能
測其由來嘗於北方寄宿一家家有
一金像度竊而將去家主覺而追之
見度徐行走馬逐而不及至孟津河
浮木杯於水憑之度河無假風棹輕疾
如飛俄而度岸達于京師見時可年
四十許帶索襤縷殆不蔽身言語出
沒喜怒不均或嚴氷扣凍而洗浴或
著屐上山或徒行入市唯荷一蘆圌
子更無餘物乍往延賢寺法意道人
處意以別房待之後欲往瓜州步行
於江側就航人告度不肯載之復累足
杯中顧眄吟詠杯自然流直度北岸
向廣陵遇村舍有李家設八關齋先

不相識乃直入齋堂而坐置蘆圌於
中庭衆以其形陋無恭敬心李見蘆
圌當道欲移置牆邊數人舉不能動
度食竟提之而去笑曰四天王李家于
時有一豎子窺其圌中見四小兒並
長數寸面目端正衣裳鮮潔於是追
覓不知所在後三日乃見在西界蒙籠
樹下坐李禮拜請還家月日供養度
不甚持齋飲酒噉肉至於辛鱠與俗
不殊百姓奉上或受不受沛國劉興
伯爲兗州刺史使要之負圌而來興
伯使人舉視十餘人不勝伯自看唯
見一敗納及一木杯後還李家復得
二十餘日清旦忽云欲得一袈裟中時
令辦李即經營至中未成度云暫出
至冥不反合境聞有異香疑之乃怪
處處覓度乃見在北巖下鋪敗袈裟
於地臥之而死頭前脚後皆生蓮華
華極鮮香一夕而萎邑共殯葬之後
數日有人從北來云見度負蘆圌行
向彭城乃共開棺唯見鞾履既至彭
城遇有白衣黃欣深信佛法見度禮
拜請還家家至貧但有麥飯而已度

甘之怡然止得半年忽語欣云可覓
蘆圌三十六枚吾須用之荅云此間
正可有十枚貧無以買恐不盡辦度
曰汝但撿具宅中應有欣即窮撿果
得三十六枚列之庭中雖有其數亦
多破敗比欣次第熟視皆已新完度密
封之因語欣令開乃見錢帛皆滿可
堪百萬許識者謂是杯度分身他土
所得䞋施迴以施欣欣受之皆為功
德經一年許度辭去欣為辦糧食明
晨見糧食具存不知度所在經一月
許復至京師時潮溝有朱文殊者
少奉法度多來其家文殊謂度云弟
子脫捨身沒苦願見救濟脫在好處
願為法侶度不荅文殊喜曰佛法默
然已為許矣後乃游入吳郡路見釣
魚師因就乞魚魚師施一餧者度手
舒反覆還投水中游活而去又見網
師更從乞魚網師瞋罵不與度乃拾
取兩石子擲水中俄而兩水牛鬪其
網中網既碎敗不復見牛度亦隱行
至松江乃仰蓋於水中乘而度岸經
涉會稽剡縣登天台山數月而返京

師時有外國道人名僧佉吒寄都下
長干寺住有客僧僧䆮者與吒同房
宜於總隙中見吒取寺剎捧之入雲
然後將下䆮不敢言但深加敬仰時
有一人姓張名奴不知何許人不甚
見食而常自肥悅冬夏常著單衣
佉吒在路行見張奴欣然而笑佉吒
曰吾東見蔡𠒎南訊馬生北遇王年
今欲就杯度乃與子相見耶張奴乃
題槐樹而歌曰濛濛大象內照曜實
顯彰何事迷昏子縱惑自招殃樂所
少人往苦道若翻囊不有松柏志何
用擬風霜閑預紫煙表長歌出昊蒼
澄靈無色外應見有緣鄉歲曜毗漢
后辰麗輔殷王伊余非二仙晦迹之
九方亦見流俗子觸眼致酸觴毗謠
觀有念寧曰盡衿章佉吒曰前見先
生禪思幽岫一世百齡大慈熏心靖
念枯骨亦題頌曰
悠悠世上或滋損益使欲塵神橫生
悅澤惟此哲人淵覺先見思形淨沫
矚影遺電累質聲華夢醜葺弁覩
色寤空翫物傷變捨紛絕有斷習除

戀青條曲蔭白茅以庶依畦畷麻鄰
崖飲羨慧定計照妙眞日慕慈悲
有增深想無勸
言竟各去尒後月日不復見此二人
傳者云將僧䆮共之南岳不反張奴
與杯度相見甚有所敘人所不解度
猶停都少時游止無定請召或往不
往時南州有陳家頗有衣食度往其
家甚見料理聞都下復有一杯度陳
父子五人咸不信故下都看之果如
其家杯度形相一種陳為設一合蜜
薑及刀子熏陸香手巾等度即食蜜
薑都盡餘物宛然在膝前其父子五
人恐是其家杯度即留二弟停都寺
視餘三人還家家中杯度如舊膝前
亦有香刀子等但不噉蜜薑為異乃
語陳云刀子鈍可為磨之二弟都還
云彼度已移靈鷲寺其家度忽求
黃紙兩幅作書書不成字合同其背
陳問上人作何券書度不荅竟莫測
其然遂絕迹矣都下杯度猶去來山
邑多行神呪時庾常婢偷物而叛四
追不擒乃問度度云已死在金城江邊

空塚中往看果如所言孔甯子時為黄門侍郎在廨患痢遣信請度度呪竟云難差見有四鬼皆被傷截甯子泣曰昔孫恩作亂家為軍人所破二親及叔皆被痛酷甯子果死又有齊諧妻毋胡氏病衆治不愈後諧請僧設齋齋坐有僧聰道人勸迎杯度度既至一呪病者即愈齊諧伏事為師因為作傳記其從來神異大略與上同也至元嘉三年九月辭諧入東留一萬錢物寄諧倩為營齋於是别去行至赤山湖患痢而死諧即為營齋并接屍還葬建鄴之覆舟山至四年有吴興邵信者甚奉法遇傷寒病無人敢看乃悲泣念觀音忽見一僧來云是杯度弟子語云莫憂家師尋來相看荅云度練已死何容得來道人云來復何難便衣帶頭出一合許散與服之病即差又有杜僧哀者住在南岡下昔經伏事杯度兒病甚篤乃思念恨不得度練神呪明日忽見度來言語如常即為呪病者便愈至五年三月八日度復來齊諧家吕道

慧聞人但之祚天期水丘熈等並共見皆大驚即起禮拜度語衆人言年當大凶可勤修福業法意道人甚有德可往就其修立故寺以禳災禍也須臾門上有一僧喚度度便辭去云貧道當向交廣之間不復來也齊諧等拜送殷勤於是絶迹傾世亦言時有見者既未的其事故無可傳也宋蜀齊后山有釋玄暢姓趙河西金城人少時家門為胡虜所滅禍將及暢虜師見暢而止之曰此兒目光外射非凡童也遂獲免仍往涼州出家其後虜虐剪滅佛法害諸沙門唯暢得走以元嘉二十二年閏五月十七日發自平城路由代郡上谷東跨太行經歷幽冀南轉將至孟津唯手把一束楊枝一把葱葉虜騎追逐將及欲及之乃以楊枝擊沙沙起天闇人馬不能得前有頃沙息騎已復至於是投身河中唯以葱葉内鼻孔中通氣度水以八月一日達于楊州洞曉經律深入禪要占記吉凶靡不誠驗宋文帝深加歎重請為太子師後還憩荆

州止長沙寺舒手出香掌中流水莫之測也迄宋之季年乃飛舟遠舉西適成都初止大石寺乃手畫作金剛密迹等十六神像至昇明三年又游西界觀矚岷嶺乃於岷山郡北部廣陽縣界見齊后山遂有終焉之志仍倚巖傍谷結草為菴弟子法期見有神人乘馬著青單衣繞山一币還示造塔之處以齊建元元年四月二十三日建剎立寺名曰齊興正是齊太祖受錫命之辰天時人事萬里懸合時傅琰西鎮成都欽暢風軌待以師敬暢立寺之後乃致書於琰曰貧道栖荆累稔年衰疹積猒毒人諠所以遠託岷界卜居斯阜在廣陽之東去城千歩逶迤長亘連壘疊峯嶺開四澗亘列五岫抱郭懷邑迴望三方負巒背岳遠矚九流以去年四月二十三日創功覆簣前冬至此訪承尒日正是陛下龍飛之辰蓋聞道配大極者嘉瑞自顯德同二儀者神應必彰所以河雒昞有周之兆靈石表六晉之徵伏謂兹山之符驗豈非齊帝之

靈應耶檀越奉國情深至使運屬時
徵不能忘心豈能遺事輒疏山贊一
篇以露愚心抱贊曰
峨峨齊山誕自幽冥潛瑞幾昔帝號
乃明岑載聖宇地祚休名靈根雲垣
峯岳霞平規巖擬剎度嶺綿經創
工之日龍飛紫廷道侔二儀四海均
情終天之祚岳德表靈
琰即具以表聞勅錮百戶以充俸給
後至齊武昇位司徒文宣王勅令汎舟
東下中途動疾帶患至京傾衆阻望
止住靈根少時而卒春秋六十有九右六驗出梁高僧傳
晉趙侯少好諸術姿形頓陋長不滿
數尺以盆盛水閉目作禁魚龍立見
侯有白米爲鼠所盜仍被頭把刀畫
地作獄四面開門向東嘯群鼠俱到呪之
曰凡非噉者過去止者十餘剖腹看
藏有米在焉曾徒跣須屐因仰頭微
吟雙屐自至人有笑其形容者便陽
設以酒杯向口即掩鼻不脫仍啓顙
謝過著地不舉永康有騎石山山上
有石人騎石馬侯以印指之人馬一

時落首今猶在山下右此一驗出異苑
抱朴子曰昔吳遣賀將軍討山賊賊
中有善禁者每當交戰官軍刀劒皆
不得拔弓弩射矢皆還自向輒致不
利賀將軍長情有思乃曰吾聞金有
刃者可禁蟲有毒者可禁其無刃毒
則不可禁彼必是能禁吾兵者也必
不能禁無刃物矣乃多作勁木棓選
勇力精卒五千人爲先登盡捉棓彼
山賊恃其有善禁者了不嚴備於是
官軍以白棓擊之彼禁不復行打殺
者乃有萬計
范曄後漢書曰永寧元年西南夷撣
國王詣闕獻樂及幻人能變化吐火
自支解易牛馬頭明年元會在廷作
安帝與群臣共觀大奇之
後魏書曰悅般國貞君九年遣使朝
獻并送幻人稱能割人喉脉令斷擊
人頭令骨陷皆血出淋落或數升或
盈升以草藥内其口中令嚼咽之須
臾血止世祖言是虚乃取死囚試之皆
驗又能霖雨猛風大雪及行潦水之
池崔鴻十六國春秋北涼錄曰玄始十四年

七月西域貢吞刀吐火祕幻奇伎
西京雜記曰麴道龍善爲化術說東
海人黃公少時能制蛇馭虎立興雲
霧坐成山河
晉永嘉中有天竺胡人來渡江南其
人有數術能斷舌續斷吐火所在人士
聚共觀試其將斷舌先吐以示賓客
然後刀截血流覆地乃取置器中傳
以示人視之舌頭半舌猶在既而還
取合續之有頃坐以見人舌則如故
不知其實斷不也其續斷取絹布與
人各執一頭對剪一斷之已而取兩
段合將呪之則復還連絹無異故一
體也時人多疑以爲幻乃陰試之乃
其所續故絹也其吐火先有藥在器
中取一片與黍餳合之再三吹呼已而
張口火滿口中因就爇取以爨則火
出也又取書紙及繩縷之屬投火中
衆共視之見其燒然消糜了盡乃披
灰中舉而出之故向物也靈鬼志曰
太元十二年道人外國來能吞刀吐
火吐珠玉金銀自說其所受術師白
衣非沙門也行見一人擔擔上有小

籠子可受升餘語擔人云吾步行疲極寄君擔擔人甚怪之慮是狂人便語云自可尒耳君欲何許自厝耶其荅云若見許正欲入籠子中擔人逾怪下擔入籠中籠不更大其亦不更小擔之亦不覺重於先既行數十里樹下住食擔人呼共食云我自有食不肯出正住籠中出飲食器物羅列餚饍豐腆亦辦反呼擔人食未半語擔人我欲與婦共食即復口出一女子年二十許衣裳容貌甚美二人便共食食欲竟其夫便卧婦語擔人我有外夫欲來共食夫覺君勿道之婦便口中出一年少丈夫共食籠中便有三人寛急之事亦復不異有頃其夫動如欲覺其婦以外夫起語擔人曰可去即以婦內口中次及食器物此人既至國中有一家大富貲財巨萬而性慳悋語擔人吾試為君破奴慳即至其家有好馬甚珍之繫在柱下忽失去尋索不知處明日見馬在五升甖中終不可破便語言君作百人厨以周窮乏馬得出耳主人即狼狽作之畢馬還在柱下明旦其父母老在堂上忽復不見舉家遑怖不知所在開莊器忽見父母澤壺中不知何由得出復往守請之其云當更作千餘人食餉百窮者乃當得出既作其父母自在牀上

幽冥錄曰安開安城之俗巫也善於幻術每至祠神時擊鼓宰三牲積薪然火盛熾束帶入火中章紙燒盡而開形體衣服猶如初時王疑之為江州伺王當行陽為王刷頭簪荷葉以為帽之有異到坐之後荷葉乃見舉坐驚駭

異苑曰高陽新城叟民晋咸寧中為淫祠妖幻署置百官又以水自鑒輒見所置署之人衣冠嚴然百姓信惑京都翕習收而斬之異苑曰上虞孫溪奴多諸幻伎元嘉初叛入建安治中後出民間破宿瘦癖徑徹腹內而令不痛治人風頭流血滂瀝嘘之便斷創又即歘虎傷蛇噬煩毒垂死禁護皆差向空長嘯則羣雀來萃夜呪蚊䖟悉死於側至十三年於長山為本主所得知有禁術慮必亡叛的縛枷鏁極為重複少日已失所在

列子曰周穆王時西極國有化人來（化幻人也）入水火貫金石反山川移城邑乘虛不墜觸實不礙千變萬化不可窮極已變物之形又且易人之慮（策從人暫忘其宿所知識）穆王敬之若神

桓譚新論曰方士董仲君犯事繫獄陽死目陷蟲爛故知幻術靡所不有又能鼻吹口歌吐舌聳眉動目荊州有鼻飲之蠻南域有頭飛之夷非為幻也

孔偉七引曰弄幻之士因時而作殖瓜種菓立起尋尺投芳送臭賣黃售白靡天興雲霧畫地成河海

法苑珠林卷第六十一

甲辰歲高麗國大藏都監奉
勅彫造

法苑珠林卷第六十一

校勘記

一 底本，麗藏本。

一 一五八頁上一行經名，徑作「法苑珠林卷第七十六」。卷末經名同。

一 一五八頁上二行撰「者」，磧、普、南作「大唐上都西明寺沙門釋道世撰」；徑作「唐上都西明寺沙門釋道世玄惲撰」；清作「唐西明寺沙門釋道世撰」。

一 一五八頁上三行「咒術篇第六十八之二」，磧、普、南作「咒術靈驗之二」；徑作「咒術篇第六十八之三」；清無。

一 一五八頁上八行「雜俗幻術」下，徑有夾註「十二條」。

一 一五八頁上一三行「仙道」，磧、普、南、徑、清作「神道」。

一 一五八頁上一七行第五字「常」，磧、普、南、徑、清作「恒」。

一 一五八頁上二一行第一〇字「虎」，磧、普、南、徑、清作「虎虎」。

一 一五八頁中二行「胡跪」，磧、普、南、徑、清作「跓跽」。

一 一五八頁中八行首字「造」，磧、普、南、徑、清作「匠」。

一 一五八頁中一六行第三字「如」，磧、普、南、徑、清作「曰」。

一 一五八頁中一九行首字「文」，磧、普、南、徑、清無。

一 一五八頁下一一行第六字「得」，磧、普、南、徑、清無。

一 一五八頁下一二行「知敬」，磧、普、南、徑、清作「致敬」。

一 一五八頁下一九行第八字「人」，磧、普、南、徑、清無。

一 一五九頁上七行「烟脂」，磧、南作「茵支」；普作「燕支」；徑、清作「臙脂」。

一 一五九頁上一〇行「潛澤」，南、徑、清作「潛伏」。

一 一五九頁上二一行第一〇字「常」，磧、南無；普、徑、清作「恒」。

一 一五九頁中六行第一〇字「澄」，磧、普、南、徑、清作「滄澄」。

一 一五九頁中七行第二字「告」，磧、普、南、徑、清作「造」。

一 一五九頁中八行第二字「夜」，磧、普、南、徑、清無。

一 一五九頁中一〇行「沉瀾祀」，磧、普、南作「圍九祀」；徑、清作「圍九祠」。

一 一五九頁中二〇行第三字「競」，清作「竟」。

一 一五九頁中二二行第五字「述」，磧、普、南、徑、清作「具述」。

一 一五九頁下九行第四字「是」，磧、普、南、徑、清無。

一 一五九頁下二一行「僞司空」，磧、普、南、徑、清作「魏司空」。

一 一六〇頁上一八行末字「澄」，磧、普、南、徑、清無。

一 一六〇頁上一九行第一二字「商」，普、徑、清作「商」。

一 一六〇頁中一行「怨謗」，南作「怨

謗於」。

一六〇頁中五行「顯暢」，磧、普、南、徑、清作「顯揚」。

一六〇頁中一七行第九字「甞」，磧、普、南、徑、清作「尚」。

一六一頁上二行「陛下」，磧、普、南、徑、清作「陛下之子何」。

一六一頁上三行第九字「恕」，磧、普、南、徑、清作「怒」。

一六一頁上五行末字「領」，磧、普、南作「領」。

一六一頁上六行第一〇字「官」，磧、普、南、徑、清作「宮」。

一六一頁上九行第二字「駮」，磧、普、南、徑、清作「駁」。

一六一頁上一六行第七字「又」，普作「不」。

一六一頁中二行第一〇字「延」，磧、普、南、徑、清作「逃」。

一六一頁中五行「心存」，磧、南作「心在」。

一六一頁中一四行第六字「窆」，磧、普、徑、清作「定」；南作「窆」。又第一一字「紫」，磧、普、南、徑、清作「柴」。

一六一頁中一五行末字至次行首字「染閦」，普、徑、清作「冉閦」。

一六一頁中一六行第四字「殺」，磧、普、南、徑、清作「弑」。

一六一頁中一八行第四字「圍」，磧、南作「團」。

一六一頁中二一行「復內」，南作「腹内」。

一六一頁中末行「宗致」，磧、普、南、徑、清作「宗政」。

一六一頁下七行第一〇字「賾」，磧、普、南、徑、清作「測」。

一六一頁下八行「九萬」，磧作「九百」。

一六一頁下一一行第五字「且」，磧、普、南、徑、清作「逾」。

一六一頁下一四行「染閦」，南、徑、清作「冉閦」。

一六一頁下一六行「開見」，磧、南作「開不見」；普、徑、清作「開棺不見」。

一六一頁下一八行第五字「募」，磧、普、南、徑、清作「慕」。

一六一頁下一九行第三字「僵」，普、徑、清作「殭」。

一六一頁下末行「所識」，磧、南作「所」；普、徑、清作「所謂一柱殿也」。

一六二頁上一行第二字「常」，磧、普、南、徑、清作「恒」。又「布衣」，磧、普、南、徑、清作「布裳」。

一六二頁上一五行第二字「結」，磧、普、南、徑、清作「納」。

一六二頁上二二行至末行「寶意梵言阿那摩低」，徑、清作「阿那摩低宋言寶意」。

一六二頁中五行第八字「坐」，磧、普、南、徑、清作「笙」。

一六二頁中六行第三字「遍」，磧、普、南、徑、清作「通」。

一六二頁中一七行第一〇字「凍」，

磧、普、南、徑、清無。

一　一六二頁中二〇行末字「行」，磧、普、南、徑、清作「江」。

一　一六二頁下四行「四天王」，普、南、徑、清作「四天王福於」。

一　一六二頁下八行第一〇字「月」，磧、普、南、徑、清作「一月」。

一　一六二頁下一一行「使要之」，磧、普、南、徑、清作「遣使邀之」。

一　一六二頁下一六行「至寘不反合境」，磧、普、南、徑、清作「至宿不返乃合境」。

一　一六三頁上三行首字「正」，磧、普、南、徑、清作「止」。

一　一六三頁上一二行第二字「復」，磧、普、南、徑、清作「後」。

一　一六三頁上一六行「乃游」，磧、普、南、徑、清作「東游」。

一　一六三頁上一八行首字「舒」，磧、普、南、徑、清作「抒」。

一　一六三頁上二〇行「俄而」，磧、普、南、徑、清作「俄而有」。

一　一六三頁中三行首字「冥」，磧、普、南、徑、清作「宿」。

一　一六三頁中六行末字「衣」，磧、普、南、徑、清作「布衣」。

一　一六三頁中一五行第四字「輔」，磧、普、南、徑、清作「傅」。

一　一六三頁中一六行「酸觴」，磧、普、南、徑、清作「酸傷」。又「毗謠」，磧、普、南、徑、清作「略謠」。

一　一六三頁中二〇行「世上」，磧作「世土」；普、南、徑、清作「世士」。

一　一六三頁中二一行「悦澤」，磧、普、南、徑、清作「悦懌」。

一　一六三頁中二二行第六字「質」，普、徑、清作「躓」。又「夢醜」，磧、南作「夢魂」；普、徑、清作「蔑醜」。

一　一六三頁下一行第九字「鴈」，徑作「鷹」。又第一二字「啜」，普、徑、清作「啜」。

一　一六三頁下二行「飲羨」，磧作「飲泳」；普、徑、清作「飲游」。又「曰簒」，磧作「曰宴」；普、南、徑、清作「曰眷」。

一　一六三頁下五行「不反」，磧、普、南、徑、清作「不及」。

一　一六四頁上六行「妻母胡氏」，磧、普、南、徑、清作「妻胡母氏」。

一　一六四頁上一一行第七字「倩」，磧、普、南、徑、清作「請」。

一　一六四頁上一六行第一二字「家」，磧、普、南、徑、清作「衆」。

一　一六四頁中一行第六字「祚」，磧、普、南、徑、清作「祝」。又末字「共」，磧、普、南、徑、清無。

一　一六四頁中三行末字「甚」，磧、普、南、徑、清作「其」。

一　一六四頁中一一行第三字「師」，普作「帥」。

一　一六四頁中一五行第六字「由」，磧、普、南、徑、清作「遊」。

一　一六四頁下一一行「大祖」，磧、普、南、徑、清作「太祖」。

一　一六四頁下一六行末字「峯」，磧、

普、南、徑、清作「嶺」。

一六四頁下一七行第八字「岫」，磧、普、南、徑、清作「峰」。

一六四頁下二一行「大極」，磧、普、南、徑、清作「太極」。

一六五頁上五行第四字「載」，磧、普、南、徑、清作「戴」。

一六五頁中八行第一三字「棓」，磧、普、南、徑、清作「棒」。九行第一三字、一一行第五字同。

一六五頁中一七行「貞君」，清作「貞若」。

一六五頁中二二行「猛風」，磧、普、南、徑、清作「黑風」。

一六五頁中末行「十六」，磧、普、南、徑、清無。

一六五頁下一行「咋火」，磧、普、南、徑、清作「嚼火」。

一六五頁下三行「駁虎」，磧、普、南、徑、清作「禦虎」。

一六五頁下五行第八字「胡」，磧、普、南、徑、清無。

一六五頁下六行第九字「斷」，磧、普、南、徑、清作「觔」。

一六五頁下二二行第一三字「師」，磧、普、南、徑、清作「即」。

一六六頁上八行第四字「正」，磧、普、南、徑、清作「止」。

一六六頁上一八行「貲財」，磧、普、南、徑、清作「貨財」。

一六六頁中一行「父母」，普、南作「公母」。

一六六頁中二行「遑怖」，磧、普、南、徑、清作「惶怖」。

一六六頁中三行「莊器」，磧、普、南、徑、清作「粧器」。

一六六頁中五行「餘人」，磧、普、南、徑、清作「人餘」。

一六六頁中七行「幽冥録」，磧、普、南、徑、清作「幽明録」。

一六六頁中一九行「癖徑」，磧、普、南、徑、清作「辟逕」。

一六六頁中二一行第五字「歙」，磧、普、南、徑、清作「劍」。

一六六頁下一五行末字「海」，磧、普、南、徑、清作「洛」。

法苑珠林卷第六十二

西明寺沙門釋道世撰

祭祠篇第六十九

占相篇第七十

祭祠篇此有三部

述意部　獻佛部　祭祠部

述意部第一

竊聞金玉異珍在人共寶玄儒別義遐邇同遵豈必孔生自國便欲師從佛處遠邦有心捐棄不勝事切輒陳愚見是非之理不敢自專昔孔丘辭逝廟千載之規摹釋迦言往寺萬代之靈塔欲使見形起念面像歸心敬師忠主其義一也至如丁蘭束帶孝事木母之形無盡解瓔奉承多寶佛塔眇尋曠古邈想清塵既種成林於理不越又按禮經天子七廟諸侯五廟大夫卿士各有階級故天曰神祭天於圜丘地曰祇祭地於方澤人曰鬼祭之於宗廟龍鬼降雨之勞牛畜挽犂之劾由或立形村足樹像城門豈況天上天下三界大師此方他方

四生慈父咸德為萬億所遵風化為萬靈之範故善人迴向若群流之歸溟壑大光攝受如兩曜之伴衆星自月氏遺影那竭灰身舍利徧流祇洹遂造乃聖乃賢瀝茲景福或尊或貴莫此獲安者矣

獻佛部第二

問曰如七月十五日聖教令造佛盆獻供於此日中復多人客未知此物出何處擬答曰若有施主通用之物此將處待若無施主通用之物即須觀寺大小官私不定如似小寺非是國造無外獻供復無貴勝臨時斟酌隨僧豐儉出常住僧物造食獻佛及僧此亦無過以佛通應供僧數所以諸寺每大小食時常出佛僧兩盤故知得用若論布薩說戒佛則不入籌磨僧數何以故三寶位別故

若是國家大寺如似長安西明慈恩等寺除口分地外別有勑賜田莊所有供給並是國家供養所以每年送盆獻供種種雜物及轝盆音樂人等并有送盆官人來者非一未知出何

等物供給人客又官盆未至已前佛前獻供雜事供養復出何物造作答曰若有通用之物先用此物若無此物復無別施止得出常住僧物看待人客及造獻食問曰依律惡比丘來尚不合與善比丘來應與此既常住僧物何得開俗耶答曰如僧祇十誦律等國王大臣工匠惡賊於僧有損益者佛開知事出僧物看待並得無犯此非俗人合消但開知事不看待者交於佛僧有損所以開看無犯既知如是今時國家造盆獻供百官音樂上命令送佛盆豈得不看若不看視交被譏責復招外笑出家之人但求他物不自捨慳俗人見近不知遠謂言合得合消焉知來報佛知損益所以開制隨情問曰佛前獻佛食若用常住僧物造作者過事已後定入常住僧此事不疑未知外有施主獻盆獻供種種雜事等此屬何處答曰此量施主情有通局若施主依經造作元為救存亡眷屬事藉十方凡聖坐夏自恣之僧方能救拔亡親得離

三塗清昇人天所以獻佛之後所有飲食餘長及生供米麪之屬等並入常住僧用以還供僧食自外雜物錢財衣物等並入夏坐客主同分故四分下文夏食不應分聽分夏衣及自恣衣等。

若施主局心唯獻佛食入僧自外雜物錢財或入佛入法入現前僧等隨他施意不得違逆故薩婆多論云若施佛寶者置爪髮塔中供養法身佛以法身常在故又婆沙論問曰佛在世時諸供養三寶物中常受一人分所以滅後偏取一分荅曰佛在世時色身受用故取一人分滅後法身功德勝僧故取一分也若施法者分作二分一分與經一分與誦經說法人若施法寶者懸置塔中供養理法寶故若施僧寶者亦著塔中為供養第一義諦僧故若言施衆者凡聖俱得以言無當故既知如是受施之時善知通塞勿令互用致有乖違（準此七月十五日諸俗人家各造獻食依經救親過事以後並須送食向寺不合自食若元違喻將獻佛不入僧者自食無犯然乖救母之意也）又僧祇律云供養佛物華多聽轉賣香燈猶故多者轉賣著無盡財中又五百問事云佛塔物多欲作餘佛事者得施主不許者不得又四分律云供養佛塔食治塔人得食又善見論云佛前獻飯侍佛比丘得食若無比丘白衣侍佛亦得食。

議曰此據局者如前所斷若汎尒道俗設齋獻佛及聖僧食施主情通唱餘食施後還入施主不勞收贖及專入侍人法僧二物類前可知。

問曰七月十五日既開道俗造盆獻供未知得造寶盆種種雜珍獻佛以不荅曰並得若依小盆報恩經略無寶物依大盆淨土經即有故十六國王聞佛說目連救母脫三劫餓鬼之苦生人道中母子相見時瓶沙王即勑藏目為吾造盆藏目奉勑即以五百金盆五百銀盆五百瑠璃盆五百硨磲盆五百瑪瑙盆五百珊瑚盆五百琥珀盆各各盛滿百一味飲食事事如法將來獻佛及僧准此定得。

問曰依小盆經云佛告目連十方衆僧七月十五日自恣時當為七世父母及現在父母厄難中者具飯百味五果汲鑵盆器香油然燭牀臥衆具盡施甘果以著盆中供養十方大德衆僧初受盆時先安在佛塔前衆僧呪願竟便自受食不論雜華供養今時諸寺有力富者廣造雜華或用雜綵或用雜寶或用米麪或用諸臘或用鉛錫或用雜色等亦有道俗貴勝譏論此事目連為母生在餓鬼佛令設百味飲食獻佛及僧何因將此寶華雜物獻之佛僧豈得食此寶華雜色等不荅曰不得以已狹劣妨他大福故大盆經云瓶沙王造五百金鉢盛滿千色華五百銀鉢盛滿千色白木香五百瑠璃鉢盛滿千色紫金香五百硨磲鉢盛滿千色黃蓮華五百馬腦鉢盛滿千色赤蓮華五百珊瑚鉢盛滿千色青木香五百琥珀鉢盛滿千色白蓮華王視如法即勑兵自嚴駕十四萬衆俱到祇桓寺禮佛奉盆及僧以七寶盆鉢俱施與佛及僧受用竟還駕歸國七世父母超過七十二刧生死之罪其次須達居士毗舍

佉母二百優婆夷波斯匿王末利夫人等須壹國內依目連盆法爲吾造盆各用五百紫金盆黃金盆盛滿百一味飲食後以五百紫金轝五百黃金轝盛滿百一物事事具足遂至王及夫人前見其如法時王即以嚴駕十八萬衆共至佛前奉千金盆千金轝等竟敬禮還歸七世父母超過七十二劫生死之罪

問曰如前所斷依經施主將寶盆雜華開獻如前若無施主得用常住僧物造華供養佛不荅曰亦須量時觀前損益若如小寺無多貴勝復無外譏者不合用常住僧物造作雜華佛前供養僧地樹生華者得取佛前供養故十誦律云僧園中樹華聽取供養佛塔若有果者使人取供僧噉又毗尼母論云已處分地種樹得木後用治房不須白僧僧樹治塔和僧得用故寶印經云若用僧物修治佛塔依法取僧和合得用不和合者勸俗修治又薩婆多論云四方僧地不和合者不得作佛塔爲佛種華果若僧中分得者聽隨意供養若華多無限者隨用供養又寶印經云欲興寺舍供養者所施之物付囑僧已不復更得干預若其本主還取錢財用者並須七倍還償若有新立寺時比丘啓白衆僧其寺內種植所有華果獻佛枝葉子實與現前僧食并施一切衆生若不介者無問道俗食者得罪議曰既知三寶各別不得互用初立寺時佛院僧院各須位別如似大寺別造佛塔四周空廓內所有華果得此物者並屬塔用空廓以外即屬僧用故十誦律云佛聽僧坊佛圖得畜使人及象馬牛羊等各有所屬不得互用又寶梁寶印經云佛法二物不得互用由無與佛法物作主復無可諮白不同僧物常住招提互有所須營事比丘和僧索欲行籌和合者得用又薩婆多論云寺舍若經荒餓三寶園田無有分別可問處者若僧和合隨意處分若屬塔永用塔功力者僧用得重罪若功力由僧者當籌量多少僧取用之莫令過限則得重罪上來所列小寺無外譏損即須依前所斷若如今時或有大寺國家營造別有供給并有勑賜田莊官人貴勝日多來往既無通用之物豈得不看復如七月十五日佛殿前獻供豈得單臺若不廣造飲食華果獻佛唯加少多常食獻佛得不爣有在上察訪被俗譏論道僧慳悋不如白衣非直不敬於佛亦不懼在上一朝被責豈得推注僧物不合將獻佛既知如是若無通用之物止得用常住僧物種種造作華果百味飲食獻佛令他俗人生善滅惡此亦無損雖用僧物不能救刖人存亾眷屬且免被俗譏謗之罪如五分律云俗人入寺值僧食僧不供給被俗譏謗佛開聽與既許開與惡器盛與亦被俗瞋佛言開與好器此並由知事摩摩帝等臨時斟酌進不合宜即稱聖意不得雷同一向固執故五分律云雖是我語於餘方不清淨者不行無過雖非我語於餘方清淨者不得不行（此言商権何事不諮）

又佛說除災患經云介時維耶離國洿氣疾病死亾無數無所歸趣國王

大臣集會博議國遭災患非邪所攘疫火所燒死亡無數當以何宜以除災害或有議言當於諸城門設祠祀壇或有議言當於城中四衢路頭立大祠祀禳却災氣時衆會中有一長者名曰彈尼（晉言才明）奉佛五戒修行十善議曰唯聽所言國遭災患死亡無數如仁等議害生救命豈得然乎以先世時所行不善今遭斯厄當設方便以善禳惡永與苦別如何反倒行害求安長夜受苦無有出期時諸大會問才明曰當設何宜才明對曰世有大千天人之師一切覆護慈愍衆生號名為佛獨步三界若能降致光臨國者災害可除人畜安泰大衆聞之莫不稱善如仁所言甚成大快佛在王舍阿闍世國與吾國相嫌豈當聽來才明曰佛興出世志存救苦猶如虛空無所罣礙亦如日光莫不蒙育佛憐國厄必來無疑但遣重責辭謝闍王而得和協國王大臣皆同意言唯清信士長者才明是佛弟子可以為使尒時才明受使欲往大衆皆起向佛方面叉手長跪五體投地以頂禮佛於是才明受命為使詣王舍城通書啓貢具陳來意王告才明可詣佛所宣達國命於是才明辭詣竹林行到精舍見佛世尊盡虔禮敬具申請意時佛默然許其所請才明見佛受請歡喜無量時王舍國境一切神祇天龍鬼神知佛受請當詣他國莫不驚動慘然不悅於是闍王與群臣一切大衆數億千人五體投地自歸悔過垂泣送佛佛現神變到維耶離舉國人民五體作禮自投佛足歸命三寶香華伎樂繒蓋幢幡奉迎世尊香華覆地夾路供養日日不絕至于國城佛與聖衆天龍鬼神住于城門以金色臂德相之手觸城門閫以梵清淨八種之聲而說偈言

諸有衆生類　在土界中者
行住於地上　及虛空中者
慈愛於衆生　令各安休息
晝夜勤專精　奉向衆善法

說此偈已地即為之六反大動佛便入城空中鬼神升空迸散地行鬼神諍門競出城門不容各各奔突崩城而出於時城中諸有不淨廁穢臭惡下沈入地高卑相從溝坑皆平盲視聾聽瘂語躄行狂者得正病者除愈象馬牛畜悲鳴相和箜篌樂器不鼓自鳴宮商調和婦女珠環相敲妙響器物瓨甖自然有聲柔軟清和暢妙法音地中伏藏自然發出一切衆生如遭熱渴得清涼水服飲澡浴泰然蘇息舉衆病除皆得解脫亦復如是述曰當知諸佛神力不可思議衆生業力亦不可思議故莊嚴論云若有善業自然力故受好業報雖有國王黨援之力不知業力所獲果報我昔曾聞有一貧人作是思惟當詣天祀求於現世饒益財寶作是念已語其弟言汝可勤作田好為生計勿令家中有所乏短便將其弟往至田中此處可種胡麻此處可種大小麥此處可種禾大小豆等示彼種處已向天祀中為祀弟子作天齋會香華供養香泥塗地晝夜禮拜求恩請福悕望現世增益財産尒時天神作是思惟觀彼貧

人於先世中頗有布施功德因緣不
若少有緣當設方便使有饒益覲彼
人巳了無布施少許因緣復作是念
彼人既無因緣而今精勤求請於我
徒作勤苦將無有益復當怨我便化
為弟來向祀中時兄語言汝何所種
來復何為化弟白言我亦欲來求請
天神使神歡喜求索衣食我雖不種以
天神力田中穀變自然足得兄責弟
言何有田中不下種子望有收獲無
有是事即說偈言

四海大地內　及以一切處
何有不下種　而獲果實者

尒時化弟諮其兄言世間乃有不下
種子不得果耶兄荅弟言實尒不種
無果時彼天神還復本形即說偈言

汝今自說言　不種無果實
先身無施因　云何今獲果
汝今雖辛苦　斷食供養我
徒自作勤苦　又復擾惱我
何由能使汝　現有饒益事
若欲得財寶　妻子及眷屬
應當淨身口　而作布施業

不種獲福利　日月及星宿
不應照世界　以照世間故
當知由業故　天上諸天中
亦各有差別　福力威德威
福少尠威德　是故知世間
一切皆由業　布施得財富
持戒生天上　若無布施緣
威德劫損減　定慧得解脫
此三所獲報　十力之所說
此種皆是因　不應擾亂我
是故應修業　以求將來果

又長阿含經云一切人民所居舍宅
皆有鬼神無有空者街衢道陌屠膾
市肆及諸山塜皆有鬼神無有空處
凡諸鬼神皆隨所依即以為名若人
初生皆有鬼神隨逐擁護若人欲死
鬼收精氣行十惡人若百若千共一
神護行十善者猶如國王以百千人
而侍衛之又十方譬喻經云天上天
下鬼神知人壽命罪福當至未至不
能活人不能殺人不能使人富貴貧賤
但欲使人作惡犯殺因人衰耗而往亂
之語其禍福令人向欲得設祠祀耳

故知空祭鬼神欲求
現福難可得力也　又普曜經於時迦葉
以偈報佛

自念祠祀來　巳歷八十年
奉風水火神　日月諸山川
夙夜不懈廢　心中無他念
至竟無所獲　值佛乃安寧

又雜寶藏經云昔日有一婆羅門事
廟室天晝夜奉事天即問言汝求何
等婆羅門言我今求作此天祀主天
言彼有群牛汝問最前行者即如天
語往問彼牛汝今何似為苦為樂牛
即荅言極為大苦剌剌兩肋柴屒脊
破駕挽車載重無休息時復問言汝
以何緣受是牛形牛荅之言我是天
祀主自恣極意用天祀物命終作牛
受是苦惱聞是語巳即還天所天即
問言汝今欲得作天祀主不婆羅門
言我覩此事實不敢作天言人行善
惡自得其報婆羅門悔過即修諸善
攺往前惡又雜寶藏經云昔有老公
其家巨富而此老公思得宍食詭作
方便指田頭樹語諸子言今我家業所
以諸富由此樹神恩福故尒今日汝等

宜可群中取羊以用祭祀時諸子等
承父教勅尋即殺羊禱賽此樹即於
樹下立天祀舍其父後時壽盡命終
行業所追還生已家羊群之中時值
諸子欲祠樹神便取一羊遇得其父
將欲殺之羊便喠喠笑而言曰而此樹
者有何神靈我於往時為思宍故妄
使汝祀皆共汝等同食此宍今償殃
罪獨先當之時有羅漢過到乞食見
其亡父受於羊身即借主人道眼令
自觀察乃知是父心懷懊惱即壞樹
神悔過修福不復殺生

祭祠部第三

如優婆塞戒經云佛言或有說言子
修善法父作不善因子修善令父不墮
三惡道者是義不然何以故身口意
業各別異故若父喪已墮餓鬼中子
為追福當知即得若生天中都不思
念人中之物何以故天上成就勝妙寶
故若入地獄受諸苦惱不暇思念是故
不得畜生人中亦復如是若謂餓鬼
何緣獨得以其本有愛貪慳悋故墮
餓鬼既為餓鬼常悔本過思念欲得

是故得之若所為者生餘道中其餘
眷屬墮餓鬼者皆悉得之是故智者
應為餓鬼勤作福德

若有祠祀誰是受者隨其祠處而為
受者若近樹林則樹神受舍河泉井
上林埠阜亦復如是是人祀已亦得
福德何以故令彼受者生喜心故是
祀福德能護身財若說殺生祠祀得
福是義不然何以故不見世人種伊
蘭子生旃檀樹斷衆生命而得福德
若欲祠者當用香華乳酪酥果為之
追福則有三時春時正月夏時五月
秋時九月

若以房舍臥具湯藥園林池井牛羊
象馬種種資生布施於他施已命終
是人福德隨所施物佳用久近福德
常生是福追人如影隨形或有說言
終已便失是義不然何以故物壞不
用二時中失非命盡失

若出家人効在家人歲節之日稟飲
食者隨世法故非真實也亦信世法
出世法故若能隨家所有好惡常樂
施者名一切施若以身分及以妻子所

重之物施於人者是則名為不思議
施

又正法念經云若為亡人修行布施生
鬼道者鬼容得福以鬼知悔前身慳
貪故為施時彼則歡喜若生餘道多
無得力如得生天純受樂報不悔本
因無心思福故經云若生天中都不
思念人中之物何以故天上成就勝妙
實故若入地獄受諸苦惱不暇思念
畜生亦尒

故婆沙論為餓鬼作福鬼得飲食亦
增益身臭者得香惡色得好色又經云
如諸鬼等所食不同或膿或糞得且一
施已一切變成上妙色味若鬼異處
受生親為施時彼鬼業力遥知生喜
若還在家受苦報者親為施者鬼自
親見生喜

又婆沙論云有人不如法求財及其
得時以慳惜故於已眷屬尚無心與
況復餘人以無施心故身壞命終墮
餓鬼中若在本舍邊不淨糞穢廁溷
中住諸親里等生苦惱心作如是念
彼積聚財物自不受用又不施人以

苦惱故欲施其食請諸眷屬親友知識沙門婆羅門施其飲食尒時餓鬼親自見之於眷屬財物生已有想作如是念如此財物我所積聚今施與人心大歡喜於福田所生信敬心若生餘道多不得力縱令亡人不得此福故為修善自得大利如似起慈自常獲福

又智度論云如慈心念諸衆生令得快樂衆生雖無所得念者大得其福若不樂施縱生天得聖還乏衣食故優婆塞戒經云持戒雖得羅漢不遮飢苦生天不得上食瓔珞若樂行施雖墮鬼畜常飽無乏

又未曾有經云有王白佛言我父先王奉事外道常行布施求梵天福如斯功德生何天耶佛告王曰前王果報今在地獄所以者何不值善時不遇善友無善方便雖修功德不得免罪布施之功不忘失也候罪畢時方當受福當知修福不與罪合先帝大王有五種惡業生地獄中一者慠慢妒弊事無麁細便起鞭罰不忍辱故

二者貪受寶貨斷事不平致令天下懷怨恨故三者游獵嬉戲苦困人民害衆生所愛命故四者躭著女色得新厭舊撫接不平致怨恨故五者破戒以此文證故知事邪修福善惡常別苦樂兩報不相雜亂何況利根多聞正信三寶而招苦報又惟無三昧經云佛告阿難善男子人求道安禪先當斷念人生世間所以不得道者但坐思想識念多故一念來一念去一日一宿有八億四千萬念念念不息一善念者亦得善果報一惡念者亦得惡果報如響應聲如影隨形是故善惡罪福各別

又中阿含經云若為死人布施祭祀者若生入餓鬼中者得食除餘趣不得由各有活命食故若親族不生中者但施自得其福乃至施主生六趣中施福常隨以持戒故雖得人身必須餘福助報也往生經云亡後作福死者七分獲一餘者屬現造者

又灌頂經云阿難問佛言若人命終送著山野造立墳塔是人精魂在中

以不佛言亦在亦不在若人生時不造善根不識三寶而不為惡無善受福無惡受殃無善知識為其修福是以精魂在塚塔中未有去處是故言在或其前生在世之時大修福善精勤行道或生天上三十三天在中受福或生人間豪姓之家到處自然隨意所生又不在者或其前生在世之時殺生禱祀不信真正邪命自活諂偽欺人墮在餓鬼畜生之中備受衆苦經歷地獄故言不在塚塔中也或不在者或是五穀之骨未朽爛時故有微靈骨若靡爛此靈即滅無有氣勢亦不能為人作諸禍福靈未滅時或是鄉親命終之人在世無福又行邪諂應墮鬼神或為樹木雜物之精無天福可受地獄不攝縱捨世間浮游人村既其無食恐動於人作諸變怪扇動人心或有妖魅邪師以倚為福負諸福祐欲得長生愚癡邪見殺生祠祀死入地獄餓鬼畜生無有出時可不慎之又若人臨終之日當為燒香然燈續明於塔寺中表刹之上

懸命過幡轉讀尊經竟三七日所以
然者命終之人在中陰中身如小兒
罪福未定應爲修福願亡者生神使
生十方無量剎土承此功德必得往
生亡者在世若有罪愆應墮八難以
幡燈功德必得解脫若有善願應生
父母在於異方不得疾生以幡燈功
德皆得疾生無復留難若得生已當
爲人作福德之子不爲邪鬼之所得
便種族豪强是故應修福善幡燈功
德又若四輩男女若臨終時若已命
過是其亡日造作黃幡懸著剎上使
獲福德離八難苦得生十方諸佛淨
土幡蓋供養隨心所願至成菩提幡
隨風轉破散都盡至成微塵風吹微
塵其福無量幡一轉時轉輪王位乃
至成塵小王之位其報無量燈四十
九照諸幽冥苦痛衆生蒙此光明皆
得相見緣此福德拔彼衆生悉得休
息

又淨度三昧經云八王日諸天帝釋
鎭臣三十二人四鎭大王司命司錄
伍羅大王八王使者盡出四布覆行

復値四王十五日三十日所奏案校
人民立行善惡地獄王亦遣輔臣小
王同時俱出有罪即記前齋八王日
犯過福強有救安隱無他用福原赦
到後齋日重犯罪數多者減壽條名
剋死歲月日時關下地獄地獄承文
書即遣獄鬼持名錄名獄鬼無慈死
日未到強摧作惡令命促盡福多者
增壽益筭天遣善神營護其身移下
地獄拔除罪名除死定生後生天上

又觀佛三昧經云尒時曠野鬼神白
佛言我常噉人今者不殺當食何物
佛勅鬼王汝但不殺我勅弟子常施汝
食乃至法滅以我力故令汝飽滿鬼
王聞喜受佛五戒涅槃經亦制諸聲
聞弟子出衆生食濟曠野鬼神又智度
論云鬼神得人少許飲食即能變使
多令得充足

又譬喻經云佛與阿難到河邊行見
五百餓鬼歌吟而行復見數百好人
啼哭而過阿難問佛鬼何以歌舞人何
以啼哭佛荅阿難餓鬼家兒子親屬對
爲其作福行得解脫是以歌舞好人

家兒子親屬唯爲殺害無有與作福
德之者後大火逼之是以啼哭也

又宿願果報經云昔有婆羅門夫婦
二人無有兒子財富無數臨壽終時
自相謂言各當吞錢以爲資粮其國
俗法死者不埋但著樹下各吞五十
金錢身爛錢出國中有一賢者行見
愍之然流淚傷其慳貪取爲設福請
佛及僧盡心供辦擎飯佛前稱名呪
願時慳夫婦受餓鬼苦即生天上爲
請四輩時生天者即得天眼知爲作
福從天來下但作年少佐助檀越佛
言此厨間年少是眞檀越佛爲說法
即得道迹賢者亦得道迹衆僧歡喜
皆得生天

又百喻經云昔有賈客欲入大海要
須導師即共求覓得一導師相將發
引至曠野中有一天祀當須人祀然
後得過於是衆賈共思量言我等盡
親如何可殺唯此導師中用祀天即
殺導師以用祭祀祀天已竟迷失道
路不知所趣窮困死盡一切世人亦
復如是欲入法海取其珍寶當修善

行以爲導師毀破善行生死曠路永無出期經歷三塗受苦長遠如彼商賈將入大海殺其導者迷失津濟終致困死

頌曰

神鬼難測　潛來密往　授以福基
薦以歆饗　兼祭幽塗　冀免飢想
凡聖等祠　福祚無爽

感應緣 略引一十三驗

益州西南有石室廟神
故廬陵太守龐企螻蛄神
偓佺槐山菜藥父神
殷太夫彭祖仙室有虎神
漢將子文死爲鍾山下神
漢會稽鄮縣女吳望子感神
晉巴丘縣有巫師感神
晉夏侯玄爲司馬景王殺徵
晉居士張應改俗祠事佛有徵
宋陳安居廢祀神事佛有徵
宋齊僧欽精勤奉佛有徵
梁沙門釋僧融有俗施廟有徵
唐倪買得妻皇甫氏暴死有徵

益州之西雲南之有祠神剋山石爲

室下有民奉祠之自稱黄石國言此神張良所受黄石之靈也清淨不烹殺諸有祈禱者持百張紙一雙筆一丸墨置石室中而前請乞先聞石室中有聲須臾問來人何欲所言便具語吉凶不見其形至今如此

故廬陵太守太原龐企字子及自說其遠祖不知幾何世也坐事繫獄而非其罪不堪拷掠自誣服之及獄將上有螻蛄蟲行其左右其祖乃謂螻蛄曰使尒有神能活我死不當善乎因投飯與之螻蛄食飯盡去有頃復來形體稍大意每異之乃復與食如此去來至數十日間其大如豚及意報當行刑螻蛄夜掘壁根爲大孔乃破械從之出去久時遇赦得活於是龐氏世世常以四節祠祀螻蛄於都衢處後世稍怠不能復特爲饌乃投祭祀之餘以祠之至今猶尒

偓佺者槐山菜藥父也好食松實形體毛長七寸兩目更方能飛行逮走馬以松子遺堯堯不服也時受服者皆三百歲

彭祖者殷時大夫也歷夏而至商末號七百常食桂芝歷陽有彭祖仙室前世云禱請風雲莫不輒應常有兩虎在祠左右今日祠之訖地則有兩虎跡云 右四事出搜神記

漢蔣子文者廣陵人嗜酒好色跳踉常自謂青骨死當爲神漢末爲秣陵尉逐賊至鍾山下賊擊傷額曰解綬縛之有頃遂死及吳先生之初其故吏見文於道頭乘白馬執白羽侍從如平生見者驚走文追之謂曰我當爲此土神以福尒下民耳宣告百姓爲我立祠不尒將有大咎是歲夏大疫百姓輒恐動頗有竊伺之者矣文又啓孫氏官宜爲吾立祠不尒將使蟲入耳爲災俄有小蟲如塵蝱入耳皆死醫不能治百姓逾恐孫主未之信也又下巫呪若不祀我將又以火吏爲災是歲火災大發一日數十處火及公宮縣主患之議者以爲鬼有所歸乃不爲沴宜有以禁之於是使者封子文爲中都侯次弟子緒爲長水校尉皆加印綬爲立廟堂轉號

鍾山以表其靈今律廢東北蔣山是
也自是災沴止息百姓遂大事之右
廿一驗出搜神記
漢會稽鄮縣東野有一女子姓吴字
望子年十六姿容可愛其鄉里有鼓
舞解事者要之便往緣塘行半路忽
見一貴人端正非常人乘船手力十
餘皆整頓令人問望子今欲何之具
以事對貴人云我今正往彼便可
入船共去望子辭不敢忽然不見望
子既到跪拜神坐見向船中貴人儼
然端坐即蔣侯像也問望子來何遲
因擲兩橘與之數數現形遂降情好
望子心有所欲輒空中下之曾思噉
鱠一雙鮮鯉應心而至望子芳香流
聞數里頗有神驗一邑共奉事經歷
三年望子忽生外意便絶往來右此一
驗出續搜神記
晉巴丘縣有巫師舒禮晉永昌元年
病死土地神將送詣太山俗人謂巫
師爲道路人過福舍門前土地神問
吏此是何等舍門吏曰道人舍土地
神曰是人亦是道人便以相付禮入

門見數千間瓦屋皆懸竹簾自然牀
榻男女異處有誦經者唄偈者自然
飲食者快樂不可言禮文書名已至
太山門而又身不至到推土地神神
云道見數千間瓦屋即問吏言是道
人即以付之於是遣神更録取禮觀
未徧見有一人八手四眼捉金杵逐
欲撞之便怖走還出門神已在門迎
捉送太山太山府君問禮卿在世間
皆何所爲禮曰事三萬六千神爲人
解除祠祀或殺牛犢猪羊鷄鴨府君
曰汝罪應上熱鐵使吏牽著鐵所見
一物牛頭人身捉鐵叉叉禮著鐵上
宛轉身體焦爛求死不得已經一宿
二日府君問主者禮壽命應盡爲頓
奪其命校録籍餘筭八年府君曰
録來牛頭人復以鐵叉叉著鐵邊府
君曰今遣卿歸終畢餘筭勿復殺生
淫祀禮忽還活遂不復作巫師右一驗
出幽冥記
晉夏侯玄字太初亦當時才望爲司
馬景王所忌而殺之玄宗族爲之設
祭見玄來靈座脱頭置其傍悉取果

食酒宍以内頸中既畢還自安言曰吾
得訴於上帝矣司馬子元無嗣也尋
而景王薨遂無子其弟文王封次子
爲齊繼景王後攸薨猶子冏嗣立又
被殺及永嘉之亂有巫見弟云家傾
覆正由曹爽夏侯玄二人得訴怨得
申故也出冤魂志
晉張應者歷陽人本事俗神鼓舞淫
祀咸和八年移居蕪湖妻得病應請
禱備至財産略盡妻法家弟子也謂
曰今病日困求思無益乞作佛事應
許之往精舍中見竺曇鎧曇鎧曰佛
如愈病之藥見藥不服雖視無益應
許當事佛曇鎧與期明日往齋應歸
夜夢見一人長丈餘從南來入門曰汝
家狼藉乃尒不淨見曇鎧隨後曰始
欲發意未可責之應先巧眠覺便炳火
作高座及鬼子母座曇鎧明往應具說
夢遂受五戒斥除神影大設福供妻
病即間尋都除愈咸康二年應至馬
溝糴鹽還泊蕪湖浦宿夢見三人以
鉏鉤鉤之應曰我佛弟子牽終不置
曰奴叛走多時應怖謂曰放我當與

君一升酒調乃放之謂應但畏後人
復取汝耳眠覺腹痛泄痢達家大困
應與曇鎧悶絶巳久病甚遣呼之適
值不在應尋氣絶經日而蘇活説有
數人以鎁鉤鉤將北去下一坂岸岸
下見有鑊湯刀劒楚毒之具應時寤
是地獄欲呼師名忘曇鎧字但喚和
尚救我亦時喚佛有頃一人從西面
來形長丈餘執金杵欲撞此鉤人曰
佛弟子也何入此中鉤人怖散長人
引應去謂曰汝命也盡不復久生可
蹔還家頌唄三偈并取和尚名字三
日當復命過即生天矣應既蘇即復
休然既而三日持齋頌唄遣人疏取
曇鎧名至日中食畢禮佛讚唄徧與
家人辭別澡洗著衣如眠便盡
宋陳安居者襄陽縣人也伯父少事
巫俗皷舞祭祀神景廟宇充滿其宅
父獨敬信釋法旦夕齋戒後伯父亾
無子父以安居紹焉安居雖即伯舍
而理行精求淫饗之事廢不復設於
是遂得篤病而發則為歌神之曲迷
悶惛僻如此者彌歲而執心愈固常

誓曰若我不殺之志遂當虧夵者必
先自齋截四體乃就其事家人並諫
之安居不聽經積二年永初元年病
發遂絶但心下微暖家人不殯至七
日夜守視之者覺屍足間如有風來
飄衣動衾於是而蘇有聲家人初懼
屍蹷並走避之既而稍能轉動未求
飲漿家人喜之問從何來安居乃具
說所經見云初有人若使者將刀數
十呼將去從者欲縛之使者曰此人
有福未可縛也行可三百許里至一
城府樓宇甚整使者將至數處如局
司所居末有人授紙筆與安居曰可
疏二十四通死名安居即如言疏名
成數通有一寺從內出揚聲大呼曰
安居可入既入𢑥有敎付刺姧獄吏
兩人一云與大械一云此人頗有福可
止三尺械疑論不判乃共視文書久
之遂與三尺械有頃見有貴人輿從
數十形貌閑雅謂安居曰汝那得來
安居具陳所由貴人曰汝伯有罪但
宜録治以先植小福故蹔得游散乃
敢告許吾與汝父幼少有舊見汝依

然可隨我共游觀也獄吏不肯釋械
曰府君無教不敢專輒貴人曰但付
我不使走逸也乃釋之貴人將安居
徧至諸地獄備觀衆苦略與經文相
符游歷未竟有傳教來云府君喚安
居安居怛懼然求救於貴人貴人曰
汝自無罪但以實對必無憂也安居
至閤見有鉗梏者數百一時俱進安
居在第三既至階下一人服冠冕立
于囚前讀諸罪簿其第一者云昔
要妻之始夫婦為誓有子無子終不
相棄而其人本是祭酒妻亦奉道共
化導徒衆得仕女弟子因而姧之遂
棄本妻妻常寃訴府君曰汝夫婦
違誓大義不罪二終罪一也師諮義
著在三而姧之是父子相婬無以異
也付法局詳形次讀第二女人辭牒
忘其姓名云家在南陽冠軍縣黃水
里家安嬰器於福竈口而此婦眠重
嬰兒於竈上匍匐走行糞汙嬰器中
此婦寤已即請謝神祇與洗精熟而
其舅每駡詈此婦言無有天道鬼
神置此女人得行穢汙司命聞知故

錄送之府君曰眠寤非過小兒無知又已請謝神明是無罪也舅罵詈言無道誣謗幽靈可錄之來須臾而到赤宮捉至安居階下人具讀名牒為伯所許云云府君曰此人事佛大德人也其伯殺害無辜誓誣百姓罪宜窮治以昔有小福故未知罪耳今復謗訴無辜敕催錄取未及至而府君遣安居還云若可還去善成勝業可壽九十三努力勉之勿復更來也安居出至閤居司云君可拔却死名於是安居以次抽名既畢而欲向游貴人所貴人亦至云知汝無他得還甚善努力修功德吾身福微不辦生天受報於此輔佐府君亦優游富樂神道之美吾家在宛陵姓某名某君還為吾致意深盡奉法勿犯佛禁可具以所見示語之也乃以三力士送安居出門數步有傳教送符與安居謂曰君可持此符經過戍邏以示之勿輒偷過偷過有徒謫也若有水礙可以此符投水中即得過也安居受符而歸行久之阻大江不得渡安居依言投符矇然如

眩乃是其家屋前中庭地也正聞家中號慟哭泣所送三人勸還就身安居之身已臭穢吾不復能歸此人乃強排之蹈於屍腳上安居既愈欲驗黃水婦人故往冠軍縣尋問果有此婦相見依然如有曩舊云已死得生舅即以其日而亡說所聞見與安居悉同投五戒師字僧旻襄陽人也末居長沙本與安居同里聞其口說安居之終亦親覩果九十三焉

宋齊僧欽者江陵人也家門奉法年十許歲時善相占云年不過三六父母兄弟甚為憂懼僧欽亦增加勤敬齋戒精苦至年十七宋景平末得病危篤家中齋祈彌勵亦淫祀求福疾終不愈時有一女巫云此郎福力猛盛魔魍所不敢親自有善神護之然病久不差運命或將有限世有探命之術少事天神頗曉其數當為君試効之於野中設酒脯之饋燒香然燈或如寢寐須臾復興夕中一兩如此經七日七夕云始有感見見諸善神方為此郎祈禱蒙益兩筭矣病必得愈

無所憂也僧欽於是遂差彌加精至其後二十四年而終如巫所言則一筭十二年矣（右此三人出冥祥記）

梁九江廬山東林寺釋僧融篤志汎博遊化巳任會於江陵勸一家受戒奉佛為業先有神廟不復宗事悉用給施融便撤取送寺因留設福至七日後主人母見一鬼持赤索欲縛之母甚遑懼乃更請僧讀經行道鬼怪遂息融晚還廬山獨宿逆旅時天雨雪中夜始眠見有鬼兵其類甚衆中有鬼將帶甲挾刃形奇壯偉有持胡牀者乃對融前踞之便勵色揚聲曰君何謂鬼神乃無靈耶速拽下地諸鬼將欲加手融默念觀音稱聲未絕即見所住牀後有一天將可長丈餘著黃皮袴褶手捉金剛杵擬之鬼便驚散甲胄之屬碎為塵粉融嘗於江陵勸夫妻二人俱受五戒後為賊引夫遂逃走執妻繫獄遇融於路求哀請救融曰唯至心念觀世音更無餘信婦入獄後稱念不輟因夢沙門立其前足蹴令去忽覺身賫三木自然

解脫見門猶閉閻司憲重守之計無
出理還更眠夢見向僧曰何不早出
門自開也既聞即起重門洞開便越
席而東南數里將值民村天夜暗冥
其夫先遊夜行晝伏二忽相遇皆大
驚駭草間審問乃其夫也遂共投南
者遠避得免 右此一驗出梁高僧傳
唐兗州曲阜人倪買得妻皇甫氏爲
有疾病祈禱泰山稍得瘳愈因被冥
道使爲伺命每被使即死經一二日
事了以後還復如故前後取人亦衆
矣自云曾被遣取鄉人龐領軍小女
爲其庭前有齋壇讀誦久不得入少
間屬讀誦稍閑又因執燭者詣病女
處乃隨而入方取得去問其取由乃
府君四郎所命府君不知也論說地獄
具有條貫又云地下訴說生人非止一
二但人微有福報追不可得如其有罪
攝之則易皇甫見被使役至今猶存
今男子作生伺命者兗州見有三四
人但不知其姓名耳 右此一驗出冥報拾遺
占相篇第七十 此有二部 述意部 引證部
述意部第一

夫大教無私至德同感凡情緣隔造
化殊形心境相乘苦樂報異如蠟印
印泥印成文現其相可占致使在人
畜以別響處胡漢以分容貴賤有晦
明之別聖凡有清濁之異也
引證部第二
如正見經云時佛會中有一比丘名
曰正見新入法服有疑念言佛說有
後世生至於人死皆無相報何以知
乎此問未發佛已預知佛告諸弟子
譬如樹本以一核種四大包裹自致
巨盛牙葉莖節展轉變易遂成大
樹樹復生果果復成樹歲月增益如
是無數佛告諸弟子欲蹤集華實莖
節更還作核可得以不諸弟子言不
可得也彼已轉變日就朽敗核種復生
如是無極轉生轉易終皆歸朽不可
復還使成本核也佛告諸弟子生死
亦如此本由癡出展轉合成十二因
緣識神轉易隨行而往更有父母更
受形體不復識故不得還報譬如冶
家洋石作鐵鑄鐵爲器成器可還使
作石乎正見荅言實不可成鐵爲石

佛言識之轉徙住在中陰如石成鐵
轉受他體如鐵成器形消體易不得
復還故識稟受人身更有父母已有
父母便有六閉一住在中陰不得復
還二隨所受身胞內三初生迫痛忘
故識想四生墮地故所識念滅更起
新見想五已生便著食念故識念斷
六從生日長大習所新無復宿識佛
言諸弟子識神隨作善惡臨死隨行
所見非故身不可復還識故面相荅
報也未有道意無有淨眼身死識去
隨行變化轉受他體何得相報也譬
如月晦夜陰以五色物著冥暗中千
萬億人不能視物若人把炬照之皆
別五色如愚癡人暗蔽惡道未得慧
眼往來相報如月晦夜欲視五色終
不得見若修經戒守攝其意如持
炬火人別五色譬如無手欲書無目
欲視暗夜貫鍼水中求火終不可得
汝諸弟子勤行經戒深思生死本從
何來終歸何所得淨結除所疑自解
正見聞已歡喜奉行
阿育王太子法益壞目因緣經云六

道各有其相第一地獄相者
夫人根元　流浪生死　漂滯馳騁
墮於五趣　彼終生此　皆有因緣
人根相貌　今為汝說　行步顛蹷
不自覺知　視瞻䁋惑　常喜多忘
舉動輕飄　浮游曠野　此人乃從
活地獄來　支節煩痛　睡眠驚覺
夢寤凶惡　黑繩獄來　麁髮戾眼
長齒喜瞋　聲濁暴疾　合會獄來
語聲高大　不知慚愧　喜聞喚呼
不別真偽　眠臥呻吟　夢數驚喚
當知此人　啼哭獄來　常喜悲泣
登高遠望　好鬪家人　無有親踈
言便致恚　經宿不食　此人本從
大啼哭來　身大脚細　筋力薄尠
言語噎塞　聲如破甕　神識不定
心無孝順　當知此人　阿鼻獄來
身體麁醜　長苦寒戰　好熱喜渴
慳貪嫉妒　見人施惠　自致煩惱
此人乃從　熱地獄來　見火驚恐
復喜暖熱　行步輕便　不避時宜
所作尋悔　復欲更施　此人復從
大熱獄來　小眼喜瞋　所受多妄

所造短狹　無廣大心　見大而懼
視小歡喜　此人乃從　優鉢獄來
赤眼醜形　常喜鬪訟　誹謗賢聖
諸得道者　晝夜伺人　非法之行
當知此人　鉢頭獄來　眼視三角
不孝二親　生便短命　拘牟獄來
好帶刀劍　强撩人鬪　必為人殺
邠持獄來　身生瘡痍　口氣臭處
與人無親　曠地獄來　形體長大
行步劣弱　少髮薄皮　常多病痛
見人則瞋　貪餮無猒　當知此人
從焰獄來　體白眼青　語便流沫
言無端緒　好弄塵土　見深淤泥
身臥其上　此人乃從　灰地獄來
卷頭黃目　人所惡見　臨事惶怖
劍樹獄來　手常執刀　聞鬪便喜
為刃所害　從刀獄來　體黑咽塞
喜止冥室　口出惡言　熱灰獄來
薄力少氣　不得自在　得失之宜
一不由已　設見屠殺　不離其側
當知此人　從剝獄來　瞋喜無常
尋知變悔　時能辭謝　不經日夜
懇責其心　如被刑罰　此人乃從

鐵地獄來　喜宿臭處　好食麁獘
所著醜陋　從屎獄來　顏色醜惡
口氣麁穢　好讒鬪人　善香獄來
當觀此懇　所從來處　知之遠離
如避劫燒　地獄之相　略說如是
第二畜生相者
文說畜生　受形殊異　專心思察
無造彼緣　語言舒遲　不起瞋恚
謙敬尊長　從象中來　身大臭穢
堪忍寒熱　俾瞋難解　從駝駞來
遠行俾食　不避險難　憶事識真
從馬中來　恩和寬仁　堪履寒熱
所行無記　從牛中來　高聲無愧
多所愛念　不別是非　從驢中來
長幼無畏　常貪美食　衆事不難
從師子來　身長眼圓　游於曠野
憎嫉妻子　從虎中來　毛長眼小
少於瞋恚　不樂一處　從禽中來
性無反覆　喜殺害蟲　獨樂丘塚
從狐中來　少聲勇律　無有婬欲
不愛妻子　從狼中來　不好妙服
伺捕斯非　少眠多怒　從狗中來
身短毛長　饒食睡眠　不喜淨處

從豬中來 毛黃卒暴 獨樂山陵
貪食華果 從獼猴來 多妄强顏
無所畏難 行知反覆 從烏中來
情多色慾 少於分義 心無有記
從鴿中來 所行反戾 强辯耐辱
不孝父母 鸛鵂中來 亦不知法
復不知非 晝夜愚惑 從羊中來
好妄喜談 數親豪族 衆人所愛
鸚鵡中來 所行卒暴 樂人衆中
言語多煩 鸜鵒中來 行步舒緩
意有所規 多害生類 從鸛中來
體小好婬 意不專定 見色心惑
從雀中來 眼赤齒短 語便吐沫
臥則纏身 從蚖中來 語則瞋恚
不察來義 口出火毒 從鵄中來
獨處貪食 聲響喑啞 夜則少睡
從貓中來 穿牆竊盜 貪財偉恐
亦無親疎 從鼠中來 深覩相貌
從畜生來
第三餓鬼相者
身長多懼 以髮纏身 衣裳垢坋
從餓鬼來 淫泆慳貪 嫉彼所得
不好惠施 從餓鬼來 不孝父母

家室大小 動則諍訟 從餓鬼來
不信至誠 所行趣爲 薄力少知
從餓鬼來 聲壞響塞 卒興瞋恚
食便好熱 從餓鬼來 常乏財貨
空貪匱陋 智者所嗤 從餓鬼來
門不事佛 不好聞法 永絕天路
從餓鬼來 不敬妻子 兄弟姊妹
人所憎嫉 從餓鬼來 生則孤寡
無人瞻視 終歸來處 不離宿緣
意志褊狹 不好榮飾 所行醜陋
從餓鬼來 所爲不獲 所作事煩
人所驅逐 從餓鬼來 或事喜敗
不審根元 不受人諫 從餓鬼來
不樂靜處 喜居廁溷 顏貌臭穢
從風神來 身大喜好 喜貪食宍
獨樂神祠 從閱叉來 健瞋含鬬
見物貪著 無有畏忌 從閱叉來
見者毛竪 直前熟視 如似所失
從羅剎來 體陋皮薄 顏色和悅
聞樂喜欣 乾沓和來 意好輕飄
香熏自塗 多諸伎術 乾沓和來
常喜歌儛 男女所侍 先語後笑
甄陀羅來 情性柔輭 曉了時節

能斷滯結 眞陀羅來 此餓鬼相
閱叉羅剎
第四修羅相者
圓眼面方 黃體金髮 盡備伎術
阿須倫來 直前視地 無有疑難
見恐輒擊 阿須倫來 此是須倫
略說其相
第五人相者
知趣所生 所執不忘 曉了事業
從人道來 解諸幻僞 已不爲之
所作平等 從人道來 善惡之言
初不忘失 不信邪僞 從人道來
貪婬慳嫉 執心難捨 盡解方俗
從人道來 信意惠施 解法非法
心不偏彼 從人道來 不失時節
亦不懈怠 恭敬賢聖 從人道來
設見沙門 持戒多聞 下心承事
從人道來 供事諸佛 正法衆僧
隨時聞法 從人道來 聞法能知
聞惡不爲 速還泥洹 從人道來
此是人相 粗說其貌
第六天相者
依須彌山 有五種天 本所造緣

其相不同　腰細腳麁　常喜含笑
智者當察　從曲天來　意好微妙
少於資財　見鬪則懼　從尸天來
身長體白　顏色端正　不好火光
從婆天來　常懷悅豫　聞惡不慊
不從彼受　從樂天來　思惟忍苦
好分別義　慈孝父母　毗沙天來
宿不樂家　喜游林藪　志念女色
從三天來　財寶雖少　生卑賤家
心樂清淨　從三天來　任己自行
所為不剋　望斷願違　從炎天來
意喜他婬　不守己妻　為鬼所使
他化天來　承事父母　常法則義
己短彼受　兜率天來　非道求道
心無恪想　不樂在家　從梵天來
意願性貧　常貪睡眠　亦不解法
無想天來　六趣眾生　各有先本
性行不同　志操殊異

頌曰

善惡相對　凡聖道合　五陰雖同
六道乖法　占候觀察　各知先業
惡斷善修　方能止過

感應緣略引六驗

漢黃頭郎
漢周亞夫
宋劉齡
梁沙門釋琰
梁沙門釋智藏
周居士張元

漢文帝夢將上天而不能有一黃頭郎推而上之顧而見其衣後穿覺之漸臺見黃頭郎鄧通衣後穿即夢中所見也遂有寵貴許負相之當貧餓死乃賜蜀銅山使自鑄錢以資之富半京師文帝病癰通常嗽之帝曰誰最愛我通對曰愛莫若太子使太子嗽而色難之由此含恨文帝崩景帝即位使案通擅鑄盡沒入家財卒窮餓死

漢周亞夫絳侯勃之次子也初許負相之曰君三年而侯五年而相其貴無上然卒以餓死亞夫曰噫吾何緣如此若既大貴又何故餓死負曰不然從理入口餓死法也後三年絳侯世子有罪黜而亞夫襲侯及破吳楚有大功為丞相以忠諫彊直數犯景帝意下獄卒以餓死右二人出漢書

宋劉齡者不知何許人也居晉陵東路城村頗奉法於宅中立精舍一間時設齋集元嘉九年三月二十七日父暴病亾巫祝並云家當更有三人喪亾鄰家有事道祭酒姓魏名亘常為章符誑化村里語齡曰君家衰禍未已由奉明神故也若事大道必蒙福祐不改意者將來滅門齡遂亟延祭酒罷不奉法亘云宜焚去經像災乃當除耳遂閉精舍戶放火焚燒炎熾移日而所燒者唯屋而已經像幡座儼然如故像於中夜又放光赫然時諸祭酒有二十許人亦有懼畏靈驗密委去者亘等師徒猶盛意不止被髮禹步執持刀索云斥佛還胡國不得留中夏為民害也齡於其夕如有人毆打之者頓仆于地家人扶起示餘氣息遂委癵躄不能行動道士魏亘其時體內發疽日出二升不過一月受苦便死自外同伴並皆著癩其鄰人東安太守水丘和傳於東陽無疑時亦多有見者右一人出冥祥記

法苑珠林第六十二　第十九張　總

梁州招提寺有沙門名琰年幼出家初作沙彌時有一相師善能占相語琰師阿師子雖大聰明智慧鋒銳然命短壽不經旬日琰師既聞斯語遂請諸大德共相平論作何福勝得命延長大德荅云依佛聖教受持金剛般若經功德最大若能善持必得益壽琰師奉命入山結志身心受持般若經餘五年既見延年後因出山更見相師相師驚怪便語琰師云比來脩何功德得壽命長琰師具述前意故得如是相師歎之助喜無已琰師於後學問優長善弘經論匡究佛法爲大德住持年逾九十命卒於寺

梁鍾山開善寺沙門智藏俗姓顧氏吳郡吳人也有聖婞工相人爲記吉凶百不失一謂藏曰法師聰辯蓋世天下流名但恨年命不長可至三十一矣時年二十有九聞斯促報於是講解頓息竭誠修道發大誓願不出寺門遂探經藏得金剛般若受持讀誦畢命奉之至所厄暮年以香湯洗浴淨室誦經以待死至俄而聞室

法苑珠林第六十二　第二十張

中聲曰善男子汝往年三十一者是報盡期由般若經力得倍壽矣藏後出山試過前相者乃大驚起曰何因尚在世也前見短壽之相今年一無沙門誠不可相矣藏問今得至幾荅曰色相貴法年六十有餘藏曰五十爲命已爲不夭況復過也乃以由緣告之相者欣然敬服後記畢壽於是江左道俗競誦此經多有徵瑞因藏通感矣以普通三年九月十五日卒於本寺春秋六十有五　右二驗出梁高僧傳

後周時有張元字孝始河北萬城人也年甫十六其祖喪明三年元常憂泣晝夜經行以祈福祐復讀藥師經云盲者得視之言遂請七僧然七燈七日七夜轉讀藥師經每日行道勞人師乎元爲孫不孝使祖喪明今以燈光普施法界祖目見明元求代闇如此殷勤經於七日其夜夢見有一老翁以一金篦療其祖目謂元之曰勿憂悲也三日已後祖目必差元於夢中喜踊無伸遂即驚覺乃更徧告家人小大三日之後祖目果差　右一出國史

法苑珠林卷第六十二　甲辰歲高麗國大藏都監奉勅彫造

法苑珠林卷第六十二

校勘記

一　底本，麗藏本。

一　七一一頁上一行經名，徑作「法苑珠林卷第七十七」。

一　七一一頁上二行撰者，磧、普作「大唐上都西明寺沙門釋道世撰」；南作「唐上都西明寺沙門釋道世撰」；徑作「唐上都西明寺沙門釋道世玄惲撰」；清作「唐西明寺沙門釋道世撰」。卷第六十三、六十五同。

一　七一一頁上三行「祭祠篇第六十九」下，磧、普、南、清有夾註「此有三部」；徑有「之一」二字。

一　七一一頁上四行「占相篇第七十」，徑、清無。

一　七一一頁上五行「祭祠篇此有三部」，磧、普、南、徑、清無。

一　七一一頁上六行「述意部……祭祀部」，徑無。

一七一頁上七行「第一」，徑無。以下部目下序數例同。

一七一頁上一二行「規摹」，磧、普、南、徑、清作「規模」。

一七一頁上一七行「按禮」，磧、南作「後有」。

一七一頁上二一行第五字「由」，磧、普、南、徑、清作「曲」。

一七一頁中三行第二字「壂」，磧、普、南、徑、清作「壑」。

一七一頁中四行「月氏遺影」，磧、普、南、徑、清作「月支遁影」。

一七一頁中九行第一一字「未」，磧、普、南、徑、清作「來」。末行第一一字同。

一七一頁中二二行第九字「舉」，磧、普、南、徑、清作「擧」。

一七一頁下二行第三字「供」，磧、南作「俱」。

一七一頁下八行第四字「王」，磧、普、南、徑、清作「等」。

一七一頁下一四行首字「視」，磧、普、南、徑、清作「待」。

一七二頁上一一行第五字「在」，磧、南、徑、清作「住」。

一七二頁上二二行夾註右第一七字「食」，磧、南無。

一七二頁下二行「然燭」，磧、南作「燈燭」；普、徑作「挺燭」；清作「錠燭」。

一七二頁下三行「盡施甘果」，普作「盡施甘美」；徑、清作「盡世甘美」。

一七二頁下四行第一〇字「佛」，磧、普、南、徑、清無。

一七二頁下七行第一三字「臘」，磧、普、南、徑、清作「蠟」。

一七二頁下一〇行「飲食」，磧、普、南、徑、清作「飯食」。

一七二頁下一四行第一三字「白」，磧、普、南、徑、清作「百」。

一七二頁下二一行第一三字「僧」，磧、普、南、徑、清作「僧僧」。

一七三頁上二〇行第四字「合」，磧、普、南、徑、清無。又第一三字「修」，磧、普、南、徑、清作「備」。

一七三頁中一〇行「空廓」，磧作「沙廓」；普、南、徑、清作「步廊」。一一行同。

一七三頁中二〇行第五字「永」，磧、普、南作「水」；徑、清作「寺」。

一七三頁下二行第一一字「多」，磧、普、南、徑、清作「夕」。

一七三頁下九行「獻佛」，磧、普、南、徑、清作「獻佛不」。

一七三頁下一七行第一一字「不」，磧、普、南、徑、清作「止」。

一七三頁下二一行夾註右「商攉」，磧、南作「商略」；普、徑、清作「商略」。又左「不該」，磧作「不駭」。

一七三頁下末行「沴氣疾病」，磧、普、南、徑、清作「厲氣疫病」。

一七四頁上五行「災氣」，磧、普、南、徑、清作「害氣」。

一七四頁上八行「救命」，磧、普、南、徑、清作「殺命」。

一　一七四頁上一五行第三字「者」，磧、普、南、徑、清作「界」。

一　一七四頁中九行「惨然」，磧、普、南、徑、清作「懆然」。

一　一七四頁中二一行第七字「向」，磧、普、南、徑、清作「荷」。

一　一七四頁下六行第三字「商」，磧、普、南、徑、清作「商」。下同。

一　一七四頁下一二行「莊嚴論」，磧、普、南、徑、清作「大莊嚴論」。

一　一七四頁下一四行「不知」，磧、普、南、徑、清作「不如」。

一　一七四頁下一五行「天祀」，徑、清作「天祠」。

一　一七四頁下二〇行第一二字「祀」，磧、普、南、徑、清作「祠」。次頁上六行第五字磧、南、徑、清同。

一　一七五頁上一〇行「收獲」，磧、普、南、徑、清作「收穫」。

一　一七五頁下一行「普曜經」，磧、普、南、徑、清作「普曜經云」。

一　一七五頁下三行第三字「祠」，磧、南、徑、清作「祝」。

一　一七六頁上二二行「愛貪慳悋」，磧、普、南、徑、清作「慳悋愛貪」。

一　一七六頁中六行第三字「埠」，磧、普、南、徑、清作「塠」。

一　一七六頁中一六行第九字「住」，磧、普、南、徑、清作「任」。

一　一七六頁下一一行「婆沙論」，磧、普、南、徑、清作「婆沙論云」。

一　一七七頁上五行第六字「於」，磧、普、南、徑、清作「求於」。

一　一七七頁上二〇行第一〇字「候」，磧、普、南、徑、清作「後」。

一　一七七頁中四行第五字「接」，普、徑、清作「綏」。

一　一七七頁中五行末字「常」，磧、普、南、徑、清作「恒」。次頁中一二行第四字同。

一　一七七頁下九行「禱祝」，磧、普、南、徑、清作「然禱祀」。

一　一七七頁下一七行「可受」，磧、普作「可愛」。

一　一七七頁下一九行「妖魅」，磧、普、南、徑、清作「魃魅」。

一　一七八頁上一四行「菩提」，磧、普、南、徑、清作「菩薩」。

一　一七八頁上二二行第七字「四」，清作「曰」。

一　一七八頁中八行第五字「推」，磧、普、南、徑、清作「催」。

一　一七八頁中一五行第一一字「亦」，磧、普、南、徑、清作「云」。

一　一七八頁下八行第三字「然」，普、南、徑、清作「自然」。

一　一七八頁下一八行「天祀」，磧、普、南、徑、清作「天祠」。

一　一七九頁上八行「無爽」，至此，徑卷第七十七終，卷第七十八始，並有「祭祀篇第六十九之餘」一行。

一　一七九頁上一一行首字及中七行首字「故」，徑、清無。又「龐亼」，磧、普、南、徑、清作「龐企」；中七行徑、清同。

一　一七九頁上一七行末字「徵」，磧、

普、南、徑、清作「神」。一八行末字、一九行末字同。
一七九頁中二行末字「烹」，磧、普、南、徑、清作「停」。
一七九頁中一四行末字「意」，磧、普、南、徑、清作「竟」。
一七九頁中末行末字「歲」，磧、普、南、徑、清作「歲也」。
一七九頁下五行第三字「云」，磧、普、南、徑、清作「也」。
一七九頁下六行「跳踉」，磧、普、南、徑、清作「挑撻」。
一七九頁下七行第四字「青」，磧、普、南、徑、清作「精」。
一七九頁下八行第一二字「曰」，磧、普、南、徑、清作「自」。
一七九頁下九行「先生」，徑、清作「先主」。
一七九頁下一二行第一〇字「耳」，普、徑、清作「耳痛」。
一七九頁下一三行末字「大」，磧、普、南、徑、清作「火」。

一七九頁下一四行第一〇字「伺」，磧、普、南、徑、清作「祠」。
一七九頁下一五行第五字「官」，磧、普、南、徑、清作「宮」。
一七九頁下二一行第七字「沴」，磧、普、南、徑、清作「厲」。次頁上二行第五字同。
一七九頁下二二行「使者」，磧、普、南、徑、清作「使使者」。
一七九頁下末行第七字「印」，磧、普、南、徑、清無。
一八〇頁上一一行第九字「向」，磧、普、南、徑、清作「兩」。
一八〇頁上一三行第六字「之」，磧、普、南、徑、清無。
一八〇頁上二一行「路人」，磧、普、南、徑、清作「人路」。
一八〇頁中一二行第七字「鐓」，磧、普、南、徑、清作「熬」。下同。
一八〇頁下四行「欣蘢猶子」，磧、普、南、徑、清作「攸蘢攸子」。
一八〇頁下二二行「鉏鉤」，磧、普、南、徑、清作「鋤鈎」，次頁上五行同。

一八一頁上一四行「休然」，徑、清作「怵然」。
一八一頁上一五行第一一字「讚」，磧、普、南、徑、清作「讀」。
一八一頁上一八行「神景」，磧、普、南、徑、清作「神影」。
一八一頁上二一行「淫饗」，磧、普、南、徑、清作「饗」。
一八一頁中七行「未求」，磧、普、南、徑、清作「末求」。
一八一頁中八行「喜之」，磧、普、南、徑、清作「嘉之」。
一八一頁中一五行第六字「寺」，普、南、徑、清作「侍」。
一八一頁中二〇行第五字「閑」，磧、普、南、徑、清作「都」。
一八一頁下六行第四字「忪」，磧、普、南、徑、清作「茫」。
一八一頁下一七行第六字「形」，磧、普、南、徑、清作「刑」。

一八一頁下二一行第一〇字「與」，磧、普、南、徑、清作「盥」。

一八一頁下二二行第三字「毎」，磧、普、南、徑、清作「母」。

一八二頁上七行第四字「有」，磧、南作「可」。又「未知罪耳」，磧、普、南、徑、清作「未加罪伯」。

一八二頁上一六行第五字「陵」，磧、普、南、徑、清無。

一八二頁上一八行「三力士」，磧、南作「三手力」；普、徑、清作「三人」。

一八二頁上一九行「傳教」，普、徑、清作「專使」。

一八二頁上末行「曚然」，磧、普、南、徑、清作「朦然」。

一八二頁中七行第四字「其」，磧、普、南、徑、清作「某」。

一八二頁中八行「同授」，磧、普、南、徑、清作「同受」。又「僧旻」，磧、普、南、徑、清作「僧昊」。

一八二頁中一〇行「九十三」，磧、南作「九十二」。

一八二頁中一五行第四字「中」，磧、普、南、徑、清無。

一八二頁中一七行首字「盛」，磧、南作「威」。又「不敢」，磧、普、南、徑、清作「不能」。

一八二頁中二〇行「燒香」，磧、普、南、徑、清作「燒錢」。又末二字至次行末字「然……此」，磧、普、南、徑、清無。

一八二頁中末行「雨筭」，磧作「雨算」。

一八二頁下七行第六字「撤」，磧、南作「徼」；普、徑作「徹」。

一八二頁下一〇行「天雨」，磧、普、南、徑、清作「大雨」。

一八二頁下一三行首字「牀」，清作「狀」。

一八三頁上一行第九字「憲」，磧、普、南、徑、清作「獻」。

一八三頁上六行第四字「閒」，磧、普、南作「聞」。

一八三頁上八行第七字「倪」，磧、普、南、徑、清作「倪氏」。

一八三頁上二二行夾註「此有二部」，徑無。又小字「述意部引證部」，磧、普、南、徑無。

一八三頁中五行首字「明」，磧、普、南、徑、清作「朔」。

一八三頁中一五行第九字「不」，磧、普、南、徑、清作「乎」。

一八三頁下一行第一二字「石」，磧、普、南、徑、清無。

一八三頁下六行「墮地」，磧、普、南、徑、清作「隨地獄」。

一八三頁下一五行末字「慧」，磧、普、南、徑、清作「道」。

一八四頁上五行第九字「常」，磧、普、南、徑、清作「恒」。一二行第九字、本頁中一〇行第九字、一六行第六字、本頁下一五行第五字、次頁中四行第九字及二二行首字同。

一八四頁上一〇行「喜聞」，磧、

普、南、徑作「喜闘」。

一八四頁上二〇行第一〇字「火」，磧、普、南作「人」。

一八四頁下四行第四字「懇」，磧、普、南、徑、清作「貌」。

一八四頁下一九行第二字「無」，清作「恒」。又第八字「蟲」，磧、普、南、徑、清作「蠱」。

一八五頁上八行第二字「妄」，磧、普、南、徑、清作「忘」。

一八五頁中八行末字「寡」，磧、普、南、徑、清作「裸」。

一八五頁中二二行第八字「侍」，磧、普、南、徑、清作「待」。

一八五頁中末行第三字「羅」，磧、南、徑、清作「中」；普作「由」。

一八五頁下六行第二字「恐」，磧、普、南、徑、清作「怨」。

一八五頁下一三行第二字「娌」，磧、普、南、徑、清作「嫌」。

一八五頁下一七行第九字「下」，磧、普、南、徑、清作「至」。

一八五頁下二〇行第六字「還」，普、南、徑、清作「逮」。

一八六頁上一行第四字「同」，磧、普、南、徑、清作「向」。

一八六頁上一行第九字「常」，磧、普、南、徑、清作「恒」。一三行第九字、一六行第五字、次頁中一三行第一三字同。

一八六頁上六行第四字「受」，磧、普、南、徑、清作「天」。

一八六頁上一三行首字「他」，磧、普、南、徑、清作「從」。

一八六頁上一四行「已短彼受」，磧、普、南、徑、清作「彼短已受」。

一八六頁上二一行「觀察」，磧、普、南、徑、清作「觀容」。

一八六頁中九行「黄頭」，磧、普、南、徑、清無。

一八六頁中一〇行第八字「責」，磧、普、南、徑、清作「賞」。

一八六頁中一三行第九字「愛」，磧、普、南、徑、清作「宜」。

一八六頁中一四行第一四字「崩」，磧、普、南、徑、清作「後崩」。

一八六頁中一九行第一一字「噫」。磧、普、南、徑、清作「嘻」。

一八六頁中末行「忠諫彊直」，磧、普、南、徑、清作「忠蹇疆直」。

一八六頁下一行第二字「意」，磧、普、南、徑、清作「竟」。

一八六頁下六行「事道」，磧、普、南、徑、清作「道士」。

一八六頁下八行第五字「明」，磧、普、南、徑、清作「胡」。

一八六頁下九行第一三字「亟」，磧、普、南、徑、清作「揭」。

一八六頁下一三行首字「㞢」，磧、南作「憕」；普、徑、清作「憧」。

一八六頁下一六行第三字「禹」，徑、清作「偶」。

一八七頁上一六行第九字「工」，磧、普、南、徑、清作「攻」。

一八七頁上末行末字「室」，磧、普、南、徑、清作「空」。

一　一八七頁中四行第一三字「一」，磧、普、南、徑、清作「一事」。

一　一八七頁中一六行末字至次行第三字「勞人師乎」，磧、普、南、徑、清作「作天人師乃云」。

一　一八七頁中二〇行「金篦」，磧、普、南、徑、清作「金錍」。又第一三字「之」，磧、普、南、徑、清無。

一　一八七頁中二二行「喜踊」，磧、普、南、徑、清作「喜躍」。

一　一八七頁中二三行「小大」，磧、普、南、徑、清作「大小」。又夾註左「國史」，磧、普、南、徑、清作「周史」。

一　一八七頁中卷末經名，徑作「法苑珠林卷第七十八」。

法苑珠林卷第六十三

西明寺沙門釋道世撰

祈雨篇第七十一 園菓篇第七十二

祈雨篇(此有四部)

述意部 祈祭部 降雨部 河海部

述意部第一

夫聖道虛寂故能圓應無方以其無方之應故應無不適比以陰陽愆候亢旱積時北墉之禮久申西郊之雨莫應聖上憂兆庶之失業恐稼穡之不登減膳恤刑霄衣旰食精誠格於上下玉帛徧於山川靈液莫霑所雲罕積仰惟慧炬潛曜無幽不燭神功叵測有感必通所以仰憑三寶敷演一乘轉讀微言樹茲大福願法教始開慈雲遐布玄言一闡沛澤遠覃嘉禾連秀於郊原瑞菓偏生於林木衣唯服於八蠶食必資於七穫世界鬱若衆香含生宛如安養無請不諧有祈必應並沐茲定水繼聖智之原闡此愛羅超有無之境也

祈祭部第二

如大雲輪請雨經云佛言若請大雨及止雨法汝今諦聽其請雨主於一切衆生起慈悲心受八戒齋於空露地應張青帳懸十青幡淨治其地牛糞塗場請誦呪師坐青座上若在家人受八戒齋若比丘者應持禁戒皆著清淨衣燒好名香又以末香散法師座應食三種白淨之食所謂牛乳酪及粇米誦此大雲輪品時面向東坐晝夜至心令聲不斷供養一切諸佛復以淨水置新瓶中安置四維隨其財力辦作種種食供養諸龍復以香華散道場中及與四面法座四面各用純新淨牛糞汁畫作龍形(耶舍法師傳云西國土俗以牛能耕地出生万物故以牛糞爲淨梵王帝釋及牛並立神廟以祠之佛隨俗情故用爲淨)東面去座三肘已外畫作龍形一身三頭并龍眷屬南面去座五肘已外畫作龍形一身五頭并龍眷屬西面去座七肘已外畫作龍形一身七頭并龍眷屬北面去座九肘已外畫作龍形一身九頭并龍眷屬其誦呪師應自護身或呪淨水或呪白灰自心憶念以結場界或畫一步乃至多步若水若灰用爲界畔或呪縷繫頸若手若足是呪水灰時散灑頂上若於額上應作是念有惡心者不得入此界場其誦呪者於一切衆生起慈悲心勸請一切諸佛菩薩憐愍加護迴此功德分施諸龍若時無雨讀誦此經一日二日乃至七日音聲不斷亦如上法必定降雨大海水潮可留過限若能具足依此修行不降雨者無有是處唯除不信不至心者

又大雲輪請雨經(一卷)略要云佛告諸大龍王我今當說昔從大悲雲生如來所聞陁羅尼過去諸佛已說威神我今亦當隨順而說利益一切諸衆生故憐愍與樂於未來世若炎旱時能令降雨若水澇時亦令止息疫死險難皆得滅除能集諸龍能令諸天歡喜踊躍能壞一切諸魔境界能令衆生具足安樂即說呪曰

怛經他摩訶若(引)那(引)婆婆(引)薩尼失梨帝殊羅敧彌彌地履荼毗迦囉磨鉢耶囉偣呵怛祢祢波羅摩避囉

闍四尼摩羅求那雞闍蘇栗耶波羅
毗五毗摩嵐伽耶師㗚六婆呵囉婆呵囉七
南無若那一沙伽羅毗盧遮那耶二多
他竭多耶三南無薩婆佛陁四菩提薩
埵毗呵五
又呪曰
怛吒怛吒一帝致帝致二闍畫闍畫三
摩訶摩尼四摩俱吒五毛林達羅尸比
沙六干留必那七三磨羅他八帝利曷
囉怛那地師吒南九跋析囉陁羅薩
埵耶十跋利沙他伊呵閻浮提地畢莎
呵十一
阿婆何夜寐 薩婆那鉗二迷帝羅䫲
埵耶三菩提質哆弗婆鉗寐那四那
羅那羅五祢梨祢梨六奴盧奴盧七
莎呵八
又呪曰
釋迦羅薩埵耶一鉢羅婆羅沙地二
摩訶那伽三伊呵閻浮提畢莎呵四
又呪曰
阿師吒摩迦一薩坻那二鉢囉婆利沙
他三摩呵那伽四伊呵閻浮提畢莎呵五
又大方等大雲經云佛言若有國土
欲祈雨者六齋之日其王應當淨自洗
浴供養三寶尊重讚歎稱龍王名善
男子四大之性可令變易誦持此呪
天不降雨無有是處是經典中有神
呪故爲衆生故三世諸佛悉共宣說
郁究隸 牟究隸 頭坻 比頭坻 陁尼
羯坻 陁那賴坻 陁那僧 塔兮

降雨部第三

如分別功德論云天及龍皆能降雨
何以取別天雨細霧下者是龍雨麁
下者是又阿修羅共天鬬時亦能降
雨有二種有喜雨有瞋雨若雨和調
者是歡喜雨若雷電霹靂者是瞋恚
雨自外雲雨雷電等並如前日月篇說
又增一阿含經云佛言如是世間不
可思議如龍界不可思議云何此雨
爲從龍口出耶若不從龍口出爲從
眼耳鼻身出耶亦不從此出但龍意
所念若念惡亦雨若念善亦雨亦由
根本而作此雨如須彌山腹有天名
曰大力知衆生心之所念亦能作雨
然雨不從彼天口眼耳鼻出也皆由
彼有神力故而作此雨
又華嚴經云佛子譬如大龍隨心降
雨雨不從內亦不從外如來境界亦
復如是隨心所念於念念中出生無
量不可思議智彼諸智慧悉無來處
又言佛子一切大海水皆從龍王心
願所起如來智慧亦復如是悉從大
願力起佛子如來智海無量無邊不
可言說不可思議我說少喻汝今諦
聽佛子此閻浮提內流出二千五百
河水悉入大海俱耶尼內流出五千
河水悉入大海弗婆提內流出八千
四百河水悉入大海鬱單越內流出
一萬河水悉入大海佛子此四天下
內如是二萬五千九百河水悉入大
海佛子於意云何此水多少答言甚
多
佛子復有十光明龍王雨大海中悉
過前水百光明龍王雨大海中復悉
過前如是等八十億龍王各雨大海
展轉過前娑伽羅龍王太子名曰佛
生雨大海中復悉過前
佛子彼十光明龍王所住淵池流入大
海復悉過前百光明龍王所住淵池流

入大海復悉過前如是等廣說乃至
娑伽羅龍王太子所住淵池流入大
海復悉過前
佛子如彼八十億龍王乃至娑伽羅
龍王太子雨大海中及其淵池皆悉
不及娑伽羅龍王所雨大海娑伽羅
龍王所住淵池涌出流入大海倍復
過前波涌流水青琉璃色盈滿大海
涌出有時是故海潮常不失時
佛子如是大海其水無量珍寶無量
衆生無量大地無量佛子於意云何
彼大海水為無量不荅言實介其水
深廣不可為喻佛子如是海水廣
無量於如來無量智海百分不及一
乃至不可為譬但隨所應化為作譬
喻
河海部第四
如新婆沙論云於此贍部洲中有四
大河眷屬各四隨其方面流趣大海
謂即於此贍部洲中有一大池名無
熱惱初彼出四大河一名殑伽二名
信度三名縛蒭四名私多初殑伽河
從池東面金象口出右繞池一帀流
入東海次信度河從池南面銀牛口
出右繞池一帀流入南海次縛蒭河
從池西吠瑠璃馬口出右繞池一帀
流入西海後私多河從池北面頗胝
迦師子口出右繞池一帀流入北海
殑伽大河有四眷屬一名閻母那二
名薩洛瑜三名阿氏羅筏底四名莫
醯信度大河有四眷屬一名毗籢奢
二名謳羅筏底三名設咀荼盧四名
毗咀娑多縛蒭大河有四眷屬一名
筏剌拏二名吠咀剌尼三名防奢四
名屈懸婆私多大河有四眷屬一名
薩梨二名避魔三名捺地四名電光
如是且說有大名者然四大河一一各
有五百眷屬并本合有二千四河隨
其方面流趣大海如是所說二千四
河未入海頃頗有能令不入海不無
如是事假使有人或以神力或以呪
術廣說乃至令不得入聖諦現觀無
有是處
又涅槃經云譬如大海有八不可思
議何等為八一者漸漸轉深二者深
難得底三者同一鹹味四者潮不過
限五者有種種寶藏六者大身衆生
在中居住七者不宿死屍八者一切
萬流大雨投之不增不減
又金剛三昧不壞不滅經云佛言彌
勒當知阿耨大池出四大河此四大河
分為八河及閻浮提一切衆流皆歸大
海以沃焦山大海不增以金剛輪故
大海不減此金剛輪隨時轉故令大
海水同一鹹味
又涅槃經云善男子如殑伽河中有七
衆生一者常没二者暫出還没三者
出已則住四者出已徧觀四方五者徧
觀已行六者行已復住七者水陸俱
行言常没者所謂大魚受大惡業
身重處深是故常没暫出還没者
如是大魚受惡業故身重處淺暫
見光明因光故出重故還没出已住
者謂坻彌魚身處淺水樂見光明故
出已住徧觀四方者所謂錯魚為求
食故徧觀四方是故觀方觀已行者
謂是錯魚遥見餘物謂是可食疾行
趣之故觀已行已復住者是魚趣
已既得可食即便停住故行已復住

水陸俱行者即是龜也（喻七種衆生者如文不煩出述）

頌曰

玄言始開闡　雲霧上昇天　霢霂垂下布
駛雨徧山川　百草俱滋茂　五穀皆熟田
自非慈福力　豈感樂豐年

感應緣（略引二十二驗）

秦時中宿縣有觀亭水神
秦時丹陽縣湖側有梅姑神
漢時夜郎縣水竹王祠有竹節神
漢中平年江水內有蜮含沙射人
漢永昌不韋縣有禁水毒氣
太山之東有澧泉飲用神靈
二華之山當黃河有神擘分流
黃帝時有赤將子轝能隨風雨上下
神農時有赤松子是雨師能服水入火
漢沙門千吉能祈雨將孫策忌害見怪
漢沙門竺曇蓋祈雨有徵
晉沙門僧群隱山感神水飲而不飢
晉廬山釋慧遠以杖掘地感泉涌出
晉沙門于法蘭感涸澗涌水清流
晉沙門涉公能呪龍下鉢中
晉沙門佛圖澄能祈雨白龍二頭見
晉沙門竺曇摩羅剎能呪水枯而更流

宋沙門求那跋陀羅能祈雨應時而降
齊沙門曇超有神請超祈雨有徵
梁安國寺有瑞像放光處有泉涌
唐沙門空藏能祈雨甚有徵應
唐沙門慧瑨山隱無水感神請居得水

秦時有中宿縣千里水觀亭有江神祠壇經過有不恪者必狂走入山變為虎中朝縣民至洛返路見一行旅寄其書曰吾家在觀亭廟前石間懸藤即是也但扣藤自應者乃歸如言果有二人從水中出取書而淪尋還云江伯欲見君此人不覺隨去便覩屋宇精麗飲食鮮香言語接對無異世間也

秦時丹陽縣湖側有梅姑廟姑生時有道術能著履行水上後負道法婿怒殺之投屍於水乃隨流波漂至今廟處鈴下巫人當令殯殮不須墳瘞即時有方頭漆棺在祠堂下晦望之日時見水霧中曖然有著履形廟左右不得取魚射獵輒有迷徑溺沒之患巫云姑既傷死所以惡見殘殺也

漢夜郎縣水竹王祠昔有女子澣於水濱有大節竹流入女足間推之不去有小兒啼聲破之得一男兒長養有才武遂雄夷獠因竹為姓所破之竹棄之於野即生成林王嘗甘止石上作羹無水以劍擊石泉便涌出今竹王水及破石竹林並存漢使唐蒙誘而斬之夷獠怨訴竹王非血氣所育求立嗣太守吳霸表封其三子為侯今猶有竹王節廟（右此三驗出異苑）

漢中平年內有物處于江水其名曰蜮一曰短狐能含沙射人所中者則身體筋急頭痛發熱劇者至死江人以術方抑之則得沙石於肉中詩所謂為鬼為蜮則不可得也今俗謂之谿毒先儒以為南方男女同川而浴淫氣之所生也

漢時永昌郡不韋縣有禁水水有毒氣唯十一月十二月可渡自正月至十月不可渡得病殺人其氣中有惡物不見其形其似有聲如有以所投擊內中木則折中人則害土俗號為鬼彈

太山之東有澧泉其形如井本體是石也欲取飲者皆洗心致跪而挹之則

泉出如流多少足用若或慠慢則泉
縮焉蓋神明之常志者也
二華之山其本一山也當河河水過
之而曲流有神擘而分之以利河流
其手足迹于今存焉故張衡作西京
賦所稱巨靈贔屓高掌遠迹以流河
曲是也
赤將子轝者黃帝時人也不食五穀
而噉百草華至堯時爲木工能隨風
雨上下時時於市門中賣繳亦謂之
繳父
周禮春宗官伯曰禮司命風伯雨師是
也風師其星也雨師畢星也玄謂司
中司命文昌第四第五星也案抱朴
子曰河伯者華陰人以八月上庚日
渡河溺死天帝署爲河伯又五行書
曰河伯以庚辰日死不可治船遠行溺
沒不返
赤松子者神農時雨師也服水玉以
教神農能入火自燒至崐崘山常入
西王母石室隨風雨上下炎帝少女
追之亦得俱去至高辛時復爲雨師
今之雨師本之焉右七條出搜神記

漢孫策既定會稽引兵迎漢帝時道人
于吉在策軍中遇天大旱船路艱澀
策嘗自出督切軍中人每見將士多
在吉所因憤怒曰吾不如吉乎收吉
縛置日中令其降雨如不能者便當
受誅俄頃之間雲雨滂沛未及移時
川澗涌溢時並來賀吉免其死策轉
忿恚意使殺之因是策頗感傷每獨
歸見吉後出射獵爲刺客所傷治療
將差引鏡自窺鏡中見吉顧則無之
如是再三遂撲鏡大噭瘡皆崩裂須
臾而死見冤魂志
漢沙門竺曇蓋秦郡人也眞確有苦
行提鉢振錫行化四輩居于蔣山常
行般舟尤善神呪多有應驗司馬元
顯甚敬奉之衛將軍劉毅聞其精苦
招來姑孰深相愛遇義興五年大旱
陂湖竭涸苗稼焦枯祈祭山川累旬
無應毅乃請僧設齋蓋亦在焉齋畢
躬乘露舫浮泛川溪文武士庶傾州
悉行蓋於中流燔香禮拜至誠慷慨
乃讀海龍王經造卷發音雲氣便起
轉讀將半沛澤四合鑾及釋軸洪雨

滂注畦湖必滿其年以登劉敬叔時
爲毅國郎中令親豫此集自所覩見
晉安羅江縣有霍山其高蔽日上有
石杅面徑數丈杅中泉水深五六尺
經常流溢古老傳云列仙之所游餌
也有沙門釋僧群隱居其山常飲此
水遂以不飢因而絕粒晉安太守陶
蘷聞而求之群以水遺陶出山輒臭
陶於是越海造山于時天景澄朗陶
践山足便風雨晦冥如此者三竟不得
至群所栖菴與泉隔一澗旦夕往還
以一木爲梁後且將渡輒見一折翅
鴨舒翼當梁頭逆唼僧群永不得過
欲舉錫撥之恐其墜死於此絕水飢
而飢卒時傳云年百四十群之將死
爲衆說云年少時嘗打折一鴨翅將
或此鴨因緣之報乎
晉尋陽廬山西有龍泉精舍即慧遠
沙門之所立也遠始南渡愛其區丘
欲創寺宇未知定方遣諸弟子訪履
林澗疲息此地群僧並渴率同立誓
曰若使此處宜立精舍當願神力即
出嘉泉乃以杖掘地清泉涌出遂畜

為治因搆堂宇其後天嘗亢旱遠率諸僧轉海龍王經為民祈雨轉讀未畢泉中有物形如豆蛇騰空而去俄尒洪雨四澍澗過崗畢以有龍瑞故取名焉

晉沙門于法蘭高陽人也十五而出家器識沈秀業操貞整寺于深巖嘗夜坐禪虎入其室因蹲牀前蘭以手摩其頭虎揚耳而伏數日乃去竺護燉煌人也風神情宇亦蘭之次于時經典新譯梵語數多辭句繁蕪章偈不整乃領其旨要刊其游文亦養徒山中山有清澗汲漱所資有採薪者嘗穢其水水即竭涸俄而絕流護臨澗裵回歎曰水若遂竭吾將何資言終而清流洋溢尋復盈澗並武惠時人也支道林為之像讚曰于氏超世綜體玄旨嘉遁山澤仁感虎兕護公澄寂道德淵美微吟空澗枯泉還水右四人出冥祥記

晉長安有涉公者西域人也虛靖服氣不食五穀日能行五百里言未然之事驗若指掌以符堅建元十一年

王長安縣以祕呪呪下神龍每旱堅常請之祝龍俄而龍下鉢中天輒大雨堅及群臣親就鉢觀之咸歎其異堅奉為國神仕庶皆投身接足自是無復炎旱之憂至十六年十二月無病而化堅哭之甚慟卒後七日堅以其神異試開棺視之不見屍骸所在唯有殘被存焉至十七年自正月不雨至于六月堅減饍撤縣以迎和氣至七月降雨堅謂中書朱彤曰涉公若在朕豈焦心於雲漢若是哉此公其大聖乎彤曰斯術幽遠實亦曠古之奇也

晉時佛圖澄博術終古道藝超群晉建武年正月至六月時天大旱石虎遣太子詣臨漳西釜口祈雨久而不降虎令澄自乞即有白龍二頭降於祠所其日大雨方數千里其年大收戎貊之徒先不識法聞澄神驗皆遙向禮拜並不言而化焉

晉長安有竺曇摩羅剎此云法護其先月氏人本姓支氏世居燉煌天性純懿操行精苦篤志好學萬里尋師日誦萬言過目即能是以博覽六經游

心七籍雖世務毀譽未嘗介抱是時晉武之世寺廟圖像雖崇京邑而方等深經蘊在葱外護乃慨然發憤志弘大道遂隨至西域大齎經論還歸中夏沿路傳譯寫為晉文所獲賢劫正法華光讚等一百六十五部孜孜所務唯以弘道為業終身寫譯勞不告惓後隱居深山山有清澗常取澡漱後有採薪者穢其水側俄頃而燥護乃裵回歎曰人之無德遂使清泉輟流水若永竭真無以自給正當移去耳言訖而泉流滿澗其幽誠所感如此故支遁為之像讚云

護公澄寂道德淵美微吟穹谷枯泉漱水邈矣護公天挺弘懿濯足流沙領拔玄致

後立寺於長安青門外精勤行道至於道德化被遐布聲蓋四遠僧徒數千咸共宗事及晉惠西奔關中擾亂百姓流移護與門徒避地東下至澠池遘疾而卒春秋七十有八後孫綽製道賢論以天竺七僧方竹林七賢以量高山巨源

宋大明六年天下元旱禱祈山川累月無驗世祖請求那跋陁羅三藏法師祈雨必使有感如其無獲不須相見跋陁曰仰憑三寶陛下天感冀必降澤如其不獲不復重見即往北湖釣臺燒香祈請不復飲食默而誦經密加祕呪明日晡時西北雲起初如團蓋日在桑榆風震雲合連日降雨明旦公卿入賀勅見慰勞䞋施相續至太宗之世禮供彌隆到太始四年正月覺體不愈臨終之日延佇而望云見天華聖像隅中遂卒春秋七十有五太宗深加痛惜慰賵甚厚公卿會葬榮哀備焉

齊錢塘靈苑山有釋曇超姓張清河人形長八尺容止可觀蔬食布衣一中而已止都龍華寺元嘉末南游始興徧觀山水獨宿樹下虎兕不傷大明中還都至齊太祖即位被勅往遼東弘闡禪道停彼二年大行法化建元末還京俄又適錢唐之靈苑山每一入禪累日不起後時忽聞風雷之聲俄見一人執笏而進稱嚴鎮東通須

臾有一人至形甚端正羽衛連翩下席禮敬自稱弟子居在七里任周此地承法師至故來展東富陽縣人故冬鑿麓山下爲博侵壞龍室群龍共忿作三百日不雨今已一百餘日井池枯涸田種永罷法師既道德通神欲仰屈前行必能感致潤澤蒼生功有歸也超曰興雲降雨本是檀越之力貧道何所能乎神曰弟子部曲止能興雲不能降雨是故相請耳遂許之神脩然而去超乃南行經五日至赤亭山遥爲龍呪願說法至夜群龍悉化作人來詣超禮拜超更說法因乞三歸自稱是龍超請其降雨乃相看無言其夜又與超夢云本因忿立誓法師既導之以善輒不敢違命明日晡時必當降雨超明旦即往臨泉寺遣人告縣令辦船於江中轉海龍王經縣令即請僧浮船石首轉經纔竟遂雲降大雨高下皆足歲以獲收超以永明十年卒春秋七十有四 右五人出梁高僧傳

梁安國寺在秣陵縣都鄉同下里以永明九年起造寺有金銅像一軀高

六寸五分以去天監六年二月八日於寺東房比頭第三間內忽聞音樂聲尒後房主藥王尼所住房牀前時時有光照屋到二十三日於光處忽有泉涌仍見此瑞像隨水而出遠近駭觀咸生隨喜泉既不竭乃累塼爲井井猶存焉 右一見梁京寺記云

唐釋空藏者至貞觀年住京師會昌寺誦經三百餘卷說化爲業游涼川原有緣斯赴昔往藍田負兒山所誦經賷麨六斗擬爲月調乃經三周日噉二升猶不得盡又感神鼎不知何來擔至玉泉寺以爲終焉之地時經元旱泉竭苗焦合寺將散藏乃至心祈請泉即應時涌溢天雨滂沛道俗動色驚嗟不已至貞觀十六年終於會昌還葬山所

唐襄州光福寺釋慧璿姓董氏善通三論涅槃莊老俗書久已洞明由此聲譽攵逸漢南至貞觀二十三年講涅槃經四月八日夜山神告曰法師疾作房宇不久當生西方至七月十四日講盆經竟儼手曰生常信施今須

通散一毫以上捨入十方衆僧及窮獨乞人并諸異道言訖而終法座春秋七十有九初住光福寺居山頂上引汲爲勞將移他寺夜見神人身長一丈衣以紫袍頂禮璿曰奉請住此常講大乘經勿以小乘爲慮其小乘者亦如高山無水不能利人大乘經者猶如大海自止此山多佛出世一人讀誦講說大乘能令所住珍寶光明眷屬榮勝飲食豐饒若有小乘前事並失唯願弘持勿孤所望此山頂寺先無水可得山神曰法師須水此易可得來月八日定當得之自往劍南慈母山大泉請一龍王去也言已不見恰至來期七日初夜大風卒起從西南來雷震雨注在寺北漢高廟下佛堂後百步許通夜相續至明方住唯見清泉香而且美合衆同幸及止此住本龍泉漸竭據斯以驗實感通奇（右此三驗出唐高僧傳）

園果篇第七十二（此有五部）

述意部　引證部　樹果部
損傷部　種子部

述意部第一

竊惟王舍竹園經行是寄靈山石室宴坐斯依淨住徧於十方慈化通於三界所以遠追須達高慕菴羅崇無盡之因造不壞之地興心敬仰福趣玄門起念乖恭業鍾殃炭故覩則發心見便忘返益福生善稱爲伽藍也若有眞心造作縱小得福弘多何况於大若起僞心修造縱大得福尚少何况於小是故行者若欲造作必須依法不得斯僞也

引證部第二

如過去因果經云諸僧伽藍中竹園僧伽藍最爲其心念中本經云羅閱祇國長者迦蘭陁心念可惜我園施與尼揵佛若先至奉佛及僧悔恨前施永爲棄捐大鬼將軍名曰半師知其心念即召閱叉推逐尼揵裸形無恥不應止此尼揵驚怖馳走而去長者歡喜營造精舍施佛及僧

又菩薩藏經云阿難我今於此竹園中轉此菩薩藏經不退轉輪斷一切衆生疑阿難過去諸佛亦皆於此虛空

地令說菩薩藏經阿難所有貪瞋癡衆生入此竹園不發貪瞋癡衆鳥入者非時不鳴萍沙大王與諸婇女入此園中共相娛樂自覺無欲諸女亦尒時王歡喜每作是念願世有佛當以此園奉上於佛佛於中住我當聞法何以故可供養者應住此園非五欲人所應得住是園無有蝱虵蜈蚣蚰蜒毒螫若住其中無復毒心亦是竹園不共功德

又正法念經云若有衆生信心淸淨以園林地施與衆僧令僧受用命終生揵陁羅天天女圍繞百倍縱逸若有衆生以善修意爲遮寒熱造作義屋令人受用命終生常恣意天五欲自娛從天命終若得人身爲王大師

樹果部第三

如立世阿毗曇論云剡浮樹者此樹生在閻浮提北邊在泥民陁羅河南岸是樹株本正州中央從樹株中央取東西角並一千由旬是樹生長具足形容可愛枝葉相覆久住不周一切風雨不能侵入次第相覆高百由旬

下本洪直都無擂節五十由旬方有
枝條樹身徑剌廣五由旬圍十五由
旬其二一枝橫出五十由旬中間亘
度一百由旬周迴三百由旬其菓甘
美無比如細蠭蜜果大如甕其核大
如世閒剡浮子核其上有鳥獸之形
東西枝有子多落閻浮提地少落水
者南枝果子並落閻浮提北枝果子
悉落河中為魚所食樹根悉是金砂
所覆當春雨時下不漏澀夏則不熱
冬無風寒乾闥婆及藥叉神依樹下
住如是之事云何知耶昔王舍城有兩
比丘具神通力共為朋友往看彼樹
遂至樹所見樹果熟墮地自破其一
比丘從其蒂孔探手至甲其最長指
猶不至核牽手而出為果所染手甲
皆赤其果香氣能染人心鼻齅果香
第二比丘問言汝欲食不長老我不
樂食是事者有不可思議是離欲結
最為廣大何以故若人未離欲齅是
香即生心氣乃發顛狂有諸離欲外
人若齅此香退失離欲之地是二比丘
還王舍城說如上事時有一人名曰

長脛本是王種姓拘利氏宿業果報
所得神通若行水中前腳未沒後腳
已移若行草葉草雖未靡便得移步
是人從佛聞說此樹即白佛言我今行
至剡浮樹不答云得至是人禮佛向
北而去度諸山經過七山第七名金
邊山登山頂向北聳身遠望唯見黑
暗怖畏而返佛問汝至剡浮樹不答
言不至佛問汝何所見答曰唯覩黑
暗佛言此黑暗色即剡浮樹是人重
禮佛足右繞三匝更向北行重度前
七山更度後七山又度六大國又度
七大樹林林間有七大河渡是七河
又度訶摩羅林及訶梨勒林乃至剡
浮南枝從南枝上行至北枝是人俯
窺見下水相與常水異澄清洞徹都
無障礙是人思惟我之神通今於此
處得成就不因腳履水手攀樹枝是
腳至水如石即沒於此神通不得成
就此水輕細如酥油浮在水上若以
此水投於彼水即沈如石是人取一
果子還奉世尊佛受此果破為多片
施諸大眾果汁染於佛手佛以此手

磬於山石至今赤色如昔不異澀赤
不燥掌迹分明因昔今果為片故因
名此石為片片巖是時佛化優婁頻
螺迦葉亦取此菓與迦葉是剡浮樹
外有二林形如半月圍繞此樹其內
有林名呵梨勒外名阿摩勒是果熟
時其味最美不辛不苦如細蠭蜜果
形大小如二斛器阿摩勒林南復有七
林七河相間其最北林名曰菴羅次名
剡浮三名娑羅四名多羅五名人林六
名石榴林七名劫畢他林如是諸果不
辛不苦甜如蠭蜜是人林中果形似
人若離欲人食此果者退失禪定其
劫畢他林南有六大國其最南國名
曰高流次名俱臘婆三名毗提訶四
名摩訶毗提訶五名欝多羅曼陁極
北第六名捨喜摩羅耶是六國內人
皆貞良持十善法其獸自死自至人
所乃食其宍是處犛牛其數最多以
其騣尾用覆屋舍其地生麥不須耕
墾是麥熟已無有糠檜是其國人磨
蒸為飯其麥氣味甘美如蜜
又長阿含經云所以名閻浮提者下

有金山高三十由旬由閻浮樹故得名爲閻浮金閻浮樹其果如箄其味如蜜樹有五大枛四面四枛上有一枛其東枛果乾闥和所食其南枛果七國人所食一名拘樓國二名拘羅婆三名毗提四名善毗提五名漫陁六名婆羅七名婆梨其西枛果海蟲所食其北枛果禽獸所食其上枛果星宿天所食

又中阿含經云過去閻浮提人壽八萬歲時有轉輪聖王出世名高羅婆王有樹名善住尼拘類王而有五枝第一枝者王所食及皇后第二枝者太子食及諸臣第三枝者國人民食第四枝者沙門梵志食第五枝者禽獸所食尼拘類樹果大如二升瓶味如淳蜜丸無有護者亦無相偷有一人來飢渴極羸顏色憔悴欲得食果往至樹王所飽噉果已毀折其枝持果歸去尼拘樹王有一天依而居之彼作是念閻浮洲人異哉無恩無有反復我寧令樹無果即不生果復有一人飢渴極羸欲得噉果往詣樹所見樹無果即往詣高羅婆王所白曰天王當知善住尼拘樹王無果王聞已如力士屈申臂頃至三十三天住帝釋前白曰拘翼當知尼拘樹王不生果於是帝釋及高羅婆王如力士屈申臂頃至善住尼拘類樹不遠而住化作大水暴風雨已拔根倒豎於是樹王居止枝天因此故憂苦愁感啼泣垂淚在帝釋前立帝釋問曰何意啼泣彼天白曰當知大水暴風雨拔根倒豎願善住尼拘類樹王還復如本於是天帝復化作大水暴風雨已令尼拘樹王即復如故

又華嚴經云雪山頂有藥王樹名非從根生非不從根生縱廣六百八十萬由旬下極金剛際此樹生根時閻浮提樹一切根生若生莖時及枝葉華菓時閻浮提樹一切悉生枝葉華菓其樹根能生莖莖能生根是故名曰不從根生非不從根生於一切處悉能生長唯除地獄深坑及水輪中不得生長耳

又雜阿含經云昔者有王名拘獵國中有樹名善波提桓五百六十里圍下根周帀八百四十里高四千里枝四布帀二千里樹有五果道有五面一面者國王與宮內諸婇女共食二面者大臣百官皆共食之三面者人民共食之四面者諸釋道士共食之五面者飛鳥禽獸共食之果如升瓶其味甜如蜜樹無守者果亦不相侵時人壽八萬四千歲有九種病一寒二熱三飢四渴五大便六小便七愛欲八食多九年老女人年五百歲亦乃行嫁（此同彌勒佛出世時也）

損傷部第四

如僧祇律云佛在世時有闡陁比丘須木造房有薩羅林樹便往伐之持用成房尒時林中有鬼神依止此林語闡陁言莫斫是樹令我小弱男女暴露風雨無所依止闡陁答言死鬼促去莫住此中誰喜見汝即便伐之時此鬼神即大啼哭將諸兒子詣世尊所佛知而故問汝何以啼哭答言世尊尊者闡陁伐我林樹持用作房我男女大小風雨暴露當何所依尒時世尊爲此鬼神隨順說法憂苦即

除去佛不遠便有林樹世尊指授令得住止佛呵闍陁已如來一宿住止是處左右有樹木與人等者便為塔廟是故神祇樂來依止云何惡口罵之

又四分律佛亦不許斫神樹斫者得突吉羅罪

又正法念經云若有衆生持戒離於邪見見人斫伐鬼神大樹夜叉羅剎之所依止其人擁護令不斫伐此諸鬼神不惱害人依樹受樂無樹則苦此人命終生歡喜天與衆天女歡娛受樂從天命終若得人身安隱巨富

又毗尼母經云有五種樹比丘不得斫伐一菩提樹二鬼神樹三閻浮提樹四阿私陁樹五屍陁林樹若比丘為三寶種三種樹一者果樹二者華樹三者葉樹此但有福無過有比丘樹上安居縛木作牀即不下樹放便利樹下此樹有大鬼忿瞋打此比丘殺佛言從今已去不聽比丘樹上安居樹下便利有五種樹不得斫一菩提樹二神樹三路中大樹四屍陁林樹五尼拘陁樹若佛塔壞若僧伽藍壞為木火燒得斫四種除菩提樹有五種樹應得受用一者火燒二者龍火燒三者自乾四者風吹來五者水漂如是等樹得受用

種子部第五

如長阿含經云有何因緣世間有五種子有大亂風從不敗世界吹種子來生此國一者根子二者莖子三者節子四者虛中子五者子子是為世間有五種子出

又起世經云有何因緣有五種子世間出現佛告比丘若於東方有諸世界或成已壞或壞已成或成已住南西北方成壞及住亦復如是尒時有阿那毗羅大風別於他方成住世界吹五種子散此界中散已復散乃至大散所謂根子莖子節子振子子子此為五子閻浮樹果大如摩伽陁國一斛之甕擿其果時汁隨流出色白如乳味甘如蜜閻浮樹果隨所出生有五分益謂東南西方上下二方東方生者諸揵闥婆皆共食之南方生者為七大聚落人民所食何者為七一名不正嗽二名嗽嗼三不正體四賢五善賢六牢七勝西分生者金翅鳥等所共食之上分生者虛空夜叉皆共食之下分生者海中諸蟲皆來取食

又觀佛三昧經云佛言雪山有樹名殃伽陁其果甚大其核甚小推其本末從香山來以風力故得至雪山益冬盛寒羅剎夜叉在山曲中屏猥之處糞穢不淨盈流于地猛風吹雪以覆其上漸漸成墪五卜由旬因糞力故此果得生根莖枝葉華實滋茂春陽三月八方同時皆悉風起消融氷雪唯果樹在其果形色閻浮提果無以為譬其形團圓滿半由旬婆羅門食即得仙道五通具足壽命一劫不老不死凡夫食之向得四沙門果三明六通無不悉備有人持種至閻浮提糞壤之地然後乃生高一多羅樹樹名拘律陁果名多勒大如五升瓶人有食者能除熱病

又涅槃經云佛言善男子雪山有草名曰忍辱牛若食之則成醍醐

頌曰

祇園感神央　鹿苑化拘隣
聖人居福地　賢士樂山淵
乍聞千葉現　時動百華鮮
香草皆滿地　靈芝徧房前
甘池流八水　神井涌九泉
華幡高飄颺　應感下飛仙
鳥弄千聲囀　人歌百福田
感哉茲勝處　誰見不留連

感應緣 略引十二驗

周隱王二年地暴長
夏秦周漢時山亾
漢哀帝時有靈樹變
漢建昭五年有大槐樹變
漢靈帝有二樗樹變
漢光和年時有靈草變
晉永嘉年時有偃鼠出怪
吳先主時有靈樹出變
吳時太守郡境有靈槎怪
太古之時有女馬皮變爲蠶蟲
宋沙門釋僧瑜亾後房內生雙桐樹
唐王玄策西國行傳有金山

周隱王二年四月齊地暴長長丈餘高一尺五寸京房易妖曰地長四時暴占

春夏多吉秋冬多凶歷陽之郡一夕淪入地中而爲澤水今麻湖是也不知何時運斗樞曰邑之論陰呑陽不相屠

夏桀之時厲山亾秦始皇之時三山亾周顯王三十二年宋大丘社亾漢昭帝之末陳留昌邑社亾京房易傳曰山默然自移天下有兵社稷亾也故會稽山陰琅邪中有怪山世傳本瑯琊東武山也時天夜風雨晦冥旦而見此山在焉百姓怪之因名怪山時東武縣山亦一夕自亡去識其形者乃知其移來今怪山下見有東武里蓋記山所自來以爲名也又交州脆州山移至青州凡山徙皆不極之異也此二事未詳其世尚書金縢曰山徙者人君不用道士賢者不興或祿去公室賞罰不由君私門成群不救當爲易世變號說曰善言天者必質之於人天有四時五行日月相推寒暑迭代其轉運也和而爲雨怒而爲風散而爲露亂而爲霧凝而爲霜雪立爲虹蜺此天地之常數也若四時失運寒

暑乖違則五緯盈縮星辰錯行日月博蝕彗孛流飛此天地之色候也此寒暑不時天地烝否也故名立土踊天地之瘤贅也山崩地陷天地之癰疽也衝風暴雨天地之奔氣也雨澤不降川瀆涸竭天地之焦枯也

漢哀帝建平三年零陵有樹量地圍一丈六尺長一十四丈七尺民斷其本長九尺餘皆枯三月樹本自立故處汝南平陽遂鄉有樹博地生枝葉如人形身青黃色面白頭鬚稍長六寸一分京房易傳曰王德欲衰下人將起則有木生爲人狀其後有王莽之篡

漢建昭五年兗州刺史浩賞禁民私所立社山陽橐鄉社有大槐樹吏伐斷之其夜樹復立故處說曰凡斷枯復起皆廢而復興之象也是世祖之應耳

漢靈帝熹平三年右校別作中有兩樗樹皆高四尺其一株宿昔暴長長一丈餘麤大一圍作胡人狀頭目鬢鬚備具其五年十月正殿作有槐樹皆六十圍自拔倒竪根上枝下其於洪範皆

爲木不曲直中平正長安城西北六七
里有空樹中有人面生鬚
漢光和七年陳留濟陰東郡宛句離
祇界中草生作人狀操持兵弩牛馬
龍蛇鳥獸之所白黑各如其色羽毛
頭目足翅皆具非但髣髴像之尤純
舊說曰近草妖也是歲有黃巾賊起
漢遂微弱吳五鳳元年六月交阯稗
草化爲稻
晉永嘉五年十一月有偃鼠出延陵
郭璞筮之遇臨之益曰此郡東縣當
有妖人欲搆制者尋亦自死矣
吳先主時陸敬叔爲建安太守使人
伐大樹下數斧忽有血出至樹斷有
一物人頭狗身從樹穴中出走叔曰
此名彭侯烹而食之其味如狗
葛祚字元先丹陽句容人也吳時作
衡陽太守郡境有大查橫水能爲妖
怪百姓爲之立廟行旅必過要禱祠
查查乃沉沒不者查浮則船爲破壞
祚將去官乃大具斤斧之屬將伐去
之明日當至其夜廟侯及左右居民
聞江中洶洶有人聲非常咸怪之旦

往視查移去沿流流下數里駐在灣
中自此行者無復沈覆之患衡陽人
美之爲祚立碑曰正德所禳神等爲
移
尋舊說云太古之時有大人遠征家
無餘人唯有一男一女牡馬一匹女
親養之窮居幽處思念其父乃戲馬
曰尒能爲我迎得父還吾將嫁汝既
承此言馬乃絶韁而去徑至父所父
見馬驚喜因取而乘之馬望所自來
悲鳴不息父曰此馬無事如此我家
得無有故乎乃亟乘以歸爲畜生有
非常之情故厚加芻養馬不肯食每
見女出入輒喜怒奮擊如此非一父
怪之密以問女女具以告父必爲是
故也父曰勿言恐辱家門且莫出入
於是伏弩射而殺之曝皮於庭父行女
與隣女之皮所戲以足蹴之曰汝是畜
生而欲取人爲婦耶招此屠剥如何
自苦言未及竟馬皮蹶然而起卷女
以行隣女忙怕不敢救之走告其父
父還求索已出失之後經數日得於
大樹枝間女及馬皮盡化爲蠶而績

於樹上其繭綸理厚大異於常蠶隣
婦取而養之其收數倍因名其樹曰
桑桑者喪也由斯百姓競種之今世
所養是也言桑蠶者是古蠶之餘類
也案天官辰爲馬星蠶書曰月當大
火則浴其種是蠶與馬同氣也周禮
教人職掌禁原蠶者注云物莫能兩
大禁原蠶者爲其傷馬也漢禮皇后
親採桑祀蠶神曰苑窳婦人寓氏公
主公主者女之尊稱也苑窳婦人先
蠶者也故今世或謂蠶爲女兒者古
之遺言也 右此十驗出搜神記
宋釋僧瑜吳興餘杭人本姓周氏弱
冠出家號有神理精修苦業始終不
渝元嘉十五年游憩廬山同侶有曇
溫慧光等皆勵操貞素俱尚幽棲乃
共築架其山之陽今招隱精舍是也
瑜常以爲結溺三途情形故也情將
盡矣形亦宜殞藥王之轍獨何云遠
於是屢發言誓始契燒身四十有四
孝建二年六月三日將就本志道俗
赴觀車騎塡接瑜率衆行道訓授與
戒尒旦密雲將雨瑜乃慨然發誓曰

法苑珠林卷第六十三　第四十張　諷

若我所志克明天當清朗如其與誠
無感便宜滂澍使此四輩知神應之
無昧也言已頃之雲景明霽及焚熖
交至合掌端一有紫氣騰空別表煙
外稜暑乃歇後旬有四日瑜所住房
裏雙桐生爲根枝豐茂巨細如一貫
擴直竦遂成鴻樹理識者以爲娑羅
寶樹剋炳泥洹瑜之庶幾故見斯證
因號曰雙桐沙門吳郡張辯時爲平
南長史親覩其事具爲傳讚云（出冥祥記）
從吐蕃國向雲山南界至屈露多悉
立等國云從此驛北行可以九日有一
寶山山中土石並是黃金有人取者
即獲殃咎（出王玄策西國行傳）

法苑珠林卷第六十三

甲辰歲高麗國大藏都監奉
勅彫造

法苑珠林卷第六十三

校勘記

一　底本，麗藏本。
一　九四頁上一行經名，[徑]作「法苑珠林卷第七十九」。
一　九四頁上三行「祈雨篇第七十一」下，[磧]、[普]、[南]、[徑]、[清]有夾註「此有四部」。又「園果篇第七十二」，[徑]無。
一　九四頁上四行「祈雨篇此有四部」，[磧]、[普]、[南]、[徑]、[清]無。
一　九四頁上五行至六行「述意部……河海部」，[徑]無。
一　九四頁上七行「第一」，[徑]無。以下部目下序數例同。
一　九四頁上一二行「恤刑」，[磧]、[南]作「卹利」。又「霄衣」，[磧]、[普]、[南]作「霄輿」；[徑]、[清]作「宵輿」。
一　九四頁上一七行第一三字「覃」，[磧]、[南]作「潭」。
一　九四頁上一八行「郊原」，[磧]、[普]、[南]、[徑]、[清]作「原野」。
一　九四頁上二一行第九字「繼」，[磧]、[普]、[南]、[徑]、[清]作「絕」。
一　九四頁中一三行第二字「力」，[磧]、[普]、[南]、[徑]、[清]無。
一　九四頁下一七行「降雨」，[磧]、[普]、[南]、[徑]、[清]作「淨雨」。
一　九四頁下二〇行「即說」，[磧]、[普]、[南]、[徑]、[清]作「而說」。
一　九五頁上一二行與一三行之間，[磧]、[普]、[南]、[徑]、[清]有「又呪曰」一行。
一　九五頁中一二行首字「雨」，[磧]、[普]、[南]、[徑]、[清]作「雨雨」。
一　九五頁中一三行「雷電」，[磧]、[普]、[南]、[徑]、[清]作「興雷電」。
一　九五頁中一八行「眼耳」，[磧]、[普]、[南]、[徑]、[清]作「龍眼」。
一　九五頁下一〇行第一一字「流」，[磧]、[南]作「河」。
一　九六頁上八行第三字「波」，[南]、[清]作「彼」。
一　九六頁上二一行第三字「初」，

磧、普、南、徑、清作「初從」。

一　一九六頁中三行「池西」，磧、普、南、徑、清作「池西面」。

一　一九六頁中九行「設咀」，徑、清作「設呾」。

一　一九六頁中一〇行「咀娑」，磧、普、南、徑、清作「呾婆」。

一　一九六頁中一一行「吠咀」，徑、清作「吠呾」。

一　一九六頁中一二行「屈愍」，磧、普、南、徑、清作「屈慤」。

一　一九六頁中一六行第五字「趣」，磧、普、南、徑、清作「越」。

一　一九六頁下一〇行「殑伽河」，磧、普、南、徑、清作「恒河」。

一　一九六頁下一九行第六字「四」，磧、普、南、徑、清無。又「錯魚」，普、徑、清作「鯌魚」，二一行同。

一　一九七頁上四行「山川」，磧、普、南、徑、清作「山園」。

一　一九七頁上七行第二字「時」，徑、清無。八行第二字、九行第二字同。

一　一九七頁上一〇行第九字「蛾」；磧、普、南、徑、清作「蜮」。

一　一九七頁上一一行「永昌」，磧、普、南、徑、清作「永昌郡」。

一　一九七頁上一三行「神箄」，磧、普、南、徑、清作「神排」。次頁上四行同。

一　一九七頁上一五行第五字「赤」，磧、普、南無。

一　一九七頁上一六行「千吉」，徑、清作「于吉」。

一　一九七頁上二二行末字「見」，磧、普、南、徑、清作「顯」。

一　一九七頁中二行第五字「超」，磧作「起」。第九字同。

一　一九七頁中七行第六字「恬」，磧作「格」；普、南、徑、清作「恪」。

一　一九七頁中九行「懸藤即是」，磧、普、南、徑、清作「懸騰馬是」。

一　一九七頁中一〇行「扣藤」，磧、普、南、徑、清作「扣騰」。又「乃歸」，磧、普、南、徑、清作「乃歸之」。

一　一九七頁中一七行第四字「當」，磧、普、南、徑、清作「常」。

一　一九七頁中二二行第八字「祠」，磧、普、南、徑、清作「祠者」。

一　一九七頁下五行第九字「存」，磧作「有」。

一　一九七頁下一二行「術方抑之」，磧作「行方仰之」。又「鹵中」，磧、普、南、徑、清作「肉[illegible]」。

一　一九七頁下一三行第四字「域」，磧、普、南、徑、清作「蜮」。

一　一九七頁下一四行末字「塗」，普、南、徑、清作「濕」。

一　一九八頁上一行「慠慢」，磧、普、南、徑、清作「汙漫」。

一　一九八頁上六行「贔屓」，磧、南、徑、清作「贔屭」。

一　一九八頁上一二行「春宗官伯」，磧、南作「春官宗百」；普、徑、清作「春官宗伯」。

一　一九八頁中八行第一二字「傷」，磧、普、南、徑、清作「常」。

一　一九八頁中一四行「提鉢」，南、徑、清作「持鉢」。又「行化」，磧、南、徑、清作「取給」。
一　一九八頁中二一行「燔香」，磧、普、南、徑、清作「焚香」。
一　一九八頁下四行第二字「杅」，磧、普、南、徑、清作「杵」。第七字同。
一　一九八頁下八行首字「夔」，磧、普、南、徑、清作「憂」。
一　一九八頁下一二行第七字「且」，磧、普、南、徑、清作「旦」。
一　一九八頁下一八行「尋陽」，徑、清作「潯陽」。
一　一九八頁下末行「嘉泉」，磧、普、南、徑、清作「佳泉」。
一　一九九頁上一行第二字「治」，普、徑、清作「池」。又第六字「宇」，磧、普、南、徑、清作「于」。
一　一九九頁上三行第八字「豆」，磧、普、南、徑、清作「巨」。
一　一九九頁上四行「澗過離畢」，磧、普、南、徑、清作「高下普霑」。

一　一九九頁上四行末字至次行「故取名焉」，磧、南作「取名焉」；徑、清作「故名焉」。
一　一九九頁上九行「揚耳」，磧、普、南、徑、清作「奮耳」。
一　一九九頁上一三行「清澗」，磧、普、南、徑、清作「清潤」。
一　一九九頁上末行「抵掌」，磧、普、南、徑、清作「指掌」。
一　一九九頁中五行末字「病」，磧、普、南、徑、清作「疾」。
一　一九九頁中九行「撒縣」，磧、普、南、徑、清作「徹懸」。
一　一九九頁中一五行「釜口」，磧、普、南、徑、清作「谷口」。
一　一九九頁下七行「弘道」，磧、普、南、徑、清作「弘通」。
一　一九九頁下八行第一二字「常」，磧、普、南、徑、清作「恒」。
一　一九九頁下一四行「穹谷」，南、徑、清作「窮谷」。
一　一九九頁下一六行第三字「玄」，磧、普、南、徑、清作「云」。

一　一九九頁下末行「量高」，磧、普、南、徑、清作「護近」。
一　二〇〇頁上四行「天感」，磧、普、南、徑、清作「天威」。
一　二〇〇頁上五行末字「湖」，磧、普、南、徑、清作「潮」。
一　二〇〇頁上一四行首字「榮」，磧、南作「瑩」。
一　二〇〇頁上一七行第四字「而」，磧、普、南、徑、清作「初」。
一　二〇〇頁上二〇行第四字「闠」，磧、普、南、徑、清作「贊」。
一　二〇〇頁上二一行「錢唐」，南、徑、清作「錢塘」。
一　二〇〇頁上末行「東通」，徑、清作「陳通」。
一　二〇〇頁中三行第九字「東」，磧、普、南、徑、清作「束」。
一　二〇〇頁中四行第七字「博」，磧、普、南、徑、清作「塼」。
一　二〇〇頁中一〇行末字「脩」，磧、

普、南、徑、清作「傖」。

一 二〇〇頁中一九行第七字「石」，磧、普、南、徑、清作「啓」。又末字「雲」，磧、普、南、徑、清作「興雲」。

一 二〇〇頁下二行「比頭」，磧、普、南、徑、清作「北頭」。

一 二〇〇頁下一一行「六升」，磧、普、南、徑、清作「六㪷」。又「月調」，磧、普、南、徑、清作「月粮」。

一 二〇一頁上一四行「言已」，磧、普、南、徑、清作「言訖已」。

一 二〇一頁上一五行第三字「期」，磧、普、南、徑、清作「月」。

一 二〇一頁上二〇行夾註右第二字「驗」，磧、普、南、徑、清無。

一 二〇一頁上二一行「園果篇第七十二」，徑作「園果篇第七十二之一」。又「此有五部」，徑無。

一 二〇一頁上二二行至末行「述意部……種子部」，徑無。

一 二〇一頁中一四行「心念」，磧、普、南、徑、清作「始又」。

一 二〇一頁下六行第二字「此」，磧、普、南、徑、清無。

一 二〇一頁下八行「蜃虺」，磧、普、南、徑、清作「虺虵」。

一 二〇一頁下一八行「剡浮」，磧、普、南、徑、清作「閻浮」。下同。

一 二〇一頁下一九行「閻浮提」，磧、普、南、徑、清作「閻浮提地」。

一 二〇二頁上五行末字「大」，磧、普、南、徑、清作「大小」。

一 二〇二頁上一〇行第一〇字「澀」，磧、普、南、徑、清作「濕」。

一 二〇二頁上一五行第七字「探」，磧、普、南、徑、清作「授」。

一 二〇二頁中九行「不至」，磧、南、徑、清作「不到」。

一 二〇二頁下一行「澀赤」，磧、普、南、徑、清作「濕赤」。

一 二〇二頁下二行第一二字「片」，磧、普、南、徑、清作「片片」。

一 二〇二頁下六行末字「孰」，磧、普、南、徑、清作「熟」。

一 二〇二頁下一八行「貞良」，磧、普、南、徑、清作「貞善」。

一 二〇二頁下二〇行「髮尾」，磧、普、南、徑、清作「髦尾」。

一 二〇三頁上二行第一二字「簟」，磧、普、南、徑、清作「簞」。

一 二〇三頁中七行「倒豎」，磧、普、南、徑、清作「倒樹」。一一行同。

一 二〇三頁中八行第五字「枝」，磧、普、南、徑、清作「樹」。

一 二〇三頁中一九行第五字「莖」，磧、普、南、徑、清無。

一 二〇三頁下一一行夾註左「時也」，至此，徑卷第七十九終，卷第八十始，並有「園菓篇第七十二之餘」一行。

一 二〇三頁下一四行「林樹」，磧、普、南、徑、清作「樹林」。

一 二〇三頁下一六行第九字「今」，磧、普、南、徑、清作「令」。

一 二〇三頁下一八行首字「促」，磧、普、南、徑、清作「速」。

一　二〇三頁下二二行「曝露」，磧、普、南、徑、清作「漂露」。

一　二〇四頁上二一行第一〇字「斫」，磧、普、南、徑、清作「破」。

一　二〇四頁中一行首字「木」，磧、普、南、徑、清作「水」。

一　二〇四頁下七行「益冬」，磧、普、南、徑、清作「孟冬」。

一　二〇五頁上一行「神夾」，普、徑作「神來」。

一　二〇五頁上二行「山淵」，磧、普、南、徑、清作「山園」。

一　二〇五頁上六行「飄颺」，磧、普、南、徑、清作「颻颺」。

一　二〇五頁中三行「斗樞」，磧、普、南、徑、清作「升樞」。又末字「不」，磧、普、南、徑、清作「下」。

一　二〇五頁中四行「相屠」，磧、普、南、徑、清作「相屠焉」。

一　二〇五頁中一一行「此山」，磧、普、南、徑、清作「武山」。又「名怪山」，磧、普、南、徑、清作「名曰怪山」。

一　二〇五頁中一六行「金滕」，普、徑、清作「金縢」。

一　二〇五頁中一七行第一一字「興」，清作「與」。

一　二〇五頁中末行「虹蜺」，磧、普、南、徑、清作「蚳蜺」。

一　二〇五頁下二行首字「博」，徑、清作「薄」。又第一二字「候」，磧、普、南、徑、清作「診」。

一　二〇五頁下三行第七字「亟」，磧、普、南、徑、清作「承」。又第一一字「名」，磧、普、南、徑、清作「石」。

一　二〇五頁下四行「痤瞀」，磧、普、南、徑、清作「痤贅」。

一　二〇五頁下一一行第一〇字「稍」，磧、普、南、徑、清作「梢」。

一　二〇五頁下一九行第九字「核」，磧、普、南、徑、清作「校」。次頁下二行第七字同。

一　二〇五頁下二〇行第三字「皆」，磧、普、南、徑、清無。

一　二〇五頁下二二行第九字「作」，磧、普、南、徑、清作「側」。

一　二〇六頁上一行第八字「正」，磧、普、南、徑、清作「又」。

一　二〇六頁上三行末三字至次行首字「寃句離祇」，磧、普、南、徑、清作「寃句離狋」。

一　二〇六頁上六行「皆具」，磧、普、南、徑、清作「皆備」。

一　二〇六頁上一二行第六字「制」，磧、普、南、徑、清作「剬」。

一　二〇六頁上一七行「元先」，磧、普、南、徑、清作「亢先」。

一　二〇六頁上一八行第九字「查」，磧、普、南、徑、清作「槎」。下至本頁中一行第三字同。

一　二〇六頁上二〇行第七字「者」，磧、普、南、徑、清作「著」。

一　二〇六頁上二二行第九字「堡」，磧、普、南、徑、清作「保」。

一　二〇六頁中二行第八字「沈」，磧、南無；普、徑、清作「傾」。

一二〇六頁中三行「正德」，磧、普、南、徑、清作「政德」。

一二〇六頁中六行「牡馬」，磧、普、南、徑、清作「壯馬」。

一二〇六頁中一四行第九字「擊」，磧、普、南、徑、清作「繫」。

一二〇六頁中一八行第四字「之」，磧、普、南、徑、清作「於」。

一二〇六頁下五行「天宮」，磧、普、徑作「天官」。

一二〇六頁下七行末字「雨」，磧、普、南、徑、清作「兩」。

一二〇六頁下一一行末字「古」，磧、普、南、徑、清作「是古」。

一二〇六頁下一四行第五字「有」，磧、普、南、徑、清作「爲」。

一二〇六頁下一九行第六字「殞」，磧、普、南、徑、清作「損」。

一二〇六頁下末行「尒旦」，磧、普、南、徑、清作「爾日」。

一二〇七頁上一行第一二字「其」，磧、普、南、徑、清無。

一二〇七頁上七行首字「櫰」，磧、南作「攘」；普、徑、清作「棖」。

一二〇七頁上一一行「雲山」，磧、普、南、徑、清作「雪山」。

一二〇七頁上卷末經名，徑無（未換卷）。

法苑珠林卷第六十四

西明寺沙門釋道世撰

漁獵篇第七十三

慈悲篇第七十四

漁獵篇 此有二部

述意部第一

敬尋如來設教深尚仁慈禁戒之科殺害為重眾生貪濁愛憙己身刑害他命保養自軀由著滋味漁捕百端貪彼甘肥罝羅萬種或擎鷹放犬冐涉山丘擁劍提戈穿窬林藪或垂綸河海布網江湖香餌釣魚金丸彈鳥遂使輕鱗殞命弱羽摧年穴罷新胎巢無舊卵既窮草澤命侶游歸於是脂消鼎鑊宍碎枯形識附羹中寬依膾裏何期已身可重彼命為輕遂喪彼身形養已軀命止存口腹不顧酸傷但為庖廚橫加屠割致使怨家讎隙徧在其中債主逐隨滿於空界不善業相以自莊嚴諸惡律儀無時暫捨菩薩為此殷眉大士由茲救濟但惟四生遞受六道輪迴或此身怨府昔是至親曩世怨交今成疎友改形易貌不復相知彼沒此生何由可測但慈悲之道救拔為先菩薩之懷愍濟為用常應徧游地獄代其受苦廣度眾生施以安樂也

引證部第二

如涅槃經云有十六惡律儀何等十六一者為利餧養羔羊肥已轉賣二者為利買已屠殺三者為利餧養猪豚肥已轉賣四者為利買已屠殺五者為利餧養牛犢肥已轉賣六者為利買已屠殺七者為利養雞令肥肥已轉賣八者為利買已屠殺九者釣魚十者獵師十一者劫奪十二者魁膾十三者網捕飛鳥十四者兩舌十五者獄卒十六者呪龍能為眾生永斷如是十六惡業是名修戒

又雜阿毗曇心論云有十二種住不律儀一屠羊二養雞三養猪四捕鳥五捕魚六獵師七作賊八魁膾九守獄十呪龍十一屠犬十二伺獵屠羊者謂殺羊以殺心若養若賣若殺悉名屠羊養雞養猪亦復如是捕鳥者若殺鳥自活捕魚獵師亦皆如是作賊者常行劫害魁膾者主殺人自活守獄者以守獄自活呪龍者習呪龍蛇戲樂自活屠犬者旃陀羅伺獵者王家獵主

又對法論云不律儀業者何等名為不律儀者可謂屠羊養雞養猪捕鳥捕魚獵鹿罝兔劫盜魁膾害牛縛象立壇呪龍守獄讒搆好為損等屠羊者為欲活命屠養買賣如是養雞猪等隨其所應縛象者常處山林調執野象立壇呪龍者習呪龍蛇戲樂自活讒搆者以離間語毀壞他親持用活命或由生彼種姓中或由受持彼事業者謂即生彼家若生餘家如其次第所期現行彼業決定者謂身語方便為先決定要期現行彼業是名不律儀業

又出曜經云南海卒涌驚濤浸灌有三大魚流入淺水自相謂言我等厄此及漫水未減宜可逆上還歸大海復礙水舟不得越過第一魚者盡力跳舟得度次魚復憑草獲過其第三魚氣力消竭為獵者得之佛見而說

偈曰
是日已過　命則隨減　如魚少水
斯有何樂
又菩薩本行經云波斯匿王有一大
臣名曰師質財富無量應時得度時
舍利弗為說經法師質聞法不慕榮
貴求欲出家便以居業盡以付弟剃
頭鬚髮而著袈裟便入深山坐禪行
道其婦愁憂思念前夫不順後夫
其弟見嫂思念恐兄反戒還奪基
業便語賊師雇汝五百金錢斫彼沙
門頭來賊師受錢往到山中見彼沙
門沙門語言我唯弊衣無有財產汝
何以來賊即荅言汝弟雇我使來殺
汝沙門語賊我新作道人不解道法
且莫殺我須我見佛少解經法殺我
不遲賊語之言今必殺汝不得止也
沙門即舉一臂而語賊言且斫一臂
留我殘命使得見佛時賊便斫一
臂持去與弟於是沙門便往見佛佛
為說法汝無數劫來割截其頭手脚
之血多於四大海水積身之骨高於
須彌洟泣之淚過於四河飲親之乳

多於江海一切有身皆受衆苦皆從
習生有斯衆苦唯當思惟八正之道
聞佛所說霍然意解即於佛前得阿
羅漢道便放身命而般涅槃賊擔其
臂往持與弟便持臂著於嫂前語其
婦言常云思念前聓此是其臂其婦
悲泣便往白王王即推校如實不虛
便殺其弟諸比丘問佛而此沙門前
世之時作何惡行今見斫臂修何德
本今值世尊得阿羅漢佛告諸比丘
乃昔過去波羅柰國有王名婆羅達
出行游獵馳逐走獸迷失徑路不知
出處草木參天無餘方計而得來出
大用恐怖遂復前行見一辟支佛王
問其言迷失徑路從何得出軍馬人
衆在於何所時辟支佛臂有惡瘡不
能舉手即便持脚示其道徑王便瞋
恚此是我民見我不起及持一脚示我
道徑王便拔刀斫斷其臂時辟支佛
意自念言王若不自悔責當受重罪
無有出期於是辟支即於王前飛昇
虛空神足變現時王見已以身投地
舉聲大哭悔過自謝唯願下來受我

懺悔時辟支佛即便來下受其懺悔
時辟支佛便入涅槃王收起塔華香
供養常於塔前懺悔求願而得度脫
尒時王者此沙門是由斫辟支佛臂
五百世中常見斫臂而死至于今日
由懺悔故不墮地獄而得度脫成阿
羅漢道佛告比丘一切殃福終不朽
敗諸比丘聞莫不驚悚
頌曰
樂由放逸　苦已憂身　榮位寵辱
危若浮雲　漁獵好殺　違慈損神
怨塗反報　楚痛何申
感應緣　略引一十四驗
楚養由基善射術
諸葛恪出獵有怪如小兒
魯桓公被齊襄公殺為怪
晉譙郡周子文等游獵受現報
宋阮稚宗好獵現受苦報
梁鄒文立以屠為業現報大患
隋王驃騎將軍好獵女狂如兔
隋鷹揚郎將姜略好獵見群鳥索命
隋冀州外邑有小兒燒雞卵食現報
唐遂安公李壽好獵被犬訴生割肉

唐曹州人方山開好獵現報受苦
唐汾州人劉摩兒好獵現報受苦
唐隴西李知禮好獵現報受苦
唐晉州屠兒殺豬有徵驗

楚王游于苑白猨在焉王命善射者令射之數發猨搏矢而嬉乃命由基養由基撫弓則猨抱木而號及六國時更羸謂魏王曰臣能為虛發而下鳥魏王曰然則射可至於此乎更羸曰可有間鴈從東方來而更羸虛發而鳥下焉

諸葛恪為丹陽太守出獵兩山之間有物如小兒申手欲引人恪令申去故地去故地則死既參位問其故以為神明恪曰此事在白澤圖曰兩山之間其精如小兒見人則申手欲引人名曰傒引去則死毋謂神明而異之諸君偶未之見耳 右二驗出搜神記

魯桓公夫人文姜者齊襄公之妹也桓公與文姜俱到于齊齊襄公通其妹焉桓公譴責文姜文姜告襄公襄公怒乃與桓公飲酒桓公出襄公使公子彭生送桓公於車彭生多力乃

拉桓公脅桓公薨於車上魯人告于齊曰寡君畏君之威不敢寧居來修舊好禮成而不反無所歸咎思何辭以告于諸侯請以彭生除恥辱也齊人歸罪於彭生而殺之後襄公獵于貝丘有大豕從者曰臣見豕乃彭生也襄公怒曰彭生何敢見乎射之豕乃人立而啼公懼墜于車傷足而還其臣連稱管至甫二人作亂遂殺襄公焉 出冤魂志

續搜神記曰晉中興後譙郡周子文家在晉陵少時喜射獵嘗入山獵忽山岫閒見一人長五丈許捉弓箭鏑頭廣二尺許白如霜雪忽出城喚曰阿鼠 阿鼠子文小字 子文不覺應曰諾此人牽弓滿鏑向子文文便失魂厭伏

續搜神記曰吳末臨海人入山射獵為舍住夜中有一人長一丈著黃衣白帶來謂射人曰我有讎尅明當戰君可見助當有相報射人曰自可助君耳何用為別荅曰明食時君可出溪邊敵從北來我南往應白帶者我黃帶者彼射人許之明出果聞岸北

有聲狀如風雨草木四靡視南亦尒唯見二大蛇長十餘丈於溪中相遇便相盤繞白蛇勢弱射人因引弩射之黃蛇者即死日將暮復見昨人來辭謝云住此一年獵明年慎勿復來來必為禍射人曰善還停一年獵所獲甚多家致巨富數年後憶先山多肉忘前言復更往獵復見先白帶人語之言我語君勿復來君不能見用讎子已大今必報君非我所知射人聞之甚怖便欲走乃見三烏衣人皆長八尺俱張口向之射人即死

呂氏春秋曰湯見設網者四面張而祝之曰自天下者自地出者自四方來者皆罹我網湯曰嘻盡之矣非桀其孰如此

宋阮稚宗者河東人也元嘉十六年隋鍾離太守阮愔在郡愔使稚宗行至遠村郡吏蓋苟邊定隨焉行達民家怳忽如眠便不復寤民以為死舉出外門方營殯具經夕能言說初有一百許人縛稚宗去行數十里至一佛圖僧衆供養不異於世有一僧曰

汝好漁獵今應受報便取稚宗皮剝臠截具如治諸牲獸之法復納于深水鈎口出之剖破解切若為鱠狀又鑊煮鑪炙初悉糜爛隨以還復痛惱苦毒至三乃止問欲活不稚宗便叩頭請命道人令其蹲地以水灌之云一灌除罪五百稚宗苦求多灌沙門曰唯三足矣見有蟻數頭道人指曰此雖微物亦不可殺無論復巨此者也魚肉自死此可噉耳齋會之日悉著新衣無新可澣也稚宗因問我行拯有三而獨嬰苦何也道人曰彼二人自知罪福知而故犯唯尔愚曚不識緣報故以相誡因尔便蘇數日能起由是遂斷漁獵云 右一驗出冥祥記

梁小莊嚴寺在建康定陰里本是晉零陵王廟地天監六年度禪師起造時有鄒文立者世以弋獵為業嘗欲殺一鹿鹿跪而流淚以為不祥即加刳剖鹿懷一麛尋當產育就庖哀切有惻害心因斯患疾眉鬚皆落身瘡並壞因生慚愧深起悔責乃求道度禪師發露重懺立大誓願盡捨家資

迴買此地為立伽藍 見梁京寺記云

隋開皇末年代州人姓王為驃騎將軍在蒲州鎮守性好畋獵所殺無數有五男無女後生一女端美見者皆愛奇之父母鍾念不同凡人既還鄉里里人親族為作衣服而共愛養之女年七歲一旦失去無處求覓疑隣里戲藏訪問不見諸兄乘馬遠覓乃見去家三十餘里馬追不及兄等以數十騎共圍而始得之口中作聲如似兔鳴足上得刺盈掬經月餘日不食而死父母悲痛不能自割良由父獵殃及女受合家齋戒練行不絕大理寺丞蔡宣明曾為代府法曹為臨說之

隋鷹揚郎將天水姜略少好畋獵善放鷹犬後遇病見群鳥千數皆無頭圍繞略牀噭鳴曰急還我頭來略輒頭痛氣絕久蘇因請衆僧急為諸鳥追福許之皆去既而得愈差已終身絕其酒肉不殺生命臨在隴右見姜略已年六十許自說云耳

隋開皇初冀州外邑中有小兒年十三常盜隣雞卵燒煨食之後朝村人未起其門外有人扣門呼此兒聲父令兒出應之見一人云官喚汝兒曰呼我役者入取衣糧使者曰不須也因引兒出村南舊是桑田耕訖未下種且此小兒忽見道右有一小城四面門樓丹素甚嚴兒怪曰何時有此城使者呵之勿使言因至城北門令小兒前入小兒入闑城門忽閉不見一人唯是空城地皆熱灰碎火深纔没踝小兒忽呼噭走趣南門垂至即閉又走趣東西亦皆如是未到則閉既至便闔時村人出因採桑男女甚衆皆見此兒在耕田中口似啼聲四方馳走皆相謂曰此兒狂邪旦來如此游戲不息至日食時採桑者皆歸兒父問曰見吾兒不桑人荅曰父兒在村南走戲喚不肯來父出村外遙見兒走大呼其名一聲便住城灰忽然不見見父而倒號泣言之視其足半脛已上血肉燋乾其膝已下洪爛如炙抱歸養療髀已上肉如故膝已下遂為枯骨隣里聞之競問緣由荅

見如前諸人看其走處足跡通利了無灰火良因罪業觸處見獄於是邑人男女無簡大小皆持齋戒至死無虧有大德僧道慧法師本冀州人具為臨說同其隣邑也

唐夾州都督遂安公李壽始以宗室封王貞觀初罷職歸京第性好畋獵常籠鷹數聯殺他狗餧鷹既而公疾見五犬來責命公謂之曰殺汝者奴通達之過非我罪也犬曰通達豈得自在耶且我等既不盜汝食自於門首過而枉殺我等要當相報終不休也公謝罪請為追福四犬許之一白犬不許曰我既無罪殺我又未死閒汝以生割我肉臠臠苦痛吾思此毒何有放汝耶俄見一人為之請於犬者曰殺彼於汝無益放令為汝追福不亦善乎犬乃許之有頃公蘇遂患偏風支體不隨於是為犬追福而公疾竟不差除延安公竇惲云夫人之弟為臨說之耳 右四驗出冥報記

唐曹州城武人方山開少善弓矢尤好畋獵以之為業所殺無數貞觀十一

年死經一宿蘇云初死之時被二人引去行可十餘里即上一山三鬼共引山開登梯而進上欲至頂忽有一大白鷹鐵為觜爪飛來攫開左頰而去又有一黑鷹亦鐵觜爪攫其右肩而去及至山頂引而聽事見一官人被服緋衣首冠黑幘謂山開曰生平有何功德可並具言之對曰立身已來不修功德官曰可且引向南院觀望二人即引南行至於一城非常嶮峻二人扣城北門數下門遂即開見其城中赫然總是猛火門側有數箇毒蛇皆長十餘丈頭大如五斗甾口中吐火如欲射人山開恐懼不知所出唯知叩頭念佛而已門即自開乃還見官人欲遣受罪侍者諫曰山開未合即死但恐一入此城不可得出未若且放令修功德官人放之令前二人送之依其舊道而下復有飛鷹欲攫之賴此二人援之免脫下山遂見一坑其中極穢遂巡之閒遂被二人推入須臾即蘇爪跡極深終身不滅山開於後遂捨妻子以宅為佛院常以讀

誦為業

唐汾州孝義縣縣泉村人劉摩兒至顯慶四年八月二十七日遇患而終其男師保明日又死父子平生行皆險詖其比隣有祁隴威因採樵被車輾死經數日而蘇乃見摩兒男師保在鑊湯中須臾之閒皮宍俱盡無復人形唯見白骨如此良久還復本形隴威問其故對曰為我射獵故受此罪又謂侶曰卿父何在對曰我父罪重不可卒見卿既即還請白家中為修齋福言訖被使催促前至府舍見館宇崇峻執仗者二十餘人一官人問之曰汝比有何福業對曰隴威去年正月在獨村看讀一切經脫衫一領布施兼受五戒至今不犯官人乃云若如所云無量功德何須來此乃索簿勘見簿曰其人合死不虛側注云受戒布施福助更合延壽乃遣人送還當即蘇活

唐隴西李知禮少矯捷善弓射能騎乘兼攻放彈所殺甚多有時罩魚不可勝數貞觀十九年微患三四日

即死乃見一鬼并牽馬一匹大於俗
間所乘之馬謂知禮曰閻羅王追
公乃令知禮乘馬須臾之閒忽至王
前王約束云遣汝討賊必不得敗敗
即殺汝有同侶二十四人向東北望
賊不見邊際天地盡昏埃下如雨知
禮等敗語同行曰王教嚴重寧向前
死不可敗歸知禮迴馬前射三箭以
後諸賊似稍却縮數滿五發賊遂敗
散事畢謁王王責知禮汝敵雖退何
為初戰之時即敗以麻辮騣并縛手
足臥在右上以大石鎮而用磨之前
後四人體並潰爛支到知禮勵聲叫
曰向者賊敗並是知禮之力還被王
殺無以勵後王遂釋放更無罰著惡
意游行凡經三日向於西北出行入
一牆院禽獸一群可滿三畝餘地總
來牽命漸相逼近曾射殺一雌犬
直向前嚙其面次及身體無不被傷
見三大鬼各長一丈五尺圍亦如之
共剝知禮皮肉須臾總盡唯面及目
白骨兼見五藏及以此肉分乞禽獸
其肉落而復生生而復剝如此三日

苦毒之甚不可勝記事畢大鬼及禽
獸等忽然總失知禮迴顧不見一物
遂即踰牆南走莫知所之意中似
如一跳千里復見一鬼逐及知禮乃
以鐵籠罩之有無數魚競來唼食
良久鬼遂到迴魚亦不見其家舊供
養一僧其僧先死來與知禮去籠語
知禮云檀越大飢授之三丸白物如
棗令禮噉之時便大飽而語之曰
檀越還家僧亦別去禮到所居宅北
見一大坑其中有諸槍矟攢植不可得
過見其兄女并婢齎箱并有錢絹
及一器飲食在坑東北知禮心中將
此婢及以姪女游戲意甚怪之迴首
北望即見一鬼挺劍直進知禮惶懼
委身投坑即得蘇也自從初死至於
重生凡經六日後問家中乃是姪女
持紙錢絹解送知禮當時所視乃見
銅錢絲絹也 右三驗出冥報記
唐顯慶三年徐王任晉州刺史之時
有屠兒在市東街殺一猪命斷湯燖
皮毛並落死經半日負殺餘豬未及
開解至曉以刀破腹長劃腹下一刀

刃猶未入腹其豬忽起走出門直入
市西壁至一賢者店內牀下而臥市
人競往看之屠兒猶執刀逐走看者
問其所由屠兒荅云我一生已來殺
豬未曾聞見此事猶欲將去看者數
百人皆瞋責屠兒競出錢贖得諸人
共為造舍安置身毛久始得生朋下
及腹下瘡處差已作大肉疣糞如臂
許出入往來常不汙其室性潔不同
餘豬至四五年方卒 并州晉陽縣人王同仁徐王府椽正具見說之

慈悲篇第七十四 此有五部

述意部　菩薩部　國王部
畜生部　觀苦部

述意部第一

夫含生禀氣皆有靈智蠢動翾翔
咸知畏死致使菩薩興行救濟為先
諸佛出世大悲為本所以臨河羡魚
不如結網觀他受福不如行因是故
將求其報莫若先興其善貴賤等
施黑白心平三寶福田四生同敬並
須臨時救濟給引衣食盤拳握之珍
撒耳目之玩捐已奉施隨之以喜信
夫篋笥以奬其意玉帛以表其誠身

肉骨髓尚不寶戀況復外財聲色愛著菩薩行亦不待索雖心不待物而物亦筌心心物兩備福智雙行矣

菩薩部第二

如大集經云佛言我昔爲於一切衆生修菩薩行爲此法眼於諸衆生起大慈心捨己身血猶如大海與諸乞者捨頭眼耳如毗福羅山捨鼻舌等如十突盧那捨手脚等如毗福羅山捨皮施等可覆一閻浮提亦捨無量象馬奴婢妻子及以王位國土城邑宮殿村落等與諸乞者於諸佛所受持禁戒而無缺犯一一佛所無量供養一一佛所禀受無量那由他百千法門受持讀誦善修三昧我亦恭敬無量三乘四果聖人父母師長病苦之者無救護者爲作救護無歸依者爲作歸依無趣向者爲作趣向令其安住我已如是於彼三大阿僧祇劫慈愍一切苦惱衆生故發大堅固勇猛之心久修無上菩提之行今於此世冥世闇無大道師儉法之時於如是等諸衆生中發心願成阿耨多

羅三藐三菩提欲於三乘菩提令不退轉復願救度三惡衆生安置善道及涅槃樂

又雜寶藏經云尒時如來被加陀羅刺刺其脚足血出不止以種種藥塗不能得差諸阿羅漢於香山中取藥塗治亦復不除十力迦葉至世尊所作是言曰若佛如來於一切衆生有平等心於羅睺羅提婆達多等無有異者脚血應止即時血止瘡亦平復故知諸佛大悲於諸含識平等無異

又四分律佛言乃往過去世時有王名曰慧燈乃使閻浮提人若男若女能言之者皆行十善王初生時有八萬四千藏自然而出於四交道隨所求索者一切施與時天帝釋便作是念此王慧燈隨其所索一切施與將恐來世奪我坐處我今寧可往試爲以無上道故施爲以退轉耶即化作男子自相謂言王慧燈教我等行十惡殺生乃至邪見時諸大臣皆往白王王答言不我先有是語令閻浮提人能行之類皆行十善不殺生乃至

不邪見我當爲王是故無是語汝等今可嚴駕象乘我欲自行教化國人天象既至王即便乘王言可示我彼人言我教國人行十惡者彼即示王王問言慧燈教汝行十惡耶答言實尒王復問言可有方便行十善不答言有問言何者是耶彼答言若得成就菩薩生食其肉飲其血乃得行十善時王慧燈作如是念我於無始世巳來經歷衆苦輪轉五道或受截手截脚耳鼻出眼截頭竟何所益即取利刀自割股肉以器盛血授與彼人而告之曰善男子汝可食飲此肉血奉行十善時彼男子不堪王慧燈威德即沒不現忽有天帝而在前立問王言王今布施爲一天下二三四天下耶爲日月天帝釋魔王梵王耶王答言我布施不爲天下乃至魔梵等我作意欲求無上正眞一切智度未度者解未解者未得涅槃者令得涅槃度生老病死憂悲苦惱如是等者時天帝釋便作是念我今令王慧燈以此瘡死者甚非所以當以天甘

露灌其身上即便灌之瘡即平復如故佛告瓶沙王言尒時利益衆生王者豈異人乎即今父王白淨是也時王第一夫人者今毋摩耶是時王慧燈者即我身是我於前世教化閻浮提數人皆行十善以是因緣故足下千輻相輪輪郭成就光明晃曜照三千大千國土

又大悲分陀利經云佛告諸善男子我於往昔過無量阿僧祇大劫尒時此土名無塵彌樓獸彼大劫百歲世人蓮華香如來像法中我為閻浮提輪王名曰無勝我及千子並發菩提俱共出家於蓮華香如來法中具修梵行唯有六子不欲出家不發菩提我數教語何不出家六子即報王言我不能出家王復問言汝等何不發菩提心彼言若能以一切閻浮提與我等者當發菩提我聞甚喜已令一切閻浮提人住三歸八齋又勸三乘分此閻浮提以為六分持與六子勸以菩提我即出家具修梵行彼六王子不和和順興兵交戰各不自寧令

閻浮提極大飢饉天不降雨五穀不成草木不生我即思惟今正是時應以身施血肉充足捨林而去往詣中國上障水山上立大誓願時阿須羅宮皆悉大動彌樓傾搖海水波涌天及諸神皆悉悲泣我時即從山上便自投身以本願故即成肉山高一由旬縱廣亦等人民鳥獸來食血肉以本願故晝夜生長漸漸乃高一千由旬正等亦尒四邊皆有人頭悉具鬚眉眼耳鼻舌口齒彼諸人頭高聲唱言咄汝諸衆生各隨所欲恣意取之血肉六根身得充滿從意所求三乘之心乃至有求人天福者或有食血肉者或有取眼取耳取鼻取脣取齒取舌者以本願故尋即還復不盡不減乃至十千年中以身血肉充滿一切閻浮提人夜叉鳥獸於十千年中施眼如恒沙施血猶四大海施已身肉若千須彌以舌施人如鐵圍山以耳施與如中彌樓以鼻施與猶若大彌樓山我以齒施如耆闍崛山我身皮施徧娑訶刹善男子觀我於十

千年中以一身命如是無量阿僧祇施以無量阿僧祇衆生無一念須而生悔心即立大願若我得成阿耨菩提意如是滿者如是普捨十方殑伽河沙數五濁佛土中以身肉充彼衆生河沙大劫若我是願意不滿者令我永不見十方諸佛不成菩提亦使令我不聞三寶三乘之聲亦使我常處阿鼻地獄

又大悲分陀利經云佛言我憶無量劫時此佛刹名日月明於五濁時我於此閻浮提為轉輪王名曰燈明以善勸化一切衆生我時出游觀園見有一人反縛兩臂極為急切即問諸臣此人何罪諸臣荅言此誑王法敢是天民常由輪課六分輸一此人違命即告諸臣速放斯人儲糧蘇油勿苦索之臣荅王言終無有人能以善心輸王諸物所可日日給王夫人及諸眷屬厨供所須皆從民出自非王力終不可得我時愁憂却自思惟此之王位今當付誰我有五百子皆勸以菩提即分此閻浮提為五百

分付與諸子即捨詣林求仙梵行南
近大海憂曇波羅林中坐禪食果
草根用濟身命漸漸不久得五神通
尒時閻浮提有五百商人入海採寶
獲衆寶聚其中商主名曰商主小福
力故得如意摩尼從彼寶洲多取衆
寶及與摩尼始發引時海水波涌諸
龍惱亂海神啼泣中有龍仙名曰馬
藏寶是菩薩以本願故生於其中彼
摩訶薩擁護商客安隱度海自還
所住隨彼商客有惡羅刹常逐於
後伺求其便彼於晝日放暴風雨使
諸商人迷失徑路不知所趣極甚恐
怖發大音聲啼號悲泣求諸天神
風雨神等乃至稱喚父母所愛兒息
之聲尒時我以天耳聞彼音聲即生
慰喻汝等商人勿得恐怖我當宗導
汝等徑路令汝安隱至閻浮提我於
尒時即以繒帛而自纏手內著油中
以火然之發至誠言我於林中三十
六年游四梵處爲益衆生故食衆果
既化八萬四千諸龍夜叉令住不退
轉以是善根令我手然使此商人

至閻浮提如是手然經於七日七夜
彼諸商人安隱得到即自立願如
此珍寶若我得成阿耨菩提令我
得爲商主操如意珠於此佛土一切
十方殑伽河沙數五濁空佛土中雨
於衆寶一一方中七反雨於種種衆
寶隨意充足無量阿僧祇衆生令
住三乘又大丈夫論提婆菩薩說偈
云

福德善丈夫　悲心施惠手　拔濟窮淤泥
不能自出者

如善薩布施諸貧窮者皆來歸向
如曠野樹行人熱時皆往歸趣菩薩
愛樂名勝得解脫若有人來語菩
薩言有乞者來菩薩歡喜即以財物
而賞使者菩薩即以餘物而與乞者
歡喜愛敬求者言乞作此語時懷
憐愍心若有乞者不知菩薩體性樂
施菩薩執手歡喜與語猶如親友壞
彼不知使生知想傍人見之亦復歡
喜若見乞者語言汝來欲須何等隨
意而取安慰之言善來賢者莫生
恐怖我當爲汝作依止處使彼乞者

心得清涼若如是施名爲生人若不
如是名爲死人若不來者自往施之
有來求者尚捨身命況復財物若無
悲心不名爲施若有悲心施即是解
脫雖復大富名貧窮者富者雖與無
悲愍心雖名曰與不名施主悲愍心
施是名施主若求報施名爲施者商
賈之人亦可名施若求報施果報猶
尚無量況有悲心不求報施果報何
可稱計若求報施唯可自樂不能救
濟徒自疲勞悲心施者能有救濟後
得果時能大利益修施者得富修定
者得解脫修悲者得無上菩提果中
最勝

菩薩思惟因彼乞者得證菩提我今
因施得無比樂因中施樂猶尚如是
況無上菩提如是乞者其恩甚重無
以可報若以財寶不足報恩當以無
上菩提而施與之以我福故願使乞
者於將來世亦如我今成大施主得
無上菩提不忘恩者無有悲心若無
悲心無有行施若不施者不能濟度
衆生生死若不行施覆蔽悲心如以

書石乃知眞僞假使怨家亦如親友
國王部第三
如佛說日明菩薩經云佛言過去閻
浮提有國王名曰智力常行佛事深
信三寶時有比丘名曰至誠意常持
三昧慈哀衆生王欲見是比丘無有
猒極是比丘髀上生大惡瘡國中毉
藥所不能愈王愁大悲即爲淚出時
二萬夫人同時悲念於時王臥夢
中有天人來語王言若愈是比丘病
者當得生人宍血飲食之即得愈矣
王寤驚悸不樂念是比丘病重乃須
彼藥法所難得勑問目下王第一太
子字曰智止白王莫悲莫愁憂之血
宍最爲賤微還入齋室持刀割髀
取宍及血持送與比丘比丘得服之
瘡即除愈身得安隱王聞得愈大喜
悅澤意存比丘不念子痛持是歡喜
各有至心太子亦自平復(良由行同佛心身創得復也)
又雜寶藏經云昔有王子兄弟二人
被驅出國到曠路中粮食都盡弟即
殺婦分宍與其兄嫂嫂便食之兄得
此宍藏弃不敢食之自割脚宍夫婦

共食弟婦宍盡欲得殺嫂兄言莫殺
以先藏宍還與弟食既過曠路到神
仙住處採取華果以自供食弟後病
亾唯兄獨在是時王子見一被刖無
手足人心生慈悲採取華果活彼刖
人王子爲人少於欲事採華果去
其婦在後與刖人通以有私情深疾
其夫於一日中逐夫採華至河岸邊
而語夫言取樹頭華果夫語婦言下
有深河或當墮落婦言以索繫腰我
當挽索小近岸邊婦推其夫墮著河
中以慈善力隨水漂而去不沒死於
河下流有國王崩彼國相師推求國
中誰應爲王遙見水上有黃雲蓋相
師占已黃雲蓋下必有神人遣人水
中而往迎接立以爲王王之舊婦擔彼
刖人展轉乞索到王子國國人皆稱
有一好婦擔一刖婿恭承孝順乃聞
於王王聞是已即遣人喚來到殿前
王問婦言此刖人者實尒夫不荅言
實是王時語言識我不耶荅言不識
王言汝識某甲不諦向王看然後慚
愧王故慈心遣人養活佛言欲知王

者即我身是尒時婦者旃遮婆羅門
女帶木杅謗我者是尒時刖手足者
今提婆達多是(故知善惡日輪有徵)
又菩薩本行經云佛告王曰過去世
時此閻浮提有國名不流沙王名
婆檀寧夫人字跋摩竭提時世穀
貴人民飢餓加有疫病時王亦病夫
人自出祠天階邊有一家夫行不在
時婦產兒又無婢使產後飢虛復無
有食便自念言今死垂至更無餘計
自欲噉兒即便取刀適欲殺兒心爲
悲感舉聲大哭尒時夫人欲還宮中
聞此婦人悲聲慘切愴然憐傷便
住聽之而此婦人適欲舉刀欲殺其
子便自念言何忍噉其子宍作是念
已便復啼哭夫人便入其舍就而問
之何以啼哭欲作何等婦具荅之夫
人聞之心爲悼愍語言莫殺其子我
到宮中當送食來婦人荅言夫人尊
貴或復稽遅或能忘之而我今日命
在呼吸不逾時節不如自噉其子以
用濟命夫人問言更得餘宍食之可
不荅言課得濟命不問好醜也於是

夫人即便取刀自割其乳便自願言今我以乳持用布施濟此危厄不願作輪王帝釋魔王梵王持此功德用成無上正眞之道即便持乳與此婦人適欲舉刀便割一乳應時三千大千世界爲大震動天帝觀之見其夫人自割其乳濟其危厄時天帝釋無數諸天即時來下住虚空中皆爲悲泣住夫人前而便問言汝今所施甚爲難及求何願耶夫人荅言持此功德用求無上正眞之道度脱一切衆生苦厄天帝荅言汝求此願以何爲證於是夫人即時立誓我今所施功德審諦成正覺者我乳尋當平復如故其乳尋時平復如故天帝讃言成佛不久諸天歡喜即便現形歎夫人言汝今所施得無悔恨以爲痛耶荅言我今所施用求佛道無悔痛者令我女身變成男子立誓已訖應時變爲男子諸天讃言成佛不久是時國中衆病消除穀米豐賤人民安樂却後王崩即拜爲王人民熾盛國遂興隆佛告王言尒時夫人者今我身是

不惜身命令得成佛大衆歡喜作禮而去

畜生部第四

如一切智光明仙人慈心不食宍經云佛住摩伽提國寂滅道場彌迦女村自在天寺精舍時有迦波利婆羅門子名曰彌勒軀體金色相好具足威光無量來至佛所時有結髮梵志五百人等遥見彌勒清淨白佛言世尊如此童子光明無量與佛無異於何佛所初發道心受持誰經爲我解說佛告式乾梵志汝今諦聽當爲汝說乃往過去無量無邊阿僧祇劫時有世界名勝華敷佛號彌勒常以慈心教化一切彼佛說經名慈三昧光大悲海雲若有聞者即得超越百億萬劫生死之罪必得成佛時彼國中有大婆羅門名一切智光明聰慧多智廣博衆經聞佛出世說慈三昧經即便信伏爲佛弟子發菩提心而作是言我今誦持大慈三昧經願於未來必得成佛而號彌勒於是捨家即入深山八千歲中少欲無事乞食自

活誦持此經一心除亂時連雨不止洪水暴漲仙人端坐不得乞食經歷七日時彼林中有五百白兔有一兔王母子二獸見於仙人七日不食而作是言今此仙人爲佛道故不食多日命不云遠法幢將崩法海將竭我今當爲無上大法令得久住不惜身命即告諸兔一切諸行皆悉無常衆生愛身空生空死未曾爲法我今欲爲一切衆生作大橋梁令法久住供養法師尒時兔王告諸兔言我今以身欲供養法師汝等宜當各各隨喜時諸山樹神等即積香薪以火然之兔王母子圍繞仙人足滿七帀白言大師我今爲法供養尊者仙人告言汝是畜生雖有慈心何緣能辦兔白仙人我自以身供養仁者爲法久住令諸衆生得饒益故作此語已即語其子汝可隨意求覓水草繫心思惟正念三寶尒時兔子聞母所說跪白母言如尊所說無上大法欲供養者我亦願樂作此語已自投火中母隨後入當於菩薩捨身之時天地大動

乃至色界及以諸天皆雨天華持用供養宍熟之後時山樹神白仙人言免王母子為供養故投身火中今宍已熟汝可食之時彼仙人聞樹神語悲不能言以所誦經書置樹葉上又說偈曰

寧當然身破眼目　不忍行殺食衆生
諸佛所說慈悲經　彼經中說行慈者
寧破骨髓出頭腦　不忍噉宍食衆生
如佛所說食宍者　此人行慈不滿足
迷沒生死不成佛

時彼仙人說此偈已因發誓心願我世世不起殺想常不噉宍入白光明慈三昧乃至成佛制斷宍戒作此語已自投火坑與免并命是時天地六種震動天神力故樹放光明金色晃曜照千國土時彼國人見此光者皆發無上正真道心佛告式乾汝今當知尒時白兔王者今我身是時兔兒者今羅睺羅是時誦經仙人者今此衆中婆羅門子彌勒菩薩是時五百群兔者今摩訶迦葉等五百比丘是時二百五十山樹神者今舍利弗目

揵連等二百五十比丘是時千國王跋陀婆羅等者今千菩薩是從我出世乃至樓至於其中間受法弟子得道者是佛告式乾菩薩求法勤苦歷劫不惜身命投於火坑以身供養便得超越九百萬億劫生死之罪時式乾等五百梵志求佛出家成阿羅漢時彼仙人投火坑已生於梵世乃至成佛其食宍者犯於重禁後身生處常飲熱銅

又大集經云佛言善男子過去世有一師子王住深山窟常作是念我是一切獸中之王力能視護一切諸獸時彼山中有二獼猴共生二子時二獼猴向師子王作如是言王若能護一切獸者我今二子以相委付我欲餘行求覓飲食時師子王即便許可時彼獼猴留其二子付彼獸王即捨而行是時山中有一鷲王名曰利見師子王眠即便搏取獼猴二子處嶮而住時王寤已即向鷲王而說偈言

我今啓請大鷲王　唯願至心受我語
幸見為故放捨之　莫令失信生慚恥

鷲王說偈報師子王曰

我能飛行游虛空　已過汝界心無畏
若必欲護是二子　為我故應捨是身

時師子王言

我今為護是二子　捨身不惜如枯草
若我護身而妄語　云何得稱如說行

師子王說是偈已即至高處欲捨其身尒時鷲王復說偈言

若為他故捨身命　是人即受無上樂
我今施汝獼猴子　願大法王莫自害

善男子師子王者即我身是雄獼猴者即迦葉是雌獼猴者善護比丘尼是二獼猴子者即今阿難羅睺羅是時鷲王者即舍利弗是是故為護依止者不惜身命

觀苦部第五

如正法念經云孔雀菩薩為諸天說若有悲心是人則去涅槃不遠名大莊嚴於五道衆生若起悲心能破煩惱云何地獄衆生而起悲心此諸衆生於自業所誑由此怨家之所造作得不可喻種種苦大地獄等一百三十六處衆生墮中地裂擘坼斷截燒

煑無救無歸東西馳走求哀自免不可得脫而起悲心則得增長無量梵福

若人利益衆生觀諸餓鬼種種飢渴自燒其身如燒藂林四面馳走互相踢突焰火焚燒徧體熾然以求救護無能救者此諸衆生何時當離種種苦惱是名觀鬼而起悲心則生梵天若人觀於畜生而起悲心應念其中無量苦惱互相殺害空行水陸一死法無量互相殘害互相食噉此諸衆生何時當脫是名觀畜生苦而起悲心若有能生如是之念則生梵天若人觀於六欲諸天而起悲心於六欲天受天之樂不可譬喻種種山谷山峯園林而受快樂既受樂已業盡還退生在苦處受大苦惱憧於地獄餓鬼畜生東西馳走繞亂無知受大苦惱是名觀天而起悲心則生梵天若人觀於人中而起悲心以種種業生於人中受苦樂果種種心性種種信解或有貧窮依恃他人以自存活如是觀於五道衆生生五種苦已而興悲心

如是之人得勝安隱則得涅槃

又雜阿含經云尒時世尊以爪上土告諸比丘於意云何我爪上土多爲大地土多比丘白佛世尊爪上土甚少少耳其大地土無量無數不可爲比佛告諸比丘如是衆生能數數下至一彈指須於一切衆生修習慈心有如甲上土耳其諸衆生不能數數下至如一彈指須於一切衆生修習慈心者如大地土是故諸比丘常當數數於一切衆生修習慈心又修行道地經偈云

當發行慈心　念怨如善友　展轉在生死
恚習爲親族　譬如樹生華　轉成果無異
父母妻子友　宗親亦如是　其行慈心者
等意無憎愛　不問於遠近　乃應爲大慈
等心行大哀　及至三界人　行慈如是者
其德踰梵天　刀刃不能害　縣官及火怨
邪思諸羅刹　蛇虺電霹靂　師子并象虎
及餘諸害利　一切不敢近　無能中傷者

又善見律云若住處有虎狼師子下極蟻子不得住若蟻有窟蟻子游行覓食驅逐別處得住

又雜阿含經云尒時世尊告諸比丘過去世時天阿修羅對陣鬬戰阿脩羅勝諸天不如時天帝釋軍壞退散極生恐怖乘車北馳還歸天宮須彌山下道徑藂林林下有金翅鳥巢多有金翅鳥子尒時帝釋恐車馬過踐殺鳥子告御者言可迴車還勿殺鳥子御者白王阿脩羅軍後來逐人若迴還者爲彼所困帝釋告言寧當迴還爲阿脩羅殺不以軍衆踏殺衆生於道御者轉車南向阿脩羅軍遥見帝釋轉乘而還謂爲戰策即還退走衆大恐怖壞陣流散歸阿脩羅宮佛告諸比丘彼天帝釋於三十三天爲自在王以慈力故威力摧伏阿脩羅軍亦當讚歎慈心功德又大悲經云佛告阿難若復有人心住慈善當得十一種功德利益何者爲十一種一睡眠得安隱寤則心歡喜二不見惡夢三人非人愛四諸天擁護五毒不能害六刀箭不傷七火所不燒八水所不溺九常得好衣餚膳飲食牀座臥具病瘦湯藥十得上人法十一身壞

命終得生梵天

又增一阿含經云尒時世尊告諸比丘有六凡常之力云何為六小兒以啼為力女人以瞋為力比丘以忍為力國王以憿慢為力羅漢以精進為力諸佛以大悲為力是故比丘當念大慈悲力頌曰

能仁矜幻苦　聖慈愍重昏　哀愚開攝受
訓誘方便門　法身徧法界　據化指祇園
俱鎖五道縛　共解四魔怨　三脩袪愛馬
六念靜心猨　禪池澄定水　覺意動聲諠
慧風吹法鼓　振我無明根　常須近善友
開我未曾言

感應緣　略引五驗

隋沙門釋慧越
唐沙門釋道積
唐沙門釋慈藏
唐縣尉盧元禮
唐玄奘法師西國行傳

隋慧日道場釋慧越嶺南人住羅浮山性多汎愛慈救蒼生栖頓幽阻虎豹無擾曾有群獸來前因為說法虎遂以頭枕膝越便捋其鬚面情無所

畏衆咸覩之化行五嶺聲流三楚開皇末年召入慧日來歸楊州路中感疾而卒停屍柩上有若生焉夜見焰光從足而出入于頂上還從頂出而從足入竟夕不斷道俗殊歎未曾有也

唐益州福感寺釋道積蜀人誦涅槃經一部生常恒業凡欲宣述必先洗滌身穢被服淨衣然後升座立性沈審慈仁捴務諸有癩疾膿血穢氣者積皆召集為補澣衣服治療同食而不惡之時人怪問荅云境無染淨淨穢由心心既不起愛憎何生以貞觀初年五月終于本寺春秋七十時屬炎熱屍不臭壞經停百日跏坐如初道俗嗟異乃就身加漆興敬巴蜀

唐新羅國大僧統釋慈藏俗姓金氏新羅國人年過小學神叡澄簡猒世高榮情欣方外獨靜行禪不避虎兕持戒不群慈救為先深隱山居來往絕粮便感異鳥各銜諸果就手送與鳥於藏手同共食之時至必尒初無

乖候行感玄徵罕有繼者而常懷慼慼慈哀含識作何方便令免生死遂於眠寐見二丈夫曰卿在幽隱欲為何利藏曰唯為利生乃授藏五戒訖曰可將此五戒利益衆生又告藏曰吾從忉利天來故授汝戒因騰空滅於是出山國中士女受戒無窮至貞觀十二年來至唐國既至京城慈利群生從受戒者日有千計或盲者見道病者得愈又樂靜夏坐奏勅雲際寺安居三夏見大鬼神其數無量帶甲持仗云將此金轝迎取慈藏復見大神與之共鬪非不許迎藏聞臭氣塞谷蓬勃即就繩牀通告訣別其一弟子又被鬼打幾死乃蘇藏即捨衣鉢行僧得施又聞香氣徧滿身心神語藏曰今者不死八十餘矣至十七年還歸本國具行佛教一同大國王請於皇龍寺講菩薩戒本七日七夜天降甘露雲霧電靄覆所講堂四部驚嗟美聲彌遠因遘微疾卒於永徽年中　右此三驗出唐高僧傳

唐范陽盧元禮貞觀末為泗洲漣水縣

尉曾因重病悶絕經一日而蘇云有
人引至府舍見一官人過無侍衛元
禮遂至此官人座上據牀而坐官人
目侍者令一手提頭一手捉脚擲元
禮於階下良久乃起行至一別院更
進向南入一大堂中見竈數十百口
其竈上有氣藴然如雲霧直上沸聲
喧雜有同數千萬人元禮仰視見似
籠感人懸之此氣之上云是蒸罪人
處元禮遂發願大語云代一切衆生
受罪遂解衣赤體自投於釜中因即
昏然不覺有痛須臾有一沙門挽元
禮出云知汝至心乃送其歸忽如睡
覺遂斷酒肉經三四歲後卒於洛右
此出冥報拾遺
唐奘法師行傳云婆羅痆斯國內有
列士池池西有三獸塔是如來脩菩薩
行時燒身之處昔劫初時於此林野
有狐兔猨異類相悅時天帝釋欲驗
脩菩薩行者降靈應化爲一老夫謂
三獸曰二三子善安隱乎無驚懼耶
曰涉豐水草游戲茂林異類同歡既
安且樂老夫曰聞二三子情厚意密

忘其老弊故此遠尋今正飢乏何以
饋食曰幸少留此我躬馳訪於是同
心求覔狐沿水濱銜一鮮鯉猨於林
樹採菓俱來至止唯兔空還老夫謂
曰以吾觀之汝曹未和猨狐同志各
能役心唯兔空返獨無相饋以此而
言誠可知也兔聞譏議謂猨狐曰多
聚樵蘇方有所作猨狐競馳銜草曳
木既已蘊崇猛焰將熾兔曰仁者我
身卑劣所求難遂敢以微躬充此一
飡辭畢入火尋即致死是時老夫復
帝釋身餘燼收骸傷歎良久謂狐
猨曰一何至此吾感其心不泯其迹
寄之月輪傳乎後世故彼咸言月中
之兔自斯而有後人於此建塔也

法苑珠林卷第六十四

甲辰歲高麗國分司大藏都監奉
勑彫造

法苑珠林卷第六十四

校勘記

一　底本，麗藏本。

一　二一三頁上一行經名，徑無（未換卷）。

一　二一三頁上二行撰者，磧、普作「大唐上都西明寺沙門釋道世撰」；南作「唐上都西明寺沙門釋道世撰」；徑無（未換卷）；清作「唐西明寺沙門釋道世撰」。

一　二一三頁上三行「漁獵篇第七十三」下，磧、普、南、清有夾註「此有二部」。

一　二一三頁上四行「慈悲篇第七十四」，徑、清無。

一　二一三頁上五行「漁獵篇此有二部」，磧、普、南、徑、清無。

一　二一三頁上五行與六行之間，清有「述意部引證部」一行。

一　二一三頁上六行「第一」，徑無。以下部目下序數例同。

一　二一三頁上一六行第七字「已」，磧、普、南、徑、清作「此」。

一　二一三頁中一行首字「府」，磧、南作「俯」。

一　二一三頁中末行第八字「復」，磧、普、南、徑、清無。

一　二一三頁下一行第九字「皆」，磧、普、南、徑、清無。

一　二一三頁下一〇行第一〇字「常」，磧、普、南、徑、清作「恒」。

一　二一三頁下一五行末字「語」，磧、普、南、徑、清作「諸」。

一　二一四頁上八行首字「頭」，磧、普、南、徑、清作「除」。

一　二一四頁上一一行「賊師」，普、南、徑、清作「賊師」。一二行同。

一　二一四頁上末行「四河」，磧、普、南、徑、清作「四江」。

一　二一四頁中三行「霍然」，磧、南、徑、清作「豁然」。

一　二一四頁中六行首字「婦」，磧、普、南、徑、清作「嫂」。

一　二一四頁中一八行第一二字「一」，磧、普、南、徑、清無。

一　二一四頁下一六行與一七行之間，徑有「吴臨海人射獵助殺蛇受現報」一行。

一　二一四頁下末行「犬訴生」，磧、普、南、徑、清作「大王」。

一　二一五頁上四行「晉州」，磧、普、南、徑、清作「進州」。

一　二一五頁上六行「搏矢」，磧作「博矢」。

一　二一五頁上七行首字「養」，磧、普、南、徑、清無。

一　二一五頁上一〇行首字「白」，磧、普、南、徑、清作「曰」。又第一二字「羸」，磧、普、南、徑、清無。

一　二一五頁上二〇行第七字「到」，磧、普、南、徑、清作「朝」。又第一〇字「齊」，磧、普、南、徑、清無。

一　二一五頁中一行首字「拉」，磧、普、南、徑、清作「抵」。

一　二一五頁中三行第一二字「思」，磧、普、南、徑、清作「恶」。

一　二一五頁中六行「大豕」，磧、普、南、徑、清作「犬豕」。

一　二一五頁中一六行「失蒐」，磧、普、南、徑、清作「失魄」。

一　二一五頁中二一行「爲别」，普、徑、清作「報爲」。

一　二一五頁下四行第七字「日」，磧、普、南、徑、清作「因」。

一　二一五頁下一八行首字「隋」，磧、普、南、徑、清作「隨」。又第一一字「使」，磧、南、徑、清作「便與」；普作「使與」。

一　二一五頁下二〇行末字「擧」，磧、普、南、徑、清作「舉」。

一　二一六頁上三行第二字「釣」，磧、普、南、徑、清作「鉤」。

一　二一六頁上一五行第八字「云」，磧、普、南、徑、清作「耳」。又夾註右「一驗」，磧、普、南、徑、清作「一人」。

一　二一六頁中一四行「蔡宣明」，磧、

一 普、南、徑、清作「寀宣明」。
一 二一六頁中一五行「說之」下，磧、
一 普、南、徑、清有夾註「出冥報記」。
一 二一六頁中二二行「云耳」，磧、
一 普、南、徑、清作「云爾」。
一 二一六頁下一行第五字「難」，磧、
一 普、南、徑、清無。
一 二一六頁下二行第四字「門」，磧、
一 普、南、徑、清作「聞」。
一 二一六頁下四行首字「呼」，磧、
一 普、南、徑、清作「喚」。
一 二一六頁下六行第二字「且」，磧、
一 普、南、徑、清作「旦」。
一 二一六頁下一四行第一一字「似」，
一 磧、南作「似見」。
一 二一六頁下末行「競問緣由」，磧、
一 普、南、徑、清作「競來問由」。
一 二一七頁上一〇行第四字「過」，
一 磧、普、南、徑、清作「禍」。
一 二一七頁上一九行「不隨」，磧、
一 普、南、徑、清作「不遂」。
一 二一七頁上末行「畋獵」，磧、普、

一 南、徑、清作「遊獵」。
一 二一七頁中七行「生平」，磧、普、
一 南、徑、清作「平生」。
一 二一七頁中一三行「五㪷」，磧、
一 普、南、徑、清作「五升」。
一 二一七頁中一五行第一一字「開」，
一 磧、普、南、徑、清作「閑」。
一 二一七頁中末行第一二字「常」，
一 磧、普、南、徑、清作「恒」。
一 二一七頁下一行末字「業」下，磧、
一 普、南、徑、清有夾註「出冥報記」。
一 二一七頁下二行「縣泉村」，磧、
一 普、南、徑、清作「懸泉村」。
一 二一七頁下五行「北隣」，磧、普、
一 南、徑、清作「比隣」。
一 二一七頁下二〇行末字「活」下，
一 磧、普、南、徑、清有夾註「出冥報
一 記」。
一 二一七頁下二一行「趫捷」，徑、
一 清作「趫捷」。
一 二一七頁下二二行「兼攻」，磧、
一 普、南、徑、清作「兼工」。

一 二一八頁上一八行第七字「近」，
一 磧、普、南、徑、清作「亦」。
一 二一八頁中四行第一〇字「逐」，
一 磧、普、南、徑、清作「遂」。
一 二一八頁中一五行「挺劍」，磧、
一 普、南、徑、清作「拔劍」。
一 二一八頁中一九行夾註左「冥報
一 記」，磧、普、南、徑、清作「冥報拾
一 遺」。
一 二一八頁中二〇行「徐玉任晉州
一 刺史」，磧、普、南、徑、清作「徐王
一 任進州刺史」。
一 二一八頁中二一行「東術」，磧、
一 普、南、徑、清作「東巷」。
一 二一八頁下一〇行夾註左「椽正」，
一 磧、普、南、徑、清作「隊正」。又「說
一 之」，至此，徑卷第八十終，卷第
一 八十一始。
一 二一八頁下一一行「此有五部」，
一 徑無。
一 二一八頁下一二行至一三行「述
一 意部……觀苦部」，徑無。

一二一九頁上一一行第六字「寶」，磧、普、南、徑、清作「保」。

一二一九頁上二二行「大道師」，磧、普、南、徑、清作「大導師」。

一二一九頁中四行「加陀羅」，磧、普、南、徑、清作「佉陀羅」。

一二二〇頁中四行第三字「障」，磧、南、徑、清作「彰」。

一二二〇頁中一一行「髮眉」，磧、普、南、徑、清作「髮毛」。

一二二〇頁中一九行第九字「猶」，磧、普、南、徑、清作「猶如」。

一二二〇頁中二一行「中彌樓」，磧、普、南、徑、清作「中彌樓山」。

一二二〇頁下四行「殑伽」，磧、普、南、徑、清作「恒」，次頁中五行同。

一二二〇頁下六行第二字「河」，磧、普、南、徑、清作「恒」。

一二二〇頁下一五行末字「敢」，徑、清作「豈」。

一二二一頁上四行第九字「商」，磧、普、南、徑、清作「商」。下同。

一二二一頁上一一行第一一字「常」，磧、普、南、徑、清作「恒」。

一二二一頁上一二行「畫日」，清作「盡日」。

一二二一頁中四行第五字「操」，磧、普、南、徑、清作「採」。

一二二二頁上二〇行第六字「云」，磧、普、南、徑、清無。

一二二二頁上末行第四字「弃」，磧、普、南、徑、清作「舉」。

一二二二頁中一一行第九字「挨」，磧、普、南、徑、清作「推」。

一二二二頁中一二行「而去」，磧、普、南、徑、清作「去而」。

一二二三頁上五行第六字「便」，磧、普、南、徑、清作「更」。

一二二三頁中一四行第一二字「常」，磧、普、南、徑、清作「恒」。次頁上一三行第七字同。

一二二三頁下九行首字「愛」，磧、普、南、徑、清作「受」。

一二二四頁中一三行第三字「獸」，磧、普、南、徑、清作「諸獸」。

一二二四頁下二〇行第一一字「心」，磧無。

一二二五頁上九行「應念其中」，磧、普、南、徑、清作「餓鬼之中」。

一二二五頁上一八行「繞亂」，磧、普、南、徑、清作「迷亂」。

一二二五頁上二二行第五字「恃」，磧、普、南、徑、清作「視」。

一二二五頁中二行第一三字「上」，磧、普、南、徑、清無。

一二二五頁中一七行「及至」，磧、普、南、徑、清作「乃至」。

一二二五頁中一九行「邪思」，磧、普、南、徑、清作「邪鬼」。

一二二五頁下五行第七字「林」，磧、普、南、徑、清無。

一二二六頁上五行「傲慢」，磧、普、南、徑、清作「憍傲」。

一二二六頁上八行第三字「矜」，磧、普、南、徑、清作「矜」。

一二二六頁上九行第一一字「據」，

一　磧、普、南、徑、清作「攝」。

一　二二六頁上一二行第一〇字「根」，磧、普、南、徑、清作「塵」。

一　二二六頁上一三行末字「言」，磧、普、南、徑、清作「聞」。

一　二二六頁中二行第八字「來」，磧、普、南、徑、清作「末」。

一　二二六頁中三行第六字「柩」，磧、普、南、徑、清作「船」。

一　二二六頁中一〇行「癩疾」，磧、普、南、徑、清作「厲疾」。

一　二二六頁下二二行夾註「出唐高僧傳」，磧、普、南、徑、清作「并出高僧傳」。

一　二二七頁上三行第九字「據」，磧、普、南、徑、清作「踞」。

一　二二七頁上四行「捉脚」，磧、普、南、徑、清作「提脚」。

一　二二七頁上一〇行第一〇字「代」，磧、普、南、徑、清作「願代」。

一　二二七頁上一四行第六字「經」，磧、普、南、徑、清作「安經」。

一　二二七頁上一五行「拾遺」，磧、普、南、徑、清作「拾遺録」。

一　二二七頁上二二行第四字「水」，磧、普、南、徑、清無。

一　二二七頁中八行「樵薪」，磧、普、南、徑、清作「蕉蘇」。

一　二二七頁中卷末經名，徑作「法苑珠林卷第八十一」。

法苑珠林卷第六十五

西明寺沙門釋道世撰

放生篇第七十五

救厄篇第七十六

放生篇 此有二部

述意部第一

蓋聞元元雜類莫不貪生蠢蠢迷徒咸知畏死所以失林窮虎乃委命於廬中鍛翮驚禽遂投身於案側至如楊生養雀寧有意於玉環孔氏放龜本無情於金印而冥期弗爽雅報斯臻故知因果業行昳然如日且大悲之化救苦爲端弘誓之心濟生爲本但五部名族皆以列鼎相誇三市逸仁莫不鼓刃成務群生何罪枉見刑殘含識無辜橫遭俎醢致使怨竟不斷苦報相酬今勸仁者同修慈行所有危怖並存放捨縱彼飛沈隨其飲啄當使紫鱗赬尾並相望於江湖錦臆翠毛等逍遙於雲漢或聽三歸而寤道何異響龍聞四諦而生天更同鸚鳥共立長壽之基同招常命之果也

引證部第二

如梵網經云若佛子以慈心故令放生業一切男子是我父一切女人是我母我生生無不從之受生故六道衆生皆是我父母而殺而食者即殺我父母亦殺我故身一切地水是我先身一切火風是我本體故常行放生生生受生若見世人殺畜生時應方便救護解其苦難常教化講說菩薩戒救度衆生若父母兄弟死亡之日請法師講菩薩戒經律追福資其亡者得見諸佛生人天上若不尒者犯輕垢罪

又僧祇律云一切道俗七衆等並須漉水飲用若漉得水已使能見掌中細文者審悉看之看時如大象載竹車迴頃知無應用使可信者教漉不可信者自漉得蟲還送本取水來處安之若來處遠近有池池井七日不消者以蟲著中若知水有蟲不得持器繩借人若池江水有蟲得唱云此水有蟲若問者答云長者自看若知友同師者語言此中有蟲當漉水用

又十誦律有二比丘未曾見佛從北遠道共往舍衛奉見世尊道中渴乏值有蟲水破戒者言可共飲之持戒者言水中有蟲何可得飲破戒者言我若不飲必當渴死不得見佛便飲而去持戒者慎護戒故不飲遂渴乏死即生三十三天身得具足先到佛所頭面禮足佛爲說法得法眼淨受三歸畢還歸天上時飲水者後到佛所佛爲四衆說法即披衣示金色身汝癡人欲看我宍身何爲不如持戒者先見我法身智慧之身佛言從今已去比丘若行二十里外無漉水囊犯罪若自無同意伴有者聽去

又有征行軍人有比丘尼教化行人人皆弓頭安漉囊持用漉水官人聞奏國王王聞瞋之皆欲煞却汝小蟲尚畏不殺況見賊肯害之行人向王分疏云小蟲若於國有害自皆殺却既無有怨何故不聽濾飲王聞放之由行人慈善根力及賊皆來投化

又正法念經云經宿之水若不細觀

恐生細蟲若不漉治不飲不用是名
細持不殺戒
又智度論云過去世時人民多病黃
白瘦瘠菩薩尒時身爲赤魚自以爲
其宍施諸病人以救其疾又昔菩薩
作一飛鳥在林中住見有一人入於
深水非人行處爲水神所羂著不可
解若能至香山取一藥草著其羂上
羂即爛壞人得脫去菩薩宿世作如
是等無量本生多有所濟名本生經
又十誦律云佛言過去世時近雪山
下有鹿王名曰威德作五百鹿王時
有獵師安穀施羂鹿王前行右脚墮
毛羂中鹿王心念若我現相則諸鹿
不敢食穀須噉穀盡尒乃現脚相時
諸鹿皆去唯一女鹿住便說偈言
大王當知　是羅師來　願勤方便
出是羂去
尒時鹿王以偈荅言
我勤方便　力勢已盡　毛羂轉急
不能得出
女鹿見獵師到已向說偈言
汝以利刀　先殺我身　然後願放
鹿王令去
獵師聞之生憐愍心以偈荅言
我終不殺汝　亦不殺鹿王　放汝及鹿王
隨意之所去
獵師即時解放鹿王佛言昔鹿王者
今我身是五百鹿者五百比丘是時有
鴈王獵者得之有同伴鴈欲代捨命
還說偈相報獵師見愍二鴈並放後
求寶報恩大意同前
又智度論云王聞鹿言即從坐起而
說偈言
我實是畜獸　名曰人頭鹿　汝雖是鹿身
名爲鹿頭人　以理而言之　非以形爲人
若能有慈悲　雖獸實是人　我從今日始
不食一切肉　我以無畏施　且可安汝意
又善見律云目連爲阿育王演本生
經云大王往昔有一鷓鴣鳥爲人籠
繫在地愁悑便大鳴喚同類雲集爲
人所殺鷓鴣問道人云我有罪不道
人荅云汝鳴聲時有殺心不鷓鴣鳥
言我鳴命伴來無殺心也道人即荅
若無殺心汝無罪也而說偈言
不同業而觸　不同心而起　善人攝心住
罪不横加汝
又僧祇律云佛告諸比丘過去世時香
山中有仙人住處去山不遠有一池
水時水中有一鼈出池水食食已向
日張口而眠時香山中有諸獼猴入
池飲水已上岸見此鼈張口而眠時
獼猴便作婬法即以身生內鼈口中
鼈覺合口藏六甲裏如所說偈言
愚癡人執相　猶如鼈所齧　失守摩羅捉
非斧則不離
時鼈急捉獼猴却行欲入水獼猴急
悑便作是念若我入水必死無疑然
苦痛力弱任鼈迴轉流離牽曳遇值
岸處鼈時仰臥是時獼猴兩手抱鼈
作是念言誰當爲我脫此苦難獼猴
曾知仙人住處彼當救我便抱此鼈
向彼處去仙人遥見便作是念咄哉
異事念是獼猴爲作何等欲戲弄獼
猴故言婆羅門是何等寶物滿鉢持
來得何等信而來向我尒時獼猴即
說偈言
我愚癡獼猴　無事觸惱他　救厄者賢士
命急在不久　今日婆羅門　若不救我者

須臾斷身生　困厄還山林

尒時仙人以偈荅言

我令汝得脫　還於山林中　恐汝彌猴法
故態還復生　尒時彼仙人　爲說往昔事
鼈汝宿命時　曾號字迦葉　彌猴過去世
號字憍陳如　已作婬欲行　今可斷因緣
迦葉放憍陳　令還山林去

鼈聞是語便放猴去頌曰

普親皆眷屬　隔世即相欺　但求現在樂
不知來苦貧　牽我入三塗　楚痛受方危
自非慈救捨　何得命延時

感應緣　略引一驗

唐魏郡馬嘉運以貞觀六年正月居家日晚出大門忽見兩人各捉馬一疋先在門外樹下立嘉運問是何人荅云東海公使迎馬生耳嘉運素有學識知名州里每臺使及四方貴客多請見之及見聞名弗復怪也謂使者曰吾無馬使者曰進馬以此迎馬生嘉運即於樹下上馬而去其身倒臥於樹下也俄至一官曹將入大門有男女數十人門外如訟者有一婦人先與運相識是同郡張公瑾妾姓元

氏手執一紙文書迎謂嘉運曰馬生尚相識不昔張揔管交游每數相見揔管無狀非理殺我我訴天曹於今三年爲王天主救護公瑾故常見抑今乃得申官巳追之不久將至疑我獨見枉害馬生那亦來耶嘉運先知元氏被殺及見方自知死使者引入門門者曰公眠未可謁宜可就霍司刑勘坐嘉運見司刑乃益州行臺郎中霍璋也見嘉運延坐曰此府記室官闕東海公聞君才學欲屈爲此官耳嘉運曰貧守妻子不願爲官得免幸甚璋曰若不能作自陳無學吾當有相識可舉令作俄有人來云公眠已起引嘉運入見一人在廳事坐肥短黑色呼嘉運前謂曰聞君才學欲屈爲記室耳能爲之乎嘉運拜謝曰幸甚但鄙夫田野頗以經業教授後生不足以當記室之任耳公曰識霍璋不荅曰識之因使召璋問以嘉運才術璋曰平生知其經學不見作文章公曰誰有文章者嘉運曰有陳子良者解文章公曰放馬生歸即命追

子良嘉運辭去璋與之別倩君語我家狗吾臨終語汝賣我所乘作淨圖汝那賣馬自費速如我教造淨圖所云我家狗者謂其長子嘉運因問向見張公瑾妾所言天主者爲誰璋曰公瑾鄉人王五戒者死爲天主常救公瑾故得至今今似不免矣言畢而別遣使者送嘉運至一小澗道指令由此路歸嘉運具言之其年七月緜州人姓陳名子良暴死經宿而蘇自言見東海公欲用爲記室辭不識文字別有吳人陳子良卒公璀亦亡但二人亡後嘉運嘗與人同行於路忽若見官府者嘉運色変惆唯趨走須之乃定同侶問之荅曰而見東海公使人云欲往益州追人仍說陳子良極訴君霍司刑爲君被誚讓君幾不免賴君贖生之福故得免也初嘉運在蜀之日將抉池取魚嘉運時爲人講書得絹數十疋因買池魚贖生謂此也至貞觀中車駕在九城宮聞之使中書侍郎岑文本就問其事文本録以奏云尒嘉運後爲國子博

士卒官有此一驗出冥報記

救危篇第七十六此有五部

述意部　菩薩部　流水部

商主部　獸王部

述意部第一

夫慈悲弘力之施祈福紓患之請誠至可感列聖同然而觀世大士獨見衰聞是以投火有必摩之軀海漂無或生之命但瞬息之頃一言念歸向則洪海可竭烈火飛涼或臨刀項上白刃不傷或墜墮深坑全身無損或枷禁桎梏散誕形軀如是得力備鑒難盡若懇誠克己必感靈徵若浮漫情艱危亘救也

菩薩部第二

如僧伽羅剎經云時有菩薩在山慈心端坐思惟不動鳥巢頂上覺鳥在頂懼卵墜落身不移搖檢坐而行彼處不動及鳥生翅但未能飛終不捨去

又彌勒所問本願經云佛言阿難我本求道時勤苦無數過去世時有王太子號曰寶華端正姝好從園觀出道見

一人身患病癩見問病人以何等藥療病病者答曰得王身髓血等以塗我身其病乃愈太子聞已即自破身骨髓血等以與病者至心施與意無悔恨其王太子者即我身是四大海水尚可斗量我身骨髓血等不可稱數求正覺故

又大集經云尒時曠野菩薩現為鬼身散脂菩薩現為鹿身慧炬菩薩現獼猴身離愛菩薩現殺羊身盡漏菩薩現鵝王身如是五百諸菩薩等各各現受種種諸身其身悉出大香光明一一菩薩手執燈明為供養十方諸佛從七佛已來與如是佛同為眷屬受持五戒發菩提心為欲調伏一切眾生令發菩提故受此身

又雜寶藏經云昔者有一羅漢道人畜一沙彌知此沙彌却後七日必當命終與假歸家至七日頭勅使還來沙彌辭師即便歸去於其道中見眾蟻子隨水漂流命將欲絕生慈悲心自脫袈裟盛土堰水而取蟻子置高燥處遂悉得活至七日頭還歸師所

師甚怪之尋即入定以天眼觀知其更無餘福得尒以救蟻子因緣之故七日不死得延命長又治故塔亦得延命又治補伽藍猶壁孔亦得延命

流水部第三

如金光明經云尒時流水長者於天自在光王國內治一切眾生患令得平復時長者子有妻名曰水空龍藏而生二子一名水空二名水藏時長者子將是二子次第遊行到一大空澤中見諸禽獸多食血肉一向馳奔長者念言是諸禽獸何因緣故一向馳走時長者子遂便隨逐見有一池其水枯涸於其池中多有諸魚長者見魚生大悲心時有樹神示現半身作如是言善哉男子此魚可愍汝可與水是故號汝名為流水長者問神此魚頭數為有幾所樹神答言其數具足滿十千尒時流水聞是數已倍生悲心時此空池為日所曝是十千魚將入死門是時長者四方求水了不能得見有大樹尋取枝葉還到池上與作蔭涼作蔭涼已復更疾走

遠至餘處見一大河名曰水生有諸惡人為捕此魚決棄其水不令下過然其決處懸崄難補時長者子遠至王所說其因緣唯願大王借二十大象令得負水濟彼魚命尒時大王即勑大臣速疾供給自至廄中隨意選取是時流水及其二子將二十大象從治城人借索皮囊至彼上流決處盛水象負馳疾至空澤池寫置池中水遂瀰滿時長者子於池四邊彷徉而行是魚亦隨循岸而行時長者子復作是念是魚何緣隨我而行必為飢火所惱從我求食尒時流水告子至家啓父家中可食之物悉載象上急速來還尒時二子如父教勑至家啓祖說如上事尒時二子收食載象還至父所長者心喜從子取食散著池中與魚食已令其飽滿復思經中若有衆生臨命終時得聞寶勝如來名號即生天上即便入水作如是言南無過去寶勝如來十號名字復為是魚解說如是甚深妙法十二因緣尒時流水及子還家復於後時賔客醉臥尒時其地卒大震動時十千魚同日命終即生忉利天既生天已思念報恩尒時十千天子從忉利天下至長者家時長者子在樓上睡是十千天子以十千真珠天妙瓔珞置其頭邊復以十千置其足邊復以十千置右脅邊復以十千置左脅邊雨曼陀羅華摩訶曼陀羅華積至于膝種種天樂出妙音聲閻浮提中有睡眠者皆悉覺寤流水長者亦從睡寤是十千天子於空遊行於王國內皆雨天華復至澤池復雨天華便從此沒還忉利宮

商主部第四

如大悲經云佛告阿難過去之世有大商主為採寶故將諸商人入於大海彼所乘船衆寶悉滿至海中間其船卒壞時彼商人心懷怖畏極生憂惱其中或有得船版者或有浮者有命終者我於尒時作彼商主在大海中用以浮囊安隱而度時有五人呼商主言大士商主唯願惠施我等無畏說是語已尒時商主即告之言諸丈夫勿生怖畏我令汝等從此大海安隱得度阿難彼時商主身帶利劒而作是念大海之法不居死屍如其我今自捨身命此諸商人必能得度大海之難作是念已即喚商人置已身上令善捉持彼諸商人有騎背者有抱肩者有捉髀者尒時商主為欲施彼無怖畏故興大悲心起大勇猛即以利劒斷已命根速取命終于時大海漂其死屍置之岸上時五商人便得度海安隱受樂平吉無難還閻浮提阿難彼時商主豈異人乎我身是也五商人者今五比丘是也是五比丘昔於大海而得度脫今復於此生死大海而得度脫安置無畏涅槃彼岸

獸王部第五

如大智度論云乃往過去無量阿僧祇劫有大林樹多諸禽獸野火來燒三邊俱起唯有一邊而隔一水衆獸窮逼迸命無地佛言我於尒時為大身多力鹿以前脚跨一岸以後脚跨一岸令衆獸蹈背上而度皮肉盡壞以慈悲力忍之至死最後一兔來氣力

已竭自強努力忍令得過過已脊折
墮水而死如是久有非但今也前得
度者今諸弟子是最後一免須跋陀
是佛世世樂行精進今猶不息
又賢愚經云佛過去久遠世時時世
飢儉如來因地慈救衆生作大魚身
長五百由旬國人須其宍者無問人
畜皆來取噉取已還生經於十二年
施其宍血
又受生經云昔者菩薩曾為鼈王生
長大海化諸同類子民群衆皆修仁
德王自奉行慈悲救護愍於衆生如
母愛子其海深長邊際難限而悉周
至靡不更歷於時鼈王出於海外在
邊臥息積有日月其背堅燥猶如陸
地賈人遠來因止其上破薪然火炊
煮飯食繫其牛馬車乘載石皆著
其上鼈王欲趣入水畏憒不仁適欲
強忍痛不可勝便設權計入淺水處
除滅火毒不危衆賈衆賈忩怖謂
潮卒漲悲哀呼嗟歸命諸天唯見
救濟鼈王心益愍之因報賈人曰慎莫
恐怖吾被火焚故捨入水欲令痛息

令當相安終不相危衆賈聞之知有
活望俱時發聲言南無佛鼈興大慈
還負衆賈移在岸邊衆人得脫靡不
歡喜遙稱鼈王而歎其德尊為橋梁
多所過度行為大舟超越三界設得
佛道當復救脫生死之厄鼈王報曰
善哉善哉當如來言各自別去佛言
時鼈王者我身是也五百賈人者今
五百弟子舍利弗等是
又正法念經云若有衆生見犯渚著
應受死苦以財贖命令其得脫不求
恩報命終生常歡喜天從天退還得
受人身不遭王難
若有衆生持戒見大火起焚燒衆生
以水滅火救諸衆生命終生行道天
受種種樂
又如度狗子經說昔有一國穀米踊
貴人民飢餓時有沙門入城分衛周
遍門室無所一獲次至長者大豪貴
門得麤惡飯適欲出城門中逢一射
獵屠見抱一狗子持歸欲煞見沙門
歡喜前為作禮沙門呪願老壽長生
沙門知有狗子疑欲煞之故問其人今

何所齎荅曰空行無所獲持沙門又
問吾已見之何為藏匿殺生之罪甚
為不善願持我食貿此狗子令命得
濟卿福無量其人荅曰不能相與我
故行求家門共食卿此小飯何所足乎
沙門殷勤曉喻請之其人觝突不肯
隨言沙門又言設不肯者可以示我
其人即出以示沙門沙門舉飯以飼
狗子以手摩技祝願淚出卿罪所致
得是犬身不得自在見殺食噉使汝
世世罪滅福生離狗子身得生為人
所在遇法三尊自然狗子得食善心
生焉踊躍歡喜知自歸依人將還家
屠殺共食狗子命過即生豪貴大長
者家適生墮地便有慈心時彼沙門
分衛次到長者門裏分衛時長者子
見彼沙門憶識本緣便前稽首禮沙
門足請前供養百味飲食前白父母
言今我欲逐此大和尚奉受經戒為
作弟子父母愛重不肯聽之我今一
門有汝一子當以續後家門之主何
因便欲棄家而去小兒啼泣不肯飲
食不欲聽我便自就死父母見然便

諸經要集卷第六十五　第十九張　磧

聽令去隨師學道除去鬚髮被三法衣諷誦佛經深解其義便得三昧立不退轉開化一切發大道意佛世難值經道難聞能與相值無不蒙度畜生尚有得道豈況於人寧不獲果縱復缺犯還生慚愧白淨已來黑垢自滅

又雜阿含經云尒時世尊告諸比丘過去世時有一鳥名曰羅婆爲鷹所捉飛騰虛空於空鳴喚言我不自覺忽遭此難我坐捨離父母境界而游他處故遭此難如何今日爲他所囚不得自在鷹語羅婆汝當何處自有境界而得自在羅婆荅言我於田耕壠中自有境界足免諸難是爲我家父母境界鷹於羅婆起憍慢言放汝令去還耕壠中能得脫不於是羅婆得脫鷹尒還到耕壠大土之下安住止處然復於土上欲與鷹鬪鷹則大怒彼是小鳥敢與我鬪瞋恚極盛峻飛直搏於是羅婆入於土下鷹鳥飛勢臆衝堅土碎身即死時羅婆鳥深伏土下仰說偈言

諸經要集卷第六十五　第二十張　磧

鷹鳥用力來　羅婆依自土　乘瞋猛盛力
致禍碎其身　我具足通達　依於自境界
伏怨心隨喜　自觀欣其力　設汝有凡愚
百千龍象力　不如我智慧　十六分之一
觀我智勝殊　摧滅於蒼鷹

頌曰

含識皆畏死　有命懼嶮危　如魚困池涸
難逢流水潤　親疎皆父母　何得輒相欺
慈悲救厄苦　福報自然隨

感應緣　略引二十五驗

秦沙門釋道冏　晉居士吕竦
晉居士徐榮　晉居士張崇
晉將軍王懿　晉嚴猛婦
晉周子長　宋沙門竺慧慶
宋沙門釋曇無竭　宋沙門釋法進
周沙門釋慧瑱　周沙門釋僧實
陳沙門釋慧布　唐沙門釋智聰
唐居士徐善才

秦沙門釋道冏鄉里氏族已載前記姚秦弘始十八年師道懿遣至河南霍山採鍾乳與同學道朗等四人共行持炬探究入且三里遇一深流橫木而過冏最先濟後輩墜木而死時火

諸經要集卷第六十五　第二十一張　磧

又滅冥然昏闇冏生念已盡慟哭而已猶故一心呼觀世音菩薩願若蒙出路供百人會表報威神經一宿而見小光炯然狀若熒火倏忽之間穴中盡明於是見路得出巖下由此信悟彌深屢覩靈異元嘉十九年臨川康王作鎮廣陵請冏供養其年九月於西齋中作十日觀世音齋已得九日夜四更盡衆僧皆眠冏起禮拜還欲坐禪忽見四壁有無數沙門悉半身出見一佛螺髻分明了了有一長人著平上幘箋布袴褶毛把長刀貌極雄異捻香授冏冏時不肯受壁中沙門語云冏公可爲受香以覆護主人俄而霍然無所復見當尒之時都不見衆會諸僧唯覩所置釋迦文行像而已

晉吕竦字茂高兗州人也寓居始豐其縣南溪流急岸峭迴曲如縈又多大石白日行者猶懷危懼竦自說其父嘗行溪中去家十許里日向暮天忽風雨晦冥如漆不復知東西自分覆溺唯歸心觀世音且誦且念須臾

有火光來岸如人捉炬者照見溪中了了逕得歸家火常在前導去船十餘步諫後與郗嘉賓周旋郗所傳說

晉徐榮者琅邪人嘗至東陽還經定山舟人不慣誤墮洄澓中游儛濤波垂欲沈沒榮無復計唯至心呼觀世音斯須間如有數十人齊力引船者踊出澓中還得平流沿江還下日已向暮天大陰闇風雨甚駛不知所向而濤浪轉盛榮誦經不輟口有頃望見山頭有火光赫然迴柂趣之徑得運浦舉船安隱既至亦不復見光同侶異之疑非人火明旦問浦中人昨夜山上是何火光衆皆愕然曰昨風雨如此豈如有火理吾等並不見然後了其爲神光矣榮後爲稽府督護謝敷聞其自說如此時與榮同船者有沙門支道蘊謹篤士也具見其事後爲傅亮言之與榮所說同

晉張崇京兆杜陵人也少奉法晉太元中苻堅既敗長安百姓有千餘家南走歸晉爲鎮戍所拘謂爲游寇殺其男丁虜其子女崇與同等五人

手脚杻械捧身出坑埋築至腰各相去二十步明日將馳馬射之以爲娛樂崇慮望窮盡唯潔心專念觀世音夜中械忽自破上得離身因是便走遂得免脫崇既脚痛同等路經一寺乃復稱觀世音名至心禮拜以一石置前發誓願言今欲過江東訴亂晉帝理此寃魂救其妻息若心願獲果此石當分爲二崇禮拜已石即破爲崇遂至京師發白虎樽具列寃氏帝乃悉加宥已爲人所略賣者皆爲編戶智生道人目所親見

晉王懿字仲德太原人也守車騎將軍世信奉法父苗苻堅時爲中山太守爲丁零所害仲德與兄元德携母南歸登陟峭崄飢疲絕粮無復餘計唯歸心三寶忽見一童子牽青牛見懿等飢各乞一飯因忽不見時積雨大水懿前望浩然不知何處爲淺可得揭厲俄有一白狼旋繞其前過水而返似若引導如此者三於是逐狼而渡水裁至膝俄得陸路南歸晉朝後自王丘尚書爲徐州刺史嘗欲設齋宿昔

灑埽敷陳香華威列經像忽聞法堂有經唄聲清婉流暢懿遽往觀見有五沙門在佛坐前威容偉異神儀秀出懿知非凡僧心甚歡敬沙門迴相瞻眄意若依然音旨未交忽而竦身飛空而去親表賓僚見者甚衆咸悉欣踊倍增信悟 右此四驗出冥祥記

晉時會稽嚴猛婦出採薪爲虎所害後亾猛行至蒿中忽見云君今日行必遭不善我當相免也既而俱前忽逢一虎跳梁向猛婦舉手指麾狀如遮護須臾有二胡人荷戟而過婦因指之虎即搏胡胥得免也 右一驗出異苑錄

晉周子長僑居武昌五丈浦東岡頭咸康三年子長至寒溪浦中嵇家家去五丈數里合暮還五丈未達減一里許先是空岡忽見四帀瓦屋當道門卒便捉子長頭子長曰我是佛弟子何故捉我吏問曰若是佛弟子能經唄不子長先能誦四天王及鹿子經便爲誦之三四過捉故不置知是鬼便罵之曰武昌癡鬼語汝我是佛弟子爲汝誦經數偈故不放人也捉者

便放不復見屋鬼故逐之過家門前
鬼遮不得入門亦不得作聲而心將
鬼至寒溪寺中過子長便擒鬼胄復
罵曰武昌癡鬼今當將汝至寺中和
尚前了之鬼亦擒子長胄相拖度五
丈塘西行後諸鬼謂捉者曰放爲西
將牵我入寺中捉者已放子長故復
語後者曰寺中正有道人輩乃未肯
畏之後一鬼小語曰汝近城東看道
人面何以得敗便共大笑子長比達
家三更盡 右一驗出靈鬼志

宋沙門竺慧慶廣陵人也經行修明
元嘉十二年荊揚大水川陵如一慧
將入廬山船至小而暴風忽起同抜
已得依浦唯慧慶舫未及得泊飄颺
中江風疾浪踊靜待淪覆慶正心端
念誦觀世音經洲際之人望見其舫
迎飈截流如有數十人牵挽之者俓
到上岸一舫全濟

宋元嘉初中有黃龍沙彌曇無竭者
誦觀世音經淨修苦行與諸徒屬二
十五人往尋佛國備經荒儉貞志彌
堅既達天竺舍衛路逢山象一群竭

賫經誦念稱名歸命有師子從林中
出象驚奔走後有野牛一群鳴吼而
來將欲加害竭又如初歸命有大鷲
飛來牛便驚散遂得尅免 右此二驗出冥祥記

宋高昌有釋法進或曰道進姓唐涼
州張掖人幼而精苦習讀有超邁之
德爲沮渠蒙遜所重遜卒于景環爲
胡寇所破問進曰今欲轉掠高昌爲
可尅不進曰必捷但憂災餓耳迴軍
即定後三年景環卒弟安周續立是
歲荒餓死者無限周既事進進屢從
求乞以賑貧餓國蓄稍竭進不復求
乃淨洗浴取刀鹽至深窮窟餓人所
聚之處次第授以三歸便掛衣鉢著
樹投身餓者前云施汝共食衆雖飢
困猶義不忍受進即自割宍柱鹽以
啖之兩股宍盡心悶不能自割因語
餓人云汝取我皮宍猶足數日若王
使來必當將去但取藏之餓者悲悼
無能取者須臾弟子來至王人復到
舉國奔赴號噭相屬因轝之還宮周
勑以三百斛麦以施飢者別發倉廩
以賑貧民至明晨乃絶出城北闍維

之煙焰衝天七日乃歇屍骸都盡唯
舌不爛即於其處起塔三層樹碑于
右 右此一驗出梁高僧傳

周上黨元開府寺釋慧瑱不知氏族
奉律貞確禪懺爲業會周建德六年
國滅三寶瑱抱持經像隱于深山遇
賊欲劫初未覺也忽見一人形長丈
餘美鬚顏皃好衣服乘白馬朱鬉自
山頂來徑至瑱前下馬而謂曰今夜
賊至師可急避瑱居懸崖之下絶無
餘道疑是山神乃曰今佛法毀滅貧
道容身無地故來依投擅越今有賊
來正可於此取死更何逃竄神曰師既
遠投弟子弟子亦能護師正介住此
遂失所在當夜忽降大雪可深丈餘
雪深道隔遂免賊難後晴路開群賊
重來神遂告山下諸村曰賊欲劫瑱師
汝等急往共救乃各嚴器仗入山拒擊
賊便驚散從此每日瑱常憑神安業
山阜不測其終

周京師大追遠寺釋僧實俗姓程僑
陽靈武人也幼懷雅亮清卓不群魏
孝文大和末年從京至雒因遇勒主

三藏授以禪法三學雖通偏以九次調心故得定水清澄禪林蓊蔚於是陶化京華久而逾盛忽於一日正午僧寢之時自上樓鳴鍾急衆僧出房怪問所以實告僧曰人各速備香火急赴集堂僧既集已又告僧曰人各用心修理佛事齊誦觀音以救江南梁國其寺講堂欲崩恐損道俗宜共救厄當尒之時楊都講堂正論法集道俗向千充滿其中忽聞西北異種香煙及空中經聲伎樂雲屯從堂北門而入直出南門合堂驚出靴屐悉著共逐聽聲人既出盡堂欻摧倒大衆得全免斯危難奏聞梁主勑使問周果如實救梁主三度奉請周主不放梁主遙禮備盡致敬大送珍寶及樹皮納三衣机拂什物等禪師餘物並皆散施唯留納机等見在禪林寺僧互掌之以保定三年七月十八日卒於大追遠寺春秋八十有八朝野驚嗟人天變色哀慟二國遺墳現在苑內陳攝山栖霞寺沙門惠布俗姓郝廣陵人少懷遠操性度虛梗志

行空儔為君王所重或見諸人樂生西方者告云方土乃淨非吾願也如今所祈化度衆生如何在蓮華中十劫受樂未若三途處苦救濟也年至七十與衆別云布命更至三五年在但老困不能行道住世何益常願生邊地無三寶處為作佛事去也幸願好住願自努力於是絕穀不食命將欲斷下勑令醫診之縮臂不許流皇后欲傳香信又亦不許臨終遺訣曰長生不喜夕死無憂以生無所生滅無所滅故也未終前大地連動七日便卒移屍就林山地又動太史奏云得道之人星滅矣時以當之初將逝時告衆前云昨夜有二菩薩來迎一是生身一是法身吾已許之尋有諸天又來迎接以不願生故不許耳流光照於偘禪師戶偘時怪光盛出戶觀見二人向布房中不知是聖人也但往述之恰然符合言已端坐而化有見鬼者望見幡華滿寺光明騰焰不測其故入山視之乃知布公去世也以陳禎明元年十一月二十三日卒于本住春秋七十有餘

唐潤州攝山栖霞寺釋智聰未詳何許人昔住楊州白馬寺後度江住楊州安樂寺大業既崩思歸無計隱江荻中誦法華經七日不飢常有虎繞之而已不食已經數日聰曰吾命須臾卿須可食虎忽發言曰造天立地無有此理忽有一翁年可八十腋下挾船翁曰師欲度江至栖霞住者可即上船四虎一時目中淚出聰曰救危扶難正在今日可迎四虎於是利涉往達南岸船及老人不知所在聰領四虎同往栖霞舍利塔西經行坐禪誓不寢臥衆徒八十咸不出院若有凶事一虎入寺大聲告衆由此驚寤每以常式至貞觀二十三年四月八日小食訖往止觀寺與衆辭別還歸本房安坐而卒異香充溢丹陽一郭年九十九矣右此四驗出唐高僧傳

唐武德初中有醴泉縣人姓徐名善才一生已來常修齋戒誦念觀世音經過逾千徧每在京師延興寺玄琬律師所修營功德敬造一切經至武

德二年十一月因事還家道逢胡賊被捉將去至幽州南界胡賊凶毒所捉得漢數千人各被反縛將向洪崖差人次第殺之頭落懸崖賢者見前皆殺定知不免唯念觀音剎那不輟次到賢者初下刀時自見下刀及至斫時心不覺愓當殺之時日始在申至於初夜覺身在深澗樹枝上坐去岸三百餘尺賢者便自私念我何故在此良久始知今日被殺何因不死身全在樹便以手摩項覺項微痛而無片傷即知由念觀音得全身命當時十五日天時月朗其身無衣兼不得食經由數日極覺飢寒旦漸下樹循澗東行二里於其澗內拾得一領羊裘及得一量鞋靺得著免寒復行一里便得一甦桃棗青翠赤白似新摘來可有升餘得食免飢自非觀音神力豈能仲冬得新桃棗既免飢寒得充氣力漸上南坡到南岸上反顧北看遙見賊營數里人畜聲鬧猶未眠臥賢者雖到南岸恐賊來趂望家急行可行五十里知賊漸遠身心

寧泰在一樹下歇息跏趺誦念身勞日久不覺坐至於四更忽寤開眼見一青狼偉大向賢者前蹲坐將口拄賢者鼻賢者見已還閉目作念云若實我辜願食我身以償宿殃各捨怨結共發仁慈若是觀音願救弟子令得安泰作此語已開眼觀視不見遺跡當知諸佛慈善根力隨緣感現利益無窮今時有誦不得力者良由輕心復由過現宿惡相資所以難感賢者平安到家并將殘桃棗呈示道俗知實不虛道年嫡自見頒師說之耳

法苑珠林卷第六十五

甲辰歲高麗國分司大藏都監奉
勑彫造

法苑珠林卷第六十五

校勘記

一　底本，麗藏本。

一　二三二頁上一行經名，徑作「法苑珠林卷第八十一」。卷末經名同。

一　二三二頁上三行「放生篇第七十五」下，磧、普、南、清有夾註「此有二部」。

一　二三二頁上四行「救危篇第七十六」，徑、清無。

一　二三二頁上五行「放生篇此有二部」，磧、普、南、徑、清無。

一　二三二頁上五行與六行之間，清有「述意部　引證部」一行。

一　二三二頁上六行「第一」，徑無。以下部目序數例同。

一　二三二頁上七行「蓋聞」，磧、普、南、徑、清作「蓋聞」。又「元元」，磧、普、南、徑、清作「兀兀」。

一　二三二頁上一二行「眹然」，磧、普、南、徑、清作「皎然」。

一　二三二頁上一四行「三市」，磧、普、南、徑、清作「三帀」。
一　二三二頁上一九行「紫鱗」，磧、南作「紫鮮」。又「相望」，磧、普、南、徑、清作「相忘」。
一　二三二頁中三行第一三字「令」，南、徑、清作「行」。
一　二三二頁中七行「地水」，磧作「地土」。
一　二三二頁中二〇行第一〇字「池」，磧、普、南、徑、清無。
一　二三二頁下一行「此中」，磧、普、南、徑、清作「此水」。
一　二三二頁下二行「從北」，磧、普、南、徑、清作「從比」。
一　二三二頁下二二行第三字「人」，磧、普、南、徑、清作「人義」。
一　二三三頁上四行「痿瘁」，磧、普、南、徑、清作「痿熱」。
一　二三三頁上六行「飛鳥」，磧、普、南、徑、清作「烏身」。
一　二三三頁上一六行首字「諸」，磧、普、南、徑、清無。
一　二三三頁中一二行「畜獸」，磧、南、徑、清作「畜生」。
一　二三三頁中二二行第七字「罪」，磧、普、南、徑、清作「罪心」。
一　二三三頁下八行「裹如」，磧、普、南、徑、清作「裹如故」。
一　二三三頁下一一行第四字「捉」，磧、普、南、徑、清作「促」。又第七字「却」，磧、普、南、徑、清作「即」。
一　二三三頁下一八行「戲弄」，磧、普、南、徑、清作「戲弄耶」。
一　二三四頁上七行第六字「令」，磧、普、南、徑、清作「今」。
一　二三四頁上一八行第一〇字「復」，磧、普、南、徑、清作「須」。
一　二三四頁上二〇行第一二字「身」，磧、普、南、徑、清作「處」。
一　二三四頁下五行第一二字至次行末字「爲……常」，磧、普、南、徑、清無。
一　二三四頁下九行首字「令」，磧、普、南、徑、清作「命」。
一　二三四頁下一九行第八字「抉」，磧、普、南、徑、清作「殃」。
一　二三四頁下二一行「九城宮」，磧、普、南、徑、清作「九成宮」。
一　二三五頁上二行「此有五部」，徑無。
一　二三五頁上三行至四行「述意部……獸王部」，徑無。
一　二三五頁上八行「海漂」，磧、普、南、徑、清作「漂海」。
一　二三五頁上一四行「艱危」，清作「難危」。
一　二三五頁上一七行第九字「[illegible]」，磧、南作「猼」；普、徑、清作「獳」。又第一二字「覺」，磧、普、南、徑、清作「後覺」。
一　二三五頁中一行末字「瘵」，磧、普、南、徑、清作「可療」。
一　二三五頁下四行夾註左「延命」，磧、普、南、徑、清作「延命也」。
一　二三五頁下六行「長者」，磧、普、

南、徑、清作「長者子」。

一　二三五頁下一一行「血宍」，磧、普、南、徑、清作「肉血」。

一　二三六頁上一四行「啓父」，磧、普、南、徑、清作「啓其祖父」。

一　二三六頁中一二行「澤池」，磧、南、徑、清作「池澤」。

一　二三六頁中一四行首字「商」，磧、普、南、徑、清作「商」。下同。

一　二三六頁下八行「興大悲心」，磧、普、南、徑、清作「大悲熏心」。

一　二三六頁下九行第一二字「于」，磧、普、南、徑、清無。

一　二三六頁下一九行第九字「隔」，磧、普、南、徑、清作「躡」。

一　二三六頁下二一行第一三字「跨」磧、普、南、徑、清作「踰」。

一　二三七頁上一行第二字「竭」，磧、普、南、徑、清作「喘」。

一　二三七頁上一三行「難限」，磧、普、南、徑、清作「艱嶮」。

一　二三七頁上一五行第九字「背」，磧、普、南、徑、清作「甲」。

一　二三七頁中四行第一二字「爲」，磧、普、南、徑、清作「當爲」。

一　二三七頁中五行第三字「過」，磧、普、南、徑、清無。又第八字「舟」，磧、普、南、徑、清作「舟航」。

一　二三七頁中九行末字「是」，磧、普、南、徑、清作「是也」。

一　二三七頁下一〇行末字「汝」，磧、普、南、徑、清作「爾」。

一　二三八頁上一二行末字「囚」，磧、普、南、徑、清作「困」。

一　二三八頁中八行第五字「湄」，磧、普、南、徑、清作「希」。

一　二三八頁中九行「厄苦」，磧、普、南、徑、清作「危苦」。

一　二三八頁中一二行首字「昏」，清無。下至一四行首字同。

一　二三八頁中一五行首字「宋」，清無。第八字同。

一　二三八頁中一六行第七字「周」，清無。

一　二三八頁中一八行首字「唐」，清無。

一　二三八頁中二二行第五字「究」，磧、普、南、徑、清作「穴」。

一　二三八頁下一二行第九字「毛」，磧、普、南、徑、清作「手」。

一　二三八頁下一三行「道冏」，磧、普、南、徑、清作「道冏道冏」。

一　二三八頁下二一行第二字「當」，磧、普、南、徑、清作「當」。次頁上四行第八字同。

一　二三九頁上一二行首字「運」，磧、普、南、徑、清作「還」。

一　二三九頁上一三行首字「侶」，磧、普、南、徑、清作「旅」。

一　二三九頁上一六行第一一字「稽」，磧、普、南、徑、清作「會稽」。

一　二三九頁上一八行第一二字「見」，磧、普、南、徑、清無。

一　二三九頁中一行「手脚杻械持身出坑」，磧、普、南、徑、清作「手脚其械銜身掘坑」。

一　二三九頁中五行第一○字「等」，磧、普、南、徑、清作「尋」。
一　二三九頁中一一行首字「加」，磧、普、南、徑、清作「如」。
一　二三九頁中二○行首字「厲」，磧、普、南、徑、清作「躡」。
一　二三九頁中二二行「昏朝」，磧、南、徑、清作「昏帝」。
一　二三九頁中末行第二字「丘」，磧、普、南、徑、清作「兵」。
一　二三九頁下五行「瞻盻」，磧、普、南、徑、清作「瞻眄」。
一　二三九頁下七行「欣踊」，磧、普、南、徑、清作「欣躍」。
一　二三九頁下一○行第八字「免」，磧、普、南、徑、清作「勉」。
一　二三九頁下一一行第一二字「麾」，磧、普、南、徑、清作「虎」。
一　二三九頁下一二行「二胡人」，南作「二故人」。
一　二三九頁下一三行第五字「搏」，磧、普、南、徑、清作「擊」。又夾註右「一驗」，磧、普、南、徑、清作「此一驗」。
一　二三九頁下一四行「五丈浦」，磧、南、徑、清作「五丈涌」。
一　二四○頁上六行首字「丈」，磧、普、南、徑、清作「大」。
一　二四○頁上一○行第六字「敗」，磧、普、南、徑、清作「故」。又第一三字「比」，磧、普、南、徑、清作「次」。
一　二四○頁上一二行「慧慶」，磧、普、南、徑、清作「惠慶」。下同。
一　二四○頁上一三行末字「慧」，磧、普、南、徑、清作「惠慶」。
一　二四○頁上一五行第八字「舫」，磧、普、南、徑、清作「船」。一七行末字同。
一　二四○頁上一六行「浪踊」，磧、普、南、徑、清作「浪涌」。
一　二四○頁中七行第一一字「于」，徑、清作「子」。
一　二四○頁中一一行「荒餓」，磧、普、南、徑、清作「飢荒」。
一　二四○頁中一一行第一○字「攀」，磧、普、南、徑、清作「舉」。
一　二四○頁下八行第二字「美」，磧、普、南、徑、清作「美貌」。
一　二四○頁下一九行「常憑神」，磧、普、南、徑、清作「恒憑神力」。
一　二四○頁下二一行末字「僑」，磧、普、南、徑、清作「咸」。
一　二四○頁下末行末字「主」，磧、普、南、徑、清作「那」。
一　二四一頁上二行首字「調」，磧、普、南作「雕」。又第一一字「翁」，磧、普、南、徑、清作「榮」。
一　二四一頁中九行「診之」，徑、清作「證之」。
一　二四一頁中一○行第一○字「終」，磧、普、南、徑、清無。
一　二四一頁中一九行首字「見」，磧、南作「其」。又末字「但」，磧、普、南、徑、清作「旦」。
一　二四一頁中二二行第九字「知」，

磧、普、南、徑、清作「見」。

一　二四一頁下三行首字「許」，磧、普、南、徑、清無。

一　二四一頁下五行第一一字「常」，磧、普、南、徑、清作「恒」。一六行第三字同。

一　二四一頁下九行「栖霞」，磧、普、南、徑、清作「栖霞寺」。

一　二四一頁下一七行末字「歸」，磧、普、南、徑、清無。

一　二四一頁下二二行「京師」，磧、普、南、徑、清作「京城」。

一　二四二頁上九行第五字「尺」，磧、普、南、徑、清作「步」。

一　二四二頁上一一行第九字「項」，磧、普、南、徑、清作「頂」。

一　二四二頁上一二行「片傷」，磧、普、南、徑、清作「損傷」。

一　二四二頁上一七行第七字「魁」，普、徑、清作「盔」。

一　二四二頁上一九行「豈能」，磧、普、南、徑作「豈得」。

一　二四二頁中二行第五字「坐」，磧、普、南、徑、清作「坐息」。又第一三字「眼」，磧、普、南、徑、清作「目」。

法苑珠林卷第六十六

西明寺沙門釋道世撰

怨苦篇第七十七 此有七部

述意部　傷悼部　五陰部
八苦部　雜難部　蟲寓部
地獄部

述意部第一

夫三界輪轉六道疲移神明不朽識慮冥持乍死乍生時來時往弃捨身命草籌難辯惟大地丘阬莫非我故身滄海川流皆同吾淚血以此而觀誰非親友人鬼雖別生滅固同恩愛之情時復影響群邪愚闇不識親疏遂使喪彼身形養己軀命更互屠割共爲怨讎歷劫相讎苦報難盡靜思此事豈不痛心也

傷悼部第二

如中阿含經云尒時世尊告諸比丘衆生無始生死長夜轉輪不知苦之本際諸比丘於意云何若此大地一切草木以四指量斬以爲籌以數汝等長夜輪轉生死所依父母籌數已盡其諸父母數猶不盡諸比丘如是無始生死長夜輪轉故不知苦之本際

佛告諸比丘汝等輪轉生死飲其母乳多於殑伽河及四大海水所以者何汝等長夜或生象中飲母乳無量數或生駝馬牛驢諸禽獸類飲其母乳數無量汝等長夜棄於塚間膿血流出亦復如是或墮地獄畜生餓鬼髓血流出亦復如是

佛告諸比丘汝等長夜輪轉生死所出身血甚多無數過殑伽河水及四大海汝於長夜曾生象中或截耳鼻頭尾四足其血無量或受馬駝驢牛禽獸類等斷截耳鼻頭足四體其血無量或身命終棄於塚間膿血流出其數亦復如是或長夜輪轉生死喪失父母兄弟姊妹宗親知識或喪失錢財爲之流淚甚多無量過四大海水

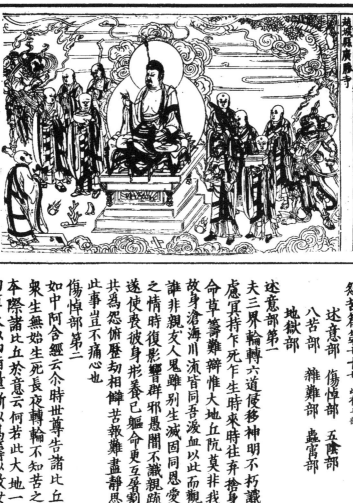

佛告諸比丘汝等見諸衆生安隱諸樂當作是念我等長夜輪轉生死亦曾受斯樂其趣無量或見諸衆生受

苦惱當作是念我昔長夜輪轉生死以來曾受如是之苦其數無量或見諸衆生而生恐怖衣毛爲豎當作是念我等過去必曾殺生爲傷害者爲惡知識於無始生死長夜輪轉不知其苦之本際或見諸衆生愛念歡喜者當作是念如過去世時必爲我等父母兄弟妻子親屬師友知識如是長夜生死輪轉無明所蓋愛繫其頸故長夜輪轉不知苦之本際是故諸比丘當如是學精勤方便斷除諸大莫令增長尒時世尊即說偈言

一人一劫中　積聚其身骨　常積不腐壞
如毗富羅山　若諸聖弟子　正智見眞諦
此苦及苦因　離苦得寂滅　修習八道跡
正向般涅槃　極至於七有　天人來往生
盡一切諸結　究竟於苦邊

佛告諸比丘衆生無始生死長夜轉之不知苦之本際無有一處不生不死者如是長夜無始生死不知苦之本際亦無有一處無父母兄弟妻子眷屬宗親師長者譬如大雨滴㴸一生一滅是衆生無明所蓋愛繫其頸長夜輪轉不知苦之本際譬如普天大雨洪注東西南北無斷絶處如是四方無量國土劫壞如天普雨天下無斷絶處長夜輪轉不知苦之本際譬如擲杖空中或頭落地或尾落地或中落地如是無始生死長夜輪轉或墮地獄或墮畜生或墮餓鬼

又增一阿含經云尒時三十三天有一天子身形有五死瑞一華冠自萎二衣裳垢坋三腋下流汗四不樂本位五玉女違伴時彼天子愁憂苦惱推胷歎息時釋提桓因聞此天子愁憂聲便勑一天子此何等聲乃徹此間彼天子具報所由尒時釋提桓因自往其所語彼天子言汝今何故愁憂苦惱乃至於斯天子報言尊者那得不愁命將欲終有五怪衰今此七寶宮殿悉當忘失及五百玉女亦當星散所食甘露今無氣味是時釋提桓因語彼天子言汝豈不聞如來說偈乎

一切行無常　生者必有死　不生則不死
此滅最爲樂

汝今何故愁憂乃至於斯一切諸行無常之物欲使有常者此事不然天子報言云何天帝那得不愁我今天身清淨無染光逾日月靡所不照捨此身已當生羅閱城中猪腹中生常食屎溺死時爲刀所割是時帝釋語言汝今可自歸佛法衆便不墮三惡趣故如來亦說此偈

諸有自歸佛　不墮三惡趣　盡漏處天人
便當至涅槃

尒時彼天問帝釋言今如來竟爲所在帝釋報曰今如來在摩竭提國羅閱城中迦蘭陀竹園所天子報言我今無力至彼帝釋報言汝當右膝著地長跪叉手向下方界而作是言唯願世尊善觀察之今在垂窮之地願矜愍之今自歸三尊如來無所著時彼天子隨帝釋即便長跪向下方界自稱姓名自歸佛法衆盡其形壽爲眞佛子非用天子如是至三說此語已不復處猪胎乃生長者家是時天子隨壽長短生羅閱城中大長者家是時長者婦自知有娠十月欲滿生一男兒端正無雙世之希有

年至十歲父母將至佛所佛爲說法即於座上諸塵垢盡得法眼淨無復瑕穢後離俗出家得阿羅漢果

又正法念經云尒時夜摩天王爲諸天衆以要言之於天人中有十六苦何等十六天人之中善通所攝一者中陰苦二者住胎苦三者出胎苦四悕食苦五者怨憎會苦六者愛別離苦七者寒熱等苦八者病苦九者他給使苦十者遣求營作苦十一者近惡知識苦十二者妻子親里衰惱苦十三者飢渴苦十四者爲他輕毀苦十五者老苦十六者死苦如是十六人中大苦於人世間乃至命終及餘衆苦於生死中不可堪忍於有爲中無有少樂一切無常一切敗壞尒時夜摩天王以偈頌曰

於人世界中　有陰皆是苦　有生必歸死
有死必有生　若住於中陰　自業受苦惱
長夜遠行苦　此苦不可說　沒於屎溺中
熱氣之所燒　如是住胎苦　不可得具說
常貪於食味　其心常希望　於味變大苦
此苦不可說　小心常希望　於欲不知足
所受諸苦惱　此苦不可說　怨憎不受會
猶如大火毒　所生諸苦惱　此苦不可說
於恩愛別離　衆生趣大苦　大惡難堪忍
此苦不可說　寒熱大苦畏　生無量種苦
衆生受斯苦　此苦不可說　病苦害人命
病爲死王使　衆生受斯苦　此苦不可說
爲他所策使　常無有自在　衆生受斯苦
此苦不可說　愛毒燒衆生　遣求大受苦
次第乃至死　此苦不可說　若近惡知識
衆苦常不斷　當受惡道苦　此苦不可說
妻子得衰惱　見衆生大苦　出過於地獄
此苦不可說　飢渴自燒身　猶如猛燄火
能壞於身心　此苦不可說　常爲輕賤他
親里及知識　生於憂悲苦　此苦不可說
人爲老所壞　身羸心意劣　傴僂任杖行
此苦不可說　人爲死所執　從此至他世
是死爲大苦　不可得宣說

又九橫經云佛告比丘有九輩九因緣命未盡時便橫死一爲不應飯爲飯二爲不量飯三爲不習飯四爲不出生五爲止熟六爲不持戒七爲近惡知識八爲入里不時不知法行九爲可避不避如是爲九因緣人命　爲橫盡

一不應飯者名不可意飯亦爲飽腹不調二不量飯者名不知節度多飯過足三不習飯者名爲不知時冬夏爲至他國不知俗宜飯食未習四不出生飯者爲飯物未消復上飯不服藥吐下由未時消五爲止熟者大小便來時不即時行噫噦逮下風來時制六不持戒者名爲犯五戒殺盜婬兩舌飲酒使入縣官捶杖斫刺或從怨手死或驚怖念罪憂死七爲近惡知識者坐不離惡知識故不覺善惡八爲入里不時者名爲冥行亦里有諍縣官長吏追捕不避不如法行安入他家舍九爲可避不避者爲弊惡象馬牛車蛇蚖井水火刀杖醉惡人等忤擾是爲九橫人命未盡當坐是盡

又五陰譬喻經佛說偈云

沫聚喻於色　受如水中泡　想譬熱時燄
行爲若芭蕉　器幻喻如識　諸佛說若此
當爲觀是要　熟省而思惟　空虛之爲審
不覩其有常　欲見陰當尒　眞智說皆然
三事斷絕時　知身無所直　命盡溫暖氣
捨身而轉逝　當其死臥地　猶草無所知

觀其狀如是　但幻而愚貪　止止為無安
亦無有牢强　知五陰如此　比丘宜精進
是以當晝夜　自覺念正智　受行寂滅道
行除最安樂

五陰部第三

若令一蛇生瞋恚者我當准法戮之都市尒時聞王切令心生惶怖捨篋逬走王時復遣五旃陀羅拔刀隨後其人迴顧見後五人遂自捨去是時五人以惡方便藏所持刀密遣一人詐為親善而語之言汝可還來其人不信投一聚落欲自隱匿既入聚落闚看諸舍都不見人執持瓨器悉空無物既不見人求物不得即便坐地聞空中聲咄哉男子此聚空曠無有居民今夜當有六大賊來汝設遇者命終今汝當云何而得免之尒時其人恐怖遂增復捨而去路值一河其水漂急無有船筏以恐畏故即取種種草木為筏復更思惟我設住此當為毒蛇五旃陀羅一詐親者及六大賊之所危害若度此河筏不可依當没水死寧没水死終不為彼蛇賊所害即推草筏置之水中身倚其上手抱脚踏截流而去即達彼岸安隱無患心意泰然怖懼消除四毒蛇者即是四大五旃陀羅者即是五陰一詐親者即是貪愛投一聚落者即是內六入六大賊來者即是外塵是六大賊唯有諸王乃能遮止者唯佛菩薩乃能遮止是六大賊雖有諸王截其手足猶故不能令其心息六塵惡賊亦復如是雖得四沙門果截其手足亦不能令不刧善法如勇健人乃能摧伏是六大賊諸佛菩薩亦復如是乃能摧滅六塵惡賊

八苦部第四

如五王經云佛為五王說法人生在世常有無量衆苦切身今粗為汝等略說八苦何謂八苦一生苦二老苦三病苦四死苦五恩愛別苦六所求不得苦七怨憎會苦八憂悲苦是為八苦也何為生苦人死之時不知精神趣向何道未得生處普受中陰之形至其三七日中父母和合便來受胎一七日如薄酪二七日如稠酪三七日如凝蘇四七日如肉摶五七日五皰成就巧風入腹吹其身體六情開張在母腹中生藏之下熟藏之上母噉一杯熱食灌其身體如入鑊湯母飲一杯冷水亦如寒冷切身母飽之時迫迮身體痛不可言母飢之時腹中了了亦如倒懸受苦無量至其滿月欲生之時頭向產門劇如兩石峽山欲生之時母危父怖生墮草上身體細輭草觸其身如履刀劒忽然失聲大呼此是苦不諸人咸言此是大苦何謂老苦謂父母養育至年長大自用强健擔輕負重不自裁量寒熱失度年老頭白齒落目視昏朦耳聽不聰盛去衰至皮緩面皺百節疼痛行步苦極坐起呻吟憂悲心惱神識轉滅便旋即忘命日促盡言之流涕坐起須人此是苦不荅曰大苦何謂病苦人有四大和合而成一大不調百一病生四大不調四百四病同時俱作地大不調舉身沉重水大不調舉身膖腫火大不調舉身蒸熱風大不調舉身掁强百節苦痛猶被

杖棘四大進退手足不任氣力虛竭
坐起須人口燥脣焦筋斷鼻壞目不
見色耳不聞音不淨流出身臥其上
心懷苦惱言輒悲哀六親在側晝夜
看視初不休息餚膳美食入口皆苦
此是苦不荅言實是大苦
何謂死苦人死之時四百四病同時俱
作四大欲散魂神不安欲死之時刀
風解形無處不痛白汗流出兩手摸
空室家內外在其左右憂悲涕泣痛
徹骨髓不能自勝死者去之風游氣
絕火滅身冷風光火次魂靈去矣身
體挺直無所復知旬月之間肉壞血
流膖脹爛臭甚不可近棄之曠野衆
鳥噉食肉盡骨乾髑髏異處此是苦
不荅言實是大苦
何謂恩愛別苦謂室家內外兄弟妻
子共相戀慕一朝破亾為人抄劫各
自分張父東子西母南婦北非唯一
處為人奴婢各自悲呼心內斷絕窈
窈冥冥無有相見之期此是苦不荅
言實是大苦
何謂所求不得苦家內錢財散用追

求大官吏民望得富貴勤苦求之不
止會遇得之而作邊境令長未經幾
時貪取民物為人告言一朝有事鑒
車載去欲殺之時憂苦無量不知死
活何日此是苦不荅言實是大苦
何謂怨憎會苦世人薄俗共居愛欲
之中爭不急之事更相殺害遂成大
怨各自相避隱藏無地各磨刀錯箭
挾弓持杖恐畏相見會遇隘道相逢
張弓豎箭兩刃相向不知勝負是誰
當尒之時怖畏無量此是苦不荅言
實是大苦
何謂憂悲苦惱苦謂人生在世長命
者乃至百歲短命者胞胎傷墮長命
之者與其百歲夜消其半餘年五十
在其酒醉疾病不知作人減少五歲
小時愚癡至年十五未知禮義年過
八十老鈍無智耳聾目冥無有法則
復減二十年已九十年過餘有十歲
之中多諸憂愁天下欲亂時亦愁天
下旱時亦愁天下大水亦愁天下
霜亦愁天下不孰亦愁室家內外多
諸病痛亦愁將家財物治生恐失亦

愁官家百調未輸亦愁家人遭官閉
繫牢獄未知出期亦愁兄弟遠行未
歸亦愁居家窮寒無有衣食亦愁比
舍村落有事亦愁社稷不辦亦愁室
家死亾無有財物殯葬亦愁至春種
作無有牛犂亦愁如是種種憂悲無
有樂時至其節日共相集聚應當歡
樂方共悲啼相向此是苦不荅言實
是大苦
又金色王經云有一天女向金色王
而說偈言
何法名為苦　所為貧窮是　何苦最為重
所謂貧窮苦　死苦與貧苦　二苦等無異
寧當受死苦　不用貧窮生
又佛地論云五怖畏者一不活畏二
惡名畏三死畏四惡趣畏五怯畏如
是五畏證得清淨意樂地時皆已遠
離
又波斯匿王太后崩經世尊為王說
偈云
一切人歸死　無有不死者　隨行種殃福
自種善惡果　地獄為惡行　善者必生天
明慧能分別　唯福能過惡

如是大王有四恐畏無能避者老為大恐畏肥肉消盡病為大恐畏無强健志死為大恐畏盡無有壽恩愛別離為大恐畏無得求住此之四大恐畏一切刀杖祝術藥草象馬人民珍寶城郭可救贖者譬如大雲起雷霹靂斯須還散人命極短壽極百歲其中出者少唯修無常想除去恩愛可得度苦

雜難部第五

如婦人遇辜經云佛在世時有一人無婦往詣舍衛國娶婦本國自有西子大子七歲次子孩抱母復懷軀欲向家產天竺俗禮婦人歸父母國時夫婦乘車載二子當詣舍衛中路食息并牧牛時有毒蛇纏繞牛脚牛遂離絭其夫取牛欲得嚴發見牛為毒蛇所殺蛇復捨牛復纏夫殺婦遙見之悑懼戰慄啼哭呼天無救護者曰遂欲冥去道不遠有流河水水對有家居婦怕曰冥懼為賊刼棄車將二子到水畔留大子著水邊抱小子度水適到水半狼食其子子噭呼母時還顧見子為狼所噉驚惶悑懼失抱中子墮水隨流母益懊惱迷惑失志頓躓水中墮所懷子遂便度水問道行人我家父母為安隱不行人荅曰昨夜失火皆燒父母悉盡無餘又問行人我夫家姑妐為安隱不行人荅曰昨有刼賊傷害其家姑妐皆死無見在者其婦聞之愁憂悑懼心迷意惑不識東西脫衣裸形迷惑狂走道中行人見大怪之謂邪病鬼神所嬈佛在舍衛給孤獨精舍時婦馳走而往趣之尒時世尊為大會說法諸佛之法盲者見佛皆眼明聾者得聽瘂者得言疾病除愈尫劣强健被毒不行心亂得定時婦見佛意即得定不復愁憂自視裸形慚愧伏地佛呼阿難取衣與著竟稽首佛足却坐一面佛即為說經為現罪福人命無常合會有別種種法要心開意解即發無上正真道意得不退轉地

又對法論云正生何因苦衆苦所逼故餘苦所依故出胎時復受肢體逼切大苦餘苦所依者謂有生老病死等衆苦隨逐老何因苦時分變壞苦故病何因苦大種變異苦故死何因苦壽命變壞苦故怨憎會何因苦合會生苦故愛別離生苦故求不得何因苦所求不果生苦故略攝一切五取蘊何因苦麁重苦故

又雜譬喻經云昔有世人入海採寶逢有七難一者四面大風同時起吹船令顛倒二者船中欲壞而漏三者人欲墮水死乃得上岸四者二龍上岸欲噉之五者得平地三毒蛇逐欲噉之六者地有熱沙走行其上燒爛人脚七者仰視不見日月常冥而知東西甚難也

佛告諸弟子若曹亦有七事一者四面大風起者謂生老病死二者六情無愛無限譬船滿溢三者墮水欲死謂為魔所得四者二龍上岸噉者謂日月食命五者平地三毒蛇者謂人身中三毒六者熱沙燒爛其脚者謂地獄中火七者仰視不見日月者謂受罪之處窈窈冥冥無有出期佛語諸弟子當識是言莫與此會勤行六

事可得解脫

又涅槃經云若外道自餓苦行道者一切畜生悉應得道是故外道受自餓法投淵赴火自墜高巖常翹一脚五熱炙身常臥灰土棘刺編椽樹葉惡草牛糞之上麤服麻衣糞埽氎褐欽婆羅衣茹菜噉果藕根油滓若行乞食限至一家主若言無即便捨去設復還喚終不迴顧不食鹽肉五種辛味常飲噉泔米沸汁乃云是等能爲無上解脫因者無有是處不見菩薩摩訶薩人行如是法得解脫者是故先須調心不不偏苦身即得果又修行道地經云譬如小兒捕得一雀執持令惱以長縷繫放之飛去自以爲脫不復遭厄詣樹池飲自恣安隱縷盡牽還持弄惱苦如本無異修行如是自惟念言雖至梵天當還欲界受苦如故是頌曰

譬如有雀繩繫足　逼飛縷盡牽復迴
修行如是止梵天　續行欲界不離苦

法苑珠林卷第六十六

法苑珠林卷第六十六

校勘記

一　底本，金藏廣勝寺本。

一　二四七頁中一行經名，徑作「法苑珠林卷第八十三」。

一　二四七頁中二行撰者，磧、南作「唐上都西明寺沙門釋道世撰」；普作「大唐上都西明寺沙門釋道世撰」；徑作「唐上都西明寺沙門釋道世玄惲撰」；清作「唐上都西明寺沙門釋道世撰」。

一　二四七頁中三行「怨苦篇第七十七」，徑作「怨苦篇第七十七之一」。又夾註「此有七部」，磧、普、南作「此有五部」；徑無。

一　二四七頁中四行至六行「述意部……地獄部」，徑無。

一　二四七頁中五行至六行「蟲寓部……地獄部」，磧、普、南無。

一　二四七頁中七行「第一」，徑無。以下部目下序數例同。

一　二四七頁中八行「侵移」，麗作「萍移」。

一　二四七頁中一一行第二字「身」，磧、普、南、徑、清作「陳」。

一　二四七頁中一九行「轉輪」，磧、普、南、徑、清作「輪轉」。

一　二四七頁下五行「兢伽河」，磧、普、南、徑、清作「恒河」。一二行同。

一　二四七頁下二一行末字「諸」，麗作「快」。

一　二四七頁下末行第六字「趣」，麗作「數」。

一　二四八頁上二行「曾受」，磧、普、南、徑、清作「亦曾受」。

一　二四八頁上一一行「斷除」，磧作「御除」。

一　二四八頁上一八行末字至次行首字「轉之」，麗作「輪轉」。

一　二四八頁上二二行第一三字「漚」，磧、普、南、徑、清作「泡」。

一　二四八頁中三行「刧壞」，磧、普、南、徑、清作「刧成刧壞」。

一二四八頁中九行「死瑞」，徑、清作「死相」。

一二四八頁中一一行「推胷」，磧、南、徑、清、麗作「搥胸」；普作「椎胸」。

一二四八頁中一七行第一〇字「令」，磧、普、南、徑、清作「今」。

一二四八頁中二〇行末字「乎」，南、徑、清作「曰」。

一二四八頁中二一行「無常」，磧作「無當」。

一二四八頁下一行第五字「欲」，磧、普、南、徑、清作「雖」。

一二四八頁下四行末字「常」，磧、普、南、徑、清作「恒」。

一二四八頁下七行末字「偈」，南、徑、清作「偈言」。

一二四八頁下一七行「帝釋」，麗作「帝釋語」。

一二四九頁上一行首字「年」，磧、普、南、徑、清無。又第一一字「佛」，南、徑、清作「時佛」。

一二四九頁上六行「善通」，麗作「善道」。

一二四九頁上七行末字「四」，磧、普、南、徑、清、麗作「四者」。

一二四九頁上八行首字「悕」，徑、清作「希」。

一二四九頁上一〇行第六字「遣」，徑、清作「追」。本頁中八行第一一字磧、普、南、徑、清同。

一二四九頁上二〇行第一一字「没」，磧、南、徑、清作「設」。

一二四九頁中一行「不受」，磧、普、南、徑、清作「不可」；麗作「不愛」。

一二四九頁中五行「衆生受斯苦」，磧、普、南、徑、清作「生無量苦已」。

一二四九頁中一一行第七字「衆」，磧、普、南、徑、清、麗作「則」。

一二四九頁中一五行「任杖行」，普、徑、清作「凭杖行」。

一二四九頁中一八行「九輩」，磧、普、南、徑、清作「九横」。

一二四九頁中二〇行第一〇字「飯」，普作「飧飯」。又第一二字「爲」，磧、普、南、徑、清無。

一二四九頁中二一行首字「生」，徑、清作「生飯」。

一二四九頁中末行末字「盡」，磧、普、南、徑、清作「所盡」。

一二四九頁下七行「噫嚱嗟下」，磧、南作「噫吐嗟下」；普、徑、清作「噫吐嚏下」。

一二四九頁下一五行第六字「并」，南、徑、清作「並」。

一二四九頁下一六行「忓擾」，磧、普、南、徑、清作「干擾」；麗作「忤擾」。

一二四九頁下一八行「受如水中泡」，磧、普作「應如水中池」。

一二四九頁下二一行第九字「當」，磧、南、徑、清作「可」。

一二四九頁下二二行第一二字「盡」，磧、普、南、徑、清作「氣」。

一二五〇頁上六行首字「若」上，普、南、徑、清有「如（「如」，普、南作「又」）涅槃經云復次善男子凡夫

若遇身心苦惱起種種惡若得身病若得心病令身口意作種種惡以作惡故輪迴三趣具受諸苦何以故凡夫之人無念慧故是故生於種種諸漏是名念漏菩薩摩訶薩常自思惟我從往昔無數劫來爲是身心造種種惡以是因緣流轉生死在三惡道具受衆苦遂令我遠三乘正[illegible]菩薩以是惡因緣故於已身心生大怖畏捨離衆惡趣向善道善男子譬如有王以四毒蛇盛之一篋令人養食瞻視卧起摩洗其身」一百七十三字；麗有「如涅般經云譬如有王畜四毒蛇置之一篋以付一人仰令瞻養」二十五字。

一　二五〇頁上七行「尒時聞王切令」，磧作「爾其聞至切令」；普、南、徑、清作「爾時其人聞王切令」；麗作「爾時聞王切念」。

一　二五〇頁上一二行第一三、一四字「聚落」，磧、普、南、徑、清作「聚中」；麗作「聚落中」。

一　二五〇頁上一三行「瓨器」，磧、普、南、徑、清作「缸器」。

一　二五〇頁上一七行「命終」，普、南、徑、清作「命將不全」。又第三字「今」，普、南、徑、清無。

一　二五〇頁中二行首字「抱」，磧、普、南、徑、清作「把」。

一　二五〇頁中七行「唯有」，磧、普、南、徑、清作「雖有」。又「乃能」，磧、普、南、徑、清作「不能」。

一　二五〇頁中一一行「不能」，磧、普、南、徑、清作「不能盡」。

一　二五〇頁中一八行「別苦」，磧、普、南、徑、清作「別離苦」。次頁上一七行同。

一　二五〇頁中二〇行「何爲」，磧、普、南、徑、清作「何謂」。

一　二五〇頁下四行第七字「灌」，磧、普、南、徑、清無。

一　二五〇頁下六行「迫庂」，磧、普、南、徑、清作「迫迮」。

一　二五〇頁下一一行「大呼」，磧、普、南、徑、清作「大叫」。

一　二五〇頁下一四行「昏睆」，磧、普、南、徑、清作「睆睆」。

一　二五一頁上四行第六字「輒」，磧、普、南、徑、清作「趣」。

一　二五一頁上一二行第七字「光」，磧、普、南、徑、清、麗作「先」。

一　二五一頁上一三行「梃直」，磧、普、南、徑、清作「挺直」；麗作「侹直」。又「旬月」，磧、普、南、徑、清作「旬日」。

一　二五一頁上一九行第一〇字「婦」，磧、普、南、徑、清作「女」。

一　二五一頁中八行第三字「自」，磧、普、南、徑、清作「百」。

一　二五一頁中末行「將家」，磧、普、南、徑、清、麗作「持家」。

一　二五一頁下一六行第八字「惡」，磧、普、南、徑、清無。

一　二五一頁下一七行「意樂」，磧、普、南、徑、清作「樂意」。

一　二五一頁下末行第九字「過」，磧、

普、南、徑、清、麗作「遏」。

一　二五二頁上二行「肥肉」，磧、普、南、徑、清作「肌肉」。

一　二五二頁上六行第五字「可」，磧、普、南、徑、清作「無所」。

一　二五二頁上一四行「婦人」，磧、普、南、徑、清作「婦人産日」。

一　二五二頁上二〇行「流河水水」，麗作「河水河水」。

一　二五二頁上二一行首字「對」，磧、普、南作「碓」。

一　二五二頁中五行第四字「夜」，磧、普、南、徑、清作「家」。

一　二五二頁中七行「刼賊」，磧、普、南、徑、清作「劇賊」。

一　二五二頁中八行第三字「兒」，磧、普、南、徑、清、麗作「完」。又第七字「婦」，磧、南、麗作「母」。

一　二五二頁中一一行第七字「給」，磧、普、南、徑、清無。

一　二五二頁中二〇行末字「地」，磧、普、南、徑、清作「也」。

一　二五二頁下一行「隨逐」，南作「隨遂」。

一　二五二頁下四行「愛別離」，磧、普、南、徑、清作「愛別離何因苦別離」；麗作「愛別離何因苦愛別離時」。

一　二五二頁下一三行「而知」，磧、普、南、徑、清、麗作「不知」。

一　二五二頁下一五行「若曹」，磧、普、南、徑、清作「若遭苦難」。

一　二五二頁下一七行「無愛」，磧、普、南、徑、清作「所愛」；麗作「貪愛」。

一　二五二頁下一九行第一三字「謂」，磧、普、南、徑、清作「爲」。

一　二五二頁下二〇行第九字「嬈」，磧、普、南、徑、清作「剥」。

一　二五三頁上二行「道者」，麗作「得道者」。

一　二五三頁上三行第五字「悉」，磧、普、南、徑、清作「長」。

一　二五三頁上七行「油滓」，磧、普、南、徑、清作「油滓牛糞根莖」。

一　二五三頁上一〇行首字「辛」，磧、普、南、徑、清作「牛」。又第七字「米」，磧、普、南、徑、清作「糠」；麗作「糖」。

一　二五三頁上一三行第六字「不」，磧、南、徑、清、麗無。又第一三字「果」，磧、普、南、徑、清、麗作「道果」。

一　二五三頁上一七行第五字「持」，磧、普、南、徑、清作「投」。

一　二五三頁上一九行「受苦如故是」，磧、普、南作「苦惱如故是」；徑、清作「苦惱如是故」；麗作「受苦如故於是」。

一　二五三頁上二〇行末字「迴」，磧、普、南、徑、清作「還」。

一　二五三頁上卷末經名，徑無（未換卷）。

法苑珠林卷第六十七　寢字号二十八紙

西明寺沙門釋道世撰

怨苦篇第七十七

蟲寓部第六

如禪祕要經云：復次舍利弗，若行者入禪定時，欲覺起貪婬風動，四百四脈從眼至身根一時動搖，諸情閉塞，動於心風，使心顛狂，因是發狂，鬼魅所著，晝夜思欲如救頭然，當疾治之。治之法者，教此行者觀子藏。子藏者在生藏下、熟藏之上，九十九重膜如死豬胞，四百四脈從於子藏，猶如樹指布散諸根，如臧豕囊一千九百節，似芭蕉葉，八十戶蟲圍繞周帀。四百四脈及以子藏，猶如馬腸直至產門，如臂釧形，團圓大小，上圓下尖，狀如貝齒，九十九重，一一重間有四百四蟲，一一蟲有十二頭十二口。人飲水時，水精入脈，布散諸蟲，入毗羅蟲頂，直至產門，半月半月出不淨水。諸蟲各吐猶如敗膿，入九十蟲口中，從十二蟲六竅中出，如敗絳汁。復有諸蟲細於秋豪，游戲其中。諸男子等宿惡罪故，四百四脈從眼根布散四支，流注諸腸，至生藏下、熟藏之上，肪脾腎脈，於其兩邊各有六十四蟲，各十二頭，亦十二口，綩綣相著，狀如指環，盛青色膿，如野豬精，臭惡叵甚。至藏陰處分為三支，二九在上，如芭蕉葉，有一千二百脈，一一脈中生於風蟲，細若秋豪，似毗蘭多鳥觜。諸蟲中生筋色蟲（此蟲形體似筋，連持子藏，能動諸脈，吸精出入。男蟲青白，女蟲紅赤），七萬八千共相纏裹，狀如累環，似瞿師羅鳥眼。九十八脈上衝於心，乃至頂髮。諸男子等眼觸於色，風動心根，四百四脈為風所使，動轉不停。八十戶蟲一時張口，眼出諸膿，流注諸脈，乃至蟲頂，諸蟲崩動，狂無所知，觸前女根。男精青白，是諸蟲淚；女精黃赤，是諸蟲膿。九十八使所熏修法，八十戶蟲地水火風動作由此。佛告舍利弗：若有四衆著慚愧衣服慚愧藥，欲求解脫度世苦者，當學此法，如飲甘露。學此法者，想前子藏乃至女根，男子身分大小諸蟲張口豎耳瞋目吐膿，以

手反之置左膝端數息令定一千九百九十九過觀此想成已置右膝端如前觀之復以手反之用覆頭上令此諸蟲衆不淨物先適兩眼耳鼻及口無處不至見此事已於好女色及好男色乃至天子天女若眼視之如見癩人那利創蟲如地獄荊羊多羅鬼神狀如阿鼻地獄猛火熱焰應當諦觀自身他身是欲界一切衆生身分不淨皆悉如是舍利弗汝今知不衆生身根根本種子悉不清淨不可具說但當數息一心觀之若服此藥是大丈夫天人之師調御人主免欲淤泥不為使水恩愛大河之所漂沒婬泆不祥幻色嫉鬼之所燒害當知是人未出生死其身香潔如優波羅人中香象龍王力士摩醯首羅所不能及大力丈夫天人所敬佛告舍利弗汝好受持為四衆說慎勿忘失時舍利弗及阿難等聞佛所說歡喜奉行

又正法念經云比丘修行者如實見身從頭至足循身觀察彼以聞慧或以天眼觀髑髏內自有蟲行名曰腦行游行骨肉生於腦中或行或住當食此腦復有諸蟲住髑髏中若行若食還食髑髏復有髮蟲住於骨外食於髮根以蟲瞋故令髮墮落復有耳蟲住在耳中食耳中宍以蟲瞋故令人耳痛或令耳聾復有鼻蟲住在鼻中食鼻中宍以蟲瞋故能令其人飲食不美腦涎流下以蟲食腦涎是故令人飲食不美復有脂蟲生在脂中住於脂中常食人脂以蟲瞋故令人頭痛復有續蟲生於節間有名身蟲住在人牙以蟲瞋故令人脈痛猶如鍼刺復有諸蟲名曰食涎住舌根中以蟲瞋故令人口燥復有諸蟲名牙根蟲住於牙根以蟲瞋故令人牙痛復有諸蟲名歐吐蟲以食違多生歐吐是名內修行者循身觀是十種蟲住於頭中或以聞慧或以天眼初觀胭喉有蟲名曰食涎齟齬食時猶如歐吐涎唾和雜欲咽之時與腦涎合喉中涎蟲共食此食以自活命若蟲增長令人嗽病若多食膩或食甜或食熏食或食酢食或食冷食蟲則增長令人胭喉生於病疾復以聞慧或以天眼見消唾蟲住胭喉中若人不食如上膩等蟲則安隱能消於唾於十脈中流出美味安隱受樂若人多唾蟲則得病以蟲病故則吐冷沫吐冷沫故胷中成病復以聞慧或以天眼觀於吐蟲住人身中住於十脈流注之處若人食時如是之蟲從十脈中踊身上行至胭喉中即令人吐生於五種嘔吐一風吐二癊吐三唾吐四雜吐五蠅吐若蟲安隱則於胃中順入腹中

復以聞慧或以天眼見蠅食不淨故蠅入胭喉令吐蟲動則便大吐

復以聞慧或以天眼見醉味蟲行於舌端乃至命脈於其中間或行或住微細無足若食美食蟲則昏醉增長若食不美蟲則萎弱若我不食醉蟲則病不得安隱

復以聞慧或以天眼見放逸蟲住於頂上若至腦門令人疾病若至頂上令人[illegible]至胭脹猶如蟻子滿胭

喉中若住本處病則不生
復以聞慧或以天眼見六味蟲所食嗜味者我亦貪嗜隨此味蟲所不嗜者我亦不便若得熱病蟲亦先得如是熱病以是過故令於病人所食不美無有食味
復以聞慧或以天眼見抒氣蟲以瞋恚故食惱作孔或胭喉痛或胭喉塞生於死苦此抒氣蟲共胭喉中一切諸蟲皆悉撩亂生諸痛惱此抒氣蟲常爲唾覆其蟲短小有面有足
復以聞慧或以天眼見憎味蟲住於頭下胭喉根中云何此蟲爲我病惱或作安隱彼見此蟲憎疾諸味唯嗜一味或嗜甜味憎於餘味或嗜酢味憎於餘味隨所憎味我亦憎之隨蟲所嗜我亦嗜之舌端有脈隨順於味令舌乾燥以蟲瞋故令舌瘖瘖而動或令胭喉即得瘷病若不瞋恚胭喉則無如上諸病
復以聞慧或以天眼見嗜睡蟲其形微細狀如牖塵住一切脉流行趣味住骨髓內或住內內 或髑髏內或在頰內或齒骨內或胭骨中或在耳中或在眼中或在鼻中或在鬚髮此嗜睡蟲風吹流轉若此蟲病若蟲疲極住於心中心如蓮華晝則開張無日光故夜則還合心亦如是蟲住其中多取境界諸根疲極蟲則睡眠人亦睡眠一切衆生悉有睡眠若此睡蟲晝日疲極人亦睡眠
復以聞慧或以天眼見有腫蟲行於身有其身微細隨蟲飲血處則有腫起瘖瘖而疼或在面上或在頂上或在胭喉或在腦門或在餘處所在之處能令生腫若住筋中則無病苦
復以聞慧或以天眼見十種蟲至於肝肺人則得病何等爲十一名食毛蟲二名孔穴行蟲三禪都摩羅蟲四名赤蟲五名食汁蟲六名毛燈蟲七名瞋血蟲八名食肉蟲九名瘖瘖蟲十名酢蟲此諸蟲等其形微細無足無目行於血中痛癢爲相
復以聞慧或以天眼見食毛蟲若起瞋恚能敬鬚眉皆令墮落令人癩病若孔行蟲而起瞋恚行於血中令身簸澀頑痺無知若禪都摩羅蟲流行血中或在鼻中或在口中令人口鼻皆悉臭惡若其赤蟲而起瞋恚行於血中能令其人胭喉生瘡若食汁蟲而起瞋恚行於血中令人身體作青癀瘦或黑或黃癀瘦之病若毛燈蟲起於瞋恚血中流行則生病苦瘡癬熱黃疥癩破裂若瞋血蟲以瞋恚故血中流行或作赤病女人赤下身體搔癢疥瘡膿爛若食血蟲瞋而生病惱頭旋迴轉於胭喉中口中生瘡下門生瘡若瘖瘖蟲血中流行則生病疾瘦頓困極不欲飲食若酢蟲瞋恚亦令其人得如是病
復觀十種蟲行於陰中何等爲十一名生瘡蟲二名刺蟲三名閉筋蟲四名動脉蟲五名食皮蟲六名動脂蟲七名和集蟲八名臭蟲九名溼生蟲十名熱蟲
彼以聞慧或以天眼見於瘡蟲或於瘡處諸蟲圍繞噭食此瘡或於胭喉而生瘡病或見刺蟲若生瞋恚令人下痢猶如火燒口中乾燥飲食不消

若人愁惱蟲則歡喜嚙人血脈以為
衰惱或下赤血或不消下痢或見閉
筋蟲行於䐗筋或行細筋若覺蟲行
筋則疼痛若不覺行筋則不疼一切骨
宍皆亦消瘦筋中疼痛若蟲瞋恚人
不能食若住筋中而飲人血令人無
力若食人宍令人羸瘦或見動脈蟲
是蟲偏行一切脈中其身微細行無
障礙若蟲住人食脈之中則有病過
令身乾燥不喜飲食若蟲住水脈之
中則有病生令口乾燥若在汗脈令
人一切毛孔無汗若在溺脈令人淋
病或令精壞或令痛苦若蟲瞋恚行
下門中令人大便閉塞不通若惱垂
死或見食皮蟲以食過故蟲則瞋恚
令人面色醜惡或生惡皰或癢或赤
或黃或破或復令其鬚爪墮落令人
惡病或皮斷壞或宍爛壞或見動脂
蟲住在身中脂脈之內若食有過若
多睡眠此蟲則瞋不消飲食或生疥
瘙或生惡腫毛根螵病或得瘻瘤或
脉脹或乾消病或身臭病或食時流
汗或見和集蟲集二種身一者覺身

二者不覺身皮宍血等是名覺身髮
爪齒等是名不覺身以食過故蟲則
無力人亦無力不能速疾行來往返
睡眠瞢瞢或多焦渴皮宍骨血髓精
損減或見臭蟲住在宍中屎溺之中
以食過故蟲則瞋恚身宍屎溺唾洟
皆臭鼻中爛膿或眼淚爛臭隨蟲行處
皆悉臭穢若衣若敷若食住在齒中
以蟲臭故食亦隨臭食衣敷盡臭舌
上多有白垢臭穢身垢亦臭或見溼
行蟲行背宍中知食消已入腰三孔
取人糞穢汁則成溺滓則為糞令入
下門
復次修行觀者內身循身觀觀十種
蟲行於根中一切人身皆從中出何
等為十一名瘄瘄蟲二名㕙㕙蟲三
名苗華蟲四名大諂蟲五名黑蟲六
名大食蟲七名暖行蟲八名作熱蟲
九名火蟲十名大火蟲此諸蟲等住
陰黃中彼以聞慧或以天眼見瘄瘄
蟲以食過故蟲則瞋恚食人眼睚令
人眼癢多出眵淚此微細蟲若行眼
中眼則多病或令目壞若入睛中眼

生白瞖其蟲赤色若蟲不瞋則無此
病或見㕙㕙蟲住在人身行於陰中
陰黃覆身若入胃中令人蒸熱若行
皮中晝夜常熱手足皆熱若入皮裏
身則汗出或見苗華蟲行住陰中利
髖短足身如火藏不欲食飲隨所行
處則大熱爛身血增長其身蒸熱若
蟲順行則無此病或見大諂蟲住在
身中行黃陰中或安不安以食過故
蟲則瞋恚從頂至足行無障礙能令
身中一切熱血生於熱瘡若血若陰
從於口中耳中流出若蟲不瞋則無
此病或見黑蟲住在身內行於黃中
或安不安以食過故蟲則瞋恚令人
面皺或生多黶或黑或黃或赤或令
身臭或令眚目或口中生瘡或大小
便處生瘡若蟲不瞋則無此病或見
大食蟲以食過故則生瞋恚住陰黃
中隨食隨消若蟲不瞋則無此病或
見暖行蟲常愛暖食憎於冷食若我
食冷蟲則瞋恚口多生水或痲或睡
或心陰蠱瞢或身疼強或復多洟或
復多唾或胆脹病若蟲不瞋則無此

病或見熱蟲住人身中以食過故病垢增長妨出入息令身羸大或胭脹塞令大小便澁皆白色不愛寒冷不愛淡食或見食火蟲住在身內行住陰中此蟲寒時則便歡喜熱時萎弱寒歡喜故人則憶食熱時火增不欲飲食於冬寒時陰則清涼熱則陰發或見大火蟲若人性不便而強食之以食過故蟲則瞋恚噉身內蟲令人腸痛或脚手疼隨食蟲處則皆疼痛若蟲不瞋則無如上

復次修行者內身循身觀彼以聞慧或以天眼觀於骨中有十種蟲何等為十一名蜓骨蟲二名齧骨蟲三名割節蟲四名赤口蟲五名爛蟲六名赤口臭蟲七名頗頭摩蟲八名食皮蟲九名風刀蟲十名刀口蟲知此十蟲行於骨中違情損身不可具述

復次修行者內身循身觀彼以聞慧或以天眼見十種蟲行於溺中何等為十一名生蟲二名鍼口蟲三名節蟲四名無足蟲五名撒汁蟲六名三焦蟲七名破腸蟲八名閉塞蟲九名善色蟲十名穢門創蟲出其色可惡住糞穢中此十種蟲若違性瞋故亦損人身備在經文不可具述

復次修行者內身循身觀彼以聞慧或以天眼見十種蟲行於髓中有行精中何等為十一名毛蟲二名黑口蟲三名無力蟲四名大痛蟲五名煩悶蟲六名火蟲七名滑蟲八名下流蟲九名起身根蟲十名憶念歡喜蟲此之十蟲若違性瞋故亦損人身廣如經說不可具述

地獄部第七

如罪業報應教化地獄經云尒時信相菩薩為諸衆生而作發起白佛言世尊今有受罪衆生為諸獄卒剉碓斬身從頭至足乃至其頂斬之已訖巧風吹活而復斬之何罪所致佛言以前世時坐不信三尊不孝父母屠兒魁膾斬截衆生故獲斯罪

第二復有衆生身體癱瘴眉鬚墮落舉身洪爛鳥栖鹿宿人跡永絕沾汙親族人不喜見名之癩病何罪所致佛言以前世時坐不信三尊不孝父母破壞塔寺剝脫道人斫射賢聖傷害師長常無返復背恩忘義常行苟且婬匿尊卑無所忌諱故獲斯罪

第三復有衆生身體長大聾騃無足宛轉腹行唯食泥土以自活命為諸小蟲之所唼食常受此苦不可堪處何罪所致佛言以前世時坐為人自用不信好言善語不孝父母反戾時君若為帝主大臣四鎮方伯州郡令長吏禁督護恃其威勢侵奪民物無有道理使民枯瘁呼嗟而行故獲斯罪

第四復有衆生兩目盲瞎都無所見或觝樹木或墮溝坑於時死已更復受身亦復如是何罪所致佛言以前世時坐不信罪福障佛光明縫鷹眼合籠繫衆生皮囊成頭不得所見故獲斯罪

第五復有衆生謇吃瘖瘂口不能言若有所說閉目舉手乃不言了何罪所致佛言以前世時坐誹謗三尊輕毀聖道論他好醜求人長短強誣良善憎嫉賢人故獲斯罪

第六復有衆生腹大項細不能下食若有所食變為膿血何罪所致佛言以前世時偷盜僧食或為大會福食屏處偷噉愍惜己物但貪他財常行惡心與人毒藥氣息不通故獲斯罪

第七復有衆生常為獄卒熱燒鐵釘釘人百節骨頭釘之已訖自然火生焚燒身體悉皆燋爛何罪所致佛言以前世時坐為鍼灸醫師鍼人身體不能差病誑他取財徒受苦痛令他苦惱故獲斯罪

第八復有衆生常在鑊湯中為牛頭阿傍以三股鐵叉叉人內著鑊湯中煮之令爛還復吹活而復煑之何罪所致佛言以前世時信邪倒見祠祀鬼神屠殺衆生湯灌滅毛鑊湯煎煑不可限量故獲斯罪

第九復有衆生常在火城中煻煨齊心四門俱開若欲趣門門即閉之東西馳走不能自免為火燒何罪所致佛言以前世時坐焚燒山澤火煨雞子燒煑衆生爛身皮剥故獲斯罪

第十復有衆生常在雪山中寒風所吹皮宍剥裂求死不得何罪所致佛言以前世時坐横道作賊剥脫人衣使冬月之日令他凍死生剥牛羊痛不可堪故獲斯罪

第十一復有衆生常在刀山劒樹之上若有所捉即便割傷肢節斷壞何罪所致佛言以前世時坐屠殺為業烹害衆生屠割剥裂骨宍分離頭脚星散縣於高格稱量而賣或復生縣衆生苦痛難處故獲斯罪

第十二復有衆生五根不具何罪所致佛言以前世時坐飛鷹走狗彈射禽獸或斷其頭或斷其足生滅鳥翼故獲斯罪

第十三復有衆生攣躄背僂腰髖不隨脚跛手拘不能操涉何罪所致佛言以前世時坐為人野田行道安槍或安射窠施張𥨪穽陷墜衆生頭破脚折傷損非一故獲斯罪

第十四復有衆生常為獄卒桎梏其身不得免脫何罪所致佛言以前世時坐網捕衆生籠繫人畜飢窮困苦或為宰主令長貪取財錢枉繫良善怨酷昊天不得縱意故獲斯罪

第十五復有衆生或顛或狂或癡或騃不別好醜何罪所致佛言以前世時坐飲酒醉亂犯三十六失復有癡身如似醉人不識尊卑不別好醜故獲斯罪

第十六復有衆生其形甚小陰藏甚大挽之身皮皆復進引行立坐臥以之為妨何罪所致佛言以前世時坐持生販賣自譽己物毀呰他財罟斗弄升躡秤前後欺誑於人故獲斯罪

第十七復有衆生男根不具而為黃門身不妻娶何罪所致佛言以前世時坐犍象馬牛羊豬狗死而復蘇故獲斯罪

第十八復有衆生從生至老無有兒子孤立獨存何罪所致佛言以前世時坐為人暴惡不信罪福百鳥產乳之時賫持瓶器備大水渚求拾鴻鶴鸊鵜鵝鴈諸鳥卵𣪠歸煑噉諸鳥失子悲鳴嗷裂眼中血出故獲斯罪

第十九復有衆生少小孤寒無有父母兄弟為他作使辛苦活命長大成

人横羅殃禍縣官所縛繫閉牢獄無人追餉飢窮困苦無所告及何罪所致佛言以前世時坐喜捕捨鵰鷲鷹鷂熊羆虎豹枷鏁而畜狐此衆生父母兄弟常切憂悲悲鳴嗷裂哀感人心不能供養常苦飢餓骨立皮連求死不得故獲斯罪

第二十復有衆生其形甚醜身黑如漆兩目復青鞠頰俱堆皰面平鼻兩眼黃赤牙齒踈缺口氣腥臭矬短攣腫大腹凸髖脚復繚戾僂脊匡肋費衣健食惡瘡膿血水腫乾瘠疥癩癰疽種種諸惡集在其身雖親附人人不在意若他作罪橫羅其殃永不見佛永不聞法永不識僧何罪所致佛言以前世時坐為子不孝父母為臣不忠其君為君不敬其下朋友不賞其信鄉黨不以其齒朝廷不以其爵妄為趨詐心意顛倒無有其度不信三尊弒君害師伐國掠民攻城破塢偷寒過盜惡業非一美己惡人侵淩孤老誣謗賢聖輕慢尊長欺誑下賤一切罪業悉具犯之衆惡集報故獲斯罪

尒時一切諸受罪衆生聞佛作如是說悲號動地淚下如雨而白佛言唯願世尊久住說法令我等輩而得解脫佛言若我久住薄德之人不種善根謂我常在不念無常善男子譬如嬰兒母常在側不生難遭之想若母去者便生渴仰思戀之心母方還來乃生歡喜善男子我今亦復如是知諸衆生善惡業緣受報好醜故般涅槃尒時世尊即為此諸受罪衆生而說偈言

水流不常滿　火盛不久然　日出須臾沒
月滿已復缺　尊榮豪貴者　無常復過是
念當勤精進　頂禮無上尊

又舊雜譬喻經云昔有六人為伴造罪俱墮地獄同在一釜中皆欲說本罪一人言沙二人言那三人言持四人言涉五人言姑六人言陀羅佛見之笑目連問佛何以故笑佛言有六人為伴俱墮地獄共在一釜中各欲說本罪熱湯沸涌不能再語各一語便迴下一人言沙者世間六十億万歲在泥犁中始為一日何時當竟第二人言那者無有出期亦不知何時當得脫第三人言遅者咄咄我當用治生不能自制意奪五家分供養三尊愚貪無足今悔何益第四人言涉者言我治生亦不至誠財產屬他為得苦痛第五人言姑者誰當保我從地獄出便不犯道禁得生天樂者第六人言陀羅者是事上頭本不為心計譬如御車失道入邪折軸車壞悔無所及頌曰

盛年好放逸　兇猛勸不移　天長曉露促
生老病來資　百節俱酸痛　千痾併著時
華堂一相捨　幽塗万苦拙

感應緣 略引十三驗

周宣王殺杜伯亾後現報
秦始皇伐終南山樹怪
秦高平李羨奴助鬼報
晋吳郡張縫家殺鬼報
魏劉赤斧夢蔣侯召為主簿
吴王夫差枉殺臣公孫聖現驗
晋安定張祚為張瓘枉殺現驗
晋張傾枉殺麴儉傾被現驗

宋秣陵縣令陶繼之枉殺太樂伎現驗
宋將軍張悅枉殺江州長史鄧琬現驗
宋文惠太子枉殺豫章王蕭嶷現驗
魏羅陽令寇仁祖枉殺成陽王元徽現驗
唐國初相州大慈寺群賊共停相殺汙寺現驗

周宣王殺杜伯不辜杜伯曰死若有知三年必使君知之三年周宣王田於甫田從人滿野日中杜伯乘白馬素車朱衣朱冠執朱弓挾朱矢射王中心折脊伏弢而死 右一驗出墨子傳

秦始皇時終南山有梓樹大數百圍蔭宮中始皇惡之興兵伐之天輒大風雨飛沙石人皆疾走至夜瘡皆合有一人中風雨傷寒不能去留宿夜聞有鬼來問樹言秦王凶暴相伐得不困耶樹曰來即作風雨擊之其奈吾何又曰秦王使三百人被頭以赤絲繞樹伐汝得無敗乎樹漠然無聲病人報秦王案言伐之樹斷中有一青牛出逐之走入河於是秦王立旄頭騎 右一驗出玄中記

秦高平李羨家奴健至石頭岡忽見一人云婦與人通情遂爲所殺欲報讎豈能見助奴用其言果見人來鬼便捉頭奴喚與手即使倒地還半路便死鬼以一千錢一匹青紋縷袍與奴囑云此袍是市西門丁與許君可自著愼勿賣也

晉永初二年吳郡張縫家忽有一鬼云汝分我食當相祐助便與鬼食舒席著地以飯布席上宍酒五肴如是鬼得便不復犯暴人後爲作食因以刀斫其所食處便聞數十人哭哭亦甚悲云死何由得棺材又聞主人家有梓船奴甚愛惜當取以爲棺見擔船至有斧鋸聲治船既竟聞呼喚舉屍著船中縫眼不見唯聞處分不聞下釘聲便見船漸漸昇空入雲霄中久久滅從空中落船破成百片便聞如有數百人大笑云汝那能殺我我當爲汝所困者耶但知惡心我憎汝狀故排船壞耳 右二驗出幽明錄也

魏劉赤斧者夢蔣侯召爲主簿曰促乃往廟陳請母老子弱情事果切乞夢放恕會稽魏邊多才藝善事神請與邊自代因叩頭流血廟祝曰特願相屈魏邊何人而擬斯舉赤斧因請終不許尋而赤斧死 右此一驗出志怪傳

吳王夫差殺其臣公孫聖而不以罪後越伐吳吳敗走謂太宰嚭曰吾前殺臣公孫聖投於胥山之下今道當由之吾上畏蒼天下慙於地吾舉足而不進心不忍往子試唱於前若聖猶在當有應聲嚭乃向餘杭之山呼曰公孫聖聖即從上應曰在三呼而三應吳主大懼仰天歎曰蒼天蒼天寡人豈可復歸乎吳主遂死不反

晉安定張祚以晉和中作涼州刺史因自立爲涼王河州刺史張瓘士衆強盛祚猜忌之密遣兵圖瓘瓘率衆拒祚祚遂爲瓘所殺瓘後數見祚來部從鎧甲舉手指瓘云底奴要當截汝頭瓘入姑臧立張玄靜爲涼王自爲涼州牧又謀廢玄靜而白王事未遂間與玄靜同車出城西門橋樑牢壯而忽摧折刺史舊事正旦放鳥瓘所放出手輒死有鸛來巢廣夏門彈遂不去自往看之宋燉煌宋混遣弟

澄即於巢所害璀璀臨命語澄曰汝荷婚姻而爲反逆皇天后土必當照之我自可死當令汝劇我矣混自爲尚書令輔政有疾晝日見璀從屋而下奄入柱中其柱狀若火燒掘土則無所見混因病死澄又然燈油變爲血廄中馬一夕無尾三歲小兒作老翁聲呼曰宋混澄斫汝頭又城東水中出火後三年澄爲張邕所殺

晉張傾西域校尉張傾以怨殺麴儉儉臨死有恨言後傾夜見白狗自拔劒斫之不中傾便倒地不起左右見儉在傍遂以暴卒

宋元嘉中李龍等夜行劫掠于時丹陽陶繼之爲秣陵縣令微密尋捕遂禽龍等龍所引一人是太樂伎忘其姓名劫發之夜此伎推同伴往就人宿共奏音聲陶不詳審爲作款列隨例車上及所宿主人士貴賓客並相明證陶知枉濫但以文書已行不欲自爲通塞遂并諸劫十人於郡門斬之此伎聲藝精能又殊辯慧將死之日親隣知識看者甚衆伎曰我雖賤隷少懷慕善未嘗爲非實不作劫陶令已當具知枉見殺害若死無鬼則已有鬼必自陳訴因彈琵琶歌曲而就死衆知其枉莫不殞泣月餘日陶遂夜夢伎來至案前云昔枉見殺實所不分訴天得理今故取君便入陶口仍落腹中陶即驚寤俄而倒絶狀若風顛良久方醒有時而發發輒夭矯頭反著背四日而亡亡後家便貧頓一兒早死餘有一孫窮寒路次

宋泰初元年江州長史鄧琬立刺史晉安王子勛爲帝以作亂初南郡太守張悅得罪鎖歸楊都及湓口赦之以爲冠軍將軍與共經紀軍事琬前軍袁顗既敗張悅懼誅乃稱暴疾伏甲而名鄧琬既至謂之曰卿始此禍而欲賣罪少帝乎命斬於牀前并殺其子以琬頭至五十年悅寢疾見琬爲厲遂死

宋濟豫章王蕭嶷亡後忽現形於沈文季曰我病未應死皇太子加膏中十一種藥使我不差湯中復加藥一種使我利不斷吾已訴還東邸當判此事便懷出青紙文書示文季云與卿少舊爲呈主上也俄而失所在文季懼不敢傳少時文惠太子薨

魏城陽王元徽初爲孝莊帝畫計殺尒朱榮及尒朱兆入雒害孝莊而徽懼走投雒陽令寇祖仁祖仁父叔兄弟三人爲刺史皆徽之力也既而尒朱兆購徽萬戶侯祖仁遂斬徽送之并匿其金百斤馬五十匹及兆得徽首亦不賞侯兆乃夢徽曰我金二百斤馬百匹在祖仁家卿可取也兆覺曰城陽家本巨富昨令收捕全無金銀此夢或實至曉即令收祖仁祖仁又見徽曰足得相報矣祖仁款得金百斤馬五十匹兆不信之祖仁私斂戚屬得金三十斤馬三十匹輸兆猶不充數兆乃發怒縣頭於樹以石硾其足鞭箠殺之　右此七驗出冤魂志

唐初相州大慈寺塔被焚以大業末年群賊互興寺在三爵臺室西葛蘿山上四鄉來投築城固守人物擁聚尺地不空塔之上下重複皆滿於中

穢汚不可見聞賊平之後人散寺僧無力可除忽然火起焚蕩內外一切都盡唯東南角太子思惟像殿得存可謂火淨以除臭穢也此塔即隨高祖手勅所置初以隨運創臨天下末附吳國公蔚迥周之柱臣鎮守河北作牧舊都聞楊氏御圖心所未允即日聚結舉兵祝詔官軍一臨大陣摧解收擁俘虜將百萬人揔集寺北游豫園中明旦斬決園墻有孔出者縱之至曉便斷猶有六十萬人並於漳河岸斬之流屍水中水爲不流血河一月夜夜鬼哭哀怨切人以事聞帝曰此叚一誅深有枉濫賊止蔚迥餘並被驅當時惻隱咸知此事國初機候不獲縱之可於游豫園南葛蘽山上立大慈寺折三爵臺以營之六時禮佛加一拜爲園中枉死者寺成僧住依勅禮唱怨哭之聲一斯頓絶上來所引者見孫相係目覩親知信承佛教善惡之報驗知不虛我祕還我慣豈有斯謬

法苑珠林卷第六十七

法苑珠林卷第六十七

校勘記

一　底本，金藏廣勝寺本。

一　二五七頁中一行經名，徑無（未換卷）。又經名下，磧有夾註「怨苦之一」；南、清有夾註「怨苦之二」。

一　二五七頁中二行撰者，磧作「大唐上都西明寺沙門釋道世撰」；南作「唐上都西明寺沙門釋道世撰」；徑無（未換卷）；清作「唐西明寺沙門釋道世撰」。

一　二五七頁中三行「怨苦篇第七十七」，磧、南、徑、清無。

一　二五七頁中四行「蟲寓部」，磧、南、徑、清作「蟲寓部」。又「第六」，徑無，以下部目下序數例同。

一　二五七頁中五行第五字「經」，磧、南、徑、清無。

一　二五七頁中一一行第四字「下」，磧、南、徑、清作「之下」。

一　二五七頁中一三行首字「指」，磧、南、徑、清作「脂」。

一　二五七頁中一四行「八十户」，磧、南、徑、清作「八萬户」。本頁下一四行、一八行同。

一　二五七頁下三行第一二字「胏」，磧、南、徑、清作「肺」。

一　二五七頁下五行「綩綣」，磧、南、徑、清作「婉綣」。

一　二五七頁下一〇行夾註左「紅赤」，磧、南、徑、清作「紅赤也」。

一　二五七頁下一九行「由此」，磧、南、徑、清作「作此」。

一　二五八頁中二行第五字「肉」，磧、南、徑、清、麗作「內」。又末字「當」，麗作「常」。

一　二五八頁中一三行第三字「牙」，磧、南、徑、清作「脉」。

一　二五八頁中末行第一一字「食」，磧、南、徑、清作「多食」。

一　二五八頁下三行第七字「住」，麗作「注」。

一　二五八頁下七行第五字「成」，磧、

南、經、清作「或」。
一二五八頁下一二行「胃中」，磧、南、經、清作「胃口」。
一二五八頁下一六行末字「於」，磧、南、經、清無。
一二五九頁上一二行第一〇字及一四行第八字「憎」，磧、南、經作「增」。本頁上一五行末字，磧、南同。
一二五九頁上一八行第一三字「動」，磧、南、經、清作「重」。
一二五九頁中七行「一切」，磧、南、經、清作「一人」。
一二五九頁中一〇行第二字「有」，磧、南、經、清、麗作「中」。
一二五九頁中一六行第八字「三」，磧、南、經、清作「三名」。
一二五九頁下一〇行第九字「血」，經、清作「肉」。
一二五九頁下一三行「瘦頓」，磧、南、經、清作「疲頓」。
一二五九頁下一八行「溼生蟲」，經作「濕行蟲」。
一二五九頁下二〇行「彼以」，麗作「復以」。又「或於」，磧、南、經、清作「隨有」。
一二五九頁下二一行第五字「圍」，磧、南、經、清無。
一二六〇頁上一二行第四字「毛」，磧、南、經、清無。
一二六〇頁上一七行第九字「鬚」，南、經、清作「髮」。
一二六〇頁上二一行第一三字「瘤」，磧、南、經、清作「病」。
一二六〇頁中九行第九字「食」，磧、南、經、清、麗無。
一二六〇頁中二二行「眵淚」，磧、南、經、清作「眼淚」。
一二六〇頁下一三行「黄中」，磧、南、經、清作「藏中」。
一二六〇頁下一六行「青目」，磧、南、經、清作「雀目」。
一二六〇頁下二一行「或寐」，磧、南、經、清作「窳」。
一二六〇頁下二二行「或復多淚」，磧、南、經、清無。
一二六一頁上一四行「蚔骨蟲」，磧、南、經、清作「舐骨蟲」。
一二六一頁上一六行「頗頭摩」，磧、南、經、清作「頭頭摩」。
一二六一頁上一七行「知此」，麗作「如此」。
一二六一頁上二二行末字「焦」，磧、南、經、清作「膲」。
一二六一頁中一〇行末字「廣」，磧、南、經、清作「具」。
一二六一頁中一一行「具述」，至此，經卷第八十三終，卷第八十四始，並有「怨苦篇第七十七之餘」一行。
一二六一頁中二〇行「[疒帝]痺」，磧、南、經、清作「頑痺」。
一二六一頁下一一行「枯痒」，磧、南、經、清作「苦痒」。
一二六一頁下一七行「成頭」，磧作「盛頭」。
一二六一頁下一九行「謇吃」，磧、

南、徑、清作「蹇吃」；麗作「謇吃」。

一 二六二頁上一六行第八字「滅」，南、徑、清作「摵」。本頁中一三行第一二字同。

一 二六二頁上二〇行第九字「燒」，磧、南、徑、清、麗作「燒盡」。

一 二六二頁上二二行「爛身」，磧、南、徑、清作「身爛」。

一 二六二頁中三行第一一字「剥」，磧、南、徑、清作「剫」。

一 二六二頁中末行「財錢」，徑、清作「錢財」。

一 二六二頁下四行第一三字「有」，磧、南、徑、清作「得」。

一 二六二頁下八行「身皮皆復」，南、徑、清作「身疲背伏」。

一 二六二頁下一〇行末字「斗」，磧、南、徑、清作「升」。

一 二六二頁下一一行第二字「升」，磧、南、徑、清作「斗」。又第三字「躡」，徑、清作「捻」。

一 二六二頁下二〇行第九字「歸」，磧、南、徑、清、麗作「擔歸」。

一 二六二頁下二二行第四字「復」，磧、南作「者」。

一 二六三頁上一行「横羅」，徑、清作「横罹」。一四行同。

一 二六三頁上二行第三字「餉」，磧、南作「飽」。

一 二六三頁上五行第五字「切」，磧作「恒」；南、徑、清作「恒」。

一 二六三頁上一六行第八字「子」，磧、南、徑、清作「人子」。

一 二六三頁上二一行第二字「寒」，磧、南、徑、清作「寨」；麗作「疛」。

一 二六三頁中七行「嬰兒」，磧、南、徑、清作「孩兒」。

一 二六三頁中八行第二字「者」，徑、清作「時」。

一 二六三頁中一八行第一二字「持」，磧、南、徑、清作「特」；麗作「遲」。

一 二六三頁中一九行第五字「姑」，磧作「如」。本頁下七行第四字同。

一 二六三頁下三行第五字「遲」，磧、南、徑、清作「特」。

一 二六三頁下九行「心計」，麗作「心討」。

一 二六三頁下一四行「一相捨」，磧、南、徑、清作「相一捨」。又末字「批」，徑、清作「批」。

一 二六三頁下一八行首字「秦」，清無。

一 二六三頁下二〇行「主簿」，南、徑、清作「主簿驗」。

一 二六三頁下末行首字「昝」，清無。又第三字「傾」，南、徑、清作「頎」。末行第八字同。

一 二六四頁上二行首字「宋」，清無。三行首字同。

一 二六四頁上四行「寇仁祖」，徑、清、麗作「寇祖仁」。

一 二六四頁上一一行第七字「攷」，磧、南、徑、清作「屍」；麗作「弢」。

一 二六四頁中四行「一千錢」，磧、南、徑、清作「千錢」。

一 二六四頁中六行第三字「慎」，磧、

徑無。

一　二六四頁中二〇行第三字「排」，南、徑、清作「撲」。又夾註左「幽明錄也」，磧、南、徑、清作「幽冥錄」。

一　二六四頁中末行第二字「夢」，磧、南、徑、清作「蒙」。

一　二六四頁下二行末字「因」，磧、南、徑、清作「固」。

一　二六四頁下九行第七字「聲」，磧、南、徑、清無。

一　二六四頁下一三行「昏和」，南、徑、清作「永和」。

一　二六四頁下一五行第一〇字「圖」，磧、南、徑、清作「進圖」。

一　二六四頁下一九行第一一字「白」，磧、南、徑、清作「自」。

一　二六四頁下末行首字「遂」，南、徑、清作「逐」。

一　二六五頁上七行「三歲」，磧、南、徑、清作「二歲」。

一　二六五頁上一〇行第三字「傾」，南、徑、清作「傾」。第九字、一一行第八字、一二行第六字同。

一　二六五頁上一一行首字「儉」，磧、南、徑、清無。

一　二六五頁上一六行「龍等龍等龍所」，磧、南作「龍等所龍」；徑、清、麗作「龍等龍所」。

一　二六五頁中九行首字「發」，磧、南、徑、清無。

一　二六五頁中一四行「赦之」，磧、南、徑、清作「琬赦之」。

一　二六五頁中一六行末字「仗」，磧、南、徑、清作「伏」。

一　二六五頁中一七行第三字「名」，磧、南、徑、清、麗作「召」。

一　二六五頁中一九行「五十年」，磧、南、徑、清作「五年」。

一　二六五頁下一行第四字「利」，徑、清、麗作「痢」。又第一〇字「還」，磧、南、徑、清、麗作「先許還」。

一　二六五頁下五行「晝計」，徑作「晝計」。

一　二六五頁下一四行第七字「晚」，磧、南、徑、清作「曉」。

一　二六五頁下一五行首字「又」，麗作「入」。又第一二字「欺」，磧、南、徑、清作「疑」。

一　二六五頁下一九行「鞕箠」，磧、南、徑、清作「鞭捶」；麗作「鞕箠」。

一　二六五頁下二一行末字「藤」，磧、南、徑、清作「蔞」。次頁上一六行第一二字同。

一　二六六頁上五行末字「末」，磧、南、徑、清、麗作「未」。

一　二六六頁上八行第六字「祝」，磧、南、徑、清作「抗」。

一　二六六頁上一一行「便斷」，磧、南、徑、清作「使斷」。

一　二六六頁上一九行夾註左末字「兒」，磧、南作「也」；徑、清作「由」。

一　二六六頁上二〇行夾註左第八字「還」，磧、南作「還戈」。又「斯謬」，磧、南、徑、清作「斯謬矣」。

一　二六六頁上卷末經名，徑無（未換卷）。

法苑珠林卷第六十八 歲 基

西明寺沙門釋道世撰

業因篇第七十八此有五部

述意部 業因部 十惡部

十善部 引證部

述意部第一

夫涉其流者則澄愛河而清五濁失其宗者則震邪山而起三障靜言茲理豈虛也哉是知善由信發惡由邪開所以一念之惡能開五不善門一念之善能除累劫之殃是故善須彫琢自勉可有心師之訓惡須省退懲過可有情悔之時不介徒煩長養須飾畫瓶終糜碎於黃壚會楚苦於幽府賠厭繢素鑒勗意焉

業因部第二

如對法論云復次有四種諸業差別謂黑黑異熟業 白白異熟業 黑白黑白異熟業 非黑白無異熟業能盡諸業黑黑異熟業者謂不善業由染汙故不可愛異熟故白白異熟業者謂三界善業不染汙故可愛異熟故黑

白黑白異熟業者謂欲界雜業善不善雜故非黑白無異熟業能盡諸業者謂於方便無間道中諸無漏業以方便道無間道是彼諸業對治故非黑者離煩惱垢故白者一向清淨故無異熟者生死相違故能盡諸業者由無漏業爲永拔得黑等三有漏業與異熟習氣故

又優婆塞戒經云若善男子有人不解如是業緣無量世中流轉生死雖生非想非非想處壽八萬劫福盡還墮三惡道故佛告善男子一切摸畫無勝於意意畫煩惱煩惱畫業業則畫身

又阿毗曇雜心業品偈云

業能莊飾世 趣趣各處處 是以當思業
求離世解脫 身口意集業 在於有有中
彼業爲諸行 嚴飾種種身 身業當知二
謂作及無作 口業亦如是 意業當知思

又涅槃經云善男子因有五種何等爲五一生因二和合因三住因四增長因五遠因云何生因生因者即是業煩惱等及外諸草木子是名生因

云何和合因如善與善心和合不善與不善心和合無記與無記心和合是名和合因云何住因如下有柱屋則不墮山河樹木因大地故而得住立內有四大無量煩惱衆生得住是名住因云何增長因因緣衣服飲食等故令衆生增長如外種子火所不燒鳥所不食則得增長如諸沙門婆羅門等依因和尚善知識等而得增長如因父母子得增長是名增長因云何遠因譬如因呪鬼不能害毒不能中依憑國王無有盜賊如牙依因地水火風等如乳人攢爲蘇遠因如無明色等爲識遠因父母精血爲衆生遠因如時節等悉名遠因善男子涅槃之體非是如是五因所成云何當云是無常因一切諸法復有二種因一者作因二者了因如陶師輪繩是名作因如燈燭等照暗中物是名了因善男子大涅槃者不從作因而有了因了因者即是三十七品助道之法六波羅蜜是名了因又云三解脫門三十七品能爲一切煩惱作不生

生因亦為涅槃而作了因善男子遠離煩惱則得了了見於涅槃是故涅槃唯有了因無有生因又云若離如是三十七品終不能得聲聞正果乃至阿耨多羅三藐三菩提果不見佛性及佛性果以是因緣梵行即是三十七品何以故三十七品性非顛倒能壞顛倒性非惡見能壞惡見性非怖畏能壞怖畏性是淨行故能令衆生畢竟造作清淨梵行也

述曰上來雖引經論明業因多種至時斷罪未明輕重故別引優婆塞戒經辯業不同別有四例一將物對意有四二輕重不同有八三上中下不同復八四依薩婆多論有心無心不同復八臨時判罪並皆攝盡故經第一云有物重意輕有物輕意重有物重意重有物輕意輕第一有物重意輕者如無惡心殺於父母者是第二物輕意重者如以惡心殺於畜生者是第三物重意重者如以極惡心殺所生母者是第四物輕意輕者如以輕心殺於畜生者是

第二如是惡業復有八種輕重不同何等為八一者方便重根本成已輕二有根本重方便成已輕三有成已重方便根本輕四有方便根本重成已輕五有方便成已重根本輕六有根本成已重方便輕七有方便根本成已重八有方便根本成已輕物是一種以心力故得輕重果如十善業道有其三事一方便二根本三成已若復有人能勤禮拜供養父母師長和尚有德之人先意問訊言則柔軟是名方便若作已竟能修念心歡喜不悔是名成已作時專著是名根本十善既尒十惡亦然

第三是十業道復有三種謂上中下或方便上根本中成已下或方便中根本上成已下或方便下根本上成已中（餘至作八准前可知）

第四依薩婆多論方便根本成已有心無心作八句准類可知

又如阿毗曇心論云有五種果一報果二所依果三增上果四身力果五解脫果若是善有漏法或四果或五果能斷結使是謂五果不依斷結是謂四果除解脫果若是無漏法或四果或三果若能斷結於四果中除其報果若不斷結除報果解脫果若是無記法中唯有三果除報果解脫果

十惡部第三

第一就地獄明起不善依毗曇論云有五業道一惡口二綺語三貪四瞋五邪見於中惡口綺語及瞋彼受苦時三種現行惡罵獄卒故惡口現行即此惡口語不應時違法非正即落綺語尒時忿怒即是瞋恚此三不善地獄現行若論貪業及與邪見成就在心而不現行以彼麁凡未斷煩惱故貪邪見成就在心彼處男女各常受苦無有男女共行邪事是故無此貪心現行以常受苦心識暗鈍不能推求因果有無是故亦無邪見現行自餘殺盜妄語兩舌彼處不行一向是無間若地獄不有現行貪及邪見業道者云何說彼成就此二荅煩惱心法未斷已來雖不現行性常成就不同身口七支色業是麁作法發動

方成無造作處則不說成故雜心論云地獄之中無相殺故無殺業道無受財故無盜業道無執受女人故無邪婬業道異想說故名妄語彼無異想故無妄語常樂離故無兩舌為苦所逼故有惡口不時說故有綺語貪及邪見成就不行

第二第三明鬼畜道中十惡具有而無身口七支惡律儀也問今畜生中不知言者雖有音聲成口業不答彼起瞋時發聲則別雖非言辯亦成口業故成實論云畜生音聲是口業不答雖無言說之別從心起故亦名為業亦可言具十者多是龍王解人意志故具十業道自餘癡鈍畜生但可具身三意三六種餘四不具以口不解語故若據劫初畜生解人語者此亦可具十惡

第四就人中起罪行者人中即有四天下南閻東弗西耶此三方人起惡多故皆具十惡然東西則輕南方最重以有受惡律儀故若就北鬱以論罪者彼方唯有四不善業一綺語二

貪三瞋四邪見由有歌詠故有綺語貪瞋邪見成而不行問北方有行欲事云何言無邪婬業道答彼方無夫妻共相配偶雖有婬事無相淩奪故無邪婬問既有行婬即貪欲現行云何而言但成不行答彼起婬貪非俗能裁雖數現行聖說無罪但此貪心所起之婬尚非罪業不牵苦報何況內心能起之貪如世夫妻貪愛非制問北方之人既有歌詠等此不應法即是妄語云何不說有妄語業答彼人淳直不行欺偽無誑他心故非妄語彼定千歲故無殺命彼方衣食地有粇米樹有實衣自然而出無有主掌故無偷盜彼人和柔故無兩舌惡口等業故雜心論云鬱單有四不善業道壽命定故無殺生無愛財故無盜無執受女人故無邪婬無欺他故無妄語常和合故無兩舌以柔輭故無麁言有歌歎故有綺語若論意業道雖成就而不現行

第五就天起罪行者此欲界六天有殺盜等於中雖有十不善業而無身

口七種惡律儀故雜心論云欲界六天有十業道離不律儀雖不害天而害餘趣如害修羅亦有截手足斷而復還生若斬首則死展轉相奪乃至十業道一切皆有亦有薄福諸天乏少資緣更相攬竊故有盜業或有諸天自薄所愛婬他美天故有邪婬自餘七業文顯可知若論色無色天依如毗曇則無不善據理而言亦有輕微三業不善謂彼意地有邪慢等身口業過如初禪中婆伽梵王語諸梵衆汝得住此我能令汝盡老死邊汝等不須詣瞿曇所黑齒比丘往彼問言初禪三昧依何三昧生從何三昧滅梵王荅言我是諸梵中尊者黑齒比丘言我不問梵王尊卑但問初禪三昧何依三昧生從何三昧滅彼不能荅即捉尊者牽出衆外語尊者言我不能知初禪三昧從何三昧生從何三昧滅汝何忍在梵中損辱我也此是諂詐不善煩惱言佛不能令汝解脫即是謗佛綺語惡口上界唯有此諂詐發動身口微不善業然不於

他人起麁違損以生上者曾修得定盡離欲界麁貪瞋等故得彼報還能修定雖有煩惱唯是癡心以迷道故起愛慢等樂修善法望得勝他此等煩惱為定所壞故不損物不相違害若依毗曇上界煩惱非是不善說為無記此細貪等能行淨心雖是無記體是染汙不同報生色心苦樂及威儀等白淨無記故論說為穢汙無記是汙穢故潤業受生若此煩惱不潤業者業種則焦永不牽報上界衆生不應更生由能潤業故得更生問上界煩惱既能潤業潤生得報何故非記荅上界煩惱雖復潤業唯得揔報受生而已不由此惑正感樂果亦不招苦故是無記不同下界不善煩惱感得揔報及別報苦

若依成實論上二界中所起邪見皆名不善如彼論說人在色無色界謂是涅槃臨命盡時見欲色中陰即生邪見謂無涅槃謗無上法當知彼中有不善業又論說彼上界邪見是苦因緣道理上界據其位判衆生心細所起或微多不成業故名無記若據通論不妨於中有起麁耶成不善者毗曇所說義當前判成實所論義當後通又據望理彼細煩惱皆違理起悉是不善准依成實不善惡業三界通起唯有多少增微為異

述曰向來就凡明諸罪行依身起處竟若論聖人如須陀洹等出觀失念容有起意輕微不善生惡願等具欲結者貪瞋雖強片似餘凡唯可直起貪欲瞋慢不更思量起邪見心亦不起殺盜等心如依毗曇得有眷屬加拳等事輕不善業若依成論有意不善設動身口不成業報

又彌勒菩薩所問經論云此十不善業道一切惡法皆從貪瞋癡起如依三毒起殺生者若依貪心起者或為皮宍錢財故斷生命等是名依貪起若依瞋心起者或以瞋心殺害怨家等是名依瞋起若依癡心起者或有人言殺蛇蠍等以生衆生苦惱故雖殺無罪或言波羅斯等言殺却老父母及重病者則無罪報是名依癡起

如依三毒起偷盜者若依貪心起者或為自身或為他身或為飲食等是名依貪起若依瞋心起者或於瞋人邊及瞋人所愛偷盜彼物等是名依瞋起若依癡心起者如有婆羅門言一切大地諸所有物唯是我有何以故以彼國王先施我故以我無力故為餘姓奪我受用是故我取即是自物不名偷盜是名依癡心起如依三毒起邪婬者若依貪心起者或於衆生起貪染心不如實修行等是名依貪起若依瞋心起者或於他守護資生依瞋心故起或婬怨家妻妾或婬怨所愛之人等是名依瞋起若依癡心起者或有人言譬如碓臼熟華果飲食河水及道路等女人行婬無罪或如波羅斯等邪婬母等是名依癡起

如依三毒起妄語者（此三可解）如是兩舌惡口綺語（皆亦如是）依貪心起者依貪結生次第二心現前如是名為依貪起依瞋結生者名為依瞋起依癡結生者名為依癡結起如貪瞋與邪見皆亦如

是應知
問曰何故不說作不作相無作相決定何業中有何業中無荅曰唯除邪婬餘六業中悉皆不定此義云何若自作者成就作業及無作業若使他作唯有不作不得有作於邪婬中決定有作不得有不作何以故以此邪婬畢竟自作無使他作是故經言頗有非身作業而得成就煞生罪不荅言有如口使人作成就煞罪
又問頗有非口業作而得成就妄語罪不荅言有如以身業作成就口業妄語之罪
又問頗有非身業作非口業作而得成就身口業不荅言有如以依仙人瞋心故以唯欲界色身善業道中畢竟有作及以無作禪無漏戒無無作戒何以故以依心故中間禪不定若深厚心畢竟恭敬心作身口業成就作業及無作業若深厚心結使心起身口業亦成就作業及無作業若非深厚心非畢竟恭敬心造身口業唯有作業無無作業若非深厚結使心發身口業亦唯有作業無無作業而方便作業心還悔者唯有作業無無作業
問曰於業道中何者是前眷屬何者是後眷屬荅曰若起殺生方便如屠兒殺羊或以物買將詣屠所始下一刀或二三刀羊命未斷所有惡業名前眷屬隨下何刀斷其命根即彼念時所有作業及無作業是等皆名根本業道次後所作身行作業是名殺生後眷屬業乃至綺語皆亦如是應知自餘貪瞋邪見業中無前眷屬以初起心即時成就根本業道
又身口意十不善業道一切皆有前後眷屬此義云何如人起心欲斷此衆生命因復更斷餘衆生命如欲祭天殺害衆生即奪他物欲殺彼人復婬其妻生如是心還使彼妻自殺夫主復以種種鬬亂言說破彼親屬無時非實於破物中生於貪心即於彼人復生瞋心爲殺彼人故生如是邪見增長邪見以斷彼命復欲殺其妻男女等如是次第具足十種不善業道如是等業名前眷屬一切十不善業道皆亦如是應知
又離善道非方便修行善業道是方便以遠離根本故及遠離方便故言方便者如彼沙彌欲受大戒將詣戒場禮衆僧足即請和尚受持三衣始作一白作第二白時如是悉皆名前眷屬從第三白至羯磨竟所起作業及彼念無作業是等皆名根本業道次說四依乃至不捨所受善行身口作業及無作業如是等悉皆名後眷屬
問曰應說十不善業道果及隨順因荅曰有三種果一果報果二習氣果三增上果一一業道皆有此三種此義云何具足十不善業道有下中上若生地獄中是果報果習氣果者從地獄退生於人中依殺生故有短命果依偷盜故無資生果依邪婬故不能護妻依妄語故有他謗果依兩舌故眷屬破壞依惡口故不聞好聲依綺語故爲人不信依本貪故貪心增上依本瞋故瞋心增上依邪見故癡心增上如是一切名習氣果增上果者依

彼十種不善業道一切外物無有氣勢所謂土地高下雀鼠雹棘塵土臭氣多有蛇蠍少穀細穀少果細果及以苦果如是一切名增上果復有相似果者如殺者故興所害衆生種種諸苦因彼苦故生地獄中受種種苦以斷他命後生人中得短命報斷他眼觸是故一切外物資生無有氣量如是一切十業道中隨義相應解釋應知如劫奪他物邪婬他妻雖不生他重逼惱苦而破壞心是故受罪雖不破壞不瞋不惡口而由惡心是故得罪

十善部第四

若依十善分別者如毗曇說於彼地獄趣中唯有意地三善業道然但成就而不現行北方亦同自餘一切皆具十義文顯可知

如彌勒菩薩所問經論云是菩薩行十不善業道集因緣故則墮三惡行十善業道集因緣故則生人天

又是上十善業道與智慧觀和合修行其心陿劣心猒三界遠離大悲從他聞聲而通達故聞聲意解成聲聞乘

又是上十善清淨業道不從他聞自正覺故不具大悲而通達深因緣法成辟支佛乘

又是上上十善業道清淨具足其心廣大無量爲諸衆生起悲愍故修行一切種令清淨具足故成菩薩乘

問曰云何名業道義答曰身口七業即自體相名爲業道餘三者意相應心又即彼業能作道故名爲業道

問曰若即業名道皆能起地獄等者何故餘三非是業道答曰如彼七業此三能作彼根本故以相應故不能如彼業故不名業道

問曰一切美味飲酒食宍拳手敬打一切戲笑如是等惡行一切禮拜供養恭敬遠離飲酒等如是等善行何故不記以爲業道

答曰遠離飲酒等唯是心業能起七業非身口業是故非業道若作與心相應亦是業道

問曰若即彼業能作道名爲業道者即一切法於心皆名業道何故但說十種業道不說無量業道答曰以勝重故以諸惡行及善行中十業道重餘非重故不說無量又七業一一向極重意三亦輕亦重飲酒等不尒以是故但說十名爲業道不說餘者名爲業道

問曰遠離殺生者云何殺生等相應說答曰殺生有八種一故心二他三定不定衆生相四疑心五起捨命方便六作七不作相八無作相是等名爲殺生身業身口意業名爲殺生

問曰何故名故心者答曰若不故心成殺生罪者則阿羅漢不得涅槃以阿羅漢斷世間因有不作心而殺衆生亦應還生世間而實不然以是義故不故心殺不得罪報

問曰何故名他答曰非自命故若有他人是可殺者能殺人得殺生罪以自殺者無可殺境故自斷命不得惡報又阿羅漢自害其身斷己命故而彼無罪何以故已離瞋心等故是有殺不得殺罪

問曰何名定不定衆生相者荅曰定衆生相者如有百千人作心於中定殺其人是得殺罪若殺餘人不得殺罪不定者以捨一切故隨殺得罪以彼處不離衆生相故
問曰何故名疑者荅曰疑心殺生亦得殺罪以彼是衆生亦得殺罪以捨慈悲心故得殺罪
問曰何故名起捨命方便者荅曰若殺者於彼事中起不善心必欲斷命非慈悲心作殺方便是名爲起
問曰何故名作不作相無作相者荅曰作者所作事不作者所名作事彼作事共起雖作業滅而言無記法相續不斷如修多羅說有信者修行七種功德行住睡寤等日夜常生功德增長功德若離身口業更無無作云何異心法而得增長是故當知離身口業有無作法又自不作使他作業若無無作此云何成若無無作法離波羅提木叉亦應無無作戒是故當知有無作法
問曰云何名遠離偷盜者荅曰偷盜有九種一他護二彼想三疑心四知不隨五欲奪六知他物起我心七作八不作相九無作相是等名爲偷盜身業
問曰何名他護者荅曰此明取他護物問曰何名彼想者荅曰若不生自想不言是我物則不得罪名爲彼想
問曰何名疑心者荅曰若心有疑爲是我物爲是他物而彼物他物並須識之
問曰何名知不隨他者知他物生心他隨我想
問曰何名欲奪者荅曰起損害心
問曰何名知他物起我心者荅曰若不異見若闇地取若寐寐取若取餘物若取他物若取自物想
問曰何名作不作相無作相者荅曰此三如前殺生中說
問曰云何遠離邪婬者荅曰邪婬有八種一護女人二彼想三疑心四道非道五不護六非道非時七作八無作想是等名爲邪婬身業
問曰何名護女人者荅曰所謂父母等護
問曰何名彼想者荅曰若知彼女是父母等所護女想非不護想
問曰何名疑心者荅曰若生疑心爲自女爲他女爲父母護爲不護等女一一皆成邪婬
問曰何名道非道者荅曰道者所有道非道者謂非道
問曰何名彼不護女非道非時者荅曰此亦名邪婬
問曰何名作不作相無作相者荅曰此三如殺生中說然此中不作相者於邪婬中無如是不作法以要自作成
問曰云何名遠離妄語者荅曰妄語有七種一見等事二顛倒非顛倒事三疑心四起覆藏想五作六不作相七無作相是等名爲妄語口業
問曰何名見等事者荅曰謂見聞覺知
問曰何名顛倒非顛倒事者荅曰顛倒事者如聞如彼事非顛倒者謂如彼事
問曰何名疑心者荅曰若生疑爲如是

不如是為一向如是為一向不如是
問曰何名起覆藏想者答曰覆藏
實事異相事中住異相說作不作
無作相如殺生中說
問曰云何遠離兩舌者答曰兩舌有
七種一起不善意二實虛妄三破壞
心四先破不和合意五作六不作相
七無作相是等名為兩舌口業（此七易解不煩釋之）
問曰云何遠離惡口者答曰惡口有
七種一依不善意二起惱亂心三依
亂心四言說他五作六不作相七無
作相（此七亦易不煩釋之）
問曰云何遠離綺語者答曰綺語有
七種一依不善意二無義三非時四
惡法相應五作六不作相七無作相
問曰何名依不善意者答曰依欲界
修道煩惱心相應說名為綺語
問曰何名無義者答曰離實義故
問曰何名非時者答曰語雖有義而
非時說亦成綺語又有時說於大衆
中為自在人說亦成綺語
問曰何名惡法相應者答曰謂一切
戲語非法歌舞等一切與不善法相

應者皆是綺語作不作無作相者如
前殺生中說（此下貪瞋邪見其文易解不煩釋之）
又論云如娑伽羅龍王所問經中如
來說言龍王離殺獲得十種離煩惱
熱清涼之法何等為十一施與一切
衆生無畏二安住大慈念中三斷諸
煩惱過患習氣四取無病果五增長
壽種子六諸非人等常所守護七睡
寤安隱八不見惡夢離怨恨心九不
畏一切外道十退生天中是名十種
離煩惱熱清涼之法龍王若不殺善
根迴向阿耨菩提者彼人得菩提時
心得自在是故壽命無量如龍王菩
薩離殺生故能起布施則得成就大
富資生不可破壞得長壽命行菩薩
行過諸世間所惱惡事如是龍王十
善業道亦復如是莊嚴成就大利益
故

引證部第五

如雜寶藏經云昔佛在世時波斯匿
王有其一女名曰善光聰明端正父
母憐愍舉宮愛敬父語女言汝因
我力舉宮愛敬女答父言我有業力不

因父王聞瞋忿而語之言今當試
汝有自業力耶遣左右覓一最下貧
窮乞人以女妻之王語女言汝自有
業不假我者從今可驗女猶答言我
有業力即共窮人相將出去婦問夫
言有父母不夫答婦言我父母先此
舍衛城中第一長者父母居家都已
死盡無所依怙是以窮乞婦復問言
汝今頗知故宅處不答言知處垣宅
毀壞遂有空地夫婦相將往至故舍
周歷案行隨其行處伏藏自出即以
珍寶雇人造宅未盈一月宮宅悉成
宮人伎女奴婢僕使不可稱計王卒
憶念我女善光云何生活有人答王善
光女郎宮室錢財不減於王王女郎
日遣其夫主請王到舍王即受請見
其家內宮宅莊嚴歎未曾有王往問
佛此女先世作何福業得生王家身有
光明佛答王言乃往過去九十一劫
毗婆尸佛入涅槃後有槃頭王以佛
舍利起七寶塔王大夫人見即便以
天冠拂飾著像頂上以天冠中如意
寶珠著塔戟頭因發願言使我將來

身有光明紫磨金色尊榮豪貴莫
僮三惡八難之處昔夫人者今善光
是後於過去迦葉佛時復以餚饍供
養佛僧而夫遮斷婦即勸請我今已
請使得充足夫還聽婦尒時婦者今
善光是尒時夫者今日夫是由昔遮
婦世常貧賤以還聽故要因其婦得
大富貴無其婦時後還貧賤以是因
緣善惡之業逐身受報未曾違失
又雜寶藏經云佛在世時波斯匿王
時於眠中聞二內官共諍道理一人
說言我依王活一荅言我自依業不
依王也王聞可彼依王活者而欲賞
之即遣直人語夫人言我今當使一
人往者重與財物尋即遣彼依王活
者持所飲酒送與夫人此人出戶鼻
中血出不得前進尋即倩彼依業者
送夫人見已重賜錢財衣服瓔珞來
到王前王見深怪即便喚彼依王活
者而問之言我使汝去云何不去彼
即向王具白情事王聞歎言佛語真
實自作其業還自受報不可奪也由
是觀善惡報應自業所引非天非王

之所能與要須自作自得起於正見
信業果報近獲人天遠招佛果若違
聖教具受前苦
又輪轉五道經云迦維羅衛國舍衛
國佛在世時二國之間有一大樹名
尼俱類樹高二十里枝布方圓覆六
十里其樹上子皆數千萬斛食之香
甘其味如蜜甘果熟落人民食之衆
病皆愈眼目精明佛在樹下時諸比
丘取果食之佛告阿難天下萬物各
有宿緣阿難白佛何等宿緣佛言夫
人作福譬喻此樹稍稍漸大收子無限
夫人豪貴國王長者從禮三尊中來
為人大富財物無限從布施中來為人
長壽無有疾病身體强壯姝長從持
戒中來為人端正顏色潔白輝容第
一見無不喜從忍辱中來為人精進
樂於福事從精進中來為人安庠言
行審諦從禪定中來為人才明達解
深法從智慧中來為人音聲清徹聞
者樂聽從歌歎三寶中來為人潔淨
無有疾痛從慈心中來阿難白佛云
何為慈佛言一慈衆生如母愛子二

悲世間欲令解脫三解脫道意心常
歡喜四為能護一切不犯是名慈心
佛言為人姝長恭敬人故為人短小
輕慢人故為人醜陋喜瞋恚故為人
生無所知不學問故為人專愚不教
人故為人瘖瘂謗毀人故為人聾盲
不聽法故為人奴婢負債不償不禮
三寶故為人醜黑遮佛光明故為人
生在裸國者輕衣入精舍故生馬蹄
國者著屐蹋佛前故生穿胷人國者
布施作福悔惜心故生在麞鹿麋麂
中者喜驚怖人故生在龍中者調戲
忿怒人故身生惡瘡癩疾難差醫藥
所不治苦痛難言者前身喜鞭打衆
生故人見歡悅者前身見人歡悅故人見
不歡悅者前身見人不歡悅故喜遭縣
官閉在牢獄杻械其身者前身喜籠
繫衆生不從意故為人口歃者前身鈎魚口
歃故為人聞說法心不聽採於中兩舌亂人
聽受者後生作長耳驢耽耳狗中為人慳
貪而驕慠好獨食者死入地獄墮餓鬼中
出生為人貧窮飢餓衣不蓋形食不
供口為人好食獨噉惡食施人者後

墮豬肫蟯蜋之中爲人喜剥脱人物
者後墮羊中生被剥皮爲人喜殺生
者後生爲水上作蜉蝣之蟲朝生暮
死爲人喜偷盗人物者後生奴婢牛
馬中爲人喜妄語傳人惡者死入地
獄烊銅灌口拔出其舌以牛犂之後
墮鴝鵒鴉鵲鳥中人聞其鳴莫不驚
怖皆言變怪祝令其死爲人喜婬他
婦女者死入地獄男抱銅柱女卧鐵
牀後墮姪象鵝鴨鳥中爲人喜飲酒
醉犯三十六失者死入地獄墮沸屎
泥犂中後生墮狌狌獸中後生爲人
愚癡故無所知爲人夫婦不相和順數
共鬬諍更相驅遣者後墮鳩鴿中爲
人喜貪人力者後墮象中佛言除州
縣官長稟食官祿無罪或私侵於民
鞭打輸送告誣無地柤械繫録不得
寬縱者此人罪報死入地獄神更受
痛數千万劫罪畢乃出後墮水牛中
穿頸決鼻牽船挽車大杖打撲償
其宿罪爲人不潔淨者從豬中來爲
人慳貪不好施者從狗中來爲人佷
戾自用者從羊中來爲人不安庠不

能忍事者從獼猴中來爲人內惡含
毒心者從蝮蛇中來爲人好於美食
恐害衆生無有善者前身從豺狼狸
貓中來
又佛說須摩提女經云佘時羅閱城
有長者號曰郁迦有女名須摩提厥
年八歲歷世奉敬過去無數百千諸
佛積累功德不可稱計行到佛所頭
面禮足却住一面叉手白佛欲有所
問願爲解說佛語須摩提恣所欲問
今當爲說令汝歡喜須摩提問佛言
菩薩云何所生處人見之常歡喜云
何得大富有常多財寶云何不爲他
人所別離云何不在母人腹中常得化
生千葉蓮花中立法王前云何得神
足從不可計億剎土去到彼間得禮
諸佛云何得無讎怨無侵嫉者云何
所說聞者信從踊躍受行云何得無
央罪所作善行無能壞者云何魔不
能得其便云何臨壽終時佛在前立
爲說經法即令不墮苦痛之處所問
如是是時佛語須摩提如汝所問如
來義者善哉大快乃如是乎汝若欲

聞吾當解說時女即言甚善世尊願
樂欲聞佛言菩薩有四事法人見皆
歡喜何等爲四一瞋恚不起視怨家
如善知識二常有慈心向於一切三
常行求索無上要法四作佛形像
菩薩復有四事法得大富有何等爲
四一布施以時二與已倍悅三與後不
悔四既與不求其報
菩薩復有四事法不爲他人所別離
何等爲四一不傳應說鬬亂彼此二
導愚癡者使入佛道三若有毀敗正
法護使不絶四勸勉諸人教使求佛
令堅不動
菩薩復有四事法得化生千葉蓮
華中立法王前何等爲四一細擣紅
青黃白蓮華合此四種末之如塵使
滿轝妙華持是供養世尊若塔及舍
利二不令他人起瞋恚意三作佛形
像使坐蓮華上四得最正覺便歡喜
住
菩薩復有四事法得神足從一佛國
復至一佛國何等爲四一見人作功
德不行斷絶二見人說法而不中止

三常然燈火於塔寺中四求三昧
菩薩復有四事法得無讎怨無侵嫉
者何等為四一於善知識無諛諂心
二不慳貪妒他人物三見人布施助
其喜四見菩薩諸所作為不行誹謗
菩薩復有四事法其所語言聞者信
從踊躍受行何等為四一口之所說
心亦無異二於善知識常有至誠三
聞人說法不生是非四若見他人請
令說法不求其短
菩薩復有四事法得無殃罪所作善
行疾得淨住何等為四一心意所念
常志於善二常持戒三昧智慧三
初發菩薩意便起一切智多所度脫
四常有大慈愍於一切
菩薩復有四事法魔不能得其便何
者為四一常念於佛二常精進三常
念經法四常立功德
菩薩復有四事法臨壽終時佛在前
立為說經法令其不懼苦痛之處何
等為四一為一切人故具滿諸願二若
人布施諸不足念欲足之三見人雜
施若有匱少便裨助之四常念供養

於三寶
尒時須摩提白佛言唯世尊所說四
十事我當奉行令不缺減悉使具足
不違一事
又辯意長者子經云尒時世尊與無
央數大眾共會圍繞說法時舍衛城
中有大長者子名曰辯意從五百長
者子來詣佛所為佛作禮叉手白言
欲有所問唯願慈愍有何因緣得
生天上復何因緣來生人中復何因
緣生地獄中復何因緣常生餓鬼中
復何因緣生畜生中復何因緣常生
尊貴中眾人所敬復何因緣生奴
婢中為人所使復何因緣生庶民中
口氣香潔身心常安為人所譽不被
誹謗復何因緣得生為人常被誹謗
為人所憎形體醜惡身意不安常懷
恐怖復何因緣所生之處常與佛會
聞法奉眾初不差違遭遇知識建得
好心若作沙門當得所願所問如是
唯願世尊分別解說令使眾會得聞
正教願使一切得濟彼安佛告長者
子諦聽諦聽善思念之吾當為汝解

說妙要有五事行得生天上何謂為
五一慈心不殺恤養物命令眾得安
二賢良不盜他物布施無貪濟諸窮
乏三貞潔不犯外色男女護戒奉齋
精進四誠信不欺於人護口四過無
得貪欺五不飲酒不經過口行此五
事乃得生天
佛告辯意復有五事得生人中何謂
為五一布施恩潤貧窮二持戒不犯
十惡三忍辱不亂眾患四精進勸化
無有懈怠五一心奉孝盡忠是為五
事得生人中大富長壽端正威德得
為人主一切敬侍
佛告辯意復有五事死入地獄億劫
乃出何謂為五一不信有佛法眾而
行誹謗輕毀聖道二破壞佛寺尊廟
三四輩轉相誹謗不計殃罪無敬順
意四反逆無有上下君臣父子不相
順從五當來有欲為道已得為道便
不順師教誨而自貢高輕慢誹謗師
是為五事死入地獄展轉地獄無有
出期復有五事墮餓鬼中何謂為五
一慳貪不欲布施二盜竊不孝二親

三愚闇無有慈心四積聚財物不肯
衣食五不給父母兄弟妻子奴婢是
爲五事墮餓鬼中
復有五事作畜生行墮畜生中何謂
爲五一犯戒私竊偷盜二負債觝而不
償三殺生以身償之四不善聽受經法
五常以因緣艱難齋戒施會以俗爲
緣是爲五事生畜生中
復有五事得爲尊貴衆人所敬何謂
爲五一施慧普廣二禮敬三寶及衆
長者三忍辱無有瞋恚四柔和謙下
五博聞經戒是爲五事得爲尊貴衆
人所敬
復有五事常生卑賤爲人奴婢何謂
爲五一憍慢不敬二親二剛强無恪
心三放逸不禮三尊四盜竊以爲生
業五負債逃避不償是爲五事常生
卑賤奴婢之中
復有五事得生人中口氣香潔身心
常安爲人所譽不被誹謗何謂爲五
一至誠不欺於人二誦經無有彼此三
護戒不謗聖道四敎人遠惡就善五
不求人長短是爲五事生於人中口氣

香潔身心常安爲人所譽不被誹謗
復有五事若在人中常被誹謗爲人
所憎形體醜惡心意不安常懷恐怖
何謂爲五一常無至誠欺詐於人二大
會之中有說法者而誹謗之三見諸
同學而輕試之四不見他事而爲作過
五鬪亂兩舌彼此是爲五事若在人中
常被誹謗爲人所憎形體醜惡身心
不安常懷恐怖
復有五事所生之處常與佛法衆會
初不差違見佛聞法便得好心若作
沙門即得所願何謂爲五一身奉三
寶勸人令事二作佛形像當使鮮潔
三常奉佛教不犯所受四普慈一切
與尊正等如愛赤子五所受經法晝
夜諷誦是爲五事所生之處常與佛
法衆會初不差違見佛聞法便得好
心若作沙門即得所願
於是長者子衆聞佛說是五十事
要法之義欣然歡喜逮得法忍五百
長者皆得法眼淨又諸會各得所志
頌曰
心境相乘　業結牽纏　七識起發

八識因緣　三界受報　六趣遷延
隨事起業　觸處拘連　五陰勞倦
九惱迍邅　自非慈聖　豈益我筌
含情普洽　機痦重玄　舒則利物
卷則自然

法苑珠林卷第六十八

甲辰歲高麗國分司大藏都監奉
勅雕造

法苑珠林卷第六十八

校勘記

一　底本，麗藏本。金藏廣勝寺本原版多所殘缺，今採用其中可用者十四版又九行，即二七二頁中一五行至二七七頁上末行。

一 二七〇頁上一行經名，徑無（未換卷）。

一 二七〇頁上二行撰者，磧、南作「唐上都西明寺沙門釋道世撰」；普作「大唐上都西明寺沙門釋道世撰」；徑無（未換卷）；清作「唐西明寺沙門釋道世撰」。

一 二七〇頁上三行「此有五部」，徑無。

一 二七〇頁上四行至五行「述意部……引證部」，徑無。

一 二七〇頁上六行「第一」，徑無。以下部目下序數例同。

一 二七〇頁上一五行「續素」，磧、普、南、徑、清作「緇素」。

一 二七〇頁上一七行「對法」，磧、南、徑、清作「對治」。

一 二七〇頁中一二行「摸畫」，磧、普、南、徑、清作「模畫」。

一 二七〇頁下一三行「如乳人攢」，磧作「如水瓚人繩」；普、南、徑、清作「如水鑽人繩」。

一 二七〇頁下一四行「無明色」，磧、普作「明色」；南、徑、清作「名色」。

一 二七〇頁下二〇行「而有」，磧、普、南、徑、清作「而有唯有」。

一 二七一頁上一〇行「造作」，磧、普、南、徑、清作「進作」。

一 二七一頁上一三行「四例」，磧、普、南作「三例」。

一 二七一頁上一八行第九字「第」，徑、清無。下至二二行第六字同。又第一一字「有」，徑、清無。

一 二七一頁上二一行第九字「如」，磧、普、南、徑、清作「加」。

一 二七一頁上二二行「母者」，磧、普、南、徑、清作「父母者」。

一 二七一頁中二行「一者」，磧、普、南、徑、清作「一有」。

一 二七一頁下一五行末字「常」，磧、普、南、徑、清作「恒」。二二行第一二字同。

一 二七一頁下二〇行「無間」，磧、普、南、徑、清作「無問」。

一 二七二頁中四行「配偶」，磧、普、南、徑、清作「配匹」。

一 二七二頁中一九行第一三字「故」，磧、普、南作「故故」。

一 二七二頁下一七行「何依」，磧、普、南、徑、清、麗作「依何」。

一 二七三頁上八行「色心苦樂」，麗作「色苦心樂」。

一 二七三頁上一〇行「受生」，磧、普、南、徑、清作「受生若此煩惱不潤業受生」。

一 二七三頁上末行「道理」，磧、普、南、徑、清作「違理」。

一 二七三頁中二行第一〇字「耶」，磧、普、南、徑、清作「邪」。

一 二七三頁中一二行末字至次行首字「加拳」，磧、普、南、徑、清作「枷捲」。

一 二七三頁下一四行首字「怨」，磧、普、南、徑、清作「怨家」。

一 二七三頁下一五行末字「果」，磧、普、南、徑、清作「熟果」。

一　二七三頁下一七行「波羅斯」，磧、普、南作「彼羅斯」。

一　二七三頁下末行第一三字「亦」，清作「依」。次頁上二一行第四字、次頁中一行第五字、一一行第一一字同。

一　二七四頁中六行第二字「殺」，磧、普、南、徑、清作「捉」。

一　二七四頁中二〇行「破物」，磧、普、南、徑、清作「彼物」。

一　二七四頁下九行第二字「念」，磧、普、南、徑、清作「念起」。

一　二七五頁上八行「氣量」，磧、普、南、徑、清作「氣勢」。

一　二七五頁上一三行「得罪」，至此，徑卷第八十四終，卷第八十五始，並有「業因篇第七十八之餘」一行。

一　二七五頁中八行「一切種」，磧、普、南、徑、清作「一切種智」。

一　二七五頁中九行「身口七業」，磧、普、南、徑、清作「身自七業」。

一　二七五頁中一二行第一〇字「起」，磧、普、南、徑、清作「趣」。

一　二七五頁中一六行「拳手敆打」，磧、普、南、徑、清作「搼手摑打」；麗作「拳手摑打」。

一　二七五頁下四行末字「一」，磧、普、南、徑、清、麗無。

一　二七五頁下二二行末字「有」，磧、普、南、徑、清、麗作「自」。

一　二七六頁上一四行第一〇字「言」，磧、南、徑、清、麗作「善」。

一　二七六頁上一五行末字「七」，麗作「十」。

一　二七六頁中二行第二字「隨」，麗作「隨他」。又末字「作」，磧、普、南、徑、清作「作相」。

一　二七六頁中一〇行第九字「者」，普、南、徑、清作「者答曰」。

一　二七六頁中一四行「瘯瘯」，普作「嫉他」；南、徑、清作「疾他」。

一　二七六頁中二一行第二字「想」，磧、普、南、徑、清作「相」。

一　二七六頁下一〇行第一一字「相」，磧、南、清作「想」。

一　二七七頁上三行第四字「相」，磧、普、南、徑、清作「想」。

一　二七七頁上九行第九字「者」，磧、普、南、徑、清無。

一　二七七頁中二行夾註左「釋之」，磧、普、南、徑、清作「解釋之」。

一　二七七頁中末行「我有業力」，磧、普、南、徑、清作「我自有業」。

一　二七七頁下三行「妻之」，磧、普、南、徑、清作「付之」。

一　二七八頁上七行「世常」，磧、普、南、徑、清作「恒常」。

一　二七八頁上一二行第七字「一」，磧、普、南、徑、清作「一人」。

一　二七八頁上一五行「往者」，磧、普、南、徑、清作「往彼」。

一　二七八頁中七行「上子」，磧、普、南、徑、清作「生子」。

一　二七八頁下八行「三寶」，磧、普、南、徑、清作「三尊」。

一　二七八頁下一一行第一三字「槃」，

磧、普、南、徑、清無。

一二七八頁下一五行第六字「悦」，磧、普、南、徑、清作「喜」。下至一六行第三字同。

一二七八頁下一八行「口𦈢者」，磧、普、南、徑、清作「唇缺者」。

一二七八頁下二〇行第一〇字「耽」，磧、南、徑、清作「瞻」。

一二七八頁下二一行「而驕悕」，磧、普作「不庶幾」；南、徑、清作「不恕已」。

一二七九頁上七行「鵃鵅鴉鶻」，磧、普、南、徑、清作「白鳩鵃鵅」。

一二七九頁上一〇行「婬象」，磧、普、南、徑、清作「婬色」。

一二七九頁上一六行「無罪」，磧、普、南、徑、清作「合公道者無罪」。

一二七九頁上一七行「鞭打」，磧、普、南、徑、清作「鞭打」。

一二七九頁上一八行末字「受」，磧、普、南、徑、清作「萬」。

一二七九頁上二〇行第三字「決」，磧、普、南、徑、清作「缺」。

一二七九頁上二二行「不好施」，磧、普作「不庶幾」；南、徑、清作「不恕已」。

一二七九頁中一行「内惡」，磧、普、南、徑、清作「尤惡」。

一二七九頁中一九行「殃罪」，磧、普、南、徑、清作「殃福」。次頁上一一行同。

一二八〇頁上五行第二字「喜」，磧、普、南、徑、清作「歡喜」。

一二八〇頁上一三行第二字「志」，磧、普、南、徑、清作「至」。

一二八〇頁中六行第五字「共」，磧、普、南、徑、清無。

一二八〇頁下二行第七字「恤」，磧、普、南、徑、清作「悉」。

一二八〇頁下一三行「敬侍」，磧、南作「敬待」。

一二八一頁上五行第一三字「觝」，磧、普、南、徑、清作「抵」。

一二八一頁上六行「不善」，磧、普、南、徑、清作「不喜」。

一二八一頁中一五行「所受」，磧、普、南、徑、清作「所愛」。

一二八一頁中二一行「長者」，磧、普、南、徑、清作「長者子」。又「諸會」，磧、普、南、徑、清作「諸會者」。

一二八一頁下一行「因緣」，磧、普、南、徑、清作「成因」。

一二八一頁下三行「迍邅」，磧、普、南、徑、清作「邅迍」。又末字「荃」，磧、普、南、徑、清作「神」。

一二八一頁下四行「重玄」，磧、普、南、徑、清作「玄津」。

一二八一頁下五行「自然」，磧、普、南、徑、清作「收恩」。

一二八一頁下末行經名，徑無（未換卷）。

法苑珠林卷第六十九　　　　西明寺沙門釋道世撰

受報篇第七十九（此有十二部）

述意部第一

夫善惡之業用寔三報之徵祥猶形影之相須譬六趣之明驗其三報者以悦天后之耳目翻九色之深恩孤投禽王之全命交受五苦之切酷斯爲現報也群徒潛淪於幽蟄神陟輪飄而不改身酸歷代之殃疊不曉王子之喪目斯生報也外道縱禍於非想迷法永惑於始終爲著翅之暴羅飛沈受困而難計斯爲後報也玄鑒三代溺喪之流深記來變坏形之累使寤四諦三明之室令出三報五苦之闇也

引證部第二

如優婆塞戒經云佛言善男子衆生造業有其四種一者現報（今身作極善惡業即身受之是名現報）二者生報（今身造業次後身受是名生報）三者後報（今身造業次後未受更第二第三生已去受者是名後報）四者無報（借無記等業是）此無報業復有四種一時定報不定（此於三時決定不改由業有可轉故報不定）二報定時不定（由業力定報不可改然時有可轉故時不定）三時報俱定（由業定故感時亦定）四時報俱不定（由業不決定故時報亦不定）衆生作業有具不具若先念後作名作具足若先不念直造作者名作不具足復有作不具足者謂作業已果報不定復有作已亦具足者謂作業已定當得報復有作已不具足者果報雖定時節不定復有作已亦具足者時報俱定復有作已不具足者持戒正見復有作已亦具足者毀戒邪見復有作已不具足者三時生悔復有作已亦具足者三時不悔如惡既介善亦如是

受胎部第三

如善見律云女人將欲受胎月華水出華水者此是血名欲懷胎時於兒胞處生一血聚七日自破從此而出若血出不斷者男精不住即共流出若盡出者以男精還復其處然後成胎故血盡已男精得住即便有胎又女人有七事受胎一相觸二取衣三下精四手摩五見色六聞聲七齅香問何謂相觸受胎荅有女人月水生時喜樂男子若男子以身觸其身分即生貪著而便懷胎問何謂取衣受胎荅如優陀夷共婦出家欲愛不止各相發問欲精汙衣尼取舐之復取内根即便懷胎問何謂下精受胎荅如鹿母齅道士精欲心而飲遂便懷胎生鹿子道士問何謂手摩受胎荅如睒菩薩父母俱盲帝釋遥知下來其所爲夫婦既悉出家爲道不合陰陽以手摩臍下即便懷胎而生睒子問何謂見色受胎荅有一女人月華水成不得男子合欲情極盛唯視男子如宮女人亦復如是即便懷胎問何謂聞聲受胎荅如白鷺鳥悉雌無雄到春節時陽氣始布雷鳴初發雌鷺一心聞聲便即懷胎雖亦有聞雄雞聲亦得懷胎問何謂齅香受胎荅如秦牛母但齅犢氣而亦懷子

又增一阿含經云介時世尊告諸比丘有三因緣識來受胎一母有欲父有欲父母共集一處然外識未應來趣便不受胎若識來趣父母不集則不成胎二若復母人無欲父欲意盛母不大殷勤則非成胎三若父母共集一處母欲熾盛父不大殷勤則非成胎復有三種一若父母共集一處父有風病母有冷病則非成胎二若母有風病父有冷病則非成胎三若父身水氣偏多母無此患則非成胎復有三種一若父母共集一處父相有子母相無子則不成胎二若母相有子父相無子則不成胎三若父母俱相無子則非成胎復有三種一若復有時識神趣胎父行不在則非成胎二若有時父母應集一處然母遠行不在則不成胎三父母俱集不行此則受胎復有三種一若有時父母應來集一處然父身遇重患有時識神來趣則非受胎二若母身得重患則非成胎三若父母身俱得病則非成胎若父母無患識神來趣然父母俱相有兒則成有胎

又瑜伽論云復次此胎藏八位差別何等為八謂羯羅藍位遏部曇位閉尸位鍵南位鉢羅賒佉位髮毛爪位根位形位若已結凝內稀名羯羅藍若表裏如酪未至宍位名遏部曇若已成宍仍極柔輭名閉尸若已堅厚稍堪摩觸名為鍵南即此宍摶增長支分相現名鉢羅賒佉從此以後髮毛爪現即名此位從此以後眼等根生名為根位從此以後彼所依處分明顯現名為形位

又於胎藏中或由先業力故或由母不避不平等力所生隨順風故令此胎藏或髮或色或皮及餘支分變異而生髮變異生者謂由先世所作能感此惡不善業及由其母多習灰鹽等味若飲若食令此胎藏髮毛希尠色變異生者謂由先業因如前說及由其母習近煙熱現在緣故令彼胎藏黑黶色生又母習近極寒室等令彼胎藏極白色生又由其母多噉熱食令彼胎藏極赤色生皮變異生者謂由宿業因如前說及由其母多習婬欲現在緣故令彼胎藏或疥癬癩等惡皮而生支分變異生者謂由先業因如前說及由其母多習馳走跳躑威儀及不避不平等現在緣故令彼胎藏諸根支分缺減而生又彼胎藏若當為女於母右脇倚脊向腹而住若當為男於母左脇倚腹向脊而住又此胎藏極成滿時其母不堪持此重胎內風便發生大苦惱又此胎藏業報所發生分風起令頭向下足便向上胎衣纏裹而趣產門其正出時胎衣遂裂分之兩腋出產門時名正生位生後漸次觸生分觸所謂眼觸乃至意觸

中陰部第四

如正法念經云有十七種中陰有法汝當係念行寂滅道若天若人念此道者終不畏於閻羅使者之所加害何等十七中陰有耶

第一若人中死生於天上則見樂相中陰猶如白氎垂欲墮細輭白淨復見園林華池聞諸歌舞戲笑次聞諸

香一切受樂無量種物和合細觸即生天上以善業故現得天樂含笑怡悅顏色清淨親族兄弟悲啼號泣以善相故不聞不見心亦不念於臨終時初生樂處天身相似如印文成見天勝處即生愛境故受天身是則名曰初生中陰有也

第二中陰有者若閻浮提人命終生鬱單越則見細軟赤氎可愛之色即生貪心以手捉持舉手攬之如攬虛空親族謂之兩手摸空復有風吹若此病人冬寒之時暖風來吹除其寒苦若暑熱時涼風來吹除其鬱蒸令心喜樂以心緣故不聞哀泣悲啼之聲若其集動其心亦動聞其悲聲吹生異處是故親族臨終悲哭甚為障礙若不妨礙生鬱單越中間次第有善相出見青蓮華池鵝鴨鴛鴦充滿池中即走往趣入中遊戲欲入母胎從華池出行於陸地見於父母欲染和合因於不淨以顛倒見見其父身乃是雄鵝母為雌鵝若男子生自見其身作雄鵝身若女人生自見其身作雌鵝身若男子生於父生礙於母生愛若女人生於父生愛於母生礙是名生鬱單越第二中陰有也

第三中陰有者若閻浮提中死生瞿耶尼則有相現若臨終時見有屋宅盡作黃色猶如金色徧覆如雲見虛空中有黃氎相舉手攬之親族兄弟說言病人兩手攬空是人爾時壽命將盡見身如牛見諸牛群如夢所見若男子受生見其父母和合而行不淨自見人身多有宅舍見其父相猶如特牛除去其父與母和合若女人生自見其身猶如乳牛作如是念何故特牛與彼和合不與我對如是念已受女人身是名生瞿耶尼第三中陰有也

第四中陰有者若閻浮提人命終生於弗婆提界則有相現見青氎相一切皆青徧覆虛空見其屋宅悉如虛空恐青氎墮以手遮之親族說言遮空命終見中陰猶如馬形自見其父猶如駁馬母如騲馬父母交會愛染和合若男子生作如是念我當與此騲馬和合若女人生自見己身如騲馬形作如是念如是駁馬何故不與我合作是念已即受女身是名生弗婆提第四中陰有也

第五中陰有者若鬱單越人臨命終時見上行相若大業心自在生天以手攬空如夢中所見好華上妙之香第一妙色香氣在手見華生貪今見此樹我當升之作是念已即上大樹乃是升於須彌見天世界華果莊嚴我當遊行是名鬱單越人下品受生第五中陰有也

第六中陰有者若鬱單越人以中業故臨命終時欲生天上則有相現見蓮華池甚可愛樂衆蜂莊嚴一切皆香升此蓮華須臾乘空而飛猶如夢中生於天上作如是念我今當至勝蓮華池是名鬱單越人中品受生第六中陰有也

第七中陰有者鬱單越人以業勝故生三十三天善法堂等臨命終時見勝妙堂莊嚴殊妙其人爾時即升勝堂生此殿中以為天子是名鬱單越

人生於天上受上品生第七中陰有也
第八中陰有者若欝單越人臨命終時則有相現見於園林游戲之處香潔可愛聞之悅樂不多苦惱其心不濁以清淨心即升宮殿見諸天衆游空而行猶如夢中三十三天勝妙可愛一切五欲皆悉具足從欝單越死生此天中是名欝單越人生此天處熏習游戲乃死時相第八中陰有也
第九中陰有者若瞿耶尼人命終生天有二種業何等為二一者餘業二者生業生於天上其人臨命終時則有相現以善業故垂捨命時氣不咽濁脉不斷壞諸根清淨見大池水其水調適洋洋而流淨至彼岸既至彼岸見諸天女第一端正種種莊嚴戲笑歌儛其人見已欲心親近前抱女人即時生天受天快樂如夢中陰即滅是名第九中陰有也（瞿耶尼人生有三品上中下業同一光明等一中陰一切相似不同欝單越人三種受生差別相也）
第十中陰有者若弗婆提人臨命終時見於死相見於自業或見他業或見殿堂殊勝莊嚴心生歡喜欲近受生於殿堂外見衆婇女與諸丈夫歌頌娛樂於中陰有作如是念欲得同戲即入戲衆猶如睡覺即生天上是名第十中陰有也
第十一中陰有者諸餓鬼等惡業既盡受餘善業本於餘道所作善業猶如父母欲生天中則有相現若餓鬼中死欲生天上於餓鬼中飢渴燒身常貪飲食常念漿水欲命終時不復起念本念皆滅一切惡業皆悉不近雖見飲食唯以目視如人夢中見不食不飲見天可愛即走往趣至於彼處即生天上是名第十一中陰有也
第十二中陰有者以愚癡故受畜生身無量種類受百千億生死之身墮於地獄餓鬼畜生輪轉世間不可窮盡以餘善業畜生中死生二天處或生四天王天或生三十三天於畜生惡道苦報欲盡將得脫身則有相現臨命終時見光明現以餘善業癡心薄少或見樂處即走往趣如夢所見走往趣之即生天上是名第十二中陰有也
第十三中陰有者地獄衆生希有難得生於天上餘善因緣如業成熟是地獄人以業盡故將欲得脫從此地獄臨命終時則有相現命欲終時若諸獄卒擲置鑊中猶如水沫滅已不生若以棒打隨打即死不復更生若置鐵函置已即死不復更生若置灰河入已消融不復更生若鐵棒打隨打即死滅已不生若諸鐵烏食已不生若諸惡獸噉已不生是地獄人惡業既盡命終之後不復見於閻羅獄卒如油炷盡則無燈業地獄中陰有相不現忽於虛空中見有第一歌儛戲笑香風觸身受第一樂欲近生有或生三十三天或生四天王天是名第十三中陰有也
第十四中陰有者若人中死還生人中則有相現於臨終時見如是相見大石山猶如影相在其身上尒時其人作如是念此山或當墮我身上是故動手欲遮此山親里見之謂為觸於虛空既見此已又見此山猶如白

㲲即外此㲲乃見赤㲲次第臨終復
見光明見其父母愛欲和合而起顛
倒若男子生自見其身與母交會謂
父妨礙若女人生自見其身與父交
會謂母妨礙當於尒時中陰即壞生
陰次起如印所印印壞文成是名人
中命終還生人中第十四中陰有也
第十五中陰有者天中命終還生天
上則無苦惱如餘天子命終之時愛
別離苦墮於地獄餓鬼畜生如此天
子不失已身莊嚴之具亦無餘天坐
其本處生於勝天若四天處命終之
後生三十三天可愛勝相是名第十
五中陰有相續道也
第十六中陰有道相續者若從上天
終還生下天見眾蓮華園林流池皆
亦不如既見此色飢渴苦惱渴仰欲
得即往彼生如是雖同生天二種陰
有二種相生是名第十六中陰有相
續道也
第十七中陰有道相續者若弗婆提
人生瞿陀尼有何等相瞿陀尼人生
弗婆提復有何相如是二天下人彼

此五生皆以一相臨命終時見黑闇
窟於此窟中有赤電光下垂如幡或
赤或白其人見之以手攬捉現陰即
滅以手接幡次第緣幡入此窟中受
中陰身近於生陰見愛生法亦如前
說或見二牛或見二馬愛染交會即
生欲心既生欲心即受生陰是名第十
七中陰有也

現報部第五

佛說行七行現報經云尒時世尊告
諸比丘有七種人可事可敬是世間
無上福田云何七種人一者行慈二者
行悲三者行喜四者行護五者行空
六者行無相七者行無願其有眾生
行此七法於現法中獲其果報阿難
白佛言何故不說須陀洹斯陀含阿
那含阿羅漢辟支佛乃說此七事乎
世尊告曰行慈七人其行與須陀洹乃
至佛等其事不同雖供養須陀洹等
不現得報然供養此人者於現世得
報是故阿難當勤勇猛成辦七法又
雜寶藏經云昔乾陀衛國有一屠兒
將五百頭小牛盡欲刑犍時有內宮

以金錢贖牛作群放去以是因緣現
身即得男根具足還到王家遣人通
白某甲在外王言是我家人自恣來
去未曾通白今何故尒王時即喚問
其所以荅王言曰向見屠兒將五百
頭小牛而欲刑殘臣即贖放以是因
緣身體得具故不敢入王閤喜悅深
於佛法生信敬心夫以華報所感如此
況其果報豈可量也
又新婆沙論云昔有屠販牛人驅牛
涉路人多糧盡飢渴熱乏息而議曰
此等群牛終非已物宜割取舌以濟飢
虛即時以鹽塗諸牛口牛貪鹹味出
舌舐之即用利刀一時截取以火爆炙
而共食之食已相與臨水澡漱俱嚼
楊枝揩齒既了擘以刮舌惡業力故
諸人舌根猶如爛果一時俱落（此皆現報以業重故）

生報部第六

如涅槃經云善男子如人捨命受大
苦時宗親圍繞號哭懊惱其人惶怖
莫知依救雖有五情無所知覺肢節
顫動不能自持身體虛冷暖氣欲盡
見先所修善惡報相如日垂沒山陵

埠阜影現東移理無西逝衆生業果　法苑珠林卷第六十九　第十六張
亦復如是此陰滅時彼陰續生如燈
生闇滅燈滅闇生善男子如臘印印
泥印與泥合印滅文成而是臘印不
變在泥文非泥出不餘處來以印因
緣而生是文現在陰滅中陰陰生是
現在陰終不變爲中陰五陰中陰五
陰亦非自生不從餘來因現陰故生
中陰陰如印印泥印壞文成名雖無
差而時節各異是故我說中陰五陰
非宍眼天眼所見
是中陰中有三種食一者思食二者
觸食三者意食中陰二種一善業果
二惡業果因善業故得善覺觀因惡
業故得惡覺觀父母交會判合之時
隨業因緣向受生處於母生愛於父
生瞋父精出時謂是已有見已心悅
而生歡喜以是三種煩惱因緣中陰
陰壞生後五陰如印印泥印壞文成
生時諸根有具不具具者見色則生
於貪生於貪故則名爲愛狂故生貪
是名無明貪愛無明二因緣故所見
境界皆悉顛倒

又修行道地經云人行不純或善或惡　法苑珠林卷第六十九　第十七張
當至人道父母合會精不失時子來應
生其母胎通無所拘礙心懷歡喜而
無邪念則爲柔耎堪任受子其精不
清不濁中適不強亦無腐敗亦不赤
黑不爲風寒衆毒雜錯與小便別應
來生者精神便起設是男子不與女
人共俱合者五欲與通男子敬念欲向
女人父時精下其神欣喜謂是吾許
尒時即失中陰五陰便入胞胎父母
精合既在胞胎倍用歡躍是爲色陰
歡喜之時爲痛樂陰念於精時是爲
想陰因本罪福緣得入胎是爲行陰
神處胎中則爲識陰如是和合名曰
五陰若在胎時即得二根意根身根
也至七日住中而不增減又至二七日
其胎稍轉譬如薄酪至三七日似如生
酪至四七日精凝如熟酪至五七日
胎精遂變猶如生蘇至六七日變如
瘜宍至七七日轉如段宍至八七日
其堅如坯至九七日變爲五皰兩肘
兩髀及頭頸從中出也至十七日復
有五皰二手腕二脚腕及生其頭

至十一七日續生二十四皰十手指十　法苑珠林卷第六十九　第十八張
足指及眼耳鼻口此從中出至十二七
日是諸皰相轉漸成就至十三七日
則現腹相至十四七日則生肝肺心
及其脾腎至十五七日則生大腸至
十六七日則生小腸至十七七日則有
胃處至十八七日生藏熟藏起此二
處至十九七日則生髀及腨腸骨手
掌足趺臂節筋連至二十七日生陰
臍乳頤頸形相至二十一七日體骨
各分隨其所應兩骨在頭三十二骨
著口七骨著頸兩骨著髀兩骨著肘
四骨著臂十二骨著胸十八骨著背
兩骨著臗四骨著膝四十骨著足復
有微細骨揔有一百八與體宍合具
十八骨著在兩脇二骨著肩如是身
骨凡有三百而相連綴其骨柔輭如
初生瓠至二十二七日其骨稍堅如
未熟瓠至二十三七日其骨轉堅譬
如胡桃此三百骨各相連綴足骨著
足膝骨著膝如是腨骨髀骨臗骨
脊骨胸骨脇骨肩骨項骨頭骨臂腕
手足諸骨等各自轉相連著如是聚

骨猶如幻化隨風所由牽引舉動至二十四七日生一百筋連著其身至二十五七日生七千脈尚未具成至二十六七日諸脈悉徹具足成就如蓮根孔至二十七七日有三百六十三節皆成至二十八七日其肌始生至二十九七日肌肉稍厚至三十七日纔有皮像至三十一七日皮轉厚堅至三十二七日皮革轉成至三十三七日耳鼻脣指諸膝節成至三十四七日生九十九萬毛髮孔猶尚未成至三十五七日毛孔具成至三十六七日爪甲始成至三十七七日其母腹中若干風起開兒目耳鼻口或有風起染其髮毛或端正或醜陋又有風起成體顏色或白赤黑有好有醜皆由宿行在此七日中生風寒熱大小便通至三十八七日在母腹中隨其本行自然風起宿行善者便有香風可其身意柔輭無瑕正其骨節令其端正莫不愛敬本行惡者則起臭風令身不安不可心意吹其骨節令傴斜曲使不端正又不能男人所不喜

是為三十八七日九月不滿四日其兒身體骨節則成為人其小兒體而有二分一分從父一分從母身諸髮毛頰眼舌喉心肝脾腎腸血輭者從母也自餘爪齒骨節髓腦筋脈堅者從父也其小兒在母腹中處生藏之下熟藏之上若是男兒背外而面向內在其左脇也若是女子背母而面向外處在右脇也居苦痛臭處汙露不淨一切骨節縮不得申住在革囊腹網纏裹藏血塗染所處逼窄依因屎溺瑕穢若斯其於九月此餘四日宿有善行初日後日發心念言吾在園觀亦在天上其行惡者謂在泥犁世間之獄至三日中即愁不樂到四日時母腹風起或上或下轉其兒身而令倒懸頭向產門其有福者時心念言我投浴池水中遊戲如墮高牀華香之處也其無福者自發念言吾從山墮投於捫岸溝坑溷中或如地獄羅網棘上曠野石間劍戟之中愁憂不樂善惡之報不同若此其小兒生既墮地外風所吹女人手觸暖水洗之

逼迫毒痛猶如痛病也以是苦惱恐畏死亡便有癡惑是故迷憒不識來去生在地血惡露臭處鬼魅來嬈癩邪所中死屍所觸蠱道顛鬼各伺犯之如四交道墮肉叚烏鵄鵰狼各來爭之諸邪妖鬼欲得兒便周帀圍繞亦復如是若宿行善德邪不得其便兒已長大圍哺養身適得穀氣其體即生八十種蟲兩種在髮根一名舌蛖二名重蛖三種在頭名曰堅固傷損毀害一種在腦兩種在腦表一名蜡蛛二名托擾三名憒亂兩種在額一名卑下二名朽腐兩種在眼一名緹二名重緹兩種在耳一名識味二名現味兩種在耳根一名赤二名復赤兩種在鼻一名肥二名復肥兩種在口一名搖二名動搖兩種在齒中一名惡獘二名凶暴三種在齒根名曰喘息休止捽滅一種在舌名曰甘美一種在舌根名曰柔輭一種在上齗名曰往來一種在咽名為嗽喉兩種在瞳子一名生二名不熟兩種在肩一名垂二名復垂一種在臂名為住立一種

在手名爲周旋兩種在胷一名額坑
二名曠普一種在心名爲班駮一種
在乳名曰種現一種在臍名爲帀繞
兩種在脇一名爲月二名月面兩種
在脊一名月行二名月貌一種在背
骨間名爲妄豐一種在皮裏名爲虎爪
兩種在宍一名消膚二名燒拼四種在
骨一名爲甚毒二名習毒三名細骨
四名雜毒五種在髓一名殺害二名
無殺三名破壞四名雜散五名白骨
兩種在腸一名蟯蛝二蟯蛝皆兩種
在細腸一名兒子二名復子一種在
肝名爲錏喋一種在生藏名曰忮收
一種在熟藏名爲太息一種在穀道
名爲重身三種在糞中一名蔛二名
目結三名目編蝬兩種在尻一名流
下二名重流五種在脬一名宗姓二
名惡族三名臥寤四名而寤五名護
汁一種在髀名爲撾枝一種在膝名
爲現傷一種在蹲名爲鐵嘴一種在
足指名爲燒然一種在足心名爲食
皮是爲八十種蟲處在一身晝夜食
體

其人身中因風起病有百一種寒熱
共合各有百一凡合計之四百四病
在人身中如木生火還自燒然病亦
如是如木因體興反來危人如身中
蟲擾動不安三十六物假名爲人以
爲蓋之誑惑凡愚妄起愛念共相親
附智者視虛安可近之譬如陶器終
有破壞此身虛僞會有夭壽貴賤同
迷至死不知譬如大城四門失火從次
燒之乃到東門皆令灰燼生老病死
亦復如是
又瑜伽論云又於胎中經三十八七
日此之胎藏一切支分皆悉具足從
此以後復經四日方乃出生此說極
滿足者或經九月或復過此若唯經
八月此名圓滿若經七月六月不名圓
滿或復缺減故法華經偈云
受胎之微形　世世常增長　薄德少福人
衆苦所逼迫
故三昧經云說身內火界漸增水界
漸微是故迦羅邏稠漸堅乃至宍團
衆生由此薄福從小至大皆受其苦
又禪祕要經云人身三分臍爲中原

頭爲殿堂額爲天門
又處胎經云人受胎時初七日有四
大二七日最轉風吹向脇乃至三十
八七日風名華令向產門
又譬喻經云風殺水水殺地地殺火
强者爲男弱者爲女風水相殺爲男
地水相殺爲女
又解脫道論云人身地界碎之爲塵
一斛二斗
又增一經云一人身中骨有三百二
十毛孔有九萬九千筋脈各有五百
身蟲有八十戶
又五道受生經云兒生三歲凡飲一
百八十斛乳除其胎中食血今東弗
于逮人飲一千八百斛乳西拘耶尼
人飲一千八百斛乳北鬱單越人七
日成身初生之日置百路首行人授指
與吮所以不飲乳也（此之斛斗是古小斗三斗當今一斗舊人身殊大不同今小恐人怪多故引録記）
後報部第七
如婆沙論云有一屠兒七生已來常
屠不落三塗然生人天往來此由七
生已前曾施辟支一食福力故令七

生不墮惡道然此人七生已來所作屠罪之業過七生已次第受之無有得脫善惡俱尒（此是復報只如六道篇說）

又智度論云舍利弗雖復聰明然非一切智於佛智中譬如嬰兒如阿婆檀那經中佛在祇桓住晡時經行舍利弗從佛經行是時有鷹逐鴿鴿飛來佛邊住佛經行過之影覆鴿上鴿身安隱怖畏即除不復作聲後舍利弗影到鴿便作聲顫怖如初舍利弗白佛言佛及我身俱無三毒以何因緣佛影覆鴿鴿便無聲不復恐怖我影覆上鴿便作聲顫慄如故佛言汝三毒習氣未盡以是故汝影覆時恐怖不除

佛語舍利弗汝觀此鴿宿世因緣幾世作鴿舍利弗即時入宿命智三昧觀見此鴿從鴿中來乃至八萬大劫常作鴿身過是已往不能復見舍利弗從三昧起白佛言是鴿八萬大劫中常作鴿身過是已前不能復知佛言汝若不能盡知過去世試觀未來世此鴿何時當脫舍利弗即入三昧

觀見乃至八萬大劫亦不免鴿身過是已往不能知不審此鴿何時當脫佛告舍利弗此鴿除諸聲聞辟支佛所知齊限復於殑伽河沙等大劫中常作鴿身罪訖得出輪轉五道中後得為人經五百世中乃得利根是時有佛度無量阿僧祇衆生然後入無餘涅槃遺法在世是人作五戒優婆塞從比丘聞讚佛功德於是初發心願欲作佛後於三阿僧祇劫行六波羅蜜十地具足得作佛度無量衆生已而入涅槃是時舍利弗向佛懺悔白佛言我於一鳥尚不能知其本末何況諸結我知佛智慧如是者爲佛智慧故寧入阿鼻地獄受無量劫苦不以爲難

定報部第八

如佛說義足經云佛告梵志言世有五事不可得避亦無脫者何等爲五一當耗減法二當亾棄法三當病瘦法四當老朽法五當死去法此之五法欲使不耗減是不可得

又佛說四不可得經云佛與比丘及諸

菩薩明旦持鉢入舍衛城令衛四輩皆從諸天龍神各賫華香伎樂追從於上時佛道眼覩見兄弟同産四人遠家棄業山處閑居得五神通皆號仙人宿對來至自知壽盡悉欲避終各各思議吾等神足飛騰自恣在所至到無所罣礙今反當爲非常所得便危失身命當造方便免斯患難不可就也於是一人則踊在空中而自藏形無常之對安知吾處一人則入市中人丙之處廣大無量在中避命無常之對趣得一人何必求吾一人則退入于大海三百三十六萬里下不至底上不至表處於其中無常之對何所求耶一人則計竊至大山無人之處擘山兩解入中還合非常之對安知吾處於時四人各各避命竟不得脫藏在空中者便自墮地猶果熟落其在山中者于彼喪亡禽獸所噉在大海中者則時失命魚鼈所食入市中者在于衆人而自終沒於是世尊覩之如斯謂此四人暗昧不達欲捨宿對三毒不除不至三達無

極之慧古今以來誰脫此患佛則頌
曰
雖欲藏在空　善入大海中　假使入諸山
而欲自隱形　欲求不死地　未曾可獲定
是故精進學　無身乃爲寧
佛告諸比丘世有四事不可獲致何
等爲四一曰年幼顏色煒燁髮黑齒
白形貌光澤氣力堅强行步舉止出
入自游上車乘馬衆人瞻戴莫不愛
敬一旦忽老毛頭白齒落面皺皮緩體
重拄杖短氣呻吟欲使常少不至老
者終不可得
二謂身體强偉骨髓實滿行步無僂
飲食自恣莊飾頭首謂爲無比張弓
捻矢把執兵杖有所危害不省曲直
罵詈衝口謂爲豪强自計吾我無有
羸耗疾病卒至伏之著牀不能動搖
身痛如榜耳鼻口目不聞聲香美味
細滑坐起須人汙露自出身臥其上
衆患難喻假使欲免常安無病終不
可得
三謂欲求長壽在世無極得免于病死
命既甚短懷萬歲慮壽少憂多不察

非常五欲自恣放心逸意殺盜婬亂
兩舌惡口妄言綺語貪嫉邪見不孝
父母不順師友輕易尊長反逆無道
悕望豪富謂可永存譏謗聖道以邪
無雙嗑天獨步慕于世榮不識天地
表裏所由不別四大因緣合成猶如
幻師不了古今所興之世不受化導
不知生所從來死之所歸心存天地
謂是吾許非常對至如風吹雲龔
長生命忽然終不得自在欲使不尒
終不可得也
四謂父母兄弟室家親族朋友知識
恩愛榮樂財物富貴官爵俸祿騎乘
游觀妻妾子息以自驕恣飲食快意
兒客僕使趨行綺視顧影而步輕蔑
衆人訶巳無儀奴客庸罵獸類畜生
出入自在無有期度不察前後謂其
眷屬從使之衆意可常得猶對卒至
如湯消雪心乃懷懼請求濟患安得
如願呼嗡命斷魂神獨逝父母兄弟
妻子親族朋友知識恩愛眷屬皆自
獨留官爵財物僕從各散馳走如星
欲求不死終不可得也

佛告比丘古今以來天地成立無免
此苦四難之患以斯四苦佛興于世
不定部第九
如十住毗婆沙論云善知不定法者
諸法未生未可分別如佛分別業經
中說佛告阿難有人身行善業口行
善業意行善業是人命終而墮地獄
有人身行惡業口行惡業意行惡業
是人命終而生天上阿難白佛言何
故如是佛言是人先世罪福因緣已
熟今世罪福因緣未熟或臨命終正
見邪見善惡心起垂終之心其力大
故
又增一阿含經云尒時世尊告諸比
丘今有四人出現於世云何爲四或
有人先苦而後樂或有人先樂而後
苦或有人先苦而後苦或有人先樂
而後樂云何有人先苦而後樂或有
人生卑賤家衣食不充然無邪見以
知昔日施德之報感得富貴之家不
作施德常值貧賤無有衣食便向
懺悔改往所作所有遺餘與人等分
若生人中多財饒寶無所乏短是謂

此人先苦後樂何等人先樂而後苦或有人生豪族家衣食充足然彼人常懷邪見與邊見共相應後生地獄中若得作人在貧窮家無有衣食是謂此人先樂後苦何等人先苦而後苦或有人先生貧賤家衣食不充然懷邪見與邊見共相應後生地獄若生人中極爲貧賤衣食不充是謂先苦而後苦何等人先樂而後樂或有人先生富貴家多財饒寶敬重三尊常行惠施後生人天常受富貴多饒財寶是謂此人先樂而後樂尒時佛告比丘曰或有衆生先苦後樂或有先樂後苦或先苦後亦苦或有先樂後亦樂若人壽百歲正可十十耳或百歲之中作諸功德或百歲之中造諸惡業彼於異時或冬受樂夏受苦或少時作福長時作罪後生之時少時受福長時受罪若復少時作罪長時作福後生之時少時受罪長時受樂或少時作罪長復作罪彼人後生之時先苦後亦苦若復少時作福長復作福彼於後生之時先樂後亦樂

尒時世尊告諸比丘有四人出現於世云何爲四或有人身樂心不樂或有人心樂身不樂或有人身心俱樂或有人身心俱不樂何等人身樂心不樂是作福凡夫人於四事供養衣被飲食臥具醫藥無所乏短但不免三惡道苦是謂身樂心不樂何等人心樂身不樂所謂阿羅漢不作功德於四事供養之中不能自辦但免三惡道苦是謂心樂身不樂何等人身心俱不樂所謂凡夫之人不作功德不得四事供養復不免三惡道苦是謂身心俱不樂何等人身心俱樂所謂作功德阿羅漢四事供養無所乏短復免三惡道苦是謂身心俱樂

善報部第十

如彌勒菩薩所問經論云問云何布施果報荅曰略說布施有一種果所謂受用果受用果復有二種果所謂現在受果未來受果復有三種果即此二種復加般若復有四種果何謂四種一有果而無用二有用而無果三有果亦有用四無果亦無用初有果而無用者謂不至心施不自手施輕心布施彼如是施雖得無量種種果報而不能受用如舍衛天主雖得無量種種珍寶而不能受用二有用而無果者謂自不施見他行施起隨喜心以是義故雖得受用而自無果如天子物一切沙門婆羅門等雖得衣食及以受用而自無果又如轉輪聖王四兵雖得衣食而不得果三有果亦有用者謂至心施不輕心施如樹提伽諸長者等四無果亦無用者謂布施已用即滅盡或爲出世聖道障故猶如遠離煩惱聖人復有五種果謂得命色力樂辯等因命得命是故施食即得施命以是因緣後得長命如是施色施力施樂施辯等皆亦如是

復有五種勝果所謂施與父母病人法師菩薩得勝果報父母恩養生長身命是故施者得勝果報又病人者孤獨可愍以是義故起慈悲心施病人者得勝果報又說法者能生法身

增長法身永導善惡平正非平正顛倒非顛倒是故施者得勝果報又諸菩薩悉能攝取利益衆生起慈悲心以攝取三寶不斷絕因以是義故施菩薩者得勝果報（以菩薩發心勇猛悲願力大不同餘福其心勝劣也）

又增一阿含經云世尊告諸比丘今當說四梵之福云何爲四一若有信善男子善女人未曾起偷婆處於中能起第二補治故寺第三和合聖衆第四若多薩阿竭初轉法輪時諸天世人勸請轉法輪是謂四種受梵之福比丘白世尊曰梵天之福竟爲多少世尊告曰閻浮里地其中衆生所有功德正與一輪王功德等閻浮地人及一輪王之德與瞿耶尼一人功德等其閻浮里地及瞿耶尼二方之福故不如彼弗于逮一人之福其三方人福不如鬱單越一人之福其四天下人福不如四天王之福乃至四天下人福及六欲天福不如一梵天王之福若有善男子善女人求其福者此是其量也

又中阿含經云尒時世尊告諸比丘若能受持七種法者得生帝釋處即說偈言

供養於父母　及家之尊長　柔和恭遜辭
離麁言兩舌　調伏慳恪心　常修眞實語
彼三十三天　見行七法者　咸各作是言
當來生此天

又雜寶藏經偈

福業如果熟　不以神祀得　人乘持戒車
後生至天上　定知如燈滅　得至於無爲
一切由行得　求天何所爲

法苑珠林卷第六十九

甲辰歲高麗國大藏都監奉
勅彫造

法苑珠林卷第六十九

校勘記

一　底本，麗藏本。

一　二八五頁上一行經名，徑無（未換卷）。

一　二八五頁上二行撰者，磧作「大唐上都西明寺沙門釋道世撰」；南作「唐上都西明寺沙門釋道世撰」；徑無（未換卷）；清作「唐西明寺沙門釋道世撰」。

一　二八五頁上三行「受報篇第七十九」，徑作「受報篇第七十九之一」。又「此有十二部」，徑無。

一　二八五頁上四行至七行「述意部……住處部」，徑無。

一　二八五頁上八行「第一」，徑無。以下部目下序數例同。

一　二八五頁上一二行「五苦」，磧、南、徑、清作「五几」。

一　二八五頁中一行夾註左「即身」，磧、南、徑、清作「即今身」。

一　二八五頁中七行夾註左「不定」，磧、南、徑、清作「不定也」。

一　二八五頁中一二行至一三行「不具足者果報雖定時節不定復有作已」，磧、南、徑、清無。

一　二八五頁中一四行「持戒」，磧作「得戒」。

一　二八五頁下一三行「遥知」，磧作「逆知」。

一　二八六頁上二行第七字「来」，磧、南、徑、清作「來處」。同行末字至次行第二字「父有欲」，磧、南、徑、清作「有」。

一　二八六頁中五行「内稀」，磧、南、徑、清作「箭内稀」。

一　二八六頁下二行「疥癬」，磧、南、徑、清作「癬疥」。

一　二八六頁下六行「而生」，清作「而住」。

一　二八六頁下七行「右脇」，磧、南、徑、清作「左脇」。

一　二八六頁下八行「左脇」，磧、南、徑、清作「右脇」。

一　二八六頁下一五行「意觸」，至此，徑卷第八十五終，卷第八十六始，並有「受報篇第七十九之二」一行。

一　二八六頁下一八行「係念」，磧、南、徑、清作「繼念」。

一　二八七頁上三行「號泣」，磧、南、徑、清作「哭泣」。

一　二八七頁上一九行「入中」，磧、南、徑、清作「人中」。

一　二八七頁中八行末字至次行首字「壽命」，磧、南、徑、清作「善有」。

一　二八七頁中一二行第八字「父」，磧、南、徑、清作「父相」。

一　二八八頁上一八行第一〇字「如」，磧、南、徑、清無。

一　二八八頁中一二行第二字「不」，磧、南、徑、清無。

一　二八八頁下一五行第五字「觸」，磧無。

一　二八九頁上一行「即升」，磧、南作「即是」。

一　二八九頁上一六行首字「終」，磧、南、徑、清無。

一　二八九頁中六行「愛染」，磧、南、徑、清作「受染」。

一　二八九頁中末行「内宫」，磧、南、徑、清作「内官」。

一　二八九頁下三行末字「来」，磧、南、徑、清作「而」。

一　二八九頁下六行第七字「殘」，磧、南、徑作「揵」；清作「犍」。

一　二八九頁下九行首字「況」，磧、南作「向」。

一　二九〇頁上一行「埠阜」，磧、南、徑、清作「堆阜」。

一　二九〇頁上三行「臘印」，磧、南、徑、清作「蠟印」。四行同。

一　二九〇頁中一〇行「中陰」，磧、南、徑、清作「中止」。

一　二九〇頁中二一行「如坯」，磧作「如杯」。又第一二字「皰」，磧、南、徑、清作「䯏」，下同。

一　二九〇頁下一行「二十四」，磧、

南、徑、清作「十四」。又第一二字「十」，磧、南、徑、清作「五」，末字同。

一 二九〇頁下七行首字「腢」，磧、南、徑、清作「脾」。

一 二九〇頁下九行第三字「趺」，磧、南、徑、清作「跌」。

一 二九〇頁下一五行第三字「細」，磧、南、徑、清無。又第一二字「宍」，磧、南、徑、清作「骨肉」。

一 二九〇頁下一七行「連綴」，磧、南、徑、清作「連結」。

一 二九〇頁下二二行「項骨」，磧、南、徑、清作「頂骨」。

一 二九一頁上二〇行「無瑕」，磧作「無假」。

一 二九一頁中四行「腸血」，磧作「腹血」。

一 二九一頁中一〇行「住在草囊」，磧作「捐在草囊」。

一 二九一頁中一一行末字至次行首字「屎溺」，磧、南、徑、清作「屎尿旋溺」。

一 二九一頁中二〇行第四字「拊」，磧、南、徑、清作「坼」。

一 二九一頁下一行「痛病」，磧、南、徑、清作「瘡病」。

一 二九一頁下一二行「秏擾」，磧、南、徑、清作「耗擾」。

一 二九一頁下一四行「現味」，磧作「現味英」。

一 二九一頁下二〇行「上斷」，磧、南、徑、清作「上腭」。

一 二九二頁上二行第三字「矌」，磧、南、徑、清作「𨆪」。

一 二九二頁上三行「帀繞」，磧、南、徑、清作「圍繞」。

一 二九二頁上一一行第九字「二」，磧、南、徑、清作「二名」。

一 二九二頁上一三行末字「收」，南、徑、清作「牧」。

一 二九二頁上一六行第五字「目」，磧、南作「日」。

一 二九二頁上一七行第九字「脟」，磧、南、徑、清作「泡」。

一 二九二頁中一五行第一二字「若」，清作「者」。

一 二九二頁下六行第一〇字「水」，徑作「火」。

一 二九二頁下九行末字「斗」，磧、南、徑、清作「升」。下至一八行夾註左第五字同。

一 二九二頁下一七行第九字「百」，徑、清作「陌」。

一 二九三頁中四行「殑伽河沙」，磧、南、徑、清作「恒河沙」。

一 二九三頁中一五行第一一字「受」，磧作「變」。

一 二九三頁下一四行「處於」，南無。

一 二九四頁上六行「獲致」，磧、南、徑、清作「護致」。

一 二九四頁上一八行第四字「榜」，磧、南、徑、清作「搒」。

一 二九四頁上二二行第一二字「免」，磧、南、徑、清無。

一 二九四頁中三行「輕易」，磧、南、

徑、清作「輕自」。

一　二九四頁中七行「所與」，磧、南、徑、清作「所與」。又「化導」，磧、南、徑、清作「唱導」。

一　二九四頁中一〇行第三字「命」，磧、南、徑、清作「今」。

一　二九四頁下一九行首字「人」，磧、南、徑、清作「一人」。

一　二九四頁下二一行第四字「常」，磧、南、徑、清作「恒」。下至次頁上一一行第八字同。

一　二九五頁上二一行「或少」，磧、南、徑、清作「或長」。又「長復」，磧、南、徑、清作「復長」。

一　二九五頁下一三行第三字「用」，磧、南、徑、清作「因」。

一　二九五頁下一五行「因命」，徑作「因食」。

一　二九六頁上六行夾註「陜劣」，磧、南、徑、清作「狭劣」。

一　二九六頁中八行末字「偈」，磧、南、徑、清作「偈云」。

一　二九六頁中卷末經名，徑作「法苑珠林卷第八十六」。

法苑珠林卷第七十　䟽

西明寺沙門釋道世撰

受報篇第七十九

惡報部第十一

夫有形則影現有聲則響應未見形存而影亡聲續而響乖善惡相報理路皎然幸願深信不猜來誚輕重苦報具依下述如身行殺生或剝切臠截炮熬蚶蠣飛鷹走狗射獵衆生者則墮屠裂斤割地獄中蒸煑燒炙衆生者則墮鑊湯鑪炭地獄中以此殺生故於地獄中窮年極劫具受劇苦受苦既畢復墮畜生作諸牛馬豬羊驢騾駱駝雞狗魚鳥蠕蝐蛤蟆為人所殺螺蜆之類不得壽終還以身宍供充肴俎在此禽獸無量生死若無微善永無免期脫有片福劣復人身或於胞胎墮落出生喪亡或十二十未有所知從冥入冥人所矜念當知短命皆緣殺生

又地持論云殺生之罪能令衆生墮三惡道若生人中得二種果報一者短命二者多病如是十惡一一皆備五種果報一者殺生何故受地獄苦以其殺生苦衆生故所以身壞命終地獄衆苦皆來切己二者殺生何故出為畜生以殺生無有慈惻行乖人倫故地獄罪畢受畜生身三者殺生何故復為餓鬼以其殺生必緣慳心貪著滋味復為餓鬼四者殺生何故生人而得短壽以其殺生殘害物命故得短壽五者殺生何故兼得多病以殺生違適衆患競集故得多病當知殺生是大苦也

又雜寶藏經云時有一鬼白目連言我常兩肩有眼胷有口鼻常無有頭何因緣故目連答言汝前世時常作魁膾弟子若殺人時汝常有歡喜心以繩著髻挽之以是因緣故受如此罪此是惡行華報地獄苦果方在後也

復有一鬼白目連言我身常如肉宍無有手脚眼耳鼻等常為蟲鳥所食罪苦難堪何因緣故尒答言汝前世時常與他藥墮他兒胎是故受如此罪此是華報地獄苦果方在後身

又緣其殺生貪害滋多以滋多故便無義讓而行刧盜今身偷盜不與而取死即當墮鐵窟地獄於遐刧中受諸苦惱受苦既畢墮畜生中身常負重驅蹙捶打無有餘息所食之味唯以水草處此之中無量生死以本因緣若遇微善劣復人身常為僕隸驅策走使不得自在償債未畢不得閑法緣此受苦輪迴無窮當知此苦皆緣偷盜

今身隱蔽人光明不以光明供養三寶反取三寶光明以用自照死即當墮黑耳黑繩黑暗地獄於遐刧中受諸苦惱受苦既畢墮蟣蝨中不耐光明在此之中無量生死以本因緣若遇微善劣復人身形容黶黑垢膩不淨臭處穢惡人所猒遠雙眼盲瞎不覩天地當知隱蔽光明亦緣偷盜故

故地持論云刧盜之罪亦令衆生墮三惡道若生人中得二種果報一者貧窮二者共財不得自在刧盜何故墮於地獄以其刧盜剝奪偷竊人財

若衆生故身死即入寒冰地獄備受諸苦劫盜何故出為畜生以其不行人道故受畜生報身常負重以宍供人償其宿債何故復墮餓鬼緣以慳貪便行劫盜是以畜生罪畢復為餓鬼何故為人貧窮緣其劫奪使物空之所以貧窮何故共財不得自在緣其劫盜偷奪設若有財則為五家所共不得自在當知劫盜二大苦也

又雜寶藏經說時有一鬼白目連言大德我腹極大如甕咽喉手足甚細如鍼不得飲食何因緣故受如此苦目連答言汝前世時作聚落主自恃豪貴飲食從衡輕欺餘人奪其飲食飢困衆生由是因緣受如此罪此是華報地獄苦果方在後也

復有一鬼白目連言常有二熱鐵輪在我兩腋下轉身體焦爛何因緣故尒目連答言汝前世時與衆僧作餅盜取二番挾兩腋底是故受如此罪此是華報後方受地獄苦報又緣以盜故心不貞正恣情婬妷今身婬妷現世凶危常自驚恐或為夫主邊人所知臨時得殃刀杖加刑首足分離乃至失命死入地獄臥之鐵牀或抱銅柱獄鬼然火以燒其身地獄罪畢當受畜生雞鴨鳥雀犬豕飛蛾如是無量生死於退劫中受諸苦惱受苦既畢以本因緣若遇微善劣復人身閨門婬亂妻妾不貞若有寵愛為人所奪常懷恐怖多危少安當知危苦皆緣邪婬

故地持論云邪婬之罪亦令衆生墮三惡道若生人中得二種果報一者婦不貞潔二者得不隨意眷屬邪婬何故墮於地獄以其邪婬干犯非分侵物為苦所以命終受地獄苦何故邪婬出為畜生以其邪婬不順人理所以出地獄受畜生身何故邪婬復為餓鬼以其婬妷皆因慳愛慳愛罪故復為餓鬼何故邪婬婦不貞潔緣犯他妻故所得婦常不貞正何故邪婬不得隨意眷屬以其邪婬奪人愛寵故其眷屬不得隨意所以復為人之所奪當知婬妷二大苦也

又雜寶藏經說昔有一鬼白目連言我以物自蒙籠頭亦常畏人來殺我心常怖懼不可堪忍何因緣故尒荅言汝前世時婬犯外色常畏人見或畏其夫主捉縛打殺或畏官法戮之都市常懷恐怖恐怖相續故受如此罪此是惡行華報後方受地獄苦報又緣其邪婬故發言皆妄今身若妄苦惱衆生死則當墮啼哭地獄於退劫中受諸苦惱受苦既畢墮餓鬼中在此苦惱無量生死以本因緣若遇微善劣復人身多諸疾病尫羸虛弱頓乏楚痛自嬰苦毒人不愛念當知此苦皆緣妄語

故地持論云妄語之罪亦令衆生墮三惡道若生人中得二種果報一者多被誹謗二者為人所誑何故妄語墮於地獄緣其妄語不實使人虛尒生苦是以身死受地獄苦何故妄語出為畜生以其欺妄乖人誠信所以出獄受畜生報何故妄語復為餓鬼緣其妄語皆因貪欺慳欺罪故復為餓鬼何故為人多被誹謗以其妄語不誠實故何故妄語為人所誑以其妄

語欺誑人故當知妄語四大苦也
又緣其妄語便致兩舌今身言無慈
愛讒謗毀辱惡口雜亂死即當墮拔
舌烊銅犁耕地獄於遐劫中受諸苦
惱受苦既畢墮畜生中噉食糞穢如
鵜鶘鳥無有舌根在此之中無量生
死以本因緣若遇微善劣復人身舌
根不具口氣臭惡瘖瘂謇澀齒不齊
白齷歷跛少脫有善言人不信用當
知讒亂皆緣兩舌故地持論云兩舌
之罪亦令衆生墮三惡道若生人中
得二種果報一者得弊惡眷屬二者
得不和眷屬何故兩舌墮於地獄緣
其兩舌離人親愛愛離苦故受地獄
苦何故兩舌出爲畜生緣其兩舌鬭
亂事同野干受畜生身何故兩舌復
爲餓鬼以其兩舌亦緣慳嫉慳嫉罪故
復爲餓鬼何故兩舌爲人得弊惡眷
屬緣以兩舌使人乖儔皆生惡故何
故兩舌得不和眷屬緣以兩舌離人
親好使不和合故當知兩舌五大苦
也
又緣其兩舌言輒麁惡今身緣以惡

口故鬭亂殘害更相侵伐殺諸衆生
死即當墮刀兵地獄於遐劫中受諸
苦惱受苦既畢墮畜生中拔脚賣膀
輸髀喪胛於遐劫中受諸苦惱受苦
既畢在此之中無量生死以本因緣
若遇微善劣復人身四支不具闇刖
剠劓形骸殘毀鬼神不衞人所輕棄
當知殘害衆生皆緣惡口
故地持論云惡口之罪亦令衆生墮
三惡道若生人中得二種果報一者
常聞惡音二者所可言說常有諍訟
何故惡口墮於地獄以其惡口皆欲害
人人聞爲苦所以命終受地獄苦何
故惡口出爲畜生以其惡口罵人以
爲畜生所以出獄即爲畜生何故惡
口復爲餓鬼緣其慳悋手觸則罵所
以畜生苦畢復爲餓鬼何故惡口爲
人常聞惡音以其發言麁鄙所聞常
惡何故惡口所可言說常有諍訟以
其惡口違逆衆德有所說言常致諍
訟當知惡口六大苦也
又緣其惡口言輒浮綺都無義益無
義益故今身則生憍慢死即當墮東

縛地獄於遐劫中受諸苦惱受苦既
畢墮畜生中唯念水草不識父母恩
養在此之中無量生死以本因緣若
遇微善劣復人身生在邊地不知忠
孝仁義不見三寶若在中國矬陋短
矮人所凌篾當知憍慢皆緣無義調
戲不節
故地持論云無義語罪亦令衆生墮
三惡道若生人中得二種果報一者
所有言語人不信受二者有所言說
不能明了何故無義語墮於地獄語
既非義事成損彼所以命終受地獄
苦何故無義語出爲畜生緣語無義
人倫理乖所以出地獄受畜生身何
故無義語復爲餓鬼語無義故慳惑
所障因慳惑故復爲餓鬼何故無義
語罪出生爲人有所言語人不信受
緣語無義非可承受何故無義語有
所言說不能明了語既無義皆緣暗
昧暗昧報故不能明了當知無義語
七大苦也
又緣無義語故不能廉讓使貪欲無
猒今身慳貪不布施死即當墮沸屎

地獄於遐劫中受諸苦惱受苦既畢
墮畜生餓鬼中無有衣食資仰於人
所噉糞穢不與不得在此之中無量
生死以本因緣若遇微善劣復人身
飢寒裸露困乏常無人既不與求亦
不得縱有纖毫輒遇剥奪苦無方
亾身喪命當知此不布施皆緣貪欲
故地持論云貪欲之罪亦令衆生墮
三惡道若生人中得二種果報一者
多欲二者無有猒足何故貪欲墮於
地獄緣其貪欲作動身口而苦於物
所以身死受地獄苦何故貪欲出為
畜生緣此貪欲動乖人倫是故出獄即
為畜生何故貪欲復為餓鬼緣此貪欲
得必貪惜貪惜罪故復為餓鬼何故
貪欲而復多欲緣此貪欲所欲彌多
何故貪欲無有猒足緣此貪欲貪求
無猒當知貪欲八大苦也
又緣貪欲不適意故則有憤怒而起
瞋恚今身若多瞋恚者死即當墮泥
犂地獄於歷劫中具受衆苦受苦既
畢墮畜生中作毒虵蚖蝮虎豹犲狼
在此之中無量生死以本因緣若遇

微善劣復人身復多瞋恚面貌醜惡
人所憎惡非唯不與親友實亦眼不
喜見當知忿恚皆緣瞋惱
故地持論云瞋恚之罪亦令衆生墮
三惡道若生人中得二種果報一者
常為一切求其長短二者常為衆人
之所惱害何故瞋惱墮於地獄緣此
瞋惱恚害苦物受地獄苦何故瞋惱
出為畜生緣此瞋惱不能仁恕所以
出獄受畜生身何故瞋惱復為餓鬼緣
此瞋惱從慳心起慳心罪故復為餓
鬼何故瞋惱常為一切求其長短緣
此瞋惱不能含容故為一切求其長
短何故瞋惱常為衆人之所惱害
緣此瞋惱惱害於人人亦惱害當知
瞋惱九大苦也
又緣其瞋惱而懷邪僻不信正道今
身邪見遮人聽法誦經自不飡采
死則當墮聾瘂地獄於遐劫中受諸苦
惱受苦既畢墮畜生中聞三寶四諦
之聲不知是善殺害鞭打之聲不知
是惡在此之中無量生死以本因緣
若遇微善劣復人身生在人中聾瘖

不聞石壁不異美言善響絕不覺知
當知阻礙聽法皆緣邪見
故地持論云邪見之罪亦令衆生墮
三惡道若生人中得二種果報一者
生邪見家二者其心諂曲何故邪見
墮於地獄緣以邪見唯向邪道及以
神俗謗佛法僧不崇三寶既不崇信
斷人正路致令遭苦所以命終入阿
鼻獄何故邪見復為畜生緣以邪見
不識正理所以出獄受畜生報何故
邪見復為餓鬼緣此邪見慳心堅著
乖僻不捨不捨慳著復為餓鬼何故
邪見生邪見家緣此邪見僻習纏心
所以為人生邪見家何故邪見其心
諂曲緣此邪見不中正故所以為人
心常諂曲當知邪見十大苦也如是
二微細衆惡罪業無量無邊皆入
地獄備受諸苦非可筭數而知且略
言耳若能返惡為善即是我師
又八師經云佛為梵志說八師之法
佛言一謂匈暴殘害物命或為怨家
所見刑戮或為王法所見誅治滅及
門族死入地獄燒煮拷掠万毒改更

求死不得罪竟乃出或爲餓鬼當爲
畜生屠割剝裂死輒更刃冤神展轉
更相殘害吾見殺者其罪如此不敢
復殺是吾一師佛於是說偈言
匈者心不仁　強弱相傷殘　殺生當過生
結積累劫怨　受罪短命死　驚恐遭暴患
吾用畏是故　慈心伏魔衆
二謂盜竊強劫人財或爲財主刃杖
加刑應時瓦解或爲王法收繫著獄
栲掠搒笞五毒皆至戮之都市門族
灰滅死入地獄以手捧火烊銅灌口
求死不得罪竟乃出當爲餓鬼意欲
飲水水化爲膿所飲食物物化爲炭
身常負重衆惱自隨或爲畜生死
輒更刃以宍供人償其宿債吾見盜
者其罪如此不敢復盜是吾二師佛
於是說偈言
盜者不與取　劫竊人財寶　亡者無多少
忿恚愁毒惱　死受六畜形　償其宿債負
吾用畏死故　棄國施財寶
三謂邪婬犯人婦女或爲夫主邊人
所知臨時得殃刃杖加刑首足分離
禍及門族或爲王法收捕著獄酷毒

掠治身自當辜死入地獄臥之鐵牀
或抱銅柱獄鬼然火以燒其身地獄
罪畢當受畜生若後爲人閨門婬亂
遠佛違法不親賢衆常懷恐怖多危
少安吾見是故不敢復婬是吾三師
佛於是說偈言
婬爲不淨行　迷惑失正道　形消魂魄驚
傷命而早夭　受罪猶癡荒　死復墮惡道
故吾妻子施　建志樂山藪
四謂兩舌惡口妄言綺語譖入無罪
謗毀三尊招致捶杖亦致滅門死入
地獄獄中鬼神拔出其舌以牛犂之
烊銅灌口求死不得罪畢乃出當爲
畜生常食草棘若後爲人言不見
信口中常臭多被誹謗罵詈之聲
臥輒惡夢有口不得食佛經之至味
吾見是故不敢惡口是吾四師佛於
是說偈言
欺者有四過　讒佞傷賢良　妄身癡聾瘖
蹇吃口臭腥　顛狂不能信　死墮拔舌耕
吾修四淨口　自致八音聲
五謂嗜酒酒爲毒氣主成諸惡王
道毀仁澤滅目慢上忠敬朽父禮亡

母失慈子匈虐孝道敗夫失信婦奢
婬九族諍財產耗亡國危身無不由
之酒之亂道三十有六吾見是故絕酒不
飲是吾五師佛於是說偈言
醉者爲不孝　怨禍從內生　迷惑清高士
亂德敗淑貞　故吾不飲酒　慈心濟群生
淨慧度八難　自致覺道成
六謂年老夫老之爲苦頭白齒落目
視旨冥耳聽不聰盛去衰至皮緩面
皺百節痠疼行步苦極坐起呻吟憂
悲心惱識神轉滅便旋即忘命日促
盡言之流淚吾見無常災變如此故
行求道不欲更之是吾六師佛於是
說偈言
吾念世無常　人生要當老　盛去日衰羸
形枯而白首　憂勞百病生　坐起苦痛惱
吾用畏是故　棄國行求道
七謂病瘦宍盡骨立百節皆痛猶被
杖楚四大進退手足不任氣力虛竭
坐起須人口燥脣焦筋斷鼻坼目不
見色耳不聞音不淨流出身臥其上
心懷苦惱言輒悲哀今覩世人年盛
力壯華色煒曄福盡罪至無常百

憂吾覩此患故行求道不欲更之是吾七師佛於是說偈言

念人兼老時　百病同時嬰　水消而火起
刀風解其形　骨體筋脉離　大命要當傾
吾用畏是故　求道願不生

八謂人死四百四病同時俱作四大欲散魂神不安風去息絕火滅身冷風先火次魂靈去矣身體挺直無所復知旬日之間肉壞血流膖脹爛臭無一可取身中有蟲還食其肉筋脈爛盡骨節解散髑髏髀脛各自異處飛鳥走獸競來食之天龍鬼神帝王人民貧富貴賤無免此患吾見斯憂故行求道不欲更之是吾八師佛於是說偈言

惟念老病死　三界之大患　福盡而命終
棄之於黃泉　身爛還歸土　魂魄隨因緣
吾用畏是故　學道求泥洹

梵志於是心即開解遂得道跡長跪受戒為清信士不殺不盜不婬不欺奉孝不醉歡喜為佛作禮而去故書云五色令人目盲五音令人耳聾五味令人口爽大怒傷陰大喜敗陽麗色伐性之斧美味腐身之毒能寤此旨斯為大師

住處部第十二　別有四部

七識住處　九眾生居住處
二十五有住處
四十二居止住處

七識住處第一

如毗曇說云於欲界之中唯取人天善趣為一及取上之二界各前三地則為七也論言何故四種惡趣及第四禪并及非想不立識住法者此還如論中釋云若識於彼樂住者則立識住樂住非分者是則不立謂彼四惡趣中苦逼迫故識不樂住第四禪中有淨居天樂入涅槃故識不樂住無想眾生以無心故不可說為識住自餘第四禪其亦不定或求無色或求淨居或求無想故識亦不樂住也第一有中以其闇昧不捷疾故識不樂住以如斯義是故不立又說若彼有壞識法者是則不立識住謂彼四惡趣中為彼苦受惱壞識故所以不立第四禪中以有無想正受及無想天斷壞識故一亦不立非想地中有彼滅盡三昧害識心故是以此三處悉皆不立識住七識住略分別如是

九眾生居住處第二

問曰九眾生居云何差別荅曰如毗曇中說謂於前七識住上加無想天及與非想即是九眾生居若言惡趣及餘第四禪何故不立眾生居者此如論中前釋若彼眾生愛樂住者立眾生居樂住非分者是則不立謂彼四惡趣中多苦惱故眾生不樂住於彼第四禪中五淨居天疾樂涅槃故亦不樂住自餘第四禪如前所說是故不立眾生居矣

二十五有住處第三

問曰二十五有云何分別荅曰如舍利弗阿毗曇論說欲界之中具十四有色界有七無色有四三界合論故有二十五欲界十四者謂四惡趣即以為四又取四天下人復以為四帖前為八又取六欲諸天以六帖前便為十四有也

色界七者所謂四禪即以為四又於

初禪之中取大梵天第四禪中取五淨居并無想天即爲其七將七帖前十四即爲二十一有也無色界中四者謂四無色定以四帖前即爲二十五有是故彼論偈云

四洲四惡趣　梵王六欲天　無想五淨居

四空及四禪

問曰未知以何義故於初禪中別取梵王於第四禪中別取無想天并五淨居立爲三有別於初四禪者有何義耶答曰有以謂彼初禪大梵天者外道人等常計以爲能生萬物之本違之則受生死順之則得解脫又彼梵王亦復自計已身能爲造化之主是一是常是眞解脫如來爲欲破彼情見是故別標説爲有也第二無想天者謂彼天中悉得定壽五百大劫無心之報外道人等於此不達而復計爲眞實涅槃是故樂修無想之定求生彼處如來爲欲破彼情見是故別標説爲有也第三五淨居者於中有彼摩醯首羅天王處外道人等亦復計彼天王能爲造化之本歸之則

得解脫爲破此見是故如來別標説有別説之意義顯斯也

問曰未知於彼六趣之中四種惡趣各立一有人中立四天中乃立十七有者何義然耶答曰有以所謂於彼四惡趣中苦惱多故衆生不著樂住情微是故就趣各立一有人趣次勝衆生樂住心已殷著是故隨方説之爲四天趣最勝樂住之情最爲無上是故隨處説爲十七二十五有略辯如是

四十二居止住處第四

問曰未知四十二居止云何分別答曰如樓炭經説謂於欲界之中有二十居止色界中有十八無色界中有四三界合論有四十二居止處其欲界二十者謂彼八大地獄及畜生餓鬼即爲十也又取四天下人及六欲天復爲十也揔爲二十居止處色界中十八者謂彼四禪之中有十八天即爲十八居止無色界中四空定處合爲四十二居止也

問曰何故於六趣之中地獄人天三

趣之中各各立多居止處鬼畜二趣各唯立一脩羅一趣全不立者何耶答曰居止名爲安止住處有定處者隨處則立無定處者是則不立謂彼地獄定有八處人有四處天定有其二十八處是故於此三趣各各立多居止鬼畜二趣無有定別多居止處是故就趣各立其一脩羅通攝入餘道是故不論

問曰若依毗曇説彼四空偏在欲色二界之中亦無定別又彼無形則無栖託何故得説居止處耶答曰依如小乘實當如是若依大乘説彼亦有微細色形各有宮殿別有四處於三界中別守一界不雜餘二是故説爲四居止也

問曰依如毗曇説彼梵王與彼梵輔天同無別住處第四禪中無想天者與彼廣果同階亦無別處若如是者何故得説以爲二居止耶答曰有以謂彼梵王於初禪中雖無別天而於第二梵輔天中別有層臺高廣嚴博大梵天王於上而住不與梵輔天同

以其君勝上臣下別故無想天者雖
與廣果天同其住處各有殊別其猶
此閒州縣相似以如斯別是故說之
為二居止焉

頌曰

色心相染　業障交纏　七識起發
八識受牽　三界受報　六道苦縈
自非斷妄　何得牢堅

感應緣　略引二十二驗

漢元始年有女生兒兩頭兩頸
漢光和年有女生兒兩頭肩有
四臂
漢建興年有女產二女相向
腹心合胸
周烈王之年有女產二龍漢時
有女生蛇
周哀公之年有女生四十子又
有生三十子
漢文帝時有馬生角
秦文王五年有獻五足牛
漢綏和二年有牝馬生駒三足
漢景帝六年有獻牛足出背上
晉大興元年有牛生子兩頭

八足兩尾
魏黃初中有鷹生鷰口爪俱赤
漢時有呂竇嬰灌夫田蚡因
恨謀死現報
晉大將軍王敦枉害刀玄亮
現報
晉有御史石密枉奏殺典客
現報
晉大司馬桓溫枉害著作郎
殷涓現報
秦姚萇以枉害苻永固萇受
現報
秦李雄從叔壽枉害李期現報
宋有翟銅烏枉害同縣人張
超現報
宋有張稗為隣人燒死隣人
受現報
宋有呂慶祖為奴教子枉害奴
受現報
唐貞觀年中有社通達枉害
眾僧受現報
唐貞觀年內有邢文宗枉害
眾僧受現報

漢元始元年六月有長安女子生兒
兩頭異頸面得相向四臂共胸俱前
向尻上有目長二寸故京房易傳曰
睽孤見豕負塗厥妖人生兩頭兩頸
不一也足多所任邪也足少不勝任
下體生於上不敬也上體生於下泄
瀆也生非其類婬亂也生而大速成
也生而能言好虛也
漢光和二年雒陽上西門外女子生
兒兩頭異肩四臂共胸面俱相向自
是之後朝廷霿亂政在私門二頭之
像也後董卓殺太后被以不孝之名
廢天子又周之漢元以來禍莫大焉
漢建興四年西都傾覆元皇帝始為
晉王四海宅心其年十月二十二日新
蔡縣吏任僑妻胡氏年二十五產二
女相向腹心合自胸以上臍以下分此
蓋天下未壹之妖也時內史呂會上
言案瑞應圖云異根同體謂之連理
異畝同穗謂之嘉禾草木之屬猶以
為瑞今二人同心天垂靈象故易云
二人同心其利斷金休顯見生於陳
東之國斯蓋四海同心之瑞不勝喜

法苑珠林第七十　第三張　珍

躍謹盡圖上時有識者哂之君子曰
智之難也以臧文仲之才猶祀爰居
爲布在方冊千載不忘故士不可以
不學古人有言木無枝謂之瘣人不
學謂之瞽當其所蔽蓋闕如也可
不勉乎
周烈王之六年林碧陽君之御人産
二龍漢定襄太守竇奉妻生子武并
生一蛇奉送蛇之于林及武長大有海
内俊名母死將葬未窆賓客聚集有
大蛇從林草中出徑來棺下委地俯
仰以頭擊棺血涕並流若哀慟者
周哀公之八年鄭有人一生四十子其
二十人爲人二十人死其九年晉有
豕生人能言吳赤烏七年有婦人一
生三十子秦孝公二十一年有馬生
人昭王二十年牝馬生子而死劉向
以爲馬禍也故京房易傳曰方伯分
威厥妖牝馬生子上無天子諸侯相
伐厥妖馬生人也
漢文帝十二年吳地有馬生角在耳
上上向右角長三寸左角長二寸皆大
二寸後五年六月齊雍城門外有狗

法苑珠林卷第七十　第二十六張　珍

生角劉向以爲馬不當生角猶下不
當舉兵向上也吳將反之變云京房
易傳曰臣易上政不順厥妖馬生角
茲謂賢士不足
漢綏和二年定襄有牝馬生駒三足
隨群飲食五行志曰以爲馬國之武
用象也
秦文王五年游于朐衍有獻五足牛
者時秦世喪用民力京房易傳曰興
傜役奪民時厥妖牛生五足
漢景帝中六年梁孝王畋北山有獻
牛足出背上者劉向以爲牛禍思心
霿亂之咎也至漢靈帝延熹五年臨
沅縣有牛生雞兩頭四足
晉大興元年三月武昌太守王諒有
牛生子兩頭八足兩尾共一腹不能
自生十餘人以繩引之子死母活其
三年後苑中有牛生一足三尾生而
死也
漢綏和二年三月天水平襄有鷰生
雀哺食長大俱飛去京房易傳曰
賊臣在國厥咎鷰生雀又曰生非
其類子不嗣也

法苑珠林第七十　第二十七張　珍

魏黃初中有鷹生鷰巢中口爪俱赤
至青龍中明帝爲陵霄闕始構有鵲
巢其上帝以問高堂隆對曰詩云惟
鵲有巢惟鳩居之此宮室未成身不
得居之象也　右十二驗出搜神異記
漢竇嬰字王孫漢孝文帝竇皇后從
兄子也封魏其侯爲丞相後乃免相
及竇太后崩嬰益疏薄無勢默不
得志與太僕灌夫相引薦交結甚歡
恨相知之晚乎孝景帝王皇后異父
同母弟田蚡爲丞相親幸從衛使人
就嬰求城南田數頃嬰不與曰老僕
雖棄丞相雖貴寧可以勢相奪乎灌
夫亦助怒之蚡皆恨之及蚡娶妻王
太后詔列侯宗室皆往賀蚡灌夫爲
人狂酒先嘗以醉忤蚡不肯賀之竇
嬰强衆與俱去酒酣灌夫行酒至蚡
蚡曰不能滿觴夫因言辭不遜蚡遂
怒曰此吾驕灌夫之罪也乃縛夫謂
長史曰有詔召宗室而灌夫罵坐不
敬并奏其在鄉里豪橫虐夫棄市竇
嬰還謂其妻曰終不令灌夫獨死而
嬰獨生乃上事具陳灌夫醉飽事不

足誅帝㠯見之嬰與蚡互相言短長帝問朝臣兩人誰是朝臣多言嬰是王太后聞怒而不食曰我在人皆凌籍吾弟我百歲後當魚宍之中及出蚡復爲嬰造作惡語用以聞上天子亦以蚡爲不直特爲太后故論嬰及市嬰臨死罵曰若死無知則已有知要不獨死後月餘蚡病一身盡痛似有打擊之者但號呼叩頭謝罪天子使呪鬼者瞻之見竇嬰灌夫共守笞蚡蚡遂死天子亦夢見嬰而謝之

晉大將軍王敦枉害刁玄亮及敦入石頭夢白犬自下天而噬之既還姑熟遇病白日見刁乘軺車導從吏卒來仰頭瞋目及入攝録敦敦大怖遂不得脫死

河間國兵張虎經曠二人相與皆善晉太元十四年五月五日共外鍾嶺坐于山椒虎醞酒失色拔刀斬曠曠母夕夢曠自說爲虎所殺投屍澗中脫褌覆腹尋覓之時必難可得當令褌飛起以示處也明晨追捕一如所言虎知事露欲規叛逸出門輒見曠手執雙刀來擬其面遂不得去毋具告官虎以伏辜

晉山陰縣令石密先經爲御史枉奏殺典客令萬黙密白日見黙來殺密密遂死

晉大司馬桓溫功業殊盛負其才力久懷簒逆廢晉帝爲海西公而立會稽王是爲簡文帝太宰武陵王晞性尚武事好犬馬游獵溫常忌之故加罪狀奏免晞及子綜官又逼新蔡王晃使列晞綜及前著作郎殷涓太宰長史庾清等謀反頻請殺之詔特赦晞父子乃徙新安殷涓父浩先爲溫所廢涓頗有氣尚遂不詣溫而與晞游溫乃疑之庾乃請坐有才望且宗族甚强所以並致極法簡文尋崩而皇太子立遺詔委政於溫依諸葛亮王導舊事溫大怨望以爲失權僭逼愈甚後謁簡文高平陵方欲伏見帝在壇前舉體莫衣語溫云家國不造委任失所溫荅臣不敢臣不敢既登車爲左右說之又問殷涓形狀荅以肥短溫云向亦見在帝側十餘日便病因此憂懣而死

秦姚萇字景茂赤亭羌也父弋仲事石勒石氏既滅萇隨其兄襄與苻永固戰於三原軍敗襄死萇乃降永固即受禄位累加爵邑及轉龍驤將軍督梁益州諸軍事永固謂之曰朕昔以龍驤建業此號未曾假人今持山南委卿故特以相授其蒙寵任優隆如此後隨永固子叡討慕容泓爲泓所敗叡獨死之萇遣長史詣永固謝罪永固怒既甚即戮其使益萇恐懼遂奔西州邀聚士卒而自樹置永固頻爲慕容沖所敗沖轉侵逼永固又見妖怪屢起遂走五將山萇即遣驍騎將軍吴中圍永固中執永固以送萇即日囚之以求傳國璽及令禪讓永固不從數以叛逆之罪萇遂殺之遂稱帝後又掘永固屍鞭撻無數倮剥衣裳薦之以棘掘坎埋之及萇遇疾即夢永固將天官使者及鬼兵數百突入營中萇甚怖懼走入後帳宫人迎來刺鬼誤中萇陰鬼即相謂曰正著死所拔去矛刃出血石餘忽然驚寤即患陰腫令醫刺之流血如夢又

法苑珠林第七十　第三十張　跋

狂言曰殺陛下者臣兄襄耳非臣萇
罪願不賜枉後三日萇死
秦李雄既王於蜀其第四子期從叔
壽襲期而廢爲卭都公壽復殺之而
壽自立壽性素匈很猜忌僕射蔡射
等以正直忤旨遂誅之無幾壽病常
見李期蔡射而爲祟歐血而死
宋高平金鄉張超與同縣翟願不和
願以宋元嘉中爲方與令忽爲人所
殺咸疑是超超金鄉後除縣職解官
還家入山桄林翟兒子銅烏執弓持
矢并賫酒醴就山貺之斟酌已畢銅
烏曰明府昔害民叔無緣同戴天曰
引弓射之即死銅烏其夜見超云我
不殺汝叔枉見殘害今已上訴故來
相報引刀刺之吐血而死
宋下邳張禪者家世冠族末葉衰微
有孫女姝好美色隣人求娉爲妾禪
以舊門之後恥而不許隣人忿之乃
焚其屋禪遂燒死其息邦先行不在
後還亦知情狀而畏隣人之勢又貪其
財而不言嫁女與之後經一年邦夢
見禪曰汝爲兒子逆天不孝棄親就

法苑珠林卷第七十　第三十一張　跋

疏僣同逆黨便捉邦頭以手中桃杖
刺之邦因病兩宿歐血而死邦死之日
隣人又見禪排門直入張目攘袂曰
君恃貴縱惡酷暴之甚枉見殺害我
已上訴事獲申雪却後數日令君知
之隣人得病尋亦殞殁
宋世永康人呂慶祖家甚溫富當使
一奴名教子守視墅舍以元嘉中便
往案行忽爲人所殺族弟無期先大
舉慶祖錢咸謂爲害無期賫羊酒
脯至柩所而祝曰君荼酷如此乃云是
我寃而有靈使知其主既還至三更
見慶祖來云近履行見教子畦疇不
理訐當痛治奴奴遂以斧斫我背將帽
塞口因得齧奴三指悉皆破碎便取
刀刺我頭曳著後門初見殺時諸從
行人亦在其中奴今欲叛我已釘其
頭著壁言畢而滅無期早旦以告其
父母潛視奴所住壁果有一把髮以竹
釘之又看其指並見破傷錄奴詰驗
臣伏又問汝既反逆何以不叛奴云頭
如被繫欲逃不得諸同見者事事相
符即焚教子并其二息　右九驗出冤魂志

法苑珠林卷第七十　第三十二張　跋

唐齊州高苑縣人杜通達貞觀年中
縣丞命令送一僧向北通達見僧經
箱謂言其中總是絲絹乃與妻共計
擊僧殺之僧未死間誦呪三兩句遂
有一蠅飛入其鼻久悶不出通達眼
鼻遽喎眉鬚即落迷惑失道精神沮
喪未幾之間便遇惡疾不經一年而
死臨終之際蠅遂飛出還入妻鼻其
妻得病歲餘復卒
唐河間邢文宗家接幽燕稟性麁險
貞觀年中忽遭惡風疾旬日之間眉
鬚落盡於後就寺歸懺自云近者使
向幽州路逢一客將絹十餘匹迥澤無
人因即却殺此人云將向城內欲買
經紙終不得免少間屬一老僧復欲
南出遇文宗懼事發覺揮刀擬僧
僧叩頭曰乞存性命誓願終身不言
文宗殺之棄之草間經二十餘日行
還過僧死處時當暑月疑皆爛壞
試往視之儼如生日宗因下馬以策
築僧之口口出一蠅飛鳴清徹直入
宗鼻久悶不出因得大患歲餘而死
右二驗出冥報拾遺

法苑珠林卷第七十

甲辰歲高麗國分司大藏都監奉勑彫造

法苑珠林卷第七十

校勘記

一　底本，麗藏本。

一　三〇〇頁上一行經名，磧、南、清作「法苑珠林卷第七十　受報之二」；徑作「法苑珠林卷第八十七」。

一　三〇〇頁上二行撰者，磧作「大唐上都西明寺沙門釋道世撰」；南作「唐上都西明寺沙門釋道世撰」；徑作「唐上都西明寺沙門釋道世玄惲撰」；清作「唐西明寺沙門釋道世撰」。

一　三〇〇頁上三行「受報篇第七十九」，磧、南、清無；徑作「受報篇第七十九之三」。

一　三〇〇頁上四行「第十一」，徑無。

一　三〇〇頁上七行「眣然」，磧、南、徑、清作「然矣」。又「來誚」，磧、南、徑、清作「來肖」。

一　三〇〇頁上一四行「驢駝」，磧、南、徑、清作「駱駝」。又「幬帽」，磧、南、徑、清作「車鞶」。

一　三〇〇頁上一九行第一一字「矜」，磧、南、徑、清作「矜」。

一　三〇〇頁上二一行「地持論」，磧、南、徑、清作「地持經」。本頁下二〇行同。

一　三〇〇頁中一二行「是大苦也」，磧、南、徑、清作「如是苦也」。

一　三〇〇頁中一五行第一三字「常」，磧、南、徑、清作「恒」。二一行第九字同。

一　三〇〇頁下八行「常爲僕隸」，磧、南作「恒爲僕隸」；徑、清作「恒爲僕隸」。

一　三〇一頁上一〇行第三字「寶」，磧、南、徑、清無。

一　三〇一頁上一四行第三、四字「飲食」，磧、南、徑、清作「飲酒」。

一　三〇一頁上二一行「苦報」，磧、南、徑、清作「苦果」。本頁下六行同。

一　三〇一頁中一六行第四字「地」，磧、南、徑、清無。

一三〇一頁中二〇行末字「愛」，磧、南、徑、清作「所」。
一三〇一頁下二一行「皆因」，磧、南、徑、清作「皆自」。
一三〇一頁下二二行第四字「爲」，磧、南、徑、清無。
一三〇二頁上三行「雜亂」，磧、南、徑、清作「離亂」。
一三〇二頁上九行第二字「髭」，磧、南、徑、清作「滋」。
一三〇二頁上一七行第一二、一三字「慳嫉」，磧、南、徑、清無。
一三〇二頁上一九行「良倚」，磧、南、徑、清作「朋倚」。
一三〇二頁中四行第四字「胛」，磧、南、徑、清作「脾」。
一三〇二頁中一一行第一一字「常」，磧、南、徑、清作「恒」。一九行第一〇字同。
一三〇二頁下三行第一一字「本」，南、徑、清作「其」。
一三〇二頁下六行「矮人」，磧、南作「踒人」。
一三〇三頁上七行第八字「不」，磧無。
一三〇三頁中七行首字「之」，南作「被」。
一三〇三頁下二一行第五字「匈」，磧、南、徑、清作「凶」。下同。
一三〇三頁下末行第一三字「改」，磧、南、徑、清作「皆」。
一三〇四頁上五行「短弱」，磧、南、徑、清作「強弱」。
一三〇四頁上六行「驚恐」，磧、南、徑、清作「驚怛」。
一三〇四頁上七行「庶衆」，磧、南、徑、清作「魔宮」。
一三〇四頁上二〇行第四字「死」，磧、南、徑、清作「是」。
一三〇四頁中一行「當辠」，磧、南、徑、清作「當辜」。
一三〇四頁中九行「故吾妻子施」，磧、南、徑、清作「吾用畏是故」。又「肆志」，磧、南、徑、清作「棄家」。
一三〇四頁中一〇行第一二字「入」，徑、清作「人」。
一三〇四頁中一一行「招致」，磧作「舌致」。
一三〇四頁中一五行第四字「常」，磧、南、徑、清作「恒」。
一三〇四頁中一九行末字「聾」，磧、南、徑、清作「盲」。
一三〇四頁中二〇行第一〇字「信」，磧、南、徑、清作「言」。又末字「耕」，磧、南、徑、清作「圃」。
一三〇四頁中末行「忠敬朽」，磧、南、徑、清作「不忠敬於」。
一三〇四頁下一行「匈虐」，磧、南作「凶虐」；徑、清作「凶悖」。
一三〇四頁下七行末字「成」，磧、南、徑、清作「圓」。
一三〇四頁下九行「旨冥」，磧、南、徑、清作「冥冥」。
一三〇四頁下一〇行「疲疼」，磧、南、徑、清作「痛疼」。
一三〇四頁下一六行「憂勞」，徑作

「憂老」。又「苦痛」，磧、南、徑、清作「愁痛」。

一　三〇五頁上三行第一〇字「嬰」，磧、南、徑、清作「生」。

一　三〇五頁上八行「去失」，磧、南、徑、清作「去矣」。

一　三〇五頁上一二行末字「王」，南、徑、清作「主」。

一　三〇五頁中三行「第十二」，徑無。又「別有四部」，徑無；清作「別有四住處」。

一　三〇五頁中四行至六行「七識住處……四十二居止住處」，徑無。

一　三〇五頁中四行「衆生」，磧、南無。

一　三〇五頁中八行首字「如」，南作「此」。

一　三〇五頁中九行第一一字「各」，清作「合」。

一　三〇五頁下七行「若言」，磧、南、徑、清作「荅言」。

一　三〇五頁下八行末字「此」，磧、南、徑、清作「此是」。

一　三〇五頁下一一行第八字「故」，磧、南、徑、清無。

一　三〇五頁下二〇行第一三字「帖」，磧、南、徑、清作「怗」。下同。

一　三〇六頁上六行「四洲」，磧作「四有」。

一　三〇六頁上一二行第五字「常」，磧、南、徑、清作「恒」。

一　三〇六頁中六行「不著」，磧、南、徑、清作「不欲」。

一　三〇六頁中九行「無上」，磧、南、徑、清作「殷上」。

一　三〇六頁中一〇行「隨處」，磧、南、徑、清作「隨處說處」。

一　三〇六頁下七行「止處」，磧、南、徑、清作「正處」。

一　三〇七頁上七行末字「緜」，磧、南作「因」；徑、清作「困」。

一　三〇七頁上九行「二十二」，徑、清作「二十六」。

一　三〇七頁上一〇行「漢元始年」，徑、清作「漢時」。

一　三〇七頁上一一行「漢光和年」，磧、南作「漢元和年」；徑作「漢洛陽」；清作「洛陽」。又末字「有」，磧、南、徑、清無。

一　三〇七頁上一三行「漢建興年有女」，徑作「漢新蔡縣胡氏」；清作「新蔡縣胡氏」。又末字「向」，磧作「內」。

一　三〇七頁上一四行第四字「胷」，徑、清無。

一　三〇七頁上一五行「之年」，徑、清作「時」。一七行同。

一　三〇七頁上一八行「生三十子」，南作「生二十子」；徑、清作「豕生人」。

一　三〇七頁上一八行與一九行之間，徑、清有「秦孝公時有馬生人」一行。

一　三〇七頁上一九行「有馬生角」，徑、清作「有馬與狗皆生角」。

一　三〇七頁上二〇行「秦文王五年有獻五足牛」，徑、清作「漢（清無）

定襄有牝馬生駒三足」。

一三〇七頁上二一行「漢綏和二年，有牝馬生駒三足」，經、清作「秦文王時有獻五足牛」。

一三〇七頁上二二行「漢景帝六年」，經、清作「漢景帝時」。

一三〇七頁上末行「大興元年」，經、清作「武昌」。

一三〇七頁中一行與二行之間，經、清有「漢天水平襄有鷇生雀」一行。

一三〇七頁中三行「時有臣」，經、清無。

一三〇七頁中五行「大將軍」，經、清無。又「刀玄亮」，磧、南、經、清作「刁玄亮」。

一三〇七頁中六行與七行之間，經有「晉張鹿殺經曠現報」；清有「張鹿殺經曠現報」各一行。

一三〇七頁中七行「晉有」，經作「晉」；清無。

一三〇七頁中九行「晉大司馬」，經作「晉」；清無。又「著作郎」，經、清無。

一三〇七頁中一一行第四字「以」，經、清無。

一三〇七頁中一三行首字「秦」，清無。

一三〇七頁中一四行第二字「有」，經、清無。又「同縣人」，經、清無。

一三〇七頁中一六行「宋有」，經作「宋」；清無。

一三〇七頁中一八行「宋有」，經作「宋」；清無。又「教子」，經、清無。

一三〇七頁中二〇行「貞觀年中有」，經、清無。

一三〇七頁中二二行首字「唐」，清無。

一三〇七頁下二行「異頸」，磧、南、經、清作「雨勁」。

一三〇七頁下四行第二字「狐」，磧、南、經、清作「孤」。

一三〇七頁下一六行第八字「氏」，磧、南無。

一三〇七頁下一八行「呂會」，磧、南作「口奏」。

一三〇七頁下二〇行「同穗」，磧、南、經、清作「同類」。

一三〇八頁上一六行「三十子」，磧、南、經、清作「三子」。

一三〇八頁上一九行首字「威」，磧、南、經、清作「滅」。

一三〇八頁上二二行第二字「上」，磧、南、經、清無。

一三〇八頁中八行「駒衍」，磧、南、經、清作「胸衍」。

一三〇八頁中一三行「延嘉」，磧、南作「延喜」；經、清作「延熹」。

一三〇八頁中一七行第七字「繩」，磧作「繕」。

一三〇八頁中二一行「長大」，磧、南、經、清作「至大」。

一三〇八頁下七行「承相」，磧、南、經、清作「丞相」。下同。

一三〇八頁下九行末字「歎」，磧、南、經、清作「歡」。

一三〇八頁下一六行第五字「嘗」，磧、

磧、南、徑、清作「當」。

一　三〇八頁下一七行第三字「衆」，磧、南、徑、清無。

一　三〇八頁下一八行「滿郁」，磧、南、徑、清作「滿觴」。又第七字「夫」，徑、清作「灌夫」，一九行一三字同。

一　三〇九頁上九行首字「似」，磧、南、徑、清作「若」。

一　三〇九頁上一三行「下天」，徑、清作「天下」。

一　三〇九頁上一四行首字「熟」，磧、南、徑、清作「敦」。

一　三〇九頁上一五行「瞑目」，徑作「瞋目」。又「及入」，磧、徑作「乃入」。

一　三〇九頁上一六行第一〇字「鹿」，磧作「麁」。下至本頁中一一行第七字同。

一　三〇九頁上一七行「皆善」，磧、南、徑、清作「諧善」。

一　三〇九頁中四行首字「密」，磧、南、徑、清無。

一　三〇九頁中一二行第一〇字「般」，磧、南、徑、清作「殺」。

一　三〇九頁下一行第一二字「弋」，磧、南作「戈」。

一　三〇九頁下一〇行「益葚」，徑、清作「葚益」。

一　三〇九頁下一七行「又掘」，磧、南、徑、清作「又相」。

一　三一〇頁上六行末字「常」，磧、南、徑、清作「恒」。

一　三一〇頁上一七行第五字「裨」，磧、南、徑、清作「稗」。下同。

一　三一〇頁上二二行「不言」，磧、南、徑、清作「不言與之」。

一　三一〇頁中一行首字「疏」，磧、南、徑、清無。

一　三一〇頁中六行「殞歿」，磧、南、徑、清作「殂歿」。

一　三一〇頁中一一行首字「脯」，磧、南、徑、清作「晡」。

一　三一〇頁中一二行「其主」，磧、南、徑、清作「其至」。

一　三一〇頁中一四行「許當」，磧、南、徑、清作「許當許當」。

一　三一〇頁中二〇行「詁驗」，磧、南作「詰驗」。

一　三一〇頁下二行「送一僧」，磧作「逆一衆僧」；南、徑、清作「送一衆僧」。

一　三一〇頁下六行「眉鬚」，磧、南、徑、清作「眉鬢」。

一　三一〇頁下一一行第八字「風」，磧、南、徑、清無。

一　三一〇頁下一四行「却殺」，磧、南、徑、清作「劫殺」。又「城內」，磧、南作「房子」；徑、清作「房山」。

一　三一一頁上卷末經名，徑作「法苑珠林卷第八十七」。

法苑珠林卷第七十一　十一　會

西明寺沙門釋道世撰

罪福篇第八十

欲蓋篇第八十一

罪福篇此有四部

述意部　業行部

罪行部　福行部

述意部第一

夫善惡相翻明闇相反罪福冥對皎若目前所以惡名俯墜善謂清升福是富饒禍為摧折故知罪惡之法不可弗除福善之功無宜不造聖教明白升沈可覩也

業行部第二

述曰此行名聖說不定所謂罪行諸經或說名黑業及不善業凡夫福行諸經或說名黑白業及以善業名雖種種行體無殊行體云何如智論說殺害等是不善業布施等是善業此則是說罪福二行言殺等者等取十惡齊名罪行言施等者等取事中戒定等業同是世善俱名福行此

世善中八禪定者望欲界亂善名不動行若望出世理觀智慧此緣事住則名福行如說六度前五度中所有禪定通亦名福但諸罪福人行不同或專修福或唯造罪或復有人罪福俱行專修福者所謂淨心為益他人行施戒等唯造罪者謂無慈潤動身口意皆為損他罪福俱者謂修福時內心不淨或兼損物此則是其欲界雜業非純淨故亦名不淨若論罪行麤顯可知若論雜業與淨福行有同有異稍隱難知謂諸修福據其外相事中信樂所作皆同若據內心為自為他所求各別精麤不等以諸修福外同內異故有純雜二業不同若能調心慈悲愍物隨所施為皆成大善若不守念規相修福內麤外細唯成雜業稱彼愚情雖謂過世理實違道亦非淨福以修福時不觀生空我倒常行徧通三性所有作業與倒相應是假取性是故違道以不善心多求世報又多求名故非淨福以此純雜世俗多迷今略偏論令人識行

先論雜業後明淨福但諸雜業自有麤細麤者為惡兼損他人細者自為唯求世報先論麤雜若就施論或有非法取財施者如盜他物以用布施此感來報還常衰耗施已生悔得果亦然故優婆塞戒經云若人施已生於悔心若劫他財持以布施是人未來雖得財物常耗不集或有為施兼損他者謂若施時不正念善或生瞋恚或起高慢當墮惡道雖得福報畜中別受不感人天故分別業報經偈云

修行大布施　急性多瞋怒　不依正憶念

後作大龍身　能修大布施　高心凌蔑人

由斯業行生　大力金翅鳥

若為修福求世報者如捨財時自求來報或恐身財無常故捨或為名聞專求自益此非慈悲為濟貧苦猶如市易非純淨業是以經中名不淨施如市易故報有二種現報者名稱敬愛等後報者後世富貴等名不淨施譬如賈客遠到他方雖持雜物多所饒益然非憐愍眾生以自求利故是業不淨

布施求報亦復如是以此證知無實
慈愍自求名稱或為來報縱雖廣施
皆非淨業業非淨故得報不精故分
別業報經云若為生天施或復求名
聞酬恩及望報恐怖故行施獲果下
清淨所受多麁澀施行既尒戒等諸
善不淨同此故百論云不淨持戒者自
求樂報若持戒求天上與天女娛樂
若人中富貴受五欲樂為婬欲故如
覆相者內欲他色外詐親善是名不
淨此外細心不淨持戒如阿難語難
陀說偈云

如羝羊相觸　將前而更却　汝為欲持戒
其事亦如是

開心專為益他得福則多又於施境
有貧有病或有知法而乏所須若施
令彼得益長善所施有宜獲福則多
故賢愚經云佛讚五施得福無量所
謂施遠來者遠去者病瘦者於飢餓
時施於飲食施知法人如是五施現
世獲福此施有宜現獲多福不同求
名施非要處雖多割捨不得淨報又
隨喜他施者若望諸極麁造不善者

是其細罪亦得名善若望離欲及專
為他此之雜業則是其罪故智度論
云麁人有麁罪細人有細罪故此雜
業罪福俱行望心非純是不淨業上
來明其罪福俱行是其欲界不淨雜
業竟若論淨業翻前可知故百論云
淨施者若人愛敬利益得福亦多故
因果經偈云

若有貧窮人　無財可布施　見他修施時
而生隨喜心　隨喜之福報　與施等無異

又丈夫論偈云

悲心施一人　功德大如地　為己施一切
得報如芥子　救一厄難人　勝餘一切施
衆星雖有光　不如一明月

若諸凡夫造其罪福不解因果善惡
無性是為迷事取性常繫三有故智
度論云譬如蠅無處不著唯不著火
焰衆生愛著亦復如是是善不善法
中皆著乃至非想亦著唯不著般若
波羅蜜性空大火以此證知無善惡
性常輪五道即當無佛性衆生也此
略明凡夫罪福二行迷事取性所依
經論竟

罪行部第三

述曰此明聖者就後福行說有罪行
者但此罪行妄見境深執定我人取
著違順便令自他皆成惡業是以經
云貪欲不生滅不能令心惱若人有
我心及有得見者是人為貪慾將入
於地獄是故心外雖無別境稱彼迷情
强見起深如夢見境起諸貪瞋稱彼
夢者謂實不虛理實無境唯情妄見
故智度論說如夢中無善事而善無
瞋事而瞋無怖事而怖三界衆生亦
復如是無明眠故不應瞋而瞋等故
知心外雖無別境稱彼迷情妄見起
深心外雖無地獄等相惡業成時妄
見受苦

如正法念經云閻魔羅人非是衆生
罪人見之謂是衆生手中執持鉞然
鐵鉗彼地獄人惡業既盡命終之後
不復見於閻羅獄卒何以故以彼非
是衆生數故如油炷盡則無有燈業
盡亦尒不復見於閻羅獄卒如閻浮
提日光既現則無暗冥惡業盡時閻
羅獄卒亦復如是惡眼惡口如衆生

相可畏之色皆悉磨滅如破畫壁畫
亦隨滅惡業畫壁亦復如是不復見
於閻羅獄卒可畏之色以此文證衆
生惡業應受苦者自然無中妄見地
獄問曰見地獄者所見獄卒及虎狼
等可使妄見彼地獄處閻羅在中判
諸罪人則有此境云何言無答曰彼
見獄主亦是妄見直是罪人惡業熏
心令心變異無中妄見實無地獄閻羅
在中故唯識論云如地獄中無地獄
主而地獄衆生依自然業見地獄主
與種種苦而起心見此是地獄處此
是夜時此是晝時我以惡業故見狗
見烏或見山壓以此文證善惡熏
心令心異見實無地獄是故心外離無
地獄惡業成時強自妄見問曰此苦
業報既非善事寧不直令說善令習
何須稱情說苦業耶答曰善惡因果
法須相對若不說其貪等是過何由
得顯施等是善若不宣說三塗是苦
無由得顯人天等樂是故須說凡夫
罪行令人識知猒離歸善若鈍根者
聞此苦業生猒離時即求世樂因此

轉心修諸福業若利根者聞此苦業生
猒離時即求解脫因此轉心能修道
觀便於惑中得起出因故經說言一
切煩惱皆是佛種故知苦業猒離之
本起善之緣是故須說若不說此惡
業罪行衆生不識常行不斷雖稱情
見說諸過惡然實心外無別業苦唯
識無境心體常淨故經說言雖說貪
欲之過而不見法有可貪者雖說瞋
恚之過而不見法有可瞋者雖說愚
癡之過而知諸法不癡無礙雖示衆
生墮三惡道備晨之苦而不得地獄
餓鬼畜生之相以此文證知罪行因
果唯心無外凡愚不解稱情方便須
說業苦向來兩門就其實教說罪體
真無別可破以愚未解須定說罪此
是别明愚人迷真妄解故須定說罪
行意也

福行部第四

述曰此明福行者對前罪行說此福行
先明凡夫脩欲界善者恆使亂心修
諸事福定生下界名欲界業五道之
中皆悉得起先就地獄述者依毗曇

說地獄之人亦有三善業即是意地
三善根此唯成就非是現行以是難
處多不聞法思量趣道故無現行若
論生得善根地獄亦有如仙譽國王
殺五百婆羅門生地獄中發生信心
生甘露國故知現行若依成論亦說
地獄有善現行雖無力勵方便起善
修獲聖道然有生得善根起善謂諸
衆生無始已來曾修世間信進念等
未起邪見謗無因果此善不滅生便
得之名為生得善依此善根得起善
心若有宿業感緣強者大聖現化令苦
息為說道法得修方便第二畜生龍
等亦有修善如涅槃經佛說義時無
量鳥獸發菩提心生於天上若依毗
曇鬼畜十善非律儀攝以其身口
七善律儀普於一切衆生處起以鬼
神不能受故故薩婆多論畜生以癡
鈍故不發律儀若依成論鬼神畜等
亦有得戒

若就人中北單越人唯成意地三善
業道而不現行不斷善故至劫盡時
人皆修禪彼獨不能離欲非分自餘

三方皆有十善有不具者
若就欲界六天以論即無出家別解脫戒但有十善及在家戒故成論云如天帝釋多受八戒龍等亦受不局在人若論色界諸天以論依毗曇生上失下上界不起下界善業以其界地因果斷故身生上界下地法斷此據有漏在下成上生上失下便不修起若依成論上得成下亦得寄起下界善業如諸梵天見佛禮拜發言讚歎即是散善此是寄起欲界善業若依毗曇毗婆沙論等梵天禮讚非欲界善是其初禪威儀心起據此所依無記非善據外身口是上色業此明欲界亂善福業依身起處竟

第二明色界四禪定業依身起處若鬼畜中值聖強緣能感道者亦得修起以其無漏依禪起故縱無根本深定正體必有麁淺未來禪心此未來禪是色界業依此未來斷欲結時此業則招初禪梵果若就人天以論修色界業除北單越無修禪者自餘三方及欲界天皆得修起色界十善謂

得禪者意地有三所謂無貪無瞋正見若論身口七善業者謂依定心發得禪戒禪戒則是身口七善故得禪時有色十善若就無色諸天以論依毗曇無色界天不得修起色界定業生上捨下界地斷故若依成論凡生無色亦得起下色界中業此明色界禪定福業十善業道依身起處若論無色四空定業依身起處三界人天皆得修起上來明諸福行依身起處竟若論聖人起福非關凡夫希望故

述頌曰

尋因途乃異　及捨趣猶輕　苦極思歸樂
樂極苦還生　豈非罪福別　皆由封著情
若斷有漏業　常見法身明

感應緣（略引一驗）

唐武德中遂州總管府記室參軍孔恪暴病死一日而蘇自說被收至官所問何故殺牛兩頭恪云不殺官曰汝弟證汝殺何故不招因呼恪弟弟死已數年矣既至枷械甚嚴官問汝所言兄殺牛虛實弟曰兄前奉使招慰獠賊使某殺牛會之實奉兄命非

自殺也恪曰使弟殺牛會是實然國事也恪何有罪焉官曰汝殺會獠以招慰為功用求官賞以為己利何云國事也因謂恪弟曰以汝證兄故久留汝兄今既遣殺汝便無罪放任受生言訖弟忽不見亦竟不得言叙官又問恪因何復殺兩鴨恪曰前任縣令殺鴨供官客耳豈恪罪耶官曰官客自有料無鴨汝以鴨供之將以美譽非罪如何又問何故復殺雞卵六枚曰平生不食雞卵唯憶小年九歲時寒食日母與六卵因煑食之官曰然欲推罪母也恪曰不敢但說其因耳此自恪殺之也官曰汝殺他命當自受之言訖忽有數十人皆來執恪將出去恪大呼曰官府亦大枉濫官聞之呼還曰何枉濫恪曰生來有罪皆不遺生來修福皆不見記者豈非濫耶官問主司恪有何福何為不錄主司對曰福亦皆錄量罪多少若福多罪少先令受福罪多福少先令受罪然恪福少罪多故未論其福官怒曰雖先受罪何不唱福示之命鞭主

司一百僬忽鞭訖血流濺地既而唱格生來所修之福亦無遺者官謂格曰汝應先受罪我更令汝歸七日可勤追福因遣人送出將蘇格大集僧尼行道懺悔精勤苦行自說其事至七日家人辭決俄而命終臨家兄爲遂府屬故委之也 右一驗出冥報記

欲蓋篇第八十一 此有二部

五欲部第一　五蓋部第二

五欲部 此有四部

述意部　欲繫部

欲障部　呵欲部

述意部第一

竊尋經論行者修道皆云五欲是障道本若不學斷無由發聖欲知根本略述三種一自內五根二外諸五塵三所生五識由此三故能生染欲故涅槃經云善男子譬如惡象心未調順有人乘之不隨意去遠離城邑至空曠處不能善攝此五根者亦復如是將人遠離涅槃城邑至於生死曠野之處善男子譬如佞臣教王作惡五根佞臣亦復如是常教衆生造無量惡譬如惡子不受師長父母教勅則無惡不造不調五根亦復如是不受師長善言教勅無惡不造善男子凡夫之人不攝五根常爲地獄畜生餓鬼之所賊害亦如怨盜害及善人又遺教經云五根賊禍殃及累世爲害甚重不可不慎是故智者制而不隨持之如賊假令縱之皆亦不久見其磨滅也夫論蓋者是蔭覆義謂覆障行者令志性昏沈定慧不明隱沒善人是修正道障故名爲蓋故對法論云此蓋能令善品不得顯了是蓋義覆蔽其心障諸善品令不得轉故名蓋義前之五欲從外五塵而生此之五蓋從內五根而發也

欲繫部第二

述曰夫論五欲者既有其根便發五欲繫縛衆生不得解脫故涅槃經云凡夫之人五欲所縛令魔波旬自在將去如彼獵師擒捕獼猴擔負歸家善男子譬如國王安住已界身心安樂若至他界則得衆苦一切衆生亦復如是若能自住於已境界則得安樂若至他界則遇惡魔受諸苦惱自境界者謂四念處他境界者謂五欲也五欲者男女身上色聲香味觸等是也即此五欲希須爲義貪著五塵名爲欲也并意識觸緣之境名曰法塵此之六塵非直名爲塵所行處復得惡賊之名故涅槃經云如六大賊能刼一切人民財寶六塵惡賊亦復如是能刼一切衆生善財如六大賊若入人舍則能刼奪現家所有不擇好惡令巨富者忽尒貧窮是六塵賊亦復如是若入人根則能刼奪一切善法善法既盡貧窮孤露作一闡提是故善薩諦觀六塵如六大賊

欲障部第三

述曰夫論欲過者謂五欲弊魔六塵惡賊佛判邪惑迷障佛性故涅槃經云衆生五識雖非一念然是有漏復是邪倒增長諸漏爲一切凡夫取著於色乃至著識以著色故則生貪心生貪心故爲色繫縛乃至爲識之所繫縛以繫縛故則不得免於生老病死憂悲大苦一切煩惱又云若有菩

薩自言戒淨雖復不與女人和合言
語嘲調聽其音聲然見男子隨逐女
時或見女人隨逐男時便生貪著如是
菩薩成就欲法毀破淨戒汙辱梵行
令戒雜穢不得名為淨戒具足又智
度論云菩薩觀種種不淨於諸衰中
女衰最重刀火雷電霹靂怨家毒蛇
之屬猶可暫近女人慳妒瞋諂妖穢
鬪諍貪嫉不可親近何以故女子小人
心淺智薄唯欲是親不觀富貴智德名
聞專行欲惡破人善根桎梏枷鏁閉
繫囹圄雖曰難解猶尚易開女鏁繫
人染著根深無可得脫眾病最重如
佛偈言

寧以熱鐵　宛轉眼中　不以染心
邪視女色　含笑作姿　憍慢著想
迴面攝眼　美言妒瞋　行步妖穢
以惑於人　婬羅慾網　人皆沒身
坐臥行立　迴眄巧媚　薄智愚人
為之所醉　執劍向敵　是猶可勝
女賊害人　是不可禁　蚖蛇含毒
猶可手捉　女情惑人　是不可觸
有智之人　所不應視　若欲觀之

當如母姊　諦視觀之　不淨塡積
婬火不除　為之燒滅

色過既尒自餘香味觸等例皆如然
一切眾生無始已來永流生死不能
出離者寔由女色繫縛難脫皆無慧
眼見生死坑致之陷墜今惟道俗不觀
欲患向之馳走何日返之得免斯過心
常被染不能暫捨戒尚不存焉有定
慧佛性觀哉故涅槃經偈云

作惡不即受　如乳即成酪　猶灰覆火上
愚者輕蹈之

呵欲部第四

如智度論云行者當呵五欲云哀哉
眾生常為五欲所惱而求之不已將
墜大坑得之轉劇如火炙疥五欲無
益如狗齩骨五欲增爭如鳥競肉五
欲燒人如逆風執炬五欲害人如踐惡
蛇五欲無實如夢所得五欲不久如
假借須臾世人愚惑貪著五欲至死
不捨為之後世受無量苦此之五欲
得時須臾樂失時為大苦如蜜塗刀
舐者貪甜不知傷舌其五欲者名為
色聲香味觸此之五事禪家正障若

欲修定皆應棄之
第一呵色欲過如頻婆娑羅王以色
故身入敵國獨在婬女阿梵婆羅房
中憂塡王以色染故截五百仙人手
足如是等種種因緣是名呵色欲過
失
第二呵聲欲過者如聲相不停暫聞
即滅愚癡之人不解聲相無常變失
故於音聲中妄生好樂於已過之聲
念而生著如五百仙人在山中住甄
陀羅女於雪山池中浴聞其歌聲即
失禪定心醉狂逸不能自持失諸功
德後墮惡道有智之人觀聲生滅前
後不俱無相及者作如是知則不染
著若斯人者諸天音樂尚不能亂何
況人聲如是等種種因緣是名呵聲
欲過失故論云如五百仙人飛行時
聞緊陀羅女歌聲心著狂醉皆失神
足一時墮地如聲聞聞緊陀羅王屯
崙摩彈琴歌聲以諸法實相讚佛是
時須彌山及諸樹木皆動大迦葉等
諸大弟子皆於座上作儛不能自安
天鬚菩薩問大迦葉汝最大耆年行

於頭陀第一今何故不能制心自安大迦葉荅言我於人天諸欲心不傾動是菩薩無量功德報聲復以智慧變化作聲所不能忍譬如八方風起不能令須彌山動若劫盡時毗嵐風至吹須彌山令如腐草

如阿脩琴常自出聲隨意而作無人彈者此亦無散心亦無攝心是福德報生故隨意出聲法身菩薩亦復如是無所分別亦無散心亦無説法相是無量福智因縁故

第三呵香欲過者人謂著香少罪染愛於香開結使門雖復百歲持戒能一時壞之如有阿羅漢常入龍宮食食已以鉢授與沙彌令洗鉢中有殘飯數粒沙彌齅之大香食之甚美便作方便入師繩牀下兩手捉繩牀脚其師至時與繩牀俱入龍宮龍言此未得道何以將來師言不覺沙彌得飯食已又見龍女身體端正香妙無比心大染著即作惡願我當作福奪此龍處居其宮殿龍言後莫將此沙彌來沙彌還已一心布施持戒專求所願

願早作龍是時繞寺足下水出自知必得作龍徑至師本入處大池邊以袈裟覆頭而入即死變為大龍福德大故即殺彼龍舉池盡赤未尒之前諸僧及師呵之沙彌言我心已定心相已出將諸衆僧就池觀之如是因縁由著香過復有一比丘在於林中蓮華池邊經行聞蓮華香鼻受心著池神語言汝何以捨彼林下禪靜坐處而偷我香以著香故諸結臥者皆起時更有一人來入池中多取其華掘挽根莖狼籍而去池神默無所言比丘言此人破汝池華汝都無言我但池岸邊行便見呵罵云我偷香池神言世間惡人常在罪垢糞中不淨沒頭我不共語也汝是禪行好人而著此香破汝好事是故呵汝譬如白疊鮮淨而有黑物點汙衆人皆見彼惡人者譬如黑衣以墨點黑人所不見誰問之者如是等種種因縁是名呵香欲過失

第四呵味欲過者當自覺寤我但以貪著美味故當受衆苦洋銅灌口噉

燒鐵丸若不觀食嗜心堅著者墮不淨蟲中如一沙彌心常愛酪諸檀越餉僧酪時沙彌每得殘分心中愛著樂喜不離命終之後生此殘酪瓶中沙彌師得羅漢僧分酪時語言徐徐莫傷此愛酪沙彌諸人言此是蟲何以言愛酪沙彌荅言此蟲本是我沙彌但坐貪愛殘酪故生此瓶中師得酪分蟲在中來師言愛酪人汝何以來即以酪與之復有一國王名日月分王有太子愛著美味王守園者日送好果園中有一大樹樹上有鳥養子常飛至香山中取好香果以養其子衆子爭之一果墮地守園人晨朝見之奇其非常即送與王王珍此果香色殊異太子見之便索王愛其子即以與之太子食果得其氣味染心深著日日欲得王即召園人問其所由守園人言此果無種從地得之不知所由來也太子啼泣不食王催責園人仰汝得之園人至得果處見有鳥巢知鳥銜來翳身樹上伺欲取之鳥母來時即奪得果送日日如

是鳥毋忿之於香山中取毒果來其
香味色令似前者園人奪得輸王王
與太子食之未久身肉爛壞而死如
是等種種因緣是名呵味欲過失
第五呵觸欲過者此觸是生結使之
因是繫縛心之本何以故餘四情各
當分此則徧身受著以其難捨常作
重罪尒時世尊為諸比丘說本生因
緣過去久遠世時波羅柰國山中有
一仙人以仲秋之月於澡盤中小便
見鹿麑鹿合會婬心即動精流盤中
麀鹿飲之即時有身月滿生子形類
如人唯頭有一角其足似鹿鹿當產
時至仙人庵邊而產見子是人以付
仙人而去仙人出時見此鹿子自念本
緣知是己兒取已養育及其年大勤
教學問通十八種大經又學坐禪行
四無量心得五神通一時上山值霈
雨泥滑其足不便躄地破其軍持又
傷其足便大瞋恚以軍持盛水祝令
不雨仙人福德諸龍鬼神皆為不雨
不雨故五穀五果盡皆不生人民窮
乏無復生路波羅柰王憂愁懊惱命

諸大臣集議雨事明者議言我得聞
仙人山中有一角仙人以足不便故上
山躄地傷足瞋祝此雨令十二年不
憤王思惟言若十二年不雨我國了
矣無復人民王即開募其有能令仙
人失五通屬我為民者當分國半治
是國有婬女名曰扇陀端正巨富來
應王募女問諸人此是人非人眾人言
是仙人所生婬女言若是人者我能
壞之作是語已即取金盤盛好寶物
語王言我當騎此仙人項來婬女即
時求五百乘車載五百美女五百鹿
車載種種歡喜丸皆以眾藥草和之
以彩畫令似雜果及持種種大力美
酒色味如水服樹皮衣行林樹間以象
仙人於仙人庵邊作草庵而住一角
仙人游行見之諸女皆出迎逆好華
妙香供養仙人仙人大喜諸女以美
言敬辭問訊仙人將入房中坐好牀
褥與好淨酒以為淨水與歡喜丸以
為菓蓏食飲飽已語諸女言我從生
已來初未得如此好果好水諸女言
我一心行善故天與我願得此好水

好果仙人問諸女言汝以何故膚色
肥盛答言我曹食此好果飲此美水
故肥如此女白仙人言汝何以不在
此間住答曰亦可住耳女言可共澡
洗即亦可之女手柔軟觸之心動便
與諸女更互相洗欲心轉生遂成婬
事即失神通天為大雨七日七夜令
得歡樂飲食七日以後酒食皆盡繼
以山水木果其味不美更索前者答
言已盡今當共行去此不遠有可得
處仙人言隨意即便共出去城不遠
女便在道中臥言我極不能復行仙
人言汝不能行者騎我項上當擔汝
去女先遣信白王王可觀我智能王
勑嚴駕出而觀之問言何由得尒女
白王言我以方便力故今已如此仙人
無所復能令住城中好供養恭敬之
足吾所欲拜為大臣住城少日身轉
羸瘦念禪定心樂厭世欲王問仙人
汝何不樂身轉羸瘦仙人答王我雖
得五欲常自憶念林間閑靜諸仙游
處不能得去王自思惟若能強違其
志為苦苦極則死本以求除旱患今

已得之當復何緣强奪其志即發遣
之旣還山中精進不久還得五通佛
告諸比丘其一角仙人者即我身是
也其婬女者今耶輸陀羅是尒時以
歡喜丸惑我我未斷結爲之所惑今
復欲以藥歡喜丸惑我不可得也以
是事故知細軟觸法能動仙人何況
愚夫如是等種種因緣是名呵觸欲
過失如是能呵五欲便除五蓋也
五蓋部第二
問曰云何爲五荅曰一貪欲蓋二瞋
恚蓋三睡眠蓋四掉悔蓋五疑蓋
第一貪欲蓋者謂端坐修禪心生欲
覺妄念相續求之不已遂致生患如
智度論術婆伽以思王女欲心內發
尚能燒身延及天祠況生欲毒熾而
不燒諸善法心若著欲無由近道故
論偈云
入道慚愧人　持鉢攝衆生　云何縱欲塵
沈沒於五情　已捨五欲樂　棄之而不顧
如何還欲得　如愚自食吐　諸欲求時苦
得時多怖畏　失時多熱惱　一切無樂處
諸患如是已　云何能捨之　得福禪定樂

則不爲所欺
第二瞋恚蓋者瞋是失諸善法之根
本墮諸惡道之因緣法樂之怨家善
心之大賊惡口之府藏禍患之刀斧
若修道時思惟此人惱我及惱我親
讃歎我怨圖度過去未來亦復如是
是爲九惱處故生瞋瞋念覆心故名
爲蓋當急棄之無令增長如智度論
釋提婆那以偈問佛云
何物殺安隱　何物殺無憂　何物毒之根
吞滅一切善
佛說偈荅云
殺瞋即安隱　殺瞋即無憂　瞋爲毒之根
瞋滅一切善
如是知已當修慈悲以忍除滅令心
清淨觀聲空假不應起瞋故智度論
云菩薩知諸法不生不滅其性皆空
若人瞋恚罵詈若打若搥如夢如化
觀聲本無唯是風聲從緣而有何須
可瞋故論云如人欲語時口中風名
憂陀那還入至臍觸臍響出響出時
觸七處起是名語言如偈言
風名優陀那　觸臍而上出　是風七處觸

項及斷齒脣　舌咽及以胸　是中語言生
愚人不解此　惑著起瞋癡
又優婆塞經云有智之人若遇惡罵
當作是念是罵詈字不一時生初字
生時後字未生後字生已初字復滅
若不一時云何是罵直是風聲我云
何瞋故智度論云菩薩觀衆生雖復
百千劫罵詈不生瞋心若百千劫稱讃
亦不歡喜了知音聲生滅如夢如響
第三睡眠蓋者謂內心昏憒名之爲
眠五情暗蔽放恣支節委臥垂疏名
之爲睡此睡眠蓋能破今世後世實
樂如此惡法最爲不善何以故餘蓋
情覺可除眠如死人無所覺觸以不
覺故難可除滅如智度論菩薩教誡
睡眠弟子說偈云
汝等勿抱死屍臥　種種不淨假名人
如得重病箭入身　諸苦痛集安可眠
如人被縛將去殺　災害垂至安可眠
結賊不滅害未除　如共毒蛇同室宿
亦如臨陣白刃間　尒時云何而可眠
眠爲大暗無所見　日日欺誑奪人明
以眠覆心無所見　如是大失安可眠

第四掉悔蓋者有三一口掉者謂好
喜吟咏諍競是非無益戲論世俗言
話等名爲口掉二身掉者謂好喜騎
乘馳騁放逸筋力相撲扼腕指掌等
名爲身掉三心掉者心情放蕩縱意
攀緣思惟文藝世間才技諸惡覺觀
等名爲心掉掉之爲法破出家心故
智度論偈云
汝已剃頭著染衣　執持瓦鉢行乞食
云何樂著戲掉法　放逸縱情失法利
既無法利又失世樂覺其過已當急
棄之所言悔者若掉無悔則不成蓋
何以故掉時猶在緣中故後欲入定時
方悔前所作憂惱覆心故名爲蓋此
有二種一者因掉後生悔如前所說
也二者作大重罪人常懷怖畏毒箭
入心堅不可拔如智度論偈云
不應作而作　應作而不作　悔惱火所燒
後世墮惡道　若人罪能悔　悔已莫復憂
如是心安樂　不應常念著　若有二種悔
若應作不作　不應作而作　是則愚人相
不以心悔故　不作而能作　諸惡事已作
不能令不作

第五疑蓋者謂以疑覆心故於諸法
中不得定心定心無故於佛法中空
無所獲如人入於寶山若無有手無所
能取復次通疑甚多未必障定今障
定者有三種疑一疑自二疑師三疑
法一疑自者而作是念我等諸根暗
鈍罪垢深重其非人乎作此自疑定
慧不發若欲學法勿當自輕以宿世
善根難測故二疑師者彼人威儀相
貌如是自尚無道何能教我作是疑
慢即爲障定欲除之法如臭皮囊中
金以貪金故不可棄於皮囊行者亦
尒師雖不清淨亦應生於佛想三疑
法者如世人多執本心於所受法不
能即信敬心受行若生猶豫即法不
染心何以故如智度論偈云
如人在岐道　疑惑無所取　諸法實相中
疑亦復如是　疑故不勤求　諸法之實相
是疑從癡生　惡中之惡者　善不善法中
生死及涅槃　定實眞有法　於中莫生疑
汝若懷疑惑　死王獄吏縛　如師子搏鹿
不能得解脫　在世雖有疑　當隨妙善法
譬如觀岐道　利好者應逐

問曰不善法無量無邊何故但捨五法
答曰此五法中名雖似隱義該三毒
亦通攝八萬四千諸塵勞門第一貪
欲蓋即是貪毒第二瞋恚蓋即是瞋
毒第三睡眠蓋疑蓋即是癡毒其掉
悔一蓋即是等分攝合爲四分煩惱
一中即有二萬一千四中合有八萬
四千諸塵勞門是故若能除此五蓋
即能具捨一切不善之法譬如負債
得脫重病得差如飢餓人得至豐國
如於惡賊之中得自免濟安隱無患
行者亦尒除此五蓋其心清淨譬如
日月以五事覆謂煙雲塵霧脩羅手
障則不明了心亦如是合喻可知
頌曰
五欲昏神識　五蓋蔽福力　六根成苦業
六賊亂心色　欲浪逐情飄　愛網隨心織
三毒障人空　四流漂不息　至今雖改修
斬籌方未極　鸜鵒既無窮　援攀此馬蹄
自非絕欲蓋　何能遠升陛　齊軌届寶城
共觀能仁德
法苑珠林卷第七十一
甲辰歲高麗國分司大藏都監奉
勑彫造

法苑珠林卷第七十一

校勘記

一 底本，麗藏本。

一 三一六頁上一行經名，徑作「法苑珠林卷第八十八」。

一 三一六頁上二行撰者，磧作「大唐上都西明寺沙門釋道世撰」；南作「唐上都西明寺沙門釋道世撰」；徑作「唐上都西明寺沙門釋道世玄惲撰」；清作「唐西明寺沙門釋道世撰」。

一 三一六頁上三行「第八十」下，磧、南、清有夾註「此有四部」。

一 三一六頁上四行「欲蓋篇第八十一」，徑、清無。

一 三一六頁上五行「罪福篇此有四部」，磧、南、徑、清無。

一 三一六頁上六行至七行「述意部……福行部」，徑無。

一 三一六頁上八行「第一」，徑無，下至三一八頁中一九行部目下序數例同。

一 三一六頁上一五行第二字「曰」，磧、南、徑、清無。

一 三一六頁上一七行「黑白」，磧、南、徑、清作「白白」。

一 三一六頁上一八行「智論」，磧、南、徑、清作「智度論」。

一 三一六頁中二一行「不善心」，磧作「不著心」；南、徑、清作「不定心」。

一 三一六頁下六行第六字「戒」，磧、南、徑、清無。

一 三一六頁下一三行「欸薎」，磧、南、徑、清作「陵懱」。

一 三一六頁下一九行「布施」，磧、南、徑、清作「報施」。

一 三一六頁下二一行末字「如」，磧、南、徑、清無。

一 三一七頁上四行第五字「云」，磧、南、徑、清作「偈云」。本頁下五行首字同。

一 三一七頁中一四行「明月」，磧、南、徑、清作「月明」。

一 三一七頁中一八行第一〇字「是」，磧、南、徑、清無。

一 三一八頁中八行第六字「常」，磧、南、徑、清作「恒」。

一 三一九頁上四行「亦受」，清作「不受」。

一 三一九頁中五行第九字「修」，磧、南、徑、清無。

一 三一九頁中一一行「希望故」，磧、南、徑、清作「希故不」。

一 三一九頁中一三行第一〇字「輕」，磧、南、徑、清作「并」。

一 三一九頁中一四行第一三字「封」，磧、南、徑、清作「對」。

一 三一九頁中一五行末字「明」，磧、南、徑、清作「寧」。

一 三一九頁中二〇行第九字「招」，磧、南、徑、清作「臣」。

一 三一九頁中二一行「甚嚴」，磧、南、徑、清作「甚艱」。

一 三一九頁下一八行第二字「不」，

一　磧、南、徑、清作「不見」。

一　三二〇頁上八行「欲蓋篇第八十一」，徑作「欲蓋篇第八十一之一」。又「此有二部」，徑無。

一　三二〇頁上九行「五欲部第一」，磧、南作「五欲部第一此有四部」；徑、清作「五欲部」。又「五蓋部第二」，磧、南、徑無；清作「五蓋部」。

一　三二〇頁上一〇行「五欲部」，磧、南、徑無；清作「五欲部第一」。又「此有四部」，磧、南、徑無。

一　三二〇頁上一一行至一二行「述意部……呵欲部」，徑無。

一　三二〇頁上一三行「部第一」，徑無。以下部目中「部」字與序數相連者例同。

一　三二〇頁中一一行「正道」，磧、南、徑、清作「道正」。

一　三二〇頁下五行第八字「觸」，磧、南、徑、清作「獨」。

一　三二一頁上一五行「踠轉」，磧、南作「綩轉」；徑、清作「宛轉」。

一　三二一頁上一六行「著想」，磧、南作「著慚」；徑、清作「羞慙」。

一　三二一頁上一七行第三字「躡」，磧、徑作「攝」。

一　三二一頁上一八行第七字「慾」，磧、南、徑、清作「彌」。

一　三二一頁中五行第五字「由」，磧、南作「是」。

一　三二一頁中八行首字「常」，磧、南、徑、清作「恒」。

一　三二一頁中一五行「炙疥」，磧作「灸疥」。

一　三二一頁中一六行第一一字「烏」，磧、南、徑、清作「鳥」。

一　三二一頁中二一行第二字「時」，磧、南、徑、清無。

一　三二二頁上一五行首字「食」，磧、南、徑、清無。

一　三二二頁上二〇行首字「巳」，磧、南、徑、清無。

一　三二二頁中二行第五字「徑」，磧、南、徑、清作「逕」。

一　三二二頁中五行「諸僧及師」，磧、南、徑、清作「諸師及僧」。

一　三二二頁下一行第一二字「者」，磧、南、徑、清無。

一　三二三頁上一行第一三字「來」，磧、南、徑、清無。

一　三二三頁上一一行第四字「廆」，磧、南、徑、清無。

一　三二三頁上一八行末字「霖」，磧、南、徑、清作「大」。

一　三二三頁中一行「大寮」，磧、南、徑、清作「大官」。又「得聞」，磧、南、徑、清作「傳聞」。

一　三二三頁中三行「躃地」，磧、南、徑、清作「因雨躃地」。

一　三二三頁中八行「衆人言」，磧、南、徑、清作「衆言」。

一　三二三頁中一七行「迎逆」，磧、南、徑、清作「迎迓」。

一　三二三頁中二一行「食飲」，磧、南、徑、清作「仙人食飲」。

一　三二三頁下一四行第二字「女」，

磧、南、徑、清無。

一　三二三頁下一六行「仙人」，磧、南、徑、清無。

一　三二三頁下一八行第二字「吾」，磧、南、徑作「五」。

一　三二四頁上九行「五蓋也」，至此，徑卷第八十八終，卷第八十九始，並有「欲蓋篇第八十一之餘」一行。

一　三二四頁中四行「禍患」，磧、南作「福患」；徑、清作「福慧」。

一　三二四頁中一八行第一〇字「捶」，磧、南、徑、清作「殺」。

一　三二四頁下一行首字「項」，磧、南作「頂」。

一　三二四頁下一一行「垂窳」，磧、南、徑、清作「垂熟」。

一　三二五頁上四行「筋力」，磧、南、徑、清作「筋骨」。

一　三二五頁上九行「瓦鉢」，磧、南、徑、清作「瓦器」。

一　三二五頁上一三行第五字「時」，磧、南、徑、清無。

一　三二五頁上一五行第六字「因」，磧作「因果」。

一　三二五頁下五行末字「掉」，磧作「轉」。

一　三二五頁下一六行「苦業」，磧、南、徑、清作「苦集」。

一　三二五頁下一八行「至今雖改修」，磧、南、徑、清作「至金雖改秋」。

一　三二五頁下一九行「鸛鴿」，磧、南、徑、清作「觀鴿」。又「焉踣」，磧、南、徑、清作「烏伏」。

一　三二五頁下卷末經名，徑無（未換卷）。

法苑珠林卷第七十二　上

西明寺沙門釋道世撰

四生篇第八十二

十使篇第八十三

四生篇　此有五部

述意部　會名部　相攝部

受生部　五生部

述意部第一

夫行善感樂近趣人天遠成佛果作惡招苦近獲三塗遠乖聖道愚人不信智者能知故有四生軀別六趣形分明闇異途昇沈殊路業緣之理昳然因果之報常式也

會名部第二

如般若經云一者卵生二者胎生三者溼生四者化生又阿含口解十二因緣經云有四種生一腹生者謂人及畜生（胎生者是）二寒熱和合生者謂蟲蛾蠶蝨（溼生者是）三化生者謂天及地獄四卵生者謂飛鳥魚鼈

又正法念經云畜生無量略說三處一者水行所謂魚等二者陸行所謂象等三者空行所謂鳥等或以天眼見諸畜生有四種生何等爲四一者胎生所謂象馬牛羊之類二者卵生所謂蚖蛇鵝鴨雞雉衆鳥三者溼生所謂蚤蝨蟣子之類四者化生如長面龍等故經曰生者新諸根起死者諸受根滅

又善見論云一者色生二者無色生色生可壞無色生不可壞無色之生依於色生色心相依共成假者名之爲生使前不感後後不起前名之爲死又涅槃經云衆生佛性住五陰中若壞五陰名曰殺生若有殺生即墮惡道依此生死故有四生依業而生曰卵含藏而出曰胎假潤而興曰溼欻然而現曰化衆生所攝不過此四也

相攝部第三

如婆沙論說云此欲界之中具攝六趣色無色界各攝天趣少分所以別者以此欲界是亂地故衆生雜惡起業不純或善或惡以不同故隨業受報有多差別上之二界唯是定地衆

法苑珠林第七十二　第二張　士　東八

生沈靜起業亦純是故無有多趣差別問曰四生六趣相攝云何答曰如毗曇中說天及地獄一向化生鬼趣唯二謂胎及化人及畜生各具四生故此論問云為生攝於趣為趣攝於生即自答云
生攝一切趣　非趣攝於生　謂生中陰增
當知非趣攝
故知生寬趣陿以化生寬故全攝二趣及三趣少分地獄趣中一向化生問曰六欲諸天既行慾同人何故無有胎生答曰慾愛雖同行事不等故樓炭正法念經等云四王忉利此二地居行慾之時男女形交同人無異而無泄精與人不同自上四天一向全異炎摩天行慾意喜相抱或但執手而為究竟不至交合兜率天中意喜語笑即為究竟不待相抱化樂天中共相瞻視即為究竟不待語笑他化天中但聞語聲或聞香氣即為究竟不待瞻視故異於人以天化生故從母膝化起思趣化生可知胎生者少隱如彼淨觀音說謂昔王舍城中有一女人為鬼精著身生五百鬼子又俱舍論有鬼告目連云我晝生於五子夜亦生五子隨生而食噉竟無有飽時此為胎生鬼也阿脩羅趣亦具胎化二生以有匹配故有胎生脩羅劫初從天而出即是化生
又依觀佛三昧經說根本女脩羅元從大海泥卵溼潤中出通彼胎化亦具四生也人具四生者胎生現見可知卵如涅槃經說說如毗舍佉母生一宊卵於中出其三十二卵如鞞婆沙論云問云何知人中有卵生答如佛所說閻浮利地多有賈人入海採寶得二鸖隨意所化失一一在與共游戲寢臥一室共彼合會遂生二卵卵漸溼熟便生二童後大出家學道得阿羅漢果一名尸婆羅二名優鉢尸婆羅問曰云何知人中有溼生荅曰如經所說有頂生王尊者遮羅尊者優婆遮羅梨女及柰女等即其事也問曰云何知人中有化生荅曰如劫初人是也已得聖法者不復卵生溼生問曰何故不復卵生溼生耶荅曰卵生溼生是畜生趣所攝也畜具四生者胎卵溼生此三目覩可知其化生者依樓炭經云如四生金翅鳥還食四生龍化生食四胎生食三(除化)卵生食二(除化及胎)溼生還食溼生一(除三可知)
又起世經云大海之北為諸龍王及一切金翅鳥王故生一大樹名曰居吒奢摩離(隨言鹿聚)其樹根本周七由旬入地二十由旬身高一百由旬枝葉徧覆五十由旬樹東面有卵生龍及卵生金翅鳥樹南面有胎生龍及胎生金翅鳥樹西面有溼生龍及溼生金翅鳥樹北面有化生龍及化生金翅鳥此四處各有宮殿縱廣六百由旬七重垣牆七寶莊嚴妙香遠熏諸鳥和鳴
又彼卵生金翅鳥王若欲搏取卵生龍時便即飛往居吒奢摩離大樹東枝之上觀大海水已乃更飛下以兩翅扇大海水令水自開二百由旬即於其中銜卵生龍將出海外隨意而食卵生金翅鳥王唯能取得卵生龍等則不能取胎溼化生龍等若胎生金

翅鳥王欲取卵生龍者還向樹東海中取之
又胎生金翅鳥王欲取胎生龍者即向樹南海中取之水開四百由旬此胎生鳥王唯能取卵胎二生龍不能取溼化二生龍也
又溼生金翅鳥王欲取卵生龍還向樹東海中取食又溼生鳥王欲取胎生龍即向樹南海中取食水開四百由旬又溼生鳥王欲取溼生龍者即向樹西海中取之水開八百由旬溼生鳥王唯能取卵生胎生溼生龍等不能取化生龍也
又化生金翅鳥王欲取卵生龍即向樹東海中取之若欲取胎生龍者向樹南海中取之若欲取溼生龍者即向樹西海中取之若欲取化生龍者即向樹北海中取之水開一千六百由旬彼諸龍等皆為此金翅鳥王之所食噉
又觀佛三昧經云佛言閻浮提中及四天下有金翅鳥名伽樓羅王於諸鳥中快得自在此鳥業報應食諸龍於閻浮提日食一龍王及五百小龍第二日於弗提婆第三日於瞿耶尼第四日於鬱單越各食如前周而復始經八千歲此鳥尒時死相已現諸龍吐毒無由得食彼鳥飢逼周章求食了不能得游巡諸山永不得安至金剛山然後暫住從金剛山直下至大水際從大水際至風輪際為風所吹還至金剛山如是七返然後命終其命終已以其毒故令十寶山同時火起尒時難陀龍王懼燒此山即大降雨渧如車軸鳥宍散盡唯有心在其心直下如前七返然後還住金剛山頂難陀龍王取此鳥心以為明珠轉輪王得為如意珠
又樓炭經云天下諸龍以三熱見燒阿耨達龍王不以三熱見燒一餘龍王熱沙雨身上燒炙甚痛二餘龍王起婬相向熱風來吹其身上焦即失顏色得蛇身便恐不喜三餘龍王被金翅鳥食悉皆恐怖天下餘龍悉見毒熱唯阿耨達龍王獨不見熱
又善見律云佛言龍有五事不得離龍身何者為五一行婬時若與龍共行婬得復龍身若與人共行婬不得復龍身二受生不離龍身三脫皮時四眠時五死時是為五事不得離龍身
問四食相攝云何荅如毗曇中說揔而言之六趣之中皆具四食然有寬陿不同如地獄中得有段食者如有鐵丸及洋銅汁雖復增苦以壞飢渴故名段食又如輕繫獄中得具冷煖二風更互觸身亦名段食唯上二界無有段食以彼身輕妙故論偈云
四食在欲界　四生趣亦然　三食上二界
段食彼則無
問曰未知一一趣中何食增耶荅曰如毗曇中說於六趣中謂鬼令趣及於卵生并前三無色皆思食偏增何以然者以彼餓鬼趣中意行多故卵生衆生在卵㲉時以思念母故卵得不壞前三無色亦如意行思惟多故是故皆悉思食增也又此人趣及與六欲天中皆段食偏增何以然者以此二處要假食持身命故又彼地獄

令趣及與非想想皆識食偏增何以
然者以地獄中識持名色故非想地
中以識持名故又彼色界及與淫生
皆悉觸食偏增何以然者以色界中
受修諸禪樂觸持身故淫生之中以
因淫觸持身活故

受生部第四

如新婆沙論云中有有多名或名中
有或名健達縛或名求有或名意成
問何名中有荅居死有後在生有前
二有中間有自體起問何故中有名
健達縛荅以彼食香而存濟此名唯
屬欲界中有問何故中有名求有耶
荅於六處門求生有故問何故中有
復名意成荅從意生故謂諸有情或
從意生或從業生或從異熟生（舊名果報）
或從婬欲生從意生者謂劫初人及
諸中有色無色界并變化身從業生
者謂諸地獄如契經說地獄有情業所
繫縛不能免離由業而生不由意樂
從異熟生者謂諸飛鳥及鬼神等由
彼異熟勢輕健故能飛行空或壁障
無礙從婬欲生者謂六欲天及諸天

等諸中有身從意生者故乘意行故
名為意成（舊名中陰）
次依婆沙論問中有諸根具不具者
荅一切中有皆具諸根初受異熟必
圓妙故有說不具者如印印物像現
如是中有趣本有故如本有時有根
不具此中初說於理為善謂中有位
於六處門偏求生處根必無缺此說
眼等非男女根色界中有無彼根故
欲界中有彼亦不定當受卵胎二類
生者住有住有男根至卵胎中方有
不具若不尒者應無當受卵胎生義
問諸趣中有行相云何荅地獄中有
頭下足上而趣地獄故伽他言
顛墜於地獄　足上頭歸下　由毀謗諸仙
樂寂修苦行
此諸天中有足下頭上如人以箭仰
射虛空上昇而行往於天趣餘趣中
有皆悉傍行如鳥飛空行所至處又
如壁上畫作飛仙舉身傍行求當生
處問中有行相皆如是耶
荅不必皆尒且依人中命終者說若
地獄死還生地獄不必頭下足上而

行若天中死還生天中不必足下頭
上而行若地獄死生於人趣應首上
昇若天中死生於人趣應頭歸下鬼
及傍生二趣中有隨所住處如應當
知次依論問中有生時為有衣不論
荅色界中有一切有衣以色界中慚
愧增故慚愧即是法身衣服如彼法
身具勝衣服生身亦尒故彼中有常
與衣俱欲界中有多分無衣以欲界
中多分無慚愧唯除菩薩及白淨苾
芻尼所受中有常有上妙衣服有餘
師說菩薩中有亦無有衣唯白淨尼
等所受中有常與衣俱問何緣菩薩
中有無衣而白淨尼有衣荅白淨尼
曾以衣服施四方僧故彼中有常有
衣服問若尒菩薩於過去生以妙衣
服施四方僧白淨尼等所施衣服碎
為微塵猶未為比如何菩薩中有無
衣而彼有衣服荅由彼願力異菩薩
故謂白淨尼以衣奉施四方僧已便
發願言願我生生常著衣服乃至中
有亦不露形由彼願力所引發故所
生之處常豐衣服彼最後身所受中

有常有衣服入母胎位乃至出時衣不離體如如彼身漸次增長後出家受具戒已轉成五衣勤修正行不久便證阿羅漢果乃至後涅槃時即以此衣纏身火葬菩薩過去三無數劫所修種種殊勝美行皆爲迴向無上菩提利益安樂諸有情故由斯行願雖具相好而無有衣願力有殊不應爲難

次依論問在中有位資段食不答色界中有不資段食欲界中有必資段食問欲界中有段食云何有作是說欲界中有至食處便食彼食至有水處便飲彼水由彼飲食以自存濟此說非理所以者何中有極多難周濟故謂契經說如從𥻆等瀉粇米等置鑑鑊中數極稠密五趣有情所受中有擻在處處數量過彼若彼受用諸飲食者一切世間所有飲食唯供狗犬一類中有尚不周濟況餘中有而可充足又中有身既極微輕妙受麁重食身應散壞應作是說中有食香非食麁質故無前過謂有福者歆饗清淨花果食等輕妙香氣以自存活若无福者歆饗糞穢臭爛食等輕細香氣以自存活又彼所食香氣極少中有雖多而得周濟

次依論引世尊經中作如是說三事和合得入母胎父母俱有染心和合母身調適無病是時及健達縛正現在前此健達縛尒時二心展轉現前入母胎藏此中三事和合者一者父母交愛和合二者母身是時調適三者健達縛是時正現在前時父母俱有染心和合者謂父母俱起婬貪而共合會母身調適無病是時者謂母起貪身心悅豫名身調適持律者說由母起貪身心渾濁如春夏水渾濁而流不能自持名身渾濁母腹清淨無風熱淡互增逼切故名無病由此九月或十月中任持胎子令不損壞言是時者謂諸母邑有穢惡事日月常有血水流出此若過多由稀溼故不得成胎此若太少由乾稠故亦不成胎若此血水不少不多不乾不溼方得成胎名爲是時是中有者入胎時故謂母血水於最後時餘有二滴父精最後餘有一滴展轉和合方得成胎及健達縛正現在前者謂即中有此處現在前非於餘處非前非後此健達縛尒時二心展轉現前入母胎藏者謂健達縛將入胎時於父於母愛恚二心展轉現起方得入胎若男中有將入胎時於母起愛於父起恚若女中有將入胎時於父起愛於母起恚依論問中有何處入於母胎有作是說中有無礙隨所樂處而便入胎問若中有身無能障礙如何依住此母胎中答業力所拘故依此住有情業力不可思議無障礙物令有障礙是故於此不應爲難應作是說中有入胎必從生門是所受故由此理趣諸孿生者後生爲長所以者何先入胎者必後出故問菩薩中有何處入胎答從右脇入正知入胎於母母想無婬愛故復有說者從生門入諸卵胎生法尒故問輪王獨覺先中有位何處入胎答從右脇入正知入胎於母母想無婬愛故復有說者從生門入諸卵胎生法應尒故有餘師說菩薩福慧極增上故將入胎時無顛倒想不起婬愛輪

王獨覺雖有福慧非極增上將入胎時雖無倒想亦起婬愛故入胎位必從生門入也

次依論引施設論說若彼父母福業增上子福業劣不得入胎若彼父母福劣薄子福業勝不得入胎要父母子三福業等方得入胎問若富貴男與貧賤女合或富貴女人與貧賤男合如何中有亦得入胎荅富貴男子與貧賤女人合時必於自身起下劣想於彼女人生尊勝想富貴女人與貧賤男子合時必於自身生下劣想於彼男子起尊勝想貧賤男子與富貴女人合時必於自身生尊勝想於彼女人起下劣想貧賤女人與富貴男子合時必於自身起尊勝想於彼男子生下劣想子於父母將入胎位應知亦然故入胎時皆有等義

次依論問中有微細一切牆壁山崖樹等皆不能礙此彼中有為相礙耶有作是說此彼中有亦不相礙以極微細相觸身時不覺知故復有說者此彼中有亦互相礙以相遇時此彼展轉有語言故問若尒寧說中有無礙荅於餘無礙非謂中有問此彼中有皆相礙耶荅自類相礙非於餘類謂地獄中有但礙地獄中有乃至天中有但礙天中有有作是說劣礙於勝以麁重故勝不礙劣以細輕故謂地獄中有礙五中有傍生中有礙四中有鬼界中有礙三中有人中有礙二中有天中有唯礙天中有

五生部第五

如地持論云菩薩生有五種住一切行安樂一切衆生一息苦生二隨類生三勝生四增上生五最後生

菩薩以願力故於飢饉世受大魚等身以肉救濟一切衆生於病疾世為大醫王救治衆病於刀兵世為大力王救息戰諍以法化耶及諸惡行如是無量皆悉往生是名息苦生菩薩以願自在力故於種種衆生天龍鬼神等遞相惱亂及諸外道起諸邪見悉生其中為其導首引令入正廣為宣說是名隨類生菩薩以性受生勝於世間壽色等報是名勝生

菩薩從淨心住乃至最上菩薩住於閻浮提自在受生一切受生處於中奇特是名增上生

最上菩薩住受生調伏業菩提衆具增上滿足生剎利婆羅門家得阿耨菩提作一切佛事是名最後生世世菩薩皆此五種受生無餘無上因此疾得阿耨菩提

又瑜伽論云諸菩薩生略有五種攝一切生一切菩薩受無罪生利益安樂一切有情何等為五一者除災生二者隨類生三者大勢生四者增上生五者最勝生菩薩於諸飢饉作大魚等並給一切皆令飽滿或有疫病作大良醫息除疾疫或有戰諍以大威力善巧息除或有惡王非理治罰以大願力哀愍一切或起邪見能除邪惡是名略說除災橫生或有菩薩以大願力生趣異類方便化導令彼行善是名略說隨類受生或有菩薩稟性生時所感壽量形色族姓自在富等最為殊勝所作事業自他兼利是名略說大勢生或有菩薩住於十

地作十王報最為殊勝已得成滿即由此業增上所感是名略說隨增上生或有菩薩於此生中菩提資糧已極圓滿或生大貴國王家能現等覺廣作佛事是名略說最後生若諸菩薩於去來今清淨仁賢妙善生處皆此五生所攝除此無有若過若增唯除凡地菩薩受生何以故此中意取有智菩薩生大菩提果之所依止令諸菩薩疾證菩提頌曰

四生誠易轉　五陰病難湮　壽報雖延促
終成丘墓塵　徒知餌六色　會當悲四鄰
復愍輪迴報　難成不壞身

感應緣　略引二驗

晉沙門支道林

唐居士信都元方

晉沙門支遁字道林陳留人也神宇雋發為老釋風流之宗常與其師辯論物類謂雞卵生用未足殺之與諸蠕動不得同罰師尋亡忽見形來至遁前手執雞卵投地破之見有雛鷇出鷇而行遁即惟寤悔其本言俄而師及雛鷇並滅不見　右此一驗出冥祥記

唐相州滏陽縣人信都元方少有操尚尤好釋典年二十九至顯慶五年春正月死死後月餘其兄法觀寺僧道傑情切友憶乃將一巫者至家遣求元方與語法觀又頗解法術乃作一符攝得元方令巫者問其由委巫者不識字遣解書人執筆巫者為元方口授作書一紙與同學馮行基具述平生之意并詩二首及其家中亦留書啓文理順序言詞悽愴其書蹤大抵勸修功德及遣念佛寫經以為殺生之業罪之大者無過於此又云元方不入地獄亦不墮鬼中前蒙冥官處分令於石州李仁師家為男但為隴州吳山縣石名遠於華岳祈子乃改與石家為男又云受生日逼忿迫不得更住從二月受胎至十二月誕育顏兄等慈流就彼相看也言訖淒泣而去河東薛大造寓居滏陽前任吳山縣令自云具識名遠智力寺僧慧永法真等說之　右此出冥報拾遺記

十使篇第八十三　此有四部

述意部　會名部
迷理部　斷障部

述意部第一

蓋聞三界昏寢皆由十使為窟宅六賊攀緣寔因五住為猛將致使妄想虛搆惑倒交興萬苦爭纏百憂總萃於是十使驅馳十纏拘束五鈍易流五利難制苦集順流無始常漂滅道清虛何由得證也

會名部第二

初釋名者一身見二邊見三邪見四戒取五見取六貪七瞋八癡九慢十疑此之十使生死根本凡夫倒惑未曾觀理妄執相續不出三有如世公使隨逐罪人名之為使如地論云隨逐轉義名之為使雜心論云使之隨逐如空行影成論云使之隨逐如母隨子於三界中常隨逐義上來總釋自下別解

第一身見者亦名我見色心相依名之為身凡愚迷此執為我人從其所迷故名身見以迷色心計為我故從其所立亦名我見故地經云世間受生皆由著我若離著我則無世間受生身處

故知我見是生煩惱原故涅槃經云如六大賊欲劫人時要因內人若無內人則便中還是六塵賊亦復如是欲劫善法要因有衆生知見常樂我淨不空等相若內無如是等相六塵惡賊則不能劫一切善法有智之內無是相凡夫則有是故六塵常來侵奪善法之財故知我見生惡滅善之原也又大寶積經云如咽塞病即能斷命一切見中唯有我見即時能斷於智慧命也

第二邊見者夫世間因果生滅相續非定斷常是中道理不解偏執故名邊見如中論說因果常生滅相續故往來不絕生滅故不常相續故不斷故知因果三世相續是正道理又成論云以世諦故得成中道以五陰相續生故不斷念念滅故不常離此斷常名為中道故知因果非定斷常於現報中凡愚不觀念念遷滅則是常見不觀念念新生則是斷見若於來報愛未盡者隨業受生六道不定人非常人迷此謂常則是常見若謂死

後更不受生心識永謝則是斷見

第三明邪見者謂謗無因果乖正名邪若依俱舍論一切諸見皆違理起悉是邪見但說一見為邪見者由此見最惡能斷善根故說為邪見若論身邊見等雖邪非正直是迷理障出聖道不謗因果邪心則輕不妨修善仍感世樂若如觀佛三昧經云不信因果斷學般若等重罪過殺八萬父母罪此由邪見感斯重報故中論云邪見有二一破世間樂是麤邪見言無罪福無佛賢聖捨善為惡二破涅槃道貪著於我分別有無故不得涅槃道

第四明戒取者但諸妄執戒取之人隨其別執自有二種一是獨頭二是足上言獨頭者所謂直取持戒為道或取苦行以之為道或取布施以之為道乃至或取八禪事定以為真道此等直取所行之事不知非道謬執為道是故名為獨頭戒取言足上者謂有愚人不解正理妄立是非謂已見是取為真道則名戒取此後戒取

依前見生前見與後戒取為本戒取所依名為腳足是故說後戒取之心名為足上戒取煩惱是故行者應善思量道法難識須訪良友不得信已愚心倒見謬執乖正反成不善當知道者唯是慧觀戒定等善是跡緣具要觀衆生色心非我見此理智方是出道離此以外種種皆非是故若執餘善為道皆同愚人執戒為道以是齊名戒取煩惱攝故俱舍論云非道中道是名戒取見

又十住毗婆沙論云佛告迦葉有四種破戒比丘似如持戒何等為四一有比丘於戒經中盡能具行而說有我是名破戒似如持戒二有比丘誦持經律守護戒行於身見中不動不離是名破戒似如持戒三有比丘具行十二頭陀而見諸法定有是名破戒似如持戒四有比丘緣衆生行慈心聞諸行無生相心則驚畏是名破戒似如持戒以此文證故知愚人雖依戒行身口無過謬執乖理心無道戒若能觀見名心無我此智清淨方有道

戒戒行既然施等亦尒

第五明見取者此還有二一是獨頭二是足上言獨頭者謂直取世間有漏善法及有漏果以為第一勝妙善者名為獨頭如人直取無想天報計為涅槃謂第一好又於內身不淨謂淨如是皆名獨頭見取言足上者謂人迷法妄立是非謂已見是餘者非便即生心於已見上執為第一是故名為足上見取如起身見是其我倒愚人不解後更起心取前身見以為第一如此見取名為足上餘義同前釋此既同前有何差別若執有漏世間事業取以為道即名戒取若執為勝即名見取故俱舍論云一切有流法聖人所棄捨故執此法為最勝是名見取又成論云若人持戒取為清淨名戒取結即謂所取以為真實餘皆妄語名見取結若謂世法第一皆同愚人取見為勝是以齊名見取煩惱也

又新婆沙論問此之見取於一剎那須如何推度荅性猛利故亦能推度堅執故者謂能堅執故名為見此見於境僻執堅牢非聖慧初力無由令捨非佛弟子執聖慧刀截彼見牙方令捨故如有海獸名室首魔羅彼所齧物非刀不能解謂彼若齧諸草木等要截其牙方令捨故如有頌曰

愚人所受持　鱣魚所銜物　室首摩羅齧

非刀不能解

深入所緣故者謂性猛利深入所緣如鍼墮泥故名為見

第六明貪使過者貪乃衆多或愛自身他身或愛妻子室宅田園或愛善法如愛佛菩提等若依大乘此皆是使若依小乘善貪非使具說難盡略述而已

第七明瞋使過者所謂惱恨嫉妬不悅此等煩惱恚是瞋使大莊嚴論云身如乾薪瞋恚如火未能燒他先自焦身又正法念經云瞋心如火燒一切戒瞋如大斧能破法橋住在心中如怨入舍故知起瞋障諸善法又華嚴經云一切惡中無過是惡起一瞋心則受百千障礙法門又菩薩地經云若諸菩薩犯如河沙等貪不名毀戒若犯一瞋因緣是名破戒瞋恚之能捨衆生貪愛之心能護衆生不名煩惱瞋捨衆生名重煩惱是故如來於經中說貪結難斷不名為重瞋恚易斷名之為重此亦略述具說難盡

第八明癡使過者若依毗曇癡暗之心體無慧明故曰無明若依成論邪心分別無正慧明故曰無明又毗曇論說無明使有其二種一者不共二者相應言不共者於四諦理及於色聲香味觸等緣而不了則是無明此獨無明不與一切諸使和合名不共無明二相應無明者除前不共自餘一切諸煩惱中無知之心名為無明與諸使合名為相應無明若依成論無明亦二一是取性二是現起言取性者直是任運迷法假集暗心取性唯是違理性惡不善此細無明諸凡常有是故得在善無記中要觀無性方得漸除故行善時須觀無性迷事取性則成有漏

第九明慢使過者依論慢有八種一

直名慢謂於下境自高卑彼於齊等處還計為等此過輕故直名為慢此無所恃何故成慢成論釋言是中有其執我相過故說為慢謂人勝劣唯心解別若知心勝稱實無過迷如此法計我勝彼及與我等有恃我心故名為慢二者大慢謂於等處自謂為大故名大慢三者慢慢謂於上境謂已勝彼此過最重故名慢慢四者不如慢謂他行德過已彌深多身修業方可似彼即謂現令少不如彼陵他多邊名不如慢五者傲慢謂於父母師長上境不肯恭敬故名傲慢六者我慢謂於色心無我法中執我自高故名我慢此諸慢中執我心也此一我慢最難伏斷要成羅漢方能除盡但諸凡愚未學觀者莫問麁細我見皆強是故名為示相我慢若能觀理成聖學人我見則微分斷麁現只故名為不示相慢七者增上慢謂未得聖而謂已得以其聖智是增上行於此出世增上法中起心生慢名增上慢八者邪慢謂諸惡人無德自高恃惡蔑人

故名邪慢此八慢心皆悉名為慢使煩惱也

第十明疑使過者疑有二種一疑事如夜見樹疑為人等此疑事心不招生死故小乘中不說為使非煩惱故羅漢亦有故智度論云阿羅漢雖無四諦中疑一切法中處處有疑此諸事疑若望大乘是暗妄心招變易死亦說為使二者疑理謂諸身心生滅非我疑謂常我名為疑理故成論問疑有何過荅若多疑者一切世間出世間事皆不能成又疑法不可學得疑師不能敬彼疑自非是學時若生此三疑亦是障道根本但起決定心學不須疑此三事凡夫未觀理來莫問上下皆有十使上界雖無麁現瞋使自餘九使皆常具有修得定者雖伏欲結由有此使故不得出世果也

迷理部第三

述曰迷理不同者良由衆生無始時來流轉生死不能斷漏不得出世果致令十使煩惱是能障業四眞諦法是所障理言四諦者一苦二集三滅四

道具釋四諦因果次第大小同異者恐文煩不述今且略釋其名令識因果生滅無常理實是苦逼迫行者名為苦諦諦是實義審尒不謬故稱為諦下三諦義同此一釋有漏善惡皆能生果理是因集名為集諦煩惱盡處名之為滅理實不生名為滅諦觀理除壅此實不虛名為道諦若就一人論四諦者謂此身心苦之與樂有漏報邊是其苦諦若不觀理所起善惡乃至八禪是其集諦若觀身心生滅無我即此觀智是其道諦因此道智見無我時惑斷之處則是滅諦言迷理者論說不同若依毗曇論云身見邊見唯迷苦諦謂凡夫皆執苦執為我是故身見緣苦諦生依身苦報計斷計常是故邊見亦迷苦生故雜心論云身邊二見果處起故唯迷苦諦凡計罪福是我所作不將善惡業因為我是故身見不依集起知集非我不名迷集邊見依身亦不依集又亦不將滅道為我計斷計常義皆同此是故身邊唯依苦報名迷苦

諦

若論戒取迷苦及道謂有愚人直尒聞說精勤苦行能斷生死不知此說曉夜劬心勤觀苦空方斷生死即謂事中苦身是道不知身苦非是聖道是故戒取迷苦諦生或有不將身苦為道直執戒等福行為道此將集因轉將為道如此戒取名迷道諦理實凡愚不識集因妄執為道應是迷集但彼迷心不計福行以為集因方轉為道是故不得名為迷集不同計苦以為道者將苦為道故名迷苦是故戒取有迷苦者有迷道者不迷於集滅是聖果衆生所求不取惑滅為道因行是故戒取不名迷滅

若論邪見見取及疑此三皆悉通迷四諦所謂邪見謗無因果誹凡及聖是故通迷若論見取於自身報取為第一即為迷苦於事善業計為第一即名迷集若取梵天無想天等以為涅槃名為迷滅於彼戒取所言之道取為第一名為迷道是故見取通迷四諦若論疑心於諸凡聖因之與果

不知有無生疑不決故亦迷四向來所明五見及疑唯迷諦理不名迷事以迷理故觀見理時知無我人方斷我心證知慧觀能斷煩惱凡夫因果苦集非道識觀是道方斷戒取正識滅道以為第一不將有漏以為勝好知世可猒方斷見取以見四諦不生疑謗證信決定方斷邪疑是故身邊戒見邪疑迷理而生還見斷不將塵境色聲等事以為我人計斷常等故雖正識色聲等事不斷我心乃至疑使若論貪瞋癡慢四使通障見修皆迷理事謂依見起則名迷理若依事生則名迷事依見起者若論其貪如愛身見即名為貪由愛我見令心轉迷若觀生空知無我時則嫌我見此貪則斷若論其瞋有我心時聞說無我則生瞋恚後觀無我知無人時聞說生空心則歡喜故見理時彼瞋則斷依見起癡不知見過後見理時彼癡則斷依見起慢恃見自高後見理時彼慢則斷是故貪等依見起者亦是迷理見理方斷依餘見起類此可知

所言貪等依事起者謂依塵境色聲香等於此起貪纏綿難斷故見理時仍有未斷後更修道數數漸除瞋慢癡等依事皆尒此明十使迷理不同迷苦有十迷道有八迷集及滅各有七使迷事有四合三十六此說欲界凡夫心也若論色界凡夫心中具三十一彼無瞋故於五行中各除其一四諦修道名為五行是故唯有三十一使無色凡心亦三十一三界通論揔有九十八迷四諦理有八十八三界迷事合有十種此依毗曇略釋如是若依成論十使煩惱皆有取性悉通達理謂迷四諦無性之空故揔觀諦無性空時斷重取性名為見道後斷細時名為修道此名十使迷理不同也

斷障部第四

述曰此十使煩惱斷有難易者夫論使性凡常具有今明入道故叙難易但諸見惑難識易斷貪等四使易識難除見難識者謂凡常迷理易斷者見理即盡所謂若能學觀無我創見見理時則名初果即先斷除八十八

使但初見諦有利有鈍若利根者揔
觀諸法皆假無性不見我人一念之
中斷八十八即此一念名為見道若
鈍根者別觀四諦次第漸漸八十八
使故佛性論云若利根人於一念中
則等觀四諦八十八使一時俱斷皆
名見諦若鈍根人於次第觀者則壞
念觀苦不見餘三諦但斷苦下以此
文證揔別觀法皆得入道不得偏執
若依諸經教人入道多直說觀生滅
無我則斷諸結出離生死如地持經說
世間受生皆由著我若離著我則無
世間受身生處又如經說緣覺性人
不解四諦法門名字直藉事緣觀生
無我便斷諸結過諸聲聞於此直作
無我觀中雖不作其四諦別解如此
觀時具有四諦謂彼所觀有漏報身
念念生滅是理苦集從前名苦生後
名集知無我時即是見苦尒時無我
即斷事集所斷不生即是證滅此能
觀智即是聖道是故直觀無我之時
具有四諦斷結得出不要別觀四諦
方出故成論引經說言如甄叔迦經

中說種種得道因緣非但以四諦得
道故知入道不要別觀揔觀無我一
行亦得若能明見身心無我則是見
道斷諸見惑但諸見惑約諦分別三
界合說有八十八若就一人以論迷
心揔則唯是五見及疑此六望愚則
名難識若望智人復名易斷謂諸凡
愚學修善者多皆知猒貪瞋癡慢於
其我心及執戒等不覺是過是故難
識以難識故經說為重如涅槃釋我
見戒取及以疑等一切衆生常所起
故又難覺故如病常發名為重病又
難識故亦名重病又成論云世間人
於戒取中不見其過故使為結故知
利使愚人不識言望智人名易斷者
謂若學觀身心生滅分見無我煩惱
薄時即知觀智是斷法道心中六使
自然永無謂知色心生滅非人則無
我心邊見自斷以觀見理識聖道故
正信無疑謗無自斷智慧是道戒
等非勝則無戒取見取自斷是故六
使難識易斷以難識故無始來迷以
易斷故解理則盡不同貪等易識難

斷以易識故人多不執以難斷故邪
含亦有是故利使迷理邪心親覆聖
解合行不出不同貪等別緣事起唯
妨修觀非親迷理故諸小聖雖有貪
瞋不妨仍得解理無疑是故智人學
修業者唯修觀解除迷入道若學觀
行雖昧名凡少解理時即無妄取若
不學解常迷道法雖修諸善不除邪
執非直妄執自不能出多謗正法及
行道者以其迷心未識邪正不知位
是不與已同即謂已是說他為非是
故迷人心無道法多依世善妄執相非
故俱舍論云在家由取五塵故與在
家起鬬爭出家由取諸見各不同故
與出家起鬬爭又成論云若人持戒
取為清淨名戒取結即謂所取以為
真實餘皆妄語名見取結此二是其
出家之人鬬爭根本亦即名為隨順
苦邊又依此戒取能捨八真聖道此
非正道非清淨道能隨苦過又戒取
是出家人縛諸欲是在家人縛又戒
取者雖復種種行出家法空無所得
又因此戒取能謗正道及行正道者

又戒取是諸外道起憍慢處作如是念能勝餘人以此等文證知戒取等唯是世善招生死果故名隨苦非眞道法愚人多迷妄執生罪是故十使雖皆不善論其障道起過之原則唯六使迷心爲本若不能斷非直不出因起麁罪當生惡道此明十使斷有難易竟

頌曰

邈邈愛王城　峨峨欣慢嶺　業結三界獄
利鈍十使頸　淵惡順下趣　斷漏昇上頂
著我甘苦報　慵身投丘井　翹翹羨化倫
念念除心癭　宿祐遇釋尊　高慕大仙顯
既破無明結　還同寤眞正　荷戢怡沖心
隨戀靡不靜

法苑珠林卷第七十二

法苑珠林卷第七十二

校勘記

一　底本，金藏廣勝寺本。三二九頁中一行至三三〇頁中六行原版缺，以高麗藏本補。

一　三二九頁中一行經名，徑無（未換卷）。

一　三二九頁中二行撰者，磧作「大唐上都西明寺沙門釋道世字玄惲撰」；南作「唐上都西明寺沙門釋道世字玄惲撰」；徑無（未換卷）；清作「唐西明寺沙門釋道世撰」。

一　三二九頁中三行「四生篇第八十二」下，磧、南、清有夾註「此有五部」。

一　三二九頁中四行「十使篇第八十三」，徑、清無。

一　三二九頁中五行「四生篇此有五部」，磧、南、徑、清無。

一　三二九頁中六行至七行「述意部……五生部」，徑無。

一　三二九頁中八行「第一」，徑無。以下部目下序數例同。

一　三二九頁中一三行第六字「常」，磧、南、徑、清作「恒」。

一　三二九頁下五行「蟣子」，磧、南、徑、清作「蟻子」。

一　三二九頁下一三行「若壞」，磧、南、徑、清作「若住」。

一　三二九頁下一五行第六字「出」，磧、南作「生」。

一　三三〇頁上三行「說天」，磧、南、徑、清作「論天」。

一　三三〇頁上一三行第五字「念」，磧、南、徑、清無。又「四王」，磧、南、徑、清作「四天」。

一　三三〇頁上一八行第二字「喜」，磧、南、徑、清作「嬉」。

一　三三〇頁中一〇行第八字「說」，磧、南、徑、清、麗無。

一　三三〇頁中一一行第三字「卵」，南作「子」。

一　三三〇頁中一二行第二字「論」，

磧、南、徑、清作「經」。又第一三字「荅」，磧、南、徑、清作「答曰」。

一 三三〇頁中一三行「閻浮利」，南、徑、清作「閻浮提」。

一 三三〇頁下八行夾註右「隨言」，磧、南、麗作「隋言」；徑、清作「此言」。

一 三三〇頁下二一行「海外」，磧、南、徑、清作「海水」。

一 三三〇頁下末行末字至次頁上一行第三字「金翅鳥王」，磧、南、徑、清作「鳥」。次頁上三行同。

一 三三一頁上一五行末字「向」，磧、南、徑、清無。

一 三三一頁中二行「弗提婆」，磧、南、徑、清作「弗婆提」。

一 三三一頁中五行末字「章」，磧、南、徑、清作「憧」。

一 三三一頁中一二行第五字「渧」，磧、南、徑、清作「澍」。

一 三三一頁下一六行第一二字「令」、磧、南、徑、清、麗作「全」。

一 三三一頁下二一行末字「與」，徑作「於」。

一 三三二頁上一行首字「令」，磧、南、徑、清作「全」；麗無。又第七字「想」，磧、南、徑、清無；麗作「全」。

一 三三二頁上末行「諸天」，磧、南、徑、清、麗作「諸人」。

一 三三二頁中一一行「住有住」，磧、南、徑、清作「住中有位」；麗作「住有位」。

一 三三二頁中二〇行第一三字「當」，磧、南、徑、清作「常」。

一 三三二頁中二二行第六字「且」，磧、南、徑、清無。

一 三三二頁下一行第九字「中」，磧、南、徑、清無。

一 三三二頁下一〇行第二字「多」，磧、南、徑、清無。

一 三三二頁下一一行第七字「常」，磧、南、徑、清作「恒」。次頁中一九行首字同。

一 三三二頁下一四行第一二字「白」，南、徑、清作「曰」。

一 三三三頁上六行「美行」，磧、南、徑、清、麗作「善行」。

一 三三三頁上一三行第六字「食」，麗作「有食」。

一 三三三頁上一七行首字「鐺」，磧、南、徑、清作「倉」。

一 三三三頁中一八行第八字「邑」，麗作「色」。

一 三三三頁下七行第一四字至次行第九字「若……恚」，磧、南、徑、清作「若女反此」。

一 三三三頁下一四行「孿生」，磧、南、徑、清作「雙生」。

一 三三三頁下一八行第一四字「尒」，麗作「應爾」。

一 三三四頁上六行首字「福」，磧、南、徑、清作「福業」。

一 三三四頁上七行末字「男」，磧、南、徑、清、麗作「丈夫」。

一 三三四頁下一四行第三字「並」，

磧、南、徑、清作「普」。

一　三三五頁上一一行第一〇字「湮」，磧、南、徑、清作「痊」。

一　三三五頁上一二行「四鄰」，磧、南、徑、清作「九泉」。

一　三三五頁上一三行第五字「報」，磧、南、徑、清作「趣」。

一　三三五頁上二〇行「蠕動」，磧、南、徑、清作「蜎動」。

一　三三五頁上末行夾註右「一驗」，磧、南、徑、清無。

一　三三五頁中四行第六字「憶」，麗作「情」。

一　三三五頁中二一行夾註「冥報拾遺記」，至此，徑卷第八十九終，卷第九十始。

一　三三五頁中二二行「此有四部」，徑無。

一　三三五頁中末行至本頁下一行「述意部……斷障部」，徑無。

一　三三五頁下七行第一一字「常」，磧、南、徑、清作「恒」。三四〇頁下八行第四字同。

一　三三五頁下一四行「地論」，磧、南、徑、清作「地持論」。

一　三三五頁下一五行第二字「轉」，磧、南、徑、清作「傳」。

一　三三五頁下二二行「地經」，磧、南、徑、清作「持地經」；麗作「十地經」。

一　三三六頁上四行第六字「有」，磧、南、徑、清、麗作「內有」。

一　三三六頁上六行「有智之」，磧、南、徑、清、麗作「有智之人」。

一　三三六頁上二二行第五字「者」，磧、南、徑、清作「著」。

一　三三六頁中八行第三字「感」，磧、南、徑、清作「惑」。

一　三三六頁中一五行第一二字「取」，磧、南、徑、清作「定」。

一　三三六頁中一九行「事定」，南、徑、清作「定事」。

一　三三六頁下末行第四字「名」，磧、南、徑、清、麗作「色」。

一　三三七頁上三行末字「間」，磧、南、徑、清無。

一　三三七頁上一六行第二字「流」，南作「漏」。

一　三三七頁上一七行末字「取」，麗作「最」。

一　三三七頁中二行「初力」，磧、南、徑、清、麗作「刀」。

一　三三七頁中七行末字「齧」，磧、南、徑、清作「齒」。

一　三三七頁中一四行「善貪」，磧、南、徑、清作「貪善」。

一　三三七頁中二〇行第三字「如」，磧、南、徑、清作「是」。

一　三三七頁中二二行第一〇字「恶」，磧、南、徑、清作「瞋」。

一　三三七頁下一行「河沙」，磧、南、徑、清作「恒沙」。

一　三三七頁下二行末字「之」，磧、南、徑、清、麗作「之心」。

一　三三八頁上二行第六字「此」，磧、徑作「比」。

一三三八頁上一一行第三字「似」，磧、南、徑、清作「以」。又第八字「令」，磧、南、徑、清作「今」。

一三三八頁中一六行「上昇」，磧、南、徑、清、麗作「上界」。

一三三八頁中二一行第一〇字「不」，磧、南、徑、清無。

一三三八頁下一六行「苦執」，麗作「苦報」。

一三三八頁下一八行第四字「論」，磧、南、徑、清無。

一三三八頁下二二行第一三字「常」，磧、南、徑、清作「說」。

一三三九頁中九行「還見斷」，磧、南、徑、清、麗作「還見理斷」。

一三三九頁下一六行第七字「名」，磧、南、徑、清作「明」。

一三三九頁下末行首字「見」，磧、南、徑、清、麗無。

一三四〇頁上四行「別觀」，磧、南、徑、清作「則觀」。又「漸漸」，磧、南、徑、清、麗作「漸斷」。

一三四〇頁上七行末字「壞」，磧、南、徑、清、麗作「初」。

一三四〇頁中九行「不覺」，磧、南、徑、清作「不學」。

一三四一頁上一四行「同宿真正」，磧、南、徑、清作「同欣驚嶺」。

一三四一頁上一五行末字「諍」，磧、南、徑、清、麗作「靜」。

一三四一頁上卷末經名，徑無（未換卷）。

法苑珠林卷第七十三　　二十三張　精

西明寺沙門釋道世撰

十惡篇第八十四 此有一十三部

述意部第一

悲夫迷徒障重棄三車而弗御漂淪苦海任焦爛而不疲若蝤蠅之樂臭屍似飛蛾之投火聚良由迷沈多劫備歷艱辛具受衆苦迄今燒煮故如來大悲不忍永棄示其苦樂令其欣猒故於此篇略明十惡罪福二行也

業因部第二

惟凡夫造業乃有多種自有心與身口相稱亦有身口與心違者據此而論凡動身口皆由心使若心不善方能損物若內有善方能順福雖復損益不同然三業之本以心爲源故業起不同略須料簡如成實論云有三人俱行繞塔一爲念佛功德二爲盜竊三爲清涼雖復身業同行而有善惡無記三性殊別當知罪福由心身口業相善惡不定是故四分律及成業論等若無心者雖瘖殺父母不得逆罪亦如嬰兒捉母乳身則不得罪以無染心故若依毗曇即說依報色起方便色以爲身業聲爲口業心是罪福體隱而不說若依大乘教中實說身口色聲常非罪福若說善惡皆唯是意如意地思量發動身口即此意思是身口業體若直意思不欲發身口者但名意業故唯識論云如世人言賊燒山林聚落城邑不言火燒此義亦尒唯依心故善惡業成故經偈云

諸法心爲本　諸法心爲勝　離心無諸法
唯心身口名

故論釋云但有心識無身口業身口業者但有名字實是意業身口名說亦如臨終生邪見心則墮地獄起正見心即生善處是故論云離心無思則無身口業又遺教經云縱此心者喪人善事制之一處無事不辦又正法念經云

有五因緣雖殺無罪一謂道行無記心二無心傷殺蠕動蟻等命三若擲鐵等無心殺生而斷物命四醫師治病爲利益故與病者藥因打命終五然火蟲入無心煞蟲蟲入火死如是五種雖斷生命不得殺罪故知所造發業皆由心起又如殺中約心境心境不同有上中下初據境說如殺畜生比丘得波逸提殺凡夫學人得波羅夷殺害父母羅漢得五無間重罪殺邪見斷善根人得罪最輕不如殺畜生罪故涅槃經云菩薩知殺有三謂下中上下者蟻子乃至一切畜生唯除菩薩示現生者是諸畜生有微善根是故殺者具受罪報中殺者謂從凡夫至阿那含上殺者父母羅漢辟支畢定菩薩若有能殺一闡提則不墮此三種殺中譬如掘地刈草斫樹斬截死屍無有罪報闡提亦尒謂無重報非無輕苦第二約心者結罪由心業有輕重如瞋重則罪重瞋輕則罪輕故成論云或以事重故有定報如於佛及佛弟子若供養若不供養若輕毀心或以

心重故有定報如人以深厚纏毒殺害蟲蟻重於輕心殺人若心無瞋雖殺上境乃至父母亦不成逆自下諸罪例有輕重文煩不述類准可知又正法念經云何不殺若稻穀黍麥生微細蟲不擣不磨知其有蟲護此蟲命不轉與人復不殺生若牛馬駝驢擔負背瘡中生蟲若以漿水洗此瘡時不以草藥斷此蟲命以鳥毛羽洗拭取蟲置餘臭爛敗宍之中令其全命兼護此驢牛恐害其命復護蟲命乃至蟻子若晝若夜不行放逸心不念殺若見衆生欲食其蟲以其所食而貿易之令其得脫

果報部第三

如彌勒問經論云十不善業道有其三種一果報果二習氣果三增上果果報果者若生地獄中名果報果習氣果者若從地獄出還生人中依殺生故有短命果依偷盜故無資生果乃至依邪見故癡心增上如是一切名習氣果又如薩婆多論云如牛呞比丘常作牛呞以世世牛中來故如一比丘雖得漏盡而常以鏡自照以

世世從婬女中來故如目連比丘雖得神通猶常戲跳以前世時曾獼猴中來故增上果者依彼十種不善業道一切外物無有氣勢所謂土地高下霜雹棘刺塵土臭氣多有蛇蠍少穀細穀少果細果及以苦果如是一切名增上果復有相似果且如殺者故與所害衆生種種諸苦因彼苦故生地獄中受種種苦以斷命故後生人中得短命報由斷他暖觸性也餘准可知亦如上受報篇中地持論說也故涅槃經云何名爲煩惱餘報若有衆生習近貪欲是報熟故墮於地獄從地獄出受畜生身所得鴿雀鴛鴦鸚鵡青雀魚鼈獼猴麞鹿之屬若得人身受黃門形女人二根無根婬女若得出家犯重戒是名餘報若有衆生以殺重心習近瞋恚是報熟故墮於地獄從地獄出受畜生身所謂毒蛇具四種毒一見毒二觸毒三齧毒四螫毒虎狼師子熊羆猫貍鷹鷂之屬若得人身具足十二諸惡律儀若得出家犯第二重戒是名餘報若

有習近愚癡之人是報熟時墮於地獄從地獄出受畜生身所謂象豬牛羊水牛蚤蝨蚊䖟蟻子等形若得人身聾盲瘖瘂癃殘背傴諸根不具不能受法若得出家諸根暗鈍喜犯第三重戒是名餘報若有修習憍慢之人是報熟時墮於地獄從地獄出受畜生身所謂糞蟲駝驢犬馬若生人中或入奴婢身貧窮乞丐或得出家常為眾人之所輕賤喜犯第四重戒是名餘報疑使大意同癡不勞別述亦名五鈍使報

又菩薩藏經云復次長者我觀世間一切眾生由於十種不善業道而能建立安處邪道多墮惡趣何等為十一者奪命二者不與取三者邪婬四者妄語五者離間語六者麤語七者綺語八者貪著九者瞋恚十者邪見長者我見眾生由是十種不善業故乘於邪道多趣多向多墮惡道為欲證得阿耨菩提超出一切諸邪道故以淨信心捨釋氏家趣無上道

又智度論云佛語難提迦優婆塞殺

生有十罪何等為十一者心常懷毒世世不絕二者眾生憎惡眼不喜見三者常懷惡念思惟惡事四者眾生畏之如見蛇虎五者睡時心怖寤亦不安六者常有惡夢七者命終之時狂怖惡死八者種短命業因緣九者身壞命終墮泥犁獄十者若出為人常當短命

如佛說不與取有十罪何等為十一者物主常瞋二者生人疑三者非時非處行不籌量四者朋黨惡人遠離賢善五者破善相六者得罪於官七者財物沒入官八者種貧窮業因緣九者死入地獄十者若出為人勤苦求財為人所共若王若賊若水若火若不愛子用乃至藏埋亦尒

如佛說邪婬有十罪何等為十一者常為所婬夫主欲危害之二者夫婦不睦常共鬪諍三者諸不善法日日損減四者不守護身妻子孤寡五者財產日耗六者有諸惡事常為人所疑七者親屬知識所不愛喜八者種怨家業因緣九者身壞命終死入地

獄十者若出為女多人共一夫若為男子婦不貞潔如是等種種因緣不作是名不邪婬

如佛說妄語有十罪何等為十一者口氣常臭二者善神遠之非人得便三者雖有實語人不信受四者智人謀議常不參豫五者常被誹謗醜惡之聲因聞天下六者人所不敬雖有教勑人不承用七者常多憂愁八者種誹謗業因緣九者身壞命終當墮地獄十者若出為人常被誹謗如是種種不作是為不妄語名曰善律儀

如佛說飲酒有三十六過失（具如下五戒中說之）如是四罪不作是身律儀妄言不作是口善律儀為五戒律儀

又業報差別經云復有十業能令眾生得外惡報若有眾生於十惡業多修習故感諸外物悉不具足何等為十一者以其殺生業故令諸外報大地鹹鹵藥草無力二者以其偷盜業故感外霜雹蝨蝗蟲等令世飢饉三者以其邪婬業故感惡風雨及諸塵埃四者以其妄語業故感生外物皆

悉臭穢五者以其兩舌業故感外大地高下不平山陵堆埠株杌丘墟六者以其惡口業故感生外報瓦石沙礫麁澀惡物不可觸近七者以其綺語業故令諸所有草木稠林枝條棘刺八者以其貪多業故感生外報令諸苗稼子實微細九者以其瞋恚業故令諸樹木果實苦澀十者以其邪見業故感生外報苗稼不實收穫尠少如是十業得外惡報

殺生部第四 此別二部

述意部第一

夫禀形六趣莫不戀戀而貪生受質二儀並皆區區而畏死雖復昇沈萬品愚智千端至於避苦求安此情何異所以驚禽投案猶請命於魏君窮獸入廬乃祈生於區氏漢王去餌遂感明珠之酬楊寶施華便致白環之報乃至沙彌救蟻見壽長生流水濟魚天降珍寶如此之類寧可具陳豈容縱此無猒供斯有待斷他氣命絕彼陰身遂令抱苦就終銜悲向盡大地雖廣無處逃藏昊天既高靡從啓

諦是以經云一切畏刀杖無不愛壽命恕已可為喻勿殺勿行杖但凡俗顛倒邪見無明或為吉凶公私祭祀瞻待賓客營理庖廚烹宰雜類之身供擬眾人之膳或復年移歲晚事隙時閑天燥燥以降霜野炎炎而通燒於是駕追風之駛馬捧奔電之良鷹劒則巨闕干將弓則烏號繁弱遂傾諸藪薄壄彼林叢顛覆巢居剖破窟宅罝羅亘野罦網彌山或前絡後遮左邀右截埃塵漲日煙火衝天遂使鳥失侶而驚飛獸離群而奔透鴈聞絃而謭落猨抱樹而哀吟莫不臨嶮谷而悲號對高林而絕歎於是箭非苟發弓不虛彈達腋洞胷解頭腦或復垂綸濁渚散餌清潭學釣鯉於河津同射鯉於井谷朱鱗已掛無復待信之能素質既縣長罷躍舟之瑞霏膾形軀有招盤而雨散或復獫狁孔熾宜申薄伐邊境虔劉事資神武雖復賢帝聖主尚動干戈哲后明君猶須征伐所以昇陑之後乃著高名牧野之師方稱威德其中或有擁百萬

而橫行提五千而深進碎曹公於尺壁撲項帝於烏江縣奔首於高臺橫卓屍於都市並皆英雄一旦威武當時如此之流弗可為記莫不積骨成山流血為海今者王師雷動埽殄妖逆揚兵擁節祐境沾邊既預前驅叨居後勁雲旗之下寧敢自安霜刃之間信哉多嶮故刀下叩頭稍下乞命如斯之罪不可具陳凡是眾生有相侵害為怨為隙負命負身或作短壽之因便招多病之果願從今日永斷相續盡未來際為菩提眷屬不壞良緣法城等侶矣

引證部第二

如鼻柰耶律云昔佛在世時舍衛國中有一婆羅門常供養迦留陀夷其婆羅門唯有一子長為取婦時婆羅門臨終勑子吾死之後汝看尊者迦留陀夷如我今日莫使有乏父母亡後子奉父母教還復供養迦留陀夷如父在日等無有異後於異時婆羅門子出行不在囑婦供養是日便有五百群賊中有一賊面首端正婦遙

見之遣使喚來便共私通迦留陀夷數往其家婦恐沙門漏泄此事後共此賊方便殺之波斯匿王聞於尊者迦留陀夷爲賊所殺王憶尊者瞋恚懊惱即時便誅婆羅門家并殺左右十八餘家捕五百賊斬截手足擲著塹中比丘見已而白佛言迦留陀夷本造何惡爲婆羅門婦所殺耶佛告比丘迦留陀夷乃往過去作大天祀主有五百人牽其一羊截於四足將詣天祀而共乞願祀主得已即便殺之由殺羊故墮於地獄受無量苦昔天祀主今迦留陀夷是雖得羅漢餘殃不盡今得此報介時羊者今婦是也昔五百人截羊足者今日爲王截其手足五百賊是佛告比丘若人殺害所受果報終不朽敗

又賢愚經云昔佛在世時舍衛城中有一長者名黎耆彌有七頭兒皆以娉娶最小兒婦字毗舍離甚有賢智無事不知時黎耆彌以其家業悉皆付之由其賢智波斯匿王敬禮爲妹有時懷妊月滿生三十二卵其一

卵中出一男兒顏貌端正勇健非凡一人之力敵於千夫長爲納婦皆是國中豪賢之女時毗舍離請佛及僧於舍供養佛爲說法合家悉得須陀洹果唯最小兒未得道迹乘象出游逢輔相子乘車橋上便捉擲著橋下塹中傷破身體來告其父輔相語子彼人力壯又是國親難與諍勝當思密報即以七寶作馬鞭三十二枚純鋼作刀著馬鞭中人贈一枚諸人愛之歡喜納受常捉在手出入見王國法見王禮不帶刀輔相見受便向王讒毗舍離兒年盛力壯一人當千今懷異計謀欲殺王各作利刀置馬鞭中事審明矣王即索看果如所言王意謂實皆悉殺之殺竟便以三十二頭威著一函封閉印之送與其妹當日毗舍離請佛及僧就舍供養見王送函謂王助供即欲開看佛止不聽待僧食竟飯食訖已佛爲說法無常苦等時毗舍離得阿那含果佛去之後開函見兒三十二頭由斷欲愛不至懊惱但作是言痛哉悲矣人生有死不

得長久驅馳五道何苦乃介三十二兒婦家親族聞此事理懊惱唱言大王無道枉殺善人共集兵馬欲往報讎王時恐怖走向佛所諸人引軍圍繞祇桓阿難見王殺毗舍離三十二子婦家親族欲爲報讎合掌問佛有何因緣三十二兒爲王所殺佛告阿難乃往過去三十二人盜他一牛共牽將到一老母舍欲共殺之老母歡喜爲辦殺具臨下刀時牛跪乞命諸人意感遂介殺之牛死誓言汝今殺我我將來世終不放汝死已共食老母食飽歡喜之言由來安客未如今日佛告阿難介時牛者今波斯匿王是盜牛人者今毗舍離三十二子是時老母者今毗舍離是由殺牛故五百世中常爲所殺老母歡喜五百世中常爲作母兒被殺時極懷懊惱今值我故得阿那含果婦家親族聞佛所說恚心便息各作是言此人自種今受其報由殺一牛今尚如是何況多也波斯匿王是我之王云何懷怨而欲殺害即投王前求哀懺悔王亦

釋然不問其罪阿難白佛復修何福
豪貴勇健值佛得道佛告阿難乃往
過去迦葉佛時有一老母合集衆香
以油和之欲往塗塔路中逢值三十
二人因而勸之共往塗塔塗竟發願
所生之處尊榮豪貴常爲母子值佛
得道從是以來五百世中生常尊貴
常爲母子今值佛故各得道迹

正報頌曰

戲笑殺他命　悲號入地獄　臭穢與洋銅
灌注連相續　奔刀赴火𦦨　擘裂碎楚毒
億載苦萬端　傷心不可録

習報頌曰

殺生入四趣　受苦三塗畢　得生人道中
短命多憂疾　瘦病嬰艱苦　壽短常沈没
若有智情人　殺心寧放逸

感應緣 略引一十七驗

宋撫軍將軍劉殺驗
梁時有人沐髮用雞卵白驗
梁時有人賣䱇爲業驗
梁時有客食炙肉驗
梁時有人殺牛繫刹柱下驗
梁時有部曲截盜賊手驗

齊時有人殺牛食卒驗
齊時有人捕魚見魚蠶驗
唐時殷安仁停客殺驢驗
唐時都督鄭公賓軌好殺驗
唐時潘果殺羊舌縮驗
唐時賀悅勒牛舌斷瘂驗
唐時果毅孝政殺蠡驗
唐時有人爲讎家所害驗
唐時齊士望燒雞子驗
唐封元則盜羊殺驗
唐京城西路店上人殺羊驗

宋高祖平桓玄後以劉毅爲撫軍將
軍荆州刺史到州便收牛牧寺僧主
云藏桓家兒度爲沙彌并殺四道人
後夜夢見此僧來云君何以枉見殺
貧道貧道已白於天帝恐君亦不得
久因遂得病不食日尒羸瘦當發楊
都時多有諍競侵凌宰輔宋高祖因
遣人征之毅敗夜單騎突出投牛牧
寺僧白撫軍昔枉殺我師我道人自
無執仇之理然何宜來此亾師屢有
靈驗云天帝當收撫軍於寺殺之毅
便歎咤出寺後崗上大樹自縊而死

右一驗出冤魂志中

梁時有人常以雞卵白和沐云使髮
光每沐輒破二三十枚卵臨終但聞
髮中啾啾數千雞鶵聲

梁時江陵劉氏以賣䱇爲業後生一
兒頭具䱇自頸以下方爲人耳

梁時王克爲永嘉郡有人餉羊集賓
欲讌而羊繩解來投一客先跪兩拜
便入衣中此客竟不言之固無救請
須臾宰羊爲炙先行至客一臠入口
便下皮内周行徧體痛楚號噭方復
說之遂作羊鳴而死

梁時有人爲縣令經劉敬躬縣廨被
焚寄寺而住民將羊酒作禮縣令以
牛繫刹屏除形像鋪設牀座於堂上
接賓未殺之頃牛解徑來至階而拜
縣令大笑命左右宰之飲噉飽酒便
臥簷下投醒即覺體痒把搔癮胗因
尒須臾變成大患經十餘年便死

梁楊思達爲西陽郡值侯景亂時復
旱儉飢民盜田中麥思達遣一部曲
守視所得盜者輒截手腕凡戮十餘
人部曲後生一男自然無手

齊時有一奉朝請家甚豪侈非手殺牛則噉之不美年三十許病篤大見牛來舉體如被刀刺叫呼而終

齊時江陵高偉隨吳入齊凡數年向幽州淀中捕魚後病每見群魚囓之而死右七驗出弘明雜傳

唐京兆殷安仁家富素事慈門寺僧以義寧元年初有客寄其家停止客盜他驢於家殺之驢皮遺安仁家至貞觀三年安仁遂見一人於路謂安仁曰追汝使明日至汝當死也安仁懼逕至慈門寺坐佛殿中經宿不出明日果有三騎并步卒數十人皆兵仗入寺遙見安仁呼出安仁不應而念誦逾進鬼相謂曰昨日不即取今日修福如此何由可得因相與去留一人守之守者謂安仁曰君往日殺驢驢今訴君使我等來攝君耳終須共對不去何益安仁遙荅曰往者他盜自殺驢但以皮與我耳本非我殺何為見追倩君還為我語驢我本不殺汝然今又為汝追福於汝有利當捨我也此人許諾曰驢若不許我明日更來如其許者不來矣言畢而出明日遂不來安仁於是為驢追福而舉家持戒菜食云尒驢文勸說之安仁今現在

唐雒州都督鄭公寶軌性好殺戮初為益州行臺僕射多殺將士又害行臺尚書韋雲起至貞觀二年冬在雒州病甚困忽自言有人餉我瓜來左右報冬月無瓜也公曰一盤好瓜何故無耶既而驚視曰非瓜也並是人頭從我索命又曰扶我起見韋尚書言畢而薨

唐京師有人姓潘名果年未弱冠以武德時任都水小吏下歸家與少年數人出田游戲過於塚間見一羊為牧人所遺獨立食草果因與少年捉之將以歸家其羊中路鳴喚果懼主聞乃拔却羊舌於是夜殺食之後經一年果舌漸消縮盡陳牒解吏富平縣令鄭餘慶疑其虛詐令開口驗之乃見全無舌根本纔如豆許不盡官人問之因由果取紙書以荅之元狀官人一時彈指教令為羊追福寫法

華經等果發心信敬齋戒不絕為羊修福後經一年舌漸得生平復如故又詣官陳牒縣官用為里正餘慶至貞觀十八年為監察御史自向臨說耳右三驗出冥報記

唐武德年中隰州大寧人賀悅永興為隣人牛犯其稼穡乃以繩勒牛舌斷永興後生子三人並皆瘖瘂不能言語

唐雍州陸孝政貞觀年中為右衛隰川府左果毅孝政為性躁急多為殘害府內先有蜜蜂一龕分飛聚於宅南樹上孝政于時遣人移就別龕其蜂未去之間孝政大怒遂煮熱湯一盆就樹沃蜂揔以死盡始無遺子至明年五月孝政於廳晝寢忽有一蜂螫其舌上遂即洪腫塞口數日而卒

唐隴西李義琰貞觀年中為華州縣尉此縣忽失一人莫知所在其父兄疑一雠家所害詣縣陳請義琰案之不能得決夜中執燭委細窮問至夜義琰據案俛首不覺死人即至猶帶被傷之狀云某被傷姓名被打

殺置於某所井中公可早檢不然恐被移向他處不可見得義琰即親往覓果如所陳尋而獲家云始具伏當時聞見者莫不驚歎

唐魏州武强人齊士望貞觀二十一年死經七日而蘇自云初死之後被引見王即付曹司別遣勘當經四五日勘簿云與合死者同姓字然未合即死判官語士望曰汝生平好燒雞子宜受罪而歸即命人送其出門去曹司一二里即見一城聞城中有鼓吹之聲士望欣然趨走而入既入之後城門已閉其中更無屋宇徧地皆是熱灰士望周章不知所計燒灼其足殊常痛苦士望四顧城門並開及走向門其扉既掩凡經一日有人命門者曰開門放昨日罪人出既出即命人送歸使者辭以路遙遷延不送之始求以錢絹士望許諾遂經歷川塗踐履荊棘行至一處有如環堵其中有坑深黑士望懼之使者推之遂入坑內不覺漸蘇尋乃造紙錢等待焉使者依期還到士望妻亦同見之

唐封元則渤海長河人也至顯慶中為光祿寺太官掌膳時有西蕃客于闐王來朝食料餘羊凡至數十百口王並託元則送於僧寺放作長生元則乃竊令屠家烹宰收其錢直龍朔元年夏六月雒陽大雨震雷霹靂元則於宣仁門外大街中殺之折其項裂血流灑地觀者盈衢莫不驚愕（右五驗出冥報拾遺錄）

唐顯慶年中長安城西路側店上有家新婦誕一男月滿日親族慶會買得一羊欲殺羊數向屠人跪拜屠人報家內家內大小不以為徵遂即殺之將肉釜煮餘人貪料理葱蒜餅食令產婦抱兒看煑肉抱兒火前釜大鏗穿忽然自破釜湯衝灰火直射母子母子俱亡親族及隣人見者莫不酸切信知交驗豈得不慎店人見聞之者永斷酒肉葷辛不食（右一驗店人向道自說）

法苑珠林卷第七十三

法苑珠林卷第七十三

校勘記

一　底本，金藏廣勝寺本。

一　三四五頁中一行經名，徑無（未換卷）。

一　三四五頁中二行撰者，磧、普作「大唐上都西明寺沙門釋道世撰」；南作「唐上都西明寺沙門釋道世撰」；徑無（未換卷）；清作「唐西明寺沙門釋道世撰」。

一　三四五頁中三行「十惡篇第八十四」，徑作「十惡篇第八十四之一」。又「此有一十三部」，磧、普、南、徑、清無。

一　三四五頁中四行至八行「述意部……邪見部」，徑無。

一　三四五頁中九行「第一」，徑無。下至次頁中一四行部目下序數例同。

一　三四五頁下四行「成業論」，磧、普、南、徑、清作「成論」；麗作「成

業」。
一　三四五頁下五行「寤殺」，磧、普、南、徑、清、麗作「誤殺」。
一　三四五頁下六行第四字「投」，麗作「捉」。
一　三四五頁下一〇行第三字「常」，磧、普、南、徑、清作「恒」。次頁下二行第五字同。
一　三四六頁上二行第八字「動」，磧、普、南、徑、清無。
一　三四六頁上七行第一二、一三字「心境」，磧、普、南、徑、清無。
一　三四六頁上一一行「生罪」，磧、普、南、徑、清作「罪重」。
一　三四六頁上一七行「一闡提」，磧、普、南、徑、清作「阿闡提」。
一　三四六頁上一八行「掘地」，磧作「掘坭」。
一　三四六頁上一九行夾註右「重報」，磧、普、南、徑、清作「重罪」。
一　三四六頁中四行「云何」，普作「云云何」。

一　三四六頁中五行「不擣」，磧、普、南、徑、清作「不揭」。
一　三四六頁中一五行「問經」，磧、普、南、徑、清作「經問」。
一　三四六頁中二二行第一三字「故」，磧、普、南、徑、清作「當」。
一　三四六頁下一三行「地獄」，磧、普、南、徑、清作「地獄中」。
一　三四六頁下一四行「所得」，普、徑作「所謂」。
一　三四六頁下一七行「重戒」，磧、普、南、徑、清、麗作「初重戒」。
一　三四七頁上四行「背傴」，磧、普、南、徑、清作「背僂」。
一　三四七頁上六行「若有」，磧作「若得」。
一　三四七頁上九行「乞丐」，磧、南作「乞食」。
一　三四七頁上一〇行「衆人」，磧、南、清作「衆生」。又「四重戒」，磧、南、徑、清作「四戒」。
一　三四七頁中一九行至二〇行「諸不善法日日損減」，磧、普、南、徑、清、麗作「諸不善法日日增長於諸善法日日損減」。
一　三四七頁中二〇行第一〇字「子」，磧、南無。
一　三四七頁下八行「因聞」，麗作「周聞」。
一　三四七頁下一四行「律儀」，磧、普、南、徑、清作「善律儀」；麗作「善儀」。
一　三四七頁下一五行第六字「爲」，磧、普、南、徑作「名爲」。
一　三四七頁下二一行「令世」，磧、普、南、徑、清作「今世」。
一　三四八頁上一〇行「惡報」，至此，徑卷第九十終，卷第九十一始，並有「十惡篇第八十四之二」一行。
一　三四八頁上一一行「殺生部第四此別二部」，徑作「殺生部」。
一　三四八頁上一二行「部第一」，徑無。本頁下一四行「部第二」例同。
一　三四八頁上一七行「區氏」，磧、

普、南、徑、清作「歐氏」。

一 三四八頁中三行末字「瞻」，磧、南、徑、清作「贍」。

一 三四八頁中七行「之馳馬」，磧、南、徑、清作「而快馬」；普作「之快馬」。

一 三四八頁中一〇行「罦網」，徑作「罦網」。

一 三四八頁中一二行「鷹聞絃」，磧、普、南、徑、清作「鷹聞弦」。

一 三四八頁中一五行「頭脂」，麗作「頭陷」。

一 三四八頁中一七行第四字「鯉」，磧、普、南、徑、清、麗作「鮒」。

一 三四八頁中一九行「招盤」，磧、普、南、徑、清作「拈槃」。

一 三四八頁中二〇行第九字「劉」，磧作「對」。

一 三四八頁中二一行「賢帝聖主」，磧、南作「賢聖帝王」；普、徑、清作「賢聖帝主」。又「干戈」，磧作「干伐」。

一 三四八頁中二二行第九字「後」，磧、普、南、徑、清、麗作「役」。

一 三四八頁下一行末字「尺」，南、徑、清作「赤」。

一 三四八頁下二行第九字「奔」，徑、清、麗作「莽」。

一 三四八頁下九行「如斯」，磧作「斯之」。

一 三四九頁上六行「手足」，磧、普、南、徑、清作「首足」。

一 三四九頁上末行第八字「生」，磧、普、南、徑、清作「便生」。

一 三四九頁中一一行第六字「常」，磧、普、南、徑、清作「恒」。次頁上六行第九字、七行第一二字同。

一 三四九頁中一八行第二字「離」，磧、普、南無。

一 三四九頁中一九行首字「謂」，磧、普、南作「請」。

一 三四九頁中二一行第一二字「之」，磧、普、南、徑、清無。

一 三四九頁下一行「乃尒」，磧、普、南、徑、清作「乃至」。

一 三四九頁下二行「聞此事理」，磧作「此事非理」；普作「聞此事非理」；南、徑、清作「聞事非理」。

一 三四九頁下五行「祇桓」，磧、普、南、徑、清作「祇園」。

一 三四九頁下一〇行「時牛」，南、徑、清作「殺牛」。

一 三四九頁下一三行「之言」，清作「而言」。又「未如」，磧、普、南作「未知」。

一 三五〇頁上四行第八字「塔」，磧、南、徑、清作「佛塔」。

一 三五〇頁上一一行第八字「赴」，磧、南、徑、清作「走」。

一 三五〇頁上一五行「嬰艱苦」，磧、南、徑、清作「癭難苦」；普作「癭艱苦」。

一 三五〇頁上一六行「智情人」，普、南、徑、清作「智黠人」。

一 三五〇頁上一九行第二字「時」，徑、清無，下至本頁中九行第二字

同。又第八字「難」，磧、南無。

一　三五〇頁上末行第七字「盜」，磧、普、南、徑、清作「盜偷」。

一　三五〇頁中七行「果毅孝政」，徑、清作「陸孝政」。

一　三五〇頁中一〇行首字「唐」，磧、普、南作「唐時」。一一行首字同。

一　三五〇頁中一四行第三字「桓」，磧、普、南作「恒」。

一　三五〇頁中末行「而死」，磧、普、南、徑、清作「而死也」。

一　三五〇頁下一行夾註左末字「中」，磧、普、南、徑、清無。

一　三五〇頁下三行第九字「牧」，磧、普、南、徑、清、麗作「枚」。

一　三五〇頁下四行末字「聲」，磧、普、南、徑、清作「之聲」。

一　三五〇頁下一〇行第一一字「一」，磧、南無。

一　三五〇頁下一四行「羊酒」，麗作「牛酒」。

一　三五〇頁下一六行「至階」，磧、普、南、徑、清作「至陛」。

一　三五〇頁下一七行第五字「命」，磧、南、徑、清作「令」。

一　三五〇頁下一八行「癮胗」，磧、南、徑、清作「癮疹」。

一　三五〇頁下一九行「十餘年」，磧、普、南、徑、清作「十餘日」。

一　三五〇頁下二〇行首字「梁」，磧、普、南、徑、清作「梁時」。

一　三五一頁上三行「噭呼」，磧、普、徑、清作「訆呼」。

一　三五一頁上二一行「何爲」，磧、普、南、徑、清作「何以」。又第一三字「本」，磧、普、南、徑、清無。

一　三五一頁上二二行第三字「然」，普無。

一　三五一頁中三行「驢文勵」，磧、普、南、徑、清、麗作「盧文勵」。

一　三五一頁中八行第四字「困」，磧、南作「因」。

一　三五一頁中一一行第四字「業」，磧、南、徑、清作「債」；普作「責」。

一　三五一頁中一九行「一年」，磧、普、南、徑、清作「至一年」。

一　三五一頁下七行「乃以」，磧、南、徑作「乃至」。

一　三五一頁下一五行「遺子」，徑、清作「遺子」。

一　三五一頁下二一行「執燭」，磧、普、南、徑、清作「就燭」。

一　三五一頁下二二行第二字「夜」，磧、普、南、徑、清作「一夜」；麗作「乙夜」。

一　三五二頁上一四行「周章」，普、徑、清作「周慞」。

一　三五二頁上一六行第三字「門」，徑、清作「開」。又第六字「既」，磧、普、南、徑、清作「即」。

一　三五二頁上末行末字「之」，磧、普、南、徑、清作「之云」。

一　三五二頁中三行第六字「料」，磧、普、南、徑、清作「斷」。

一　三五二頁中六行「震雷」，磧、普、南、徑、清作「震電」。

一　三五二頁中九行夾註右首字「禄」，磧、普、南、徑、清、麗作「驗」。又左末字「録」，磧、普、南、徑、清無。

一　三五二頁中一四行第九字「料」，磧、南、徑、清作「斷」。

一　三五二頁中一五行「火前」，磧、普、南、徑、清作「前火」。

一　三五二頁中一六行「極穿」，磧、普、南、徑、清、麗作「極牢」。

一　三五二頁中一八行「信知」，磧、普、南、徑、清作「信之」。

一　三五二頁中一九行小字「在同店人向道自説」，磧、普、南、徑、清作正文。

一　三五二頁中卷末經名，徑無（未換卷）。

趙城縣廣勝寺

法苑珠林卷第七十四　　　　　　　　十

西明寺沙門釋道世撰

十惡篇第八十四之二

偷盜部第五 此別七部

述意部　佛物部　法物部
僧物部　互用部　凡物部
遺物部

述意部第一

夫稟形六趣莫不貪欲為原受質二儀並皆戀財為本雖復人畜兩殊然慳惜無二故臨財苟得非謂哲人見利忘義匪成君子且錢財玉帛是外所依幡華僧物是內供養理應省己負窮隨喜他富豈以自貧貪奪他財所以調達取華遂便退落憍梵損粟反受牛身迦葉乞餅被俗譏訶比丘齅香池神訶責是知偷盜之愆寧非大罪所以朝餐無寄夜寢無衣烏栖鹿宿赤露瘯瘵傍路安眠循鄽求食遂使母逐鷓鴣而南去子隨胡馬而北歸夫類日影而西奔婦似川流而東逝莫不望故鄉而腸斷念生處而號咷淚交馳而散血心鬱怏而聚眉如斯之苦皆由前身不施劫盜中來故經曰欲知過去因當看見在果欲知未來果但觀現在因是故勸諸行者常須誡勗勿起盜心乃至遺落不貪何況故偷他物也

佛物部第二

如涅槃經云造立佛寺用珠華鬘供養不問輒取若知不知皆得方便盜罪又毗奈耶論云若盜佛塔聲聞塔中幡華皆望施主結重罪為斷彼福故又十誦律云若盜佛圖物精舍中供養具若有守護主計主犯重罪如十誦偷佛舍利薩婆多論盜佛像並為淨心供養自念云彼亦弟子我亦弟子如是之人雖不語取供養皆不犯罪 此謂施主情通者不犯局者犯重也 若依摩德勒伽論云為轉賣活命故盜佛像舍利者犯大重罪

法物部第三

如四分律云時有人盜他經卷佛言佛語無價計紙墨犯重罪十誦律云借他經拒逆不還令主生疑者犯方

便罪(由心半決犯者犯重)若正法念經云若盜他沙方者犯重罪唯識並決論云聞取他經論讀乃至一句皆犯盜竊文句罪(此應是上心慳悋者犯況今無情通不惜者取讀無過也)餘五百問事口決云不得口吹經塵以口氣惡故(像塵亦介)若燒故經得重罪如燒父母不知有罪者犯輕(數者惡人偷佛銅像燒鑄聖容將供養命逆中之極惡於此或盜幡華用充衣服或將貨活命如是等罪未來受殃無有出期)

僧物部第四

如五分律云貸僧物不還計直犯重又觀佛三昧經云盜僧鬘物者過殺八萬四千父母等罪又寶梁經云寧噉身肉終不得用三寶物又依方等經華聚菩薩云五逆四重我亦能救盜僧物者我不能救又大集經濟龍品云時有諸龍得宿命心自念過業漢泣雨淚來至佛前各如是言我憶往昔於佛法中或為俗人親屬因緣或復聽法因緣所有信心捨施種種華果飲食共諸比丘依次而食或有說言我曾暫噉四方眾僧華果飲食或有說言我往寺舍布施眾僧或復禮拜如是暫噉乃至七佛已來曾作俗人有信心人為供養故施諸華果種種飲食比丘得已迴施於我我得便食由彼業緣於地獄中經無量劫大猛火中或燒或煮或飲洋銅或吞鐵丸從地獄出墮畜生中捨畜生身生餓鬼中如是種種備受辛苦佛告諸龍此之惡業與盜佛物等無差別比丘逆業其罪如半然此罪報難可得脫於賢劫中值最後佛名曰樓至於彼佛世罪得除滅

述曰何故盜用僧物其罪偏重耶答曰隨盜一物即望十方凡聖上至諸佛下及凡僧隨境無邊還結無邊等罪微塵尚可知數此人罪報不可測量所以者何為其施主本捨一毫一粒擬供十方出家凡聖令其食用日夜修道不欲供俗是以鳴鐘一響遐邇同資凡聖並資俱成道業冥資施主得益無邊惟斯福利功齊法界招善既多獲罪寧少今見愚迷眾生不簡貴賤不信三寶苟貪福物將用貴身或食噉僧食受用華果或騎僧雜畜將僧奴隨逐或借貸僧物經久不還見僧屢索反加凌毀或倚官形勢伺求僧過如是等損具列難盡靜思此咎豈不痛心今惜不與者非是慳惜不惠為慈愍白衣慮受來苦若當與者非直損俗亦罪及知事未來生處同受其殃故佛本行經云一念之惡能開五不善門一惡能燒人善根二從惡更生惡三為聖人所呵四退失道果五死入惡道既知不易誡為大誡後時取受省己用之

互用部第五

如寶梁寶印經云佛二物不得互用由無與佛法物作主復無可諮白不同僧物常住招提互有所諮若用僧物修治佛塔者依法取僧和合得用不和合者勸俗人修治若佛塔有物乃至一錢已上以施主重心故捨諸天及人於此物中應生佛想塔想乃至風吹爛壞不得貿寶供養以如來塔物無人作價也又十誦律云佛聽僧坊佛圖畜使人及象馬牛羊等各有所屬不得互用又僧祇律云供養佛華多聽轉賣買香燈猶故多者轉賣

無盡財中又五百問事曰決云佛幡多者欲作餘佛事用者得若施主不許者不得又四分律云供養佛塔食治塔人得食又善見論云佛前獻佛飯食侍佛比丘得食若無比丘白衣侍佛亦得食又罪福決疑經云初獻佛時上中下座必敎白衣奉佛及僧獻竟行與僧食不犯若不白者食佛物故千億歲墮阿鼻地獄擅越不受師敎亦招前報若生人間九百萬歲墮下賤處何以故佛物無人能評價故若汎尒齋家及在僧寺二時常食獻佛聖僧食不局入佛僧者不須收贖唱膳食後一切得食若情捨施食定入佛僧不通白衣者應贖已取食也或施主本擬作釋迦改作彌陀本作大品改充涅槃本作僧房改供僧食本施二衆改入一衆本擬十方迴入現前本擬大衆迴入別人本擬衆僧迴入白衣皆違反施主計錢多少滿五成重減五得蘭故四分律云許此處乃與彼處皆犯罪也輕重之罪量前施主准此之文撿挍佛像有餘綵色不得作菩薩聖僧等形以師徒位別故不得互用乃可作餘莊嚴具還將供養佛不犯若施主情通

一鋪佛像任意莊嚴種種道俗凡聖形像諸雜供養名華草木山池鳥獸不局佛像者通作無罪故五百問事云用佛綵色作鳥獸形得罪除在佛前爲供養故不犯數聞邊方道俗不聞戒律雖有好心細營三寶任己凡情互用三寶物乃至齋上聖僧錢或將自入或入常住或作佛像或畫堂上迦葉阿難等形並不合用得罪具如上受請篇說問曰今時齋上有佛錢未審此錢入何等用答曰若施主本心定入造像還如前互用文斷只得造佛不得別用若如今時齋家凡僧食後通出佛僧錢知施主不別標爲合任將買香油出造僧當造佛堂種種供佛受用並得但不得入維僧別人用上來略述並依經律文斷不是人情非不依法及錯無知不學之罪自外不盡者具如僧尼十卷律鈔廣說故撿挍三寶事重不輕自非明解戒律深信因果謹慎用心怖怕業道常勤作意不護人情如是之人始堪作綱維知事自外不合作又寶梁經云佛告迦葉我聽二種比丘得營衆事何等爲二一能淨持戒二畏於後世喻如金剛復有二種何等爲二一識知業報二有諸慚愧及以悔心復有二種何等爲二一阿羅漢二能修八背捨者如是二種比丘我聽營事自無瘡疣能護他人意以此事難故語迦葉於佛法中種種出家種種姓種種心種種解脫種種斷結或有阿蘭若或有乞食或有樂住山林或有樂近聚落淸淨持戒

或有能離四扼或有勤修多聞或有辯說諸法或有善持戒律或有善持毗尼儀式或有游諸城邑聚落爲人說法有如是等諸比丘僧營事比丘善取如是諸人心相故經云彼營事比丘應當分別常住僧物不得與招提僧招提僧物不得與常住僧此二種物不得互用常住僧物招提僧物不應與佛物共雜常物亦不得與□共雜若常住僧物多而招提僧有所須者營事比丘應集僧行籌羯磨欲僧和合者應以常住僧物分與招提僧若如來塔或有所須若欲敗壞者若常住僧物若招提僧物多者營事比丘應集僧行籌羯磨欲作如是言是佛塔壞今有所須此常住僧物招提僧物多大德僧聽若僧時到僧忍聽若僧不惜所得施物若常住僧物招提僧物我今持用修治佛塔若僧不和合營事比丘應勸化在家人求索財物修治佛塔若佛物多者不得分與常住招提僧何以故於此物中應生世尊想佛所有物乃至一線皆是施主信心施佛是故諸

天世人於此物中生佛塔想而況寶物若於佛塔中寧令風吹雨爛破盡不應以此衣貿易寶物何以故如來塔物無人能與作價者又佛無所須故如是營事人者三寶之物不應令雜以自雜用得大苦報若受一刧若過一刧以侵三寶物故又寶梁經云佛言營事比丘若生瞋心於持戒大德人所以自在故驅令役使故墮地獄若得為人作奴僕為主苦役人所鞭打又營事比丘以自在故更作重制過僧常限謫罰比丘非時令作以此不善根故墮於多釘小地獄中生此中已以百千釘釘挓其身其身熾然如大火聚又營事比丘於持戒有大德所以重事惱之以瞋心語故生地獄中其所得舌長五百由旬以百千釘而釘其舌一一釘中出大火焰又營事比丘數得僧物慳惜藏舉或非時與僧或復難與或因苦與或少與或不與或有與者或不與者以此不善根故有饑惡餓鬼常食糞丸此人命終當生其中於百千歲常不得

食或時食變為糞屎或作膿血是故迦葉營事比丘寧自噉身宍終不雜用三寶之物作衣鉢飲食

凡物部第六

如善見論云為他別人乃至三寶守護財物若謹慎掌護堅鏁藏戶而賊從孔中屋中竊取或逼迫取非守物人能禁限者但望本主結罪皆不合徵若主掌懈慢不勤守護為賊所偷者掌物人償之以望守護主結罪故十誦律云遠處受他寄物在道損破若好心捉破者不應償惡心捉破者須償若借他物不問好心惡心若破一切須償又十誦律云賊偷物來或好心施或因他逐恐怖故施得取以成物主故但莫從賊乞自與者得取取已染壞色著有主識認者應還又摩德勒伽云若狂人自持物施不知父母親眷者得取若父母可知不自手與者不得取又十誦律云若取他虎殘宍者犯小罪由不斷望故若取師子殘者不犯由斷望故又薩婆多論云盜一切鳥獸殘者得小罪（今時偷盜多有係人）

（毀壞他園圃取其財栗胡桃棗果子等准此犯罪）四分律云若與想取已有想取糞埽想取暫想取親友意想取等皆不犯其親友者依律要具七法始名親友一難作能作二難與能與三難忍能忍四密事相告五互相覆藏六遭苦不捨七貧賤不輕如是七法人能行者是親善友取而不犯也

又增一阿含經云佛告比丘若人作賊偷盜他物為主所執縛送付王治其盜罪王即遣人閉著牢獄或截手足或削耳鼻或剝其皮或抽其筋或取倒懸或時鋸解或以火炙或時湯煮或以生革縛絡其頭或復洋銅而灌其身或以長橛而刺其髖或使惡象而以蹈殺或開其腹抽腸紆草或時反縛打惡聲鼓將詣市所標下斬首或復節節支解其形或以刀破時如箭射如是種種苦切殺之以此偷盜惡業因緣命終之後生地獄中猛火燒身融銅灌口鑊湯鑪炭刀山劍樹塘灰糞屎磨磨碓擣受如是等種種諸苦酸楚毒痛不可稱計百千万歲脫

出無期地獄罪畢生畜生中象馬牛羊駝驢犬等經百千歲以償他力畜生罪畢生餓鬼中飢渴苦惱不可具言初不聞有漿水之名經百千歲受如是苦惡道罪畢出生人中若生人中得二種報一者貧窮衣不蓋形食不充口二者常爲王賊火水及以惡賊劫又正法念經云何名盜若人思惟欲令種種穀麥我獨成就令世間人五穀不登常作如是不善思惟復於異時衆生薄福田苗不收如是惡人見世飢饉心生歡喜如我所念於市糶賣曲心巧僞量諸穀麥誑惑於人究竟成業若心思惟名爲思業若作誑時名爲誑業作誑業已名究竟業

遺物部第七

如正法念經云若見道邊遺落之物若金若銀及餘財寶取已唱令此是誰物當問其相實者當還若無人認七日持行日日唱之若無主認以此寶物付王大臣州郡令長若王大臣州郡令長見福德人不取此物後當護持佛法衆僧是名不盜

又僧祇律云若見遺衣物者當唱令之無主者縣著高顯處令人見若言是何物應問言汝物何處失荅相應者與若無識者應停至三月已若塔園中得者即作塔用僧園中得者四方僧用若貴價物者謂金銀瓔珞不得露現唱令得寶人應審諦數看有何相貌然後舉之人來認時相應者與對衆多人與不得屏處還教受三歸語言佛不制戒者汝眼看不得若無人來認者停至三年如前處當界用之若治塔得寶藏者即作塔用僧地亦然故成實論云伏藏取用無罪佛在世時給孤長者是聖人亦取此物故知無罪又自然得物不名劫盜

又僧祇律云入聚落中有遺落物不得取與比丘者得即是施主聚落中風吹衣不得作糞埽想取若曠路無人處得取又五分律云若舉衣經十二年不還者集僧評價作四方僧用若彼後還以僧物償不受者善

正報頌曰

劫盜供他用　泥犂獨自沈　貜烏金剛觜
啄腦劈其心　灌口以銅汁　碎身鐵棒砧
怕懼周慞走　還投刀劍林

習報頌曰

劫盜所獲報　地獄被銷鎔　罪畢生人道
飢貧以自終　共財被他制　何殊下賤中
寄言懷操者　當須思固窮

感應緣　略引六驗

漢蒼梧郡亭長龔壽
漢岐州郿縣斄亭長盜殺他人女
隋宜州有人姓皇甫名遷
唐魏王府長史韋慶植女
唐西京東市筆行趙氏女
唐主簿周基被吏盜死

漢世何敞爲交阯刺史行部到蒼梧郡高要縣暮宿鵠奔亭夜猶未半有一女子從樓下出自云妾姓蘇名娥字怡姝本廣信縣修里人早失父母又無兄弟夫亦久亡有雜繒百二十四及婢一人名致富妾孤窮羸弱不能自振欲往傍縣賣繒就同縣人王伯賃車牛一乘直錢萬二千載妾并繒令致富執轡乃以前年四月十

日到此亭外于時日暮行人既絶不敢前行因即留止致富暴得腹痛妾往亭長舍乞漿取火亭長龔壽操刀持戟來至車傍問妾曰夫人從何所來車上何載丈夫安在何故獨行妾應之曰何故問之壽因捉妾臂曰少愛有色寧可相樂耶妾時怖懼不肯聽從壽即以刀刺脇一創立死又殺致富壽掘樓下埋妾并婢取財物去殺牛燒車車釭及牛骨貯亭東空井中妾死痛酷無所告訴故來自歸於明使君敞曰今欲發汝屍骸以何爲驗女子曰妾上下皆著白衣青絲履猶未朽也掘之果然敞乃遣吏捕壽栲問具服下廣信縣驗問與娥語同收壽父母兄弟皆繫獄敞表壽殺人於常律不至族誅但壽爲惡隱密經年王法所不能得鬼神訴千載無一請皆斬之以助陰殺上報聽之

漢時有王忳字少林爲郿縣令之縣到斄亭亭常有鬼數數殺人忳宿樓上夜有女子稱欲訴寃無衣自蓋忳以衣與之乃進曰妾本涪令妻也欲往之官過此亭宿亭長殺妾大小十餘口霾在樓下奪取衣裳財物亭長今爲縣門下游徼忳曰當爲汝報之勿復妄殺良善耶鬼投衣而去忳且收游徼詰問即服收同謀十餘人并殺之掘取諸喪歸其家殯葬亭永清寧人謠曰信哉少林世無偶飛被走馬與鬼語飛被走馬別爲他事今所不録 右二驗出寃魂志

隨大業八年宜州城東南四十餘里有一家姓皇甫居家兄弟四人大兄小弟並皆勤事生業仁慈忠孝其第二弟名遷交游惡友不事生活於後一時母在堂内取六十錢欲令市買且置牀上母向舍後其遷從外來入堂左右顧視不見人便偷錢將出私用母還覓錢不得不知兒將去遂勘合家良賤並云不得母恨不清合家遂鞭打大小大小皆怨至後年遷亡託胎家内母豬腹中經由三五月産一牝子年至兩歲八月社至須錢賣遠村社家得錢六百文社官將去至於初夜遂謦覺合家大小先以鼻觸婦婦眠夢云我是汝夫爲取婆六十錢枉及合家唐受拷楚令我作豬令來償債今將賣與社家社家縛我欲殺汝是我婦何忍不語男女贖我婦初一夢忽寤心驚仍未信之復眠還夢如是豬復以鼻觸婦婦驚著衣向堂報姑姑已起坐還夢同新婦兒女亦同夢見一夜裝束令兒及將遷兄并持錢一千二百母報兒云社官儻不肯放求倍與價恐天明將殺馳騎急去去舍三十餘里兒既至彼不說已親恐辱家門但云不須殺今欲贖豬社官不肯吾今祭社時至豬不與君再三慇懃不放兒兒怕急恐慮殺之私馮一有識解信敬人曾任縣令具述委曲實情後始贖得既得豬已驅向野田兒語豬云汝審是我弟汝可急前還家兒復語豬審是我父亦宜自前還家豬聞此語馳走在前還舍後經多時鄉里並知兒女恥愧比隣相嫌者並以豬識罵兒女私報豬云耶今作業不善受此豬身男女出頭不得耶生平之日每共徐賢者交

厚耶向徐家兒女送食往彼供耶豬聞此語投淚馳走向徐家徐家離舍四十餘里至大業十一年內豬徐家卒信知業報不簡親疏晈若目前豈不慎歟長安弘法寺靜琳法師是遷隣里親見其豬法師傳向道説之

唐貞觀中魏王府長史京兆人韋慶植有女先亡韋夫婦痛惜之後二年慶植將聚親賓客備食家人買得羊未殺夜慶植妻夢其亡女著青裙白衫頭髮上有一雙玉釵是平生所服者來見母涕泣言昔嘗用物不語父母坐此業報今受羊身來償父母命明旦當見殺青羊白頭者是特願慈恩垂乞性命母驚寤旦而自往觀羊果有青羊項髆皆白頭上有兩點白相當如玉釵形母對之悲泣止家人勿殺待慶植至放送之俄而植至催食廚人白言夫人不許殺青羊植怒即命殺之宰夫縣羊欲殺賓客數人已至乃見縣一女子容貌端正諦客曰是韋長史女乞救命客等驚愕止宰夫宰夫懼植怒又但見羊鳴遂即殺之既而客坐不食植怪問之客具以言慶植悲痛發病遂不起京下士人多知此事崔尚書敦禮具爲臨説

唐長安市里風俗每至歲元日已後遞作飲食相邀號爲傳坐東市筆生趙大次當設之有客先到向後見其碓上有童女年可十三四著青裙白衫以汲索繫頸屬於碓柱泣淚謂客曰我主人女也往年未死時盜父母百錢欲買脂粉未及而死其錢今在廚舍內西北角壁中然我未用既以盜之坐此得罪今當償父母命言畢化爲青羊白頭客驚告主人主人問其形貌乃是小女死已二年矣於廚壁取得百錢似久安處於是送羊僧寺合門不復食肉盧文勵傳向臨説耳右二驗出冥報記

唐冀州館陶縣主簿姓周忘其名字至顯慶四年十一月奉使於臨渝關互市當去之時將佐史等二人從往周將錢帛稍多二人乃以土囊壓而殺之所有錢帛咸盜將去唯有隨身衣服充斂至歲暮乃入妻夢具説被殺之狀兼言所盜財物藏隱之處妻乃依此告官官司案辯具得實狀錢帛並獲二人皆坐處死相州智力寺僧慧永云當親見明庭觀道士劉仁寬説之右一驗出冥報拾遺

法苑珠林卷第七十四

法苑珠林卷第七十四

校勘記

一　底本，金藏廣勝寺本。三五七頁中一行至八行、本頁下八行至次頁上一行原版殘，以麗藏本換。

一　三五七頁中一行經名，徑無（未換卷）。又經名下，磧、普、南、清有夾註「十惡之二」。

一　三五七頁中二行撰者，磧、普作「大唐上都西明寺沙門釋道世撰」；南作「唐上都西明寺沙門釋道世撰」；徑無（未換卷）；清作「唐西明寺沙門釋道世撰」。

一　三五七頁中三行「十惡篇第八十四之二」，磧、普、南、徑、清無。

一　三五七頁中四行「第五」，徑無。又「此別七部」，磧、普、南、清作「此有七部」；徑無。

一　三五七頁中五行至七行「述意部……遺物部」，徑無。

一　三五七頁中八行「部第一」，徑無。以下部目中「部」字與序數相連者例同。

一　三五七頁中一六行第九字「俗」，磧、普、南、徑、清作「女」。

一　三五七頁中一七行「訶責」，磧、普作「雅責」；南、徑、清作「呵責」。

一　三五七頁中一八行「無衣」，磧、普、南、徑、清作「無依」。

一　三五七頁中一九行「𤸷癵」，磧、普、南、徑、清作「攣捲」。

一　三五七頁下一行第三字「駛」，磧、南作「駃」。

一　三五七頁下一〇行首字「罪」，磧、普、南、徑、清無。

一　三五七頁下一二行第二字「又」，磧、南、徑、清作「有」。

一　三五七頁下一七行夾註左末字「也」，磧、普、南、徑、清作「罪」。

一　三五八頁上四行夾註右第一〇字「汎」，磧、普、南、徑、清作「若汎」。

一　三五八頁上七行夾註右第二字「者」，磧、普、南、徑、清、麗作「有」。又左第六字「養」，磧、普、南、徑、清、麗作「身」。

一　三五八頁上八行夾註右「幡華」，磧、普、南、徑、清作「華幡」。

一　三五八頁上一四行首字「經」，磧、普、南、徑、清作「經云」。

一　三五八頁上一六行「過業」，磧、普、南、徑、清作「過去業」。

一　三五八頁上二一行「磐噉」，麗作「喫噉」。末行同。

一　三五八頁中八行「逆業」，麗作「五逆業」。又「罪報」，南、徑、清作「惡報」。

一　三五八頁中末行「隨逐」，磧、普、南作「逐」；徑、清作「用」。

一　三五八頁下一行「倚官形勢」，磧、普、南、徑、清作「倚官刑勢」。

一　三五八頁下一〇行「省己用之」，磧、普、南、徑、清作「省用之也」。

一　三五八頁下一二行第八字「佛」，磧、普、南、徑、清、麗作「佛法」。

一　三五八頁下一四行第二字「僧」，

磧、普、南、徑、清作「借」。又第八字「互」，磧、普、南、徑、清作「互用」。

一　三五八頁下一六行「修治」，磧、普、南作「條治」。

一　三五八頁下二二行末字「佛」，磧、普、南、徑、清、麗作「佛物」。

一　三五九頁上八行首字「獻」，磧、南、徑、清、麗作「獻佛」。

一　三五九頁上一〇行「前報」，磧、南、徑、清作「前罪」。

一　三五九頁上一二行夾註右第六字「及」，磧、普、南、徑、清無。

一　三五九頁上一三行夾註左末字「也」，磧、普、南、徑、清無。

一　三五九頁上二〇行「犯罪」，磧、普、南、徑、清作「得罪」。

一　三五九頁上二一行第六字「得」，磧、普、南、徑、清無。

一　三五九頁上末行第一二字「主」，磧、普、南、徑、清無。

一　三五九頁中五行夾註右第二字「聞」，磧、普、南、徑、清作「問」。

一　三五九頁中八行夾註左第七字「得」，磧、普、南、徑、清作「稱」。

一　三五九頁中二一行「種種姓」，徑、清作「種種性」。

一　三五九頁下九行「共雜」，磧、普、南、徑、清作「雜共」。

一　三五九頁下一三行第九字「物」，磧、普、南、徑、清無。

一　三五九頁下一四行第九字「僧」，磧、普、南、徑、清無。

一　三六〇頁上一四行「釘挓」，磧作「釘打」。

一　三六〇頁上一九行第一二字「舉」，麗作「弃」。

一　三六〇頁上二〇行「因苦」，磧、普、南、徑、清作「困苦」。

一　三六〇頁中一二行首字「若」，麗作「者」。

一　三六〇頁中一八行「勒伽」，麗作「勒伽論」。又第一一字「施」，磧無。

一　三六〇頁下二行第一三字「取」，磧、普、南、徑、清無。

一　三六〇頁下三行第三字「想」，磧、普、南、徑、清作「相」。

一　三六〇頁下一四行「縛絡」，磧、普、南、徑、清作「轉絡」。

一　三六〇頁下一五行第一〇字「臗」，磧、普、南、徑、清作「腕」。

一　三六〇頁下一八行「時如」，磧、普、南、徑、清、麗作「或時」。

一　三六一頁上八行「賊劫」，磧、普、南、徑、清作「賊之所劫奪」。

一　三六一頁上一三行「糶賣」，磧、普、南、徑、清作「糴賣」。

一　三六一頁上一六行首字「業」，至此，徑卷第九十一終，卷第九十二始，並有「十惡篇第八十四之三」、「偷盜部之餘」二行。

一　三六一頁上二〇行「誰物」，磧、普、南、徑、清、麗作「誰物若有人言此是我物」。

一　三六一頁中三行「高顯」，磧、普、

南、徑、清作「高頭」。

一 三六一頁中四行「何物」，麗作「我物」。

一 三六一頁下五行「銷鎔」，磧、普、南、徑、清作「銷融」。

一 三六一頁下一〇行首字「漢」，清無。

一 三六一頁下一三行首字「唐」，清無。一四行首字同。

一 三六一頁下一八行「怡姝」，磧、普、南、徑、清作「始珠」。

一 三六二頁上一九行第一二字「聽」，磧、普、南、徑、清作「德」。

一 三六二頁中二行第四字「霾」，磧、普、南、徑、清、麗作「埋」。

一 三六二頁中三行「游徼」，磧、南作「游激」。

一 三六二頁中四行第四字「妄」，磧、普、南、徑、清、麗作「妾」。又第一〇字「投」，磧、普、南、徑、清作「捉」。

一 三六二頁中五行「且收游徼」，磧、南作「旦收游激」；普、徑、清作「旦收游徼」。

一 三六二頁中末行「警覺」，徑、清作「驚覺」。

一 三六二頁下一行「婦眠」，磧、普、南、徑、清作「睧」。

一 三六二頁下二行「唐受栲楚」，磧、普、南、徑、清作「浪受楚拷」。

一 三六二頁下九行「二百」，磧、普、南、徑、清作「二百文」。

一 三六二頁下一〇行「馳騎」，磧、南作「馳騎」。

一 三六二頁下一一行第七字「餘」，磧、普、南、徑、清無。又末字「說」，磧、普、南、徑、清作「云」。

一 三六二頁下一三行「社官」，磧、南、徑、清作「社家」。

一 三六二頁下二〇行「鄉里」，磧、普、南、徑、清作「鄉親」。

一 三六二頁下二二行第二字「耶」，磧、普、南、徑、清、麗作「爺」。下至次頁上一行第一三字同。

一 三六三頁上二行「抆淚」，磧、普、南、徑、清作「歷淚」；麗作「瀝淚」。

一 三六三頁上三行「徐家」，磧、普、南、徑、清、麗作「於徐家」。

一 三六三頁上五行「靜琳」，磧、普、南、徑、清作「靜林」。

一 三六三頁上一九行第一三字「植」，磧、普、南、徑、清無。

一 三六三頁中一行「旣而」，磧、普、南、清作「即而」。

一 三六三頁中一九行末字「關」，磧、普、南、徑、清作「開」。

一 三六三頁中二〇行「佐史」，徑、清作「佐使」。

一 三六三頁下卷末經名，徑無（未換卷）。

法苑珠林卷第七十五

西明寺沙門釋道世撰

十惡篇第八十四之三

邪婬部第六此別三部

述意部 呵欲部 對僞部

述意部第一

夫婬聲敗德智者之所不行欲相迷神聖人之所皆離是以周幽喪國信褒姒之惑晉獻亡家實驪姬之罪獨角山上不寤騎頸之羞期在廟堂寧寤焚身之痛皆爲欲界衆生不修觀解繫地煩惱不能斷伏且地水火風誰爲宰主身受心法本性皆空薄皮厚皮周旋不淨生藏熟藏穢惡難論常欲華人憶三惡道是以善權大士常修觀行臭處流溢徧身皆滿六塵怨賊每相觸惱五陰旃陀難可親近凡夫顛倒縱此貪迷妄見妖姿戀著華態皓齒丹脣長眉高髻弄影逶迤增妍美艷所以雒川解珮能税駕於陳王漢曲弄珠遂留情於交浦巫山臺上託雲雨以去來麻

姑水側寄泉流而還往遂使然香之氣迴襲韓壽之衣彈琴之曲懸領相如之意或因薦枕而成親或藉掛冠而爲密豈知形如聚沫質似浮雲內外俱空須臾散滅舉身不淨合體無常方棄溝渠以充螻蟻凡是衆生有此邪行乘梵天道障菩提業爲四趣因感三塗果是知三有之本寔由婬業六趣之報特因愛染以潤業偏重故聖制不爲也

呵欲部第二

第一明貪欲滋多者如涅槃經偈云

若常愁苦 愁遂增多 如人喜眠 眠則滋多 貪婬嗜酒 亦復如是

又正法念經偈云

如火益乾薪 增長火熾然 如是受樂者 愛火轉增長 薪火雖熾然 人皆能捨離 愛火燒世間 纏綿不可捨

又智度論偈云

世人愚惑 貪著五欲 至死不捨 爲之後世 受無量苦 譬如愚人 貪著好果 上樹食之 不肯時下 人伐其樹 樹傾乃墮 身首毀壞

痛苦而死 得時樂少 失時苦多 如蜜塗刀 舐者貪甜 不知傷舌 後受大苦

成實論偈云

貪欲實苦 凡夫顛倒 妄生樂想 智者見苦 見苦則斷 受欲無厭 如飲鹹水 轉增其渴 以增渴故 何得有樂 譬如狗齩 血塗枯骨 增涎唾合 想謂有美 貪欲亦爾 於無味中 邪倒力故 謂爲受味 故知色欲 苦實樂虛 要無貪染 方名真樂

第二明觀女不淨者但惟諸女外假容儀內懷臭穢迷人著相不覺虛誑唯大智者能知可惡也又禪祕要經云長老目連得羅漢道本婦將從盛服莊嚴欲壞目連目連爾時爲說偈言

汝身骨乾立 皮肉相纏裹 不淨內充滿 無一是好物 革囊盛屎溺 九孔常流出 如鬼無所宜 何足以自貴 汝身如行廁 薄皮以自覆 智者所棄遠 如人捨廁去 若人知汝身 如我所惡厭 一切皆遠離

如人避圊廁　汝身自莊嚴　華香以瓔珞
凡夫所貪愛　智者所不惑　汝是不淨聚
集諸穢惡物　如莊嚴廁舍　愚人以為好
汝脇肋著脊　如椽依梁棟　五藏在腹內
不淨如屎篋　汝身如糞舍　愚夫所貪保
飾以珠瓔珞　外好如畫瓶　若人欲染空
始終不可著　汝欲來燒我　如蛾自投火
一切諸欲毒　我今已滅盡　五欲已遠離
魔網已壞裂　我心如虛空　一切無所著
正使天欲來　不能染我心
又增一阿含經云寧以火燒鐵錐而
剌于眼不以視色興起亂想又正法
念經云女人之性心多嫉妬以是因緣
女人死後多生餓鬼趣中雖有美言
心如毒害强知虛詐能惑世間
第三明女人難親可猒者故優填王
經偈云
女人最為惡　難與為因緣　恩愛一縛著
牽人入罪門
非直牽人入惡道　天中退落亦由女
或故正法念經偈云
天中大繫縛　無過於女色　女人縛諸天
將至三惡道

又智度論云菩薩觀欲種種不淨於
諸衰中女衰最重火刀雷電霹靂
怨家毒蛇之屬猶可暫近女人慳妬
瞋諂妖穢鬪諍貪嫉不可親近故佛
說偈云
寧以赤鐵　宛轉眼中　不以散心
邪視女色　含笑作姿　憍慢著慚
迴面攝眼　美言妬瞋　行步妖穢
以惑於人　婬羅欲網　人皆投身
坐臥行立　迴眄巧媚　薄智愚人
為之心醉　執劒向敵　是猶可勝
女賊害人　是不可禁　毒蛇含毒
猶可手捉　女情惑人　是不可觸
又增一經偈云
莫與女人通　亦莫共言語　有能遠離者
則離於八難
故薩遮尼乾子經尼乾子說偈云
自妻不生足　好婬他婦女　是人無慚愧
受苦常無樂　現在未來世　受苦及打縛
捨身生地獄　受苦常無樂
又雜譬喻經云佛在世時有一婆羅
門生於兩女女皆端正乃故懸金九十
日內募索有能訶我女醜者便當與

金竟無募者將至佛所佛便訶言此
女皆醜無有一好阿難白佛言此女
實好而佛言惡有何不好佛言人眼
不視色是為好眼耳鼻口亦尒身不
著細滑是為好身手不盜他財是為
好手今觀此女眼視色耳聽音鼻齅
香身喜細滑手喜盜財如此之者皆
不好也
又佛說日明菩薩經云菩薩呵色欲法
女色者世間之枷鏁凡夫戀著不能自
拔女色者世間之重患凡夫困之至死
不免女色者世間之衰禍凡夫遭之
無厄不至行者既得捨之若復顧念
是為從獄得出還復思入從狂得正
而復樂之從病得差復思得病智者
怒之知其狂而顛蹶死無日矣凡夫
重色甘為之僕終身馳驟為之辛苦
雖復鈇質寸斬鋒鏑交至甘心受之
不以為患狂人樂狂不是過也行者
若能棄之不顧是則破枷脫鏁惡狂
猒病離於衰禍既安且吉得出牢獄
永無患難女人之相其言如蜜而其
心如毒譬如渟淵澄鏡而蛟龍居之

金山寶窟而師子處之當知此害不
可暫近室家不和婦人之由毀宗敗
族婦人之罪實是陰賊滅人慧明亦
是獵圍尠得出者譬如高羅群鳥落
之不能奮飛又如密網衆魚投之剖
腸俎肌亦如暗坑無目投之如蛾赴
火是以智者知而遠之不受其害惡
而穢之不為此物之所惑也
又佛般泥洹經云佛告柰女好邪婬
者有五自妨一多聲不好二王法所
疾三懷畏多疑四死入地獄五地獄
罪竟受畜生形皆罪所致能自滅心
不邪婬者有五增福一多人稱譽二
不畏縣官三身得安隱四死上天生
五從意清淨得泥洹道

姧偽部第三

又舊雜譬喻經云昔有大姓家子端
正以金作女像語父母言有女似此
者兒乃當取時他國有女貌亦端正
亦作金男白父母言有男似此乃當
嫁之父母各聞便遠娉合時國王舉
鏡自照謂群臣曰天下人顏有如我
不諸臣荅曰臣聞彼國有男端正無

比則遣使請之使至告之王欲見賢
者則嚴車進去已自念王以我明達
故來相呼則還取書而見婦與奴為
姧悵然懷憾為之結氣顏色衰醜臣
見如此謂行道消瘦為廐安之夜於
廐中見王正大夫人與馬下人私通
心乃自寤王大夫人尚當如此何況
我婦意解心悅顏色如故則與王相
見王曰何因止外三日荅曰臣來有忘
還歸取之而見婦與奴為姧意忿顏
色衰變故住廐中三日昨見王正夫
人來與養馬兒私通夫人乃尒何況
餘人意解顏色復故王言我婦尚尒
何況凡女兩人俱捨便入山中鬄髮
作沙門思惟女人不可從事精進不
懈俱得辟支佛道
又舊雜譬喻經云昔有婦人生一女
端正無比年始三歲國王取視呼道
人相後堪為夫人不道人報王此女
有夫王後得之王言我當牢藏豈可
後得便呼鶴來汝處在何鶴白王言
我止大山半腹有樹人畜不歷下有
洄水船所不行王言我以此女寄汝將

養便撮持去日日從王取飯與女如
是久後上有一聚卒為水漂去有一
樹枝逐水下流有一男子得抱持樹
墮洄水中不得去洄岸有蒲桃樹踊
出住倚山傍男子尋之得上鶴樹與
女私通女便藏之鶴覺女身重左右
求得男子舉撮棄之如事白王王曰
前道人善巧相人也師曰人有宿對
非力所制逢對則可畜生亦尒
又舊雜譬喻經云昔有國王護持女
急王夫人語太子曰我為汝母生來
不見國中欲一迴出汝可白王如是
至三太子白王王則聽可太子自為
御車群臣於路奉迎設拜夫人出手
開張令人得見太子見女人面如是
便詐腹痛而還夫人言曰我無相甚
矣太子自念我母尚當如此何況餘
乎夜便委國捨去入山游觀時道邊
有樹下有泉水太子上樹逢見梵志
獨行入水池浴出已飯食作術吐出
一壺壺中有女與屏處室梵志得臥
女人復吐一壺壺中有男復與共臥
臥已吞壺須臾之頃梵志起已復內

婦著壺中吞已杖持而去太子歸國
白王請梵志及諸目下作三人食持
著一邊梵志既至言我獨自太子曰
梵志汝當出婦共食梵志不得已出
婦太子曰婦汝當出夫共食如是
至三不得已出男共食食已便去王
問太子汝何因知之荅曰我母觀國
我爲御車母開出手令人見之我念
女人能多樂欲便詐腹痛還入山中
見梵志藏婦腹中如是女人姧不可
絶願太王放赦宮中自在行來王勅
後宮其欲行者任從志也師曰天下
不可信者女人是也
又舊譬喻經云昔有四姓藏婦不使
人見婦值青衣人作地突與琢銀兒
私通夫後覺婦婦言我生不邪行卿
莫妄語夫言吾不信汝當將汝至
神樹所立誓婦言甚佳夫持齋七日
始入齋室婦密語琢銀兒汝詐作狂
亂頭於市逢人抱持牽引棄之夫齋
竟便將婦出婦言我不見市卿將我
過市琢銀兒便來抱持詐狂臥地婦
便號呼其夫何爲使人抱持我耶夫

言此是狂人何須記録夫婦俱到神
所叩頭言我生來不作惡但爲狂人
所抱婦便得活夫默然而慚佛言當
知一切女人姧詐如是不可信也
又十誦律云佛在舍衛國有一婆羅
門生女面貌端正顔色清淨名曰妙
光相師占曰是女後當與五百男共
通諸人聞已女年十二無有求者時
婆羅門有隣比估客常入海採寶是
估客於樓上遥見是女即生欲心問
餘人言是誰女耶荅是某甲婆羅門
女有取者耶荅言無有求者問何故
無人求耶荅曰此女有一過罪相師
占曰是女後當與五百男子共通所
以無求者時估客念言除沙門釋子
無入我舍者即往求取女到未久估
客結伴欲入海中喚守門者語言我
欲入海莫聽男子强入我舍除沙門
釋子此是無過人荅言尒去後沙門
於舍乞食是女見已語言共我行欲
諸比丘不知白佛佛言此舍必有非
梵行汝不應往此女後得病於夜命
終其家人以莊嚴具合棄屍處時有

五百群賊於此處行見是死女即生
欲心便就行欲是女先語沙門婆羅
門共我行欲以此因縁故墮惡道彼
國北方生作婬龍名毗摩達多

正報頌曰

邪婬入地獄　登彼刀葉林　熱鐵釘其口
洋銅灌入心　毒龍碎骨髓　金剛鼠食陰
銅柱緣上下　鐵牀臥隱深

習報頌曰

昏婬亂情色　受苦無表裏　餘業得人身
自妻常背已　彼此懷猜忌　孰肯順情言
稍有性靈人　寧得無慚恥

感應緣 略引十二驗

漢時有談生冥婚怪
晉時盧充有冥婚怪
晉時河南有男感女重生怪
晉時張世之有冥婚怪
晉時馮馬子感女重生怪
晉時桓道愍感婦重生怪
宋時韓伯子等指廟女像冥婚怪
宋時弘農人感得冥婚怪
齊時王奐妒殺妾冥報怪
齊時陳氏妒割前婦兒冥報怪

唐時岐州王志有冥婚怪

唐時邛人妻犯誓外私冥報怪

漢有談生者年四十無婦常感激讀經書通夕不臥至夜半時有一姝女年十五六姿顏服飾天下無雙來就談生遂為夫婦言曰我不與人同夜君慎勿以火照我也至三年之後乃可照耳談生與為夫婦生一兒已二歲矣不能忍夜伺其寢便盜照視之其腰已下肉如人腰已上但是枯骨婦覺遂去云君負我我已垂變身何不能忍一年而竟相照耶談生辭謝涕泣不可復止云與君雖大義今將離別然顧念我兒恐君貧不能自諧活暫逐我去方遺君物談生逐入華堂蘭室物器不凡乃以珠被與之曰可以自給裂取談生衣裾留之辭別而去後談生持被詣市睢陽王買之直錢千萬王識之曰是我女被那得在市此人必發吾女冢乃收考談生談生具以實對王猶不信乃往視女冢冢全如故乃復發視果於棺蓋下得衣裾呼其兒視貌似王女王乃信之

即出談生而復之遂以為女婿表其兒為郎中　右一驗出搜神記

晉時有盧充范陽人家西三十里有崔少府墓年二十時先冬至一日出宅西獵戲見有一麞便射之射已麞倒而復走起充步步趁之不覺遠去忽見道北一里間瓦屋四周有如府舍不復見麞到門中有一鈴下唱客前復有一人捉一襆新衣曰府君以此衣將迎郎君充便取著以進見少府語充曰尊府君不以僕門鄙陋近得書為君索小女為婚故相迎耳便以書示充充父亡時充雖小然已識父手迹便即歔欷無復辭託崔便勑內盧郎已來便可使女郎莊嚴就東廊至黃昏內白女郎嚴飾竟崔語充君可至東廊既至郎婦已下車立席頭即共拜時為三日供給飲食三日畢謂充曰君可歸去若女有相生男當以相與生女當自留養勑外數車送客充便辭出崔送至中門執手涕零出門見一獨車駕青牛又見本所著衣及弓箭故在門外尋遣傳教將一人

捉襆衣與充相聞曰姻媾始爾別甚悵恨今致衣一襲被褥自副充便上車去馳如電逝須臾至家母問其故充悉以狀對別後四年三月三日充臨水戲忽見傍水有犢車乍沈乍浮既而上岸四坐皆見而充往開其車後戶見崔氏女與四歲男兒共載女抱兒以還充又與金鋺別并贈詩一首曰

煌煌靈芝質　光麗何猗猗　華豔當時顯
嘉會表神奇　含英未及秀　中夏罹霜萎
榮耀長幽滅　世路永無施　不悟陰陽運
哲人忽來儀　今時一別後　何得重會時

充取兒鋺及詩忽然不見充後乘車詣市賣鋺冀有識者有一婢識此鋺還白大家曰市中見一人乘車賣崔女郎棺中金鋺大家即是崔氏親姨母也遣兒視之果如婢言乃上車敘其姓名語充曰昔我姨姊少府女出而亡家親痛之贈一金鋺著棺中可說得鋺本末充以事對兒亦悲咽便賷還白母母即令充家迎兒還五親悉集兒有崔氏之狀又有似充之貌兒鋺俱驗

姨母曰此我外甥也即字溫休溫休
者是幽婚也兒大為郡守子孫冠蓋
相承至今其後植字子幹有名天下
右一驗出續搜神記
晉武帝世河間郡有男女相悅許
相配適既而男從軍積年父母以女
別適人無幾而憂死男還悲痛乃至
塚所始欲哭之叙哀而已不勝其情
遂發塚開棺即時蘇活因負還家將
養數日平復其夫乃往求之其人不
還曰卿婦已死天下豈聞死人可復
活耶此天賜我非卿婦也於是相訟
郡縣不能決以讞廷尉廷尉奏以精
誠之至感於天地故死而更生在常
理之外非禮之所處形之所裁斷以
還開塚者　右一驗出搜神記
晉時武都太守李仲文在郡喪女年
十八權假葬郡城北有張世之代為
郡世之男字子長年二十侍從在廨
中夢一女年可十七八顏色不常自
言前府君女不幸早亡會今當更生
心相愛樂故來相就如此五六夕忽
然晝見衣服熏香殊絕遂為夫妻寢

息衣皆有汙如處女焉後仲文遣婢
視女墓因過世之婦相聞入廨中見
此女一隻履在子長牀下取之啼泣
呼言發塚持履歸以示仲文仲文
驚愕遣問世之君兒何由得亡女履
耶世之呼問兒具陳本末李張並謂
可怪發棺視之女體已生肉顏姿如
故右脚有履左脚無也自尒之後遂
死肉爛不得生萬恨之心當復何言
泣涕而別
晉時東平馮孝將為廣州太守兒名
馬子年二十餘獨臥廨中夜夢見女
年十八九言我是前太守北海徐玄
方女不幸早亡亡來出入四年為鬼
所枉殺案主錄當八十餘聽我更生
要當有依馬子乃得生活又應為君
妻能從所委見救活不馬子荅曰可
尒與馬子剋期當出至期日牀前地
頭髮正與地平令人掃去逾分明始
寤是所夢見者遂除左右人便漸漸
額出文頭面出文項形體頓出馬子
便令坐對榻上陳說語言奇妙非常
遂與馬子寢息每戒云我尚虛自節

問何時得出荅曰出當得本生生日
尚未至遂往廨中言語聲音人皆聞
之女計生日至女具教馬子出已養
之方法語畢拜去馬子從其言至日
以丹雄雞一隻黍飯一盤清酒一升
醊其喪前去廨十餘步祭訖掘棺
出開視女身體皃全如故徐徐抱出
著氈帳中唯心下微煖口有氣令婢
四人守養護之常以青羊乳汁瀝其
兩眼始開口能咽粥積漸能語二百
日中持杖起行一朞之後顏色肌膚
氣力悉復常乃遣報徐氏上下盡來
選吉日下禮娉為夫婦生二男一女
長男字元慶永嘉初為祕書郎中小
男字敬度作太傅掾女適濟南劉子
彥徵士延世之孫　右二驗出續搜神記
晉桓道愍者譙人也晉隆安四年喪
婦道愍內顧甚篤纏痛無已其年夜
始寢視屏風上見有人手驚起炳炬
照屏風外乃其婦也形貌莊嚴具如
生平愍了不畏懼遂引共臥言語往
還陳叙存亡愍曰卿亡來初無音影
今夕那得忽還荅曰欲還何極人神

道殊各有司屬無由自任耳新婦生
時差無餘罪正常疑君憐愛婢使
以此妒忌之心受報地獄始獲免脫
今當受生爲人故來與君別也愍曰
當生何處可得相尋知不荅曰但知
當生不測何處一爲世人無容復知
宿命何由相尋求耶至曉辭去淒洄
而別慇送至步廊下而歸已而方大
悑懼恍惚積日
宋咸寧中太常卿韓伯子某會稽內
史王蘊子某光祿大夫劉躭子某同
游蔣山廟廟有數婦人像甚端正某
等醉各指像以妻匹配戲弄之即以
其夕三人同夢蔣侯遣傳教相聞曰
家子女並醜陋而猥蒙榮顧輒剋某
月某日悉相迎某等以其夢指通異
常試往相問而果各得此夢符協如
一於是大懼備三牲詣廟謝罪乞哀又
俱夢蔣侯親來降已曰君等既以顧
之實貪會對剋期垂及豈容方更中悔
經少時並亡 右此一驗出志怪傳
宋時弘農華陰潼鄉陽首里人也服
八石得水道仙爲河伯幽明錄曰餘杭

縣南有上湘湘中央作塘有一人乘
馬看戲將三四人至岑村飲酒小醉
暮還時炎熱因下馬入水中枕石眠
馬斷走歸從又悉追馬至暮不反眠
覺日已向晡不見人馬見一婦來年
可十六七云女郎再拜曰既向暮此
間大可畏君作何計問女郎姓何那
得忽相問復有一年少年可十三四甚了了
乘新車車後二十人至呼上車云大
人暫欲相見因迴車而去道中路駱
驛抱火尋城郭邑車至便入城進聽
事上有信幡題云河伯信見一人年
三十許顏容如畫侍衛繁多相對欣然
勅行酒炙云僕有小女乃聰明欲以
給君箕箒此人知神敬畏不敢詆逆
便勅備辦令就郎中婚承白已辦送
絲布單衣及紗袷絹裙紗衫褌履屐
皆精好又給十小吏青衣數十人婦
年可十八九姿容婉媚便成三日後
大會客拜閤四日云禮既有限當發
遣去婦以金甌麝香囊與婿別泣
涕而分又與錢十萬藥方三卷云可
以施功布德復云十年當相迎此人

歸家遂不肯別婚辭親出家作道人
所得三卷方者一卷脈經一卷湯方
一卷丸方周行救療皆致神驗後母
老邁兄喪因還婚宦 右此一驗出搜神記
齊瑯邪王奐任齊至尚書左僕射甚
信釋典而妒忌之深便忘弘恕嘗在
齋內使愛妾治鬚忽有烏銜黃梅過
庭而墜奐謂妾有密期擲果爲戲使
奴出外覘視遇見一士向籬私游奴
即往捦捉而此人言瞋洿媟便迹迸
走奴還白之奐謂你用有實苦加毆
問妾備自陳終不見察即遣下階笞
殺之妾解衣誓曰今日之死實爲枉
橫若有人天道當令官知介後數見
妾來訴怨俄而出爲雍州刺史性漸
狂異如有馮焉無故打殺小府長史劉
興祖誣其欲反爲御史中丞孔稚珪
所奏世祖遣中書舍人呂文顯直閤
將軍曹道剛領齊仗兵收奐奐子彪
素稱凶剽及女婿殷叡遂勸奐曰曹
呂今來不見眞勅恐爲姦變政宜錄
取馳以奏聞奐納之便配千餘人仗
閉門拒守彪遂輒與官軍戰彪敗而

走寧臺長史裴叔業於城內舉兵殺
與斬之時人以為妄之報也 右二驗出冥祥記
宋東海徐某甲前妻許氏生一男名
鐵臼而許亡某甲改娶陳氏陳氏凶
虐志滅鐵臼陳氏產一男生而祝之
曰汝若不除鐵臼非吾子也因名之
曰鐵杵欲以鍾擣鐵臼也於是捶打
鐵臼備諸苦毒飢不給食寒不加絮
某甲性闇弱又多不在後妻恣意行
其暴酷鐵臼竟以凍餓痛杖而死時
年十六亡後旬餘鬼忽還家登陳牀
曰我鐵臼也實無片罪橫見殘害我
母訴怨於天得天曹符來取鐵杵當
令鐵杵疾病與我遭苦時同將去自
有期日我今停此待之聲如生時家
人賓客不見其形皆聞其語於是常
在屋樑上住陳氏跪謝搏頰為設祭
奠鬼云不須如此餓我令死豈是一
飡所能對謝陳夜中竊語道之鬼厲
聲曰何敢道我今當斷汝屋棟便聞
鋸聲屑亦隨落拉然有響如棟實崩
舉家走出炳燭照之亦無異鬼又罵
鐵杵曰汝既殺我安坐宅上以為快

也當燒汝屋即見火然煙焰大猛內
外狼狽俄尒自滅茅茨儼然不見虧損
日日罵詈時復歌云桃李華嚴霜落
奈何桃李子嚴霜早落已嚌甚傷切
似是自悼不得成長也于時鐵杵六
歲鬼至便病體痛腹大上氣妨食鬼
屢打之處處青黶月餘而死鬼便寂然
右一驗出冤魂志
唐顯慶三年岐州岐山縣王志任益
州縣令考滿還鄉有在室女面貌端
正未有婚娉在道身亡停在綿州殯
殮居棺寺停累月寺中先有學生停
一房內夜初見此亡女來入房內莊
飾華麗具申禮意欲慕相就學生容
納相知經月女與學生一面銅鏡巾
櫛各一念欲上道女共學生具展哀
情密共辭別家人求覓此物不得令
遣巡房求之於學生房覓得令遣左
右縛打此人將為私盜學生具說逗
留曰云非唯得娘子此物兼留上下
一衣共某辭別留為信物令遣人開
棺撿求果無此衣兼見女身似人幸
起既見此徵遣人解放借問此人君

居何處答云本是岐州人因從父南
任父母俱亡權游諸州學問不久當
還令給衣馬裝束同歸將為女夫憐
愛甚重 見西明寺僧法雲本鄉梓州具說如是
唐武德中卭人姓韋與一婦人言誓
期不相負累年寵衰婦人怨恨韋懼
其反已自縊殺之後數日韋身偏癢
因發癩瘡而死韋孝諧說向臨云是
某從兄 右一驗出冥報記
妄語部第七 此別二部
述意部第一
惟夫稟形人世逢斯穢濁之時受質
偽身常作虛妄之境所以妄想虛構
惑倒交懷違心背境出語皆虛誑惑
前人令他妄解致使萬苦爭纏百憂總
萃種虛妄之因感得輕賤之報地獄
重苦更加湯炭迷法亂真寔由妄語
也
引證部第二
又正法念經偈云
妄語言說者　惱一切眾生　彼常如黑暗
有命亦同死　語刀自割舌　云何舌不爛
若妄語言說　則失實功德　若人妄說語

口中有毒蛇　刀在口中住　炎火口中然
口中毒是毒　地上毒非毒　口毒割眾生
命終墮地獄　若人妄說語　自口中出膿
舌則是泥犁　舌亦如熾火　若人妄讒語
彼人速輕賤　為善人捨離　天則不擁護
常憎嫉他人　與諸眾生惡　方便惱亂他
因是入地獄

又優婆塞戒經偈云

若復有人　樂於妄語　是人現得
惡口惡色　所言雖實　人不信受
眾皆憎惡　不喜見之　是名現世
惡業之報　捨此身已　入於地獄
受大苦楚　飢渴熱惱　是名後世
惡業之報　若得人身　口不具足
所說雖實　人不信受　見者不樂
雖說正法　人不樂聞　是一惡人
因緣力故　一切外物　資生減少

以此證知妄語之人三世受苦　又禪秘要經云若有四眾於佛法中為利養故貪求無厭為好名聞而假偽作惡實不坐禪身口放逸行放逸行貪利養故自言坐禪如是比丘犯偷蘭遮過時不說自不改悔經須臾間即

犯十三僧殘若經一日至於二日當知此比丘是天人中賊羅剎魁膾必墮惡道犯大重罪若比丘比丘尼實不見白骨自言見白骨乃至阿那般那是比丘比丘尼誑惑諸天龍鬼神等此惡人輩是波旬種為妄語故自說言我得不淨觀乃至頂法此妄語人命終之後疾於電雨必定當墮阿鼻地獄壽命一劫從地獄出墮餓鬼中八千歲時噉熱鐵丸從餓鬼出墮畜生中生常負重死復剝皮經五百身還生人中聾盲瘖瘂癃殘百病以為衣服如是經苦不可具說又正法念經偈云

甘露及毒藥　皆在人舌中　甘露謂實語
妄語則為毒　若人須甘露　彼人住實語
若人須毒者　彼人妄語說　毒不決定死
妄語則決定　若人妄語說　彼得言死人
妄語不自利　亦不益他人　若自他不樂
云何妄語說　若人惡分別　喜樂妄說語
飛墮火刀上　得如是苦惱　毒害雖甚惡
唯能殺一身　妄語惡業者　百千身被壞

又佛說須賴經云佛言夫妄言者為

自欺身亦欺他人妄言者令人身臭心口無信令其心惱妄言者令其口臭令其身危天神所棄妄言者亡失一切諸善本於己愚冥迷失善路妄言者一切惡本斷絕善行閉居之本又正法念經閻羅王責疏罪人說偈云

實語得安樂　實語得涅槃　妄語生苦果
今來在此受　若不捨妄語　則得一切苦
實語不須買　易得而不難　實非異國來
非從異人求　何故捨實語　喜樂妄語說
妄語言說者　是地獄因緣　因緣前已作
唱喚何所益　妄語第一火　尚能燒大海
況燒妄語人　猶如燒草木　若人捨實語
而作妄言說　如是癡惡人　棄寶而取石
若人不自愛　而愛於地獄　自身妄語火
此處自燒身　實語甚易得　莊嚴一切人
捨實語妄說　癡故到此處

又智度論偈云

實語第一戒　實語昇天梯　實語小如大
妄語入地獄

又薩婆多論云不妄語者若說法議論傳語一切是非莫自稱為是常令

推寄有本則無過也不尒斧在口中
又十誦律云若語高姓人云是下賤
若兩眼人云是一眼並得妄語又語
一眼人汝是瞎眼人並得輕惱他罪
正報頌曰
妄語誑人巧　地獄受罪拙　鉗鋸解其舌
熱鐵犁其舌　灌之以洋銅　磨之以剛鐵
悲痛碎骨髓　呻吟常鳴咽
習報頌曰
妄語入三塗　三塗罪已定　餘業生人道
被謗常憂結　還為他所誑　恨心如火熱
智者勿尤人　驗果因須滅

法苑珠林卷第七十五

甲辰歲高麗國分司大藏都監奉
勅彫造

法苑珠林卷第七十五

校勘記

一　底本，麗藏本。
一　三六七頁上一行經名，徑無（未換卷）。又經名下，磧、南、清有夾註「十惡之三」。
一　三六七頁上二行撰者，磧、南作「大唐上都西明寺沙門釋道世字玄惲撰」；徑無（未換卷）；清作「唐西明寺沙門釋道世撰」。
一　三六七頁上三行「十惡篇第八十四之三」，磧、南、徑、清無。
一　三六七頁上四行「第六」，徑無。又「此別三部」，徑無。
一　三六七頁上五行「述意部　呵欲部　對僞部」，徑無。
一　三六七頁上六行「部第一」，徑無。下至三六九頁上一六行部目中「部」字與序數相連者例同。
一　三六七頁上一〇行「獨角山上」，磧作「獨角上上」；清作「獨角仙上」。
一　三六七頁上一二行第二字「不」，磧、南、徑、清作「之」。
一　三六七頁上一六行第六字「常」，磧、南、徑、清作「恒」。
一　三六七頁上一九行第四字「戀」，磧、南、徑、清作「封」。
一　三六七頁上末行第三字「浦」，南、徑、清作「甫」。又末字「麻」，磧、南、徑、清作「舒」。
一　三六七頁下一九行第一〇字「褁」，磧、南、徑、清作「裹」。
一　三六七頁下二〇行「韋囊」，磧、南、徑、清作「革囊」。
一　三六八頁上一行「圊廁」，磧、南、徑、清作「屎坑」。
一　三六八頁上二行「汝是」，南、徑、清作「汝身」。
一　三六八頁上一二行首字「剌」，磧、南、徑、清作「鑠」。
一　三六八頁中八行「聶眼」，磧、南、徑、清作「攝眼」。

一三六八頁中九行「欲網」，磧、南、徑、清作「彌網」。

一三六八頁中一〇行「迴盱」，磧、南、徑、清作「迴眄」。

一三六八頁中二二行「生於兩女女」，磧、南、徑、清作「生兩頭女」。

一三六八頁下九行第一二字「呵」，磧、南、徑、清作「可」。

一三六八頁下一一行「困之」，磧、南、徑、清作「困乏」。

一三六九頁上六行第三字「肌」，磧、南、徑、清作「几」。

一三六九頁上一四行「死上天生」，清作「死生上天」。

一三六九頁上一五行第三字「意」，磧、南、徑、清作「立」。

一三六九頁中一一行第一二字「王」，磧、南、徑、清無。

一三六九頁下二行第七字「聚」，磧、南、徑、清作「卵」。

一三六九頁下三行第二字「枝」，磧、南、徑、清作「奇」。

一三六九頁下四行第九字「岸」，磧、南、徑、清無。

一三六九頁下五行第二字「住」，磧作「往」。

一三六九頁下八行第五字「巧」，磧、南、徑作「功」；清作「攻」。

一三六九頁下一一行第二字「王」，磧、南、徑、清作「正」。又末字「來」，磧、南、徑、清作「汝」。

一三六九頁下一五行第二字「張」，南、徑、清作「帳」。又第一二字「面」，磧、南、徑、清作「而」。

一三六九頁下一六行第二字「詐」，磧作「非」。

一三七〇頁上五行第四字「曰」，磧、南、徑、清作「語」。

一三七〇頁上一一行「太王」，磧、南、徑、清作「大王」。

一三七〇頁上末行「號呼」，磧、南、徑、清作「哮呼」。

一三七〇頁中一六行第一一字「到」，磧、南、徑、清作「到家」。

一三七〇頁中一九行「人答言尒」，磧、南、徑、清作「答言可爾估客」。

一三七〇頁中末行第一一字「屍」，磧、南、徑、清作「死」。

一三七〇頁下三行末字「彼」，磧、南、徑、清作「在彼」。

一三七〇頁下一〇行第一〇字「裹」，磧、南、徑、清作「裏」。

一三七〇頁下一一行第三字「常」，磧、南、徑、清作「恒」。

一三七〇頁下一四行第二字「時」，徑、清無。下至火頁上二行第二字同。

一三七〇頁下一五行「盧充有」，磧、南、徑、清作「有盧充」。

一三七〇頁下一六行首字「昬」，清無。下至一九行首字同。

一三七〇頁下一七行「張世之有」，磧、南、徑、清作「有張世之」。

一三七〇頁下二一行首字「宋」，清無。

一三七〇頁下二二行「王奐」，磧、

南、徑、清作「王奐仕」。

一 三七〇頁下末行首字「齊」，清無。又「妒割」，磧、南、徑、清作「害」。

一 三七一頁上一行第七字「有」，磧、南、徑、清無。

一 三七一頁上二行首字「唐」，清無。又第五字「妻」，磧、南、徑、清作「韋」。

一 三七一頁上四行「姝女」，磧、南、徑、清作「好女」。

一 三七一頁中四行「墓年」，磧、南、徑、清作「墳」。

一 三七一頁中七行第七字「閙」，磧、南、徑、清作「門」。

一 三七一頁中八行「一鈴」，磧作「一領」。

一 三七一頁中九行第七字「襆」，磧作「複」。

一 三七一頁中一三行第二字「充」，磧、南、徑、清無。

一 三七一頁中一五行第三字「來」，磧、南、徑、清無。

一 三七一頁中一七行第六字「郎」，磧、南、徑、清作「廊」。

一 三七一頁下一行第七字「聞」，磧、南、徑、清作「問」。又第一〇字「媛」，磧、南、徑、清作「授」。

一 三七一頁下六行「上岸」，磧、南、徑、清作「近岸」。

一 三七一頁下七行「與四歲男兒」，磧、南、徑、清作「與其三歲男兒」。

一 三七一頁下一四行「及詩」，磧、南、徑、清作「及詩畢婦車」。

一 三七二頁上四行夾註右「一驗」，磧、南、徑、清作「此一驗」。

一 三七二頁上一五行第九字「形」，磧、南、徑、清作「刑」。

一 三七二頁上一六行夾註右「右一驗」，徑作「此驗」。

一 三七二頁中一二行末字「女」，磧、南、徑、清作「女子」。

一 三七二頁中一六行「馬子」，磧作「馮了」。

一 三七二頁中二〇行第八字「除」，磧、南、徑、清作「屏除」。

一 三七二頁中二一行第七字「次」，磧、南、徑、清作「一次」。

一 三七二頁下二〇行「莊嚴」，磧、南、徑、清作「莊飾」。

一 三七三頁上二行第七字「常」，磧、南、徑、清作「恒」。次頁上一六行末字、次頁下一三行第三字及三七五頁中一一行第六字同。

一 三七三頁上一二行第五字「廟」，磧、南、徑、清無。

一 三七三頁上一四行第一〇字「傳」，磧、南、徑、清作「傅」。

一 三七三頁上二〇行「令對剋期」，磧、南、徑、清作「今對期」。

一 三七三頁中六行第五字「云」，磧、南、徑、清作「一」。

一 三七三頁中八行「相問」，磧、南、徑、清作「相聞」。

一 三七三頁中一一行第二字「抱」，磧、南、徑、清作「把」。又第八字「車」，磧、南、徑、清作「居」。

一三七三頁中一五行「詎逆」，徑、清作「拒逆」。

一三七三頁中二一行第一二字「別」，磧、南、徑、清無。

一三七三頁下六行「便忩弭恕」，磧作「便忘恕」；南、徑、清作「便妄恕」（當爲「便妄怒」）。

一三七三頁下八行第五字「謂」，磧、南、徑、清作「猜」。

一三七三頁下一〇行「捦捉」，磧、南、徑、清作「搩捉」。又「涔媒」，磧、南、徑、清作「汙媟」。

一三七三頁下一一行第八字「你」，磧、南、徑、清作「彌」。

一三七三頁下一九行「仗兵」，磧、南、徑、清作「伏兵」。

一三七三頁下末行第七字「輙」，磧、南、徑、清作「取」。

一三七四頁上六行「因名之」，磧、南、徑、清作「因之名」。

一三七四頁上七行「鍾搆」，南、徑、清作「杵搆」。

一三七四頁上一〇行「陳餓痛杖」，磧、南、徑、清作「凍餓病杖」。

一三七四頁上一三行第六字「得」，磧、南、徑、清作「今得」。

一三七四頁上一九行首字「喰」，磧、南作「飡」；徑、清作「餐」。

一三七四頁上二二行第九字「亦」，磧、南、徑、清作「亦了」。

一三七四頁中六行第八字「腹」，磧、南、徑、清作「腸」。

一三七四頁中一二行「學生」，磧、南作「學士」。

一三七四頁中二〇行第一三字「上」，磧、南、徑、清無。

一三七四頁中二一行「一衣」，磧、南、徑、清作「二衣」。

一三七四頁下九行夾註左「冥報記」，至此，徑卷第九十二終，卷第九十三始，並有「十惡篇第八十四之四」一行。

一三七四頁下一〇行「第七」，徑無。又「此別二部」，徑無。

一三七四頁下一〇行與一一行之間，清有「述意部　引證部」一行。

一三七四頁下一一行「部第一」，徑無。一九行「部第二」例同。

一三七五頁上四行「泥犂」，磧、南、徑、清作「泥濁」。

一三七五頁中一二行第二字「身」，磧、南、徑、清作「生」。

一三七五頁中二一行首字「飛」，磧、南、徑、清作「死」。

一三七五頁下三行第五字「危」，磧、南、徑、清作「色」。又第六字「天」，磧作「大」；南作「夭」。

一三七五頁下四行「善本」，磧、南、徑、清作「善根本」。

一三七五頁下一八行「妄說」，磧、南、徑、清作「妄語」。

一三七五頁下一九行「偈云」，磧、南、徑、清作「說偈云」。

一三七五頁下二〇行「第一戒」，磧作「第一義」。

一三七六頁上一行第六字「無」，磧、

南、徑、清無。

一　三七六頁上卷末經名，徑無（未換卷）。

法苑珠林卷第七十六　土

西明寺沙門釋道世撰　明

十惡篇第八十四之四

惡口部第八　此別二部

述意部第一

凡夫毒熾恚火常然逢緣起障觸境生瞋所以發言一怒銜口燒心損害前人痛於刀割乖菩薩之善心違如來之慈訓故業報差別經偈云

麁言觸惱人　好發他陰私　剛强難調伏
生談口餓鬼

引證部第二

如智度論云或有餓鬼先世惡口好以麁語加彼衆生衆生憎惡見之如讎以此罪故墮餓鬼中又法句經云雖為沙門不攝身口麁言惡說多所中傷衆所不愛智者不惜身死神去輪轉三塗自生自死苦惱無量諸佛賢聖所不愛惜假令衆生身雖無過不慎口業亦墮惡道故智度論云時有一鬼頭似猪頭臭蟲從口出身有金色光明是鬼宿世作比丘惡口

罵詈客比丘身持淨戒故身有光明口有惡言故臭蟲從口出增一阿含經云寧以利劍截割其舌不以惡言麁語墮三惡道

又護口經云過去迦葉如來出現於世敷說法教教化已周於無餘泥洹界而般涅槃後時有三藏比丘名曰黄頭衆僧告勅一切雜使不令卿涉但與諸後學者說諸妙法時三藏比丘內心輕慢不免僧命便與後學敷顯經義喚受義曰遠前象頭次喚第二者曰馬頭復喚驢駝頭驢頭猪頭羊頭師子頭虎頭如是喚衆獸之類不可稱數雖授經義不免其罪身壞命終入地獄中經歷數千萬劫受苦無量餘罪未畢從地獄出生大海中受水性形一身百頭形體極大異類見之皆悉馳走

又出曜經云昔佛在世時尊者滿足詣餓鬼界見一餓鬼形狀醜陋見者毛竪莫不畏懼身出熾焰如大火聚口出蛆蟲膿血流溢臭氣難近或口出火長數十丈或眼耳鼻身體支節

放諸火焰長數十丈脣口垂倒像如野猪身體縱廣一由旬也手自抓摑舉聲嘷哭馳走東西滿足見問汝作何罪今受此苦餓鬼報曰吾昔出家戀著房舍慳貪不捨自恃豪族出言麁口麁眼或麁是非故受此苦寧以利刀自割其舌積劫受苦不以一日罵謗精進持戒比丘尊者若還閻浮提地時以我形狀誡諸比丘善護口過勿妄出言見持戒者念宣其德自我受此餓鬼形亦數千萬歲常受此苦却後命終當入地獄說此語已嘷哭投地如大山崩天翻地覆斯由口過故使然矣

又百緣經云有長者婦懷妊身體臭穢都不可近年滿生兒連骸骨立羸瘦憔悴不可目視又多糞屎塗身而生年漸長大不欲在家貪嗜糞穢不肯捨離父母諸親惡不欲見驅令遠舍使不得近即便在外常食糞穢諸人見已因為立字名嚪婆羅值佛出家得羅漢果由過去世時有佛出世

名拘留孫出家爲寺主有諸檀越洗
浴衆僧訖復以香油塗身有一羅漢
寺主見已瞋恚罵詈汝出家人香油
塗身如似人糞塗汝身上羅漢愍之
爲現神通寺主見已懺悔辭謝願除
罪咎緣是惡罵五百世中身常臭穢
不可附近由昔出家向彼悔故今得
值我出家得道是故衆生應護口業
莫相罵辱
又賢愚經云昔佛在世時與諸比丘
向毗舍離到梨越河見人捕魚網得
一魚身有百頭有五百人挽不出水
是時河邊有五百人而共放牛即借
挽之千人併力方得出水見而怪之
衆人競看佛與比丘往到魚所而問
魚言汝是迦毗梨不魚荅言是復問
魚言教匠汝者今在何處魚荅佛言
墮阿毗獄阿難見已問其因緣佛告
阿難乃往過去迦葉佛時有婆羅門
生一男兒字迦毗梨聰明博達多聞
第一父死之後其母問兒汝今高朗
世間頗有更勝汝不兒荅母言沙門
殊勝我有所疑往問沙門爲我解說

令我開解彼若問我我不能荅母
即語言汝今何不學習其法兒荅母
言若欲習者當作沙門我是白衣何
緣得學母語兒言汝今且可僞作沙
門學達還家兒受母教即作比丘經
少時間學通三藏還來歸家母復問
兒今得勝未兒荅母言由未勝也母
語兒言自今已往若共談論儻不如
時便可罵辱汝當得勝兒受母教後
論不如便罵言汝等沙門愚騃無識
頭如獸頭百獸之頭無不比之緣是
罵故今受魚身一身百頭駝驢牛馬
豬羊犬等衆獸之頭無不備有阿難
問佛何時當得脫此魚身佛告阿難
此賢劫中千佛過去猶故不脫此魚
身也以是因緣身口意業不可不慎
又王玄策行傳云佛在世時遊毗耶
離城觀一切衆生有苦惱者即欲救
拔乃觀見此國有離越叱二衆摠五
百人於婆（去音）羅俱求底河網得摩竭
大魚十有八首三十六眼其頭多獸
（自外同前）佛爲說法魚聞法已便即命終
得生天上而爲天子卻觀本身是大

魚蒙佛說法遂得生天乃持諸種香
華瓔珞寶珠從天而下至佛供養于
時二衆並發心悔過即於俱末底河
北一百餘步燒焚魚網銅瓶獻灰埋
之向說法處於上起塔尊像儼然至
今現在雕飾如法覩者生善
又百緣經云昔佛在世時波斯匿王
婦末利夫人產生一女字曰金剛面
貌極醜身體麤澁猶如蛇皮頭髮麤
強猶如馬尾王見不喜勅閉深宮不
令出外年漸長大任當嫁娶便遣一
臣推覓一人本是豪族今貧乏者卿
可將來臣受勅已覓得付王王將屛
處密私語言聞卿豪族今者貧窮我
有一女面貌極醜卿幸納受當相供
給時此貧人跪白王曰正使大王以
狗見賜亦不敢違豈況王女末利所
生王即妻之爲造宅舍門戶七重王
囑女夫自捉戶鑰出入牢閉勿使人
見王出財物供給女壻無所乏少拜
爲大臣後與豪貴共爲邑會聚會之
契令婦共赴自餘諸人各將婦來唯
此大臣獨不將赴衆人疑怪彼人婦

者或能端正或可極醜不能顯現是以不來復於後會密共勸酒令使醉臥解取門鑰遣其五人迭家往看至家開門婦疑非夫內自剋責懊惱而言我宿何罪爲夫幽閉不覩日月即便至心遙禮世尊願佛慈悲來到我前暫救苦尼佛知其意即於女前地中踊出紺髮相現其女舉頭見佛髮相敬心歡喜女髮自然如紺青色佛漸現面女心倍喜面復端正惡相麤皮自然化滅佛悉現身令其盡見更增歡喜身體端正猶如天女佛便爲說種種法要得須陀洹果時佛去後五人入見端正少雙觀看已竟還閉門戶繫鑰本處其人還家見婦端正欣然問言汝是何人婦荅夫言我是汝婦夫即語言汝前極醜何緣端正乃尒婦便白夫具說上事婦復向夫我欲見王汝當爲我通白消息夫往白王女郎今者欲來相見王荅女夫莫道此事急當牢閉慎勿令出女夫白王女郎今者蒙佛威神便得端正天女無異王聞是已即遣往迎見

女端正歡喜無量將詣佛所而白佛言不審此女宿種何福乃生豪貴而復醜陋佛告王言乃往過去波羅㮈國有一長者日常供養一辟支佛身體醜陋時長者家有一小女見辟支佛惡心罵言面貌醜陋身皮麤惡何期可憎時辟支佛欲入涅槃便現神力作十八變其女見已即時自責求哀懺悔緣於過去罵辟支故生常醜陋由還懺悔今得端正以供養故所生之處豪尊富貴快樂無極

又興起行經云釋迦過去以惡語道迦葉禿頭沙門何有佛道故今六年受日食一麻一米大豆小豆苦行

又四分律云佛告諸比丘往古世時得剎尸羅國婆羅門有牛晝夜養飲刮刷摩拭時得剎尸羅國復有長者牛於城市街衢徧自唱言誰有力牛與我力牛共駕百車賭金千兩時婆羅門牛聞唱聲自念此婆羅門晝夜餵飲我刮刷摩拭我今宜當盡力自竭取彼千兩金報此人恩時彼牛即語婆羅門汝今當知得剎尸羅國中有長

者作是唱言誰有牛與我牛共駕百車賭金千兩主今可往至彼長者家語言我有牛可與汝牛共駕百車賭金千兩時婆羅門即往至長者家語言我有牛可與汝牛共駕百車賭金千兩長者報言今正是時婆羅門即牽已牛與長者牛共駕百車賭金千兩時多人觀看婆羅門於衆人前作毀呰語禿角可牽時牛聞毀呰語即慚愧不肯出力與對諍競於是長者牛勝婆羅門牛不如輸金千兩時婆羅門語彼牛言我晝夜餧飼摩拭刮刷望汝當與我盡力勝彼牛云何今日反更使我輸金千兩耶牛語婆羅門言汝於衆人前毀呰我言禿角可牽使我慚愧於衆人是故不能復出力與彼競駕若能改往言更不名字形相我者便可往語彼長者言能更與我牛共駕百車者更倍出二千兩金婆羅門語牛言勿復令我更輸二千兩金牛報婆羅門言汝勿復在衆人前毀呰我言禿角可牽於衆人前當讚歎我好牽端嚴好角時婆羅門至

彼長者家語言能更與我牛共駕百
車者賭二千兩金長者報言今正是
時時婆羅門牛與長者牛共駕百車
賭二千兩金多人共看時婆羅門於
衆人前讚歎言好牽端嚴好角牛
聞此語即便勇力與彼讀駕婆羅門
牛得勝長者牛不如婆羅門得二千
兩金尒時佛語諸比丘凡人欲有所
說當說善語不應說惡語善語者善
惡語者自生熱惱是故諸比丘畜生
得人毀呰猶自慚愧不堪進力況復
於人得他毀辱能不有慚愧故成實
論云若人惡口種種罵詈隨語受報
又修行道地經偈云
口癡而心剛　不柔無惡言　常懷惡兩舌
不念人善利　所言不了了　藏惡在於心
如灰覆炭火　設蹋燒人足　其語常柔和
順從言可人　言行而相副　心身不傷人
譬如好華樹　成實亦甘美　佛尊解說是
心口之謀相
又百緣經云尒時世尊初始成佛便
欲教化諸龍王故即便往至須彌山
下現比丘形端坐思惟時有金翅鳥
王入大海中捉一小龍還須彌頂規
欲食噉時彼小龍命故未斷遥見比
丘端坐思惟至心求哀尋即命終生
舍衛國婆羅門家名曰負梨端正姝
妙世所希有因為立字名須菩提年
漸長大智慧聰明無有及者唯甚惡
性凡所眼見人及畜生則便瞋罵未
曾休廢父母親屬皆共猒患無喜見
者遂便捨家入山林中乃見鳥獸及
以草木風吹動搖亦生瞋恚終無喜
心時有山神語須菩提言汝今何故
捨家來此山林之中既不修善則無
利益唐自疲苦今有世尊在祇桓中
有大福德能教衆生修善斷惡今若
至彼必能除汝瞋恚惡毒時須菩提
聞山神語即生歡喜尋問之曰今者
世尊為在何處荅曰汝但眼眼我自將
汝至世尊所時須菩提用山神語眼
目須臾不覺自然在祇桓中見佛世
尊三十二相八十種好光明普曜如
百千日心懷歡喜前禮佛足却坐一
面佛即為說瞋恚過惡愚癡煩惱燒
滅善根增長衆惡後受果報墮在地
獄備受苦痛不可稱計設復得脫或
作龍蛇羅剎鬼神心常含毒更相殘
害時須菩提聞世尊說是語已心驚
毛竪尋自悔責即於佛前懺悔罪咎
豁然獲得須陀洹果心懷喜悅既入
道次佛即聽許善來比丘鬚髮自
落法服著身便成沙門精勤修習
得阿羅漢果諸天世人所見敬仰時諸
比丘見是事已請說本緣佛告比丘
此賢劫中有佛出世號曰迦葉於彼法
中有一比丘常行勸化一萬歲中將
諸比丘處處供養於後時間僧有少
緣竟不隨從便出惡罵汝等俱處似
如毒龍作是語已尋即出去以是業
緣五百世中受毒龍身心常含毒觸
嬈衆生今雖得人猶習不除故復生
瞋佛告比丘欲知尒時勸化比丘惡
口罵者今須菩提是由於尒時供養
僧故今得值我出家得道比丘聞已
歡喜奉行
又百緣經云佛在世時王舍城中有
一長者財寶無量不可稱計其婦足
滿十月便欲產子然不肯出尋重有

身足滿十月復產一子先懷者任在右脇如是次第懷妊九子各滿十月而產唯先一子故在胎中不肯出外其母極患設諸湯藥以自療治病無降損囑及家中我腹中子故治不死今若設終必開我腹取子養育其母於時不免所患即便命終時諸眷屬載其屍骸詣於塚間請大醫耆婆破腹看之得一小兒形狀故小頭鬚皓白俯僂而行四向顧視語諸親言汝等當知我由先身惡口罵辱衆僧故處此熟藏中經六十年受是苦惱難可叵當諸親聞已號啼悲哭不能荅之尒時世尊遥知此兒善根已熟將諸大衆往到屍所告小兒言汝是長老比丘不荅言實是第二第三亦如是問故言道是時諸大衆見此小兒與佛荅對各懷疑惑前白佛言今此老兒宿造何業在腹鬚白俯僂而行復與如來共相荅問

尒時世尊告諸大衆此賢劫中有佛出世號曰迦葉有諸比丘夏坐安居衆僧和合差一比丘年在老耄為僧維那共立制限於此夏坐要得道者聽共自恣若未得者不聽自恣今此維那獨不得道僧皆不聽布薩自恣心懷懊惱而作是言我獨為尒營理僧事令汝等輩安隱行道今復還返更不聽自恣布薩羯磨即便瞋恚罵辱衆僧尋即牽捉閉著室中作是唱言使汝等輩常處暗冥不見光明如我今者處此暗室作是語已自戮命終墮地獄中受大苦惱今始得脫故在胎中受是苦惱衆僧聞已各護三業猒離生死得四沙門果者有發辟支佛心者有發無上菩提心者時諸親屬還將老兒詣家養育年漸長大放令出家得阿羅漢果佛告比丘緣於往昔供養衆僧及作維那營理僧事故今得值我出家得道比丘聞已歡喜奉行

正報頌曰

惡口如毒箭　著物則破傷　地獄開門待
投之以鑊湯　割舌令自噉　楚毒難思量
若與身無益　慎口也何妨

習報頌曰

惡口多觸忤　地獄被燒然　人中有餘報
還聞刀劍言　設令有談論　諍訟被他怨
往報甘心受　改惡善自鮮

感應緣　略引一驗

唐雍州醴泉縣東陽鄉人揚師操至貞觀初任司竹監後因公事遷任藍田縣尉貞觀二十一年為身老還家躬耕為業然操立性毒惡暴口但一生已來喜見人過每鄉人有事即錄告官縣司以操曾在朝流亦與顏色然操長惡不悛數忤擾官司憂鄉人事過無問大小常生恐嚇於自村社之內無事橫生整理大小譏訶是非浪作但有牛羊蹤暴士女相爭即將向縣縣令裴瞿曇用為煩碎初二三迴與理後見事繁不與理操後經州或上表聞徹惡心日盛人皆不喜見操自知性惡亦向人說云吾性多急暴口從武德已來四度受戒持行禮拜日誦經論化人為善然有大小侵已操不能忍從至永徽元年四月七日夜忽有一人從東來騎白馬著青衣直到操門操見遂共溫涼訖人云東陽

大監故遣我追你爲你自生已來毒
心纒縛不能忍捨逢人即說勸善已
身持戒一不全慳貪不施自道我有善
心供養三寶然未曾布施片財雖口
云慚愧心中即生別計惑亂凡俗爲此
喚汝須臾不見來人操身在門忽然
倒地口不能言唯心上少暖家人輿將
入舍臥經宿不蘇然操已到東陽都
録處于時府君大衙未散操遂私行
曹司皆有机案牀席甚大精好亦有
囚人或著枷鏁露頭散腰或坐立行
住如是罪人不可筭數操向東行過到
一處處孔極小唯見火星流出臭煙熢
㶿不中人立復有兩人手把鐵棒修
理門首操因問把棒人此是何曹司答
云是猛火地獄擬著持戒不全人或
修善中休人知而故犯死入此處聞道
有一楊師操一生喜論人過每告官
司道他長短逢人詐言慚愧有片侵
欺實不能忍今欲遣入此處故修理
之其人今日是四月八日家人爲操
身死布施齋供曹司平章還欲放歸
未得進止我在此間待師操操便叩

頭禮謝自云楊師操者弟子身是願
作方便若爲得脫此人荅云你但至
心禮十方佛殷心懺悔改却毒心即
隨往生不來此處雖懷惡意一期能
悔如菩薩行不惜身命得生淨土師
操得此語已即便依教發露殷勤懺悔
遂放還家經三日得活操得蘇已具
述此事操於後時便向惠請禪師處
改過懺悔身今見在年至七十有五
每一食長齋六時禮懺操田臨官道
因行看麥見牛三頭暴食麥苗操就
牛慚愧不復驅出歸家後日行麥不
死但有牛跡涇陽西界有陳王佛堂
多人聚集操向衆人具述其事道俗
驚怪禮懺彌殷其夜作夢見有人來
語操云我是使人故來試你你既止
惡更不追你但你勤誠修善不須憂之
有僧見操傳向臨說 右一驗出冥祥記

兩舌部第九 此別二部

述意部第一

夫生老病死無自出之期菩提涅槃
有脩入之路諸佛所以得道由行四
攝故凡聖歸依菩薩所以成聖由行

六度故黑白欽敬今見流俗之徒乃
專搆屏辭惡傳彼此令他眷屬分離
朋友乖散樂種不和之業感得生離
之苦縱使善心教離惡人亦是破壞
有益無罪故成論云若善心教化雖
爲別離亦不得罪若以惡心令他鬭
亂則是兩舌得罪最深謂墮地獄畜
生餓鬼若生人中被他誹謗唯得弊
惡破壞眷屬當知上說妄語過中爲
乖彼此而妄語者據此義邊即是兩
舌若說此罪三世招苦如上已說不
須重述

引證部第二

如四分律云佛告諸比丘汝等當聽
古昔有兩惡獸爲伴一名善牙師子
二名善膊虎晝夜伺捕衆鹿時有一
野干逐彼二獸後食其殘宍以自全
命時彼野干竊自生念我今不能久
與相逐當以何方便鬭亂彼二獸令
不復相隨時野干即往善牙師子所
如是語善牙善膊虎有如是語言我
生處勝種姓勝形色勝汝力勢勝汝
何以故我日日得好美食善牙師子

逐我後食我殘宍以自全命即說偈
言
形色及所生　大力而復勝　善牙不能善
善膊如是說
善牙問野干言汝以何事得知荅言
汝等二獸共集一處相見自知尒時
野干竊語善牙已便往語善膊虎
言汝知不善牙有如是語而我今日
種姓生處悉皆勝汝力勢亦勝何以
故我常食好宍善膊虎食我殘宍而
自活命尒時即說偈言
形色及所生　大力而復勝　善膊不能善
善牙如是說
善膊問言汝以何事得知荅言汝等
二獸共集一處相見自知後二獸共
集一處瞋眼相視善牙師子便作是
念我不應不問便先下手打彼尒時
善牙師子向善膊虎而說偈言
形色及所生　大力而復勝　善牙不如我
善膊說是邪
彼自念言必是野干鬭亂我等善膊
虎說偈荅善牙師子言
善膊不說是　形色及所生　大力而復勝

善牙不能善　若受無利言　信他彼此語
親厚自破壞　便成於怨家　若以知眞實
當滅除瞋惱　今可至誠說　令身得利益
今當善降伏　除滅惡知識　可殺此野干
鬭亂我等者
即打野干殺尒時佛告諸比丘此二
獸爲彼所破共集一處相見不悅況
復於人爲人所破心能不惱
又正法念經閻羅王責疏罪人說偈
云
本喜多言語　增貪令他畏　口過自誇誕
兩舌第一處
又華手經佛說偈言
惡口而兩舌　好出他人過　如是不善人
無惡而不造
又智度論云實語者不假布施持戒
學問多聞但修實語得無量福
又報恩經佛說偈言
佛告阿難　人生世間　禍從口出
當護於口　甚於猛火　猛火熾然
燒世間財　惡口熾然　燒七聖財
一切衆生　禍從口出　毀身之斧
滅身之禍

正報頌曰
兩舌鬭亂人　地獄被分裂　獄卒擘其口
鋑刀割其舌　苦痛既如此　加之以飢渴
惡業不自由　還飲身中血
習報頌曰
讒毀害人深　固受三塗苦　設使得人身
餘報仍依怙　眷屬多弊惡　違逆恣瞋怒
但令惡不亡　地獄無今古
感應緣　略引二驗
漢靈帝宋皇后無寵而居正位後宮
幸姬衆共譖毀初中常侍王甫枉誅
勃海王悝及妃妃即后之姑也甫恐后
怨之乃與太中大夫程何共搆后執
左道祝詛靈帝信之遂收后璽綬后
自致暴室而以憂死父及兄弟並被
誅諸常侍小黃門在省闥者皆憐宋
氏無罪帝後夢見桓帝怒曰宋皇后
無罪而聽用邪孽使絕其命勃海王
悝既已自貶又受誅斃今宋后及悝
自訴於天上帝震怒罪在難救夢殊
明察帝既覺而懼以事問羽林左監
許永此爲何祥其可禳乎永對以宋
后及勃海王悝無辜之狀宜並改葬

以安寃魂返家之徒復勃海之封以消災咎帝弗能用尋亦崩焉 出寃魂志

唐咸陽有婦女姓梁貞觀年中死經七日而蘇自云被人收將至一大院內見有大廳有一官人據案執筆暴待甚威令人勘問云此婦女合死以不有人更責一案勘云與合死者同姓名所以追耳官人勅左右即欲放還梁白官人云不知梁更別有何罪請即受罪而歸官人即令勘案云梁生平唯有兩舌惡罵之罪更無餘罪即令一人拔舌一人執斧斫之日常數四凡經七日始送令歸初似落深崖少時如睡而覺家人視其舌上猶大爛腫從此已後永斷酒肉至今猶存 出冥報拾遺記

綺語部第十 此別二部

述意部第一

夫忠言所以顯理綺語所以乖眞由忠故有實有實故德生德生故所以成聖由綺語故虛妄虛妄故罪生罪生故受苦故知趣理求聖要須實說說若虛假終為乖理謂言不正皆名綺語但諸綺語不益自他唯增放逸長諸不善死落三塗後生人時所說正語人亦不信凡所言說言不辯了亦名綺語故成實論云語雖是實非時而說亦落綺語也

引證部第二

如智度論說偈言

有墮餓鬼中　火燄從口出　四向發大聲
是為口過報　雖復多聞見　在大衆說法
以不誠信業　人皆不信受　若欲廣名聞
為人所信受　是故當至誠　不應作綺語

又薩婆多論云口中四過互歷各作四句一或有兩舌非妄語非惡口如有一人傳此人語向彼人說當實說故非妄語輭語說故非惡口以分離心故名兩舌第二或有兩舌是妄語非惡口如有一人傳此人語向彼人說以別離心故是兩舌以妄說故是妄語以輭語說故非惡口第三或有兩舌是惡口非妄語如有一人傳此人語向彼人說以別離心故是兩舌以麁語說故是惡口當實說故非妄語第四或有兩舌是妄語是惡口如有一人傳此人語向彼人說以別離心故是兩舌以妄說故是妄語以惡聲說故是惡口自外妄語惡口各作四句亦如是綺語一種各不相離故不別說故成實論云餘口三業或合或離綺語一種必不相離

正報頌曰

綺語無義理　令人心惑亂　為喪他善根
烊銅擗口灌　燄鐵燒其舌　腹藏皆焦爛
此痛不可忍　悲號常噭喚

習報頌曰

浮言翳眞理　為此沉惡趣　去彼暫歸人
出言無曉喻　生無信仰心　常被他笑具
為人覺羞恥　何不出典句

感應緣 略引四驗

漢明帝時有檀國蠻夷善閑幻術能徙易牛馬頭上與群臣共觀之以為笑樂又三國時吳有徐光者不知何許人也常行幻化之術於市鄽內從人乞瓜其主弗與便從索子掘地而種顧眄之間瓜生俄而蔓延生華俄而成實百姓咸矚目焉子成乃取而食之因以賜觀者向之鬻瓜者反視所賣皆耗矣橘柚棗栗之屬亦如其

幻化皆此類也

晉永嘉年中有天竺國人來度江南言語譯道而後通其人有數術能截舌續斷吐火變化所在士女聚共觀試其將截舌先吐以示賓客然後刀截流血覆地乃取置器中傳以示人視之舌頭觀其口內唯半舌在既而還取含之有頃吐已示人舌還如故其續斷絹布與人各執一頭對剪斷已而取兩段合持祝之則復還連與舊無異時人多疑以為幻作陰而試之猶是已絹其吐火者先有藥在器中取一片與黍糠合之再三吹呴而張口火出因就熱取以爨之則便火熾也又書紙及繩縷之屬投火中眾詳共視見其燒然消磨了盡乃撥灰中舉而出之故是向物如此幻術作者非一時天下方亂云庫安霍山可以避世乃入東冶不知所在也

大唐貞觀二十年西國有五婆羅門來到京師善能音樂祝術雜戲截舌抽腸走繩續斷又至顯慶已來王玄策等數有使人向五印度西國天王

為漢使設樂或有騰空走索履屐繩行男女相避歌戲如常或有女人手弄三仗刀矟槍等擲空手接繩走不落或有截舌自縛解伏依舊不勞人功如是幻戲種種難述

唐雍州西藍屋縣西北有元從人坊元從人程普樂少好音聲至永徽六年五月七日因有微患暴死五日心暖不臭家人不敢埋至第六日平旦得蘇還如平生說云初死時有二青衣至牀前通王喚君普樂問何王答曰閻羅王喚為何事答曰須有勘問催急即行不須臾語一人手攝普樂逐出坊南門漸向南山下至一荒草處有少鹹鹵不生草有一大孔如大甕口語樂云入樂懼不肯入一人推入不覺有損直入見王大殿捉仗人極眾王共諸臣及宮妃后在大殿上相隨慢坐殿前六有諸音聲伎兒雜戲引樂使人啟王云所追人來王問是誰程普樂汝解俳說不答曰不解王迴顧問一伎兒姓張名舍兒此人不解俳說何故追喚舍兒生平共

音樂初善後因相瞋佞怨舍兒遂佞怨漫引此人舍兒不敢諍王還依實說王怒令戲殿前音聲一時俱動還見打鼓作儛緣竿緣竿人初緣至頭下時以竿內口直下竿從後分出至地還上六根俱破九孔流血緣竿上下並皆如是復見黃門已來伎兒如齊嬰子突出取獨豬椎捧等數十人令作俳說時口中吐火抽舌繞場周帀百千鐵鳥諸惡毒蟲從空飛下一時向舌上啄噉受其極苦啾聲動地不喜人聞餘之雜戲之人諸小鐵蟲見其一時拍手唱呶之聲如煙如火同時被燒燒死還活更相受苦無暫停廢音聲不捨受苦不廢王雖下救然遣獄卒手把鐵棒利戟鐵弓箭圍繞守遣令作音樂受苦不歇音樂至獄五日見此戲兒受苦如是至第六日旦王喚普樂語云汝未合死更檢案看卻後三年汝命算盡當來受若如是此人為生平妄語惡口綺語調弄僧尼輕戲佛法假託三寶諍取他物尊將養活婦兒好殺豬羊食噉

法苑珠林第七十六　第二十八張　土

酒肉或因向伽藍食用僧物污穢不淨如是等罪不持齋戒故受斯殃汝雖無如此重罪非無餘過亦合受之且放汝去死時取汝還令舊二人送到家內見一牀許棘林枝葉稠密二人令入此林此人初不肯入二人急推合眼而入即覺身已在牀蘇活此普光因見此徵即向京來歷寺受戒堅持不犯葷食長齋禮敬無斷（因向僧懺說此言）

法苑　林卷第七十

甲辰歲高麗國分司大藏都監奉勑彫造

法苑珠林卷第七十六

校勘記

一　底本，麗藏本。

一　三八一頁上一行經名，徑無（未換卷）。又經名下，磧、普、南、清有夾註「十惡之四」。

一　三八一頁上二行撰者，磧作「大唐上都西明寺沙門釋道世字玄惲撰」；普作「大唐上都西明寺沙門釋道世撰」；南作「唐上都西明寺沙門釋道世字玄惲撰」；徑無（未換卷）；清作「唐西明寺沙門釋道世撰」。

一　三八一頁上三行「十惡篇第八十四之四」，磧、普、南、徑、清無。

一　三八一頁上四行「第八」，徑無。又「此別二部」，徑無。

一　三八一頁上四行與五行之間，清有「述意部　引證部」一行。

一　三八一頁上五行「部第一」，徑無。以下部目中「部」字與序數相連者例同。

一　三八一頁上九行「偈云」，磧、普、南、徑、清作「偈言」。

一　三八一頁上一四行「麄語」，磧、南、徑、清作「麁言」。

一　三八一頁中一〇行「輕篾」，磧、南、清作「輕懱」；普、徑作「輕蔑」。

一　三八一頁中一一行第四字「受」，磧、普、南、徑、清作「授者」。

一　三八一頁中一二行「驝駝」，磧、普、南、徑、清作「駱駝」。

一　三八一頁中二二行「蚰蟲」，磧作「疽蟲」；普、南、徑、清作「蛆蟲」。又「難近」，磧、普、南、徑、清作「叵近」。

一　三八一頁下二行第一〇字「也」，磧、普、南、徑、清作「地」。又末字「䣛」，磧、普、南、徑、清作「摑」。

一　三八一頁下三行第三字「嘷」，普作「號」；徑、清作「嗥」。一三行末字同。

一　三八二頁中一七行第一二字「游」，

磧、普、南、徑、清無。

一　三八二頁下二二行第五字「赴」，磧、普、南、徑、清作「趣」。

一　三八三頁上三行第六字「遣」，磧、普、南、徑、清作「遺」。

一　三八三頁上一一行「令其盡見」，磧、普、南作「令盡見之」；徑、清作「令盡見之」。

一　三八三頁上一五行「其人」，清作「其夫」。

一　三八三頁上一八行「具說」，南作「且說」。

一　三八三頁中四行「日常」，磧、普、南、徑、清作「恒常」。

一　三八三頁中一一行「豪尊」，磧、南作「豪貴」。

一　三八三頁下九行「禿角」，磧、普、南、徑、清作「一角」。一五行、二二行同。

一　三八四頁上一五行「無惡言」，磧、普、南、徑、清作「無善言」。

一　三八四頁中四行末字「姝」，磧、普、南、徑、清作「殊」。

一　三八四頁中九行第一三字「獸」，磧、普、南、徑、清無。

一　三八四頁中一三行第三字「唐」，磧、普、南、徑、清作「虛」。

一　三八四頁中一七行「眠眼」，南、徑、清作「瞑目」。

一　三八四頁中一八行末字「眠」，南、徑、清作「瞑」。

一　三八四頁下五行第四字「得」，磧、普、南、徑、清無。

一　三八四頁下七行「精勤」，磧、南、徑、清作「精進」。

一　三八五頁上八行第六字「於」，徑、清作「諸」。

一　三八五頁中五行第三字「令」，磧、普、南作「今」。

一　三八五頁下二行「刀釼」，磧、普、南、徑、清作「刀劔」。

一　三八五頁下三行末字「鮮」，徑、清作「祥」。

一　三八五頁下一一行「不悛」，磧、普、南、徑、清作「不改」。又「忓擾」，磧、普、南、徑、清作「忏擾」。

一　三八五頁下一二行第七字「常」，磧、普、南、徑、清作「恒」。三八八頁下一二行第一一字同。

一　三八五頁下一四行第七字「蹤」，南、徑、清作「縱」。

一　三八五頁下一八行首字「操」，磧、普、南、徑、清作「但操」。

一　三八五頁下末行第六字「操」，磧、普、南、徑、清無。

一　三八六頁上一一行「露頭」，磧、普、南、徑、清作「或露頭」。

一　三八六頁上一四行首字「⿰火幼」，磧、南、徑作「燉」。

一　三八六頁上一五行第一二字「何」，磧、普、南、徑、清作「何處」。

一　三八六頁中四行首字「隨」，徑、清作「遂」。

一　三八六頁中一三行第二字「但」，磧、普、南、徑、清作「直」。

一　三八六頁中一六行第一〇字「誠」，

磧、普、南、徑、清作「試」。

一　三八六頁中一九行「第九」，徑無。又「此別二部」，徑無。

一　三八六頁中一九行與二〇行之間，清有「述意部　引證部」一行。

一　三八六頁下五行「成論」，磧、普、南、徑、清作「成實論」。

一　三八六頁下一六行「善膊」，磧、南作「善博」；普作「善搏」；徑、清作「善搏」。下同。

一　三八六頁下一八行第九字「念」，磧作「惑」。

一　三八七頁中一〇行「云」，磧、普、南、徑、清作「曰」。

一　三八七頁下八行「不亡」，磧、普、南、徑、清作「不忘」。

一　三八七頁下九行與一〇行之間，徑、清有「漢宋后憂死驗」，「唐婦女梁氏死後復蘇驗」二行。

一　三八七頁下一二行第四字「悝」，磧、普、南、徑、清作「慄」。

一　三八七頁下一六行「省閤」，磧、普、南、徑、清作「省閤」。

一　三八七頁下一七行第六字「夢」，磧、普、南作「要」。

一　三八七頁下一九行首字「悝」，磧、普、南、徑、清作「慄」。末字同。又第四字「自」，磧、南、徑、清作「之」。

一　三八七頁下末行第六字「悝」，磧、普、南、徑、清無。

一　三八八頁上二行夾註「出寃魂志」，磧無。

一　三八八頁上一二行「拔舌」，磧、普、南、徑、清作「括舌」。

一　三八八頁上一五行夾註左「拾遺記」，至此，徑卷第九十三終，卷第九十四始，並有「十惡篇第八十四之五」一行。

一　三八八頁上一六行「第十」，徑無。又「此別二部」，徑無。

一　三八八頁上一六行與一七行之間，清有「述意部　引證部」一行。

一　三八八頁中一行第五字「死」，磧、普、南、徑、清作「此」。

一　三八八頁中二行第一一字「言」，磧、普、南、徑、清作「語」。

一　三八八頁下一四行與一五行之間，徑、清有「漢有檀國蠻夷善閑呪術驗」、「晉天竺國人有數術驗」、「唐西國婆羅門祝術驗」、「唐（清無）盩厔縣程普樂少好音聲驗」四行。

一　三八八頁下一八行「市鄽」，磧、普、南、徑、清作「市里」。

一　三八九頁上一九行「東治」，磧、普、南、徑、清作「東治」。

一　三八九頁上二〇行「大唐」，南作「有唐」；徑、清作「唐」。

一　三八九頁上二二行第二字「腸」，磧、普、南、徑、清作「腹」。

一　三八九頁中一行「騰空」，磧、普、南、徑、清作「勝空」。

一　三八九頁中三行「三仗」，磧、普、南、徑、清作「三伎」。

一　三八九頁中六行「盩厔縣」，磧、普、南、徑、清作「盩厔縣」。

一　三八九頁中一二行第一一字「須」，

一　三八九頁中一三行第七字「吏」，磧、普、南、徑、清作「頃」。

一　三八九頁中一五行第九字「有」，磧、普、南、徑、清作「吏」。

一　三八九頁中一七行第七字「入」，磧、普、南、徑、清無。

一　三八九頁下一行第九字「俠」，磧、普、南、徑、清作「挾」。末字同。

一　三八九頁下八行「齊嬰子」，普作「齊晏子」；南、徑、清作「齊宴子」。又第九字「桃」，磧、普、南、徑、清作「挑」。

一　三八九頁下二〇行「三年」，磧、普、南、徑、清作「二年」。

一　三八九頁下二二行末二字至末行首二字「誑取他物」，磧、普、南、徑、清作「誑他財物」。

一　三九〇頁上末行卷末經名，徑無（未換卷）。

法苑珠林卷第七十七　士

西明寺沙門釋道世撰

十惡篇第八十四之五

慳貪部第十一 此別二部

述意部第一

夫群生惑病著我爲端凡品邪迷慳
貪爲本所以善輕毫髮惡重丘山福
少春冰貪多秋雨六情之網未易能超
三毒之津無由可度身重常沒譬等
河裏之魚翅欲飛難同天上之鳥致
使貧貧相丈競加侵逼苦苦連緜爭
來損害似飛蛾拂焰自取燒然如蠶
作繭非他纏縛良由慳惜貪障受罪
飢寒施是富因常招豐樂也

引證部第二

如分別業報經偈言

常樂修智慧　而不行布施　所生常聰哲
貧窶無財產　唯樂行布施　而不修智慧
所生得大財　愚暗無知見　施慧二俱修
所生具財智　二俱不修者　長夜處貧賤

故攝論云慳惜是多財障嫉妒是尊
貴障又衆生起貪無過色財第一愛

色多過如前已述不同意者今更略
論如涅槃經說譬如有人以羅剎女
而爲婦妾是羅剎女隨所生子生已
便噉子既盡已後噉其夫愛羅剎女
亦復如是隨諸衆生生善根子隨生
隨食善子既盡復噉衆生令墮地獄
畜生餓鬼又如有人性愛好華不見
華莖毒蛇過患即便前捉捉已蛇螫
螫已命終一切凡夫亦復如是貪五欲
華不見是愛毒蛇過患而便受取即
爲愛毒之所螫命終之後墮三惡道
第二於財生貪者貪財致禍大苦所
惱乖背道俗失於親踈故智度論云
財物是種種煩惱罪業因緣若持戒
禪定智慧種種善法是涅槃因緣以
是故財物尚應自棄何況好福田中而
不布施譬如有兄弟二人各擔十斤
金行道中更無餘伴兄作是念我何
以不殺弟取金此曠路中人無知者
弟復生念欲殺兄取金兄弟各有惡
心語言視瞻皆異兄弟即自寤還生
悔心我等非人與禽獸何異同產兄
弟而爲少金故而生惡心兄弟共至

泉水邊兄以金投著水中弟言善哉
善哉弟復棄金水中兄言善哉善
哉兄弟更互相問何以故言善哉各
相荅言我以此金故生不善心欲相
危害今得棄之故言善哉二辭各尒
以是因緣常應自捨

又大莊嚴論云我曾昔聞舍衛國中
佛與阿難曠野中行於一田畔見有
伏藏佛告阿難是大毒蛇阿難白佛
是惡毒蛇尒時田中有一耕人聞佛
阿難說有毒蛇作是念言我當視之
沙門以何爲惡毒蛇即往其所見真
金聚而作是言沙門所言是毒蛇者
乃是好金即取此金還置家中其人
先貧衣食不供以得金故轉得富饒
衣食自恣王家禁司怪其卒富而糺
舉之繫在獄中先所得金既已用盡
猶不得免將加刑戮其人唱言毒蛇
阿難惡毒蛇世尊傍人聞之以狀白
王王喚彼人而問之曰何故唱言毒
蛇阿難惡毒蛇世尊其人白王我於
往日在田耕種聞佛阿難說言毒蛇
惡毒蛇我於今者方乃寤解王聞此

說遂放去之

又增一阿含經云昔佛在世時舍衛城中有一長者名曰婆提居家巨富財産無量金銀不可稱計其家雖富慳悋守護不著不噉服飾飲食極為麁鄙亦不施與妻子眷屬奴婢僕從朋友知識及諸沙門婆羅門等復起邪見斷於善根然無子息命終之後所有財寶盡沒入官波斯匿王自往收斂收攝已訖還詣佛所而白佛言婆提長者今日命終之後為生何處佛告王曰婆提長者故福已盡新業不造由起邪見斷於善根命終生在啼哭地獄波斯匿王聞佛所說涕泣流淚而白佛言婆提長者昔作何業生在富家復作何惡然不得食此極富之樂佛告王曰過去久遠有迦葉佛入涅槃後時此長者生舍衛國作田家子有辟支佛來詣其家而從乞食時此長者便持食施辟支得食飛空而去長者見已作是誓願持此善根使我世世所生之處不墮三塗常多財寶布施已後復生悔心我向者食應與奴婢不應與此禿頭沙門佛告王曰婆提長者由於過去施辟支佛食發願功德所生之處常多財寶無所乏少緣其施後生變悔心在所生處雖處富貴不得食此極富之樂慳惜守護不自衣食復不施與妻子眷屬亦不布施朋友知識及諸沙門婆羅門等是故智者聞此因緣若有財物應當布施勿生慳悋施時至心自手奉與施已歡喜莫生悔心能如此施得大果報無量無邊

又出曜經云昔佛在世時舍衛國中有一長者名曰難陀巨富多財金銀珍寶象馬車乘奴婢僕使服飾田業不可限量一國之富無有過者雖處豪富而無信心慳貪嫉妒門閤七重勑守門人有人來乞一不得入中庭空上安鐵疏籠恐有飛鳥食噉穀米四壁牆下以白膠泥恐鼠穿穴傷損財物唯有一子名栴檀香臨終勑子吾患必死若吾死後所有財寶勿費損耗莫與沙門及婆羅門若有乞兒莫施一錢此諸財物足供七世勑已命終還生舍衛旃陀羅家盲母腹中後生出胎生盲無目盲母念言若生男者吾今目冥須見扶侍聞兒生盲倍增愁憂悲泣說偈言

子盲吾亦盲　二俱無兩目　遇此衰耗物
益我愁憂苦

是時盲母養兒已六年八九歲堪能行來與杖一枚食器一具而告子曰汝自乞活不須住此吾亦無目復當乞求以濟餘命此盲小兒家家乞求遂後漸至栴檀香家在門外立唱盲見乞時守門人瞋恚捉手擲著深坑傷折左臂復打頭破所乞得食盡棄在地有人臨見甚憐愍傷往語盲母盲母聞已匍匐拄杖到盲兒所抱著膝上而語兒言汝有何愆遭此苦厄子報母曰我向者至栴檀香家門外而乞便遇惡人打擲如是佛時知已告阿難言禍哭禍哭難陀長者命終與彼旃陀羅家盲婦作子生無兩目昔所居業豪富無量象馬七珍不可稱計而今復得親用不耶然由慳貪受此盲報從此命終入阿鼻獄佛於

過中與比丘衆入國城人民圍繞往到栴檀香門首小兒所時栴檀香聞佛在外出門禮拜在一面立佛知衆集復見栴檀廣爲衆說慳貪嫉妒受罪無量如說惠施受福無窮欲使離有趣無爲道尒時世尊欲與栴檀拔地獄苦告小兒曰汝是難陀長者非耶小兒報曰實是難陀如是至三大衆聞此愕然而言難陀長者乃受此形時栴檀香聞見此事悲泣墮淚不能自止禮佛求救願拔罪根即請佛僧明日舍食佛明日食竟爲說妙法時栴檀香得須陀洹果佛告阿難若人積財不自衣食復不布施愚中之愚是故智者應當行施求離生死莫生慳悋受無邊苦

又盧志長者經云昔佛在世時舍衛城中有一長者名曰盧至其家巨富財產無量如毗沙門由於往昔施勝福田故獲斯報然其施時不能至心故今雖富意長下劣所著衣裳垢獘不淨食則糠菜以充其飢渴唯飲水行乘朽車 勤營家業猶如奴僕常爲世人之所蚩笑後於一時城中人民大作節會莊嚴舍宅懸繒幡蓋香水灑地散衆名華種種嚴麗伎樂歌儛歡娛受樂猶若諸天盧至見已便生念言彼旣歡會我亦當尒即疾歸家白開庫藏取得五錢得已思念若在家食母妻眷屬不可周徧若至他舍恐主所奪於是即用兩錢買麨兩錢酤酒一錢買葱從內家中取鹽一把衣衿裹之齎出城外趣一樹下旣至樹下見多烏鳥恐來搏撮即詣塚閒復見諸狗尋更逃避至空靜處酒中著鹽和麨飲之時復噉葱先不飲酒即時大醉醉已起儛揚聲而歌其歌辭曰

我今節慶會　縱酒大歡樂　踰過毗沙門
亦勝天帝釋

時值帝釋與諸天衆欲至佛所遇見盧至醉儛而歌言勝帝釋帝釋默念此慳貪人屛處飲酒罵辱於我我當惱之即變已身作盧至形往到其家聚集母妻奴婢眷屬於母前坐而白母言我於前後有大慳鬼隨逐於我使我慳惜不著不噉不與眷屬皆由慳鬼今日出行值一道人與我好呪得除慳鬼然此慳鬼與我相似彼若來者當好打棒其必詐稱我是盧至一切家人莫信其語急當閉門慳鬼儻來待我所作然後開門即作好食合家充飽復開庫藏出諸財寶衣服瓔珞賜與母妻居家眷屬及施餘人訖已作樂歌儛歡樂不可具說人聞盧至慳鬼得除皆來觀看盧至酒醒歸家到門聞歌儛聲極大驚愕打門噭喚都無聞者帝釋聞喚語衆人言打門喚者或是慳鬼人聞慳鬼開門走避盧至得入居家眷屬悉皆不認言是慳鬼即便捉脚倒拽打棒驅令出門到街大哭唱言怪哉我今身形爲異於本爲不異本何故家人見棄如是言我是鬼都不見認我於今者如何所道盧至尒時如似顚狂傍人親里咸來慰喻汝是盧至我是汝親故來看汝汝好强意當作方計用自分明盧至聞已意用小安收淚而言儻諸人等更看我面我今實是盧至

以不人皆荅言汝於今者實是盧至
即語衆人言汝等皆能爲我作證不
衆人皆言我爲汝證實是盧至盧至
荅言汝等若介聽說因緣
誰有年少人　與我極相似　共我所愛婦
同牀接膝坐　所親家眷屬　見打驅逐出
所親皆愛彼　安止我家中　我忍飢寒苦
積聚諸錢財　彼今自在用　我無一毫分
猶如毗沙門　自恣於衣食　城中諸人等
各各生疑怪　皆作如是言　此事當云何
中有明智者　而作如是言　此間姪狭人
形貌似盧至　知其大慳貪　故來惱亂之
我等共證拔　不宜使棄捨
尒時諸人聞是語已皆悉同心咸言
盧至汝今云何欲何所爲盧至云願
爲我證我欲見王并願貸我二張白
疊可使直於四銖金許當用上王諸
人皆笑言盧至今乃是大施主挾二
張疊到於王門語守門人爲我通王
我欲貢獻門人驚笑即入白王王聞
念言盧至慳恪將不死到卒能如是
王即喚入既到王前以手挽疊用奉
於王其駭急挾挽不能得便自迴身

盡力痛挽方乃得出既得出已帝釋
即化作兩束草盧至見草慚愧坐地
悲噎歔欷不能得言王見慈愍而語
之言縱令是草亦無所苦欲有所說
隨汝意道盧至悲噎向王說言我見
此草羞慚極慼不能以身陷入於地
不知今者爲有此身爲無此身知何所告
王聞慇念語傍人言彼既哀塞不能言
者知其意者當代道之傍人荅王不知
何人形貌相似至其家中詐稱盧至
家人皆信散用財物一切蕩盡家人
不識打棒驅出反如路人是以懊惱
不能得言王聞遣使喚相似者並立
王前王見二人相貌言笑一切相似
王謂後者是其盧至語前者言汝今復
欲何所論道盧至荅言我是盧至彼
非盧至王問後者盧至慳貪汝好惠
施云何稱言是盧至耶即荅王言我
聞佛說慳貪之者墮餓鬼中百千万
歲受飢渴苦畏怖因緣故捨慳貪王
言實介如似垢衣灰浣即淨煩惱垢
心聞法即除王見是已即別二人置
於異處各遣條牒親屬頭數種種財

物遠書將來二人持盡隱密之事又
以書迹悉皆相似王不能別王喚母
問母語王言此是我兒彼非我子是
慳鬼也王復問母頗見身上瘡瘢黑
子私密之事可識以不母荅王言兒
左脇下有小瘡瘢猶小豆許王遣脫
衣高舉臂看見兩瘡瘢大小相似王
見大笑怪未曾有深自剋責一切衆
生愚暗所覆不別真僞如此之事唯
佛能了即以二人置於象上共至佛
所請決所疑介時世尊舉相好莊
嚴之手語帝釋言汝作何事帝釋即
滅盧至身相還復本形種種光明合
掌向佛而說偈言
常爲慳所使　不肯自衣食　以五錢酒麨
著鹽而飲之　飲已即大醉　戲笑而歌儛
輕罵我諸天　以是因緣故　我故苦惱之
佛語帝釋一切衆生皆有過罪宜應
放捨化身還復釋形而白佛言此人
慳貪不自衣食五錢酒麨著鹽和飲
酒醉歌儛輕罵諸天故我惱之佛語
帝釋一切衆生皆有罪過宜應放捨
佛語盧至汝還歸家看汝財物盧至

白佛所有財物帝釋用盡歸家何為帝釋語言我不損汝一毫財物盡至語言我不信釋唯信佛語以信佛故即便得須陀洹果時天龍八部及以四衆凡聞是已得四道果有種三乘因緣

又羅旬踰經云佛在世時有婆羅門子薄福相師占之無相年至十二父母逐出遂行乞食乃到祇桓佛以大慈以手摩頭髮即墮袈裟著身佛為立名名羅旬踰時共五部僧每出分衞而羅旬踰所在之部以空鉢還佛勑比丘令以施之如是非一目連念言由是比丘僧不得食佛知其意便與舍利弗俱使目連與羅旬踰俱各分為一部佛告目連我所在處汝不得往目連即與羅旬踰俱行適欲所至便即見佛及舍利弗而在其門如是經歷過五百億國遂不得食目連私念我於今日定不得食羅旬甚大飢極止恒水邊住目連即到佛所佛鉢中尚有餘食即與目連目連念言我今飢甚欲吞須彌尚謂不飽但

此少飯何足可食佛告目連但食此飯勿憂不足目連即食飯既飽已鉢中不減舍利弗即念羅旬今未得食當大飢苦白佛言願乞餘飯與羅旬佛即告言我不惜飯但羅旬宿行果報不應得之若謂不然汝便可與舍利弗便以飯與之羅旬得即欲受飯鉢便入地百丈舍利弗以道力手尋鉢即得以還羅旬適欲食之便誤覆鉢倒去飯食皆散水中羅旬還坐定意自思念言我每與諸比丘俱行輒無所得空鉢而還佛以飯與我輒復覆去皆由罪報應當所受便自思惟結解垢除得羅漢道即便食土而般涅槃欲知羅旬者過去維衞佛時是身為凡人常懷慳貪不肯布施時當欲飯脫衣布地恐飯粒落有沙門過從其分衞羅旬見謂之言當何相與便以手捧土與沙門沙門即祝願言是愚癡故耳當使汝早得度脫由來久遠展轉生死乃至於今所在之處輒不得食於今得道食土泥洹與土沙門舍利弗是故知罪福今皆受殃

又遣教三昧經云此羅旬踰宿世為賢者子作人嫉妒見沙門來分衞輒逆門戶言大人不在沙門復至餘家復牽餘家門戶閉之亦言大人不在故今分衞不能得適欲見他布施飲食歡喜行會便復念言我亦欲作沙門故今窮困如是

又增一阿含經云是時有四大羅漢目連迦葉阿那律賓頭盧集在一處而作是說我等共觀此羅閱城中誰有不供養佛法衆作功德者尒時有長者名跋提饒財多寶不可稱計慳貪不肯布施於佛法衆無有毫釐之善故福已盡更不造新彼長者有七重門皆有守人不得使乞者詣門復以鐵籠絡覆中庭恐有飛鳥來至庭中長者有妹名曰難陀亦復慳貪亦懷邪見無施福心亦無取證得道之者亦有七重門還同前法無可得詣門者尒時跋提長者清旦食餅是時阿那律從長者舍地中踊出舒鉢向長者是時長者極懷愁憂即授少許餅與阿那律是時阿那律得餅已還詣所在

是時長者便興瞋恚語守門人言我有教勑無令人入何故人來守者報曰門閤牢固不知此道士爲從何來尒時長者默然不言時長者已食餠竟次食魚次尊者大迦葉語長者家從地踊出鉢向長者時長者甚懐愁憂授少許魚次與之是時迦葉得次便於彼没還歸所在是時長者倍復瞋恚語守門者言我先有教不使人入何故復使二沙門入家乞食時守門人報曰我等不見此沙門爲從何來長者報曰此禿頭沙門善於幻術誑惑世人無有正行尒時長者婦去長者不遠而坐聞之語長者言可自護口勿作是語謂言幻術此諸沙門有大威神所以來者多所饒益長者識此二比丘乎長者報曰我不識之時婦報言是斛飯王子名阿那律當生之時此地六變震動繞舍一由旬内伏藏自出時婦語長者此豪族之子修於梵行得阿羅漢道天眼第一次第二比丘者此羅閱城内大梵志名迦毗羅饒財多寶不可稱

計言有九百九十九頭牛耕田其息名曰比波羅耶檀那身作金色婦名婆陀女中殊勝設舉紫磨金在前猶黒比白時長者報言我聞此二人名然復不見其婦報言向前後來者即是其身捨此玉女之寶出家學道今得阿羅漢常行頭陀無有出也我觀此義故作是言善自護口莫謗聖人言作幻術此釋迦弟子皆是神德時尊者目連著衣持鉢飛騰虚空長者見空中坐而作是說汝是天耶乾沓和耶汝是鬼耶汝是羅刹噉人鬼耶目連報言我非是羅刹鬼等是時長者便說此偈

爲天乾沓和　羅刹鬼神耶　又言非是天
羅刹鬼神者　不似乾沓和　方域所游行
汝今名何等　我今欲得知

尒時目連復以偈報曰

非天乾沓和　非鬼羅刹種　三世得解脱
今我是人身　所可降伏魔　成於無上道
師名釋迦文　我名大目連

是時長者語目連言比丘何所教勑目連報言我欲與汝說法善思念之

時長者復作是念此諸沙門長夜著於飲食今欲論者正當論食若從我索我當言無然我少聽此人所說尒時目連知長者心中所念便說此偈

如來說二施　法施及財施　念當說法施
專心一意聽

是時長者聞當說法施便懐歡喜語目連言願時演說聞當知之目連報長者言如來說五事大施即是不殺不盜不婬不妄語不飲酒盡形壽而修行之長者聞已極懐歡喜今所說者乃不用寶貨物如我今日不敢殺生此可奉行又我家中饒財多寶終不偷盜此亦我之所行又我家中有上妙之女終不邪婬是我之所行又我不好妄語之人何況自當妄語此亦是我之所行如我今日意不念酒何況自嘗此亦是我之所行是時長者語目連言此五施者我能奉行我今可飯此目連長者仰頭語目連言可屈神下顧就此而坐是時目連尋聲下坐長者躬自與目連食訖行水長者念言可持一端㲲奉上目連是時

入藏内而選取不好者便得好者捨之更取故尒還好是時目連知長者心便說此偈

施與心鬭諍　此福賢所棄　施時非鬭時
可時隨心施

尒時長者知便作是念今目連知我心中所念便持白氎奉上目連即與祝願言

觀察施第一　知有賢聖人　施中最為上
良田生果實

時目連祝願已受此白氎使長者受福無窮在一面坐已目連漸與說法施戒生天之論呵欲不淨出要為樂即於座上得法眼淨以得見法無有狐疑而受五戒自歸佛法聖衆時目連以見得法眼淨便說此偈

如來所說經　根原悉備具　眼淨無瑕穢
無疑無猶豫

又增一阿含經云尒時有老母名曰難陀躬自作餅時尊者賓頭盧時到著衣持鉢入羅閱城乞食漸漸至老母難陀舍從地踊出舒手持鉢從老母難陀乞食是時老母見賓頭盧極

懷瞋恚作是惡言比丘當知設汝眼脫我終不乞汝食是時賓頭盧即入三昧便雙眼脫出是時老母倍復瞋恚正使沙門空中倒懸終不與汝食是時尊者復在空中倒懸老母復倍瞋恚正使沙門舉身煙出我終不與汝食是時尊者復舉身出煙老母復倍瞋恚而作是語正使沙門舉身然者我終不與汝食是時賓頭盧使身盡然老母見已復作是語正使沙門舉身出水我終不與汝食時賓頭盧便舉身盡皆出水老母見已復作是語正使沙門在我前死終不與汝食是時賓頭盧即無出入息在老母前死老母見不出入息即懷恐怖衣毛皆竪而作是語此沙門多所知識國王所敬聞我家死必遭官事恐不免濟若還活者我當與食是時賓頭盧即從三昧起時老母復作是念此餅極大當更作小者與之時老母取少許麵作餅餅遂長大老母見已此餅極大當更作小者然餅遂大當取先作者與之然復諸餅皆共相連老

母語賓頭盧曰比丘須食者便自取之何故相嬈乃尒賓頭盧報曰大姊我不須食但須母欲有所說老母報曰何所誠勑賓頭盧報曰今持此餅往世尊所若有誠勑我共奉行老母報曰此事甚快是時老母躬負此餅從賓頭盧復往世尊所頭面禮足在一面立白世尊曰此母難陀是跋提長者姊慳貪獨食不肯施人唯願世尊為說篤信之法使得開解尒時世尊告老母曰汝今持餅施佛及餘比丘僧比丘尼優婆塞優婆夷及貧窮者然故有餅可持棄淨地及無蟲水中即以此餅次第賦之及著淨水中即時焰起老母見已尋懷恐懼世尊漸與說法施戒生天之論苦集盡道即於座上得法眼淨承事三尊受持五戒使發歡喜禮佛而去

又十誦律云佛在舍衛國時有長老迦留陀夷得阿羅漢道持鉢入城乞食到一婆羅門舍主人不在婦閉門作煎餅迦留陀夷比丘即入禪定起通從外地沒涌出中庭乃以指彈婦

即迴顧作是念言此沙門從何處入此必貪餅故來我終不與即語夷言縱使眼脫我亦不與而以神力即兩眼脫出復念縱出眼如盌我亦不與即變眼如盌復念縱若倒立我前我亦不與即於前倒立復念縱汝若死我亦不與即入滅受想定心想皆滅無所覺知時婆羅門婦牽挽不動即大驚怖念是沙門常游波斯匿王宮末利夫人之師若聞在我家死者我等大衰即語比丘言汝若活者我求與一餅迦留陀夷便出於定婦即看餅先煎好者意惜不與更刮盌邊得一小麪煎之轉勝以先者與適舉一餅餘皆相著迦留語言姊與我幾許舉四餅欲持與之迦留語言我不須是餅可與祇桓中僧是婦先世巳種善根即自思惟是比丘實不貪餅但愍我故而來乞耳即持餅筐詣祇桓中施衆僧竟在迦留前坐迦留陀夷觀其因緣爲說妙法即於座上得法眼淨作優婆夷返舍報夫夫聞即詣迦留陀夷所迦留陀夷爲說妙法得法眼淨作優婆塞常盡財力供養闍梨乃至身死猶命子供養令後不斷

又百緣經云佛在王舍城迦蘭陀竹林尒時目連在一樹下見一餓鬼身如焦柱腹如太山咽如細鍼髮如錐刀纏刺其身諸支節間皆悉火然渴乏欲死脣口乾燋欲趣河泉變爲涸竭假令天降甘雨墮其身上皆變爲火目連即問業緣餓鬼答言我渴乏不能答汝自問佛目連即詣佛所具述前事向佛廣說宿造何業受是苦惱尒時世尊告目連言汝今諦聽吾當爲汝分別解說此賢劫中波羅奈國有佛出世號曰迦葉有一沙門涉路而行極患熱渴時有女人名曰惡見井傍汲水往從乞水女報之曰使汝渴死我終不與令我水減不可持去于時沙門既不得水服道而去時彼女人遂復慳貪有來乞者終不施與其後命終墮餓鬼中以是業緣受如是苦佛告目連欲知彼時女人不施水者今此餓鬼是佛說是惡見緣時諸比丘等捨慳貪業得四沙門果者或有發無上菩提心者聞佛所說歡喜奉行

又付法藏經云時有僧伽耶舍羅漢有大智慧言辭清辯昔雖出家未證道迹遊行大海邊見一宮殿七寶莊嚴光明殊勝僧伽耶舍見時以到即往彼宮說偈乞食云

飢爲第一病　行爲第一苦　如是知法者
可得涅槃道

是時舍主即出奉迎敷置茵褥請入就坐耶舍見其家內有二餓鬼裸形黑瘦飢虛羸乏鏁其身首各著一牀復有一鉢滿中香飯以瓶盛水安置其側尒時舍主即取此食奉施比丘語言大德愼勿以食與此餓鬼尒時比丘見其飢困即以少飯而施與之鬼得食已即吐膿血徧流在地汚其宮殿尒時比丘怪而問之此鬼何緣受斯罪報舍主答曰斯鬼前世一是吾息一是兒婦我昔布施作諸功德而彼夫妻常懷恚惜我數數教誨都不納受因立誓曰如此罪業必

獲惡報若受罪時我當看汝由是因
緣得斯苦惱小復前行至一住處堂
閣嚴飾種種奇妙滿中衆僧經行禪
思日時以到鳴椎集食食將欲訖尒
時餚膳變成膿血便以鉢器共相打
擲頭面破壞血流汙身而作是言何
爲惜食今受此苦耶舍前問其意荅
言長老我等先世迦葉佛時同止一
處客比丘來咸共瞋恚藏惜飲食而
不共分以此緣故今受此苦

正報頌曰

貪於詐道德　刻削爲伎業　巧誑懷萬端
求利心千帀　受罪地獄中　習氣猶行刼
灰刀割肉盡　白骨連相樓

習報頌曰

爲婬貪欲故　惡道轉沈淪　罪畢生人道
餘風尚襲身　常抱豺狼志　誰令喜與憐
終身不寤此　可笑頑愚人

感應緣　略引二驗

魏司馬宣王
魏胡人支法存
齊太守張善

魏司馬宣王功業日隆又誅魏大將

軍曹爽篡奪之迹稍彰王陵時爲揚
州刺史以魏帝制於強臣不堪爲主
楚王彪年長而有才欲迎立兖州刺
史華以陵陰謀白宣王宣王自將中
軍討陵掩然卒至陵自知勢窮乃單
船出迎宣王宣王送陵還京師陵至
項城過賈逵廟側陵呼曰賈梁道吾
固盡心於魏之社稷唯尒有神知之
陵遂飲藥死三族皆誅其年宣王有
疾白日見陵來并賈逵爲祟因呼字
曰彦雲緩我宣王身亦有打處少日
遂薨

魏支法存者本是胡人生長廣州妙
善醫術遂成巨富有八丈䍰毾作百
種形像光彩曜日又有沈香八尺版
牀居常芬馥王談爲廣州刺史大兒
劭之屢求二物法存不與王談因存亮
繼殺而籍沒家財焉死後形見於府
囚輒打閤下鼓似若稱寃魂如此經
壽月王談得病常見法存守之少時
遂亡劭之至揚都又死　此二驗出寃魂志

齊陽翟太守張善苛酷貪叨惡聲流
布蘭臺遣御史魏煇儁就郡繩治贓賄

狼籍罪當入死善於獄中使人通啓
飜誣煇儁受納民賕枉見推縛文宣
帝大怒以爲法司阿曲必須窮正令
尚書左丞盧斐覆之斐遂希旨成煇
儁罪狀奏報於市斬之煇儁遺囑令
史曰我之情理是君所具今日之事
可復如何當辦紙百張筆兩管墨一
挺以隨吾屍若有靈祇必望報雪令
史哀悼貨賣衣裳爲之殯斂并備紙
筆後十五日張善得病唯云叩頭魏尚
書尚書者世俗呼臺使之通稱也未
旬而死纔踰兩月盧斐坐譏駁魏史
爲魏收所奏文帝毆殺之　此一驗出冥祥記

法苑珠林卷第七十七

甲辰歲高麗國分司大藏都監奉
勑彫造

法苑珠林卷第七十七

校勘記

一　底本，麗藏本。

一　三九四頁上一行經名，徑無（未換卷）。又經名下，磧、普、南、清有夾註「十惡之五」。

一　三九四頁上二行撰者，磧、普作「大唐上都西明寺沙門釋道世撰」；南作「唐上都西明寺沙門釋道世撰」，徑無（未換卷）；清作「唐西明寺沙門釋道世撰」。

一　三九四頁上三行「十惡篇第八十四之五」，磧、普、南、徑、清無。

一　三九四頁上四行「第十一」，徑無。又「此別二部」，磧、南、清作「此有二部」；徑無。

一　三九四頁上四行與五行之間，清有「述意部　引證部」一行。

一　三九四頁上五行「部第一」，徑無。一五行「部第二」例同。

一　三九四頁上八行第一一字「網」，磧作「維」；南作「細」。

一　三九四頁上二〇行末字「賤」，磧、普、徑、清作「暗」。

一　三九四頁中一三行「道俗」，磧、普作「真俗」。

一　三九四頁中一八行第九字「兄」，磧、普作「先」；南作「兄何不先」；徑、清作「兄先」。又末字「何」，磧、普、南、徑、清作「所」。

一　三九四頁中一九行「不殺」，磧、普、南、徑、清作「欲殺」。

一　三九四頁下一六行「禁司」，南作「禁怪」；徑、清作「策伺」。又第九字「怪」，磧、普無；南作「司」。

一　三九四頁下一八行第六字「加」，磧、普、南作「枷」。

一　三九五頁上九行「自往」，磧、普、南、徑、清作「自然」。

一　三九五頁上一〇行「收斂」，徑、清無。又「還詣佛所」，磧作「迴向佛所」；普作「迴詣佛所」；南作「迴至佛前」；徑、清作「迴至佛所」。

一　三九五頁上一一行第一二字「生」，磧作「向」。

一　三九五頁上一三行首字「不」，磧作「有」；南作「未」。

一　三九五頁上末行「向者」，南作「向持」。

一　三九五頁中一行「奴婢」，磧、普、南、徑、清作「奴僕」。

一　三九五頁中一〇行「與施」，磧、南、徑、清作「施與」。

一　三九五頁中一七行「勑守門人」，南作「勑使內人」。

一　三九五頁中一九行第七字「膠」，磧、普、南、徑、清作「噤」。

一　三九五頁中二一行第六字「吾」，磧作「臨」。

一　三九五頁下三行「扶侍」，磧、普、南、徑、清作「扶持」。

一　三九五頁下二二行「親用」，南作「侵用」。

一　三九六頁上一行第七字「入」，磧、普、南、徑、清無。

一　三九六頁上五行第四字「如」，磧、普、南、徑、清作「加」。

一　三九六頁上一四行「積財」，南作「種財」。

一　三九六頁上一七行「盧志」，磧、普、南、徑、清作「盧至」。

一　三九六頁中一一行「烏鳥」，磧、普、南、徑、清作「象馬」。

一　三九六頁中一二行「諸狗」，磧、普、南、徑、清作「猪狗」。又末字至次行首字「著鹽」，磧、普作「著薑」；南、徑、清作「鹽薑」。

一　三九六頁中一三行第八字「嗤」，南作「着」。

一　三九六頁下一六行「出門」，磧作「出行」。

一　三九六頁下一九行「如何所善」，磧、普作「知何所導」；南、徑、清作「如何所導」。

一　三九六頁下末行首字「倩」，磧、普、南、徑、清作「請」。

一　三九七頁下六行首字「左」，徑作「在」。

一　三九八頁中七行「受飯」，徑、清作「食飯」。

一　三九八頁下九行第一〇字「集」，磧、普、南、徑、清無。

一　三九八頁下一六行第二字「絡」，南、徑、清作「結」。

一　三九八頁下二〇行第一四字「阿」，磧、普、南、徑、清無。末行第六字同。

一　三九九頁上四行「不言」，南作「不答」。

一　三九九頁上五行第一二字「詣」，南、徑、清作「於」。

一　三九九頁上一四行「聞之」，磧、普、南、徑、清作「觀之」。

一　三九九頁中一行第二字「言」，磧、普、南、徑、清無。

一　三九九頁中七行第四字「常」，磧、普、南、徑、清作「恒」。

一　三九九頁下五行第一一字「念」，磧、普、南、徑、清作「今」。

一　三九九頁下一二行「不敢」，磧、普、南、徑、清作「不堪」。

一　三九九頁下一五行「邪淫」，磧、普、南、徑、清作「婬他」。

一　四〇〇頁上一〇行「良田」，磧、普、南、徑作「良由」。

一　四〇〇頁上一六行「以見」，磧、普、南、徑、清作「以見長者」。

一　四〇〇頁中八行第四字「恚」，磧、普、南、徑、清無。

一　四〇〇頁下七行「復往」，磧、普、南、徑、清作「後往」。

一　四〇〇頁下一六行「盡道」，清作「滅道」。

一　四〇〇頁下末行第一一字「以」，南作「至」。

一　四〇一頁上一行末字「入」，南、徑、清作「來」。

一　四〇一頁上一一行末字「求」，磧、普、南、徑、清作「施」。

一　四〇一頁上一六行第二字「舉」，磧、普、南、徑、清作「與」。

一　四〇一頁中九行「甘雨」，徑作「甘露」。

一　四〇一頁中一七行第四字「汲」，磧、普、南、徑、清作「給」。又第六字「伎」，磧、普、南、徑、清作「住」。

一　四〇一頁下七行第一一字「見」，磧、普、南、徑、清作「見食」。

一　四〇一頁下二二行第七字「常」，磧、普、南、徑、清作「恒」。次頁上一七行第六字及中二〇行第七字同。

一　四〇二頁上一四行「連相接」，磧、普、南、徑、清作「相連接」。

一　四〇二頁上一七行第一四字「與」，磧、普、南、徑作「見」。

一　四〇二頁上二一行首字「魏」，清無。

一　四〇二頁中三行「迎立」，磧、普、南、徑、清作「迎立之」。

一　四〇二頁中七行「頃城」，磧、普、南、徑、清作「傾城」。

一　四〇二頁中一四行「八丈」，磧、普、南、徑、清作「八支」。

一　四〇二頁中一八行第二字「殺」，磧、普、南、徑、清作「殺之」。

一　四〇二頁中一九行首字「囚」，磧、普、南、徑、清作「内」。

一　四〇二頁中二一行夾註右第三字「驗」，磧、普、南、徑、清無。本頁下一三行夾註右第三字同。

一　四〇二頁下七行「兩筦」，磧、普、南、徑、清作「兩管」。

一　四〇二頁下一三行「所奏」，磧、普、南、徑、清作「所奉」。

一　四〇二頁下卷末經名，徑作「法苑珠林卷第九十四」。

法苑珠林卷第七十八

西明寺沙門釋道世撰

十惡篇第八十四之六

瞋恚部第十二 此別二部

述意部第一

夫四蛇躁動三毒奔馳六賊相侵百憂慇萃或宿重相嫌伺求長短素懷結忿專加相害了無仁義頓失慈悲殺法殺縁教死讚死或復潛行毒藥窓遣祝耶遂使含毒府藏鴆裂肝心令其銜悲長夜抱痛幽泉宛轉何辭煩怨誰辯故經曰長者宅中多生毒樹羅剎海上屢乞浮囊亦如乾薪万束豆火能焚暗室百年一燈便破故知瞋心甚於猛火行者應自防護劫功德賊無過斯害若起一念恚火便燒衆善功德是以惡性之人人畜皆畏不簡善人語則成毒好壞他心令他猒惡人無愛者衆所畏棄如避狼虎現被輕賤死墮地獄是故智者見此等過以忍滅之不畏衆苦也

引證部第二

如正法念經云若起瞋恚自燒其身其心齡毒顏色變異他人所棄皆悉驚避衆人不愛輕毀鄙賤身壞命終墮於地獄以瞋恚故無惡不作是故智者捨瞋如火知瞋過故能自利益爲欲自利利益他人應當行忍譬如大火焚燒屋宅有勇健者以水滅之智慧之水能滅恚火亦復如是能忍之人第一善心能捨瞋恚衆人所愛衆人樂見人所信受顏色清淨其心寂靜心不跰動善淨深心離身口過離心愁惱離惡道畏離於怨憎離惡名稱離於憂惱離怨家畏離於惡人惡口罵詈離於悔畏離惡聲畏離無利畏離於苦畏離於慢畏若人能離如是之畏一切功德皆悉具足名稱普聞得現在未來二世之樂衆人觀之猶如父母是忍辱人衆人親近是故瞋怒猶如毒蛇如刀如火以忍滅之能令皆盡能忍瞋恚是名爲忍若有善人能修行善應作是念忍者如寶應善護之但諸衆生善惡現別愚人凌罵他過爲勝智人下默以爲第一愚

人因起小諍遂成大怨若已得勝他怨轉深若自理屈反加憂苦若能慎言不說人短縱他罵我皆是往業非爲橫報

又六度集經云昔者菩薩身爲象王其心弘遠照知有佛法僧常三自歸每以普慈拯濟衆生誓願得佛當度一切從五百象時有兩妻象王於水中得一蓮華厥色甚妙以惠嫡妻嫡妻得華欣懌曰冰寒尤甚何緣有斯華乎小妻貪嫉恚而誓曰會以重毒鴆殺汝矣結氣而殞魂靈感化爲四姓女顏絕人智意流通博識古今仰觀天文明時盛衰王聞若玆娉爲夫人至即陳治國之政義合忠臣王悅而敬之每言輒從夫人曰吾夢覩六牙之象心欲其牙以爲珮几王不致之吾即死矣王曰無妖言人聞見笑尒夫人心生憂結王請議臣四人自云已夢曰古今有斯象乎一臣對曰無有之也一臣曰王不夢也一臣曰嘗聞有之所在彌遠一臣曰若能致之帝釋今詳於玆矣四臣即召四方射師問之南方師曰吾亾父常云有之然遠難致臣上聞云斯人知之王即現之夫人曰汝直南行三千里入山行二日許即至象所道邊作坑除汝鬚髮著沙門服於坑中射之截取其牙將二寸來象師如命行象處先射象却著法衣服持鉢於坑中止住象王見沙門即低頭言和南道士將以何事試吾軀命荅曰欲得汝牙象曰吾痛難忍疾取牙去無亂吾心令惡念生也志念惡者死入太山餓鬼畜生道中夫懷忍行慈惡來善往菩薩之上行也人即截牙象曰道士汝當却行無令群象尋足跡也象適人去遠甚痛難忍躃地大呼奄然而死即生天上群象四衆咸曰何人殺吾王者行索不得還守王屍悲痛哀號師以牙還王覩象牙心即慟悑夫人以牙著手中適欲視之雷電霹靂摧之而死入地獄佛告諸沙門尒時象王我身是也大婦者瞿夷是獵師者調達是夫人者好首是菩薩執志度無極行持戒如是

又智度論釋提問佛云

何物殺安隱　何物殺無憂　何物毒之根
吞滅一切善

佛荅云

殺瞋則安隱　殺瞋則無憂　瞋爲毒之根
瞋滅一切善

又雜寶藏經偈言

得勝增長怨　負則益憂苦　不諍勝負者
其樂最第一

若行忍者則有五德一無恨二無訶三衆人所愛四有好名聞五生善道此之五德名平和事

又長阿含經偈言

愚罵而智默　則爲佳勝彼　彼愚無知見
謂我懷恐悑　我觀第一義　忍默爲最上
惡中之惡者　於瞋復生瞋　能於瞋不瞋
爲戰中最上　夫人有二緣　爲己亦爲他
衆人有諍訟　不報者爲勝　夫人有二緣
爲己亦爲他　見無諍訟者　不謂爲愚騃
若人有大力　能忍無力者　此力爲第一
於忍中最上　愚自謂有力　此力非爲力
如法忍力者　此力不可阻

又修行道地經偈言

其口言柔輭　而心懷毒害　視人甚歡喜
相隨如可親　口言而柔順　其心內含毒
如樹華色鮮　其實苦若毒
又赤觜烏喻經云昔有烏名曰拘耆
(梁言赤觜烏)游在蒙林樹產鷇諸子在於樹
上時有拘耆與一獼猴共為親厚時
蒙樹間有一毒蛇伺行不在噉拘耆
子無復遺餘拘耆失子悲鳴啼呼不
知所在熟自思惟知蛇所噉獼猴歸
見問之何為荅曰蛇噉我子了盡無
餘獼猴曰我當報之時毒蛇行獼猴
前嬈之蛇怒纏獼猴獼猴捉得頭拽
至石上磨破而死棄擲而還拘耆踊
躍畜生尚有相報何況於人
又雜譬喻經云昔有一蛇頭尾自諍
頭語尾曰我應為大尾語頭曰我應
為大頭曰我有耳能聽有目能視有
口能食行時在前故可為大汝無此
術尾曰我令汝去故得去耳若我不
去以身繞木三帀三日不已不得求
食飢餓垂死頭語尾曰汝可放我聽
汝為大尾聞其言即時放之復語尾
曰汝既為大聽汝前行尾在前行未

緣數步墮大深坑而死喻眾生無智
強為人我終墮三塗
又僧祇律云過去世時有一群雞依
榛林住有貍侵食唯一雌烏來覆之
共生一子子作聲時烏說偈言
此兒非我有　野父聚落母　共合生兒子
非烏復非雞　若欲學翁聲　復是雞所生
若欲學母鳴　其父復是烏　學烏似雞鳴
學雞非烏聲　烏雞若兼學　是二俱不成
此喻道俗雜　持禁戒雜染　不純相中
似善口出惡言欲嘆是善口復出惡
欲嘆非善相復
又伐毒樹經云昔舍衛國有官園生
一毒樹人游樹下皆悉頭痛欲裂或
患腰疼伐已還生樹中之妙眾人見
喜不知諱者皆來遭死有智語之當
盡其根適欲掘根復恐定死進退思
惟出家學道亦復如是佛說偈言
伐樹不盡根　雖伐猶復生　伐愛不盡本
數數復生苦　心寤剋責　即得初果
又孛經說偈云
惡從心生　反以自賊　如鐵生垢
消毀其形　樹繁華果　還折其枝

蚖蛇含毒　反害其軀
又善見說偈云
若人起瞋心　譬如車奔逸　車士能制之
不足以為難　人能制瞋心　此事最為難
又修行道地經偈云
其有縱瞋恚　怨害向他人　後生墮蚖蛇
或作殘賊獸　譬如竹樹實　芭蕉騾懷妊
還害亦如是　故當發慈心
又百緣經云佛在王舍城迦蘭陀竹
林時彼城中有一長者名曰賢面財
寶無量不可稱計多　諸諂曲慳貪
嫉妒終無施心乃至飛鳥驅不近舍
有諸沙門及婆羅門貧窮乞丐從其
乞者惡口罵之其後命終受毒蛇身
還守本財有近之者瞋目猛盛怒眼
視之能令使死頻婆娑羅王聞已心
懷驚怪今此毒蛇見人則害唯佛能
調作是念已即將群臣往詣佛所頂
禮佛足却坐一面具白前事唯願世
尊降伏此蛇莫使害人佛唱許可於
其後日著衣持鉢往詣蛇所蛇見佛
來瞋恚熾盛欲螫如來佛以慈力於
五指端放五色光明照彼蛇身即得

清涼熱毒消除心懷喜悅舉頭四顧是何福人能放此光照我身體使得清涼快不可言尒時世尊見蛇調伏而告本緣蛇聞佛語深自剋責蓋障雲除自憶宿命作長者時所作惡業今得是報方於佛前深生信敬佛告之言汝於前身不順我語受此蛇形今宜調順受我教勑蛇荅佛言隨佛見授不敢違勑佛告蛇言汝若調順入我鉢中佛語已竟尋入鉢中將詣林中王及群臣聞佛世尊調化毒蛇盛鉢中來合國人民皆往共看蛇見衆人深生慚愧猒此蛇身即便命終生忉利天即自念言我造何福得來生天即自觀察見在世間受毒蛇身由見佛故生信敬心猒惡蛇身得來生此受天快樂今當還報佛世尊恩賫持香華光明照曜來詣佛所前禮佛足供養訖已却座一面聽佛說法心開意解得須陀洹果即於佛前說偈讚佛

巍巍大聖尊　功德悉滿足　能開諸盲冥
尋得於道果　除去煩惱垢　超越生死海
今蒙佛恩德　得閉三惡道

尒時天子讚歎佛已繞佛三帀還詣天宮時頻婆娑羅王聞佛說慳貪緣時會諸人有得四沙門果者有發無上菩提心者歡喜奉行

又百緣經云佛在驕薩羅國將諸比丘欲詣勒那樹下至一澤中有五百水牛甚大凶惡復有五百放牛之人遥見佛來將諸比丘從此道中行高聲嗷喚唯願世尊莫此道行此牛群中有大惡牛極突傷人難可得過尒時佛告放牛羊人言汝等今者莫大憂怖彼水牛者設來觝我吾自知時語言之頃惡牛卒來翹尾低角刨地噢吼跳躑直前尒時如來於五指端化五師子在佛左右四面周帀有大火坑時彼惡牛甚大惶怖四向馳走無有去處唯佛足前有少許地宴然清涼馳奔趣向心意泰然無復怖畏長跪伏自舐世尊足復便仰頭視佛如來喜不自勝尒時世尊知彼惡牛心以調伏即便為牛而說偈言

盛心興惡意　欲來傷害我　歸誠望得勝
返來舐我足

時彼水牛聞佛世尊說此偈已深生慚愧欻然寤解蓋障雲除知在先身在人道中所作惡業倍生慚愧不食水草即便命終生忉利天忽然長大如八歲兒便自念言我修何福生此天上尋自觀察知在世間受水牛身蒙佛化度得來生天我今當還報佛之恩作是念已賫持香華來詣佛所光明赫奕照佛世尊前禮佛足却坐一面佛即為其說四諦法心開意解得須陀洹果繞佛三帀還乎天宮時諸五百放牛人於其晨朝來詣佛所佛為說法心開意解各獲道迹求索出家佛即告言善來比丘鬚髮自落法服著身便成沙門精勤修習得阿羅漢果時諸比丘見是事已而白佛言今此水牛及五百放牛人宿造何業生水牛中復修何福值佛世尊佛告諸比丘汝等欲知宿業所造諸惡業緣今當為汝等說偈云

宿造善惡業　五劫而不朽　善業因緣故
今獲如是報

於賢劫中波羅柰國有佛出世號曰迦葉於彼法中有一三藏比丘將五百弟子游行他國在大衆中而共論議有難問者不能通達便生瞋恚反更惡罵汝等今者無所曉知强難問我狀似水牛觝突人來時諸弟子咸皆然可各自散去以是惡口業因緣故五百世中生水牛中及放牛人共相隨逐乃至今者故未得脫佛告諸比丘欲知彼三藏比丘者今此群中惡水牛是彼時弟子者今五百放牛人是佛說是水牛因緣時各各自護身口意業猒惡生死得四沙門果有發無上菩提心者聞佛所說歡喜奉行

正報頌曰

愚人瞋恚重　地獄被燒然　犲狼諍圍繞
蚖毒競來前　齟齬怒自食　背脇縱横穿
自作還自受　恚火競相煎

習報頌曰

怒心多毒害　沈沒苦惡道　出彼得人身
餘報他還惱　見者求其過　憎嫌如毒草
此既無宜利　愚瞋何所寶

感應緣 略引十驗

梁曲阿人姓弘忘名
梁秣陵令朱貞
梁南陽樂蓋卿
梁叅軍羊道生
梁刺史張皐
周文帝宇文泰
陳中書舍人虞陟
陳庾季孫
梁武昌太守張絢
梁時襄植

梁武帝欲為文皇帝陵上起寺未有佳材宣意有司使加求訪先有曲阿人姓弘忘名家甚富厚乃共親族多賫財貨往湘州治生遂經數年營得一栰可長千步材木壯麗世所希有還至南津南津校尉孟少卿希朝廷旨乃加繩墨弘氏所賫衣裳繒綵猶有殘餘誣以涉道劫掠所得并妫造作過制非商估所宜結正處死沒入其官栰以充寺用奏遂施行臨刑之日勑其妻子可以黃紙百張并具筆墨置棺中也死而有知必當陳訴又書少卿姓名數十呑之可經一月少卿端坐便見弘來初猶避捍後稍欵服但言乞恩嘔血而死凡諸獄官及主書舍人預此獄事及署奏者以次殂歿未出一年零落皆盡皇基寺營搆始訖天火燒之略無纖芥所埋柱木入地成灰

梁秣陵令朱貞以罪下獄廷尉平虞嚴考覈其事結正入重貞遣相聞與嚴曰我罪當死不敢祈恩但猶冀主上萬一弘宥耳明日既是嚴日乞得過此奏聞可尒以不嚴荅云此於理無爽何為不然謹聞命矣而朱事先入明日奏束嚴便遇客共飲致醉遂忘抽出文書且日家人合束內衣箱中嚴復不記比至帝前頓足香橙上次第披之方見此事勢不可隱便尒上聞武帝大怒曰朱貞合死付外詳決貞聞之大恨曰虞嚴小子欺罔將識誓必報之貞於市始當命絕而嚴已見其來自尒後時常見嚴見來甚惡之又夢乘車在山下貞居山上推

石壓之月餘日嶷除曲阿令拜之明日詣謝章門闕下其婦平常於宅暴卒嶷狼狽而還入室哭婦舉頭見貞在梁上嶷曰朱秣陵在此我婦豈得不死言未訖而屋無故忽崩嶷及男女婢使十餘人一時併命右丞虞騭是其宗親經始喪事見嶷還暫下堂避之僅得免難

梁廬陵王在荊州時嘗遣從事量括民田南陵樂蓋卿亦充一使時公府舍人韋破虜發遣誡勑失王本意及蓋卿還以違寤得罪破虜惶懼不敢引愆但誑蓋卿云自為分雪無勞訴也數日之間遂斬於市蓋卿號嗷無由自陳告語家人以紙筆隨斂死後少日破虜在槽上看牛忽見蓋卿挈頭而入持一椀蒜韲與破虜破虜奔走驚呼不獲已而服之因此得病未幾而死又杜嶷梁州刺史懷瑤第二子也任西荊州刺史性甚豪忌新納一妾年貌兼美寵愛殊深妾得其父書云比日困苦欲有求告妾倚簾讀之嶷外還而妾自以新來羞以此事聞嶷因嚼吞之嶷謂是情人所寄遂令剖腹取書妾氣未斷而書已出嶷看訖嘆曰吾不自意忽忽如此傷天下和氣其能久乎其夜見妾訴嶷旬日而死襄陽人至今以為口實

梁太山羊道生為梁邵陵王中兵參軍其兄海珍任漢州刺史道生乞假省之臨還兄於近路頓待道生道生見縛一人於樹就視乃故舊部曲也見道生涕泣哀訴云漢州欲賜殺求之救濟道生問何罪荅云失意逃叛道生曰此最可忿即下馬以珮刀剜其眼睛吞之部曲呼天號地須臾海珍來又勸兄決斬至座良久方覺眼在喉內噎不肯下索酒嚥之頻傾數盃終不能去轉覺脹塞遂不成醼而別在路數日死當時見者莫不以為有天道驗矣

梁東徐州刺史張皐僕射永之孫也嘗被敗入北有一土民與皐盟誓將送還南遂即出家名僧越皐供養之及在東徐亦隨至任恃其勳舊頗以言語忤皐皐便大怒遣兩門生一人姓井一人姓白皆不得其名夜往殺之介後夕夕夢見僧越云報怨少日出射而箭帖青傷指纔可見血不以為事後因劇梨梨汁漬瘡乃始膿爛停十許日膊上無故復生一瘡膿血與指相通月餘而死

周文帝宇文泰初為魏丞相值梁朝喪亂梁孝元帝為湘東王時在荊州時遣使通和禮好甚至與泰斷金立盟結為兄弟後平侯景孝元即位泰猶人臣不加崇敬頗行慢侮又求索無厭或不愜意遂遣兵襲江陵俘虜朝仕至于民庶百四十萬口而害孝元焉又魏文帝先納茹茹主郁久閭阿那瓌女為后和親殊篤害梁主之明年瓌為齊國所敗破國率餘衆數千奔魏而突厥舊與茹茹怨讎即遣餉泰馬三千疋求誅瓌等泰遂許諾伏突厥兵與瓌詛會醉便縛之即日滅郁久閭一姓五百餘人流血至踝茹茹臨死多或仰天而訴明年冬泰獵於隴右得病見孝元及瓌為祟泰發怒肆罵命索酒與之兩月日死

陳主初立梁元帝第九子晉安王為主而輔載之會稽虞陟本梁武世爲中書舍人尚書右丞于時夢見梁武謂陟曰卿是我舊左右可語陳公莫殺我孫若殺於公不好事甚分明陟既未見有篡殺兆彤不敢言之數日復夢如此并語陟曰卿若不傳我意卿亦不佳陟雖嗟惋決無言理少時之間太史啓云殿内當有急兵陳主曰急兵政是我耳倉卒遣亂兵害少主自立尒後陟便得病又夢梁武曰卿不能為我語陳主致令禍及卿與陳壽當知也陟方對啓叙之陳主爲人甚信鬼物聞此大驚遣輿迎陟面相評訪乃尤陟曰卿那不道奇事奇事六七日陟死尋有聿載之怪

陳庾季孫性甚好殺滋味漁獵故是常事奴婢愆罪亦或盡之常大驚病夢人謂曰若能斷殺此病當差不尒必死即於夢中誓不復殺驚寤戰悸汗流浹體病亦漸瘳後數年有三門生竊其兩妾以叛追尋獲之即並毆殺其夕復見前人來云何故負信此人罪不至死私家不合擅刑今度決無濟理投明嘔血數日而終

梁武昌太守張絢常乘船行有一部曲役力小不如意絢便躬捶之一下即斃斃無復活狀絢遂推置江中須臾須見此人從水而出對絢斂手曰罪不當死官枉見殺今來相報即跳入絢口絢因得病少日而死

梁裵植隨其季叔叔業自南兗州入北仕於元氏位至尚書植同堂妹夫韋伯鼎有學業恃壯業氣自以才智常輕蔑植植憎之如讎後於雒下誣告植誣為廢立植坐此死百許日伯鼎病向空而語曰裵尚書死不獨見由何以怒也須臾而卒万紐于中者北代人仕魏世為侍中領軍明帝勳專權在内尚書僕射郭祚尚書裵植乃共勸高陽王雍出中中聞之逼有司誣奏其罪矯詔並殺之朝野憤怨莫不切齒二年中得病見裵郭為祟尋死 右此十驗出冥祥記

法苑珠林卷第七十八

法苑珠林卷第七十八

校勘記

一　底本，金藏廣勝寺本。

一　四〇六頁中一行經名，徑作「法苑珠林卷第九十五」。又經名下，磧、普、南、清有夾註「十惡之六」。

一　四〇六頁中二行撰者，磧、南作「大唐上都西明寺沙門釋道世字玄惲撰」；普作「大唐上都西明寺沙門釋道世撰」；徑作「唐上都西明寺沙門釋道世玄惲撰」；清作「唐西明寺沙門釋道世撰」。

一　四〇六頁中三行「十惡篇第八十四之六」，磧、普、南、清無。

一　四〇六頁中四行「第十二」，徑無。又「此別二部」，徑無。

一　四〇六頁中四行與五行之間，清有「述意部　引證部」一行。

一　四〇六頁中五行「部第一」，徑無。末行「部第二」例同。

一　四〇六頁下二行第三字「齡」，磧、

普、南、徑、清作「嘿」。

一　四〇六頁下六行「應當行忍」，磧、普、南、徑、清作「應行慈忍」。

一　四〇六頁下一七行「二世」，磧作「二王」。

一　四〇六頁下二〇行「令皆盡」，磧、普、南、徑、清作「皆盡除」。

一　四〇六頁下末行「他過」，磧、普、南、徑、清作「過他」。

一　四〇七頁上一三行第三字「顏」，磧、普、南、徑、清、麗作「顏華」。

一　四〇七頁上末行首字「帝」，磧、南、徑、清無。

一　四〇七頁中五行「截取」，磧、普、南、徑、清作「藏取」。

一　四〇七頁中六行第一〇字「行」，磧、普、南、徑、清、麗作「行之」。

一　四〇七頁中一六行「四衆」，磧、普、南、徑、清、麗作「四來」。

一　四〇七頁中二〇行首字「而」，磧、普、南、徑、清、麗作「吐血」。又「象王」，磧、普、南、徑、清、麗作「象王者」。

一　四〇七頁中二一行「瞿夷」，磧、普、南、徑、清作「裘夷」。

一　四〇七頁中二二行「好首」，麗作「妙首」。

一　四〇七頁中末行第二字「行」，磧、普、南、徑、清無。

一　四〇七頁下一三行「偈言」，磧、普、南、徑、清作「偈云」。末行同。

一　四〇七頁下二二行第六字「此」，磧、普、南、徑、清作「於」。

一　四〇八頁上二行第七字「言」，徑作「一」。

一　四〇八頁上四行「拘耆」，磧、普、南、徑、清、麗作「拘耆」。下同。

一　四〇八頁上一四行第六字「相」，磧、普、南、徑、清無。

一　四〇八頁中一行首字「緣」，磧、普、南、徑、清作「經」。

一　四〇八頁中四行「唯一雌」，磧、普、南、徑、清作「唯餘一雌」；麗作「雄雞惟有雌在後」。

一　四〇八頁中五行「烏說」，麗作「翁說」。

一　四〇八頁中九行第三字「非」，磧、普、南、徑、清、麗作「作」。

一　四〇八頁中一二行「相復」，磧、普、南、徑、清、麗作「相復出家」。

一　四〇八頁中二二行第五字「反」，南作「及」。

一　四〇八頁下六行第三字「縱」，磧、普、南、徑、清作「從」。又「蚖蛇」，磧、普、南、徑、清作「蛇蚖」。

一　四〇九頁上二行「大聖尊」，磧、普、南、徑、清作「大世尊」。

一　四〇九頁中一二行第六字「羊」，徑無。

一　四〇九頁中一九行「無復」，磧、普、南、徑、清作「復無」。

一　四〇九頁中二〇行第四字「自」，磧、普、南、徑、清、麗作「首」。

一　四一〇頁上九行「故未得脫」，磧、普、南、徑、清作「未得解脫」。

一　四一〇頁上一八行「怒自食」，磧、

一　四一〇頁上末行第七字「瞑」，磧、普、南、徑、清作「怒目食」。

一　四一〇頁中三行首字「梁」，清無，普、南、徑、清、麗作「瞋」。

一　四一〇頁中三行首字「梁」，清無，下至六行首字同。又「秣陵」，磧、普、南、徑、清作「秣陵」。

一　四一〇頁中九行首字「陳」，清無。

一　四一〇頁中一一行「梁時」，徑作「梁」；清無。

一　四一〇頁中一二行第三字「帝」，磧、普、南作「帝帝」。

一　四一〇頁中一八行首字「旨」，磧、普、南、徑作「旨用」；清作「旨周」。又「所賣」，磧、南作「所賫」；徑、清作「所齎」。

一　四一〇頁中二〇行「商估」，磧、普、南、徑、清作「商估」。

一　四一〇頁下五行「殂殁」，磧、普、南、徑、清作「殂没」。

一　四一〇頁下七行「成灰」，磧、普、南、徑、清作「成灰也」。

一　四一〇頁下一一行第一一字「墓」，麗作「朱家墓」。

一　四一〇頁下二二行「時常」，磧、普、南、徑、清作「時時恒」。

一　四一一頁上一〇行「南陵」，磧、普、南、徑、清、麗作「南陽」。

一　四一一頁上一一行第一一字「王」，磧作「正」。

一　四一一頁上一二行第六字「寤」，磧、普、南、徑、清、麗作「悮」。

一　四一一頁上一三行第一三字「勞」，磧、普、南、徑、清無。

一　四一一頁上一五行第四字「告」，磧、普、南、徑、清作「唯」。

一　四一一頁上一六行第七字「上」，磧、普、南、徑、清無。

一　四一一頁上一九行第四字「又」，磧、普、南、徑、清無。又第六字「嶷」，磧、普、南、徑、清作「嶺」。

下同。

一　四一一頁中七行「漢州」，磧、普、南、徑、清作「漾州」。下同。

一　四一一頁中一二行末字「剜」，磧、普、南、徑、清作「剑」。

一　四一一頁中一三行「眼睛」，磧、普、南、徑、清作「眼精」。

一　四一一頁中末行第九字「遣」，磧、普、南、徑、清作「速遣」。

一　四一一頁下四行第五字「剆」，磧、南作「皮」；普、徑、清作「破」。

一　四一一頁下一二行「俘虜」，磧、南、徑、清作「虜俟」；普作「盧侯」。

一　四一一頁下一五行「梁主」，磧、普、南、徑、清作「梁王」。

一　四一一頁下二一行末字「獵」，磧、普作「漢」。

一　四一二頁上九行「陳主」，磧作「陳王」。

一　四一二頁上一四行第七字「此」，磧、普、南、徑、清無。又第一一字「輿」，磧、普、南、徑、清作「與」。

一　四一二頁上一五行「不道」，磧、普、南、徑、清作「不導」。

一　四一二頁上一六行末字「怪」，磧、普、南、徑、清作「怪也」。

一四一二頁上一八行首字「常」，磧、普、南、徑、清作「恒」。

一四一二頁上二二行末字「敺」，磧、普、南、徑、清作「嘔」。

一四一二頁中一行第一三字「度」，磧、普、南、徑、清、麗作「改」。

一四一二頁中一一行「自以」，磧、普、南、徑、清作「以自」。

一四一二頁中一三行第三字「誣」，磧、普、南、徑、清作「謀」。

一四一二頁中一五行「万紐」，磧、普、麗作「萬細」；南、徑、清作「萬納」。

一四一二頁中一六行「北伐人」，磧、普、南、徑、清作「北代人」。

一四一二頁中二〇行首字「怨」，磧、普、南、徑、清作「怒」。

一四一二頁中卷末經名，徑作「法苑珠林卷第九十五」。

法苑珠林卷第七十九 會

西明寺沙門釋道世撰

十惡篇第八十四之七

邪見部第十三 此別二部

述意部第一

夫創入佛法要須信心為首譬如有人至於寶山若無信手空無所獲故經說愚癡之人不識因果妄起邪見謗無三寶四諦無禍無福乃至無善無惡亦無善惡業報亦無今代後代衆生受生如是之人破善惡法名斷善根決定當墮阿鼻地獄也

引證部第二

如大品經云若人不信謗大乘般若經直墮阿鼻地獄無量百千万億歲中受極苦痛從一地獄至一地獄若此刧盡生於他方大地獄中他方刧盡復生此方大地獄中如是展轉徧十方界他方刧盡還生此間大地獄中地獄罪畢生畜生中亦徧十方界畜生罪畢來生人中無佛法處貧窮下賤諸根不具常癡狂騃無所別知

雖非愚畜縱是聰人妄生異執者亦名邪見故成實論云癡有差別所以者何非一切癡盡是不善若癡增上轉成邪見則名不善業道是故從癡增長邪見則成重罪必墮阿鼻地獄直就邪見自有輕重輕者可轉重不可轉故善薩地持經云邪見有二種一者可轉二者不可轉誹謗因果言無聖人名不可轉非因見因非果見果是名可轉是故惡業名為邪見善業者名為正見不謗四諦迷聖道者不知理道從自心生唯常苦身以求解脫如犬逐塊不知尋本故大莊嚴論云譬如師子打射時而彼師子尋逐人來譬如癡犬有人打擲便逐瓦石不知尋本言師子者喻智慧人解求其本而滅煩惱言癡犬者即是外道五熱炙身不識心本四面安火上有日炙身熱其中以苦求道但諸凡愚多迷真道不知觀察身心無我但學苦行以為道者即同外道妄行邪法謬執乖真唯成惡法故智度論云邪見罪重故雖持戒等身口業好皆隨邪見惡心如佛自說譬喻如

種苦種雖復四大所成皆作苦味邪見之人此亦如是雖持戒精進皆成惡法不如不執少行慧施無執易化有執難度非直自壞亦損他人故成實論云寧止不行勿行邪道身壞命終墮於惡趣

又正法念經閻羅王說偈責疏罪人云

汝邪見愚癡　癡罥所縛人　今墮此地獄
在於大苦海　惡見燒福盡　人中最凡鄙
汝畏地獄縛　此是汝舍宅　若屬邪見者
彼人非黠慧　一切地獄行　怨家心所誑
心是第一怨　此怨最為惡　此怨能縛人
送到閻羅處

尒時世尊而說偈云

癡心彌泥魚　住於愛舍宅　作業時喜笑
受苦時號哭

又修行道地經偈云

其有愚癡　入心懷闇冥　都不能念惡
亦無念善心　譬如常盲者　万事不能為
如暴中炊煮　無所能成熟　多習愚癡者
諸根不完具　生於牛羊中　然後墮地獄

月光童子經亦名佛說申日經云時

有長者名曰申日取外道六師語欲請佛僧令長者中門外鑿作五丈六尺深坑以炭火過半細鐵爲椽土薄覆上設衆飲食以毒著中火坑不禁毒飯足害以此圖之何憂不死如教作之外道皆喜於是申日便詣佛所殷勤請佛及諸聖衆是時世尊愍其狂愚欲濟脫之黙然受請申日內喜果如其計須彌之毒大千刹火刀劒鋒刃不能動佛一毛之力今以火坑毒飯欲毀於佛譬如蚊蟻欲動太山蜎蠓之翅欲障日月徒自毀壞不如早悔尒時長者罪蓋所覆心不開解世尊心念今受長者申日之請不與常同廣現威神震動十方百千聖衆兼諸龍神空飛地行不可算計一時到家爲作利益佛以神德即變火坑成七寶池八味具足飲飯天甘食者充悅六師惶怖各以逃竄長者歸伏稽首于地嗚于佛足長跪自陳今以覺寤從佛得度諸來會者皆樂法音得福獲度不可稱計

又觀佛三昧經云尒時世尊告父王

言舍衛城中須達長者有一老母名毗低羅謹勤家業長者勑使手執庫鑰出內取與一切委之須達請佛及僧供給所須時病比丘多所求索老母慳惜瞋嫌佛法及與衆僧而作是言我長者愚癡迷惑受沙門術是諸乞士多求無猒何道之有作是語已復發惡願何時當得不聞佛名不聞僧名如是惡聲展轉徧舍衛城末利夫人聞此語已而作是言須達長者如好蓮華人所樂見云何復有毒蛇護之喚須達婦而語之言汝家老婢惡口誹謗何不擯出時須達婦跪白夫人央掘魔等極惡之人佛尚能伏何況老婢末利聞之歡喜語言我明請佛汝遣婢來到明食時長者遣婢持滿瓶金助王供養末利見來而作是言此邪見人佛若化度我必獲利佛於尒時從正門入難陀侍左阿難侍右羅睺佛後老婢見佛心驚毛豎言此惡人隨我後至即時退走從狗竇出狗竇即閉四門皆塞唯正門開婢即覆面以扇自障佛在其前令

扇如鏡無所障礙迴顧東視東方有佛南西北方亦皆如是舉頭仰看上方有佛低頭伏地地化爲佛以手覆面手十指頭皆化爲佛老婢閉目心眼開見虛空化佛滿十方界當時成中有二十五旃陀羅女復有五十婆羅門女及諸雜類并及末利夫人宮中合五百女不信佛者見佛如來足步虛空爲於老婢現無數身皆破邪見頭頂禮佛稱南無佛稱已尋見化佛如林即發菩提老婢邪見仍未生信由見佛故除却八十万億刧中生死之罪得見佛已疾走歸家白大家言我於今日遇大惡對見於瞿曇在王宮門作諸幻化身如金山目逾青蓮放勝光明作此語已入木籠中以百張皮覆木籠上白氎纏頭却臥黑處佛還祇桓末利白佛願化邪女莫還精舍佛告末利此婢罪重於佛無緣於羅睺羅有大因緣佛既還已遣羅睺羅詣須達家度彼老婢羅睺羅變作轉輪聖王時千二百五十比丘化爲千子到須達家以彼老婢爲玉

女寶亦時聖王即便以如意珠照曜
女面令女自見如玉女寶倍大歡喜
而作是言諸沙門等高談大語自言
有道無一効驗聖王出世弘利處多
令我老婢如玉女寶作是語已五體
投地禮於聖王時典藏臣宣王十善
女聞十善心大歡喜聖王所說義無
不善爲王作禮悔過自責心既調伏
時羅睺羅及諸比丘還復本形老婢
見已即作是言佛法清淨不捨衆生
如我弊惡猶尚化度即受五戒成須
陀洹將詣佛所爲佛作禮懺悔前罪
求佛出家得阿羅漢於虛空中作十
八變波斯匿王末利夫人見白佛言
此婢前世有何罪咎生爲婢使復有
何福值佛得道佛告王曰過去久遠
有佛出世名一寶蓋燈王入涅槃後
於像法中有王名曰雜寶華光子名
快見出家學道自恃王子常懷憍慢
和尚爲說甚深般若波羅蜜經大空
之義王子聞已謬解邪說師滅度後
即作是言我大和尚空無智慧但讃
空義願我後生不樂見也我阿闍梨

智慧辯才願於生生爲善知識作是
語已教諸徒衆皆行邪見雖持禁戒
由謗般若謬解邪說命終之後墮阿
鼻獄八十億劫受苦無量罪畢出獄
爲貧賤人五百身中聾瘂無目千二
百身常爲人婢佛告大王時和尚者
今我身是阿闍梨者今羅睺羅是王
子比丘老婢是徒衆弟子今邪見女
等發菩提心者是
又薩遮尼乾子經云昔佛在世時鬱
闍延城有嚴熾王問薩遮尼乾子言
若有惡人不信三寶焚燒塔寺經書
形像惡言毀呰言造作者無有福德
其供養者虛損現在無益未來或嫌
呰寺及諸形像妨是處所破壞除滅
送置餘處或破沙門房舍窟宅或取
佛物法物僧物園林田宅象馬車乘
奴婢六畜衣服飲食一切珍寶或捉
沙門策役驅使責其發調罷令還俗
或時輕心種種戲弄或時毀呰罵詈
誹謗或以杖木自手鞭打或以種種
傷害其身如是惡人攝在何等衆生
分中答言大王攝在惡逆衆生分中

大王應當上品治罪所以然者以作
根本極重罪故有五種罪名爲根本
何等爲五一破壞塔寺焚燒經像取
三寶物自作教人見作助喜是名第
一根本重罪二謗三乘法毀呰留難
隱弊覆藏是名第二根本重罪三若
有沙門信心出家剃除鬚髮身著袈
裟或有持戒或不持戒繫閉牢獄枷
鎖打縛策役驅使責諸發調或脫袈
裟逼令還俗或斷其命是名第三根
本重罪四於五逆中若作一逆是名
第四根本重罪五謗無一切善惡業
報長夜常行十不善業不畏後世自
作教人堅住不捨是名第五根本重
罪若犯如是根本重罪而不自悔決
定燒滅一切善根趣大地獄受無間
苦永無出期若國內有如是惡人毀
滅三寶一切羅漢諸佛聖人出國而
去諸天悲泣善神不護各自相殺四
方賊起龍王隱伏水旱不調風雨失
時五穀不熟人民飢餓遞相食噉白
骨滿野多饒疫病死亡無數人民不
知自思是過反怨諸天及善神祇

又觀佛三昧經云有七種重罪一罪能令衆生墮阿鼻地獄經八万四千大劫一不信因果二毀無十方佛三斷學般若四犯四重虛食信施五用僧祇物六逼掠淨行比丘尼七六親所行不淨行

又小五濁經云五逆罪外別有五逆罪第一慢二親而事鬼神第二嫉妒國君第三後生輕薄第四賤其身命而貴其財第五去福就罪又中阿含經云佛告比丘若凡愚人作身惡行口惡行意惡行命終之後生於惡趣泥犁之中受極苦痛一向無樂譬如有人犯盜付王治其盜罪王即遣人於晨朝時以一百戟而以刺之彼命故存至於日中王復勑以二百戟刺彼命故存至於晡時王復勑以三百戟刺彼人身令皆悉破盡其命故存佛告比丘於意云何此人被戟爲苦不耶比丘荅佛一戟刺時猶尚苦痛況三百戟佛即以手取少沙石如豆等許告諸比丘我手中石比雪山石何者爲多比丘荅佛雪山石多不可爲喻

佛告比丘三百戟苦比泥犁苦如小沙石泥犁之苦如雪山石百千万倍不可爲喻泥犁中苦其事云何若有衆生墮泥犁中獄卒以斧燒令極然斫身八楞及以四方經百千歲極令苦痛而不命終要令惡盡復坐鐵牀以鐵鉗口吞熱鐵丸經百千歲復坐鐵牀洋銅灌口經百千歲復臥鐵地以熱鐵釘釘其身首經百千歲復出其舌使舐鐵地以釘釘之如張牛皮經百千歲復挽項筋縛著車上經百千歲復燒鐵地令在上行經百千歲復燒火山令下舉足著上血宍即消舉足還生經百千歲復鑊湯之經百千歲極令苦痛而不命終要令惡盡乃得出耳是爲泥犁地獄中苦地獄罪畢生於種種畜生之中常處暗冥共相噉食受苦無量不可具說畜生罪畢或生人中若從畜生爲人甚難猶如盲龜遇浮木孔設生人中貧窮下賤爲他促使形貌醜陋或根殘缺或復短命若作惡業身死還生在泥犁中輪轉無窮不可具說佛告比

丘凡夫愚人作身口意三惡行者獲罪如是佛告比丘若智慧人作身善行口善行意善行命終生於善處天上一向受樂如轉輪王與七寶俱人間四妙佛告比丘於意云何此爲樂不比丘荅佛一寶一妙猶爲極樂何況七寶四妙居也佛還以手取小沙石如豆等許告諸比丘我手中石比雪山石何者爲多比丘荅佛雪山石多不可爲喻佛告比丘轉輪王樂比天上樂如小沙石天上之樂如雪山石百千万倍不可爲喻天上之樂其事云何若生天上所受六塵無不隨意受極快樂不可具說若從天上來生人間生帝王家或生六姓大富大貴饒財多寶名稱遠聞端正殊妙衆人所愛佛告比丘若智慧人作身口意三善行者獲福如是佛告比丘此是世間有漏之樂若修善根迴向菩提於生死中所受果報乃至涅槃終無有盡

又中阿含經云尒時斯和提中有王名蜱肆極大豐樂資財無量共斯和提梵志居士比行至尸攝和林遊見尊

者鳩摩羅迦葉所共相問訊却坐一面問迦葉曰我如是見如是說無有後世無衆生生沙門鳩摩羅迦葉告曰今此日月爲是今世爲後世耶王曰雖作是說然無後世無衆生生迦葉種種譬喻方便爲說固執已見而不捨之迦葉復告蜱肆汝聽我說喻若有慧者聞喻則解其義蜱肆猶養豬人彼行路時見有熇糞甚多無主便作是念此糞可以養飽多豬我寧可取自重而去即取負去彼於中道遇天大雨糞釋流漫澆汙其身故負持去終不棄捨彼則自受無量之惡亦爲衆人之所憎惡當知蜱肆亦復如是若汝此見欲取悕癡終不捨者汝便當受無量之惡亦爲衆人之所憎惡猶如養豬人蜱肆王言沙門雖作是說但我此見欲取恚悕癡終不能捨尊者迦葉告曰蜱肆復聽我說最後譬喻若汝知者善若不知者我不復說法蜱肆猶如大豬爲五百豬王行嶮難道彼於中道遇見一虎由見虎已便作是念而語虎曰若欲鬬者

便可共鬬若不尒者借我道過彼虎聞已便語豬曰聽汝共鬬不借汝道豬復語曰虎汝小住待我披著祖父時鎧還當共戰彼虎聞已而作是念彼非我敵況祖父鎧耶便語豬曰隨汝所欲豬即還至本廁處所宛轉糞中塗身至眼已便往虎所語曰汝欲鬬者便可共鬬若不尒者借我道過虎見豬已復作是念我常不食雜小蟲者以惜牙故況復當近此臭豬耶虎念是已便語豬曰我借汝道不與汝鬬豬得過已即還向虎而說頌曰

虎汝有四足　我亦有四足　汝來共我鬬
何意怖而走

時虎聞已亦復說頌而荅豬曰

汝毛豎森森　諸畜中下極　豬汝可速去
糞臭不可堪

時豬自誇復說頌曰

摩竭鴦二國　聞我共汝鬬　汝來共我戰
何以怖而走

虎聞此已復說頌曰

舉身毛皆汙　汝豬臭熏我　汝鬬欲取勝
我今與汝勝

尊者迦葉告曰蜱肆若汝欲取恚悕癡終不捨者汝便自受無量之惡亦爲衆人之所憎惡猶如彼虎與豬勝也蜱肆王聞歡喜奉受求上妙智

正報頌曰

六賊斷邪僞　七識亂弃眞　謗毀玄正理
妄語侵貪瞋　惡業從橫作　忠言不喜聞
一入無間獄　万苦競纏身

習報頌曰

邪見習癡業　阿鼻受楚毒　劫盡人中生
復與邪相續　邪正既相違　自然成諂曲
此心若不改　連環未絕獄

感應緣 略引一十三驗

宋沈僧覆　宋釋道志
宋唐文伯　宋周宗
宋王淮之　宋沮渠蒙遜
魏崔皓　周武帝
隋釋慧雲叔　唐太史令傅奕
唐刑部郎中宋行質
唐姜勝生　唐姚明解

宋吳興沈僧覆大明末本土飢荒逐食至山陽晝入村野乞食夜還寄寓寺舍左右時山陽諸寺小形銅像甚

衆僧覆與其鄉里數人積漸竊取遂
囊篋數四衆滿焉因將還家共鑄爲
錢事既發覺執送出都入船便云見
人以火燒之晝夜噭呼自稱楚毒不
可堪忍未及刑坐而死舉體皆燋裂
狀如火燒吳郎朱育親識僧覆具見
其事

宋沙門道志者北多寶僧也嘗僧令
知殿塔自竊帳蓋等寶飾所取其衆
後遂偷像眉間珠相既而開穿垣壁
若外盜者故僧衆不能覺也積旬餘
而得病便見異人以戈矛刺之時來
時去來輒驚噭應聲流血初猶日中
一兩如此其後病甚刺者稍數傷痍
徧體呻呼不能絕聲同寺僧衆頗疑其
有罪欲爲懺謝始問猶諱而不言將
盡二三日乃具自陳列泣涕請救曰
吾愚悖不通謂無幽途失意作罪招
此殃酷生受楚考死嬰刀鑊已糜之身
唯垂哀恕今無復餘物唯衣被氈履
或足充一會并頻請願具爲懺悔昔
偷像相珠有二枚一枚已屬嫗人不
可復得一以貿錢在陳照家今可贖

取道志既死諸僧合集贖得相珠并
設齋懺初工人復相珠時展轉迴趣
終不安合衆僧復爲禮拜燒香乃得
著焉年餘而同學等於昏夜聞闇空
中有語詳聽即道志聲也自說云自
死以來備嬰痛毒方累年劫未有出
期賴蒙衆僧哀憐救護贖像相珠故
於苦酷之中時有閒息感罔已故
暫來稱謝言此而已聞其語時腥腐
臭氣苦痛難過言終久久乃稍歇此
事在泰始末年其寺好事者已具條
記

宋唐文伯東海贑榆人也弟好蒲博
家貲都盡村中有寺經過人或以錢
上佛弟屢竊取久後癩病卜者云祟
由盜佛錢父怒曰佛是何神乃令我
兒致此吾當試更虜奪若復能病可
也前縣令何欣之婦上織成寶蓋帶
四枚乃盜取之以爲腰帶不盈百日
復得惡病發瘡之始起腰帶處世時
在元嘉年　初尒

宋周宗者廣陵肥如人也元嘉七年隨
劉彥之北伐王師失利與同邑六人

迸竄聞行於彭城北遇一空寺無有
僧徒中有形像以水精爲相因共竊
取出村貿食其一人羸病等輩輕之
獨不得分既各還家三四年中宗等
五人相係病癩而死不得分者獨獲
全免

宋王淮之字元曾琅琊人也世以儒專
不信佛法常謂身神俱滅寧有三世
元嘉中爲丹陽令十年得病氣絕少
時還復暫蘇時庫康令賀道力省疾
下牀會淮之語力曰始知釋教不虛
人死神存信有徵矣道力曰明府生
平置論不尒今何見而異淮之斂眉
荅云神實不盡佛教不得不信語卒
而終　右五驗出冥祥記

宋沮渠蒙遜時有沙門曇摩讖者博
達多識爲蒙遜之所信重魏氏遣李
順拜蒙遜爲涼王仍求曇摩讖蒙遜
恪而不與摩讖意欲入魏屢從蒙遜
請行蒙遜怒殺之既而左右常白日
見摩讖以劍擊蒙遜因疾而死　右一驗出宣驗記

宋文帝元嘉二十三年丙戌是北魏
太平真君七年太武皇帝信任崔皓

邪佞諂諛崇重寇謙號爲天師殘害
釋種毀破淨圖廢棄淫祀時諸臣僉
曰如康僧感瑞太皇創寺若也除毀
恐貽後悔又於後宮内掘地得一金
像晧乃穢之陰處尤痛嗷聲難忍太
史卜曰由犯大神故於是廣祈名山
多賽祀廟而屛苦尤重内痛彌甚有
信宮人屢設諫曰陛下所痛由犯釋
像請祈佛者容可止若晧曰佛爲大
神耶試可求之一請便愈欣慶易心
乃以車馬迎康僧會法師請求洗懺
從受五戒深加敬重也太武皇帝方
知寇謙陰用邪佞乃加重罰以置四
郊埋身出口令四衢行人皆用口唾
以盡形命徒黨之流並皆斬決至庚
寅年大武遭疾方始感寤兼有曇始
白足禪師來相啓發生愧悔心即誅
崔晧到壬辰歲太武帝崩孫文成立
即起浮圖毀經七年還興三寶至和平
三年昭玄統沙門釋曇曜慨前凌廢
欣今再興故於此臺石室寺集諸僧
衆譯經傳流通後賢之徒使法藏住
持千載不墜准此掘地獲像明知秦

周已有佛教驗矣
昔後周承魏運魏接晉基餘則偏王
所無依據而宋齊梁陳之日自有司
存國亾帝落遂即從諸筆削可不然
乎周之先祖宇文覺者即西魏大承
相黑泰之世子也泰舉高陽王爲魏
帝西遷長安改衣幡爲皂色號大統
元年一十八載改年廢帝立魏齊王
四年而薨覺承魏禪當年被廢立弟
毓爲帝四年而崩立弟邕爲帝太祖
第三子也開闢大度統御群小立十
二年殺叔大冢宰晉國公護父子十
人大臣六家改元建德至三年内納
道士張賓妖佞云佛法於國不祥遂
滅除之至建德六年東平齊國又殄
前代數百年來公私寺塔掃地除盡
融刮聖容焚燒經典州縣佛寺出四十千
盡賜王公三方釋子減三百万還歸
編戸帝以爲大周天下無事不謂禍
災身遂大患志高慮遠改元宣政五
月而崩太子贇立殺齊王父子八人
改元大成二月立子衍爲太子禪位
與之改元大象自號天元皇帝立四

皇后威儀服飾倍多於古大象二年
五月天元崩子衍立正月一日改元
大定二月禪位於隋周凡五帝二十
五年治於長安　右二驗出唐高僧傳記
隋開皇十一年内太府寺丞趙文昌
身忽暴死於數日唯心上煖家人不
敢入殮後時得語眷屬怪問文昌説
云吾死已有人引至閻羅王所語昌
云汝一生已來作何福業昌荅云家
貧無物可營功德唯專心誦持金剛
般若王聞此語合掌斂膝讚言善哉
善哉汝能受持般若功德甚大不可
思議王語所執之人好須勘當莫令
錯將人來使人少時之間勘當知錯
即報王言此人實錯計活更合二十
餘年王聞此語即語使人汝引文昌
向經藏内取金剛般若經將來使人受
教即引文昌向西行五里得到藏所見
數十間屋甚精華麗其中經卷皆悉
徧滿金軸寶帙莊飾極好文昌見已
善心彌發一心合掌閉目信手抽取一
卷大小似舊誦者文昌忙怕恐非般
若求使却換使人不肯然見及題云

功德之中最爲第一昌即開看乃是金剛般若文昌歡喜將至王所令一人執卷在西昌令東立面向經卷遣昌誦經使人勘試一字不遺並皆通利時王放昌還家仍約束昌云汝勤受持此經勿令廢忘令一人引昌從南門出欲至門首便見周武帝在門東房內頸著三重鉗鏁即喚昌云汝是我本國人暫來至此須共汝語文昌見喚走至武帝所便即拜之帝云汝識我不文昌答云臣昔宿衛陛下奉識陛下武帝云卿既是我舊臣汝今還家爲吾具向隋文皇帝說吾諸罪並欲辯了唯滅佛法罪重未可得竟當時以衛元嵩教我滅佛法比來數追元嵩未得以是不了昌問元嵩何處去王追不得武帝答云吾當時不解元嵩意錯滅佛法元嵩是三界外人非是閻羅王所能管攝爲此追之不得汝語隋帝乞吾少物營修功德冀望福資得出地獄昌受囑辭行少時出南門外見一大糞坑中有一人頭髮片出昌問引人此是何人引人答

云此是秦將白起坑趙卒寄禁此中罪猶未了引人將昌至家得活昌經三日所患漸瘳昌以此事具奏文帝文帝出勅徧下國內人出一錢爲周武帝轉金剛般若經兼三日持齋仍勑錄此事入於隋史

隋東川釋慧雲范陽人十二出家遊聽爲務年至十八乘驢止于叔家叔覩其驢快將規害之適持刀往見東牆下有黃衣人揚拳逆叱曰此道人方爲通法大上何忍欲害叔懼告婦婦曰君心無剛眼華所致耳聞已復往又見西牆下黃衣人云勿殺道人若殺大禍交及叔慚乃止明旦辭往姊家叔又持刀送之告雲曰此路幽險故送師度難雲在前行正在深阻叔在其後揮刀欲斫忽見姊夫在傍遂得免害雲都不知雲後學問名德高遠至開皇年中領徒五百來過叔家見闡化深衛昔釁乃奉絹十匹夫妻發露雲始知之乃爲說法永斷毒心常以此事每誡門人曰吾昔不乘好物何事累人自預學徒聞皆儉素大有聲譽不測終年

唐太史令傅奕本太原人隋末徙至扶風少好博學善天文曆數聰辯能劇談自武德貞觀二十許年常爲太史令性不信佛法每輕僧尼至以石像爲塼瓦之用至貞觀十四年秋暴病卒初奕與同伴傅仁均薛賾並爲太史令賾先負仁均錢五千未償而仁均死後賾夢見仁均言語如平常賾曰因先所負錢當付誰仁均曰可以付泥犁人賾問泥犁人是誰答曰太史令傅奕是也既而寤是夜少府監馮長命又夢已在一處多見先亡人長命聞經文說罪福之報未知當定有不答曰皆悉有之又問曰如傅奕者生平不信死受何報答曰罪福定有然傅奕已被配越州爲泥犁人矣（言泥犁者依經胡為極闇大地獄苦也）長命旦入殿見薛賾因說所夢賾又自說泥犁人之事二人同夜闇相符會共嗟歎之罪福之事不可不信賾既見徵仍送錢付奕并爲說夢後數日間而奕忽卒初亡之日大有惡徵不可具說臨在殿庭親

法苑珠林第七十九　第二十五張　會

見二官說夢皆同
唐尚書刑部郎中宋行質博陵人也
性不信佛有慢謗之言至永徽二年
五月病死至六月九日尚書都官令
史王璹暴死經二日而蘇自言初死
之時見四人來至其所云官府追汝
璹隨行入一大門見廳事甚壯向北
爲之廳上西間有一人坐形容肥黑
廳東間有一僧坐與官相當皆面向
北各有牀几案縟侍童子二百許人
或冠或辮皆美容貌階下有吏文案
有一老人著枷被縛立東階下璹至
庭亦已被縛吏執紙筆問璹辭曰
貞觀十八年任長安佐史之日因何
改李須達籍答曰璹前任長安佐史
貞觀十六年轉選至十七年蒙授司
農寺府吏十八年改籍非璹罪也廳
上大官讀其辭辯顧謂東階下老囚
曰何因妄誣耶囚曰須達年實未至
由璹改籍加須達年大豈敢妄耶璹
云璹至十七年改任告身見在請追
驗之官司呼領璹者三人解璹縛將
取告身告身至大官自讀之謂老囚

法苑珠林第七十九　第二十六張　合

曰他改任大分明汝無理令送老囚
出北門外皆闇多有城城上皆有女
牆似是惡處大官因書案上謂璹曰
汝無罪放汝去璹辭拜吏引璹至東
階拜辭僧僧印璹臂曰好去吏引璹
出東南行度三重門每皆勘視臂印
然後聽出至四門門甚壯大重樓朱
粉三戶並開狀如官城門守衛嚴切
又驗印聽出門東南行數十步聞有
人從喚璹璹迴顧見侍郎宋行質面
色慘黑色如溼地露頭散帶著故緋
袍頭鬢短垂如胡人者立於廳事階
下有吏主守之西近城有一大木牌
高一丈二尺許大書牌上曰此是勘
當擬過王人其字大方尺餘甚分明
廳事上有牀坐几案如官府者而無
人坐行質見璹悲喜曰云汝何故得
來璹曰官追勘問改籍無事放還行
質捉其兩手謂璹曰吾被官責問功
德簿吾手中無功德簿坐此困苦加
之飢渴寒苦不可言說君可努力至
我家急語令作功德也如是殷勤四
囑之璹乃辭去行數十步又呼璹還

法苑珠林第七十九　第二十七張　會

未及言廳上有官人來坐怒璹曰我
方勘責事汝何人輒至因處使卒搭
其耳推令去璹走又至一門門吏曰
汝被搭耳耳當聾吾爲汝却其中物
因以手挑其耳耳中鳴乃驗印放出
門外黑如漆璹不知所在以手摸西
及南皆是牆壁唯東無障礙而闇不
可行立待少時見向者追璹之吏從門
出來謂璹曰君尚能待我甚善可乞
我錢一千璹不應內自思曰吾無罪放
來何爲見賄吏即謂曰君不得無行
吾向若不早將汝過官令二日受縛
豈不困耶璹心然之因愧謝曰依命吏
曰吾不用汝銅錢欲得白紙錢期十五
日來取璹許因問歸路吏曰但東行
二百步當見一處牆穿破見明可推
倒之即至君家璹如信行至牆推之
良久乃至依倒處出即至其所居隆
政坊南門矣於是歸家見人坐泣入
戶而蘇至十五日璹忘與錢明日復
病困絕見吏來怒曰君果無行期與
我錢遂不與今復將汝去因即驅行
出金光門令入坑璹拜謝百餘拜遂

即放歸又蘇璹告家人買紙百張作錢送之明日璹又病困復見吏曰君幸能與我錢而錢不好璹辭謝請更作許之又蘇至二十日璹令用六十錢買白紙百張作錢并酒食自於隆政坊西門渠水上燒之既而身輕體健遂念誦不廢臨問其事時與刑部侍郎劉燕客大理少卿辛茂將在大理鞫問請劉召璹至與辛卿等對問之云耳（右二驗出冥報記）

冀州故觀城人姜滕生武德末年忽遇惡疾遂入蒙山醫療積年不損後始還家身體瘡爛手足指落夜眠忽夢見一白石像可長三尺許謂之曰但為我續手令尒即差至旦忽憶於武德初年在黍地裏打雀於故村佛堂中取維摩經裂破用繫杖頭嚇雀有人見者云道裂經大罪滕生反更惡罵遂入堂中打白石像右手擲落夢中所見宛然舊像遂往佛前頭面作禮盡心悔過雇匠續其像手造經四十卷營一精舍一年之內病得痊愈鄉人號為聖像其堂及像並皆見在

唐姚明解者本是普光寺沙門也性聰敏有文藻工書翰善丹青至於鼓琴亦當時獨絕每欣俗綱不樂道門至龍朔元年舉應詔人躬赴雒陽及外第歸俗頗有餘言未幾而卒後託夢於相知淨土寺僧智整曰明解宿無福業不遵內教今大受罪非常飢乏儻有故人之情頗能惠一飡不智整夢中許諾及其寤後乃為設食至夜繞眠即見明解來愧謝之至二年秋中又託夢於畫工曰我以不信佛法今大受苦痛努力為我寫二三卷經執手殷勤賦詩言別教畫工讀十八徧令記寤乃憶之其詩曰握手不能別撫膺還自傷痛矣時陰短悲哉泉路長松林驚野吹荒隧落寒霜言離何以贈留心內典章

其畫工素不識字忽寤乃倩人錄之將示明解知友故人皆曰是明解文體不惑聞見者莫不惻然京下道俗傳之非一（右二驗出冥報拾遺）

法苑珠林卷第七十九

法苑珠林卷第七十九

校勘記

一　底本，麗藏本。

一　四一六頁上一行經名，徑作「法苑珠林卷第九十六」。又經名下，磧、普、南、清有夾註「十惡之七」。

一　四一六頁上二行撰者，磧作「大唐上都西明寺沙門釋道世字玄惲撰」；普作「大唐上都西明寺沙門釋道世撰」；南作「唐上都西明寺沙門釋道世字玄惲撰」；徑作「唐上都西明寺沙門釋道世玄惲撰」；清作「唐西明寺沙門釋道世撰」。

一　四一六頁上三行「十惡篇第八十四之七」，磧、普、南、清無。

一　四一六頁上四行「第十三」，徑無。又「此別二部」，徑無。

一　四一六頁上四行與五行之間，清有「述意部　引證部」一行。

一　四一六頁上五行「部第一」，徑無。一三行「部第二」例同。

一四一六頁中七行第七字「持」，磧、普、南、徑、清無。

一四一六頁中一九行「不知」，清作「不如」。

一四一七頁上九行「須彌」，磧、普、南、徑、清作「豈知須彌」。

一四一七頁上一一行「欲動」，磧、普、南、徑、清作「欲墜」。

一四一七頁上二〇行「嗚于」，磧、普、南、徑、清作「嗚呼」。

一四一七頁中五行「慳惜」，磧、普、南、徑、清作「慳貪」。

一四一七頁中一二行「老婢」，磧、普、南、徑、清作「老婦」。

一四一八頁上五行「老婢」，磧、普、南、徑、清作「老弊」。

一四一八頁中四行「八十」，磧、普、南、徑、清作「八千」。

一四一八頁中六行第三字「常」，磧、普、南、徑、清作「恒」。

一四一九頁上九行「後生」，磧、普、南、徑、清作「復生」。

一四一九頁上二一行第八字「少」，磧、普、南、徑、清作「小」。

一四一九頁中四行末字「然」，徑、清作「熱」。

一四二〇頁上九行「熇糞」，普、徑作「燆糞」。

一四二〇頁下八行第五字「獄」，磧、普、南、徑、清作「地」。

一四二〇頁下一三行「一十三驗」，磧、普、南作「十三驗」；徑、清作「十四驗」。

一四二〇頁下一四行「宋釋道志」，徑作「宋沙門釋道志」；清作「沙門釋道志」。

一四二〇頁下一五行「宋唐文伯」，徑作「宋東海唐文伯」；清作「東海唐文伯」。又「宋周宗」，徑作「宋廣陵周宗」；清作「廣陵周宗」。

一四二〇頁下一六行「宋王淮之」，徑作「宋瑯瑘王淮之」；清作「瑯瑘王淮之」。又第五字「宋」，清無。

一四二〇頁下一七行「魏崔晧」，磧、普、南作「宋帝崔晧」；徑、清作「宋崔晧」。

一四二〇頁下一七行與一八行之間，徑、清有「隋趙文昌」一行。

一四二〇頁下一八行「隋釋慧雲叔」，徑作「隋沙門釋慧雲叔」；清作「沙門釋慧雲叔」。

一四二〇頁下一九行首字「唐」，清無。

一四二〇頁下二〇行「唐姜滕生」，徑作「唐冀州姜滕生」；清作「冀州姜滕生」。又第五字「唐」，清無。

一四二一頁上九行「其衆」，磧、普、南、徑、清作「甚衆」。

一四二一頁上一四行第七字「病」，磧、普、南、徑、清作「疾」。

一四二一頁上一九行第九字「嬰」，磧、南、徑、清作「縈」。本頁中六行第五字同。

一四二一頁上末行「貿錢」，磧、普、南、徑、清作「質錢」。

一四二一頁中八行第一一字「自」，

磧、普、南、徑、清作「恩」。

一　四二一頁中九行末字「腐」，磧、普、南、徑、清作「腐」。

一　四二一頁中一〇行「乃稍歇」，磧、普、南、徑、清作「臭乃稍歇」。

一　四二一頁中一五行「癩病」，磧、普、南、徑、清作「病癩」。

一　四二一頁中二二行「宋周宗」，清作「宋廣陵周宗」。

一　四二一頁下五行「相係」，磧、普、南、徑、清作「相繼」。

一　四二一頁下二〇行第一二字「常」，磧、普、南、徑、清無。

一　四二一頁下二一行第六字「繫」，磧、普、徑作「擊」。又夾註「右一驗出宣魂志」，磧、普、南、徑、清作「右一出寃魂記」。

一　四二二頁上二行「淫祀」，磧、普、南、徑、清作「法祀」。又第一一字「時」，磧、普、南、徑、清無。

一　四二二頁上三行第二字「如」，磧、普、南、徑、清無。

一　四二二頁上五行第二字「晧」，磧、普、南、徑、清作「皓」。下至一八行第二字同。

一　四二二頁上七行「祀廟」，磧、普、南、徑、清作「祠廟」。

一　四二二頁上一二行「也太武皇帝」，磧、普、南、徑、清無。

一　四二二頁上一六行「大武」，磧、普、南、徑、清作「太武」。

一　四二二頁上二〇行第五字「統」，磧、普、南、徑、清作「都統」。

一　四二二頁中一四行末字「遂」，磧、普、南、徑、清作「可」。

一　四二二頁中一七行「聖容」，磧、普作「聖客」。又「州縣」，磧、普、南、徑、清作「諸州」。

一　四二二頁下二〇行「寶帙」，磧、普、南、徑、清作「寶秩」。

一　四二三頁上一九行「爲此」，磧、普、徑、清作「以此」。

一　四二三頁上末行「何人」，磧、普、南、徑、清作「何物」。

一　四二三頁中八行「止于」，磧、普、南、徑、清作「至於」。

一　四二三頁中一一行「大上」，磧、普、南、徑、清作「大士」。

一　四二三頁中二〇行第二字「見」，磧、普、南、徑、清作「叔見」。

一　四二三頁下四行「二十」，磧、普、南、徑、清無。

一　四二三頁下一四行第二字「聞」，磧、普、南、徑、清作「問」。

一　四二三頁下一五行第一一字「曰」，磧、普、南、徑、清無。

一　四二三頁下一六行末字「定」，磧、普、南、徑、清作「之」。

一　四二三頁下一八行夾註左「大地獄苦也」，徑、清作「即大地獄也」。

一　四二四頁上一七行「府吏」，磧、普、南、徑、清作「府史」。

一　四二四頁上二一行第二字「琦」，磧、普、南、徑、清無。

一　四二四頁中五行第五字「僧」，磧、普、南、徑、清無。

一　四二四頁中七行「四門」，磧、普、南、徑、清作「第四門」。
一　四二四頁中八行第八字「官」，磧、普、南、徑、清作「宮」。又末字「切」，磧、普、南、徑、清無。
一　四二四頁中末行第四字「乃」，磧、普、南、徑、清作「及」。
一　四二四頁下一行第四字「聽」，磧、普、南、徑、清作「廳」。
一　四二四頁下一一行第四字「覓」，磧、普、南、徑、清無。
一　四二四頁下一七行第一三字「推」，磧、普、南、徑、清無。
一　四二四頁下二〇行第二字「而」，清作「面」。
一　四二五頁上七行第七字「問」，磧、普、南、徑、清作「聞」。
一　四二五頁上一二行第九字「療」，清作「瘵」。
一　四二五頁中五行第一〇字「躬」，磧、普、南、徑、清無。
一　四二五頁中八行「今大受罪」，磧、普、南、徑、清作「今受大罪」。
一　四二五頁中一三行「二三」，磧、普、南、徑、清作「三二」。
一　四二五頁中二一行「惻然」，磧、普、南、徑、清作「測然」。
一　四二五頁中二二行夾註「右二驗出冥報拾遺」，磧、普、南、徑、清作「出冥報記」。
一　四二五頁中末行卷末經名，徑作「法苑珠林卷第九十六」。

法苑珠林卷第八十一　會

西明寺沙門釋道世撰

六度篇第八十五　此有六部

布施部第一　此別一十一部

述意部　慳偽部　局施部
通施部　法施部　量境部
觀田部　相對部　財施部
隨喜部　施福部

述意部第一

夫布施之業乃是眾行之源既標六度之初又題四攝之首所以給孤獨食散黃金而不悋須達拏王施白象而無惜尚能濟其厄難忘已形軀故薩埵投身以救飢羸之命尸毗割股以代鷹鸇之餐豈況國城妻子何足經懷寶貨倉儲寧容在意俗書尚云解衣推食摩頂至踵車馬衣裘明友共弊莫不輕財重義愛賢好士且自財物無常何關人事苦心積聚竟復何施四怖交煎五家爭奪何有智人而當寶翫比見凡愚悋惜家財靡有捨心而喪軀命但為貪生常憂不活

遂使妻兒角目兄弟鬩牆眷屬乖離親朋隔絕良由慳因慳緣慳法慳業乖菩薩之心妨慈悲之道不生救護之意唯起煩惱之情如是之愆寔由慳貪為本也

慳為部第二

如菩薩處胎經佛說偈言

世多愚惑人　守慳不布施　積財千萬億
稱言是我有　臨欲壽終時　眼見惡鬼神
刀風解其體　無復出入息　貪識隨善惡
受報甚苦辛　將至受罪處　變悔無所及

又薩遮尼揵子經偈云

貪人多積聚　得不生猒足　無明顛倒心
常念侵損他　現在多怨憎　捨身墮惡道
是故有智者　應當念知足　惜財不布施
藏舉恐人知　捨身空手去　餓鬼中受苦
飢渴寒熱等　憂悲常煎煮　智者不積聚
為破慳貪故

又分別業報經偈云

修行本布施　急性多瞋怒　不依正憶念
後作大力龍

又菩薩本行經云若見乞者面目顰蹙當知是人開餓鬼門

又大集經云有四法障礙大乘何等為四一不樂惠施二施已生悔三施已觀過四不念菩提心復有四法一為欲而施二為瞋而施三為癡而施四為怖畏而施復有四法一不至心施二不自手施三不現見施四輕慢施

又優婆塞戒經云佛言菩薩布施遠離四惡一破戒二疑網三邪見四慳悋復離五法一施時不選有德無德二施時不說善惡三施時不擇種姓四施時不輕求者五施時不惡口罵詈

復有三事施已不得勝妙果報一先多發心後則少與二選擇惡物持以施人三既行施已心生悔恨復有八事施已不得成就上果一施已見受者過二施時心不平等三施已求受者作四施已喜自讚歎五說無後乃與之六施已惡口罵詈七施已求還二倍八施已生於疑心如是施主則不能得親遇諸佛賢聖之人若以具足色香味觸施於彼者是名淨施

若偏爲良福田施不樂常施是人未來得果報時不樂惠施

若人施已生悔若刼他物持以布施是人未來雖得財物常耗不集

若惱眷屬得物以施是人未來雖得大報身常病苦

若人先不能供養父母惱其妻子奴婢困苦而布施者是名惡人是假名施不名義施如是施者名無憐愍不知恩報是人未來雖得財寶常失不集不能出用身多病苦

局施部第三

述曰或復有人許施貪者令他歡喜後悔不與招苦轉多或有衆生自無信施見他行施不能隨喜及生毀呰令他不施得罪最重或有共物偏用有過如家中財物妻子共感多少有分非獨感得於中獨恪不肯惠施障人修福得惡最深故正法念經云若有丈夫勑其婦人令施沙門婆羅門等食其婦慳惜實有言無語其夫言家無所有當以何等施與沙門及福人等如是婦人誑夫悋財而不布施

身壞命終墮於鍼口餓鬼之中由其積習多造惡業是故婦人多生餓鬼道中何以故女人貪欲嫉妬多故不及丈夫女人小心輕心不及丈夫以是因緣生餓鬼中乃至嫉妬惡業不失不壞不朽於餓鬼中不能得脫業盡得脫從此命終生畜生中受遮吒迦鳥身（此鳥唯食天雨仰口承天雨水而飲之不得飲餘水）常患飢渴受大苦惱畜生中死生於人中以餘業故常困飢渴受苦難窮常行乞食或復於家共有供中偏食不與他人亦得重罪故正法念經云多食美食而自食噉不施妻子及餘眷屬妻子等但得齅其香氣不知其味於妻子前而獨食之以慳嫉故同業眷屬而不施與亦教他人不給妻子起隨喜心數造斯過而不改悔不生慚愧如是惡人身壞命終生於食氣餓鬼之中既生之後飢渴燒身劻劻奔走中吟嘷啾悲泣愁毒唯恃塔廟及以天祀有信之人設諸供養因其香氣及齅餘氣以自活命故知衆生獨用家物及偏獨食皆得大罪或慮無財乃

至水草亦不將施後受貧苦世世不絕故優婆塞戒經云無財之人自說無財是義不然何以故一切水草人無不有雖是國主不必能施雖是貧窮非不能施何以故貧窮之人亦有食分食已洗器棄蕩滌汁施應食者亦得福德若以塵麨施於蟻子亦得無量福德果報天下極貧誰當無此塵許麨耶極貧之人誰當赤露無衣服者若有衣服豈無一線一鍼施人繫瘡一指許財作燈炷耶善男子天下之人誰現貧窮無其身者如其有身見他作福身應往助執役埽灑亦得福報故成實論云埽一閻浮僧地不如埽一手掌佛地

又四分律及彌沙塞律云昔佛在世時跋提城內有大居士字曰珉荼饒財珍寶有大威力隨意所欲周給人物倉中有孔大如車軸穀米自出婦以八升米作飯飼四部兵及四方來者食故不盡其兒以千兩金與四部兵及四方乞者隨意不盡兒婦以一裹香塗四部兵幷四方來乞者隨意

令足香故不盡奴以一犂耕田七壟出米滋多其婢以八升穀與四部兵人馬食之不盡家內良賤共爭各是我福力琝荼詣佛請問誰力佛言汝等共有昔王舍城有一織師織師有婦又有一兒兒又有婦有一奴一婢一時共食有辟支佛來就舍乞食各欲當分捨與辟支佛言各減少許於汝不少在我得足即共從之辟支食已於虛空中現諸神變方去織師眷屬捨命生四天王天至于他化展轉七返餘福此生果報齊等

通施部第四

如涅槃經云菩薩凡行施時不見受者持戒破戒是田非田此是知識此非知識施時不見是器非器不擇日時是處非處亦復不計飢饉豐樂不現因果此是衆生此非衆生是福非福雖復不見施者受者及以財物乃至不見斷及果報而常行施無有斷絕菩薩若見持戒破戒乃至果報終不能施若不布施則不具足檀波羅蜜若不具足檀波羅蜜則不能成阿耨菩提譬如有人身被毒箭其人眷屬欲令安隱為除毒故即命良醫而為拔箭彼人方言且待莫觸我今當觀如是毒箭從何方來耶誰之所射為是剎利婆羅門毗舍首陀復更作念是何木耶竹耶柳耶其鏃鐵者何冶所出剛耶柔耶其毛羽者是何鳥翼鳥鵄鷲耶所有毒者為從作生自然而有是人毒惡蛇毒耶如是癡人竟未能知尋便命終菩薩亦尒若行施時分別受者持戒破戒乃至果報終不能施若不能施則不具足檀波羅蜜乃至菩提

又淨業障經云若菩薩觀慳及施不作二相持戒毀戒不作二相瞋恚忍辱懈怠精進亂心禪定愚癡智慧不作二相是則名為淨諸業障

又佛說太子須大拏經云佛告阿難過去不可計劫時有大國名為葉波其王號曰濕波王有二万夫人了無有子王自禱祠諸神天人便覺有娠至滿十月太子便生字為須大拏至年十六書藝悉備少小已來常好布施太子年大王爲納妃名曼坻國王女也端正無比太子有一男一女太子思惟欲作檀波羅蜜出城遊觀帝釋化作貧窮聾盲瘖瘂人悉在道邊太子見已愁憂不樂太子白王欲從大王乞求一願不審聽不王答欲願何等不違汝意太子言我願欲得大王中藏所有珍寶置四城門外及著市中以用布施在所求索不逆其意王語太子恣汝所欲不違汝也太子即輦珍寶著四城門外及著市中恣人所索八方上下莫不聞知千里万里來者恣意與之不逆其意時有敵國怨家聞太子好喜布施所在求索不逆其意即會諸臣及衆道士共集議言葉波國王有行蓮華上白象名須檀延者多力健鬪每與諸國共相攻伐此象常勝誰能往乞者諸臣咸言無能往者中有婆羅門八人即白王言我能往乞當給我糧王即給之王便語言能得象者我重賞汝道士八人即詣葉波國至太子宮門悉皆拄杖俱翹一腳住自說言故從遠來欲有所

乞太子聞之甚大歡喜便出迎之前
爲作禮如子見父因相慰勞問何所
求道士荅言我聞太子好喜布施不
逆人意太子名字流聞八方上徹蒼
天下入黃泉布施之功德不可量欲
從太子乞行蓮華上白象太子即將
至厩中令取一象道士等八人言我
正欲得行蓮華上白象名須檀延者
太子言此大象是我父王之所愛重
王視如我若與卿者我即失父王意
或逐我出國太子即自思惟我前有
要所布施不逆人意今不與者違我
本心若不以此象施者何從得成無上
平等即勑左右被象金鞍疾牽來出
太子左手持水澡道士手右手牽象
以授與之八人得象祝願太子共騎
白象歡喜而去太子語道士言卿速
疾去王若知者便追奪卿道士八人
即便疾去國中諸臣聞以象施怨家
皆大驚怖王聞愕然今得天下有此
象故此象勝於六十象力而太子用
與怨家恐將失國當如之何太子如是
布施中藏日空臣恐舉國及其妻子

皆以與人王聞是語益大不樂王共
諸臣議之將欲種種刑罰太子有大
臣白王不許但逐出國置野田山中
十二年許當使慚愧王即隨此大臣
所言王語太子汝出國去徙汝著檀
特山十二年太子白王不敢違教復
願布施七日展我微心乃出國去王
言汝正坐布施太劇空我國藏失我
敵寶故逐汝耳促疾出去不聽汝也
太子白言不敢違犯大王教令我自有
私財願得布施盡之乃去不敢煩國
二万夫人共詣王所請留太子布施
七日乃令出國王即聽之四遠來者
恣意與之七日財盡貧者得富万民
歡喜太子辭妻妃聞愕然太子何過
乃當是乎太子具荅因緣是故逐我
曼坻言使國豐溢富樂無極但當努
力共於山中求索道耳太子言人在
山中恐怖之處汝常憍樂何能忍是
妃荅太子我終不能相離也王者以
幡爲幟火者以煙爲幟婦者以夫爲
幟我但依怙太子若有來乞丐者我
當應之乃至有人索我及兒女者隨

太子所施太子言汝能尒者大善太
子與妃及其二子共至母所辭別欲
去白其母言願數諫王以政治國莫
邪枉人母聞辭別感激悲哀語傍人
言我身如石心如剛鐵奉事大王未
曾有過今有一子而捨我去我心何
能不破如死太子與妃及二子俱爲
父母作禮而去二万夫人以眞珠各
一貫以奉太子四千大臣作七寶珠
奉上太子太子從宮出城悉施四遠
即時皆盡國中大小數千万人共送
太子觀者皆惜垂淚而別太子與妃
俱載自御而去前去已遠止息樹下
有婆羅門來乞馬太子即御車以馬
與之以二子著車上妃於後推太子
轅中步挽而去適復前行復逢婆羅
門來乞車太子即以車與之適復前
行復有婆羅門來乞太子言我不與
卿有所愛惜我財物皆盡婆羅門言
無財物者與我身上衣太子即解與
之更著一故衣適復前行復逢婆羅
門來乞太子以妃衣服與之轉復前
行復逢婆羅門來乞太子兩兒衣服

與之太子布施車馬錢財衣被了盡無所有初無悔心大如毛髮太子自負其兒妃抱其女步行而去相隨入山檀特山去葉波國六千餘里去國遂遠行在澤中大苦飢渴忉利帝釋即於曠澤化作城郭伎樂衣食備滿城中有人出迎太子便可於此留止飲食以相娛樂妃語太子行道甚極可暇止此不太子言父王徙我著檀特山中於此留者違父王命非孝子也遂便出城顧視不復見城轉復前行到檀特山山下有水深不可度妃語太子且當住此須水減乃度太子言父王徙我著山於此住者違父王教太子慈心水中有山以壅斷水褰衣而度即心念言水當澆灌殺諸人畜即還謂水言復流如故若有欲來至我所者皆當令度太子適語已水即復流如故前到山中見山嶔崟樹木繁茂百鳥悲鳴流泉清池美水甘果太子語妃觀是山中亦有學道者太子入山山中禽獸皆大歡喜來迎太子山上有一道人名阿州陀年五

百歲有絕妙之德太子作禮却住白言今在山中何許有好果泉可止處耶阿州陀言是山中者並是福地所在可止道人復言今此山中清淨之處卿云何將妻子來而欲學道乎太子未荅曼坻即問道人言在此學道為幾何歲道人言四五百歲曼坻言計有吾我何時得道道人言我實不及此事也太子即問道人言頗聞葉波國王太子須大拏不道人言我數聞之但未見耳太子言我正是須大拏也道人問太子所求何等太子荅言欲求摩訶衍道人言功德乃尒今得摩訶衍不久也太子得無上道時我當作第一神足弟子道人即指語太子所止處太子即以法道結頭編髮以木果為飲食即作草屋男女別處男名耶利年七歲著草衣隨父出入女名罽拏延年六歲著鹿皮衣隨毋出入山中禽獸皆悉歡喜來依附太子空池皆生泉水枯木皆生華葉諸毒皆消果樹並茂太子男女在於水邊與禽獸共戲時拘留國有貧窮

婆羅門年四十乃取婦婦大端正婆羅門有十二醜狀類似鬼其婦惡見祝欲令死婦行汲水道逢年少　說其聟持水且歸語其聟言我適取水年少調我為我索奴婢我不自汲水人亦笑我聟言我貧當何所得婦言不為我索奴婢者我當便去不復共居婦復言我常聞太子須大拏坐施太劇父王徙著檀特山中有一男一女可乞之聟婆羅門即詣檀特山至大水邊但念太子即便得度時婆羅門遂入山中逢獵師問太子處即指示處婆羅門即到太子所太子遙見甚大歡喜迎為作禮因相慰勞問何所從來婆羅門言我從遠來拘留國人久聞太子好喜布施欲從太子乞丐太子言我不與嫡惜我所有盡賜無以相與婆羅門言若無物者與我兩兒以為給使如是至三太子言卿故遠來何不相與時兩兒行戲太子呼語言此婆羅門遠來乞汝我已許之汝便隨去太子即牽授與地為震動兩兒不肯隨去還至父前長跪謂

父言我宿何罪今遭值此乃以國王種為人奴婢向父悔過從是因緣罪滅福生世世莫復值是太子語兒言天下恩愛皆當別離一切無常何可保守我得無上道時自當度汝兩兒語父言為我謝母今便永絕恨不面別自我宿罪當遭此大苦念母失我憂苦愁勞婆羅門言我老且羸小兒各當捨我至其母所我當奈何得之當縛付我太子即反兩小兒手使婆羅門自縛之繫令相連摠持繩頭兩兒不肯去以捶鞭之血出流地太子見之淚出墮地地為之沸太子與諸禽獸皆送兩兒不見乃還時諸禽獸皆隨太子還至兩兒戲處號呼自撲兒於道中以繩繞樹不肯去冀其母來婆羅門以捶鞭之兩兒言莫復撾我我自去耳仰天呼言山神樹神一切哀念我不見母別可語我母拾果疾來與我相見母於山中左足下癢右目復瞤兩乳汁出便自思惟未嘗有是怪當用果為宜歸視我兒得無有他褰果走還天王帝釋知太子以兒

與人恐妃敗其善心便化作師子當道而蹲妃語師子願小相避使我得過師子知婆羅門去遠乃起避道令妃得過妃還見太子獨坐不見兩兒自至草屋處處求之不見便還至太子所問兩兒何在太子不應為持與誰早語我處莫令我狂如是至三太子不應妃更愁苦太子不應益我迷荒太子語妃拘留國有一婆羅門來從我乞兩兒便以與之妃聞感激躃地而倒如太山崩宛轉啼哭而不可止太子言且止汝識過去提和竭羅佛時本要不耶我於尒時作婆羅門子字鞞多衛汝作婆羅門女字須羅陀汝持華七莖我持銀錢五百買汝五華欲以散佛汝以二華寄我上佛而求願言願我後生常為卿妻我於尒時與汝要言欲為我妻者當隨我意在所布施不逆人心唯不以父母施耳其餘施者皆隨我意汝荅言可今以兒施而反亂我善心耶妃聞太子言心意開解便識宿命聽隨太子布施疾得所願天王帝釋見太子

布施如此即下試太子知欲何求化作婆羅門亦有十二醜到太子前而自說言常聞太子好喜布施不逆人意故來到此願乞我妃太子言諾大善可得妃言今以我與人誰當供養太子者太子荅言今不以汝施者何得成無上平等太子即牽妃授之天帝釋知見太子了無悔意諸天讚歎天地大動時婆羅門便將妃去行至七步尋將妃還以寄太子莫復與人太子言何為不取婆羅門語太子言我非婆羅門是天帝釋故來相試欲願何等即復釋身妃即作禮從索三願一令將我兒去婆羅門還賣著我本國中二令我兩兒不苦飢渴三令我及太子早得還國天王釋言當如前願太子言願令衆生皆得解脫無復生老病死之苦帝釋言大哉所願無上所願特尊非我所及帝釋言畢忽然不見

時拘留國婆羅門得兒還家婦逆罵之何忍持此面還此兒國王種而無慈心撾打今生瘡身體膿血促持衛賣

更求使者聟隨婦言即行賣之天帝行市言此兒貴無能買者乃至葉波國中大臣人民識是太子兒大王之孫舉國悲哀諸臣即問所從得此兒來婆羅門言我自乞得人欲奪取中有長者而諫之曰斯乃太子布施之心以至於此而今奪之違太子意不如白王王聞知者自當贖之諸臣白王王聞大驚即呼婆羅門使將兒入宮王與夫人及諸宮女遙見兩兒莫不哽噎王問何緣得此兒婆羅門荅言我從太子乞丐得耳王呼兩兒而欲抱之兒皆啼泣不肯就抱王問婆羅門賣索幾錢婆羅門未荅男兒便言男直銀錢一千特牛一百頭女直金錢二千牸牛二百頭王言男兒人之所珍何故男賤而女貴耶兒言後宮婇女與王無親或出微賤或但婢使王意所幸便得尊貴王獨有一子而逐之深山了無念子之意是以明知男賤而女貴也王聞是語感激悲哀號泣交并言我大負汝何故不就我抱汝恚我乎畏婆羅門耶兒言

不敢怨王亦不畏婆羅門本是王孫今為奴婢何有奴婢而就王抱是故不敢王聞是語倍增悲愴即如其言更呼兩兒兒便就王抱王抱兩孫手摩其頭問兩兒言汝父在山何所飲食被服何等兒具荅之王即遣使促迎太子便以王命而告太子太子荅言王徙我山中一十二年為期今猶一年在年滿當歸使還白王王更作手書以與太子汝是智人去時當忍來時亦忍云何恚我不還太子得書頂戴作禮却繞七帀便發視之山中禽獸聞太子還跳踉宛轉自撲號呼泉水為空竭禽獸為不乳百鳥皆悲鳴用失太子故太子與妃俱還本國敵國怨家聞太子當還即遣使者裝被白象金銀鞍勒以金鉢盛銀粟銀鉢盛金粟逆於道中以還太子辭謝悔過言前乞白象愚癡故耳坐我之故逐徙太子今聞來還內懷歡喜今以白象奉還太子願垂納受以除罪咎太子荅言譬如有人設百味食持有所上其人嘔吐在地寧復香潔可更食不

今我布施譬亦若吐還終不受使乘象去謝汝國王苦屈使者遠相勞問於是使者即乘象還白王如是因此象故敵國之怨化為慈仁國王及衆臣等皆發無上平等道意父王乘象出迎太子太子便前頭面作禮從王而歸國中人民莫不歡喜散華燒香以待太子太子入宮即到母前頭面作禮而問起居王以寶藏付與太子恣意布施轉勝於前布施不休自致得佛

佛告阿難我宿命所行布施如是太子須大拏者我身是也時父王者今現我父閱頭檀是尒時母者今現我母摩耶是也是時妃者今瞿夷是時山中道人阿州陀者今目揵連是時天帝釋者今舍利弗是時儭師者今阿難是時男兒耶利者今現我子羅雲是女兒罽延者今現羅漢朱利母是時乞兒婆羅門者今調達是時婆羅門婦者旃遮那摩是勤苦如是無央數劫常行檀波羅蜜布施如是

法施部第五

述曰此明財法相對挍量優劣故智
度論云佛說施中法施第一何以故
財施有量法施無量財施欲界報法
施出三界報財施不能斷漏法施清
昇彼岸財施但感人天報法施通感三
乘果財施愚智俱開法施唯局智人財
施唯能施者得福法施通益能所財施
愚畜能受法施唯局聰人財施但益
色身法施能利心神財施能增貪病
法施能除三毒故大集經云施寶雖
多不如至心誦持一偈法施最妙勝
過飲食　又未曾有因緣經云天帝
問曰施食施法有何功德唯願說之
野干答曰布施飲食濟一日之命施
珎寶物濟一世之乏增益繫縛說法
教化名為法施能令衆生出世間道
又大丈夫論云財施者人道中有法
施者大悲中有財施者除衆生身苦
法施者除衆生心苦財施愛多者施
與財寶愚癡多者施與其法財施者
為其作無盡錢財法施者為得無盡
智財施者為得身樂法施者為得心
樂財施者為衆生所愛法施者為世

間所敬財施者為愚人所愛法施者
為智者所愛財施者能與現樂法施
者能與天道涅槃之樂如偈曰
佛智觀虛空　大悲為密雲　法施如甘雨
充滿陰界池　四攝為方便　安樂解脫因
修治八正道　能得涅槃果
又月燈三昧經云佛言若有菩薩行於
法施有十種利益何等為十一棄捨
惡事二能作善事三住善人法四淨
佛國土五趣詣道場六捨所愛事七
降伏煩惱八於諸衆生施福德分九
於諸衆生修習慈心十見法得於喜樂
又菩薩地持論云菩薩知彼邪見求
法短者不授其法不與經卷若性貪
財賣經卷者亦不施與法若得經卷
隱藏不顯亦不施與法若非彼人所
知義者亦不施與法若非彼人
所知義者亦不施與若是彼所知義
於此經卷已自知義則便持經隨所樂
與若未知義自須修學又知他人所
有如是經示語其處若史書與菩薩
當自觀心少有法慳者當持經與為
法施故我寧以法施現世癡瘂為除

煩惱猶尚應施況作將來智慧方便
又優婆塞戒經云若有比丘比丘尼
優婆塞優婆夷能教化人具足戒施
多聞智慧若以紙墨令人書寫若自
書寫如來正典然後施人令得讀誦
是名法施如是施者未來天上得好
上色何以故衆生聞法斷除瞋心以
是因緣未來世中得成上色衆生聞
法慈心不殺以是因緣未來世中得
壽命長衆生聞法不盜他財寶以是
因緣未來世中多饒財寶衆生聞法
開心樂施以是因緣未來世中身得
大力衆生聞法離諸放逸以是因緣
未來世中身得安樂衆生聞法除瞋
癡心以是因緣未來世中得無礙辯
才衆生聞法信心無疑以是因緣未
來世中信心明了戒施聞慧亦復如
是故知法施殊勝過於財施問既知
法施勝過財施今時衆生但學法施
不行財施未知得不答為不解財施
迷心而施苟求色聲人天樂報恐墮
三塗不成出世所以聖人殷勤歎法
令其寤解三事體空而行財施遠成

菩提涅槃勝果白餘戒忍六度万行
皆籍智慧開道成勝
又智度論云前五度等譬同旨人第
六般若事同有目若不得般若開導
前五便墮惡道不成出世若聞法施過
於捨財愚人不解即便秘財唯樂讀經
若行此法不如有人解心捨施一錢勝
過迷心讀經百千万卷是以如來設敎意
存解行若唯解無行解則便虛若唯
行無解行則便孤要具解行方到彼岸
又菩薩藏經云當知菩薩摩訶薩具
足如是四攝之法由是法故菩薩摩
訶薩常處長夜攝諸衆生何等爲四
所謂布施愛語利行同事如是名爲
四種攝法所言施者具有二種一
者財施二者法施是爲布施言
愛語者謂於一切諸來求乞或樂
聞法菩薩悉能愛語慰喩言利行者
謂能滿足若自若他所有意樂言同
事者隨已所有智及功德爲他演說
攝受建立一切衆生令其安住若智
若法言法施者如所聞法廣爲他說
言愛語者以無染心分別開示言利

行者謂於他授誦經典乃至說法無
有猒倦言同事者以不捨離一切智
心安置含生於正法所是故菩薩於
一切時常行法施若自無財隨喜他
施若自有財供養智人還得聰報
又賢愚經云時諸比丘咸皆生疑賢者
阿難本造何行獲斯揔持聞佛所說
一言不失俱往佛所而白佛言賢者
阿難本興何福而得如是無量揔持
唯願世尊當見開示
佛告諸比丘乃往過去阿僧祇劫有
一比丘度一沙彌常以嚴勅敎令誦
經日日課限其經足者便以歡喜若
其不足苦切責之於是沙弥常懷懊
惱讀經雖得復無食調若行乞食疾
得食時讀經便足乞食若遲讀則不
充若經不足當被切責心懷愁悶啼
哭而行時有長者見其涕泣前呼問
之何以懊惱沙彌答曰長者當知我
師嚴難勅我讀經日日課限若具足
者即以歡喜若其不充苦切見責我
行乞食若疾得者讀經即足若乞遲
得讀便不充若不得經便被切責以

是事故我用愁耳於時長者即語沙
彌從今已後常詣我家當供養食令
汝不憂食已專心勤加讀經於時沙
彌聞是語已得專心意勤加讀經課
限不減日日常度師徒於是俱用歡
喜佛告比丘尒時師者定光佛是沙
彌者今我身是時大長者供養者今
阿難是乃由過去造是行故今得揔
持無有忘失

法苑珠林卷第八十

甲辰歲高麗國分司大藏都監奉
勅彫造

法苑珠林卷第八十
校勘記

一　底本，麗藏本。
一　四二九頁上一行經名，徑作「法苑

珠林卷第九十七」。卷末經名同。

一　四二九頁上二行撰者，磧、普作「大唐上都西明寺沙門釋道世撰」；南作「唐上都西明寺沙門釋道世撰」；徑作「唐上都西明寺沙門釋道世玄惲撰」；清作「唐西明寺沙門釋道世撰」。

一　四二九頁上三行「六度篇第八十五」，徑作「六度篇第八十五之一」。又「此有六部」，徑無。

一　四二九頁上三行與四行之間，清有「布施部　持戒部　忍辱部　精進部　禪定部　智慧部」諸部目。

一　四二九頁上四行「第一」，徑無。又「此別一十一部」，徑無。

一　四二九頁上五行至八行「述意部……施福部」，徑無。

一　四二九頁上七行「觀田部」，清作「福田部」。

一　四二九頁上九行「部第一」，徑無。以下部目中「部」字與序數相連者例同。

一　四二九頁上一二行首字「食」，普、南、徑、清作「園」。

一　四二九頁上一六行第一三字「尚」，磧、普、南、徑、清無。

一　四二九頁上一九行第六字「闕」，磧、普、南作「開」。

一　四二九頁上末行第一一字「常」，磧、普、南、徑、清作「恒」。

一　四二九頁中二〇行「本布施」，磧、普、南、徑、清作「大布施」。

一　四二九頁中末行首字「⿱叔足」，磧、普、南、徑、清作「蹙」。

一　四二九頁下一八行「不平等」，磧、南、徑、清作「不平等施」。

一　四三〇頁上一七行「多少」，磧、普、南、徑、清作「多人」。

一　四三〇頁中二〇行「申吟」，磧、普、南、徑、清作「呻吟」。

一　四三〇頁下四行「國主」，普、南、徑、清作「國王」。

一　四三〇頁下一二行第八字「其」，徑、清作「有」。

一　四三一頁上一行「耕田」，磧、普、南、徑、清作「田耕」。

一　四三一頁中一七行「二相」，磧、南作「二想」。

一　四三一頁中二〇行「濕波」，磧、普、南、徑、清作「温波」。

一　四三一頁中二一行「天人」，磧、普、南、徑、清作「夫人」。

一　四三一頁下三行「思惟」，磧、普、南、徑、清作「自惟」。

一　四三一頁下一四行「所在」，磧、普、南、徑、清作「在所」。

一　四三一頁下一八行「咸言」，磧、普、南、徑、清作「或言」。

一　四三二頁上一二行第二字「所」，磧、普、南、徑、清作「在所」。

一　四三二頁上一六行「祝願太子共騎」，磧、普、南、徑、清作「即呪願太子累騎」。

一　四三二頁上二一行「六十」，南作「十千」。

一　四三二頁中一一行首字「私」，磧、

普、南、徑、清無。
一　四三二頁中一九行第八字「常」，磧、
磧、普、南、徑、清作「快」。
一　四三二頁中末行「我及兒女者」，
磧、普、南、徑、清作「求是物之者」。
一　四三二頁下七行第四字「如」，磧、
普、南、徑、清作「而」。
一　四三二頁下九行第二字「貫」，磧、
普、南、徑、清作「顆」。又第一一字
「作」，磧、普、南、徑、清作「以」。
一　四三二頁下一二行第六字「惜」，
磧、普、南、徑、清作「悉」。
一　四三二頁下一四行「御車」，磧、
普、南、徑、清作「卸車」。
一　四三二頁下一八行末字「與」，磧、
普、南、徑、清作「於」。
一　四三三頁上二行「無所有」，磧、
普、南、徑、清無。
一　四三三頁上六行第一二字「備」，
磧、普、南、徑、清作「彌」。
一　四三三頁上一三行第七字「須」，
磧作「頃」。

一　四三三頁上一七行「即還」，磧、
普、南、徑、清作「即還顧」。
一　四三三頁上一九行「欽崟」，磧、
普、南、徑、清作「欽岑」。
一　四三三頁中四行「復言」，磧、普、
南、徑、清作「即言」。
一　四三三頁中一一行末二字至次行
首字「須大拏」，磧、南作「須太子」。
一　四三三頁下三行首字「祝」，磧、
普、南、徑、清作「呪」。又末字「說」，
磧、普、南、徑、清作「嗤說」。
一　四三三頁下四行第五字「且」，磧、
普、南、徑、清作「既」。
一　四三三頁下八行第四字「復」，磧、
普、南、徑、清無。
一　四三三頁下一五行「何所」，磧作
「何處」。
一　四三三頁下二〇行第四字「何」，
磧、普、南、徑、清作「無」。
一　四三四頁中一行第五字「敗」，磧、
普、南、徑、清作「障」。
一　四三四頁中一四行末字「須」，磧、

普、南、徑、清無。
一　四三四頁中一五行「五百」，磧、
普、南、徑、清作「五百文」。
一　四三四頁下二行末字「而」，磧、
普、南、徑、清作「而作」。
一　四三四頁下一二行「天帝釋」，磧、
普、南、徑、清作「天主帝釋」。次
頁下一七行同。
一　四三四頁下一四行「兒去」，磧、
普、南、徑、清作「兩兒去者」。
一　四三四頁下一六行「天王」，磧、
普、南、徑、清作「天主」。
一　四三四頁下一七行「解脫」，磧、
普、南、徑、清作「度脫」。
一　四三四頁下二一行首字「時」，磧、
普、南、徑、清作「是時」。
一　四三四頁下二二行第六字「面」，
南、徑、清作「兒」。
一　四三四頁下末行「膿血」，磧、普、
南、徑、清作「皆膿血」。又「促持」，
磧、普、南、徑、清作「捉持」。
一　四三五頁上二行至三行「乃至葉

波國中」，磧、普、南、徑、清作「乃引至葉波國旣至葉波國中」。

一 四三五頁上一二行「乞丐」，磧、普、南、徑、清作「求丐」。

一 四三五頁上一三行「不肯」，磧、普、南、徑、清作「而不肯」。

一 四三五頁上一五行首字「兒」，磧、普、南、徑、清作「女」。

一 四三五頁中二行第一一字「王」，磧、普、南、徑、清作「國王」。

一 四三五頁中四行首字「更」，磧、普、南、徑、清作「便」。又第八字「王」，磧、普、南、徑、清無。

一 四三五頁中六行第二字「拔」，磧、普、南、徑、清作「被」。

一 四三五頁中七行「便以王命而告太子」，磧、普、南、清作「使以王命告太子」。

一 四三五頁中一八行第二字「逆」，磧、普、南、徑、清作「送」。

一 四三五頁中末行「寧復」，磧、普、南、徑、清作「豈復」。

一 四三五頁下九行「付與」，磧、普、南、徑、清作「以付」。

一 四三五頁下一九行「罽延」，磧、普、南、徑、清作「罽拏延」。又「朱利」，磧、普、南、徑、清作「末利」。

一 四三五頁下二〇行「乞兒」，磧、普、南、徑、清作「乞兩兒」。

一 四三五頁下二一行「旃遮那摩」，磧、普、南、徑、清作「今檀遮那摩」。

一 四三六頁上一二行「因緣」，磧、普、南、徑、清無。

一 四三六頁中四行「法施如甘雨」，磧、南、徑、清作「施法如世雨」；普作「法施如世雨」。

一 四三六頁中一六行「不顯」，磧、普、南、徑、清作「不現」。

一 四三六頁中一七行至一八行「法若非彼人所知義者亦不施與」，磧、普、南、徑、清無。

一 四三六頁下二一行末字「墜」，磧、普、南、徑、清作「隤」。

一 四三六頁下末行第一三字「遠」，清作「速」。

一 四三七頁上二行第二字「籍」，磧、普、南、徑、清作「藉」。又第六字「道」，磧、普、南、徑、清作「導」。

一 四三七頁上一三行第三字「常」，磧、普、南、徑、清作「恒」。本頁中一二行第八字同。

一 四三七頁中一行「謂於他」，磧、普、南、徑、清作「謂爲於他」。

一 四三七頁中一七行末字「啼」，磧、普、南、徑、清作「涕」。

一 四三七頁中一八行「洟泣」，磧、普、南、徑、清作「涕哭」。

一 四三七頁中二〇行第一三字「具」，磧、普、南、徑、清作「其」。

一 四三七頁下一行「於時」，南、徑、清作「於是」。

一 四三七頁下二行「已後」，南、徑、清作「已往」。

一 四三七頁下七行「供養者」，磧、普、南、徑、清作「供養食者」。

法苑珠林卷第八十一　會

西明寺沙門釋道世撰

六度篇第八十五之二

施度量境部第六

述曰謂能施之人行有智愚若智人行施要觀前人有益便施無益不施故優婆塞戒經云若見貧窮者先語言汝能歸依三寶受齋戒不若言能者先授三歸及齋戒後則與施物若言不能後語言能隨我語念一切法無常無我涅槃寂滅不若言能者教已便施如其無財教餘有財令作是施若其愚人貪著財物不知無常人物屬他戀著慳惜菩薩見此無益之物即令急施廢修道業故大莊嚴論云若物能令起惱則不應畜縱令寶翫要必有離如蜂作蜜他得自不得財寶亦如是

又地持論云若菩薩布施令他受苦若致逼迫若被侵欺及非法求自力他力不隨所欲為衆生故寧自棄捨身命不隨彼欲令致逼迫則不施與

非是菩薩行淨施時菩薩外不施者若有衆生來毒火刀酒媒行作戲等一切非法來求乞者菩薩不施若施與者而多起惡墮於惡道不到彼岸若他來索我之身分即須施與不須量他前人起退屈心　會

又智度論問云何布施得到彼岸不到彼岸荅曰如舍利弗於六十劫中行菩薩道欲度彼岸時有乞人來乞其眼舍利弗言眼無所任何以索之若須我身及以財物者當以相與荅言不須唯欲得眼若汝實行檀者以眼見與尒時舍利弗出一眼與之乞者得眼於舍利弗前齅之嫌臭唾而棄地又以脚蹹舍利弗思惟言如此弊人難可度也眼實無用而强索之既得無用而棄又以脚蹹何弊之甚如此人輩不可度也不如自調早度生死思惟是已於菩薩道退迴向小乘是名不到彼岸若能不退成辦佛道名到彼岸

福田部第七

如優婆塞戒經云若施畜生得百倍

報施破戒者得千倍報施持戒者得十万報施外道離欲人得百万報施向道者得千億報施須陀洹得無量報向斯陀含亦無量報乃至成佛亦無量報我今為汝分別諸福田故作是說若能至心生大憐愍施於畜生尊心恭敬施於諸佛其福正等無有差別言百倍得如以壽命色力安辯施於彼者施主後得壽命色力安樂辯才各各百倍乃至無量亦復如是是故我於契經中說我施舍利弗舍利弗亦施於我然我得福多非舍利弗得福多也或有人說受者作惡罪及施主是義不然何以故施主施時為破彼苦非為作罪是故施主應得善果受者作惡罪自鍾已不及施主　令

問若施聖人得福多者云何經說智人行施不簡福田荅今釋此意義有多途明能施之人有愚智之別所施之境有悲敬之殊悲是貧苦敬是三寶悲是田劣而心勝敬是田勝而心劣若取心勝施佛則不如施貧故像法決疑經云有諸衆生見他聚集作

諸福業但求名聞傾家財物以用布
施及見貧窮孤獨呵罵驅出不濟一
毫如此衆生名爲顛倒作善癡狂禍
福名爲不正作福如此人等甚可憐
愍用財甚多獲福甚少善男子我於
一時告諸大衆若人於阿僧祇身供
養十方諸佛并諸菩薩及聲聞衆
不如有人施畜生一口飲食其福勝彼
百千万倍無量無邊乃至施與餓狗蟻
子等悲田最勝
又智度論云如舍利弗以一鉢飯上佛
佛即迴施狗而問舍利弗誰得福多舍
利弗言如我解佛法義佛施狗得福
多若據敬法重人識位修道敬田即
勝故優婆塞戒經云若施畜生得百
倍報乃至須陀洹得無量報羅漢辟
支尚不如佛況餘類也若據平等而
行施者無問悲敬等心而施得福弘
廣故維摩經云分作二分一分施彼
難勝如來一分與城中最下乞人福
田無二
又賢愚經云佛姨母摩訶波闍波提
佛已出家手自紡織預作一端金色

之氎積心係想唯俟於佛既得見佛
喜發心髓即持此氎奉上如來佛告
憍曇彌汝持此氎往奉衆僧波提重
白佛言自佛出家心每思念故手自
紡織規心俟佛唯願垂愍爲我受之
佛告之曰知母專心欲用施我然恩
愛心施福不弘廣若施衆僧獲報彌
多我知此事是以相勸
又居士請僧福田經云別請五百羅
漢不如僧次一凡夫僧吾法中無受
別請法若有別請僧者非吾弟子是
六師法七佛所不可故知施有三種
故不可以一槩論也
相對部第八
述曰此別有五種相對第一田財相
對有四一田勝財劣如童子施土與
佛等二財勝田劣如將寶施貧人等
三田財俱勝如將寶施佛等四田財
俱劣如將草施畜等
第二輕重相對有四一心重財輕如
貧女將一錢施大衆得福弘多二財
重心輕如王夫人心慢多將寶物施
衆得福尠少 下二可知

第三空有相對一空心不空境如雖
學空觀然惜財不施還得貧報二空
境不空心知財不堅常多樂施得福
增多 下二可知
第四多少相對如法句喻經云施有
四事何等爲四一者施多得福報少
二者施少得福報多三者施少得福
報少四者施多得福報亦多何謂施
多得福報少其人愚癡殺生祭祠飲
酒歌儛損費錢寶無有福慧是爲施
多得福少何謂施少得福多者能以
慈心奉道德人衆僧食已精進學誦
施此雖少其福彌大是爲施少得福
多何謂施少得報少者以慳貪惡意
施凡道士兩俱愚癡是故施少得福
亦少何謂施多得福多者若有賢者
覺世無常好心出財起立塔寺精舍
園果供養三尊衣被履屣牀榻廚膳
斯福如五大河流入于大海福流如
是世世不斷是爲施多其報亦多
第五染淨相對如智度論云佛法中
有四種布施一施者清淨受者不淨
二施者不淨受者清淨三施受俱淨

四施受俱不淨佛自供養佛故是為二俱清淨如東方寶積佛功德力所生華寄十住法身普明菩薩送此華來上散釋迦牟尼佛知十方佛是第一福田是為二俱清淨 餘句可解

財施部第九

如大寶積經云財施有五種一至心施二信心施三隨時施四自手施五如法施

述曰然所施之財有是有非非法之物縱將布施得福尠少如法之財得福彌多如大寶積經云所不應施復有五事一非理求財不以施人物不淨故二酒及毒藥不以施人亂衆生故三罝羅機網不以施人惱衆生故四刀杖箭不以施人害衆生故五音樂女色不以施人壞淨心故

又地持論云菩薩亦不以不如法食施所謂施出家人餘殘飲食便利洟唾膿血汙食不語不知飯及麥飯不如法和應棄者謂不葱食雜汙不宍食不酒飲雜汙如是和合不如法者勿以施人

又智度論云若人鞭打拷掠閉繫法得財而作布施生象馬牛中雖受畜生形負重鞭策羈靽乘騎而得好屋好食為人所重以人供給又如惡人多懷瞋恚心由不端而行布施當墮龍中得七寶宮殿妙食好色又如憍人多慢瞋心布施墮金翅鳥中常得自在有如意寶珠以為瓔珞種種所須皆得自恣無不如意變化万端無事不辦又如宰官之人枉濫人民不順治法而取財物以用布施墮鬼神中作鳩槃茶鬼能種種變化五塵自娛又如多瞋佷戾嗜好酒肉之人而行布施墮地夜叉鬼中常得種種歡樂音樂飲食又如有人剛愎强梁而能布施車馬代步墮虛空夜叉中而有大力所至如風又如有人姤心好諍而能以好房舍臥具衣服飲食布施故生宮觀飛行夜叉中有種種娛樂便身之物若惱前人强求人物而營福者反招其罪不如靜心修治內心得利轉勝

又優婆塞經云若惱眷屬得物以施是人未來雖得大報身當病苦若先不能供養父母惱其妻子奴婢困苦而布施者是名惡人是假名施不名義施如是施者名無憐愍不知報恩是人未來雖得財寶常求不集不能出用身多病苦以此文證强役人物營修福者反招苦報何名出益今時末世道俗詭替競興齋講强抑求財營修塔寺依經不合反招前罪不如靜坐內修實行出離中勝無過於此若有淨心為人說法前人敬誠求法捨施即須為說令成福智不得見有前判雷同揔撥妄生譏謗抑過前福

又無性攝論釋云謂菩薩見彼有情於其財位有重業障故不施與令知慧施空無有果設復施彼亦不能受何用施為如有頌言

如母乳嬰兒　一經月無倦　嬰兒悵若閑
乳母欲何為
寧使貧乏於財位　遠離惡趣諸惡行
勿彼富貴亂諸根　令感當來衆苦器

又增一阿含經云尒時世尊告諸比丘應時之施有五事益云何為五一

者施遠來人二者施遠去人三者施病人四者儉時施五者若初得新果蓏若穀食等先與持戒精進人然後自食是故欲行此五施當念隨時施

若應時淨施者還得應時果報謂隨時所宜淨心而施若寒時施溫室氈被薪火煗食等若熱時施涼室輕衣水扇冷物等渴時與漿飢時給食風雨送供天和請僧如是隨時應情令悅未來獲福還受順報

又菩薩地持論云一切施者略說有二種一內物二外物菩薩捨身是名內施若為食吐眾生食已吐施是名內外施除上所說是名外施菩薩內施有二種一隨所欲作他力自在捨身布施譬如有人為衣食故繫屬於人為他僕使如是菩薩不為利養但為無上菩提為安樂眾生為滿足檀波羅蜜隨所欲作他力自在捨身布施二隨他所須支節等一切施與菩薩外施復有三種一隨其所求受用樂具歡喜施與二奉事彼故一切捨心一切施與菩薩內外物非無差別等施一切或有所施或有不施若於眾生樂而不安不樂不安則不施與若於眾生安而不樂亦安亦樂是則盡施

又大集經云菩薩有四種施具足智慧何等為四一以紙筆墨與法師令書寫經二種種挍飾莊嚴妙座以施法師三以諸所須供養之具奉上法師四無諂曲心讚歎法師

又智度論云若人布施修福不好有為作業生活則得生四天王處若人布施加以供養父母伯叔兄弟姊妹等無瞋無恨不好諍訟又不喜諍訟之人得生忉利天乃至他化自在天

又優婆塞戒經云若以衣施得上妙色若以食施得無上力若以燈施得淨妙眼若以乘施身受安樂若以舍施所須無之

若以淨妙物施後得好色人所樂見善名流布所求如意生上種姓是不名為惡

若為自身造作衣服莊嚴之具種種器物作已歡喜自未服用持以施人是人未來得如意樹若有人能日日立要先施他食然後自食若違此要誓輸佛物犯則生愧如其不違即是微妙智慧因緣如是施者諸施中最上是人亦得名上施主

若給妻子奴婢衣食常以憐愍歡喜心與未來則得無量福德若復觀田舍中多有鼠雀犯暴穀米常生憐愍復作是念如是鼠雀因我得活念已歡喜無觸惱想當知是人得福無量

又大寶積經云若以華施具陀羅尼七覺華故

若以香施具戒定慧熏塗身故若以果施具戒成就無漏果故

若以食施具足命辯色力樂故

若以衣施具清淨色除無慚愧故

若以燈施具足佛眼照了一切諸法性故

若以象馬車乘施得無上乘具足神通故

若以瓔珞施具足八十隨形好故

若以珍寶施具足大人三十二相故

若以筋力僕使施具佛十力四無畏
故
取要言之乃至國城妻子頭目手足
舉身施與心無悋惜為得無上菩提
度衆生故
又大菩薩藏經云菩薩為得阿耨菩
提故行挓那波羅蜜多時所修布施
又得十種稱讚利益何等為十一者
菩薩摩訶薩以上妙五欲施故獲得
清淨戒定慧聚及以解脫解脫知見
聚無不具足二者菩薩以上妙戲樂
器施故獲得清淨游戲法樂無不具
足三者菩薩以足施故感得圓滿法
義之足趣菩提坐無不具足四者菩
薩以手施故感得圓滿清淨法手拯
濟衆生無不具足五者菩薩以耳鼻
施故獲得諸根圓滿成就無不具足
六者以支節施故獲得清淨無染感
嚴佛身無不具足七者菩薩以目施
故獲得觀視一切衆生清淨法眼無
有障礙無不具足八者菩薩以血宍
施故獲得堅固身命攝持長養一切
衆生真實善權無不具足九者菩薩

以髓腦施故獲得圓滿不可破壞等
金剛身無不具足十者菩薩以頭施
故證得圓滿超過三界無上最上一
切智智之首無不具足舍利子菩薩
摩訶薩為得菩提行如是施攝受如
是相貌圓滿佛法稱讚利益上妙功
德皆為滿足挓那波羅蜜多故尒時
世尊而說頌曰

行施不求妙色財　亦不願感天人趣
我求無上勝菩提　施微便感無量福

又百緣經云佛在世時舍衛城中有一
長者財寶無量不可稱計其婦生一
男兒端正殊妙世所希有當生之日
天降大雨父母歡喜舉國聞知相師
占善因為立字名耶奢蜜多不飲乳哺
其牙齒間自然八功德水用自充足
年漸長大見佛出家得阿羅漢果諸
天世人所見敬仰時諸比丘見是事巳
請佛為說宿福因緣尒時世尊告諸
比丘此賢劫中有佛出世號曰迦葉於
彼法中有一長者年極老耄出家入
道不能精勤又復重病良醫占之教
當服蘇病乃可差尋用醫教取蘇服

之於其夜中藥發熱渴馳走求水水
器皆空復趣泉河普皆枯渴如是處
處求水不得深自悔責於彼河岸脫
衣繫樹捨之還來至其明旦以狀白
師師聞是語即荅之言汝遭此苦狀
似餓鬼汝今可即取我瓶中水至僧
中行即受教取瓶水水盡涸竭心懷
憂怖謂其命終必墮餓鬼詣佛所
具陳上事而白世尊幸為見示佛告
比丘汝今當於衆僧之中行好淨水可
得脫此餓鬼之身聞已歡喜即便僧
中常行淨水經二万歲即便命終在
所生處其牙齒間常有清淨八功德
水自然充足不飲乳哺乃至今者遭值
於我出家得道比丘聞已歡喜奉行
又阿育王經云昔佛在世時與諸比
丘及與阿難前後圍繞入王舍城而
行乞食至於巷中見二小兒一名德
勝二名無勝弄土而戲擲土作城舍
宅倉儲以土為麨著於倉中此二小
兒見佛相好金色光明徧照城內德
勝歡喜掬倉中土名為麨者奉上世
尊而發願言使我將來盖於天地廣

說供養緣是善根發願功德佛般涅
槃一百年後作轉輪王王閻浮提住
華氏城正法治世號阿怒伽王分佛
舍利而作八万四千寶塔其王信心
常請衆僧宮中供養時王宮中有一
婢使最貧下賤見王作福自剋責言
王先身時布施如來一掬土故今得富
貴今日重作將來轉勝我先身罪今
日廝下又復貧窮無可修福將來轉
賤何有出期思已啼哭衆僧食訖此
婢埽地糞埽中得一銅錢以此一錢
即施衆僧心生歡喜其後不久得病
命終生阿育王夫人腹中滿足十月
產生一女端正殊妙世之少雙其女
右手尋常急拳年滿五歲夫人白王
所生女子一手常拳王即喚來抱著
膝上王為摩手手即自開當於掌中
有一金錢隨取隨有而無窮盡須臾
之間金錢滿藏王怪所以即將往問
耶奢羅漢上座此女先身作何福德
於手掌中有此金錢取無窮盡上座
荅言此女先身是王宮人於糞埽中
得一銅錢布施衆僧以此善根得生

王家以為王女緣昔一錢布施衆僧
善根因緣恒常手中把一大金錢取
無窮盡

又雜寶藏經云昔耆闍崛山中多有
僧住諸方人聞送供者衆有一貧窮
乞索女人見諸長者送供詣山作是
念言此必作會我當往乞便向山中
見諸長者以種種食供養衆僧自思
惟言彼諸人等先世修福今日富貴
今復重作未來轉勝我先不修今世
貧苦今若不作未來轉劇思已啼哭
先於糞中拾得兩錢每常保惜以俟
乞索不得之時當用買食我今持以
布施衆僧今一二日不得食意伺僧
食訖即便布施維那僧前欲為祝願
上座不聽自為祝願復留食施諸人既
見上座乞食諸人亦與女大歡喜云我
得果報將食出外到一樹下食訖而
臥施福所感黃雲覆之時值國王最
大夫人亡來七日王遣人訪誰有福德
應為夫人使與相師至彼樹下見此
女人相師占之此女福德堪為夫人
即以香湯沐浴清淨與彼夫人衣服

令著大小相稱千乘万騎將至王所王
見歡喜心甚敬重後時自念我今所
以得福報緣以兩錢施僧故尒當知彼
僧便為於我有大重恩即白王言我
先廝賤王見洗拔得為人次願聽往
彼僧所報恩王言隨意夫人即便車
載飲食及珍寶詣山布施上座即遣
維那祝願不自祝願夫人念言前施
兩錢見為祝願今載珍寶不為祝願
年少比丘亦嫌此事上座尒時語夫
人言心念嫌我兩錢施時為我祝願
今載珍寶不為祝願我佛法中唯貴
善心不貴珍寶夫人先施兩錢之時
善心極勝今施珍寶吾我貢高是以
我今不為祝願諸年少等亦莫嫌我
年少比丘聞已慚愧悉皆獲得須陀
洹果夫人聽法慚愧亦得須陀洹果
又雜寶藏經云昔拘留沙國有惡生
王詣園堂上見一金猫從東北角入
西南角王時見已即遣人掘得一銅
釜釜受三斛滿中金錢漸漸深掘
復得一釜如是次第得三重釜各受
三斛悉滿金錢轉復傍掘經於五里

步步之中盡得銅盆皆滿金錢王雖得錢悑不敢用怪其所以即詣尊者迦旃延所說其因緣尊者荅王此王宿因所獲福報但用無苦王即請問往昔因緣尊者荅王乃往過去九十一刧毗婆尸佛入般涅槃後遺法之中有諸比丘四衢道頭施塸置鉢在上教化而作是言誰有人能舉財著此堅牢藏中若入此藏王賊水火所不能奪時有貧人先因賣薪得錢三文見僧教化歡喜布施即以此錢重著鉢中發願而去去家五里步步歡喜到門欲入復遥向僧至心頂禮發願而入時貧人者今王身是緣昔三錢歡喜施僧世世尊貴常得如是三重銅盆滿中金錢緣五里中步步歡喜常於五里有此金錢以是因緣若布施時應當至心歡喜施與勿生悔心

隨喜部第十

如優婆塞戒經云佛言若人有財見有求者言無言遽當知是人已說來世貧窮薄德如是之人名為放逸自說無財是義不然何以故一切水草

人無不有雖是國主不必能施雖是貧窮非不能施何以故貧窮之人亦有食分食已洗器棄蕩滌汁施應食者亦得福德若以塵麨施於蟻子亦得無量福德果報天下極貧誰當無此塵許麨耶誰有一日不食三摶麨命不全者是故諸人應以食半施於乞者善男子極貧之人誰有赤體無衣服者若有衣服豈無一綫施人繫瘡一指許財作燈炷耶天下之人誰有貧窮當無身者如其有身見他作福身應往助歡喜無猒亦名施主亦得福德或時有分或有與等或有勝者以是因緣我受波斯匿王食時亦祝願王及貧窮人所得功德等無差別如人買香塗香末香散香燒香如是四香有人觸者買者量者等聞無異而諸香不失毫釐修施之德亦復如是若多若少若麁若細若隨喜心身往佐助若遥見聞心生歡喜其心等故所得果報無有差別若無財物見他施已心不喜信疑於福田是名貧窮若多財寶自在無礙有良

福田內無信心不能奉施亦名貧窮是故智者自觀餘一摶食自食則生施他則死猶應施與況復多耶智者復觀世間若有持戒多聞乃至獲得阿羅漢果猶不能遮斷飢渴等苦房舍衣服飲食臥具病藥皆由先世不施因緣破戒之人若樂行施是人雖墮餓鬼畜生常得飽滿無所乏少雖富有四天地受無量樂猶不知足是故我應為無上樂而行布施不為人天何以故無常故有邊故若施主歡喜不悔親近善人財富自在生上族家得人天樂至無上果能離一切煩惱結縛

若施主能自手施已生上姓家還善知識多饒財寶眷屬成就能用能施一切衆生喜樂見之見已恭敬尊重讚歎

又大丈夫論云若慳心多者雖復泥土重於金玉若悲心多者雖施金玉輕於草木若慳心多者喪失財寶心大憂惱若行施者令受者喜悅自亦喜悅設有美食若不施與而食噉者

不以爲美設有惡食得行布施然後食者心中歡悅以爲極美若行施竟有餘自食善丈夫者心生喜樂如得涅槃無信心者誰信是語設有麁食有飢者在前尚不能施與況餘勝解而能與人若人於大水邊尚不能以少水施與衆生況餘好財是人於世間糞土易得於水慳貪之人聞乞糞土猶懷恪惜況復財物

如有二人一則大富一則貧窮有乞者來如是二人俱懷苦惱有財物者懼其求索無財物者我當云何得少財物與之如是二人憂苦雖同果報各異貧悲念者生天人中受無量樂富慳貪者生餓鬼中受無量苦若菩薩但有悲愍心便爲具足況與少物菩薩悲心念施無有財物見人乞時不忍言無悲苦墮淚設聞他苦尚不能堪忍況復眼見他苦惱而不救濟者無有是處有悲心者見貧苦衆生無財可與悲苦歎息無可爲喻救衆生者見衆生受苦悲泣墮淚以墮淚故知其心輭菩薩淚有三時一見修功德人以愛敬故爲之墮淚二見苦惱衆生無功德者以悲愍故爲之墮淚三修大施時悲喜踊躍墮淚計菩薩墮淚巳來多四大海水世間衆生捨於親屬悲泣墮淚不及菩薩見貧苦衆生無財施時悲泣墮淚菩薩聞乞聲爲之墮淚乞者見菩薩雨淚雖不言與當知必得菩薩見乞者來時極生悲苦乞者得財物時心生歡喜得滅悲苦菩薩聞乞言時悲泣墮淚不能自止乞者言足尒時乃止菩薩修行施巳衆生滿足便入山林修行禪定滅除三毒財物倍多無乞可施我今出家斷諸結使菩薩發願度諸衆生諸有所索一切皆捨有悲心者爲他故涅槃尚捨況復捨身命財有何難也捨財物者不如捨身捨身者不如捨於涅槃涅槃尚捨何有不捨悲心徹髓得自在悲作救濟者大菩薩施都無難也菩薩悲心悉得知見一切衆生身者無不是病無有知者以三事故知其有病何者爲三飲食衣服湯藥即是病相菩薩悲心以三事得顯何者爲三即是財法無畏施也菩薩與一切衆生作樂爲滅一切衆生苦故捨身救之菩薩不求果報視如芻草菩薩大悲作種種方便猶如乳聚以血施人易於世人以水用施如菩薩昔日五處出血施諸夜叉鬼踊躍歡喜無可爲喻

施福部第十一

如月燈三昧經云佛言若有菩薩信樂檀波羅蜜者有十種利益何等爲十一降伏慳恪煩惱二修習捨心相續三共諸衆生同其資產攝受堅固而至滅度四生豪富家五在所生處施心現前六常爲四衆之所愛樂七處於四衆不怯不畏八勝名流布徧於諸方九手足柔輭足掌坦平十乃至道樹不離善知識

又大寶積經云樂施之人獲五種名利一常得親近一切賢聖二一切衆生之所樂見三入大衆時人所宗敬四好名善譽流聞十方五能爲菩提作上妙因

又菩薩善戒經云具足三種慧施乃

能受持菩薩禁戒一者施二者大施三者無上施第一施者於四天下尚不悋惜況於小物是名爲施第二大施者能捨妻子第三無上施者頭目髓腦骨宍皮血菩薩具足如是三施乃具於忍能持禁戒

又增一阿含經云若檀越主慧施之日得五事功德云何爲五一者施命二者施色三者施安四者施力五者施辯施命之時欲得長壽施色之時欲得端正施安之時欲得無病施力之時欲得無能勝施辯之時欲得無上正眞之辯

又十住毗婆沙論云在家菩薩所貪惜物若有乞人急從求索汝以此物施與我者速得成佛菩薩即應思惟若我今者不捨此物此物必當遠離於我設至死時不隨我去此物則是遠離之相今爲發善提故須施與後死時心無有悔必生善處是得大利若猶貪者應辭謝乞者言勿生瞋恨我漸發意善根未具於菩薩行法未得勢力是以未能捨於此物後得勢力善根堅固當以相與

又優婆塞戒經云若施佛已用與不用果報已定施人及僧有二種福一從用生二從受生何以故施主施時自破慳悋受者用時破他慳悋是故說言從用生福

法苑珠林卷第八十一

甲辰歲高麗國分司大藏都監奉

勑彫造

法苑珠林卷第八十一

校勘記

一　底本，麗藏本。

一　四四一頁上一行經名，徑作「法苑珠林卷第九十八」，卷末經名同。又經名下，磧、南有夾註「六度之二」。

一　四四一頁上二行撰者，磧作「大唐上都西明寺沙門釋道世字玄惲撰」；南作「唐上都西明寺沙門釋道世字玄惲撰」；徑作「唐上都西明寺沙門釋道世玄惲撰」；清作「唐西明寺沙門釋道世撰」。

一　四四一頁上三行「六度篇第八十五之二」，磧、南、清無。

一　四四一頁上三行與四行之間，徑有「布施部之餘」一行。

一　四四一頁上四行「施度量境部篇六」，磧、南作「量境部第七」並有夾註「施部之餘」；徑作「量境」；清作「量境部第六」並有夾註「施

部之餘」。
一 四四一頁上一六行第一三字「令」，磧、南、徑、清作「貪」。
一 四四一頁中五行第三字「求」，磧、南、徑、清作「來」。
一 四四一頁中七行末字「不」，磧、南、徑、清作「不得」。
一 四四一頁中二二行「部第七」，磧、南作「部第八」，以下部目下序次例同；徑無，以下部目中「部」字與序數相連者例同。
一 四四一頁下四行第一二字「成」，磧、南、徑、清作「施」。
一 四四二頁上一八行第三字「者」，南作「若」。
一 四四二頁中七行第三字「施」，磧、南、徑、清無。
一 四四二頁中一九行第七字「畜」，磧、南、徑、清作「畜生」。
一 四四二頁中二二行第一一字「将」，磧、南、徑、清作「將」。
一 四四二頁下三行第九字「常」，磧、南、徑、清作「恒」。
一 四四二頁下一一行第二、三字「得福」，徑、清作「得福報」，下至一六行第七、八字同。又第一二字「者」，徑、清無，一四行第九字、一六行第一〇字同。
一 四四二頁下一五行「兩俱」，磧、南、徑、清作「俱兩」。
一 四四二頁下二〇行第一一字「報」，徑、清作「福報」。
一 四四三頁上一二行第二字「彌」，磧、南、徑、清作「弘」。
一 四四三頁上一六行第四字「箭」，磧、南、徑、清作「弓箭」。
一 四四三頁上二〇行第一四字「不」，磧、南、徑、清無。
一 四四三頁上二二行「酒飲」，磧、南、徑、清作「飲酒」。又末字「匆」，磧、南、徑、清作「不」。
一 四四三頁中一五行「剛愎」，磧、南、徑、清作「剛慢」。
一 四四三頁中一九行第二字「主」，磧、南、徑、清作「生」。
一 四四三頁下二行「困苦」，磧作「因苦」。
一 四四三頁下一二行「捨施」，磧、南、清作「捨財」。
一 四四三頁下一六行「慧施」，磧、南、徑、清作「惠施」。下同。
一 四四三頁下二一行第二字「彼」，磧、南、徑、清作「被」。
一 四四四頁上一四行第二字「外」，磧、南、徑、清無。
一 四四四頁上一五行第六字「隨」，磧、南、徑、清作「隨時」。又「他力」，磧、南作「他方」。
一 四四四頁下六行第九字及八行第一一字「常」，磧、南、徑、清作「恒」。
一 四四七頁上一七行首字同。
一 四四四頁下一五行「具戒」，磧、南、徑、清作「具足」。
一 四四四頁下一七行第五字「具」，磧、南、徑、清作「具足」。
一 四四五頁上七行「拕那」，徑、清作

「檀那」。下同。

一　四四五頁上末行「真實」，磧、南、徑、清作「貞實」。

一　四四五頁中一三行第八字「所」，磧、南、徑、清作「可」。

一　四四五頁下二行「普皆枯渴」，磧、南、徑、清作「並皆枯竭」。

一　四四六頁上三行「正法」，徑作「王法」。又「阿怒伽」，磧、南、徑、清作「阿恕伽」。

一　四四六頁上一五行「尋常急拳」，磧、南、徑、清作「恒常急捲」。

一　四四六頁上一六行第八字「拳」，磧、南、徑、清作「捲」。

一　四四六頁上一七行第九字「自」，磧、南、徑、清作「尋」。

一　四四六頁上一八行第八字「有」，磧、南、徑、清作「生」。

一　四四六頁上二一行「取無窮盡」，磧、南、徑、清作「取己無窮」。

一　四四六頁中一二行「每常」，磧、南、徑、清作「恒常」。

一　四四六頁下三行第二字「得」，磧、南、徑、清作「得是」。

一　四四六頁下五行第一〇字「人」，磧、南、徑、清作「夫人」。

一　四四六頁下七行第四字「及」，磧、南、徑、清作「及以」。

一　四四七頁上二行第一三字「詣」，磧作「諸」。

一　四四七頁上二一行第七字「遽」，磧、南、徑、清作「懅」。

一　四四七頁中一行「國主」，磧、南、徑、清作「國王」。

一　四四七頁下五行第一三字「若」，磧、南、徑、清作「苦」。

一　四四七頁下九行「四天地」，磧、南、徑、清作「四天下」。

一　四四七頁下一〇行「無上樂」，磧、南、徑、清作「無上道」。

一　四四八頁上五行「勝解」，磧、南、徑、清作「勝妙」。

一　四四八頁中七行首字「乞」，磧、南、徑、清作「乞者」。一〇行第八字同。

一　四四八頁中一一行第四字「比」，磧、南、徑、清作「止」。又第一一字「乃」，磧、南、徑、清無。

一　四四八頁下二行首字「也」，磧、南、徑、清作「巳」。

一　四四八頁下一六行「坦平」，磧、南、徑、清作「安平」。

一　四四九頁上一八行第二字「設」，磧作「說」。

一　四四九頁中五行「受者用時」，磧、南、徑、清作「受用者時」。

法苑珠林卷第八十二　會

西明寺沙門釋道世撰

六度篇第八十五之三

持戒部第二此別三部

述意部　勸持部　引證部

述意部第一

竊聞戒是人師道俗咸奉心爲業主凡聖俱制良由三寶所資四生同潤故經曰正法住正法滅意在兹乎是以持戒爲德顯自大經性善可崇明乎大論戒復方之日月譬若寶珠義等塗香事同楫水越度大海號曰牢船生長善芽又稱平地是以菩薩稟受微塵不缺羅漢護持纖芥無犯寧當抱渴而死弗飲水蟲乃可被繫而終無傷草葉書云立身行道揚名於後世言行忠信戰戰兢兢豈可放縱心馬不加纆勒馳騁情猨都無制鏁浮囊既毀前路何期德瓶已破勝緣長絶或復要聚惡人朋結凶黨更相扇動備造諐瑕無慚無愧不羞不恥日更增甚轉復沈淨似若亭藶艾蒿

枝葉皆苦訶梨菓樹徧體無甘從明入闇無復出期劫數既遥痛傷難忍於是鑊湯奔沸猛氣衝天鑪炭赫曦爆聲烈地鎔銅灌口則腹爛肝銷銅柱逼身則骨宍俱盡宛轉嗚呼何可言念如斯等苦寔由毀戒也

勸持部第二

如大莊嚴論云若能至心持戒乃至歿命得現果報我昔聞難提跋提城有優婆塞兄弟二人並持五戒其弟尒時卒患腸痛氣將欲絶時醫語之食新殺狗宍并使服酒所患必除病者白言其狗宍者爲可於市買索食之飲酒之事願捨身命終不犯戒而服於酒其兄見弟極爲困急賫酒語弟捨戒服酒以療其病弟白兄言我雖病急願捨我身命不犯戒而飲此酒即說偈言

怪哉臨命終　破我戒瓔珞　以戒莊嚴身
不用殯葬具　人身既難得　遭值戒復難
願捨百千命　不毀破禁戒　無量百千劫
時乃值遇戒　閻浮世界中　人身極難得
雖復得人身　值正法倍難　時復值法寶

愚者不知取　善能分別者　此事亦復難
戒寶入我手　云何復欲奪　乃是怨憎者
非我之所親

兄聞是已答其弟言我以親故不為沮壞弟白兄言非為親愛乃是毀敗即說偈言

我欲向勝處　毀戒令墮墜　捨戒乃如是
云何名親愛　我勤習戒根　乃欲見劫奪
所持五戒中　酒戒最為重　今欲强毀我
不得名為親

兄問弟言云何以酒為戒根本耶弟即說偈以荅兄言

若於禁戒中　不盡心護持　便為違大悲
草頭有酒渧　尚不敢嘗觸　以是故我知
酒是惡道因　在家修多羅　說酒之惡報
唯佛能分別　誰有能測量　佛說身口意
三業之惡行　唯酒為根本　復墮惡行中
往者優婆夷　以酒因緣故　遂毀餘四戒
是名惡行數　酒為放逸根　不飲閉惡道
能獲信樂心　去慳能捨財　首羅聞佛說
能獲無量益　我都無異意　而欲毀犯者
略說而言之　寧捨百千命　不毀犯佛教
寧使身乾枯　終不飲此酒　假使毀犯戒

壽命百千年　不如護禁戒　即時身命滅
決定能使差　我猶故不飲　況今不定知
為差為不差　作是決定心　心生大歡喜
即獲見真諦　所患得消除

惟大智之人猒世修道雖具持戒內懷定慧不現持相內言實德故華嚴經云何等為離邪命戒此菩薩不作持戒淨相欲使他知內無實德現實現實德相但持淨戒一向求法究竟薩婆若何等為不起惡戒此菩薩不自高貴言我持戒見犯戒人亦不致呵令其憂惱但一其心持清淨戒勝果剋得不須疑惑

又菩薩藏經云舍利子菩薩摩訶薩行尸波羅蜜多故獲得十種清淨尸羅汝應知之何等為十一者於諸衆生曾無損害二者於他財物不行劫盜三者於他妻妾遠諸染習四者於諸衆生不興欺誑五者和合眷屬無有乖離六者於諸衆生不起麁言由能堪忍彼惡言故七者遠離綺語凡有所言諦審說故八者遠諸貪著於他受用無我所故九者遠離瞋恚毒

能忍受麁言辱故十者遠離邪見由不敬事諸餘天仙及神鬼故

又大寶積經云第二持十善業戒者有五事利益一能制惡行二能作善心三能遮煩惱四成就淨心五能增長戒

若人善修不放逸行八万四千無量戒品悉皆在十善戒中

又月燈三昧經云佛言若有菩薩能淨持戒有十種利益何等為十一滿足一切智二如佛所學而學三智者不毀四不退誓願五安住於行六棄捨生死七慕樂涅槃八得無纏心九得勝三昧十不乏信財

又六度集經云復有四種持戒具足智慧何等為四一持戒常演說法二持戒常勤求法三持戒正分別法四持戒迴向菩提

引證部第三

如大莊嚴論說我昔曾聞有諸比丘與諸估客入海採寶既至海中船舫破壞尒時有一年少比丘捉得一枚版上座比丘不得版故將沒水中于

時上座恐怖惶懼恐為水漂語年少言汝寧不憶佛所制戒當敬上座汝所得版應以與我尒時年少即便思惟如來世尊實有斯語諸有利樂應先與上座復作是念我若以版用與上座必沒水中洄澓波浪大海之難極為深廣我於今者命將不全又我年少初始出家未得道果以此為憂我今捨身用濟上座正是其時作是念已而說偈言

我為自全濟　為隨佛語勝　無量功德聚
名稱徧十方　軀命極鄙賤　云何違聖教
我今受佛戒　至死必堅持　為順佛語故
奉版遺身命　若不為難事　終不獲難果
我若持此版　必度大海難　若不順聖旨
將沒生死海　我今沒水死　雖死猶名勝
若捨佛所教　失於天人利　及以大涅槃
無上第一樂

說是偈已即便捨版持與上座既授版已于時海神感其精誠即接年少比丘置於岸上海神合掌白比丘言我今歸依堅持戒者汝今遭是危難之事能持佛戒海神說偈報曰

汝真是比丘　實是苦行者　號尒為沙門
汝實稱斯名　由汝德力故　衆伴及財寶
得免大海難　一切安隱出　汝言誓堅固
敬順佛所說　汝是大勝人　能除衆患難
我今當云何　而不加擁護　見諦能持戒
斯事不為難　凡夫不毀禁　此乃名希有
比丘處安隱　清淨自謹慎　能不毀禁戒
此亦未為難　未獲於道迹　處於大怖畏
捨已所愛命　護持佛教戒　難為而能為
此最為希有

又論云我昔曾聞有一比丘次第乞食至穿珠家立於門外時彼珠師為於國王穿摩尼珠比丘衣赤往映彼珠其色紅赤彼穿珠師即入其舍為比丘取食時有一鵝見珠赤色其狀似肉即便吞之珠師持食以施比丘尋即見珠不知所在此珠價貴珠師貧急語比丘言得我珠耶比丘恐殺鵝取珠當設何計得免斯患即說偈言

我今護他命　身分受苦惱　更無餘方便
唯以命代彼　若言他持去　此言復不可
設自得無過　不應作妄語　我今捨身命
為此鵝命故　故緣我護戒　因用成解脫

尒時珠師雖聞斯偈語比丘言若不見還汝徒受苦終不相置比丘即四向望無可恃怙如鹿入圍莫知所趣比丘無救亦復如是尒時比丘即自斂身端正衣服彼人語比丘言汝今與我鬬耶比丘荅言不共汝鬬我自共結使鬬又說偈言

我捨身命時　燋地如乾薪　當使人稱美
為鵝能捨身　亦使於後人　皆生憂苦惱
而捨如此身　聞者勸精進　修行於真道
堅持於禁戒　有便毀禁者　願樂於持戒

時穿珠師即加打棒以兩手并頭並皆被縛四向顧望莫知所告而作是念生死受苦皆應如是又說偈言

我於過去世　婬盜捨身命　如是不可數
羊鹿及六畜　捨身不可計　彼時虛受苦
為戒捨身命　勝於毀禁戒　假欲自擁護
會歸於當滅　不如為持戒　為他護身命
捨此危脆身　以取解脫命　我著糞掃衣
乞食以為業　住止於樹下　以何因緣故
乃當作盜賊　汝宜善觀察

尒時珠師語比丘言何用多語遂加

繫縛倍更撾打以繩急絞耳眼口鼻
盡皆血出時彼鵝者即來食血珠師
瞋忿打鵝即死比丘問言此鵝死活
珠師荅言鵝今死活何足故問時彼
比丘即向鵝所見鵝既死洟泣不樂
即向鵝說偈言
我受諸苦惱　望使此鵝活　今我命未絕
鵝在我前死　我望護汝命　受是極辛苦
何意汝先死　我果報不成
珠師問比丘言鵝今於汝竟是何親
愁惱乃尒比丘荅言不滿我願所以
不樂珠師問言欲作何願比丘以偈
荅言
菩薩往昔時　捨身以貿鴿　我亦作是意
捨命欲代鵝　我得最勝心　欲全此鵝命
久住常安樂　由汝殺鵝故　心願不滿足
尒時比丘更具說已珠師即開鵝腹
而還得珠既見珠已便舉聲號哭語
比丘言汝護鵝命不惜於身使我造
此非法之事即說偈言
汝藏功德事　如似灰覆火　我以愚癡故
燒然數百身　汝於佛標相　極爲甚相稱
我以愚癡故　不能善觀察　爲癡火所燒

願當暫留住　少聽我懺悔　猶如脚跌者
按地還得起　南無清淨行　南無堅持戒
遭是極苦難　不作毀缺行　不遇如是惡
持戒非希有　要當值此苦　能持禁戒者
是則名爲難　爲鵝身受苦　不犯於禁戒
此事實難有　懺悔既訖已　即放比丘還
又大莊嚴論說有諸比丘曠野中行
爲賊刧掠剝脫衣裳時此群賊懼諸
比丘往告聚落盡欲殺害賊中一人
先曾出家語同伴言今者何爲盡欲
殺害比丘之法不得傷草今者以草
繫諸比丘彼畏傷故終不能得四向
馳告賊即以草而繫縛之捨之而去
諸比丘等既被草縛恐犯禁戒不得
挽絕身無衣服爲日所炙蚊虻蠅蚤
之所唼嬈從旦被縛至於日夕轉到
日沒晦冥大暗夜行禽獸交橫馳走
甚可怖畏有老比丘語諸年少說偈
誡言
若有智慧者　能堅持禁戒　求人天涅槃
稱意而獲得　名稱普聞知　一切咸供養
必得人天樂　亦獲解脫果　伊羅鉢龍王
以其毀禁戒　損傷樹葉故　命終墮龍中

諸佛悉不記　彼得出龍時　能堅持禁戒
斯事爲甚難　戒相極衆多　分別曉了難
如劒林棘叢　處中多傷毀　愚劣不堪任
護持如此戒
是諸比丘爲苦所逼不得屈申及以
轉動恐傷草命唯當護戒至死不
犯即說偈言
我等往昔來　造作衆惡業　或得生人道
竊盜婬他妻　王法受刑戮　計筭不能數
復受地獄苦　如是亦難計　或受畜生身
牛羊及雞犬　麞鹿禽獸等　爲他所殺害
喪身無崖限　未曾有少利　我等於今者
爲護聖戒故　分捨是微命　必獲大利益
我等今危厄　必定捨軀命　若當命終後
生天受快樂　若毀犯禁戒　現在惡名聞
爲人所輕賤　命終墮惡道　今當共立要
於此至殁命　假使此日光　暴我身命乾
我要持佛戒　終不中毀犯　假使遇惡獸
𨈰裂我身手　終不敢毀犯　釋師子禁戒
我寧持戒死　不願犯戒生
諸比丘等聞老比丘說是偈已各正
其身不動不搖譬如大樹無風之時
枝葉不動時彼國王遇出畋獵漸漸

游行至諸比丘所繫之處王遥見之心生疑惑謂是露形尼揵子等遣人往看諸比丘等深生慚愧障蔽其身使人審知釋子沙門何以知之右肩黒故即便還白言大王彼是沙門非為尼揵即說偈言

王今應當知　彼為賊所劫　慚愧為草繫
如鉤制大象

于時大王聞是事已深生疑怪然作是念我今宜往彼比丘所作是念已即說偈言

青草用繫手　猶如鸚鵡翅　又如祠天羊
不動亦不搖　雖知處危難　然住不傷草
如林為火焚　犛牛為尾死

說是偈已往至其所以偈問曰

身體極丁壯　無病似有力　以何因緣故
草繫不動搖　汝等豈不知　身自有力耶
為呪所迷惑　為是苦行耶　為自厭患身
願速說其意

於是比丘以偈荅王曰

守諸禁戒故　不敢挽頓努　佛說諸草木
悉是鬼神宅　我等不敢違　是以不能努
如似呪場中　為蛇畫境界　以神呪力故

毒蛇不敢度　牟尼尊畫界　我等不敢越
我等雖護命　會歸於磨滅　願以持戒死
終不犯戒生　有德及無德　俱共捨壽命
有德慧命存　并復有名稱　無德喪慧命
亦復失名譽　我等諸沙門　以持戒為力
於戒為良田　能生諸功德　生天之梯隥
名稱之種子　得聖之橋津　諸利之首目
誰有智慧者　欲壞戒德瓶

尒時國王聞說偈已心甚歡喜即為比丘解草繫縛而說偈言

善哉能堅持　釋師子所說　寧捨已身命
護法不毀犯　我今亦歸命　如是顯大法
歸依離熱惱　牟尼解脫尊　堅持禁戒者
我今亦歸命

感應緣　略引二驗

梁沙門釋法聰
隋沙門釋法充

後南梁襄陽景空寺釋法聰南陽新野人卓然神正性潔如玉蔬藿是甘無求滋饌因至襄陽繖蓋山白馬泉築室方丈以為栖心之宅入谷兩所置蘭若舍今巡山者尚識故基焉初梁晉安王承風來問將至禪室

馬騎相從無故却退王慚而返夜感惡夢後更再往馬退如故王乃潔齋躬盡虔敬方得進見初至寺側但覩一谷猛火洞然良久佇望忽變為水經停傾仰時水滅堂現以事相詢乃知尒時入水火定也堂内所坐繩牀兩邊各有一虎王不敢進聰乃以手按頭著地閉其兩目召王令前方得展禮因告境内多弊虎災請聰救援聰即入定須臾有十七大虎來至便與受三歸戒勑勿犯暴百姓又命弟子以布繫諸虎頸滿七日已當來於此王至期日設齋衆集諸虎亦至便與飲食解布遂尒無害其日將王臨白馬泉内有白龜就聰手中取食謂王曰此是雄龍又臨靈泉有五色鯉魚亦就手食云此是雌龍王與群吏嗟賞其事大施而旋有凶左右數十壯人夜來欲劫所施之物遇虎哮吼遮遏其道又見大人倚立禪室傍有松樹止到其膝執金剛杵將有守護竟夜迴遑日午方返王怪其來方以事首遂表奏聞初聰住禪堂每有白

鹿白雀馴伏栖止行往所及慈救爲
先因見屠者驅猪百餘頭聰三告曰
解脫首楞嚴豬遂繩解散去諸屠大
怒將事加手並仡然不動便歸悔過
罪因斷殺業又於漢水漁人牽網如
前三告引網不得方復歸心空網而
返又荊州苦旱長沙寺遣僧至聰所
請雨使還大降陂池皆滿後卒於江
陵天宮寺即是梁太初年也其寺現
有碑記

隨江州廬山化城寺釋法充俗姓畢
九江人也常誦法華大品未住廬山
半頂化城寺修定自非僧事未嘗妄
履每勸僧衆無以女人入寺上損佛
化下墜俗謠然以寺基事重有不從
者充歎曰生不值佛已是罪緣正教
不行義須早死何處方土不奉戒乎
遂於此山香鑪峯自投而下誓粉身
骨用生淨土便於中虛頭忽倒上冉
冉而下處於深谷不損一毛寺衆不
知後有人上峯頂路望下千有餘仞
聞人語聲就而尋之乃是充也身命
猶存口誦如故迎還至寺僧感死諫

爲斷女人經于六年方乃卒也時屬
隆暑屍不臭爛時當開皇之末年
也 右二驗出唐高僧傳

忍辱部第三 此別四部

述意部 勸忍部
忍德部 引證部

述意部第一

蓋聞忍之爲德最是尊上持戒苦行
所不能及是以羼提比丘被刑殘而
不恨忍辱仙主受割截而無瞋且慈
悲之道救拔爲先菩薩之懷愍惻爲
用常應徧游地獄代其受苦廣度衆
生施以安樂豈容微復觸惱大生瞋
恨乃至惡眼出聲慘顔厲色遂相捶
打便以杖加或父子兄弟自相損害朋
友眷屬反更侵傷惡逆甚於鵄梟含
毒逾於蚉蠆所以歷劫怨讎生生不
絕也

勸忍部第二

如菩薩藏經云夫忿恚者速能損害
百千大劫所集善根若能善根爲瞋
害已復當經於百千大劫方始勤苦
修行聖道若如是者阿耨菩提極難

可得是故我當被忍辱鎧以堅固力
摧忿恚軍舍利子我今爲汝廣說其
事我念過去爲大仙人名修行處時
有惡魔化作五百健罵丈夫常尋逐
我興諸惡罵晝夜去來行住坐臥僧
坊靜室聚落俗家若在街衢若空閑
處隨我坐立是諸化魔以麁惡言毀
罵訶責滿五百年未曾休廢舍利子
我自憶昔五百歲中爲諸魔羅之所
訶毀未曾於彼起微恨心常興慈救
而用觀察

又成實論云惡口罵辱小人不堪如
石雨鳥惡口罵詈大人堪受如華雨
象行者常觀前人本末因緣或於
過去爲我父母養育我身不避罪福
未曾報恩何須起瞋或爲兄弟妻子
眷屬或是聖人昔爲善友凡情不識
何須加毀

又攝論云由觀五義以除瞋恚一觀
一切衆生無始已來於我有恩二觀
一切衆生常念念滅何人能損何人
被損三觀唯法無衆生有何能損及
所損四觀一切衆生皆自受苦云何

復欲加之以苦五觀一切衆生皆是我子云何於中欲生損害由此五觀故能滅瞋
又報恩經云假使熱鐵輪在我頂上旋終不爲此苦而發於惡心
成論云行慈心者臥安覺安不見惡夢天護人愛不毒不兵水火不喪又
四分律偈云
忍辱第一道　佛說無爲最　出家惱他人
不名爲沙門
又遺教經云能行忍者乃可名爲有力大人
又經云見人之過口不得言已身有惡則應發露
又書云聞人之過如聞父母之名耳可得聞口不得言
又經云讚人之善不言已美
又書云君子揚人之美不伐其善
又經云布施不望彼報若得人惠毫髮已上皆當祝願慚愧奉受
又書云公子有德於人願公子忘之人有德於公子願公子勿忘
又云施人慎勿念受施慎勿忘

又經云恕已可爲喻勿殺勿行杖
又書云已所不欲勿施於人當知內外之教其本均同雖形有黑白然立行無殊若乖斯旨便同鄙俗何依內外如經云佛爲衆生說法斷除無明暗惑猶若良醫隨病授藥是名內教
又書云天道無親唯仁是興是名外教
又若出家之人能觀苦空無常無我猒離生死志求出世是爲依內若乖斯行翻爲外俗在家之人若能猒捨俗情欣慕高志專崇三寶修持四德奉行孝悌仁義禮智貞和愛敬能行斯行翻同爲內若違斯旨還同外道在俗之人能隨內教便窮冥理心常會道漸進勝途至趣菩提既知如是欲行此行唯須自卑推德與他如拭塵巾攬垢向已持淨與人故經云退而得者佛道也
故書云君子讓而得之爲是義故常須進勝他人常須剋責已躬也
忍德部第三
如大寶積經云第三忍辱有十事一不觀於我及我所相二不念種性三破除憍慢四惡來不報五觀無常想六修於慈悲七心不放逸八捨於飢渴苦樂等事九斷除瞋恚十修習智慧若人能成如是十事當知是人能修於忍
又月燈三昧經云佛言若有菩薩住於慈忍有十種利益何等爲十一火不能燒二刀不能割三毒不能中四水不能漂五爲非人所護六得身相莊嚴七閉諸惡道八隨其所樂生於梵天九晝夜常安十其身不離喜樂又私呵三昧經云佛言忍有六事得一切智何等爲六一得身力二得口力三得意力四得神足力五得道力六得慧力
又六度集經云復有四種忍辱具足智慧何等爲四一於求法時忍他惡罵二於求法時不避飢渴寒熱風雨三於求法時隨順和尚阿闍梨行四於求法時能忍空無相無願
又比丘避女人惡名經偈云
雖聞多惡名　若行者忍之　不應苦自言

亦不應起惱　聞聲恐怖者　是則林中獸
是輕躁衆生　不成出家法　仁者當堪耐
下中上惡聲　執心堅住者　是則出家法
不由他人語　令汝成劫賊　亦不由他語
令汝得羅漢　如汝自知已　諸天亦復知

引證部第四

如五分律云佛告諸比丘過去世時阿練若池水邊有二鴈與一龜共結親友後時池水涸竭二鴈作是議言今此池水涸竭親友必受大苦議已語龜言此池水涸竭汝無濟理可銜一木我等各銜一頭將汝著大水處銜木之時慎不可語即便銜之經過聚落諸小兒見皆言鴈銜龜去龜即瞋言何預汝事即便失木墮地而死尒時世尊因此說偈言

夫士之生　斧在口中　所以斬身
由其惡言　應毀反譽　應譽反毀
自受其殃　終無復樂

佛言龜者調達是也昔以瞋語致有死苦今復瞋罵如來墮大地獄

又法句喻經云昔者羅雲未得道時心性麁獷言少誠信佛敕羅雲汝到賢提精舍中住守口攝意勤修經戒羅雲奉教作禮而去住九十日慚愧自悔晝夜不息佛往見之羅雲歡喜趣前禮佛安繩牀坐佛踞繩牀告羅雲曰澡槃取水為吾洗足羅雲受教為佛洗足洗足已訖佛語羅雲汝見澡槃中洗足水不羅雲白佛唯然見之佛語羅雲此水可用食飲以不羅雲白言不可復用所以者何此水本實清淨今以洗足受於塵垢是故不可復用佛語羅雲汝亦如是雖為吾子國王之孫捨世榮祿得為沙門不念精進攝身守口三毒垢穢充滿匈懷亦如此水不可復用佛語羅雲棄澡槃中水羅雲即棄佛語羅雲澡槃雖空可用盛飲食不耶白佛言不可復用所以然者用有澡槃之名曾受不淨故佛語羅雲汝亦如是雖為沙門口無誠信心性剛強不念精進曾受惡名亦如澡槃不中盛食佛以足指撥却澡槃應時輪轉而走自跳而墮數返乃止佛語羅雲汝寧惜澡槃恐破不羅雲白佛洗足之器賤價之物意中雖惜不大殷勤佛語羅雲汝亦如是雖為沙門不攝身口麁言惡說多所中傷衆所不愛智者不惜身死神去輪轉三塗自生苦惱無量諸佛賢聖所不愛惜亦如汝言不惜澡槃羅雲聞之慚愧怖懅譬如戰象兩牙二耳四脚及尾九兵皆嚴先須護鼻所以者何象鼻耎脆中箭即死人犯九惡唯當護口所以護口當畏三塗十惡盡犯不護口者如象損鼻人犯十惡不惟三塗毒痛辛苦即說偈云

我如象鬬　不恐中箭　常以誠信
度無戒人　譬象調伏　可中王乘
調為尊人　乃受誠信

羅雲聞佛懇惻之誨感激自厲剋骨不忘精進柔和懷忍如地識想靜寂即得阿羅漢道

又羅雲忍辱經云尒時羅雲向一不信婆羅門家乞食悋惜不與羅雲被打頭破血出復撮沙鉢中羅雲含忍心不加報即持鉢至河洗頭鉢已而自說我自行分衛無事橫忏我我痛

斯須間奈彼長苦何猶如利劍割臭
屍臭屍不知痛非劍之不利又如天
甘露飼彼溷豬食溷豬捨之走非是
甘露之不美我以佛眞言訓世凶愚
凶愚不思豈不然乎還已白佛佛言
夫惡心之興是已之衰輕薄惡人命
終于夜半當入無擇地獄之中獄鬼
加痛毒無不至八万四千歲其壽乃
終塊神更受含毒蟒身毒還自害其
身終而復始續受蝡形常食沙土万
歲乃畢以瞋恚意向持戒人故受毒
身以沙土投鉢中故世世食沙土而
死罪畢爲人母懷之時當有重病家
中日耗兒生鈍頑都無手足其親驚
怪皆曰何妖來爲不祥即取捐之著
于四衢路人往來無不愕然競以瓦
石刀杖擊頭陷腦窮苦旬日乃死死
後塊靈即復更生輒無手足鈍頑如
前經五百世重罪乃畢後生爲人常
有頭痛之患夫人處世不能忍者所
生之處不值佛世違法遠僧常在三
塗若蒙餘福得出爲人稟性常愚凶
虐自逐爲人醜陋衆所惡憎生輒貧

窮聖賢不祐
又雜阿含經云尒時尊者舍利弗大
目揵連住耆闍崛山中時尊者舍利
弗新剃鬚時有伽吒及優波伽吒鬼
優波伽吒鬼見尊者舍利弗新剃鬚
鬚語伽吒鬼言我今當知打彼沙門
頭伽吒鬼言汝莫作是語此沙門大
德大力汝莫起瞋長夜得大不饒益
苦如是再三說時優波伽吒鬼再三
不用伽吒鬼語即以手打尊者舍利
弗頭打已尋自言喚燒我伽吒責我
伽吒再三喚已陷入地中墮阿鼻地獄
目連聞舍利弗爲鬼所打即往問言
云何尊者苦痛可忍不舍利弗荅言
尊者目連雖復苦痛意能堪忍不至
大苦目連語舍利弗言奇哉尊者舍
利弗具爲大德大力此鬼若以手打
耆闍崛山者能令碎如糠糩況復打
人而不苦痛尒時舍利弗語目連我
實不大苦痛時舍利弗大目揵連共
相慰勞時世尊以天耳聞其語聲已
即說偈言
其心如剛石　堅住不傾動　染著心已離
瞋者不反報　若如此修心　何有苦痛憂
又新婆沙論云曾聞過去此賢劫中
有王名羯利時有仙人號爲忍辱住
一林中勤修苦行時羯利王除去男子
與內宮眷屬作諸伎樂游戲林間縱
意娛樂經久疲猒而便睡眠內宮諸
女爲華果故游諸林間遙見仙人於
自所止端身靜思便馳趣之皆集其
所到已頂禮圍繞而坐仙人即爲說
欲之過所謂諸欲皆是不淨臭穢之
法是可呵責是可猒患誰有智者當
習近之諸姊皆應生猒捨離王從睡
覺不見諸女使作是念將無有人誘
奪去耶即拔利劍處處求覓乃見諸
女在仙人邊圍繞而坐生大瞋恚是何
大鬼誘我諸女即前問之汝是誰耶荅
言我是仙人復問在此作何事耶荅
言修忍辱道王作是念此人見我瞋
故便言我修忍辱我今試之即復問
言汝得非想非非想處定耶荅言不
得次第責問乃至汝得初靜慮耶荅
　得王倍瞋忿語言汝是未離欲
人云何恣情觀我諸女復言我是修

忍辱人可申一臂試能忍不尒時仙人便申一臂王以利劒斬之如斷藕根墮於地上王復責問汝是何人荅言我是脩忍辱人時王復命申餘一臂即復斬之如前責問仙人亦如前荅言我是脩忍辱人如是次斬兩足復截兩耳又割其鼻一一責問荅皆如前令仙人身七分墮地作七瘡已王心便止仙人告言王今何故自生疲厭假使斷我一切身分猶如芥子乃至微塵我亦不生一念瞋忿所言忍辱終無有二復發是願如須今日我實無辜而斷我身令成七分作七瘡孔我未來世得阿耨菩提時以大悲心不待汝請最初令汝脩七種道斷七隨眠當知尒時忍辱仙人者即今世尊釋迦牟尼是羯利王者即今具壽憍陳那是是故憍陳那見聖諦已佛以神力除彼闇障令其憶念過去世時使便自見爲羯利王佛爲仙人自以利劒斷佛七支作七瘡孔佛不瞋恨反以誓願欲饒益之佛豈違昔願憍陳那聞已極懷恥愧合掌

恭敬

法苑珠林卷第八十二

法苑珠林卷第八十二　校勘記

一　底本，金藏廣勝寺本。四五二頁中一行至次頁上一六行原版缺，以麗藏本補。

一　四五二頁中一行經名，徑作「法苑珠林卷第九十九」，卷末經名同。又經名下，磧、南有夾註「六度之三」。

一　四五二頁中二行撰者，磧、南作「大唐上都西明寺沙門釋道世字玄惲撰」；徑作「唐上都西明寺沙門釋道世玄惲撰」；清作「唐西明寺沙門釋道世撰」。

一　四五二頁中三行「六度篇第八十五之三」，磧、南、清無。

一　四五二頁中四行「第二」，徑無。又「此別三部」，徑無。

一　四五二頁中五行「述意部……引證部」，徑無。

一　四五二頁中六行「部第一」，徑無。以下部目中「部」字與序數相連者例同。

一　四五二頁中一一行第四字「戒」，磧、南、徑、清作「或」。

一　四五二頁中一四行首字「受」，磧作「爲」。

一　四五二頁中一八行第一〇字「獲」，磧、南、徑、清作「猴」。

一　四五二頁中二一行第五字「⿱保言」，徑作「⿱保言」。

一 四五二頁下三行末字「曦」，磧、南、徑、清作「義」。

一 四五二頁下一五行「見弟」，磧、南、徑、清無。

一 四五二頁下一七行第六字「我」，磧、南、徑、清無。又「不犯戒」，磧、南、徑、清作「終不犯戒」。

一 四五三頁中八行「現實」，磧、南作「現實德」；徑、清作「詐現實德」；麗無。

一 四五三頁中一二行「一其」，磧、南、徑、清作「其一」。

一 四五三頁中一五行「十種」，磧作「十重」。

一 四五三頁下九行第一〇字「若」，磧、南、徑、清無。

一 四五四頁上一一行第四字「仝」，磧、南、徑、清作「令」。次頁上一五行第一二字同。

一 四五四頁上二二行「危難」，麗作「厄難」。

一 四五四頁中二行「德力」，磧作「力德」。

一 四五四頁中末行首字「設」，磧、南、徑、清作「說」。

一 四五四頁下一二行第一〇字「者」，磧、南、徑、清作「戒」。

一 四五四頁下一三行「打棒」，徑、清作「棒打」。

一 四五四頁下二二行「盜賊」，磧、南、徑、清作「偷賊」。

一 四五五頁上一四行第九字「貿」，磧、南、徑、清作「救」。

一 四五五頁上一八行第九字「便」，磧、南、徑、清作「更」。

一 四五五頁中三行第七字「作」，磧、南、徑、清作「行」。

一 四五五頁中一二行第一二字「得」，磧、南、徑、清作「往」。

一 四五五頁下二行第四字「甚」，麗作「其」。

一 四五五頁下三行第五字「蒸」，磧、南、徑、清作「聚」。

一 四五五頁下九行第九字「㓝」，磧、南、徑、清、麗作「刑」。下同。

一 四五五頁下一九行「斷裂我身手」，磧、南、徑、清作「摑裂我身首」。

一 四五六頁上五行第一一字「是」，磧作「時」。

一 四五六頁上一八行第一二字「自」，磧、南、徑、清作「是」。

一 四五六頁上二一行第一〇字「絕」，磧、南、徑、清作「絶」。下同。

一 四五六頁上二二行第五字「宅」，磧、南、徑、清作「村」。

一 四五六頁中一七行首字「隨」，磧、南、徑、清、麗作「隋」。次頁上一一行首字同。

一 四五六頁中一八行「後南梁」，磧、南、徑、清作「後梁南」。

一 四五六頁下五行第五字「時」，磧、南、徑、清無。

一 四五六頁下二一行「止到」，磧、南、徑、清作「至止」。

一 四五七頁上四行「悔過」，磧、南、徑、清作「過悔」。

一　四五七頁上九行「天宮寺」，磧、南、徑、清作「天官寺」。又「初年」，磧、南、徑、清作「一年」。

一　四五七頁上一九行至二〇行「頭忽倒上冉冉而下」，磧、南、徑、清作「頭忽倒垂冉冉而下」。

一　四五七頁中一行「時屬」，磧、南、徑、清作「世時屬」。

一　四五七頁中四行「此別四部」，磧、南作「此有四部」；徑無。

一　四五七頁中五行至六行「述意部……引證部」，徑無。

一　四五七頁中一〇行「仙主」，磧、南、徑、清作「仙人」。

一　四五七頁中二一行第一〇字「能」，磧、南、徑、清作「諸」。

一　四五七頁下四行第一二字「常」，磧、南、徑、清作「恒」。一〇行第一一字、二一行第五字同。

一　四五七頁下五行第二字「興」，磧、南、徑、清作「與」。

一　四五七頁下一三行第三字「鳥」，磧、南、徑、清作「象」。

一　四五七頁下一八行「何須」，磧、南作「何如」。

一　四五八頁上五行末字「心」，磧、南、徑、清作「言」。

一　四五八頁中三行首字「之」，磧、南、徑、清無。

一　四五八頁中六行第一〇字「是」，磧作「生」。

一　四五八頁中一三行「愛敬」，磧作「慶敬」。

一　四五八頁中一五行「冥理」，磧、南、徑、清、麗作「真理」。

一　四五八頁中二一行「常須剋責巳躬」，磧、南、徑、清作「恒須剋己責躬」。

一　四五八頁下一三行第五字「三」，磧、南、徑、清無。

一　四五九頁上一四行「鴈銜龜去」，磧、南、徑、清作「雁啣龜去雁啣龜去」。

一　四五九頁中八行「佛語」，磧作「佛說」。又「食飲」，磧、南、徑、清作「飲食」。

一　四五九頁下二一行「鉢中」，麗作「投鉢中」。

一　四五九頁下末行第二字「說」，磧、南、徑、清、麗作「說云」。又第一一字「忏」，磧、南、徑、清作「忤」。

一　四六〇頁中六行第一〇字「知」，磧、南、徑、清、麗作「往」。

一　四六〇頁中一八行「糠檜」，磧、南、徑、清作「糠糟」。

一　四六〇頁下一行第四字「反」，磧、南、徑、清作「及」。次頁上二二行第四字同。

一　四六一頁上一二行第一二字「須」，磧、南、徑、清、麗作「汝」。

一　四六一頁上一八行第七字「是」，磧、南、徑、清無。

一　四六一頁上一九行第七字「彼」，磧、南、徑、清作「破」。

一　四六一頁上二〇行第三字「時」，磧、南、徑作「事」。

法苑珠林卷第八十三　會　長

西明寺沙門釋道世撰

六度篇第八十五之四

精進部第四　此別四部

述意部　懈惰部
策修部　進益部

述意部第一

夫忍行之情猶昧審的之旨未顯所以策惰令心不懈是故經曰汝等比丘當勤精進十力慧日既已潛沒汝等當爲無明所覆又言闡提之人屍臥終日當言成道無有是處釋論云在家懈怠失於俗利出家懶惰喪於法寶是以斯那勇猛諸佛稱揚迦葉精奇如來述讚書云夙興夜寐竭力致身乃曰忠臣方稱孝子故知放逸懈怠之所不尚精進劬勞無時不可豈得恣其愚懷縱情惰蕩致使善根種子不復開敷道樹枝條彌加枯瘁況復命屬死王名繫幽府奄歸長夜頓罷資糧冥曹拷問將何酬答當於此時悔恨何及是故今者勸諸行人

聞身餘力預備前糧常須檢校三業勿令違於六時每於晝夜從旦至中從中至暮從暮至夜從夜至曉乃至一時一剋一念一剎那檢校三業幾心行善幾心行惡幾心行孝幾心行逆幾心行猒離財色幾心行貪著財色幾心行人天善根業幾心行三塗不善業幾心猒離名聞著我幾心貪求名聞著我幾心欣修三乘出世心幾心輕慢三乘深樂世間心如是善惡日夜相違行者常須檢挍勿令放逸惰於邪網常省三業遞相誡勗心口相訓心語口言汝常說善莫說非法口還語心汝思正法莫思非法心復語身汝勤精進莫行懈怠如是我心自制我口自慎我身自禁如是自策足得高昇何勞他控橫起怨憎故經曰身行善口行善意行善定生善道身行惡口行惡意行惡定生惡趣又如駃騾顧影馳走不同駑畜加諸杖捶若不自誡要假他呵反增觸惱益罪尤深也

懈惰部第二

如菩薩本行經云佛告阿難夫懈怠者衆行之累居家懈怠則衣食不供產業不舉出家懈怠不能出離生死之苦一切衆事皆由精進而得興起是時帝釋便說偈言

欲求最勝道　不惜其軀命　棄身如糞土
解了無吾我　雖用財寶施　此事不爲難
勇猛如是者　精進得佛疾

又增一阿含經云若有人懈惰種不善行於事有損若能不懈惰此最精妙所以然者彌勒菩薩經三十劫應當作佛我以精進力勇猛之心使彌勒在後成佛是故當念精進勿有懈怠

又譬喻經云迦葉佛時有兄弟二人俱爲沙門兄持戒坐禪一心求道而不布施弟布施修福而喜破戒兄從釋迦出家得阿羅漢果衣常不充食常不飽弟生象中爲象多力能却怨敵國王所愛金銀珍寶瓔珞其身封數百戶邑供給此象隨其所須時兄比丘值世大儉游行乞食七日不得末後得少麤食劣得存命先知此象是前世弟便往詣象手捉象耳而

語之言我昔與汝俱有罪也象思比
丘語即識宿命見前因緣愁憂不食
象子悑懼便往白王王問象子先無
人犯此象不象子荅曰無他異人唯
一沙門來至象邊須臾便去王即遣
人覔得沙門問言至象邊何所道耶
沙門荅曰我語象云我與汝俱有罪
耳沙門向王具說如上王意便寤即放
沙門
又增一阿含經云尒時世尊與無央數
之衆而為說法有一長老比丘向世
尊舒脚而睡有修摩耶沙彌年向八
歲去世尊不遠結跏趺坐計念在前
世尊遥見長老比丘舒脚而眠復見
沙彌端坐思惟便說偈言
所謂長老者　未必剃鬚髮　雖復年齒長
不免於惡行　若有見諦法　無害於群萌
捨諸穢惡行　此名為長老　我今謂長老
未必先出家　修其善本業　分別於正行
設有年幼少　諸根無漏缺　此謂名長老
分別正法行
尒時世尊告諸比丘汝等頗見此長
老舒脚而睡乎諸比丘對曰如是悉
見世尊告曰此長老比丘前五百世
中常為龍身今設命終當生龍中
所以然者無有恭敬於佛法衆若無
恭敬之心於佛法衆者命終皆當生龍
中汝等頗見修摩耶沙彌年向八歲
去我不遠端坐思惟不諸比丘對曰
悉見世尊曰此沙彌却後七日當得
四神足及得四諦之法以是之故常
當勤加恭敬佛法之衆
又佛說馬有八態譬人經云佛告諸
比丘馬有弊惡八態何等為八一態
者解羈韁時掣車欲走二態者車
駕跳踉欲齧其人三態者便舉前兩
足掣車而走四態者便蹹車軨五態
者使人立持鞭摩身揩車却行六態
者便傍行斜走七態者便掣車馳走
得值濁泥止往不行八態者懸覓餧
之熟視不食其主牽去欲駕之時遽
含嚙噬飲食不得佛言人亦有弊惡
八態何等為八一態者聞說經便走
不欲樂聽如馬解羈韁掣車走時二
態者聞說經意不解不知語所趣向
便瞋跳踉不欲樂聞如馬駕車時跳
踉欲齧人時三態者聞說經便逆不
受如馬舉前兩脚掣車走時四態者
聞說經便罵如馬蹹車軨時五態者
聞說經便起去如馬人立持鞭摩身
揩車却行時六態者聞說經不肯聽
俾頭斜視耳語如馬傍行斜走時七
態者聞說經便欲窮難問之不能相
應荅便死抵妄語如馬得濁泥便止
不復行八態者聞說經不肯聽反念
婬泆多求不欲聽受死入惡道時乃
遠欲學問行道亦不能復得行道如
馬懸覓餧之熟視不肯食其主牽去
欲駕之乃遽含嚙噬亦不得食佛言
我說馬有八惡態人亦有八惡態如
是比丘聞經歡喜作禮而去
策修部第三
如持世經云寶光菩薩於閻浮檀金
佛所發於精進但為入如是法方便
門二十億歲終不生惡心若利養心
又寶光菩薩如是精進十二億歲未
曾發起婬怒癡心又無量意菩薩無
量力菩薩於四萬歲中終不睡眠常
不滿腹食亦不臥若坐若經行但念

五取陰相　
又大集經云法語比丘二萬年中無有睡眠然從上昇虛空一多羅樹結跏趺坐滿一千年不動不搖法喜爲食獲得比智樂說無礙
又譬喻經云羅閱祇國沙門坐自誓日我不得道終不起欲睡眠心作錐長八寸刺兩髀痛不得眠一年得道
又薄俱羅經云薄俱羅稱言我從出家以來八十年中未曾偃臥脇一著牀背有所倚
又遺教經云汝等比丘若勤精進則事無難者是故汝等常勤精進譬如小水常流則能穿石若行者之心數數懈廢譬如鑽火未熱而息雖欲得火火難可得是名精進
又智度論云身精進爲小心精進爲大外精進爲小內精進爲大復次佛說意業力大故如仙人瞋時令大國磨滅復次身口作五逆罪大果報一劫在阿鼻地獄受意業力得生非有想非無想處壽八萬大劫亦在十方佛國壽命無量以是故身口精進爲

小意精進爲大如是諸經廣歎精進一心正念速得道果未必要須多聞
又智度論云若人欲得所聞皆持應當一心憶念令念增長於相似事繫念令知所不見事如周利槃陀迦比丘繫心拭屣物中念憶禪定除心垢法乃得羅漢果彼人暗鈍令誦掃箒兩字猶不俱得得掃忘箒得箒忘掃如此矇鈍尚得聖道何況利人不得聖道天下極鈍豈過於此佛法貴行不貴不行但能勤行縱復寡聞亦先入道
又毗婆沙論云如二人俱至一方一乘疾馬一乘鈍馬雖乘鈍馬以前發故先有所至信解脫人勤行精進先至涅槃即是周利等也
又六度集經云佛告弟子當勤精進聽聞諷誦莫得懈怠陰蓋所覆吾念過去無數劫時有佛名一切度王是時眾中有兩比丘一名精進辯一名德樂止共聽法精進辯者聞經歡喜應時即得阿惟越致神通具足德樂止者睡眠不覺獨無所得時精進辯

謂德樂止言佛者難值億百千世時乃一出當勤精進爲眾作本如何睡眠時德樂止聞其教招便即經行於祇樹間甫始經行復住睡眠如是煩亂不能自定詣泉側坐欲思惟復生睡眠時精進辯便以善權往而度之化作蜜蠭王飛趣其眼如欲螫之時德樂止驚覺而坐畏此蠭王須臾復睡時蜜蠭王飛入腋下螫其胸腹德樂止驚心中懷悸不敢復睡時泉水中有雜色華種種鮮潔時蜜蠭王飛住華上食甘露味時德樂止端坐視之畏復飛來不敢睡思惟蠭王觀其根本蠭王食味又出華中須臾之頃蠭王睡眠墮汙泥中身體沐浴已復還飛住其華上時德樂止向蜜蠭王說偈言

是食甘露者　其身得安隱　不當復持歸
徧及其妻子　如何墮泥中　自汙其身體
如是爲無黠　毀其甘露味　又如此華者
不宜久住中　日沒華還合　求出則不能
當須日光明　爾乃復得出　長夜之疲冥
如是甚勤苦

時蠶王向德樂止說偈報言
佛者譬甘露　聽聞無猒足　不當有懈怠
無益於一切　五道生死海　譬如墮汙泥
愛欲所纏裹　無智爲甚迷　日出衆華開
譬佛之色身　日入華還合　世尊般泥日
值見如來世　當勤精進受　除去睡陰蓋
莫呼佛常在　深法之要慧　不以色因緣
其現有著者　當知爲善權　善權之所度
有益不唐舉　而現此變化　亦以一切故
時德樂止聽聞其說即得不起法忍解諸法本逮陀鄰尼佛告阿難尒時精進辯者今我身是德樂止者彌勒是也我於尒時俱與彌勒共聽經法彌勒尒時睡眠獨無所得我不行善權而救度者彌勒至今在生死中未得度脫

又法句喻經云昔有比丘日至城外曠野塚間路由他田乃得達過其主見已便興瞋恚此何道人日此來往不修道德即問道人汝何乞士在吾田中縱橫往來乃成人蹤道人報曰吾有關訟來求證人故行田中田主宿緣鉤連應蒙得度便逐道人私匿從

行見曠塚間屍骸狼藉膖脹臭爛烏獸食噉散落異處或有食噉盡不盡者有似灰鴿色者蚛蟲吮嗽臭穢難近比丘舉手語彼人曰此諸鳥獸是我證人其人問曰此諸鳥獸何爲證人汝今比丘與誰共諍比丘報曰心之爲病多諸漏患我觀此骸分別惡露便還房室還自觀身從頭至足與彼無異然此心意流馳萬端追逐幻僞色聲香味細滑之法我今欲誡心之源本汝心當知興起是念無令將吾入地獄餓鬼之中我今凡夫未脫諸縛然此心賊不見從命以是之故日往曠野爲說惡露不淨之想復與心說心爲卒暴亂錯不定心今當改無造惡緣時彼田主聞道人教以手揮淚哽咽難言然彼田主於迦葉佛十千歲中修不淨想尋時分別三十六物惡露不淨尒時比丘及彼田主即彼曠野大畏塚間得須陀洹道故知前聖後聖通誡殷勤不得輕怠自損來報眷屬非久暫時緣合善惡交報親疏何定不得偏執貪著室家縱

得榮位暫時非久比見愚俗不知無常廣事宅田愛戀妻兒貪求名利不知猒足生平不知修福死去還屬他人

又法句喻經說云昔者外國有清信士供養三寶初無猒極時有沙門與共親友逮得神通生死已盡時清信士得困疾病醫藥加治不能得差時婦在邊悲哀辛苦共爲夫婦獨受斯痛卿設無常我何所依兒女孤單何所恃怙夫聞悲戀應時即死魂神還在婦鼻中化作一蟲婦甚啼哭不能自止時道人往與婦相見知壻命過鼻中作蟲故欲諫喻令損愁憂婦見道人來增益悲哀柰何和尚夫壻已死時婦洟鼻蟲便墮地婦即慙愧欲以足蹈道人告曰止止莫殺是卿夫壻化作此蟲婦白道人我夫奉經持戒精進難及何緣壽終墮此蟲中道人荅曰用卿恩愛悲哀呼嗟起恩愛心戀慕愁憂用是壽終即墮蟲中道人爲蟲說經卿精進奉經持法福應生天在諸佛前但坐恩愛戀慕之想墮

此蟲中亦可慚愧蟲聞其言心開意解便自剋責即時壽終便得上生是以今者唯應檢校知心善惡改過為福省已為人不得懈怠自損來報

進益部第四

如月燈三昧經云佛言若有菩薩能行精進有十種利益何等為十一他不折伏二得佛所攝三為非人所護四聞法不忘五未聞能聞六增長辯才七得三昧性八少病少惱九隨所得食食已能消十如憂鉢羅華不同於朽

又大寶積經云第四精進有十念一念佛無量功德二念法不思議解脫三念僧清淨無染四念行大慈安立衆生五念行大悲拔濟衆苦六念正定聚勸樂修善七念邪定聚拔令返本八念諸餓鬼飢渴熱惱九念諸畜生長受衆苦十念諸地獄備受燒煮菩薩如是思惟十念三寶功德專念不亂是名正念精進

又六度經云復有四種精進具足智慧何等為四一勤於多聞二勤於揔

持三勤於樂說四勤於正行

感應緣 略引五驗

晉沙門帛僧光
晉沙門竺曇猷
宋沙門釋僧規
周沙門釋慧景
隋沙門釋曇詢

晉剡隱岳山有帛僧光或云曇光未詳何許人少習禪業晉永和初游于江東投剡之石城山山民咸云此中舊有猛獸之災及山神縱暴人蹤久絕光了無懼色雇人開剪負杖而前行入數里忽大風雨群虎號鳴光於山南見一石室乃止其中安禪合掌以為栖禪之處至明且雨息乃入村乞食夕復還中經三日乃見山神或作虎形或作蛇身競來怖光光一皆不恐經三日又夢見山神自言移往章安縣韓石山住推室以相奉尒後採薪通流道俗宗事樂禪來學者起茅茨於室側漸成寺舍因名隱岳光每入定輒七日不起處山五十三載春秋一百一十歲晉太元之末以

衣蒙頭安坐而卒衆僧咸謂依常入定過七日後怪其不起乃共看之顏色如常唯鼻中無氣神遷雖久而形骸不朽至宋孝建二年郭鴻任剡入山禮拜試以如意撥胷颯然風起衣服消散唯白骨在焉鴻大愧懼收之于室以塼壘其外而泥之畫其形像于今尚存

晉始豐赤城山有曇猷或云法猷燉煌人少居苦行習禪定後游江左止剡之石城山乞食坐禪嘗行到一行蠱家乞食猷祝願竟忽見蜈蚣從食中跳出猷快食無他後移始豐赤城山石室坐禪有猛虎數十蹲在猷前猷誦經如故一虎獨睡猷以如意扣虎頭訶何不聽經俄而群虎皆去有頃蟒蛇競出大者十餘圍循環往復舉頭向猷經半日復去後一日神現形詣猷曰法師威德既重來止此山弟子輒推室以相奉猷曰貧道尋山願得相值何不共住神曰弟子無為不尒但部屬未狎法化卒難制語遠人來往或相侵觸人神道異是以去

耳猷曰本是何神居之久近欲移何處去耶神曰弟子夏帝之子居于此山二千餘年寒石山是家舅所治當往彼住尋還山陰廟臨別執手贈猷香三匳於是鳴鞞吹角陵雲而去赤城山有孤巖獨立秀出干雲猷摶石作梯昇巖宴坐接竹傳水以供常用禪學造者十有餘人王羲之聞而故往仰峯高挹致敬而返赤城巖與天台瀑布靈溪四明並相連屬而天台懸崖峻峙峯嶺切天古老相傳云上有佳精舍得道者居之雖有石橋跨澗而橫石斷人且莓苔青滑自終古已來無得至者猷行至橋所聞空中聲曰知君誠篤今未得度却後十年自當來也猷心悵然夕留中宿聞行道唱薩聲旦復欲前見一人鬚眉皓白問猷所之猷具答意公曰君生死身何可得去吾是山神故相告耳猷乃退還道經一石室過中憩息俄而雲霧晦合室中盡明猷神色無擾明旦見人著單衣恰來曰此乃僕之所居昨行不在家中遂致搔動大深

愧怍猷曰若是君室請以相還神曰僕家室已移請留令住猷停少時猷恨不得度石橋後潔齋累日復欲更往見橫石洞開度橋少許覩精舍神僧果如所說因燒香中食食畢神僧謂猷曰却後十年自當來此今未得住於是而返顧看橫石還合如初晉太元中有妖星帝並下勑諸國有德沙門令齋懺悔禳災猷乃祈誠冥感至六日旦見青衣小兒來悔過云橫勞法師是夕星退別說云禳星是帛僧光未詳孰是猷以太元之末卒於山室屍猶平坐而舉體綠色晉義熙末隱士神世標入山登巖故見猷屍不朽其後欲往觀者輒雲霧所惑無得窺也（古世二驗　梁高僧傳）

宋沙門僧規者武當寺僧也時京兆張瑜于此縣常請僧規在家供養永初元年十二月五日無病忽暴死二日而蘇愈自說云五日夜二更中聞門街閒嘵嘵有聲須臾見有五人炳炬火執信幡徑來入屋叱喝僧規規因頓臥怳然五人便以赤繩縛將去

行至一山都無草木土色堅黑有類石鐵山側左右白骨塡積山數十里至三歧路有一人甚長壯被鎧執仗問曰五人有幾人來答王一人耳五人又將規入一道中俄至一城外有屋數十築壤爲之屋前有立木長十餘丈上有鐵梁形如桔槔左右有匱貯土土有品數或有十斛形亦如五升大者有一人衣幘並赤語規曰汝生世時有何罪福依實說之勿妄言也規惶怖未答赤衣人如局吏云可開簿檢其罪福也有須臾吏至長木下提一匱土懸鐵梁上稱之如覺低仰吏謂規曰此稱量罪福之秤也汝福少罪多應先受罰俄有一人衣冠長者謂規曰汝沙門也何不念佛我聞悔過可度八難規於是一心稱佛衣冠人謂吏曰可更爲此人稱之既是佛弟子幸可度脫吏乃復上匱稱之秤乃正平既而將規至監官前辯之監官執筆覩簿遲疑久之又有一人朱衣玄冠珮印綬執玉版來曰筭薄上未有此人名也監官愕然命右右

收録云須吏見反縛向五人來監官
日殺鬼何以濫將人來乃鞭之少頃
有使者稱天帝喚道人來既至帝宮
經見踐歷略皆金寶精光晃昱不得
凝視帝左右朱衣寶冠飾以華珍帝
曰汝是沙門何不勤業而為小鬼橫
收捕也規稽首諸佛祈恩請福帝曰
汝命未盡今當還生宜勤精進勿履
游白衣家殺鬼取人亦多枉濫如汝
比也規曰橫濫之尼當以何方而濟
免之帝曰廣設福業最為善也若不
辦尒可作八關齋生免橫禍死離地
獄亦其次也語畢遣規去行還未久
見一精舍大有沙門見武當寺主白
法師弟子慧進皆在焉居宇宏整資
待自然規請欲居之有一沙門曰此
是福地非君所得處也使者將規還
至俞家而去何濟之東海人宋大司
農不信經法多行殘害永初中得病
見一鬼形甚長壯牛頭人身手執鐵
叉晝夜守之憂怖屏營使道家作章
符印録備諸禳絕而猶見如故相識
沙門慧義聞其病往候之濟為說所

見慧義曰此是牛頭阿旁也罪福
不昧唯人所招君能轉心向法則此
鬼自消濟之迷很不革頃之遂死一右驗出冥祥記
周大同二年有慧景法師為寺主道
素高潔有慧振法師先於寺後山上
起頭陀屋二間常有善神衛護普通
元年四月二十日有新受戒僧慧徹往
屋中誦戒小有疲懈山神現形又著
烏衣身長一丈手執桼慧徹驚懼還
寺普通八年四月十五日寺僧僧覆
往此屋中誓一夏誦經初尒一日誦
習不懈至第二日還寺消息須臾之
間山上石下聲如雷電有一大石打
屋僧覆驚起辭謝誦經不敢復眠大
同四年四月十二日中竟有一客僧
名法珍緣家在壽陽來寺禮拜仍至
寺後山上既見石窟中舊有好泉水
水甚清潔仍就此坐禪俄尒之間空
中有聲語令避去其都不動須臾虎
來以前腳撮其頭血流出面四十餘
日瘡差而去中大同元年二月五日
攝山神現形著菩薩巾披袈裟形貌

極端正侍從左右三十餘人一人捉
香鑪在前來入禪堂詣弘誓法師所
自坐胡牀與法師共語并請寺衆
行道又至其年四月四日夜尒時大
風禪堂僧智遠等聞外如有數十
人行聲至後夜見當戶邊有一木景
智遠等仍還大寺解齋比還開禪堂
戶巳見此景在禪牀坐見一紙書令
安置故禪堂後石窟中慧虔初捧
不移末道當移石窟即便輕舉至其
年五月十四日復更書一片石與景
遠二僧令於禪堂後種竹自稱名善
提
隋懷州栢尖山寺釋曇詢俗姓楊弘
農華陰人也謹攝自修宗稟心學遠
訪巖隱游至白鹿山北霖落泉寺逢
曇準禪師授以禪法又往稠禪師所
問其津道極相禮遇善洽禪味後經
三夏移住鹿土谷修禪屬枯泉重出
麏麖繞院故得美水馴獸曰濟道鄰
從學之徒相慶茲瑞時因請法暫往
雲門值徑陰霧昏暗失路忽蒙山神
示道方會本途此乃化感幽冥神明

翊衛時有盜者來竊蔬菜將欲出園
乃爲群蠭所螫詢聞來救慈心將治
得全餘命嘗有趙人遠至殷勤致
禮陳云弟子因病死蘇往見閻羅王
詰問罪當就獄賴蒙詢師來爲請命
王因放免生來未面遠訪方乖又山
行值二虎鬭累日不歇詢執錫分之
以身爲翳語云汝同居林藪計無大
乖幸各分路何須固忿虎聞低頭歛
氣而散屢逢熊虎交諍不歇皆詢往
救略同前述入定鳥不亂獸見如偶又
陰德感物顯用藏仁每入禪定七日
爲期白虎入房同居窟宅獨處靜院
不出十年隋文重德屢送璽書兼賜
香供重疊累載以開皇初年風疹忽
增卒於栢尖山寺春秋八十初遘疾
彌留忽有神光照燭香風拂戶又感
異鳥白頸赤身繞院空飛聲哀切
氣至大漸鳥住堂基自然狎附不畏
人物或在房門至于臥席悲鳴逾
甚血沸眼中既介往化鳥便飛出外
空旋轉奄然翔逝又感猛虎繞院號
號兩宵霧昏三日結慘又加山崩石墜

林摧澗塞驚動人畜恓惶失據其辰
感靈祥疇能殫記右廿二驗出唐高僧傳

法苑珠林卷第八十二

甲辰歲高麗國分司大藏都監奉
勅彫造

法苑珠林卷第八十三

校勘記

一　底本，麗藏本。
一　四六四頁上一行經名，徑作「法苑珠林卷第一百」。卷末經名同。
一　四六四頁上二行撰者，磧作「大唐上都西明寺沙門釋道世撰」；南作「唐上都西明寺沙門釋道世撰」；徑作「唐上都西明寺釋道世玄惲撰」；清作「唐西明寺沙門釋道世撰」。
一　四六四頁上三行「六度篇第八十五之四」，磧、南、清無。
一　四六四頁上四行「第四」，徑無。又「此別四部」，磧、南作「此有四部」；徑無。
一　四六四頁上五行至六行「述意部……進益部」，徑無。
一　四六四頁上七行「部第一」，徑無。以下部目中「部」字與序數相連者例同。

一　四六四頁上末行「悔恨」，磧、南、徑、清作「悔愲」。又「令者」，磧、南、徑、清作「今者」。

一　四六四頁中四行「一尅」，磧、南、徑、清作「一刻」。

一　四六四頁中一二行第六字「常」，磧、南、徑、清作「恒」。次頁中二行第二字同。

一　四六四頁中二〇行「駃騠」，磧、南、徑、清作「快馬」。

一　四六四頁下二二行「存命」，磧、南、徑、清作「濟命」。

一　四六五頁上一三行「計念」，南、徑、清作「繫念」。

一　四六五頁上二〇行「長之」，磧、南、徑、清作「長老」。

一　四六五頁中八行末字至次行首字「常當」，磧、南、徑、清作「恒常」。

一　四六五頁中一二行「掣車」，磧、南、徑、清作「便掣車」。

一　四六五頁中一三行「跳踉」，磧、南、徑、清作「跳梁」。下同。

一　四六五頁中一四行首字「足」，磧、南、徑、清作「脚」。

一　四六五頁中一五行第二字「使」，磧、南、徑、清作「便」。又第九字「挱」，磧、南、徑、清作「抄」，本頁下五行首字同。

一　四六五頁下六行「俾頭斜視」，磧、南、徑、清作「頼頭邪視」。

一　四六五頁下九行第一三字「反」，磧、南、徑、清作「及」。

一　四六五頁下一四行第六、七字「惡態」，磧、南、徑、清作「態惡」。

一　四六五頁下二〇行「十二億」，徑、清作「二十億」。

一　四六六頁上七行第一二字「心」，磧、南、徑、清無。

一　四六六頁上八行第六字「髀」，磧、南、徑、清作「脞」。

一　四六六頁上一〇行「八十年」，磧、南、徑、清作「十八年」。又末字「著」，磧作「背」。

一　四六六頁上一六行「精進」，南作「請進精」。

一　四六六頁上一九行第一二字「令」，磧、南、徑、清作「能令」。

一　四六六頁下二行第一〇字「作」，磧、南、徑、清作「善」。

一　四六六頁下三行第九字「招」，磧、南、徑、清作「詔」。

一　四六六頁下一三行第七字「睡」，磧、南、徑、清作「睡眠」。

一　四六六頁下一四行第六字「又」，磧、南、徑、清作「不」。

一　四六六頁下二二行第一三字「之」，磧、南、徑、清作「乏」。

一　四六七頁上五行末字「曰」，清作「洹」。

一　四六七頁中三行「朏蟲」，磧、南、徑、清作「疽蟲」。

一　四六七頁下二行「宅田」，磧、南、徑、清作「田宅」。

一　四六七頁下八行「得困」，磧作「同得」；南、徑、清作「因得」。

一　四六七頁下一四行第一〇字「捐」，

磧、南、徑、清作「損」。
一　四六七頁下一七行第二字「足」，磧、南、徑、清作「脚」。
一　四六八頁中二行「五驗」，徑、清作「六驗」。
一　四六八頁中五行至六行間，徑、清有「宋大司農何澹之」一行。
一　四六八頁中一一行首字「中」，磧、南、徑、清作「裏」。
一　四六八頁中一二行「雇人開薙」，磧、南、徑、清作「顧人開剪」。
一　四六八頁中一三行「號鳴」，徑、清作「嘷鳴」。
一　四六八頁中一四行第八字「乃」，磧、南、徑、清作「仍」。
一　四六八頁中一九行第八字「住」，南作「任」。
一　四六八頁下四行「不墟」，磧、南、徑、清作「不折」。
一　四六八頁下五行第九字「撤」，徑、清作「撥」。
一　四六八頁下七行第六字「壘」，磧、南、徑、清作「累」。
一　四六八頁下一七行「蟒蛇」，磧、南、徑、清作「壯蛇」。
一　四六八頁下一九行第二字「詣」，磧、南、徑、清作「語」。
一　四六八頁下二二行第七字「狎」，南作「洽」。又第一三字「語」，磧、南、徑、清作「御」。
一　四六九頁上三行「寒石山」，磧、南、徑、清作「韓石山」。
一　四六九頁上一二行第三字「往」，磧、南、徑、清作「往時」。
一　四六九頁上一四行末字「室」，南、徑、清作「空」。
一　四六九頁上一七行第四字「薩」，磧、南、徑、清作「布薩」。又第六字「旦」，磧、南、徑、清作「且」。
一　四六九頁上一八行「晧白」，磧、南、徑、清作「皓白」。
一　四六九頁上二二行第八字「恰」，南、徑、清作「袷」。
一　四六九頁中四行第三字「横」，磧作「擴」。
一　四六九頁中八行「妖星」，南、徑、清作「妖星現」。又第一〇字「勑」，磧、南、徑、清無。
一　四六九頁中一二行「大元」，磧、南、徑、清作「太元」。
一　四六九頁中一六行第三字「也」，磧、南無。又夾註左「梁高僧傳」，磧、南、徑、清作「出梁高僧傳」。
一　四六九頁中一八行第六字「常」，南作「嘗」。
一　四六九頁中二〇行「二更」，磧、徑作「五更」。
一　四六九頁中二二行第一二字「喝」，磧、南、徑、清作「咀」。
一　四六九頁下四行第一〇字「王」，磧、南、徑、清作「政」。
一　四六九頁下七行「㮏橰」，磧作「結罣」；徑、清作「桔橰」。
一　四六九頁下九行第一〇字「赤」，磧作「朱」。
一　四六九頁下一三行末字「仰」，磧、

南、徑、清作「昂」。

一 四六九頁下二一行第二字「宫」，磧、南、徑、清無。

一 四六九頁下末行「右右」，磧、南、徑、清作「左右」。

一 四七〇頁上末行「之澹」，南、徑、清作「澹之」。

一 四七〇頁中三行夾註「右一」，磧作「右此一」；南作「左此一」；徑、清作「右此二」。

一 四七〇頁中七行第七字「常」，磧、南、徑、清作「恒」。

一 四七〇頁中一五行第五字「起」，磧、南、徑、清作「起起」。

一 四七〇頁中一八行第三字「山」，徑作「山山」。

一 四七〇頁下一行「一人」，磧、南、徑、清作「又一人」。

一 四七〇頁下五行第一〇字「如」，徑無。

一 四七〇頁下六行第八字「當」，磧、南、徑、清作「堂」。又末字「景」，磧、南作「惠景」；徑、清作「慧景」。

一 四七〇頁下一〇行第三字「末」，磧、南、徑、清作「未」。

一 四七〇頁下一六行「霖落泉」，南作「林落泉」。

一 四七〇頁下二〇行第二字「麇」，徑作「麋」。

一 四七一頁上一一行第七字「定」，磧、南、徑、清無。

一 四七一頁上一二行第七字「藏」，磧、南、徑、清作「成」。

一 四七一頁上一七行第一二字「户」，磧、南、徑、清作「扇」。

一 四七一頁上二〇行「悲鳴」，磧、南、徑、清作「悲叫」。

一 四七一頁上二二行末字至次行首字「尫虢」，磧、南、徑、清作「悲吼」。

一 四七一頁上末行「霧昏」，磧、南、徑、清作「雲昏」。

一 四七一頁中二行夾註右「右世二驗」，磧、南、徑、清作「右此二驗」。

法苑珠林卷第八十四　　會　崇

西明寺沙門釋道世撰

六度篇第八十五之五　此別五部

禪定部第五

述意部　引證部　頭陀部

利益部　禪定部

述意部第一

夫神通勝業非定不生無漏慧根非靜不發故經曰深修禪定得五神通心在一緣是三昧相書亦有言當使形如枯木心若死灰不充詘於富貴不隕穫於貧賤栖神冥漠之內遺彤塵埃之表故攝心一處便是功德藪林散意片時即名煩惱羅刹所以曇光釋子降猛虎於膝前螺髻仙人宿巢禽於頂上是知大士常修宴坐不斷煩惱而入涅槃不捨道法現凡夫事又能觀察此身從頭至足三十六物八萬戶蟲不淨無常苦空非我但衆生心性譬若獼猴戲跳攀緣歡娛奔逸不能具目東體端心勤意剛强難化儱戾不調習近五塵流轉三界

黏外道之羂罥天魔之杖於是永淪苦海長墜嶮獄皆由放散情慮擾亂心神似風裏之燈譬波中之月搖漾輕動浮游汎濫影既不現照豈得明所以衆惡賴此而興諸善由斯併廢良由不修斷惑常起貪瞋未服無知偏多樂受遂令禪定之惑重沓爭來妨靜之緣交加競集五蓋覆心禪門已閉六塵在念亂想常馳類狂象之無鉤似戲猨之得樹故須念念策心新新集起豈前念皆惡遂剋苦而靜塵後念起善便縱意而揚惡所以論美四時經歎一處然後方能正想革絕凡懷若違此理聖亦不可令萬境森羅不能自觸要須因倚諸根內想感發何以知然今有心感於內事發於外惑緣於外起染於內故知內外相資表裏遞用君臣心識不可備捨故經云心王若正則六臣不邪識意昏沈則其主不明令悔六臣當各慚愧制馭六根不令馳散也

引證部第二

如法句經心意品說云昔佛在世時

有一道人在河邊樹下學道十二年中貪想不除走心散意但念六欲目色耳聲鼻香口味身受心法身靜意遊曾無寧息十二年中不能得道佛知可度化作沙門往至其所樹下共宿須臾月明有龜從河中出來至樹下復有水狗飢行求食與龜相逢便欲噉龜龜縮其頭尾及其四脚藏於甲中不能得噉水狗小遠復出頭足行步如故不能奈何遂便得脫於是道人問化沙門此龜有護命之鎧水狗不能得其便化沙門答言吾念世人不如此龜不知無常放恣六情外魔得便形壞神去生死無端輪轉五道苦惱百千皆意所造宜自勉勵求滅度安於是化沙門即說偈言

藏六如龜　防意如城　慧與魔戰　勝則無患

又求離牢獄經云時有阿育王弟名善容亦名違陁首祇入山游獵見諸梵志裸形苦行而無所得王弟見而問曰汝在此行道有何患累而無成辦梵志報曰坐有群鹿數共合會我見心動不

能自制王子聞已時生惡念此等梵志服風食氣氣力羸惙猶有婬欲過患不除釋子沙門飲食甘美在好牀坐衣服隨時香華自熏豈得無欲時阿育王聞弟有此議論即懷憂感吾唯有一弟忽生邪見恐未迷沒我當方宜除其惡念即還宮內勅諸伎女各自莊嚴至善容所共相娛樂預勅大臣吾有所圖若我勅卿殺善容者卿等便諫須待七日隨王殺之時諸伎女即往娛樂未經時頃王躬自往語弟云何爲將吾伎女妻妾恣意自娛奪其威怒以輪擲空召諸大臣即告之曰卿等知不吾未衰老亦無外寇强敵來侵境者吾曾聞古昔諸賢有此諺言夫人有福四海歸伏福盡德薄肘腋叛離如我自察未有斯變然我弟善容誘吾伎女妻妾縱情自恣事既如是豈有我乎汝等將去詣市殺之諸臣諫曰唯願大王聽臣微言唯有此一弟又少息胤無繼嗣者願聽七日爲王求依王命時王默然聽臣所諫王復寬恩勅語諸臣命聽

王子著吾服飾天冠威容如吾不異內吾宮裏作唱伎樂共娛樂之復勅一臣自今日始著鎧持杖拔好利劍往語善容王子曰知期七日終正介當到努力開割五欲自娛今不自適死後有悔恨亦無益一日過已臣復往語餘有六日如是次第乃至一日臣往白言王子當知六日已過唯明日在當就於死努力恣情五欲自娛至七日到王遣使問云何王子七日之中意志自由快樂不乎弟報王曰大王當知不見不聞有何快樂王問弟曰著吾服飾入吾宮殿衆伎自娛食以甘美何以面欺不見不聞不快樂耶弟白王言應死之人雖未命絕與死何異當有何情著於五欲王告弟曰咄愚所啓汝今一身憂慮百端一身斷滅在欲不樂豈況沙門憂念三世一身死壞復受一身億百千世身身受苦無量患惱雖出爲人與他走使或生貧家衣食窮乏念此辛酸故出家爲道求於無爲度世之要設不精勤當復更歷劫數之苦是時王

子心開意解前白王言今聞王教乃得惺寤生老病死實可猒患愁憂苦惱流轉不息唯願大王見聽爲道謹慎修行王告弟曰宜知是時弟即辭王出爲沙門奉持禁戒晝夜精勤遂得阿羅漢果六通清徹無所罣礙

又阿育王傳云阿育王聞弟得道深心歡喜稽首禮敬請長供養既猒世苦不樂人間詣依林野以養餘命阿育王即使鬼神於自城內爲造山水山高數十丈斷絕人物不得往來乃應王命辛捨衣資造石像一軀身高丈六即於山龕石室供養其弟此山及像今並存焉

頭陀部第三

夫五欲蓋纏並是禪障既能除棄其心寂靜堪能修道故此章內具明十二頭陀之行少欲知足無過此等西云頭陀此云抖擻能行此法即能抖擻煩惱去離貪著如衣抖擻能去塵垢是故從喻爲名故名頭陀經論別明各云十二通別揔論合有十六如衣中有四食中有六處中有六故合

十六衣中四者一糞掃衣二毳衣三納衣四三衣食中六者一乞食二次第乞食三不作餘食法食四一坐食五一團食亦名節量食六中後不飲漿處中六者一阿蘭若處二在塚間三在樹下四在露地五是常坐六是隨坐就此十六隱顯離合故說十二如衣中四者依四分律及智度論同唯說二一著納衣二著三衣不論餘二依涅槃經衣中說三一著糞掃衣二著毳衣三畜三衣不論納衣食中六者涅槃說三所謂乞食一坐食一團食所以不說次第乞者以能如法乞食之時必有次第故不別說但能一團一坐食自然不作餘食法中後飲漿故不別說四分律中說食有四三種同前加次第乞智度論中說食有五不說不作餘食法食處中六者依智度論說五除却隨坐涅槃及律皆具說六今依諸部通有十六也

又十住毗婆沙論十二頭陀名體稍別一盡形乞食二受阿練若三著糞掃衣四一坐食五常坐六食後不受非時飲七但有三衣八毳衣九隨敷坐十樹下住十一空地住十二死人間住

第一盡形乞食有十種利一所用活命自屬不屬他二衆生施我食者令住三寶然後當食三若有施我食者當生悲心我當勤進令善住施作已乃食四隨順佛教故五易滿易養六行破憍慢法七無見頂善根八見我乞食餘有修善法者亦當効我九不與男子大小有諸因緣事十次第乞食故於衆生中生平等心即種助一切智

第二受阿練若處亦有十利一自在來去二無我無我所三隨意所住無有障礙四心轉樂習阿練若住處五住處少欲少事六不惜身命為具足功德故七遠離衆鬧語故八雖行功德不求恩報九隨順禪定易得一心十於空處住易生無障礙想

第三著糞掃衣亦有十利一不以衣故與在家者和合二不以衣故現乞衣相三亦不方便說得衣相四不以衣故四方求索五若不得衣亦不憂六得亦不喜七賤物易得無有過患八順行初受四依法九入在麤衣數中十不為人所貪著

第四一坐食亦有十利一無有求第二食疲苦二於所受輕少三無所用疲苦四食前無疲苦五入在細行食法六食消後食七少防患八少疾病九身體輕便十身受快樂

第五常坐亦有十利一不貪身樂二不貪眠睡樂三不貪卧具樂四無卧時脇著席苦五不隨身欲六易得坐禪七易讀誦經八少睡眠九身輕易起十求坐卧具衣服心薄

第六食後不受非時飲亦有十利一不多食二不滿食三不貪美味四少所求欲五少妨患六少疾病七易滿八易養九知足十坐禪讀經身不疲極

第七但有三衣亦有十利一於三衣外無求受疲苦二無有守護疲苦三所畜物少四唯身所著為足五細戒行六行來無累七身體輕便八隨順阿練若處住九處處所往無所顧惜十隨順道行

第八受毳衣亦有十利一在麁衣數二少所求索三隨意可坐四隨意可臥五澣濯則易六染時亦易七少有蟲壞八難壞九更不受餘衣十不失求道

第九隨坐亦有十利一無求好精舍住疲苦二無求好坐臥具疲苦三不惱上座四不令下座愁惱五少欲六少事七隨得而用八少用則少務九不起諍訟因緣十不奪他所用

第十樹下坐亦有十利一無有求房舍疲苦二無有求坐臥具疲苦三無有所愛疲苦四無有受用疲苦五無處名字六無鬪諍事七隨順四依法八少而易得無過九隨順修道十無衆閙行

第十一死人間住亦有十利一常得無常想二常得死想三常得不淨想四常得一切世間不可樂想五常得遠離一切所愛人六常得悲心七遠離戲調八心常猒離九勤行精進十能除怖畏

第十二空地坐亦有十利一不求樹

下二遠離我所有三無有諍訟四若餘去無所顧惜五少戲調六能忍風雨寒熱蟁䖟毒蟲等七不爲音聲刺棘所刺八不令衆生瞋恨九自亦無有愁恨十無衆閙行處

又寶梁經云佛告迦葉比丘若欲至阿蘭若處當思八法何等爲八一我當捨身二應當捨命三當捨利養四離一切所愛樂處五於山閒死當如鹿死六阿蘭若處當受阿蘭行七當以法自活八非以煩惱自活

利益部第四

如大寶積經云菩薩修定復有十法不與二乘共何等爲十一修定無有吾我具足如來諸禪定故二修定不味不著捨離染心不求已樂三修定具諸通業爲知衆生諸心行故四修定爲知衆心度脫一切諸衆生故五修定行於大悲斷諸衆生煩惱結故六修定諸禪三昧善知入出過於三界故七修定常得自在具足一切諸善法故八修定其心寂滅勝於二乘諸禪三昧故九修定常入智慧過諸

世間到彼岸故十修定能興正法紹隆三寶使不斷絶故如是定者不與聲聞辟支佛共

又六度集經云復有四種禪定具足智慧何等爲四一常樂獨處二常樂一心三求禪及通四求無礙佛智

又月燈三昧經云佛言若有菩薩住於宴坐有十種利益何等爲十一其心不濁二住不放逸三諸佛愛念四信正覺行五於佛智不疑六知恩七不謗正法八善能防禁九到調伏地十證四無礙

又佛言若有菩薩愛樂空閑有十種利益何等爲十一省世事務二遠離憒丙三無有違諍四住無惱處五不增有漏六不起諍訟七安住靜默八隨順相續解脫九速證解脫十施功而得三昧

又佛言若有菩薩能與禪相應有十種利益何等爲十一安住儀式二行慈境界三無諸悔熱四守護諸根五得食喜樂六遠離愛欲七修禪不空八解脫魔羂九安住佛境十解脫成熟

又佛言若有菩薩樂於頭陀乞食有十種利益何等爲十一摧我慢幢二不求親愛三不爲名聞四住在聖種五不諂不誑不現異相又不慠慢六不自高舉七不毀他人八斷除愛恚九若入人家不爲飲食而行法施十有所說法爲人信受

又智度論云三昧有二種一佛二菩薩是諸菩薩於菩薩三昧中得自在非佛三昧如諸佛要集經中說云文殊尸利欲見佛集不能得到諸佛各還本處文殊尸利到諸佛集處有一女人近彼佛坐入於三昧文殊尸利入禮佛足已白佛言云何此女人得近佛坐而我不得佛告文殊尸利汝覺此女人令從三昧起汝自問之文殊尸利即彈指覺之而不可覺以大聲喚亦不可覺捉手牽亦不可覺又以神足動大千世界猶亦不覺文殊尸利白佛言世尊我不能令覺是時佛放大光明照下方世界是中有一菩薩名棄諸蓋即時從下方出來到佛所頭面禮佛足一面立佛告棄諸蓋菩薩汝覺此女人即時彈指此女從三昧起文殊尸利白佛以何因緣我動三千大千世界不能令此女起棄諸蓋菩薩一彈指便從三昧起佛告文殊尸利汝因此女人初發菩提意是女人因棄諸蓋菩薩初發菩提意以是故汝不能令覺汝於諸佛三昧中功德未滿是棄諸蓋菩薩於三昧中得自在佛三昧中始少多入而未得自在故耳

禪定部第五

如禪秘要經云阿練若比丘因五種事發狂一者因亂聲二者因惡名三者因利養四者因外風五者因內風介時世尊而說祝曰

南無佛陀　南無達摩　南無僧伽
南無摩訶梨師　毗闍羅闍　謁咄陀
達陀　婆薾馱　跋闍邏翅(久知反)　陀邏
崛荼誓荼遮利遮利　摩訶遮利吁
摩利吁摩勒翅(久知反)　悉皝耨闍耨
阿闍耨利　究㘔㘔翅(久知反)　薩婆陀羅
尼翅(久知反)　阿扇(叔者反)　提摩俱摩　詣吁彌
吁彌摩呵　摩婆禍呵

介時世尊說此呪已告舍利弗如此神呪過去無量諸佛所說我今現在亦說此呪未來彌勒賢劫菩薩亦當宣說如此神呪功德如自在天能令後世五百歲中諸惡比丘得淨心意調和善治四大增損亦治心內四百四病四百四脈所起壞界九十八使性欲種子亦治業障犯戒諸惡永盡無餘此名善治七十二種病憂惱陀羅尼亦名拔五種陰無明根本陀羅尼亦名現前見一切佛及諸聲聞爲說眞法破諸法使

感應緣(略引六驗)

晉沙門支曇蘭
宋沙門釋玄高
宋沙門釋普常
齊沙門釋僧稠
隋沙門釋法進
唐沙門釋慧融

晉始豐赤城山有支曇蘭青州人蔬食樂禪讀誦三十万言晉太元中游剡後憩始豐赤城山見一處林泉清曠而居之經于數日忽見一人長數

丈呼蘭令去又見諸異形禽獸以恐
蘭見蘭怡然自得乃屈膝而禮拜云
珠欺王是家男令往韋鄉山就之推
此處以相奉尒後三年忽聞車騎隱
隱從者彌峯俄而有人著幘稱珠欺
王通既前從其妻子男女等二十三
人並形貌端正有逾於世既至蘭所
敘暄涼訖蘭問住在何處荅云樂安
縣韋鄉山久服風問今與家累仰投
乞受歸戒蘭即授之受法竟䞋錢一
万蜜二器辭別而去便聞鳴笳動吹
響振山谷蘭禪衆十餘共所聞見
晉元熙中卒於山室春秋八十有三
矣
宋偽魏平城有釋玄高姓魏本名靈
育馮翊萬年人也母冠氏本信外道
始適魏氏首孕一女即高之長姊生便
信佛乃為母祈願願門無異見得奉
大法母以偽秦弘始三年夢見胡僧
散華滿室覺便孕胎至四年二月八
日生男家內忽有異香及光明照壁
迄旦乃息母以兒生瑞地因名靈育
時人重之復稱世高年十二辭親入

山久之未許異日有一書生寓高家
宿云欲入中常山隱父母即以高凖
之是夕咸見村人共相祖送明旦村人
並來候高父母云昨已相送今復見
耶村人云都不知行豈容已送父母
方寤昨之迎送乃神人也高既背俗
乖世改名玄高聰慜生知學不加思至
年十五已為山僧說法受戒已後專
精禪律聞關中有浮陀跋禪師在石
羊寺弘法高往師之旬日之中妙通
禪法跋陀歎曰善哉佛子乃能深寤
如此於是卑顏推遜不受師禮高乃
杖策西秦隱居麥積崖學徒百人崇
其義訓稟其禪道時有長安沙門釋
曇弘秦地高足隱在此山與高相會
以同業友是時乞伏熾槃跨有隴西
西接涼土常有學徒三百餘人有玄
紹者秦州隴西人學究諸禪神力自
在手指出水供高洗漱其水香淨倍
異於常每得非世華香以獻三寶靈
異如紹者又十一人紹後入堂術山
蟬蛻而逝後共曇弘乃向河南國王
及自民近道候迎內外敬奉崇為國

師河南化畢進遊涼土沮渠蒙遜深
相敬事集會英賓發高勝解時西海
有樊僧印亦從高受學志狹量褊得
少為足便謂已得羅漢頓盡禪門高
乃密以神力令印於定中備見十方
無極世界諸佛所說法門不同印於
一夏尋其所見永不能盡方知定水
無底大生愧懼時魏虜託跋燾僭據
平城軍侵涼境燾舅陽平王杜請高
同還偽都既達平城大流法化偽太
子託跋晃事高為師晃一時被讒為
父所疑乃告高曰空羅枉苦何由得脫
高令作金光明齋七日懇懺燾乃
夢見其祖及父皆執劍烈威問汝何
故信讒言枉疑太子燾驚覺大集群
臣說神告以所夢諸臣咸言太子無
過實如皇靈降誥燾於太子無復疑
焉蓋高誠感之力也時崔皓寇天師
並先得寵於燾恐晃纂承之日奪其
威柄乃譖云太子前事實有謀心但
結高公道術故令先帝降夢如此物
論事迹稍形若不誅除必為巨害燾
遂納之勃然大怒即勑收高高先嘗

妄語弟子云佛法應衰吾與崇公當
其禍首于時聞者莫不慨然時有涼
州沙門釋慧崇是偽魏尚書韓万德
之門師德既次於高亦被疑阻至偽
太平五年九月高與崇公俱被幽縶
其月十五日就禍卒於平城之東隅
春秋四十有三是歲宋元嘉二十一
年也當尒之夕門人莫知是夜三更
忽見光繞高先所住處塔三帀還入
禪窟中因聞光中有聲云吾已逝矣
諸弟子方知已化衆號痛絕既而迎
屍於城南曠野沐浴遷殯無營理崇
公別在異處一都道俗無不嗟駭弟
子玄暢時在雲中去魏都六百里旦
忽見一人告之以變仍給六百里馬
於是揚鞭而返晚間至都見師已亡
悲慟斷絕因與同學共泣曰法今既
滅頗復興不如脫更興請和上起坐
和上德匪常人必當照之矣言畢高
兩眼稍開光色還悅體通汗香須臾
起坐謂弟子曰大法應化隨緣盛衰
盛衰在迹理恒湛然但念汝等不久
復應如我耳唯有玄暢當得南變汝

等死後法當更興善自脩心無令中
悔言已便臥即絕也明旦遷柩欲闍
維之國制不許於是營墳即變道俗
悲哀號泣望斷有沙門法達為偽國
僧正欽高日久未獲受業忽聞徂化
因而哭曰聖人去世當復何依累日
不食常呼高上聖人自在何能不一
現應聲見高飛空而至達頂禮求哀
願見救護高曰君業重難救當可如
何自今以後依方等苦悔當得輕受
達曰脫得苦報願見矜救高曰不忘
一切寧偏在君達又曰法師與崇公
並生何處高曰吾願生惡世救護衆
生即已還生閻浮崇公常祈安養已
果心矣達又問不審法師已階何地
高曰我諸弟子自有知者言訖奄然
不見達密訪高諸弟子咸云是得忍
菩薩至偽太平七年託跋燾果毀滅
佛法悉如高言

宋蜀安樂寺有釋普恒姓郭蜀郡
成都人也為兒童時嘗於日光中見聖
僧在雲中說法向家人敘之並未信
語後苦求出家止治下安樂寺獨處

一房不立眷屬習靖業禪善入出住
與蜀韜律師為同意自說入火光三
昧光從眉直下至金剛際於光中見
諸色像先身業報頗亦朗了宋昇明
時人謂是戲言將終之日微有病相唯
緣家一奴看之明旦平坐而卒手屈三
指試捋隨申申已還屈生時體黑死已
鮮白於是大衆依得道法闍維積薪始
然便有五色煙起殊香芬馥州將王玄載
乃為之贊曰

大覺妙無像　感應貴志請　一念會道場
空過万劫永　信心虛東想　遇聖藻西影
妙趣澄三界　傳神四禪境　俗物故參差
真性理恒炳　韜光寄浮世　遺德方化迥

齊鄴西龍山雲門寺釋僧稠姓孫元出
昌黎末居鉅鹿之癭陶焉性受純懿孝
信知名而勤學世典備通經史而道機
潛扣欻猒世煩一覽佛經渙然神解
初從道房禪師受習止觀次於趙州
障洪山道明禪師所受十六特勝法
嘗於鵲山靜處感神來嬈抱肩築
腰氣噓項上稠以死要心因證深定
九日不起後從定覺情想澄然究略

世間令無樂者便詣少林寺祖師三
藏呈已所證跋陀曰自葱嶺已東禪
學之盛汝其第一矣乃更授深要即
住嵩岳寺僧有百人泉水纔足忽見
婦人弊衣掬水却坐階上聽僧誦經
衆不測為神人也便訶遣之婦有慍
色以足蹋泉立竭身亦不現衆以告
稠稠呼優婆夷三呼乃出便謂神曰
衆僧行道宜加擁護婦人以足撥於
故泉水即上涌時共深異威儀如此
後詣懷州西王屋山脩習前法聞兩
虎交鬪咆響振巖乃以錫杖中解各
散而去一時忽有仙經兩卷在于牀
上稠曰我本脩佛道豈拘域中長生
者乎須臾自失其感幽顯皆此類也
又移懷州馬頭山魏孝明宿承令德
前後三召乃固辭不赴又移北轉常
山定州刺史婁叡彭城王高攸等請
至受法道俗奔赴礼䞋填充為名利
所纏者說偈止之悉皆儉素齊　文宣
天保二年下詔曰
久聞風德常思言遇今勑定州令師
赴鄴教化群生義無獨善希即荷錫

暫游承明思欲弘宣至道濟斯苦擴
至此之日晩須還山當任東西無所
留繫稠居山積稔葉齊一生聞有勅
召絶無承命皆相敦喻方遂允請即
日拂衣將出山闕兩岫忽然驚震響
聲悲切駭擾人畜禽獸飛走如是三
日稠顧曰慕道懷仁觸類斯在豈非
愛情易守放蕩難持耶乃不約事留
杖策漳滏帝躬舉大駕出郊迎之天
下歸善皆由稠矣又於雲門山寺所
住禪窟前有深坑見被毛之人偉而
胡貌置釜然火水將沸涌俄有大蟒
從水中出欲入釜內稠以足撥之蟒
遂入水毛人亦隱其夜因致男子神
來頂拜稠云弟子有兒歲歲為惡神
所噉兒子等惜命不敢當弟子衰老
將死故自供食蒙師護故得免斯難
稠褰水潠之奄成雲霧時或譏稠於
宣帝以倨傲無敬者帝大怒自來加
害稠冥知之生來不至僧廚忽無何
而到云明有大客至多作供設至夜五
更先備牛輿獨往谷口去寺二十餘
里孤立道側須臾帝至怪問其故稠

曰恐身不淨穢汙伽藍在此候耳帝
下馬禮伏愧悔無已謂尚書令楊遵
彥曰如此真人何可毀謗也乃躬負
稠身往寺稠譬折不受帝曰弟子負
師徧天下未足謝愆因謂曰弟子前
身曾作何等荅曰作羅剎王是以今
猶好殺即呪盆水令帝自視見其形
影如羅剎像焉每年元日常問一歲
吉凶後至天保十年云今年不能好
文宣不悅帝問師復何如荅曰貧道
亦不久至十月帝崩明年即是齊乾
明元年四月十三日辰時絶無患惱
端坐卒於山寺春秋八十有一當終
之時異香滿寺聞者悚神勑慰殷勤
令依中國闍維之法四部彌山人兼
數万香柴千計日正中時以火焚之
喪回煙上悲鳴相切移時乃逝仍於
寺之西北律以瓴塔每有靈景異香
應于道俗康存之日宣帝謂稠曰弟
子未見佛之靈異頗得覩不稠曰此
非沙門所宜帝遂强之乃投袈裟于
地帝使數十人舉之不能得動稠命

沙彌取之初無重焉因尒篤信彌篤（右此一驗出梁高僧傳）

隋益州響應山寺釋法進不知氏族為輝禪師弟子常於竹林坐禪有四老虎繞於左右師語勿泄其相也師後教為水觀家人取柴見繩牀上有好清水拾兩白石安著水中進暮還寺彌覺背痛具問家人云安石子語令明往所除此石及旦進禪家人還見如初清水即除石子所苦便愈因尒習定不出此山開皇中蜀王秀臨益州妃患請進治損後辭還山王及妃躬送向山王及妃見進足離地四五寸以大業十三年正月八日終於此山

唐長安普光寺僧慧融字圓照俗姓張氏南陽人也幼而精進不犯微惡少年落髮即樂禪伍嘗隱居泰山後奉勅追入京住普光寺時游終南山或來或往嘗登山逢雪深厚不能得進忽有一虎近前弭耳俯伏慧融知其意乃乘之虎遂負融而上常有雙鳥於山林中前行引路至永徽初遷

法苑珠林第八十四　第二十六張　會

神於本寺寺僧於慧融房舍上見五色光起及於山焚身肌骨揔銷唯心不爛（右此二驗出唐高僧傳）

法苑珠林卷第八十四

甲辰歲高麗國
勅彫造

法苑珠林卷第八十四

校勘記

一　底本，麗藏本。

一　四七五頁上一行經名，[徑]作「法苑珠林卷第一百一」，卷末經名同。又經名下，[磧]、[南]有夾註「六度之五」。

一　四七五頁上二行撰者，[磧]作「大唐上都西明寺沙門釋道世字玄惲撰」；[南]作「唐上都西明寺沙門道世字玄惲撰」；[徑]作「唐上都西明寺沙門釋道世玄惲撰」；[清]作「唐西明寺沙門釋道世撰」。

一　四七五頁上三行「六度篇第八十五之五」，[磧]、[南]、[清]無。

一　四七五頁上四行「第五」，[徑]無。

一　四七五頁上五行至六行「述意部又『此別五部』」，[徑]無。

……禪定部」，[徑]無。

一　四七五頁上六行「禪定部」，[磧]、[南]、[清]作「定障部」。

一 四七五頁上七行「部第一」，徑無。以下部目中「部」字與序數相連者例同。

一 四七五頁上一一行「充誣」，磧、南、徑、清作「充掘」。

一 四七五頁上一二行「隕穫」，磧、南、徑、清作「隕惾」。又「冥漢」，磧、南、徑、清作「冥漠」。

一 四七五頁中七行首字「偏」，磧作「徧」。又「禪定」，磧、南、徑、清作「障定」。

一 四七五頁中一九行第四字「若」，磧、南、徑、清無。又末字「沈」，徑、清無。

一 四七五頁下二行第一二字「云」，磧、南、徑、清作「六」。

一 四七五頁下一五行第八字「所」，磧、南、清作「不」。

一 四七六頁上一行第八字「時」，磧、南、徑、清作「尋」。

一 四七六頁上四行「自熏」，磧、南、徑、清作「自重」。

一 四七六頁上五行「憂慼」，磧、南、徑、清作「憂感」。

一 四七六頁上八行「莊嚴」，磧、南、徑、清作「嚴粧」。

一 四七六頁上一三行第二字「奪」，磧、南、徑、清作「奮」。

一 四七六頁上一六行「福盡」，磧、南、徑、清作「盡其」。

一 四七六頁上二二行「王命」，清作「正命」。

一 四七六頁中三行第三字「自」，磧、南、徑、清無。

一 四七六頁中四行第一三字「正」，磧、南、徑、清作「止」。

一 四七六頁中五行「努力」，磧作「怒力」。九行同。

一 四七六頁下一〇行第三字「即」，磧、南、徑、清作「既」。

一 四七六頁下一一行首字「山」，磧、南、徑、清無。

一 四七六頁下一四行第五字「存」，磧、南、徑、清作「在」。

一 四七六頁下一九行「抖捒」，磧、南、徑、清作「抖擻」。下至二〇行同。

一 四七六頁下二一行第九字「名」，磧、南、徑、清無。

一 四七七頁上二行「六者」，磧、南、徑、清作「有六者」。

一 四七七頁中五行第三字「住」，磧、南、徑、清作「供」。

一 四七七頁中六行第九字「勤」，磧、南、徑、清作「勸」。

一 四七七頁中九行「餘有」，磧、徑、清作「餘食」。

一 四七七頁下五行第一二字「無」，磧、南、徑、清作「無有」。

一 四七七頁下七行第一一字「防」，磧、南、徑、清作「妨」。

一 四七七頁下二一行首字「行」，磧、南、徑、清作「能行」。

一 四七八頁中三行末字「剌」，磧、南作「刾」；徑、清作「刺」。四行第三字同。

一　四七八頁中九行第五字「愛」，磧、南、徑、清作「受」。
一　四七八頁中一〇行第八字「當」，磧、南、徑、清無。
一　四七八頁中一六行「染心」，磧、南、徑、清作「深心」。
一　四七八頁中一八行第四字「衆」，磧、南、徑、清作「衆生」。
一　四七八頁下九行「三諸佛」，磧、南、徑、清作「三三世諸佛」。
一　四七八頁下一〇行「知恩」，磧、南、徑、清作「知恩報恩」。
一　四七八頁下一二行「無礙」，磧、南、徑、清作「無礙智」。
一　四七八頁下一五行「憒吏」，磧、南、徑、清作「衆鬧」。
一　四七八頁下一七行第一三字「施」，磧、南、徑、清作「少施」。
一　四七八頁下二一行「悔熱」，南、徑、清作「惱熱」。
一　四七九頁上末行「一面」，磧、南、徑、清作「在一面」。

一　四七九頁中一行「此女」，磧、南、徑、清作「此人」。
一　四七九頁中一一行「禪定部第五」、磧、南、徑作「定障部第五」；徑作「定障」。
一　四七九頁下一二行第三字「法」，磧、南、徑、清作「結」。
一　四七九頁下一六行「釋普常」，磧、南、徑、清作「釋普恒」。
一　四七九頁下二〇行第四字「赤」，磧、南無。
一　四八〇頁上二行「怡然」，磧、南、徑、清作「恬然」。
一　四八〇頁上三行第七字「令」，磧、南、徑、清作「今」。
一　四八〇頁上八行首字「叙」，磧、南、徑、清無。
一　四八〇頁上九行「風問」，磧作「夙問」；南作「風聞」；徑、清作「夙聞」。
一　四八〇頁上一六行「冠氏」，磧、南、徑、清作「冦氏」。

一　四八〇頁上二〇行「寤胎」，南、徑、清作「懷胎」。
一　四八〇頁中七行「聰慜」，磧、南、徑、清作「聰敏」。
一　四八〇頁中一三行「杖策」，磧、南、徑、清作「策杖」。又「麥蘔崖學徒」，磧、南、徑、清作「麥蘔山山學」。
一　四八〇頁中一六行「乞伏」，磧、南、徑、清作「乞佛」。
一　四八〇頁下三行第二字「樊」，南、徑、清作「樊會」。
一　四八〇頁下八行第五字「愧」，磧作「鬼」。
一　四八〇頁下九行「狂請」，磧、南、徑、清作「枉請」。
一　四八〇頁下一八行「冦天師」，磧、南、徑、清作「寇天師」。
一　四八〇頁下一九行「藝戢」，磧、南作「藝承」；徑、清作「纂承」。
一　四八〇頁下二一行「如此」，磧、南、徑、清作「如比」。

一 四八〇頁下二二行第五字「形」，磧、南、徑、清作「刑」。

一 四八一頁上一二行第九字「遷」，磧、南、徑、清作「還」。又第一三字「理」，徑、清作「埋」。

一 四八一頁上一五行第一三字「里」，磧、南無。

一 四八一頁上二〇行「軆通汗香」，徑、清作「體通汗出其汗甚香」。

一 四八一頁上二二行「盛衰」，磧、南、徑、清無。

一 四八一頁中三行第一二字「窆」，磧作「定」。

一 四八一頁中五行第一三字「徂」，磧、南、徑、清作「殂」。

一 四八一頁中九行「可如」，磧、南、徑、清作「如之」。

一 四八一頁中一〇行「苦悔」，磧、南、徑、清作「懺悔」。

一 四八一頁中一一行「矜救」，磧、南、徑、清作「矜救」。

一 四八一頁下四行「朗了」，磧、南、徑、清作「明了」。又末字「明」，磧、南、徑、清無。

一 四八一頁下七行第三字「捋」，磧、南、徑、清作「將」。

一 四八一頁下九行「將玉」，磧、徑作「蔣王」；南、清作「將王」。

一 四八一頁下一六行第一二字「愛」，磧、南、徑、清作「受」。

一 四八二頁上一行第三字「令」，磧作「今」；南、徑、清作「全」。

一 四八二頁上六行「爲神人也」，磧、南、徑、清作「謂爲神也」。

一 四八二頁上二二行第一三字「今」，磧、南、徑、清作「令」。

一 四八二頁中一行末字「㐮」，磧、南、徑、清作「壞」。

一 四八二頁中一五行第一一字「歲」，磧、南、徑、清無。

一 四八二頁中二二行「牛輿」，磧作「斗轝」；南作「斗輿」；清作「叶輿」。

一 四八二頁下一行第三字「身」，徑、清作「身血」。

一 四八二頁下四行第六字「聲」，磧、南、徑、清作「磬」。

一 四八三頁上四行「弟子」，磧作「并」。又第七字「常」，南、徑、清無。

一 四八三頁上二〇行第四字「往」，磧、南、徑、清作「往往」。

一 四八三頁中二行第六字「山」，磧、南、徑、清作「山中」。

一 四八三頁中三行夾註左「唐高僧傳」，磧、南、徑、清作「唐高僧傳中」。

法苑珠林卷第八十五　宣　二十二張

西明寺沙門釋道世撰

六度篇第八十五之六

智慧部第六　此別三部

述意部　引證部　慧益部

述意部第一

夫二種莊嚴慧名最勝三品次第智
日無過故經言五度無智似若愚盲
所以般若勝出世間破除諸有釋論又
言佛是衆生母般若能生佛是則智
為一切衆生之祖母故外書云叡哲欽
明乃稱放勛之德仁義禮智方曰宣
尼之道當惟智慧之法不可不修出
世之因無宜弗習能排巨暗譬滿月
之照三途巧遣衆毒似摩柢之除萬
惡豈可任無常沒守此長迷取相交
纏我心縈結常多有愛恒富無明未
達因緣不修對治所以鬱鬱慢山始
高崇華滔滔愛水遂廣滄溟或橫執
斷常偏論即離神黃神白我見我知
一腳常翹五邊長炙食草學牛噉糞
如犬或感談下諦寧識中道之宗或

封執四邪豈唐大乘之旨或謂冥初
生覺其永不知世間定常唯此為貴
或復言非有想是證涅槃計自在天
能成世界愚癡昏瞢庸頑疏看
指求月守株踐兔尚疑馳馬爭分菽
麥雖知歡笑將鸎鸎而不殊徒識語
言與狌狌而不異良由不識空理常處
無明凡是倒心皆名邪見五住煩惱
未滅一毫百八使纏森然尚在是故
大士為求八字不惜軀命恐在纏中
逢苦即退故自剋心以牢其志也

引證部第二

如華嚴經云菩薩為求法故能施法
者作如是言若能投身七仞火坑當
與汝法菩薩聞此歡喜無量作是思
惟我為法故尚不惜身命於阿鼻地
獄諸惡趣中受無量苦況入人間微
小火坑而得聞法依集一切功德三
昧經云釋迦過去久遠作五通仙人
名曰最勝依智度論云釋迦文佛本
為菩薩時名曰樂法時世無佛不聞
善語四方求法精進不懈了不能得
尒時魔變作婆羅門而語之言我有

佛所說一偈汝能以皮爲紙以骨爲
筆以血爲墨書寫此偈當以與汝樂
法即時自念我世世喪身無數不得
是利即自剝皮暴之令乾欲書其偈
魔便滅身是時佛知其志心即從下
方踊出爲說深法即得無生法忍
又涅槃經云菩薩爲法因緣剜身爲
燈氎纏皮肉酥油灌之燒以爲炷菩
薩尒時受是大苦自呵其心而作是
言如是苦者於地獄苦百千萬分猶
未及一汝於無量百千劫中受大苦
惱都無利益汝若不能受是輕苦云
何而能於地獄中救苦衆生菩薩摩
訶薩作是觀時身不覺苦其心不退
不動不轉菩薩尒時應自深知我定
當得阿耨菩提菩薩尒時具足煩惱
未有斷者爲法因緣能以頭目髓腦
手足血肉施於衆生以釘釘身投巖
赴火菩薩尒時雖受如是無量衆苦
其心不退不動不轉菩薩當知我今
定有不退之心當得阿耨菩提
又大集經云菩薩爲於一字一句之義
能以十方世界珍寶奉施法王一偈

因緣捨於身命雖於無量殑伽沙等
劫修行布施不如一聞菩提之事心
生歡喜於正法所樂聞樂說常爲諸
佛諸天所念以念力故世間所有經
典書論悉能通達
又大方便報恩經云菩薩常勤求善
知識爲聞佛法乃至一句一偈一義三
界煩惱皆悉萎瘁菩薩志心求佛語
時渴法情重不惜身命設踐熱鐵猛
火之地不以爲患菩薩爲一偈故尚
不惜身命況十二部經爲一偈故尚
不惜命況餘財物聞法利益故身得
安樂深生信心直心正見見說法者
如見父母心無憍慢爲衆生故志心
聽法不爲利養爲衆生故不爲自利
爲正法故不畏王難飢渴寒熱虎狼
惡獸盜賊等事先自調伏煩惱諸根
然後聽法
又華嚴經云菩薩如是方便求法所
有珍寶無貴惜者於此物中不生難
想若得一句未曾聞法勝得三千大
千世界滿中珍寶得聞一偈勝得轉
輪聖王釋提桓因梵天王處菩薩作

是念言我受一句法設令三千大千
世界大火滿中上從梵天而自投下
何況小火我尚盡受一切諸地獄苦
猶應求法何況人中諸小苦惱爲求
法故發如是心如所聞法心常喜樂
悉能正觀未曾有經云昔毗摩國徙
陀山有一野干爲師子所逐墮一丘
井巳經三日開心分死自說偈言
一切皆無常　恨不餧師子　奈何死丘井
貪命無功死　無功已可恨　復汙人中水
懺悔十方佛　願垂照我心　前代諸惡報
現償皆令盡　從是值明師　修行盡作佛
帝釋聞之與八萬諸天到其井側曰
不聞聖教久處幽冥向說非凡願更
宣法野干答曰天帝無訓不識時宜
法師在下自處其上初不修敬而問
法要帝釋於是以天衣接取叩頭懺
悔憶念我昔曾見世人先敷高座後
請法師諸天即各脫寶衣積爲高座
野干昇座曰有二大因緣一者說法
開化天人福無量故二者爲報施食
恩故天帝白曰得免井厄功報應大
云何恩不及耶答曰生死各宜有人貪

生有人樂死有愚癡人不知死後更生違遠佛法不值明師貪生畏死死墮地獄有智慧人奉事三寶遭遇明師改惡修善如斯之人惡生樂死死生天上天帝曰如尊所誨全命無功者願聞施食施法荅曰布施飢食濟一日之命施珍寶者濟一世之乏增益生死說法教化者能令衆生出世間道得三乘果免三惡道受人天樂是故佛說以法作施功德無量天帝曰師今此形為是業報為是應化荅曰是罪非應天帝曰我謂是聖方聞罪報未知其故願聞因緣荅曰昔生波羅柰國波頭摩城為貧家子剎利之種幼懷聰朗特好學習至年十二逐師於山不失時節經五十年九十六種經書靡所不達皆由和尚之恩其功難報由先學慧自識宿命由受主位奢婬著樂報盡命終生地獄畜生（自下云云略而不述）

時帝釋與八萬諸天從受十善今還天宮和尚何時捨此罪報得生天上野干曰尅後七日當捨此身生兜率天汝等便可願生彼天多有菩薩說法教化七日命盡生兜率天宮復識宿命行十善道

又賢愚經云佛在波羅柰國於林澤中為諸天人四輩之類顯說妙法時虛空中有五百鴈為群聞佛音聲深心愛樂迴翔欲下獵師張羅鴈墮其中為獵師所殺生忉利天處父母膝上若八歲兒端嚴無比光若金山便自念言我何因生此即識宿命愛法果報即共持華下閻浮提至世尊所禮足白言我蒙法音生在妙天願重開示佛說四諦得須陀洹果即還天上

利益部第三

又大寶積經云第六菩薩修行智慧復有十法不與二乘共何等為十一思惟分別定慧根本二思惟不捨斷常二邊三思惟因緣生起諸法四思惟無衆生我人壽命五思惟無三世去來住法六思惟無發行不斷因果七思惟法空而殖善不懈八思惟無相而度衆生不廢九思惟無願而求菩提不離十思惟無作而現受身不捨如是慧者不與聲聞辟支佛共

又月燈三昧經云佛言若有菩薩能行般若有十種利益何等為十一一切悉捨不取施想二持戒不缺而不依戒三住於忍力而不住衆生想四行於精進而離身心五修禪定而無所住六魔王波旬不能擾亂七於他言論其心不動八能達生死海底九於諸衆生起增上悲十不樂聲聞辟支佛道

又佛言若有菩薩信樂多聞有十種利益何等為十一知煩惱資助二知清淨資助三遠離疑惑四作正直見五遠離非道六安住正路七開甘露門八近佛菩提九與一切衆生而作光明十不畏惡道

又六度集經云復有四種智慧具足智慧何等為四一不住斷見二不入常見三了十二緣四忍無我行

菩薩復有四種擁護法具足智慧何等為四一擁護法師如已君主二護諸善根三將護世間四護利益他

菩薩復有四種無猒足行具足智慧一樂於多聞無有猒足二樂於說法無有猒足三行慧無有猒足四行智無有猒足

又華嚴經云佛子一切諸佛有十種未曾失時何等爲十一切諸佛成等正覺未曾失時一切諸佛善根業報未曾失時一切諸佛授菩薩記未曾失時一切諸佛隨應衆生示現神力未曾失時一切諸佛現如來身未曾失時一切諸佛悉行於捨未曾失時一切諸佛入城聚落未曾失時一切諸佛攝歡喜衆生未曾失時一切諸佛難化衆生而不放捨之爲調伏故未曾失時一切諸佛示現不可思議自在神力未曾失時佛子是爲一切諸佛十種未曾失時

頌曰

三塗阻嶮　六度相宗　施戒忍進
禪智開蒙　四等慈照　三學哀忡
唯斯福利　寔由心崇　染淨隨情
取捨我躬　解興或喪　自安休窮
六蔽久壅　八正虛融　福智雙感
理量俱通

感應緣　略引七驗

晉亭湖神廟經驗
魏沙門釋志湛
唐沙門釋慧因
唐沙門釋慧稜
唐沙門釋法敏
唐沙門釋空藏
唐司元大夫妻蕭氏

晉楊州江畔有亭湖神嚴峻甚惡于時有一客僧婆羅門名曰法藏善能持祝辟諸邪毒並皆有驗別有小僧就藏學祝經於數年學業成就亦能降伏諸邪毒惡故詣亭湖神廟止宿誦祝伏神其夜見神遂致殞命藏師聞弟子誦祝致死憤忿自來夜到神廟瞋意誦祝神來出現自亦致死同寺有僧每常受持般若聞師徒並亡遂來神所於廟夜誦金剛般若至夜半中聞有風聲極大迅速之間見有一物其形偉大壅聳驚人奇特可畏口齒長利眼光如電種種神變不可具述經師端坐正念誦經剎那匪懈情無怯怕都不憂懼神見形泰攝諸威勢來至師前右膝著地合掌恭敬聽經說師問神曰檀越是何神靈初來猛峻後乃容豫神荅云弟子惡業報得如是是此湖神然甚信敬經師又問若神信敬何意前二師並皆打死荅云前二師死者爲不能受持大乘經典嗔心誦祝見弟子來逆前放罵專誦惡語欲降弟子弟子不伏于時二僧見弟子形惡自然怖死亦非弟子故殺二僧左近道俗見前二僧被殺謂經師亦死相率往看旦見平安容儀歡泰時人甚怪競共問由具荅前意寔因般若威力聖教不虛諸人因此發心受持般若者衆

魏泰岳人頭山銜草寺釋志湛齊州山莊縣人是朗公曾孫之弟子也立行純厚省事少言住銜草寺寺即宋求那跋摩之所立也游諸禽獸而不驚亂常誦法華用爲常業將終之日沙門保誌奏梁武曰北方山莊縣僧住銜草寺是須陀洹聖人今日入涅槃楊都道俗問誌皆遣遙禮端坐氣絕

兩手各舒一指有西天竺僧解云若是二果聖人各舒兩指湛舒一指定是初果收葬人頭山造塔安之鳥獸不汙今猶在焉又雍州有僧亦誦法華隱于白鹿山感一童子常供給至終置屍巖下餘骸枯朽唯舌多年不壞又齊武成世并州東看山側有人掘地見一處土其色黃白與傍有異尋見一物狀人兩脣其內有舌鮮紅赤色以事奏聞問諸道人無能知者沙門大統法師上奏曰此持法華者令六根不壞別誦千徧定感此徵乃勑中書舍人高珍曰卿是信向之人自往看之必有靈異宜遷置淨所設齋供養珍奉勑至彼集諸持法華沙門各執香鑪潔齋旋繞而祝曰菩薩涅槃年代已遠像法流行奉無謬者請現靈感纔始發聲脣舌一時鼓動雖無響及而似讀誦諸同見者莫不毛豎珍以狀聞詔遣藏之石函遷于山室又魏太和初年北代京閹官自慨形殘不逮餘人旋奏乞入山修道出勑許之乃賫一部華嚴晝夜讀誦禮

悔罪懺夏首歸山至六月末鬚髮盡生陰相復現丈夫相狀宛然復舊具狀奏聞高祖增信內宮驚訝於是北代之國華嚴轉盛右此二驗見侯君素集

唐西京大莊嚴寺釋慧因俗姓于吳郡海鹽人也稟靈溫裕清鑒倫通後造長干辯法師所稟學三論窮實相之微言弘滿字之幽旨瀉水一器青更逾藍辯後歸靜山林便以學徒相委受業弟五百餘人踵武傳燈將三十載陳太建八年安居之始忽感幽使云王請法師部從相諠絲竹交響當即氣同捨壽體如平日時經七夕若起深定學徒請問乃云試看箱內見有何物尋檢有絹兩束因曰此為賻遺重問其故曰妄想顛倒知何不為吾被閻羅王召夏坐誦大品般若於冥道中謂經三月又見地獄眾相五苦次第非夫慈誘幽顯行極感通豈能赴彼冥祈神游異域者矣以貞觀元年二月十二日卒于大莊嚴寺春秋八十有九

唐襄州紫金寺釋慧稜姓申屠凡有

法論皆令覆述吐言質朴談理入微時人同號得意稜也至貞觀十四年正月半襄州有感通寺祀法師曰夢見閻羅王請稜公欲講三論祀公講法華如何稜曰善哉慧稜發願常處地獄教化眾生講大乘經既有此徵斯願畢矣至九月末蔣王見稜氣弱送韶州乳二兩逼令服之其夕夢見一衣冠者曰勿服此乳閻羅王莊嚴道場已竟大有乳藥至十月半黃昏時遂覺不悆告弟子曰吾五藏已崩無有痛所四更起坐告寺主寶度曰憶年八歲往龍泉寺借觀音未至書閣已講三徧睽如目前說言未訖外有大聲告曰法師早起燒香使人即到度曰何人答曰閻羅王使迎稜法師來即起燒香洗浴懺悔禮佛訖還房中與度別食粥未了便取一生私記焚之曰此私記於他讀之不得其致矣至小食時異香忽來稜斂容便卒即十四年十月十六日春秋六十有五

唐越州靜林寺釋法敏姓孫丹陽人

也法華三論常講不絶至貞觀元年出還丹陽講華嚴涅槃至二年於越州田都督追還一音寺講道俗數千慶之嘉會至十九年會稽士俗請往靜林講華嚴經至六月末正講衆集有蛇縣半身在敏頂上長七尺許作黄金色吐五色光訖講方隱至夏終還一音寺夜有赤衣二人禮敏曰法師講四部大經功德難量須往他方教化故從東方來迎法師弟子數十人同見此相至八月十七日尒前三日三夜無故暗冥恰至將逝忽放大光夜明如日因尒還化春秋六十有七停喪七日異香不滅

唐京師會昌寺釋空藏姓王氏先祖晉陽今在雍州之新豐縣母初孕之日自然不食酒宍葷辛不嘗以同身子容於異之既誕之後靈鑒日陳情用高遠讀誦經論恩存拔濟聰勤無比日誦萬言至年長大揔誦經論三百餘卷鈔摘衆經大乘要句十有餘卷流行於世賢劫千佛日禮一徧春夏方等常坐不臥翹勤難加寸陰不虧以貞觀十六年五月十二日終於會昌春秋七十有四遺身於龍池寺側收骨起塔其髏骨兩耳相通頂有雙孔眼匡合竅各有三焉弟子等追惟永往樹碑會昌寺左僕射燕國公于志寧為文又有釋遺裕常誦法華千有餘徧以貞觀初因疾將終遺囑友人慧廓曰比雖誦經意望靈驗身死之後不須露骸埋之十載屈為發出舌根爛不審若不壞為起一塔以示經感言訖而終依囑而埋至貞觀十一年廓與知友就墓開之身宍都盡唯舌不朽一縣士女咸覩敬仰以函盛舌於陽陸北性谷南岸為建塔銘識者尊巖發信誦經又有京城西豐谷鄉南福水南史村史呵誓少懷善念常誦法華臨終之時感有異香氳氳滿村埋後十年妻亡開墓同殯見舌鮮明異常紅赤又蕭僕射宋國公兄太府寺大卿榮位高貴國史具傳於懷道業無棄寸陰暗誦法華万有餘徧兄弟各造千部法華書生潔淨勘校無謬莊飾函盛散付流通請受人名各録一通躬自禮敬日夜一徧宋公自撰經跡十有餘卷廣集諸家向有半世採掇菁華糅以胸臆四時無事昇座常講至於開題之首每召京城名德朝野宰貴躬臨座席以申賔主兄御情好讀誦所寫法華千部躬自勘校每日朝參必使侍人執經在前至於公事伺有閑隙便自勘讀日誦一徧以為常式靈祥徵迹頗難記録家門高遠不好傳述右此四驗出唐高僧傳

唐蕭氏是司元大夫崔義起妻是蕭鏗女鏗是僕射之姪蕭氏為人妒忌多瞋好打奴婢不信業報至麟德元年從駕雒陽到二年正月身亡死在地獄蕭氏手下常所愛婢名閏玉年可十八雖是撩婢容貌端正性識聰敏信樂佛法至二月家内為夫人設三七日齋僧正食時夫人自來看齋枷項鏁詈獄卒衞從餘人不知唯此婢見夫人靈著此婢言音共夫人生平語音無異使傳語向家内大小云吾嬭崔家已來為性多瞋橫生嫉妒好打奴婢蕀不信因果今至地獄受罪極重備經諸

苦不可具說聞家內今三七日爲吾設
齋請求獄官放一日假暫來看齋語
汝男女合家大小吾自共汝同住已
來身三口四意怨三毒好瞋打汝兼
嫉妒大夫所看婢妾種種不善發起
惡業今受報苦不可具陳願汝男女
合家大小內外眷屬從汝懺悔願施
歡喜然汝男女憶吾乳餔之恩將吾
生平受用資具速捨修福望拔冥苦
至七七日爲吾設齋之時令此功德
早得成就吾至齋日更請官人望得
復來語丈夫及兒女等大夫生平急
性多瞋不得過分瞋打奴婢勸信三
寶恭敬上下修持齋戒檀忍不絕臨
去之時語男女云吾且將閻王去使在
地獄看吾受罪苦痛如何經五六日
還放來令汝男女知吾受罪苦痛虛
實作此語已閻王即死唯心上暖餘
分並冷身臥在地不敢埋之此婢既
至地獄見一大殿院門嚴兵守衛云
是王殿不敢窺窬行至東院別見一
廳上有大官人云是斷罪官復過廳
院東有地獄種種苦具一如圖畫夫

人語婢云汝看吾受罪之苦作此語
已即有種種獄卒羅剎撲擲夫人屠
割身宍鑊湯煎煮煑已還活活已復
歷諸獄鐵鉗抽舌鐵烏啄之復臥鐵
牀飛烏猛火一時著身死已還活活
已復受諸苦不可具陳夫人蘇已即
見其父蕭鑾乘紫金蓮華座騰空而
來鑾生平已來及歷任諸官皆不食
宍葷辛常誦法華經日別一徧恭敬
三寶晝夜六時禮誦無闕今生善處
見女受苦故來相救即語女云吾生
平之日每勸汝生信止怒汝不用吾
語今致其殃汝復何因將此婢來女
報父言爲兒生平不信今受罪苦故
將此婢看兒受罪輕重令傳向家內
男女使其生信父聞印可即語女言
吾雖生善處未能全救汝苦汝努力
自勵發心兼藉家內福善共相助作
決望得出上昇人天作此語已忽有
一婆羅門師年少端正亦乘空而來
語夫人云由汝不信因果今受罪苦
未知此婢性識如何吾欲教誦經使
傳家內令世人生信夫人報云請師

但教此婢聰明誦經可得師即先教
誦金剛般若初受二三行有忘一二
句者後續授之漸得半紙一紙少時
誦得不忘復教誦藥師法華一受不
忘此之三部皆作梵音不作漢語文
詞典正音韻清亮文句皆熟即已放
歸臨來語云汝至家內逢人爲誦漢
人道俗不別汝音令覓婆羅門善梵
語者試看誦之始知善惡世人多有
信邪事道不樂佛法既見汝獠婢尚
能誦得三本梵經豈可不生信心儻
得一人迴邪入正非直夫人得福亦
令汝後報不入三塗既受此語已放
出至家惺了如舊即集家內尊卑具
說夫人地獄受罪苦事猶恐曹主兒
郎等不信即臥在地作夫人在地獄
受苦之事或云看夫人吞熱鐵丸開
口咽之口赤腹熱如火或云看夫人受
鐵犂耕舌吐舌二三尺餘或云看夫
人受鐵牀苦身體紅赤熱氣如火如
是變現種種苦痛之相已然後蘇惺
復說見夫人父誡勅之事復說見婆
羅門教誦經意夫人得出地獄上昇

天報此婢即爲家内正坐而誦文文句句皆作梵音聲氣清亮令人樂聞室家大小見此善惡靈驗罕所未聞夫人男女大小五體自撲號哭哀慟逾痛初亾道俗群官聞者皆勸易心歸信齋戒不絶麟德元年有西域四婆羅門來獻佛束頂骨因親眷屬將軍薛仁軌家内設齋諸親聚集諸官人共議云此婢雖誦得梵經某等皆不別之故邀屈請得此四婆羅門至將軍舍齋復喚得此婢不語四僧云在地獄中誦得但誑云别有婆羅門誦得此三部經密試虚實即對西僧令婢誦之且誦金剛般若訖此四婆羅門一時皆起合掌怪歎希奇未曾有也何因漢人能得如此更誦藥師法華訖彌加歡喜恭敬如師即譯語傳云此女何因得如此善巧音詞文句典正經熟不錯吾西域善能誦者未能如是此非凡人能得如此諸官人等始爲說實西僧泣淚非是聖力冥加豈能如是言詞典正諸官道俗見者悲歎深信佛法不敢輕慢將軍因

見此事奏上聞徹皇帝勑語百官信知佛法衆聖之上冥祐所資孰不能信百官拜謝慶所未聞良由三寶景福恩重慈蔭四生非臣下愚所能籌度聖凡受益豈得不信（事大夫亦麟德二年亾宅在西京宮城東翼善坊西門大街南壁上道至其家見婢誦經具說如是也）

法苑珠林卷第八十五

法苑珠林卷第八十五

校勘記

一　底本，金藏廣勝寺本。四八七頁中一〇行至本頁下三行原版缺，以麗藏本補。

一　四八七頁中一行經名，徑作「法苑珠林卷第一百二」。又經名下，磧、南有夾註「六度之六」。

一　四八七頁中二行「西明寺」，磧作「大唐上都西明寺沙門釋道世字玄惲撰」；南作「唐上都西明寺沙門釋道世字玄惲撰」；徑作「唐上都西明寺沙門釋道世玄惲撰」；清作「唐西明寺沙門釋道世撰」。

一　四八七頁中三行「六度篇第八十五之六」，磧、南、清無。

一　四八七頁中四行「第六」，徑無。又「此別三部」，徑無。

一　四八七頁中五行「述意部　引證部　慧益部」，徑無；清作「述意部　引證部　利益部」。

一　四八七頁中六行「部第一」，徑無。以下部目中「部」字與序數相連者例同。

一　四八七頁中一六行第六字「常」，磧、南、徑、清作「恒」。二一行第三字同。

一　四八七頁中一九行「崇華」，磧、南、徑、清作「嵩華」。

一　四八七頁下二行第四字「永」，磧作「水」；南、徑、清作「外」。

一　四八七頁下四行「愚戇」，磧、南、徑、清作「戇愚」。又末字「看」，磧、南、徑、清作「著」。

一　四八七頁下五行「蔟兔」，磧、南、徑、清作「求兎」。

一　四八七頁下八行第五字「倒」，磧、南、徑、清作「例」。

一　四八八頁中一行「殑伽沙」，磧、南、徑、清作「恒河沙」。

一　四八八頁中一一行第九字「經」，磧、南、徑、清作「尊經」。

一　四八八頁下八行首字「井」，磧、南、徑、清作「野井」。

一　四八八頁下九行「丘井」，磧、南、徑、清作「厄身」。

一　四八八頁下一一行末字「報」，磧、南、徑、清作「業」。

一　四八九頁上五行第一一字「仐」，磧作「令」。

一　四八九頁上一五行「聰朗」，清作「聰明」。

一　四八九頁上一九行「主位」，磧、南、徑、清、麗作「王位」。

一　四八九頁下七行「行於」，南作「行業」。

一　四八九頁下八行「所住」，南、徑、清作「所著」。

一　四八九頁下一四行「作正直見」，磧、南、徑、清作「住正真見」。

一　四八九頁下末行末字「他」，麗作「他人」。

一　四九〇頁上一四行第三字「難」，磧、南作「雖」。又第八字「不」，磧、南、徑、清無。

一　四九〇頁上一九行第八字「宗」，磧、南、徑、清作「應」。

一　四九〇頁上二〇行末字「忡」，磧、南、徑、清作「矜」。

一　四九〇頁上二二行「解興或喪」，磧作「解與或喪」；南、徑、清作「解與惑喪」。又「自妄休窮」，磧、南、徑、清作「息妄休徵」。

一　四九〇頁中二行夾註「略引七驗」，磧無。

一　四九〇頁中三行「經驗」，磧、南、徑、清無。

一　四九〇頁中六行首字「唐」，清無。下至九行首字同。

一　四九〇頁中一八行第六字「常」，磧、南、徑、清作「恒」。本頁下二〇行第九字同。

一　四九〇頁中二〇行第四字「閒」，磧、南、徑、清、麗作「閑」。

一　四九〇頁下一二行末字「旦」，磧、南、徑、清作「且」。

一　四九〇頁下一一行「保誌」，磧作

「褒誌」；南、徑、清作「寶誌」。

一　四九一頁上九行第一〇字「宍」，磧、南、徑、清、麗作「内」。

一　四九一頁上一二行第六字「别」，磧、南、徑、清作「般」；麗作「愍」。

一　四九一頁上二二行第七字「旋」，磧作「族」。

一　四九一頁中四行夾註右「二驗」，南作「一驗」。

一　四九一頁中一〇行第五字「弟」，磧、南、徑、清、麗作「弟子」。

一　四九一頁中一七行第八字「召」，磧、南、徑、清作「命」。又第一一字「誦」，磧、南、徑、清作「講」。

一　四九一頁中二〇行第四字「赴」，磧、南、徑、清作「起」。又第一一字「域」，磧作「城」。

一　四九一頁中二一行第一二字「大」，磧、南、徑、清無。

一　四九一頁下一一行第五字「忿」，磧、南、徑、清作「愈」。

一　四九一頁下一四行第六字「晈」，磧、南、徑、清作「皎」。

一　四九一頁下二一行「十六日」，磧、南、徑、清作「十六日也」。

一　四九二頁上七行「訖講」，磧、南、徑、清作「講畢」。

一　四九二頁上一三行第七字「還」，磧、南、徑、清、麗作「遷」。

一　四九二頁上一四行「不滅」下，磧、南、徑、清有「道俗感嘆咸悉相送」八字。

一　四九二頁上一七行第八字「葷」，磧作「薰」。

一　四九二頁上一九行第八字「思」，磧、南、徑、清作「恩」。

一　四九二頁中一行「十二日」，南、徑、清作「十三日」。

一　四九二頁中三行首字「牧」，磧、南、徑、清、麗作「收」。

一　四九二頁中一三行「士女」，磧、南、徑、清作「士庶女男」。

一　四九二頁中一六行「史呵誓」，磧作「史呵譫」。

一　四九二頁下三行「半世」，磧、南、徑、清作「三十」。又第八字「糅」，磧、南、徑、清作「揉」。

一　四九二頁下四行第四字「常」，磧、南、徑、清作「恒」。

一　四九二頁下六行第二字「兄」，徑、清作「況」。同行第一二字「千」，南作「十」。

一　四九二頁下一〇行「不奸」，磧、南、徑、清作「不可」。又夾註「右此四驗出唐高僧傳」，磧、南無。

一　四九二頁下一四行「雒陽到」，麗作「到雒陽」。

一　四九二頁下一五行第六字「所」，南作「有」。

一　四九二頁下一八行第一一字「齋」，磧、南、徑、清無。

一　四九三頁上五行「大夫」，麗作「丈夫」。下同。

一　四九三頁上一一行第一三字「望」，磧、南作「至」。

一　四九三頁上一二行「丈夫」，磧、

南、徑、清作「大夫」。

一　四九三頁上一七行「還放來」，磧作「遠放迴來」；南、徑、清作「還放迴來」。

一　四九三頁上一九行末字「旣」，磧、南、徑、清作「即」。

一　四九三頁中四行第九字「烏」，麗作「鳥」。

一　四九三頁中五行第三字「鳥」，磧、南、徑、清作「烏」。

一　四九三頁中九行首字「宾」，磧、南、徑、清、麗作「酒肉」。

一　四九三頁中一五行第一一字「傳」，磧作「得」。

一　四九三頁中一八行末字「作」，磧、南、徑、清、麗作「佐」。

一　四九三頁中二一行第四字「云」，磧、南、徑、清作「曰」。

一　四九三頁下一二行第九字「直」，南、徑、清作「但」。

一　四九三頁下一九行第五字「吐」，磧、南、徑、清作「出」。

一　四九三頁下二一行「蘇惺」，磧、南、徑、清作「蘇醒」。

一　四九四頁上五行第七字「群」，磧、南、徑、清作「郡」。

一　四九四頁上一二行第七字「但」，磧、南、徑、清無。又「婆羅門」，磧、南、徑、清作「婆羅門教」。

一　四九四頁上一三行「三部」，磧作「二部」。又「西僧」，磧、南、徑、清作「四僧」，二一行同。

一　四九四頁上一六行「更誦」，磧、南、徑、清作「更爲誦」；麗作「更爲」。

一　四九四頁中五行至六行夾註「崔大夫……具說如是也」，磧、南、徑、清無。

一　四九四頁中卷末經名，徑無（未換卷）。

法苑珠林卷第八十六

西明寺沙門釋 道世 撰

懺悔篇第八十六 此有六部

述意部 引證部 違順部
會意部 儀式部 洗懺部

述意部第一

敬惟佛日潛暉正像寖訛人情嶮異世序澆漓仰則大師千有七百聚生頑嚚善根羸薄正法既衰邪見增長內無勝解常爲五蓋自縈外失良緣致使四魔得便故放縱三毒馳騁六塵日夜攀緣無非搆禍招疊之咎積罪尤多今既覺寤盡誠懺悔然懺悔之儀須憑聖教教有大小罪有輕重通塞不同開遮有異是故第一廣引聖教明懺成不如七衆之人曾經受得五八十具三聚等戒若犯小乘初四重戒不覆藏者依律開許盡形學悔不限時節若覆藏者縱有懺悔依律不許第二篇已下隨犯輕重覆與不覆但識名種依律得除具存大教非此所明若犯大乘三聚等戒除謗

方等邪見重緣業思極重戒體不全縱有好心懺犯大難必須懇意用心徹到犯餘輕者懺悔可通令依方等佛名經等無問在家出家大小乘戒若有犯者不牒名種所以開懺惟此懺悔爲除罪障冀免業非欣慕清昇遠求大聖思極大事不可容易自非具閑聖教無宜得滅知罪眞妄深淨虛融心境開合常須作意不起攀緣罪方伏除也

引證部第二

如最妙初教經說佛告舍利弗我憶往昔有一比丘名曰欣慶犯四重禁來至僧中九十九夜懺悔自責罪業即滅戒根即生如初受戒時無有異也如人移樹餘處得生彌更滋長乃得成樹破戒懺悔亦復如是介時破戒比丘自知犯罪心生慚愧轉加苦行乃經七年道成羅漢說是品時五百破戒比丘以慚愧故戒根還復

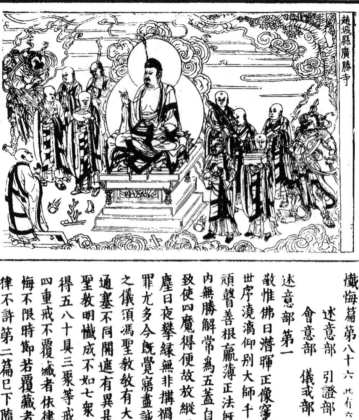

又大莊嚴經論云若人學問雖復毀行以學問力能尋復迴以是義故應勤學問我昔曾聞有一多聞比丘住

阿練若處時有寡婦數數往來此比丘所聽其說法于時學問比丘於此寡婦心生染著以染著故所有善法漸漸劣弱爲凡夫心結使所使與此婦女共爲言要婦女言汝今若能罷道還俗我當相從彼時比丘即便罷道既罷道已不能堪任世間苦惱身體羸瘦不解生業未知少作而大得財即自思惟我於今者作何方計得生活耶復作是念唯客殺羊用功極輕兼得少利作是念已求覓是處以凡夫心易朽敗故造作斯業還與屠兒共爲親友於賣宍時有一相識乞食道人於道路上遇值得見見已便識頭髮蓬亂著青色衣身上有血猶如閻羅羅刹所執宍秤悉爲血汙見其秤宍欲賣與人比丘見已即長歎息作是思惟佛語眞實凡夫之心輕躁不停極易迴轉先見此人勤修學問護持禁戒何意今日忽爲此事作是念已即說偈言

汝若不調馬　放逸造衆惡　云何離慚愧
捨棄調伏法　威儀及進止　爲人所樂見
飛鳥及走獸　覩之不驚畏　行恐傷蟻子
慈哀憐衆生　如是悲愍心　今爲安所在

凡夫之人其心不定若得見諦是名沙門婆羅門復說偈云

勇悍而自稱　謂已眞沙門　爲此不調心
忽作思大惡

說是偈已尋即思惟我今作何方便令其開寤如佛言曰若教人時先當令其觀於四諦今當爲說佛業根本作是念已而語之言汝於今者極善稱量時賣宍者作是念言汝比丘既不買宍何故語我極善稱量作是念已即說偈言

此必有悲愍　而來見濟拔　如斯之比丘
久離市易法　見吾爲惡業　故來欲救度
實是賢聖人　爲我作利益

說是偈已尋憶昔者爲比丘時造作諸行念先所誦經名曰苦聚欲過欲味思惟是已即以宍秤遠擲于地於生死中深生猒患語彼比丘大德大德而說偈言

欲味及欲過　何者爲最多　我以慚愧鞁
捉持智慧秤　思量如此事　心已得通達
不見其有利　鈍者欲衰患　以是故我今
宜應捨離欲　往詣於僧坊　復還求出家

時罷道比丘說此偈已即捨惡業出家精勤得阿羅漢果以此文證破戒犯重迴心學道勤修則出雖復依理要須專精起勇猛心不惜身命常須自省勿起邪念立大誓願不限劫數盡於未來盡欲度脫等衆生界拔苦與樂知心妄動遠離前境新業不起舊結伏除縱有重過即能輕微業惡雖重不如善心故涅槃經云譬如氎華雖有千斤終不能敵眞金一兩

如殑伽河中投一升鹽水無鹹味飲者不覺喻能觀心強即滅重罪

又虛空藏經云若優婆塞優婆夷等破五戒犯八戒齋出家比丘比丘尼沙彌沙彌尼式叉摩那犯四重禁在家菩薩毀六重禁如是愚人世尊先於毗尼中決定驅擯如大石破今於此經說大悲虛空藏能救諸苦及說祝以除罪咎設有此人云何爲證佛告優波離有三十五佛敕救世大悲汝當敬禮尒時當著慚愧衣如眠生

瘡深生恥愧如癩病人隨良醫教汝亦如是應生慚愧既慚愧已一日乃至七日禮十方佛稱三十五佛名別稱大悲虛空藏菩薩名澡浴身體燒衆名香堅黑沈水明星出時長跪合掌悲泣雨淚稱虛空藏名白言大德大悲菩薩愍念我故為我現身尒時當起是想是虛空藏菩薩頂上有如意珠其如意珠紫金色若見如意珠即見天冠此天冠中有三十五像現如意珠中十方佛像現虛空藏菩薩身長二十由旬若現大身與觀世音等此菩薩結跏趺坐手捉如意珠王其如意珠演說衆法音與毗尼合若此菩薩憐愍衆生作比丘像及一切像若於夢中若坐禪時以摩尼珠印印彼臂印文上有除罪字得此字已還入僧中如本說戒若優婆塞得此字者不障出家設不得此字便於空中有聲唱言罪滅罪滅若無空聲使知毗尼者夢見虛空藏告言毗尼菩薩某甲比丘某甲優婆塞更令懺悔一日乃至七日禮三十五佛虛空藏菩

薩力故汝罪輕微知法者復敎令塗治圊廁經八百日日日告言汝作不淨事汝今一心塗一切圊廁莫令人知塗已澡浴禮三十五佛稱虛空藏向十二部經五體投地說汝過惡如是懺悔復經三七日尒時智者應集親厚於佛像前稱三十五佛名稱虛空藏名文殊師利賢劫菩薩為其作證更白羯磨如前受戒此人若行力故罪報永除不障三種菩提業佛告優波離汝持是觀虛空藏法為未來世無慚愧衆生多犯惡者廣分別說說是語時虛空藏結跏趺坐放金色光如意珠中現三十五佛已白佛言世尊我此如意珠實說首楞嚴坐是故衆生見此珠者得如意自在尒時世尊勅優波離汝持此經不得多衆廣說但為一人持毗尼者為未來世無眼衆生作眼目故慎莫忘失時優波離聞佛所說歡喜奉行

又依佛名經云尒時佛告舍利弗若善男子善女人求阿耨菩提者當先懺悔一切諸罪若比丘犯四重比丘尼

犯八重戒式叉摩那沙彌沙彌尼犯出家根本若優婆塞犯優婆夷重戒若優婆夷犯優婆塞重戒乞懺悔者當淨洗浴著新淨衣不食葷辛當在靜處修治室內以好華幡莊嚴道場香泥塗地縣四十九枚幡莊嚴佛座安置佛像燒種種香散種種華與大慈悲願苦衆生未度者令度於一切衆生下心如僮僕心若比丘犯四重禁如是晝夜四十九日當對八清淨僧發露所犯罪七日一對發露至心殷重悔昔所作一心歸命十方諸佛稱名禮拜隨力隨分如是志心滿四十九日罪必除滅是人得清淨時當有相現若於覺中若於夢中十方諸佛與其記別或見菩薩與其記別將詣道場共為已伴或與摩頂永滅罪相或自見身入大會中處在衆次或自現身處衆說法或見法師淨行沙門將詣道場示其諸佛舍利弗若比丘懺悔罪時若見如是相者當知是人罪垢得滅除不志心若比丘尼懺悔八重罪者當如比丘法滿足四

十九日當得清淨除不志心若優婆塞優婆夷懺悔重戒應當志心恭敬三寶若見沙門恭敬禮拜生難遭想當請詣道場設種種供養當請一比丘心敬重者就其發露所犯諸罪志心懺悔一心歸命十方諸佛稱名禮拜如是滿足七日必得清淨除不志心舍利弗若比丘比丘尼優婆塞優婆夷欲懺悔諸罪當洗浴著新淨衣修治室內敷好高座安置佛像縣四十九枚幡種種華香供養誦此三十五佛名日夜六時懺悔滿二十五日滅四重八重等罪式叉摩那沙彌沙彌尼亦如是

又大方等陀羅尼經云尒時文殊師利白佛言世尊若有比丘世尊去世後毀四重禁比丘尼毀八重禁若菩薩若沙彌沙彌尼優婆塞優婆夷若毀如是一一諸戒當云何滅如是等過佛言快哉文殊乃能請問如是等事汝慈悲勝故能發是問汝若不發是問我終不說彼惡汝今諦聽當爲汝說若我去世後若有惡律儀比丘毀四重禁默受供養而不改悔當知是比丘必受地獄苦而無疑也我今當出良藥救彼比丘汝今諦聽當爲汝說

離婆離婆諦一仇呵仇呵帝二陀羅離帝三尼呵羅帝四毗摩離帝五莎呵六

文殊師利此陀羅尼是過去七佛所宣如是七七亦不可計數亦不可計說此陀羅尼救攝衆生現在十方不可計不可數七佛亦讀誦此陀羅尼救攝衆生末世惡律儀比丘令其堅固住清淨地若有比丘毀四重禁志心憶念此陀羅尼誦千四百徧已乃一懺悔請一比丘以爲證人自陳其罪向形像前八十七日懺悔已是諸戒根若不還生終無是處若不堅固阿耨菩提心亦無是處又文殊師利云何當知得清淨戒善男子若其夢中見有師長手摩其頭若父母婆羅門耆舊有德人若與飲食衣服臥具湯藥當知是人住清淨戒見如是一相者應向師說如法除滅如是罪咎若比丘尼毀八重禁者若欲除滅八重禁者先請一比丘了知內外律者陳其罪咎向彼比丘彼比丘應如法而教此內外律所說

阿隸離婆其羅帝一羅帝婆二摩羅帝三呵摩羅帝四莎呵五

善男子此陀羅尼若有讀誦受持如法修行九十七日誦四十九徧乃一懺悔隨師應行是諸惡業若不除滅終無是處若於夢中見如上事當知彼尼住清淨地具清淨戒若有沙彌沙彌尼優婆塞優婆夷毀諸禁戒者亦應請一比丘了知內外律者向形像前若尊經般若前自陳其過向此比丘說此比丘應教淨律之法所說

伊伽羅帝一慕伽羅帝二阿帝摩羅帝三郁伽羅帝四婆羅帝婆五座羅伽竭帝六座羅竭帝七豆羅奢竭帝十婆羅隸阿隸十一其羅隸阿隸十二持羅隸阿隸十三其蘭隸阿隸十四提蘭隸阿隸十五毗羅隸阿隸十六莎呵十七

善男子我爲慈愍一切衆生故說此

陀羅尼若有下劣沙彌沙彌尼優婆塞優婆夷亦讀誦修行此陀羅尼誦四百徧乃一懺悔如是大第四十七日當懺悔時應自陳過令其耳聞如上所說夢中得見一一事者當知是沙彌等住清淨地具清淨戒佛告文殊師利如汝所念行者應修五事持護戒境界所謂不犯陀羅尼義不謗方等經不見他過不毀大乘不毀小乘不離善友常說衆生妙行復有五事不談上界所見亦不談所行好醜之事亦應日三時塗地亦應日誦一徧日一懺悔如是五事是行者業不犯戒復有五事若有比丘行此法者及與白衣不得祭祠鬼神亦復不得輕於鬼神亦復不得破鬼神廟假使有人祭祠鬼神亦不得輕亦不得與彼人往來如是五事是行者業護戒境復有五事不得與謗方等經往來不得與破戒比丘往來不得與破五戒優婆塞往來不得與獵師家往來不得與常說比丘過人往來復有五事不得與腦皮家往來不得與藍染家往來不得與養蠶家往來不得與壓油家往來不得與掘鼠藏家往來復有五事不得與劫人家往來不得與偷人家往來不得與燒僧坊家往來不得與偷僧祇物人往來不得與乃至偷一比丘物人往來復有五事不得與畜豬羊雞犬家往來不得與觀星宿家往來不得與婬女家往來不得與寡婦家往來不得與酤酒家往來如是七種五事是行者業護境界

違順部第三

夫四重五逆佛海死屍小乘經律譬同斬首既律無開緣懺不復本依大乘經許其洗蕩如祝枯木還生華果雖許此懺須立大心順教奉行如死還活大士大行義不唐捐身戒心慧志常修習既慚且愧精勵形心心想尚虛罪豈定性令欲科約行業條例順違善惡罪福具兼二種先就惡業以論違順違於涅槃順於生死辯此違順略顯十心有罪行者須識業相量事而行矣

一者無明顛倒煩惱醉惑觸境生著昏暗不醒所以造罪

二者內既癡醉外爲惡友所迷隨順非法惡心轉熾所以造罪

三者內外緣具自破已善亦破他善於諸善事無隨善心所以造罪

四者既不修善惟惡是從縱恣三業無惡不爲所以造罪

五者所造惡事雖未廣多而惡心周普奪一切樂與一切苦所以造罪

六者惡念相續晝夜不斷心純念惡初無停息所以造罪

七者隱覆瑕疵藏諱罪過內懷奸詐外現賢善所以造罪

八者身色强健謂我常存增狀作罪不畏惡道所以造罪

九者頑癡凶很魯扈抵突無慚無愧片無羞恥所以造罪

十者撥無因果不信善惡斷諸善根作一闡提不可救療所以造罪

如上十心無明爲本增加不已極至闡提順入生死從暗入暗織作結業無解脫期是名無明違順心也既識

生死罪惡之人遇佛大慈加攝哀念立改過法開解脫門令我善根重得生長如王登位宥罪緩刑將行懺除修善改惡善中違順亦具十心常須運想對治前罪從後立儀二觀破此正悔過立行本基也

一者正信因果不迷不謬為善獲福為惡得罪雖無作者果報不失雖念念滅業不敗亡信為道源智為能入既智且信衆善根本用此正信翻破不信一闡提心由備此心方能起懺

二者悔罪要方慚愧為本我慚此罪不復人流愧我此罪不蒙天護是為白法亦是三乘行人第一義天出世白法是為懺愧翻破無愧之黑法也要具此心方能行懺後條例耳

三者怖畏無常命如水沫一息不還隨業流轉覺無常已食息無闕是為無常翻破保常不畏惡道心也

四者發露向他說罪輕重以露罪故罪即焦枯如露樹根枝葉彫落是為發露翻破覆藏現淨心也

五者斷相續心畢竟捨惡勉決雄猛猶若剛刀是為決定要期斷惡翻破惡念相續心也

六者發菩提心普拔一切苦普與一切樂此心弘廣無所不徧是為大乘菩提之心翻破徧惡心也

七者修功補過勤策三業精進不休是為修功立德翻破不修三業無辜起惡心也

八者守護正法不念外道邪師破壞佛法誓欲光顯令久住也是為守護翻破滅一切善事心也

九者念十方佛無量功德神通智慧欲加護我慈哀我苦賜我除罪清淨良藥是為翻破念惡知識心也

十者觀罪性空罪從心生心若可得罪不可無我心自空空云何有善心亦然罪福無主非內非外亦無中間不常自有但有名字名之為心但有名字名為罪福如是名字名字即空還源反本畢竟清淨是為觀罪性空翻破無明顛倒執著心也若無明滅故諸行滅諸行滅故生死滅是為十二因緣大樹壞亦名苦集子果兩縛脫亦名道滅二諦顯是為方等觀慧日月照明衆生遇此重恩故得見十方佛也此標大慈具說如經

會意部第四

問經說懺悔能滅罪業云何唯說觀理智心能滅諸業釋言懺悔有二一是迷心依事懺悔謂佛像前行道禮敬發願要期斷除事惡二是智心依理懺悔謂觀身心斷除結使但所造業有輕有重若論輕業事懺亦滅若論重業有可轉者亦能轉重令輕詶三塗業人中輕受故十住婆沙論云我言懺悔罪則輕薄於少時受故知事懺轉重令輕牽報不定由不斷結故有漏力微不盡故業後必受報非全不定今故偏說觀理斷結無惑潤業業不牽生隨所斷處故業永盡於現造業亦不招生則於過現所造善惡方是究竟牽報不定今據此義是以偏說故諸智者欲斷過現三塗重業即學觀理永免惡道是故初果名為觝債故攝論云若無苦下無明諸行不生若行已生無修道無明諸行不

熟何以故須陀洹人不造感生報業故阿那含人不受下界生報又優婆塞戒經云若人具有欲界諸業得阿那含果能轉後業現在受之羅漢亦尒故知觀理是真懺故華嚴經偈云一切業障海 皆由妄想生 若欲懺悔者當求真實相

又大寶積經云百千萬劫久習結業以一實觀即皆消滅又諸法無行經云若菩薩能見一切衆生性即涅槃性則能畢竟滅業障罪故又普賢菩薩經云觀心無心從顛倒相起如此相心從妄想起如空中風無依止處故知善惡取性作相由未寤理非無妄業後若寤理前業即滅無法可住故不招生如正觀理時當思諸障本唯空寂常與諸佛同一真性常沙萬德法界無殊但無明障厚不能覩見以不見故常於佛前破戒違道十惡五逆無過不爲猶如一堂遊及凡聖在堂供養有多盲人以無目故遂於衆前具造諸惡時有智人愍之不已遂語盲人曰此堂具有凡聖僧衆汝云何對之公然造惡盲人聞已慚愧悕畏謝過無地遂即申意告白僧衆曰弟子某甲敬白合堂師等弟子無福少來失明雖與師等同在一堂不能覩見以不見故遂於師前無過不爲今因善友開導始知有師慚愧悕畏不可具陳弟子今從合堂師等求哀懺悔唯願師等受弟子歸誠懺悔然此盲人雖自無眼不見僧衆然知僧衆先皆見已受其懺悔我等亦然昔造罪時常在佛前今欲悔過了知諸佛悉皆見已但一切諸佛三達靈智五眼明照知無不盡莫問遠近内外明闇如掌觀珠隨機赴感不差時也

又知罪緣無有自性但以妄想因緣虛受是苦故維摩經云心垢故衆生垢心淨故衆生淨妄想是垢無妄想是淨罪性不在内不在外不在中閒心亦不在内不在外不在中閒如其心然罪垢亦然如是却推罪性皆空發智慧火了無明闇無始已來所造諸惡猶如闇室懺悔正解狀若明燈明燈一照昏闇皆除不以闇來無始能推燈也明闇解惑尒來無始迷因謬果具造諸非事等如闇今欲悔除依佛性力發正見火事等明燈燈起闇除解生惑喪義無不滅也亦如霜雪待日而除亦如病疾待良藥除亦如迷方待寤而正亦如惡類衆薪悔如豆火須臾殄滅是故涅槃經云譬如氎華千斤不如真金一兩造罪雖多不如少善既對佛違愆還同盲人向僧懺悔罪無自性從緣而滅故業報差别經偈云

若人造重罪 作已深自責 懺悔更不造 能拔根本業

既知真偽即知所緣罪業從事而生惑情障解迷而不覺故有斯罪如雲覆日如闇冥室今之寤心緣理而生解興惑喪如光滅暗前心雖起重罪後念觀理妄心即滅妄境不生久熏不已業種自亾故未曾有經云前心作惡如雲覆日後心起善如炬消暗

又大集經云如百年垢衣可於一日澣令鮮淨如是百千劫中所集諸不善業以佛法力故善順思惟可於一

日一時盡能消滅也

儀式部第五

此之一門行者欲懺要對三寶勝緣境前偏袒露膊脫去巾履女人不勞袒膊具服威儀合掌恭敬請一大德耆年宿邁自心敬者先當奉請十方三寶以爲良緣故人述偈云

歸命十方一切佛　頂禮無邊淨覺海
亦禮妙法不思議　眞如自性清淨藏
住於極愛一子地　得道得果諸聖人
我以身口清淨意　咸各歸命稽首禮

然後請懺悔主云

大德一心念我弟子某甲今請大德爲懺悔阿闍梨願大德爲我作懺悔阿闍梨我依大德故得懺悔慈愍故（一徧亦得三徧彌善）

第二懺悔師先教識前罪性輕重具如初意依論懺悔擬有四種一更相易脫懺是凡夫下品懺法二永斷相續懺是上品凡夫懺法三焦業懺是賢人懺法四滅業懺是聖人懺法前二是事中懺敵對而除未能滅業且伏而不起由不依理觀未入聖位雖得免非未來不入惡道然此業性常在以熏成種故如人斫樹但去枝條其根仍在後二懺悔要須緣空窮理心境虛融常須作意見諦漸修然後得滅今且依第二凡夫永斷相續懺令業伏不行常依善友發大誓願臨命終時亦得隨願往生十方淨土永離三惡以住娑婆恐心怯弱不能堅固意欲退者當以五法佐助得不悔果一信二慚三愧四善知識五宗敬戒一信爲道源功德母一切善法因之而生二慚者自不作罪三愧者不教他作罪又慚者內自羞人愧者羞天有慚愧故則能恭敬父母師長一切凡聖善知識者是全梵行戒者是汝大師故三寶是凡聖所依故須歸敬戒師臨時種種開誘令發大心永斷後犯臨時誠懇不可預述

洗懺部第六

如舍利弗悔過經云佛言若有善男子善女人欲求阿羅漢道欲求辟支佛道欲求佛道者欲知去來之事者常以平旦日中日入人定夜半雞鳴時澡漱正衣服叉手拜十方佛自在所向當悔過言

某等宿命從無數劫以來所犯過惡至今世所犯婬泆所犯瞋怒所犯愚癡不知佛時不知法時不知比丘僧時不知善惡時若身有犯過若口犯過若心犯過若意欲害佛嫉惡經道若鬭比丘僧若殺阿羅漢若自殺父母若犯身三口四意三自殺生教人殺生見人殺生代其喜身自行盜教人行盜見人行盜代其喜身自欺人教人欺人見人欺人代其喜身自兩舌教人兩舌見人兩舌代其喜身自罵詈教人罵詈見人罵詈代其喜身自妄言教人妄言見人妄言代其喜身自嫉妒教人嫉妒見人嫉妒代其喜身自貪餮教人貪餮見人貪餮代其喜身自不信教人不信見人不信代其喜不信作善得善作惡得惡見人作惡代其喜身自盜佛寺中財物若比丘僧財物教人行盜見人行盜代其喜身自輕稱小斗短尺欺人以重稱大斗長尺侵人見人侵人代其

喜身自故作賊教人作賊見人作賊
代其喜身自惡逆教人惡逆見人惡
逆代其喜身諸所更以來生五處者
在泥犂中時在禽獸中時在薜荔中
時在人中時在天中時身在此五道中
生時所犯過惡不孝父母不孝於師
不敬於善友不敬於善沙門道人不
敬長老輕易父母輕易於師父輕易
求阿羅漢道者輕易求辟支佛道者
若誹謗嫉妒之見佛道言非見惡道
言是見正言不正見不正言正某等
諸所作過惡願從十方諸佛求哀悔
過令某等今世不犯此過殃令某等
後世亦不被此過殃所以從十方諸佛
求哀者何佛能洞視徹聽不敢於佛
前欺某等有過惡不敢覆藏從今以
後皆不敢復犯
佛語舍利弗若有善男子善女人意
不欲入三塗者諸所作過皆當悔過
不當覆藏不欲生邊地無三寶處皆
當悔過不當覆藏乃至欲得三乘道
果者皆當悔過不當覆藏佛語舍利
弗若使天下男子女人皆得阿羅漢
及辟支佛若有人供養天下阿羅漢
辟支佛滿千不如持悔過經於晝夜
各三過讀一日其得福勝供養天下
阿羅漢辟支佛百倍千倍萬倍億倍
又依普賢觀經云懺悔六根本意由
業障故不淨六根具造十惡處處貪
著徧六情根此六根業枝條華葉悉
滿三界一切生處增長無明今欲懺
悔廣請諸佛菩薩讀誦大乘志心徹
倒發願求破壞身心一切惡業念念
之中得見普賢十方諸佛故說偈云
若有眼根惡 業障眼不淨 但當誦大乘
思念第一義 是名懺悔眼 盡諸不善業
耳根聞亂聲 壞亂和合義 由是起狂亂
猶如癡猨猴 但當誦大乘 觀法空無相
永離一切惡 天耳聞十方 鼻根著諸香
隨染起諸觸 如此狂惑鼻 隨染生諸塵
若誦大乘經 觀法如實際 永離諸惡業
後世不復生 舌根起五種 惡口不善業
若欲自調順 應勤修慈心 思法真寂義
無諸分別相 心根如猨猴 無有暫停時
若欲折伏者 當誦大乘經 念佛大覺身
力無畏所成 身為機關主 如塵隨風轉
六賊游戲中 自在無罣礙 若欲滅此惡
永離諸塵勞 當處涅槃城 安樂心憺怕
但當誦大乘 念諸菩薩母 無量勝方便
從思實相得 如此等六法 名為六情根
一切業障海 皆從妄想生 若欲懺悔者
端坐念實相 衆罪如霜露 慧日能消除
是故應志心 懺悔六情根
述曰余自勤力檢討一切經論雖復教
人總懺罪法然文多散落不可具錄
將前二經懺文稍略所以偏引出之
竊尋衆生無始至今造過極多名數
塵沙若依前懺又恐洗蕩不可周淨
今此已下更依隨代曇遷靈裕二法
師總懺十惡冀望周悉雖是凡夫所
撰然文義皆採拾地持經論聖意而
纘集之依之修行皆合佛意古今諸
德懺文甚多比校周悉未能逾下二
文也
十惡懺文 曇遷法師撰文
弟子某甲普為一切法界衆生發露
無始已來所作罪業或殺害君親及
真人羅漢兵戈征討鋒刃殺戮游獵
禽獸網捕蟲魚或經作惡王刑罰苦

濫乃至含靈稟性蠢動凡諸生類殘害殺傷及猛獸鷙鳥遞相噉食或盜佛物法物僧物及財寶居官因事納貨受財或非已室家外行婬穢莫簡親屬不避僧尼橫起愛憎妄相妒忌或虛詐妄語誑惑君親不知不見言知言見憑託鬼神詭誑世俗或讒諂兩舌鬭亂二邊將此惡言向彼陳說持彼惡語復向此論阻隔君臣離間骨肉一切和合由其破壞或出言麁獷毀呰他人呵叱任情罵詈在口或不以正言乃為綺語說善為惡以臭為香名長為短說白為黑謬言詭語調弄於人或志在貪味求取不節性多瞋忿恚怒自纏或不識正理迷惑邪見謗佛法僧說無因果不信修善受人天樂不信為惡受地獄苦或謂此身無因而得或謂未來斷無因果毀壞塔寺焚燒經典毀刮佛像以取金銅汙穢伽藍違越禁戒或飲酒噉宍及食五辛愚癡邪見無惡不造凡此所陳十種惡業自作教他見作隨喜從無始已來定有斯罪以罪因緣能令衆生墮於地獄畜生餓鬼若生人間短命多病常處卑賤及以貧窮共人有財不得自在婦不良謹二妻相諍多被誹謗毀為人誑惑所有眷屬獎惡破壞不值好語常聞惡聲凡所陳說常有諍訟假說眞言人不信受吐發音辭又不辯正貪財無猒所求不獲常為他人伺其長短不善知識共相惱害常生邪見之家常懷諂曲之心無始已來十不善業皆從煩惱邪見而生今依佛性正見力故發露懺悔皆得除滅譬如明珠投之濁水以珠威德水即澄清佛性威德亦復如是投諸衆生四重五逆煩惱濁水皆即澄清弟子某甲及一切法界衆生自從今身乃至成佛願更不造此等諸罪歸命敬禮常住三寶懺悔已訖次禮懺功德發願說偈云

願於未來世　見無量壽佛　無邊功德身
我及餘信者　既見彼佛已　願得離垢眼
成無上菩提　普及於含識

總懺十惡偈文 靈裕法師撰之

自惟我生死　過去無初際　乃至於今生
相續不斷絕　愚癡暗覆故　三毒火常然
雖有身與心　而不能自寤　徒蒙一切佛
放智慧日光　照我二種身　亦未之知覺
懷惑生諸趣　無類而不更　諦思此因緣
誰非已眷屬　又念諸衆生　元同一心海
因妄想識浪　幻起諸趣身　是身無種種
與我同如性　因於失念故　彼我分別生
由之起愛憎　常共相鬭諍　日夜懷嫌恨
思念相報及　遂於衆生中　無一不傷害
貪集於資生　非分起染欲　虛誑無實語
惡口不擇言　兩舌相破壞　綺語調弄人
諂曲無誠信　違犯諸如來　一切清淨戒
嫌恨與愛憎　無心而不有　是罪若不懺
長夜熏自心　積熏而不已　變成地獄處
及與諸苦具　諸佛於尒時　皆悉不能救
唯除自發露　所造諸愆咎　應佛菩薩心
隨順本淨性　無始時無明　自此漸微薄
是故懷慚愧　深心悔諸罪　願佛放慈光
照及苦衆生　所有煩惱聚　皆令悉消滅
自性清淨心　從此至究竟　平等眞法界
於今得圓滿　下有八行偈長安延興寺玄琬律師撰白

傷已無始隨自心　順入欲流墮洄澓

於中孤獨無救護　具造無邊百種苦
所受諸苦時報定　諸佛威神不能救
困逼事窮苦對至　方乃有此一念寤
以其無明曀瞙厚　三毒之火常熾然
意欲遠離不能離　如癰已熟待破時
唯願諸佛放慈光　時復照及極苦者
往昔所造三業罪　及今現起一切惡
未來應生諸煩惱　頂禮懺悔願滅除

頌曰

五體悔前朝　三屈懺中夕　鳴椎誡旭旦
哀我苦勞役　引日寓金言　悲傷塵垢積
咄哉形非我　嗟往常沈溺　踟蹰岐路危
揮手謝中折　洗滌歸誠懺　昳潔凌雲釋
蕭索棄苦離　昇陟隨緣益　雖未齊高蹤
且免幽途歷

感應緣 略引三驗

晉沙門慧達
梁沙門法寵
唐沙門德美

晉沙門慧達姓劉名薩荷西河離石人也未出家時長於軍旅不聞佛法尚武好畋獵年三十一暴病而死體尚溫柔家未殮至七日而蘇說云將盡之時見有兩人執縛將去向西北行路轉高稍得平衢兩邊列樹見有一人執弓帶劍當衢而立指語兩人一將荷西行見屋舍甚多白壁赤柱荷入一家有女子美容服荷就乞食空中聲言勿與之也有人從地踊出執鐵杵將欲擊之荷遽走歷入十許家皆然遂無所得復西北行見一嫗乘車與荷一卷書荷受之西至一家館宇華整有嫗坐于戶外口中虎牙屋內牀帳光麗竹席青几復有女子處之問荷得書來不荷以書卷與之女取餘書比之儀見兩沙門謂荷汝識我不荷答不識沙門曰今宜歸命釋迦文佛荷如言發念因隨沙門俱行遙見一城類長安城而色甚黑蓋鐵城也見人身甚長大膚黑如漆頭髮曳地沙門曰此獄中鬼也其處甚寒有冰如席飛散著人頭頭斷著脚脚斷二沙門云此寒冰獄也荷便自識宿命知兩沙門往維衛佛時並其師也作沙彌時以犯俗罪不得受戒世雖有佛竟不得見從再得人身一生羌中今生晉中又見從伯在此獄裏謂荷曰昔在鄴時不知事佛見人灌像聊試學之而不肯還直今故受罪猶有灌福幸得生天次見刀山地獄次第經歷觀見甚多獄獄異城不相雜廁人數如沙不可稱計楚毒科法略與經說相符自荷履踐地獄示有光景俄而忽見金色暉明晈然見人長二丈許相好嚴華體黃金色左右並曰觀世大士也皆起迎禮有二沙門形質相類並行而東荷作禮畢菩薩具爲說法可千餘言末云凡爲亾人設福若父母兄弟爰至七世姻媾親戚朋友路人或在精舍或在家中亾者受苦即得免脫七月望日沙門受臘此時設供彌爲勝也若割器物以充供養器器標題言爲某人親奉上三寶福施彌多其慶逾速沙門白衣見身爲過及宿世之罪種種惡業能於衆中盡自發露不失事條勤誠懺悔者罪即消滅如其弱顏羞慚恥於大衆露其過者可在屏處默自記說不失事者罪亦降減若有所遺漏非故

隱蔽雖不獲免受報稍輕若不能悔
無慚愧心此名執過不返命終之後
剋墜地獄又他造塔及與堂殿雖復
一土一木若染若碧至誠供助獲福
甚多若見塔殿或有草穢不加耘除
蹈之而行禮拜功德隨即盡矣又曰
經者尊典化導之津波羅蜜經功德
最勝首楞嚴亦其次也若有善人讀
誦經處其地皆爲金剛但肉眼衆生
不能見耳能勤諷持不墮地獄波若
定本及如來鉢後當東至漢地能立
一善於此經鉢受報生天倍得功德
說甚廣略要載之荷臨辭去謂曰汝
應歷劫備受罪報以嘗聞經法生歡
喜心今當見受輕報一過便免汝得
濟活可作沙門雒陽臨菑建業鄮陰
成都五處並有阿育王塔又吳中兩
石像育王所使鬼神造也頗得眞相
能往禮者不墮地獄語已東行荷作
禮而別出南大道廣百餘步道上行
者不可稱計道邊有高座高數十丈
有沙門坐之左右僧衆列倚甚多有
人執筆北面而立謂荷曰在襄陽時

何故殺鹿跪荅曰他人射鹿我加創
耳又不噉肉何緣受報時即見襄陽
殺鹿之地草樹山澗忽然滿目所來
黑馬並皆能言悉證荷殺鹿年月時
日荷懼然無對須臾有人以叉叉之
投鑊湯中自視四體潰然爛碎有風
吹身聚小岸邊忽焉不覺還復全形
執筆者復問汝又射雉亦嘗殺鴈言
已又投鑊湯如前爛法受此報已乃
遣荷去入一大城有人居焉謂荷曰
汝受輕報又得還生是福力所扶而
今以後復作罪不乃遣人送荷遙見
故身意不欲還送人推引久久乃附
形而得蘇活奉法精勤遂即出家字
曰慧達太元末尚在京師後往許昌
不知所終。右此一驗出冥祥記

梁楊都宣武寺沙門法寵姓馮南陽
冠軍人也年三十八正勝寺法願道
人善通樊許之術謂寵曰君年滿當
死無可避處唯祈誠諸佛懺悔先愆
排脫或可冀耳寵因引鏡驗之見面
有黑氣於是貨賣衣鉢資餘併市香
供飛舟東逝直至海鹽居在光興閑
房禮懺杜絕人物晝忘食息夜不能
寐迄至四十歲暮之夕忽覺兩耳腫
痛彌生怖懼其夜懺達四更聞戶外
有人言曰君死業已盡遠即開戶都
無所見明晨借問僉言黑氣都除兩
耳乃是生骨斯實由懺蕩之殺故使
延壽也以普通五年三月十六日卒
于所住春秋七十有四。右此一驗出梁高僧傳

唐京師會昌寺釋德美姓王清河臨
清縣人年在童稚天然樂善口有所
須常歌讚唄擁塵聚戲必先爲塔每
見形像生知禮敬由是親故密而異
之知非紹俗之胤也任從師學十九
出家雖經論備閱而以律要在心故
四分一部博通心首往太白山誦佛名
一部一十二卷每行懺時誦而加拜
布服蔬食不衣皮帛初依九隴太白
僧邕禪師受業後住京師慧雲寺值
靜默禪師又從請業每至夏禮懺將
散道場去期七日苦加勇勵萬五千佛
日別一徧精誠難及多感徵祥自從
小至終美禮千徧承師靜默大有福
德嘗於興善年別千僧七日行道期

滿厚嚫人奉十縑將及皦晨外起加倍故自開皇之末終於大業十年年別大施其例咸尒默將滅度以普福田用委於美美頂行之悲敬兩田年別一會又普盆錢夏末常施大業末中夏召千僧七日行道忽感異人形服率麗然來告美曰時旣炎熱何不作餅以用供養且溲二十斛麪作兩日調明旦將設半夜便起打麪動案人物驚亂并作切粥以供大衆須臾切麪命者火隨熟千人同飽咸共欣慶餅復堅韌一無所壞試尋看匠通問失所合衆悲怪感招斯應又至武德之始創立會昌延美而住乃於西院造懺悔堂像設華嚴堂宇宏麗誓共合生斷諸惡業鎭長禮懺潔淨方等欲有昇壇要潔美懺又於一時井忽枯竭懺徒駐立無由洗懺美執香鑪臨井加祈應時泉涌過同舊足時共歎怪福力所資所畜舍利藏以寶函隨身所往必賫供養每有起塔祈請散給精祈通感隨請皆給又至秋夏常行徒跣恐蹈蟲蟻慈濟含生又年別般舟一夏不坐或止口過三年不言或行不輕通禮七衆或節儉衣食四分之一如斯苦行其相寔繁或生常輟想專固西方口誦彌陀終于命盡以貞觀十一年二月二十六日合掌稱佛卒于會昌春秋六十矣屍送南山鵄鳴堆弟子等收散起塔豎碑會昌侍中于志寧爲文 右此一驗出唐高僧傳

法苑珠林卷第八十六

法苑珠林卷第八十六

校勘記

一 底本，金藏廣勝寺本。

一 四九八頁中一行經名，徑無（未換卷）。

一 四九八頁中二行撰者，磧作「大唐上都西明寺沙門釋道世字玄惲撰」；南作「唐上都西明寺沙門釋道世字玄惲撰」；徑無（未換卷）；清作「唐西明寺沙門釋道世撰」。

一 四九八頁中三行「懺悔篇第八十六」，徑作「懺悔篇第八十六之一」。

又「此有六部」，徑無。

一 四九八頁中四行至五行「述意部……洗懺部」，徑無。

一 四九八頁中六行「第一」，徑無。以下部目下序數例同。

一 四九八頁中七行「澷訑」，磧、南、徑、清作「侵訑」；麗作「漫訑」。

一 四九八頁中八行「澆漓」，磧、南作「澆離」。

一　四九八頁中一〇行「五蓋」，磧、南、徑、清作「五住」。

一　四九八頁中一一行第七字「故」，磧、南、徑、清無。

一　四九八頁中一六行第五字「成」，南、徑、清作「成持」。

一　四九八頁下三行第一一字「令」，磧、南、徑、清作「今」。

一　四九八頁下一二行第七字「説」，磧、南作「云説」；徑、清作「云」。

一　四九八頁下一八行第五字「知」，磧、南、徑、清作「隱」。

一　四九八頁下二二行第八字「復」，磧、南、徑、清作「得」。

一　四九九頁上一行第一三字「此」，磧、南、徑、清無。

一　四九九頁上四行「所使」，磧、南、徑、清無。

一　四九九頁中六行第三字「思」，磧、南、徑、清、麗作「斯」。

一　四九九頁中九行「佛業」，麗作「作業」。

一　四九九頁中一一行「汝比丘」，磧、南、徑、清作「此比丘」。

一　四九九頁下一三行「殑伽河」，磧、南、徑、清作「恒河」。

一　四九九頁下一九行「大石」，磧、南、徑、清作「火石」。

一　五〇〇頁上八行第五字「是」，磧、南、徑、清無。

一　五〇〇頁上一二行「二十」，磧、南、徑、清作「二十五」。

一　五〇〇頁上一九行第一三字「於」，磧、南、徑、清作「有」。

一　五〇〇頁上二〇行第七、八字「罪滅」，磧、南、徑、清無。

一　五〇〇頁中末行第七字「苦」，磧、南、徑、清、麗作「若」。

一　五〇一頁上一一行第一三字「三」，磧作「二」。

一　五〇一頁上一六行末字「世」，磧、南、徑、清無。

一　五〇一頁中九行首字「宣」，磧、南、徑、清作「造」。又末字「計」，磧、南、徑、清無。

一　五〇一頁中二二行第一一字「見」，磧、南、徑、清作「若見」。

一　五〇一頁下三行第一三字「如」，磧、南、徑、清作「知」。

一　五〇一頁下四行末字「説」，磧、南、徑、清作「謂」。一五行末字同。

一　五〇一頁下九行第五字「應」，磧、南、徑、清作「修」。

一　五〇二頁上八行首字「護」，磧、南、徑、清、麗作「諸」。

一　五〇二頁上一四行「行此」，磧、南、徑、清作「此行」。

一　五〇二頁上一九行第一二字「經」，磧、南、徑、清、麗作「經家」。

一　五〇二頁中一一行首字「界」，至此，徑卷第一百二終，卷第一百三始，並有「懺悔篇第八十六之餘」一行。

一　五〇二頁中一五行第八字「祝」，清作「況」。

一　五〇二頁中一七行第五字「大」，

磧、南、徑、清作「所」。

一 五〇二頁中一九行末字「例」，磧、南、徑、清作「列」。

一 五〇二頁中二〇行第六字「福」，磧、南、徑、清作「緣」。

一 五〇二頁下六行「善心」，磧、南、徑、清、麗作「喜心」。

一 五〇二頁下七行第一〇字「從」，磧、南、徑、清作「緣」。

一 五〇二頁下一八行首字「片」，磧、南、徑、清作「行」。

一 五〇三頁上一〇行「既智且信」，磧、南、徑、清作「既信且智」。

一 五〇三頁上一三行第二字「復」，磧、南、徑、清作「預」。又第一二字「護」，磧、南、徑、清作「罰」。

一 五〇三頁上一五行「懺愧」，磧、南、徑、清作「慚愧」。

一 五〇三頁中一〇行第一〇字「也」，磧、南、徑、清作「世」。

一 五〇三頁一二行第一三字「慈」，磧、南、徑、清作「意」。

一 五〇三頁下一一行第五字「可」，磧、南、徑、清無。

一 五〇三頁下一五行末字「仝」，磧、南、徑、清作「令」。

一 五〇三頁下一七行首字「業」，磧、南、徑、清作「故」。

一 五〇三頁下二〇行第一〇字「現」，磧、南、徑、清無。

一 五〇四頁上三行第三字「經」，磧、南、徑、清無。

一 五〇四頁上一二行第九字「相」，磧、南、徑、清作「想」。第一三字同。

一 五〇四頁上一六行末字「常」，磧、南、徑、清作「恒」。一九行首字、本頁中一一行首字同。

一 五〇四頁上一七行第八字「常」，磧、南、徑、清、麗作「恒」。

一 五〇四頁上二〇行第七字「筵」，磧、南、徑、清作「延」。

一 五〇四頁上二二行第三字「時」，磧作「特」。

一 五〇四頁中三行第七字「等」，磧、南、徑、清作「衆」。

一 五〇四頁中四行末字至次行首三字「以不見故」，磧、南、徑、清作「以盲不見」。

一 五〇四頁中一二行「見已」，徑、清作「已見」。

一 五〇四頁中末行「明燈」，磧、南、徑、清無。

一 五〇四頁下二行首字「謬」，磧、南、徑、清作「證」。

一 五〇四頁下七行第二字「豆」，磧、南、徑、清作「巨」。

一 五〇五頁上六行首字「耆」，磧、南、徑、清作「者」。

一 五〇五頁中一〇行末字「信」，麗作「信者」。

一 五〇五頁中一五行「善知識者」，徑、清作「四善知識」。又「戒者」，徑、清作「五戒者」。

一 五〇五頁下一行第九字「拜」，磧、南、徑、清作「禮拜」。又第一二字「佛」，磧、南、徑、清無。

一五〇五頁下四行「瞋怒」，磧、南、徑、清作「瞋恚」。

一五〇五頁下一九行第四字「喜」，磧、南、徑、清作「喜身」。

一五〇五頁下二〇行末字「財」，磧作「神」。

一五〇六頁上五行「五道」，麗作「五逆」。

一五〇六頁上一六行第二字「欺」，磧、南、徑、清作「欺誑」。

一五〇六頁中一〇行首字「倒」，磧、南、徑、清作「到」。

一五〇六頁中一二行第八字「說」，磧、南、徑、清作「眼」。

一五〇六頁中二一行第七字「根」，磧、南、徑、清作「想」。

一五〇六頁中二二行第二字「欲」，磧作「有」。

一五〇六頁下五行第九字「相」，磧、南、徑、清作「想」。

一五〇六頁下一三行「隨代」，磧、南、徑、清作「隋代」。

一五〇六頁下一九行末字「文」，徑、清無。

一五〇七頁上三行第七字「及」，磧、南、徑、清、麗作「及他」。

一五〇七頁上二〇行第一二字「或」，磧、南、徑、清無。

一五〇七頁中六行第六字「常」，磧、南、徑、清作「恒」。九行第八字、次頁上一二行第八字同。

一五〇七頁中一一行第八字「今」，麗作「令」。

一五〇七頁中一八行末字「云」，徑、清無。

一五〇七頁中二二行「靈裕法師撰文」，磧、南作「靈祐法師撰文」；徑、清作「靈祐法師撰」。

一五〇七頁下二行第一一字「徒」，磧、南、徑、清作「從」。

一五〇七頁下四行第一一字「諦」，磧、南、徑、清作「競」。

一五〇七頁下一〇行第二字「集」，磧、南、徑、清、麗作「奪」。

一五〇七頁下二〇行「令悉」，磧、南、徑、清作「悉令」。

一五〇七頁下二二行夾註右「下有六行」，磧、南作「下有九行」；徑、清作「此下九行」。又「撰白」，磧、南、徑、清作「撰曰」；麗作「撰」。

一五〇七頁下末行第一二字「㦂」，磧、南、徑、清作「隨」。

一五〇八頁上二行第二字「受」，磧、南、徑、清作「愛」。

一五〇八頁上四行「曀膜」，磧、南作「曀瞙」；徑、清作「瞖瞙」。

一五〇八頁上一〇行第一四字「旭」，磧作「袒」。

一五〇八頁上一二行「岐路危」，磧作「跂路嵎」；南、徑、清作「岐路嵎」。

一五〇八頁上一三行第五字「折」，徑、清作「析」。

一五〇八頁上二二行「尚武」，磧、南、徑、清作「尚氣武」。

一五〇八頁中二行首字「行」，磧、南、徑、清作「行行」。

一　五〇八頁中一三行第六字「儀」，磧、南、徑、清、麗作「俄」。

一　五〇八頁中二〇行第一三字「自」，磧、南、徑、清無。

一　五〇八頁下一六行第一〇字「割」，磧、南、徑、清作「制」。

一　五〇八頁下末行「降滅」，磧、南、徑、清作「除滅」；麗作「降滅」。

一　五〇九頁上一〇行「波若」，磧、南、徑、清作「般若」。

一　五〇九頁上一三行首字「説」，磧、南、徑、清、麗作「所説」。

一　五〇九頁上一六行「臨蓄」，磧、南、徑、清作「臨緇」；麗作「臨淄」。

一　五〇九頁上一九行第三字「禮」，磧、南、徑、清作「禮拜」。

一　五〇九頁上二二行第一〇字「列」，磧作「例」。

一　五〇九頁中三行末字「來」，磧、南、徑、清、麗作「乘」。

一　五〇九頁中七行「忽焉」，磧、南、徑、清作「忽然」。

一　五〇九頁中九行第二字「又」，磧、南、徑、清作「叉」。

一　五〇九頁中一一行第四字「報」，磧、南、徑、清作「罪」。

一　五〇九頁中一六行夾註左「冥祥記」，磧、南、徑、清作「冥祥記也」。

一　五〇九頁下一行末字「能」，徑、清、麗作「解」。

一　五〇九頁下三行第五字「懼」，磧作「懺」。

一　五〇九頁下一一行第二字「常」，磧、南、徑、清作「恒」。

一　五〇九頁下一三行第七字「嗣」，磧、南、徑、清作「胤」。

一　五〇九頁下一四行「律要」，磧、南、徑、清作「津要」。

一　五一〇頁上七行「麗然」，磧、南作「麁」；徑、清作「麤」。又「時既炎熱」，磧、南、徑、清作「日時既熱」。

一　五一〇頁上一〇行第六字「粥」，南、徑、清作「麵」。又第一三字「切」，磧、南、徑、清無。

一　五一〇頁上一五行末字「合」，磧、南、徑、清、麗作「含」。

一　五一〇頁上一八行第三字「徒」，磧作「從」。

一　五一〇頁上二〇行第二字「力」，磧、南、徑、清作「加」。

一　五一〇頁中五行「二月」，磧、南、徑、清作「十二月」。

一　五一〇頁中七行第五字「牧」，磧、南、徑、清作「將」；麗作「收」。又第九字「竪」，磧、南、徑、清、麗作「樹」。

一　五一〇頁中卷末經名，徑作「法苑珠林卷第一百三」。

法苑珠林卷第八十七

西明寺沙門釋道世撰

受戒篇第八十七 此有七部

述意部　勸持部　三歸部
五戒部　八戒部　十善部
三聚部

述意部第一

夫三界無安猶如火宅拔苦與樂必須崇戒經喻多種且述三五能涉遠路喻之脚足勝持一切喻之大地生長萬物喻之時雨善療衆病喻之良醫能消飢渴喻之甘露接濟沈溺喻之橋梁運度大海喻之浮囊照除昏暗喻之燈光防非止惡喻之戒善歸趣解脫終藉尸羅莊飾法身喻之瓔珞如是之喻亦有無量豈不敬之勵意奉持也

勸持部第二

如涅槃經云欲見佛性證大涅槃必須深心修持淨戒若毀淨戒是魔眷屬非我弟子又大品經云我若不持戒當墮三惡道中尚不得人身況能成就衆生淨佛國土具一切種智又薩遮尼揵子經云我若不持戒乃至不得濟癘野干身何況當得功德之身又華嚴經偈云

戒是無上菩提本　應當具足持淨戒
若能堅持於禁戒　則是如來所讚歎

又月燈三昧經佛說偈言

雖有色壽及多聞　若無戒智猶禽獸
雖處卑下少聞見　能持淨戒名勝士

又遺教經云戒是正順解脫之本又持此戒得生諸禪定又奉此戒是汝大師若我住世無異此也又智度論云若求大利當堅持戒如惜重寶如護身命以戒是一切善法住處又如無足欲行無翅欲飛無船欲濟是不可得若無淨戒欲得妙果亦復如是若棄捨此戒雖復山居服藥食草與禽獸無異若能持戒香聞十方名聲遠布天人愛敬所願皆得持戒之人壽終之時刀風解身筋脉斷絕心不怖畏又地持論云三十二相無差別因皆持戒所得若不持戒尚不得下賤人身況復大人相報又成實論云道品樓觀以戒爲郭禪定心城以戒爲柱要佩戒印得入善衆又薩婆多論云佛告比丘戒有四義故毀者重於餘經一戒是佛法平地萬善由之生長二一切佛子皆依戒住若無戒者則無所依一切衆生由戒而有三戒是趣涅槃之初門若無戒者則無由得入泥洹城四戒是佛法瓔珞能莊嚴佛法也又何故律初集以勝故秘故但諸契經不擇時人說而得名經律則不尒唯佛自說要在僧中故勝也又依涅槃經云如圓護持戒乃至沒命終不故犯佛說喻云如一羅剎隨度海者摠乞浮囊度者答言寧殺身命浮囊叵得羅剎復言不肯全施見惠其半彼人尒時亦不施與如是展轉乞微塵許彼人尒時乃至微塵亦不施與菩薩摩訶薩持禁戒時亦復如是煩惱羅剎教化菩薩令犯四重護餘輕者菩薩不隨勸犯僧殘菩薩不許勸犯波逸提菩薩不肯勸犯提舍尼菩薩不肯勸犯突吉羅菩薩不隨故經云菩薩摩訶薩持四重禁及

突吉羅敬重堅固等無差別作是願言寧以此身投於熾然猛火深坑終不毀犯三世諸佛禁戒與居士女等而行不淨復作是願寧以熱鐵周帀纏身終不敢以破戒之身受於信心檀越衣服復作是願寧以此口吞熱鐵丸終不敢以破戒之口食於信心檀越飲食復作是願寧臥此身大熱鐵上終不敢以破戒之身受信心檀越牀臥敷具復作是願寧以此身受三百鉾終不敢以破戒之身受信心檀越醫藥復作是願寧以此身投熱鐵鑊終不敢以破戒之身受信心檀越房舍復作是願寧以鐵椎打碎此身令如微塵終不敢以破戒之身受信心檀越禮拜復作是願寧以熱鐵挑其兩目不以染心貪視好色寧以鐵錐徧耳攙刺不以染心聽受諸聲寧以利刀割去其鼻不以染心貪著諸香寧以利刀割去其舌不以染心貪著美味寧以利斧斬斫其身不以染心貪著諸觸何以故以是因緣能令行者墮於地獄餓鬼畜生又發願言菩薩護持如是諸禁戒已悉以施與一切衆生願令衆生得清淨戒不折戒不退戒隨順戒畢竟戒具足成就波羅蜜戒菩薩摩訶薩修持如是清淨戒時即得住於初不動地

述曰菩薩既能如是堅持禁戒得不退果今勸道俗有能仰慕者從受三聚淨戒十無盡戒二十四戒在家出家所有諸戒如二百五十戒五百戒等悉能圓護是眞佛子開佛性門入涅槃道

又十輪經云或有戒壞見不壞於聖道中堪任法器四句分別思意可知故涅槃經云於乘緩者乃名為緩於戒緩者不名為緩亦有四句分別可知又辯意長者子經云佛為辯意長者子要有五事行得生天以偈頌曰

不殺得長壽　無病常解脫　一切受天位
身安光影至　不盜常大富　自然錢財寶
七寶為言殿　娛樂心常好　男女俱不婬
身體香潔淨　所生常端正　德行自然明
不欺口氣香　言語常聰明　談論不吃蹇
所說衆奉用　酒食不過口　無有誤亂意
若當所生處　天人常奉侍　若其壽終後
二十五神迎　五福自然來　光影甚煒燁

又大莊嚴論云昔有旃陀利家生其七男六兄並得須陀洹道唯小者故處凡夫母人旃陀利身得阿那含果兄弟七人盡持五戒彼國常儀旃陀利行殺國中男女犯殺盜婬及餘重罪盡使旃陀利殺之時國王召彼大兄言有應死之徒汝行殺之其拜自陳特願弘恕我受五戒守身謹慎乃至蟻子亦不敢殺不能為非寧自殺身不敢犯戒時王奮怒勅市殺之復白王言身是王民心是我心恣王欲殺殺心不得仰從王命即令梟首次召諸弟五人皆言受戒不敢行殺王瞋恚盛盡便殺之次復召小子母子俱來王見母來倍復瞋怒前殺六子母不送行今召小子何故便來母曰願聽微言以自宣理前六子者盡得須陀洹道正使大王取彼六人碎身如塵終不興惡如一毛髮今此小子處在凡夫身雖修善未蒙道法是故念子既未得道或能失意畏王教令

自惜形命毀戒行殺身壞命終入大地獄憐念子故是以送來王復問母前死六子盡得須陀洹道耶荅曰盡得王復問毋毋得何道荅曰得阿那含道王聞斯語自投于地稱怨自責我造罪根坐不安席即自嚴辦香油酥薪取六死屍而闍維之爲起六偷婆與之供養日三懺悔復出財貨給彼老母至於齋日數數懺悔望得罪薄免於地獄故涅槃經云須陀洹果雖生惡國以道力故猶故持戒不起殺盜婬兩舌飲酒等過

又雜寶藏經云昔有尊者阿羅漢字秖夜多佛時去世七百年後出罽賓國時罽賓國有一惡龍名阿利那數作災害時有二千羅漢各盡神力驅遣此龍令出國界其中有百羅漢以神通動地又有五百人放大光明復有五百人入禪定經行諸人各盡其神力不能使動時尊者秖夜多最後往到龍池所三彈指言龍汝今出去不得此住龍即出去不敢停住尒時二千羅漢語尊者言我與尊者俱得

漏盡解脫法身悉皆平等而我等各各盡其神力不能令動尊者云何以三彈指令龍遠入大海也于時尊者荅言我凡夫已來受持禁戒至突吉羅等心護持如四重無異今諸人者所以不能動此龍者神力不同故不能動

又賢愚經云時有乞食比丘持戒清潔有一沙彌弟子護持禁戒没命不犯有優婆塞長請其師日别送食就處供養時優婆塞合家良賤並外作客唯留一女守舍忘不送食尒時尊者日時恐晚即告沙彌汝往取食沙彌善攝威儀到家打門女問是誰荅言沙彌爲師迎食女心歡喜我願遂矣即與開門是女端正容貌姝妙年始十六婬欲火燒於沙彌前作諸妖媚搖眉顧影現染欲相沙彌見已念言此女爲有風病顛狂病耶是女將無欲結所使欲毁我淨行耶堅攝威儀顔色不變時女即便五體投地白沙彌言我常願者今已時至我常於汝欲有所陳未得靜便想汝於我

亦常有心當與我願我此舍中多有珍寶如毗沙門天宮寶藏而無有主汝可屈意爲此舍主我爲汝婢供給使令必莫違我滿我所願沙彌心念我有何罪遇此惡緣我今寧捨身命不可毁破禁戒又復思惟我若逃突女欲心熾捨於慚愧走外牽捉反誹謗我街陌人見不離汙辱我今當於此處捨命方便語言牢閉門户我入一房作所應事女即閉門沙彌入房關擇門户得一剃刀心甚歡喜脫身衣服置於架上合掌跪向佛涅槃處自立誓願我今不捨佛法僧不捨和尚阿闍梨亦不捨戒行正爲持戒捨此身命願所往生出家學道淨修梵行盡漏成道即刎頸死血流汙身時女怪遲趣户看之見户不開喚無應聲方便開户見其已死失本容色欲心尋息慚結懊惱自拔頭髮爪裂面目婉轉灰土之中悲呼泣淚迷悶斷絶其父會還打門喚女女默不應父怪其靜使人踰門開視之見女如是即問女言汝何尒耶女默不荅心自

思惟我若實對甚可慚愧若言沙彌毀辱我者則謗良善當墮地獄受罪無極不應欺誑即以實荅具述前緣父聞女言心無驚懼即告女言一切諸法皆悉無常汝莫憂懼即入房內見沙彌身血皆汙赤如栴檀即前作禮讚言善哉護持佛戒能捨身命載死沙彌至平坦地積衆香木闍毗供養王即請師廣為大衆說微妙法一切見聞皆發道心

三歸部第三　此有六部

述意部　功能部　神衛部
歸意部　受法部　得失部

述意部第一

夫三寶應化隨機感益一音演說各得類解故論云歸依佛者謂一切智五分法身也歸依法者謂滅諦涅槃也歸依僧者謂諸賢聖學無學功德自他身盡處也即自他惑滅所無之處故云盡處也故般若經云一切聖人皆以無為法得名無為即無漏之別因也由此三寶常住於世不為世法之所染慢以稱寶也如世珍寶為生

所重今此三寶為諸群生三乘七衆之所歸仰故名三歸也

功能部第二

如希有校量功德經云尒時長老阿難向佛而作是言若善男子善女人能如是言我今歸依佛歸依法歸依僧得幾所功德我實未解唯願如來分別演說令諸衆生得正知見

尒時世尊告阿難言諦聽善思念之吾當為汝分別解說假使滿閻浮提須陀洹人其有善男子善女人滿一百年持於世間一切所有娛樂之具盡給施與復以四事具足供養乃至滅度之後收其舍利起七寶塔同前供養於意云何得福多不阿難白佛甚多世尊佛言不如善男子善女人以淳淨心作如是言我今歸依佛法僧所得功德於彼福德百分不及一千分萬分乃至筭數譬喻所不能及佛告阿難假使滿西瞿陀尼斯陀含人滿二百年如前供養亦不可及假使滿東弗婆提阿那含人滿三百年如前供養亦所不及假使滿北方鬱

單越滿中阿羅漢滿四百年如前供養亦所不及假使滿四天下辟支佛滿十千年如前供養亦所不及假使滿三千大千世界諸佛如來若有善男子善女人二萬歲中如前供養雖得無量無邊不可筭數福德猶不如有人以淳淨心作如是言我今歸依佛歸依法歸依僧所得功德勝前百倍千倍萬倍不可筭數言辭譬類所能知及

尒時世尊復告阿難若有人能歸依佛竟歸依法竟歸依僧竟乃至一彈指頃能受十善受已修行以是因緣得無量無邊功德若復有人能一日一夜受八戒齋已如說修行所得功德勝前福德千倍萬倍百千萬倍乃至筭數譬喻所不能及若能受持五戒盡其形壽如說修行所得功德勝前福德百倍千倍萬倍億倍非筭數譬喻所能知及若復有人受沙彌戒沙彌尼戒復勝於前若復有人受式叉摩那戒復勝於前若復有人受比丘尼大戒復勝於前若復有人盡

形壽受大比丘戒修行不缺復勝於
前阿難聞說三歸依處乃至盡壽獲
大功德歎未曾有是經微妙不可思
議明甚深義功德廣大難可挍量是
故佛言名為希有希有經汝當奉行
又善生經云若人受三自歸所得果
報不可窮盡如四大寶藏舉國人民
七年之中運出不盡受三歸者其福
過彼不可勝計
又挍量功德經云四大洲中滿二乘
果有人盡形供養乃至起塔不如男
子女人作如是言我某甲歸依佛法
僧所得功德不可思議以諸福中唯
三寶勝故若起謗毀獲罪無邊以善
惡例同故耆域調達俱出佛血由心
善惡致同劫壽苦樂有異
又雜阿含經云與須達令受三歸終
生天上有懷姙者為其胎子受三自
歸生已後有知見復教三歸設有奴
婢客人懷姙生子亦如是教若買奴
婢能受三歸又以五戒然後買之不
能不買乃至乞貸舉息要受三歸然
後與之若有施三寶物者從世尊聞

稱名呪願乃得生天佛言善哉如來
有無上知見審知方便皆得生天故
知三歸功力最大不得不受又法句
喻經云昔者天帝釋五德離身自知
命盡當下生世間在陶作家受驢胎
自知福盡甚大愁憂自念三界之中
濟人苦厄唯有佛耳於是馳往佛所
稽首作禮伏地志心三自歸命佛法
聖眾未起之間其神忽出便至陶家
驢母腹中作子時驢自解走瓦坏閒
破壞坏器其主打之尋時傷胎其神
即還入故身中五德還備復為天帝
佛三昧覺讚言善哉天帝能於殞命
之際歸命三尊罪對已畢不更勤苦
尒時世尊以偈頌曰
所行非常　謂興衰法　夫生輒死
此滅為樂　譬如陶家　埏埴作器
一切要壞　人命亦然
帝釋聞偈知無常之要達罪福之變
解興衰之本尊寂滅之行歡喜奉受
得須陀洹道又僧護經云尒時世尊
告僧護比丘汝於海中所見龍王由
聞法故雖受龍身命終之後生兜率

天天中命盡得受人身彌勒出世作
大長者財富巨億為大檀越供養彌
勒世尊及比丘僧四事具足是諸龍
王猶尚能得如是功德況我弟子如
法出家坐禪誦經三業具足必證涅
槃尒時世尊無問自說云
歸依佛者　得大吉利　晝夜心中
不離念佛　歸依法者　得大吉利
晝夜心中　不離念法　歸依僧者
得大吉利　晝夜心中　不離念僧
又舊雜譬喻經云昔釋迦佛往到第
二忉利天上為母說經時有一天壽
命垂盡有其七事為之應現一者項
中光滅二者頭上傅飾華萎三者面
色變四者衣上有塵五者腋下汗出
六者身形瘦七者離本座即自思惟
壽終之後當棄天樂下生拘夷那竭
國受疥癩母豬腹中作子甚預愁憂
不知何計得免此罪有天語言今佛
在此為母說經佛為三世一切之救
唯佛能脫卿之重罪何不往歸即到
佛所稽首作禮未及發問佛告天子
一切萬物皆歸無常汝素所知何為

憂愁天白佛言雖知天福不可得久
恨離此座當爲母豬以是爲毒人趣
受身不敢爲恐也佛言欲脱豬身當
三自歸言南無佛南無法南無比丘
僧歸命佛歸命法歸命比丘僧如是
日三天從佛教晨夜自歸於後七日
天命壽盡來至維耶離國作長者子
在母胞胎日三自歸始生墮地亦跪
自歸其母娩身又無惡露母傍侍婢
怖而棄走母亦深怪兒墮地語謂之
熒惑意欲殺之退自念言我少子息
若殺此兒父必罪我即具白長者所
由父言止止此兒非凡人生百歲尚不
曉歸況兒墮地能自稱佛好養視之
無令輕慢兒遂長大七歲與其輩類
於道邊戲時佛弟子舍利弗目連適
過兒傍兒言我和南舍利弗等驚怪
小兒能禮比丘兒言道人不識我耶
佛於天上爲母說經我時爲天當下
作豬從佛受教自歸得人汝豈不知
耶比丘即禪亦尋知之即爲呪願因請
佛及僧供養畢說佛爲說法父母及
兒内外眷屬應時皆得阿惟越致自

歸之福也

神衛部第三

依七佛經云三歸有九神衛護行者
其九是何
歸佛有三神　一名陀摩斯那
二名陀摩婆羅那　三名陀摩流支
歸法有三神　一名法寶
二名呵責　三名辯意
歸僧有三神　一名僧寶
二名護衆　三名安隱
又依灌頂經云佛在舍衛國與大衆
說法於是異道有一鹿頭梵志來到
佛所稽首作禮胡跪合掌白佛言久
聞瞿曇名聲遠振令欲捨置異學受
三自歸并五戒法佛言善哉善哉梵
志汝能捨置餘道歸命我者當自悔
過生死之罪其劫無量不可稱計梵
志言諾受教即淨身口意復作是言
唯願世尊施我法戒終身奉行不敢
毀缺佛告梵志汝能一心更三自歸
已我當爲汝及十方人勅天帝釋所
遣諸鬼神以護男子女輩受三歸者
梵志因問佛言何等是耶願欲聞之

開化十方諸受歸者佛言如是灌頂
善神今當爲汝略說三十六
四天上遣神名彌栗頭不羅婆　漢言善光
主疾病
四天上遣神名彌栗頭婆訶娑　漢言善明
主頭痛
四天上遣神名彌栗頭娑邏波　漢言善力
主寒熱
四天上遣神名彌栗頭旃陀羅　漢言善月
主腹滿
四天上遣神名彌栗頭陀利奢　漢言善現
主癰腫
四天上遣神名彌栗頭訶樓訶　漢言善供
主癲狂
四天上遣神名彌栗頭伽娑帝　漢言善捨
主愚癡
四天上遣神名彌栗頭志坭哆　漢言善寂
主瞋恚
四天上遣神名彌栗頭提婆薩　漢言善覺
主婬欲
四天上遣神名彌栗頭提波羅　漢言善天
主邪鬼
四天上遣神名彌栗頭呵婆帝　漢言善住

主傷亡

四天上遣神名彌栗頭不若羅漢言善福

主塚墓

四天上遣神名彌栗頭苾闍伽漢言善術

主四方

四天上遣神名彌栗頭伽麗婆漢言善帝

主怨家

四天上遣神名彌栗頭羅闍遮漢言善王

主偷盜

四天上遣神名彌栗頭修乾陀漢言善香

主債主

四天上遣神名彌栗頭檀那波漢言善施

主劫賊

四天上遣神名彌栗頭支多那漢言善意

主疫毒

四天上遣神名彌栗頭羅婆那漢言善吉

主五温

四天上遣神名彌栗頭三鉢摩耶漢言善山

主蜚尸

四天上遣神名彌栗頭三摩陀漢言善調

主注連

四天上遣神名彌栗頭戾禘駝漢言善備

主注復

四天上遣神名彌栗頭波利陀漢言善歎

主相引

四天上遣神名彌栗頭波利那漢言善淨

主惡黨

四天上遣神名彌栗頭度伽地漢言善品

主蠱毒

四天上遣神名彌栗頭毗梨馱漢言善結

主恐怖

四天上遣神名彌栗頭支陀那漢言善壽

主厄難

四天上遣神名彌栗頭伽林摩漢言善游

主産乳

四天上遣神名彌栗頭阿留伽漢言善願

主縣官

四天上遣神名彌栗頭闍利馱漢言善因

主口舌

四天上遣神名彌栗頭阿伽馱漢言善思

主憂惱

四天上遣神名彌栗頭阿呵娑漢言善往

主不安

四天上遣神名彌栗頭婆和邏漢言善至

主百怪

四天上遣神名彌栗頭波利那漢言善藏

主嫉妒

四天上遣神名彌栗頭周陀那漢言善音

主呪詛

四天上遣神名彌栗頭韋陀羅漢言善妙

主厭禱

佛語梵志是為三十六部神王此諸善神凡有萬億河沙鬼神以為眷屬陰相番代以護男子女人等輩受三歸者當書神王名字帶在身上行來出入無所畏也辟除邪惡消滅不善

梵志言諾唯天中天

歸意部第四

如優婆塞戒經云長者善生言如佛先說有來乞者當先教令受三歸依然後施者何耶云何名為三歸佛言善男子為破諸苦斷除煩惱受於無上寂滅之樂以是因緣受三歸依如汝所問云何三歸者謂佛法僧佛者能說壞煩惱因得正解脫法者即是壞煩惱因真實解脫僧者稟受破煩惱因得正解脫或有說言若如是者即是一歸是義不然何以故如來出世及不出世正法常有無分別者

法苑珠林第八十七　第二十六張　盟

如來出已則有分別是故應當別歸依佛如來出世及不出世正法常有無有持者如來出已則有持者是故應當別歸依法如來出世及不出世正法常有無有受者如來出已則有受者佛弟子衆能稟受故是故應當別歸依僧正道解脫是名爲法無師獨覺是名爲佛能如法受是名爲僧若無三歸云何說有四不壞信

又薩婆多論問云何爲歸云何爲趣荅曰歸者是滅諦道諦少分趣者是口語復有說趣者能起口語心是也復有說信可此法是名爲趣問曰歸者爲歸色身爲歸法身耶荅曰歸法身若尒何故壞色身犯逆荅曰色身是法身器故害得逆問歸依佛者爲獨歸一佛爲通三世佛耶荅曰諸佛同一法身故須通歸不獨歸釋迦佛雖指一佛爲境發言之時理須通歸餘二法僧理亦通歸問曰佛法境界塵沙無量何故但說三種不增不減耶荅曰若廢三從境境別塵沙若廢境從三三歸攝盡則該通法界

法苑珠林卷第八十七　第二十三張　盟

又大莊嚴經論云我昔曾聞有一比丘常被盜賊一日之中堅閉門戶賊復來至扣門而喚比丘荅言我見汝時極大驚怖汝可內手於彼窓中當與汝物賊即內手置於窓中比丘以繩繫之於柱比丘執杖開門打之一下已語言歸依佛賊以畏故即便隨語歸依於佛復打二下語言歸依法賊畏死故復言歸依法第三打時復語之言歸依僧賊時畏故復言歸依僧即自思惟今此道人有幾歸依若多有者必不見放身體疲痛即求出家有人問言汝先作賊造諸惡行以何事故出家修道荅彼人言我亦觀察佛法之利然後出家我於本日遇善知識以杖打我三下唯有小許命在不絕如來世尊實一切智若教弟子四歸依者我命即絕佛速見斯事故教比丘打賊三下使我不死是故唯說三歸不說四歸

受法部第五

依毗尼母論三歸有五種一翻邪二五戒三八戒四十戒五大戒（五八十戒三歸下使受文）

法苑珠林第八十七　第二十四張　盟

（自別大戒三歸者佛初度人未秉羯磨已前有受三歸得戒者有善來得戒者今此宗中但明信邪日久今創具心歸正佛今先受三歸後始懺悔是名翻邪三歸故智度論云先始三歸後始懺悔若久來信佛不須先受三歸但依五戒八戒三歸先懺悔已後受三歸然後說戒相）依智度論正欲受時具修威儀至一出家人前戒師爲說善惡兩法令識邪正生其欣猒開託心神然後爲授云

我某甲盡形壽歸依佛歸依法歸依僧（三說）我某甲盡形壽歸依佛竟歸依法竟歸依僧竟（三說）初三歸依竟即發善法次三結已唯有身口無教屬已故薩婆多論云若淳重心受具教无教若輕慢心受但有其教無其無教（言教无教者猶是作无作戒也）

得失部第六

如薩婆多論問他人爲求受歸趣者是人爲得不荅或有得不得者如迦尸女瘂不能言餘人爲受者得自若能言不得歸戒也又依大集經云姙身女人恐胎不安先受三歸已兒无加害乃至生後身心具足善神擁護問曰揔別云何荅曰二種皆得故善見論云受有兩種一別受言我某甲歸

依佛歸依佛竟（比丘亦尒）二揔受者如前
受者是也若師教言歸依佛弟子荅
言不正云歸依弗若師言佛弟子言
弗不得成若師及弟子言俱不正者
不成三歸若師教言歸依佛弟子荅
尒或言不出口或逐師語不具又不
稱巳名字並不成歸或中邊二國言
音不同不相領解者不成若指事教
解者得成如似夷人好樂殺生戒師
手執其刀用擬畜生汝自今巳去更
不得如此殺汝能持不胡夷領頭荅
言好亦得成受戒

問曰先後云何荅曰如薩婆多論云
若弟子先稱法後稱佛不成三歸以
三寶位差别故若愚癡无所曉知不
是惡心說不次者自不得罪亦成三
歸若先知解故倒說者得罪亦不成
三歸問曰對趣云何荅曰如薩婆多
論云趣通五道皆得三歸除重地獄
自外山間樹下空野海邊輕繫地獄
皆得成歸无受戒法又成實論問曰餘
道衆生得戒律儀不荅曰經說諸龍
亦得受一日戒故知得有又善見論
云龍神等得受三歸五戒不荅曰如
薩婆多論說龍畜等以業報無所知
曉故不成受除經中說得受八齋但增
其善不得齋也又如四分律說龍得
三歸者如賈人兄弟等但得翻邪三
歸无其戒也雖律中龍神得受三歸
者此並知解人語識其意趣方與受戒
自外愚癡豬羊蝨蛤等並不發歸

問曰漸頓云何荅曰如依薩婆多論
漸頓俱不得

問曰若尒何故經論云有一語二語
優婆塞等荅曰此是制前制後不得

問得從一二三人各受一歸荅曰不
得

問曰得一年二年受不荅曰隨日多
少受皆得也

法苑珠林卷第八十七

甲辰歲高麗國大藏都監奉
勑彫造

法苑珠林卷第八十七

校勘記

一　底本，麗藏本。

一　五一五頁上一行經名，徑作「法苑珠林卷第一百四」。卷末經名同。

一　五一五頁上二行撰者，磧作「大唐上都西明寺沙門釋道世字玄惲撰」；南作「唐上都西明寺沙門釋道世字玄惲撰」；徑作「唐上都西明寺沙門釋道世玄惲撰」；清作「唐西明寺沙門釋道世撰」。

一　五一五頁上三行「受戒篇第八十七」，徑作「受戒篇第八十七之一」。又「此有七部」，徑無。

一　五一五頁上四行至六行「述意部……三聚部」，徑無。

一　五一五頁上七行「第一」，徑無。一八行部目下序數例同。

一　五一五頁上一三行第一二字「照」，磧、南、徑、清作「能」。

一　五一五頁中三行第二字「癘」，磧、

南、徑、清作「癩」。

一五一五頁中二〇行「刀風」，南、徑、清作「風刀」。

一五一六頁上二行「猛火」，磧、南、徑、清作「盛火」。

一五一六頁上一八行「攙刺」，磧、南作「攙剗」；徑、清作「剷刺」。

一五一六頁中七行第一二字「從」，磧、南、徑、清作「縱」。

一五一六頁中一七行第三字「要」，磧、南、徑、清作「說要」。

一五一六頁中二二行末字「蹇」，徑、清作「謇」。

一五一六頁下二行第五字「迎」，磧、南、徑、清作「護」。

一五一六頁下一五行第七字「言」，磧、南、徑、清無。

一五一六頁下一六行第五字「便」，磧、南、徑、清作「使」。又「小子」，磧、南、徑、清作「小弟」。

一五一六頁下二一行「小子」，磧、南、徑、清作「小者」。

一五一六頁下末行第六字「道」，磧、南、徑、清作「聖道」。

一五一七頁上六行「我造」，磧、南、徑、清作「造我」。

一五一七頁上一四行「祇夜多」，磧作「祇多」。

一五一七頁上二二行「此住」，磧、南、徑、清作「住此」。

一五一七頁中一三行「日時」，磧作「入時」；南作「日入時」。

一五一七頁中一八行「搖眉」，磧、南作「婬媚」。

一五一七頁中二二行末字「常」，磧、南、徑、清作「恒」。

一五一七頁下一〇行「沙彌」，磧、南作「沙門」。

一五一七頁下一一行「關樿」，磧、南、徑、清作「關撣」。又「剃刀」，磧、南、徑、清作「小刀」。

一五一七頁下一九行「自拔」，磧、南作「自滅」；徑、清作「自搣」。

一五一七頁下二二行第七字「門」，磧、南、徑、清作「門門」。

一五一八頁上六行第六字「皆」，磧、南、徑、清作「皆流」。又第九字「如」，磧、南作「由如」。

一五一八頁上九行第二字「王」，磧、南、徑、清作「父」。

一五一八頁上一一行「第三」，徑無。又「此有六部」，清作「此別六部」。

一五一八頁上一二行至一三行「述意部……得失部」，徑無。

一五一八頁上一四行「部第一」，徑無。以下部目中「部」字與序數相連者例同。

一五一八頁中二行「三歸」，磧作「正歸」。

一五一八頁中二一行「二百」，磧、南、徑、清作「三百」。

一五一八頁下九行末字「所」，徑、清作「不」。

一五一九頁上四行「按量」，磧、南、徑、清作「格量」。

一五一九頁上一〇行「四大洲」，磧、

一　五一九頁上一七行第一〇字「令」，南、徑、清作「有四洲」。

一　五一九頁上一九行第二字「生」，磧、南、徑、清作「含」。

一　五一九頁上一九行第二字「生」，磧、南、徑、清作「子生」。又第六字「知」，磧、南、徑、清作「正知」。

一　五一九頁中九行第八字「神」，磧、南、徑、清作「命」。

一　五一九頁中一二行第一〇字「備」，磧、南、徑、清作「福」。

一　五二〇頁上七行第五字「來」，磧、南、徑、清無。

一　五二〇頁上八行第九字「始」，磧、南、徑、清作「如」。

一　五二〇頁上九行第五字「娩」，磧、南、徑、清作「免」。

一　五二〇頁上一六行「目連」，磧、南、徑、清作「目乾連」。

一　五二〇頁上一七行「和南」，磧、南、徑、清作「和尚」。

一　五二〇頁上二一行「即禪」，磧、南、徑、清作「即入禪定」。

一　五二〇頁中一三行「胡跪」，磧、南作「距跪」；徑、清作「互跪」。

一　五二〇頁中一四行第八字「令」，磧、南、徑、清作「今」。

一　五二〇頁下七行「娑邏波」，磧、南、徑、清作「婆邏波」。

一　五二〇頁下一五行「伽娑帝」，磧、南、徑、清作「伽婆帝」。

一　五二〇頁下一七行夾註左「善寂」，磧作「善般」。

一　五二〇頁下一九行「提婆薩」，磧、南、徑、清作「菩提薩」。

一　五二一頁上四行夾註左「善術」，磧、南、徑、清作「善衍」。

一　五二一頁上一五行「疲毒」，磧作「疹毒」。

一　五二一頁上一七行「五涅」，徑、清作「五蘊」。

一　五二一頁上一八行「摩耶」，磧、南、徑、清作「摩那」。

一　五二一頁中一行夾註左「善放」，磧、南、徑、清作「善哉」。

一　五二一頁中七行夾註左「善結」，南作「善黨」；徑、清作「善語」。

一　五二一頁中一五行夾註左「善因」，磧、南、徑、清作「善國」。

一　五二一頁中一九行「呵娑」，磧、南、徑、清作「呵婆」。又夾註左「善生」，磧、南、徑、清作「善言」。

一　五二一頁中二一行「婆和邏」，磧作「婆和運」。又夾註左「善至」，磧、南、徑、清作「善主」。

一　五二一頁中末行「波利那」，磧、南、徑、清作「汝利那」。

一　五二一頁下七行「河沙」，磧、南、徑、清作「恒沙」。

一　五二一頁下一〇行「出入」，磧、南、徑、清作「入出」。

一　五二一頁下一一行第五字「唯」，磧、南、徑、清無。

一　五二一頁下二二行首字「者」，磧、南、徑、清無。

一　五二二頁上一六行第七字「得」，磧、南、徑、清作「即得」。又第九字

「問」，徑、清作「問曰」。

一　五二二頁上一九行第二字「指」，磧、南、徑、清作「緣」。

一　五二二頁中四行第一二字「𢠐」，磧、南、徑、清作「向」。五行第一〇字同。

一　五二二頁中一〇行第七字「時」，磧、南、徑、清無。

一　五二二頁中一一行第二字「自」，磧、南作「是」。

一　五二二頁中一六行第四字「杖」，磧作「杵」。又第一一字「小」，磧、南、徑、清作「少」。

一　五二二頁下一行夾註左第一〇字「来」，磧作「乘」。

一　五二二頁下二行夾註右第四字「邪」，磧作「即」。又第一四字「今」，磧、南、徑、清作「令」。

一　五二二頁下三行夾註右首字「始」，磧、南、徑、清作「受」。

一　五二二頁下五行第二字「一」，磧、南、徑、清無。

一　五二二頁下六行「開託」，南、徑、清作「開拓」。又末字「爲」，磧作「受」，一六行第九字同。

一　五二二頁下一一行第一二字「教」，磧、南、徑、清作「我」。

一　五二三頁上五行末字「答」，磧、南、徑、清作「答言」。

一　五二三頁上六行第八字「逐」，磧、南、徑、清作「遂」。

一　五二三頁上一一行第一二字「領」，磧、南、徑、清作「撼」。

一　五二三頁中一三行「一歸」，磧、南、徑、清作「一歸不」。

法苑珠林卷第八十八

西明寺沙門釋道世撰　宣四十紙

受戒篇第八十七之二

五戒部第四（此別六部）

述意部　遮難部　受法部
戒相部　得失部、神衞部

述意部第一

夫世俗所尚仁義禮智信也含識所資不殺盜婬妄酒也雖道俗相乖漸教通也故發於仁者則不殺奉於義者則不盜敬於禮者則不婬說於信者則不妄師於智者則不酒斯蓋接化於一時非卽修本之教修本教者是謂正法內訓弘道必始于因因者殺盜婬妄酒也此則在於實法指事直言故不假飾詞託名現意如斯而修因不期果而果證不羨樂而樂彰若略近而望遠棄小而保大則無所歸趣矣故知受持不殺之因自證乎仁義之果所以知其然今見奉戒不殺不求仁而仁著持戒不盜不欣義而義敷守戒不婬不祈禮而禮立遵戒妄不慕信而信揚受戒捨酒不行智而智明如斯之實可謂振綱持網萬目開張振機馭寓以離寒暑復何功可以加之何德可以背之若不是修昧於所欲徒促慮於形名勞心乎百氏倦形神於宵夜喪耳目於良晨何乖道之遠逝而不及者乎得其本則無欲而不辯矣始知吞舟之魚不産溝洫之水鵬鶡之鳥豈翔尺鷃之林也

遮難部第二

夫欲受戒者戒師先須問其遮難故成實論問遮逆罪人賊住汙比丘尼等不聽作比丘是等諸人若爲白衣得善律儀不遮修行施慈等善但有世間戒以是人爲業所汙亦障聖道故不聽出家

又優婆塞戒經云佛言若欲受優婆塞戒增長財命先當諮啓所生父母次報妻子奴婢等次白國王（此須白者爲國王禁制不許受戒所以須白若先不禁不勞須白也）既問聽已誰有出家發菩提心者使往其所頭面作禮㕘言問訊作如是言大德我是丈夫

具男子身欲受菩薩優婆塞戒惟願大德憐愍故聽（一說便得若受聲聞別解脫戒縱無發菩提心人但發小乘心出家五衆人邊受並得戒也）是時比丘應作是言汝之父母妻子奴婢國主並聽不若言聽者復應問言汝不曾負佛法僧物及他物耶若言不負復應問言汝今身中將無內外身心病耶若言無者復應問言汝不於諸比丘比丘尼所作非法耶若言不作復應問言汝將不作五逆罪耶汝不作盜法人不汝非無根二根人不汝不受八戒齋不犯重耶汝父母師病不棄去耶汝將非殺發菩提心人耶汝不盜現前僧物耶汝不兩舌惡口成於惡人耶汝不於母女姊妹作非法耶汝不於大衆作妄語乎若言無者復應語言善男子此戒甚難能為沙彌十戒大比丘戒及菩薩戒乃至菩提而作根本至心受持則能獲得如是等戒無量利益若有毀破如是戒者則於無量無邊世中處三惡道受大苦惱汝今欲得無量利益能志心受不若言能者次教受三歸復應問言此戒甚難若歸佛已寧捨身命終不依於自在天等若歸法已寧捨身命不依於外道典籍若歸僧已寧捨身命終不依於外道邪衆汝能如是志心歸依於三寶不若言能者應令滿六月日親近承事出家智者智者復應志心觀其身四種威儀若知是人能如教作過六月已和合衆僧滿二十人作白羯磨云大德僧聽是某甲今於僧中乞受優婆塞戒已六月中淨四威儀志心受持淨莊嚴地是大丈夫具男子身若僧聽者僧皆默然不聽者說（二說）（便得若非信邪舊來正信者不須受此翻明三歸六月試直問遮難教令懺悔已即與授五戒八戒三歸便得不同此也）

受法部第三

若欲受戒具修威儀對一出家五衆人前受故智度論云

我某甲歸依佛歸依法歸依僧（三說）我某甲歸依佛竟歸依法竟歸依僧竟（三說）我是釋迦牟尼佛優婆（塞夷）證知我我某甲從今日盡壽歸依戒師應言汝優婆塞聽是多陀阿伽度阿羅訶三藐三佛陀知人見人為優婆塞說五戒如是汝盡受持何等為五一盡形壽不殺生是優婆塞戒是中盡形壽不應故殺生是事若能當言諾（雖論書籍改諾云能無咎）二盡形壽不偷盜是優婆塞戒是中盡形壽不應偷盜是事若能當言能三盡形壽不邪婬是優婆塞戒是中盡形壽不應邪婬是事若能當言能四盡形壽不妄語是優婆塞戒是中盡形壽不應妄語是事若能當言能五盡形壽不飲酒是優婆塞戒是中盡形壽不應飲酒是事若能當言能既說相已又應語言是優婆塞五戒盡受持當供養三寶勤修福德遠求佛道近證人天歲三長月六齋若能持者並須為之若受一戒者文中應除五之一字直云我為不殺戒優婆塞餘文如前三歸依第三徧已即發五戒後時三結直付囑之故薩婆多論問曰若不受三歸得五戒不荅不得要先受三歸後方得戒（下受八戒亦同此法）

戒相部第四

若薩婆多論問曰五戒中幾是實戒荅曰前四是實後一是遮所以同結者以是放逸根本能犯四戒如迦葉佛時有優婆塞由飲酒故婬他妻盜他雞殺他人來問時荅言不作便犯妄語亦能造四逆唯不能破僧若受不殺戒乃至一切有形蠢動皆不得加害及食雜宍葷辛等皆不得犯故楞伽經云佛告大慧菩薩有無量因緣不應食宍我今略說十種因緣一謂一切衆生從本已來展轉因緣常爲六親以親想故不應食宍二驢騾駱駝狐狗牛馬人畜等宍屠者雜賣故三不淨氣分所生長故四衆生聞氣悉生恐怖如旃陀羅狗見憎惡驚怖群吠故五令修行者慈心不生故六凡愚所嗜臭穢不淨無善名稱故七令諸祝術不成就故八以殺生者見形起識深味著故九彼食宍者諸天所棄令口氣臭多惡故十空閑林中虎狼聞香我常說言凡所飲食作子宍想作服藥想故此過去有王名師子蘇陀婆食種種宍遂至人宍臣民不忍即便謀反如班足王經說

又涅槃經云夫食宍者斷大慈種行住坐臥一切衆生聞其宍氣悉生恐怖譬如有人近師子已衆人見之聞師子臭亦生恐怖如人噉蒜臭穢可惡餘人見之聞臭捨去設遠見之猶不欲視況當近之水陸空行悉捨之走咸言此人是我等怨是故菩薩不習食宍也

義云五戒優婆塞等如俗家井水多有細小諸蟲盡須濾看還置本處欲有行動亦須賷濾袋自隨

若受不盜者下至一枝草一粒穀等皆不得取

故智度論云憍梵鉢提試看一粒穀生熟不還本主犯於業道尚五百世中爲牛乃至成羅漢已猶自呞食

若受不邪婬者如智度論云除已妻外餘之男女鬼神畜生可得行婬者悉是邪行雖是自妻不犯然須避於非處謂自妻非道及得身已亦須禁之恐傷胎故產三年内須亦避慎謂防乳竭若別有乳母不在制限

又成實論云自妻非處謂口及大便處及一切女人爲父母兒所護出家女人等爲法護故亦名邪婬若無主女人衆人前自來爲妻如法者不犯

又提謂經云年三長月六齋三明日月燈火下及八王日亦名八節日並須禁之（八王日如下述）

若受不妄語戒者但使心虛無問境之虛實並犯

又智度論問曰何故優婆塞慎口律儀及淨命耶

荅曰白衣居家受世間樂兼修福德不能盡行戒法是故佛令持五戒復於口業妄語最重以妄語故能作餘過或故作不故作若但妄語已攝三事若說實語皆已攝盡於諸善中實爲最大

又成實論云雖是實語以非時故即名綺語或是時以隨順衰惱無利益故或雖利益以言無本義理不次惱心說故皆名綺語

又摩德勒伽論云爲他傳罵皆得罪故

又薩婆多論云妄語兩舌惡口相歷各作四句一是妄語非兩舌惡口傳他此語向彼說以不實故是妄語不以分離心故非兩舌輭語說故非惡口餘句類互可知

又成實論云餘三業或合或離綺語一種必不相離

又善生經云若當妄語亦攝綺語兩舌惡口義

又薩婆多論云不妄語者若說法義論傳一切是非莫自稱爲是常令推寄有本則無過也不尒斉在口中

若受不飲酒者如四分律云若飲酒者乃至不得以草滴酒口中

又智度論云飲酒有三十五過矣何等三十五荅曰一現世財物虛竭何以故飲酒醉亂心無節限用費無度故二衆病之門三鬭諍之本四裸露無恥五醜名惡露人所不敬六無復智慧七應所得物而不得已所得物而散失八伏匿之事盡向人說九種種事業廢不成辦十醉爲愁本何以故醉中多失醒則慚愧憂愁十一身力轉少十二身色壞十三不知敬父十四不知敬母十五不敬沙門十六不敬婆羅門十七不敬叔伯及尊長何以故醉悶憒惱無所別故十八不尊敬佛十九不敬法二十不敬僧二十一朋黨惡人二十二踈遠賢善二十三作破戒人二十四無慚愧二十五不守六情二十六縱色放逸二十七人所憎惡不喜見之二十八貴重親屬及諸知識所共擯棄二十九行不善法三十棄捨善法三十一明人智士所不信用何以故酒放逸故三十二遠離涅槃三十三種狂癡因緣三十四身壞命終墮惡道泥犂中三十五若得爲人所生之處常當狂騃如是種種過失是故不飲酒

又薩婆多論云五戒優婆塞聽販賣但不得作五業一不得販賣畜生自有者聽直賣不得與屠兒家二不得販賣弓刀箭矟自有者聽直賣不得與屠兒殺害家三不得酤酒爲業自有者聽直酤四不得壓油爲業外國麻中有蟲故犯准此無蟲應不犯五不得作五大色染多殺蟲故如秦地染青亦多殺蟲入五大色數

又善生經云受戒者五處不應行謂屠兒婬女酒肆國王旃陀羅舍等有五種業不應作謂賣毒藥釀皮摶捕圍棊六博歌儛唱伎等並不得爲亦不得親近如是人等

又寶雲經云持戒之人不聽向破戒家乞食

又阿含經云遠惡近善有四法當急走避之百由旬一由旬四十里百由旬四千里四法者一惡友二惡衆三或多語笑四或瞋或鬪

又優婆塞五戒相經云佛告諸比丘犯殺有三種奪人命一自作二教人三遣使自作者自身作奪他命教人者教語他人言捉是人繫縛奪命遣使者語他人言汝識某甲不汝捉是人繫縛奪命是使隨語奪彼命時優婆塞犯不可悔罪復有三種一用內色二用非內色三用內非內色第一用內色殺者謂用手打若用足及餘身分令彼死是犯不可悔罪若不即

死後因是死亦犯不可悔若後不死是得中罪可悔第二用不內色殺者若人以木石刀矟弓箭等令彼死者同前得罪第三用內非內色殺者以手捉木石等打令死者得罪同前復有不以此三殺但合諸毒藥著眼耳鼻身上食中被褥等中令彼死者亦同前罪

若優婆塞或作火坑謏心造者若人墮死犯不可悔罪非人鬼神等墮中死者犯中罪可悔畜生死者犯下罪可悔若都無死者犯三方便可悔輕罪若尅心唯爲人造火坑不通餘者若人墮死犯不可悔不死犯方便非人畜生死者不犯若優婆塞或用口業祝術令死或有歎死讚死或有氣力人心起惡念令死或墮胎令死得罪重輕並同前准不犯者或有行來出入寤墮木石等死者並不犯餘如內律具說

第二盜戒者以三種取他重物犯不可悔一用心二用身三離本處第一用心者謂發心思惟欲爲偷盜第二用身者謂用身分等取他物第三離本處者隨物在處舉著餘處並得重罪復有三種取人重物犯不可悔罪一自取二教他取三遣使取復有五種取他重物犯不可悔一苦切取二輕慢取三詐稱他名字取四强奪取五受寄取重物者若盜五錢若五錢直得者犯不可悔罪復有七種取他物犯不可悔一非已想二不同意三不暫用四知有主五不狂六不心亂七不病壞心具此七者取他重物犯不可悔取他不滿五錢輕物犯中可悔翻前七種取他物者輕重俱不犯

第三婬戒者邪婬有四處一男二女三黃門四二根女者人女非人女畜生女男者人男非人男畜生男黃門二根各有三種同前若優婆塞與人女非人女畜生女三處行婬謂口大小便處犯不可悔若人男非人男畜生男黃門二根二處行婬謂口及大便處犯不可悔若發心欲行婬未和合者犯下可悔罪若二身和合止而不婬犯中可悔除其三處餘處行婬此皆可悔若人死乃至畜生死者身根未壞於彼三處共彼行婬犯不可悔輕處同上若優婆塞雖不受戒犯佛弟子淨戒人者雖無犯戒之罪然後永不得五戒八戒乃至出家具足戒若顛狂心亂痛惱所纏不自覺者不犯

佛告諸比丘吾有二身一生身二戒身若善男子爲吾生身起七寶塔至于梵天若人虧之其罪尚有可悔虧吾戒身其罪無量受罪如伊羅鉢龍王犯不可悔也

第四妄語戒者佛告諸比丘吾以種種呵責妄語讚歎不妄語者乃至戲笑尚不應妄語何況故妄語是中犯者若優婆塞不知不見過人聖法自言我是阿羅漢四等果人乃至四禪慈悲喜捨得四空定不淨觀阿那般那念天來龍來到我所供養我彼問我義我荅彼問皆犯不可悔罪若實見言不見實聞言不聞實疑言不疑有而言無無而言有如是等小妄語者犯可悔罪若發心欲妄語未出言

犯下可悔言而不盡意者犯中可悔若自言得聖道者便犯不可悔若狂心亂心不覺語者不犯

第五飲酒戒者佛告諸比丘若言我是佛弟子者不得飲酒乃至小草頭一滴亦不得飲酒有二種穀酒木酒穀酒者以諸五穀雜米作酒者是木酒者或用根莖葉果用種種子果草雜作酒者是酒色酒香酒味飲能醉人者是名為酒若甞咽者亦名為飲若飲穀酒咽咽犯若飲酢酒若飲甜酒若啖麴能醉人者若啖糟若飲酒澱若飲似酒色似酒香似酒味能令人醉者並隨咽咽犯若但作酒色無酒香無酒味不能醉人及餘飲者皆不犯若依四分律病比丘等餘藥治不差以酒為藥者不犯顛狂心亂病惱不覺知者亦不犯

得失部第五

問曰漸頓云何荅曰皆得故成實論問云有人言五戒具受此事云何荅曰隨受多少皆戒律儀但取要為五故優婆塞戒經云或有一分或有少分或有無分或有多分或有滿分若受三歸已不受五戒名優婆塞若受三歸受持一戒是名一分受三歸已受持二戒是名少分若受三歸已受持一戒若破一戒是名無分若受三歸受持四戒是名多分若受三歸受持五戒是名滿分汝今欲受何分尒時智者當隨意授又智度論云戒有五種始從不殺乃至不飲酒若受一戒是一分行若受二戒三戒是名少分行若受四戒是名多分行若受五戒是名滿分行斷婬者受五戒已於戒師前更作誓言我今於自婦夫不復行婬是名五戒增一阿含經亦云一分二分得受問曰既得漸受可從五師各得受一不荅曰如付法藏經云尊者薄拘羅受一不殺生戒得五不死報

問曰得重受不者既受五戒後時更得重受不荅曰依成實論得重發戒故四分律末利夫人第二第三重向佛受亦得

問曰長短者得五三十日限分受不荅曰依成實論亦得多日盡其終受故十誦律或晝或夜受五戒亦獲少善

又優婆塞戒經云佛言智者當觀戒有二種一世戒二第一義戒若不依於三寶受戒是名世戒是戒不堅如綵色無膠是故我先歸依三寶然後受戒夫世戒者不能壞先諸惡業受三歸戒則能壞之雖作大罪亦不失戒何以故戒力勢故如俱有二人同共作罪一者受戒二者不受戒已受者犯則罪重不受者犯則罪輕何以故毀佛語故罪有二種一者性重二者遮重是二種罪復有輕者重或有人能重罪作輕輕罪作重如鴦掘魔受於世戒伊羅鉢龍受於義戒鴦掘魔破於性重不得重罪伊羅鉢龍壞於遮制而得重罪是故不應以戒同故得果亦同

神衞部第六

依七佛經云若有人能受持五戒感得二十五神侍衞

殺戒有五神

一名波吒羅　二名摩那斯

三名婆眡羅　四名呼奴吒
五名頗羅吒
盜戒有五神
一名法善　二名佛奴
三名倫喜　四名廣額
五名慈善
婬戒有五神
一名貞潔　二名無欲
三名淨潔　四名無染
五名蕩滌
欺戒有五神
一名美旨　二名實語
三名質直　四名直荅
五名和合語
酒戒有五神
一名清素　二名不醉
三名不亂　四名無失
五名護戒
又灌頂經云佛告梵志若持五戒者
有二十五善神營衛護人身在人左
右守於宮宅門戶之上使萬事吉祥
唯願世尊爲我說之佛言梵志我今
略演勑天帝釋使四天王遣諸善神

營護汝身如是章句善神名字二十
五王其名如是
神名蔡芻毗愈他尼
主護某身辟除邪鬼
神名輸多利輸陀尼
主護某六情悉令完具
神名毗樓遮那世波
主護某腹内五藏平調
神名阿陀龍摩坻
主護某血脈悉令通暢
神名婆羅桓尼和婆
主護某爪指無所毀傷
神名坻摩阿毗婆馱
主護某出入行來安寧
神名阿修輸婆羅陀
主護某所噉飲食甘香
神名婆羅摩亶雄雌
主護某夢安覺歡悅
神名婆羅門地鞞哆
主護某不爲蠱毒所中
神名那摩呼哆耶舍
主護某不爲霧露惡毒所害
神名佛馱仙陀樓哆

主護某鬭諍口舌不行
神名鞞闍耶藪多婆
主護某不爲溫虐鬼所持
神名涅坻醯馱多耶
主護某不爲縣官所得
神名阿邏多賴都耶
主護某舍宅四方逐凶殃
神名波羅那佛曇
主護某平定舍宅八神
神名阿提梵者珊耶
主護某不爲塚墓鬼所嬈
神名因臺羅因臺羅
主護某門戶辟除邪惡
神名阿伽風施婆多
主護某不爲外氣鬼神所害
神名佛曇彌摩多哆
主護某不爲災火所延
神名多賴叉三密陀
主護某不爲偷盜所侵
神名阿摩羅斯兜喜
主護某若入山林不爲虎狼所害
神名那羅門闍兜帝
主護某不爲傷亡所嬈

神名鞞尼乾那波
主護某除諸鳥鳴狐鳴
神名荼鞞闍毗舍羅
主護某除犬鼠變怪
神名伽摩毗那闍尼佉
主護某不爲凶注所牽

佛告梵志言若男子女人帶佩此二十五灌頂章句善神名者若入軍陣鬬諍之時刀不傷身箭射不入鬼神羅刹終不嬈近若到蠱道家亦不能害若行來出入有小魔鬼亦不得近帶佩此神王名著身夜無惡夢縣官盜賊水火災怪怨家闇謀口舌鬬亂自然歡喜兩作和解俱生慈心惡意悉滅妖魅魍魎邪忤薜荔外道符祝厭禱之者樹木精魅百蟲精魅鳥獸精魅溪谷精魅門中鬼神戶中鬼神井竈鬼神洿池鬼神廁溷中鬼神一切諸鬼神皆不得留住某甲身中若男子女人帶此三歸五戒善神名字者某甲入山陵溪谷曠路抄賊自然不現師子虎狼熊羆蛇蚖悉自縮藏不害人也

八戒部第五 此別六部

述意部　會名部　功能部
得失部　受法部　戒相部

述意部第一

夫戒定慧品造化宏圖衆聖式遵萬靈攸重余以戒律宗要定慧歸承如有乖張明心莫顯是故大悲赴難立行法以檢之惑網之夫設理蹤而證入業種之客依相迹而繩持庶使念念退省新新進策爲功不已情過乃彰但善惡由己起則昇沈不作則已作則業成業繩惑網膠固彌密自非傾誠苦剋折挫身心哀愴往因畏懼來果決誓要期永斷相續故文言嚴飾道場澡浴塵垢著新潔衣內外俱淨對說罪根發露悔過舉身投地如太山崩五體殷重歸依三寶敬誠迴向然後受戒此戒時節雖促既懇意標心爲成三聚淨戒爲救四趣衆生此則功超人天德齊佛位故智度論譬同猛將亦爲與佛等也

會名部第二

問曰諸經論中何名八關齋亦名關

戒耶答曰前八是關閉八惡不起諸過不非時食者是齋齋者齊也謂禁止六情不染六塵齊斷諸惡具修衆善故名齋也又齋戒體一名別若尋名定體體容少別齋者過中不食爲名戒者防非止惡爲義故薩婆多論云八箇是戒第九是齋齋戒合數故有九也

功能部第三

如齋法經曰譬如天下十六大國滿中衆寶不可稱說不如一日受佛齋法比其福者則十六國爲一豆耳又中阿含經云多聞聖弟子持八支齋時憶念如來十號名字若有惡思不善皆滅

又優婆塞戒經云若有人以四大寶藏滿中七寶持布施人所得功德不如有人一日一夜受持八戒除五逆罪餘一切罪皆悉消滅是則得無量果報至無上樂彌勒出時百年受齋不如今日五濁世時一日一夜

又智度論問曰五戒一日戒何者爲勝答曰有因緣故二戒俱等但五戒 終

身持八戒一日持又五戒常持時多而戒少一日戒時少而戒多若無大心雖復終身持不如有大心一日戒也譬如懦夫為將雖復將兵終身卒無功名若英雄奮發禍亂立定一日之勳名蓋天下八戒比於餘戒亦復如是

又智度論問曰白衣居家唯有此五戒更有餘法耶荅曰有一日戒六齋日持功德無量若十二月至十五日受持此戒福最多也

問曰何故六齋日受八戒修福德荅曰是日鬼神逐人欲奪人命疾病凶衰令人不吉是以劫初聖人教人持齋修善治福以避凶衰是時齋法不受八戒直以一日不食為齋後佛出世始教一日一夜如諸佛受持八戒過中不食是功德將人至涅槃樂

又論引四天王經中佛說月六齋日使者太子及四天王自下觀察眾生不布施持戒孝順父母使者便上忉利以啓帝釋諸天心皆不悅若布施持戒孝順父母多者諸天帝釋心皆歡喜是時釋提波那氏即說偈言

六齋神足月　受持清淨戒　是人壽終後

功德必如我

佛告釋提桓因云何妄語若持一日戒功德福報必得如我是為實說所在之處有持此戒者惡鬼遠之住處安隱是故於六齋日持齋受戒得福增多

問曰何故諸惡鬼神等輩於此六齋日惱害眾生荅曰天地本起經說劫初成時有異梵天王子是摩醯首羅等諸鬼神父修其梵志苦行滿天上十二歲於此六日每割血宍以著火中過十二歲已天王來下語天子言汝求何願荅言我求有子天王言供養仙人法以燒香甘果等汝云何以血宍著火中如罪惡法汝破善法樂為惡事令汝生惡子噉宍飲血當說是時火中有八大鬼出身黑如墨髮黃眼赤有大光明摩醯首羅神等從此八鬼生以是故摩醯首羅等神於此六日有大勢力惱害眾生諸鬼之中摩醯首羅最大第一一月之中皆有日分摩醯首羅一月有四日分謂八日十四日二十三日二十九日餘神一月有二日分謂月一日十六日其月二日十七日十五日三十日屬一切神摩醯首羅為諸神王又得日多故數四日為齋餘日是一切神日亦數為齋是故諸惡鬼神於此六日輒有勢力也但佛法之中日無好惡隨世惡因緣故佛教眾生齋戒以除其患也

又提謂經云提謂長者白佛言世尊歲三齋皆有所因何以正用正月五月九月六日齋用月八日十四日十五日二十三日二十九日三十日佛言正月者少陽用事萬神代位陰陽交精萬物萌生道氣養之故使太子正月一日持齋寂然行道以助和氣長養萬物故使竟十五日五月者太陽用事萬物代位草木萌類生畢百物懷姙未成成者未壽皆依道氣故持五月一日齋竟十五日以助道氣成長萬物九月者少陰用事乾坤改位萬物畢終衰落無牢眾生蟄藏神氣歸本因道自寧故持九月一日齋竟

十五日春者萬物生夏者萬物長秋者万物収冬者萬物藏依道生没天地有大禁故使弟子樂善者避禁持齋救神故尒長者提謂白佛言三長齋何以正用一日至十五日復言如何名禁佛言四時灾代陰陽易位歲終三覆八校一月六奏三界皓皓五處録籍衆生行異五官典領校定罪福行之高下品格萬途諸天帝釋太子使者日月鬼神地獄閻羅百萬神衆等俱用正月一日五月一日九月一日四布案行帝王臣民八夷飛鳥走獸鬼龍行之善惡知與四天王月八日十五日盡三十日所奏同不平均天下使無枉錯覆校三界衆生罪福多少所屬福多即生天上即勑四鎮五羅大王司命增壽益筭下閻羅王攝五官除罪名定福禄故使持是三長齋是故三覆八校者八王日是也亦是天帝釋輔鎮五羅四王地獄王阿須輪諸天案行比校定生注死增減罪福多少有道意無道意大意小意開解不開解出家不出家案比口數皆用八王日何等八王日謂立春春分立夏夏至立秋秋分立冬冬至是爲八王日天地諸神陰陽灾代故名八王日月八日十四日十五日二十三日二十九日三十日皆是天地用事之日上下弦望朔晦皆録命上計之日故使於此日自守持齋以還自校使不犯禁自致生善處

又增一阿含經云若善男子善女人欲得八關齋離諸苦者得盡諸漏入涅槃城當求方便成此八齋人中榮位不足爲貴天上快樂不可稱計欲求無上之福者當求此齋欲生六欲天色無色界天者當持此齋欲求一方二方三方四方天子轉輪聖王位者亦獲其願欲求聲聞緣覺佛乘者悉成其願吾今成就由其持戒五戒十善無願不獲

又涅槃經云佛言大王波羅柰國有屠兒名曰廣額於日日中殺無量羊見舍利弗即受八戒經一日夜以是因緣命終得爲北方天王毗沙門子如來弟子尚有如是大功德果況復佛也

又優婆塞戒經云佛言善男子後世衆生身長八丈壽命滿足八萬四千歲是時受戒復有於今惡世受戒是二所得果報正等何以故三善根平等故

又賢愚經云昔迦葉佛滅度之後遺法垂末有二梵志到比丘邊俱受八戒一願生天一願作國王願生天者至家爲婦逼非時食由破戒故乃生龍中願作王者持戒完具得生王家作大國王其王園中多有甘果嘗遣一人隨時看送其人後時於園中得一顆柰色香甚美持與門監展轉奉王王食此柰甚覺甘美便問夫人展轉相推到於園監王即喚來而責之曰如此美柰何爲不送園監於是具陳本末王瞋語言自今以後常送斯柰園監啓王此柰無種何由可辦王復語言若不能得當斬汝身其人還園擧聲大哭時有一龍從泉而出變身爲人問其哭由園監具說龍聞入水即以金槃盛柰與之遣持奉王并騰

吾意云吾及王本是親友乃昔在世時俱爲梵志共受八戒各求所願汝戒皃具得爲人王吾戒不全故生龍中今欲奉修八關齋法求捨此身當爲吾皃八戒齋文持來與我若其相違吾覆汝國用作大海團監奉柰具說龍意王聞甚憂良由時世無有佛法齋法難得王勅一臣龍索齋法仰卿得之若不得者吾當殺卿大臣至家甚懷憂愁臣父見子面色不悅問知委由其父語言吾家堂柱每見光明試破之看儻有異物尋即破之得經二卷一是十二因緣二是八關齋文得已奉王王得歡喜自送與龍龍得此經便用好寶贈遺於王王及於龍重修八戒壽盡生天同共一處至釋迦佛出世之時來至佛所佛爲說法二天俱得須陀洹果既得果已還歸天上

又智度論云若人欲求最大善利應當持戒戒如大地一切萬物有形之類皆依地住戒亦如是一切善法皆依戒住若世間人下品持戒得生人中品持戒生於天上乃至上品清淨持戒得至佛道若破戒者墮三惡道是故佛言持戒之人無事不得破戒之人一切皆失譬如有人猒患貧窮供養諸天滿十二年求索富貴天愍此人自現其身而問之曰汝求何等貧人荅言我求富貴欲令心中所願皆得天與一器名曰得瓶而語之言所須之物從此瓶出其人得已應意所欲無所不得得如意已具作好舍象馬車乘七寶具足供給賓客事事無乏客問之言汝先貧窮今日何由得如此富彼人荅言我得天瓶能出此種種衆物故富如是客語之言出瓶見示并所出物彼人聞已即爲出瓶瓶中引出種種衆物其人憍逸立瓶上儛瓶即破壞一切衆物一時失滅持戒之人亦復如是若能持戒種種妙樂無願不得若人破戒憍逸自恣亦如彼人破瓶失利也

得失部第四

如薩婆多論云若人欲受八戒先自恣女色或作音樂或貪飲食種種戲笑如是放逸盡心故作然後受戒不問中前中後皆不得戒若無本心受戒種種放逸後遇知識即爲受戒不問中前中後並得成受

又善生經云若諸貴人常勅作惡若欲受齋先當宜令所屬之境齋日莫行惡事如是清淨得齋若不遮者不成以惡律儀故又俱舍論云若先作意於齋日受者雖食竟亦得受又薩婆多論云若受八戒應言一日一夜不殺等令言論斷絕莫使與終身戒相亂又成實論問曰是八齋但應具受爲得分受荅曰隨力能持多少皆得成受復有人言此法但一日一夜受是事云何荅曰隨受多少並得或一日一夜或半日半夜或一月半月等增一阿含經云若受八關齋先須懺悔前罪然後受戒（懺悔方法如前懺悔篇說簡人問其遮難如前五戒中說）

受法部第五

依智度論受云我某甲今一日一夜歸依佛歸依法歸依僧爲淨行優婆塞（女云夷三說）我某甲歸依佛竟歸依

法竟歸依僧竟一日一夜爲淨行優
婆塞竟說三
既受得戒已次當爲說戒相
如諸佛盡壽不殺生我某甲一日一
夜不殺生亦如是
如諸佛盡壽不偷盜我某甲一日一
夜不偷盜亦如是
如諸佛盡壽不婬泆我某甲一日一
夜不婬泆亦如是
如諸佛盡壽不妄語我某甲一日一
夜不妄語亦如是
如諸佛盡壽不飲酒我某甲一日一夜
不飲酒亦如是
如諸佛盡壽不坐高大牀上我某甲
一日一夜不坐高大牀上亦如是
如諸佛盡壽不著香華瓔珞不香油
塗身不著香熏衣我某甲一日一夜
不著香華瓔珞不香油塗身不著
香熏衣亦如是
如諸佛盡壽不自歌儛作樂亦不往
觀聽我某甲一日一夜不自歌儛作
樂亦不往觀聽亦如是
如諸佛盡壽不過中食我某甲一日
一夜不過中食亦如是我某甲受行
八戒隨學諸佛名爲布薩願持是福
不墮三惡八難亦不求輪王梵王世
界之樂願諸煩惱消除逮得薩雲若
成就佛道布薩者秦云共住也故僧祇律云佛告
比丘今是齋日喚優婆塞淨洗浴著
淨衣受布薩又薩婆多論云必無人
受者但心念口言自歸三寶我持八
戒亦得又成實論云有人言此戒要
從他受其事云何是亦不定若無人
時但心念口言乃至我持八戒亦得
女人受戒不假袒膊自外法用並同前說

戒相部第六

既受得戒已理須識相護持若不識
相遇緣還犯前之五戒一同五戒中
說後之三戒今重料簡離莊嚴具
者
如俱舍論云離非舊莊嚴何以故若
常所用莊嚴不生極醉亂故
述曰有與女人授戒不許飲乳小兒
同宿恐云破戒又不許木手八尺牀
上坐臥令在地鋪又不許白素木盌
非時飲水恐受膩破齋如是種種妄
行禁制皆不合聖教反結無知不學
之罪縱共父兄等同宿但於戒不犯
非名破戒
又薩婆多論云若已受八戒而鞭打
衆生或言待至明日當打皆令戒不
清淨非是破戒
又阿含經云高廣大牀者陛下足長
尺六非高闊四尺非廣長八尺非大
越此量者方名高廣大牀復有八種
牀初四約物辨體貴不合坐下四約
人辯大縱令地鋪擬於尊人亦不合
坐一金牀二銀牀三牙牀四角牀五
佛牀六辟支佛牀七羅漢牀八師僧
牀父母牀座不在禁限
第七辯位者
如薩婆多論云問七衆外有木叉戒
不荅八戒是以此義推受八戒人不
入七衆攝若知位處應在五戒優婆
塞上坐以受戒多故智度論將八
戒譬於健將
又成實論云八戒優婆塞者秦言善
宿男是人善心離破戒宿故優婆塞
者諸經亦云清信士亦云近佛男優

婆夷者亦云清信女亦云近佛女也
依如西域俗人信持五戒八戒者始
得喚為優婆塞優婆夷衣服居止舉
動合宜亞類出家人在於不持戒者
上坐不同漢地無法白衣業行昏駞穢
染雜濁者雷同呼為優婆塞等亦穪
為賢者無鑒之甚勿過於此
又是法非法經云佛告諸比丘有賢者
非賢者何等非賢者法若比丘大性
欲學道有餘同學非大姓故為自驕
身欺餘是非賢者法復何等為賢者
法謂學計我不必大姓能斷貪瞋癡
或時有非大姓家方便受法如法說
行不自譽亦不欺是名賢者法也
又十住毗婆沙論云問曰齋法云何荅
曰應作是言如諸聖人常離殺生棄
捨刀杖常無瞋恚有慚愧心慈悲衆
生我某甲今一日一夜遠離殺生棄
捨刀杖無有瞋恚有慚愧心慈悲衆
生以如是法隨學聖人
如諸聖人常離不與取身行清淨受
而知足我今一日一夜遠離劫盜不與
取求受清淨自活以如是法隨學聖
人
如諸聖人常斷婬泆遠離世樂我今
一日一夜除斷婬泆遠離世樂淨脩
梵行以如是法隨學聖人
如諸聖人常離妄語眞實語正直語
我今一日一夜遠離妄語眞實語正
直語以如是法隨學聖人
如諸聖人常遠離酒酒是放逸處我
今一日一夜遠離於酒以如是法隨
學聖人
如諸聖人常遠離歌儛作樂華香瓔
珞嚴身之具我今一日一夜遠離歌
儛作樂華香瓔珞嚴身之具以如是
法隨學聖人
如諸聖人常遠離高廣大牀處在小
榻草蓐為座我今一日一夜遠離高
廣大牀處在小榻草蓐為座以如是
法隨學聖人
如諸聖人常過中不食遠離非時行
非時食我今一日一夜過中不食遠
離非時行非時食以如是法隨學聖
人如偈說曰
殺盜婬妄語　飲酒及華香　瓔珞歌儛等
高牀過中食　聖人所捨離　我今亦如是
以此福因緣　一切共成佛
又佛說齋經云佛在舍衛城東丞相
家殿丞相母名維耶早起沐浴著綵
衣與諸子婦俱出稽首佛足一面坐
佛問維耶沐浴何早對曰欲與諸子
婦俱受齋戒佛言齋有三輩樂何等
齋維耶長跪言願聞何謂三齋佛言
一為牧牛齋二為尼揵齋三為佛法
齋牧牛齋者如牧牛人求善水草飲
食其牛暮歸思念何野有豐饒須天
明當往若族姓男女已受齋戒意在
居家利養念美飲食育養身者是為
如彼牧牛人意不得大福非大明慧
第二尼揵齋者當月十五日齋時伏
地受齋戒為十由延內諸神拜言我
今日齋不敢為惡不為妻子奴婢非
是我有至到明日如彼尼揵外道不
得大福非大明慧第三佛法齋者內
道弟子月六齋日受持八戒何謂八
耶
第一戒者盡一日一夜持心無殺意
慈念衆生不得殘害蠕動之類如清

淨戒以一心習
第二戒者盡一日一夜持心無貪意思念布施却慳貪意如清淨戒以一心習
第三戒者一日一夜持心無婬意不念房室修治梵行不爲邪欲如清淨戒以一心習
第四戒者一日一夜持心無妄語思念至誠言不爲詐心口相應如清淨戒以一心習
第五戒者一日一夜持心不飲酒不醉迷亂去放逸意如清淨戒以一心習
第六戒者一日一夜持心無求安不著華香不傅脂粉不爲歌儛倡樂如清淨戒以一心習
第七戒者一日一夜持心無求安不臥好牀卑牀草蓐捐除睡臥思念經道如清淨戒以一心習
第八戒者一日一夜持心奉法時過中不食如清淨戒以一心習

法苑珠林卷第八十八

法苑珠林卷第八十八

校勘記

一　底本，金藏廣勝寺本。
一　五二七頁中一行經名，徑作「法苑珠林卷第一百五」。又經名下，磧、南有夾註「受戒之二」。
一　五二七頁中二行撰者，磧、南作「大唐上都西明寺沙門釋道世字玄惲撰」；徑作「唐上都西明寺沙門釋道世玄惲撰」；清作「唐西明寺沙門釋道世撰」。
一　五二七頁中三行「受戒篇第八十七之二」，磧、南、清無；麗作「受戒部第八十七之二」。
一　五二七頁中四行「第四」，徑無。又「此別六部」，徑無。
一　五二七頁中五行至六行「述意部……神衛部」，徑無。
一　五二七頁中七行「部第一」，徑無，下至五五二頁下一九行部目中「部」字與序數相連者例同。
一　五二七頁中八行第一二字「含」，磧作「貪」。
一　五二七頁中一一行「婬誑」，磧、南、徑、清作「婬悦」。
一　五二七頁中一四行第一三字「因」，磧、南、徑、清無。
一　五二七頁中末行「不婬」，磧作「不盜」。
一　五二七頁下二行「振綱持綱」，磧、南、徑、清、麗作「振綱持綱」。
一　五二七頁下六行第九字「喪」，磧、南、徑、清作「求」。
一　五二七頁下一三行末字「尼」，磧、南、徑、清、無。
一　五二七頁下一六行第八字「業」，磧、南、徑、清作「惡業」。又「障聖道」，磧、徑作「彰聖道」。
一　五二八頁上三行夾註左末字「也」，磧、南、徑、清無。
一　五二八頁上九行首字「作」，磧作「在」。
一　五二八頁中二行第一二字「於」，

磧、南、徑、清無。三行末字同。
一　五二八頁中八行「二十人」，南作「三十人」。
一　五二八頁中一一行第九字「大」，磧、南、徑、清、麗作「人」。
一　五二八頁中一二行第六字「僧」，磧、南、徑、清無。又夾註「三説」，磧、南、徑、清、麗作「一説」。
一　五二八頁中一三行夾註右「翻明」，磧、南、徑、清、麗作「翻邪」。又左「授五戒」，磧、南、徑、清作「受五戒」。
一　五二八頁中一四行夾註左「不同此也」，南、徑、清作「不得同此也」。
一　五二八頁下一行第七字「受」，磧、南、徑、清作「壽」。一四行第二字同。
一　五二八頁下四行夾註右「言語」，麗作「言諾」。
一　五二八頁下一五行第一一字「六」，磧、南、徑、清無。
一　五二八頁下一八行第五字「前」，磧、南、徑、清作「前前」。
一　五二八頁下二二行夾註右「下受」，南作「亦受」。
一　五二九頁上七行「殺戒」，徑、清作「殺戒者」。
一　五二九頁上八行第四字「食」，磧、南、徑、清無。又第七字「葷」，磧、南作「熏」。
一　五二九頁上一三行「驝駝」，南、徑、清作「駱駝」；麗作「馯駝」。
一　五二九頁上一五行第一三字「驚」，磧、南、徑、清作「恐」。
一　五二九頁上二一行第六字「常」，磧、南、徑、清作「嘗」。
一　五二九頁中六行第一〇字「設」，磧作「説」。
一　五二九頁中一一行第一一字「置」，磧、南作「至」。
一　五二九頁中一三行「不盜」，磧、南、徑、清作「不盜戒」。
一　五二九頁中一七行首字「中」，磧、南、徑、清無。
一　五二九頁中一八行「不邪婬」，磧、南、徑、清作「不邪婬戒」。
一　五二九頁中二二行「須亦」，磧、南、徑、清作「亦須」。
一　五二九頁下一六行「皆已」，磧、南、徑、清、麗作「四種正語皆已」。
一　五三〇頁上一三行「不飲酒」，磧、南、徑、清作「不飲酒戒」。
一　五三〇頁上一五行「過矣」，磧、南、徑、清、麗作「過失」。
一　五三〇頁上二一行「散失」，磧、南、徑、清作「散失矣」。
一　五三〇頁中六行「朋黨」，麗作「近朋黨」。
一　五三〇頁中末行「准此」，磧、南、徑、清作「唯此」。
一　五三〇頁下一七行第二字「教」，磧、南、徑、清無。
一　五三一頁上九行第九字「謾」，南、徑、清作「漫」。
一　五三一頁上一二行第六字「死」，磧、南、徑、清無。

一　五三一頁上一九行第三字「寤」，磧、南、徑、清、麗作「悞」。
一　五三一頁中七行第三字「寄」，磧、南、徑、清作「記」。
一　五三一頁中一四行第八字「有」，磧作「者」。
一　五三一頁中二一行「欲行婬」，磧、南、徑、清作「未行婬」。
一　五三一頁中二二行第四字「下」，磧、南、徑、清、麗作「不」。
一　五三一頁下一行「乃至」，磧、南作「乃至生」。
一　五三一頁下五行「不得」，磧作「不行」。
一　五三二頁上一一行第一一字「犯」，南作「妄」。
一　五三二頁上二二行第六字「皆」，磧、南、徑、清、麗作「皆得」。
一　五三二頁中六行首字「歸」，磧、南、徑、清作「歸已」。第一三字同。
一　五三二頁中一二行第一一字「今」，磧、南、徑、清作「今日」。又夾註「婦夫」，徑、清作「夫婦」。
一　五三二頁下六行「綵色」，磧、南、徑、清作「彩色」。
一　五三二頁下七行第九字「壞」，磧、南、徑、清作「破壞」。
一　五三二頁下一一行「不受者」，磧、南作「不受戒」。
一　五三二頁下一三行第一一字「者」，麗作「有」。
一　五三二頁下一六行第四字「性」，磧、南無。
一　五三三頁上二行「婆睺羅」，磧、南、徑、清作「婆睺那」。
一　五三三頁上一一行「欺戒」，磧、南、徑、清作「妄戒」。
一　五三三頁上一五行「酒戒」，磧、南、徑、清作「飲酒戒」。
一　五三三頁中六行第八字「兒」，磧、南、徑、清、麗作「完」。下同。白
一　五三三頁中二二行第八字「惡」，磧、南、徑、清無。
一　五三三頁下三行「温虐」，南作「温瘧」；徑作「瘟虐」；清作「瘟瘧」。
一　五三三頁下一一行「塚基」，磧、南、徑、清作「冢墓」。
一　五三三頁下一五行「外氣」，徑、清作「水氣」。
一　五三四頁上一二行第二字「佩」，磧、南、徑、清無。
一　五三四頁上二二行「能羆蛇蚖」，磧、南、徑、清作「羆熊蚖蛇」。
一　五三四頁中一行「第五」，徑無。又「此別六部」，徑無。
一　五三四頁中二行至三行「述意部……戒相部」，徑無。
一　五三四頁中四行「部第一」，徑無。以下部目中「部」字與序數相連者例同。
一　五三四頁中二一行首字「論」，磧、南、徑、清作「論云」。
一　五三四頁下一〇行第五字「曰」，徑、清作「云」。
一　五三五頁上四行「懦夫」，磧、南、徑、清作「軟夫」。

一 五三五頁上一四行第六字「是」，磧、南、徑、清無。

一 五三五頁中二行第五字「月」，麗作「日」。

一 五三五頁下三行首字「有」，磧、南、徑、清無。又第六字「月」，麗作「有」。

一 五三五頁下八行末字「惡」，磧、南、徑、清作「惡日」。

一 五三六頁上一行「秋者万物收」，磧、南、徑、清無。

一 五三六頁上四行「正用」，磧、南、徑、清作「正月」。

一 五三六頁上六行「八校」，磧、南、徑、清作「以校」。

一 五三六頁上八行「校定」，磧作「教定」。

一 五三六頁上一四行「不平均」，磧作「不不均」，南、徑、清作「無不均」。

一 五三六頁上一五行末字「多」，磧、南、徑、清作「多者」。

一 五三六頁上一六行「五羅」，南、徑、清作「五官」。二〇行同。

一 五三六頁上二一行「增滅」，磧作「增減」。

一 五三六頁中二行「是爲」，磧、南、徑、清作「是謂」。

一 五三六頁中一七行「五戒」，南、徑、清作「八戒」。

一 五三六頁下二行第一〇字「善」，磧、南、徑、清無。

一 五三六頁下一二行第一二字「嘗」，磧、南、徑、清作「常」。

一 五三六頁下一三行「園中」，磧、南、徑、清作「園泉中」。

一 五三六頁下一四行首字「顆」，磧、南、徑、清作「果」。

一 五三六頁下末行末字「騰」，磧作「藤」；南、徑、清作「謄」。

一 五三七頁上四行「八關齋法」，磧作「八齋戒法」。

一 五三七頁上五行「八戒」，徑、清作「八關」。

一 五三七頁上一一行「吾家堂柱每見」，磧、南、徑、清作「吾堂柱今日忽放」。

一 五三七頁上一二行「試破之看」，麗作「試破看之」。又「儻有異物」，磧、南、徑、清作「心有異事」。

一 五三七頁上一五行第七字「贈」，磧作「贖」。

一 五三七頁中一行首字「中」，磧、南、徑、清、麗作「中中」。

一 五三七頁中四行「譬如」，磧作「譬中」。

一 五三七頁中一三行第一二字「瓶」，磧、南、徑、清、麗作「瓶瓶」。

一 五三七頁中一六行「憍逸」，磧、南作「憍妷」，徑、清作「憍泆」。

一 五三七頁中一九行「憍逸」，磧、南、徑、清作「憍泆」。

一 五三七頁中二〇行末字「也」，至此，徑卷第一百五終，卷第一百六始，並有「受戒篇第八十七之三」、「八戒部之餘」兩行。

一 五三七頁中末行「音樂」，磧作「意樂」。

一　五三七頁下一二行首字「相」，磧、南、徑、清作「雜」。又末字「具」，磧作「其」。

一　五三八頁上一六行第一二字「不」，磧、南、徑、清作「不著」。

一　五三八頁上一八行第九字「油」，磧、南、徑、清無。

一　五三八頁中四行「諸煩惱消除」，磧、南、徑、清作「斷諸煩惱」。

一　五三八頁中五行夾註「秦云共住也」，徑、清作「秦言共住」。

一　五三八頁中一二行夾註右「祖博」，磧、南、徑、清作「袒膊」；麗作「袒髆」。

一　五三八頁下七行「陛下」，磧、南、徑、清作「梐下」。

一　五三八頁下一〇行「體貴」，磧、南、徑、清作「貴體」。

一　五三八頁下一七行第六字「以」，磧、南、徑、清無。

一　五三八頁下二〇行「譬於」，徑作「譬如」。

一　五三九頁上二行「依如」，磧、南、徑、清作「如依」。又「信持五戒八戒」，磧、南、徑、清作「受持五八戒」。

一　五三九頁上九行「大性」，磧、南、徑、清作「大姓」。

一　五三九頁上一一行「欺餘是」，磧、南、徑、清作「欺慢餘人」。又第九字「復」，磧、南、徑、清無。

一　五三九頁上一四行「不欺」，磧、南、徑、清作「不欺人」。

一　五三九頁中五行「真實語」，磧、南、徑、清作「習持真實語」。六行同。

一　五三九頁下六行末字至次行首字「子婦」，磧、南、徑、清作「佛」。

一　五四〇頁上二行第一〇字「持」，清作「時」。

一　五四〇頁上卷末經名，徑無（未換卷）。

法苑珠林卷第八十九

西明寺沙門釋道世撰

受戒篇第八十七

十善部第六 此別五部

述意部　懺悔部　受法部

戒相部　功能部

述意部第一

夫以聖道遠而難希，淨心近而易惑。爲山基於一簣，爲佛起於初念，故萬里之剋離初步而不登，三祇之功非始心而罔就。是知行人發足常步，止心開示初學須崇十善。今既五濁交亂，過犯滋彰，不作則已，作便極重。用此量情，如何輕侮。如經犯重罪人，比此閻浮一萬六千年，始同他化自在天壽一日一夜，用此長日壽命一萬六千歲，比閻浮提日月，則經九百二十一億六十千歲在阿鼻地獄。若更須固不信佛經，即依觀佛三昧經，過殺八萬四千父母等罪，深重難計，弗可除滅。比見道俗於其齋日唯受五八三聚戒等，論其十善都無受者，

良由僧等隱匿聖教，致令不弘，失於道分。故未曾有經云：下品十善謂一念須，中品十善謂一食須，上品十善謂從旦至午，於此時中心念十善，止於十惡。故野干心念十善，七日不食，得生兜率天。又上生經云：我滅度後，四衆八部欲生第四天，當於一日至第七日繫念彼天，持佛禁戒，思念十善，行十善道，以此功德迴向願生彌勒佛前，隨念往生。言七日者，理從近論，尚感彼天，況復一生而不剋獲？問曰：天上勝報不可思議，如何七日便感大福？荅曰：善因雖微，獲果甚大。如小爝火能燒大山，一善能破大惡；亦如少燈能破多闇，輕日能消重露，小子能生大樹。世事尚然，何況善力也。

懺悔部第二

述曰：比見愚夫不肯受懺，口出妄言云：我但不作惡，即名爲善，何須今我更復受懺？荅曰：大聖興教，事同符印，若不受行，便無公驗，故須願須祈，不造衆惡，依願起行，可得承受。如牛雖有力，挽車要須御者能有所至，若不

預作輒然起善內無軌轄後遇罪緣便造不止由先無願故造衆惡大聖知機故令受善若謂我不造惡便是善者汝不作善亦應是惡如牛馬驢騾亦不殺生豈是善耶此乃心在無記無罪福業故須起念專志深重方成業道

如未曾有經云時有外道婆羅門婦名曰提韋夫亾家貧自責孤窮欲自燒身祠天求當來福時有道人名曰辯才教化提韋女人云譬如有牛䭾車車故欲使車壞前車若壞續得後車輒其項領罪未畢故人亦如是假令燒壞百千萬身罪業因緣相續不滅如阿鼻獄燒諸罪人一日之中八萬過死八萬更生過一刧已其罪方畢況復汝今一過燒身欲求滅罪何有得理提韋白言當設何方令得罪滅辯才荅言前心作惡如雲覆月後心起善如炬消闇自有方便滅除殃罪現世安隱後生善處提韋聞已心大歡喜憂悕即除即率家內奴婢眷屬五百餘人圍繞叩頭恭敬合掌白辯才言尊向所說滅罪事由願更為說除罪之法當如法行辯才荅曰起罪之由出身口意身業不善殺盜邪婬口業不善妄言兩舌惡口綺語意業不善嫉妬瞋恚憍慢邪見是為十惡受惡罪報今當一心丹誠懺悔若於過去若於今身有如是罪今悉懺悔出罪滅罪當自立誓救度眷屬代其懺悔所修福善施與一切受苦衆生令其得樂衆生有罪我當代受緣是受身至成佛道懺悔訖已更賜餘善當勤奉行辯才更為受十善之法具如下法

受法部第三

述曰若欲受戒要對一出家五衆人前受具修威儀胡跪合掌請一戒師云我某甲今請大德為我作十善戒師阿闍梨願大德為我作十善戒師阿闍梨我依大德故得受十善慈愍故（如是三說此雖無文然准受大戒請師義亦無爽不請雖成不如請之生善然此十善是三乘之根本人天之良藥得受妙果寔由師訓豈得不請然對大衆一時同請亦得）此之受法大意有二初對人受後自受法初對人受依經略引二文且依未曾有經云汝今當誠心歸佛歸法歸比丘僧如是三說今當盡形受十善道我弟子某甲從今盡形不殺不盜不邪婬是身善業不妄言兩舌不惡口綺語是口善業不嫉妬瞋恚憍慢邪見是意善業是則名為十善戒法

第二依文殊師利問經受十善法此之十善共出家沙彌十戒文同然此經意亦通在家菩薩亦得同受是故經云尒時文殊師利白佛言云何歸依佛佛告文殊歸依佛者應如是言大德我某甲乃至菩提歸依佛乃至菩提歸依法乃至菩提歸依僧（如是三說）我某甲已歸依佛竟已歸依法竟已歸依僧竟（如是三說）次受戒相者大德我持菩薩戒我某甲乃至菩提不殺衆生離殺生想乃至菩提不盜亦離盜想乃至菩提不非梵行離非梵行想乃至菩提不妄語離妄語想乃至菩提不飲諸酒離飲酒想乃至菩提不著香華亦不生想乃至菩提不歌儛作樂離歌儛想乃至菩提不坐臥高廣

大牀離大牀想乃至菩提不過中食離過中食想乃至菩提不捉金銀生像離捉金銀想乃至當具六波羅蜜大慈大悲

第二明自受法若無出家人可對受時於其齋日向佛像前至誠懺已自發善願要期受云我某甲歸依佛歸依法歸依僧（如是三說）我某甲歸依佛竟歸依法竟歸依僧竟（如是三說）次受戒相云我某甲盡形壽於一切有情上不簡凡聖行大慈心乃至菩提不起殺心乃至不起邪見（如是三說）我某甲盡形壽於一切有情上不簡凡聖行大慈心乃至菩提不起殺心竟乃至不起邪見竟（如是三說前對人受依此而受亦得雖非正文准意無妨也）

戒相部第四

依大般若經（第四百七十三云）自受持十善業道亦勸他受持十善業道無倒稱揚受持十善業道法歡喜讚歎受持十善業道者（五戒八戒出家戒等並皆如是自受勸持）又文殊問經云文殊師利白佛言出世間戒有幾種佛告文殊師利若以心分別男女非男女等是菩薩犯波羅夷

若以心分別畜生鬼神諸天男女非男女等是菩薩犯波羅夷

若以身口行不堪得三乘不起慈悲心是菩薩犯波羅夷

若以身口行不堪得三乘若他物起盜想犯波羅夷

若以身口行不堪得三乘若起妄語心犯波羅夷

又梵網經云佛告諸菩薩言我今半月半月自誦諸佛法戒汝等一切菩薩乃至十地諸菩薩亦誦是戒諸佛之本原行菩薩之根本若受戒者國王王子百官宰相比丘比丘尼十八梵天六欲天庶民黃門婬男婬女奴婢八部鬼神金剛神畜生乃至變化人但解法師言盡受得戒皆名第一清淨者佛告諸佛子言有十重波羅提木叉若受菩薩戒不誦此戒者非菩薩非佛種子我亦如是誦一切菩薩已學一切菩薩當學一切菩薩今學已略說波羅提木叉相貌應當學敬心奉持

佛告佛子若自殺教人殺方便讚歎殺見作隨喜乃至祝殺殺業殺法殺因殺緣乃至一切有命者不得故殺是菩薩應起常住慈悲心孝順心方便救護而自恣心快意殺生是菩薩第一波羅夷罪（言波羅夷者此云極重罪也）

若佛子自盜教人盜方便盜盜業盜法盜因盜緣祝盜乃至鬼神有主劫賊物一切財物一鍼一草不得故盜而菩薩生佛性孝順慈悲心常助一切人生福生樂而反更盜人物是菩薩第二波羅夷罪

若佛子自婬教人婬乃至一切女人不得故婬婬因婬業婬法婬緣乃至畜生女諸天鬼神女及非道行婬而菩薩生孝順心救度一切衆生淨法與人而反更起一切人婬不擇畜生乃至母姊妹二親行婬無慈悲心是菩薩第三波羅夷罪

若佛子自妄語教人妄語方便妄語妄語因妄語業妄語法妄語緣乃至不見言見見言不見身心妄語而菩薩常生正語亦生衆生正語正見而反更起一切衆生邪語邪見邪業是

菩薩第四波羅夷罪
若佛子自酤酒教人酤酒酤酒因酤酒業酤酒法酤酒緣一切酒不得酤是酒起罪因緣而菩薩應生一切衆生明達之慧而反更生衆生顛倒心是菩薩第五波羅夷罪
若佛子口自說出家在家菩薩比丘比丘尼罪過教人說罪過罪過因罪過業罪過法罪過緣而菩薩聞外道惡人及二乘惡人說佛法中非法非律常生悲心教化是惡人輩令生大乘善信而菩薩反更自說佛法中罪過是菩薩第六波羅夷罪
若佛子口自讚毀他亦教人自讚毀他毀他因毀他業毀他法毀他緣而菩薩代一切衆生受加毀辱惡事自向已好事與他人若自揚已德隱已德隱他人好事令他人受毀者是菩薩第七波羅夷罪
若佛子自慳教人慳慳因慳業慳法慳緣而菩薩見一切貧窮人來乞者隨前人所須一切給與而菩薩惡心瞋心乃至不施一錢一鍼一草有求

法者不爲說一句一偈一微塵許法而反更罵辱是菩薩第八波羅夷罪
若佛子自瞋教人瞋瞋因瞋業瞋法瞋緣而菩薩應生一切衆生中善根無諍之事常生悲心而反更於一切衆生中乃至於非衆生中以惡口罵辱加以手打及以刀杖意猶不息前人求悔善言懺謝猶瞋不解是菩薩第九波羅夷罪
若佛子自謗三寶教人謗三寶謗因謗業謗法謗緣而菩薩見外道及以惡人一言謗佛音聲如三百鉾刺心況口自謗不生信心孝順心而反更助惡人邪見人謗是菩薩第十波羅夷罪
若善學諸人者是菩薩十波羅提木叉應當學於中不應一一犯如微塵許何況具足犯十戒若有犯者不得現身發菩提心亦失國王位轉輪王位亦失比丘比丘尼位失十發趣十長養十金剛十地佛性常住妙果一切皆失墮三惡道中二劫三劫不聞父母三寶名字以是不應一一犯汝

等一切諸菩薩今學當學已學是十戒應當學敬心奉持八萬威儀品當廣明（學此十戒已更有四十八輕法並須當學以文繁不述學者看彼也）

功能部第五

如大集經云佛言諸仁者休息殺生獲十種功德何等爲十一於諸衆生得無所畏二於諸衆生得大慈心三斷惡習氣四少諸病惱爲事決斷五得壽命長六爲非人護持七寤寐安隱無諸惡夢八無諸怨讎九不畏惡道十身壞命終得生善道諸仁者是名休息殺生得十功德若能以此善根迴向無上菩提是人不久證無上智到菩提時於彼國土離諸殺害長壽衆生來生其國
佛言休息偷盜獲十種功德何等爲十一具大果報爲事決斷二所有財物不共他有三不共五家四衆人愛敬無有猒足五游行諸方無有留難六行來無畏七以樂布施八不求財寶自然速得九得財不散十身壞命終得生善道諸仁者是名休息偷盜得十種功德若能以此善根迴向無

上菩提是人不久到菩提時於彼國土具足種種華果樹林衣服瓔珞莊嚴之具珍奇寶物無不充滿

佛言休息邪婬獲十種功德何等爲十一得諸根律儀爲事決斷二得住離欲清淨三不惱於他四衆人喜樂五衆人樂觀六能發精進七見生死過八常樂布施九常樂求法十身壞命終得生善道諸仁者是名休息邪婬得十種功德若能以此善根迴向無上菩提是人不久得無上智到菩提時於彼國土無有生具亦無女根不行婬慾皆悉化生

佛言休息妄語獲十種功德何等爲十一衆人保任所言皆信二於一切處乃至諸天發言得中三口出香氣如優鉢羅華四於人天中獨作證明五衆人愛敬離諸疑惑六常出實語七心意清淨八常無諂語言必應機九常多歡喜十身壞命終得生善道諸仁者是名休息妄語得十種功德若能以此善根迴向無上菩提是人不久得無上智到菩提時於彼國土

無有生具衆妙寶香常滿其國

佛言休息兩舌獲十種功德何等爲十一身不可壞平等二眷屬不可壞平等三善友不可壞平等四信不可壞平等五法不可壞平等六威儀不可壞平等七奢摩他不可壞平等八三昧不可壞平等九忍不可壞平等十身壞命終得生善道諸仁者是名休息兩舌得十種功德若能以此善根迴向無上菩提是人不久得無上智到菩提時於彼國土所有眷屬一切魔怨及他朋黨所不能壞

佛言休息惡口獲十種功德何等爲十一得柔輭語二捷利語三合理語四美潤語五言必得中六直語七無畏語八不敢輕毀語九法語清辯十身壞命終得生善道諸仁者是名休息惡口得十種功德若能以此善根迴向無上菩提是人不久得無上智到菩提時於彼國土法聲充徧離諸忿語

佛言休息綺語獲十種功德何等爲十一天人愛敬二明人隨喜三常樂

實事四不爲明人所嫌共住不離五聞言能領六常得尊重愛敬七常得愛樂阿蘭若處八愛樂賢聖默然九遠離惡人親近賢聖十身壞命終得生善道諸仁者是名休息綺語得十種功德若能以此善根迴向無上菩提是人不久得無上智到菩提時於彼國土端正衆生來生其國强記不忘樂住離欲

佛言休息貪欲獲十種功德何等爲十一身根不缺二口業清淨三意不散亂四得勝果報五得大富貴六衆人樂觀七所得果報眷屬不可破壞八常與明人相會九不離法聲十身壞命終得生善道諸仁者是名休息貪欲得十種功德若能以此善根迴向無上菩提是人不久得無上智到菩提時於彼國土離於魔怨及諸外道

佛言休息瞋恚獲十種功德何等爲十一離一切瞋二樂不積財三衆聖喜樂四常與賢聖相會五得利益事六顏容端正七見衆生樂則生歡喜八

得於三昧九得身口意光澤調柔十身壞命終得生善道諸仁者是名休息瞋恚得十種功德若能以此善根迴向無上菩提是人不久得無上智得菩提時於彼國土所有衆生悉得三昧來生其國心極清淨

佛言休息邪見獲十種功德何等爲十一心性柔善朋侶賢良二信有業報乃至奪命不起諸惡三敬信三寶設爲活命不信天神四得於正見不怪異事亦不簡擇良日吉時五常生人天離諸惡道六常樂福德明人讚譽七棄俗禮儀常求聖道八離斷常見入因緣法九常與正趣正發心人共相會遇十身壞命終得生善道諸仁者是名休息邪見得十種功德若能以此善根迴向無上菩提是人速滿六波羅蜜於淨佛土而成正覺得菩提已於彼佛土功德智慧一切善根莊嚴衆生來生其國不信天神離惡道畏於彼命終還生善道

三聚部第七 此別有十三部

述意部　損益部　簡德部

懺悔部　受法部　請證部

戒相部　勸請部　隨喜部

迴向部　發願部　優劣部

受捨部

述意部第一

夫十善五戒心須形受菩薩淨戒可以心成故戒法理曠事深在家出家平等而受慧牙因斯以成定水沿滋而滿必莊嚴於六度瓔珞乎四等雖復棟宇未成而基階已廣惟斯戒本流來漢地源始晉末中天竺沙門曇無讖者賫此戒經及優婆塞法東渡流沙攝擧章條抄出戒本涼州有道進法師者道心超絕慧力雋猛流聞戒來乃馳往燉煌躬自迎接戒法既至時無其師於是謹依經文自誓而受于時涼州道俗並未之知也既而彼寺道朗法師夢進從佛受記又僧尼信士十有餘人咸同此夢互相徵告俄而進還果受斯戒明年德崇重西土之望既愛樂大乘兼證瑞夢心喜內充既從進受以爲菩薩勝地超過三乘遂屈其年臘降爲法弟既而

名德僧尼清信士女次第受業三千許人涼州刺史聞進戒行奉遵師禮於是菩薩戒法流布京國自尒已來黑白依持受者無量願斯甘露等雨大千謹撰玆記録其始末耳

損益部第二

依瓔珞經云佛言佛子今爲諸菩薩結一切戒根本所謂三聚戒是佛子受十無盡戒已其受者過度四魔越三界苦從生至生不失此戒常隨行人乃至成佛梵網經云十無盡戒者一不殺生二不偷盜三不邪婬四不妄語五不飲不酤酒六不自讚毀七不說在家出家菩薩過失八不貪九不瞋十不謗三寶是名十無盡戒也佛子若過去未來現在一切衆生不受是菩薩戒者不名有情識者畜生無異不名爲人常離三寶海非菩薩非男非女名爲畜生名爲邪見人名爲外道不近人情故知菩薩戒有受法而無捨法有犯不失盡未來際若有人欲受菩薩戒者法師先爲解說使其樂著然後爲受又復法師能於一切國土中教化一人出家受菩薩戒者是法師其福勝造八萬四千塔況復二人三人乃至百人千人等福

報不可稱量其法師者夫婦六親得互為師其受者入諸佛界菩薩數中超過三劫生死之苦是故應受有而犯者勝無不犯又犯名菩薩不犯名外道以是故有受一分戒名一分菩薩乃至二三四十分名具足受戒是故心盡戒亦盡心無盡故戒亦無盡六道衆生受得戒者但解語得戒不失也

又善生經云有二因緣失菩薩戒一者退菩提心二者得上惡心離是二因緣乃至他世地獄畜生餓鬼之中終不失戒若於後世更受菩薩戒時不名新得名為開示瑩淨

又梵網經云介時智者向十方佛為受戒人唱說羯磨已十方諸佛及諸菩薩遙見是人生子想弟想咸皆垂心憐愍護念由佛菩薩遙護念故使受戒之人功德增長不失善法令受戒人舉身毛孔從頂至足如涼風入體舉身慄慄當知受者具其戒相冥中介時應有十方諸佛以正法眼見此行者有實真心釋迦牟尼佛於聖衆

中應唱如是言告諸大衆彼世界中某甲國土某甲菩薩從某甲智者請菩薩戒此人無師我為作師憐愍故

又佛言佛子與人受戒時唯除有七逆罪不得受菩薩戒五逆罪外加殺和尚阿闍梨一切國王王子大臣百官比丘比丘尼信男女婬男女十八梵天無根二根黃門奴婢一切鬼神金剛神畜生及變化人但解法師語盡得受戒應教身所著袈裟皆使壞色與外道相異

又云若佛子太子欲受國王位時受轉輪王位時百官受位時應先受菩薩戒一切鬼神救護王身百官之身諸佛歡喜既得戒已生孝順心恭敬心見上座和尚阿闍梨大同學同見同行者而菩薩反生憍心癡心慢心不起迎逆禮拜一一不如法若欲供養時以自賣身國城男女七寶百物而供給之若不介者犯輕垢罪

簡德部第三

（自下諸門並依地持論撰此義法）細尋聖教規受萬途竊謂地持最為樞要今且謹依撰成大

轍擬為自用詎敢兼人夫論受戒唯有二種一者弟子戒師千里之內七衆俱是然七衆之中比丘最上比丘之內又定耆宿為勝然耆宿之德復有三種一者同法菩薩明種性備足二者已發願菩薩謂發心具足三者有智有力善語善說能誦能持者彰畢竟復同並具此三德方堪為師若全無此行則不任為師弟子者亦具種性發心方聽受戒

第二請師者普賢觀經云將欲受菩薩戒先請佛菩薩為師請云弟子某甲等普及法界衆生奉請釋迦如來以為和尚奉請文殊師利菩薩為阿闍梨奉請彌勒菩薩為教授師奉請十方諸佛為證明師奉請十方菩薩以為已伴我今依大乘甚深妙義歸依佛歸依法歸依僧（如是三說）既請得師是以次為聽許故欲受戒者具脩威儀禮戒師已應作是言我於大德乞受菩薩戒大德於我不憚勞者哀愍故聽許（三說）戒師荅言好既許可已即教學方廣摩德勒伽論五明論等今

知犯不犯染汙不染汙柔輭中上及四十二戒亦須語委然後對佛爲受若先學大乘者便許而即受弗同此例謂從戒師聽可之後或三年或百日或一日於道場内偏袒右肩禮三世十方一切諸佛禮一切大地菩薩禮佛菩薩已念彼諸佛乃與菩薩三聚功德及禮戒師長跪曲身作是言唯願大德授我菩薩戒(三說)作是言已長養淨心惟在得戒無餘念也

懺悔部第四

夫欲納受淨法要須洗蕩内心方堪得受凡汙心之垢唯迷與障迷者謗無三寶障者廣起十惡今教懺者正懺此二又依梵網經云若教戒法師見欲受戒人應教請二師和尚阿闍梨二師應問言汝有七遮罪不若現身有七遮罪師不與受無七遮者得受若有犯十戒者教懺悔在佛菩薩形像前日日六時誦十戒四十八輕戒若敬禮三世千佛得見好相若一七日二三七日乃至一年要見好相佛來摩頂見光華種種異相便得滅

罪若無好相雖懺無益縱是現身亦不得戒若曾受戒或犯四十八輕戒者對手懺罪滅不同七遮又若欲受戒時問言現身不作七逆罪耶不得與七逆人受戒七逆者一出佛身血二殺父三殺母四殺和尚五殺阿闍梨六破羯磨轉法輪僧七殺聖人若具七遮即身不得戒餘一切人得受戒出家人法不向國王禮拜不向父母禮拜不向六親禮拜不向鬼神禮拜但解法師語百里千里來求法者而菩薩法師以惡心瞋心而不即與授一切衆生戒犯輕垢罪

我弟子某甲仰啓十方諸佛弟子從本際有識已來乃至今身或自不信三寶或教人不信三寶或見作隨喜或自輕慢三寶或教人輕慢三寶或見作隨喜或自侵損三寶或教人侵損三寶或見作隨喜或自殺盜婬或教人殺盜婬或見作隨喜或自妄語兩舌惡口綺語或教人妄語兩舌惡口綺語或見作隨喜或自貪瞋癡或教人貪瞋癡或見作隨喜於此衆罪

不生慚愧失菩薩戒不自覺知今於佛前至誠懺悔願衆罪永斷無餘志心敬禮一切諸佛(一遍亦得三遍彌善)

受法部第五

此門有四一定其種性二定其發心三定其漸頓四正爲受戒第一問言汝某甲善男子善女人聽法姊法妹汝是菩薩不荅言是戒師若坐若立問者皆得所以坐得者爲戒師老而無力故所以立得者爲戒師少而有力故某甲者蓋題其父母師長所制名也非謂稱其榮族皇帝　明府之號也設稱亦不發戒但背法遂情非重道之儀也

第二問發菩薩願不荅言已發菩薩願者正是道心别名也

第三問其漸頓依菩薩善戒經云優波離問菩薩戒法菩薩摩訶薩成就戒法利益衆生者先當具足學優婆塞戒沙彌戒比丘戒若不具優婆塞戒得沙彌戒者無有是處若不具沙彌戒得比丘戒者亦無是處若不具如是三種戒者得菩薩戒亦無是處

譬如重樓四級次第不由初級至二級者無有是處不由二級至於三級不由三級至於四級者亦無是處若依薩婆多論云若欲受沙彌戒先受優婆塞五戒若欲受比丘具戒先受沙彌十戒如人入海從淺至深如是入佛法大海者亦當如是若有難緣不得漸受者頓受比丘具戒者亦得三種戒然授者得小罪（准前菩薩本應如是依地持論須發大乘心直受菩薩戒亦得也）

第四正爲受戒戒師問汝善男子善女人欲於我所受一切菩薩戒所謂律儀戒攝善法戒攝衆生戒是諸戒過去未來現在一切菩薩所住戒過去一切菩薩已學未來一切菩薩當學現在一切菩薩今學汝能受不荅言能（三說）今言善（男子女人）者止爲一人若對多人則言某甲等

第二明心念受法者若無德行之人可對受者是行者應具威儀至佛像前禮佛已胡跪白云我某甲白十方世界一切諸佛及入大地諸菩薩衆我今於諸佛菩薩前受一切菩薩戒所謂律儀戒攝善法戒攝衆生戒此諸戒過去未來現在一切菩薩所住戒過去一切菩薩已學未來一切菩薩當學現在一切菩薩今學（三說）梵網經云若從師受不假好相以戒師展轉相承有力故若對佛像前自誓受者要請得好相方得受戒以不從師受自無力故要須請聖加備若於定中若於夢中若於覺中感得好相與聖教相應者方得若受戒者但出自口立誓要期受詞法用一如依師受法也

請證部第六

既受得戒即須請驗先請菩薩後請於佛初請菩薩者謂大地菩薩大地者謂種性地解行地乃至十地普賢乃至賢首是也受人胡跪戒師爲起禮於十方諸菩薩衆作是言我弟子某甲仰啓十方大地微塵數諸菩薩衆文殊師利金剛幢功德林菩薩等此某甲菩薩等在某國世界某伽藍某像前於我某甲所三說受菩薩戒我爲作證（三說）請諸佛者謂十方一切諸佛且就一敎東方善德佛乃至下方明德佛等一切諸佛第一大師現知見覺於一切衆生現知見覺今某甲菩薩於某世界某伽藍某像前於我某甲所三說受菩薩戒我爲作證（三說）以其白故無量諸佛大地菩薩前法有瑞現或有光明或有涼風或有妙香以有相現故十方諸佛於此某甲菩薩起子想大地菩薩起弟想以起子想弟想故有慈心愛念令此菩薩從受已後犯即尋悔專精念住堅持不犯乃至菩提終無退轉具足三十二相八十種好一切清淨十力四無畏三念處三不護業大悲不妄法斷除諸習一切種妙智百四十不共法悉皆備滿乘大慈悲游騰十方廣度衆生不辭勞倦一切衆生咸同此益

戒相部第七

蓋大聖度人功唯在戒凡論戒也樞要有三一在家戒八戒是二出家戒謂十戒二百五十戒是三道俗通行戒謂三聚戒是然此三聚復有三種一者戒種種性是二者戒心菩提心

四無量是三者戒行六度四攝是於此度攝若隨威儀則名三聚若依行位乃稱爲七若就德位遂號七地及十三住凡如此說皆是戒法不同也上來略述戒體宗要如是自下廣明行者旣得戒已須識戒相知其受時了達輕重功能多少並宜誦持勿令忘失我菩薩戒弟子某甲從某年某月某日某時於某師所依地持論受得菩薩三聚淨戒其三是何一者攝律戒謂惡無不離起證道行是斷德因終成法身止即是持作便是犯順教奉修愼而不爲二者攝善法戒謂善無不積起助道行是智德因終成報身作即是持止便是犯順教奉修以成行德三者攝衆生戒謂無生不度起不住道行是恩德因終成應身作即是持止便是犯攝律儀戒者要唯有四一者不得爲利養故自讚毀他無慚波羅夷二者不得故慳不施前人無慚波羅夷三者瞋心打罵衆生前人懺謝不受其懺無慚波羅夷四者癡心謗大乘無慚波羅 夷此即通明三聚所離過能離體者謂身口意業思也攝善法戒者善無不積謂身口意善及聞思修三慧十波羅蜜八萬四千助道行順教奉修以成行德攝衆生戒者四無量爲心四攝爲行四無量者謂慈悲喜捨悲能拔苦盡慈能與樂滿喜謂慶衆生離苦究竟樂法滿足捨謂令衆生行佛行處至佛至處方生捨心四攝爲行者謂布施愛語利益同事菩薩將欲攝物先以財濟勉其形苦次以愛語曉寤其心令其信解言行利攝者依前信解文令起行行謂戒定慧等令揔奉修是行利攝同事者修行旣滿轉依究竟成就三身同聖者所證故地持論云布施愛語未發心令發心行利未成熟令成熟同利未解脫令解脫上來所列令受戒者誦之知受戒時節依師稟教略識持犯也

述曰旣受得戒依經亦須識六重八重等戒初六重者如依優婆塞戒經云若優婆塞受持戒已雖爲天人乃至蟻子悉不應殺若受戒已若口教殺若身自殺是人即失優婆塞戒尚不得暖法況四沙門果是名初重如是不得偷盜不得虛說我得不淨觀不得邪婬不得宣說四衆所有過罪不得酤酒若破是等戒即失優婆塞戒尚不得暖法況得四沙門果是名六重

第二八重戒者如依菩薩善戒經云菩薩有二種一者在家六重二者出家八重法若犯一一重法現在不能莊嚴無量無上菩提不能令心寂靜是則名爲名字菩薩非義菩薩是名菩薩旃陁羅也菩薩心有上中下若後四重下中心犯不名爲犯若以上心惡心犯者是名爲犯上者所謂樂作四事心無慚愧不知懺悔不見犯罪讃破戒者是名上惡心犯菩薩雖犯如是四重終不失於菩薩戒也八重者如比丘四重後加菩薩不得爲貪利養故自讃其身等如前四波羅夷帖初四重便爲八重若依梵網經地持論有受是菩薩戒有四十二輕垢戒不得犯且逐要略述三五餘在廣文是故經云若佛子常應一心受持讀誦此戒剥皮爲紙

剌血爲墨以髓爲水折骨爲筆書寫佛戒麻皮𣫍紙絹等亦應悉書持常以七寶無價香華一切雜寶爲箱函經律卷若不如法供養者犯輕垢罪

若佛子不得畜刀杖弓箭販賣輕秤小升因官形勢取人財物害心繫縛破壞成功長養猫狸猪狗若故養者犯輕垢罪

若佛子以惡心故觀一切男女軍陣等鬬亦不得聽諸音樂雜戲樗蒱作賊使命若故作者犯輕垢罪

若佛子以惡心故爲利養販賣男女財色自手作食自磨自舂占相吉凶祝術工巧調鷹方法和合毒藥都無慈心犯輕垢罪

若以惡心自謗三寶詐現親附口偶說空行在有中若見外道一切惡人劫賊賣佛菩薩父母形像販賣經律販賣僧尼而菩薩見是事已方便救化贖之若不贖者犯輕垢罪

既略識持犯即須禮退故地持論云今受戒者禮佛一拜大地菩薩一拜不云禮法義准通禮三拜彌善

勸請部第八

述曰法師升座訖讚唄供養時將爲大衆敷演法要藉聖加被方得宣釋大衆同時運心請聖加被十方凡聖說聽二衆加於觀心内益勝智外增言辯方能識欲知根所說無倒又加聽者一心恭敬無倒聽聞

故阿含經偈云

聽者端視如渴飲 一心入於語義中
聞法踊躍心悲喜 如是之人可爲說

又同請諸佛轉正法輪十方世界應成諸佛於念念中出興於世越過數量前念既尒後念亦然皆待請方說十方凡聖處法界常咸請久住轉正法輪然諸凡聖敬人重法心至誠故諸佛隨機受請轉正法輪隨者諸佛赴機受請轉法輪時我及聖衆常預勸請之流無空過者何以故念念常勸請故令諸衆生聞法寤解捨邪入正越凡得聖治我無始已來教人爲惡破壞他善奪他勝利謗佛法僧塵沙障業然諸衆生既聞法已寤入得證展轉教導一切衆生盡未來際常無斷絶

十住毗婆沙論云

十方一切佛 現在成道者 我請轉法輪
安樂諸衆生 十方一切佛 若欲捨壽命
我今頭面禮 勸請令久住

述曰前偈請佛轉正法輪增長智慧治我無始已來自作教人謗法之罪後偈請佛久住受人供養增長福業治我自作教他謗佛惡業之罪此則福智雙行也

願令我身心 猶如明淨鏡 十方諸佛土
自在於中現 彼一一剎海 諸佛身充滿
諦觀諸佛身 眞實無去來 各放勝光明
微妙難思議 照除我煩惱 如日消霜露
得除煩惱已 證見十方佛 於一一佛前
勸請修供養 身心若未盡 勸請無休息
復願我身心 猶如淨法界 一一毛孔内
流出諸佛雲 佛雲難思議 普覆衆生類
隨彼所見聞 如意受安樂 衆生界若盡
心可緣界盡 願我淨心内 佛出無休廢

隨喜部第九

竊惟我所修 施等諸善根 皆從法界流
是諸佛所行 計我愚且鄙 常應浸諸惡

何其年將暮 得發施等心 自慶希所得
踊躍無有量 因見諸衆生 修行凡夫善
乃至一彈指 我心悉隨喜 況諸大菩薩
成諸波羅蜜 滿足諸地道 而當不忻慕
是故我慶悅 稽首諸法藏

迴向部第十

罪中之大罪 惡中之大惡 於諸衆生內
其唯我一人 自非諸佛力 及衆生善根
以自所作業 望消已罪者 會無如之何
是以隨所作 一切諸善根 不敢私自許
盡迴施衆生 即復爲衆生 持彼所施善
迴向大菩提 令究竟解脫 彼既成佛已
各以自在力 皆共攝受我 使行菩提道
令佛入境界 故我於衆生 最後成正覺
所以淨身心 頂禮大迴向

發願部第十一 初有十大願出攝論文 自下諸願並是人述耳

一供養願願供養勝緣福田師法主
二受持願願受持勝妙正法
三轉法輪願願於大集中轉未曾有
法輪
四修行願願如說修行一切菩薩正行
五成熟願願成熟此器世界衆生三
乘善根

六承事願願往諸佛土常見諸佛常
得敬事聽受正法
七淨土願願清淨自土安立正法及
能修行衆生
八不離願願於一切生處常不離諸佛
菩薩得同意行
九利益願願於一切生處常作利益
衆生事無有空過
十正覺願願與一切衆生同得無上
菩提常作佛事
願我作大地 廣長無限量 爲諸衆生等
作負歸依處 凡有受用者 成就對治道
滅諸妄想識 生長菩提心 甚深無障礙
受用不可盡 願我作大水 具足八功德
惟洗衆生心 煩惱諸垢穢 悉令畢竟淨
滿足佛菩提 願我作大火 日月諸星光
燒竭寒冰獄 普照闇冥國 於彼諸衆生
救攝無有餘 悉令得見道 解脫一切過
願我作大風 徼吹滿虛空 諸有熱惱處
扇之以清涼 快然受安樂 願我作虛空
寂然無障礙 攝受諸衆生 一切無有餘
其有受用者 皆得二無我 以空三昧樂
而共相娛樂 願作藥樹王 徧覆衆生界

見聞及服藥 除病消衆毒 毒消病已除
煩惱亦皆無 次以眞如味 充滿佛法身
願我作飲食 色香美味具 於諸衆生前
一切皆示現 隨其所味樂 一切皆滿足
至於生死際 是食不乃消 願我作衣服
輕軟色微妙 小大隨形量 溫涼稱物情
等心施衆生 決定無有餘 令彼心清淨
具足妙莊嚴
願我先世及以今身所種善根以此
善根施與一切無邊衆生悉共迴向
無上菩提令我此願念念增長世世
所生常繫在心終不忘失常爲陀羅
尼之所守護也

優劣部第十二

惟居家持戒凡有四種一日下二日
中三日上四日上上若爲現樂怖畏
惡名或爲家法助隨他意或避苦役
求離諸難是爲下人持戒若爲世間
福樂堅持禁戒是爲中人持戒若爲
諸法無常欲求離苦無爲常樂涅槃
是爲上人持戒若爲憐愍衆生專求
佛道了知諸法深觀實相不畏惡道
規招勝樂是爲上上人持戒故智度

論云下持戒者生人中中持戒者生
六欲天中上持戒者行四禪四空定
生無色清淨天中又下清淨持戒得
羅漢道中清淨持戒得辟支佛道上
清淨持戒得佛道又正法念經云若
畏師持戒名下持戒非畏師持戒名
中持戒畏惡道持戒是名上持戒

受捨部第十三

如大乘菩薩戒有三種謂前三聚淨
戒是也此戒受已謂與心俱心無後
際故戒不失又善戒經云有二因緣
失菩薩戒一退菩薩心二得增上惡
心離是二緣乃至捨身他世地獄畜
生終不失戒後若更受不名新得名
為開示瑩淨故長也
又優婆塞五戒威儀經云諸大德一
心諦聽我今欲說三世諸佛菩薩成
就利益一切眾生功德戒如是住菩
薩戒者即是前四波羅夷若有犯者
不名菩薩現身不能莊嚴菩提又復
不能令心寂靜是似菩薩非實菩薩
犯有三種有輭中上若輭中心犯是
不名失若是增上心犯是名為失何

者是上若犯上四數數樂犯心無慚
恥不自悔責是名上犯菩薩雖犯若
上四事不即永失不同比丘犯於四
重即為永失菩薩不尒何以故比丘
犯四更無受路菩薩雖犯脫可更受
是故不同若依小乘戒有四種一在
家五戒八戒二出家十戒二百五十
戒此之四種一受得已謂與形俱身存
戒在身謝戒亡故短大乘戒也依毗
曇論云別解脫戒捨有四種一作法
捨二命終捨三斷善根捨四二形生捨
又薩婆多論云若受齋戒已遇惡因
緣逼欲捨戒者不必要從出家人邊
捨趣得一人即成捨述曰若有犯戒
難緣逼其犯者寧可捨却為之後
時無過故論云若五戒中犯一重戒
不成受八戒若八戒中犯一重戒不
成出家受十戒乃至具戒亦尒所言
四重者謂盜滿五錢成重非麤行婬
殺人自稱得聖隨犯一戒即名犯重
於戒律中無懺悔法若依方等大乘
經等方開受懺亦有諸師不許向優
婆塞等說四重者恐成誤錯若不許

者何故欲受戒前展轉遣問若捨時
隨對一人前捨並得無問道俗皆成
問曰受時所以要對出家人前成受
捨時對白衣亦得
答曰受戒欲似登山採寶所以稍難
捨戒欲似下阪棄珠所以甚易
故四分律云若有捨戒者於佛法為
死受生則難趣死極易捨時應云
大德一心念我先受得五戒為優婆
塞夷今對大德捨却作在家白衣一說便成八戒
亦[illegible]後若好心發時欲更受戒應先懺
前罪後受亦得頌曰
大慈振法鼓　開瘖無明聾　鑪治心穢垢
防非如利鋒　護鵝不惜命　守草養生同
五篇遮輕重　七聚蕩心胷　晨朝宣寶偈
夕夜虔誠恭　近耒出苦海　遠念法身蹤
七支淨三業　五分滿金容　各願堅固戒
淨土得相逢

感應緣　略引十驗

齊沙門上統　晋沙門慧永
晋沙門法安　晋沙門曇邕
宋沙門法度　梁沙門智順
隋沙門淨業　隋沙門靈幹

唐居士張法義　唐居士夏侯均
齊上統師傳云漢明初感摩騰法蘭
唯有二人初來至此不得受具但與
道俗鬄髮被服縵條唯受五戒十戒
而已伏惟如來出世八年始興羯磨
震旦在白木條東二萬七千里開持
律五人得授大戒自後至漢第十桓
帝一百餘年内猶用三歸五戒十戒
迭相傳授桓帝已後廿天竺國有五
西僧來到漢地與大僧受具足戒一
名支法領二名支謙三名竺法護四
名竺道生五名支婁識其時大律未
有支法領口誦出戒本一卷羯磨本
一卷在此流行今時名舊羯磨後到
魏皇初三年曇摩迦羅又譯出戒
律後至元孝文世有光律師驗舊羯
磨及以戒本 文有加減多少不足依
大律本次第删集現世流行號為
新羯磨于時尼衆來求受戒支法領
曰如律所明唯開邊地五人僧受具
戒不論尼衆是時尼等辭退而還泣
淚如雨不能自勝後到漢末魏初東
竺國有二比丘尼來到長安見比丘

尼衆問曰汝誰邊受戒尼衆答曰我
到大僧所受五戒十戒而已二尼歎
曰邊地尼等悉未有具為還本國化
得一十五人來三人在雪山凍死二
人墮黑嵎死餘到此土唯有十人在
此諸尼悉赴京師與授具戒後到吳
地亦與彼尼受具訖已西尼思憶本
鄉即附舶南海而還及至上船唯有
七人三人命終來去經途十七餘年
後至魏文帝三年内勅設無遮大會
魏帝勅問此土僧尼得戒源由有何靈
驗諸大德等咸皆不荅于時即有比
丘請向西國問聖人得戒源由發足
長安到於天竺見一羅漢啓白振旦
僧尼得戒以不羅漢荅曰我是小聖
不知得不汝在此住吾為汝上兜率
奉問彌勒世尊得不來報即便入定
向兜率天具問前事彌勒荅曰僧尼
並得戒訖仍請靈驗彌勒即取金華
云若邊地僧尼得戒願金華入羅漢
手掌不得莫入發願既訖將華按手
其華入掌中高一尺影現彌勒語曰
汝到振旦比丘所亦當如我此法羅

漢下來如彌勒法以華按比丘手即
入掌中高一尺影現瑞應既徵其時
即有遠方道俗來相欽仰求受三歸
五戒乃有無數即號為華手比丘當
去之時有一十八人自餘慕住西國
或有冐涉流沙風寒命過唯有華手
比丘獨還漢地當本去日有迦毗羅神
現身語華手曰道路懸遠多諸嶮難
弟子送師至彼來往清吉未到之間
魏文帝殿前有金華空中現文帝問
太史曰有何變怪太史荅曰西域正
法欲來到此不盈一月華手比丘掌
中金華來到此土初至之日空裏金
華即滅不現大瑞既徵故戒福永傳
也
晉廬山有釋慧永姓潘河内人也貞
素自然清心剋已言常含笑語不傷
物躭好經典善於講説蔬食布衣率
以終歲樂住廬山與遠同止又別立
一茅室於嶺上每欲禪思輒往居焉
時有至房者並聞殊香之氣永屋中
常有一虎人或畏者輒驅令上山人
去後還復馴伏永嘗出邑博晚還山

至烏橋烏橋營主醉騎馬當道遮永不聽去曰時向晚永以杖遙揞馬馬即驚走營主倒地永捧慰還因尒致疾明晨往寺向永悔過永曰非貧道本意恐戒神爲耳白黑聞知歸心者衆矣至晉義熙十年遇疾危篤而專謹戒律執志逾勤雖沉痾苦而顏色怡悅未盡少時忽斂衣合掌求屣欲起如有所見衆咸驚問荅云佛來言終而卒春秋八十有三道俗在山咸聞異香七日乃歇

晉新陽縣有釋法安一名慈欽未詳何許人是遠公之弟子善持戒行講說衆經兼習禪業於晉義熙年中新陽縣虎災縣有大社樹下築神廟左右居民以百數人遭虎死者夕有一兩安嘗游其縣暮投此村民以畏虎早閉門閭安徑之樹下通夜坐禪向曉聞虎負人而至投之樹北見安如喜如驚跳伏安前安爲說法受戒虎踞地不動有頃而去旦村人追虎至樹下見安大驚謂是神人遂傳之一縣士庶宗奉虎災由此而息因改神

廟留安立寺左右田園皆捨爲衆業後欲作畫像須銅青困不能得夜夢見一人迂其牀前云此下有銅鍾寤即掘之果得二口因以青成像後以銅助遠公鑄佛安後不知所終

晉廬山有釋曇邕姓楊關中人形長八尺雄武過人南投廬山事遠爲師內外經書多所綜涉志尚傳法不憚疲苦乃於山之西南別立茅宇與弟子曇果澄思禪門嘗於一時果夢見山神求受五戒果曰家師在此可往諮授後少時邕見一人著單袷衣風姿端雅從者二十許人請受五戒邕以果先夢知是山神乃爲說法授戒神嚫以外國二鋤禮拜辭別倏忽不見後往荊州卒於竹林寺

齊琅琊攝山有釋法度黃龍人少出家游學北土備綜衆經而專以苦節成務宋末游于京師高士齊郡明僧紹抗迹人外隱居琅琊之攝山挹度清卓待以師友之禮及亡捨所居爲棲霞寺請度居之先有道士欲以寺地爲館住者輒死及後爲寺猶多恐

動自度居之群妖皆息經歲許閒忽有人馬鼓角之聲俄見一人持名紙通度曰靳尚度前之尚形甚清雅羽衞亦嚴致敬已乃言弟子王有此山七百餘年神道有法物不得干前諸棲託或非真正故死病相繼亦其命也法師道德所歸謹捨以奉給并願受五戒永結來緣度曰人神道殊無容相屈且檀越血食祭祀此最五戒所禁尚曰若備門徒輒先去殺於是辭去明旦度見一人送錢一萬香燭刀子疏云弟子靳尚奉供至月十五日度爲設會尚又來同衆禮拜行道受戒而去攝山廟巫夢告曰吾已受戒於度法師祠祀勿得殺戮由是廟同薦止菜脯而已度嘗動散寢於地見尚從外來以手摩頭足而去須之復來持一瑠璃甌甌中如水與度含味甘而冷度所苦即閒其徵感若此齊竟陵王蕭子良始安王等並遙恭以師敬資給四事六時無闕以齊永元二年卒於山中春秋六十四矣

梁山陰雲門寺有釋智順本姓徐琅

瑯臨沂人秉禁無涯陶練衆經齊竟陵文宣王特深禮異以天監六年卒于山寺春秋六十一初順疾甚不食多日一時中竟忽索齋飲弟子曇和以順絶穀日久密以半合米雜煮以進順咀而還吐索水洗漱語和云汝永出雲門寺不得還住其執節精苦皆此類也臨終之日房内頗聞異香亦有見天華天蓋者（右五驗出梁高僧傳）

隋終南山悟眞道場釋淨業漢東隋人也精研律部博綜異聞確乎内湛令譽外馳仁壽二年被舉送舍利于安州之景藏寺初欲於十力寺置之行至景藏忽感異香滿院衆共嗟怪因而樹立將下舍利赤光挺出照于人物寺重閣上聞衆人行聲及往掩捕扃閉如初一人不見塔北有池沙門淨範爲諸道俗受菩薩戒乃有群魚游躍首皆南向似受歸相範即乗船入水爲魚受戒魚皆迴頭繞船如有聽受都無有懼業慶其遇乃以舍利置於佛堂先有塑菩薩一軀不可移轉至明乃見迴首面向舍利狀類天然一無損處屢興別瑞傳言不盡大業十二年二月十八日卒於本寺春秋五十有三

隋西京大禪定寺道場釋靈幹俗姓李氏金城狄道人也而立性翹仰恭攝成節三業護持均禁遮性仁壽二年奉勅送舍利於雒州置塔於漢王寺初造塔所屢放神光風起燈滅而通夕明亮不須燈照又感異香從風而至道俗通見四月八日下舍利時寺院之内樹葉皆萎烏鳥悲噭及塡平滿還如常日以大業八年正月二十九日卒於本寺春秋七十有八（右二驗出唐高僧傳）

唐華州鄭縣人張法義年少貧野不修禮度貞觀十一年入華山伐樹遇見一僧坐巖穴中法義便就與語會天晦冥不歸留宿夜僧設松栢末以供養之謂法義曰貧道久不欲外人知檀越出愼勿言相見因爲說俗人多罪累死皆惡道至心懺悔可以滅之乃令淨浴清淨被僧衣爲懺悔且而別去至十九年法義病死埋於野外貧無棺槨以薪木瘞之而蘇自推木出歸家家人驚愕審問知活乃喜法義自說初有兩人來取乗空行至官府入大門又巡街南行十許里街左右皆有官曹門閤相對不可勝數法義至一曹見官人遙責使者曰是華州張法義也本限三日至何因乃淹七日使者云法義家狗惡兼有咒師咒神見打甚困袒衣而背青腫官曰稽過多咎與杖二十言杖亦畢血流灑地官曰將法義過錄事錄事署發文書令送付判官判官召主典取法義按按簿甚多盈一牀主典對法義前披檢云去簿多先朱句畢有未朱句者則錄之曰貞觀十一年法義父使刈禾義反顧張目私罵不孝合杖八十始錄一條即見昔巖穴中僧來判官起迎問何事僧曰張法義是貧道弟子其罪並懺悔訖滅除天曹案中已句畢今枉追來不合死主典云經懺悔者此案句了至如張目罵父雖蒙懺悔事未句了僧曰若不如此當取案勘之應有福利抑判官令典將法義過王王宮東殿宇宏壯侍

衛數千人僧亦隨至王所王起迎僧王曰師當直來耶答曰未當次直有弟子張法義被録來此人宿罪並負道句訖未合死主典又以張目視父事過王王曰張目懺悔此不合免然師爲來請可特放七日法義白僧曰七日既不多後來恐不見師請即住隨師師曰七日七年也可早去法義固請隨僧僧因請王筆書法義掌中作一字又請王印印之曰可急去還家憑福報後來不可見我宜以掌印呈王王自當放汝也法義乃辭出僧令送出至其家内止黒義不敢入使者推之遂活覺在土中甚輕薄以手推排得出因入山就山僧修福義掌中所印之處文不可識然皆爲瘡終莫能愈至今尚存隴西王博乂與法義隣近委之王爲臨説 右一驗出冥報記

夏侯均者冀州阜城人也顯慶二年病經四十餘日昏亂殆死自云被配作牛頬經苦諍誶云昔三度於隱師處受戒懺悔自省無過何忍遣作牛身受苦如是均已被配磨坊經二十

日苦使後爲勘當受戒是實不虚始得免罪此人生平甚有膂力酗酒好鬬今現斷酒肉清信賢者爲隱師弟子齋戒不絶 右一驗出冥祥拾遺

法苑珠林卷第八十九

甲辰歲高麗國大藏都監奉
勅彫造

法苑珠林卷第八十九

校勘記

一　底本，金藏廣勝寺本。五四五頁中一行至末行、本頁下七行至末行及五五五頁中一行至卷末，原版殘缺，以麗藏本補。

一　五四五頁中一行經名，徑無（未換卷）。又經名下，徑、南有夾註「受戒之三」。

一　五四五頁中二行撰者，磧作「大唐上都西明寺沙門釋道世字玄惲撰」；南作「唐上都西明寺沙門釋道世字玄惲撰」；徑無（未換卷）；清作「唐西明寺沙門釋道世撰」。

一　五四五頁中三行「受戒篇第八十七」，磧、南、徑、清無。

一　五四五頁中四行「第六」，徑無。又「此別五部」，徑無。

一　五四五頁中五行至六行「述意部……功能部」，徑無。

一　五四五頁中七行「部第一」，徑無。

下至五四八頁下四行部目中「部」字與序數相連者例同。

一五四五頁中一四行第七字「侮」，磧、南、徑、清作「悔」。

一五四五頁中二一行第四字「比」，磧、南、徑、清作「爲比」。

一五四五頁下一一行第七字「復」，南作「彼」。

一五四五頁下二〇行「受懺」，磧、南、徑、清作「懺受」。

一五四五頁下二一行第一二字「須」，磧、南、徑、清無。

一五四六頁上一〇行「祠天」，磧作「飼天」。

一五四六頁上一三行第二字「軛」，磧、南、徑、清作「枙」。

一五四六頁中一六行「胡跪」，磧、南作「踬跪」；徑、清作「互跪」。

一五四六頁下八行「第二」，徑、清作「第一」。

一五四七頁上一七行夾註「第四百七十三云」，南、徑、清作「第四百七十三卷云」。

一五四七頁中一二行「菩薩」，徑作「菩薩道」。

一五四七頁中一四行第四字「欲」，磧、南、徑、清無。又末字「奴」，磧作「婬」。

一五四七頁中末行「方便」，徑作「方便殺」。

一五四七頁下五行夾註左末字「也」，磧、南、徑、清無。

一五四七頁下九行第三字「生」，徑作「應生」。一五行第三字同。

一五四七頁下一七行「母姊妹二親」，磧、南、徑、清、麗作「母姊六親」。

一五四七頁下二二行第四、五字「正語」，南、清作「正語正見」。

一五四八頁上一六行第三字「代」，徑作「麃代」。又末字至次行首字「自向」，徑、清作「向自」。

一五四八頁上一七行末二字至次行首字「隐己德」，磧、南、徑、清、麗無。

一五四八頁中一七行第四字「學」，磧、南、清無。又第一二字「如」，磧、徑、清作「如是」。

一五四八頁中一九行「菩薩心」，南、徑、清、麗作「菩提心」。

一五四八頁中二〇行第一〇字「失」，南、徑、清作「亦失」。

一五四八頁中二二行第三字「失」，磧、南、清無。

一五四八頁下三行夾註左末字「也」，磧、南、徑、清無。

一五四八頁下一〇行「不畏」，磧作「不思」。

一五四八頁下一四行「殺害」，磧作「害杖」；南、徑、清作「刀杖」。

一五四八頁下二一行「得財不散」，磧、南、徑、清作「得則不散」。

一五四九頁中一四行「捷利語」，麗作「捷利語」。

一五五〇頁上一九行「佛土」，磧、南作「國土」。

一五五〇頁上二一行「還生善道」，

至此，徑卷第一百六終，卷第一百七始，並有「受戒篇第八十七之四」一行。

一　五五〇頁上二二行「第七」，徑無。又「此別有十三部」，徑無。

一　五五〇頁上末行至本頁中四行「述意部……受捨部」，徑無。

一　五五〇頁中五行「部第一」，徑無。以下部目中「部」字與序數相連者例同。

一　五五〇頁中六行第六字「心」，徑、清作「必」。

一　五五〇頁中八行末字「滋」，徑、清作「玆」。

一　五五〇頁下一二行夾註右「不黏」，磧、南、徑、清無。又「不自讚毀」，磧作「不自讚霞」；南、徑、清作「不自讚毀他」。

一　五五〇頁下一三行夾註左「也」，磧、南無。

一　五五一頁上一九行「善法」，磧、南、徑、清作「善根」。

一　五五一頁中一六行第一〇字「大」，徑作「大德」。又第一三字「同」，磧、南、清無。

一　五五一頁中二二行正文首字「緬」，磧、南、徑、清作「敬」。又第五字「規」，磧、南、徑、清作「窺」。

一　五五一頁下七行末字「彰」，徑、清無。

一　五五二頁上一行第一〇字「柔」，磧、南、徑、清無。

一　五五二頁中三行第三字「手」，徑、清作「首」。

一　五五二頁下一三行第一一字「遂」，磧、南、徑、清、麗作「逐」。

一　五五三頁上九行第五字「授」，磧、南作「受」。

一　五五三頁上一〇行夾註左末字「也」，磧、南、徑、清無。

一　五五三頁上二一行「胡跪」，徑、清作「互跪」。下同。

一　五五三頁中八行第一一字「備」，南、徑、清、麗作「被」。

一　五五三頁中一四行「請驗」，磧、南、徑、清作「請證」。

一　五五三頁中一九行第四字「咨」，徑作「起」。

一　五五三頁下六行第二字「其」，麗作「某」。

一　五五三頁下一四行「不妄」，磧、南、徑、清作「不忘」。

一　五五三頁下二〇行「八戒是」，磧、南、徑、清、麗作「謂五戒八戒是」。

一　五五四頁上六行第三字「旣」，磧、南、徑、清作「旣受」。

一　五五四頁上八行末字「某」，磧、南、徑、清無。

一　五五四頁上一一行第二字「戒」，磧、南、徑、清、麗作「儀戒」。

一　五五四頁中一一行第四字「勉」，徑、清、麗作「免」。

一　五五四頁中一三行第一一字「摠」，磧、南、徑、清作「物」。

一　五五四頁下五行首字「罪」，磧、南、徑、清作「非」。

一　五五四頁下一九行夾註左第一〇字「帖」，南、徑、清作「怗」。

一　五五五頁上一行第九字「折」，南、徑、清作「析」。

一　五五五頁上二行第三字「麻」，磧、南、徑、清作「木」。

一　五五五頁上四行「經律卷」，磧、南、徑、清作「其戒律」。

一　五五五頁上六行「小升」，磧、南、徑、清作「小斗」；麗作「小㪷」。又「形勢」，磧、南、徑、清作「刑勢」。

一　五五五頁上一四行「和合毒藥」，磧、南、徑、清作「和百種毒藥」。

一　五五五頁上一六行末字「僞」，磧、南、徑、清作「便」。

一　五五五頁中一三行「方説」，磧作「十方佛」；南、徑、清作「十方諸佛」。

一　五五五頁下一行「斷絶」，南、徑、清作「絶也」。

一　五五五頁下四行「壽命」，磧作「受命」。

一　五五五頁下二〇行「心可緣界盡」，南、徑、清作「心緣界可盡」。

一　五五六頁上三行第一一字「況」，磧、南作「若」。

一　五五六頁上八行「善根」，磧、南、徑、清作「菩提」。

一　五五六頁上一〇行「自許」，徑、清作「自計」。

一　五五六頁中一行第七字「諸」，磧、南作「詣」。又末字「常」，磧、南、徑、清作「恒」。下至一〇行第三字同。

一　五五六頁下二行「真如味」，磧、南、清作「真如來」。

一　五五六頁下七行第一一字「今」，磧、南、徑、清作「令」。

一　五五六頁下末行首字「規」，徑作「現」。

一　五五七頁上二二行第六字「輭」，磧、南、徑、清作「燸」。第一〇字同。

一　五五七頁中一九行第九字「成」，磧、南、徑、清無。又第一一字「非」，磧、南、徑、清無。

一　五五七頁下一六行第七字「未」，磧、南、徑、清作「求」。

一　五五七頁下二〇行「上統」，磧、南、徑、清作「尚統」。次頁上二行同。

一　五五七頁下二二行首字「宋」，南、徑、清作「齊」。

一　五五七頁下末行第六字「隋」，清無。

一　五五八頁上一行第二、三字「居士」，徑、清作「華州」。又第八、九字「居士」，徑、清作「冀州」。

一　五五八頁上一行與二行之間，磧、南有「齊沙門尚統」一行。

一　五五八頁上一〇行「西僧」，磧、南、徑、清作「西國僧」。

一　五五八頁上一八行「刪集」，磧、南、徑、清作「刊集」。

一　五五八頁上末行「竺國」，磧、南、徑、清作「天竺國」。

一　五五八頁中九行「十七餘年」，磧、南、徑、清作「十有餘年」。

一　五五八頁中一四行「振旦」，徑、清作「震旦」。
一　五五八頁中一六行第一二字「上」，磧、南、徑、清作「上昇」。
一　五五八頁中一七行第八字「不」，磧、南、徑、清作「不得」。
一　五五八頁中末行「振旦」，南、徑、清作「震旦」。
一　五五八頁下三行第一一字「求」，南作「來」。
一　五五八頁下一五行與一六行之間，磧、南有「晉沙門慧永」一行。
一　五五八頁下末行「馴伏」，磧、南、徑、清作「循伏」。又「博晚」，南、徑、清作「薄晚」。
一　五五九頁上三行第一〇字「還」，南、徑、清作「還營」。
一　五五九頁上五行第二字「恐」，磧作「況」。
一　五五九頁上七行「逾勤」，磧、南、徑、清作「愈勤」。又「沈痾」，磧、徑、清作「枕痾」；南作「枕痾懷」。

一　五五九頁上一一行與一二行之間，磧、南有「晉沙門法安」一行。
一　五五九頁上一二行第四字「縣」，磧、南、徑、清無。
一　五五九頁上二〇行「受戒」，磧、南、徑、清作「授戒」。次頁上二〇行同。
一　五五九頁中二行第九字「困」，磧、南、徑、清作「因」。
一　五五九頁中三行第四字「迂」，南、徑、清作「近」。
一　五五九頁中五行與六行之間，磧、南有「晉沙門曇邕」一行。
一　五五九頁中八行「綜涉」，磧作「宗涉」。
一　五五九頁中一二行「諮授」，磧、南、徑、清作「諮受」。
一　五五九頁中一三行「二十」，磧、南、徑、清作「三十」。
一　五五九頁中一五行「二鋤」，南、徑、清作「匕筯」。
一　五五九頁中一六行與一七行之間，磧、南有「齊沙門法度」一行。

一　五五九頁中一七行「⿰山聶山」，南、徑、清作「攝山」。下同。
一　五五九頁中二〇行第二字「杭」，磧、南、徑、清作「抗」。
一　五五九頁下二行「名紙」，磧、南、徑、清作「紙名」。
一　五五九頁下三行「清雅」，磧、南、徑、清作「都雅」。
一　五五九頁下一四行第九字「夢」，南、徑、清作「夢神」。
一　五五九頁下一六行第一二字「寢」，磧作「覆」。
一　五五九頁下一八行「與度舍」，磧作「以舍度」，南、徑、清作「以奉度」。
一　五五九頁下二〇行第五字「蕭」，磧、南、徑、清無。
一　五五九頁下二二行與末行之間，磧、南有「梁沙門智順」一行。
一　五六〇頁上四行「薺飲」，磧、徑、清作「齊飲」；南作「齊飯」。
一　五六〇頁上六行第二字「順」，磧、

南、徑、清作「順順」。

一　五六〇頁上九行夾註右「五驗」，徑、清作「六驗」。

一　五六〇頁上九行與一〇行之間，磧、南有「隋沙門淨業」一行。

一　五六〇頁上一四行「景藏」，徑、清作「景藏寺」。

一　五六〇頁上二二行第九字「塑」，磧作「素」；徑、清作「塐」。

一　五六〇頁上末行「移轉」，磧、南、徑、清作「移動」。

一　五六〇頁中三行與四行之間，磧、南有「隋沙門靈幹」一行。

一　五六〇頁中五行第五字「逖」，磧、南、徑、清作「狄」。

一　五六〇頁中八行第二字「逸」，磧作「達」；南、徑、清作「建」。

一　五六〇頁中一三行與一四行之間，磧、南有「唐居士張法義」一行。

一　五六〇頁中一七行「不歸留宿夜」，磧、南、徑作「不歸能宿不」；清作「不能歸留宿」。

一　五六〇頁中一八行「供養之」，磧、南、徑、清作「供食之」。

一　五六〇頁中末行「新木」，南、徑、清作「雜木」。

一　五六〇頁下三行第八字及末字「街」，磧、南、徑、清作「巷」。

一　五六〇頁下八行「袒衣而背」，磧、南、徑、清作「袒而示背背」。

一　五六〇頁下九行第五字「咎」，磧作「各」。

一　五六〇頁下一一行「送付」，磧、南作「付送」。

一　五六〇頁下一二行「按按」，磧、南、徑、清作「案案」。

一　五六〇頁下一三行第六字「去」，南、徑、清作「案」。

一　五六〇頁下二〇行「云經」，磧作「主」；南作「云」。

一　五六〇頁下二二行第一一字「抑」，南、徑、清作「仰」。

一　五六〇頁下末行首字「典」，徑、清作「主典」。又第七字「王」，磧、南、徑、清無。

一　五六一頁上一三行第七字「止」，南、徑、清作「正」。

一　五六一頁上一八行夾註左「寘報記」，磧、南、徑、清作「冥報記」。

一　五六一頁上一八行與一九行之間，磧、南有「唐居士夏侯均」一行。

一　五六一頁中二行「膂力」，磧、南、徑、清作「旅力」。

一　五六一頁中四行夾註左「冥祥拾遺」，磧、南、徑、清作「冥報拾遺」。

一　五六一頁中卷末經名，徑作「法苑珠林卷第一百七」。

法苑珠林卷第九十

西明寺沙門釋道世撰

破戒篇第八十八 此有二部

述意部第一

惟兹戒德本願深重救生利物稱斯爲最是以受之甚易持之稍難若非精勤護持大果何容得證恐差之毫釐失之千里若其小過覆藏則爲難滅大罪發露更是可原故知有過須悔得入七衆守愚不識長棄三塗所以此之一章通明道俗持犯損益若是居家白衣曾有微信受得戒者不勝名利失意有違故此兼明若是悠悠白衣業識風馳昏沈財色好貪名利樂著五欲不信佛法者此定罪人非此所明今時述者出家僧尼及優婆塞等恐乖佛教虛涤名利故今偏說若是上品白衣見佛呵責出家人罪即自勸勵省已不爲出家清虛高慕玄軌尚有失意乖違被佛詰責我等白衣無慚無愧公然造罪晝夜匪懈未曾恥改所以如來棄捨我等不蒙教誨即自改過息意不犯譬如智人先識已身他人見責亦自改悔故書云見賢思齊見不賢而內自省若是下品凡愚無識之人見佛呵責犯過衆僧唯加輕笑退敗善心不自思忖愚癡之甚劇於畜生亦如醉人墜臥糞坑歐吐狼藉屎尿汙身仰視岸人却呵不正此亦如是是故如來雖欲救拔無其出路故經云譬如有人墮在糞坑全身沒入無髮可拔知何欲救也

引證部第二

如大品經云佛告諸比丘我若不持戒者當墮三惡道中尚不得下賤人身況能成就衆生淨佛國土具一切種智又薩遮尼揵經云若不持戒乃至不得疥癩野干身何況當得功德之身

又梵網經云若佛子信心出家受佛禁戒故起心毀犯聖戒者不得受一切檀越供養亦不得飲住國王水土五千大鬼常遮其前鬼言大賊入僧坊城邑宅中鬼復掃其脚跡一切

世人罵言佛法中賊一切衆生眼不欲見犯戒之人畜生無異木頭無異

又寶梁經云若破戒比丘受持戒者禮敬供養不自知惡得八輕法何等爲八一作愚癡二口瘖瘂三受身矬陋四顔貌醜惡其面側捩見者蚩笑五轉受女身作貧窮婢使六其形羸瘦夭損壽命七人所不敬常有惡名八不值佛世

佛言若有非沙門自言是沙門非梵行自言梵行於此大地乃至無有涕唾處況舉足下足去來屈申何以故過去大王持此大地施與持戒有德行者令修行中道是破戒比丘一切信施不及此人況僧房舍之處衣鉢臥具醫藥信施所不應受若有破戒比丘如分一毛以爲百分若有惡比丘受人信施如一毛分隨所受毛分即損施主

譬如師子獸王若有死已無有能得食其宍者師子身中自生諸蟲還食其宍於我法中出家諸惡比丘貪惜利養爲貪所覆不識惡法能壞我法當知是惡比丘成就四法一不敬佛二不敬法三不敬僧四不敬戒尒時世尊而說偈言

心求利養　口言知足　邪命求利
常無快樂　其心多姧　欺誑一切
如此之心　都不清淨　諸天神龍
有天眼者　諸佛世尊　咸共知之

佛告迦葉云何旃陀羅沙門迦葉譬如旃陀羅常於塚間行求死屍無有慈悲視於衆生得見死屍心大喜悦如是沙門旃陀羅常無慈心至施主家行不善心所求得已生貴重心從施主家受利養已不教佛法親近在家亦無慈心常求利養是名沙門旃陀羅如是旃陀羅爲一切人之所捨離如旃陀羅所至之處不到善處何以故自行惡法故如是沙門旃陀羅所至之處亦不到善道多作惡業無遮惡道法故譬如敗種終不生芽如是敗壞沙門雖在佛法不生善根不得沙門果

又涅槃經云猶如大海不宿死屍如鴛鴦鳥不住圊廁釋提桓因不與鬼住鳩翅羅鳥不栖枯樹破戒之人亦復如是

又迦葉經云佛告迦葉於正法中得出家者應作是念十方世界現在諸佛悉知我心莫於佛法作沙門賊迦葉云何名沙門賊沙門賊有四種何等爲四迦葉若有比丘整理法服似像比丘而破禁戒作不善法是名第一沙門之賊二者於日暮後其心思惟不善之法是名第二沙門之賊三者未得聖果自知凡夫爲利養故自稱我得阿羅漢果是名第三沙門之賊四者自讃毀他是名第四沙門之賊迦葉譬如有人具大勢力於三千大千世界衆生所有珍寶一切樂具刀杖加害皆悉奪取迦葉於汝意云何此人得罪寧爲多不迦葉白佛言甚多世尊佛告迦葉若有凡夫未得聖果爲利養故自稱我得須陀洹果若受一食罪多於彼我觀沙門法中更無有罪重於妄稱得聖果者佛告迦葉出家之人微細煩惱復有四種何等爲四一見他得利心生嫉

妬二聞經禁戒而返毀犯三違反佛語覆藏不悔四自知犯戒受他信施出家之人具此煩惱如負重擔入於地獄迦葉出家之人有四放逸入於地獄何等爲四一多聞放逸自恃多聞而生放逸二利養放逸得利養故而生放逸三親友放逸依恃親友而生放逸四頭陀放逸自恃頭陀自高毀人是名四種放逸墮於地獄

尒時摩訶迦葉白佛言世尊當來末世後五百歲有相似沙門身披袈裟毀滅如來無量阿僧祇劫所集阿耨菩提佛告迦葉汝莫問此何以故彼愚癡人實有過惡一切魔事皆悉信受如來不說彼人得道假使千佛出興於世種神通說法教化於彼惡欲不可令息迦葉白佛言世尊我寧頂戴四天下一切衆生山河聚落滿於一劫若減一劫不能聞彼愚癡衆生不信之音世尊我寧坐於一胡麻上滿於一劫若減一劫不能聞彼不信癡人破戒之音世尊我寧在於大劫火中若行若立若坐若臥百千億歲不能聞彼不信癡人破戒之音世尊我寧受於一切衆生瞋恚罵辱撾打加害不能聞彼不信癡人偷法大賊毀禁之聲

又莊嚴論偈云

詐僞諂佞者　心住利養中　由貪利養故
不樂閑靜處　心常緣利養　晝夜不休息
彼處有衣食　某是我親友　必來請命我
心意多攀緣　敗壞寂靜心　不樂空閑處
常樂在人間　由利毀敗故　墜墮三惡道
障於出世道

以此文證愚人背道專求名利唯成惡業常順生死每處暗冥若聞禁戒膺學多聞即言我是下根凡愚自非大聖何能具依若聞王課種種苦使勤同俗役便言我是出家淨行沙門高於人天重逾金玉豈預斯事故佛藏經云譬如蝙蝠欲捕鳥時則入穴爲鼠欲捕鼠時則飛空爲鳥而實無有大鳥之用其身臭穢但樂暗冥舍利弗破戒比丘亦復如是既不入於布薩自恣亦不入王者使役不名白衣不名出家如燒屍殘木不復中用

又成實論云不爲修善故食則唐養怨則亦壞施主福損人供養如是不應食人之食

又佛藏經云得出家已自稱沙門不能堪受如實佛化於此法中不能修心不得滋味振手而去墮在惡道猶如肫子捨牀褥去破戒比丘當於百千萬億劫數割截身宍以償施主若生畜生身常負重所以者何如析一髮爲千億分破戒比丘尚不能消一分供養況能消他衣服飲食臥具醫藥如是等人於我法中出家求道而得重罪舍利弗如是之人於我法中爲是逆賊爲是法賊爲是欺誑詐僞之人但求活命貪重衣食是則名爲世樂奴僕

又增一阿含經云或有人得供養衣被飲食牀褥臥具病瘦醫藥彼得已便自食噉不起染著之心亦無有欲意不起諸想都無此念自知出要之法設使不得利養不起亂念心無增減猶師子王食噉小畜尒時彼獸王亦不作是念此者好此者不好不起

涤著之心亦無欲意不起諸想此人亦復如是不如有人受人供養得已便自食噉起涤著心生愛欲意不知出要設使不得常生此想念彼人得供養已向諸比丘而自貢高毀篾他人我能得利養此諸比丘不能得之猶如群豬中有一豬出群已詣大糞聚此豬飽食屎已還至豬群中便自貢高我能得此好食諸豬不能得食此亦如是比丘當學師子王莫如豬也

又智度論云有出家人樂合湯藥種穀植樹等不淨活命者是名下口食觀視星宿日月風雨雷電霹靂不淨活命者是名仰口食諂媚豪勢通使四方巧言多求不淨活命者是名方口食若學種種祝術卜筭吉凶心術不正如是等不淨活命者是名維口食又有五種邪命何者爲五一者爲利養故詐現異相奇特二者爲利養故自說功德三者爲利養故占相吉凶廣爲人說四者爲利養故高聲現威令人畏敬五者爲利養故稱說所得供養以動人心當知出家之人爲求利養種種邪命而活其身皆是破戒不免惡道也又出家之人須常離著若偏執一處即多住著於已偏親於他生嫉

又摩訶迦葉經云佛告彌勒當來末世後五百歲自稱菩薩而行狗法譬如有狗前至他家見後狗來心生瞋恚齜齽吠之内心起想謂是我家比丘亦尒先至他施家生已家想既貪此想見後比丘瞋目視之心生嫉恚互相誹謗言某比丘有如是過汝莫親近心生嫉妒行餓鬼因貪窮之因即是成論五慳之中家慳攝也

又菩薩藏經云復次舍利子出家菩薩復有五法若成就者不值佛世不親善友不具無難失壞善根不隨安住律儀菩薩修學正法亦不速證無上菩提舍利子何等名爲出家菩薩成就五法一者毀犯尸羅二者誹謗正法三者貪著名利四者堅執我見五者能於他家多生慳嫉舍利子如是名爲出家菩薩成就五法不值佛世乃至不獲無上正等菩提舍利子譬如餓狗慞惶忩路遇值璅骨久無宍膩但見赤塗言是厚味便就嚙之至多人處四衢道中以貪味故涎流骨上妄謂甜美或齩或舐或齧或吮歡愛纒附初無捨離時有刹帝利婆羅門及諸長者皆大富貴來遊此路時此餓狗遥見彼來心生熱惱作如是念彼來人者將無奪我所重美味便於是人發大瞋恚出深毒聲惡眼邪視露現齒牙便行齧害舍利子於意云何彼來人者應爲餘事豈復求此無宍赤塗之骨鏁耶舍利子白佛言世尊不也世尊不也善逝佛告舍利子若如是者彼慳餓狗以何等故出深毒聲現牙而吠舍利子言如我意解恐彼來人貪著美膳必能奪我甘露良味由如是意現牙吠耳佛告舍利子如是如汝所言當來末世有諸比丘於他施主勤習家慳躭著屎尿安加纒裹雖值如來具足無難而便委棄不修正檢此之比丘我說其行如前癡狗舍利子我今出世憐愍衆

生欲止息故專思此事為如是等諸惡比丘說此譬喻

復次舍利子是諸菩薩摩訶薩為欲利益安樂無量眾生故求於佛智行毗梨耶波羅蜜多彼諸菩薩摩訶薩於已身宍尚行慧施況復規求妄想惡宍而於他家起諸慳嫉舍利子彼諸比丘慳他家故我說是人為癡丈夫為活命者為守財穀奴僕繫者為重財寶玩縛者唯於衣食所歆尚者為求妄想貪嗜惡宍起慳嫉者舍利子我今更說如是正法彼諸比丘先至他家不應見餘比丘而生嫉妬若有比丘違我法者見餘比丘或作是言此施主家先為我識汝何來乃在此耶我於此家極為親密調護灾顧汝從何來輒相侵奪舍利子以何等故彼慳比丘於後來者偏生嫉妬舍利子由諸施家許其衣鉢飲食臥具病緣醫藥及供身等資生什物彼作是念恐彼施主將先許物施後來者由如是故即此比丘於施主家起三重過一者起住處過見餘比丘或起恨言我於今者當離此處二者凡所習近當言未知應與不應三者於不定家妄起諸過舍利子彼慳比丘於後來人發三惡言一者說住處過以諸惡事增益其家令後比丘心不樂住二者於後比丘所有實言反為虛說三者詐現善相諂附是人伺有微隙對眾喚舉舍利子如是比丘於他施家生慳嫉者速滅一切所有白衣法永盡無遺

又迦葉經云出家之人有四放逸入於地獄一多聞放逸二利養放逸三親友放逸四頭陀放逸此四放逸之人良由惡人入於佛法不求出世苟貪名利以活身命故入惡道

又最妙勝定經云千年之後三百年中浩浩亂哉迸走婢亾失國多不存活入吾法中猶如群賊劫奪良善當尒之時十二部經沈沒於地不復讀誦經典設有頭陀者多不如法常游聚落不在山林乃至法師解說佛語萬不著一尒時多有白衣若男若女持戒淨行呵責比丘白衣去後共相謂言今我解者如佛口說或邪言綺語無義之語以作義語如旨人指天上日若大若小等

又正法念經云彼惡比丘現持戒相令彼檀越心信敬已共諸朋侶數數往到彼檀越家如是比丘隨已所聞少知佛法共其同侶為彼檀越說所知法如是方便欲令檀越迴彼比丘所得利養而施與之如是比丘形相沙門第一大賊到檀越家方便劫奪他人財利及以供養如是比丘見他財利見他供養生貪嫉者不曾少時眼開合頃暫作善法彼惡比丘破戒沙門捨離坐禪讀誦等業無一念間不攝地獄餓鬼畜生以此文證貪利招苦勿現善相以求名利故諸出家縱能持戒勿解經義未必斷惑由不觀理不斷結故多現善相謂已過人設聞勝智說實無我則不信受言非正理因茲謗法及行道者增長我慢死墮地獄是故愚人縱能依戒以無道法多起罪行

又大寶積經云出家之人有二種縛

一者見縛二者利養縛又有二種障
法一者親近白衣二者憎惡善人又
有二種癰瘡一者求見他過二者自
覆其罪又有二種不淨心一者讀誦
外道經書二者多畜諸好衣鉢
又涅槃經云出家之人有四種惡病
是故不得四沙門果何等四病謂四
惡欲一爲衣欲二爲食欲三爲臥具
欲四爲有欲有四良藥能療是病一
糞埽衣能治比丘爲衣惡欲二乞食
能破比丘爲食惡欲三樹下坐能破
比丘爲臥具惡欲四身心寂靜能破
比丘爲有惡欲以是四藥除是四病
是名聖行如是聖行則得名爲少欲
知足也
又大集經云破戒人者一切十方無量
諸佛所不護念雖名比丘不在僧數
何以故入魔界故我都不聽毀戒之
人受人信施如葶藶子何以故是人
遠離如來法故又正法念經偈云
若無讀誦心　無禪無漏盡　雖有比丘形
如是非比丘　寧食蛇毒蟲　及以烊金等
終不破禁戒　而食僧飲食

故大莊嚴經論偈云
若毀犯禁戒　現世惡名聞　爲人所輕賤
命終墮惡道
又智度論說破戒之人人所不敬其
家如塚人所不到破戒之人失諸功
德譬如枯樹人不愛樂破戒之人如
霜蓮華人不喜見破戒之人惡心可
畏譬如羅剎破戒比丘雖形似善人
內無善法雖復剃頭染衣次第捉籌
名爲比丘實非比丘破戒之人若著
法服則是熱銅鐵鍱以纏其身若持
鉢盂則是盛烊銅器若所噉食即是
吞熱鐵丸飲熱烊銅若受人供養供
給則是地獄獄卒守人若入精舍則
是入大地獄若坐衆僧牀榻是爲坐
熱鐵牀上破戒之人常懷怖懼如重
病人常畏死至破戒之人死後墮惡
道中若在銅橛地獄獄卒羅剎問諸
罪人汝何處來荅言我苦極悶不知
來處但患飢渴若言渴者是時獄卒
即驅逐人令坐熱銅橛上以鐵鉗開
口灌以烊銅若言飢者坐之銅橛吞
以鐵丸入口口焦入咽咽爛入腹腹

破焦然五藏爛壞直過墮地此諸人
等由宿行因緣劫盜他財以自供口
諸出家人或時詐病多求蘇油石蜜
或無禪無戒無有智慧而多受人施
或惡口傷人如是等種種因緣宿業
力故墮銅橛地獄中不可稱說行者
應當一心受持戒律又未曾有經云
有諸比丘言行不同心口相違或爲
利養錢財飲食或爲名譽要集眷屬
或有猒惡王法使役出家爲道都無
有心向三脫門度三有苦以不淨心
貪受信施不知後世彌劫受殃償其
宿債設更修善生天仍有餘罪天中
亦受
又正法念經云若於先世有偷盜業
尒時自見諸天女等奪其所著莊嚴
之具奉餘天子等不可具述
又像法決疑經云未來世中一切俗
人輕賤三寶正以比丘比丘尼不如
法故身披法服經理俗緣或復市肆
販賣自活或復涉路商賈求利或作
畫師經生像匠工巧之業或占相男
女舍屋田園種種吉凶或飲酒醉歌

僻作樂圍棊六博或貪財求利延時歲月廢忘經業或祝術治病假託經書修禪占事以邪活命或行蠱鍼灸合和湯藥診脉處方男女交雜因斯致染敗善增惡招俗譏謗良由於此夫出家之人為求解脫先須離罪以戒為首若不依戒衆善不生如人無頭諸根亦壞名為死人故解脫道論云如人無頭一切諸根不能取塵是時名死如是比丘以戒為頭若頭斷已失諸善法於佛法為死亦如死屍大海不納

故四分律偈云

譬如有死屍　大海不容受　為疾風所飄
棄之於岸上

又智度論偈云

衆僧大海水　結戒為畔際　若有破戒者
終不在僧數

又僧祇律云尒時比丘將一沙彌歸看親里路經曠野中道有非人化作龍右繞沙彌以華散上讚言善哉大得善利捨家出家不捉金銀及錢比丘到親里家問訊已欲還時親里婦語沙彌言汝今還去道迥多之可持是錢去市易所須沙彌受取繫著衣頭而去中道非人見沙彌持錢在比丘後行復化作龍來左繞沙彌以土坌上說是言汝失善利出家修道而捉錢行沙彌便啼比丘顧視問沙彌言汝何故啼沙彌言我不憶有過無故得惱師言汝有所捉耶荅言持是錢來師云捨棄棄已非人復如前供養

尒時大目揵連共尊頭沙彌食後到閻浮提阿耨大池上坐禪時尊頭沙彌見池邊金沙便作是念我今當盛是沙可著世尊澡灌下尊者目連從禪覺已即以神足乘虛而還時尊頭沙彌為非人所持不能飛空時目連迴見喚沙彌來荅言我不能得往問汝有所持耶荅言持是金沙汝應捨棄捨已即乘空而去以是因緣具白世尊佛言從今日不聽沙彌捉金銀及錢

又百喻經云昔有愚人養育七子一子先死時此愚人見子既死便欲停置於其家中自欲棄去傍人見已而語言生死道異當速莊嚴致於遠處尒時愚人聞此語已即自思念若不得留要當葬者須更殺一子停擔兩頭乃可勝致於是更殺一子而擔負之遠葬林野時人見之深生嗤笑怪未曾有譬如比丘私犯一戒情憚改悔默然覆藏自說清淨或有知者即語之言出家之人守持禁戒如護明珠不使缺落汝今云何違犯所受欲不懺悔犯戒者言苟須懺者更就犯之然後當出遂更犯戒多作不善尒乃頓出如彼愚人一子既死又殺一子今此比丘亦復如是

又涅槃經佛說偈言

莫輕小惡　以為無殃　水渧雖微
漸盈大器

又百喻經云昔有國王有一好樹高廣極大當生勝果香而甜美時有一人來至王所王語之言此之樹上將生美果汝能食不即荅王言此樹高廣雖欲食之何由能得即便斷樹望得其果既無所獲徒自勞苦後

還欲豎樹已枯死都無生理世間之
人亦復如是如來法王有持戒樹修
諸功德不解方便反毀其禁如彼伐
樹復欲還活都不可得破戒之人亦
復如是
又戒消災經云佛在世時有一縣人
皆奉行五戒十善無釀酒者中有大
姓家子欲遠賈販臨途父母語曰汝
勤持五戒十善愼莫飲酒犯佛重戒
行到他國見舊同學歡喜出蒲萄酒
欲共飲之固辭不飲主人殷勤不獲
從之後還家具首上事父母報言汝
違吾戒亂法之漸非孝子也便以得
物逐令出國乃到他國住客舍家主
人事三鬼神能作人形對面飲食與
人語言事之積年居財空盡而家疾
病死喪不絕私共論之鬼知人意鬼共
議言此人財產空訖正爲吾等未曾
有益今相厭患宜求珍寶以施與之
便行盜他國王庫藏好寶積置園
中報言汝事吾歷年勤苦甚久今欲
福汝使得饒富主人欣然入園見物
負輦歸舍辭謝受恩明日設食請鬼
神詣門見舍衛國人在主人舍便奔
走而去主人追呼既已顧下走去何
爲神曰卿舍尊客吾焉得前重復驚
走主人思惟吾舍之中無有異人正
有此人即出言語恭敬已竟因問之
曰卿有何功德吾所事神畏子而走
客具說佛功德主人言吾欲奉持五
戒因從客受三自歸五戒一心精進
不敢懈怠因聞佛處答在舍衛國給
孤獨園主人一心到彼經歷一亭中
有一女人端正是噉人鬼婦行路迫
遠時日逼暮從女寄宿女即報言愼
勿留此宜急前去男子自念前舍衛
國人具佛四戒我神尚畏我已受三
歸五戒心不懈怠何畏懼乎遂自
留宿時噉人鬼見護戒威神去亭四
十里一宿不歸明日進見鬼所噉人
骨體狼藉心怖而悔退自思惟不如
携此女人將歸本土共居如故即迴
還因從女人復求留宿女人謂男子
曰何須迴耶答曰行計不成故迴還
耳復寄一宿女言卿死矣吾夫是噉
人之鬼方來不久卿宜急去此男子
不信還止不去更迷惑婬意復生不
信不復信佛三歸五戒天神即去鬼
得來還女人恐畏食此男子藏之甕
中鬼聞人氣謂婦言尒得宍耶吾欲
噉之婦言我不行何從得宍婦問鬼
言卿昨何以不歸鬼言坐汝所爲而
舍宿尊客令吾被逐甕中男子逾益
恐怖婦言何以不得宍乎鬼言只爲
汝舍佛弟子天神逐我出四十里外
露宿震怖于今不安故不得宍婦因
問夫佛戒云何鬼言大飢極急以宍
將來不須問此此是無上正眞之戒
吾不敢說耶婦言但爲我說之我當
與卿宍鬼因爲說三歸五戒鬼初一說
戒時婦輒受之至第五戒心執口誦
男子於甕中識五戒隨受之天帝釋
知此二人心自歸依佛即遣善神五
十人擁護兩人鬼遂走去到明日婦
問男子汝怖乎答曰大怖蒙仁者恩
心寤識佛婦言男子何以迴還答曰
吾見新舊死人骸骨縱横恐畏故還
耳婦言骨是吾所棄者吾本良家之
女爲鬼所掠吾來作妻悲窮無諦今

蒙仁恩得聞佛戒離於此鬼後還道逢四百九十八人共到佛所一心聽經心開意解皆作沙門得阿羅漢果然此二人是四百九十八人前世之師人求道時要當得其本師及其善友尒乃解耳

又灌頂經云佛告梵志昔波羅柰大國有婆羅門子名曰執持富貴大姓不奉三寶事九十五種之道以求福祐久久之後聞其國中有賢長者篤蓋奉佛法僧化導皆得富貴壽安隱樂能度脱生老病死受法無窮今世後世不入三惡道中執持長者是念言不如捨置餘道奉敬三寶即便詣佛頭面著地爲佛作禮白佛言今我所事非眞故歸命於佛耳當哀愍我故去濁穢之行受佛清淨法言於是世尊爲受三歸五戒法竟作禮而去於是以後長者執持到他國中見人殺生盜人財物見好色女貪愛戀之見人好惡便論導之見飲酒者便欲追之心意如是無一時定便自念言悔從佛受三歸五戒重誓之法作如是念我當歸佛三歸五戒之法即詣佛所而白佛言前受三歸五戒之法多所禁制不得復從本意所作念自思惟欲罷不能事佛可尒與不何以故佛法尊重非凡類所事當可還法戒乎佛默然不應言已未絶口中便有自然鬼神持鐵椎拍長者頭復有鬼神解脱其衣裳復有鬼神以鐵鉤就其口中曳取其舌有婬女鬼神以刀掏割其陰又有鬼神烊銅淡其口中前後左右諸鬼神競來分裂取其血噉食之長者執持恐怖顫掉無所歸投面如土色又有自然之火焚燒其身求生不得求死不得諸鬼神篤急持長者不令得動佛見如是哀愍念之因問長者汝今當復云何長者口禁不能復言但得舉手自摶而已從佛求哀悔惡歸善佛便以威神救度長者諸鬼神王見佛世尊以威神力救度長者各各住立一面長者於是小得蘇息便起叩頭前白佛言我身中有是五賊牽我入三惡道中堊欲作罪違負所受願佛哀我受我懺悔佛言汝自心口所爲當各於誰長者白佛我從今日改往修來奉三歸及五戒法持自六齋奉三長齋燒香散華縣幡蓋供事三寶從今以去不敢復犯破歸戒法佛言如此言者是爲大善汝今受是三歸五戒莫復如前受戒法也破是歸戒名爲再犯若三犯者爲五官所得便輔王小臣都録監司五帝使者之所得便攷神録命皆依本罪是故我説是言勸受歸戒者鬼神護助諸天歡喜十方無量諸佛菩薩羅漢皆共稱歎是清信士女論其終時佛皆分身而往迎之不使持男女人墮惡道中若戒羸者當益作福

頌曰

茲茲恍惚　夙夜昏馳　色心染著
不覺日滋　身危漏尅　朝夕推移
戒瓶既破　淨軌何施　七支不護
三業失威　賢聖共捨　神鬼競嗤
淨衆不納　擯同死屍　一墜幽塗
萬劫長縻

感應緣　略引四驗

晉沙門竺曇遂
宋沙門釋智達
宋沙門釋曇典
隨沙門釋慧雲

晉太元中謝家沙門竺曇遂年二十餘白晳端正流俗沙門身嘗行經青溪廟前過因入廟中看暮歸夢一人來語云君當來作我廟中神不復夕曇遂夢問婦人是誰婦人云我是青溪中姑如此一月許便卒病臨死謂同學年少我無福亦無大罪死乃當作青溪廟神諸君行便可見看之既死後諸年少道人既至便靈語相勞問音聲如其生時臨去云久不聞唄思一聞之其伴慧覲便為作唄訖其猶唱讚語云岐路之訣尚有悽愴況此之乖形神分散窈冥之歎情何可言既而歔欷悲不自勝諸道人等皆為流涕 右此一驗出續搜神記

宋沙門智達者益州索寺僧也行頗流俗而善經唄年二十三宋元徽三年六月病死身煗不殮遂經二日稍還至三日旦而能言視自說言始困之時見兩人皆著黃布袴褶一人立于戶外一人徑造牀前曰上人應去可下地也達曰貧道體羸不堪涉道此人復曰可乘輿也言卒而輿至達既升之意識怳然不復見家人屋室及所乘輿四望極目但覩荒野途徑艱危示道登躡驅之不得休息至于朱門牆闥甚華達入至堂下堂上有一貴人朱衣冠幘倨傲牀坐姿貌嚴肅甚有威容左右兵衛百許人皆朱衣拄刀列直森然貴人見達乃斂顏正色謂曰出家之人何宜多過達曰有識以來不憶作罪問曰誦戒不達曰初受具足之時實常習誦比逐齋講常事轉經故於誦戒時有虧廢復曰沙門而不誦戒此非罪何為可且誦經達即誦法華三契而止貴人勑所錄達使人曰可送置惡地勿令大苦二人引達將去行數十里稍聞轟磕闇聲沸火而前路轉闇次至一門高數十丈色甚堅黑蓋鐵門也牆亦如之達心自念經說地獄此其是矣乃大恐悑悔在世時不修業行及大門裏闇聲轉壯久久靜聽方知是人噭呼之響門裏轉闇無所復見時火光乍滅乍揚見有數人反縛前行後有數人執叉叉之血流如泉其一人乃達從伯母彼此相見意欲共語有人曳之殊疾不遑得言入門二百許步見有一物形如米囤可高丈餘二人執達擲置囤上囤裏有火焰燒達身半體皆爛痛不可忍自囤墜地悶絕良久二人復將達去見有鐵鑊十餘皆煮罪人人在鑊中隨沸出沒鑊側有人以杈刺之或有攀鑊出者兩目沸凸舌出尺餘肉盡燋爛而猶不不死諸鑊皆滿唯有一鑊尚空二人謂達曰上人即時應入此中達聞其言肝膽塗地乃請之曰君聽貧道一得禮佛便至心稽首願免此苦伏地食頃祈悔特至既而四望無所復見唯覩平原茂樹風景清明而二人猶導達行至一樓下樓形高小有人栽得容坐謂達曰沙門現受輕報殊可欣也達於樓下忽然不覺還就身時達今猶存在索寺也齋戒逾堅禪誦

彌固

宋沙門釋曇典白衣時年三十忽暴病而亡經七日方活說初亡時見兩人驅將去使舂米斟舂可有數千人晝夜無休息見二道人云我是汝五戒本師來慰問之即將往詣官主云是貧道弟子且無大罪曆筭未窮即見放遣二道人送典至家住其屋上具約示典可作沙門勤修道業言訖下屋道人排典著屍掖下於是而蘇後出家經二十年以元嘉十四年亡 右二驗出冥祥記

隨東川釋慧曇不知何許人辯聰令逸大小通明住寶明寺襟帶眾經以四月十五日臨說戒時僧並集堂曇居上首乃白眾曰戒本防非人人誦得何勞徒眾數數聞之可令一僧豎義令後生開寤曇氣岸風格當時無敢抗者咸順從之說於後夏末常廢說戒至七月十五日將升草座失曇所在大眾以新歲未受交廢自恣一時崩騰四出追覓乃於寺側三里許於古塚間得之徧體血流如刀割處借問其故云有一丈夫執三尺大刀勵色瞋曇改變布薩安充豎義刀膾身形痛毒難忍因接還寺竭情懺悔乃經十載說戒布薩讀誦眾經以為常業臨終之日異香迎之神色無亂欣然而卒咸嘉徵祥即世懲革 右此一驗出唐高僧傳

法苑珠林卷第九十

法苑珠林卷第九十

校勘記

一　底本，金藏廣勝寺本。五六七頁中一行至一一行原係手抄，以麗藏本换。

一　五六七頁中一行經名，[徑]作「法苑珠林卷第一百八」。卷末經名同。

一　五六七頁中二行撰者，[磧]、[南]作「大唐上都西明寺沙門釋道世字玄惲撰」；[徑]作「唐上都西明寺沙門釋道世玄惲撰」；[清]作「唐西明寺沙門釋道世撰」。

一　五六七頁中三行「此有二部」，[徑]無。

一　五六七頁中三行與四行之間，[清]有「述意部　引證部」一行。

一　五六七頁中四行「第一」，[徑]無。本頁下一二行部目下序數例同。

一　五六七頁中八行首字「髦」，[磧]、[南]、[徑]、[清]作「毛」。

一　五六七頁中一〇行「守愚不懺長

棄三塗」，磧、南、徑、清作「守愚不反長墜三塗」。

一　五六七頁中二一行末字「晝」，磧、南、徑、清、麗作「畫」。

一　五六七頁下六行「思忖」，磧、南、徑、清作「思已」。

一　五六七頁下七行第二字「墜」，磧、南、徑、清作「墮」。

一　五六七頁下八行「却呵不正」，磧、南作「及呵不正」；徑、清作「及呵不止」。

一　五六七頁下一五行「成就」，磧、南、徑、清作「成熟」。

一　五六七頁下二一行第一〇字「住」，磧、南、徑、清作「用」。

一　五六七頁下末行「僧坊」，磧、南、徑、清作「坊舍」。

一　五六八頁上一行「罵言」，磧、南作「詈言」。

一　五六八頁上六行「側捩」，磧、南、徑、清作「側戾」。

一　五六八頁上二二行第八字「家」，磧、南、徑、清作「如是」。

一　五六八頁中九行末至次行首「無有慈悲」，磧、南、徑、清作「無慈悲心」。

一　五六九頁上一六行第四字「種」，磧、南、徑、清、麗作「種種」。

一　五六九頁中六行第一二字「貪」，麗作「食」。

一　五六九頁中一三行第六字「每」，磧、南、徑、清作「恒」。

一　五六九頁下二行第二字「則」，南、徑、清、麗作「賊」。

一　五六九頁下七行「肫子」，磧、南、徑、清作「豚子」。

一　五六九頁下一六行「世樂」，南、徑、清作「樂世」。

一　五七〇頁上二行「不如」，磧、南、徑、清作「又如」。

一　五七〇頁上四行第七字「常」，磧、南、徑、清作「恒」。

一　五七〇頁中一四行「即是成論」，磧作「即成説」；南、徑、清作「即戒説」。

一　五七〇頁下二行第七字「沿」，磧、南、徑、清作「緣」。

一　五七〇頁下五行末字「坈」，磧作「呪」；南、徑、清作「吠」。

一　五七一頁上六行「慧施」，磧、南、徑、清、麗作「惠施」。

一　五七一頁上一〇行首字「重」，磧、南、徑、清作「重世」。

一　五七一頁上一四行第七字「者」，磧、南、徑、清、麗作「教」。

一　五七一頁上一五行第一〇字「汝」，磧、南、徑、清、麗作「汝從」。

一　五七一頁上二一行第一〇字「物」，磧、南、徑、清作「於」。

一　五七一頁上二二行「三重」，磧、南、徑、清作「三種」。

一　五七一頁中八行末字「施」，徑、清作「施主」。

一　五七一頁中九行「白衣法」，磧、南、徑、清作「白法」。

一　五七一頁中一七行「迯走婢亾失

國」，磧作「逃奴走婢亡破失國」；南、徑、清作「逃奴走婢亡家失國」；麗作「逃奴走婢亡失破國」。

一　五七一頁下二二行「道法」，磧、南、徑、清作「法智」。

一　五七二頁中一行「偶云」，磧、南、徑、清作「偶言」。

一　五七二頁中一三行第二字「熱」，磧、南、徑、清作「燒」。

一　五七二頁下二行第四字「行」，磧、南、徑、清作「何」。

一　五七二頁下一五行第七字「若」，磧、南、徑、清作「若有天人」。又末字「業」，磧、南、徑、清作「業未盡」。

一　五七三頁上四行末字「斯」，磧、南、徑、清作「私」。

一　五七三頁上七行「不生」，麗作「不住」。

一　五七三頁上一九行「比丘」，磧、南、徑、清作「有比丘」。

一　五七三頁中九行「師云」，磧、南、徑、清作「師言」。

一　五七三頁下二行第二字「言」，磧、南、徑、清、麗作「之言」。

一　五七三頁下四行第一二字「亭」，磧、南、徑、清、麗作「停」。

一　五七四頁上二一行「報言」，磧、南、徑、清作「即報言」。

一　五七四頁中五行「恭敬」，磧、南、徑、清作「恭設」。

一　五七四頁中一〇行第九字「彼」，磧作「後」。

一　五七四頁中一二行第七字「女」，磧、南、徑、清作「女人」。第一〇字、二二行第六字同。

一　五七四頁中一七行第九字「進」，磧、南、徑、清作「男子前進」。

一　五七四頁中一八行「骨體」，磧、南、徑、清作「骨骸」。

一　五七四頁中一九行第一三字「即」，磧、南、徑、清作「即却」。

一　五七四頁下一三行第二字「不」，磧、南、徑、清作「所」。

一　五七四頁下一五行第一二字「執」，磧、南、徑、清作「報」。

一　五七四頁下末行「爲鬼所掠吾來作妻」，磧、南、徑、清作「爲鬼所略將吾作妻」。又「無諦」，磧、南、徑、清、麗作「無訴」。

一　五七五頁上一行末至次行首字「後還道逢」，磧作「一人共還道途」；南、徑、清作「二人共還道塗」。

一　五七五頁上七行「波羅柰」，磧、南、徑、清作「迦羅奈」。

一　五七五頁上一一行第一二字「壽」，磧、南、徑、清作「長壽」；麗作「受」。

一　五七五頁上一二行首字「樂」，磧、南、徑、清作「又」。

一　五七五頁上一三行「是念」，磧、南、徑、清、麗作「作是念」。

一　五七五頁上一七行「法言」，磧、南、徑、清作「快言」。

一　五七五頁中三行第二字「所」，磧、南、徑、清作「可」。

一　五七五頁中一一行「競來」，磧、南、徑、清作「竟來」。

一 五七五頁中一二行「顫掉」，磧、南、徑、清作「戰恌」。

一 五七五頁下一行第一一字「於」，磧、南、徑、清作「阿」。

一 五七五頁下二行第一一字「奉」，磧、南、徑、清作「奉受」。

一 五七五頁下三行第五字「自」，磧、南、徑、清作「月」。

一 五七五頁下四行第二字「縣」，磧、南、徑、清作「懸雜」。

一 五七五頁下一四行首字「持」，磧、南、徑、清、麗作「持戒」。

一 五七五頁下一七行「恍惚」，磧、南、徑、清作「惚惚」。

一 五七五頁下一八行「身危」，磧、南、徑、清作「身色」。

一 五七五頁下一九行第六字「執」，磧、南、徑、清、麗作「報」。

一 五七五頁下二二行末字「糜」，磧作「糜」；南、徑、清作「靡」。

一 五七六頁上三行首字「宋」，清無。

一 五七六頁上四行首字「隨」，磧、南、徑、清、麗作「隋」。次頁上一三行首字同。

一 五七六頁上七行「一人」，磧、南、徑、清作「一婦人」。

一 五七六頁上一三行「年少」，磧、南作「少年」。

一 五七六頁上一四行「如其生時」，磧、南、徑、清作「如昔時」。

一 五七六頁上一八行第七字「悲」，磧、南、徑、清無。

一 五七六頁上二二行末字「稍」，麗作「穌」。

一 五七六頁中五行末字「室」，磧、南、徑、清無。

一 五七六頁中七行第七字「驅」，磧、南、徑、清無。

一 五七六頁中九行第八字「倨」，磧、南、徑、清作「據」。

一 五七六頁中一〇行首字「肅」，磧、南、徑、清作「遠」。

一 五七六頁中一一行首字「衣」，磧、南、徑、清無。又第二字「拄」，磧、南、徑、清作「柱」。

一 五七六頁中一三行第一三字「不」，磧、南、徑、清作「廢不」。

一 五七六頁中一五行第二字「常」，磧、南、徑、清作「恒」。

一 五七六頁中一六行第四字「而」，磧、南、徑、清作「時」。

一 五七六頁中一八行第九字「置」，南作「至」。

一 五七六頁下一行第五字「轉」，磧、南、徑、清無。

一 五七六頁下四行「叉叉」，磧、南、徑、清作「扠扠」。

一 五七六頁下七行「一物」，磧、南、徑、清作「一人物」。

一 五七六頁下一三行第一〇字「塀」，磧、南、徑、清作「炘」。

一 五七六頁下一四行首字「不」，磧、南、徑、清、麗無。

一 五七六頁下二〇行第一二字「有」，磧、南、徑、清、麗作「上有」。

一 五七七頁上三行首字「病」，磧、南、

[徑]、[清]作「疾」。

一 五七七頁上四行「葦米」，[麗]作「葦來」。又「黏葦」，[磧]、[南]、[徑]、[清]作「伴葦」。

一 五七七頁上六行第八字「即」，[磧]、[南]、[徑]、[清]作「師」。

一 五七七頁上一〇行第五字「排」，[磧]、[南]、[徑]、[清]作「推」。又第九字「披」，[徑]作「腋」。

一 五七七頁上一二行右「右二驗」，[磧]、[南]作「右二」；[麗]作「右三驗」。

一 五七七頁上一三行第一〇字「許」，[磧]、[南]、[徑]、[清]無。

一 五七七頁上一七行第一〇字「令」，[徑]作「令」。

一 五七七頁上一九行第一一字「末」，[磧]、[南]作「未」。

一 五七七頁上二〇行「十五日」，[磧]、[南]、[徑]、[清]作「十五日旦」。

一 五七七頁上二一行「新歲未受」，[磧]作「斯歲未受」；[南]、[徑]、[清]作「斯歲末受」。

一 五七七頁中三行第一一字「竭」，[磧]、[南]、[徑]、[清]作「端」。

法苑珠林卷第九十一　盟

西明寺沙門釋道世撰

受齋篇第八十九
破齋篇第九十
賞罰篇第九十一

受齋篇第八十九　此有二部

述意部第一

夫正法所以流布貴在尊經福田所以增長功由齋戒故捨一餐之供福紹餘糧施一錢之資果超天報所以福田可重財累可輕共樹無遮之會等招無限之福也

引證部第二

如舊雜譬喻經云昔有四姓請佛飯時有一人賣牛逢大姓留止飯教持齋受戒聽經已乃歸婦言我朝相待未飯便強令夫飯壞其齋意雖尒七生天上七生世間師曰一日持齋有六十萬歲餘糧復有五福一曰少病二曰身安隱三曰少婬意四曰少睡卧五日得生天上常識宿命所行事也

又波斯匿王欲賞末利夫人香瓔㗇出宮視夫人於齋日著素服而出在六萬夫人中明如日月倍好如常王意悚然加敬問曰有何道德炳然有異夫人白王自念少福稟斯女形情態垢穢日夜命促懼墜三塗是以月月奉佛法齋割愛從道世世蒙福願以香瓔奉施世尊

又中阿含經云尒時鹿子母毗舍佉平旦沐浴著白淨衣將子婦等眷屬往詣佛所稽首作禮白世尊曰我今持齋善世尊問曰居士婦今持何等齋耶齋有三種云何為三一者放牛兒齋二者尼揵齋三者聖八支齋云何名放牛兒齋者若放牛兒朝放澤中晡收還村彼還村時作如是念我今日在此處放牛明日當在彼處放牛我今日在此處飲牛明日當在彼處飲牛我牛今日在此處宿止明日當在彼處宿止如是有人若持齋時作是思惟我今日食如此之食明日當食如彼食也我今日飲如此之飲明日當飲如彼飲也我今日含消如此

含消明當含消如彼含消其人於此晝夜樂著欲過是名放牛兒齋若如是持齋不獲大利不得大果無大功德不得廣布云何名尼揵齋耶若出家尼揵者彼勸人曰汝於東方過百由延外有衆生者擁護彼故棄捨刀仗如是南西北方亦尒或脫衣裸形我無父母妻子勸進虛妄之言將為眞諦或執苦行自餓諸邪法等是名尼揵齋也若如是持齋者亦不獲大利不得大果無大功德不得廣布云何名為聖八支齋多聞聖弟子若持齋時作是思惟阿羅訶眞人盡形壽離殺斷殺棄捨刀仗有慚有愧有慈悲心饒益一切乃至蜫蟲於殺淨心乃至盡形壽離非時食斷非時食一食不夜食樂於時食我以此支於阿羅訶等同無異是故說齋彼住此聖八支齋已於上當復憶念如來無所著等十號出世淨法捨離穢汙惡不善法是名聖八支齋也若族姓女持聖八支齋者身壞命終得生六欲天達得四沙門果

又僧祇律云佛住舍衛城南方有邑名大林時有商人驅八頭牛到北方俱多國有一商人共在澤中放牛時有離車捕龍食之捕得一龍女女受布薩法無有害心然離車穿鼻牽行商人見之即起慈心問離車言汝牽此龍欲作何等荅云我欲殺噉商人言勿殺我與汝一牛賀取捕者不肯乃至八牛方言此實多美今為汝故我當放之時商人放龍女去已念言此是惡人恐復追逐更遣捕取放別池中隨逐者之龍變為人語商人言天施我命今欲報恩可共入宮當報天恩商人荅言龍性卒暴瞋恚無常或能殺我荅不尒前人繫我我力能殺彼人但以受布薩法都無殺心何況天今施我壽命而當加害若不去者小住此中我先摒擋即便入去後入宮內見龍門邊二龍繫在一處商人問言汝為何事被繫荅言此龍女半月中三日受齋法我兄弟守護此龍女為不堅固為離車所捕以是被繫唯願天慈語令放我龍女摒擋已即呼入宮坐寶牀上龍女白言龍中有食能盡壽消者有二十年消者有七年消者有閻浮提人食者未知天今欲食何食荅言欲須閻浮提食即持種種飲食與之商人問龍女言此龍何故被繫龍女言此有過我欲殺之商人言汝莫殺不尒要當殺之商人言汝放彼者我當食耳白言不得直尒放之當罸六月擯置人間商人見龍宮中種種寶物莊嚴宮殿商人便問言汝有如是莊嚴用受布薩何為荅言我龍法有五事苦何等為五謂生時眠時婬時瞋時死時一日之中三過皮宍落地熱沙爆身復問汝欲求何等荅言人道中生為畜生中苦不知法故欲就如來出家龍女即與八餅金語言此金足汝父母眷屬終身用之不盡語言汝合眼即以神變持著本國以八餅金持與父母此是龍金截已更生盡壽用之不可盡時（思念仁慈不得不行當救龍女思報彌重況持大齋受福寧小）

又菩薩受齋經云某自歸佛自歸法自歸比丘僧某身所行惡口所言惡意所念惡今已除棄某若干日若干夜受菩薩齋自歸菩薩

佛告須菩提菩薩齋日有十戒第一菩薩齋日不得著脂粉華香

第二菩薩齋日不得歌儛捶鼓伎樂裝飾

第三菩薩齋日不得臥高牀上

第四菩薩齋日過中已後不得復食

第五菩薩齋日不得持刀金銀珍寶

第六菩薩齋日不得乘車牛馬

第七菩薩齋日不得捶兒子奴婢畜生

第八菩薩齋日皆持是齋從分檀布施得福菩薩齋日去臥時於佛前叉手言今日一切十方其有持齋戒者行六度者某皆助安無量勸助歡喜福施十方一切人非人等所在勤苦厄難之處皆令得福解脫憂苦出生為人安隱富樂無極

第九菩薩齋日不得飲食盡器中

第十菩薩齋日不得與女人相形笑共坐席女人亦尒是為十戒不得犯

不得教人犯亦不得勸勉人犯

菩薩解齋法言

南無佛南無法南無比丘僧某若千日若千夜持菩薩齋從今擅布施當得六波羅蜜如諸菩薩六萬菩薩法齋日夜一分禪一分讀經一分臥是為菩薩齋日法

從正月十四日受十七日解

從四月八日受十五日解

從七月一日受十六日解

從九月十四日受十六日解

述曰既受齋已若欲解齋要待明相出時始得食粥不尒破齋何名明相如薩婆多論云明相有三種色若日照閻浮提樹則有黑色若照樹葉則有青色若過樹葉則有白色於三色中白色為正始得解齋食其粥也

頌曰

今丹建清齋　佳辰召無疆　四部依時集
七衆會升堂　蕭條清梵舉　哀婉動宮商
香氣騰空上　乘風散遐方　歎德研沖邃
詞辯暢玄芳　滌煩呈妙句　臨時折婉章
緇素相依託　財法發神光　福田今夕滿

恩惠建存亡

感應緣 略引四驗

東晉沙門法顯

宋沙門僧伽達多

宋居士郭銓

高齊沙門寶公

東晉徐州吳寺太子思惟像者昔晉沙門法顯勵節西天歷游聖迹往投一寺大小逢迎顯時遇疾主人上座親事經理勑沙彌為客僧覓本鄉齋食儵忽往還脚有瘡血云往彭城吳蒼鷹家求食為犬所齧顯怪其旋轉之間而游數萬里外方審寺僧並非常人也後隨船還國故往彭城追訪得吳蒼鷹具狀問之荅有是事便指餘血塗門之處顯曰此羅漢聖人血也當時見為覓食耳如何遂損也鷹聞慚悚即捨宅為寺自往揚都求諸經像正濟江中船遂傾側忽有雙骨各長一丈隨波騰漾奄入船中即得安流昇岸以事奏聞乃龍齒也鷹求像未獲濟江西上暫憩林間遇見婆羅門僧持此像行曰欲往徐州與吳蒼

鷹供養鷹曰必如來言弟子是也便付像將還至京詔令摸取十軀皆足下施銘而人莫辯新舊任鷹探取像又降夢示其本相恰取還得本像東還徐州每放異光元魏孝文請入北臺至高齊後主遣使者常彪之迎還鄴下齊滅周廢為僧藏之大隋開教還重光顯今在相州大慈寺 右此一驗見晉史雜錄

宋京師道林寺有沙門僧伽達多僧伽羅多等並博通經論偏以禪思為業以元嘉之初來游宋境達多常在山中坐禪日時將迫念欲受齋乃有群鳥銜果飛來授之達多思惟昔獼猴奉蜜佛亦受而食之今飛鳥授食何為不可於是受進食之 右此一驗見梁高僧傳

宋順陽郭銓字仲衡晉益州刺史亡後三十餘載元嘉八年忽見形詣女壻南陽劉凝之家車備甚盛謂凝之日僕有謫事可見為作三十僧會當得免也言終不見劉謂是魍魎不以在意後銓又與女夢言吾有謫罰已告汝壻令為設會不能見矜耶女晨起見銓從戶過怒言竟不能救今便

就罪女號踊留之問當何處設齋答云可歸吾舍忽然復沒凝之即狼狽供辦會畢有人稱銓信與凝相聞言感君厚恵事始獲宥言已失去於是而絶 右一驗出冥祥記錄

高齊初沙門寶公者崇山高栖士也旦從林慮向白鹿山因迷失道日將隅中忽聞鍾聲尋響而進巖岫重阻登陟而趣乃見一寺獨據深林三門正南赫奕輝煥前至門所看額云靈隱之寺門外五六犬其大如牛白毛黑喙或踊或臥以眼眄寶寶怖將返須臾胡僧外來寶喚不應亦不迴顧直入門内犬亦隨入良久寶見無人漸入次門屋宇四周房門並閉進至講堂唯見牀榻高座儼然寶入西南隅牀上坐久之忽聞棟間有聲仰視見開孔如井大比丘前後從孔飛下遂至五六十人依位坐訖自相借問今日齋時何處食來或言豫章成都長安隴右薊北嶺南五天竺等無處不至動即千萬餘里末後一僧從空而下諸人譏問來何太遲荅曰今

日相州城東彼岸寺鑒禪師講會聾竪義大有後生聰俊難問詞旨鋒起殊爲可觀不覺遂晚而至寶本事鑒爲和尚既聞此語望得参話希展上流整衣將起荅諸僧曰鑒是寶和尚諸僧直視忽隱寺所獨坐磐石查木之下向之寺宇一無所見唯覩巖谷禽鳥翔集諠亂切心出以問尚統法師尚曰此寺名趙時佛圖澄法師所造年歲久遠賢聖居之非凡所往或沉或隱遷徙無定今山行者猶聞鍾聲 右見唐高僧傳并冥報記錄

破齋篇第九十 此有二部

述意部第一

惟無常苦空之悲念生老病死之患長夜悲倒懸之苦漂淪哀陷墜之溺思之痛傷亦深可懼也良由福田輕薄信施難消齋戒無固事等坏瓶易毀難持又同霜露我人轉盛著逾膠漆不懼累劫之殃但憂一身之命所以飽食長眠何異牦犬破齋夜食鬼道無殊是故施主失應時之福衆僧損良田之種也

引證部第二

如舍利弗問經云舍利弗白佛言有諸檀越造僧伽藍厚置資給供來往僧有似出家僧非時就與食僧索食而食與者食者得何等罪其本檀越得何等福佛言非時食者是破戒人是犯盜人非時與者亦破戒人亦犯盜人盜檀越物是不與取非施主意施主無福以失物故猶有發心置立之善舍利弗言時受時食食不盡者非時復食或有時受至非時食復得福不佛言時食淨者是即福田是即出家是即僧伽是即天人良友是即天人導師其不淨者猶爲破戒是大劫盜是即餓鬼爲罪窟宅非時索者以時非時輒與是與食者即名退道是名惡魔是名三惡道是名破器是癩病人壞善果故偷乞自活是故諸婆羅門不非時食外道梵志亦不邪命食況我弟子知法行法而當介耶凡如此者非我弟子是盜我法利著無法人是名盜食非法之人盜與盜受一團一撮片鹽片酢皆死墮燋腸地獄

呑熱鐵丸從地獄出生豬狗中食諸

不淨又生惡鳥人怪其聲後生餓鬼
還伽藍中處其園内噉食穢汙百千
萬歲更生人中貧窮下賤人所棄惡
不可言說人不信用不如盜一人物其
罪尚輕劫奪多人故良福田故斷絶
出世道故
又捭陀國王經云佛在世時有國王
號名捭陀奉事婆羅門婆羅門居在
山中多種果樹時有攙攕人毀其果
樹婆羅門見之便將詣王所言是人
無狀殘敗我果樹王當治殺王敬事
婆羅門不敢違之即爲殺之自後未
久有牛食人稻其主遂捶折其一角
血流備面痛不可忍牛復到王所白
言我實無狀食此人少稻今折我角
稻主亦追到王所王曉鳥獸語王語
牛言我當爲汝殺之牛即報言今雖
殺此人亦不能令我不痛但當約勑
後莫如之王便感念言我事婆羅門
但坐果樹令我殺人不如此牛今事
此道復不免生死何用此道便到佛
所五體投地爲佛作禮願受五戒十

善佛言布施持戒現世得福忍辱精

進一心智慧其福無量後生天上王
即歡喜得須陀洹阿難白佛言此王
與牛本何因緣佛言乃昔拘那含牟
尼佛時王與牛爲兄弟作優婆塞供
持齋戒一日一夜王守法精進不敢
懈怠壽終升天天上壽盡下爲國王
牛時犯齋夜食後受其罪罪畢復作
牛五百世尚有宿識故來開寤王意
牛後七日壽終上生天上佛言四輩
弟子受持齋戒不可犯也
又法句喻經云佛在舍衛國祇樹給孤
獨園精舍中爲天人龍鬼說法東方
有國名鬱多羅波提有婆羅門等五
百人相率欲詣恒水岸邊有三祠神
池沐浴垢穢裸形求仙如尼揵法道
由大澤迷不得過中道乏糧遙望見
一大樹如有神氣想有人居馳趣樹
下了無所見婆羅門等舉聲大哭飢
渴委頓窮死斯澤樹神現身問諸梵
志道士那來今欲何行同聲答曰欲
詣神池澡浴望仙今日飢渴幸哀矜
濟樹神舉手百味飲食從手流溢給

衆飲食皆得飽滿其餘飲食足供道

糧臨當別去詣神請問本行何德致
此巍巍神答梵志吾本所居在舍衛
國時國大臣名曰須達飯佛衆僧於
市市酪無提酪者倩我提之往到精
舍使我斟酌訖行澡水儼然聽法一
切歡喜稱善無量時我奉齋暮還不
餐婦怪問我不審何恨答曰不恨也
見長者須達於園飯佛請我往齋齋
名八關其婦瞋恚忿然言曰瞿曇亂
俗奚足采納君不毀食則禍從此疊
踧迫不已便共俱食時我亦夜年壽
筭盡終於夜半神來生此爲此愚婦
破我齋法不卒其業來生斯澤作此
樹神提酪之福手出飲食若終齋法
應生天上封受自然即爲梵志而作
頌曰
祠祀種禍根　日夜長枝條　唐苦敗身本
洗齋度世仙
又百緣經云佛在舍衛國祇樹給孤
獨園於其初夜有五百天子賫持香
華光明赫奕照祇桓林來詣佛所禮
巳却坐佛爲說法得須陀洹果繞佛

三帀還詣天宮於其晨朝阿難請問諸天來緣佛告阿難乃往過去迦葉佛時有二婆羅門隨從國王來詣佛所禮拜問訊時彼從中有一優婆塞勸二婆羅門共受齋法一求生天二求人王受已俱還諸婆羅門聚會之處諸婆羅門言汝等飢渴可共飲食殷勤數勸不免其意求生天者即便飲食以破齋故不果所願其後命終生於龍中其不食者　得作國王以其先身共受齋故生彼國王園池水中時守園人日日常送種種果蓏奉上獻王於池水中得一美果色香甚好作是念言我惟出入常為門監所見前卻我持此果當用與之作是念已尋即持與門監得已復作是念我惟出入復為黃門所見前卻當用與之作是念已尋即持與黃門得已復作是念夫人為我常向大王歎譽我德我持此果當用與之作是念已即便持與夫人得已復上大王王得果已即便食之覺其香美即問夫人汝今何處得是果來夫人即時如實對

曰我從黃門得是果來如是展轉推到園子王即召呼吾園之中有是美果何不見送乃與他人園子於是本末自陳王不聽言而告之曰自今以後常送此果若不送者吾當殺汝園子還歸入其園中號咷涕泣不能自制此果無種何由可得時彼龍王聞是哭聲化作人形來問之言汝今何以啼哭乃尒園子具荅所由龍聞是語還入水中取好美果著金槃上持與園子因復告言汝持此果奉上獻王并說吾意云我及國王昔佛在世本是親友俱作梵志共受八齋各求所願汝戒完具得作國王吾戒不全生在龍中我今還欲奉修齋法求捨此身願王為我求八關齋文送來與我若其相違吾覆汝國用作大海園子於是納受果槃奉獻王已因復說龍所囑之語王聞是已甚用不樂所以然者當尒之時乃至無有佛法之名況復得有八關齋文若其不獲恐見危害思念此理無由可辦時彼國王有一大臣最可敬重而告之言龍從

我索八關齋文仰卿得之大臣荅曰今世無法云何可得王復告言汝若不獲吾必殺卿大臣聞已卻退至家顏色異常甚用愁惱時臣有父年在耆舊每從外來見子顏色改易異常尋即問言即向父說委曲情理父荅子言吾家堂柱我見有光汝為試伐試取破看之得經二卷一是十二因緣二是八關齋文大臣得已甚用歡喜著金槃上奉獻與王王得之喜不自勝送與龍王龍王得已甚用歡慶賷持珍寶贈遺與王各還所止共五百龍子勤加奉修八關齋法其後命終生忉利天來供養我是彼光耳佛告阿難欲知彼時五百龍子奉修齋法者今五百天子是佛說是緣時有得四沙門果者有發無上菩提心者聞佛所說歡喜奉行

又遺教法律云若出家人乘車馬一日除五百日齋一歲三百六十日乘計除卻十八萬日齋舍利弗問佛何故比丘乘騎除五百日齋者佛言比丘是知禁律人他見生謗令他得罪除

老病暫乘不犯 問曰何故不論俗人答曰出家清虛慈愍衆生故犯人輕白衣穢濁常造罪人殺戮尋常何論輕罪故人見不怪也

頌曰

貪心未曾滿　福善未曾受　專求美飲食
飽啜無恥羞　昏塵全未拭　心垢豈能除
破齋常夜食　享負施難訓　天長命自短
業催闇中游　漂浪四暴海　難逢六度舟
小惡猶不改　大善何能修　類同園池龍
焉得齊高流

感應緣 略引三驗

晉孫稚　齊王氏　唐李思一

晉孫稚字法暉齊國般陽縣人也父祚晉太中大夫稚幼而奉法年十八以咸康元年八月病亡祚後移居武昌至三年四月八日沙門于法階行尊像經家門夫妻大小出觀見稚亦在人衆之中隨侍像行見父母拜跪問訊隨共還家祚先病稚云無他禍祟不自將護所致耳五月當差言畢辭去其年七月十五日復歸跪拜問訊悉如生時說其外祖父爲太山府君見稚說稚母字曰汝是某甲兒耶未應便來那得至此稚答伯父將來

欲以代謫有教推問欲鞭罰之稚欵解得原稚兄容字思淵時在其側稚謂曰雖離故形在優樂處但讀書無他作願兄勿復憂也但勤精進繫念修善福自隨人矣我二年學成當生國王家同輩有五百人今在福堂學成皆當上生第六天上我本亦應上生但以解救先人因緣纏縛故獨生王家耳到五年七月七日復歸說鄉城當有寇難事例甚多悉皆如言家人祕之故無傳者又云先人多有罪謫宜爲作福我今受身人中不須復營但救先人也願父兄勤爲功德作福食時務使鮮潔一一如法者受上福次者大福若不能然徒費設耳當使平等心無彼我其福乃多祚時有婢稚未還時忽病殆死通身皆痛稚云此婢欲叛我前與鞭不復得去耳稚問婢云前實欲叛與人爲期日垂至而便往云云

齊王氏名四娘永明三年病死下屍在地爲莊飾者覺其心煖故未殯殮經二宿肌體稍溫氣息漸還俄而能

言自說有二人錄其將去至一大門有一沙門踞胡牀坐見之甚驚問何故來乃罵此二人云汝誤錄人來各鞭四十語此四娘女郎可去荅曰向來怳怳不知道路請人示津沙門即命一人送之行少地見其先死奴子倚高樓上驚問四娘那忽至此欲見新婦不荅不知處喚奴自送奴云不得奉送四娘但去前路應相值也投一馬鞭與之曰謹執此鞭自知路可行數里便見新婦即四娘之嫂也正被苦謫四體礙縛如蒙鵝鴨法懸于路側相見悲號新婦自說生時作罪今貽此楚毒欲屈手摶頰求乞哀助而手被攣格不得至頰又聞左右受苦之聲而不覩形四娘問此爲何聲荅曰此是無行衆僧破齋犯戒獲此苦報呼嗷聲也於是沿路而歸須臾至家見其屍骸意甚憎惡不復願還不覺有人排其踣著乃得就身而稍蘇活其人今休然尚存 右二驗出冥祥記

唐隴西李思一今居相州之滏陽縣貞觀二十年正月已死經日而蘇語

在冥報記至永徽三年五月又死經一
宿而蘇說云以年命未盡蒙王放歸
於王前見相州滏陽縣法觀寺僧辯
珪又見會福寺僧弘亮及慧寶三人
並在王前辯答見冥官云慧寶死時
未至宜修功德辯珪弘亮今歲必死
辯珪等是年果相繼卒後寺僧令一
巫者就弘亮等舊房召二僧問之辯
珪曰我為破齋今受大苦兼語諸弟
子等曰為我作齋救拔苦難弟子輩
即為營齋巫者又云辯珪已得免罪
弘亮云我為破齋兼妄持人長短今
被拔舌痛苦不能多言相州智力寺
僧慧永等說之（右一驗出冥報拾遺）

賞罰篇第九十一（此有二部）

述意部第一

夫好生惡死含識之所同欣喜利怒害
仁智之所不免是以居終蹈義或愜
於情枉性傷和每切餘恨史遷曰死
有輕於鴻毛莊周曰生則重於天下
故生死違性則怨酷冥道賞罰乖序
則哀聲氣結影響於耳目寤寐於精
爽無往不復吁可畏哉庶擢豪之地

覽明鏡而紲威利欲之情啓元龜而
克念無辜者獲腰領之全履福者
同劫石之壽也

引證部第二

如百喻經云昔有二人共種甘蔗而
作誓言種好者賞其不好者當重
罰之時二人中一者念言甘蔗極甜若壓
取汁還灌甘蔗樹必得勝既取汁溉蔗
望滋味反敗種子所有甘蔗一切都失世人
亦尒欲求善福恃已豪貴倚形挾勢
追脅下民殘奪財物用作福善不知將
來反獲其殃如壓甘蔗彼此都失
阿育王經云昔阿育王婦蓮華夫人
產一子面貌端正（依付法藏名曰法增）目似駒那羅
眼因字駒那羅王甚愛敬長為娶婦
字真金鬘後共王至雞頭摩寺上座
所上座夜奢知必失眼常為說法眼
無常相王大夫人帝失羅叉見眼端
正深心逼之子閉掩耳不順其志夫
人瞋恚常求其短欲挑其眼後時北
方乾陀羅國城名得叉尸羅人民叛
逆王遣鎮之後時王病口中糞臭身
諸毛孔糞汁流出無人能治勅變駒

那欲紹王位帝失羅叉聞已念言彼
若為王我無活理即作方便而白王
言我能治王即勅國內似王病者皆
勅將來我為治之時有一男有如此
病婦為問醫語將來為汝治之既至
醫所即送與夫人夫人殺之破腹見
蟲上去糞隨下行亦尒與種種藥不
能令死後乃與蒜蟲便即死以因緣
勸王食蒜王食蟲死遂糞道出王病
得差語夫人言欲得何願荅言欲得
七日作王王即聽之既得王已詐作王
書語得叉人云駒那羅有大罪過急
挑眼出作書已竟向王眠睡偷王齒
印王夢驚覺語夫人言夢見二鷲欲
挑我子駒那羅眼言已還眠復夢覺
語夫人言夢見駒那羅頭髮甚長在地而
坐夫人安慰王復還眠眠已夫人得印
印書遣使賫去王復夢見牙齒墮落
曉召相師占夢吉凶師言此夢必是
王子失眼之相王聞合掌歸命四方
護佛道神信法僧者願護我子書至
彼國駒那得書即信其語雇旃陀羅
使挑其眼無肯挑者但緣業熟自然

有人面有八醜來求挑眼王語醜人先挑一眼著我手中舉刀向眼一切人民稱怨大喚怪哉苦哉啼哭懊惱不能自勝又付法藏傳云求一惡人令出右眼置掌觀之便念耶舍本所勸誡而作是言說眼無常猶如幻化昔時奇妙今觀何愛當捨危朽之法專求最勝清淨慧眼作是觀時得須陀洹更出一眼重深思察猒惡情至得斯陀含其妻金鬘聞夫挑眼號泣雨淚驚哭而來見已悶絕良久乃蘇時駒那羅以偈曉之曰

昔吾為惡業　今日自還受　一切世間苦
恩愛會別離　汝當諦思惟　何應大啼哭

又阿育王經云時駒那羅王答婦我等自造今日受之恩愛會離何用啼哭為使人驅出夫婦相將彈琴歌乞以自存活展轉而行歸還本國欲入王宮門人約之即至門外象廐中宿向曉彈琴自宣苦事王聞琴聲情切憶子即遣人喚既至王所王見眼皆形容瘦惡衣裳弊壞都欲不識見少形相尋即問言汝是我子駒那羅不答言我是王聞其語悶絕躃地水灑乃蘇抱著膝上手摩拭眼啼泣而言汝眼本似駒那羅故遂為字今悉無有以何為名誰挑汝眼使汝辛苦憔瘁乃尒速疾語我我今見汝形體樵瘁譬如猛火燒我身心都悉壞盡子語王言願莫憂惱我自造業不可怨他得父王書齒印勅挑王立誓言若我勅挑當自截舌若與齒印當拔我齒若我眼見自挑其眼王後推察知是羅剎作書遣挑王呼罵曰不吉惡物何地載汝汝於今者不自陷沒汝實我怨詐懷親附種種罵訖積胡膠火而燒殺之

又付法藏傳云時駒那羅王子起大悲心而白父言今若加報於彼必當累劫共為怨害譬如因聲即有響應亦如嬰兒未識義理罵辱父母無謙敬心而此父母豈於其兒起瞋恨耶一切眾生亦復如是常為煩惱之所覆蔽愚癡無智猶如小兒云何傚彼而生瞋恚王心毒盛不受其語大積薪油而焚殺之

又阿育王經云尒時諸比丘見而問尊者優波毱多有何因緣尊者答曰駒那羅往昔波羅㮈國作一獵師於山窟中得五百鹿若都殺者穴則臭爛挑其眼出日食一鹿從是已來五百身中常被挑眼又於過去拘樓孫佛入涅槃後時有國王名曰端嚴為起石塔七寶莊嚴王死之後有一惡王名曰不信壞塔取寶唯留土木駒那尒時為長者子還以七寶修治此塔復造大像共佛齊等發誓願言使我來世如似此佛得勝解脫緣本造塔生尊貴家由昔作像常得端正以發願故今獲道迹

又依王玄策西國行記云其王心知繼室姧宄飲氣而怒捶加刑繼室所是時輔佐並流配雪山東北磧鹵不毛之地摩訶菩提寺聖僧名宴沙大阿羅漢王聞高德携乃首子具白前事垂哀眼明僧受王請普告國眾吾明辰說深法人持器來以盛淚滴是日道俗競馳遠赴聞說十二因緣時眾悲傷泣血而已收淚總置金槃師立誓曰

向所說法其理若當願以衆渡洗王子目令得復明理若不當皆目如故於是將渡洗眼遂平復時王及子不勝喜慶時衆咸悅皆稱善哉聖力乃尒王子即是拘那羅王於今塔猶存焉

又佛本行經云尒時世尊乞食時至著衣持鉢獨自而行欲乞於食漸漸到彼大兵將村入彼邑已即詣兵將婆羅門家到其家已即便進入於其門內鋪座而坐尒時兵將大婆羅門有於二女一名難陀二名波羅時彼二女出向佛邊到佛所已頂禮佛足却住一面佛爲說法得須陀洹果乞受三歸五戒已即取佛鉢將好香美飲食滿盛鉢中以用奉佛尒時世尊受彼食已從村而出尒時提婆大婆羅門從他轉聞彼大沙門來至於此聞已即作思念我昔曾請彼大沙門許施飲食我今貧煎當作何計妻報夫提婆言乞聽可說未審尒不我憶往昔年少之時兵將大婆羅門曾弄於我欲求世事我時不聽彼輙指

觸而今聖夫將我與彼行於世事從其隨索多少錢物得以而爲彼大沙門作食布施尒時提婆報其妻言此事不然我婆羅門理不合作如是之事其提婆即詣兵將所白言善哉善哉唯願借貸我五百錢若我能償此事善哉脫不能償我之夫婦二人詳共入汝家語汝作力尒時兵將即與提婆錢足五百而語之言汝今將去隨意所用其事若訖更不得轉從他借貸持以償我如汝所要身自出力覓錢與我尒時提婆從兵將邊依法受取五百錢已至自已家付與其妻備辦飲食即詣林中而往佛邊欲請如來善哉大德沙門瞿曇唯願受我明日飯食是時世尊默然受請辭佛而去至自已家城內一切街陌皆賣熟食尒時提婆即於彼夜嚴備多種甘美飲食其夜悉辦如是諸味過夜天明家內灑埽鋪牀座訖即至佛邊長跪諮白飲食已辦願赴我家尒時世尊既至食時著衣持鉢漸漸而行至提婆家隨鋪而坐夫婦自

手擎持多種微妙清淨衆味飲食立於佛前以奉世尊唯願如來自恣而食是時提婆奉佛食訖別於佛邊鋪座而坐坐已世尊即爲提婆如應說法令歡喜已從座而起隨意而去尒時提婆送佛而出其提婆妻從他借衣著見佛出還即便解衣置於一處而埽除地時有賊忽尒來偷其衣將去時妻爲失衣故心大愁惱提婆送佛還家見婦迷亂即便問言何故如是煩惱妻報夫言當知所借衣不知誰偷忽然失去是時提婆聞此語已心地迷悶不知所爲作如是言我以從佗貸五百錢用爲供具汝今從佗借衣而著忽復失去我家貧短以何備償當作何計尒時提婆求欲自死即便往至屍陀林中上大樹上欲自撲地而不能墮即復大愁然彼賊人執其衣裳至屍陀林忽尒還來在於提婆所上樹下掘地埋之以土覆上於上大便放訖而去時彼提婆在於樹上遥見此事賊去以後從樹而下掘取其衣還將向舍時提婆妻埽除舍

內處處今除其屋一角忽然自陷低
頭觀觀地下見有一赤銅瓶其中有
金乃至略說見第二瓶第三第四悉
皆是瓶更復觀看其下更見一赤
銅甕亦滿中金彼見金已即大驚噭
指示夫言聖夫聖夫速來速來我已
得之尒時提婆聞婦聲已作是思惟
此婦可憐何故失心如是誑語云我
已得於物其前他處借衣失去我已
得衣衣現在此何故唱言我已得之
是時提婆將衣入家問其妻言居
家著者汝何所得彼婦即便指示其
金語言聖夫我得於此也是時提婆
復語妻言汝所失衣我亦得也而彼
婦取衣向所借處還歸其主尒時提
婆作是思惟我今獨自不能奄消爾
多許金即便携將五百錢直還向兵
將邊而償其債到已語彼大兵將言
我從仁者貸五百錢金以還汝是時
兵將語提婆言我前語汝不得從他
舉錢償我唯出自家身力償我提婆
復言我不從他貸取此物兵將復問
汝從何得提婆報言我從地得此

之金藏彼不承信尒時提婆即將兵
將到自己家示其金藏尒時兵將見
一聚炭語提婆言汝何誑也語我是
炭用作金相是時提婆復更重語彼
兵將言此實是金非是火炭如是再三過
三已以手觸彼金藏唱示言此是
金非炭復作誓願如我善業因緣力
故得此金者乞示兵將見如此語已
炭即為金兵將見此地藏金已復問
汝今供養阿誰為天為仙并及善人
而彼與汝如是願報提婆報言我於
今日家唯供養是大沙門奉施飯食
感應藉彼功德果報當成兵將報言
此之金藏悉皆是彼善業因緣故生
此報無人能奪無人所斷汝莫作疑
安隱而食
尒時提婆作如是念以施大沙門食
生大功德心生歡喜踊躍無量徧滿
其體復詣佛邊重請佛至家飯佛
以後夫妻二人鋪座聽法佛知彼等
心行體性諸使薄少為說四諦得須
陀洹果時諸比丘即諮問言彼之提
婆及妻等昔作何業得此果報後至

佛邊得諮聖法更造何業先貧後富
一旦如是佛告比丘昔迦葉佛所受
三歸五戒而不行布施者今提婆是
然命終乞願願值於我以是因緣今
得值我以不行布施今得貧報隨將
食布施於我得現世報以是因緣汝
諸比丘輩等應常須向佛法僧邊生
於恭敬希有之心猶如提婆身現受
福以慳貪不肯布施今受貧賤困
苦之患

頌曰

有義便合　無義便離　離封非吉
合象成規　有功可賞　無功可治
勿得枉濫　反報無疑

感應緣　略引一十三驗

周杜國之伯常
漢時王濟左右
漢時羽林中郎游殷
晉冨陽縣令王範
晉時張駿
晉時羊珊
晉時孔基
晉時庾亮

齊時眞子融
齊時文宣帝高洋
梁時劉大夫不得字
陳時武帝陳霸先
唐王玄策行傳西域業稱

周杜國之伯名曰常爲周大夫宣王之妾曰女鳩欲通之杜伯不可女鳩訴之宣王曰常竊與妾交宣王信之囚杜伯于焦使薛甫與司工錡殺杜伯其友左儒九諫而王不聽左儒死之杜伯既死即爲人見王曰常之罪何哉王召祝而以杜伯語告之祝曰始殺杜伯誰與王謀之王曰司工錡也祝曰何不殺錡以謝之宣王乃殺錡使祝以謝之杜伯猶爲人而至言其無罪司工錡又爲人而至曰臣何罪之有宣王告皇甫曰祝也與我謀而殺人吾所殺者又皆爲人而見當柰何乎皇甫曰殺祝以謝之宣王乃殺祝以兼謝焉又無益也皆爲人而至祝亦曰我焉知之柰何以此爲罪而殺臣也後三年游於圃田從人滿野日中杜伯乘白馬素衣司工錡爲左祝爲右朱衣朱冠起於道左執朱弓朱矢射宣王中心折脊伏于弓衣而死

漢時王濟左右常於闇中就婢取濟衣物婢欲奸之其人云不敢婢言若不從我我當大喚此人卒不肯婢遂呼云某甲欲奸我濟即令人殺之此人具自陳訴濟猶不信故牽將去顧謂濟曰枉不可受要當訟府君於天後濟乃病忽見此人語之曰前具告實既不見理今便應去濟數日卒

漢時游殷字幼齊漢世爲羽林中郎將先與司隸校尉胡軫有隙軫遂誣搆殺之殷死月餘軫得病目睛脫但言伏罪伏罪游幼齊將鬼來於是遂死

晉富陽縣令王範有妾桃英殊有姿色遂與閣下丁豐史華期二人姦通範嘗出行不還帳內都督孫元弼聞丁豐戶中有環珮聲覘視見桃英與同被而臥元弼叩戶扇叱之桃英即起攬裙理鬢躡履還內元弼又見華期帶珮桃英麝香二人懼元弼告之乃共謗元弼與桃英有私範不辯察遂殺元弼有陳超者當時在座勸成元弼罪後範代還超亦出都看範行至赤亭山下值雷雨日暮忽然有人扶超腋徑曳將去入荒澤中電光照見一鬼面甚青黑眼無瞳子曰吾孫元弼也訴怨皇天早見申理連時候汝乃今相遇超叩頭流血鬼曰王範既爲事主當先殺之賈景伯孫文度在太山玄堂下共定死生名錄桃英魂魄亦收在女青亭者是第三地獄名在黃泉下專治女鬼投至天明失鬼所在超至楊都詣範未敢說之便見鬼從外來徑入範帳至夜範始眠忽然大魘連呼不醒家人牽青牛臨範上并加桃人左索向明小蘇十許日而死妾亦暴亡超亦逃走長干寺易姓名爲何規後五年三月三日臨水酒酣超云今當不復畏此鬼也低頭便見鬼影已在水中以手搏超鼻血大出可一升許數日而殂

晉時張駿據有涼州忌害鎮軍將軍武威陰鑒以其宗族強大而多功也

遂諷其主簿魏纂使誣鑒謀反殺逼
鑒自殺後三年纂病見鑒在側遂死
晉時羊聃字彭祖晉世廬陵太守
爲人剛克麁暴恃國姻親縱恣尤甚
睚眦之嫌輒加刑殺征西大將軍庾亮
檻送具以狀聞右司奏聃殺郡將吏及
民簡良等二百九十人徒謫一百餘人
應棄市依八議請宥顯宗詔曰此事
古今所未有此而可忍孰不可忍何
八議之有可獄所賜命聃兄子賁先
尚南郡公主自表解婚詔不許琅邪
孝王妃山氏聃之甥也苦以爲請於
是司徒王導啓聃罪不可容恕宜極
重法山太妃憂感動疾陛下罔極之
恩宜蒙生全之宥於是下詔曰山太
妃唯此一甥發言摧鯁乃至吐血情慮
深重朕丁荼毒受太妃撫育之恩同
於慈親若不堪難忍之病以致頓斃
朕亦何顏以寄今便原聃生命以慰
太妃渭陽之恩於是除名爲民少時
疾病常見簡良等曰枉豈可受今來
相取自申黃泉經宿而死
晉時會稽孔基勤學有志操爲結族

人孔敞敞使其二子以基爲師而敞
子並凶猥趣尚不同基屢言之於敞
此見常有忿恚敞壽喪亡服制既除
基以宿舊乃賫羊酒往看言子子猶
懷宿怨潛遣奴於路側殺基奴還未
至仍見基來張目攘袂厲聲言曰奸
醜小豎人面獸心吾蒙顧在昔敦戲
平生有何怨惡候道見害慢天忘父
人神不容要當斷汝家種從此之後
數數見形孔氏無幾大兒向廁忽便
絕倒駱驛往看已斃於地次者尋復
病殂兄弟無後
晉時庾亮誅陶後稱咸康五年冬節
會文武數十人忽然悉起向階拜揖
庾驚問故並云陶公來陶公是稱父侃
也庾亦起迎陶公扶兩人悉是舊怨
傳詔左右數十人皆操伏戈陶公謂
庾曰老僕舉君自代不圖此恩反戮
其孤故來相問陶稱何罪身已得訟
於帝矣庾不得一言遂寢疾入年一
日死右此八驗出冤魂志
齊貞子驥齊世嘗爲井陘關嶮阻使
賂貨甚多爲人所糺齊主欲以行法

意在窮治乃付并州城局參軍事崔
瑗與中書舍人蔡暉共考其獄然子
融之事皆在赦前瑗等觀望上意抑
爲赦後子融臨刑之際怨訴百端既
不見理乃誓曰若此等平吉是無天
道後十五日法瑗無病暴死經一年
許蔡暉臥疾膚肉爛墮都盡若楚
百許日殂
齊文宣帝高洋既死太子殷嗣位年
號乾明文宣同母弟常山王演本在
并州權勢甚重因文宣山事隨梓宮
出鄴以地望見疑仍留爲錄尚書事
王遂忿怒潛生異計上省之日內外
百僚皆來集會即收縛乾明腹心尚
書令楊遵彥等五人皆爲事奏斬之
尋亦廢乾明而自立是爲孝照帝後
在并州望氣者奏鄴中有天子氣平
秦王高歸彥勸殺乾明遂鎌向并州
盡之其年孝照數見文宣作諸妖怪
就其索兒備爲禳襘終不能遣而死
梁江陵陷時有關內人梁元暉俘獲
一士大夫姓劉位日新城失其名字
先此人先遭侯景亂喪失家口唯餘

小男年始數歲躬自擔抱又著連枷值雪塗不能前進元暉逼令棄去劉君愛惜以死爲請遂強奪取擲之雪中杖伯交下驅蹙使去劉乃步步迴首號哭斷絕辛苦頓弊加以悲傷數日而死死後元暉日日見劉曳手索兒因此得病雖復對之悔謝來殊不已元暉載病到家而終

陳武帝陳霸先既害梁大司馬王僧辯次討諸將義興太守韋載黃門郎放第四子也爲王公固守陳主頻遣攻圍不克後重征之誘說載曰王公親黨皆已殄滅此一孤城何所希冀過尒相抵耶若能見降不失富貴載荅曰士感知己本爲王公所以抗禦大軍致成讎敵今亦承明公盡定江左第城自守必無生路但鋒刃屢交殺傷過甚軍人忿怒恐不見全老母在堂彌懼禍及所以苟延日月未能束手耳必有誓約不敢久勞神武陳主乃遣刑白馬爲誓載遂開門陳主亦示寬信還揚都後陳主即位遣載從征以小遲晚因宿憾斬之尋於大殿看事便見載來驚起入內移坐光嚴殿載又逐入顧訪左右皆無所見因此得病死　右四驗出冥祥記

唐王玄策行傳云摩伽陀國法若犯罪者不加拷掠唯以神稱之稱人之法以物與人輕重相似者置稱一頭人處一頭兩頭衡平者又作一符亦以別物等其輕重即以符繫人項上以所稱別物添前物若人無罪即稱物頭重若人有罪則物頭輕據此輕重以善惡科罪刻眼截腕斬指刖足視犯輕重以行其刑若小罪負債之流等並鏁其兩脚用爲罰罪

法苑珠林卷第九十一

甲辰歲高麗國大藏都監奉
勅彫造

法苑珠林卷第九十一

校勘記

一　底本，麗藏本。

一　五八二頁上一行經名，徑作「法苑珠林卷第一百九」。

一　五八二頁上二行撰者，磧作「大唐上都西明寺沙門釋道世字玄惲撰」；南作「大唐上都西明寺沙門釋道世撰」；徑作「唐上都西明寺沙門釋道世玄惲撰」；清作「唐西明寺沙門釋道世撰」。

二　五八二頁上三行「受齋篇第八十九」下，磧、南、清有夾註「此有二部」。

一　五八二頁上四行至五行「破齋篇第九十　賞罰篇第九十一」，徑、清無。

一　五八二頁上六行「受齋篇第八十九此有二部」，磧、南、徑、清無。

一　五八二頁上六行至七行間，清有「述意部　引證部」一行。

一　五八二頁上七行「第一」，徑無。以下部目下序數例同。

一　五八二頁上一六行「受戒」，磧、南、徑、清作「戒受」。又第七字「乃」，磧、南、徑、清作「及」。

一　五八二頁下一行第三字「明」，磧、南、徑、清作「明日」。

一　五八三頁上二行第六字「商」，徑、清作「商」。下同。

一　五八三頁上五行「穿鼻」，徑作「牽鼻」。

一　五八三頁上七行「答云」，磧、南、徑、清作「答言」。

一　五八三頁上八行「一牛」，清作「一生」。

一　五八三頁上一〇行「放龍女」，磧、南、徑、清作「恐放龍女」。又「念言」，磧、南、徑、清作「商人念言」。

一　五八三頁上一一行第一〇字「遣」，磧、南、徑、清作「遺」。

一　五八三頁上一九行第一一字「在」，磧、南作「住」。

一　五八三頁中一四行「熡身」，磧、南、徑、清作「薄身」。

一　五八三頁中一七行「八餅金」，磧、南、徑、清作「八鉼金」。一九行同。

一　五八三頁中二一行夾註左「思報彌重」，磧、南、徑、清作「思報彌鐘」。

一　五八三頁下六行「捶鼓」，磧、南、徑、清作「打鼓」。

一　五八四頁上二〇行「哀婉」，磧、南、徑、清作「哀怨」。

一　五八四頁上二二行第六字「滌」，磧、南、徑、清作「折」。又「折婉章」，磧、南、徑作「折婉章」；清作「折婉障」。

一　五八四頁中一行「建存亾」，磧、南、徑、清作「導存亡」。

一　五八四頁中六行「寶公」，磧、南、徑、清作「實公」。

一　五八四頁中一四行第五字「船」，磧、南、徑、清作「舶」。

一　五八四頁中一五行第一三字「指」，磧、南、徑、清作「詣」。

一　五八四頁中一七行第一一字「也」，磧、南、徑、清作「耶」。

一　五八四頁中二〇行第七字「奄」，磧、南、徑、清作「掩」。

一　五八四頁中二二行第八字「怠」，磧、南、徑、清作「息」。

一　五八四頁下三行「探取」，磧、南、徑、清作「採取」。

一　五八四頁下八行夾註左「晉史」，磧、南、徑、清作「晉文」。

一　五八四頁下一〇行第一〇字「偏」，磧作「徧」。

一　五八四頁下一二行第八字「廹」，磧、南、徑、清作「逼」。

一　五八四頁下一五行夾註「右此一驗見梁高僧傳」，磧、南、徑、清作「右一驗出梁高僧傳」。

一　五八四頁下一九行「三十」，磧、南、徑、清作「四十」。

一　五八四頁下二一行第三字「後」，磧、南、徑、清作「後夕」。

一　五八四頁下末行第一二字「救」，

磧、南、徑、清作「相救」。

一　五八五頁上二行「忽然」，磧、南、徑、清作「倏然」。

一　五八五頁上五行夾註左末字「錄」，磧、南、徑、清無。

一　五八五頁上六行第六字「寶」，磧、南、徑、清作「實」。下至本頁中五行第一二字同。又「崇山」，磧、南、徑、清作「嵩山」。

一　五八五頁上八行首字「隅」，磧、南、徑、清作「禺」。

一　五八五頁上一一行「靈隱之寺」，磧、南、徑、清作「靈芝寺」。又第一一字「大」，磧、南、徑、清作「犬」。

一　五八五頁中五行第六字「答」，磧、南、徑、清作「咨」。

一　五八五頁中六行第一三字「查」，磧、南、徑、清作「柞」。

一　五八五頁中一一行首字「汎」，磧、南、徑、清作「汎」。

一　五八五頁中一三行「此有二部」，徑無。

一　五八五頁中一三行與一四行之間，清有「述意部　引證部」一行。

一　五八五頁中一六行第一〇字「哀」，磧、南、徑、清無。

一　五八五頁中一八行「坏瓶」，磧、南、徑、清作「坯瓶」。

一　五八五頁下三行「來往」，磧、南、徑、清作「來世」。

一　五八五頁下一四行第四字「其」，磧、南、徑、清作「其有」。

一　五八五頁下一六行「即名」，磧、南、徑、清作「是名」。

一　五八五頁下一七行第一三字「是」，磧、南、徑、清作「是名」。

一　五八六頁上三行「噉食穢汙」，磧、南、徑、清作「噉食糞穢並」。

一　五八六頁上一四行第九字「遂」，磧、南、徑、清作「逐」。

一　五八六頁上一五行第一〇字「復」，磧、南、徑、清作「遂」。

一　五八六頁上二〇行「如之」，磧、南、徑、清作「取之如我」。

一　五八六頁中二行「其福」，磧、南、徑、清作「其德」。

一　五八六頁中一三行第一〇字「鬼」，磧、南、徑、清作「鬼神」。

一　五八六頁下一一行「君不毀食」，磧、南、徑、清作「君毀遣」。

一　五八七頁上六行第八字「諸」，磧、南、徑、清作「詣」。

一　五八七頁上一〇行「其不食者」，磧、南、徑、清作「不食」。

一　五八七頁上一四行第七字「惟」，磧、南、徑、清作「雖」。一七行首字同。

一　五八七頁中二行「召呼」，清作「招呼」。

一　五八七頁中五行第二字「常」，清作「當」。

一　五八七頁中六行「號咷洟泣」，磧、南、徑、清作「號啼涕泣」。

一　五八七頁中一六行第二字「願」，磧、南、徑、清作「願爲語汝」。

一　五八七頁下六行「情理」，磧、南、

徑、清作「諸理」。

一　五八七頁下一〇行末字「不」，磧、南、徑、清作「不能」。

一　五八八頁上一行夾註左「恕愍」，磧、南、徑、清作「慈愍」。

一　五八八頁上二行夾註左「輕罪」，磧、南、徑、清作「輕重」。

一　五八八頁上六行「難詶」，磧、南、徑、清作「難消」。又「天長命」，南、徑、清作「苦長命」。

一　五八八頁上七行「四暴海」，磧、南、徑、清作「四流海」。

一　五八八頁上一〇行「略引三驗」，南作「略引此十驗」；徑、清作「略引此三驗」。

一　五八八頁上一一行「晉孫稚　齊王氏」，磧、南、徑、清作「晉俗人孫稚　齊王氏四娘」。

一　五八八頁中一行第四字「誦」，磧、南、徑、清作「謔」。又末字「軟」，磧、南、徑、清作「救」。

一　五八八頁中一五行「然徒」，磧、南、徑、清作「然然後」。

一　五八八頁中一七行第七字「通」，磧、南、徑、清作「同」。

一　五八八頁中一八行第一二字「稚」，磧、南、徑、清作「推」。

一　五八八頁下六行第二字「人」，磧、南、徑、清作「人力」。

一　五八八頁下一〇行第一〇字「路」，磧、南、徑、清作「行路」。

一　五八八頁下二一行夾註右「二驗」，磧、南、徑、清作「一驗」。

一　五八九頁上二行末字「歸」，磧、南、徑、清作「復歸」。

一　五八九頁上五行第一〇字「云」，磧、南、徑作「去」。又末字「時」，磧、南、徑、清作「期」。

一　五八九頁上一四行夾註「冥報拾遺」，至此，徑卷第一百九終，卷第一百十始。

一　五八九頁上一五行「此有二部」，徑無。

一　五八九頁上一五行與一六行之間，清有「述意部　引證部」一行。

一　五八九頁上一七行「喜利怒害」，磧、南、徑、清作「喜怒利害」。

一　五八九頁上二一行首字「故」，磧、南、徑、清無。

一　五八九頁中一一行首字「廹」，磧、南、徑、清作「逼」。

一　五八九頁中一二行第二字「反」，清作「及」。

一　五八九頁中一四行「目似」，磧作「目以」。

一　五八九頁中一六行「上座」，磧、南、徑、清作「到上座」。

一　五八九頁中末行第六字「流」，磧、南作「臭」。

一　五八九頁下四行「一男」，磧、南、徑、清作「一兒」。

一　五八九頁下五行第五字「醫」，磧、南、徑、清作「醫醫」。

一　五八九頁下七行第五字「隨」，磧、南、徑、清作「墮」。

一　五八九頁下八行第七字「菻」，磧、

南、徑、清作「葱」，九行第四字同。又第一二字「以」，磧、南、徑、清作「以是」。

一　五八九頁下一三行「作書」，磧、南、徑、清作「詐作書」。

一　五九〇頁上一行「有八醜」，磧、南、徑、清作「十八醜」。

一　五九〇頁上一〇行「號泣」，磧、南、徑、清作「號哭」。

一　五九〇頁上一一行「雨渡」，磧、南作「雨淚」。又「驚哭」，磧、南、徑、清作「驚泣」。

一　五九〇頁上一三行「自還受」，磧、南、徑、清作「還自受」。

一　五九〇頁上一七行首字「哭」，磧、南、徑、清無。

一　五九〇頁上二二行「都欲不識」，磧、南、徑、清作「都不識別」。

一　五九〇頁中五行「樵瘁」，磧、南、徑、清作「憔悴」。六行同。

一　五九〇頁下一四行第四字「今」，磧、南、清作「令」。

一　五九〇頁下一六行第八字「捶」，磧、南、徑、清作「剩」。

一　五九〇頁下二〇行「明辰」，徑、清作「明晨」。

一　五九〇頁下二一行「以盛洟渡」，磧、南、徑、清作「以承涕淚」。

一　五九一頁上三行第六字「眼」，南、徑、清作「眼眼」。

一　五九一頁中八行第七字「語」，磧、南、徑、清作「爲」。

一　五九一頁中一〇行末字「轉」，磧、南、徑、清作「傳」。

一　五九一頁中一四行第八字「即」，磧、南、徑、清作「旣」。

一　五九一頁中一八行第三字「賣」，磧、南、徑、清作「買」。

一　五九一頁中一九行「飲食」，磧、南、徑、清作「飯食」。

一　五九一頁下一〇行「迷亂」，南、徑、清作「大亂」。

一　五九二頁上一〇行第三字「衣」，磧、南、徑、清無。又第六字「此」，磧、南、徑、清作「此其」。

一　五九二頁上一三行「於此」，磧、南、徑、清作「此巳」。

一　五九二頁上一六行末字「爾」，磧、南、徑、清作「食」。

一　五九二頁上一七行第二字「許」，磧、南作「時」。又第一一字「直」，磧、南作「有」。

一　五九二頁上一九行第九字「金」，磧、南、徑、清作「今」。

一　五九二頁中五行末三字至次行首字「再三過三」，磧、南、徑作「再過三過」；清作「再過」。

一　五九二頁中一三行首字「感」，磧、南、徑、清作「或」。

一　五九二頁中一五行「所斷」，磧、南、徑、清作「能斷」。

一　五九二頁下一三行首字「合」，清作「今」。

一　五九二頁下一六行末字「常」，磧、南、徑、清作「恒」。下至次頁上一一行第一三字同。

一　五九二頁下一七行第二字「時」，徑、清無。下至次頁上四行第二字同。

一　五九三頁上一五行第七字「之」，磧、南、徑、清無。

一　五九三頁中四行第七字「常」，磧、南、徑、清作「嘗」。

一　五九三頁中一四行「目睛」，磧、南作「目精」。

一　五九三頁下七行「訴怨」，徑、清作「訴寃」。

一　五九四頁上六行「右司」，磧、南、徑、清作「有司」。

一　五九四頁上一一行「琅邪」，磧、南、徑、清作「琅琊」。

一　五九四頁上一二行第一〇字「苦」，磧、徑、清作「若」。

一　五九四頁上一四行第六字「憂」，磧、南、徑、清無。

一　五九四頁上一五行「詔曰」，磧、南、徑、清作「詔下曰」。

一　五九四頁上一六行「一甥」，磧、南、徑、清作「一舅」。

一　五九四頁上二一行第三字「常」，磧、南、徑、清作「恒」。

一　五九四頁中一行第三字「敝」，磧、南、徑、清作「敞」。下同。

一　五九四頁中一三行「後稱」，磧、南、徑、清作「稱後」。

一　五九四頁中二〇行第一二字「入」，徑、清作「八」。

一　五九四頁中二一行夾註左「怨寃志」，磧、南、徑、清作「寃魂志」。

一　五九四頁中二二行「井陘開嶮阻使」，磧作「井陘開撿租使」；南、徑、清作「井陘關撿租使」。

一　五九四頁中末行首字「賂」，磧、南、徑、清作「贓」。

一　五九四頁下四行「怨謕」，徑、清作「寃訴」。

一　五九四頁下六行「法瑗」，清作「崔瑗」。

一　五九四頁下八行末字「殂」，磧、南、徑、清作「方殂」。

一　五九四頁下一五行「楊遵産」，磧、南、徑、清作「楊遵彦」。又「爲事」，磧、南、徑、清作「爲事狀」。

一　五九四頁下一六行「孝照」，磧、南、徑、清作「孝昭」。一九行同。

一　五九五頁上一行「檐抱」，磧、南、徑、清作「擔抱」。

一　五九五頁上二行第六字「前」，磧、南、徑、清無。

一　五九五頁上四行第三字「伯」，磧、南、徑、清作「拍」。

一　五九五頁上八行「而終」，磧、南、徑、清作「卒終」。

一　五九五頁上九行第四字「陳」，磧、南、徑、清無。

一　五九五頁上一二行第一二字「白」，磧、南、徑、清作「曰」。

一　五九五頁上一四行「相抵」，磧、南、徑、清作「相拒」。

一　五九五頁上一五行第四字「感」，磧、南、徑、清作「咸」。

一　五九五頁上二二行「楊都」，磧、南、

經、清作「揚都」。

五九五頁中五行第一〇字「稱」，磧、南、經、清作「稱稱」。

五九五頁中卷末經名，經作「法苑珠林卷第一百十」。

法苑珠林卷第九十二　盟

西明寺沙門釋道世撰

利害篇第九十二此有二部

述意部第一

夫三界含識四生稟命六情攀緣七識結業欲火所燒貪心難滿事等駛河作同沃焦故以尺波寸影大力所不能駐月御日車雄才莫之能遏其間飲苦餐毒抱痛銜悲身口為十使所由意思乃為八疵之主皆為愛著妻子財色拘靽致使無始至今常受八苦自作教他相續不絕見善不讚聞惡隨喜焚林涸澤走犬揚鷹窮鄭衛之響極甘旨之味戲笑為惡儻忽成非侮慢形像褻瀆塔寺不敬方等毀離和合自定權衡棄他升斛愧心負理慚謝欺親雖七尺非他方寸在我而能悍其情性在人未易慾此心口衆罪所集並願道俗各運丹誠洗蕩邪貪永離慾火身口清淨行願具足消三障業朗三達智五眼六通得意自在五蓋六塵於茲永絕也

引證部第二

如大莊嚴論云佛言我昔曾聞有一比丘在一國中城邑聚落競共供養同出家者憎嫉誹謗比丘弟子聞是誹謗白其師言某甲比丘誹謗和尚時彼和尚聞是語已即喚謗者善言慰喻以衣與之諸弟子等白其師言彼誹謗人是我之怨云何和尚慰喻與衣師荅之言彼誹謗者於我有恩應當供養即說偈言

如雹害禾穀　有人能遮斷　田主甚歡喜　報之以財帛
彼謗是親厚　不名為怨家　遮我利養雹　我應報其恩
如彼提婆達　利養雹所害　由其貪著故　善法無毫氂
如以毛繩戮　皮斷至骨壞　髓斷及爾心　利養過毛繩
絕於持戒皮　能破禪定宍　析於智慧骨　滅妙善心髓
由貪利養故　不樂閑靜處　心常緣利養　晝夜不休息

又雜寶藏經云爾時阿闍世王為提婆達多日送五百釜飯多得利養諸比丘皆白世尊知佛言比丘莫羨提婆得利養事即說偈言

芭蕉生實苦　蘆竹葦亦然　駏驉懷妊死　騾驢亦復然
愚貪利養害　智者所嗤笑

是故佛語比丘利養者是大災害能作障難乃至羅漢亦為利養之所障難比丘問言此能作何障佛言利養之害能破皮破宍破骨破髓為破淨戒之皮禪定之宍智慧之骨微妙善心之髓

又百喻經云昔有婆羅門自謂多知無不明達欲顯其德遂至他國抱兒而哭有人問言汝何故哭婆羅門言今此小兒七日當死愍其夭傷以是哭耳時人語言人命難知計算喜錯或能不死何為見哭婆羅門言日月可暗星宿可落我之所記終無違失為名利故至七日頭自殺其子以證己說時諸世人卻後七日聞其兒死咸皆歎言真是智者所言不錯心生信服悉來致敬猶如佛之四輩弟子為利養故自稱得道有愚人法殺善法子詐現慈德故使將來受苦無窮如婆羅門為驗己言殺子惑世

又百喻經云昔有一人其婦端正唯有鼻醜其夫出外見他婦女面貌端

法苑珠林第九十二　第四張　盟

正其鼻甚好便截他鼻持來歸家急喚其婦汝速出來與汝好鼻即割其鼻以他鼻著既不相著復失其鼻唐使其婦受大苦痛世間愚人亦復如是聞他宿舊沙門有大名德爲人恭敬得大利養便自假稱妄言有德既失其利後傷其行如截他鼻徒自傷損世間愚人亦復如是

又百喻經云往有商人貸他半錢久不得償即便往債前有大河雇他兩錢然後得度到彼往債竟不見得來還度河復雇兩錢爲半錢債而失四錢兼有道路疲勞之困所債甚少所失極多果被衆人之所怪笑世人亦尒求少名利致毀大行苟容已身不顧禮義現受惡名後得苦報

又增一阿含經云世尊告諸比丘有人似師子者有似羊者云何似師子者或有人得供養衣食等便自食噉不起染著之心設不得利養不起亂念無增減心猶如師子王食噉小畜不生好惡染著之心云何似羊猶如有人受人供養便自食噉起染著心不

法苑珠林第九十二　第五張　盟

知惡道而自貢高猶如群羊有一羊出群已詣大糞聚飽食屎已還至羊群而自貢高我得好食諸羊不得是故比丘當學師子王莫如食糞羊也

又毗尼母經云若有比丘於好於惡心生平等見他得利如已所得心生隨喜如此比丘堪爲世人作師迦葉入聚落時不礙不縛不取欲得利者求利欲得福者求福如自已得利歡喜亦復同之如毛空中轉無礙無繫縛

若善入聚落　義利心平等　同梵共入衆
不生嫉妒心　汝所親識舍　無別新舊處
是名師行法

又佛藏經云舍利弗汝今一心善聽我當語汝若有一心行道比丘千億天神皆共同心以諸樂具欲共供養舍利弗諸人供養坐禪比丘不及天神是故舍利弗汝勿憂念不得自供養又云或有比丘因以我法出家受戒於此法中勤行精進雖天神諸人不念但能一心精進行道者終亦不念衣食所須所以者何如來福藏無

法苑珠林第九十二　第六張　盟

量難盡舍利弗設使一切世間人皆共出家隨順法行於白毫相百千億分不盡其一舍利弗如來如是無量福德若諸比丘所得飲食及所須物趣得皆足舍利弗是故比丘應如是念不應於所須物行諸邪命惡法

又迦葉經云時五百比丘云我等不能精進恐不能消信施供養請乞歸俗文殊師利菩薩讚言若不能消信施之食寧可一日數百歸俗不應一日破戒受人信施尒時世尊告文殊師利菩薩言善男子若有修禪解脫者我聽彼人受信施食

又僧護經云尒時舍衛國中有五百賈人共立誓言欲入大海賈人共議求覓法師將入大海時聞法利可得往還衆中有一長者告諸賈人我有門師名曰僧護可請爲師辯才多智甚能說法時諸賈人往到僧護所頭面作禮白言我等欲入大海今請大德作說法師我等聞法可得往還僧護答曰可白和尚舍利弗賈人受教往白舍利弗言可共問佛時舍利弗

及僧護將諸賈人詣佛禮已具白所
由尒時世尊知僧護比丘廣度衆生
即便聽許時諸賈人踊躍歡喜即與
僧護法師俱入大海未至寶所龍王
捉住時諸賈人甚大驚怖胡跪合掌
而仰問言是何神祇而捉船住若欲
所須應現身形尒時龍王忽然現身
時諸賈人即便問曰欲何所索龍王荅
曰以此僧護比丘與我賈人荅曰從
佛世尊及舍利弗所而請將來云何
得與龍王荅曰若不與我盡沒殺汝
時諸賈人即大驚怖尋自思惟曾於
佛所聞如是偈言

為護一家　寧捨一人　為護一村
寧捨一家　為護一國　寧捨一村
為護身命　寧捨國財

時諸賈人俛仰不已將僧護比丘捨
與龍王龍王歡喜將詣宮中尒時龍
王即以四龍聰明智慧者作僧護弟
子龍王白言尊者為我教此四龍各
一阿含第一龍者教增一阿含第二
龍者教中阿含第三龍者教雜阿含
第四龍者教長阿含僧護荅曰可尒

僧護即教第一龍者默然聽受第二
龍者眠目口誦第三龍者迴顧聽受
第四龍者遠住聽受此四龍子聰明
智慧於六月中誦四阿含領在心懷
盡無遺餘時大龍王詣僧護所拜跪
問訊不愁悶耶僧護荅曰甚大愁悶
龍王問曰何故愁悶僧護荅曰受持
法者要須軌則此諸龍等在畜生道
無軌則心不如佛法受持誦習龍王
白言大德不言呵諸龍等所以者何
以護師命故作此聽龍有四毒不得
如法受持讀誦何以故初默受者以
聲毒故不得如法若出聲者必害師
命是故默然而受第二閉目受者以
見毒故不得如法若見師者必害師
命是故閉目而受第三迴顧受者以
氣毒故不得如法若氣噓師必害師
命是以迴顧而受第四遠住受者以
觸毒故不得如法若身觸師必害師
命是以遠住而受時諸賈人採寶迴
還至失師處共相謂言我等本時於
此失師今若還到佛所舍利弗目連
諸尊者等若問於我僧護法師何在

當以何荅尒時龍王知賈人還即持
僧護來付賈人告賈人曰此是汝師
僧護比丘時諸賈人踊躍歡喜平安
得出

尒時僧護問諸賈人曰水陸二道從
何道去賈人白言水道甚遠徑過六
月粮食將盡不可得達即共詳議從
陸道去於中路宿僧護告賈人曰要
離衆宿汝等夜發高聲喚我賈人
敬諾僧護出衆夜宿坐禪中夜眠息
賈人夜發迭互相喚僧護不覺即便
捨去夜勢將盡大風雨起僧護始寤
揚聲大喚竟無應者心口念言此便
大罪伴棄我去

尒時僧護失伴獨去涉路未遠聞揵
稚聲尋聲向寺路值一人即便問曰
何因緣故打揵稚聲其人荅曰入溫
室浴僧護念言我從遠來可就僧浴
即入僧房見諸人等狀似衆僧共入
溫室見諸浴具衣瓶瓨器浴室盡皆
火然尒時僧衆共入溫室入已火然
筋宍消盡骨如焦炷僧護驚怖問諸
比丘汝是何人比丘荅言閻浮提人

為性難信汝到佛所便可問佛即便驚怖捨寺逃走進路未遠復值一寺其寺嚴博殊麗精好亦聞搥聲復見比丘即便問言何因打稚聲比丘荅言衆僧食飯尋自思惟我今遠來甚成飢乏亦須飯食入僧坊已見僧和集食器數具悉皆火然人及房舍盡皆火然如前不異僧護問言汝是何人其人荅言更不異前僧護驚怖更疾捨去進路未遠復值一寺其寺嚴麗更不異前入僧房已復見諸比丘坐於火牀互相抓擡宍盡筋出五藏骨髓亦如焦炷僧護問曰汝是何人比丘荅言閻浮提人為性難信汝到佛所便可問佛僧護驚怖復疾捨去進路未遠復值一寺如是入寺見諸衆僧共坐而食諸比丘言汝今出去僧護踏蹰未及出去見諸比丘鉢中唯是人糞熱沸涌出時諸比丘皆悉食噉食已火然咽喉五藏皆成煙焰流下直過見已驚怖復疾而去其去未遠復見一寺其寺嚴麗如前不異即入僧房見諸比丘手把鐵椎互相棒打

摧碎如塵見已驚怖復更進路其去未遠復見一寺其寺嚴好亦不異前於前即入僧房聞揵稚聲僧護問曰何故揵稚諸比丘荅言欲飲甜漿僧護即自念言我今渴乏須飲甜漿即入衆中見諸食器牀臥敷具諸比丘等互相罵辱諸食器中盛滿融銅諸比丘等皆共飲噉食已火然咽喉五藏皆成炭火流下直過見已驚怖進路而去其去不遠見大宍地其火焰熾嗷聲號疼苦楚難忍見已驚怖進路而去其去未遠復見大地如前無異復更前進見大宍甕盡皆火然熾疼難忍如前無異復更前進亦見宍甕盡皆火然如前無異復更前進見一宍瓶其火焰熾嗷聲號苦毒痛難忍復更前進見一宍瓶其火焰熾如前不異復更前進見大宍泉其火焰熾爛皮涌沸苦聲楚毒亦不異前見已驚怖復更前進進路未遠見一大宍甕其大焰熾苦事如前復更前進見一比丘手捉利刀而自剝鼻剝已復生生已復剝終而復始無有

休息復更前進如前不異復更前進見一比丘水中獨立自唱言水水不息而受苦毒復更前進見一比丘在鐵刺園中立鐵刺上苦聲號嗷亦不異前復更前進見一宍驢其火焰熾苦聲號嗷與前無異復更前進見一宍橛形如象牙其火焰熾受苦如前復更前進見一駱駝火燒身體苦聲號嗷亦不異前復更前進見馬一匹火燒身體苦痛號嗷亦不異前復更前進見一白象熾火燒身苦不異前復更前進見一驢身猛火燒身苦不異前復更前進見一羝羊猛火燒身苦不異前復更前進見一宍臺大火焰熾苦不異前復更前進見一宍臺如前不異復更前進見一宍房猛火燒身苦聲號嗷亦不異前復更前進見一宍牀苦火燒身亦不異前復更前進見一宍稱火燒申綸苦不異前復更前進見一宍拘執火燒申綸苦不異前復更前進見一宍繩牀火燒受苦亦不異前復更前進見一宍壁火燒搖動苦不異前復更前進見一廁井屎尿涌沸苦不

異前復更前進見一高座上有比丘
攝心端坐猛火焚燒苦聲如前復更
前進更見一高座受苦皆上亦不異
前復更前進見一宍揵稚火燒苦聲亦
不異前復更前進見宍胡岐支胡名
拘修羅猛火燒身受苦如前復更前
進見一宍山火燒爛臭振動號吼苦
不異前復更前進見須曼那華樹火
燒受苦亦不異前復更前進見一宍
華樹火燒出聲苦不異前復更前進
見宍果樹火燒苦聲亦不異前復更
前進見一宍樹火燒受苦亦不異前
復更前進見一宍柱火燒受苦亦不
異前復更前進見一宍柱獄卒斧斫
受苦如前復更前進見十四宍樹火
燒受苦亦不異前復更前進見二比
丘以拳相打頭腦破裂膿血流出消
已還生終而復始苦不休息僧護比
丘出更前進見二沙彌眠臥相抱猛
火燒身苦不休息僧護比丘見已驚
怖問沙彌言汝是何人受如是苦沙
彌答言閻浮提人受性難信汝到世
尊所便可問佛見已驚怖復更前進

在路遥見林樹榮茂可樂往趣入林
見五百仙人游止林間仙人見僧護
比丘馳散避去共相謂言釋迦弟子
汙我等園僧護比丘從仙人借樹寄
止一宿明當早去仙人衆中第一上
座大有慈悲勑諸小仙借沙門樹僧
護即得一樹於其樹下敷尼師檀跏
趺而坐於初夜中伏滅五蓋中夜眠
息後夜端坐高聲作唄時諸仙人聞
作唄聲寤解性空證不還果見法歡
喜詣沙門所頭面作禮請祈沙門受
三歸依於佛法中求欲出家尒時僧
護即度仙人如法出家教修禪法不久
得定證羅漢果如栴檀林自相圍繞
得道比丘賢聖爲衆
尒時僧護比丘與諸弟子共詣祇桓
精舍到於佛所頭面禮足却住一面
尒時世尊慰勞諸比丘汝等行路不
疲苦耶乞食易得不尒時僧護白佛
言我等行路不大疲苦乞食易得不
生勞苦得見世尊尒時世尊爲大衆
說法僧護比丘在大衆中高聲唱說
已先所見地獄因緣佛告僧護汝先

所見比丘浴室此非浴室是地獄
人此諸罪人迦葉佛時是出家比
丘不依戒律順己愚情以僧浴具
及諸器物隨意而用持律比丘
常教軌則不順其教從迦葉佛
涅槃已來受地獄苦至今不息佛
告僧護汝初見寺者非是僧寺亦非
比丘是地獄人迦葉佛時是出家人
五德不成四方僧物不打揵稚衆
共默用以是因緣受火牀苦至今
不息
第二寺者亦非寺僧是地獄人迦葉
佛時是出家人五德不具見有諸檀
越造作寺廟四事豐足檀越初心造
寺之時要打揵稚作廣濟之意是諸
比丘不打揵稚默然受用有客比丘
來不得飲食還空鉢出以是因緣受
火牀苦遮相抓搔筋宍消盡骨如焦
炷至今不息第三寺者非是僧寺是
地獄人也迦葉佛時是出家人懈怠
共住共相謂言我等今者可共請一
持律比丘共作法事可得如法即共
推覓一淨行比丘共住食宿此淨行

比丘復更推覓同行比丘時淨行人轉轉增多前怠比丘即便追逐令出寺外時破戒人於夜分中以火燒寺滅諸比丘以是因緣手執鐵椎互相推滅受大苦惱至今不息第四寺者非是僧寺亦是地獄迦葉佛時是出家人常住寺中有諸檀越施僧雜食應現前分時有客僧來舊住比丘以慳心故待客出去後方分物未及得分蟲出臭爛捐棄於外以是因緣入地獄中噉糞屎食至今不息第五寺者非是僧寺是地獄人迦葉佛時是出家人臨中食上不如法食惡口相罵以是因緣受鐵𨭉苦諸食器中沸火漫流筋宍消盡骨如焦炷至今不息第六寺者非是僧寺是地獄人迦葉佛時是出家人不打揵稚默然共飲衆僧甜漿恐外僧來以慳因緣故墮地獄飲噉融銅至今不息

尒時佛告僧護比丘汝見第一地獄者迦葉佛時是出家人衆僧田中爲巳私種不酬僧直故受地獄至今不息第二地獄者迦葉佛時是白衣

人在僧田中種不酬僧直故受地獄作大宍地受諸苦惱至今不息汝見第一宍瓨者非是宍瓨乃是罪人迦葉佛時是衆僧上座不能坐禪不解戒律飽食熟睡但能論說無益之語精膳供養在先飲噉以是因緣入地獄中作大宍瓨火燒受苦至今不息第二瓨者是出家人爲僧當厨輙美供養在先食噉麁澀惡者僧中而行故作宍瓨火燒受苦至今不息第三瓨者是僧淨人作飲食時美妙好者先自嘗噉或與婦兒麁澀惡者方僧中行以是因緣在地獄中作大宍瓨火燒受苦至今不息

尒時世尊復告僧護比丘汝見第一瓶者非是瓶耶是地獄人迦葉佛時是出家人爲僧當厨應朝食者留至後日後日食者至第三日以是因緣入地獄中作大宍瓶火燒受苦至今不息第二瓶者是出家人有諸檀越奉送蘇瓶供養現前衆僧人人應分此當事人見有客僧留隱在後客僧去巳然後乃分以是因緣入地獄中作

大宍瓶火燒受苦至今不息

汝見水中立人者迦葉佛時是出家人爲僧當水見僧用水過多遂可意處與之即捉其水餘者不給以是因緣入地獄中水中獨立唱言水水受苦至今不息

汝見大甕者迦葉佛時是出家人爲僧典果菜香美好者先自食噉酢果澀菜然後與僧或逐隨意選好者與以不平等故入地獄作大宍甕火燒受苦至今不息

汝見刀劓鼻者迦葉佛時是出家人佛僧淨地洟唾汙地故入地獄刀劓其鼻火燒受苦至今不息

汝見比丘手捉斵斤自斵己舌是地獄人迦葉佛時是出家沙彌爲僧當分石蜜斵作數段於斧刃許少著石蜜沙彌噉舐故受斵舌苦至今不息

尒時世尊復告僧護比丘汝見泉者是地獄人迦葉佛時是出家沙彌爲僧當蜜先自嘗噉後秡與僧減少不徧故入地獄作大宍泉火燒沸爛受大苦惱今猶不息

汝見比丘刺上立者是地獄人迦葉佛時是出家人以惡口毀呰罵諸比丘故入地獄立鐵刺上火燒受苦至今不息

汝見宍臠者是地獄人迦葉佛時是出家人五德不具為僧當厨精美好者先自食噉或將與白衣使食殘者與衆僧故受地獄苦至今不息

汝見宍橛者是地獄人迦葉佛時是出家人寺中常住僧牆壁上須竪橛杙非為僧事懸巳衣鉢故入地獄作大宍橛火燒受苦至今不息

尒時世尊復告僧護汝見第一駝者是地獄人迦葉佛時是出家人寺中上座長受食分或得一人二人食分持律比丘如法教授上座之法不應如是時老比丘荅律師言汝無所知聲如驢駝我於衆中身為上座呪願說法或時作唄計勞應得汝等何故常瞋責我以是因緣入地獄中受驢駝身火燒號嗷受苦至今不息

汝見馬者是地獄人迦葉佛時作僧淨人使用供養過分食噉或與眷屬知識白衣諸比丘等呵責語言汝不應尒其人惡口呵諸比丘汝猶如馬常食不飽我為僧作甚大勞苦功熟應得故入地獄受於馬身火燒身體受大苦惱至今不息

汝見象者是地獄人迦葉佛時是出家人為僧當厨諸檀越等持諸供養向寺施僧或食後檀越白言大德可打揵稚集僧施食比丘惡口荅白衣言諸比丘等猶如白象食不飽耶向食巳竟停留後日故入地獄受白象身火燒受苦至今不息

汝見驢者是地獄人迦葉佛時是出家人為僧當厨五德不具分僧飲食常自長受二三人分持律比丘如法呵責此人荅言我當僧厨及園果菜常勞僧事甚大勞苦汝諸比丘不知我恩狀似如驢但養一身何不默然故入地獄作驢受苦至今不息

汝見羝羊者是地獄人迦葉佛時是出家人為僧寺主當田內外撿挍不勑弟子諸小比丘不如法打稚諸律師等白言寺主何不時節鳴稚集僧比丘荅言我當營僧甚成勞苦汝諸比丘猶如羝羊噉食而住何不自打故入地獄受羝羊身火燒痛毒受苦至今不息

尒時世尊復告僧護汝見宍臺者實非宍臺是地獄人迦葉佛時是出家人當僧房敷具閇僧房門將僧戶鑰四方游行衆僧於後不得敷具及諸房舍以是因緣故入地獄作大宍臺火燒受苦至今不息

汝見第二大宍臺者是地獄人迦葉佛時是出家人為僧寺主選好房舍而自受用及與知識不依戒律隨次分房不平等故入地獄中作大宍臺受苦萬端至今不息

汝見宍房者是地獄人迦葉佛時是出家人住僧房中以為巳有終身不移不依戒律以次分房故作大宍房火燒受苦至今不息

汝見宍繩牀者是地獄人迦葉佛時是出家人捉僧繩牀不依戒律如自巳有以次分牀故入地獄作大宍繩牀火燒受苦至今不息

汝見第二繩牀者是地獄人迦葉佛
時是出家人破僧繩牀自用然火故
入地獄作大宍繩牀火燒受苦至今
不息
汝見數具者是地獄人迦葉佛時是出
家人用僧數具如自已有以脚蹹上
不依戒律故入地獄作宍數具火燒申
縮受苦萬端至今不息
汝見宍拘執者是地獄人迦葉佛時是
出家人以僧拘執如自已有不依戒
律或用破壞故入地獄作宍拘執火
燒受苦至今不息
汝見繩牀者是地獄人迦葉佛時是
出家人恃王勢力似如聖德四輩弟
子聖心讃歎時彼比丘默受歎施好
繩牀及諸好飲食作聖心受故入地
獄作宍繩牀火燒受苦至今不息
汝見宍壁者是地獄人迦葉佛時是
出家人衆僧壁上豎杙破壁縣巳衣
鉢故入地獄作大宍壁火燒受苦至
今不息
汝見宍索者是地獄人迦葉佛時是
出家人捉衆僧索私自已用故墮地

獄作大宍索火燒受苦至今不息
汝見廁井者是地獄人迦葉佛時是
出家人住寺比丘佛僧淨地大小便
利不擇處所持律比丘如法呵責不
受教誨糞氣臭穢熏諸衆僧故入
地獄作宍廁井火燒受苦至今不息
汝見高座法師者是地獄人迦葉佛
時是出家人不明律藏重作輕說說
輕爲重有根之人說作無根無根之
人說道有根應懺悔者說言不懺不
應懺悔者强說導懺悔故入地獄坐
高座上火燒受苦至今不息
汝見第二高座法師者是地獄人迦
葉佛時是六法師邪命說法得利養
家如理而說無利養時法說非法非
法說法故入地獄處鐵高座火燒受
苦至今不息
汝見宍揵稚聽嗷聲者是地獄人迦
葉佛時是出家人以三寶物非法打
稚詐作羯磨捉三寶物爲已受用故
入地獄作宍揵稚火燒受苦至今不
息
汝見拘修羅者實非岐支是地獄人

迦葉佛時是出家人爲僧寺主以僧
厨食衒賣得物用作衣裳斷僧供養
故入地獄作宍岐支火燒受苦至今
不息
汝見第二拘修羅者實非岐支是地
獄人迦葉佛時是出家人作僧寺中
分物維那以春分物轉至夏分夏分
中衣物向冬分中分故入地獄作宍拘
修羅火燒受苦至今不息
汝見宍山者是地獄人也迦葉佛時
是出家人爲僧典座五德不具少有
威勢偷衆僧物斷僧衣裳故入地獄
作大宍山火燒受苦至今不息
尒時世尊復告僧護汝始初見須曼
那柱實非是柱是地獄人迦葉佛時
是出家人當佛刹人四輩擅越須曼
那華散供養佛華既乾巳比丘埽取
賣之將爲已用故入地獄作須曼那
柱火燒受苦至今不息
第二汝見須曼那華柱者是地獄人
迦葉佛時是出家人當供養刹柱四
輩擅越以須曼那華油用供養佛比
丘減取以爲已用故墮地獄作大須

曼那柱火燒受苦至今不息
汝見華樹者是地獄人迦葉佛時是
出家人當僧果菜園有好華果為已
私用或與白衣故入地獄作大華樹火
燒受苦至今不息
汝見果樹者是地獄人迦葉佛時是
出家人當僧果菜香美好果私自食
噉或與白衣故入地獄作宍果樹火燒
受苦至今不息
汝見一樹者是地獄人迦葉佛時是
出家人為僧當薪以衆僧薪將已房
中私自然火或與白衣知識故入地獄
作大宍樹火燒受苦至今不息
尒時世尊復告僧護汝見第一柱者
實非是柱是地獄人迦葉佛時是出
家人寺中常住破佛剎柱為已私用
故入地獄作大宍柱火燒受苦至今不
息
汝見第二柱者是地獄人迦葉佛時
是白衣人以刀刮取像上金色故入
地獄作大宍柱獄卒捉斧斫身受苦
猛火燒身至今不息
汝見第三柱者是地獄人迦葉佛時

是出家人為僧當事用僧梁柱浪與
白衣故入地獄作大宍柱火燒受苦至
今不息
汝見第四樹者是地獄人迦葉佛時
是出家人五德不具作大衆主為僧
斷事隨愛恚怖癡斷事不平故入
地獄作四宍樹火燒受苦至今不息
汝見第五樹者是地獄人迦葉佛時
是出家人在寺常住不依戒律分諸
敷具好者自取或隨瞋愛好惡差別
於佛法中塵沙比丘應隨次與以不
平等故以是因緣此十四人墮地獄
中作大宍樹火燒受苦至今不息
汝見二比丘者是地獄人迦葉佛時
是出家人於大衆中闘諍相打故入
地獄猛火焚身受相打苦至今不息
汝見二沙彌者是地獄人迦葉佛時
是出家人共一被褥相抱眠臥故入
地獄火燒被褥中相抱受苦至今不
息
尒時世尊重告僧護以是因緣我今
語汝在地獄中出家人多白衣尠少
所以者何出家之衆多喜犯戒不順

毗尼互相欺楚私用僧物或分飲食
不能平等是故我今更重告汝當勤
持戒頂戴奉行是諸罪人於過去世
時出家破戒雖復精進四輩檀越見
諸比丘威儀似僧恭敬僧寶四事供
養猶故能令得大果報無量無邊不
可思議若一比丘常於毗尼僧伽藍
中如法行道依時鳴稚若施此人得
福無量說不可盡何況供養四方衆
僧
尒時世尊復告僧護若出家人營僧
事業難持淨戒是諸比丘初出家時
樂持淨戒求涅槃心四輩檀越供養
是諸比丘應受供養堅持淨戒後不
生惱而說偈言
持戒最為樂　身不受衆苦　睡眠得安隱
悟則心歡喜
尒時世尊復告僧護有九種人常處
阿鼻地獄中何等為九一食衆僧物
二食佛物三殺父四殺母五殺阿羅
漢六破和合僧七破比丘淨戒八犯
淨行尼戒九作一闡提是九種人常
在地獄復有五種人二處受報一地

獄二餓鬼何者為五一斷施眾僧物二斷施僧食三劫僧覶物四應得能令不得五法說非法非法說法此五種人受是二報餘業不盡五道中受而說偈言

行惡感地獄　造善受天樂　若能修空定
漏盡證羅漢　歡喜受他施　三衣常知足
定慧修三業　安樂在山谷　寧食熱鐵丸
焦熱如焰火　破戒不應受　得信檀越食

尒時世尊於大眾中說因緣已時四部眾歡喜奉行

浴室及六寺　二地摠三阬　兩枇漫宍泉
一甕刀剃皁　斵舌水中立　立剃宍廳概
駝馬白象驢　羝羊雙宍臺　宍房二繩牀
宍耕叉拘執　牀壁宍繩索　廁井兩高座
稚二拘修山　兩宍須彌柱　華果一宍樹
一樹三宍懺　兩雙十四樹　兩僧二沙彌
合有五十六　說法本因緣　頌曰
愚夫貪世利　俗士重虛名　三空既難辯
八風常易傾　物我久空性　色心仍自縈
威年愛華好　老死丘墓成　居高非慮禍
持滿不憂盈　名利甘刀害　將非安久禎
凡愚苟求利　譬犬見穢精　不知禍來至
焉知惋苦觸

感應緣（上來道俗不勝名利受現報者極多並散在諸篇其引一驗不繁廣）

述屢見白衣無識俗人見佛呵責弟子即謂白衣是好人偏見僧過皆依經說白衣之罪如烏衣賊服雖有外汙不覺別色出家之人猶如淨㲲難放蠅糞微汙即覺易除所以白衣造罪入於地獄如石沉水無有出時出家之人造罪入地獄如拍毱著地即返何以故以造罪時生極慚取作已尋懺故亦如滴水在於熱鐵隨滴似涅亦潔還乾何以故以火熱故俗人造罪入地獄猶如箭射無卻返義亦如以鐵推入於深泥亦無出義何以故尤害心故亦如老象入泥無力可出若富貴之人便生我慢恣突三寶殘害自在貪染財色晝夜無厭不生慚恥何異畜生反諸賢良輕侮佛法靜思此事深可痛心若是貪賤之人貪求衣食王役驅逼公私擾攘夙夜孜孜不信之者乏食寒熱困苦切身攝剝三寶殺盈六親養活妻兒存已輸命所以徒者至苦苦福十方施闇入闇罔兵法界等權為此類胃諸佛於誑泣血怨惟斯理哀痛更深

後魏崇真寺僧慧凝死經七日時與五比丘次第於閻羅王所閱過凝以錯召放令還活具說王前事意如生官無異五比丘者亦是京邑諸寺道人與凝同簿而過一比丘云是寶明寺僧智聰自云生來坐禪苦行為業得升天堂復有比丘云是般若寺僧道品自云誦涅槃經四十卷亦升天堂復有一比丘云是融覺寺僧曇謨最狀注云講華嚴涅槃每常領眾千人解釋義理王言講經眾僧我慢貢高心懷彼我憍己凌物比丘之中

第一麤行最鄙王言立身已來實不憍慢惟好講經王言付司即有青衣十人送最向於西北入門屋舍皆黑似非好處復一比丘云是禪林寺僧道弘自云教化四輩檀越造一切經人中金像十軀王言沙門之體必須攝心道場志念禪誦不預世事勤心念戒不作有為教化求財貪心即起三毒未除付司依式還有青衣執送與最同入一處又有比丘云是靈覺寺僧寶真自云未出家之前曾作隴西太守自知苦空歸依三寶割捨家資造靈覺寺成捨官入道雖不禪誦禮拜不闕王曰卿作太守之日曲情枉法劫奪人財以充已物假作此寺非卿之力何勞說此亦復付司准式青衣送入黑門似非好處慧凝為以錯召免問放令還活具說王前過時事意時人聞已奏胡太后太后聞之以為靈異即遣黃門侍郎依凝所陳訪問聰等五寺並云有此死來七日生時業行如凝所論不差（事出洛陽伽藍寺記）

法苑珠林卷第九十二

法苑珠林卷第九十二

校勘記

一　底本，麗藏本。

一　六〇二頁上一行經名，徑作「法苑珠林卷第一百十一」。卷末經名同。

一　六〇二頁上二行撰者，磧、普、南作「大唐上都西明寺沙門釋道世字玄惲撰」；徑作「唐上都西明寺沙門釋道世玄惲撰」；清作「唐西明寺沙門釋道世撰」。

一　六〇二頁上三行「此有二部」，徑無。

一　六〇二頁上三行與四行之間，磧、普、南、清有「述意部　引證部」一行。

一　六〇二頁上四行「第一」，徑無。本頁下部目下序數例同。

一　六〇二頁上七行第二字「作」，磧、普、南、徑、清作「乍」。

一　六〇二頁上一〇行第六字「爲」，磧、普、南、徑、清無。

一　六〇二頁上一一行第五字「拘」，磧、普、南、徑、清作「鈎」。又第一三字「常」，磧、普、南、徑、清作「恒」。

一　六〇二頁上一六行「斗斛」，磧、普、南、徑、清作「升斗」。

一　六〇二頁上一八行第七字「性」，磧、普、南、徑、清無。

一　六〇二頁中一一行第二字「雹」，磧、南、徑、清作「電」；普作「雷」。

一　六〇二頁中一三行第五字「雹」，磧、普、徑、清作「電」。中一四行第三字，磧、普、南、徑、清同。

一　六〇二頁中一七行首字「析」，磧、普、南、徑、清作「折」。

一　六〇二頁中末行第八字「筆」，磧、普、南、徑、清作「華」。

一　六〇二頁下一行第一〇字「害」，磧、普、南、徑、清作「苦」。

一　六〇二頁下五行末字「淨」，磧、普、南、徑、清作「精」。

一　六〇三頁上七行第四字「後」，磧、普、南、徑、清作「復」。

一　六〇三頁上九行第八字「商」，磧、普、南、徑、清作「商」。下同。

一　六〇三頁上一六行「苦報」，普作「苦報苦」。

一　六〇三頁中一〇行第七字至次行末字「如……縛」，普、徑作五言偈。

一　六〇三頁中一〇行第八字「毛」，磧、普、南、徑、清作「手」。

一　六〇三頁下一五行首字「賓」，磧、普、南、徑、清作「商」。下同。

一　六〇三頁下一六行「聞法」，磧、南、徑、清作「問法師」。

一　六〇三頁下二〇行第八字「欲」，磧作「欲說」。

一　六〇三頁下二一行第三字「說」，磧、南無。

一　六〇四頁上五行「胡跪」，普、南作「距跪」；徑、清作「互跪」。

一　六〇四頁上一七行第九字「將」，磧、普、南、徑、清無。

一　六〇四頁中二〇行第九字「諸」，磧、普、南、徑、清無。

一　六〇四頁下二一行「僧衆」，磧、普、南、徑、清作「僧護」。
一　六〇五頁上三行第六字「麁」，磧、普、南、徑、清作「能」。
一　六〇五頁上六行「飯食」，磧、普、南、徑、清作「食之」。
一　六〇五頁上一二行「抓搔」，磧、普、南、徑、清作「拚捶」。
一　六〇五頁上一四行第五字「提」，磧、普、南、徑、清無。
一　六〇五頁上一八行「躇蹰」，磧、普、南、徑、清作「踟蹰」。
一　六〇五頁中三行「於前」，磧、普、南、徑、清無。又「揵稚」，磧、普、南、徑、清作「打椎」，四行同。
一　六〇五頁中一九行第六字「涌」，磧、普、南、徑、清作「浩」。
一　六〇五頁中二〇行末字「見」，磧、普、南、徑、清作「更見」。
一　六〇五頁下一行第六字「進」下，磧、普、南、徑、清有「見一比丘手捉斵斤自斫斫已復生」十四字。又第八字「前」下，磧、普、南有「如前」二字。
一　六〇五頁下三行「園中」，磧、普、南、徑、清作「圍中」。
一　六〇五頁下六行第一〇字「橛」，磧、普、南、徑、清作「栓」。
一　六〇五頁下七行「驕駝」，磧、普、南、徑、清作「駱駝」。下同。
一　六〇五頁下一九行「申縮」，磧、南作「身縮」。
一　六〇五頁下末行第四字「進」下，磧、普、南、徑、清有「見一肉索火燒受苦復不異前復更前進」十六字。
一　六〇六頁上一〇行第八字「不」，磧、普、南、徑、清作「亦不」。
一　六〇六頁上一七行第三字「拳」，南、徑、清作「棒」。
一　六〇六頁中六行「大有慈悲」，磧、普、南、徑、清作「有大慈悲」。
一　六〇六頁下一二行「寺僧」，磧、普、南、徑、清作「僧寺」。
一　六〇六頁下一三行第一一字「見」，磧、普、南、徑、清無。
一　六〇六頁下一八行「遞相抓搔」，磧、南、徑、清作「迭相拚捶」；普作「迭相折搔」。
一　六〇六頁下二〇行第四字「也」，徑無。
一　六〇七頁上四行第一〇字「執」，磧、南、徑、清作「捉」。
一　六〇七頁上九行末字「得」，磧、普、南、徑、清作「將」。
一　六〇七頁中末行「以是」，清作「如是」。
一　六〇七頁下三行第一二字「遂」，磧、普、南、徑、清作「逐」。
一　六〇七頁下一五行第七字「斲」，磧作「斷」；普、徑作「斫」。又第一〇字「斲」，磧、普、南、徑、清作「斫」，下同。
一　六〇八頁上一行第五字「刺」，磧、普、南、徑、清作「鐵刺」。
一　六〇八頁上二行第一一字「呰」，磧、普、南、徑、清無。

一 六〇八頁上九行「宍樧」，磧、普、南、徑、清作「栓」。
一 六〇八頁上一〇行末字至次行首字「檝栰」，磧、普、徑、清作「諸栓」；南作「諸栓」。
一 六〇八頁上一二行第四字「樧」，磧、普、南、徑、清作「栓」。
一 六〇八頁上二〇行首字「常」，磧、普、南、徑、清作「恒」。本頁中一五行首字同。
一 六〇八頁下七行第二字「當」，磧、普、南、徑、清作「當彼」。
一 六〇八頁下一四行第一〇字「中」，磧、普、南、徑、清無。
一 六〇八頁下二一行第五字「捉」，磧、普、南、徑、清作「提」。
一 六〇九頁上一五行第一二字「歎」，磧、普、南、徑、清作「讚歎」。
一 六〇九頁上一九行「豎栰」，磧、普、南、徑、清作「豎栓」。
一 六〇九頁上末行第九字「自」，磧、南無。
一 六〇九頁下一〇行第一〇字「也」，徑無。
一 六一〇頁上七行「果菜」，徑作「菜果」。
一 六一〇頁上一〇行「一樹」，徑作「肉樹」。
一 六一〇頁中一二行「十四」，磧、普、南、徑、清作「四十」。
一 六一〇頁中一六行「焚身」，磧、普、南、徑、清作「燒身」。
一 六一〇頁下四行第七字「復」，徑作「不」。
一 六一〇頁下五行「威儀」，清作「戒儀」。
一 六一〇頁下七行第八字「常」，磧、南、徑、清作「恒」。二二行末字、次頁上二〇行第三字同。
一 六一一頁上九行「焰火」，磧作「焰天」。又「不應受」，磧、普、南、徑、清作「不應定」。
一 六一一頁上一三行末字「樧」，磧、南、清作「栓」。
一 六一一頁上一七行第五字「檝」，磧、普、南、徑、清作「栓」。
一 六一一頁中一行第三字「惋」，磧、普、南、徑、清作「怨」。
一 六一一頁中二行夾註左第四字「在」，磧、普、南、徑、清無。又第七字「其」，磧、普、南、徑、清作「且」。
一 六一一頁中五行夾註右末二字至左首字「入地獄」，磧、普、南、徑、清無。
一 六一一頁中六行夾註右「熱鐵」，磧、普、南、徑、清作「熱鐵」。又左「入地獄」，磧、普、南、徑、清作「入獄」。
一 六一一頁中七行夾註右「如以」，磧、普、南、徑、清作「如似」。又左「尤害」，磧、普、南、徑、清作「以尤害」。
一 六一一頁中九行夾註左「之人」，磧、普、南、徑、清作「之徒」。又「驅逼」，磧、普、南、徑、清作「驅馳」。
一 六一一頁中一〇行夾註左「徒苦」，

磧、南、徑作「從苦」。又末字「苦」，磧、南無。

一　六一一頁中一一行夾註右第八字「闇」，磧無。又末字「顴」，磧、普、南、徑、清作「斂」。又左「更深」，磧、普、南、徑、清作「更深者也」。

一　六一一頁中二一行「每常」，磧、普、南、徑、清作「恒常」。

法苑珠林卷第九十三

西明寺沙門釋道世撰

酒宍篇第九十三 此有三部

述意部 飲酒部 食宍部

述意部第一

夫酒爲放逸之門大聖知其苦本所以遠酣肆離酒緣業辟朋近法友出昏門入惺境宍是斷大慈之種大聖知其報因所以去腥膆淨身口噉蔬菜澄心神招慈善感延年故俗禮記云見其生不忍其死聞其聲不食其宍斯亦不殺之義也若使噉食酒宍之者即同畜生豺狼禽獸亦即具殺一切眷屬飲噉諸親翻讎怨報歷劫長夜無有窮已如上論說有一女人五百世害狼兒狼兒亦五百世害其母又有女人五百世斷鬼命根鬼亦五百世斷其命根故知經歷六道備受怨報或經爲師長或是父母或是兄弟或是姊妹或是兒孫或是朋友今是凡身各無道眼不能分別還相噉食不自覺知噉食之時此物有靈即生瞋恨還成怨讎向到至親反變成怨如是之事豈可不思暫爭舌端一時少味永與至親長爲怨對可爲痛心難以言說是故涅槃經云一切宍者悉斷及自死者自死猶斷何況不自死者又楞伽經云爲利殺衆生以財網諸宍二業俱不善死墮叫呼獄何謂以財網宍陸設罝罘水設網罟此是以網網宍若於屠殺人閒以錢買宍此是以財網宍若令此人不以財網宍者習惡律儀捕害衆生此人爲當專自供口亦復別有所擬若別有所擬向食宍者豈無殺分何得云我不殺生此是灼然違背經文斷大慈種障不見佛也

飲酒部第二

述曰此之一教有權有實權則漸誘之訓以輕脫重初開無犯據其障理非無其過若約實教輕重俱禁始末不犯是名持戒初據權說者故未曾有經云介時國王太子名曰祇陀聞佛所說十善道法果報無窮長跪叉手白佛言佛者昔今我受持五戒今

欲還捨所以者何五戒法中酒戒難持畏得罪故世尊告曰汝飲酒時爲何惡耶祇陀白佛國中豪强時時相率賫持酒食共相娛樂以致歡樂自無惡也何以故得酒念戒無放逸故飲酒不行惡也佛言善哉善哉祇陀汝今已得智慧方便若世間人能如汝者終身飲酒有何惡哉如是行者乃應生福無有罪也若人飲酒不起惡業歡喜心故不起煩惱善心因緣受善果報如持五戒何有失乎飲酒念戒益增其福先持五戒今受十善功德倍勝十善報也

時波斯匿王白佛言世尊如佛所說心歡喜時不起惡業名有漏善者是事不然何以故人飲酒時心則歡喜歡喜心故不起煩惱無惱煩故不行惱害不害物故三業清淨清淨之道即無漏業世尊憶念我昔游行獵戲忘將厨宰於深山中覺飢索食左右荅言王朝去時不被命勑令將厨宰即時無食我聞是語已走馬還宮敕令索食王家厨監名修迦羅修迦羅言即無現食今方當作我時飢逼忿不思惟勑臣斬殺厨監臣被王敕即共議言簡括國中唯此一人忠良直事今若殺者更無有能爲王監厨稱王意者時末利夫人聞王敕勑殺修迦羅情甚愛惜知王飢乏即令辦具好宍美酒沐浴名香莊嚴身體將諸妓女往至我所我見夫人裝束嚴麗將從妓女好酒宍來瞋心即歇何以故末利夫人持五戒斷酒不飲我心常恨今日忽然將酒宍來共相娛樂展釋情故即與夫人飲酒食宍作衆伎樂歡喜娛樂恚心即滅夫人知我忘失怒意即遣黄門輒傳我命令語外臣莫殺厨監即奉敕旨我至明旦深自悔責愁憂不食顔色憔瘁夫人問我何故憂愁爲何患耶我言吾因昨日爲飢火所逼瞋恚心故殺修迦羅自計國中更無有人堪監我厨如修迦羅者爲是之故悔恨愁耳夫人笑曰其人猶在願王莫愁我重問曰爲實如是爲戲言耶荅言實在非戲言也我今左右喚厨監來使者往召須臾將來我大歡喜憂悔即除王白佛言末利夫人持佛五戒月行六齋一日之中終身五戒已犯飲酒妄語二戒八齋戒中頓犯六戒此事云何所犯戒罪輕耶重耶世尊荅曰如此犯戒得大功德無有罪也何以故爲利益故如我前說夫人修善凡有二種一有漏善二無漏善末利夫人所犯戒者入有漏善不犯戒者名無漏善依語義者破戒修善名有漏善依義語者凡心所起善皆無漏業王白佛言如世尊說末利夫人飲酒破戒不起惡心而有功德無罪報者一切人民亦復皆然何以故我念近者舍衛城中有諸豪族刹利王公因小諍競乃致大怨各各結謀興兵相伐兩家並是國親非可執録紛紜鬬戰不從理諫深爲愛之復自念言昔太子時共大臣提韋羅相忿情實不分意欲誅滅因太后與酒飲已情和思惟是已即勑忠臣令辦好酒及諸甘膳又使宣令國中豪族群臣士民悉皆令集欲有所論國中大事諸臣諍

競兩徒眷屬各有五百應召來集於王殿上莊嚴大樂王勅忠臣辦琉璃盌盌受三升諸寶盌中感滿好酒我於衆前先響一盌王曰今論國事想無異心今當人人辦此一盌甘露良藥然後論事咸言唯諾作唱大樂諸人得酒并聞音樂心中歡樂忘失讎恨因酒息諍而得太平此豈非是酒之功也竊見世間窮貧小人奴客婢使夷蠻之人或因節日或於酒店衆會飲酒歡樂心故不須人教各各起儛未得酒時都無是事是故當知人因飲酒即致歡樂心歡樂時不起怨念不起惡念即是善心善心因緣應受善報獼猴得酒尚能起儛況於世人如世尊說施善善報施惡惡報末利夫人皆由前身以好施人故今得好報世尊云何令持五戒月行六齋六齋之日不得莊嚴香華服飾作唱妓樂又復不聽附近夫聟愛好之姿竟何施徒云其功豈非苦也

佛告王曰大王所難非不如是末利夫人在年少時若我不勸令受戒法修智慧者云何當有今日之德以能得度復度王身如斯之功復歸誰也

述曰此第二約其實說輕重不犯眞名持戒故大聖知時量機通塞通則開禁隨時量前損益如匿王欲殺厨監太子欲害其父此因酒忘忿得全身命免其大罪以輕脫重不受累缺然非無飲酒之咎來報之罪不得見有前開遂即雷同摠犯各須量其義意復省已身行德優劣得預聖人斯匿末利開禁以既不同此即須依經纖豪勿犯最爲殊勝故四分律云是我弟子者乃不以草頭滴酒入口何況多飲是故咽咽結提

又成論問云飲酒是實罪耶答曰非也所以者何飲酒不爲惱衆生故而是罪因若入飲酒則開不善門以能障定及諸善法如殖衆果必有牆障故知酒如果無園

又優婆塞經云若復有人樂飲酒者是人現世喜失財物身心多病常樂鬬爭惡名遠聞喪失智慧心無慚愧得惡色力常爲一切之所呵責人不樂見不能修善是名飲酒現世惡報捨此身已處在地獄受飢渴等無量苦惱是名後世惡業之果若得人身心常狂亂不能繫念思惟善法是一惡因緣力故令一切外物資生悉皆具爛

又長阿含經云其飲酒者有六種失一者失財二者生病三者鬬爭四者惡名流布五者恚怒暴生六者智慧日損又智度論飲酒有三十五失如前受戒篇說

又沙彌尼戒經云不得飲酒不得嗜酒不得嘗酒酒有三十六失失道破家危身喪命皆由之牽東引西持南著北不能諷經不敬三尊輕易師友不孝父母心閉意塞世世愚癡不值大道其心無識故不飲酒欲離五陰五欲五蓋得五神通得度五道故不飲酒

又薩遮尼乾子經偈云

飲酒多放逸　現世常愚癡　忘失一切事
常被智者呵　來世常闇鈍　多失諸功德
是故黠慧人　離諸飲酒失

又十住婆沙論問曰若有人捨施酒未知得罪以不荅曰施者得福受者不得飲故論云是菩薩或時樂捨一切須食與食須飲與飲若以酒施應生是念今是行檀時隨所須與後當方便教使離酒得念智慧令不放逸何以故檀波羅蜜法悉滿人願在家菩薩以酒施者是則無罪

又梵網經云若自身手過酒器與人飲酒者五百世中無手何況自飲不得教一切人飲及一切衆生飲酒況自飲酒

又優婆塞五戒相經云佛在支提國跋陀羅婆提邑是處有惡龍名菴羅婆提陀匈暴害人無人得到其處象馬無能近者乃至諸鳥不得過上秋穀熟時並皆破滅時有長老莎伽陀羅漢比丘遊行支提國漸到跋陀羅波提邑過是夜已晨朝著衣持鉢入村乞食時聞此邑有惡龍匈暴害人鳥獸及破滅秋穀聞已乞食到菴婆羅提龍住處衆鳥樹下敷座具大蛇龍聞衣氣即發瞋恚從身出煙長老莎伽陀即入三昧以神通力身亦出煙龍倍瞋恚身上出火莎伽陀復入火光三昧身亦出火龍復雨雹莎伽陀即變雹作釋俱餅髓餅等龍復霹靂莎伽陀變作種種歡喜丸龍復雨弓箭刀矟莎伽陀即變作優鉢羅華波頭摩華等龍復雨毒蛇蜈蚣蝮蠍蚰蜒莎伽陀即變作優鉢羅華瓔珞薝蔔華瓔珞等如是等龍所有勢力盡現向莎伽陀皆不能勝即失威力光明莎伽陀知龍力盡不能復動即變作細身從龍兩耳入從兩眼出已從鼻入從鼻入已從口中出在龍頭上往來經行不傷龍身尒時龍見如是事已心即大驚怖毛豎合掌向莎伽陀言我歸依汝莎伽陀荅言汝莫歸依我當歸依我師佛龍荅言我從今歸依三寶知我盡形作佛優婆塞是龍受三自歸作佛弟子已更不復作如先匈惡事諸人及鳥獸皆得到所秋穀不傷名聲流布諸國皆知長老莎伽陀能降伏惡龍折伏令善因莎伽陀名聲流布諸人皆作食傳爭請之是中有一貧女人信敬請得莎伽陀如是為辦酥乳糜食之女人作念思惟是沙門噉是酥乳糜或當冷發便取似水色酒持與莎伽陀莎伽陀不看便飲飲已為說法便去過向寺中尒時酒勢便發近寺門邊不覺倒地僧伽梨衣漉水囊鉢杖等各在一處身在一處醉無所覺佛與阿難行到是處見是比丘知而故問阿難此是何人荅言世尊此是長老莎伽陀佛即語阿難是處為我敷座辦水集僧阿難受敎敷座辦水集僧已白佛言已集佛自知時佛即洗足坐已問諸比丘汝等曾見聞有龍名菴婆羅提陀匈暴惡害先無有人到其住處乃至鳥獸無能到上秋穀熟時破滅諸穀莎伽陀能折伏令善鳥獸得到泉上是中有見聞者言聞佛語諸比丘於汝意云何此善男子莎伽陀今能折伏蝦蟇不荅言不能佛言聖人飲酒尚如是失何況凡夫如是過罪皆由飲酒今從自後若言我是佛弟子者不得飲酒乃至小草頭一滴亦不得飲佛種種呵責飲酒過失已依律因此

比丘便制不飲酒戒
問曰未審天上有酒味不荅曰無實
麴米所造之酒但有業化所作酒也
故正法念經云彼夜摩天男共天女
衆入池游戲同飲天酒離於醉過現
樂功德味觸色香皆悉具足其中諸
天有以珠器而飲酒者受用蘇陀之
食色觸香味皆悉具足彼如是念此
水爲酒令我得飲即於念時皆是天
酒離於醉過天既飲之增長勝樂善
業力故心生歡喜然彼諸天自業力
故如是受樂有鳥名爲常樂見彼諸
天在歡喜河而飲酒故爲說偈言
沒入放逸海　貪著諸境界　此酒能迷心
何用復飲酒　爲境界火燒　不知作不作
園林生貪心　何用復飲酒
彼常樂鳥見樂飲酒天在河飲酒爲
調伏故如是說偈
又正法念經閻羅王責蹠罪人說偈
云
酒能亂人心　令人如羊等　不知作不作
如是應捨酒　若酒醉之人　如死人無異
若欲常不死　彼人應捨酒　酒是諸過處
每常不饒益　一切惡道階　黑暗所在處
飲酒到地獄　亦到餓鬼處　行於畜生業
是酒過所誑　酒爲毒中毒　地獄中地獄
病中之大病　是智者所說　若人飲酒者
無因緣歡喜　無因緣而瞋　無因緣作惡
於佛所生癡　壞世出世事　燒解脫如火
所謂酒一法　若人能捨酒　正行於法戒
彼到第一處　無死無生處
問曰無病飲得罪有病開飲不荅曰
依四分律實病餘藥治不差以酒爲
藥者不犯
問曰開服幾許荅曰依文殊師利問
經云若合藥醫師所說多藥相和少
酒多藥得用
又舍利弗問經云舍利弗白佛言云
何世尊說遮道法不得飲酒如莫蘺
是名破戒開放逸門云何迦蘭陀竹
園精舍有一比丘疾病經年危篤將
死時優波離問言汝須何藥我爲汝
覓天上人間乃至十方是所應用我
皆爲取荅曰我所須藥是違毗尼故
我不覓以至於此寧盡身命無容犯
律優波離言汝藥是何荅言須酒五
升優波離曰若爲病開如來所許爲
乞得酒服已消差差已懷慚猶謂犯
律往至佛所殷勤悔過佛爲說法聞
已歡喜得羅漢道佛言酒有多失開
放逸門飲如莫蘺子犯罪已積若消
病苦非先所斷
述曰不得見前文開籠通揔飲必須
實病重困臨終先用餘藥治皆不差
要須酒和得差者依前方開比見無
識之人身力强壯日別馳走不依衆
儀少有微患便長情貪不護道業妄
引經律云佛開種種湯藥名衣上服
施佛及僧因公傍私詭誑道俗是故
智人守戒如命不敢犯之
是故薩遮尼乾子經偈云
酒爲放逸根　不飲閉惡道　寧捨百千身
不毀犯法教　寧使身乾枯　終不飲此酒
假使毀犯戒　壽命滿百年　不如護禁戒
即時身磨滅　決定能使差　我猶故不飲
況今不定知　爲差爲不差　作是決定心
心生大歡喜　即獲見眞諦　所患即消除
當知衆生所有病者皆由貪瞋我慢
爲因從因有果得此苦報非由不得

藥酒病不得差故涅槃經云一切衆生有四毒箭則爲病因何等爲四一貪欲二瞋恚三愚癡四憍慢若有病因則有病生所謂愛熱肺病上氣吐逆膚體瘖瘂其心悶亂下痢噦噎小便淋瀝眼耳疼痛腹背脹滿顛狂乾痟鬼魅所著如是種種身心諸病若識病本斷惡修善三世苦報永除不受若不覩理縱用天下藥酒所治其病轉增難可得差

又毗尼母經云尊者彌沙塞說曰莎提比丘少小因酒長養身命後出家已不得酒故四大不調諸比丘白佛佛言病者聽甕上嗅之若差不聽齅不差者聽用酒洗身若復不差聽用酒和麪作餅食之若復不差聽酒中浸漬

又新婆沙論云如契經尊者舍利子於憍薩羅國住一林中時有活命出家外道亦住彼林隣近尊者去林不遠諸村邑中有時廣設四月節會時彼外道巡諸村邑飽食豬宍恣情飲酒竊持殘者還至林中見舍利子坐一樹下酒所昏故起輕蔑心我今與

彼雖俱出家我獨富樂而彼貧苦尋趣尊者作是頌曰

我已飽酒宍　復竊持餘來　地上草木山
皆視如金聚

時舍利子聞已念言此死外道都無慚愧乃能無賴說此伽他我今亦應對彼說頌作是念已即說頌曰

我常飽無相　常住空定門　地上草木山
皆視如唾處

今此頌中尊者舍利子作師子吼說三解脫門謂於初句說無相解脫門於第二句說空解脫門於後二句說無願解脫門

食宍部第三

述曰此之一教亦有權實言權教者據毗尼律中世尊初成道爲度麁惡凡夫未堪說細且於漸敎之中說三種淨宍離見聞疑不爲已殺鳥殘自死者開聽食之先麁後細漸令離過是別時之意不了之說若據實教始從得道至涅槃夜大聖殷勤始終不開

又涅槃經云一切衆生聞其宍氣皆悉

恐怖生畏死想水陸空行有命之類悉捨之走咸言此人是我等怨是故菩薩不習食宍爲度衆生亦現食宍雖現食之其實不食但諸衆生有執見者不解如來方便說意便即偏執毗尼局教言佛聽食三種淨宍亦誘我言如來自食彼愚癡人成大罪障長夜墮於無利益處亦不得現在未來賢聖弟子況當得見諸佛如來大慧諸聲聞人等常所應食米麪油蜜等能生淨命非法貯畜非法受取我說不淨尚不聽食何況聽食宍血不淨耶非直食宍壞善障道乃至邪命諂曲以求自活亦是障道

又文殊師利問經云若爲已殺不得噉若宍如材木已自腐爛欲食得食若欲噉宍者當說此祝

多嗟哋（此言如是）阿捺摩阿捺摩（此言無我無我）阿視婆多阿視婆多（此言無壽命無壽命）那舍那舍（此言失失）陀呵陀呵（此言燒燒）婆弗婆弗（此言破破）僧柯慄多弭（此言有爲）莎呵（此言除殺去）

此祝三說乃得噉宍飯亦不食何以故若無思惟飯不應食何況當噉宍佛

告文殊師利以衆生無慈悲力懷殺
害意爲此因緣故斷食宍若能不懷
害心大慈悲心爲教化一切衆生故
無有過罪
問曰酒是和神之藥宍爲充飢之膳
古今同味今獨何見鄙而不食若使
佛教清禁居喪禮制即如對於嚴君
勑賜俗食豈關僧過推而不食耶荅
曰貪財喜色貞夫所鄙好膳嗜美廉
士所惡割情從道前賢所歎抑慾崇
德往哲同嗟況宍由殺命酒能亂神
不食是理寧可爲非縱逢上抑終須
嚴斷雖違君命還順佛心
問曰宍由害命斷之且然酒不損生何
爲頓制若使無損計罪無過言非飲
類食飯亦應得罪而實不尒酒何偏
斷荅曰結戒隨事得罪據心宍體因
害食之即罪酒性非損過由變神餘
處生過過生由酒
斷酒即
除所
以遮制不同非謂酒體是罪
問曰罪有遮性酒體生罪今有耐酒

之人能飲不醉又不變神亦不生罪
此人飲酒應不得罪斯則能飲無過
不能招咎何關斷酒以成戒善可謂
能飲耐酒常名持戒少飲即醉是大
罪人荅曰制戒防非本爲生善戒是
生善身口無違緣中止息遮性兩斷
乃名戒善今耐酒之人既不亂神未
破餘戒實理非罪正以飲生罪因外
違遮教緣中生犯仍名有罪以乖不
飲酒非持戒
第一據實有損者依經食宍之人有
十種過失第一明一切衆生無始已來
皆是已親不合食宍故入楞伽經云
我觀衆生輪迴五道同在生死共相
生育遞爲父母兄弟姊妹若男子若
女中表内外六親眷屬或生餘道善
道惡道常爲眷屬以是因緣我觀衆
生更相噉宍無非親者由食宍味遞
互相噉常生害心增長苦業流轉生
死不得出離佛說是時諸惡羅剎聞
佛所說悉捨惡心止不食宍遞相勸
發菩提之心護衆生命過自護身離
一切諸宍不食悲泣流淚白言世尊

我聞佛說諦觀六道我所敢宍皆是
我親乃知食宍衆生是我大怨斷大
慈種長不善業是大苦本我從今日
斷不食宍及我眷屬亦不聽食如來
弟子有不食宍者我當晝夜親近擁
護若食宍者我當與作大不饒益大
慧羅剎惡鬼常食宍者聞我所說
尚發慈心捨宍不食況我弟子行善
法者當聽食宍若食宍者當知即是
衆生大怨斷我聖種大慧若我弟子
聞我所說不諦觀察而食宍者當知
即是旃陁羅種非我弟子我非其
師
第二明食宍衆生見者皆悉驚怖故
不應食如彼經說食宍之人衆生聞
氣悉皆驚怖逃走遠離是故菩薩修
如實行爲化衆生不應食宍譬如旃
陁羅獵師屠見捕魚鳥人一切行處
衆生遥見作如是念我今定死而此
來者是大惡人不識罪福斷衆生命
求現前利今來至此爲覓我等今我
等身悉皆有宍是故今來我等定死
大慧由人食宍能令衆生見者皆生

如是驚怖大慧一切虛空地中衆生見食宍者皆生恐怖而起疑念我於今者爲死爲活如是惡人不修慈心亦如豺狼游行世間常覓宍食如牛噉草蜣蜋逐糞不知飽足我身是宍正是其食不應逢見即捨逃走離之遠去如人畏懼羅剎無異

第三明食宍之人壞他信心是故不應食宍也如彼經云若食宍者衆生即失一切信心便言世間無可信者斷於信根是故大慧菩薩爲護衆生信心一切諸宍悉不應食何以故世間有人見食宍故謗毀三寶作如是言於佛法中何處當有眞實沙門婆羅門修梵行者捨於聖人本所應食食於衆生猶如羅剎斷我法輪絶滅聖種一切皆由食宍者過是故大慧我弟子者爲護惡人毀謗三寶乃至不應生念宍想何況食噉也

第四明慈心少欲行人不應食宍如彼經說菩薩爲求出離生死應當專念慈悲之行少欲知足猒世間苦速求解脫若捨憒閙就於空閑住屍陀

林阿蘭若處塜間樹下獨坐思惟觀諸世間無一可樂妻子眷屬如枷鏁想宮殿臺觀如牢獄想觀諸珍寶如糞聚想見諸飲食如膿血想受諸飲食如塗癰瘡想趣得存活繫念聖道不爲貪味酒宍葱韮蒜薤葷味悉捨不食若如是者是眞修行堪受一切人天供養若於世間不生猒離貪著諸味酒宍葷辛皆便噉食不應受於世間信施也

第五明食宍之人皆是過去曾作惡羅剎由習氣故今故貪宍是故不應食宍也如彼經說有諸衆生過去曾修無量因緣有微善根得聞我法信心出家在我法中過去曾作羅剎眷屬虎狼師子貓貍中生雖在我法食宍餘習見食宍者歡喜親近入諸城邑聚落塔寺飲酒食宍以爲歡樂諸天下視猶如羅剎爭噉死屍等無有異而不自知已失我衆成羅剎眷屬雖服袈裟剃除鬚髮有命看見心生恐怖如畏羅剎此明食宍皆是過去曾作羅剎師子虎狼貓貍中來故應裁

斷也

第六明食宍之人學世祝術尚不得成況出世法何由可證是故行者不應食宍如彼經說世間邪見諸祝術師若其食宍祝術不成爲成邪術尚不食宍況我弟子爲求如來無上聖道出世解脫修大慈悲精勤苦行猶恐不得何處當有如是解脫爲彼癡人食宍而得其報是故大慧我諸弟子爲求出世解脫樂故不應食宍也

第七明衆生皆愛身命與已無別是故行者不應食宍如彼經說食宍能壯色力嗜味人多貪著應當諦觀一切世間有身命者各自寶重畏於死苦護惜已身人畜無別寧當樂存疥野干身不能捨命受諸天樂何以故畏死苦故以是觀察死爲大苦是可畏法自身畏死云何當得而食他宍是故大慧欲食宍者先自念身次觀衆生不應貪宍也

第八明食宍之人諸天賢聖皆悉遠離惡神恐怖是故行者不應食宍如彼經說夫食宍者諸天遠離何況聖

人是故菩薩爲見聖人當修慈悲不應食宍大慧食宍之人睡眠亦苦起時亦苦於夢中見種種諸惡驚怖毛竪心常不安無慈心故乏諸善力若其獨在空閑之處多爲非人而伺其便虎狼師子亦來伺求欲食其宍心常驚怖不得安隱也

第九明食宍之人淨者尚不應食況不淨宍是故行者不應食宍如彼經說我說凡夫爲求淨命噉於淨食尚應生心如子宍想何況聽食非聖人食聖人離著以宍能生無量諸過失故於出世一切功德云何言我聽諸弟子食諸宍血不淨等味言我聽者是則謗我故内律云食生宍血等得偷蘭遮罪

第十明食宍之人死則還生惡羅刹等中是故行者不應食宍如彼經說食宍衆生依於過去食宍臁故多生羅刹師子虎狼豺豹貓狸鵄梟鵰鷲鷹鷂等中有命之類各自護身不令得便受飢餓苦常生惡心念食他宍命終復墮惡道受生人身難得何況當有得涅槃道當知食宍有如是等無量諸過是故行者不食宍者即是無量功德之聚也

又鴦掘魔經云文殊師利白佛言世因如來藏故諸佛不食宍耶佛言如是一切衆生無始生死生死輪轉無非父母兄弟姊妹猶如伎兒變易無常自宍他宍則是一宍是故諸佛悉不食宍復告文殊一切衆生界我界即是一界所食之宍即是一宍是故諸佛悉不食宍佛告文殊若自死牛牛主持皮用作革屣施持戒人爲應受不若不受者是比丘法若受者非慈然不破戒以從展轉離殺因緣故也

又此經說衆生身内有八十萬戶蟲若斷一衆生命即斷八十萬戶蟲命若炙若煮若淹若暴皆有小蟲飛蛾蠅虵而附近之如是展轉傍殺無量生命雖不自手而殺然屠者不敢自食皆爲食宍之人殺之故知食宍之人即兼有殺業之罪或有出家僧尼躬在伽藍共諸白衣公然聚會飲酒食宍葷辛雜穢汙染伽藍不愧尊像如斯渾雜奚如外道

又尼羅浮陀地獄經云身如段宍無有識知是何人皆由飲酒出家僧尼豈不深信經教心生重愧自棄正法同於外道若噉衆生亦噉父宍若噉衆生母宍亦噉母宍如是姊兄弟妹男女六親並有相對怨怨相酬未可得脱又沙彌尼戒經云不得殺生慈愍群生如父母念子加哀蝡動猶如赤子何謂不殺護身口意身不殺人畜喘息之類手亦不爲亦不教人見殺不食聞殺不食疑殺不食爲我殺不食口不說言當殺當害報怨亦不得言死快殺快某宍肥某宍瘦某宍多好某宍少惡意亦不念哀愍衆生如己骨髓如父如母如子如身等無差别普等心常志大乘

又賢愚經云佛告波斯匿王曰過去久遠阿僧祇劫此閻浮提有一大國名波羅柰於時國王名波羅摩達王將四種兵入山獵戲王到澤上馳逐禽獸單隻一乘獨到深林王時疲極下馬小休尒時林中有狩師子懷欲

心慼行求其偶因不能得值於林閒見王獨坐婬意轉慼思欲從王近到其邊舉尾背住王知其意而自思惟此是猛獸力能殺我若不從意儻見危害王以怖故即從師子成欲事已師子還去諸兵群從已復來到王與人衆即還宮城尒時師子從是懷胎日月滿足便生一子形盡似人唯足斑斕師子憶識知是王有便銜擔來著於王前王亦思憶知是己兒即收取養以足斑駮字爲斑足養之漸大雄才志猛父王崩亾斑足繼治時斑足王有二夫人一是王種二是婆羅門種斑足出游勸二夫人隨我後往誰先到者當與一日極相娛樂其憧後者吾不見之王去之後其二夫人極自莊飾嚴駕俱往到於道中見於天祠梵志種者下車作禮禮已後到王從本言而不前之於是夫人瞋怨天神由禮汝故使王見薄若有天力何不護我後壞天祠令平如地守天祠神悲惱至宮欲傷王宮天神遮不聽入有一仙人住止山中王常供養日日

食時飛來入宮不食餚饌粗食麁供偶值一日仙人不來天神知之化作其形坐於常處不肯就食欲得魚宍即如語辦食已還去明舊仙來爲設宍食仙人瞋王王言大仙先日勅作今何不食仙人語言昨日有患一日不來是誰語汝但相輕試令王是後十二年口常食人宍作是語竟飛還山中是後厨監忘不辦宍臨時無計出外求宍見死小兒肥白在地念且穪急即却頭足擔王厨中加諸美藥作食與王王得食之覺美倍常即問厨監由來食宍未有斯美此是何宍厨監惶怖復白王言若王原罪乃敢實說王荅之言但實說之不坐汝罪厨監白王具述前報王言此宍甚美自今已後如是求辦厨監白王前者偶值死兒更求叵得王又語言汝但密取設令有覺斷處由我厨監受敎夜常密捕得便殺之日日供王於時城中人民之類各各行哭云亾失兒展轉相問何由乃尒諸臣聚議當試微伺即於街術處處察探見王厨

監捜他小兒伺捕得之縛將詣王具以前事白王言是我所敎諸臣懷恨各自外議王便是賊食我等子噉人之王云何共治當共除之去此禍害一切同心咸共齊謀一時同合即圍其王當取殺之王見兵集驚怖問言汝等何故而圍逼我諸臣荅言夫爲王者養民爲事方驅厨宰殺人爲食不任苛酷故欲殺王王語諸臣自今已更不復爲唯見恕放當自改勵諸臣語曰終不相放不須多云時王聞已自知必死即語諸臣雖當殺我小緩須臾聽我一言即自立誓我身由來所修善行爲王正治供養仙人合集衆德迴令今日我得變成飛行羅剎其語已訖尋語而成即飛虛空告諸臣曰汝等合力欲强殺我賴我大幸復能自拔自今已後汝等好忍所愛妻兒我次第食語訖飛去止山林閒飛行搏人擔以爲食人民之類恐怖藏避如是之後殺噉多人諸羅剎輩附爲翼從群衆漸多所害轉廣後諸羅剎白斑足王我等奉事爲王顧爲

一會王即許之當取諸王令滿五百與汝爲會許之已訖一一往取閉著深山已得四百九十九王殘少一人後捕得須陀素彌大有高德從羅刹王乞得七日暇暇滿還來須陀素彌廣爲說法分別殺罪及其惡報復說慈心不殺之福班足歡喜敬戴爲禮承用其教無復害心即放諸王各還本國須陀素彌即佐衆還將班足安置本國前仙人誓十二年滿自是已後更不噉人遂還霸王治民如舊尒時須陀素彌王者今我身是班足王者今鴦掘摩羅是尒時諸人十二年中爲班足王所食噉者今此諸人爲鴦掘摩羅所殺者是此諸人等世世常爲鴦掘所殺我亦世世降之以善鴦掘摩者指鬘比丘是時波斯匿王復白佛言指鬘比丘殺此多人食已得道當受報不佛告大王行必有報今此比丘在於房中地獄之火從毛孔出極患苦痛酸切叵言佛勅一比丘汝持戶排往指鬘房刺戶孔中比丘即往奉敎爲之排入戶內尋自融消比丘驚愕還來白佛佛告比丘行報如是王及衆會生信頌曰

財色與酒　名爲三惑　𠎝躭喪家
君重亾國　內障大慈　外遮淨德
懷道君子　斯誡不忒

法苑珠林卷第九十三

法苑珠林卷第九十三

校勘記

一　底本，金藏廣勝寺本。六一六頁中一行至本頁下七行原版殘缺，以麗藏本換。

一　六一六頁中一行經名，徑作「法苑珠林卷第一百十二」。卷末經名同。

一　六一六頁中二行撰者，磧作「大唐上都西明寺沙門釋道世字玄惲撰」；南作「唐上都西明寺沙門釋道世字玄惲撰」；徑作「唐上都西明寺沙門釋道世玄惲撰」；清作「唐西明寺沙門釋道世撰」。

一　六一六頁中三行「酒宍篇第九十三」，徑作「酒肉篇第九十三之一」。又「此有三部」，徑無。

一　六一六頁中四行「述意部……食宍部」，徑無。

一　六一六頁中五行「第一」，徑無。以下部目下序數例同。

一　六一六頁中八行「入惺境」，磧、南、徑、清作「入醒境」。

一　六一六頁中一〇行第一二字「俗」，磧、南、徑、清作「俗書」。

一　六一六頁中一一行「不忍」，徑、清作「不忍見」。又第一二字「不」，徑、清作「不忍」。

一　六一六頁中一四行第五字「飲」，磧、南、徑、清作「食」。又第九字「翻」，磧、南、徑、清作「反」。

一　六一六頁中一五行「上論」，磧、南、徑、清作「經論」。

一　六一六頁中一六行末字「母」，磧、

南、徑、清作「子」。
一六一六頁下三行「至親」，磧、南、徑、清作「慈親」。
一六一六頁下七行第一二字「墜」，磧、南、徑、清作「墮」。
一六一六頁下九行「人聞」，磧、南、徑、清、麗作「人間」。
一六一六頁下一一行第一一字「害」，磧、南、徑、清作「肉」。
一六一六頁下一九行「始末」，南作「若永」。
一六一六頁下末行第六字「者」，磧、南、徑、清、麗無。
一六一七頁上五行末字「故」，磧、南、徑、清作「故是故」。
一六一七頁上一一行「如持」，南、徑、清作「如是」。
一六一七頁上一七行「無惱煩」，磧、南、徑、清作「無煩惱」。
一六一七頁上二〇行「索食」，磧、南、徑、清作「欲食」。
一六一七頁中一四行末字「語」，磧、南、徑、清作「諸」。
一六一七頁中一六行「樵瘁」，磧、南、徑、清作「顦顇」。
一六一七頁下一四行末字「者」，磧、南、徑、清作「昔」。
一六一七頁下一八行「愛之」，磧、南、徑、清、麗作「憂之」。
一六一八頁上七行「忩失」，磧、南、徑、清作「亡失」。
一六一八頁上二一行第五字「施」，磧、南、徑、清、麗作「所施」。
一六一八頁中五行第一二字「欲」，磧、南、徑、清無。
一六一八頁中六行第五字「害」，磧、南、徑、清作「殺」。又第九字「因」，磧、南、徑、清作「並因」。
一六一八頁中一三行第六字「乃」，麗作「乃至」。
一六一八頁中一七行「若入」，磧、南、徑、清、麗作「若人」。
一六一八頁中一九行第三字「酒」，磧、南、徑、清、麗作「酒過」。
一六一八頁下一四行第七字「由」，磧、南、徑、清作「悉由」。
一六一九頁上一四行「匈暴害人」，磧、南作「匈暴惡害人」；徑、清作「兇暴惡害人」。
一六一九頁上一九行第九字「匈」，徑、清作「兇」。下同。
一六一九頁上二一行第一二字「𡈽」，清作「生」。
一六一九頁中三行第一一字「復」，磧、南、徑、清作「復放」。
一六一九頁中五行末字「應」，磧、南、徑、清、麗作「摩」。
一六一九頁中六行「螋虺」，磧、南、徑、清作「土虺」。
一六一九頁中二一行第七字「伏」，磧、南、徑、清無。
一六一九頁中末行「如是」，磧、南、徑、清、麗作「是女」。
一六一九頁下一行第一〇字「作」，磧、南、徑、清無。
一六一九頁下一一行第一三字「已」，

磧、南、徑、清作「僧已」。

一 六一九頁下一七行第八字「聞」，磧、南、徑、清作「見聞此事」。

一 六二〇頁上七行「蘇陀」，徑、清作「蘇酡」。

一 六二〇頁上一六行第三字「生」，磧、南、徑、清作「主」。

一 六二〇頁上一九行第一〇字「䟽」，南、徑、清作「數」。

一 六二〇頁中一行「每常」，磧、南、徑、清作「恒常」。

一 六二〇頁中一六行「葶藶」，磧、南、徑、清、麗作「葶藶子」。

一 六二〇頁下九行第一二字「比」，南作「此」。

一 六二一頁上一六行「浸漬」，磧、南、徑、清作「自漬」。

一 六二一頁中八行第六字「常」，磧、南、徑、清作「恒」。

一 六二一頁中一二行第一二字「二」，南、徑、清作「三」。

一 六二一頁下三行第一一字「亦」，磧、南、徑、清作「示」；麗作「視」。

一 六二一頁下八行「不得」，磧、南、徑、清、麗作「不得見」。

一 六二一頁下一六行「材木」，徑、清作「林木」。

一 六二二頁上一五行第五字「使」，麗無。

一 六二二頁中四行第五字「常」，磧、南、徑、清作「當」。

一 六二二頁中六行首字「生」，磧、南、徑、清作「上」。

一 六二二頁中一〇行第二字「酒」，磧、南、徑、清作「猶」。

一 六二二頁中一五行第一三字「子」，磧、南、徑、清無。

一 六二二頁中末行「一切」，磧、南、徑、清作「一切惡」。

一 六二二頁下五行第六字「宍」，磧、南、徑、清無。

一 六二三頁上九行第四字「也」，磧、南、徑、清無。

一 六二三頁中五行「存活」，磧、南、徑、清作「存命」。

一 六二三頁中六行「葷味」，磧、南、徑、清作「臭味」。

一 六二三頁中九行「葷辛」，磧作「薰辛」。

一 六二三頁中一八行「食宍」，磧、南、徑、清作「噉肉」。

一 六二三頁中一九行第二字「視」，磧、南、徑、清作「觀」。

一 六二三頁下一一行第七字「愛」，南、徑、清作「受」。

一 六二三頁下一三行首字「壯」，磧、南、徑、清作「起」。又第四字「嗜」，磧、南、徑、清作「貪」。

一 六二三頁下二〇行第五字「貪」，磧、南、徑、清作「食」。

一 六二四頁上三行第四字「於」，磧、南、徑、清作「若於」；麗作「若」。又第一〇字「諸」，磧、南、徑、清無。

一 六二四頁上一二行末字至次行首字「失故」，磧、南、徑、清作「故失」。

一 六二四頁上一九行第一一字「膔」，

磧、南、徑、清作「重」。

一　六二四頁中四行末字「世」，磧、南、徑、清、麗作「世尊」。

一　六二四頁中六行「死生輪轉」，磧、南、徑、清作「生生輪轉」。

一　六二四頁中一〇行第五字「食」，磧、南、徑、清作「肉」。

一　六二四頁中一三行末字「慈」，磧、南、徑、清作「悲」；麗作「慈悲」。

一　六二四頁中一八行首字「蚀」，磧、南、徑、清作「蛆」。

一　六二四頁中末行「葷辛」，磧作「薰辛」。又「尊像」，磧、南、徑、清作「尊顏」。

一　六二四頁下一行「奚如」，磧、南、徑、清作「豈勝」。

一　六二四頁下五行「衆生」，磧、南、徑、清作「衆生父肉衆生」；麗作「衆生父肉」。

一　六二四頁下六行「亦嗽」，磧、南、徑、清作「衆生亦嗽」。

一　六二四頁下一五行「哀愍」，磧、南、徑、清作「哀念」。

一　六二五頁上一行第七字「因」，磧、南、徑、清無。

一　六二五頁上末行第一〇字「常」，磧、南、徑、清作「恒」。本頁中二〇行第三字同。

一　六二五頁中一行「錆鏌」，磧、南作「錆鐥」。

一　六三五頁中八行「口常」，磧、南、徑、清作「中恒」；麗作「中常」。

一　六三五頁中一〇行末字「且」，磧、南、徑、清作「日」。

一　六二五頁中一一行第八字「王」，磧、南、徑、清、麗作「至」。

一　六二五頁中一四行「復白王言」，磧、南、徑、清作「腹拍王前」。

一　六二五頁中一五行「不唑」，磧、南、徑、清作「不問」。

一　六二五頁中一九行第二字「取」，南、徑、清作「求」。

一　六二五頁中末行「街術」，磧、南、徑、清作「街里」。又「察探」，磧、南、徑、清作「安人」。

一　六二五頁下二行「白王言」，磧、南、徑、清作「白王王言」。

一　六二五頁下八行「厨宰」，磧、南、徑、清作「子厨」。

一　六二五頁下九行第二字「苛」，磧、南、徑、清作「苦」。又末字「己」，磧、南、徑、清、麗作「已後」。

一　六二五頁下二二行「群衆」，磧、南、徑、清作「徒衆」。

一　六二六頁上四行「素彌」，磧、南、徑、清作「素彌王」。

一　六二六頁上九行第一〇字「衆」，磧、南、徑、清、麗作「兵衆」。

一　六二六頁中二行「生信」，磧、南、徑、清作「黄不信解」。

一　六二六頁中四行「内障」，磧、南、徑、清作「肉障」。又「傒遮」，磧、南、徑、清、麗作「辛遮」。

一　六二六頁中五行「不忒」，磧、南、徑、清作「不欲」。

法苑珠林卷第九十四

西明寺沙門釋道世撰

酒宍篇第九十三

穢濁篇第九十四

酒宍篇感應緣 略引一十四驗

漢洛子淵　晉沙門法遇
晉庾紹之　宋蔣小德
宋沙門竺慧熾　吳諸葛恪
周武帝　隨趙文若
唐孫迴璞　唐李氏
唐鄭師辯　唐韋知十
唐謝適氏　唐任五娘

漢孝昌時有虎賁洛子淵者自云雒陽人孝昌中戍於彭城其同營人樊元寶得假還京師子淵附書一封令至云宅在靈臺南近雒水卿但至彼家人自出相看元寶如其言至臺南見無人家徙倚欲去忽見一老翁問云從何而來彷惶於此元寶具向道之老翁云吾兒也取書引元寶入遂見館閣崇寬屋宇佳麗既坐令婢取酒須臾婢抱一死小兒而過元寶遇甚怪之俄而酒至酒色甚紅香美異常兼設珍羞海陸備有飲訖告退老翁送元寶出云後會難期以為悽恨別甚慇勤老翁還入元寶不復見其門衖但見高崖對水淥波頃時唯見一童子可年十五新溺死鼻中血出方知所飲酒乃是血也及還彭城子淵已失矣元寶與子淵同戍三年不知是雒水之神也 出雒陽寺記錄

晉有荊州長沙寺僧釋法遇不知何許人弱年好學篤志墳素事道安為師解寤非常乃避地東下止江陵長沙寺講說衆經受業者四百餘人時有一僧飲酒廢夕燒香遇但止罰而不遣安公遙聞之以竹筒盛一荊杖手自緘封題以寄遇遇開封見杖即曰此由飲酒也我訓領不勤遠貽憂賜即命維那鳴椎集衆以杖筒置香凳上行香畢遇乃起出衆前向筒致敬於是伏地令維那行杖三下內杖筒中垂淚自責時境內道俗莫不歎息因之學徒勵業甚衆既而與慧遠書曰吾人微暗短不能率衆和尚雖隔

在異域猶遠垂憂念吾罪深矣後卒
於江陵春秋六十矣（右此一驗出梁高僧傳也）
晉新野庾紹之小字道覆晉湘東太
守與南陽宗協中表昆弟情好綢繆
紹元興末病亡義熙中忽見形詣協
形貌衣服具如平生而兩脚著械既
至脫械置地而坐協問何由得顧荅
云蹔蒙假歸與卿親好故相過也協
問鬼神之事紹輒漫略不甚諧對唯
云宜勤精進不可殺生若不能都斷
可勿宰牛食宍之時無噉物心協云
五藏與宍乃復異耶荅曰心者善神
之宅也其罪尤重具問親戚因談世
事未復求酒協時時餌茱萸酒因為
設之酒至對杯不飲云有茱萸氣協
曰為惡之耶荅云下官皆畏之非獨我
也紹為人語聲高壯此言論時不異常
日有頃協兒邃之來紹聞屐聲極有
懼色謂協曰生氣見陵不復得住與
卿三年別耳因貫械而起出戶便滅
協後為正員郎果三年而卒
宋蔣小德江陵人也為岳州刺史朱
脩時為聽事監師少而信向勤謹過

人脩喜之每有法事輒令典知其務
大明末年得病而死夜三更將殮便
穌活言有使者稱王命召之小德隨
去既至王曰君精勤小心虔奉大法
帝勑精旨以君專至宜速生善地而
君筭猶長故令吾特相召也君今日
將受天中快樂欣然小德嘉諾王曰
君可且還家所欲囑寄及作功德可
速之七日復來也小德受言而歸路
由一處有小屋殊陋弊逢新寺難公
於此屋前既素識具相問訊難云貧
道自出家來未嘗飲酒早就蘭公蘭
公苦見勸逼飲一升許被王召用此
故也貧道若不坐此當得生天今乃
居此弊宇三年之後方得上耳小德
至家欲驗其言即夕遽遣人參訊難
公果以此日於蘭公處睡臥至夕而
亡小德既愈七日內大設福供至期
奄然而卒朱循即免家丘戶蘭難
二僧並居新寺難道行尤精不同餘
僧
宋沙門竺慧熾新野人住在江陵四
層寺永初二年卒弟子為設七日會

其日將夕燒香竟道賢沙門因往視
熾弟子至房前忽曖曖若人形祥視
乃慧熾也容貌衣服不異生時謂賢
曰君且食宍美不賢曰美熾曰我坐
食宍今生餓狗地獄道賢懼讋未及
得荅熾復言汝若不信試看我背後
乃迴背示賢見三黃狗形半似驢眼
甚赤光照戶內狀欲齧熾而復止賢
駭怖悶絕良久乃穌具說其事（右此二驗出冥祥記）
吳幼帝即位諸葛恪輔政孫峻為侍
中大將軍恪彊愎傲物峻嶮側而好
權鳳皇三年恪攻新城無功而還峻
將以幼帝饗恪而殺之其日恪精神
擾動通夕不寐張約騰裔以峻謀告
恪恪曰豎子其何能為不過因酒食
行酖毒耳將親信人以藥酒自隨恪
將入畜犬追銜其衣裾不得去者三
恪顧拊犬頭曰怖耶無苦也既入峻伏
兵殺之峻後病夢為恪所擊狂言常
稱見恪遂死（出冤魂志）
周武帝好食雞卵一食數枚有監膳
儀同名拔虎常進御食有寵隨文帝
即位猶後監膳進食開皇中暴死而

心尚暖家人不忍殯之三日乃穌能
語先云畢我見至尊爲武帝傳說旣
現而請文帝引問言曰始忽見人來
喚隨至一處有大地穴所行之道徑
入纔到穴口遙見西方有百騎來儀
衛如王者俄至穴口乃周武帝也儀
同拜之帝曰王喚汝證我事耳汝身
無罪言訖即入宮中使者亦引儀同
令見宮門引入庭前見武帝與王同
坐而有加敬之容使者令儀同拜王
王問曰汝爲帝作食前後進白團幾
枚儀同不識白團顧左右左右教曰
名雞卵爲白團也儀同即荅帝食白
團實不記數王謂帝曰此人不記當
須出之帝慘然不樂而起忽見庭前
有鐵牀并獄卒數十人皆牛頭人身
帝已臥牀上獄卒用鐵梁壓之帝兩
脇剖裂處雞子全出俄與牀齊可十
餘斛乃盡王命數之訖牀及獄卒忽
然不見帝又已在王坐帝謂儀同云
爲我相聞大隨天子昔與我共食倉
庫玉帛亦我儲之我今身爲滅佛法
極受大苦可爲吾作功德也於是文

帝勑天下人出一錢爲追福焉臨外
祖齊公親見問時節歸家具說
後隨大業中雍州長安縣有人姓趙
名文若死經七日家人大斂將欲入棺
乃縮一脚家人懼怕不敢入棺文若得
活眷屬喜問所由文若報云當死之
時見人引向閻羅王所問文若汝生
存之時作何福業文若荅王受持金
剛般若經王歎云善哉此福第一汝
雖福善且將汝示其受罪之處令一
人引文若北行十步至一牆孔令文
若入孔隔壁有人引手從孔中捉文
若頭引出極大辛苦得度牆外見大
地獄鑊湯苦具罪人受苦不可具述
乃有衆多豬羊雞魚鵝鴨之屬競來
從文若債命文若云吾不食汝身何
故見逼諸畜生等各報云汝往日時
某年某月某處食我頭脚四支節節
分張人各飲噉何故諱之文若見畜
引實不敢諱逆唯知一心念佛深悔
諸罪不出餘言求與諸畜得活之時
具修福善報謝諸畜見爲修福一時
放却其引使人遣將文若至王所說

見受罪處訖王付一盌釘令文若食之
并用五釘釘文若頭項及以手足然後
放過文若得穌具說此事然患頭痛
及以手足久後修福痛漸得差從尒
已來精勤誦持金剛般若不敢遺漏
寸陰但見道俗親踈並勸受持般若
後因使至一驛廳上暫時偃息似如
欲睡于時夢見一青衣婦女急速而
來請救乞命文若驚寤即喚驛長問
云汝不爲吾欲殺生不驛長荅云實爲
公欲殺一小羊文若問云其羊作何
色荅云是青羖牸羊文若報云汝急
放却吾與價直贖取放之良由般若
威力冥資感應也
唐殿中侍醫孫迴璞濟陰人也至貞
觀十三年從車駕幸九成宮三善谷
與魏太師隣家嘗夜二更聞外有人
喚孫侍醫聲璞起出看謂是太師之
命既出見兩人謂璞曰官喚璞曰我
不能步行即取璞馬乘之隨二人行
乃覺天地如晝日光明璞怪訝而不
敢言二人引璞出谷歷朝堂東又東
北行六七里至苜蓿谷遙見有兩人

持韓鳳方行語所引璞二人曰汝等錯追我所得者是汝宜放彼人即放璞璞循路而還了了不異平生行處既至家繫馬見婢當戶眠喚之不應越度入戶見其身與婦並眠欲就之而不得但著南壁立大聲喚婦終不應屋內極明見壁角中有蠶龜網中二蠅一大一小并見梁上所著藥物無不分明唯不得就牀自知是死甚憂悶恨不得共妻別倚立南壁久之微睡忽驚覺身已臥牀上而屋中闇黑無所見喚婦令起然火而璞方大汗流起視蜘蛛網歷然不殊見馬亦大汗鳳方是夜暴死後至十七年璞奉勅馳驛往齊州療齊王祐疾還至雒州東孝義驛忽見一人來問曰君是孫迴璞不曰璞是君何問為荅曰我是鬼耳魏太師有文書追君為記室因出文書示璞璞視之則鄭國公魏徵署也璞驚曰鄭公不死何為遣君送書鬼曰已死矣今為太陽都錄大監故令我召君迴璞引坐共食鬼甚喜謝璞璞請曰我奉

勅使未還鄭公不宜追我還京奏事畢然後聽命可乎鬼許之於是晝則同行夜便同宿遂至閿鄉鬼辭曰吾取過所度關待君璞度關出西門見鬼已在門外復同行至瀲水鬼又與璞別曰待君奏事訖相見也君可勿食葷辛璞許諾既奏事畢而訪鄭公已薨校其薨日則孝義驛之前日也璞自以必死與家人訣別而請僧行道造像寫經可六七日夜夢前鬼來召引璞上高山山巔有大宮殿既入見衆君子迎謂曰此人修福不得留之可放去即推璞墮山於是驚寤遂至今無恙矣迴璞自為臨說

唐冀州頓丘縣有老母姓李年可七十無子孤老唯有奴婢兩人家鎮酤酒添灰少量分毫經紀貞觀年中因病氣斷死經兩日凶器已具但以心上少溫然始蘇活口云初有兩人並著赤衣門前召出之有上符遣追便即隨去行至一城有若州郭引到院見一官人衣冠大袖憑案而坐左右甚多階下大有著枷鏁人防援如生官府者遣問老母何因行濫酤酒多取他物擬作法華經已向十年何為不造老母具言酒使婢作量亦是婢經已付錢一千文與隱師即遣追婢須臾即至勘當元由婢即笞四十放還遣問隱師報云是實乃語老母云放汝七日去經了當來得生善處遂令得活復有人問勘校扶老母初死之時婢得惡訣久而始蘇腹背青腫蓋是四十杖迹隱禪師者本是客僧配寺頓丘年向六七十自從出家即頭陀乞食常一食齋未嘗暫輟遠近大德並皆敬慕老母病死之後隱師夢有赤衣人來問夢中荅云造經是實老母乃屈鄉閭眷屬及隱禪師行道雇諸經生衆手寫經經了正當七日還見往者二人來前母云使人已來並皆好住聲絕即死隱師見存道俗欽敬

唐東宮右監門兵曹參軍鄭師辯年未弱冠時暴死三日而蘇自言初有數人見收將行入官府大門見有四百餘人皆重行北面立凡為六行

其前行者形狀肥白好衣服如貴人
後行漸瘦惡或著枷鏁或但去巾帶
皆行連袂嚴兵守之師辯至配入第
三行東頭第三立亦去巾帶連袂辯
憂懼專心念佛忽見生平相識僧來
入兵圍內兵莫之止因至辯所謂曰平
生不修福今忽如何辯求哀請救僧
曰吾今救汝得出可持戒耶辯許諾
須臾吏引入諸囚至宮前以次評問
至門外爲授五戒用瓶水灌其額謂
曰日西當活又以黃帔一枚與辯曰
披此至家家置淨處也仍示歸路辯
披之而歸至家褺帔置牀角上既而
目開身動家人驚懼謂欲起屍唯母
不去問曰汝活耶辯曰日西當活辯意
時疑日午問母母曰夜半方知死生相
違晝夜相反錄至日西能食而愈猶
見帔在牀頭及辯能起帔形漸滅而
尚有光七日乃盡辯遂持五戒後數
年有友人勸食豬宍辯不得已食一
臠是夜夢已化爲羅剎爪齒各長數
尺捉生豬食之既曉覺口腥唾出血
使人視滿口盡是凝血辯驚不敢復

食宍又數年娶妻妻家逼食後乃無
驗然而辯自五六年來身臭常有大
瘡洪爛然身不能愈或恐以破戒之
故也臨昔與辯同直東宮見其自說
云耳右此五驗出冥報記
唐右金吾兵曹京兆韋知十至永徽
中煑一羊脚半日猶生知十怒家人
曰用柴十倍於常不知何意如此更
命重煑還復如故乃命剖之其中遂
得一銅像長徑寸焉光明照灼相好
成就其家一生不敢食酒宍中山郎
餘令親聞說之
唐廱州萬年縣閻村即灞渭之間也
有婦女謝適同縣元氏有女適迴龍
村人來阿照謝氏永徽末亡龍朔元
年八月託夢於來氏女曰我爲生時
酤酒小作升方取價太多量酒復少
今坐此罪於北山下人家爲牛近被
賣與法界寺夏侯師家今將我向
城南耕稻田非常辛苦及寤其女涕
泣爲阿照言之至二年正月有法界
寺尼至阿照村女問尼尼報云有夏
侯師是實女即就寺訪之云近於北

山下買得一牛見在城南耕地其女
涕泣求請寺尼乃遣人送其女就之
此牛平常唯一人禁制若遇餘人必
陸梁觝觸見其女至乃䑛其徧體又
流淚焉女即憑夏侯師贖之乃隨其
女去今現在阿照家養飼女常呼爲
阿孃承奉不闕京師王侯妃媵多令召
視競施錢帛
唐龍朔元年雍州景福寺比丘尼修
行房中有侍童任五娘死後修行爲
五娘立靈經月餘日其姊及弟於夜
中忽聞靈座上呻吟其弟初甚恐懼
後乃問之荅曰我生時於寺上食宍
坐此大苦痛我體上有瘡恐汙牀席
汝可多將灰置牀上也弟依其言置灰
後看牀上大有膿血又語弟曰姊患不
能縫衣汝大纖縷宜將布來我爲汝
作衫及襆弟置布於靈牀上經宿即
成又語其妹曰兒小時患漆遂殺一螃
蟹取汁塗瘡得差今入刀林地獄宍
中現有折刀七枚願姊慈念爲作功
德救助知姊煎迫交不濟辦但隨身
衣服無益死者今並未壞請以用之

姊未報聞乃曰兒自取去良久又曰衣服已來見在牀上其姊試往觀之乃所斂之服也遂送淨土寺寶獻師處憑寫金剛般若經每寫一卷了即報云已出一刀凡寫七卷了乃云七刀並得出訖今蒙福助即往託生與姊及弟哭別而去吳興沈玄法說淨土寺僧智整所說亦同右此三驗出冥報拾遺

依宣律師感應記云四天王等告宣師曰佛在世時於大光明佛告天人龍鬼神等我之正法滅後多有諸比丘執我小乘教迹不解毗尼意導我聽諸比丘食肉於是諸比丘等在僧伽藍內殺害衆生猶如獵師屠肆之處復有比丘純著繒帛游行婬女酒肆之舍不習三藏不持禁戒痛哉苦哉諸惡比丘謗讟我教舌何不落告諸比丘我於無量劫來捨頭目髓腦或於飢饉世作大宍身施彼餓者或內外財施未曾悋惜從初發心乃至成佛豈教弟子噉衆生宍耶我既涅槃諸惡比丘次補我處爲天人師開導衆生令得道果豈有天人之師口噉衆生宍耶我初成道時雖開毗尼中聽食三種淨宍亦非四生之類是諸禪定之宍是不思議宍非汝所知何故謗讟我教我於涅槃楞伽經中一切生命雜宍皆已斷訖不聽持戒之人食諸衆生身宍若有惡比丘導毗尼教中聽食魚宍聽著蠶衣者此是魔說我成道已來至於涅槃唯服麤布白氎三衣未著繒帛何爲謗我耶

穢濁篇第九十四此有四部

述意部　五辛部

嚏氣部　便利部

述意部第一

夫五陰虛假四大浮危受斯僞質事等畫瓶感此穢形又同杯器內外無實觸塗皆染加復閻浮穢質不淨充軀常餐酒宍常食葷辛臭氣上衝諸天衣裂善神捨衛惡鬼夾侵凡夫僧尼尚不樂近何況聖賢而不遠離兼復八苦煎逼九橫摧年念念遷流心心起滅徒染六情終墜三惡願各修身淨其心口也

五辛部第二

如楞伽經云佛言大慧如是一切葱韮蒜薤臭穢不淨能障聖道亦障世間人天淨處何況諸佛淨土果報酒亦如是

又涅槃經云乃至食葱韮蒜薤亦皆如是當生苦處穢汙不淨能障聖道亦障世間人天淨處何況諸佛淨土果報酒亦如是能障聖道能損善業能生諸過

又雜阿含經云不應食五辛何等爲五一者木葱二者茖葱三者蒜四者興渠五者蘭葱又梵網經云若佛子不得食五辛大蒜革葱慈葱蘭葱興渠是五種不得食

又五辛報應經云七衆等不得食宍葷辛讀誦經論得罪有病開在伽藍外白衣家已滿四十九日香湯澡浴竟然後許讀誦經論不犯

又僧祇十誦五分律等更無餘治開病比丘服蒜聽七日在一邊小房內不得臥僧牀褥衆大小便處講堂處皆不得到又不得受請及僧中食不得就佛禮拜得在下風處遠禮七日

滿已澡浴熏衣方得入衆若有患瘡醫敎須香治者佛令先供養佛已然後許塗身還在屏處一同前法（出家性潔尚令作法如是況穢俗凡人輒開食耶）

嚏氣部第三

如僧祇律云若在禪坊中嚏者不得放恣大嚏若嚏來時當忍以手掩鼻若不可忍者應手遮鼻而嚏勿洟唾汙比座若上座嚏者應言和南下座嚏默然

又四分律云時世尊嚏諸比丘祝願言長壽時有居士嚏及禮拜比丘佛令比丘祝願言長壽

又僧祇律云佛言若急下風來者當制若不可忍者當向下坐不得在前縱氣若氣來不可忍者當下道在下風放之

又毗尼母經云氣有二種一者上氣二者下氣上氣欲出時莫當人張口令出要迴面向無人處張口令出若下氣欲出時不聽衆中出要作方便出外至無人處令出然後來入衆莫使衆識嫌汙賤入塔時不應放下氣安

塔樹下大衆中皆不得令出氣師前大德上座前亦不得放下氣出聲若腹中有病急者應出外莫令人生汙賤心

便利部第四

如優鉢祇王經云伽藍法界地漫大小行者五百身墮拔波地獄後經二十小劫常遣肘手抱此大小便處臭穢之地乃至黃泉

又毗尼母經云諸比丘住處房前閑處小便汙地臭氣皆不可行佛聞之告諸比丘從今已去不聽諸比丘僧伽藍處處小行當聚一屏猥處若瓦瓶若木筩埋地中就中小行已以物蓋頭莫令至臭氣

又毗尼母經云若上廁去時應先取籌草至戶前三彈指作聲若人非人令得覺知若無籌不得壁上拭不得廁版梁棧上拭不得用石不得用青草土凷耎木皮耎葉奇木皆不得用所應用者木竹葦作籌度量法極長者一磔手短者四指已用者不得振令汙淨者不得著淨籌中是名上廁法

籌法上廁有二處一者起止處二者用水處坐起褰衣一切如起止處無異廁戶前著淨瓶水復應著一小瓶若自有瓶者當自用若無瓶者用廁邊小瓶不得直用僧大瓶水令汙是名上廁用水法

塔前衆僧前和尚阿闍梨前不得張口大洟唾著地若欲洟唾當屏猥處莫令人惡賤是名洟唾法

又三千威儀云若不洗大小便比丘得突吉羅罪亦不得淨僧座具上坐及禮三寶設禮無福德又至舍後上廁有二十五事一欲大小便當行時不得道上爲上座作禮三亦莫受人禮三往時當直低頭視地四往當三彈指五已有人彈指不得逼六已上正住彈指乃蹈七正蹈中八不得一足前一足却九不得令身倚十斂衣不得使垂圊中十一不得大咽使面赤十二當直視前不得顧聽十三不得汙壁十四不得低頭視圊中十五不得視陰十六不得以手持陰十七不得草蓋地十八不得持草畫壁作字十九

用水不得大貫二十不得汗澗二十一用水不得使前手著後手二十二用土當三過二十三當用澡豆二十四三過用水二十五設見水草土盡當語直日主者若自手取爲善

又僧祇律云大小行已不用水洗而受用僧座具牀褥得罪

又十誦律云不洗大行處不得坐卧僧臥具上得罪

又摩德勒伽論云不洗大小行處不得禮拜無水處若爲非人所瞋水神所瞋或爲服藥等開不犯

又三千威儀經云不洗淨禮佛者設禮無功德又雜譬喻經云有一比丘不彈指來大小便濆汙中鬼面上魔鬼大恚欲殺沙門沙門持戒魔鬼隨逐伺覓其短不能得便（既知此事上廁必須彈指作聲）

又賢愚經云昔佛在世時舍衛城中有一貧人名曰尼提極貧下賤常客除糞佛知應度即將阿難往到其所正值尼提擔糞出城而欲棄之瓶破汙身遙見世尊深生慚愧不忍見佛佛到其所廣爲説法即生信心欲得出家佛使阿難將至河中與水洗訖將詣祇桓佛爲説法得須陁洹尋即出家得阿羅漢果國人及王聞其出家皆生怨恨云何佛聽此人出家波斯匿王即往佛所欲破此事正值尼提在祇桓門大石上坐縫補故衣七百諸天香華供養王見歡喜請通白佛尼提比丘身沒石中出入自在通白已竟王到佛所先問此事向者比丘姓字何等佛告王曰是王國中下賤之人除糞尼提王聞佛語謗心即除到尼提所執足作禮懺悔辭謝王白佛言尼提比丘宿作何業受此賤身佛告王曰昔迦葉佛入涅槃後有一比丘出家自在秉捉僧事身暫有患懶起出入便利器中使一弟子擔往棄之然其弟子是須陀洹以是因緣流浪生死常爲下賤五百世中爲人除糞由昔出家持戒功德今得值佛出家得道（以是義故不得房內便利具捐前罪數見俗人懈急不能自運置檐器在房便利令他日別將棄未來定墮地獄纔得出獄猶作蜣蜋蝍廁蟲也）

又佛説除災患經云佛告阿難乃前過世迦葉佛時人壽二萬歲佛事終竟復捨壽命

尒時有王名曰善頸供養舍利起七寶塔高一由延一切衆生然燈燒香香華繒綵供養禮事時有衆女欲供養塔便共相率埽除塔地時有狗糞汙穢塔地有一女人手撮除棄復有一人見其以手除地狗糞便唾笑之曰汝手已汙不可復近彼女逆罵汝弊婬物水洗我手便可復淨佛天人師敬意無已手除不淨已便澡手繞塔求願令埽塔地汙穢得除令我世世勞垢消滅清淨無穢時諸女人埽塔地者今此會中諸女人是尒時埽地願滅塵勞服甘露味尒時以手除狗糞女者今柰女是尒時發願不與汙穢會所生清淨以是福報不因胞胎臭穢之處每因華生以其尒時發一惡聲罵言婬女故今受是婬女之名以值佛聞法得須陀洹

又雜寶藏經云南天竺法家有一童女恒使早起淨埽庭中門戶左右有長者女早起埽地會值如來於門前過見生歡喜注意看佛壽命旋促即

終生天夫生天者法有三念自思惟
言本是何身自知人身今生何處定
知是天昔作何業來生於此知由見
佛歡喜善業得此果報感佛重恩來
供養佛佛爲說法得須陁洹
又新婆沙論云昔德叉尸羅國有一女
人至月光王捨千頭處禮無憂王所
起靈廟見有狗糞在佛座前尋作是
思此處清淨如何狗糞穢汙其中以
手捧除香泥塗飾　善業力故令此女
人徧體生香如旃檀樹口中常出青
運華香若諸衆生由不護淨故因內
煩惱感諸外穢故論說言
世間諸穢草　能穢汙良田　如是諸貪穢
穢汙諸含識　世間諸穢草　能穢汙良田
如是諸瞋穢　穢汙諸含識
又賢愚經云佛在世時羅閱城邊有
一汪水汙泥不淨多諸糞穢國中人
民以屎尿投中有一大蟲其形像蛇
加有四足於其汪水東西馳走或沒
或出經歷年載常處其中受苦無量
尒時世尊將諸比丘至彼坑所問諸
比丘汝識此蟲宿緣行不諸比丘咸

言不知佛言毗婆尸佛時有衆賈客
入海取寶大獲珎寶平安還到選寶
上者用施衆僧規俟僧食僧受其寶
付授摩摩帝於後僧食向盡從其求
索不與衆僧苦索摩摩帝瞋恚而語
之言汝曹噉屎此寶屬我何緣乃索由
其欺僧惡口罵故身壞命終墮阿鼻地
獄身常宛轉沸屎之中九十一劫乃
從獄出今墮此中自從七佛已来皆
作其虫至賢劫千佛各各皆尒
又百緣經云佛在王舍城迦蘭陁竹
林時尊者舍利弗大目揵連設欲食
時先觀地獄畜生餓鬼然後方食目
連見一餓鬼身如燋柱腹如太山咽
如細針髮如錐刀纏刺其身諸支節
間皆悉火出呻吟大喚四向馳走求
索屎尿以爲飲食疲苦終日而不能
得即問鬼言汝造何業受如是苦餓
鬼荅言有日之處不煩燈燭如来世
尊今現在世汝可自問我今飢渴不
能荅汝尒時目連尋往佛所具問如来
所造業行受如是苦具以上問尒時世
尊告目連曰汝今善聽吾爲汝說

此賢劫中舍衛城中有一長者財寶
無量不可稱計常令僕使壓甘蔗汁
以輸大家有辟支佛甚患渴病良醫
處藥教服甘蔗汁病乃可差時辟支
佛往長者家乞甘蔗汁時彼長者見
來歡喜尋勅其婦富那寄我有急緣
定欲出去汝今在後取甘蔗汁施辟
支佛時婦荅言汝但出去我後自與
時夫出已取辟支佛鉢於其屏處小
便鉢中以甘蔗汁蓋覆鉢上與辟支
佛辟支受已尋知非是投棄於地空
鉢還歸其後命終墮餓鬼中常爲飢
渴所見逼切以是業緣受如是苦佛
告目連欲知尒時彼長者婦今富那
寄餓鬼是佛說是時諸比丘等捨慳
貪緣猒惡生死有得四沙門果者有
發辟支佛心者有發無上菩提心者
尒時諸比丘聞佛所說歡喜奉行
頌曰
噉他身血宍　貪毒無慈矜　養兹身穢質
蟲寓内銷鑠　不護僧淨器　受此廁中蟲
後報入地獄　苦痛未知窮
感應緣　略引三驗

宋釋慧果　齊釋弘明
唐謝弘敞妻許氏

宋京師瓦官寺有釋慧果豫州人少以蔬食苦行自業宋初游京師止瓦官寺誦法華十地嘗於廁前見一鬼致敬於果云昔爲衆僧作維那小不如法墮在噉糞鬼中法師德素高明又慈悲爲意願助以拔濟之方也又云昔有錢三千文藏在柿樹根下願取以爲福果即告衆掘取果得錢三千文爲造法華一部并設齋後夢見此鬼云已得改生大勝昔日果以宋太始六年卒春秋七十有六

齊永明中會稽釋弘明者止雲門寺誦法華禮懺爲業每旦水瓶自滿實諸天童子爲給使也又感虎來入室伏牀前久之乃去又見小兒來聽經云昔是此寺沙彌爲盜僧廚食今墮廁中聞上人讀經故力來聽願助方便冀免斯累明爲說法領解方隱後山精來惱明乃捉取以腰繩繫之鬼謝遜放因之永絕右二驗出梁高僧傳

唐吳王文學陳郡謝弘敞妻高陽許

氏武德初年遇患死經四日而穌說云被二三十人拘至地獄未見官府即聞喚雖不識面似是姑夫沈吉光語音許聞云語聲似是沈丈何因無頭南聞人呼姑姨夫皆爲某姓丈也吉光即以手提其頭置於膊上而誡許曰汝且在此間勿向西院待吾爲汝造請即應得出遂於語處而住更不東西看其吉光插遑似有經紀凡經再宿吉光始來語許云汝今此來王欲令汝作其女伎儻引見不須道解絃管如其不爲所恚可引吾爲證也少間有吏抱案引入王果問之解絃管不許云不解復云沈吉光具知王問吉光答云不解王曰宜早放還不須留也于時光欲發遣即共執案人籌度不解其語執案人云娘子功德力雖強然爲先有少罪隨便受却身業俱淨豈不快哉更別引入一大院其門極小亦大見有人受罪許甚驚懼乃求於主者曰生平修福何罪而至斯耶答曰娘子曾以不淨盌盛食與親須受此罪方可去遂以銅汁

灌口非常苦毒比穌時口內皆爛光即云可於此人處受一本經記取將歸受持勿怠自今已去保年八十有餘許生曾未誦經穌後遂誦得經一卷詢訪人間所未曾有今見受持讀誦不闕其經見在文多不載穌活之後吉光尚存以後二年方始遇害凡諸親屬有欲死者三年以前並於地下預見許之從父弟仁則說之云耳右一驗出冥報記

法苑珠林卷第九十四

法苑珠林卷第九十四

校勘記

一　底本，金藏廣勝寺本。

一　六三〇頁中一行經名，徑作「法苑珠林卷第一百十三」。又經名下，磧有夾註「酒肉感應之二」；南有夾註「酒肉感報應之二」。

一　六三〇頁中二行撰者，磧、普、南作「大唐上都西明寺沙門釋道世字玄惲撰」；徑作「唐上都西明寺沙門釋道世玄惲撰」；清作「唐西明寺沙門釋道世撰」。

一　六三〇頁中三行「酒宍篇第九十三」，磧、普、南、清無；徑作「酒肉篇第九十三之餘」。

一　六三〇頁中四行「穢濁篇第九十四」，徑、清無。

一　六三〇頁中五行「酒宍篇」，磧、普、南、徑、清無。

一　六三〇頁中七行「昝庚紹之」，徑作「昝新野庚紹之」；清作「新野庚紹之」。

一　六三〇頁中八行首字「宋」，清無。

一　六三〇頁中一〇行「唐李氏」，徑作「唐頓丘李氏」；清作「頓丘李氏」。

一　六三〇頁中一一行「唐鄭師辯」，徑作「唐參軍鄭師辯」；清作「參軍鄭師辯」。又「唐韋知十」，徑作「唐京兆韋知十」；清作「京兆韋知十」。

一　六三〇頁中一二行「唐謝適氏」，南作「唐謝氏」；徑作「唐雍州謝氏」；清作「雍州謝氏」。又「唐任五娘」，徑作「唐洛州任五娘」；清作「洛州任五娘」。

一　六三〇頁中一四行第一二字「管」，徑、清作「營」。

一　六三〇頁中一六行第三字「宅」，麗作「某宅」。

一　六三〇頁中一八行首字「見」，磧、南、徑、清作「可」。又第五字「徙」，普、南、徑作「從」。

一　六三〇頁中一九行「從何」，磧、南、徑、清作「何從」。又「彷惶」，磧、普、南、徑、清、麗作「彷徨」。

一　六三〇頁下一一行首字「許」，磧、普、南、徑、清無。又第一〇字「素」，普、南、徑、清作「典」。

一　六三〇頁下一五行「荊杖」，磧、普、南、徑、清作「荊子」。

一　六三〇頁下一八行末字「凳」，磧、普、南、徑、清作「橙」。

一　六三一頁上二行夾註左末字「也」，磧、普、南、徑、清無。

一　六三一頁上三行「湘東」，南作「湘水」。

一　六三一頁上四行「宗協」，磧、南、徑、清、麗作「宋協」。

一　六三一頁上五行「病亾」，南、徑、清作「病卒」。

一　六三一頁上一四行第二字「未」，磧、麗作「末」。

一　六三一頁上一七行末字「常」，磧、南、徑、清作「恒」。

一　六三一頁上二二行末字至末行首

一字「朱脩」，碛、南作「朱修」。本頁中一九行同。

一　六三一頁中一一行「脩喜之」，碛、南作「修大喜之」；普作「脩之喜之」；徑、清作「脩大喜之」。

一　六三一頁中八行第三字「且」，碛、普、南作「宜」。

一　六三一頁中一二行第一〇字「早」，碛、普、南、徑、清作「旦」。

一　六三一頁下四行首字「曰」，碛、普、南、徑、清無。

一　六三一頁下九行夾註右「二驗」，南、徑、清作「三驗」。

一　六三一頁下一四行「張約騰裔」，碛、南作「張約騰胤」；普、徑、清作「張幼騰胤」。

一　六三一頁下末行第四字「後」，碛、普、南、徑、清作「復」。

一　六三二頁上二一行第六字「隨」，碛、南、徑、清、麗作「隋」。本頁中三行第二字同。

一　六三二頁中一一行第一三字「臨」，南、清作「隋」。

一　六三二頁中一〇行「汝示」，碛、南、徑、清作「示汝」。

一　六三二頁中一一行「北行」，清作「地行」。

一　六三二頁中二〇行「詎逆」，徑、麗作「拒逆」。

一　六三二頁中二二行「具修」，碛、南作「具説」。又「諸畜」，碛、普、南、徑、清作「諸畜諸畜」。

一　六三二頁下二行「頭項」，碛、普、南、徑、清作「頭頂」。

一　六三二頁下三行第一一字「然」，碛、普、南、徑、清作「極」。

一　六三二頁下一〇行「殺生」，普作「殺牛」。

一　六三二頁下一五行第五字「毉」，碛、普、南、徑、清作「御醫」。

一　六三二頁下一六行第五字「從」，碛、普、南、徑、清作「從王」。

一　六三三頁上二行第二字「追」，碛、普、南、徑、清無。

一　六三三頁上三行第五字「還」，碛、普、南、徑、清作「還往」。

一　六三三頁上四行末字「越」，碛、普、南、徑、清作「起」。

一　六三三頁上一七行「曰璞」，碛、普、南、徑、清、麗作「璞曰」。

一　六三三頁中三行第四字「便」，碛、普、南、徑、清作「則」。又「閑鄉」，南作「文鄉」。

一　六三三頁中二一行第一三字「院」，碛、普、南、徑、清、麗作「側院」。

一　六三三頁下八行第九字「扶」，碛、普、南、徑、清、麗無。

一　六三三頁下九行「惡誤」，碛、南、清作「惡疾」；普、徑作「惡忤」；麗作「惺悟」。

一　六三三頁下一二行第四字「常」，碛作「當」。

一　六三三頁下一三行「病死之後」，碛、普、南、徑、清作「死之夜」。

一　六三三頁下二一行第七字「死」，碛、普、南、徑、清作「爲死」。

一 六三四頁上六行第三字「圍」，磧、普、南、徑、清作「圍」。

一 六三四頁上九行「至宮前」，磧、普、南、徑、清、麗作「至官前」。

一 六三四頁上一二行「家置」，磧、普、南、徑、清作「槃置」。

一 六三四頁上一七行「晝夜相反」，磧、南作「晝則夜反」。

一 六三四頁中二行第一〇字「身」，磧、普、南、徑、清無。

一 六三四頁中一四行「有婦女謝」，磧、南、麗作「有婦女謝氏」；普、徑、清作「有婦姓謝」。

一 六三四頁中二二行第八字「問」，磧、普、南、徑、清作「乃問」。

一 六三四頁下一八行第八字「於」，磧、南作「衫」。

一 六三四頁下一九行第五字「妹」，磧、普、南、徑、清作「姊」。又第一一字「添」，普、南、徑、清作「染」。

一 六三四頁下二一行第一一字「念」，磧、普、南、徑、清作「流」。

一 六三五頁上一行「報閒」，磧作「報聞」。

一 六三五頁上三行第二字「所」，磧、普、南、徑、清作「可」。

一 六三五頁上一〇行第六字「於」，磧、普、南、徑、清、麗作「放」。

一 六三五頁上一七行「謗黷」，徑、清作「謗讟」。本頁中四行同。

一 六三五頁中一〇行「此有四部」，徑無。

一 六三五頁中一一行至一二行「述意部……便利部」，徑無。

一 六三五頁中一三行「第一」，徑無。以下部目下序數例同。

一 六三五頁中一五行「杯器」，磧、普、南、徑、清作「坯器」。

一 六三五頁中一七行第六字「常」，磧、普、南、徑、清作「恒」。六三八頁中一八行第六字同。

一 六三五頁中二一行「願各」，磧作「願」；南作「各」。

一 六三五頁下一三行「革蔥」，南作「茖蔥」。

一 六三五頁下一四行第二字「是」，磧、南無。

一 六三五頁下一六行「葷辛」，磧、普、作「熏辛」。

一 六三五頁下一七行第五字「巳」，磧、普、南、徑、清、麗作「服巳」。

一 六三五頁下二二行末字至末行首字「不得」，磧、南無。

一 六三六頁上四行夾註左末字「耶」，磧、南無。

一 六三六頁上一一行末字「言」，磧、南無。

一 六三六頁上一五行「不得」，磧、普、南、徑、清作「若得」。

一 六三六頁上末行第二字「譏」，磧作「議」。

一 六三六頁中二行第一一字「氣」，磧、普、南、徑、清作「風」。

一 六三六頁中三行末字「汙」，麗作「惡」。

一 六三六頁中一四行「小行」，麗作

「小便」。

一　六三六頁中一五行第二字「至」，磧、普、南、徑、清作「有」。

一　六三六頁中一九行第四字「棧」，磧、南作「杙」；普、徑、清作「柱」。

一　六三六頁下二行「用水處」，磧、普、南、徑、清作「用水處用水處」。

一　六三六頁下一四行第一〇字「三」，磧、普、南、徑、清、麗作「二」。

一　六三六頁下一五行第一二字「往」，磧、南、徑、清作「已往」。

一　六三七頁上一一行「無水處」，磧、普、南、徑、清、麗作「餘無水處」。

一　六三七頁上一四行「功德」，磧、南、徑、清作「功德也」。

一　六三七頁上一五行第八字「濳」，麗作「潛」。又第一〇字「中」，磧、南無。

一　六三七頁上一六行第八、九字「沙門」，磧、普、南、徑、清無。

一　六三七頁上一七行夾註左「謦欬」，磧、南、徑、清作「謦嘘」。

一　六三七頁中一〇行第八字「王」，磧、普、南、徑、清無。

一　六三七頁中二〇行夾註右「義故不得」，磧作「義故不能」；普作「義故故不得」。

一　六三七頁中二二行末字至末行首字「過世」，磧、普、南、徑、清作「世過去」。

一　六三七頁下二行第四字「王」，磧、普、南、徑、清作「王者」。

一　六三七頁下一〇行第三字「意」，磧作「竟」。

一　六三七頁下一一行第四字「令」，磧、普、南、徑、清作「令」。

一　六三七頁下一九行第七字「得」，磧無。

一　六三七頁下末行第二字「見」，磧無。

一　六三八頁上三行第一二字「知」，磧、普、南、徑、清無。

一　六三八頁上九行「穢汙」，磧、南、徑、清作「汙穢」。

一　六三八頁上一〇行第二字「捧」，麗作「掃」。又第一二字「令」，磧、普、南、徑、清作「今」。

一　六三八頁上一三行「訟言」，磧、普、南、徑、清、麗作「頌言」。

一　六三八頁上一六行末字「識」下，磧、普、南、徑、清有「世間諸穢草能穢汙良田　如是諸痴穢穢汙諸含識」四句五言。

一　六三八頁上二〇行末字「没」，磧作「投」。

一　六三八頁中四行「摩摩帝」，磧、南作「摩帝」。中五行磧、普、南、徑、清同。

一　六三八頁下六行第四字「尋」，磧、普、南、徑、清無。

一　六三八頁下二一行第二字「寓」，磧、普、南作「寓」。

一　六三九頁上一行「齊釋弘明」，磧、普、南作「宋釋慧明」。

一　六三九頁上二行「謝弘敬」，磧、普、南、徑、清作「謝弘敬」。上末行磧、

南、徑、清同。

一　六三九頁上九行第八字「霾」，磧、普、南、徑、清作「埋」。

一　六三九頁上二一行「捉取」，南作「提取」。

一　六三九頁中三行第五字「面」，磧無。

一　六三九頁中六行末字「談」，磧、普、南、徑、清作「語」。

一　六三九頁中一一行「引見」，普、徑、清作「引汝見」。

一　六三九頁中一六行第七字「光」，磧、普、南、徑、清作「吉光」。

一　六三九頁中末行第一〇字「去」，磧、普、南、徑、清、麗作「得去」。

一　六三九頁下一〇行夾註右「一驗」，南、清作「此一驗」。

一　六三九頁下卷末經名，徑作「法苑珠林卷第一百十三」。

法苑珠林卷第九十五

西明寺沙門釋道世撰

病苦篇第九十五此有六部

述意部第一

夫三界遐曠，六道繁興，莫不皆依四大相資，五根成體，聚則爲身，散則歸空。然風火性殊，地水質異，各稱其分，皆欲求適。求適之理既難，所以調和之乖爲易。忽一大不調，四大俱損。如地大增則形體黧黑，肌肉青瘀，癥瘕結聚，如鐵如石。若地大虧則四支損弱，或失半體，或偏枯殘戾，或毀明失聰。若水大增則膚肉虛滿，體無華色，舉身萎黃，神顔常喪，手脚滿腫，膀胱脹急。若水大損則瘦削骨立，筋現脈沈，脣舌乾燥，耳鼻焦閉，五藏內煎，津液外竭，六腑消耗，不能自立。若火大增則舉體煩燥，焦熱如燒，癃瘑疽腫，瘡痍潰爛，膿血流溢，臭穢競充。若火大損則四體羸瘠，腑藏如冰，膲膈凝寒，口若含霜，夏若重裘，未嘗溫慰，食不消化，患常嘔逆。若風大增則氣滿胃塞，胸背否滿，手足緩弱，四體疼痺。若風大損則身形羸瘠，氣裁如線，動轉疲乏，引息如抽，咳嗽噎噦，咽舌難急，腹痛脊躄，心內若冰，頸筋喉脈，奮作鼓脹。如是種種，皆是四大乍增乍損，致有病疾。既一大嬰羸，則三大皆苦，展轉皆病，俱生煎惱。四大交反，良由苦報。無愧無恥，無恩無義。常隨四時資給所須，晝夜將養，未曾荷恩。片失供承，便招病苦。既知無恩，徒勞養育。縱加美食華服，終成糞穢。但趣得支身，以除飢寒，終不爲汝踵前蓄積，以勞我心。發求修道，良由身爲苦器，陰是坏聚，易損難持。四大浮虛，亟相乖反；五陰緣假，多生惱患。所以稟形人世，逢穢濁之時；受質僞身，居悑畏之境。幽冥無量，神鬼河沙，種族尤多，草籌未辯。或依房依廟，附岳附丘，凡有含靈，並皆祇響。致使神爽冥昧，識慮昏蒙，至於寤寐，多有恐悑。庶得臨危攝念，無俟三稱，在嶮逢安寧

勞千徧願增益道加足威光以善利
王無相惱害誠言可録信驗有徵矣
引證部第二
如佛說醫經云人身中本有四病一
地二水三火四風風增氣起火增熱
起水增寒起土增力盛本從是四病
起四百四病故土屬身水屬口火屬
眼風屬耳火少寒多目冥春正月二
月三月寒多夏四月五月六月風多
以西國夏中多風熱散不同漢地也秋七月八月九月熱多
西國於此秋時熱始隆盛亦不同漢地也冬十月十一月十二
月有風有寒何以故春寒多者以萬
物皆生以寒出故寒多何以故夏風多
者以萬物榮華陰陽合聚故風多何
以故秋熱多者以萬物成熟故熱多
何以故冬有風有寒者以萬物終亾
熱去故有風寒三月四月五月六月
七月時得臥何以故以風多故身放
八月九月十月十一月正月二月不時
不得臥何以故以寒多身縮春三月
有寒故不得食麥豆宜食粇米醍
醐諸熱物以西國麥冷粇米等熱也夏三月風不得
食芋豆麥宜食粇米乳酪秋三月有
熱不得食粇米醍醐宜食細米麨蜜
稻黍冬三月有風寒陽興陰合宜食
粇米胡豆羹醍醐有時臥風起有時
滅有時臥火起有時滅有時寒起有
時滅人得病有十因緣一久坐不臥
二食無貸三憂愁四疲極五婬泆六
瞋恚七忍大便八忍小便九制上風
十制下風從十因緣生病有九因緣
命未當盡為其橫死
又智度論云四百四病者四大為身常
相侵害一一大中百一病起冷病有
二百二水風起故熱病有二百二地
火起故火熱相地堅相堅相故難消
難消故能起熱病血宍觔骨脈髓等
是地分除其業報者一切法皆和合
因緣生也
瞻病部第三
夫四大難調六腑更反以有報身忽
嬰疢疾或有捨俗出家孤游獨宿或
有貧病老弱無人侍衛若不互看命
將安寄故四分律佛言自今已去應
看病人應作瞻病人若欲供養我者
應先供養病人乃至路值五衆出家
人病佛制七衆皆令往看若捨而不
看皆結有罪故諸佛心者以大慈悲
為體隨順我語即是佛心也
如僧祇律云若道逢出家五衆病人
即應覓車乘馱載令如法供養乃至
死時亦應闍維殯埋不得捨棄病人
有九法成就必當橫死一知非饒益
食而貪食二不知籌量三內食未消
而食四食未消而擿吐出五已消應
出而強持六食不隨病七隨病食而
不籌量八懈怠九無慧
又增一阿含經云尒時世尊告諸比
丘若瞻病人成就五法不得差常在
牀褥云何為五一瞻病之人不別良
藥二懈怠無勇猛心三常喜瞋恚亦
好睡眠四但貪衣食故瞻視病人五
不以法供養故亦不與病人語談往
返是謂瞻病之人成就五法不得時
差翻前五法病得速差又生經世尊以偈讚曰
人當瞻疾病　問訊諸危厄　善惡有報應
如種果獲實　世尊則為父　經法以為母
同學者兄弟　因是而得度
又彌勒所問本願經云佛語阿難我

本求道時勤苦無數乃得成佛其事非一佛言阿難乃往過世時有太子號曰所現端正姝好從園觀出道見一人得病困篤見已有哀傷之心問於病人以何等藥得療御病病者荅曰唯王身血得療我病尒時太子即以利刀刺身出血以與病者至心施與意無悔恨尒時太子者即我身是四大海水尚可斗量我身施血不可稱限

又往過世有王太子號曰蓮華王端正姝好從園觀出道見一人身體病癩見已哀念問於病者以得何藥療於汝病病者荅曰得王身髓以塗我身其病乃愈是時太子即破身骨以得其髓持與病者歡喜慧施心無悔恨尒時太子者即我身是四大海水尚可斗量身髓布施不可稱計

又往去世有王號曰月明端正姝好從宮而出道見盲者貧窮飢餓隨道乞丐往趣王所尒時月明王見此盲人哀之淚出謂於盲者有何等藥得療御病盲者荅曰唯得王眼能愈我病眼乃得視是時明王自取兩眼以施盲者其心清然無一悔意尒時月明王者即我身是須彌之山尚可稱知斤兩我眼布施不可稱計

佛語阿難彌勒菩薩本求道時不持耳鼻身命等施以成佛道但以善權方便安樂之行得致無上正真之道阿難白佛以何善權得致佛道佛語阿難彌勒菩薩晝夜各三正衣束體叉手下膝著地向十方佛說此偈言

我悔一切過 勸助衆道德 歸命禮諸佛
令得無上慧

又法句喻經云昔有一國名曰賢提時有長老比丘長病委頓羸瘦垢穢在賢提精舍中臥無瞻視者佛將五百比丘往到其所使諸比丘傳共視之爲作漿粥而諸比丘聞其臭處皆共賤之佛使帝釋取其湯水佛以金剛之手洗病比丘身體地爲震動豁然大明莫不驚肅國王臣民天龍鬼神無央數人往到佛所稽首作禮白佛言佛爲世尊三界無比道德已備云何屈意洗病比丘佛告國王及衆會者言如來所以出現於世正爲此窮厄無護者耳供養病瘦沙門道人及諸貧窮孤獨老人其福無量所願如意會當得道王白佛言今此比丘宿有何罪因病積年療治不差佛告王曰往昔有王名曰惡行治政嚴暴使一多力五百主令鞭人五百假王威怒私作寒暑若欲鞭者貴其價數得物者鞭輕不得鞭重舉國患之有一賢者爲人所謗應當得鞭報五百言吾是佛弟子素無罪過爲人所枉願小垂恕五百聞是佛弟子輕手過鞭無著身者五百壽終墮地獄中拷掠萬毒罪滅復出墮畜生中常被撾杖五百餘世罪畢爲人常嬰重病痛不離身尒時國王者今調達是五百者今此病比丘是時賢者今吾身是吾以前世爲其恕鞭不著身是故世尊躬爲洗之人作善惡福隨人雖更生死不可得免於是世尊即說偈言

撾杖良善 妄讒無罪 其殃十倍
災迅無赦 生受酷痛 形體毀擗
自然惱病 失意恍惚 人所輕笑
或縣官厄 財産耗盡 親戚離別

舍宅所有　災火焚燒　死入地獄
如是爲十
時病比丘聞佛此偈及宿命事剋心自責所患除愈得阿羅漢道賢提國王沒命奉行得須陀洹道
又善生經云瞻病人不應生厭若自無物出外求之若不得貸三寶物看差已十倍還之五百問事云看病人將病人物爲病人供給所須不問病者或問起嫌並不得用若已取者應償不還犯重罪又四分律云看病得五功德一知病人可食不可食可食便與二不惡賤病人大小便利唾吐三有慈愍心不爲衣食故看四能經理湯藥乃至差若命終五能爲病人說法歡喜已善法增長

醫藥部第四

夫人有四支五藏壹覺壹寐呼吸吐納精氣往來流而爲榮衛彰而爲氣色發而爲音聲此人之常數也陽用其精陰用其形天人所同也及其失也烝則生熱否則生寒結而爲瘤贅陷而爲癰疽奔而爲之喘竭而爲焦故良醫導之以鍼石救之以藥濟聖人和之以至德輔之以人事故體有可愈之疾天地有可消之災也
如增一阿含經云介時世尊告諸比丘有三大患云何爲三一風爲大患二痰爲大患三冷爲大患然有三良藥治風患者酥爲良藥及酥所作飯食若痰患者蜜爲良藥及蜜所作飯食若冷患者油爲良藥及油所作飯食是謂三大患有此三藥治如是比丘亦有三大患一貪欲二瞋恚三愚癡然有三良藥治一若貪欲起時以不淨往治及思惟不淨道二若瞋恚大患者以慈心往治及思惟慈心道三若愚癡大患者以智慧往治及思惟因緣所起道是謂比丘有此三大患有此三藥治
又金光明經云佛在世時有持水長者善知醫方救諸病苦持水長者有子名曰流水端正第一威德具足受性聰敏善解諸論見諸衆生受諸苦惱時長者子即至父所說偈問言

云何當知　四大諸根　衰損代謝
而得諸病　云何當知　飲食時節
若食食已　身火不滅　云何當知
治風及熱　水過肺病　及以等分
何時動風　何時動熱　何時動水
以害衆生　時父長者　即以偈頌
解說醫方　而答其子　三月是夏
三月是秋　三月是冬　三月是春
是十二月　三三而說　從如是數
一歲四時　若二二說　足滿六時
三三本攝　二二現時　隨是時節
消息飲食　是能益身　醫方所說
隨時歲中　諸根四大　代謝增損
令身得病　有善醫師　隨順四時
三月將養　調和六大　隨病飲食
及以湯藥　多風病者　夏則發動
其熱病者　秋則發動　等分病者
冬則發動　其肺病者　春則增劇
有風病者　夏則應服　肥膩鹹酢
及以熱食　有熱病者　秋服冷甜
等分冬服　甜酢肥膩　肺病春服
肥膩辛熱　飽食然後　則發肺病
於食消時　則發熱病　食消已後
則發風病　如是四大　隨三時發

病風羸損　補以蘇膩　熱病下藥
服呵梨勒　等病應服　三種妙藥
所謂甜辛　及以蘇膩　肺病應服
隨時吐藥　若風熱病　肺病等分
違時而發　應當任師　籌量隨病
飲食湯藥

又智度論云般若波羅蜜能除八萬四千病根本此之八萬四千皆從四病起一貪二瞋三癡四三毒等分此之四病各分二萬一千以不淨觀除貪欲二萬一千煩惱以慈悲觀除瞋恚二萬一千煩惱以因緣觀除愚癡二萬一千煩惱揔用上藥除等分病二萬一千煩惱譬如寶珠能除黑暗般若波羅蜜亦能除三毒煩惱病

安置部第五

蓋聞三界之宅寔四大之器六塵之境是五陰所居良由妄想虛搆惑倒交興致使萬苦爭纏百憂揔萃今既報熟命臨風燭然眾生貪著至死不覺恐在舊所戀愛貲財深著眷屬佛教移處令生厭離知無常將至使興心正念也

如僧祇律云若是大德病者應在露現處上好房中擬道俗問訊生善訊病人每須燒香然燈香汁塗地供待人客依西域祇桓寺圖云寺西北角日光沒處為無常院若有病者安置在中堂號無常多生厭背去者極眾還唯一二其堂內安一立像金色塗者面向東方當置病人在像前坐若無力者令病人臥面向西方觀佛相好其像手中繫一五色綵幡令病人手執幡脚作往生淨土之意坐處雖有便利世尊不以為惡原其此土本是雜穢之處猶降靈俯接下類群生況今將命投佛寧相棄捨隨病人所樂何境或作彌陀彌勒阿閦觀音等形如前安置燒香散華供養不絕生病者善心

斂念部第六

夫三界非有五陰皆無四倒十纏共相和合一切如電揮萬劫於俄頃丘井易淪終漂沈於苦海迷途遂遠弱喪亡歸區區七尺莫知其假耳目之外終自空談靡依靡救不信不受生靈一謝再返無期所以撫心自惻臨危安泰也

故十誦律云看病人應隨病者先所習學而讚歎之不得毀呰退本善心

又四分律云為病人說法令其歡喜

又毗尼母論云病人不用看病人語看病人違病者意並得罪又華嚴經臨終為人說偈云

又放光明名見佛　彼光覺寤命終者
念佛三昧必見佛　命終之後生佛前
念彼臨終勸念善　又示尊像令瞻敬
又復勸令歸依佛　因是得成見佛光

往生論云若善男子善女人修五念成就者畢竟得生安樂國土見彼阿彌陀佛何等為五一者禮拜二者讚歎三者作願四者觀察五者迴向又隨願往生經云佛告普廣菩薩若四輩男子女人臨終之日願生十方佛剎土者當先洗浴身體著鮮潔之衣燒眾名香懸繒幡蓋歌讚三寶讀誦尊經為病者說因緣譬喻善巧言詞微妙經義苦空非實四大假合形如芭蕉中無有實又如電光不得久停故云色

不久鮮當歸壞敗精誠行道可得度
若隨心所願無不獲果
述曰如前敎已復將經像至病人所
題其經名像名告語示之使開目覩
見令其惺寤兼請有德智人讀誦大
乘明揚讚唄幡華亂墜宛轉目前香
氣氛氳常注鼻根常與善語勿傳惡
言以臨終時多有惡業相現不能立志
排除是故瞻病之人特須方便善巧
誘誡使心心相續剎那不駐乘此福
力作往生淨土之意故智度論云從
生作善（惡）臨終惡念便生惡道從生作
惡臨終善念而生天上又維摩經云
憶所修福念於淨命
又正法念經云若有衆生持戒於破
戒病人不求恩惠心不疲猒供養病
人命終生普觀天五欲縱逸不知猒
足而說頌曰
紫紱未可得　漳濵徒爾離　一逢犬馬病
貴育罷驅馳　既無九轉術　復闕萬金奇
不著搜盥掌　唯夢蓮華池
感應緣 略引一十四驗
晉歐議曹椽　晉袁無忌
晉康法朗　晉安慧則
晉竺法義　宋羅璵妻費氏
宋王文明　宋李清
宋釋曇穎　魏王長豫
齊釋慧進　隨釋僧善
唐薩孤訓　唐釋徹師
晉南郡議曹椽姓歐得病經年骨消
宍盡巫毉備至無復方計其子夜如
得睡眠夢見數沙門來視其父明旦
便往詣佛圖見諸沙門問佛爲何神
沙門爲說事狀便將諸道人歸請讀
經再宿病人自覺病如輕晝得小眠
如舉頭見門中有數十小兒皆五綵
衣手中有持幡仗者刀矛者於門走
入有兩小兒在前徑至簾前忽便還
走語後衆人小住小住屋中純是道
人遂不復來前自此後病漸漸得差 右此一驗出靈鬼志
晉陳國袁無忌寓居東平永嘉初得
疫癘家百餘口死亡垂盡往避大宅權
住田舍有一小屋兄弟共寢版牀薦
席數重夜眠失曉牀出在戶外宿昔
如此兄弟怪愶皆不眠後見一婦人
來在戶前知忌等不眠前却戶外時
未署明月朗見之絳衣白莊頭上有
花鈿及銀釵象牙梳忌等便逐之初
繞屋走四倒頭髮及花鈿之屬皆墮
落忌悉拾之仍復出門南走臨道有
井遂入井中忌還眠天曉視花鈿及
釵手梳並是眞物掘壞井得一楸棺
三分井水所漬忌便易棺器衣服還
其物於高燥處葬之遂斷 右此一驗出志怪集
晉沙門康法朗學於中山永嘉中與
一比丘西入天竺行過流沙千有餘
里見道邊敗壞佛圖無復堂殿蓬蒿
沒人法朗等下瞻禮拜見有二僧僧
各居其傍一人讀經一人患痢穢汙
盈房其讀經者了不營視朗等慨然
興念留爲煑粥掃除澣濯至六日病
者稍困注痢如泉朗等共料理之其
夜朗等並謂病者必不移旦至明晨
往視容色光悅痛狀休然屋中穢物
皆是華馨朗等乃寤是得道眞士以
試人也病者曰隣房比丘是我和尚久
得道慧可往禮覲法朗等先嫌讀經
沙門無慈愛心聞已乃作禮悔過讀

經者曰諸君誠契并至同當入道朗公宿學業淺此世未得願也謂朗伴云慧此若植根深當現世得願因而留之法朗後還中山為大法師道俗宗之（右此一驗出冥祥記）

晉雒陽大市寺有安慧則未詳氏族少無常性卓越異人而工正書善能談吐晉永嘉年中天下疫病則晝夜祈誠願大神降靈以愈萬民一日出寺門見兩石形如甕則疑是異物取看之果有神水在內病者飲服莫不皆愈後止雒陽大市寺手自細書黃縑寫大品一部合為一卷字如小豆而分別可識凡十餘本以一本與汝南周仲智妻胡氏供養胡毋過江賫經自隨後為災火所延倉卒不暇取經悲泣懊惱火息後乃於灰中得之首軸顏色一無虧損于時同見聞者莫不迴邪改信此經今在京師簡靖寺靖首尼處（右此一驗出梁高僧傳）

晉沙門竺法義山居好學住在始寧保山後得病積時攻治備至而了不損日就綿篤遂不復自治唯歸誠觀世音如此數日晝眠夢見一道人來候其病因為治之刳出腸胃湔洗腑藏見有結聚不淨物甚多洗濯畢還內之語義曰汝病已除眠覺眾患豁然尋得復常案其經云或現沙門梵志之像意者義公所夢其是乎義以太元七年亡自竺長舒至義六事並宋尚書令傅亮所撰亮自云其先君與義游處義每說其事輒懍然增肅焉

宋羅璵妻費氏者寧蜀人父悅宋寧州刺史費少而敬信誦法華經數年勤至不倦後忽得病苦心痛守命闔門惶懼屬纊待時費氏心念我誦經勤苦宜有善祐庶不於此遂致死也既而睡臥食頃如寤如夢見佛於窻中授手以摩其心應時都愈一堂男女婢僕悉覩金光亦聞香氣璵從妹即琰外族曾祖尚書中兵部費愔之夫人也于時省疾牀前亦具聞見於是大興信悟虔戒至終每以此瑞進化子姪焉

宋時王文明宋泰始末作江安令妻久病女於外為毋作粥將熟變而為血棄之更作亦復如初如此者再毋尋亡沒其後兒女在靈前哭忽見其毋臥靈牀上貌如平生諸兒號感奄然而滅文明先愛其妻手下婢妊身將產葬其妻日使婢守屋餘人悉詣墓所部伍始發妻便現形入戶打婢其後諸女為父辦食殺雞刳洗已竟雞忽跳起軒首長鳴文明尋卒諸男相繼喪亡（右三驗出述異記）

宋李清者吳興於潛人也仕桓溫大司馬府參軍督護於府得病還家而死經夕蘇活說云初見傳教持信幡喚之云公欲相見清謂是溫召即起東帶而去出門見一竹輿便令中二人推之疾速如馳至一朱門見阮敬時敬死已三十年矣敬問清曰卿何時來知我家何似清云卿家異惡敬便雨淚言知吾子孫如何荅云且可我今令卿得脫汝能料理吾家不清云能若能如此不負大恩敬言僧達道人是官師甚被敬禮當苦告之還內良久遣人出云門前四層寺官所

趣也僧達常以平旦入寺禮拜宜就求哀清往其寺見一沙門語曰汝是我前七生時弟子已經七世受福迷著世樂忘失本業背正就邪當受大罪今可改悔和尚明出當相佐助清還先與中夜寒噤凍至曉門開僧達果出至寺清便隨逐稽顙僧達云汝當革心為善歸命佛法歸命比丘僧受此三歸可得不橫死受持勤者亦不經苦難清便奉受又見昨所遇沙門長跪請曰此人僧手宿世弟子忘失正法方將受苦先緣所追今得歸命願垂慈愍荅曰先是福人當易拔濟耳便還向朱門俄遣人出云李參軍可去敬時亦出與清一青竹枝令閉眼騎之清如其語忽然至家家中啼哭及鄉親塞堂欲入不得會買棺還家人及客赴監視之唯屍在地清入至屍前聞其屍臭自念悔還但外人過突不覺入屍時於是而活即營理敬家分宅以居於是歸心三寶勤信法教遂作佳流弟子（右此一驗出冥祥記）

宋長干寺有釋曇穎會稽人少出家謹於戒行誦經十餘萬言止長干寺善巧宣唱天然獨絕穎嘗患癬瘡積治不除房內常供養一觀世音像晨夕禮拜求差此疾異時忽見一蛇從像後緣壁上屋須臾有一鼠子從屋墮地涎涶沐身狀如已死穎候似活即取竹刮除涎涶又聞蛇所吞鼠能療瘡疾即行取涎涶以傅癬上所傅既遍鼠亦還活信宿之間瘡痍頓盡方悟蛇之與鼠皆是祈請所致於是君王所重名播遐邇後卒所住年八十一（右此一驗出唐高僧傳）

魏中書郎王長豫有美名父丞相至所珍愛遇疾轉篤丞相憂念特至政在牀上坐不食已積日忽為現一人形狀甚壯著鎧執刀王問君是何人荅曰僕是蔣侯也公兒不佳欲為請命故來耳勿復憂王欣喜動容即命求食食遂至數升內外咸未達所以食畢忽復慘然謂王曰中書命盡非可救者言終不見（右此一驗出幽明錄）

前齊永明中楊都高座寺釋慧進者少雄勇游俠年四十忽悟非常因出家蔬食布衣誓誦法華用心勞苦執卷便病迺發願造百部以悔先障始聚得一千六百文賊來索物進示經錢賊慚而退尒後遂成百部故病亦愈誦經既度情願又滿迴此誦業願生安養聞空中告曰汝願已足必得往生無病而卒八十餘矣（右此一驗出冥祥記）

隋文成郡馬頭山釋僧善姓席氏絳郡正平人也仁壽之歲其道彌隆及疾篤將亟告弟子曰吾患腸中冷結者昔在少年山居服業糧粒既斷嬾往追求啖小石子用充日夕因覺為病死後破腸看之果如所言若吾終後不須焚燎外損物命可坐于甕中埋之以大業初年卒于大黃巖中道俗依言而殯絳州僧龔比丘承習善公不斷化法善師終日他行不見後尋其遺骸莫知所在忽聞爆聲振裂響發林谷見地分涌甕出于外散骨如雪唯舌存焉紅赤鮮映踰於生日因取舌骨宍以為塔（右一驗出唐高僧傳）

唐貞觀二十年征龜玆有薩孫訓者為行軍倉曹參軍及屠龜玆城後乃

法苑珠林第九十五　第二十四張　戊字

於精舍內佛面取金箔日之間眉毛摠落還至伊州乃於佛前悔過所得金者皆迴造功德未幾眉毛復生

唐鋒州南孤山陷泉寺沙門徹禪師曾行遇癘人在穴中徹引出山中爲鑿穴給食令誦法華經素不識字加又頑鄙句句授之終不辭倦誦經向半夢有教者自後稍聰得五六卷瘡漸覺愈一部既了鬚眉平復膚色如常故經云病之良藥斯言驗矣右一驗出冥報拾遺

法苑珠林卷第九十五

法苑珠林卷第九十五

校勘記

一　底本，金藏廣勝寺本。六四五頁中一行至五行原版缺，以麗藏本補。

一　六四五頁中一行經名，徑作「法苑珠林卷第一百十四」。卷末經名同。

一　六四五頁中二行撰者，磧、南作「大唐上都西明寺沙門釋道世字玄惲撰」；徑作「唐上都西明寺沙門釋道世玄惲撰」；清作「唐西明寺沙門釋道世撰」。

一　六四五頁中三行「此有六部」，徑無。

一　六四五頁中四行至五行「述意部……斂念部」，徑無。

一　六四五頁中六行「第一」，徑無。以下部目下序數例同。

一　六四五頁中一六行第六字「常」，磧、南、徑、清作「恒」。六四七頁下一三行第一二字同。

一　六四五頁中二一行「潰瀾」，徑、清作「潰爛」。

一　六四五頁下二行「患常」，磧、南、徑、清作「恒常」。

一　六四五頁下三行「否膈」，磧、南、徑、清作「痞膈」。

一　六四五頁下一七行首字「亟」，磧、南、徑、清作「互」。

一　六四五頁下一九行「神鬼河沙」，磧、南、徑、清作「鬼神恒沙」。

一　六四六頁上一行第七字「道」，磧、南、徑、清、麗作「神道」。

一　六四六頁上一〇行夾註左「熱微」，磧、徑作「熱徵」。

一　六四六頁上一九行「十一月」，磧、南、徑、清作「十一月十二月」。

一　六四六頁中四行第一二字「寒」，磧、南、徑、清作「寒水」。

一　六四六頁中八行第五字「從」，磧、南、徑、清作「從是」。

一　六四六頁中末行第七字「乃」，磧、南、徑、清作「及」。

一六四六頁下一三行「不得差常在」，磧、南、徑、清作「不得時差恒在」；麗作「不得時差常在」。

一六四七頁上九行「斗量」，南、徑作「升量」。一七行同。

一六四七頁上一一行第六字「出」，磧、南、徑、清無。又末字「瘋」，磧、南、徑、清作「癲」。

一六四七頁上一五行「慧施」，磧、南、徑、清、麗作「惠施」。

一六四七頁上一八行第八字「日」，磧、南、徑、清作「曰」。

一六四七頁中六行第八字「被」，磧、南、徑、清作「致」；麗作「彼」。

一六四七頁中七行「善權」，南作「善根」。

一六四七頁下四行第六字「因」，磧、南、徑、清作「困」。

一六四七頁下一行第七字「主」，徑作「王」。又第一〇字「人」，磧、南、徑、清作「此人」。

一六四七頁下一七行第七字「恕」，磧、南、徑、清作「所恕」。

一六四七頁下一八行第一〇字「福」，磧、南、徑、清、麗作「殃福」。

一六四七頁下二一行末字「㾮」，磧、南、徑、清作「折」。

一六四八頁上一六行第五字「已」，磧、南、徑、清作「已身」。

一六四八頁上一七行「醫藥部」，磧、南、徑、清作「醫療部」。

一六四八頁上二二行末字「贅」，磧、南、徑、清、麗作「贊」。

一六四八頁中七行首字「治」，磧、南、徑、清作「治若」。

一六四八頁中一五行「思惟」，磧、南、徑、清無。

一六四九頁上末行第三字「正」，磧、南、徑、清無。

一六四九頁中二行末字「訊」，磧、南、徑、清、麗作「瞻」。

一六四九頁中八行首字「者」，磧、南、徑、清作「香」。

一六四九頁中二二行「區區」，磧、南、徑、清作「形軀」。

一六四九頁下一行「自惻」，磧、南、徑、清作「自測」。

一六四九頁下八行第四字「人」，磧、南、徑、清、麗作「病人」。

一六四九頁下一二行第四字「令」，磧、南、徑、清作「念」。

一六四九頁下二一行第七字「譬」，磧、南、徑、清無。

一六五〇頁上六行第二字「明」，麗作「助」。

一六五〇頁上七行第四字「常」，磧、南、徑、清作「當」。又第八字「常」，磧、南、徑、清作「恒」，次頁上七行第三字同。

一六五〇頁上一八行「而說」，磧、南、徑、清無。

一六五〇頁上二一行「不著授盥掌」，磧、南、徑、清作「不看授鹽掌」。

一六五〇頁上二二行「一十四驗」，磧、南作「一十五驗」；清作「一十四部」。

一六五〇頁上末行「曹椽」，磧、南、徑、清作「曹掾」，下同。又「晉袁無忌」，徑作「晉陳國袁無忌」；清作「陳國袁無忌」。

一六五〇頁中一行「晉康法朗」，徑作「晉沙門康法朗」；清作「沙門康法朗」。又「晉安慧則」，磧、南作「晉安惠則」；徑作「晉沙門安惠則」；清作「沙門安惠則」。

一六五〇頁中二行「晉竺法義」，徑作「晉沙門竺法義」；清作「沙門竺法義」。又第五字「宋」，磧作「晉」。

一六五〇頁中三行「宋王文明」，徑作「宋江安令王文明」；清作「江安令王文明」。又「宋李清」，徑作「宋吳興李清」；清作「吳興李清」。

一六五〇頁中四行「宋釋曇穎」，徑作「宋沙門曇穎」；清作「沙門曇穎」。

一六五〇頁中五行「隨釋僧善」，磧、南、麗作「隋釋僧喜」；徑、清作「隋釋僧善」。

一六五〇頁中六行「薩孤訓」，南、徑、清作「薛孤訓」，下同。又「唐釋徹師」，徑作「唐沙門徹師」；清作「沙門徹師」。

一六五〇頁中一六行第一二字「純」，磧、南、徑、清作「經」。

一六五〇頁下三行「花鍾」，磧、南、徑、清作「范鍤」。四行、六行同。

一六五〇頁下一一行「一比丘」，徑、清作「四比丘」。

一六五〇頁下一三行末字「僧」，磧、南、徑、清無。

一六五〇頁下一四行第四字「傍」，磧、南、徑、清作「一」。

一六五〇頁下一六行「帰除」，磧、南、徑、清、麗作「掃除」。

一六五〇頁下二〇行「真士」，磧、南、徑、清作「冥士」。

一六五一頁上三行第四字「若」，磧、南、徑、清作「居」。

一六五一頁上九行第七字「靈」，磧、南、徑、清、麗作「藥」。

一六五一頁上一五行「胡氏」，磧、南、徑、清作「胡母氏」。

一六五一頁上二〇行夾註左「梁高僧傳」，磧、南、徑、清作「梁高僧傳矣」。

一六五一頁中一三行末字「閭」，磧、南、徑、清、麗作「閻」。

一六五一頁中一八行第五字「覩」，磧作「都」。

一六五一頁中一九行第一一字「部」，磧、南、徑、清作「郎」。

一六五一頁下一〇行夾註「右三驗出述異記」，磧、南、徑、清作「右此三驗出迷異記」。

一六五一頁下一三行「經夕」，磧、南、徑、清作「經久」。

一六五一頁下一五行第一三字「中」，磧、南、徑、清、麗作「入中」。

一六五一頁下一七行「三十」，清作「二十」。

一六五一頁下一九行「且可」，磧、南、徑、清作「具可」。

一 六五二頁上六行第二字「興」，磧、南、徑、清作「與」。又第八字「至」，磧作「死」。

一 六五二頁上一一行第八字「手」，徑、清作「乎」；麗作「中」。

一 六五二頁上一一行末二字至次行首二字「忘失正法」，磧、南、徑、清作「忘正失法」。

一 六五二頁上一三行「拔濟」，麗作「扶濟」。

一 六五二頁中三行第六字「常」，磧、南、徑、清作「恒」。

一 六五二頁中六行第一一字「穎」，磧、南、徑、清、麗作「潁」。

一 六五二頁中一二行夾註右第二字「此」，磧、南、徑、清無。

一 六五二頁中一六行第一〇字「若」，磧、南、徑、清、麗作「君」。

一 六五二頁中一七行「不往」，磧、南、徑、清作「不佳」；麗作「不住」。

一 六五二頁下一〇行第四字「亟」，磧、南、清作「極」。

一 六五二頁下一二行「日夕」，磧、南作「日久」。

一 六五二頁下二一行第四字「宍」，磧、南、徑、清作「肉」。

一 六五三頁上一行第四字「內」，磧、南、徑、清、麗作「剥」。

一 六五三頁上五行「癘人」，磧、南、徑、清、麗作「癩人」。

法苑珠林卷第九十六

西明寺沙門釋道世撰

捨身篇第九十六此有二部

述意部第一

夫色性無象觸必歸空三世若假入微終散雖復迴天震地之威會歸磨滅齊冠楚組之麗靡救埃壤所以形非定質衆緣所聚四塵不同風火常異攝而離之本非一物燕肝越膽未足爲譬菩薩利生方窮其旨而積此淪昏生生不已一念儻値曾未移時障習相蕩旋迷厭路横指呼空名之爲有養已傷命號之爲毒蓄身外之財以充其慾攘非已之分用成其侈豈直温肌嗛腹若此而已哉至於積篋盈藏溢俎充庖無始迄今供此幻我亦未猒足靜思此事豈不罪歟今既覺過徒畜坏瓶物我俱空寶惜何在是以體知幻僞大士常心捨妄求眞菩薩常願證知三界爲晨夜之宅握悟四生爲夢幻之境外云生以身爲逆旅死當以天地爲棺槨内云王子投身功逾九劫剞肌貿鴿駭震三千將令類古冀望同尒欲使白牛有長路之能寶舟有彼岸之力也

引證部第二

如金光明經云佛告大衆過去有王名摩訶羅陀常行善法無有怨敵時有三子殊特第一第一太子名摩訶波那羅次子名摩訶提婆小子名摩訶薩埵是三王子於園游戲漸到竹林憩駕止息第一王子作如是言我於今日心甚怖懼於是林中將無衰損第二王子復作是言我於今日不自惜身但離所愛心憂愁耳第三王子復作是言我於今日獨無怖懼亦無愁惱山中空寂神仙所讚是處閑靜令人安隱轉復前行見有一虎適産七日而有七子圍繞周帀飢餓窮悴身體羸損命將欲絶第一王子見是虎已言若爲飢逼必還噉子第三王子言君等誰能與此虎食第一王子言此虎餘命無幾不容餘處爲其求食命必不濟誰能爲此不惜身命第二王子言一切難捨不過已身第三王子言若諸大士欲利益他生大悲心不足爲難時諸王子心大愁憂久在視之目未曾捨作是觀已尋便離去尒時第三王子言我今捨身時已到矣我從昔來多棄是身都無所爲隨時將養令無所乏而不知恩反生怨害然復不免無常敗壞今捨此身作無上業於生死海中作大橋梁永離憂患無常變異智慧功德具足成就即便語言兄等今者可與眷屬還其所止尒時王子摩訶薩埵還至虎所脱身衣裳置竹枝上作是誓言我今爲利諸衆生故證於最勝無上道故欲度三有諸衆生故是時王子作是誓已即自放身卧餓虎前以大悲力虎無能爲王子念言虎今羸瘦身無勢力不能得我身血宍食即起求刀了不能得即以乾竹刺頸出血是時大地六種震動日無精光又雨雜華種種妙香時虚空中有諸天見心生歡喜歎未曾有善哉大士眞大悲者爲衆生故能捨難捨不久當證清淨涅槃是虎見血流汗王身即便䑛血

噉食其宍唯留餘骨尒時兩兄見地
大動日無精光雨諸華香必是我弟
捨所愛身時二王子心大愁悑涕泣
悲歎容貌樵瘁復共相將還至虎所
見弟所著衣裳皆悉在一竹枝之上
骸骨髮爪布散狼藉流血處處編汙
其地見已悶絶不自勝持投身骨上
良久乃穌即起舉手呼天而哭我弟
幼稚才能過人父母所愛奄忽捨身
我今還宮父母設問當云何荅我寧
在此併命一處不忍還見父母眷屬
時小王子所將侍從各散諸方互相
謂言今者我天為何所在
尒時王妃於睡眠中夢乳被割牙齒
墮落得三鴿鶵一為鷹食尒時王妃
大地動時即便驚寤心大愁悑而說
偈言
今日何故　大地大水　一切皆動
物不安所　日無精光　如有覆蔽
我心憂苦　目瞼瞤動　如我今者
所見瑞相　必有災異　不祥苦惱
於是王妃說是偈已時有青衣在外
聞王子消息心驚惶悑即啓王妃作

如是言向者在外聞諸侍從推覓王
子不知所在王妃聞已生大憂惱至
大王所具傳此事王聞悶絶悲哽苦
惱收淚而言如何今日失我心中所
愛重者尒時世尊而說偈言
尒時大王　即從座起　以水灑妃
良久乃蘇　還得正念　微聲問王
我子今者　為死活耶　尒時大王
即告其妃　我今當遣　大臣使者
周徧東西　推求其子　汝今且可
莫大憂愁　大王如是　慰喻妃已
即便嚴駕　出其宮殿　是時大王
既出城已　四向顧望　求覓其子
煩惋心亂　靡知所在　最後遙見
有一信來　既至王所　作如是言
願王莫愁　諸子猶在　不久來至
令王得見　須臾之頃　復有臣來
大王當知　一子已終　二子雖存
哀瘁无賴　第三王子　見虎新產
飢窮七日　恐還食子　見是虎已
深生悲心　發大誓願　當度衆生
於未來世　證成菩提　即上高處
投身餓虎　虎飢所逼　便起噉食

一切血宍　已為都盡　唯有骸骨
狼藉在地　是時大王　聞臣語已
轉復悶絶　失念躃地　憂愁感火
熾然其身　諸臣眷屬　亦復如是
以水灑王　良久乃蘇　復起舉手
號天而哭　復有臣來　而白王言
向於林中　見二王子　愁憂苦毒
悲號啼哭　迷悶失志　自投於地
臣即求水　灑其身上　是最小子
我所愛重　無常大鬼　奄便吞食
其餘二子　今雖存在　而為憂火
之所焚燒　或能為是　喪失命根
我宜速往　至彼林中　迎載諸子
急還宮殿　其母在後　憂苦逼切
與諸侍從　欲至彼林　即於中路
見其二子　號天扣地　稱弟名字
時王即前　抱持二子　悲號涕泣
隨路還宮　速令二子　覲見其母
佛告樹神　汝今當知　尒時王子
摩訶薩埵　捨身飼虎　今我身是
尒時大王　摩訶羅陁　於今父王
輸頭檀是　尒時王妃　今摩耶是
第一王子　今彌勒是　第二王子

今調達是　尒時虎者　今瞿夷是時虎七子　今五比丘　及舍利弗目揵連是

尒時大王摩訶羅陁及其妃后悲號涕泣悉皆脫身御服瓔珞與諸大衆往竹林中收其舍利即於此處起七寶塔是時王子摩訶薩埵臨捨命時作是誓願我舍利於未來世過筭數劫常為衆生而作佛事

又法華經藥王菩薩本事品略要云尒時佛告宿王華菩薩乃往過去無量殑伽河沙劫有佛號日月淨明德如來尒時彼佛為一切衆生喜見菩薩及衆菩薩諸聲聞衆說法華經是喜見菩薩樂習苦行於日月淨明德佛法中精進經行一心求佛　滿萬二千歲已而自念言我雖以神力供養於佛不如以身供養即服諸香滿千二百歲已香油塗身於淨明德佛前以天寶衣而自纏身灌諸香油　以神通力而自然身光明徧照八十億殑伽河沙世界其中諸佛同時讚言善哉善哉是名真精進是名真法供養

如來其身火然千二百歲過是已後其身乃盡喜見菩薩作如是法供養已命終之後復生淨明德國中於淨德王家忽然化生而白父言淨明德佛今故現在我先供養佛已得解一切衆生語言陁羅尼復聞是法華經我今當還供養此佛乃至彼佛入涅槃已收佛舍利作八萬四千寶塔即於八萬四千塔前然百福莊嚴臂七萬二千歲而以供養令無數求聲聞衆無量阿僧祇人發阿耨菩提心尒時諸菩薩天人阿脩羅等見其無臂憂惱悲哀喜見菩薩是我等師教化我者而今燒臂身不具足于時一切衆生喜見菩薩於大衆中立此誓言我捨兩臂必當得佛金色之身若實不虛令我兩臂還復如故作是誓已自然還復當尒之時大千世界六種震動天雨寶華一切人天得未曾有佛告宿王華菩薩於汝意云何一切衆生喜見菩薩豈異人乎今藥王菩薩是也若有發心欲得阿耨菩提者能然手指乃至足一指供養佛塔勝

以國城妻子及三千大千國土珍寶而供養者

問曰菩薩捨身得自殺罪不荅曰依律未捨命前得方便小罪偷蘭遮若捨命已無罪可屬所以不得殺人大罪若依大乘菩薩猒離生死為供養佛及為一切衆生興大悲心無害他意反招其福何容得罪故文殊師利問經云佛言若殺自身無有罪報何以故如菩薩殺身唯得功德我身由我故若身由我得罪果者剪爪傷指便當得罪何以故自傷身故菩薩捨身非是無記唯得福德是煩惱滅故身滅故得清淨身譬如垢衣以灰汁澣濯垢滅衣在（自外經明菩薩捨身非事一二如月光捨頭尸毗割股或作師子象王捨手與皮或作瘂身飡王濟尼揵人或作大龜大鸚救人水難或作大魚宍山施飢饉若如是具列非一並撒配副篇恐以文繁不可重述）

頌曰

龔勝無遺生　李業有窮盡　嵇叟理既迫

霍子命亦殞　屢屢厚霜栢　納納衝風菌

邂逅竟幾時　脩短非所愍　恨我君子志

不得巖上泯　送心正覺前　斯痛久已忍

既知人我空　何愁心不謹　唯願乘來生

捨親同識朕

感應緣 略引九驗

黃帝時寗封子

宋沙門釋慧紹

宋沙門釋僧瑜

宋沙門釋慧益

梁沙門釋道度

周沙門釋僧崖

周沙門釋靜藹

隋沙門釋大志

唐沙門釋會通

寗封子黃帝時人也世傳為黃帝陶正有人過之為其掌火能出入五色煙久則以教封子封子積火自燒而隨煙上下視其灰燼猶有其骨時人共葬之寗北山中故謂之寗封子焉右此一驗出搜神記

宋臨川招提寺有釋慧紹不知氏族小兒時母哺魚肉輒吐啗菜不疑於是便蔬食至八歲出家為僧要弟子精勤稟勵苦行標節後隨要止臨川招提寺乃密燒身之意常雇人斫薪積於東山石室高數丈中央開一龕

足容已身乃還寺辭要要苦諫不從即於焚身之日於東山設大衆八關齋并告別知識其日闔境奔波車馬人衆及賫金寶不可稱數至夜行道紹自行香行香既竟執燭然薪入中而坐誦藥王本事品衆既不見紹悟其已去禮拜未畢悉至薪所薪已洞然誦聲未息火至額聞唱一心言已奄絕大衆咸見有一星其大如斗直下煙中俄而上天則見者咸謂天宮迎紹經三日薪聚乃盡紹臨終謂同學曰吾燒身處當生梧桐慎莫伐之其後三日果生焉紹焚身是元嘉二十八年年二十八

宋廬山招提寺有釋僧瑜姓周吳興餘杭人弱冠出家業素純粹元嘉十五年與同學曇溫慧光等於廬山南嶺共建精舍名曰招隱瑜嘗以為結累三塗情形故也情將盡矣形亦宜捐藥王之轍獨何云遠於是屢發言誓始契燒身以宋孝建二年六月三日集薪為龕并請僧設齋告衆辭別是日也雲霧晦合密雨交零瑜乃誓

曰若我所志克明天當晴朗如其無感便當滂注使此四輩知神應之無晦也言已雲景明霽至初夜竟便入薪龕中合掌平坐誦藥王品火焰交至猶合掌不散道俗知者奔走彌亙並稽首作禮願結因緣咸見紫氣騰空久之乃歇時年四十四其後旬有四日瑜房中生雙桐樹根枝豐茂巨細相如貫壞直聳遂成奇樹深識者以為娑羅寶樹剋炳泥洹瑜之庶幾故見斯證因號為雙桐沙門吳郡張辯為平南長史親覩其事具為傳贊曰

悠悠玄機　溢溢至道　出入生死
孰為妙寶其一　自昔藥王　殊化絕倫
往聞其說　今覩斯人其二　英英沙門
慧定心固　凝神紫氣　表迹雙樹其三
其德可樂　其操可貴　文之作矣
或颺髣髴其四

宋釋慧益廣陵人少出家隨師止壽春宋孝建中出都憩竹林寺精勤苦行誓欲燒身衆人聞者或毀或讚至大明四年始就却粒唯餌麻麥到六

年又絕麥等但食蘇油有須又斷
蘇油唯服香丸雖四大羸微而神情
篤正孝武深加敬異致問殷勤遣太
宰江夏王義恭詣寺諫益益誓志
無改至大明七年四月八日將就焚燒
乃於鍾山之南置鑊辨油其日朝乘
牛車而以人牽自寺之山以帝王是
兆民所憑又三寶所寄乃自力入臺
至雲龍門不能步下令人啓聞慧益
道人今就捨身詣門奉辭深以佛法
仰囑帝聞改容即躬出雲龍門益既
見帝重以佛法憑囑於是辭去帝亦
續至諸王妃后道俗士庶塡滿山谷
投衣棄寶不可勝計益乃入鑊據一
小牀以劫貝自纏上加一長帽以油灌
之將就著火帝令太宰至鑊所請
喻曰道行多方何必殞命幸願三思
更就異途益雅志確然曾無悔念乃
答曰微軀賤命何足上留天心聖慈
同已者願度世人出家降勑即許益
乃自手執燭以然帽帽然棄燭合掌
誦藥王品火至眉誦聲猶分明又至
眼乃昧貴賤哀嗟響振幽谷莫不彈
指稱佛惆悵投淚火至明旦乃盡帝
於于時聞空中笳管異香芬馥帝盡
日方還宮夜夢見益振錫而至更囑
以佛法明日帝為設齋度人令齋主
唱白具叙徵祥燒身之處造藥王寺
以擬本事也
梁普通年小莊嚴寺有道度禪師
戒行淳直善明摩訶衍梁帝欽重
齊同四果禪師每歎此身將同毒
樹若身命無常棄屍陀林施以鳥獸
於檀度成滿亦為善業八萬戶蟲不
可燒盡非所勸也乃稍積薪柴漸就
減食其普通七年十一月三日鍾自
虛鳴寺衆驚恐莫測何相其月八日
鍾復自鳴乃與大衆共結善緣尒後
不復更食唯用澡瓶以汲清水日飲
一升至二十五日朝寺衆同往見瓶
發五色光曜雜氣氛氳至二十九日
旦寺主僧全等數人共登禪室遙見
龕中紫光外照其日將暮忽有群鳥
五六百頭同集一樹俛頸西飛是夜
二更初竟寺有雜色光暎燭房宇至
五更中聞山頂上火聲振裂驚走往
覩見禪師合掌火中春秋六十有六
刺史武陵王乃遣灑埽收斂於其處
而建塔焉後時聞山頂有石磬之聲
聲甚清徹先燒身之處有大樹枯
死十有餘年禪師入山常坐樹下後
春遂生枝葉（右此一驗出梁高僧傳）
周益州沙門釋僧崖姓牟氏而幼年
少言不雜俳戲每游山泉必先禮而
後飲或諦不瞬坐以終日人問其故
答曰是身可惡我思之耳後必燒之
及年長從戎殺然網正當臨伴捕魚
得已分者用投諸水謂伴曰殺非好
業我今舉體皆現生瘡誓斷獵矣
遂燒其獵具時攘臂首領數百人共築
池塞貲以養魚崖率衆重往彼觀望
忽有異蛇長一尺許頭尾皆赤須臾
長大乃至丈餘圍五六尺獲衆奔散
蛇便趣水舉尾入雲赤光徧野久久
乃滅尋尒衆聚具論前事崖曰此無
憂也但斷殺業蛇不害人勸停池堰
衆未之許俄而隄防決壞遂即出家
以周武成元年六月於益州城西路
首以布裹左右五指燒之有問燒指

可不痛耶崖曰痛由心起心既無痛
指何所痛時入同號以為僧崖菩薩
或有問曰似有風疾何不治之答曰
身皆空耳知何所治又曰根大有對
何謂為空答曰四大五根復何住耶
衆服其言孝愛寺兊法師者有大見
解承崖發迹乃率弟子數十人往彼
禮敬解衣施之顧大衆曰眞解般若
非徒口說由是道俗通集倍加崇信
如是經日左手指盡火次掌骨髓沸
上涌將滅火焰乃以右手殘指挾竹
挑之有問其故崖曰緣諸衆生不能
行忍今勸不忍者忍不燒者燒耳兼
又說法勸勵令行慈斷宍雖煙焰俱
熾以日繼夕並燒二手眉目不動又
為四衆說法誦經或及語切詞要義
則領頭微笑時或心怠私有言志崖
顧曰我在山中初不識字今聞經語
句句與心相應何不至心靜聽若乘
我者則空燒此手何異樵頭耶於是
大衆懔然莫不專肅其後復告衆曰
末劫輕慢心轉薄淡見像如木頭聞
經如風過馬耳今為寫大乘經教故

燒身手欲令倍重佛法也闔境士女
聞者皆來繞數萬而崖怡然澄靜容
色不動頻集城西大道談論法化初
有細雨始將沾漬便斂心入定即雲散
月明而燒臂掌骨五枚如殘燭燼忽
然各生並長三寸白如珂雪僧尼僉
曰若菩薩滅後願奉舍利起塔供養
崖乃以口齧新生五骨拔而折之吐
施大衆曰可為塔也至七日十四日
忽有大聲狀如地動天裂人畜驚駭
於上空中或見犬羊龍蛇軍器等像
少時還息人以事問崖曰此無苦也
驚睡三昧耳吾欲捨身可辦供具時
孝愛寺導禪師戒行精苦耆年大
德捨六度錫杖并及紫被贈崖入火
僧淵遠送班納意願隨身于時人物
諠擾施財山積初不知二德所送物
也至明日平旦忽告侍者法陁曰汝往
取導師錫杖紫被及納袈裟來為吾
著之便往造焚身所于時道俗十餘
萬衆擁輦而哭崖曰但守菩提心義
無哭也便登高座為衆說法時時舉
目視於薪積欣然獨笑又傾右脇而

寢都無氣息狀若木人忽起問曰時
將欲至下足先白衆僧曰佛法難值
宜共護持先所積柴壘以為樓高數
十丈上作乾小室以油潤之崖緩步
至樓繞旋三帀禮拜四門便登其上
憑欄下望令念般若有施主王撰懼
曰我若放火便燒聖人將獲重罪崖
陰知之告撰上樓臂摩頂曰汝莫憂
造樓得罪乃大福也促令下火皆懼
畏之置炬著地崖以臂挾炬先燒西
北次及西南麻燥油濃赫然熾合於
盛火中放火設禮比第二拜時身已
自焦墔重復一禮時身踣炭上及薪
盡火滅骨宍皆化唯心尚存赤而且
溼肝腸脾胃猶自相連更以四十車
柴燒之腸胃雖卷而心如本兊法師
乃命收取葬于塔下初未燒前有問
者曰菩薩滅度願示瑞相崖曰我身
可盡心不可壞也衆謂心神無形不
由燒蕩及後心存方知先見然崖自
生及終頻現異相有數十條曾於一
家將欲受戒無何笑曰將捨寶物生
疑慮耶衆相推問有楊氏婦欲施銀

釹恐夫責及因決捨之有孝愛寺僧
佛興者偏嗜飲噉流俗落度隨崖輩
後私發願曰今值聖人誓斷酒宍及
返至寺見黃色人曰汝能斷宍大是
好事汝若食一衆生宍即食一切衆
生宍若又食者即食一切父母眷屬
宍矣必欲食者當如死屍中蟲蟲即
宍也

又曰日有六時念善大好若不能具
一時亦好如是一念其心亦好皆能滅
惡也見其言詞真正音句和雅將欲
致問不久而滅於是佛興翹心精進
繞塔念誦又聞空中聲曰汝勤持齋
願令衆生得不食身又令餓鬼身常
飽滿觀其感被皆崖力也初登柴樓
有沙門僧育在大律昌寺門見有火
光高四五丈廣三四丈從地而起上
衝樓邊久久乃滅又初焚日州寺大
德沙門寶海問曰等是一火何故菩
薩受燒都無痛想崖曰衆生有相故
故痛耳又曰常云代衆生受苦爲實
得不答曰既爲心代受何以不得又
曰菩薩自燒衆生罪熟各自受苦何

由可代答曰猶如燒手一念善根即
能滅惡豈非代耶乃謂侍者智炎曰
我滅度後好供養病人並難可測其
本多是諸佛聖人乘權應化自非大
心平等何能恭敬此是實行也坐中
疑崖非聖人者乃的呼其人名曰諸
佛應世形無定方或作醜陋諸病乃
至畜生下類檀越慎之勿妄輕也及
將動火皆覩異相或見圓蓋蓋覆崖有
道人欻其蓋上或見五色光如人形
像在四門者或見柴樓之上如日出形
并雨諸華大者如兩錢許小者如鍾
乳片五色交亂紛紛而下接取非一
振觸皆消及崖滅後郫縣人於郫江
邊見空中有油絡轝崖在其上身服
班納黃偏袒紫被捉錫杖後有五六
百僧皆單竹幟乘空西沒又潼州靈
果寺僧慧策者承崖滅度乃爲設大
齋於故市中至於食前忽見黑雲從
東南來翳日蔭會仍雨龍毛五色分
明長者尺五短猶六寸又雨諸華旛
香煙滿空繽紛大衆通見又初收心
舍利至常住寺中皆見華蘂含蔵光

榮庭宇又阿迦膩吒寺僧慧勝者抱
病在牀不見焚身心懷悵恨夢崖將
一沙彌來把裹三兩許香并檀屑分
四聚以繞於勝下火焚香勝懼曰凡
夫耳未能燒身也崖曰無懼用熏病
耳煨燼既盡即覺爽健又請現瑞荅
曰我在益州詭名崖耳真名光明徧
照寶藏菩薩勝從覺後力倍於常有
時在外村爲崖設會勝自唱導曰崖
州福重道俗見瑞我等障厚都無所
見因即應聲二百人許悉見天華如
雪紛紛滿天映日而下至中食竟華
形漸大如七寸盤皆作金色明淨曜
目四衆競接都不可得或緣樹登高
望欲取之皆飛上去又成都民王僧
貴者自崖焚後舉家斷宍後因事故
將欲解素私自平論時屬二更忽聞
門外喚檀越聲比至開門見一道人
語曰慎勿食宍言情酸切行啼而去
從後走趂似近而遠忽失所在又焚
身後八月中犍人年難當者就嶠山
頂行獵搦箭弓弩舉眼望鹿忽見崖
騎一青麖獵者驚曰汝在益州已燒

身死今那在此崖曰誰道許誰人耳
汝能燒身不射獵得罪也汝當勤力
作田矣便尒別去又至冬閒崖兄子
於溪中忽聞山谷諠動若數萬衆舉
目望見崖從以兩僧執錫而行因追
及之欲捉袈裟崖曰汝可勞捉我乃
指前雞豬曰此等音聲皆有詮述如
汝等語他人不解餘國言音汝亦不
解人畜有殊皆有佛性但為惡業故
受此形汝但力田莫養禽畜言極周委
故其往往現形預知人意率皆此也
具如沙門忘名集及費長房三寶錄
并益部集異記
周終南山釋靜藹姓鄭氏榮陽人也
風標俗譽以溫潤知名而神器夷簡卓
然物表乃撫心曰余生不幸會五濁交
亂失於物議得在可鄙進退惟谷高
蹈可乎遂心口相弔殯影嵩岳尋括
經論用忘寤寐復聞有天竺梵僧碩
學高行世之不測西達咸陽求道情通
掩抑十年後附節終南有終焉之志
煙霞風月用祛亡返山本無水須便
澗飲嘗於昏夕覺人侍立忽降虎來

前徊地而去及明覩之漸見潤溼使
入批掘飛泉通涌從是已來遂省
挹酌今錫谷避世堡虎徊泉是也後
周武滅法於建德三年五月行虐關
中其禍既畢至六月十五日罪朝有
金城公任民部於所治府與諸左右
彷徉天望忽見五六段物飛騰虛空在於
鳥路大者上摩青霄小如十斛困許
漸漸微没自餘數段小復低下其色
黃白卷舒空際頗幡無脚尒日天晴
氣靜纖塵不動但增炎曦而已因往
冬官府道經園土北見重牆上有黃書
拖棘上及往取之乃是摩訶般若經
第十九卷問其所由荅云從天而下
飛揚墜此于時三寶初滅刑法嚴峻
略示連席之官乃藏諸衣袖還緘篋
笥初武帝知藹志烈放欲見之乃勅三
衛二十餘人巡山訪覓氈衣道人朕將
位以上卿共治天下藹居山幽隱追尋
不獲後於太一山錫谷潛遁睹大法
淪廢道俗無依身被報纏無力毗贊
告弟子曰吾無益於世即事捨身故
先五衆初不募從藹且廣集大小乘

三寶集記二十餘卷藏諸巖穴使後
代再興後猒身情廹獨據別巖告弟
子下山明當早至藹乃跏趺磐石留
一內衣自條身肉段段布於石上引腸
掛于松枝不傷藏腑自餘筋肉手足
頭面齊析都盡並唯骨現以刀割心
捧之而卒侍人心驚通夜失寐明晨
走赴猶覩合掌捧心身面西向跏趺
如初所傷餘骸一無遺血但見白乳滂
流凝于石上遂壘石封外就而殯焉
即周宣政元年七月十六日也春秋
四十有五弟子等有聞當世具請別
傳親侍沙門慧宣者內外博通奇有
志力痛山頹之莫仰悲梁壞之無依
爰述芳猷樹碑塔所後有訪道思賢
者入山禮敬循諸崖險乃見藹書遺
偈在于石壁題云初欲血書本意不
謂變為白色即是菩薩之慈血也遂
以墨書其文曰諸有緣者在家出家
若男若女皆悉好住於佛法中莫生
退轉若退轉者即失善利吾以三因
緣捨此身命一見身多過二不能護法
三欲速見佛輙同古聖列偈敘之

無益之身　惡煩人功　解形窮石
撒體崖松　天人脩羅　山神樹神
有求道者　觀我捨身　願令衆生
見我骸骨　煩惱大船　皆爲覆沒
願令衆生　聞我捨命　天耳成就
菩提究竟　願令衆生　憶念我時
具足念力　多聞揔持　此報一罷
四大彫零　泉林廷絶　巖室無聲
普施禽獸　乃至昆蟲　食宍飲血
善根內充　願我未來　速成善逝
身心自在　要相拔濟　此身不淨
底下屎囊　九孔常流　如漏隄塘
此身可惡　不可瞻觀　薄皮裏血
垢汙塗漫　此身臭穢　猶如死狗
六六合成　不從華有　觀此臭身
無常所因　進退無免　會遭蟻螻
此身難保　有命必輸　狐狼所噉
終成蟲蝕　天人男女　好醜貴賤
死火所燒　暫見如電　死法侵人
怨中之怨　吾以爲讎　誓斷根源
此身無樂　毒蛇之篋　四大圍繞
百病交涉　有名苦聚　老病死數
身心熱惱　多諸過咎　此身無我

以不自在　無實橫計　凡夫所宰
久遠迷惑　妄倒所使　喪失善根
畜生同死　棄捨百千　血乳成海
骨積大山　當來兼倍　未曾爲利
虛受勤苦　衆生無益　於法無補
忍痛捨施　功用無邊　誓不退轉
出離四纏　捨此穢形　願生淨土
一念華開　彌陀佛所　速見十方
諸佛賢聖　長辭三塗　正道決定
報得五通　自在飛行　寶樹餐法
證大無生　法身自在　不斷三有
殄除魔道　護法爲首　十地滿足
神化無方　德備四勝　號稱法王
願捨此身　早令自在　法身自在
在諸趣中　隨有利處　護法救生
復業應盡　有爲皆然　三界無常
來不自在　他救及死　終歸如是
智者不樂　應當是思　衆緣既湊
業盡今日

隋廬山甘露峯釋大志姓顧氏會稽山陰人師事天台伏膺日久顗覩其容知其神志故見者眄睞測非凡器後於蓮華山甘露峯南建靜觀道場

頭陀爲業分介一身不避虓虎聞有惡獸輒往投之皆避不噉經于七載禪業無絶晚住此山福林寺會大業併除流徙隱逸慨法陵遲一至於此乃變服毀形麁布爲衣在佛堂內高聲慟哭三日三夕初不斷絶寺僧慰喻志曰余歎惡業乃如此耶惡盡此骸申明正教遂往東都上表曰願陛下興顯三寶當燃一臂於嵩岳用報國恩帝乃許之勅設大齋七衆通集志不食三日登大棚上燒鐵鏇赤用烙其臂並令燋黑以刀截斷宍裂骨現又烙其骨令燋黑已布裹蠟灌下火燃之光曜巖岫于時大衆見其苦行皆痛心髓不安其足而志雖加燒烙詞色不變言笑如故或誦法句歎佛功德或爲衆說法言談若切臂燒既盡如先下棚七日入定跏坐而卒時年四十有三矣

唐終南山豹林谷沙門釋會通雍州萬年御宿川人少欣儉素游泊林泉苦節戒行是其本志投終南豹林谷潛隱綜業讀法華經至藥王品便欣

法苑珠林第九十六　第二十八丈　何

猒捨私集柴木誓必行之以貞觀末
年靜夜林中積薪爲龕誦至藥王便
令下火風驚焰發煙火俱盛卓尒跏
坐聲誦如故尋尒西南有大白光流
入火聚身方偃仆至曉身火俱滅乃
收其骨爲起塔銘又貞觀之初荊州
有比丘尼姊妹同誦法華深猒形器
俱欲捨身節約衣食欽崇苦行服諸
香油漸斷粒食後頓絕米唯食香蜜
精力所被神志鮮爽周告道俗剋日
燒身以貞觀二年二月八日於荊州
大街置二高座乃以蠟布纏身至頂
唯出面目衆聚如山歌讚雲會誦法
華經至藥王燒處其姊先以火炷妹
頂訖妹又以火炷姊頂清夜兩炬一
時同曜焰下至眼聲相轉鳴漸下鼻
口方乃歇滅恰至明晨合聲洞舉一
時火化骸骨摧朽唯二舌俱存合衆
欣嗟爲起高塔又近并州城西有一
書生年可二十四五誦法華經誓燒
供養乃集數束蒿乾籠積之人問其
故密而不述後於中夜放火自燒及
人往救火盛已死又貞觀年中 西京

法苑珠林卷第九十六　第二十九張　何

弘福寺有僧名玄覽趙州房子人常
樂禪誦禮悔爲業每語法屬曰雖同
常業而誓欲捨身至貞觀十八年四
月初脫諸衣服揔作一幞付本寺僧雅
著一覆單衣密去至京東渭陰洪陂
坊側旦臨渭水稱念禮訖投身漼中
衆人接出覽告衆曰吾誓捨身命久
矣意欲仰學大士難捨能捨諸經正
行幸勿固遮兩妨其業衆悟意感故
乃從之又即入水合掌稱佛廣發願
已便投旋渦於三日後其屍方出村
人接取爲起塔銘本寺怪其不歸便
開衣幞乃見遺文云敬白十方三世
諸佛弟子玄覽自出家來一十二夏
雖沾僧數大業未成今欲修行檀波
羅蜜行如薩埵捨身尸毗割股魚王
宍山經文具載請從前聖敢附後塵
衣物衆具任從佛教臨終之日人多
不委同學見書方往尋究知死符同
遺文不異　右此四驗出有高僧傳

法苑珠林卷第九十六

甲辰歲高麗國大藏都監奉
勅彫造

我於往昔　無量劫中　捨所重身　以求菩提
若爲國王　及作王子　常捨難捨　以求菩提
我念宿命　有大國王　其王名曰　摩訶羅陀
是王有子　能大布施　其子名曰　摩訶薩埵
復有二兄　長者名曰　大波那羅　次名大天
三人同遊　至一空山　見新產虎　飢窮無食
時勝天王　生大悲心　我今當捨　所重之身
此虎或爲　飢餓所逼　儻能還食　自所生子
即上高山　自投虎前　爲令虎子　得全性命
是時大地　及諸大山　皆悉震動　驚諸虫獸
虎狼師子　四散馳走　世間皆暗　無有光明
是時二兄　故在竹林　心懷憂惱　愁苦涕泣
漸漸推求　遂至虎所　見虎虎子　血汙其口
又見骸骨　髮毛爪齒　處處迸血　狼藉在地
是二王子　見是事已　心更悶絕　自躃於地
以灰塵土　自塗坌身　忘失正念　生狂癡心
所將侍從　覩見是事　亦生悲慟　失聲號哭
干以冷水　共相噴灑　然後蘇息　而復得起
是時王子　當捨身時　正值後宮　妃后婇女
眷屬五百　共相娛樂　王妃是時　兩乳汁出
一切肢節　痛如針刺　心生愁惱　以喪愛子
於是王妃　疾至王所　其聲微細　悲泣而言
大王今當　諦聽諦聽　憂愁盛火　今來燒我
我今二乳　俱時汁出　身體苦切　如被針刺
我見如是　不祥端相　恐更不復　見所愛子
今以身命　奉上大王　願速遣人　求覓我子
夢三鴿鷇　在我懷抱　其最小者　可適我心
有鷹飛來　奪我而去　夢是事已　即生憂惱
我今愁怖　恐命不濟　願速遣人　推求我子
是時王妃　說是語已　即時悶絕　而復躃地
王聞是語　復生憂惱　以不得見　所愛子故

其王大臣及諸眷屬悉皆聚集在王左右哀哭悲號聲動天地尒時城內所有人民聞王聲已驚愕而出各相謂言今是王子爲活來耶爲已死亡如是大士常出慈語爲衆所愛今難可見已有諸人入林推求不久自當得定消息諸人尒時慞惶如是而復悲號哀動神祇尒時大王即從座起以水灑妃良久乃穌還得正念微聲問王我子今者爲死活耶尒時王妃念其子故倍復懊惱心無暫捨可惜我子形色端正如何一旦捨我終亡云何我身不先萎殁而見如是諸苦惱事善子妙色猶淨蓮華誰壞汝身使令分離將非是我昔日怨讎挾本業緣而殺汝耶我子面目淨如滿月不圖一旦遇斯禍對寧使我身破碎如塵不令我子喪失身命我所見夢已爲得報直我無情能堪是苦如我所夢牙齒墮落二乳一時汁自流出必定是我失所愛子夢三鴿鶵鷹奪一去三子之中必定失一尒時大王即告其妃我今當遣大臣使者周遍東西推求覓子汝今且可莫大憂愁大王如是慰喻妃已即便嚴駕出其宮殿心生愁惱憂苦所切雖在大衆顔貌憔悴即出其城覓所愛子尒時亦有無量諸人哀號動地尋從王後是時大王既出城已四向顧望求覓其子煩悗心乱靡知所在最後遥見有一信來頭蒙塵土血汙其衣灰糞塗身悲號而至尒時大王摩訶羅陀見是使已倍生懊惱舉首號叫仰天而哭先所遣臣尋復來至既至王所作如是言

願王莫愁諸子猶在不久當至令王得見須臾之頃復有臣來見王愁苦顔貌憔悴自所著衣垢膩塵汙大王當知一子已終二子雖在哀悴無賴第三王子見虎新産飢窮七日恐還食子見是虎已深生悲心發大誓願當度衆生於未來世證成菩提即上高處投身虎前虎飢所逼便起噉食一切血肉已爲都盡唯有骸骨狼藉在地是時大王聞臣語已轉復悶絶失念躃地憂愁盛火熾然其身諸臣眷屬亦復如是以水灑王良久乃穌復起舉首號天而哭復有臣來而白王言向於林中見二王子愁憂苦毒悲號涕泣迷悶失志自投於地臣即求水灑其身上良久之頃乃還穌息望見四方大火熾然扶持暫起尋復躃地舉首悲哀號天而哭作復讚歎其弟功德是時大王以離愛子其心迷悶氣力惙然憂惱涕泣並復思惟是最小子我所愛重無常大鬼奄便吞食其餘二子今雖存在而爲憂火之所焚燒或能爲是喪失命根我宜速往至彼林中迎載諸子急還宮殿其母在後憂苦逼切心肝分裂或能失命若見二子慰喻其心可使終保餘年壽命尒時大王駕乘名象與諸侍從欲至彼林即於中路見其二子號天扣地稱弟名字時王即前抱持二子悲號涕泣隨路還宮速令二子覲見其母佛告樹神汝今當知尒時王子摩訶薩埵捨身飼虎今我身是尒時大王摩訶羅陀於今父王輸頭檀是尒時王妃今摩耶是第一王子今彌勒是

第二王子今調達是尒時虎者今瞿夷是時虎七子今五比丘及舍利弗目揵連是

法苑珠林卷第九十六

校勘記

一　底本，麗藏本。

一　六五七頁上一行經名，徑作「法苑珠林卷第一百十五」。

一　六五七頁上二行撰者，磧、南作「大唐上都西明寺沙門釋道世字玄惲撰」；徑作「唐上都西明寺沙門釋道世玄惲撰」；清作「唐西明寺沙門釋道世撰」。

一　六五七頁上三行「此有二部」，徑無。

一　六五七頁上三行與四行之間，磧、南、清有「述意部　引證部」一行。

一　六五七頁上四行「第一」，徑無。本頁中四行部目下序數例同。

一六五七頁上五行末字「入」，磧、南、徑、清作「八」。

一六五七頁上八行末字「常」，磧、南、徑、清作「恒」。二〇行第四字同。

一六五七頁上九行第二字「[illegible]」，磧、南作「[illegible]」；徑、清作「[illegible]」。

一六五七頁上一五行第四字「肌」，磧、南、徑、清作「肥」。

一六五七頁上二一行首字「悝」，磧、南、徑、清無。又「生以身」，磧、南、徑、清作「生則以身命」。

一六五七頁中一行「駭震」，磧、南、徑、清作「骸震」。

一六五七頁中一一行「悑懼」，磧、南、徑、清作「悑懅」。

一六五七頁中一六行「令人安隱」，磧、南、徑、清作「能令行人安隱受樂」。

一六五七頁中一九行第四字「言」，磧、南、徑、清作「作如是言怪哉此虎產來七日七子圍遶不得求食」。

一六五七頁中二〇行「第一」，磧、南、徑、清作「第二」。

一六五七頁中二一行「此虎」，磧、南、徑、清作「此虎饑餓」。

一六五七頁中末行「第二」，磧、南、徑、清作「第一」。

一六五七頁下一行「三王子言」，磧、南、徑、清作「二王子言我等今者以貪惜故於此身命不能放捨智慧薄少故於是事而生驚怖」。

一六五七頁下三行第二字「在」，磧、南、徑、清作「住」。

一六五七頁下四行第九字「言」，磧、南、徑、清作「作是念言」。

一六五七頁下五行第三字「矣」下，磧、南、徑、清有「何以故」三字。

一六五七頁下末行「見血流汙王身」，磧、南、徑、清作「見血汙王子身」。

一六五八頁上四行「樵悴」，磧、南、徑、清作「顦顇」。

一六五八頁上八行「舉手」，磧、南、徑、清作「舉首」。

一六五八頁上九行「捨身」，磧、南、徑、清作「捨身以飼餓虎」。

一六五八頁上末行首字「聞」，磧、南、徑、清作「已聞」。又「即啓王妃」，磧、南、徑、清作「尋即入內啓白王妃」。

一六五八頁中四行「收淚」，磧、南、徑、清作「拭淚」。本行第一〇字「失」，磧作「生」。

一六五八頁中五行「世尊」，磧、南、徑、清作「世尊欲重宣此義」。

一六五八頁中六行至次頁上三行「尒時大王……目揵連是」，磧、南、徑、清與之大異，茲以磧砂藏本附載於卷末（即六六六頁下至次頁下）並校以南、徑、清。

一六五九頁上六行第一〇字「於」，磧、南、徑、清作「以」。

一六五九頁上一二行「殑伽河沙」，磧、南、徑、清作「恒河沙」。下同。

一六五九頁上一八行第一三字「滿」，磧、南、徑、清作「油」。

一六五九頁上一九行「淨明德」，磧、南、徑、清作「日月淨明德」。下同。

一　六五九頁上末行第五字「名」，南、徑、清無。
一　六五九頁中三行「國中」，磧、南、徑、清作「佛國中」。
一　六五九頁中四行第三字「家」下，磧、南、徑、清有「結跏趺坐」四字。
一　六五九頁下五行第五字「罪」，磧、南、徑、清作「者」。
一　六五九頁下一五行首字「澣」，磧、南、徑、清作「淖」。
一　六五九頁下一六行夾註右首字「股」，磧、南、徑、清作「刹」。又第九字「牙」，磧、南、徑、清作「身」。
一　六五九頁下一七行夾註右「拔苦」，徑作「救苦」。
一　六五九頁下二〇行第八字「厚」，徑作「原」。又第一〇字「栢」，磧、南、徑、清作「指」。
一　六五九頁下二一行第四字「慨」，磧、南、徑、清作「旣」。
一　六五九頁下二二行第三字「巖」，磧、南、徑、清作「嚴」。

一　六六〇頁上一行第四字「識」，磧、徑、清作「誠」。
一　六六〇頁上一三行「遇之」，磧、南、徑、清作「過之」。
一　六六〇頁上二二行第五字「密」，磧、南、徑、清作「密有」。
一　六六〇頁中四行「金寶」，磧、南、徑、清作「金寶者」。又「至夜」，磧、南、徑、清作「至初夜」。
一　六六〇頁中七行「薪所薪已」，磧、南、徑、清作「積所積已」。
一　六六〇頁中一一行「臨終」，磧、南、徑、清作「臨燒」。
一　六六〇頁中一六行末字「十」，磧、南、徑、清作「十五」。
一　六六〇頁下一行「晴朗」，磧、南、徑、清作「清朗」。
一　六六〇頁下五行「奔走彌盛」，磧、南、徑、清作「奔赴彌山」。
一　六六〇頁下九行第一二字「深」，磧、南、徑、清作「理」。
一　六六一頁上三行「萬正」，磧、南、徑、清作「警正」。
一　六六一頁上一五行「切貝」，磧、南作「古貝」；徑、清作「吉貝」。
一　六六一頁上二二行「次至」，磧、南、徑、清作「及」。
一　六六一頁中二行「茄莞」，磧、南、徑、清作「笳管」。
一　六六一頁中三行第三字「還」，磧、南、徑、清作「始還」。
一　六六一頁中五行第一一字「迫」，磧、南、徑、清作「謂」。
一　六六一頁中一二行第九字「稍」，磧、南、徑、清無。
一　六六一頁中一三行第三字「其」，磧、南、徑、清作「至」。
一　六六一頁中一八行「雜氣」，磧、南、徑、清作「雜彩」。
一　六六一頁中末行「振裂」，磧、南、徑、清作「振烈」。
一　六六一頁下五行第一〇字「常」，磧、南、徑、清作「恒」。
一　六六一頁下七行第九字「姓」，磧、

南、徑、清作「奴」。

六六一頁下一一行「綱正」，南、徑、清作「剛正」。

六六一頁下一四行「攘臂」，磧、南、徑、清作「獽」。

六六二頁上一六行首字「爲」，磧、南、徑、清作「令」。

六六二頁上一七行「鎮頭」，磧、南、徑、清作「頷頭」。

六六二頁中一行「倍重」，磧、南、徑、清作「信重」。

六六二頁中五行「五枚」，磧、南、徑、清作「五枝」。

六六二頁中六行「阿雪」，磧、南、徑、清作「珂雪」。

六六二頁中八行「口齧」，磧、南、徑、清作「口齒」。

六六二頁中一五行末字「火」，磧、南、徑、清作「火揵爲」。

六六二頁中末行「又傾」，磧、南、徑、清作「有頃」。

六六二頁下一行第九字「人」，磧、南、徑、清作「石偶」。

六六二頁下二行第三字「至」，磧、南、徑、清無。

六六二頁下九行第一〇字「令」，磧、南、徑、清作「命」。

六六二頁下一二行第一三字「身」，磧、南、徑、清作「身面」。

六六二頁下一六行「兊法師」，磧、南、徑、清作「導法師」。

六六三頁上六行第四字「又」，磧、南、徑、清作「有」。

六六三頁上二一行首字「故」，磧、南、徑、清無。

六六三頁中九行末字「有」，磧、南、徑、清作「有三」。

六六三頁中一一行「柴樓」，磧、南、徑、清作「炭樓」。

六六三頁中一二行「兩研甏」，磧、南、徑、清作「兩酙甏」。

六六三頁下三行第八字「研」，南、徑、清作「酙」。又末字「分」，磧、南、徑、清作「分爲」。

六六三頁下二一行第一二字「就」，磧、南、徑、清作「於就」。

六六四頁上五行首字「目」，磧、南、徑、清無。

六六四頁上六行第一〇字「可」，磧、南、徑、清作「何」。

六六四頁上一六行第九字「生」，磧、南、徑、清作「生年」。

六六四頁上一七行第一三字「谷」，磧、徑、清作「咎」。

六六四頁上一八行第九字「殯」，磧、南、徑、清作「擯」。

六六四頁上末行第三字「嘗」，磧、南、徑、清作「當」。

六六四頁中二行「挑掘」，磧、南作「洮掘」；徑、清作「淘掘」。

六六四頁中七行第一二字「騰」，磧、南、徑、清無。

六六四頁中八行第一三字「困」，磧、南、徑、清作「堌」。

六六四頁中一二行「北見」，磧、南、徑、清作「比見」。

一六六四頁中末行第二字「五」，磧、南、徑、清作「誥」。

一六六四頁下一〇行「石上」，磧、南、徑、清作「石山」。

一六六五頁上八行「逕絶」，磧、南、徑、清作「遥絶」。

一六六五頁上一二行「底下」，徑作「氐下」。

一六六五頁上一五行「六六」，磧作「肉肉」。又「華有」，磧、南、徑、清作「化有」。

一六六五頁上一七行「必輸」，磧、南作「心輸」。又「狐狼」，磧、南、徑、清作「豺狼」。

一六六五頁上一八行「蟲蝕」，磧、南、徑、清作「蟲蛆」。

一六六五頁上二二行末字「數」，徑、清作「藪」。

一六六五頁中三行「棄捨」，磧、南、徑、清作「畜捨」。

一六六五頁中七行「四纏」，磧、南、徑、清作「四顛」。

一六六五頁中八行「十方」，磧、南作「佛身」。

一六六五頁中九行「賢聖」，磧、南、徑、清作「聖賢」。

一六六五頁中一四行「自在」，磧、南、徑、清作「得通」。

一六六五頁中一五行末字「生」，磧、南、徑、清作「緣」。

一六六五頁中一六行首字「復」，磧、南、徑、清作「後」。

一六六五頁中一七行「自在」，磧、南、徑、清作「由己」。

一六六五頁中一九行「今日」，磧、南、徑、清作「今時」。

一六六五頁中二一行「天台」，磧、南、徑、清作「天台智者大師」。

一六六五頁中二二行「⿰耳丏睞」，磧、南、徑、清作「眄睞」。

一六六五頁下一行第五字「分」，磧、南、徑、清作「介」。

一六六五頁下七行第一二字「惡」，磧、南、徑、清作「要」。

一六六五頁下一七行第二字「功」，磧、南、徑作「爲」。

一六六五頁下末行第五字「讀」，磧、南、徑、清作「誦」。

一六六六頁上九行第一〇字「米」，磧、南、徑、清作「味」。

一六六六頁上一一行「二年」，磧、南、徑、清作「三年」。

一六六六頁上一八行「合衆」，磧、南、徑、清作「擧衆」。

一六六六頁中三行首字「常」，磧、南、徑、清作「恒」。

一六六六頁中六行「瀅中」，磧、南、徑、清作「波中」。

一六六六頁中九行第六字「兩」，磧、南、徑、清作「而」。

一六六六頁中卷末經名，徑作「法苑珠林卷第一百十五」。

一六六六頁下七行「天王」，南、徑、清作「大王」。

一六六七頁中五行「深生悲心」，徑、清作「生大悲心」。

法苑珠林卷第九十七　何

西明寺沙門釋道世撰

送終篇第九十二此有四部

述意部　捨命部

遣送部　受生部

述意部第一

惟四大毒器有識斯充六賊狂主是境皆著無復逆流之期唯有循環之勢至如析一毛以利天下則悋而弗為撤一餐以續餘糧則惜而不與淪滯生死封執有為諸佛為其斂眉菩薩於茲泣血竊見俗徒貴勝父母喪亡多造葬儀廣殺生命聚集親族供待賓客苟求現勝不避業因或畏外譏不修內典所以父亡於斯重苦母終偏增湯炭是以宛轉三界縈歷六道四趣易歸萬劫難啓痛慈母之幽靈愍逆子之酬毒但亢陽如久必思甘雨之澤災癘若多剋待良醫之藥惟斯考妣既是凡夫能無惡業罪因不滅苦報難排若不憑諸勝福樂果何容得證庶使臨終發願令入兜陀葬具資身並修功德冀濟飛走之飢得免將來之債也

如十二品生死經云佛言人死有十二品何等十二一曰無餘死者謂羅漢無所著也二曰度於死者謂阿那含不復還也三曰有餘死者謂斯陀含往而還也四曰學度死者謂須陀洹見道迹也五曰無欺死者謂八等人也六曰歡喜死者謂行一心也七曰數數死者謂惡戒人也八曰悔死者謂凡夫也九曰橫死者謂孤獨苦者也十曰縛著死者謂畜生也十一曰燒灼死者謂地獄也十二曰飢渴死者謂餓鬼也比丘當曉知是勿為放逸也

又淨度三昧經云若人造善惡業生天墮獄臨命終時各有迎人病欲死時眼自見來迎應生天上者天人持天衣伎樂來迎應生他方者眼見尊人為說妙言若為惡墮地獄者眼見兵士持刀楯矛戟索圍繞之所見不同口不能言各隨所作得其果報天無枉濫平直無二隨其所作天網治之

又華嚴經云人欲終時見中陰相若行惡業者見三惡受苦或見閻羅持諸兵仗囚執將去或聞苦聲若行善者見諸天宮殿伎女莊嚴遊戲快樂如是勝事

又法句喻經云昔佛在祇桓精舍為天人說法有一長者居在路側財富無數正有一子其年二十新為娶妻未滿七日夫婦相敬欲至後園上春三月看戲園中有一柰樹高大好華婦欲得華無人取與夫為上樹乃至細枝枝折墮死居家大小奔走見所呼天號哭斷絕復穌聞者莫不傷心棺斂送還家啼不止世尊愍傷其愚往問訊之長者室家大小見佛悲感作禮具陳辛苦佛語長者止息聽法萬物無常不可久保生則有死罪福相追此兒三處為其哭泣懊惱斷絕亦復難勝竟為誰子何者為親於是世尊即說偈言

命如華果熟　常恐會零落　已生皆有苦
孰能致不死　從初樂愛欲　可望入胞影

受形命如電 晝夜流難止 是身為死物
精神無形法 作命死復生 罪福則不亡
終始非一世 從癡愛長久 自作受苦樂
身死神不喪
長者聞得意解忘憂長跪白佛此兒
宿命作何罪釁咸美之壽而便中夭
唯願解說本所行罪佛告長者乃往
昔時有一小兒持弓箭入神樹中戲
邊有三人亦在中看樹上有雀小兒
欲射三人勸言若能中雀世間健兒
小兒意美引弓射之中雀即死三人
共笑助之歡喜而各自去經歷生死
數劫之中所在相會受罪三人中一
人有福今在天上一人生海中為化
生龍王一人今日長者身是小兒者
前生天上為天作子壽終為長者作
子墮樹命終即生海中為龍王作子
即以生日金翅鳥王取食之今日三
處懊惱涕泣寧可言也以其前世助
其喜故此三人受報如此於是世尊
即說偈言
識神造三界 善不善三處 陰行而默至
所往如響應 色欲不色有 一切因宿行
如種隨本像 自然報如影
佛說偈已長者意解大小歡喜皆得
須陀洹道
又四分律爾時世尊為利益眾生王
命終說偈云
一切要歸盡 高者會當墮 生者無不死
有命皆無常 眾生墮有數 一切皆有為
一切諸世間 無有不老死 眾生是常法
生生皆歸死 隨其所造業 罪福有果報
惡業墮地獄 善業生天上 高行生善道
得無漏涅槃

遣送部第三

述曰生死連環不離俗諦雖復出家
志求勝道分段未捨變易未除仍依
三界隨俗遷流至於存亡皆依內外
臨終之日安置得所葬送威儀具存
下說且論亡屍安置南北魂魄不同
今此略述
禮記禮運曰體魄則降知氣在上死
者北首生者南向
郊特牲曰魂氣歸於天形魄歸於地
故祭求諸陰陽之義祭義曰氣也者
神之盛魂也者鬼之盛
左傳昭七年子產對趙景子曰人生死
化曰魄既生魄陽曰魂用物精多則
魂魄强是以有精爽至於神明匹夫
匹婦强死其魂魄猶能憑依於人以
為淫厲況良霄乎
淮南子曰天氣為魂地氣為魄魄問
於魂曰道何以為體魂曰以無有形
乎魄曰有形也若也無有何而問也
魂曰吾直有所遇之耳視之無形聽
之無聲謂之幽冥者所以喻道而非道
也問曰既知魂與魄別今時俗亡何故
以衣喚魂不云喚魄答曰魂是靈魄
是屍故禮以初亡之時以己所著之
衣將向屍魄之上以魂外出故將衣
喚魂魂識己衣尋衣歸魄若魂歸於
魄則屍口續動若魂不歸於魄則口
纊不動以理而言故云招魂不言喚魄
故蕭喪服要記曰魯哀公葬其父孔
子問曰寧設魂衣乎哀公曰魂衣起
伯桃伯桃荆山之下道逢寒死友人羊
角哀往迎其屍愍魂神之寒故改作
魂衣吾父生服錦繡死于衣被何用
衣為

問曰何須幡上書其姓名答曰幡招
𩲡置其乾地以𩲡識其名尋名入於
闇室亦投之於魄或入於重室（直龍反）重
者重也（徒用反）以重之內具安祭食以存
亡各別明闇不同故鬼神闇食生人
明食故重用蘧篨裹其食具以安
重內置其坤地也
依如西域葬法有四一水漂二火焚三
土埋四施林五分律云若火燒時安
在石上不得草土上恐傷蟲故四分
律云如來輪王二人悉火葬餘人通
前四葬者多五分律云屍應埋之（世謂王法不許燒身復恐更燒殺蟲故今埋之自外無難水林亦得也）又依四分律
及五百問事云若見如來塔廟及見五
衆出家人塚塔大於己者皆須展轉
依生時年臘而設禮之若一切白衣
見出家人塚塔不簡大小皆須敬禮
述曰既知如此諸道俗等若見師僧
父母亡柩外來弔人小於亡者至其
屍所如常設禮已先執孝子手默慰
弔之後至大德所具展哀情弔而拜
之亦見愚癡白衣妄行法教展轉教
他不聽禮父母叔伯尊親亡靈口云

我既受戒彼爲鬼神故不合禮恐破
戒故此不合教反招無知之罪伏惟
師僧等長養我法身父母叔伯等長
養我生身依斯乳哺長大成人思此
恩德昊天難報歷劫酬恩豈一生能
謝不存敬恩反起憍慢蠻躂鄙夫何
成孝子故世尊極聖尚自躬扶亡父
屍送況下凡愚輒生怠慢故涅槃經
云知恩者大悲之本不知恩者甚於
畜生
又淨飯王泥洹經云白淨王在舍夷國
病篤將終思見世尊及難陀等世尊
在王舍城耆闍崛山中去此懸遠五十
由旬世尊在靈鷲山天耳遙聞父思
憶聲即共阿難等乘空而至以手摩
王額上慰勞王已爲王說摩訶波羅本
生經王聞得阿那含果王捉佛手捧置
心上佛又說法得阿羅漢果無常對至
命盡氣絕忽就後世至闍維時佛共
難陀在喪頭前肅恭而立阿難羅雲
在喪足後阿難陀長跪白佛言唯願
聽我擔伯父棺羅雲復言唯願聽我
擔祖王棺世尊慰言當來世人皆凶

暴不報父母育養之恩爲是不孝
衆生設化法故如來躬欲擔於父王
之棺即時三千大千世界六種震動
一切衆山駊騀涌沒如水上船尒時
一切諸天龍神皆來赴喪舉聲哭泣
四天王將鬼神億百千衆皆共舉喪
白佛言佛爲當來諸不孝父母者故
以大慈悲親欲自身擔父王棺四王
俱白佛言我等是佛弟子從佛聞法
得須陀洹以是之故我曹宜擔父王之
棺佛聽四王擔父王棺即變爲人一
切人民莫不啼泣世尊躬自手執香
鑪前行詣於墓所令千羅漢往大海
渚上取牛頭栴檀種種香木以火焚
之佛言苦空無常猶如幻化水月鏡
像燒身既竟尒時諸王各持五百瓶
乳以用滅火火滅之後競共收骨盛金
剛函即於其上便共起塔懸繒幡蓋供
養塔廟佛告衆會父王淨飯是清淨
人生淨居天
又佛母泥洹經云大愛道比丘尼即是
佛姨母不忍見佛後當滅度欲先滅
度與除饉女五百人（即是比丘尼也康僧會法鏡經云凡夫貪

樂六塵猶餓夫貪飯不知厭足今聖人斷以貪除六情飢饉故覩出家足為除饑也手摩佛足繞佛三帀稽首而去現神足德於自座沒從東方來在虛空中作十八變八方上下亦復如是放大光明以照諸冥上曜諸天五百除饉變化俱然同時涅洹佛勸理家作五百轝牀麻油香華樟栴梓材事各五百具伎正音當以供養一切凡聖覩之莫不哀泣闍維畢捧舍利詣佛所於是四方各二百五十應真神足飛來稽首佛足至舍利所千比丘俱皆就坐佛告阿難取舍利盛之以鉢著吾手中阿難如命告諸比丘斯聚舍利本是穢身凡愚急暴嫉妒陰謀敗道壞德今毋能拔與丈夫行獲應真道遷靈卒無何其偉哉勸令興廟供養

又增一阿含經云佛告阿難陀羅雲汝等轝大愛道身我當親自供養尒時釋提桓因四天王等前白佛言唯願勿自勞神我等自當供養佛言止止所以然者父母生子多有所益長養恩重乳哺懷抱要當報恩不得不報

過去未來諸佛母先取滅度諸佛皆自供養闍維舍利也時毗沙門天王使諸鬼神往栴檀林取栴檀薪至曠野之間佛躬自轝牀一腳阿難轝一腳飛在虛空往至塚間尒時佛自取栴檀木著大愛道身上佛言有四人應起塔供養一者佛二者辟支佛三者漏盡阿羅漢四者轉輪聖王皆以十善化物故尒時人民即取舍利各起塔供養依雜阿含經愛道姨母即是難陀親母也

又增一阿含經云四部弟子中略取前後者且列八人比丘中最初得道者如拘隣比丘善能勸化不失威儀最後得道者如須跋陀羅臨得道日入般涅槃比丘尼中最初得道者如大愛道尼最後得道者如陀羅俱夷國尼優婆塞中最初得道者如商客男最後得道者如俱夷那摩羅優婆夷中最初得道者如難婆女最後得道者如藍優婆夷

受生部第四

夫生則八識持死則四大離散迭矣

百齡終歸磨滅循環三界運轉靡停故經曰有始必終既生則滅聖教不虛自覩灾臂所以於此緣中略述六門

第一門中臨命終時撿身冷熱驗其善惡具知來報故瑜伽論云此有情者非色非心假爲命者大小皆同死通漸頓諸師相傳造善之人從下冷觸至臍已上煖氣後盡即生人中若至頭面熱氣後盡即生天道若造惡者與此相違從上至腰熱後盡者生於鬼趣從腰至膝熱氣盡者生於畜生從膝已下乃至腳盡者生地獄中無學之人入涅槃者或在心煖或在頂也然瑜伽論云羯羅藍義最初託處即名宍心如是識於此處最初託即從此處最後捨釋云依瑜伽論由造善生上故從下漸捨至宍心後方說上捨由造惡生下故先從上捨至宍心後方從下捨也

俱舍論云若人正死於何身分中意識斷滅若一時身死根共意識一時俱滅若人次第死此中偈曰

次第死脚齊於心意識斷下人天不生論中釋曰若人必往惡道受生及人道如此等人次第於阿羅漢此人於心意識斷絶有餘部說於頭上何以故身根於此等處與意識俱滅故若人正死此身根如熱石水漸漸縮滅於脚等處次第而滅釋云俱舍論述小乘義故云身於此等處與意識俱滅若依大乘身根於此等處與本識俱滅也

第二受生方法者依俱舍論云為行至應生道處故起此中陰衆生由宿業勢力所生眼根雖住最遠處能見應生處於中見父母變異事若變成男於母即起男人欲心若變成女於父即起女人欲心倒此心起瞋此中有衆生由二起顛倒心故求欲戲往至生處是即樂得屬已是時不淨已至胎處即生歡喜仍託彼生從此剎那是衆生五陰和合堅實中有五陰即滅如此方說受生若胎是男依母左脇面向母背蹲坐若胎是女依母右脇向母腹而住若胎非男非女隨欲類託生住亦如此無有中有異於男女皆具根故是故或男或女託生而住後時在胎中增長或作黃門若託胎卵二生道理如此若衆生欲受溼生愛樂香故至生處此香或淨或不淨隨宿業故若是化生愛樂處所故至生處若尒地獄衆生云何生樂處所由心顛倒故此衆生見寒風冷雨觸惱身見地獄火猛熾盛可愛欲得煖觸故往入彼復見身為熱風光及火焰等所炙苦痛難忍見寒地獄清涼愛樂冷觸故往入彼胎卵二生於父母變異事生愛溼化二生不由託赤白為身故無此變溼生但愛著香故至所生處隨業善惡所愛之香自有淨穢化生但愛所依之處地獄雖是若處然罪人樂亦得受處於中受生何以故非愛不受生故論云如往昔造作能感如此生樂見身是如此位見彼衆生亦尒是故往彼先舊諸師作如此說若衆生年三十時行殺生業綱捕衆生行此事時必有伴類此業能感地獄生後於中陰中見自身如昔年三十行網捕時故言位又見昔伴與昔不差見地獄時如昔見江湖諸伴類等相牽共入其中緣此起變即於中受生後解昔所造業雖多必以一業牽地獄生或於年二十時作此業或三十時作此業後於中陰中見自身如昔作業時少老見地獄衆生並如已年時年時既相似於此衆生起愛即往就彼由此愛故受生依經部師作如此釋

又瑜伽論云若居薄福者當生下賤家彼於死時及入胎時便聞種種紛亂之聲及自妄見入於叢林竹葦蘆荻等中若多福者當生尊貴家彼於尒時便自聞有寂靜美妙可意音聲及自妄見昇宮殿等可意相現

又俱舍論云若人臨終起邪見心是人以先不善為因邪見為緣故墮地獄有論師言一切不善皆是地獄因此不善之餘生畜生餓鬼中又法業感故墮畜生中如婬慾盛故生於鴿雀鴛鴦之中瞋恚盛故生於蚖蝮蛇蠍中愚癡盛故生猪羊蚌蛤中憍慢

感故生於師子虎狼中掉戲感故生
獼猴中慳嫉感故生餓狗中若有少分
施善餘福雖生畜生於中微樂身口
二業雖由心為主然其口業受報者
多如罵人輕躁喻如獼猴即生猴中
若言貪悋如烏語如狗吠騃如豬羊
聲如驢鳴行如驝駝自高如象惡如
逸牛婬如鳥雀怯如猫狸諂如野狐
如是諸惡隨口受報然由三毒為本
三毒之中貪愛為重如捉布一頭餘
則盡隨故智度論云若不斷愛愛則
潤生是故四生皆由愛起如說多欲
生鳥雀中多貪味故廁中受生又愛
欲故卵生貪香味故受溼生隨其所
愛故起惡重業則受化生若惡重心
樂行罪業死時妄見地獄受其化生
若惡重愛福上界化生故成論云如
樹根不拔其樹猶生貪根不拔苦樹
常在

又瑜伽論云云何生我愛無間已生
故無始樂著戲論因已熏習故淨不
淨業因已熏習故彼所依體由二種
因增上力故從種子即於是處中有

異熟無間得生死時如稱兩頭低昂
時等而此中必具諸根造惡業者所
得中有如黑羺光或陰暗夜作善業
者如白衣光或晴明夜俱舍論云此
中有具足五根金剛等所不能礙須
彌山下金剛中有蝦蟇於中受生中
有細色金剛不能礙之有天眼者能
見此事重舉所聞事證曾聞入說燒
鐵令熱破之見蟲

第三壽量長短者俱舍論云若不定
生處於餘處此道中皆得受生譬如
牛於夏時欲事偏多狗於秋時熊於
冬時馬於春時野干等欲事無時
是時此眾生應生牛中若非夏時則
生野干中若應生狗中非時則生野干
中

又俱舍小乘師有四釋不同一說極
促時死已即受陰生二說得住七日
七日滿已處中有不限時節三說得
住四十九日生緣未具死已更受亦
不限時節四說隨受生緣乃至經劫
住不命終第五依瑜伽論云若未得
生緣極七日住死而復生乃至七七

日受死生自此已後決得生緣此與
前四皆不同也

第四通力遲速者俱舍論云此中陰
遊空而去如人捨命應至無量世界
外受生俄頃即到二乘通力未出一
世界中陰已至無量世界外縱佛神
力亦不能遮令不往生得住餘道以
業力定故論業通勝者據勝凡夫一
乘神通婆沙論云神足勝者據佛神
通速也

第五互見不同者依俱舍論云若同
生道中陰定互相見若人有天眼最
清淨是一道慧類此人亦得見彼生
若報得天眼則不能見以最細故薩
婆多部云若同於人道中受生同是
人道中陰互得相見此義為定不能
見餘道中陰若人修得天眼此天眼
則是道類能見中陰色若報得天眼
則不能見中陰色中陰色細餘色故
依正量部云天道中陰備能見五道
中陰色人道中陰能見四道除天道
中陰非其所能見如是次第除前乃
至地獄道中陰除前四道中陰非其所

見唯見地獄道中陰
第六身量大小者俱舍論云身量如
六七歲小兒而識解聰利若菩薩在
中陰如圓滿少病人具大小相是故
雖在中陰正欲入胎而能徧照萬俱
胝剡浮洲　頌曰
高堂信逆旅　壞業理常牽　玉匣方委觀
金臺不復延　挽聲隨遙遠　蘿影帶松懸
詎能留十念　唯應逐四緣　幻工作同異
變弄作多身　愚俗諍人我　誰復非謂眞
謬者疑以固　達者知幻賓　親疎既無定
何勞悲莕旻　感應緣略引十六驗
漢哀帝有女孕未生二月兒
啼腹中
漢平帝時有牧女春死棺斂
六日出棺
漢建安中李娥死十四日復生
漢陳留史姁臨死遺囑有徵
漢馮貴人亾死將百歲賊發塚
顏色如故
漢靈帝時遼西人見遼水中
浮棺内人語云是伯夷之弟孤
竹君也

漢北海營陵有道人能令人
與巳死人相見
漢武帝時幸李夫人後卒哀
帝見之帳中
漢時杜嘏家葬而婢誤不得
出經十年開塚而婢尚生
漢雒陽沙門達多發墓得生
人死來十二年
晉唐遵暴死經夕見有靈徵
可驗
晉沙門訶羅竭存亾皆有靈徵
神異難測
晉沙門竺法慧存亾亦有靈神
化難測
宋沙門慧遠有弟子名黃遷存
亾有驗
隋沙門釋玄景存亾亦有徵祥
可驗
唐居士裴則男暴死而穌説冥
道可驗
漢哀帝建平四年四月山陽方有女
子田無嗇孕未生二月兒啼腹中及
生不舉葬之陌上三日有人過聞兒

啼聲母掘養之
漢平帝元始元年二月朔方廣牧女
子趙病春死棺斂六日出在棺外自
言見死夫乃曰年二十七汝不當死
太守譚以聞說曰至陰為陽下人為
上其後王莽篡位
漢建安中李娥死十四日復生其語
具作鬼神獻帝初平中長沙桓氏死
月餘其母聞棺中有聲發之遂生
漢陳留考城史姁字威明年少時當
得病臨死謂其母曰我死當復生埋
我以竹杖柱我瘞上若杖拔掘出我
及死埋之柱如其言七日往視之杖
果拔出即掘屍出活走至井上浴已
平復如故復與隣人乘船至下邳賣
鋤不售思欲歸謂人曰我方暫歸人
不信之何有千里暫得歸耶荅曰一
宿便還即不相信作書得報以為驗
實其一宿便還果得報書具知消息
考城令江夏鄆賈和聞之姊病在鄉
里欲急知消息請往省之路遥三千
再宿報書具知委曲
漢馮貴人亾死將百歲盜賊發塚顏

色如故但宍微冷群賊幸之致相妒
忌然後事覺

漢令支縣有孤竹城古孤竹之國也
靈帝光和元年遼西人見遼水中有
浮棺欲斫破之棺中人語曰我是伯
夷之弟孤竹君也海水壞我棺槨是
以漂流汝斫我何為人懼不敢斫因
為立廟祠祀吏民有欲發視者皆無
何而死

漢北海營陵有道人能令人與已死
人相見其同郡人婦死已數年聞而
往見之曰願令我一見亡婦死不恨
矣道人曰可卿往見之若聞鼓聲疾
出勿留乃語其相見之制於是與婦
言語悲喜恩情如生良久聞鼓音聲
恨不能得住當出戶時掩閉其衣裾
戶間掣絕而去至後歲餘此人身亡
室家葬之開塚見婦棺蓋下有衣裾

漢武帝幸李夫人夫人後卒帝哀思
不已方士少翁言能致其神乃施帷
帳明燈燭帝遙望見美女居帳中如
李夫人之狀而不得就乃遙視之

漢杜嘏家葬而婢誤不得出後十餘

年開塚附葬而婢尚生其始如瞑有
頃漸問之自謂當一再宿耳初婢埋
時年至十五及開塚後更生十五六
年嫁之有子 右此九驗出搜神異記

漢菩提寺西域人所立也在慕義里
沙門達多發墓取塼得一人以送時
太后與漢明帝在華林都堂以為妖
異謂黃門郎徐紇曰上古以來頗有
此事不紇曰昔魏時發塚得霍光女
婿范朋友家奴說漢朝廢立與史書
符合不足為異也后令紇問其姓名
死來幾年何所飲食死者荅曰自姓
崔名涵字子洪博陵安平人父名暢
母姓魏家在城西阜財里死時年十
五今乃二十七在地下十二年常似醉
臥無所食也時復游行或遇飲食如
似夢中不甚辯了后即遣門下錄事
張雋詣阜財里訪涵父母果有崔暢
其妻魏氏雋問暢曰卿有死兒不暢曰
有息子洪年十五而亡雋曰為人所
發今日蘇活在華林園主上遣我來
相問暢聞驚怖曰實無此兒向者謬
言雋還具以實聞啓后后遣雋送涵

向家暢聞涵至門前起火手持刀魏
氏把桃枝指之汝不須來吾非汝父
汝非我子急手速去可得無殃涵遂
捨去游於京師街內常宿寺門下汝
南王賜黃衣一通性畏日不仰視天
又畏水火及兵刃之屬常走於路疲
則止不徐行也時人猶謂是鬼雒陽
大市北有奉終里里內之人多賣送
死之具及諸棺槨涵謂曰柏棺勿以
桑木為欀人問其故涵曰吾在地下
見發鬼兵有一鬼稱是柏棺應免兵
主吏曰你雖柏棺桑木為欀遂不免
兵京師仰聞此柏木勇貴人疑賣棺
者化涵故發此言 見雒陽寺記錄

晉唐遵字保道上虞人也晉太元八
年暴病而死經夕得蘇云有人呼將
去至一城府未進須見其從叔自域
中出驚問遵汝何故來遵荅違離姑
姊並歷年載欲往問訊本明當發夜
見數人急呼來此即時可得歸去而
不知還路從叔云汝姑喪已二年汝大
姊兒道文近被錄來既蒙恩放仍留
看戲不即還去積日方歸家已殯殮

乃入棺中又搖動棺器冀望其家覺寤開棺棺遂至路落棺車下其家或欲開之乃問卜者卜云不吉遂不敢開不復得生今爲把沙之役乎勤極苦汝宜速去勿復住此且汝小姊又已喪亡今與汝姑共在地獄日夕憂苦不知何時可得免脫汝今還去可語其兒勤修功德庶得免之於此示遵歸路將別又屬遵曰汝得還生良爲殊慶在世無幾倏如風塵天堂地獄苦樂報應吾昔聞其語今覩其實汝宜深勤善業務爲孝敬受法持戒愼不可犯一去人身入此罪地幽窮苦酷自悔何及勤以在心不可忘也我家親屬生時不信罪福今並遭塗炭長受楚毒焦爛傷痛無時暫休欲求一日改惡爲善當何得耶悉我所具知故以囑汝勤化家內共加勉勵言已洟泣因此而別遵隨路而歸俄而至家家治棺將竟方營殯殮遵既附屍屍尋氣通移日稍差勸示親識並奉大法初遵姑適南郡徐漢長姊適江夏樂瑜其小姊適吳興嚴晚途路懸

遠久斷音息遵既差遂至三郡尋訪姑及小姊姊子果並喪亡長姊亦說兒道文殮後棺動值車皆如叔言既聞遵說道文橫死之意姊追加痛恨重爲製服右此一驗出冥祥記

晉雒陽有釋訶羅竭者本襄陽人少出家誦經二百萬言性虛玄守戒節善舉厝美容色多行頭陀獨宿山野晉武帝太康九年暫至雒陽時疫疾甚流呪者皆愈至晉惠帝元康元年適入止婁至山石室中坐禪此室去水既遠時人欲爲開澗竭曰不假相勞乃自起以左脚躡室西石壁壁陷沒指既拔足已水從中出清香濡美四時不絕來飲者皆止飢渴除疾病至元康八年端坐從化弟子依國法闍維之焚燎累日而屍猶坐火中永不灰燼乃移還室內後西域人竺定字安世晉咸和中往其國親自覩視見屍儼然平坐亡已三十餘年定後至京傳之道俗

晉竺法慧本關中人方直有戒行入嵩高山事佛圖蜜爲師晉康帝建元

年至襄陽止羊叔子寺不受別請每乞食輒賫繩牀自隨於閑曠之路則施之而坐時或遇雨以油帔自覆雨止唯見繩牀不知慧所在訪問未息慧已在牀每語弟子法昭曰汝過去時折一雞脚其殃尋至俄而昭爲人所擲脚遂永疾後語弟子云新野有一老翁當命過吾欲度之仍行於畦畔之閒果見一翁將牛耕田慧從乞牛翁不與慧前自捉牛鼻翁懼其異遂以施之慧牽牛呪願七步而反以牛還翁翁少日而亡後征西庾移恭鎮襄陽既素不奉法聞慧有非常之迹甚嫌之慧預告弟子曰吾宿對尋至誡勸眷屬令勤修福善尒後二日果收而刑之春秋五十八矣臨死語衆人云猶枉刑吾吾死後三日天當暴雨至期果洪霔城門外深一丈恭眷屬居民等並皆沒死右此二驗出梁高僧傳

宋慧遠沙門者江陵長沙寺僧也師慧印善禪法號曰禪師遠本印蒼頭名黃遷年二十時印每入定輒見遷

先世乃是其師故遂度爲弟子常寄
江陵市西楊道産家行般舟勤苦歲
餘因尒遂頗有感變或一日之中赴
十餘處齋雖復終日竟夜行道轉經
而家家悉見黃遷在焉衆稍敬異之
以爲得道孝建二年一旦自言死期
謂道産曰明夕吾當於君家過世至
日道産設八關然燈遂夕初夜中夜
遷猶豫衆行道休然不異四更之後
乃稱疲而卧顏色稍變有頃而盡闔
境爲設三七齋起塔塔今猶存死後
久之見形多寶寺謂曇珣道人云明
年二月二十三日當與諸天共相迎
也言已而去曇珣即於長沙禪房設
齋九十日捨身布施至其日苦氣自
知必終大延道俗威設法會三更中
呼問衆僧有聞見不衆曰不覺異也
珣曰空中有奏樂聲讚唄香異蕃遷
之契今期至矣衆僧始還堂就席而
珣已盡　右此一驗出冥祥記

宋時有一人忘其姓名與婦同寢天
曉婦起後夫尋出外而婦還見其夫
猶在被中眠須臾奴子外來云郎求

鏡婦以奴詐巧指牀上以示奴奴云
適從郎處來於是馳白其夫大愕
便入夫婦共視被中人高枕安寢正
是其形了無一異慮是其魂神不敢
驚動乃共以手徐徐撫牀遂冉冉入
席漸漸消滅夫婦惋怖如此少時夫
得疾性理乖錯於是終卒　右一驗出續搜神記

宋時有諸生遠學其父母然火夜作
兒至前歎息曰今我但魂魄耳非復
生人父母問之兒曰此月初病以今
日某時亾今在瑯耶任子成家明日
當殮來迎父母父母曰去此千里雖
復顛到那得及汝兒曰外有車乘去
自得至耳父母從之上車忽若睡須
比雞鳴已至其所視其駕乘但魂車
木馬遂主人見臨兒哀問其疾消息
如言　右一驗出搜神記

隋相州鄴下釋玄景姓石氏滄州人
統解玄微純講大乘後因卧疾三日
告侍人曰玄景欲見彌勒佛云何乃
作夜摩天主又云賓客極多事須看
視有問其故荅云凡夫識想何可檢
校向有天衆欲來邀迎耳尒後異香

充戶衆共聞之又曰吾欲去矣當願
生世爲善知識遂終於所住即大業
二年六月也自生常立願云沈骸水
中及殁後遵用前旨葬于紫陌河
深瀅之中三日往覩所沈之處反成
沙墳極高峻而水分兩派道俗異其
雅瑞傳迹于今　右此一驗出唐高僧傳

唐曹州離狐人裴則男貞觀末年二
十一死經三日而穌自云初死被一人
將至王所王衣白非常鮮潔王遣此
人將牛耕地此人諦云兄弟幼小無人
扶侍二親王即憫之乃遣使將向南
至第三重門入見鑊湯及刀山劍樹
又見數千人頭皆被斬布列地上此
頭並口云大飢當村有一老母年向七
十其時猶未死遂見在鑊湯前然火
觀望訖還至王前見同村人張成亦
未死有一人諦成云毀破某屋王遣
使檢之報云是實成曰成犂地不覺
犂破其冢非故然也王曰汝雖非故
心終爲不謹耳遂令人杖其背上七
下有頃王曰汝更無事放汝早還王
乃使人送去遣北出踰牆及登牆望

見其舍遂聞哭聲乃跳下牆忽覺起坐既蘇之後具為鄉曲言之邑人視張氏墓上有七下杖迹迹極青黑問其毀墓者云不虛老母尋病未幾而死右此一驗出冥報拾遺

唐瑯耶王之弘貞觀年中為沁州和川縣令有女適博陵崔軌軌於和川會病而卒卒經數十日其家忽於夜中聞軌語聲初時頗家驚恐其後乃以為常聞語云軌是女壻雖不合於妻家立靈然以苦無所依但為置立也妻從其請朝夕置食不許置宍確令下其素食常勸禮佛不聽懈怠又具說地獄中事云人一生常不免殺生及不孝自餘之罪蓋亦小耳又云軌雖無罪然大資福助為軌數設齋供并寫法華金剛般若觀音等經各三兩部兼營功德如獲濟自玆以後即不復來王家一依其言寫經設供軌忽更來愧謝因云今即取別舉家哭而送之軌有遺腹之子已年四五歲云軌此子必有仕宦願善養畜自此已後不復更來右此一驗見王之自說

法苑珠林卷第九十七

甲辰歲高麗國大藏都監奉
勅彫造

法苑珠林卷第九十七

校勘記

一 底本，麗藏本。

一 六七二頁上一行經名，徑作「法苑珠林卷第一百十六」。卷末經名同。

一 六七二頁上二行撰者，磧、普、南作「大唐上都西明寺沙門釋道世字玄惲撰」；徑作「唐上都西明寺沙門釋道世玄惲撰」；清作「唐西明寺沙門釋道世撰」。

一 六七二頁上三行「此有四部」，徑無。

一 六七二頁上四行至五行「述意部……受生部」，徑無。

一 六七二頁上六行「第一」，徑無。以下部目下序數例同。

一 六七二頁上一五行第二字「修」，磧、普、南、徑、清作「循」。又第一二字「苦」，徑作「若」。

一 六七二頁中二行與三行之間，磧、普、南、清有「捨命部第二」；徑有

「捨命部」各一行。

一 六七二頁中四行末字至次行首字「羅漢」，磧、普、南、徑、清作「阿羅漢」。

一 六七二頁中一六行「淨度」，磧、普、南、徑、清作「淨土」。

一 六七二頁中一八行「天人」，磧、普、南、徑、清作「天神」。

一 六七二頁中二〇行第七字「爲」，磧作「謂」。

一 六七二頁中二一行「刀楯」，徑、清作「刀猪」。

一 六七二頁中末行「枉灆」，磧、普、南、徑、清作「枉濫」。

一 六七二頁下一三行「奔走」，磧、普、南、徑、清作「奔赴」。

一 六七三頁上二行「則不亾」，磧、普、南、徑、清作「不敗亡」。

一 六七三頁上五行第四字「得」，磧、普、南、徑、清作「偈」。

一 六七三頁上一六行至一七行「壽殁爲長者作子」，磧、普、南、徑、清無。

一 六七三頁下一行第五字「年」，磧、普、南、徑、清作「曰」。

一 六七三頁下五行「淫厲」，磧、普、南、徑、清作「淫癘」。又「良霄」，磧、普、南、徑、清作「良宵」。

一 六七三頁下一〇行「幽冥」，磧、南、徑、清作「幽㝠幽㝠」。

一 六七三頁下一八行第二字「蕭」，磧、南、徑、清作「簫」。

一 六七三頁下二二行「衣被」，磧作「衣袂」。

一 六七四頁上四行第二字「重」，磧、普、南、徑、清無。又音註「徒用反」，南、徑、清作「重去聲」。

一 六七四頁上一三行夾註右末字「令」，磧、南作「云」。又左末字「也」，磧、普、南、徑、清無。

一 六七四頁上一五行首字「衆」，磧、普、南、徑、清作「種」。

一 六七四頁中六行「憤慢」，磧、普、南、徑、清作「慢惰」。

一 六七四頁下四行「駊騀」，磧、南作「頗峨」，普、徑、清作「巔峨」。

一 六七四頁下五行「哭泣」，磧、普、南、徑、清作「啼哭」。

一 六七四頁下一一行「即變」，南、徑、清作「皆變」。

一 六七四頁下一七行第一四字「盛」，磧、普、南、徑、清作「藏置」。

一 六七五頁上一行夾註右「貪飯」，磧、普、南、徑、清作「食」。又左「出家尼」，南作「出家女」。又「鐽也」，磧、普、南、徑、清作「鐽女也」。

一 六七五頁中二行「闍維」，磧、普、南、徑、清作「耶維」。

一 六七五頁中一八行第一三字「商」，徑、清作「啇」。

一 六七五頁中末行第六字「持」，磧、普、南、徑、清作「扶持」。

一 六七五頁下一行「運轉」，磧作「連轉」。

一 六七五頁下三行「自覩」，磧、普、南、徑、清作「目覩」。

一　六七五頁下一三行第一〇字「者」，磧、普、南、徑、清無。
一　六七五頁下一五行第一三字「託」，清作「記」。
一　六七五頁下一八行「生上」，磧、普、南、徑、清作「上生」。
一　六七五頁下二一行第一〇字「何」，磧、普、南、徑、清無。
一　六七六頁上一行第五字「齋」，磧、普、南、徑、清作「臍」。又「下人天不生」，磧、普、南、徑、清作「下人生不生　中上非惡道」。
一　六七六頁上六行「縮滅」，磧、普、南、徑、清作「縮減」。
一　六七六頁上一三行第七字「根」，磧、普、南、徑、清無。
一　六七六頁中一行第五字「亦」，磧、普、南、徑、清作「亦皆」。
一　六七六頁中六行「愛樂」，磧、普、南、徑、清作「受樂」。
一　六七六頁下三行「起變」，磧、普、南、徑、清作「起戀」。八行同。

一　六七六頁下四行「所造」，磧、普、南、徑、清作「造所」。
一　六七六頁下一三行「竹筆」，磧、普、南、徑、清作「竹葦」。
一　六七六頁下一八行「爲因邪見」，磧、普、南、徑、清無。
一　六七六頁下二〇行第一三字「法」，磧、普、南、徑、清作「媱」。
一　六七六頁下二一行末字「鴿」，普、南作「鴿」。
一　六七六頁下末行首字「蠍」，磧、普、南、徑、清作「蝥」。
一　六七七頁上三行第六字「生」，磧、普、南、徑、清作「生在」。
一　六七七頁上七行「驝駝」，磧、普、南、徑、清作「駱駝」。
一　六七七頁上一一行第六字「度」，磧、南、徑、清無。
一　六七七頁中八行第四字「重」，磧、普、南、徑、清作「蟲」。
一　六七七頁中一八行末字「日」，磧、普、南、徑、清無。

一　六七七頁下八行第一三字「夫」，普作「天」。又末字「一」，磧、普、南、徑、清作「二」。
一　六七八頁上八行「遥達」，南、徑、清作「遥遠」。
一　六七八頁上一一行第四字「以」，磧、普、南、徑、清作「久」。
一　六七八頁上一二行「悲蒼旻」，磧作「非蒼天」；普、南、徑、清作「非蒼旻」。又「十六驗」，清作「一十九驗」。
一　六七八頁上一三行「哀帝」，徑、清作「山陽」。
一　六七八頁上一五行首字「漢」，清無。下至本頁中七行首字同。又「平常時有牧女」，徑、清作「朔方有牧女趙病」。
一　六七八頁上一七行「建安中」，徑、清無。又「復生」，磧、普、南、徑、清作「後生」。
一　六七八頁上二一行「靈帝時」，徑、清無。

一　六七八頁上二二行「伯夷之弟」，清作「伯夷之父」。

一　六七八頁中三行第四字「時」，徑、清無。五行第二字同。

一　六七八頁中五行末字「得」，徑作「能」。

一　六七八頁中一一行首字「晉」，清無。

一　六七八頁中一三行首字「晉」，清無。又第一一字「靈」，磧、普、南、徑、清作「靈徵」。

一　六七八頁中一六行末字「驗」，徑、清作「驗復出二驗」。

一　六七八頁中一六行與一七行之間，徑、清有「宋時(清無)有一人忘其姓寢起魂復在被中眠」、「宋時(清無)有兒將死遠方魂歸報父母」二行。

一　六七八頁中一七行第四字「釋」，磧、普、南、徑、清無。

一　六七八頁中一九行「居士」，徑、清無。

一　六七八頁中二〇行末字「驗」，徑、清作「驗復出一驗」。

一　六七八頁中二〇行與二一行之間，徑、清有「唐(清無)崔軌卒後於妻家請立靈」一行。

一　六七八頁下一〇行末字「當」，磧、普、南、徑、清作「嘗」。

一　六七八頁下一二行第一〇字「杖」，磧、普、南、徑、清作「林」。一三行末字同。

一　六七八頁下一六行「不售」，磧、普、南、徑、清作「不時售」。

一　六七九頁上八行「祠祀」，徑、清作「祀祠」。

一　六七九頁上一五行「思情」，磧、普、南、徑、清作「恩情」。

一　六七九頁上一六行首字「恨」，磧、普、南、徑、清作「恨恨」。又「揜閉」，磧、普、南、徑、清作「奄閉」。

一　六七九頁上二二行「乃遥」，磧、普、南、徑、清無。

一　六七九頁中二行第七字「嘗」，磧、普、南、徑、清作「當」。

一　六七九頁中四行夾註左「搜神異記」，磧、普、南、徑、清作「搜神記言」。

一　六七九頁中五行「慕義里」，磧、南作「墓義里」。

一　六七九頁中八行「黄門郎」，磧、普、南、徑、清作「黄門侍郎」。

一　六七九頁中一〇行「范朋友」，磧、普、南、徑、清作「范明友」。

一　六七九頁中一一行「符合」，磧、普、南、徑、清作「相符」。

一　六七九頁中一九行「魏氏」，磧、普、南、徑、清作「姓魏」。

一　六七九頁下二行「桃枝」，磧、普、南、徑、清作「桃枝」。

一　六七九頁下八行「奉終里」，磧、普、南、徑、清作「奉終里内」。

一　六七九頁下一三行第一二字「疑」，磧、普、南、徑、清作「擬」。

一　六七九頁下一四行第二字「化」，磧、普、南、徑、清作「貨」。又夾註

左末字「錄」，磧、南、徑、清無。

一　六八〇頁上二行第九字「棺」，磧、普、南、徑、清作「櫝」。

一　六八〇頁上四行「不復得生」，徑、清作「不得復生」。

一　六八〇頁上一二行第一一字「愛」，磧、普、南、徑、清作「受」。

一　六八〇頁上一三行第三字「可」，磧、普、南、徑、清無。又第一二字「地」，清作「也」。

一　六八〇頁上一四行「不可忩」，磧、普、南、徑、清作「不可忽」。

一　六八〇頁上一七行末字「知」，磧、普、南、徑、清無。

一　六八〇頁上末行第四字「其」，磧、普、南、徑、清作「于」。

一　六八〇頁中六行「襄陽」，磧、普、南、徑、清作「襄楚」。

一　六八〇頁中一〇行「晉慧帝」，磧、普、南、徑、清作「晉惠帝」。

一　六八〇頁中一一行第三字「止」，磧、南、徑、清作「上」。

一　六八〇頁中一八行「室內」，磧、普、南、徑、清作「石室內」。

一　六八〇頁下三行第六字「或」，磧、普、南、徑、清無。

一　六八〇頁下一二行第七字「少」，磧、普、南、徑、清作「爲少」。

一　六八〇頁下一五行第一三字「介」，南、徑、清作「恭」。

一　六八〇頁下二〇行夾註「梁高僧傳」，磧、普、南、徑、清作「梁高僧傳也」。

一　六八一頁上六行「一旦」，磧、普、南、徑、清作「一日」。

一　六八一頁上一五行第一三字「氣」，磧、普、南、徑、清作「乏氣」。

一　六八一頁上一七行第一〇字「曰」，磧、普、南、徑、清作「自」。

一　六八一頁上一八行「靄煙香異」，磧、普、南、徑、清作「馨煙甚異」。

一　六八一頁上一九行第四字「期」，磧、普、南、徑、清作「其」。

一　六八一頁上二二行第三字「起」，磧、普、南、徑、清作「起出」。又第九字「而」，磧、普、南、徑、清無。

一　六八一頁中一行第六字「巧」，磧、普、南、徑、清作「乃」。

一　六八一頁中二行第四字「處」，磧、普、南、徑、清作「聞」。又「其夫」，磧、普、南、徑、清作「其夫其夫」。

一　六八一頁中七行第二字「疾」，磧、普、南、徑、清作「病」。又夾註右「右一驗」，磧、普、南、徑、清作「右此一驗」。又夾註左「續捜神記」，磧、南作「續搜神記也」。

一　六八一頁中一三行「顚到」，磧、普、南、徑、清作「顚倒」。

一　六八一頁中一六行第九字「哀」，磧、普、南、徑、清作「悲哀」。

一　六八一頁中一七行夾註右「右一驗」，磧、普、南、徑、清作「右此一驗」。

一　六八一頁中一八行末字「人」，磧、普、南、徑、清作「人也」。

一　六八一頁下七行夾註左「唐高僧

傳」，磧、普、南、徑、清作「唐高僧傳也」。

一六八一頁下八行末字至次行首二字「二十一」，磧、普、南、徑、清作「二十一日」。

一六八一頁下一一行「謫云」，磧、普、南、徑、清作「許云」。

一六八一頁下二一行第七字「遂」，普作「遠」。又第一三字「上」，磧、普、南、徑、清無。

一六八二頁上一二行「唯令」，磧、普、南、徑、清作「雖令」。

一六八二頁上一三行第五字「常」，磧、普、南、徑、清作「恒」。一四行第一〇字同。

一六八二頁上一八行第九字「濟」，磧、普、南、徑、清作「羅漢」。

一六八二頁上末行夾註左「王之自說」，磧、普、南、徑、清作「王之弘自說也」。

法苑珠林卷第九十八　何

西明寺沙門釋道世撰

法滅篇第九十八此有九部

述意部第一

竊惟正像推移教流末代人有邪正法有訛替或憑真以搆偽或飾虛以亂真假託之文辭意淺雜玉石朱紫無所逃形復由世漸澆浮人心改變妄想居懷專崇業禍增長三毒彌招四惡所以無明日夜了無思旦之心欣慕六塵不覺五刀隨後名利既侵我人逾盛致使凶黨之徒輕舉邪風淳正之輩時遭譏慢所以教流震旦六百餘年惡王虐治三被殘屏禍不旋踵畢顧前良殃咎已刑取笑天下嗚呼來業深可痛歟良由寡學所纒故得師心獨斷法隨潛隱災患集身若元披圖八藏綜文義之成明尋繹九識達情智之迷解者則五翳有除昏之期三明有逾光之日也

五濁部第二

如地持論云所謂五濁者一曰命濁二曰衆生濁三曰煩惱濁四曰見濁五曰劫濁謂今世短壽人極百歲是名命濁

若諸衆生不識父母不識沙門婆羅門及宗族尊長不修義理不作所作不畏今世後世惡業果報不修慧施不作功德不修齋法不持禁戒是名衆生濁

若此衆生增非法貪刀劍布施器仗布施諍訟鬬亂諂曲虛誑妄語攝受邪法及餘惡不善法生是名煩惱濁

若於今世法壞法沒像法漸起邪法轉生是名見濁

若飢饉劫起疾病劫起刀兵劫起是名劫濁

又俱舍論云何者為五濁一命濁二劫濁三惑濁四見濁五衆生濁下劫將來命等五濁最麁最下已成滓故說名為濁由前二濁次第損減壽命及損減樂具復由二濁損減助善何

以故因此二濁有諸衆生多習欲塵樂行及自苦行能損在家出家助善由後一濁損減汝身量色無病力智念正勤不動此德壞故

又持人菩薩經云如來今興在五濁世何謂五濁一人多獘惡不識義理二六十二疑邪見強盛不受道教三人多愛欲塵勞興隆不知去就四人壽命短往古世時八萬四千歲以爲甚損今壽百歲或長或短五小劫轉盡三災當起無不被害若有在此五濁惡世能信樂佛正真慧是爲甚難

又依順正理論云此五濁但爲次第顯五衰相極增盛時何等名爲五種衰相一壽命衰損時極短故二資具衰損少光澤故三善品衰損就惡行故四寂靜衰損展轉相違成諍訟故五自體衰損非出世間功德器故爲欲次第顯此五種衰損不同故分五濁

又薩遮尼乾子經云佛告文殊師利諸佛如來有十二種勝妙功德猶如醍醐於諸味中最爲勝上清淨第一

能淨一切諸佛國土如來於中成阿耨善提何等十二一示現劫濁二示現時濁三示現衆生濁四示現煩惱濁五示現命濁六示現三乘差別濁七示現不淨佛國土濁八示現難化衆生濁九示現說種種煩惱濁十示現外道亂濁十一示現魔濁十二示現魔業濁善男子一切諸佛國土皆是出世功德莊嚴具足清淨無有諸濁如此過者皆是諸佛方便力爲利衆生汝等應知

又大五濁經云佛涅槃後當有五亂一者當來比丘從白衣學法世之一亂二者白衣上坐比丘處下世之二亂三者比丘說法不行承受白衣說法以爲無上世之三亂四者魔家比丘自生現在於世間以爲真道諦佛法正典自爲不明詐僞爲信世之四亂五者當來比丘畜養妻子奴僕治生但共諍訟不承佛教世之五亂今時屢見無識白衣觸事不閑詐爲知法房室不捨然爲師範愚癡俗人以用指南虛棄功夫終勤無益未來生世

猶不免獄故智度論云有其盲人自不見道妄言見道引他五百盲人並墮糞坑自覷長津焉能救溺

時節部第三

如阿難七夢經云阿難有七種夢來問於佛一夢陂池火焰連天二夢日月沒星宿亦沒三夢出家比丘轉在於不淨坑塹之中在家白衣登頭而出四夢群豬來觝突栴檀林壞之五夢頭戴須彌山不以爲重六夢大象棄出小象七夢師子王名華薩頭上有七豪毛在地而死一切禽獸見故怖畏後見身中蟲出然後食之以此惡夢來問於佛佛告阿難汝所夢者皆爲當來五濁惡世不損汝也何爲憂色第一夢陂池火焰連天者當來比丘善心轉少惡逆熾盛共相殺害不可稱計第二夢日月沒星宿亦沒者佛泥洹後一切聲聞隨佛泥洹不在世閒衆生眼滅第三夢出家比丘轉在於不淨坑塹之中在家白衣登頭出者當來比丘懷毒嫉妒至相殺害道士斬頭白衣覷之死入地獄

白衣精進死生天上第四夢者群豬來觝突栴檀林壞之者當來白衣來入塔寺誹謗衆僧求其長短破塔害僧第五夢者頭戴須彌山不以為重者佛泥洹後阿難當為千阿羅漢出經之師一句不忘受悟亦多不以為重第六夢大象棄小象者將來邪見熾盛壞我佛法有德之人皆隱不現第七夢師子死者佛泥洹後一千四百七十歲四部諸弟子修德之心一切惡魔不得嬈亂七豪者此是七百年後事

又摩耶經云摩耶問阿難言汝於往昔已來聞世尊說如來正法幾時當滅阿難垂淚而便答言我於往昔曾聞世尊說於當來法滅之後事云佛涅槃後摩訶迦葉共阿難結集法藏事悉畢已摩訶迦葉於狼迹山中入滅盡定我亦當得果證次第隨後入般涅槃當以正法付囑優波掬多優波掬多善說法要如富樓那廣說度人又復勸化阿輸迦王令於佛法堅固正信以舍利廣起八萬四千諸塔更經二百歲已有尸羅難陀比丘善說法要於閻浮提度十二億人三百歲已有青蓮華眼比丘善說法要度得半億人四百歲已有牛口比丘善說法要度得二万人五百歲已有寶天比丘善說法要度得二萬人八部衆生發阿耨菩提心正法於此便就滅盡六百歲已九十六種外道等邪見競興破滅佛法有一比丘名曰馬鳴善說法要降伏一切諸外道輩七百歲已有一比丘名曰龍樹善說法要滅邪見幢然正法燈八百歲後諸比丘等樂好衣服縱逸嬉戲百千萬人中有一兩得道果者九百歲已奴為比丘婢為比丘尼一千歲已諸比丘等聞不淨觀阿那波那瞋恚不欲無量比丘若一若兩思惟正受千一百歲已諸比丘等如世俗人媒嫁行媒於大衆中毀謗毗尼千二百歲已是諸比丘及比丘尼作非梵行若有子息男為比丘女為比丘尼千三百歲已袈裟變白不受染色千四百歲已時諸四衆猶如獵師樂好殺生貪賣三寶物千五百歲已俱睒彌國有三藏比丘善說法要徒於十五日布薩已時羅漢比丘昇於高座說清淨戒云此所應作此不應作彼三藏比丘弟子答羅漢言汝今身口不清淨云何而乃說是麁言羅漢答言我久清淨身口意業無諸過患三藏弟子聞此語已倍更瞋忿即於座上殺彼羅漢時羅漢弟子而作是言我師所說合於法理云何汝等殺我和上即以利刀殺彼三藏天龍八部莫不憂惱惡魔波旬及外道衆踊躍歡喜競破塔寺殺害比丘一切經藏皆悉流移至鳩尸那阿耨達龍王悉持入海於是佛法而滅盡也時摩訶摩耶聞此語已號哭懊惱即向阿難而說偈言

一切皆歸滅　無有常安者　須彌及海水
劫盡亦消竭　世間諸豪強　會必還衰朽
我子於往昔　勤苦集衆行　故得成正覺
為衆說法藏　如何於今時　皆悉潛沒盡

度女部第四

如善見論云由度女人出家正法唯得五百歲住由世尊制比丘尼行八敬教正法還得千年間千年已正法為部

滅耶荅不都滅於千年中得三達智復千年中得愛盡羅漢無三達智復千年中得阿那含復千年中得斯陁含復千年中得須陀洹總得一萬年初五千歲得道後五千歲學而不得道於萬歲後一切經書文字滅盡但現剃頭袈裟法服而已

又瞿曇彌經云尊者迦葉責阿難為女人求出家中彼有十事謫阿難一者若女人不出家者諸檀越等常應各各器盛飲在道側胡跪授與沙門二者若女人不出家者諸檀越等常應與衣服臥具迎於道中求沙門受用三者若女人不出家者諸檀越等常應乘象馬車乘在於道側以五體投地求沙門蹈而過四者若女人不出家者諸檀越等常應在於路中以髮布地求沙門蹈而過五者若女人不出家者諸檀越等常應恭心請諸沙門到舍供養六者若女人不出家者諸檀越輩見諸沙門常應恭心淨埽其地脫體上衣布地令沙門坐七者若女人不出家者諸檀越輩常應脫體上衣拂比丘足上塵八者若女人不出家者諸檀越輩常應舒髮拂比丘足上塵九者若女人不出家者沙門威德過於日月況諸外道豈能正視於沙門首十者若女人不出家者佛之正法應住千年今滅五百年一百年中得堅固解脫一百年中得堅固定一百年中得堅固持戒一百年中得堅固多聞一百年中得堅固布施

初百歲中有解脫堅固法
安住於此中　悉能達解義　第二百歲中
復有堅固定　第三百歲中　持戒亦不毀
第四百歲中　有能多聞者　第五百歲中
復有能布施　從是如來法　念念中漸滅
如車輪轉已　隨轉時有盡　正法所以隱
阿難之愆咎　為女人出家　勤請調御師
正法應住世　滿足於千年　五百已損滅
餘者悉如本　是故五百歲　五百興於世
解脫定持戒　多聞及布施

佛鉢部第五

如蓮華面經云佛告阿難於未來世罽賓國土當作大法之會有金毗羅等五天子滅度之後有富蘭那外道弟子名蓮華面聰明智慧身如金色此大癡人已曾供養四阿羅漢當供養時作如是誓願我未來破壞佛法以其供養阿羅漢故世世受於端正之身於最後身生國王家身為國王名寐吱曷羅俱邏而滅我法此大癡人破碎我鉢既破鉢已生於阿鼻大地獄中此大癡人命終之後有七天子次第捨身生罽賓國復更建立如來正法大設供養阿難以破鉢故我諸弟子漸汙淨戒樂作不善智慧之人悉皆滅度有諸國王不依王法其國人民多行十不善業以惡業故此閻浮提五種失味所謂蘇油鹽石蜜漿故佛破鉢當至北方尒時北方諸眾生等見佛破鉢大設供養大發三乘心者以眾生善根力感故我此碎鉢自然還復如本不異於後不久我鉢即於閻浮提沒現娑伽龍王宮中當沒之時此閻浮提七日七夜皆大黑暗日月盛光悉不復現地大震動天人等眾皆大號哭淚下如雨初沒之時如來法律亦沒不現尒時魔王見

法律滅必大歡喜以教衆生廣作惡
故生身陷入阿鼻地獄尒時娑伽羅
龍王見鉢供養至于七日禮拜右繞
有發三乘心者如是我鉢於龍宮沒
四天王宮出至于七日大設供養各
發三乘心過七日已於四天王宮沒
三十三天宮出佛母摩耶夫人見佛
鉢已憂愁苦惱如箭入心難可堪忍
宛轉于地猶如園木作如是言如來
涅槃一何疾哉修伽陀滅何其太速
世間眼滅佛樹傾倒佛須彌山崩佛
燈亦滅法泉枯竭無常魔曰萎佛蓮
華尒時夫人以手捧鉢告於天衆此
是我釋迦如來常受用鉢今來至此
尒時帝釋七日七夜大設供養各發
三乘心者過七日已於三十三天沒
炎摩天中出尒時炎摩天王見佛鉢
已七日七夜種種供養有發三乘心
者過七日已於炎摩天沒兜率陀天
出尒時兜率天王見佛鉢已七日七
夜種種供養過七日已於兜率天沒
化樂天出尒時化樂天王見佛鉢已
七日七夜種種供養有發三乘心者

尒時天王以手捧鉢而說偈言以前諸天
各說偈歎以文繁故不具錄出
希有大導師　悲愍於衆生　爲利衆生故
使鉢來於此
佛告阿難此閻浮提及餘十方所有
佛鉢及佛舍利皆在娑伽羅龍王宮
中如是我鉢及我舍利於未來世於
此地沒直過八萬由旬住金剛際未
來之世諸衆生等壽命八萬四千歲
時彌勒如來其聲猶如大梵天鼓迦
陵伽音尒時我鉢及我舍利從金剛
際出至閻浮提所謂青黃赤白頗梨
雜色彼五色光復至其餘一切天處
剎彼天已於其光中出聲說偈
一切行無常　一切法無我　及寂滅涅槃
此三是法印
其光復至一切地獄亦說此偈所放
光明復至十方世界於其光中亦說
此偈佛告阿難如是我鉢及我舍利
所放光明十方世界作佛事已還至
本處於虛空中成大光明雲蓋而住
舍利及鉢現此神通時八十百億衆
生得阿羅漢果千億衆生騎駿出家

信心清淨一萬衆生發阿耨菩提心
皆不退轉彌勒以手捧鉢及佛舍利
告諸天人一切大衆汝等當知此鉢
舍利乃是釋迦牟尼如來雄猛大士
能令無量百千那由他億諸衆生等
住涅槃城出優曇華百千億倍鉢及
舍利故來至此尒時彌勒佛爲我此
鉢及我舍利起四寶塔以舍利鉢置
此塔中大設供養恭敬禮拜依道宣
律師住持感應云問天人持鉢因緣
天人答曰如來成道已至第三十八
年於祇桓精舍重閣講堂上佛告文
殊師利菩薩汝往戒壇所鳴鍾召十
方天龍及比丘諸大菩薩衆等普集
祇桓文殊依教召集皆來祇桓世尊
以神通力化祇桓精舍如妙樂國眉
間放光徧照十方地皆六種震動有
百億釋迦同來集會十億妙光佛亦
集祇桓世尊跏趺坐入金剛三昧地
又大動從三昧起出大音聲普告三
千界一切諸來大衆我初踰城至瓶
沙王國入山修道天魔迷我道路山
神示我道處即語我言我曾於往古

迦葉佛般涅槃時留一故瓦鉢囑我
護持待如來下生令我付世尊世尊
成道先須受我此鉢次及四天王鉢
我語山神若得成佛當如汝言我後
入河澡浴受二女乳糜時尒時山神
即奉我鉢我時受用將盛乳糜食地
便六種震動我持此鉢來經三十八
年未曾有損失我入王舍城受彼國
王請我既食訖即命羅睺將我鉢還
於彼龍池洗羅睺洗鉢損破為五片
我即以鉛錫綴彼破鉢此非羅睺過
失欲表示未來世諸惡比丘比丘尼
等輕毀法器於初五百年分我毗尼
藏遂有五部分我脩多羅為十八部
至正法滅盡分我三藏復為五百部
彼無智比丘本無慈心不發弘誓救
度衆生但起諍論增我慢幢速滅正
法至于千歲正法皆滅諸惡比丘滿
閻浮提及餘天下不持禁戒諸惡比
丘尼猶如婬女不行八敬將我應量
之器遊行酒肆或入婬舍貯酒盛宍
痛哉苦哉法豈不滅也
尒時諸比丘同聲白佛言我於今朝
入城乞食還所居方各洗應量器同
時皆破各分五段方欲問佛向聞世
尊已說未來表法將滅心生大悑
尒時世尊告諸比丘我留菩薩僧合
有八十億人不取涅槃後惡世中護
持聖教各以通力化惡比丘令敬佛
鉢
尒時世尊即從坐起往至戒壇所從
北面升壇諸比丘奉鉢世尊自受又
告羅睺將我破鉢來佛受鉢已即
擲于空上至有頂如是次第同名牟
尼各擲相次猶如貫珠上至色界頂
已次第還下直至戒壇百億諸來佛
亦命侍者取鉢各施牟尼佛共相住
持使來世惡僧尼等令生慚愧世尊
受已還擲上界相次重疊還至壇所
尒時世尊化彼破瓦鉢狀如諸天金幢
放大光明照十方國
又佛在世時告天帝釋言汝施我真
珠并天工匠又告天魔汝施我七寶
又告娑竭龍王汝施我摩尼珠帝釋
天龍等即奉珠寶於三七日中並集
戒壇所造作珠塔用七寶莊上安摩
尼珠以佛神力故於三七日中一時皆
成合得八百億真珠七寶塔以盛如
來瓦鉢尒時魔王白佛言我自造珠
塔用盛世尊鉢我雖是大魔敬順佛
語故於未來世不令惡人損壞聖教
化惡比丘令生慚愧佛即聽許純用
摩尼以盛一大塔高四十由旬以盛
佛鉢世尊涅槃時付囑魔王造塔令
付帝釋及四天王并大魔王汝自守
護我涅槃後正法滅盡已將我鉢塔
安置戒壇南十二年中住汝等四天
王日夜常自供養守護勿令損失過
十二年已將付娑竭龍王安置彼宮
中毗尼大藏所又勅龍王當造十六
塔為鉢塔眷屬還經十二年後付囑
帝釋四天王將往須彌頂帝釋歡喜
園中金沙池南住佛告揵闥婆王八
部神等汝於四十年中作天音樂供
養寶塔為彼惡世中持戒弟子守護
應器如護眼睛
佛告帝釋四天王等汝於須彌山金
剛窟中取彼黃砂石多造石鉢置新
塔中大小形量如我破鉢皆作五綴

我安置彼塔中汝等守護勿令損失後經一百年至阿育王造塔竟汝將我塔徧大千國至十億家或縱廣萬里當安兩鉢塔於彼國土中周旬名山古聖住處於彼安置又告北天王汝至楞伽山採取牛頭栴檀香於日三時中當至彼塔所燒香供養勿令斷絕我令自在天安置諸鉢塔又讚四天王及揵闥婆王燒香奏樂常為供養汝等天人龍神等未解我意此為未來非法比丘比丘尼令其改惡生善故使安置如是

訛替部第六

如付法藏經云阿難比丘化諸衆生皆令度脫最後至一竹林之中聞有比丘誦法句經偈云

若人生百歲　不見水潦涸　不如生一日
而得覩見之

阿難聞已慘然而歎世間眼滅何其速哉煩惱諸惡如何便起違反聖教自生妄想此非佛語不可修行汝今當知二人謗佛一雖多聞而生邪見二不解深義顛倒妄說有此二法為自毀傷不能令人離三惡道汝今諦聽我演佛偈

若人生百歲　不解生滅法　不如生一日
而得解了之

尒時比丘即向其師說阿難語師告之曰阿難老朽智慧衰劣言多錯謬不可信矣汝今但當如前而誦阿難後時聞彼比丘在竹林下猶誦前偈即問其意答言尊者吾師告我阿難老朽言多虛妄汝今但當依前誦習阿難思惟彼輕我言或受餘教即入三昧推求勝德不見有人能迴彼意便作是言異哉無常甚大雄猛散壞如是無量賢聖令諸世間皆悉空曠當處黑暗怖畏中行邪見熾盛不善增長誹謗如來斷絕正教永當沈沒生死大洞閉惡趣門開人天路於無量劫受諸苦惱我於今日宜入涅槃

又新婆沙論問齊何當言正法住答若時行法者住齊何當言正法法滅答若時行法者滅問何故復作此論答為欲分別契經義故如契經說迦葉波當知如來所覺所說法毗柰耶非地界水界火界風界所能滅沒然有一類補特伽羅當出於世惡欲惡行成就惡法非法說法法說非法非毗柰耶說毗柰耶毗柰耶說非毗柰耶彼能滅我三無數劫所集正法令無有餘契經雖作是說而不分別齊何當言正法住齊何當言正法滅彼經是此論所依根本彼所不分別者今應分別故作斯論此中有二種正法一世俗正法二勝義正法世俗正法謂名句文身即素怛纜毗柰耶阿毗達磨勝義正法謂聖道即無漏根力覺支道支行法者亦有二種一持教法二持證法持教法者謂讀誦解說素怛纜等持證法者謂能修證無漏聖道若持教者相續不滅能令世俗正法久住若持證者相續不滅能令勝義正法久住彼若滅時正法則滅故契經說我之正法不依牆壁柱等而住但依行法有情相續而住問何故世尊不決定說法住時分耶答欲顯正法隨行法者住久近故謂行法者若行正法常如佛在世時及如來滅度

末文時者則佛正法常住於世無有滅沒普無如是行正法者則彼正法速疾滅沒若度女人出家不令行八尊重法者則佛正法應減五百歲住由佛令彼行八尊重法故正法住世還滿千年

又迦旃延說法滅盡偈云

尊者迦旃延　體道修律護　見諸來暴者　以偈開法路　正法垂欲沒　人年裁壽百　正法之光明　在世不久沒　正法已滅盡　比丘衆迷惑　當捨諸經法　聖覺之所講　釋置經義理　更互相求短　吾身所聞傳　獨步無儔伴　持中以著下　舉下著於中　不復識次第　所說貫不窮　證據設乖謬　又說無本末　聞受皆浮漫　講論無清話　各各共諍訟　用生毒害心　貪得利供養　隨俗共浮沈　喜樂於憒擾　不慕處靜默　展轉相侵欺　以自養妻息　或時有比丘　見遠方比丘　顏色不悅和　得其捨之去　客從遠方來　寺主先自安　閑居乃聽之　於心乃爲快　常含瞋恚惡　憍慢爲自大　所求無厭足　恣意隨塵穢　毒事相續行　不欲誦受經　終日笑歌儛　冥暮寢不醒

斯等共聚會　言不及經理　但說縣官賊　流俗行來事　假使有學者　衆人所供養　羨者求出家　言學比丘法　所行不如教　自從利養起　其年既幼少　多畜衆弟子　其心懷諍亂　不能究所學　莫能謹慎戒　陷落於邪見　苟且無羞恥　不能修慎行　亦不樂法會　汲汲著利養　適共鬪諍已　遂乃結離怨　諸魔及官屬　用斯得人便　諸天龍鬼神　來欲聽經教　傾企邊聞戒　但更聞諍訟　諸天人懷恨　不可比丘行　行來共講言　佛法欲滅盡　吾等捨天樂　故來欲受法　不得聞正法　不如棄之去　其有草鬼神　心樂佛法者　不念諸比丘　不復行擁護　於時弊鬼神　凶暴行毒害　取比丘精氣　令命無有餘　偷狗無羞慙　懈怠懷毒意　斯等將來世　及當見敬事　有仁賢比丘　具足知廉恥　於彼失法時　乃更不見侍　譬如師子王　處在林樹間　豺狼及犬狐　不敢食其宍　命過身出蟲　還自噉其宍　晝夜共噉食　毀滅其形體　正法在於世　終不自沒盡　因緣像法故　正法則滅盡　譬如海中船　貪重故沈沒　佛法斯亦然　利養故滅盡　諸比丘遭患

如人喪二親　今日最末世　佛世法滅盡　從今日以往　無復說經典　法律及禁戒　當何從聞聽　諸天樹木鬼　曠野層神明　悲感心憂惱　宛轉不自寧　法燈爲已沒　正學已毀滅　今世最崩頹　法鼓不復鳴　諸魔設歡喜　聚會相慶賀　舉手而讚言　今是佛末世　知後將來世　當有是患難　益當加精進　勉力求度脫

破戒部第七

如蓮華面經佛告阿難我今當說未來之時有諸破戒比丘身著袈裟遊行城邑往來聚落住親里家彼非比丘又非白衣畜養婦妾産育男女復有比丘往婬女家婬比丘尼貯畜金銀造作生業以自活命復有通致使驛以自活命復有專行醫藥以自活命復有圍棊六博以自活命復有爲他卜筮以自活命復有爲他誦祝驅遣鬼神多取財物以自活命復有專行殺生以自活命復有私自費用佛法僧物以自活命復有內實犯戒外示護持受人信施復有秘悋僧物不與客僧復有悋惜僧房牀座不與客僧

復有比丘實非羅漢而詐稱羅漢欲令人知多受供養但爲活命不爲修道復有興利商賈以自養活復有專行盜偷以自養活復有畜養雜畜乃至賣買以自養活復有販賣奴婢以自養活復有屠殺牛羊以自養活復有受雇募入陣征戰討伐多殺衆人以求勳賞復有專行刼奪攻破城邑及與聚落以自活命如是無量地獄因緣捨命之後皆墮地獄譬如師子身死所有衆生不敢食彼唯師子身自生諸蟲還自噉食師子之死佛告阿難我之佛法非餘能壞是我法中諸惡比丘猶如毒刺破我三阿僧祇刧積行勤苦所集佛法尒時阿難見此事已心大怖畏身毛皆豎即白佛言如來速入涅槃今正是時何用見此未來之世如是惡事佛言阿難未來之世多有在家白衣得生天上多有出家之人墮於地獄餓鬼畜生善惡之業終不敗亡我於過去曾作商人入於大海活多人故手殺一人以是業緣乃至成佛猶尚身受金槍之報

又當來變經云尒時世尊告諸比丘將來之世當有比丘因有一法不從法化令法毀滅不得長益何謂爲一謂不護禁戒不能守心不修智慧放逸其意唯求善名不順道教不肯勤慕度世之業是爲一事令法毀滅復有二事令法毀滅何謂爲二一不護禁戒不攝其心不修智慧畜妻養子放心恣意賈作治生以共相活二伴黨相著憎奉法者欲令陷墮故爲言義謂之諛諂私記惡行外揚清白是爲二事令法毀滅復有三事令法毀滅何謂爲三一既不護禁戒不能攝心不修智慧二自讀文字不諦句讀以上著下以下著上頭尾顛倒不能解了義之所歸自以爲是三明者呵之不從其教反懷瞋恨謂相嫉妒議識者少多不別理咸云爲是是爲三事令法毀滅復有四事令法毀滅何謂爲四一將來比丘捨空閑處修道之業二志遊人間憒吏之中行來比丘談言求好袈裟五色之服三高望遠視以爲奇雅自以高德無能及者雜碎之智比日月之明而已四不攝三事不護根門行婦女間宣文飾詞多言合偶以動人心使清變濁身行荒亂正法廢遲是爲四事令法毀滅若有比丘欲諦學道棄捐綺飾不求名聞質朴守眞宣傳正經佛之雅典深法之化不用多言案本說經不捨正句希言屢中不失佛意麁衣趣食得美不甘得麁不惡衣食好醜隨施者意守諸根門不違佛教勤修佛法猶救頭然雖不値佛出世出家爲道學不唐捐平其本心慇念一切

又十誦律云正法滅於像法時有五非法一比丘小得心止便謂已得聖法二白衣生天出家墮地獄三有人捨世間業出家破戒四破戒人多人佐助持戒者無人佐助五乃至羅漢亦被罵辱更有五怖畏未來有應知一自身不修身戒心慧復度他出家亦不能令他修身戒心慧二畜沙彌三與他依止四如是人與淨人沙彌近住不知三相掘地斬草用水漑灌五雖誦持三藏前後雜亂

諍訟部第八

如雜阿含經云佛言比摩偷羅國將來之世我之正法千歲不滅過千歲後有非法出閻浮提中惡風暴雨多諸災患人民飢饉觸物磨滅飲食失味珍寶沈沒西方有王名鉢羅婆比方有王名耶婆那南方有王名非釋迦東方有王名兜沙羅此之四王皆多眷屬殺害比丘破壞塔寺四方盡亂時諸比丘來集中國拘睒彌國王名摩因陀羅西那生子手似血塗身似甲冑有大勇力又五百大臣同日生子皆血手冑身時拘睒彌國一日雨血王見惡相即大恐怖請問相師相師荅王今生子當王閻浮提多殺害人即因為名難當年漸長大四惡王從四方來王大憂怖有天神告言大王且立難當為王足能降伏彼四惡王便依神言捨位與子以髻中明珠冠其子首迨五百大臣香水灌頂令往征伐諸臣之子身被甲冑從王俱征與四惡王共戰殺之都盡王閻浮提治在拘睒彌國後有三藏羅漢出現為王說法王聞法已憂惱即止於佛法中大生敬信而發聲唱言自今以後我施諸比丘無恐畏事適意爲樂而問比丘言前四惡王毀滅佛法有幾年歲諸比丘荅云經十二年王心念言作師子吼我當十二年中供養五衆種種豐足供施之日天當降雨香澤之雨徧閻浮提一切寶種皆得增長後經不久三藏門徒弟子共諸比丘不和有惡比丘遂殺阿羅漢及三藏法師心生懊惱諸邪見輩競破塔廟及害比丘從是佛法索然頓滅尒時人天聞佛所說莫不揮淚

又法滅盡經云佛告阿難吾般泥洹欲滅時五逆濁世魔道興盛諸魔沙門壞亂吾道著俗衣裳樂好袈裟五色之服飲酒噉肉殺生貪味無有慈心更相憎嫉時有菩薩精進修德者衆魔比丘咸共嫉之誹謗揚惡擯黜驅遣不令得住自此於後不修道德寺廟空荒不復修理展轉毀壞但貪財物積聚不散不作福田販賣奴婢耕田種植焚燒山林傷害衆生無有慈心奴為比丘婢為比丘尼無有道德婬嫉濁亂男女不別令道薄淡皆由斯輩或避縣官依倚五道求作比丘不修戒律月半月盡雖名誦戒猒倦懈怠不欲聽聞不樂讀誦經律設有讀者不識字句為強言是不諮明者貢高求名虛無雅步以為榮貴望人供養諸魔比丘命終死後精神當墮無擇地獄五逆罪中餓鬼畜生靡不更歷於無邊河沙劫受罪竟乃出生在邊國無三寶處法欲滅時女人精勤常作功德男子懈怠不用法語眼見沙門如視糞土無有信心法輪彌沒當尒之時諸天泣淚水旱不調五穀不熟疫氣流行死亡者衆人民勤苦縣官侵剋不循道理皆思樂亂惡人轉多善者甚少日月轉促命短菩薩比丘衆魔驅逐不預衆會菩薩入山福德之處淡泊自守以為欣快壽命延長諸天衛護一切十二部經尋復化滅不見文字沙門袈裟自然變白聖王去後吾法滅盡譬如油燈臨欲滅時光更猛盛於是便滅吾

法盡時亦如燈滅自此之後難可覩纏如是久後彌勒當下世間作佛天下太平毒氣消除雨潤和適五穀滋茂草木榮敷大人長八丈皆壽八萬四千歲衆生得度不可稱計

損法部第九

如仁王經云後五濁世比丘比丘尼四部弟子天龍八部一切神王國王大臣太子王子自恃高貴滅破吾法明作制法制我弟子比丘比丘尼不聽出家行道亦復不聽造作佛像形佛塔形立統官制衆安籍記僧比丘地立白衣高坐兵奴爲比丘受別請法知識比丘共爲一心親善比丘爲作齋會求福如外道法都非吾法當知尒時正法將滅不久大王法末世時有諸比丘四部弟子國王大臣各作非法之行橫與佛法衆僧作大法制作諸罪過非法非律繫縛比丘如獄囚法當尒之時法滅不久大王我滅度後未來世中四部弟子諸小國王太子王子乃是住持護三寶者轉更滅破三寶如師子身中蟲自食師子肉非外道也各壞我佛法得大罪過正教衰薄民無正行以漸爲惡其壽日減至若干百歲人壞佛教無復孝子六親不和天神不祐疾疫惡鬼日來侵害災怪首尾連禍從橫死入地獄餓鬼畜生若出爲人兵奴果報如響如影如人夜書火滅字存三界果報亦復如是大王未來世中一切國王太子王子四部弟子橫與佛弟子書記制戒如白衣法如兵奴法若我弟子比丘比丘尼立籍爲官所使都非我弟子是兵奴法立統官攝僧典主僧籍大小僧統共相攝縛如獄囚法兵奴之法當尒之時佛法不久

又舍利弗問經云佛告舍利弗我尋泥洹大迦葉等當共分別爲比丘比丘尼作大依止如我不異迦葉傳付阿難阿難復付末田地末田地復付舍那婆私舍那婆私傳付優波笈多優波笈多後孔雀輸柯王世弘經律其孫名曰弗沙蜜多羅嗣正王位顧問群臣云何令我名事不滅時有臣言唯有二事何等爲二猶如先王造八萬四千塔捨傾國物供養三寶此其一也若其不尒便應反之毀塔滅法殘害息心四衆此其二也名雖好惡俱不朽也王曰我無威德以及先王當建次業以成名行即御四兵攻雞雀寺寺有二石師子號吼動地王大驚悑退走入城人民老者嗟泣盈路王益忿怒自不敢入驅逼兵將詐行死害蹔令勤與呼攝七衆一切集會問曰壞塔好壞房好僉曰願皆勿壞如不得已壞房可耳王大忿厲曰云何不可因遂害之無問少長血流成川壞諸塔寺八百餘所諸清信士舉聲號噭悲哭懊惱王取囚繫加其鞭罰五百羅漢登南山獲免山谷隱峻軍甲不能至王恐不洗賞募諸國若得一首即賞金錢三千時有君徒鉢歎阿羅漢乃佛所囑累流通一人化作無量人捉無量比丘比丘尼頭處處受金王諸庫藏一切空竭王益忿怒君徒鉢歎阿羅漢現身入滅盡定王自加害定力所持初無傷損次燒經臺火始就然飈焰及經彌勒菩

薩以神通力接我經律上兜率天次至身齒塔塔神日有蟲行神先索我女我薄不與今誓令護法以女與之使王心伏蟲行神喜手捧大山用以壓王及四部兵衆一時皆死王家子孫於斯頓盡其後有王性甚良善彌勒菩薩化作三百童子下於人間以求佛道從五百羅漢諮受法教國土男女復共出家還復滋繁羅漢上天接取經律還於人間時有比丘名曰摠聞諮諸羅漢及與國王分我經律多立臺館爲求學來難王玄策行傳云摩伽陀國菩提寺主達磨師問漢勅使知此佛法盛行達磨師云佛法當今盛在四方也昔有迦葉王夢大海水中心濁四邊清請迦葉佛解云後釋迦末代佛法中天竺無所以中濁也摠向四方所以四邊清也

述曰自佛法東流已來震旦已三度爲諸惡王廢損佛法第一赫連勃勃號爲夏國被破長安遇僧皆殺第二魏太武用崔皓言夷滅三寶後悔皓加五刑第三周武帝但令還俗此之三君爲滅佛法皆不得久身患癩瘡死入地獄有人暴死見入地獄受大極苦具如別傳唐臨冥報記述

頌曰

聖迹隱顯　隨人廢興　至誠即感
匪信難矜　冀存敬學　激揚眞宗
述斯歎理　寧解困窮

法苑珠林卷第九十八

法苑珠林卷第九十八

校勘記

一　底本，金藏廣勝寺本。六八八頁中、下原版缺，以麗藏本補。

一　六八八頁中一行經名，[徑]作「法苑珠林卷第一百十七」。

一　六八八頁中二行撰者，[磧]作「大唐上都西明寺沙門釋道世字玄惲撰」；[南]作「唐上都西明寺沙門釋道世字玄惲撰」；[徑]作「唐上都西明寺沙門釋道世玄惲撰」；[清]作「唐西明寺沙門釋道世撰」。

一　六八八頁中三行篇名，[徑]作「法滅篇第九十八之一」。又「此有九部」，[徑]無。

一　六八八頁中四行至六行「述意部……損法部」，[徑]無。

一　六八八頁中七行「第一」，[徑]無。以下部目下序數例同。

一　六八八頁中一三行「無明」，[磧]、[南]、[徑]、[清]作「懷瞑」。

一六八八頁中一四行「五刀」，磧、南、徑、清作「五力」。
一六八八頁中一六行「讒佞」，磧、南、徑、清作「佞讒」。
一六八八頁中一七行「虐治」，磧、南、徑、清作「虐法」。
一六八八頁下九行「慧施」，磧、南、徑、清作「惠施」。
一六八九頁上三行第五字「損」，磧、南、徑、清無。
一六八九頁下六行第五字「夢」，磧、南、徑、清無。又「連天」，磧、南、徑、清作「滔天」，一六行同。
一六八九頁下九行「壞之」，磧、南、徑、清作「怪之」。次頁上二行同。
一六八九頁下一二行「豪毛」，磧、南、徑、清作「毫毛」。
一六八九頁下一四行第一二字「所」，磧、南、徑、清作「於」。
一六八九頁下末行第九字「親」，磧、南作「雜」。
一六九〇頁中五行「二万」，磧、南、徑、清作「一萬」。
一六九〇頁下一三行首字「那」，磧、南、徑、清作「那竭」。
一六九〇頁下二一行第六字「由」，麗作「中」。
一六九一頁上二行「愛盡」，磧作「受盡」。
一六九一頁上一一行「[足+胡]跪」，磧、南、徑、清作「䠒跪」。
一六九一頁中六行「千年」，磧、南、徑、清作「千歲」。又「今滅」，磧、南、徑、清、麗作「今減」。
一六九一頁中一四行末字「滅」，磧、南、徑、清作「減」。
一六九一頁中一六行「勤請」，磧、南、徑、清作「勸請」。
一六九一頁下三行「未來」，麗作「未來世」。
一六九一頁下一四行末字「漿」，磧、南、徑、清無。
一六九一頁下一六行第一一字「大」，磧、南、徑、清作「有」。
一六九一頁下一七行「碎鉢」，麗作「破鉢」。
一六九一頁下二一行「盛光」，磧、南、徑、清、麗作「威光」。
一六九二頁上一行第四字「必」，磧、南、徑、清、麗作「心」。
一六九二頁上六行第一二字「王」，磧、南、徑、清無。
一六九二頁上九行「圜木」，磧、南、徑、清作「圓木」。
一六九二頁上一五行第一三字「各」，磧、南、徑、清作「有」。
一六九二頁中一二行「至閻浮提」，磧、南、徑、清、麗作「至閻浮提彌勒佛所住虛空中放五色光」。
一六九三頁上二行末二字「世尊」，磧、南作「成道」。
一六九三頁上八行第四字「有」，磧、南、徑、清無。
一六九三頁上九行第一一字「將」，磧、南、徑、清作「先將」。
一六九三頁上一〇行第五字「洗」，

磧、南、徑、清作「洗之」。又第一〇字「損」，磧、南、徑、清作「便損」。

一　六九三頁上一七行第八字「增」，磧、南、徑、清無。

一　六九三頁中末行第一一字「莊」，磧、南、徑、清作「莊嚴」。

一　六九三頁下七行第四字「盛」，磧、南、徑、清作「成」。

一　六九三頁下一三行第六字「什」，磧、南、徑、清、麗作「付」。

一　六九三頁下二〇行「眼睛」，磧作「眼精」。

一　六九四頁上五行「北天王」，麗作「北方天王」。

一　六九四頁上一七行「潦涸」，磧、南、徑、清作「老鶴」。

一　六九四頁中二〇行「正法法滅」，磧、南、徑、清、麗作「正法滅」。

一　六九四頁下末行第四字「常」，磧、南、徑、清作「恒」。

一　六九五頁上二行第三字「苦」，磧、南、徑、清、麗作「若」。

一　六九五頁中三行「出家」，磧、南、徑、清作「出處」。又「所行不如教」，磧、南、徑、清作「法如行不教」。

一　六九五頁中六行「隨落」，磧、南、徑、清、麗作「墮落」。

一　六九五頁中七行「利養」，磧、南作「才養」。

一　六九五頁中一四行「時弊」，磧、南、徑、清作「是蔽」。

一　六九五頁中一五行「無羞慙」，磧、南、徑、清作「無羞恥」。

一　六九五頁中一八行第五字「侍」，磧、南、徑、清作「待」。

一　六九五頁中二一行「因緣」，磧、南、徑、清作「因有」。

一　六九五頁下一行「佛世法」，磧、南、徑、清、麗作「佛正法」。

一　六九五頁下一二行第八字「住」，南、徑、清作「往」。

一　六九六頁上三行第六字「啇」，磧、南、徑、清、麗作「商」。下同。

一　六九六頁上七行第三字「雇」，磧、南、徑、清、麗無。

一　六九六頁上一五行第一三字「見」，磧、南、徑、清作「聞」。

一　六九六頁上末行「金槍」，磧、南、徑、清作「金鏘」。

一　六九六頁中六行首字「慕」，磧、南、徑、清作「募」。

一　六九六頁中九行「放心」，磧、南、徑、清作「於心」。

一　六九六頁中一六行第三字「解」，磧、南、徑、清作「明」。

一　六九六頁中末行「奇雅」，磧、南、徑、清作「綺雅」。

一　六九六頁下末行「雜亂」，至此，徑卷第一百十七終，卷第一百十八始，並有「法滅篇第九十八之餘」一行。

一　六九七頁上一二行第八字「又」，磧、南、徑、清作「及」。

一　六九七頁上一七行第一二字「告」，磧、南、徑、清無。

一　六九七頁上二〇行第五字「迨」，

磧、南、徑、清作「枭」。

一　六九七頁中一五行首字「欲」，磧、南、徑、清作「法欲」。

一　六九七頁中一七行「炙宍」，麗作「噉肉」。

一　六九七頁中二〇行第八字「此」，磧、南、徑、清作「共」。

一　六九七頁中二二行「福田」，磧、南、徑、清作「福業」。

一　六九七頁下三行「五道」，磧、南、徑、清作「吾道」。

一　六九七頁下一〇行「河沙」，磧、南、徑、清作「恒沙」。

一　六九七頁下一二行第三字「常」，磧、南、徑、清作「恒」。

一　六九七頁下一四行首字「彌」，磧、南、徑、清作「殄」。

一　六九七頁下一七行末字至次行首字「命短」，磧、南、徑、清、麗作「人命轉短」。

一　六九八頁上九行「太子」，磧、南無。又第六字「自」，清無。

一　六九八頁上一〇行至次行首「出家行道亦復不聽」，麗無。

一　六九八頁上一一行末字「安」，磧、南、徑、清作「案」。

一　六九八頁中二行第一一字「干」，徑作「千」。

一　六九八頁中二〇行「輸柯王」，磧、南、徑、清作「輪柯王」。

一　六九八頁下九行第五字「蹵」，磧作「鷲」；南、徑、清作「就」。

一　六九八頁下一〇行「壞塔好壞房好」，磧、南、徑、清作「壞塔好不壞房好不」。

一　六九八頁下一六行「不洗」，麗作「不濟」。

一　六九八頁下一八行第七字「乃」，磧、南、徑、清作「及」。

一　六九九頁上一一行「國王」，磧、南、徑、清作「國土」。

一　六九九頁上一五行第二字「今」，磧、南、徑、清作「令」。

一　六九九頁中七行首字「迷」，磧、南作「述」。

一　六九九頁中卷末經名，徑無（未換卷）。

法苑珠林卷第九十九　威　二十六紙

西明寺沙門釋道世撰

雜要篇第九十九　此有十部

述意部　四依部　四果部
四食部　淨口部　鳴鍾部
入衆部　求法部　褏相部
雜行部

述意部第一

夫神理無聲，因言辭以寫意；言辭無迹，緣文字以圖音。故字爲言蹄，言爲理筌。音義合符，不可偏失。是以文字應用，彌綸宇宙。雖迹繁翰墨，而理契乎神。但以經論浩博，具録難周，記傳紛綸，事有廣略，所以導達群方，開示後學，設教緣迹，煥然備悉，訓俗事源，鬱尒咸在。搜檢條章，討撮樞要，緝綴紙筆，具列前篇。其餘雜務，汲引濟俗，現可行者，跡之於後，冀令昏昧漸除，法燈遐照也。

四依部第二

夫根鈍時澆，信堅難具，行淺德劣，智正易迷，要須機教相符，文理洞備。故經曰：雖誦千章，不行何益？今立正義，須憑宗意，教有權實，行有昏明。故得月而指自忘，得意而言自息。豈意得道門，猶行封滯？故經説四依，區分三位：一是人四依，即是四依開士，謂從初賢至於極聖，人資無漏，法體性空，據此依承，聖無邪倒；二是行四依，即是乞食著糞掃衣、頭陀蘭若樹下而坐；三是法四依，如下具述。立此三法，成末代之龜鏡，信是衆行之宗師。大聖致詞，終無虚設，准教行事，畢正非邪。初二四依非今俗用，附在别章。且述法依，驗知邪正，惟以無相好佛，尚惑魔形，況有識凡夫，能無受亂？故立法依，顯成楷定也。

第一依法不依人者，人惟情有，法乃軌摸，性空正理，體離非妄，即用此法爲正法，依涅槃經極教，咸明斯轍。今行事者，隨情妄述，多棄法逐人，從人起則致乖遺寄，陷溺身心。若能反彼俗心，憑准聖量，隱心行務，知非性空，秉持此心以爲道路，一分知非，明順空理，一分猒觀，明違有事。如此安心

名修趣法性真道
第二依義不依語者語是言說正是張筌義爲達理化物之道詮解已後慮絕杜言法尚應捨何況非法故經有捨筏之喻人懷目擊之談不以言筌意表得意息言月喻妙指無冥不曉今謂得義乃是誦言真行道者常觀常破常觀依語常破隨義謂言隨義還是誦言但無始妄習執見鑒朕靜退詳研方知此過不尒奔飛追聲不及又可思惟
第三依智不依識者謂識現行隨塵分別眼色耳聲躭迷不覺與牛羊而等度同邪凡而共行大聖示教境是自心下愚冰執塵爲識外所以化導無由捨之是知滯歸凡識倒遣聖心愚迷展歷常淪三倒勇勵特達念動即知名爲依識知流須返名隨分智如是加功漸增明大後見塵境知非外來境非心外是自心相安有愚迷生增生愛恩揮不已解異牛羊有人間卿立如此論明智異愚如何達觀猶稱凡識苔聖智無涯積空顯德豈惟一述即謂清升此但得語隨言還執深知此執無始習熏三祇無間方能傾盡雜血之乳不可漏言起伏之相於是乎在如經說初地行施餘隨分修高執立儀令人修學何言一解剩能窮智必智可窮未日高勝今人口誦其空心未悠有騰空不起入火逾難俱是心相封述故尒後得通達隨心轉用豈不鳥之游空自常如布之火澣不足怪也
第四依了義經不依不了義經者此之兩經並聖言量凡入道者率先曉之則無事不通有疑皆決但群生性識深淺利鈍不同致令大聖隨情別說然據至道但是自心故經云三界上下法義唯心此就世界依報以明心也又云如如與真際涅槃及法界種種意生身佛說唯心量此據出世法體以明心也終窮至實畢到斯源隨流赴感還宗了義故加以法約定權機也
如大集經云復次舍利弗菩薩摩訶薩有四依法亦不可盡何等爲四依義不依語依智不依識依了義經不依不了義經依法不依人云何依義不依語語者若入世法而有可說義者解出世法無文字相語者若說布施戒忍進禪智慧調伏擁護義者知施戒忍進禪智慧入於平等語者稱說生死義者知生死無性語者說涅槃味義者知涅槃無性語者若說乘隨所安止義者善知諸乘入一相智門語者若說諸捨義者三種清淨語者說身口意受持淨戒功德威儀義者了身口意皆無所作而能護持一切淨戒語者若說忍辱斷除恚怒貢高憍慢義者了達諸法得無生忍語者若說勤行一切善根義者安住精進無有始終語者若說諸禪解脫三昧三摩跋提義者知滅盡定語者悉能聞持一切文字智慧根本義者知是慧義不可宣說語者說三十七助道之法義者正知修行諸助道法能證於果語者說苦集道諦義者於滅諦語者說無明根本乃至生緣老死義者知無明滅乃至老死滅語者說

助定慧法義者明解脱智語者說貪恚癡義者解不善根即是解脱語者說障礙法義者得無礙解脱語者稱說三寶無量功德義者三寶功德離欲法性同無爲相語者說從發心至空道場俗集莊嚴善根功德義者以一念慧覺一切法舍利弗舉要言之能說八萬四千法聚是名爲語知諸文字不可宣說是名爲義

云何依智不依於識識者四識住處何等爲四色識住處受想行識住處智者解了四識性無所住識者若識地大水火風大智者識住四大法性無別識者眼識色住耳鼻舌身意識法住智者內性寂滅外無所行了知識法無有憶想識者專取所緣思惟分別智者心無所緣不取相貌於諸法中無所悕求識者行有爲法智者知無所行無爲法性無有識知識者生住滅相智者無生住滅相舍利弗是名依智不依於識

云何依了義經不依不了義經不了義經者分別修道了義經者不分別

果不了義經者所作何業信有果報了義經者盡諸煩惱不了義經者呵諸煩惱了義經者讚白淨法不了義經者說生死苦惱了義經者說生死涅槃一相無二不了義經者讚說種種莊嚴文字了義經者說甚深經難持難了不了義經者多爲衆生說罪福相令聞法者心生欣慼了義經者凡所演說必令聽者心得調伏不了義經者若說我人衆生等無有施受者而爲他說有施受了義經者說空無相無願無作無有我人衆生作者受者常說無量諸解脫門是名依了義經不依不了義經云何依法不依於人人者攝取人見作者受者法者解無人見作者受者人者凡夫善人信行人八人四果人辟支佛人菩薩人一人出世多所利益多人受樂憐愍世間生大悲心於人天中多所饒潤所謂諸佛等依世諦故爲化衆生故作是說若有攝取如是見者是謂依人如來爲化攝人見者故說依法不依於人一切平等無別異性猶如虛空

若有依止是法性者終不復離一相之法同一法性是故言依一切法不依於人舍利弗是名菩薩摩訶薩四依無盡

四果部第三

如修行道地經云其修行者已得初果道迹知諸五欲皆歸無常不能盡除所以者何由見色聲香味細滑之念故起愛欲未能斷除譬如梵志淨潔自喜詣下舍後卒汙於指行語金師指汙不淨以火燒之金師諫曰勿發是心有餘方便除此不淨以灰土拭之用水洗之設吾火燒卿不能忍火熱毒痛自齲其身更甚于前梵志子聞即懷瞋恚便罵金師莫以己心量度他人自不能忍謂人不堪吾無所用手有垢汙不敢行路畏人觸我丕憹近之失吾道德世所道術天文地理一切典籍無不知之曷因不淨著吾手指勿得停久當隨我言除其指穢也金師聞之燒鉗正赤以搶彼指梵志得熱痛不能忍掣手指著口金師大笑謂年少言卿自稱譽聰明博

學採古知今無不該通清淨無瑕於今無耐持不淨指含著口中當知輕躁未足爲師梵志報曰不遭痛時鼻指不淨適遇火毒即忿指穢求道如是長夜修習離於愛欲適見好色婬意還動所以者何諸根未制諸漏未盡耶根未除正定未發宿愛不除婬欲還起於是頌曰

以見色欲求所習　雖便解義至道迹
頭戴想華續聞香　如江詣海志欲然

第二道迹斯陀含人自念我身不宜習此婬欲如餘凡夫說情欲穢樂於無欲晝夜觀察修習汙露婬怒癡薄得往來道一反還世斷勤苦原以得往還於諸愛欲無起清淨婬怒癡薄心常未斷固有惱患譬如男子有婦端正面目無瑕以諸瓔珞莊嚴其身夫甚愛敬雖有是色然是婬鬼非是眞人唯人宍血以爲飲食有人語夫卿婦羅剎宍血爲食夫不信人數數語之夫心遂疑意欲試之夜臥揚出鼾聲如眠婦謂定眠竊起出城詣於塚間夫尋逐後見婦脫衣及諸寶飾卸著一面面色變惡口出長牙頭上焰然眼赤如火甚爲可畏前近死人手斷其宍口齧食之夫見如是尒乃知之非人是鬼便急還家臥於牀上婦即尋還來趣夫牀復臥如故其夫見婦莊嚴瓔珞面色端正乃還親近假使念之在於塚間噉死人宍心雖穢猒又懷恐怖迴心觀婦還起欲心得往還道斯陀含人若見外形端正姝好婬意還動若說汙露瑕穢不淨婬意即滅於是頌曰

變化人身如脫鎧　作婬鬼形詣塚間
便噉死屍如食飲　夫尒乃知是羅剎

第三道迹阿那含人得不還者見前得往還者心自念言吾於欲界三結已薄其餘勤耳還觀聖諦見欲愛之瑕多苦少安不宜習欲如凡衆庶志在情欲如倉蠅著屍吾何不除令婬怒癡得滅無餘得盡漏禪然後安隱譬如有人在於盛暑不能堪熱求扇摹水洗浴往來如是見婬怒癡以爲甚熱念求不還於是修行作惡露觀永脫色欲及諸愆癡諦見五陰所從起滅滅盡爲定知見如是便斷五結而無陰蓋得不還道阿那含果不退還世以脫愛欲無有諸礙婬鬼之患即獲清涼無有衆熱若覩色欲常見不淨則知瑕穢譬如遠方有賈客來各當疲極值二十九日夜冥無月至於半夜來到城門門閉不開繞至南牆有汪水天雨之池死屍雜狗雜類之蟲或活或死或沈或浮百千萬億跳踉戲樂并及城中埽除糞穢髮毛便利悉棄水中衆人遠客初未曾至不識是非疲極飢渴恣意飲之并患熱之脫衣沐浴身覺止疲安隱喜臥至於天明疲解寤已更詣池所欲取水用見水不淨非常汙惡或有捨步或有閉目或有塞鼻或有嘔吐於是頌曰

譬如城傍水　種種居不淨　遠來值門閉
衆共止此池　初來不覺知　飢渴而取飲
并洗除熱之　疲極得卧寐　天曉至水邊
審觀知不淨　衆人共猒惡　各各懷嘔吐
以得第三道　見欲樂不安　入禪定無患
觀欲如瑕水

尒時那含修行道時樂於禪定省于愛欲如彼貫客惡不淨水亦如嬰兒癡弄不淨年漸長大捨前所戲更樂餘事至於老邁悉捨前法以法自娛已得不還之道亦復如是見諸生死五道所樂猶如小兒戲轉更精進欲脫始終不樂求生於是頌曰

譬如有小兒　在地弄不淨　年遂向長大
捨戲轉樂餘　修行亦如是　求護度三界
尒時遂精進　具足成四道

第四無學羅漢修行道時以在學地不樂始終都無所樂弗貪三界斷一切結三毒永亾志念根力及諸覺意見滅爲寂譬如王放醉象手利亾惡遇者皆死亦如毒龍常吐毒氣值者悉亾亦如蚖蝮常懷瞋毒觸者並害三毒煩惱亦復如是興觸皆害墜墮三界唯有十力覺意解脫無能除斷修行自念當如今時已成羅漢得無所著諸漏永盡修潔梵行所作已辦棄捨重擔逮得已利生死已斷獲平等慧成無學法以度彼此於是頌曰

其王放醉象　亾害手甚利　諸龍蚖懷毒
遇者皆當死　皆化令調伏　還得善攝心
衆患盡無餘　三界無所畏　修行住學地
不動成聖道　已逮得已利　度苦常獲安
已絕於五品　具足成六通　蠲除諸塵勞
如水滌衣垢　是謂爲正士　隨順佛聖教
最上無塵垢　故說無學地

四食部第四

如增一阿含經云尒時世尊告諸比丘衆生之類有四種食長養衆生何等爲四所謂段食或大或小更樂食念食識食是謂四食彼云何段食謂今人中所食入口之物可食噉者是謂段食云何更樂食謂衣裳繖蓋雜香華熏火及香油與婦人集聚諸餘身體所更樂者是謂更樂食云何念食謂意中所念所想所思惟者或以口說或以體觸及諸所持之法是謂念食云何識食謂意之所知梵天爲首乃至有想無想天以識爲食是謂識食以此四食流轉生死

又增一經云世尊告阿那律曰一切諸法由食而存眼以眠爲食耳以聲爲食鼻以香爲食舌以味爲食身以細滑爲食意以法爲食涅槃以無放逸爲食

尒時佛告諸比丘如此妙法夫觀食有九事人間有四食一段食二更樂食三念食四識食復有五種是出世間食一禪食二願食三念食四八解脫食五喜食是出世間之表當共專念捨除四種之食求辦出世之食

又正法念經云若有衆生信心悲心以種種食施人命終生質多羅天受種種樂命終得受人身大富饒財常行正法

又正法念經云若有衆生見諸病人施其湯藥令離病苦命終生欲境天受五欲樂從天命終若得人身大富多財若見病人臨終渴病以石蜜漿若冰水施此人命終生清涼天受天快樂從天命終得受人身常離飢渴

又五分律云若月直監食人欲知生熟鹹酢得貯掌中舌舐嘗之（齊法經不許口嘗者爲無好心貪心嘗故犯）

淨口部第五

如十誦律云云何漱口佛言以水著

口中三迴轉之是名淨口法

又僧祇律云尒時世尊大會說法有比丘口臭在下風而住佛知而故問是比丘何故獨坐荅言世尊制戒不聽嚼木所以口臭恐熏汙人故在下風佛言聽用嚼木極長十六指極短四指以上嚼時當在屏處先淨洗手嚼已水洗棄之嚼時不得咽之若醫言為老病須咽者聽若無齒者當用灰虜土塼礓石草木洗口已食若食上欲行水當淨水先洗手器然後行水若手汙者當以葉承取若口飲時不得沒脣使器著額當挂脣而飲飲時不得盡飲當留少許洮蕩已從口處棄之行水人當好護淨器若見沒脣著額者當放置一處以草識令人知不淨若行非時漿飲亦如前法

又僧祇律云比丘晨起應淨洗手不得麁洗五指復不得齊至腕當齊手腕以前令淨不得粗魯洗不得揩令血出當以巨摩草末若灰土澡豆皂莢洗手揩令作聲淨洗手已更相揩者便名不淨應更洗手比丘食前當護手若摩頭捉衣等更須洗比丘尚尒白衣亦然讀經受食等准用行之手淨尚尒何況手殺生命飲血噉宍以汙身口縱欲傳法心亦不淨

又四分律云時諸比丘患屋內臭佛言應灑埽若故臭以香泥泥若復臭應屋四角縣香

又十誦律云時有比丘不嚼楊柳口中氣臭白佛佛言聽嚼楊枝有五利益一口不苦二口不臭三除風四除熱病五除痰癊復有五事利益一除風二除熱三口味四能食五眼明

又四分律云不嚼楊枝有五過失一口氣臭二不善別味三熱癊病不消四不引食五眼不明

又五分律云嚼已應洗棄之以恐蟲食故死

又三千威儀云用楊枝有五事一斷當如度二破當如法三嚼頭不得過三分四梳齒當中三齒五當汁澡自用

刮舌有五事一不得過三反二舌上血出當止三不得大振手汙僧伽梨若足四棄楊枝莫當人道五當著屏處

鳴鐘部第六

如付法藏經云時有國王名罽膩吒貪虐無道數出征伐勞役人民不知猒足欲王四海戍備邊境親戚分離若斯之苦何時寧息宜可同心共摒除之然後我等乃當快樂因王病虐以被鎮之人坐其上須臾氣絕由聽馬鳴比丘說法緣故生大海中作千頭魚劒輪迴注斬截其首續復尋生次第更斬如是展轉乃至無量須臾之間頭滿大海時有羅漢為僧維那王即白言今此劒輪聞揵稚音即便停止於其中間苦痛小息唯願大德垂哀矜愍若鳴揵稚延令長久羅漢愍念為長打之過七日已受苦便畢而此寺上因彼王故次第相傳長打揵稚至於今日猶故如本

述曰既知經意鳴鍾濟苦兼以集眾即須維那將欲打鍾斂容合掌發願利生之意因鍾念善便受苦畢

又增一阿含經云若打鍾時願一切惡道諸苦並皆停止若聞鍾聲兼說偈讚

法苑珠林卷九十九　第十八張　成字号

得除五百億刧生死重罪
降伏魔力怨　除結盡無餘　露地擊揵稚
比丘聞當集　諸欲聞法人　度流生死海
聞此妙響音　盡當來集此
依別經偈云
聞鍾臥不起　護塔善神瞋　現在緣果薄
來報受蛇身　所在聞鍾聲　臥者必須起
合掌發善心　賢聖皆歡喜
洪鍾震響覺群生　聲徧十方無量土
含識群生普聞知　拔除衆生長夜苦
六識常昏終夜苦　無明被覆久迷情
晝夜聞鍾開覺寤　怡神淨刹得神通
依宣律師住持感應記云祇桓戒律院內有銅鍾重三十萬斤四天王共造欲集大千聖衆目連以通力擊之聲震遠聞臺高七丈鍾形如吳地者四面多有日月星辰山川河海之像兼斗斛稱尺之形目連所擊隨事所表聲出告知凡僧打者但聲出而已其戒場院內復有大鍾臺高四百尺上有金鍾重十萬斤形如杯器上有千輪王像亦有千子各各具足復有九龍八功德水種種諸相莊嚴此之大

法苑珠林卷第九十九　第十九張　成字号

鍾刧初之時輪王所造聖人受戒已得通者擊之聲震三千一切聖人聞皆證果惡趣聞者識宿命祇桓別有論師院有一銅鍾形如覆鼓是乾闥婆王之所造也上有梵王帝釋魔王四王八部男子等像若有異學外道欲來擊論則使神通羅漢擊之聲震三千諸外道等將欲擊揚聞此鍾聲諸根訥鈍無敢發言若有好心請決疑者聞此鍾聲開發菩提得不退轉

復有別院名修多羅院有一石鍾形如吳樣如青碧玉可受十斛鼻上有三十三天像四面以金銀隱起東西兩面有大寶珠陷在腹中大如五升八角分曜狀若華形周帀作十方諸佛初成道像至初日出時鍾上有諸化佛說十二部經舍衛城童男童女悉來聽之聞法證聖犯欲之者則不聞法摩尼大將以金剛杵擊之百億世界中聲聞於光明中悉聞百千釋迦佛說修多羅經此鍾是拘樓秦佛所造彼佛滅度後娑竭龍王收去至

法苑珠林卷九十九　第二十張　成字号

釋迦佛興龍復將來至佛滅度已鍾先唱言却後三月當般涅槃鍾鼻諸天聞皆渧泣龍後將去

又阿難房前有一銅磬可受五升磬子四邊悉黃金鏤作過去佛教弟子文鼻上以紫磨金為九龍形背上立天人像執椎擊之聲振三千音中亦說諸佛教誡弟子法此磬梵天王造及佛滅後娑竭龍王亦收入海宮中

入衆部第七

如四分律云凡欲入衆當具五法一應以慈心二應自卑下如拭塵巾三應知坐起法若見上座不應安坐若見下座不應起立四至彼僧中。不為雜說談世俗事若自說若請他說五若見僧中不可意事心不安忍應作默然住之故智度論云佛聖弟子住和合故有二種法一賢聖語二賢聖默今見齋會之處後生前到已得上好之處若見上座老師來都不起迎送遜讓並是滅法之深患猶年少復見向他貴勝之家或經新喪重事或為考妣遠忌設齋僧衆放蕩情歡諠使亂衆豈免俗譏高僧之類三千威儀經云凡欲上牀當具七法一庠踞牀二不得匍匐上三不使牀有聲四不得大拂牀有聲五不得大

吒歎息思惟世事六不得狗群臥七以時節早起地持論云若見衆生當慰問歡顔先語平視和色正念在前若菩薩知他衆生有實功德以嫌恨心不向人説亦不讃歎有讃歎者不唱善是名爲犯衆多犯是犯染汙起故梁攝論云菩薩若見衆生當歡笑先言然後共語故

五分律云不忍辱人有五過失一兇惡不忍二後悔恨三多人不愛四惡聲流布五死墮惡道

求法部第八

如增一阿含經云若不成就六法則不能遠塵離垢得法眼淨何等爲六一不樂聞二雖聞法不攝耳聽三不爲知解四未得法不方便勤求五所得法不善守護六不成就順忍反此六種則能遠塵垢得法眼淨

又薩婆多論云無有白衣得佛道者要有三十二相出家著法衣威儀具足雜心論云知足現在處起少欲於未來世處起現在不取一錢難未來轉輪王易又涅槃經云於未得之財不生貪名少欲於已得之財不生貪名知足知足是現在少欲是未來

衰相部第九

如分別緣起初勝法門經云世尊告曰老有五種衰損一者鬚髮衰損以彼鬚髮色變壞故二者身相衰損形色虧力皆衰損故三者作業衰損發言氣上喘息逾急身顫掉故住便僂曲以其腰脊皆無力故坐即低屈身羸弱故行必按杖身虚劣故凡所思惟智識愚鈍念惛亂故四者受用衰損於現資具受劣故於戲樂具一切不能現受用故於諸色根所行境界不能速疾明利而行或不行故五者命根衰損壽量將盡隣近死故遇少死緣不堪忍故阿含經云頭白有四因緣一者火多二者憂多三者病多四者種早白人病瘦有四因緣一少食二有憂三多愁四有病未調有四事先不語人一頭白二老三病四死是四事亦可避亦不可却一切味不過八種一苦二澀三辛四鹹五淡六甜七酢八不了了味

雜行部第十

四分律云跋難陀比丘在道行張大圓蓋諸居士遥見謂是王若大臣恐怖避道諦視乃知比丘白佛佛言比丘不應持蓋在道行亦不應縣爲天雨雨時聽在寺内樹皮若葉若竹作蓋亦不許捉王大扇若行患熱聽以樹葉雜物作扇時諸比丘患蟲草塵露墮身上佛言聽作拂若以草樹皮葉或以縷線裁碎繒帛作時有比丘得尾拂佛言聽畜時有年少比丘不解時事數相涉聽用筭子記數

又四分律云時諸比丘自作伎若吹唄供養佛言不應尒彼畏慎不敢令白衣作伎供養佛言聽

又佛言彼不知供養塔飲食誰當應食佛言比丘若沙彌若優婆塞若經營作者應食

又薩婆多論云凡出家人市買之法不得下價索他物得突吉羅衆僧衣未三唱得益價三唱已不應益衆僧亦不應與衣已屬他故比丘三唱得衣不應悔設悔莫還衆僧亦莫還

又新婆沙論問異生聖者誰有悑耶有作是說異生有悑（異生舊名凡夫）聖者無悑所以者何聖者已離五悑畏故五悑畏者一不活畏二惡名畏三怯衆畏四命終畏五惡趣畏

又雜寶藏經云佛言此如意珠是摩竭大魚腦中出魚身長二十八萬里此珠名曰金剛堅也有第一力耐使一切被毒之人見悉消滅又見光觸身亦復消毒第二力者熱病之人見則除愈光觸其身亦復得差第三力者人有無量百千怨家捉此珠者悉得親善諸天一爪甲價直一閻浮提人物

又四分律云時諸比丘患蛇入屋未離欲比丘恐悑佛言聽驚若以筒盛棄之若以繩繫置地解放有鼠入屋作檻盛出棄之患蠍蜈蚰蜒入屋若以獘物若泥團埽箒盛裹棄之在外解放若房舍夜患蝙蝠晝患鵂鶹入佛言聽織作籠疏障若作向檽子遮時有老病比丘拾蝨棄地佛言不應尒聽以器盛若綿拾著中若蝨走出應作筒盛若蝨出筒應作蓋塞（隨其寒暑加以膩食將養之也）

又四分律云時六群比丘誦外道安置舍宅吉凶符書祝枝節祝剎利祝知人生死吉凶祝解諸音聲祝佛言不應尒彼教他彼以活命佛言皆不應尒

尒時世尊在毗舍離國時諸離奢乘象馬車乘輦轝捉持刀劒來欲見世尊彼留刀杖在寺外入內問訊世尊時白衣持刀劒來寄諸比丘藏畏慎不敢受佛言為檀越牢堅固藏舉者聽

又五百問事云不得口吹經上塵像塵准之雖非正經然須慎之亦不得燒故經得重罪如燒父母不知有罪者輕

又僧祇律云然火向有七事無利益一壞眼二壞色三身羸四衣垢壞五臥具壞六生犯戒緣七增世俗話看病法者僧祇律云病人有九法成就必當橫死一知非饒益食貪食二不知籌量三內食未消而食四食未消而擿吐出五已消應出而強持六食不隨病七隨病食而不籌量八懈怠九無慧

又月上女經云維摩詰妻名曰無垢其妻九月生女名為月上

又佛說離垢施女經云波斯匿王有女名曰維摩羅達晉言離垢施厥年十二端正殊妙極有聰慧

又轉女身經云須達長者妻名曰淨日有女名無垢光　頌曰

拾遺簡要　甄搭危嶮　萬行貞固
六塵方掩　烈烈霜心　昭昭玉檢
如彼瓊珪　暎無瑕點

法苑珠林卷第九十九

法苑珠林卷第九十九

校勘記

一　底本，金藏廣勝寺本。

一　七〇三頁中一行經名，徑無（未換卷）。

一　七〇三頁中二行撰者，磧作「大唐上都西明寺沙門釋道世字玄惲撰」；南作「唐上都西明寺沙門釋道世字玄惲撰」；徑無（未換卷）；清作「唐西明寺沙門釋道世撰」。

一　七〇三頁中三行「雜要篇第九十九」，徑作「雜要篇第九十九之一」。又「此有十部」，徑無。

一　七〇三頁中四行至七行「述意部……雜行部」，徑無。

一　七〇三頁中八行「第一」，徑無。以下部目下序數例同。

一　七〇三頁中一〇行第一二字「蹄」，徑、清作「罤」。

一　七〇三頁中末行第三字「迷」，磧、南、徑、清作「述」。

一　七〇三頁下一二行末字「且」，磧、南、徑、清作「具」。

一　七〇三頁下一五行第五字「揩」，徑作「楷」。

一　七〇三頁下一七行第二字「摸」，南、徑、清作「模」。

一　七〇三頁下二一行第五字「聖」，磧、南、徑、清作「教」。

一　七〇四頁上一行首字「名」，磧、南、徑、清作「分名」。

一　七〇四頁上三行第五字「達」，磧、南、徑、清作「遠」。

一　七〇四頁上五行第一三字「以」，磧、南、徑、清作「意」。

一　七〇四頁上一一行第四字「可」，磧、南、徑、清作「何」。

一　七〇四頁上二〇行「生增生」，磧、南、徑、清作「妄生憎」。

一　七〇四頁上二二行「異愚」，磧、南、徑、清作「愚戇」。

一　七〇四頁中一行第二字「謂」，磧、南、徑、清作「爲」。

一　七〇四頁中一八行末字「世」，磧、南、徑、清作「界」。

一　七〇四頁中二〇行第三字「赴」，磧、南、徑、清作「計」。

一　七〇四頁下七行第九字「無」，磧、南、徑、清無。

一　七〇四頁下八行末字「乘」，磧、南、徑、清作「諸乘」。

一　七〇四頁下二一行第一三字「於」，磧、南、徑、清作「證於」。

一　七〇五頁中四行第一二字「説」，磧、南、徑、清無。

一　七〇五頁中一五行末字「解」，磧、南、徑、清作「解脱」。

一　七〇五頁下一七行「所用手有垢汙」，磧、南、徑、清作「所求爲手有垢」。

一　七〇五頁下二〇行「吾手指」，磧、南、徑、清作「五手指」。

一　七〇五頁下二一行第九字「鉗」，磧、南作「砧」；徑、清作「鉆」。

一　七〇六頁上一行「該通」，磧、南、

徑、清作「開通」。

一七〇六頁上一三行「汙露」，南、徑、清作「惡露」。本頁中一〇行同。

一七〇六頁上一九行第三字「唯」，磧、南、徑、清作「須」。

一七〇六頁中一行首字「卻」，磧、南、徑、清、麗作「却」。

一七〇六頁中四行第一〇字「家」，磧、南、徑、清無。

一七〇六頁中一八行第五字「倉」，磧、南、徑、清作「蒼」。

一七〇六頁中二〇行「求扇」，磧、南、徑、清、麗作「求扇自扇」。

一七〇六頁中二一行「如是」，磧、南、徑、清作「如意」。

一七〇六頁中末行末字至本頁下一行首字「從起」，磧、南、徑、清作「起從」。

一七〇六頁下四行第一〇字「靚」，磧、南、徑、清作「覰」。

一七〇六頁下一〇行「戲樂」，磧、南、徑、清作「戲中」。又「并及」，磧、南、徑、清作「并至」。

一七〇六頁下一五行末字「步」，磧、南、徑、清、麗作「走」。

一七〇七頁上一八行「無能」，磧、南、徑、清作「而能」。

一七〇七頁上末行末字「毒」，磧、南作「惡」。

一七〇七頁中一二行第五字「入」，磧、南、徑、清作「諸入」。

一七〇七頁中二一行「增一經」，徑、清作「增一阿含經」。

一七〇七頁下六行「禪食」，磧、南、徑、清作「禪悅食」。

一七〇七頁下七行第九字「表」，徑、清作「食」。

一七〇七頁下二一行夾註右末字「心」，磧、南、徑、清作「之」。又左末字「犯」，磧、南、徑、清作「犯也」。

一七〇七頁下二二行「淨口部」，磧、南作「護淨部」。

一七〇八頁上六行第一〇字「十」，磧、南、徑、清無。

一七〇八頁上九行第三字「老」，磧、南、徑、清、麗作「差」。

一七〇八頁上一〇行第二字「虜」，徑、清作「滷」。

一七〇八頁上一一行第五字「當」，磧、南、徑、清作「嘗」。

一七〇八頁上一四行第一〇字「洮」，磧作「兆」；清作「淘」。

一七〇八頁上一六行首字「脣」，磧、南、徑、清無。又第一二字「識」，磧、南、徑、清作「作識」；麗作「幟」。

一七〇八頁上二一行第八字「末」，磧、南、徑、清作「木」。

一七〇八頁上末行第一三字「護」，磧、南、徑、清作「度」。

一七〇八頁中一行夾註右「尚介」，磧、南作「食介」。

一七〇八頁中二行「准用行之」，磧、南、徑、清作「唯用行水」。

一七〇八頁中八行「楊柳」，磧、南、徑、清作「楊枝」。

一七〇八頁下七行末字「虐」，磧、

南、徑、清作「瘥」。
一　七〇九頁上三行第八字「閒」，磧、南、徑、清作「問」。
一　七〇九頁上四行第六字「盡」，磧、南、徑、清作「善」。
一　七〇九頁上一六行「七丈」，磧、南、徑、清作「七十丈」。
一　七〇九頁中三行「識宿命」，磧、南、徑、清作「得宿命通」。
一　七〇九頁下四行第八字「銅」，南作「鍾」；徑、清作「鐘」。
一　七〇九頁下九行「海宮中」，至此，徑卷第一百十八終，卷第一百十九始，並有「雜要篇第九十九之餘」一行。
一　七〇九頁下一四行「至彼」，磧、南、徑、清作「彼至」。
一　七〇九頁下一五行第一三字「意」，磧、南、徑、清無。
一　七〇九頁下一九行夾註右「迎逆」，麗作「迎送」。
一　七〇九頁下二〇行夾註左「譴使」，磧、南作「喧席」；徑、清作「譴席」；麗作「喧鬧」。又「俗識」，磧作「俗該」；南、徑、清作「俗談」。
一　七一〇頁上六行第二字「善」，磧、南、徑、清、麗作「善哉」。
一　七一〇頁上一五行第三字「聞」，磧、南、徑、清作「聞法」。
一　七一〇頁上一八行第六字「垢」，磧、南、徑、清作「離垢」。
一　七一〇頁上二二行末字「來」，麗作「來不取」。
一　七一〇頁中一二行第五字「受」，磧、南、徑、清作「受用」。
一　七一〇頁中二一行「可避」，磧、南、徑、清作「不可避」。
一　七一〇頁中末行「不了了味」，磧、南、徑、清作「不了味」。
一　七一〇頁下二行第一三字「張」，磧、南、徑、清作「持」。
一　七一〇頁下六行第二字「雨」，磧、南、徑、清無。
一　七一〇頁下七行第三字「許」，磧、南、徑、清作「應」。又第一二字「聽」，磧、南、徑、清作「應」。
一　七一〇頁下一二行第一〇字「記」，磧、南、徑、清作「記記」。
一　七一〇頁下一四行首字「唄」，磧作「具」；南作「貝」。
一　七一〇頁下二〇行「突吉羅」，磧、南、徑、清作「突吉羅罪」。
一　七一一頁上一八行第九字「蜈」，磧、南、徑、清、麗作「蜈蚣」。
一　七一一頁中六行「佛言」，磧、南作「云言」。
一　七一一頁中一一行「白衣」，磧、南、徑、清作「諸白衣」。
一　七一一頁下一行「擿吐」，磧、南、徑、清作「嘔吐」。
一　七一一頁下一二行末字「檢」，南、徑、清作「臉」。
一　七一一頁下一三行第五字「昳」，磧、南、徑、清作「皎」。
一　七一一頁下卷末經名，徑無（未換卷）。

法苑珠林卷第一百

西明寺沙門釋道世撰

傳記篇第一百 此有六部

述意部 翻譯部 雜集部
般若部 興福部 曆筭部

述意部第一

蓋聞九河疏跡栞蘊靈丘四徹中繩書藏群王亦有青丘紫府三皇刻石之文緑檢黃繩六甲靈蜚之字豈若如來祕藏譬彼明珠諸佛所師同夫淨鏡鹿苑四諦之法尼園八藏之文香山巨力豈云能負龍宮寶篋亦未能籌良由吾師釋迦德本深搆樹自三祇之初妙果獨高成於百刧之末摠法界而為智竟虛空以作身寧惟氣稟二儀道周萬物而已哉故身無不在量極規矩之外智無不為用絕思議之表不可以人事測豈得以處所論乃三界之大師萬古之獨步吾自庸才謏何以盡縱使周公之制禮作樂孔子之述易刪詩子賜之言語商偃之文學爰及左元放葛稚川河

上公柱下史莊驅於方內何足道哉自我含靈福盡法王斯逝遂使比首提河春秋有八十矣應身粒碎流血何追爭決最後之疑競奉臨終之供嗚呼智炬慈雲消滅長夜諸子誠可悲夫於是瞻相好於香檀記筌蹄於貝葉三藏受持四依補處而我師風無墜特恃斯乎但正像寖移群情矯薄入代今古暨乎季運既當但比稍復東漸所以金人夢劉莊之寢摩騰佇蔡愔之勸遺教之流漢地創發此焉迄今六百餘年矣自後康僧會竺法護佛圖澄鳩摩羅什繼踵來儀咸宣方等遂使道生道安之侶慧嚴慧觀之徒並能銷聲桂冠翕然歸向爰至 皇唐玄奘法師德隆終古聲高宇宙涉歷諸國百有五十翻譯經論千有五百盡善盡美可稱可贊前後寶軸幾向五千法門弘闡緇門繁熾道俗蒙益焉可勝言吾少習周孔之文典晚慕黃老之玄言俱是未越苦河猶淪火宅可久可大其惟佛教也歟遂乃希前代之清塵仰群英之遠

述歸斯正道拔自沈泥本號離欲之逸人權邪之大將吾欣儔黨其謂此乎今列前後翻譯揔有一十八代所出衆經五千餘卷佛法東流三度滅法失譯經本三百一十部五百三十八卷今此所列揔述帝王年代大小乘經部袠綱要具録人法寄存大本兼述古今道俗英賢慱學依傍佛經所出百家諸子向有三千餘卷又列帝王前後興福多少又列佛降閻浮隱顯年代略筭時節如是要用並附其後庶將來哲同鑒傳記矣

翻譯部第二

竊覩上代有經已來賢德筆受每至度語無不稱云譯胡為漢且東夏九州名西域為天竺者是揔名也或云身毒如梵稱此方為暗那或云真丹或作震旦此蓋承聲有楚夏耳若當稱漢漢已止劉氏兩代一號已後禪讓魏晉不同須依帝王稱謂甄别今為此録悉改正之又胡之雜戎乃是西方邊俗類此方有羌蠻夷之屬何得經書乃云胡語佛生天竺彼土士族

婆羅門者揔稱為梵梵者清淨也承裔光音色天其光音天梵世最為下劫初來此食地肥者身重不去因即為人仍其本名故稱為梵語言及書既象於天是以彼云梵書梵語如舊日僧悉稱俗姓云釋迦者起自秦代有沙門釋道安獨拔當時居然超悟乃云既存剃染紹繼釋迦子雖異父而姓無殊今者出家宜悉稱釋及翻四含果云四姓出家同一釋種衆咸歎伏其四姓者一刹帝利此是王種二婆羅門是高行人三名毗舍如此土民四名首陁冣為卑下如此土皂隸而安正當晉秦之特刊定目録刪注群経自号猕天揩摸季葉猶言譯胡為秦此亦岷山之一隸未盡美焉但上来有胡言處並以梵字替之庶後哲善談得其正真者也

後漢朝傳譯道俗一十二人所出経律等三百三十四部（四百一十六卷失譯経一百二十五部一百四十八卷）

前魏朝傳譯僧六人所出經律等一十三部（二十四卷）

南吴孫氏傳譯道俗四人所出經傳等一百四十八部（一百八十五卷失譯經一百一十部二百九十一卷）

西晉朝傳譯道俗一十三人所出経戒等四百五十一部（七百一十七卷失譯経八部一十五卷）

東晉朝傳譯道俗二十七人所出経傳等二百六十三部（五百八十五卷失譯経五十三部五十六卷）

前秦符氏傳譯僧八人所出経傳等四十部（二百三十八卷）

西秦乞伏氏傳譯僧一人所出経十四部（二十一卷失譯経八部十一卷）

後秦姚氏傳譯僧八人所出経傳一百二十四部（六百六十二卷）

北涼沮渠氏傳譯道俗八人所出経傳三十二部（二百二十四卷失譯経五部一十七卷）

宋朝傳譯道俗二十三人所出経傳二百一十部（四百九十卷）

前齊朝傳譯道俗一十九人所出経傳四十七部（三百四十六卷）

梁朝傳譯道俗二十一人所出経律傳等九十部（七百八十卷）

後魏元氏傳譯道俗一十三人所出

後齊高氏傳譯道俗二人所出経論
經論傳録八十七部 三百二卷
七部 五十三卷
後周宇文氏傳譯道俗一十一人所
出経論天文等三十部 一百四卷
陳朝傳譯道俗三人所出経論傳疏
等四十部 三百四十七卷
隋朝傳譯道俗二十餘人所出経論
等九十餘部 五百一十餘卷
皇朝傳譯僧等十有一人所出経論
等二百餘部 一千五百餘卷
衆経律論傳合八百部 三千三百六十一卷五万六千一百七十
紙 三百二十六帙 除新翻経
大乗経一譯二百四部 六百八十五卷一万一千四十二紙
六十六袠
大乗経重翻二百二部 四百九十七卷七千二百九十紙
四十九袠
小乗経一譯一百八部 四百三十五卷六千六百九十紙
四十九袠
小乗経重翻九十六部 一百一十四卷九百七十七紙
六袠
小乗律三十五部 二百七十四卷五千八百一十三紙
二十八袠

大乗論七十四部 五百二卷九千一百三十紙
五十二袠
小乗論三十三部 六百七十六卷一万二千一百七十七紙
六十八袠
賢聖集傳四十九部 一百八十四卷二千八百八紙
一十八袠

雜集部第三

自仙苑告成金河静濟數字群品汲引塵朦随機候而設謙猷逐性欲而陳聲教綱羅一化統括大千受其道者難嘗傳其宗者易曉遂能流被東夏時経六百翻譯方言卷數五千英俊道俗依傍聖宗所出文記三千餘卷莊嚴佛法顯揚聖教文華育奥殊妙可觀歷代隱顯部袠散落雖有大數不足者多尋訪長安減向千卷唯聞廬山東林之寺即是晋時慧遠法師所造伽藍經雖住持一切諸経及以雜集各造别藏安置並足知事守固禁掌極牢更相替代傳授領數憲後法滅知教全焉今随所見聞者具列如左 後有見者異補燎處

耆闍崛山解 見僧祐録

衆経目録
右二部西晋沙門竺法護出
即色遊玄論
辯三乗論
釋矇論
聖不辯知論
道行指歸
本業四諦序
本起四諦序
右七部七卷至東晋哀帝時
沙門支道撰 字道林
毗曇指歸
右一卷至哀帝時沙門竺僧
度撰
歷遊天竺記傳
右一卷至東晋平陽沙門釋
法顯撰
法性論
明報應論
釋三報論
辯心識論
不敬王者論
沙門袒服論

佛影讚
妙法蓮華經序
脩行方便禪經序
三法度論序
大智度論序
大智度論要略鈔二十卷
問大乘中深義十八科并羅什法師荅
右十三部揔有三十五卷至
晉孝武及安帝時廬山沙門
釋慧遠撰
神無形論
右一卷至東晉帝時楊都瓦
官寺沙門釋僧敷撰
維摩詰經子注五卷
窮通論
右二部六卷至晉孝武帝時
廬山東林寺沙門釋曇詵撰是遠法師弟子
人物始義論
右一卷至晉成帝時沙門釋
法暢撰
高逸沙門傳
右一卷至晉孝武帝時剡東

仰山沙門釋法濟撰
五夲論九篇
六識指歸十二首
右二卷至晉孝武帝時荆州
上明寺沙門釋曇徽撰
馬鳴菩薩傳
龍樹菩薩傳
提婆菩薩傳
實相論什法師注
右四卷至後秦晉安帝時天
竺國鳩摩羅什法師譯撰
般若無知論
不真空論
物不遷論
涅槃無名論
右四卷至晉安帝時京兆沙
門釋僧肇撰
釋駮論
右一卷至晉安帝時沙門釋
道恒撰
善不受報論
佛無淨土論
應有緣論

頓悟成佛論
佛性當有論
法身無色論
二　諦　論
右七卷至宋朝初龍光寺沙
門釋竺道生撰
三寶記二十卷
淨住子二十卷
宣明驗三卷
雜義記二十卷
右四部六十三卷齊司徒竟
陵文宣王蕭子良撰
承天達性論
寃魂志二卷
誡叙訓一卷
右此三部齊光禄大夫顔之
推撰
述僧中食論一卷
右此一部南齊沈休文撰
冥祥記十卷
右此一部齊王琰撰
出三藏集記十六卷
法苑集一十五卷

弘明集一十四卷
世界記十卷
薩婆多師資傳五卷
釋迦譜四卷
大集等三經記
賢愚經記
集三藏因緣記
律分五部記
經來漢地四部記
律分十八部記
十誦律五百羅漢記
善見律毗婆沙記
右十四部七十二卷至梁朝
揚州建安寺沙門釋僧祐撰
衆經要攬法偈二十一首
右一卷梁武帝時沙門釋
道歡撰
起信論疏二卷
右一部梁太清四年真諦法
師出
衆經要抄一部并目録十八卷
右一部梁帝勅莊嚴寺沙門
釋僧旻等於定林上寺撰出

華林佛殿衆經目録四卷
右此一録四卷梁帝勅安樂
寺沙門釋僧紹撰
經律異相一部并目録五十五
卷
名僧傳并序目三十一卷
衆經供聖僧法五卷
衆經目録四卷
衆經護國鬼神名録三卷
衆經諸佛名三卷十六年出
衆經擁護國土諸龍名録一卷
衆經懺悔滅罪法三卷
出要律儀二十卷
右此九部一百二十二卷梁
帝勅莊嚴寺沙門釋寶唱
等撰集
大般涅槃經子注七十卷
右此一部七十卷梁朝建安
寺沙門釋慧朗注
義林八十卷
右此一部八十卷梁簡文帝
勅開善寺沙門釋智藏等二
十大德撰

内典博要四十卷
右此一部四十卷湘東王記
室虞孝敬撰頗同皇覽類
苑之流後得出家改名慧命
高僧傳十四卷并目録
右此一部梁朝會稽嘉祥寺
沙門釋慧皎撰
伐魔詔一卷
右此一部梁朝僧會撰
轉法輪論一百八十卷
右此一部一百八十卷梁朝
勅大德并學士撰
婆羅門天文二十卷
右一部二十卷梁武帝天和
年摩勒國沙門釋達摩流
支法師譯出
大品經子注五十卷或百卷
右一部梁武帝注
法寶連璧二百卷
右此一部梁簡文帝蕭綱在
儲宫日躬覽内經指撝科域
令諸學士編寫連成有同華
林遍略

京師塔寺記二十卷 珠林卷第一百 第十五張 咸字号
右此一部梁朝尚書兵部郎
中兼史學士目劉璆奉
勑撰
神不滅論一卷
右此一部梁朝鄭道子撰
婆藪槃豆傳一卷
翻外國語七卷
衆經通序二卷
右三部十卷陳朝西天竺優
禪尼國三藏法師拘那羅陳
翻云真諦譯出
雒陽地伽藍記五卷
右此一部五卷至元魏鄴都
期城郡守揚衒之撰
五明論 聲明 醫方 工巧 呪術 因明
右此五論至魏明帝時波頭
摩國三藏律師攘那跋陁羅
共闍那耶舍於長安舊城譯
周衆經要二十二卷
一百二十法門
右此二部二十三卷魏丞相
王宇文黑泰命沙門釋曇顯

等撰 珠林卷第一百 第十六張 咸
釋老子化胡傳
十八條難道章
右二卷周朝新州願果寺沙
門釋僧勔撰
散華論八卷
右一部八卷周朝揚州栖玄
寺沙門釋慧善撰
至道論
淳德論
遣執論
不然論
去是非論
稱空論
影喻論
法界實人銘
厭食想文
僧崖菩薩傳
韶法師傳
驗善知識傳
右此十二部十二卷周朝武
帝沙門釋亡名著
三寶集十一卷

右一部十一卷周朝武帝沙 珠林卷第一百 第十七張 咸
門釋靜藹依諸經撰
二教論
右此一卷周朝武帝沙門釋
道安撰
笑道論三卷
右一部三卷周武帝勑前司
隸母極伯甄鸞銓衡佛道
二教作
周高祖問難佛法二卷
右一部二卷周武帝共前僧
鄴都任道林論議武帝勑撰
王氏破邪論一卷
右一部一卷周武帝時相州
前沙門王明廣對衛元嵩破
佛法事
安民論十二卷
陶神論十卷
因果論二卷
聖迹記一卷
右四部二十五卷隋朝相州
大慈寺沙門釋靈裕撰
對根起行雜録集三十六卷

三階位別録集四卷
右二部四十卷隋初西京真
寂寺沙門釋信行撰
衆經目録七卷
右此七卷隋朝開皇十四年
大興善寺沙門釋法經等
二十大德奉
勑撰揚化寺沙門明穆日嚴
寺沙門彦琮區域條分覶
縷緝綴
右此一部隋大興善寺沙門
十種大乘論一卷
釋僧粲撰
論場三十一卷
右此一部三十一卷隋大興
善寺沙門成都釋僧琨集
凡聖六行法二十卷（亦有十卷七卷五卷三卷一卷成者）
右此一部凡四十六卷隋滄
州逸沙門釋道㔨撰
達摩笈多傳四卷
通極論一卷
辯教論一卷
辯㔨論一卷

通學論一卷
善才童子諸知識録一卷
新譯經序
福田論一卷
僧官論一卷
西域玄志十卷
右此十部二十二卷隋朝日
嚴寺沙門釋彦琮撰
述釋道安智度論解二十四卷
存廢論一卷
傷學論一卷
默條論一卷
右四部二十七卷隋朝長安
舍衛寺沙門釋慧影撰
旌異傳二十卷
右一部二十卷隋朝相州秀
才儒林郎侯君素奉
文皇帝勑撰
通命論二卷
右此一部兩卷隋朝晉王府
祭酒徐同卿撰
外内傍通比校數法一卷
右此一卷隋朝翻經學士涇

陽劉馮撰
開皇三寶録一十五卷
右此一部一十五卷隋朝翻
經學士成都費長房撰
衆經法式十卷
右此一部十卷隋開皇十五
年文帝勑令有司撰
翻經法式論十卷
諸寺碑銘三卷
右此一部十三卷後隋翻經
沙門釋明則所撰
序内法一卷
内訓一卷
右此二卷後隋翻經沙門釋
行矩撰
香城甘露五百卷
右此一部五百卷後隋勑慧
日道場沙門釋智果并有司
共撰
三德論一卷
入道方便門二卷
鏡喻論一卷
無礙緣起一卷

十種讀經儀一卷
無盡藏儀一卷
發戒緣起二卷
法界圖一卷
十不退論一卷
礼佛儀式一卷
右此十部一十二卷大唐西京延興寺沙門釋玄琬撰
破邪論一卷
辯正論八卷
右此兩部九卷皇朝終南山龍田寺沙門釋法琳撰
析疑論一卷
續詩苑英華十卷
注金剛般若經一卷
諸經講序一卷
右此四部十三卷皇朝西京紀國寺沙門釋慧淨撰
内德論一卷
右此一卷皇朝門下典儀李師政撰
辯量三教論三卷
禅觀四詮論十卷

右此二部十三卷皇朝京師西明寺沙門釋法雲撰
注僧尼戒本二卷 疏記四卷
注羯磨二卷 疏記四卷
行事刪補律儀三卷
釋門正行懺悔儀三卷
釋門亡物輕重儀一卷
釋門章服儀一卷
釋門歸敬儀一卷
釋門護法儀一卷
釋氏譜略一卷
聖迹見在圖贊一卷
佛化東漸圖贊二卷
釋迦方志二卷
古今佛道論衡四卷
大唐内典録十卷
續高僧傳三十卷
後集續高僧傳十卷
廣弘明集三十卷
東夏三寶感通記三卷
西明寺録一卷
感通記一卷
祇桓圖二卷

遺法住持感應七卷
右此二十二部一百一十七卷皇朝西明寺沙門釋道宣撰
禅林抄記三十卷
右此一部西京弘福寺沙門會隱西明寺沙門玄則等十人皇朝麟德二年奉勅北門西龍門脩書所於一切經略出
注金剛般若舍衛國二卷
右此一部兩卷皇朝麟德二年西明寺沙門玄則注
大唐西域傳十二卷
右此一部皇朝西京大慈恩寺沙門玄奘奉勅撰
法苑珠林一百卷
諸經要集二十卷
大小乘禅門觀十卷
受戒儀式四卷
礼佛儀式二卷
大乘略止觀一卷

辯偽顯真論一卷
敬福論三卷
四分律討要五卷
四分律尼鈔五卷
金剛般若集註三卷
右此十一部一百五十四卷
皇朝西京西明寺沙門釋道
世字玄惲撰
大唐衆經音義二十卷
右此一部皇朝西京大慈恩
寺沙門釋玄應撰
注新翻能斷金剛般若一卷
注二帝三藏聖教序一卷
右此二卷皇朝西京普光寺
沙門釋玄範撰
西京寺記二十卷
沙門法琳別傳三卷
沙門不敬録六卷
右此三部二十九卷皇朝西
京弘福寺沙門釋彥琮撰
注般若多心經一卷
右此一卷皇朝武侍極字
蹤之注

注涅槃經四十卷
右此四十卷皇朝辯州刺史
李玄震注 是奘公弟
中天竺行記十卷
右此一部皇朝朝散大夫王
玄策撰
西域志六十卷
畫圖四十卷
右此二部合成一百卷皇朝
麟德三年奉
勅令百官撰
冥報記二卷
右此一部皇朝永徽年內吏
部尚書唐臨撰
冥報拾遺二卷
右此一部皇朝中山郎餘令
字元休龍朔年中撰
六道論十卷
右此一部十卷皇朝左衛長
史兼作弘文館學士陽尚善
撰
顯常論二卷
右此兩卷皇朝李玄奧撰

辯真論一卷
右此一卷皇朝元萬頃撰
歸心録三十卷
右此三十卷右威衛録事
蕭宣慈撰
般若部第四
大般若經梵本二十万頌翻成六百
卷 合有四處一十六會 慈恩寺玄奘法師譯
第一會在王舍城鷲峯山說梵本一
十三万二千六百頌
右翻成四百卷七十九品單譯
第二會在王舍城鷲峯山說梵本二
万五千頌
右翻成七十八卷八十五品重譯
當大品放光光讚三本揔八十卷
今翻成七十八卷依梵本同
第三會在王舍城鷲峯山說梵本一
万八千頌
右翻成五十九卷三十一品單譯
第四會在王舍城鷲峯山說梵本八
千頌
右翻成一十八卷二十九品重譯
當小品道行新道行明度四本

今翻成一十八卷依梵本同
第五會在王舍城鷲峯山說梵本四
千頌
右翻成一十卷二十四品 單譯
第六會在王舍城鷲峯山說梵本二
千五百頌
右翻成八卷一十七品 重譯
當勝天王般若
第七會在室羅筏誓多林給孤獨園
說梵本八百頌
右翻成二卷無品 重譯
當文殊般若
第八會在室羅筏誓多林給孤獨園
說梵本四百頌
右翻成一卷無品 單譯
第九會在室羅筏誓多林給孤獨園
說梵本三百頌
右翻成一卷無品 重譯
當金剛般若
第十會在他化自在天王宮末尼寶
藏殿上說梵本三百頌
右翻成一卷無品 單譯
第十一會在室羅筏誓多林給孤獨
園說施波羅蜜多梵本二千頌
右翻成五卷無品 單譯
第十二會在室羅筏誓多林給孤獨
園說戒波羅蜜多梵本二千頌
右翻成五卷無品 單譯
第十三會在室羅筏誓多林給孤獨
園說忍波羅蜜多梵本四百頌
右翻成一卷無品 單譯
第十四會在室羅筏誓多林給孤獨
園說勤波羅蜜多梵本八百頌
右翻成二卷無品 單譯
第十五會在王舍城鷲峯山說定波
羅蜜多梵本八百頌
右翻成二卷無品 單譯
第十六會在王舍城竹林園白鷺池
側說慧波羅蜜多梵本二千五百頌
右翻成八卷無品 單譯
此十六會序長安西明寺沙
門玄則撰

興福部第五

自釋教之來振旦開濟拯焉發悟踪
通廓清塵滓其中㺯應具編前聞且
述數條用程後學昔士行尋教意在
大乘將發西域乃有留難遂以經投
火經身不灰火為之滅遂東達此土
即放光經是也又曇無讖獲涅槃經
至於涼土盜者夜竊舉而不起稽首
謝焉周武之慹法也象毀經焚咸見
蔵經相從騰上奄入空際如斯衆矣
不可具書然弘教在人有國為本度
人立寺圖像譯經時約相求故叙由
来昌明佛教而漢魏以往固無得而
稱聞晉宋迄今輙略銓序
晉世祖武皇帝 大弘佛事廣樹伽藍
晉惠帝 維下造興福寺常供百僧
晉愍帝 於長安造通靈白馬二寺
右西晉二京合寺一百八十所
譯經一十三人七十三部僧尼
三千七百人
晉中宗元帝 江左造瓦官龍宫二寺度丹陽千僧
晉肅宗明帝 造興皇道場二寺集義學百僧
晉顯宗成帝 造中興鹿野二寺集義學千僧
晉太宗簡文帝 造像度僧立寺長干起木塔
晉烈宗武帝 造皇泰初立本起寺
晉安帝 於青王塔立大石寺
右東晉一百四載立寺一千七

百六十八所譯經二十七人二百六十三部僧尼二万四千人

宋高祖武帝 口誦梵本手寫戒經造靈根法王等四寺常供千僧

宋太宗明帝 造丈八金像解齋處佛舍利造弘普中寺召請名僧

宋太祖文帝 奉齋不絶造禪靈寺常供千僧

右宋時合寺一千九百一十三所譯經二百一十部僧尼三万六千人

齊太祖高帝 手寫法華口誦般若四月八日常鑄金像七月十五日普寺造盆供僧三百造陟屺止觀二寺

齊世祖武帝 造招玄遊賢二寺三百名僧三教招量四年教定

齊高宗明帝 寫一切經造千佛像口誦般若常持法華造歸依寺召集禪僧常持六齋

右齊時合寺二千一十五所譯經七十二部僧尼三万二千五百人

梁高祖武帝 制五時論傳四方等造光宅同泰五寺常供千僧國内普持六齋八戒

梁太宗簡文帝 造慈敬報恩二寺刺血自寫般若十部願忌日不食而齋撰集記二百餘卷法寶連壁亦二百餘卷

梁中宗元帝 造天居天宮二寺供有千僧自講法華成實論

右梁時合寺二千八百四十六所譯經二百四十八部僧尼八万二千七百人

梁宣帝

梁明帝

右二主中興社稷荆州造天皇陟屺大明等諸寺治在江陵一州佛寺一百八所僧尼三千二百人

陳高祖武帝 揚州造東安興皇天居四寺寫一切經一十二藏造金銅像一百万區度僧七千人治故寺三十二所

陳世祖文帝 寫五十藏經度僧尼二千人治故寺六十所

陳高宗宣帝 揚州禁中造太皇寺七級木塔又造崇皇寺剎高十五丈下安佛爪造金像二万餘區治故寺五十所故像一百三十万區寫十二藏經度二万人

右陳時五主四十四年寺有一千二百三十二國家新寺一千七百官造者六十八所郭内大寺三百餘所僧尼三万二千人譯經十一部興地圖云梁武都下舊有七百餘寺屬侯景作乱焚燒蕩盡有陳既統國及下民脩皆修葺表塔相望星羅楊輦經像之富不可殫言

魏元氏太祖道武皇帝 於虞地造十五級塔又立開泰定國二寺寫一切經造千金像三百名僧每月法集

魏高宗文成帝 重復佛教更闡禪門凡度僧尼三万人

魏顯祖獻文帝 造招隱寺召坐禪僧

魏高祖孝文帝 於鄴造安養寺召四方僧六宮侍女持年三長月六齋月別造像放人出家手不釋卷須便爲誦爲先皇再治大行供施度僧尼一万四千人

魏世宗宣武帝 於式乾殿自講維摩造普通大定四寺常供千僧

魏肅宗孝明帝 於鄴下造大覺寺

魏敬宗孝莊帝 造五精舍一万石像

西魏武帝 長安造陟屺寺供二百僧

魏大帝 造般若寺用給貧者口誦法華身持禁戒

右元魏君臨一十七帝一百七十年國家大寺四十七所北臺恒安鐫石置龕東三十里王公等寺八百三十九所百姓所造寺者三万餘所惣度僧尼二百餘万譯經四十九部佛教東流此焉為盛唯太武時信用司徒崔皓佞說陵廢正教潛隱七年後知詐佞戮誅崔氏還復佛教光闡於前

齊高祖文宣皇帝 登祚受禪於僧朗禪師受菩薩戒斷肉禁酒放鷹除網又斷天下屠殺年三月六勸民齋戒公私葷辛亦除滅之度人八千為先皇寫經一十二藏合三万八千四十七卷度三千許僧

齊肅宗孝明帝 造寶塔轉大品經

齊世祖武成帝

右高齊六君二十八載皇家立

珠林卷第一百　第三十三張　盛字號

寺四十三所譯經一十四部度
人與魏相接
周孝明帝　為先皇造織成像高二丈六尺等身檀像一十二軀并諸侍衛
周太祖文帝　於長安造追遠陟岵大乘等六寺度僧千人又造五寺供養實禪師衆
周孝宣帝　重隆佛日造素像四龕一万餘區寫般若經三千卷六齋八戒常弘不絶
右周時宇文氏五帝二十五年
合寺九百三十一所譯經一十
六部孝愍皇帝創基未久佛法
不開高祖神武皇帝不信三寶
現報重患
隋高祖文皇帝　開皇三年周朝廢寺咸乃與立之名山之下各為立寺一百餘州立舍利塔度僧尼二十三万人立寺三千七百九十二所寫經四十六藏一十三万二千八十六卷修故經三千八百五十三部造像十万六千五百八十區自餘別造不可具知之矣
隋煬帝　為孝文皇帝獻皇后長安造二禪定并二木塔并立别寺一十所官供十年修故經六百一十二藏二万九千一百七十二部治故像十万一千區造新像三千八百五十區度僧六千二百人
右隋代二君四十七年寺有三
千九百八十五所度僧尼二十
三萬六千二百人譯經八十二部
大唐高祖太武皇帝
纂堯居晉契武基周雲起龍騰撫斯
全世叶一主以興運因九合而樂推

珠林卷第一百　第三十四張　盛字号

發自參墟克定京室子俗之規巳布
約法之教使中井集五星化覃四表
地紐還正天維更張自東徂西遠安
迩肅而義旗初指經途華陰望祀靈
壇以求多祉神祠之右式播伽藍寔
日靈仙妙同神製金碧交映黼藻相
輝盡觀巉嵒斜臨貝闕花臺森聳近
對蓮峯寫像書經脩脩褆福又於京
内造會昌勝業慈悲證果習仙尼寺
又捨舊居為興聖寺并州造義興寺
並堂宇輪煥象設彫華武德元年於
朱雀門南通衢之上普建道場設無
遮會誂法侶若鷲嶺之初開濟濟
名賓似鶴林之始集車馬偪側士女
軿填覺庇禪枝如爭禊飮又為太祖
元皇帝元貞皇后造旃檀等身像三
區圖九五之神儀摸四八之靈相剞
劂之餝既有劳於優填鎏金之華實
無慚於斯匿又於其年仲春之月命
沙門四十九人入内行道遂使天宮
梵說再流響於紫微王城闕典復陽
音於黃屋尓後崇信下墜於時太宗
文皇帝稟太易太初之氣資天皇天

珠林卷第一百　第三十五張　盛字號

帝之靈幽房啓高陽之基姚墟擁重
華之業赤光流戶紫氣衝天龍顏鳳
臆之形日角月縣之兆河目海口之
異豊上銳下之奇聰聖玄覽知來藏
往探幽入微窮神盡性凡厥天授其
體自然往潛初德經綸天下屬隋氏
版蕩寓内分崩火燎崐峯水飛滄海
皆為逐鹿之意名閒僭号之儀河右
以来龍虵䒭斃中原之地玉石俱焚
遂使地表天垂覚有来蘇之歎上京
要服人興杼軸之悲我皇居帝子之
親膺天冊之命龔行九伍惣統六軍
莫不瓦觧氷銷風從草偃凱歌獻捷
無興論功既而氛祲廓清區宇平一
高祖凝神緬聖馳想煙霞之外往以
万方昏墊百神愆祀屈潁陽之高風
拯率土之沉溺黔黎蒙再造之德庶
類荷栽成之恩不以黃屋為心俯以
蒼生為念脫屣之懷無忘於霊府釋
負之志有形於明發喜禘郊之可記
忻宗祐之有主孝時練日傳大寶於
少陽矣自光膺監撫作貳春宫聿遵
三善爰貞万國及天下重啓寶曆惟

新臨赤縣而大擔莊嚴撫黔黎而廣興利益開四等之日遍燭堯雲揚六度之風横流舜雨貞觀元年歡春之月爰詔闔京衆僧德行之者並令入内殿行道各滿七日有司供備務在精華至三年帝恐年穀不登憂矜在慮爰發綸旨簡精誠宿德并侍者二七人於天門街祈雨七日聖力冥扶稼苗重稑家豊万箱之斂國富九年之資自尒已來常豊不絶往以初建義旗神兵剋殄矢石之下恐結寃魂其年冬令京城僧尼七日行道所有衣服悉用檀那藉此勝因竭誠懺盪戰場之處並置伽藍昭仁等覺十有餘寺至三年春又奉詔令僧尼每月二七日行道轉仁王等經官給齋供用為常法又

勅波頗三藏兼閑三教備舉十科釋慧乘等一十九人興善翻譯又為

太武皇帝於終南山造龍田寺并送

武帝等身像六軀永充供養又為穆

太后造弘福寺寺成之後帝親幸焉自點佛睛極隆矚施因喚大德十人

親到言論于時寺主道意語言及太后悲不自勝掩淚吞聲久而言曰朕以早喪慈親無由反哺風樹之痛有切于懷庶憑景福上資 冥祐朕比以老子居左師等不有悉乎意曰僧等此者安心行道何敢忘焉帝曰佛道大小朕以久知釋李尊卑通人自鑑豈以一時在上即為勝也朕以宗承柱下且將老子居先植福歸心投誠自別比來檀捨僉向釋門凡所営脩俱為佛寺諸法師等知朕意焉又為穆皇后於慶善館側造慈德寺沙門玄奘振錫五天搜揚正法旋鑣八水思闡微言十有九年奉

詔翻譯前後褒賞格顯常倫中使相望無空旬日躬留 神思為製序之控引經宗褒揚佛理所度僧衆三萬餘人至於金銀等身真珠像等動過萬計差難備舉今上皇帝乃聖乃神多能多藝無為之政遠嗣離連有道之風寔方炎昊間由息頌比屋可封山瀆効靈中外禔福棟梁三寶荷負四生宿殖善根久脩勝業崇信之道發自

天資孝敬之心率由其性昔在儲貳明發永懷爰遣有司奉為 文德皇

太后造慈恩寺考茲形勝襟帶市朝爰命梟人開基締構甫移銀牓即此金園法侶摩肩朝貴延首其地高墉負郭百雉紆餘層成結隅九重延袤於是廣闢寶坊備諸輪奐瞻星測景疊梟衡繩玉舄垂輝金鋪耀彩長廊中宿反宇干霄浮柱繡栭上圖雲氣飛軒鏤檻下帶虹蜺影塔儼其相望経臺鬱其並架鑿丹青之鉅臒殫莊績之瓌奇寶鐸鏘風金盤承露疏鍾夜撤清梵朝聞定慧之所依憑靈異之所栖宅又叙 文帝序経意為述

聖記文多不載暨乎恭膺寶位慶祚惟新思罔極於 先皇濡惠津於群品鼎湖之駕邈矣不追長陵之魂悠然滋永聿興淨業摽樹福田先帝所幸之宮翠微玉華並捨為寺供施殷厚像設彫華每至武皇穆后之諱晝京僧尼七日行道 太宗及文德皇

太后忌日普及僧尼三七日行道造像書經度僧設供備諸聞見可略言

焉顯慶之際常令玄奘法師入内翻譯及慈恩大德更代行道不替於時又出詔為皇太子西京造西明寺曰章東都即於維下又造敬愛寺寺別用錢各過二十萬貫寺宇堂殿尊像幡花妙極天仙巧窮神鬼又為諸王公主於西京造資戒崇敬招福福壽二十餘寺爰

勑内宫式摸遺影造繡像一格舉高十有二丈驚目駭聽絶後光前五色相宣六文交暎託脩楊於素手寫滿月於雙針蹙越燕緹絢逾蜀錦布護列九華之采紛綸含七耀之光送在慈恩長充供養万機餘暇八正為心親紆聖思躬操神筆製大慈恩寺隆國寺碑文及書湛露凝華縟緹流韻刊乎貞石傳之不朽擊揚至理藻鏡冲玄屢詔緇黄考窮名教每論之席躬自覽焉詮定是非事詳論集既告成天地登岱勤封讓德上玄推功大聖乃發明

詔班示黎元天下諸州各營一寺咸度七僧隋有嘉祥用題厥目遐聽圖史循覽帝王道被區寰仁沾動植警目覩以崇祀昭明堂以闡化牢籠真俗囊括古今未有我皇之盛也總章元年下　詔西京更置明堂乾封二縣用旌厥德傳諸後昆

右三代已来一國寺有四千餘所僧尼六萬餘人經像莫知億載譯經一千五百餘卷

曆筭部第六

大唐貞觀十三年冬十月　勑遣刑部尚書劉德威禮部侍郎令狐德棻侍御史韋悰雍州司功毛明素等問法琳法師曰依辯正論第五卷云姚長謙曆言佛是昭王甲寅歲生穆王壬申之歲始滅度者因何法顯傳云聖殷王時生推於像正之記言佛周平王時出依道安作論云彊執桓王費長房為録固言莊代何故傳述乖紊無的可依仰具顯先後不同遐迩所以法師對曰琳聞大聖應生本期利物有感斯現無機不屬故經云一音所暢各隨類解論聲既尔語體亦然而傳記所明非無析理琳今正據取彼多家先列其真後陳其妄謹依魏國曇謨最法師齊朝尚統法師及脩曆博士姚長謙等據周穆王天子傳周書異記前漢劉向列仙傳序并古舊二録後漢法本内傳及傅毅法王本記吳尚書令闞澤等衆書准阿含經等委細推究莫得依實佛是姬周第五主昭王瑕即位二十三年癸丑之歲七月十五日現白象形降自兜率託淨飯宫摩耶受胎故後漢法本内傳云明帝問摩騰法師曰佛生日月可知以不騰曰佛以癸丑之年七月十五日託陰摩耶即此年也昭王二十四年甲寅之歲四月八日於嵐毗園内波羅樹下右脇而誕故普曜經云普放大光照三千界即周書異記云昭王二十四年甲寅之歲四月八日江河泉池忽然汎漲井皆溢出宫殿人舍山川大地咸悉震動其夜即有五色光氣入貫太微遍於西方盡作青紅之色昭王即問太史蘇由曰是何祥耶蘇由曰有大聖人生於西方故現此瑞昭王曰於天下何

如蘋由日即時無他至一千年外聲
教被此昭王即遣鐫石記之埋在南
郊天祠前佛生即當此年昭王四十
二年壬午之歲四月八日夜半踰城
出家故瑞應經云太子年十九四月
八日夜半天於窓中义手白言時可
去矣因命馬行即此年也
周第六主穆王滿二年癸未之歲二
月八日佛年三十成道故普曜經云
菩薩明星出時豁然大悟即此年也
穆王五十二年壬申之歲二月十五
日佛年七十九方始滅度故涅槃經
云二月十五日臨涅槃時出種種光
地大震動聲至有頂光遍三千即周
書異記云穆王即位五十二年壬申
之歲二月十五日旦暴風忽起發損
人舍傷折樹木山川大地皆悉震動
午後天陰雲黑西方有白虹十二道南
北通過連夜不滅穆王問太史扈多
曰是何徵也扈多對曰西方有大聖
人滅度衰相現耳佛入涅槃即此年也
始自昭王二十四年甲寅之歲誕應
已來惣筭年月至今

大唐貞觀十三年己亥之歲正經一
千六百一十八載復筭至今
大唐乾封三年更有十九年帖前惣
有一千六百三十七年復筭從乾封
三年至開元十一年癸亥之歲更有
五十五年帖前惣計當一千六百九十二年
又案王玄策西域行傳云摩伽陁國
菩提寺大德僧賖那去線陁據經筭
出云釋迦菩薩年至十九四月十五
日初夜出城至三十成道至七十九
入般涅槃已來筭至咸亨二年筭始
有一千三百九十五年為西國曆筭共此不同故延促有異
前出者是後述非也
今案法顯傳云聖出殷王時生者但
法顯雖外遊諸國傳未可依年月特
乖殊俗實為河漢又異二安乙丑尚
統甲寅諸無所據未足可驗又像正
之記罕見依馮安公為論據羅什記
羅什記者承安世高安世高者以漢
桓帝時在洛陽翻譯信執筆者據桓
帝時但羅什秦時始來世高漢朝先
至二師相去垂隔三百年信彼相承
依而為記非是安論造次謬陳並由

當時傳者之過又隋翻經學士費長
房言佛莊王時生者房以二莊同世
周莊十年即魯莊七年也但據常星
為驗而云佛生未悟常星別由他事
又案文殊師利涅槃經云佛滅度後二
百五十年文殊至雪山中化五百仙
人訖還歸本土放大光明遍照世界
入於涅槃恒星之瑞即其時也長房
言二月八日生者乃是四月非二月
也然長房所判未究事根長房云周
以十一月為正言四月者今二月也雖
云二月終是四月案春秋一部年用
魯侯之年月取周王之日星本瑞於
周世須據周之日月長房乃云佛以
莊王十年二月八日生者太為猛浪
若是二月不應論星長房又佛以四
月八日下託胎者託胎既用周月現
生還是周辰今言二月是亦非也若
周十一月為正如来不容十一月生凡
人正月胎即十月生四月胎即正月
生佛俯同世七月胎故乃四月生王
邵齊誌云周四月者夏之六月以此
卻推四月生者是七月胎今言六月

取其節氣雖授七月終屬六月信知
王邵所說不差又長房言佛以周惠
王十九年癸亥之歲二月明星出時
成道者亦有大過何者案劉向古舊
二錄云周惠王時已漸佛教一百五
年後老子方說五千文若以惠王之
時始成佛者不應經教已傳京雒又
計惠王即莊王孫也以癸亥年推其
相去唯三十年不應始得成佛經已
來此尋如來化世四十九年迦葉結
集在佛沒後法門東漸正是周時劉
向之言誠非謬矣長房之錄定不可
依詳夫聖應無方理難窺測况乃東
西疊遠年代遐邇復遭六國從衡楚
焚五典為年紀者不必序帝曆者多
家而乎有差違增減出沒皆師已意
各謂指南琳今粗述見聞詳諸史牒
略有遐迩揚確先後

感應緣 略引三驗

叙三寶感通靈應嘉祥意
叙後漢明帝感通初至意
叙宋沙門求那感通擬頭意

夫三寶私護各有司存佛僧兩位表
師資之有從聲教一門顯化道之靈
府故佛僧隨機識見之緣出沒法為
除惱滅障之候常臨所以捨身偈句
恆列於懸崖道法文言惣集在於龍
殿良是三聖敬重藉願復之劬勞幽
明荷恩慶静倒之良術所以受持讀
誦必降徵祥如說修行無不通感天
竺往事固顯常談震旦見緣紛綸恒
有士什投經於火聚焰滅而不焦賊
徒盜葉於客堂既重而不舉或龕藏
騰於天府或呈瑞於王臣或七難由
之獲銷或求二因之果遂斯徒衆矣
不述難聞敢隨傳錄用呈諸後故經
不云乎為信者施疑則不說至如石
開矢入心決致然水流冰度情疑頓
斷斯等尚為士俗常傳況慧捷重空
道超群有心量所指窮數極微因緣
之業若影隨形祥瑞之徒有合符契
義非隱默故述而集之然尋閱前事
事出傳紀志怪之與冥祥旌異之與
徵應此等衆矣備可覽之恐難信其
文故重勸其敬也

烏仗那國舊都達麗羅川中有大伽
藍側有刻木慈氏像高百餘尺金容
晃曜靈鑑潛通有阿羅漢名末田底
迦携巧匠人昇覩史多天親觀妙色
三返畢功有此像來法流東漸逮于
炎漢明帝內記云永平七年歲在甲
子秋九月晝星西見帝夢神人身長
丈六面作真金色項有日月光明飛
行自在出沒無礙曉問臣吏莫不感
慶太子舍人傅毅奏稱臣聞外
國淨飯王太子號悉達多捨轉輪王
位出家成道名釋迦文陛下夢將
無感也即勅使西尋過四十餘國屈
舍衛都僧云佛久滅度遂抄聖教六
十萬五千言以白馬馱還所經崟險
餘畜皆死白馬轉强嘉其神異雒陽
立白馬寺 馬貝葉真文西流為始佛
光背日東照為初於是聲教雷洽馳
驚福林風猷鼓扇載驅上國源派樞
要寔建此晨周書亦云丈六身似赤
銅色以為別介誠感未純教來流及
宋京師中興寺有求那跋陀羅此云
功德賢中天竺人幼學五明諸論陰
陽呪術靡不該博落髮之後專精志
學博通三藏為人慈和恭恪事師盡

禮須之辭小乘師進學大乘大乘師試令探取經匣即得大品華嚴師嘉歎曰汝於大乘有重緣矣於是講誦弘宣莫能訓抗至宋元嘉十二年至廣州刺史車朗表聞宋太祖遣信迎接既至京都太祖夾言欣若傾蓋初住祇桓寺後譙王鎮荊州請與俱行安止辛寺王欲請譯華嚴等經而跋陀自忖未善宋言有懷愧歎即旦夕禮懺請觀世音乞求冥應遂夢有人白服持劍擎一人首來至其前曰何故憂耶跋陀具以事對答曰無所憂即以劍易首更安新頭語令迴轉又曰得無痛耶答曰不痛豁然便寤心神喜悅旦起道義備領宋言於是就稱元嘉將末譙王屢有怪夢跋陀答曰京都將有禍亂未及一年元凶搆逆及孝建之初譙王陰謀逆節跋陀顏容憂悴未及發言譙王問其故跋陀諫之懇切乃流淚而曰必無所冀貧道爲客不得扈從譙王以其物情所信乃逼與俱下至梁山之敗大艦轉迫去岸懸遠判無全濟唯一心稱觀世音手捉卬杖投身江中水齊至膝以杖刺水水流深駛見一童子尋後而至以手牽之顧謂童子汝小兒何能度我怳惚之間覺行十餘步仍得上岸即脫納衣欲賞童子顧覓不見舉身毛竪方知神力焉後於秣陵界鳳皇樓西起寺每至夜半輒有推戶而喚視不見人衆屢厭夢跋陀燒香呪願曰汝宿緣在此我今起寺行道禮懺常爲汝等若住者爲護寺善神若不能住各隨所安既而道俗十餘人同夕夢見鬼神千數皆荷擔移去寺衆遂安今陶後渚白塔寺即其處也

頌曰

稽首諸佛　願護神威　當陳誠請
罔或尤譏　沈晦未寤　圓覺所歸
久淪愛海　舟檝攸希　異執乖競
和合是依　玄離取有　理絕過違
慢乖八正　戲八百非　同捨異辯
滌淨混微　簡金去礫　琢玉除羈
能仁普鑒　疑慮研機　契成大道
敦敢毀誹　諤諤崇德　唯雅侵衰
惟願留聽　慶有發揮　望矜悃悃
垂誨慈悲　採集聖教　纂要承暉
十周方成　三業勞疲　冀傳末代
闡略知機　八邪息諍　四句殄非
袪惑存信　熏成智徹　含生同感
願各轉依

法苑珠林卷第一百

甲辰歲高麗國分司大藏都監奉

勅彫造

法苑珠林卷第一百

校勘記

一 底本，金藏廣勝寺本。七一五頁中一行至次頁中一〇行、七三〇頁中一一行至卷末原版殘缺，以麗藏本補換。

一 七一五頁中一行經名，徑無(未換卷)。

一 七一五頁中二行撰者，磧、南作「唐上都西明寺沙門釋道世字玄惲撰」；徑無(未換卷)；清作「唐西明寺沙門釋道世撰」。

一 七一五頁中三行「傳記篇第一百」，徑作「傳記篇第一百之一」。又「此有六部」，徑無。

一 七一五頁中四行至五行「述意部……曆算部」，徑無。

一 七一五頁中六行「第一」，徑無。以下部目下序數例同。

一 七一五頁中七行第五字「疏」，磧、南、徑、清作「流」。

一 七一五頁中八行第四字「王」，南、徑、清作「玉」。

一 七一五頁中一三行第二字「籌」，磧、南、徑、清作「筭」。

一 七一五頁中末行「葛稚川」，磧、南、徑、清作「葛先子」。

一 七一五頁下一行第七字「驅」，磧、南、徑、清作「驅驅」。

一 七一五頁下六行第一三字「蹄」，磧、南、徑、清作「罤」。

一 七一五頁下七行末字「風」，磧、南、徑、清作「風教」。

一 七一五頁下八行第一〇字「冪」，磧、南、徑、清作「侵」。

一 七一五頁下一〇行首字「復」，磧、南、徑、清作「後」。

一 七一五頁下一五行第八字「桂」，磧、南、徑、清作「柱」。

一 七一六頁上七行「寄存大本」，磧、南、徑、清作「寄在大命」。

一 七一六頁上一二行「方有」，磧、南、徑、清作「互有」。

一 七一六頁中二行首字「裔」，磧、南、徑、清作「胤」。

一 七一六頁中一一行首字「伏」，磧、南、徑、清、麗作「服」。

一 七一六頁中一六行「一樂」，磧、南、徑、清、麗作「一礫」。

一 七一六頁中一九行「傳譯」，磧、南、徑、清、麗作「譯傳」。

一 七一六頁中二一行夾註左末字「卷」，磧、南、徑、清作「卷也」。

一 七一六頁下一九行「一十九」，磧、南、清作「二十九」。

一 七一七頁上一行「三百二」，南作「三百三」。

一 七一七頁上一二行「衆經」，徑作「又衆經」。又夾註左「一百」，磧、南、徑、清作「六百」。

一 七一七頁上一四行夾註左「四十二」，磧、南、徑、清作「四十三」。

一 七一七頁中一行夾註左「三十」，磧、南、徑、清作「四十」。

一 七一七頁中二〇行第一一字「授」，

磧、南、徑、清作「受」。

一　七一七頁中二二行夾註「後有見者冀補兹處」，磧、南、徑、清無；麗作「後見有者冀補兹處」。

一　七一七頁下一行第四字「録」，磧、南、徑、清、麗無。

一　七一七頁下二行「右二部」，磧、南、清作「此二本」；徑作「右二本」。

一　七一七頁下五行「釋曚論」，麗作「釋蒙論」。

一　七一七頁下一〇行第六字「至」，磧、南、徑、清無。下至次頁下五行第四字同。

一　七一七頁下一二行「毗曇指歸」，徑作「毗曇指歸一卷」。

一　七一七頁下一三行「右一卷」，徑作「右乚」；清作「一卷」。下至次頁中一九行同。

一　七一七頁下一三行至一四行「竺僧度」，麗作「竺僧虔」。

一　七一七頁下一五行「歷遊天竺記傳」，徑作「歷遊天竺記傳一卷」。

一　七一八頁上八行「十三部」，磧、南作「十部」。

一　七一八頁上一一行「神無形論」，徑作「神無形論一卷」。

一　七一八頁上一四行「維摩詰經」，磧、南、徑、清作「維摩經」。

一　七一八頁上一七行「曇読」，磧、南、徑、清作「曇説」。

一　七一八頁上一九行「人物始義論」，徑作「人物始義論一卷」。

一　七一八頁上二〇行「昬成帝」，麗作「昬武帝」。

一　七一八頁上二二行「高逸沙門傳」，磧、南作「高逸法門傳」；徑作「高逸沙門傳一卷」。

一　七一八頁中一八行「釋駮論」，徑作「釋駮論一卷」。

一　七一八頁中二〇行「道恒」，麗作「道常」。

一　七一八頁下一四行「二卷」，磧、南、徑、清作「一卷」。

一　七一八頁下一六行第二字「此」，徑、清無。

一　七一八頁下一九行「右此一部」，徑作「右」；清無。二一行、次頁下六行、九行、二〇行同。

一　七一八頁下二〇行「十卷」，徑、清作「一部十卷」。

一　七一九頁上一五行「要攬」，徑、清作「要覽」。又「二十一首」，徑作「二十一首一卷」。

一　七一九頁上一六行「一卷」，徑無。

一　七一九頁上一九行「右一部」，磧、南、清無；徑作「右」。

一　七一九頁上二二行「右一部」，徑作「右」；清無。

一　七一九頁中二行「右此一録四卷」，徑作「右」；清無。

一　七一九頁中一一行「諸龍」，磧、南、徑、清作「龍王」。

一　七一九頁中一二行「滅罪法三卷」，磧、南作「滅罪二卷」；徑、清作「滅罪三卷」。

一　七一九頁中一七行「七十卷」，徑、

清作「一部七十卷」。

一七一九頁中一八行「右此一部七十卷」，徑作「右」；清無。

一七一九頁中一九行「慧朗」，麗作「慧明」。

一七一九頁中二〇行「八十卷」，徑、清作「一部八十卷」。

一七一九頁中二一行「右此一部八十卷」，徑作「右」；清無。

一七一九頁下一行「四十卷」，徑、清作「一部四十卷」。

一七一九頁下二行「右此一部四十卷」；徑作「右」；清無。

一七一九頁下三行「虞孝敬」，磧、南、徑、清、麗作「虞孝敬」。

一七一九頁下四行「慧命」，磧、南、徑、清作「惠命」。

一七一九頁下五行「十四卷」，徑、清作「一部十四卷」。

一七一九頁下七行「慧皎」，磧、南、徑、清作「慧皎」。

一七一九頁下一〇行「一百八十卷」，徑、清作「一部一百八十卷」。

一七一九頁下一一行「右此一部一百八十卷」，徑作「右」；清無。

一七一九頁下一三行「二十卷」，徑、清作「一部二十卷」。

一七一九頁下一四行「右一部二十卷」，徑作「右」；清無。

一七一九頁下一五行第九字「摩」，磧、南、徑、清無。

一七一九頁下一七行「五十卷」，徑、清作「一部五十卷」。

一七一九頁下一八行「一部」，徑作「右」；清無。

一七一九頁下一九行「連壁」，磧、南、徑、清作「連璧」。又「二百卷」，徑、清作「一部二百卷」。

一七一九頁下二一行「指撝」，麗作「指揮」。

一七二〇頁上一行「二十卷」，徑、清作「一部二十卷」。

一七二〇頁上二行及上六行「右此一部」，徑作「右」；清無。次頁上一二行同。

一七二〇頁上一三行「五卷」，徑、清作「一部五卷」。

一七二〇頁上一四行「右此一部五卷至」，徑作「右」；清無。

一七二〇頁上一六行「聲明醫方工巧呪術因明」，磧、南、徑、清作「一聲論二醫方論三工巧論四呪術論五因明論」。

一七二〇頁上二一行「法門」，徑、清作「法門一卷」。

一七二〇頁上二二行「二十三卷」，徑、清無。

一七二〇頁上末行第六字「命」，徑、清無。

一七二〇頁中二行「化胡傳」，徑、清作「化胡傳一卷」。

一七二〇頁中三行「難道章」，徑、清作「難道章一卷」。

一七二〇頁中五行「釋僧勐」，磧、南、徑、清作「釋僧勔」。

一七二〇頁中六行「八卷」，徑、清作

「一部八卷」。

一　七二〇頁中七行「右一部八卷」，徑作「右」；清無。

一　七二〇頁中二一行「此十二部」，磧、南、徑、清無。

一　七二〇頁中二二行首字「帝」，磧、南、徑、清作「帝時」。

一　七二〇頁中末行「十一卷」，徑、清作「一部十一卷」。

一　七二〇頁下一行「右一部十一卷」，磧、南作「右十一卷」；徑作「右」；清無。又「武帝」，徑、清作「武帝時」。

一　七二〇頁下三行「二教論」，磧、南作「二依論」；徑、清作「二依論一卷」；麗作「三教論」。

一　七二〇頁下四行「右此一卷」，徑作「右」；清無。又「武帝」，磧、南、徑、清作「武帝時」。

一　七二〇頁下六行「三卷」，徑、清作「一部三卷」。

一　七二〇頁下七行「右一部三卷」，徑作「右」；清無。又第六字「周」，麗作「周朝」。

一　七二〇頁下一〇行「二卷」，徑、清作「一部二卷」。

一　七二〇頁下一一行「右一部二卷」，徑作「右」；清無。

一　七二〇頁下一四行「右一部一卷」，徑作「右」；清無。

一　七二一頁上四行「目録」，磧、南、徑、清作「目録集」。

一　七二一頁上五行「右此七卷」，徑作「右」；清無。

一　七二一頁上八行「沙門明穆」，麗作「釋僧穆」。

一　七二一頁上一〇行末字「綴」，磧、南、徑、清作「維」。

一　七二一頁上一四行「三十一卷」，徑、清作「一部三十一卷」。

一　七二一頁上一五行「右此一部三十一卷」，徑作「右」；清無。

一　七二一頁上一八行「一部」，磧、南、徑、清作「六部」。

一　七二一頁中二行「善才」，磧、南、徑、清、麗作「善財」。又「一卷」，磧、南、徑、清無。

一　七二一頁中六行「十卷」，磧、南、徑、清作「一卷」。

一　七二一頁中一五行「二十卷」，徑、清作「一部二十卷」。

一　七二一頁中一六行「右一部二十卷」，徑作「右」；清無。

一　七二一頁中一九行「二卷」，徑、清作「一部二卷」。

一　七二一頁中二〇行「右此一部兩卷」，徑作「右」；清無。

一　七二一頁中二二行「外内」，磧、南、徑、清作「内外」。

一　七二一頁中末行「右此一卷」，徑作「右」；清無。次頁上二〇行同。

一　七二一頁下二行「一十五卷」，徑、清作「一部一十五卷」。

一　七二一頁下三行「右此一部一十五卷」，徑作「右」；清無。

一　七二一頁下五行「法式」，磧、南、徑、清作「法戒」。又「十卷」，徑、清

作「一部十卷」。

一 七二一頁下六行「右此一部十卷」，徑作「右」；清無。

一 七二一頁下一六行「五百卷」，徑、清作「一部五百卷」。

一 七二一頁下一七行「右此一部五百卷」，徑作「右」；清無。

一 七二一頁下一八行「智果」，磧、南作「智杲」。

一 七二二頁上五行第三字「退」，磧、南、徑、清無。

一 七二二頁上一一行「皇朝」，徑作「唐朝」。下同。

一 七二二頁上一三行「析疑論」，磧、南、清作「折疑論」。

一 七二二頁中一三行「二卷」，磧、南、徑、清作「三卷」。

一 七二二頁下二行「一十七」，徑、清作「二十七」。

一 七二二頁下五行「三十卷」，徑、清作「一部三十卷」。

一 七二二頁下六行「右此一部」，徑作「右」；清無。一五行、次頁上一○行、次頁中五行、一三行、一六行同。

一 七二二頁下一四行「十二卷」，磧、南作「十三卷」；徑、清作「一部十三卷」。

一 七二二頁下一九行「諂……卷」，磧作「善惡業報論」；南、徑、清作「善惡業報論二十卷」。

一 七二二頁下末行「大乘略止觀」，磧、南、徑、清作「大乘十觀」。

一 七二三頁上一行「辯僞顯真論一卷」，磧、南、徑、清無。

一 七二三頁上三行「四分律」，徑作「四律」。

一 七二三頁上六行「十一部一百五十四卷」，磧、南、徑、清作「十部一百五十三卷」。

一 七二三頁上九行「二十卷」，徑、清作「一部二十卷」。

一 七二三頁上一四行第二字「此」，徑、清無。一九行第二字同。

一 七二三頁上一五行末字「撰」，磧、南、徑、清作「注」。

一 七二三頁上二一行第四字「多」，麗無。

一 七二三頁上二二行「右此一卷」，徑作「右」；清無。本頁下二行同。

一 七二三頁中二行「右此四十卷」，徑作「右」；清無。

一 七二三頁中一九行「右此一部十卷」，徑作「右」；清無。

一 七二三頁中二○行第三字「作」，磧、南、徑、清、麗無。又「陽尚善」，清作「楊尚善」。

一 七二三頁中末行「右此兩卷」，徑作「右」；清無。又「李玄奘」，磧作「李奘」。

一 七二三頁下四行「右此三十卷」，徑作「右」；清無。

一 七二三頁下六行「第四」，徑無。

一 七二四頁上二二行「一卷」，南作「二卷」。

一 七二四頁中一八行首字「此」，徑

無。又「長安」，徑作「右長安」。

一　七二四頁中一九行「玄則撰」，至此，徑卷第一百十九終、卷第一百二十始，並有「傳記篇第一百之餘」一行。

一　七二四頁中二〇行「第五」，徑無。

一　七二四頁中二一行「振旦」，徑、清作「震旦」。

一　七二四頁中二二行末字「且」，磧、南、徑、清、麗作「具」。

一　七二四頁下一行第一二字「以」，磧、南、徑、清作「化」。

一　七二四頁下五行第九字「象」，磧、南、徑、清作「像」。

一　七二四頁下一二行「興福寺」，磧、南、徑、清作「興勝寺」。又「常供」，磧、南作「帝供」。

一　七二四頁下一八行「興皇」，磧、南、徑、清作「皇興」。

一　七二四頁下二〇行「長干」，磧、南、徑、清作「長干寺」。

一　七二五頁上二行「二万四千人」，磧、南、徑、清作「度二万四千人」。

一　七二五頁上四行小註左「召請名僧」，磧、南、徑、清作「召諸名僧」。

一　七二五頁上五行小註右「禪靈寺」，磧作「禪虛寺」；南、徑、清作「禪寂寺」。又「常供」，磧、南作「常住」。

一　七二五頁上七行「一十」，磧、南、徑、清作「二十」。

一　七二五頁上一〇行小註左「止觀」，磧、南、徑、清作「正觀」。

一　七二五頁上一一行小註右「招玄」，麗作「昭玄」。

一　七二五頁上一七行小註右「慈敬」，磧、徑、清、麗作「玆敬」。又左「忌日」，麗作「畢日」。

一　七二五頁上一八行小註右「連壁」，磧、南、徑、清作「連璧」。

一　七二五頁上一九行小註左末字「論」，南、徑、清無。

一　七二五頁中七行小註右首字「區」，磧、南、徑、清作「軀」，下至次頁上一七行同。又「度僧七千人」，磧、南、徑、清作「度二萬人」。

一　七二五頁中八行小註左「六十所」，磧、南、徑、清作「六十所也」。

一　七二五頁中一五行「興地圖」，南、徑、清作「輿地圖」。

一　七二五頁中一七行「下民」，磧、南、徑、清作「下人」。

一　七二五頁中二〇行「道武」，徑、清作「焘武」。

一　七二五頁中二二行小註右「更闢」，磧、南、徑、清作「更開」。

一　七二五頁下一行小註左「侍女持」，磧、南作「侍女皆持」；徑、清作「舍女皆持」。

一　七二五頁下三行小註右「供施」，磧、南、徑、清作「俱施」。又左末字「人」，磧、南、徑、清無。

一　七二五頁下八行「魏大帝」，南、徑、清作「魏文帝」。

一　七二五頁下一一行「恒安」，麗作「常安」。

一　七二五頁下一九行小註右「僧朗」，

麗作「僧明」。又左「斷肉」，磧、南、徑、清無。

一 七二五頁下二〇行小註右「屠煞」，磧、南、徑、清作「屠宰」。又左「薰辛」，徑、清作「葷辛」。

一 七二六頁上四行小註右「於長安」，磧、南、徑、清作「至長安」。又「陟岵」，磧作「陟岵」。又左末字「衆」，磧、南、徑、清無。

一 七二六頁上五行小註左「三千卷」，磧、南、徑、清作「二千卷」。

一 七二六頁上一一行小註右「三年」，磧、南作「二年」。又「烏立」，麗作「興立」。

一 七二六頁上一四行小註左末字「矣」，磧、南、徑、清無。

一 七二六頁上一七行小註左末字「人」，磧、南、徑、清作「人矣」。

一 七二六頁上二一行首字「大」，南、徑、清無。

一 七二六頁上二二行末字「斯」，磧、南、徑、清作「期」。

一 七二六頁上末行首字「令」，磧、南、徑、清作「今」。又第五字「主」，磧、南、徑、清作「匡」。

一 七二六頁中三行第二字「紐」，磧、南、徑、清作「網」。

一 七二六頁中七行第二字「盡」，磧、南、徑、清作「畫」。

一 七二六頁中九行「證果」，徑、清作「證果四寺及」。

一 七二六頁中一〇行第四字「居」，磧、南作「尼」；徑、清作「第」。

一 七二六頁中一八行「既有」，磧、南、徑、清作「豈有」。

一 七二六頁中二一行「王城閟典」，磧、南、徑、清作「王城祕典」；麗作「王域閟典」。又末字「陽」，磧、南、徑、清、麗作「揚」。

一 七二六頁下四行第四字「鋭」，磧、南作「悦」；徑、清作「兑」。

一 七二六頁下八行第七字「名」，磧、南、徑、清作「各」。

一 七二六頁下一二行第一〇字「伍」，磧、南、徑、清作「伐」。

一 七二六頁下一四行第七字「氛」，磧、南、徑、清作「氣」。

一 七二六頁下一六行第四字「墊」，磧作「蟄」。

一 七二六頁下一八行第三字「裁」，磧、南、徑、清作「戴」。

一 七二六頁下二〇行首字「負」，麗作「貧」。又末字「記」，磧作「訴」；南、徑、清作「託」。

一 七二六頁下二一行「忻宗祐」，磧、南、徑、清作「祈宗祀」。

一 七二七頁上四行第四字「闔」，磧、南、徑、清作「合」。

一 七二七頁上九行第四字「陸」，磧、南、徑、清作「稑」。又第一〇字「斂」，磧作「殿」。

一 七二七頁上一四行「等覺」，磧、南、徑、清作「覺等」。

一 七二七頁中一行第二字「到」，磧、南、徑、清作「對」。

一 七二七頁中一六行末字「之」，磧、

南、徑、清作「文」。
一 七二七頁中二〇行第九字「離」，磧、南、徑、清作「驪」。
一 七二七頁中二一行第二字「方」，南作「万」。又「閒由息頌」，磧、南、徑、清作「閑田息訟」；麗作「閑田息頌」。
一 七二七頁下一行「其性」，磧、南、徑、清作「真性」。
一 七二七頁下六行第二字「梛」，磧、南、徑、清作「廓」。又第八字「成」，磧、南、徑、清作「城」。
一 七二七頁下八行「輝彩」，磧、南、徑、清、麗作「耀彩」。又「長廓」，磧、南、徑、清、麗作「長廊」。
一 七二七頁下一二行「瓌奇」，徑、清作「環奇」。
一 七二七頁下二〇行「武皇」，磧、南、徑、清作「武王」。
一 七二八頁上六行首字「幡」，磧、南、徑、清、麗作「幡」。
一 七二八頁上一一行第四字「文」，麗作「丈」。
一 七二八頁上一三行「七耀」，磧作「大耀」。
一 七二八頁上一八行「冲玄」，磧、南、徑、清、麗作「玄冲」。
一 七二八頁上一九行「詮定」，磧、南、徑、清作「銓定」。
一 七二八頁上二〇行第六字「勤」，磧、南、徑、清、麗作「勒」。
一 七二八頁上末行第四字「隋」，磧、南、徑、清、麗作「隨」。
一 七二八頁中一行「徜覽」，磧、南、徑、清作「修覽」。又「區寀仁沾」，磧、南、徑、清作「寰區仁霑」。
一 七二八頁中二行首字「目」，麗作「曰」。
一 七二八頁中一〇行首字「大」，徑、清無。
一 七二八頁中一五行「壬申」，麗作「壬子」。又第八字「者」，磧、南、徑、清無。
一 七二八頁中一八行第九字「代」，磧、南作「戍」；徑、清作「王」。
一 七二八頁中二一行「不屬」，磧、南、徑、清、麗作「不矚」。
一 七二八頁中末行「析理」，磧、南、徑、清作「片理」。
一 七二八頁下二行「齊朝尚統法師」，磧、南、徑、清無。
一 七二八頁下五行「傳穀」，磧、南、徑、清作「傳教」。
一 七二八頁下六行第七字「今」，磧、南、徑、清作「令」；麗作「含」。
一 七二八頁下二二行第二字「曰」，磧、南、徑、清無。
一 七二九頁上四行「壬午」，磧、南、徑、清、麗作「壬申」。
一 七二九頁上六行第五字「天」，麗作「天人」。
一 七二九頁上八行第四字「主」，磧、南、徑、清無。又「之歲」，磧、南、徑、清、麗無。
一 七二九頁中一行「貞觀十三年己亥」，磧、南作「咸亨二年申未己

亥」；徑、清作「咸亨二年辛未」；麗作「咸亨二年己亥」。

一 七二九頁中二行「六百一十八」，磧、南、麗作「六百」；徑、清作「六百九十九」。

一 七二九頁中二行第八字至六行末字「復……年」，徑、清無。

一 七二九頁中一一行第一三字「算」，磧、南、徑、清無。

一 七二九頁中一三行夾註右第三字「者」，磧、南、徑、清、麗無。

一 七二九頁中一七行第一〇字「可」，磧、南、徑、清作「乃」。

一 七二九頁中一八行第八字「公」，磧、南、徑、清作「云」。

一 七二九頁中二一行「漢朝」，磧、南、徑、清作「漢時」。

一 七二九頁下一行第八字「隋」，磧、南、徑、清作「循」。

一 七二九頁下三行「常星」，磧、南、徑、清作「恒星」。四行同。

一 七二九頁下五行「涅槃經」，磧、南、徑、清作「般若經」。

一 七二九頁下一三行第一〇字「日」，磧、南、徑、清、麗作「月」。

一 七二九頁下一五行「猛浪」，徑、清作「孟浪」。

一 七二九頁下一六行第一一字「又」，麗作「又云」。

一 七三〇頁上一行第八字「月」，磧、南、徑、清作「日」。第一二字同。

一 七三〇頁上二行「不差」，磧、南、徑、清作「不善」。

一 七三〇頁上三行第四字「年」，磧、南、徑、清無。又「之歲」，磧、南、徑、清、麗無。

一 九三〇頁上七行「京雒」，磧、南、徑、清作「洛京」。

一 七三〇頁上一六行第八字「滅」，磧、南作「減」。

一 七三〇頁上二一行第九字「至」，磧、南、徑、清無。

一 七三〇頁中三行「除惱」，磧、南、徑、清無。

一 七三〇頁中四行首字「恒」，麗作「常」，八行末字同。又「道法」，磧、南、徑、清作「遺法」。

一 七三〇頁中一〇行第一三字「龕」，磧、南、徑、清作「合」。

一 七三〇頁中一一行第六字「呈」，磧、南、徑、清作「單」。

一 七三〇頁中一二行「求二」，磧、南、徑、清作「二求」。

一 七三〇頁中一五行「矢入」，磧、南、徑、清作「天人」。又末字「頼」，磧、南、徑、清作「類」。

一 七三〇頁下六行第二字「秋」，徑、清無。又第五字「盡」，磧、南、徑、清作「晝」。

一 七三一頁下七行第八字「頂」，磧、南、徑、清作「項」。

一 七三一頁下一二行末字「屈」，磧、南、徑、清作「届」。

一 七三一頁下一八行「源泒」，磧作「洹泒」。

一 七三一頁上五行「車朗」，南、徑、

清作「韋朗」。

七三一頁上一三行末字「又」，磧、南、徑、清無。

七三一頁上一五行「超道」，磧、南、徑、清作「起言」。又「宋言」，磧、南、徑、清作「宋語」。

七三一頁上一六行第二字「稱」，磧、南、徑、清作「講」。

七三一頁上二一行「爲客不得」，磧、南、徑、清作「不容」。

七三一頁上二三行第九字「令」，磧、南、徑、清作「全」。

七三一頁上末行「邛杖」，磧、南、徑、清作「筇杖」。

七三一頁中五行「袜陵」，磧、南、徑、清作「秣陵」。

七三一頁中二〇行「疑慮研機」，磧、南、徑、清作「凝慮研幾」。

七三一頁中二一行首字「敦」，磧、南、徑、清作「孰」。

七三一頁中二二行第四字「聽」，磧、南、徑、清作「德」。

七三一頁下一行首字「聞」，磧、南、徑、清作「簡」。

七三一頁下二行第五字「熏」，磧、南、徑、清作「重」。

七三一頁下四行卷末經名，徑作「法苑珠林卷第一百二十終」。

傳燈玉英集卷第二

中華五祖并旁出尊宿（壁三十六二獨一尋、信大師法嗣）

二十八祖菩提達磨　二十九祖慧可大師

僧那禪師　向居士

相州慧滿禪師　三十祖璨大師

三十一祖道信大師　三十二祖弘忍大師

潤州法融禪師（道信大師法嗣）　智巖禪師

智威禪師　金陵曇璀禪師

宣州玄挺禪師　潤州玄素禪師

舒州崇慧禪師　杭州徑山道欽禪師

杭州鵲巢道林禪師　天台雲居智禪師

北宗神秀禪師　嵩嶽慧安國師

袁州蒙山道明禪師　五臺巨方禪師

兗州降魔藏禪師　壽州道樹禪師

洛京仁儉禪師　嵩嶽破竈和尚

嵩嶽元珪禪師　益州保唐無住禪師

第二十八祖菩提達磨者南天竺國香至王第三子也姓刹利帝本名菩提多羅後遇二十七祖般若多羅至本國受王供養知師密迹因試令與二兄辯所施寶珠發明心要既而尊者謂曰汝於諸法已得通量夫達磨者通大之義也宜名達磨因改號菩提達磨師乃告尊者曰我既得法當往何國而作佛事願垂開示尊者曰汝雖得法未可遠遊且止南天待吾滅後六十七載當往震旦設大法藥直接上根愼勿速行衰於日下師又曰彼有大士堪為法器否千載之下有留難否尊者曰汝所化之方獲菩提者不可勝數吾滅後六十餘年彼國有難水中文布自善降之汝至時南方勿住彼唯好有為功業不見佛理汝縱到彼不可久留聽吾偈曰路行跨水復逢羊獨自棲棲暗度江日下可憐雙象馬二株嫩桂久昌昌復演八偈皆預讖佛教隆替師恭稟教義服勤左右垂四十年未嘗廢

闕追尊者順世遂演化本國時有二師一名佛大先一名佛大勝多本與師同學佛陀跋陀小乘禪觀佛大先旣遇般若多羅尊者捨小趣大與師並化時號二甘露門矣而佛大勝多更分途而為六宗第一有相宗第二無相宗第三定慧宗第四戒行宗第五无得宗第六寂靜宗各封已解別展化源數曰彼之一師已陷牛迹況復支離繁盛而分六宗我若不除永纏邪見言已微現神力至六宗所一一詰問彼尊者聞師指誨各各開悟懺悔師曰今一葉翳虛孰能剪拂宗勝曰我雖淺薄敢憚其行師曰汝雖辯慧而

道力未全宗勝自念我師恐我見王作大佛事名譽顯達映奪尊威縱彼福慧爲王我是沙門受佛教旨豈難敵也言訖潛去至王所廣說法要及世界苦樂人天善惡等事王與之往返徵詰無不詣理王曰汝今所解其法何在宗勝曰如王治化當合其道王所有道何在王曰我所有道將除邪法汝所有法將伏何人師不起于坐懸知宗勝義墮遽告波羅提曰宗勝不稟吾教潛化於王須臾即屈汝可速救波羅提恭稟師旨云願假神力言已雲生足下至王前默然而住時王正問宗勝忽見波羅提乘雲而至愕然妄其問荅曰乘空之者是正是邪荅曰我非邪正而來正邪王心若正我無邪正王雖驚異而驕慢方熾即擯宗勝令出波羅提曰王既有道何擯沙門我雖無解願王致問王怒而問曰何者是佛荅曰見性是佛王曰師見性否荅曰我見佛性王曰性在何處荅曰性在作用王曰是何作用我今不見荅曰今見作用王自不見王曰於我有否荅曰王若作用無有不是王若不用體亦難見王曰若當用時幾處出現荅曰若出世時當有其八王曰其八出現當爲我說波羅提即說偈曰在胎爲身處世名人在眼曰見

在耳曰聞在鼻辯香在口談論在手執捉在足運奔遍現俱該沙界收攝在一微塵識者知是佛性不識喚作精魂王聞偈已開悟懺悔王聞規戒泣謝于師又詔宗勝歸國大臣奏曰宗勝被謫投崖亡矣王告師曰宗勝之死皆自於吾如何大慈令免斯罪師曰宗勝今在巖間宴坐但遣使召當即至矣王即遣使入山果見宗勝端居禪寂宗勝蒙召乃曰深媿王意貧道誓處巖泉且王國賢德如林達磨是王之叔六衆所師波羅提法中龍象願王崇仰二聖以福皇基使者復命未至師謂王曰知取得宗勝否王曰未知師曰一請未至再命必來良久使還果如師語師遂辭王曰當善修德不久疾作吾且去矣經七日王乃得疾國醫診治有加無瘳貴戚近臣憶師前記急發使告師曰王疾殆至彌留願叔慈悲遠來輦救師即至王所慰問其疾時宗勝再承王召即別巖間波羅提久受王恩亦來問疾波羅提曰當何施爲令王免苦師即令太子爲王宥罪施恩崇奉僧寶復爲懺悔云願罪消滅如是者三王疾有間師心念震旦緣熟行化時至乃先辭祖塔次別同學然至王所慰而勉之曰當勤修白業護持三寶吾去非晚一九

即迴王聞師言涕淚交集曰此國何罪彼土何祥叔既有緣非吾所止惟願不忘父母之國事畢早迴王即具大舟實以衆寶躬率臣寮送至海壖師汎重溟凡三周寒暑達于南海廣州刺史蕭昂具主禮迎接表聞武帝帝覽奏遣使齎詔迎奉至金陵帝問曰朕即位已來造寺寫經度僧不可勝紀有何功德師曰並無功德帝曰何以無功德師曰此但人天小果有漏之因如影隨形雖有非實帝曰如何是真功德荅曰淨智妙圓體自空寂如是功德不以世求帝又問如何是聖諦第一義師曰廓然無聖帝曰對朕者誰師曰不識帝不領悟師知機不契寓止于嵩山少林寺面壁而坐終日默然人莫之測謂之壁觀婆羅門時有僧神光者曠達士也久居伊洛博覽羣書善談玄理每歎曰孔老之教禮術風規莊易之書未盡妙理近聞達磨大士至人乃往彼參承師常端坐面墻莫聞誨勵光自惟曰昔人求道敲骨取髓刺血濟饑布髮掩泥投崖飼虎古尚若此我又何人其夜大雪光堅立不動遲明積雪過膝師憫而問曰汝久立雪中當求何事光悲淚曰願和尚慈悲開甘露門廣度群品師曰諸佛無上妙道曠劫精勤難行能行

非忍而忍豈以小智輕心欲冀眞乘光聞師誨勵潛取利刀自斷左臂置於師前乃曰諸佛最初求道爲法忘形汝今斷臂求亦可在師遂因與易名曰慧可光曰諸佛法印可得聞乎師曰諸佛法印匪從人得光曰我心未寧乞師與安師曰將心來與汝安曰覓心了不可得師曰與汝安心竟後孝明帝聞師異跡遣使三詔師不下少林帝彌加欽尚就賜摩納袈裟金鉢銀水瓶繒帛等師三讓受之自爾緇白之衆倍加信向迄九年已欲西返天竺乃命門人曰時將至矣汝等盍各言所得乎時門人道副對曰如我所見不執文字不離文字而爲道用師曰汝得吾皮尼總持曰我今所解如慶喜見阿閦佛國一見更不再見師曰汝得吾肉道育曰四大本空五陰非有而我見處無一法可得師曰汝得吾骨最後慧可禮拜後依位而立師曰汝得吾髓乃顧慧可而告之曰昔如來以正法眼付迦葉大士展轉而至於我我今付汝汝當護持并授汝袈裟以爲法信各有所表可曰請師指陳師曰內傳法印以契證心外付袈裟以定宗旨後代澆薄疑慮競生汝今授此衣法却後難生但出此衣并吾法偈用以表明其化無礙至吾滅後二百年衣止不傳法周沙界明道者多行道者少說理者多通理者少潛符密證千萬有餘汝當闡揚勿輕未悟一念迴機便同本得聽吾偈曰吾本來茲土傳教救迷情一花開五葉結果自然成

第二十九祖慧可大師者武牢人也姓姬氏父寂未有子嘗自念言我家崇善豈無令子禱之既久一夕感異光照室其母因而懷姙及長遂以照室之瑞名之曰光自幼志氣不羣不事家產後覽佛書超然自得即抵洛陽龍門香山依寶靜禪師出家終日宴坐經八載於寂默中倏見一神人謂曰將欲受果何滯此邪大道匪遐汝其南矣光知神助因改名神光翌日覺頭痛如刺其師欲治之空中聲曰此乃換骨非常痛也光遂以白師師視其頂骨即如五峯矣乃曰汝相吉祥當有所證神令汝南者斯則少林達磨大士必汝師也光受教造于少室其得法傳衣至北齊有一居士年踰四十不言名氏聿來設禮而問師曰弟子身纏風恙請和尚懺罪師曰將罪來與汝懺居士良久云覓罪不可得師曰我與汝懺罪竟宜依佛法僧住曰今見和尚已知是僧未審何名佛法師曰是心是佛是心是法法佛無二僧寶亦然曰今日始知罪性不在內不在外不在中間如其心然佛法無二也師器之即爲剃髮宜名僧璨於光福寺受具自茲疾漸愈執侍經二載大師乃告曰達磨菩提遠自竺乾以正法眼藏密付於吾吾今授汝并達磨信衣汝當守護無令斷絕聽吾偈曰本來緣有地因地種華生本來無有種華亦不曾生

僧那禪師姓馬氏少而神儁通究墳典年二十一講禮易於東海聽者如市暨南徂會二祖說法與同志十人投祖出家自爾手不執筆永捐世典唯一衣一鉢一食一坐奉頭陀行既久侍於祖後謂門人慧滿曰祖師心印非專苦行但助道耳若契本心發隨意眞光之用則苦行如握土成金若唯務苦行而不明本心爲憎愛所縛則苦行如黑月夜履于險道汝欲明本心者當審諦推察遇色遇聲未起覺觀時心何所之是無邪是有邪既不墮有無處所則心珠獨朗常照世間而無一塵許間隔未嘗有一剎那項斷續之相故我初祖兼付楞伽經四卷謂我師二祖曰吾觀震旦唯有此經可以印心仁者依行自得度世

向居士幽棲林野木食澗飲北齊天保初聞二

祖盛化乃致書通好曰影由形起響逐聲來弄影勞形不識形爲影本揚聲止響不知聲是響根除煩惱而趣涅槃喻去形而覓影離生而求佛果喻默聲而尋響故知迷悟一途愚智非別無名作名因其名則是非生矣無理作理因其理則爭論起矣幻化非眞誰是誰非虛妄無實何空何有將知得無所得失無所失未及造謁聊申此意伏望荅之二祖大師命筆迴示曰備觀來意皆如實眞幽之理竟不殊本迷摩尼謂瓦礫豁然自覺是眞珠無明智慧等無異當知萬法卽皆如愍此二見之徒輩申辭措

筆作斯書觀身與佛不差別何須更覓彼無餘

居士捧披祖偈乃伸禮覲密承印記

相州隆化寺慧滿禪師滎陽人也姓張氏始於本寺遇僧那禪師開示志存儉約唯畜二鍼冬則乞補夏乃捨之自言一生心無怯怖身無蚤虱睡而不夢常行乞食住無再宿所至伽藍則破柴製履於洛陽會善寺側宿古墓中遇大雪旦入寺見曇曠法師怪所從來師曰法有來邪曠遣尋來處四邊雪積五尺曠曰不可測也師持鉢聚落隨得隨散有請宿齋者師曰天下無僧方受斯請也又嘗示人曰諸佛說心令知心相是虛妄今乃重加心相深違佛意又增論議殊乖大理故常齎楞伽經四卷以爲心要後於陶冶中無疾坐化

第三十祖僧璨大師不知何許人也初以白衣謁二祖既受度傳法隱于舒州之皖公山屬後周武帝破滅佛法師往來太湖縣司空山居無常處積十餘年時人無能知者有沙彌道信年始十四來禮師曰乞解脫法門師曰誰縛汝曰無人縛師曰何更求解脫乎信於言下大悟服勞九載後乃付衣法偈曰華種雖因地從地種華生若無人下種華地盡無生

第三十一祖道信大師者姓司馬氏世居河內後徙於蘄州之廣濟縣師生而超異幼慕空宗諸解脫門宛如宿習既嗣祖風攝心無寐脅不至席者僅六十年隋大業中抵吉州值羣盜圍城七旬不解萬衆惶怖敎令念摩訶般若時賊衆望雉堞間有神乃相謂曰城內必有異人不可攻矣稍稍引去師却返蘄春住破頭山學侶雲臻一日往黃梅縣路逢一小兒骨相奇秀異乎常童師問曰子何姓荅曰姓卽有不是常姓師曰是何姓荅曰是佛性師曰汝無性邪荅曰性空故師默識其法器卽俾侍者至其家於父母所乞令出家父母以宿緣故殊無難色遂捨爲弟子以至付法傳衣偈曰華種有生性因地華生生大緣與信合當生生不生

第三十二祖弘忍大師者蘄州黃梅人也姓周氏生而岐嶷童遊時逢一智者歎曰此子闕七種相不逮如來後遇信大師得法嗣化於破頭山咸亨中有一居士姓盧名慧能自蘄州來參謁師曰汝自何來曰嶺南師曰欲須何事曰唯求作佛師曰嶺南人無佛性曰人卽有南北佛性豈然師乃訶曰著槽廠去能禮足而退便入碓坊經八月師告衆曰正法難解汝等各自隨

意述一偈若語意冥符則付衣法時會下七百餘僧上坐神秀者學通內外咸共推稱云若非尊秀疇敢當之神秀竊聆衆譽不復思惟乃於廊壁書一偈云身是菩提樹心如明鏡臺時時勤拂拭莫遣有塵埃能在碓坊忽聆誦偈乃問同學是何章句同學曰和尚求法嗣令各述心偈此秀上坐所述能曰其偈美則美矣了則未了同學訶曰庸流何知勿發狂言能曰子不信邪以一偈和之同學不荅相視而笑能至夜密告一童子引至廊下能自秉燭令童子於秀偈側寫一偈云菩提本非樹心鏡亦非臺本來無

一物何假拂塵埃大師後見此偈迫夜乃潛令人自碓坊召能入室告曰諸佛出世爲一大事故隨機小大而引導之遂有十地三乘頓漸等旨以爲教門然以無上微妙秘密圓明眞實正法眼藏付于上首大迦葉尊者展轉傳授二十八世至達磨屆于此土得可大師承襲以至于吾今以法寶及所傳袈裟用付於汝善自保護無令斷絕聽吾偈曰有情來下種因地果還生無情既無種無性亦無生能跪受衣法啓曰法則既授衣付何人師曰昔達磨初至人未知信故傳衣以明得法今信心已熟衣乃爭端止於

汝身不復傳也

法融禪師者潤州延陵人也姓韋氏年十九學通經史尋閱大部般若曉達眞空一日歎曰儒道世典非究竟法般若正觀出世舟航遂落髮入牛頭山幽棲北巖之石室有百鳥銜花之異四祖大師遙觀氣象知彼有奇異之人乃尋訪問寺僧此間有道人否曰出家兒那箇不是道人祖曰阿那箇是道人僧無對祖遂入山見師端坐祖問曰在此作什麼師曰觀心祖曰觀是何人心是何物師便起作禮曰大德識道信禪師否祖曰貧道是也師曰因何到此祖曰特來相訪師引祖至庵所遶庵唯見虎狼之類祖乃舉兩手作怖勢師曰猶有遮箇在祖却於師宴坐石上書一佛字師覩之竦然祖曰猶有遮箇在師乃稽首請說眞要祖曰夫百千法門同歸方寸河沙妙德總在心源一切戒門定門慧門神通變化悉自具足不離汝心一切煩惱業障本來空寂一切因果皆如夢幻無三界可出無菩提可求人與非人性相平等大道虛曠絕思絕慮如是之法汝今已得更無闕少與佛何殊更無別法汝但任心自在莫作觀行亦莫澄心莫起貪瞋莫懷愁慮蕩蕩無礙任意縱橫不作

諸善不作諸惡行住坐卧觸目遇緣總是佛之妙用快樂無憂故名爲佛師曰心既具足何者是佛何者是心祖曰非心不問佛問佛非不心師曰既不許作觀行於境起時心如何對治祖曰境緣無好醜好醜起於心心若不强名妄情從何起妄情既不起眞心任徧知汝但隨心自在無復對治即名常住法身無有變異

智巖禪師者曲阿人也姓華氏大業中爲郎將常以弓掛一濾水囊累立戰功年四十出家谷中入定山水瀑漲怡然不動後有昔同從軍者二人聞師隱遁乃共入山尋之既見因爲師曰郎將狂耶何爲住此荅曰我狂欲醒君狂正發夫嗜色淫聲貪榮冒寵流轉生死何由自出二人感悟歎息而去

智威禪師者江寧人也姓陳氏師嘗有偈曰莫繫念念成生死河輪迴六趣海無見出長波憎慧忠偈荅曰念想由來幻性自無終始若得此中意長波當自止師又示偈曰余本性虛無緣妄生人我如何息妄情還歸空處坐慧忠偈荅曰虛無是實體人我何所存妄情不須息即汎般若船

金陵鍾山曇璀禪師者吳郡人也姓顧氏初謁

牛頭融大師大師目而奇之乃告之曰色聲爲無生之鴆毒受想是至人之坑穽子知之乎師默而審之大悟玄旨尋晦迹鍾山多歷年所茅庵瓦缶以終老焉

宣州安國寺玄挺禪師者不知何許人也嘗一日有長安講華嚴經僧來問五祖云眞性緣起其義云何祖默然時師侍立次乃謂曰大德正興一念問時是眞性中緣起其僧言下大悟又或問南宗自何而立師曰心宗非南北

潤州鶴林寺玄素禪師者潤州延陵人也姓馬氏一日有屠者禮謁願就所居辦供師欣然而

往衆皆訝之師曰佛性平等賢愚一致但可度者吾即度之復何差別之有僧問如何是西來意師曰會即不會疑即不疑師又曰不會不疑底不疑不會底又有僧扣門師問是什麼人曰是僧師曰非但是僧佛來亦不著曰佛來爲什麼不著師曰無汝止泊處

舒州天柱山崇慧禪師者彭州人也姓陳氏僧問如何是天柱家風師曰時有白雲來閉戶更無風月四山流又問亡僧遷化向什麼處去也師曰灊嶽峯高長積翠舒江明月色光暉問如何是大通智勝佛師曰曠大劫來未曾擁滯曰

爲什麼佛法不現前師曰只爲汝不會問如何是道師曰白雲覆青嶂蜂鳥步庭花問從上諸聖有何言說師曰汝今見吾有何言說問宗門中請師舉唱師曰石牛長吼眞空外木馬嘶時月隱山問如何是和尚利人處師曰一雨普滋千山秀色問如何是天柱山中人師曰獨步千峯頂優游九曲泉問如何是西來意師曰白猿抱子來青嶂蜂蝶銜花綠蘂間

杭州徑山道欽禪師者蘇州崑山人也姓朱氏初服膺儒教玄素禪師遇之因謂之曰觀子神氣溫粹眞法寶也師感悟乃誠之曰汝秉流而行逢徑即止師遂抵臨安見一山因訪於樵子曰此徑山也乃駐錫焉有僧問如何是道師云山上有鯉魚水底有蓬塵馬祖令人送書到書中作一圓相師於圓相中作一畫却封回忠國師聞乃云欽師猶被馬師惑師在內庭見帝起立帝曰師何起立師曰何以向四威儀中見貧道帝悅

杭州鶴窠道林禪師本郡富陽人也姓潘氏母朱氏夢日光入口因而有娠及誕異香滿室遂名香光後詣長安屬代宗詔徑山國一禪師至闕師乃謁之遂得正法及南歸見秦望山有長松枝葉盤屈遂棲止其上故時人謂之鳥窠禪

師復有鵲巢于其側人亦謂鵲窠和尚有侍者會通忽一日欲辭去師問曰汝今何往對曰和尚不垂慈誨今往諸方學佛法去師曰若是佛法吾此間亦有少許師於身上拈起布毛吹之會通遂領悟元和中白居易出守茲郡因入山禮謁乃問師曰禪師住處甚危險師曰太守危險尤甚曰弟子位鎮江山何險之有師曰薪火相交識性不停得非險乎又問如何是佛法大意師曰諸惡莫作衆善奉行白曰三歲孩兒也解恁麼道師曰三歲孩兒雖道得八十老人行不得白遂作禮師告侍者曰吾今報盡言訖坐亡壽八十有四

天台山雲居智禪師有僧問見性成佛其義云何師曰清淨之性本來湛然無有動搖不屬有無淨穢長短取捨體自脩然如是明見乃名見性性即佛佛即性故云見性成佛曰性既清淨不屬有無因何有見師曰見無所見曰無所見因何更有見師曰見處亦無曰如是見時是誰之見師曰無有能見者曰究竟其理如何師曰汝知否妄計爲有即有能所乃得名迷隨見生解便墮生死明見之人即不然終日見未嘗見求見處體相不可得能所俱絕名爲見性曰此

性徧一切處否師曰無處不徧曰凡夫具否師曰上言無處不徧豈凡夫而不具乎曰因何諸佛菩薩不被生死所拘而凡夫獨縈此苦師曰凡夫於清淨性中計有能所即墮生死諸佛大士善知清淨性中不屬有無即能所不立曰若如是說即有了不了人師曰了尚不可得豈有能了人乎曰至理如何師曰汝即應念清淨性中無有凡聖亦無了人不了人凡之與聖二俱是名若隨名生解即墮生死若知假名不實即無有當名者又曰此是極究竟處若云我能了彼不能了即是大病見有淨穢凡聖亦是大病

作無凡聖解又屬撥無因果見有清淨性可棲止亦大病作不棲止解亦大病然清淨性中雖無動搖具不壞方便應用及興慈運悲如是興運之處即全清淨之性可謂見性成佛矣

北宗神秀禪師者（邪會之藏誌玄旨通並姻亦算比肩三九族足下一毛分）開封尉氏人也姓李氏少親儒業博綜多聞捨愛出家尋師訪道遇五祖乃曰此真吾師也祖曰吾度人多矣至於悟解無及汝者武后召至內道場供養命於舊山置度門寺時王公士庶皆望塵拜伏中宗即位尤加禮重大臣張說執弟子之禮師有偈示衆曰一切佛法自心本有將心外求捨父逃走

嵩嶽慧安國師（邪會三藏誌文九女出人倫八女絕婚姻打牀添六腳心祖衆中算）荊州支江人也姓衛氏有坦然懷讓二人來參問曰如何是祖師西來意師曰何不問自己意曰如何是自己意師曰當觀密作用曰如何是密作用師以目開合示之然言下知歸更不他適讓機緣不逗辭往曹溪武后徵至輦下待以師禮與神秀禪師同加欽重后嘗問師甲子對曰不記帝曰何不記邪師曰生死之身其若循環環無起盡焉用記爲況此心流注中間無間見漚起滅者乃妄想耳從初識至動相滅時亦只如此何年月而可記乎后聞稽顙信受

袁州蒙山道明禪師初出家聞六祖受衣法追至大庾嶺求法祖曰不思善不思惡又問曰更別有密意否祖曰與汝說者非密汝若返照自己面目密却在汝邊師曰令蒙指授入處如人飲水冷暖自知祖曰與汝同師

五臺山巨方禪師安陸人也姓曹氏秀師問方師曰白雲散處如何師曰不昧秀又問到此間後如何師曰正見一枝生五葉秀默許之

兖州降魔藏禪師趙郡人也姓王氏能制伏鬼魅故得降魔名焉後遇北宗秀師問曰汝名降魔此無山精木怪汝翻作魔邪師曰有佛有魔秀曰汝若是魔必住不思議境界師曰是佛亦空何境界之有

壽州道樹禪師唐州人也姓聞氏晚成法器乃卜壽州三峯山結茅而居常有野人服色素朴言譚詭異於言笑外化作佛形及菩薩羅漢天僊等形或放神光或呈聲響師之學徒皆覩之不能測如此涉十年後寂無形影師告衆曰野人作多色伎倆眩惑於人只消老僧不見不聞伊伎倆有窮吾不見不聞無盡

洛京福先寺仁儉禪師放曠郊鄽時謂之騰[illegible]和尚唐天后詔入殿前仰視天后良久曰會麼后曰不會師曰老僧持不語戒言訖而出翌日進短歌一十九首天后覽而嘉之厚加賜賚師皆不受又令寫歌詞傳布天下其詞並敷演眞理以警時俗唯了元歌一首盛行於世

嵩嶽破竈墮和尚不稱名氏言行叵測隱居嵩嶽山塢有廟甚靈殿中唯安一竈遠近祭祀不輟烹殺物命甚多師一日領侍僧入廟以杖敲竈三下云咄此竈只是泥瓦合成聖從何來靈從何起恁麼烹宰物命又打三下竈乃傾破墮落（安國師號爲破竈墮）須臾有一人青衣峩冠忽然設拜師前師曰是什麼人云我本此廟竈神久受業報今日蒙師說無生法得脫此處生在天中特來致謝師曰是汝本有之性非吾强言神再禮而沒僧等問師云竈神得什麼徑旨便生天師曰我只向伊道本是泥瓦合成別也無道理僧等無言師曰會麼云不會師曰本有之性爲什麼不會僧等禮拜師曰墮也破也後有義豐禪師舉白安國師國師歎曰此子會盡物我一如可謂如朗月處空無不見者難遘伊語脉豐問云未審什麼人遘他語脉國師曰不知者又僧侍立師乃曰祖祖佛佛只說如人本性本心別無道理會取

會取僧禮謝師以拂子打之師又曰一處如是千處亦然僧乃叉手應喏一聲師曰更不信更不信僧問如何是大闡提人師曰尊重禮拜又問如何是大精進人師曰毀辱瞋恚

嵩嶽元珪禪師伊闕人也姓李氏一日有異人者峩冠袴褶而至從者極多稱謁大師師曰善來仁者胡爲而至彼曰師寧識我師曰吾觀佛與衆生等吾一目之彼曰我此嶽神也能生死於人安得一目我哉師曰吾本不生汝焉能死吾視身與空等視吾與汝等汝能壞空與汝乎苟能壞空及壞汝吾則不生不滅汝尚不能如

是焉能生死吾邪神曰我亦聰明正直於餘神願授以正戒令我度世師曰戒外無戒又何戒哉神曰此理也我聞茫昧止求師戒師卽爲張坐秉鑪正几曰付汝五戒若能奉持卽應曰能不能卽曰否神曰謹受教師曰汝能不婬乎曰亦娶也師曰非謂此也謂無羅欲也曰能師曰汝能不盜乎曰焉有盜取哉師曰非謂此也謂饗而福淫不供而禍善也曰能師曰汝能不殺乎曰實司其柄焉曰不殺師曰非謂此也謂有濫誤疑混也曰能師曰汝能不妄乎曰我正直焉能有妄乎師曰非謂此也謂先後不合天心也曰能師曰汝不遭酒敗乎曰能師曰如上是爲佛戒也又言以有心奉持而無心拘執以有心爲物而無心想身能如是則先天地生不爲精後天地死不爲老終日變化而不爲動畢盡寂默而不爲休悟此則雖娶非妻也雖饗非取也雖柄非權也雖作非故也雖醉非惛也若能無心於萬物則羅欲不爲婬福淫禍善不爲盜濫誤疑混不爲殺先後違天不爲妄惛荒顚倒不爲醉是謂無心也無心則無戒無戒則無心無佛無衆生無汝及無我無汝孰爲戒哉神曰我神通亞佛師曰汝神通十句五能五不能佛卽

十句七能三不能神悚然曰可得聞乎師曰汝能戾上帝東天行而西七曜乎曰不能師曰汝能奪地祇融五嶽而結四海乎曰不能師曰謂五不能也佛能空一切相成萬法智而不能卽滅定業佛能知羣有性窮億劫事而不能化導無緣佛能度無量有情而不能盡衆生界是爲三不能也定業亦不牢久無緣亦謂一期衆生界本無增減亘無一人能主有法有法無主是謂無法無法無主是謂無心如我解佛亦無神通也但能以無心通達一切法爾神曰願報慈德效我所能師曰吾觀身無物觀法無常塊然更有何欲神曰師必命我爲世間事展我小神功師曰東巖無樹北岫有之能移北樹於東嶺乎神曰昏夜喧動願師無駭其夕果果風吼雷棟宇播蕩詰旦和霽則北巖松栝盡移東嶺師謂其徒曰吾沒後無令外知

益州保唐寺無住禪師至空慧寺時杜公與戎帥召三學碩德俱會寺中公問曰弟子聞金和尚說無憶無念莫妄三句法門是否曰然公曰此三句是一是三曰無憶名戒無念名定莫妄名慧一心不生具戒定慧非一非三也法句經云若起精進心是妄非精進若能心不妄精進

無有涯又問曰還以三句示人否曰對初心學人還令息念澄停識浪水清影現悟無念體寂滅現前無念亦不立也于時庭樹鴉鳴公問師聞否曰聞鴉去已又問師聞否曰聞公曰鴉去云何言聞師乃告大衆佛法難值正法難聞各各諦聽聞無有聞非關聞性本來不生何曾有滅有聲之時是聲塵自生無聲之時是聲塵自滅而此聞性不隨聲生不隨聲滅悟此聞性則免聲塵之所轉當知聞無生滅聞無去來又問曰何名第一義師曰佛言有法名俗諦無性第一義公曰如師開示實不可思議公又曰弟

子性識微淺昔因公眼撰得起信論章疏兩卷可得稱佛法否師曰夫造章疏皆用識心思量分別有爲有作起心動念然可造成據論文云當知一切法從本已來離言說相離名字相離心緣相畢竟平等無有變異唯有一心故名眞如今相公著言說相著名字相著心緣相既著種種相云何是佛法又問曰云何不生云何不滅如何解脫師曰見境心不起名不生不生即不滅不滅既無生滅即不被前塵所縛當處解脫不生名無念無念即無滅無滅即無縛無縛即無脫舉要而言識心即離念見性即解脫離識

心見性外更有法門證无上菩提無有是處公曰何名識心見性師曰一切學道人隨念流浪蓋爲不識眞心眞心者念生亦不順生念滅亦不依寂不來不去不定不亂不取不捨不沉不浮無爲無相活鱍鱍底常自在此心體畢竟不可得無可知覺觸目皆如無非見性也公與大衆作禮稱讚踊躍而去

傳燈玉英集卷第二

傳燈玉英集卷第二

校勘記

一　底本，金藏廣勝寺本。據至元録載，爲十五卷。今缺卷一、四、七、九、十一，共五卷。在見存各卷中亦有殘缺者，如卷三首十一張僅存兩殘篇合計二十行，卷八首四張缺，卷十首四張缺、第五張存文十二行，卷十三第一張存文十三行，卷十四第一張存文十八行，卷十五第一張缺、第二張存文十七行。本書惟金藏收録，無校。

曰汝達書了速迴吾寺
彼未呈書便問不慕諸聖不重己靈時如何讓曰子問太高生何不向下問遷曰寧可永劫沈淪不慕諸聖解脫讓便休遷迴至靜居師問曰子去未久送書達否曰信亦不通書亦不達師曰作麼生遷舉前話了云發時蒙和尚許斧子便請取師垂一足遷禮拜尋辭往南嶽（玄沙云大小石頭和尚被讓師推倒今又不得）

荷澤神會來參師曰什麼處來會曰曹谿師曰曹谿意旨如何會振身而已師曰猶滯瓦礫在曰和尚此間莫有真金與人否師曰設有與汝向什麼處著（玄沙云擧似雲居師只如玄沙還衆然是真金是麼）

南嶽懷讓禪師金州人姓杜氏參六祖祖問什麼處來曰嵩山來祖曰什麼物恁麼來曰說似一物即不中祖曰還可修證否曰修證即不無汙染即不得祖曰只此不汙染諸佛之所護念汝既如是吾亦如是西天般若多羅讖汝足下出一馬駒蹋殺天下人師後往衡嶽居般若寺有沙門道一（即馬祖大師也）住傳法院常日坐禪師知是法器往問曰坐禪圖什麼一曰圖作佛師乃取一塼於皮庵前石上磨一曰師作

温州永嘉玄覺禪師姓戴氏初到曹谿振錫攜瓶繞祖師三匝祖曰夫沙門者具三千威儀八萬細行大德自何方而來生大我慢師曰生死事大無常迅速祖曰何不體取無生了無速乎曰體即無生了本無速須臾告辭祖曰返太速乎師曰本自非動豈有速邪祖曰誰知非動曰仁者自生分別祖曰汝甚得無生之意曰無生豈有意邪祖曰無意誰當分別曰分別亦非意祖歎曰善哉善哉少留一宿時謂一宿覺號眞覺大師著證道歌一首

司空山本淨禪師絳州人姓張氏玄宗遣中使楊光庭入山采常春藤因造丈室禮問曰弟子慕道斯久願慈悲開示師曰貧道隱山傍水無所用心光庭泣拜師曰天使為求佛邪問道邪曰佛之與道其義云何師曰若欲求佛即心是佛若欲會道無心是道曰云何即心是佛師曰佛因心悟心以佛彰若悟無心佛亦不有曰云何無心是道師曰道本無心無心名道若了無心無心即道光庭迴闕具以奏聞即勑令光庭詔師師有偈曰四大無主復如水遇曲逢直無彼此淨穢兩處不生心壅決何曾有二意觸境但似水無心在世縱橫有何事復云一大如是

四大亦然若明四大無主即悟無心若了無心自然契道有志明禪師問曰若言無心是道瓦礫無心亦應是道又云身心本來是道四生十類皆有身心亦應是道師曰大德若作見聞覺知之解與道懸殊經云無眼耳鼻舌身意六根尚無見聞覺知憑何而立窮本不有何處存心焉得不同草木瓦礫偈曰見聞覺知無障礙聲香味觸常三昧如鳥空中只麼飛無取無捨無憎愛若會應處本無心始得名爲觀自在又有眞禪師問云道既無心佛有心否佛之與道是一是二師曰不一不異曰佛度衆生爲有心故

十三　沙

道不度人爲無心故一度一不度何得無二也師曰若言佛度衆生道無度者此是妄生二見且佛是虛名道亦妄立二俱不實摠是假名一假之中何分爲二問曰佛之與道從是假名當立名時是誰爲立若有立者何得言無師曰佛之與道因心而立推窮立心心亦是無心既是無即悟二俱不實知如幻夢即悟本空強立佛道二名此是二乘人見解師乃說無修無作偈曰見道方修道不見復何修道性如虛空虛空何所修徧觀修道者撥火覓浮漚但看弄傀儡線斷一時休又偈曰道體本無修不修自合道若起修道心此人不會道棄却一眞性却入鬧浩浩忽逢修道人第一莫向道又有安禪師問曰道既假名佛云妄立十二分教亦是接物度生一切是妄以何爲眞師曰爲有妄故將眞對妄推窮妄性本空眞亦何曾有故故知眞妄摠是假名二事對治都無實體窮其根本一切皆空曰既言一切是妄妄亦同眞眞妄無殊復是何物師曰若言何物何物亦妄經云無相似無比況言語道斷如鳥飛空偈曰推眞眞無相窮妄妄無形返觀推窮心知心亦假名會道亦如此到頭亦只寧又有達性禪師問曰至妙至微

十四　沙

眞妄雙泯佛道兩亡修行性空名相不實世界如幻一切假名作此解時不可斷絕衆生善惡二根師曰善惡二根皆因心有窮心若有根亦非虛推心既無根因何立偈曰善既從心生惡豈離心有善惡是外緣於心實不有捨惡送何處取善令誰守傷嗟二見人攀緣兩頭走若悟本無心始悔從前咎又有近臣問曰此身從何而來百年之後復歸何處師曰如人夢時從何而來覺時從何而去曰夢時不可言無覺時不可言有雖有有無來往無所師曰貧道此身亦如其夢又有偈曰視生如在夢夢裏實是鬧忽覺萬事休還同睡時悟智者會悟夢迷者信夢鬧會夢如兩般一悟無別悟富貴與貧賤更亦無別路

婺州玄策禪師金華人也有智隍禪師者庵居師問曰汝坐於此作麼隍曰入定師曰汝言入定有心邪無心邪若有心者一切蠢動之類皆應得定若無心者一切草木之流亦合得定曰我正入定時則不見有有無之心師曰既不見有有無之心即是常定何有出入若有出入則非大定隍無語良久問師嗣誰師曰我師曹谿曰六祖以何爲禪定師曰我師云夫妙湛圓寂體用如如五陰

十五　沙

本空六塵非有不出不入不定不亂禪性無住離住禪寂禪性無生離生禪想心如虛空亦無虛空之量隍聞此說遂造于曹谿而始開悟

西京光宅寺慧忠國師越州諸曁人肅宗勅中使孫朝進賫詔徵赴京待以師禮隨機說法時西天大耳三藏到京云得他心慧眼帝勅令國師試驗三藏纔見師便禮拜立于右邊師問曰汝得他心通邪對曰不敢師曰汝道老僧即今在什麼處曰和尚是一國之師何得却去西川看競渡師再問汝道老僧即今在什麼處曰和尚是一國之師何得却在天津橋上看弄猢猻

師第三問語亦同前三藏良久罔知去處師叱曰遮野狐精佗心通在什麼處三藏無對僧問仰山曰大耳三藏第三問為什麼不見國師仰山曰前兩度是涉境心後入自受用三昧所以不見又有僧舉前話問玄沙玄沙曰汝道前兩度還見麼玄覺云前兩度若見後來為什麼不見且道利害在什麼處僧問趙州曰大耳三藏第三度不見國師未審國師在什麼處趙州云在三藏鼻孔上僧問玄沙既在鼻孔上為什麼不見玄沙云只為太近一日喚侍者應諾如是三召皆應諾師曰將謂吾辜負汝却是汝辜負吾僧問玄沙國師喚侍者意作麼生玄沙云却是侍者會雲居錫云且道侍者會不會若道會國師又道汝辜負吾若道不會玄沙又云却道侍者會且作麼生商量玄覺徵問僧作麼是侍者會僧云若不會爭解恁麼應玄覺云汝少會在又云若於這裏商量得去便見玄沙僧問法眼國師喚侍者意作麼生法眼云且去別時來雲居錫云法眼恁麼道為復明國師意不明國師意僧問趙州國師喚侍者意作麼生趙州云如人暗裏書字字雖不成文彩已彰

南泉參師問什麼處來對曰江西來師曰還將得馬師真來否曰只遮是師曰背後底南泉便休長慶稜云大似不知保福展云幾不到和尚此間雲居錫云此二尊者盡扶背後只如南泉休去為當扶面前為當扶背後

有僧問阿那箇是佛師曰即心是佛僧曰心有煩惱否師曰煩惱性自離曰豈不斷邪師曰斷煩惱者即名二乘煩惱不生名大涅槃問坐禪看淨此復若為師曰不垢不淨寧用起心而看淨相又問師見十方虛空是法身否師曰以想心取之是顛倒見肅宗問師得何法師曰陛下見空中一片雲麼帝曰見師曰釘釘著懸掛著又問如何是十身調御師乃起立曰還會麼曰不會師曰與老僧過淨瓶來

西京荷澤神會禪師襄陽人姓高氏年十四謁

六祖祖曰將本來否若有本則合識主師曰以無住為本見即是主祖曰遮沙彌爭合取次語便以杖打佗曰祖告衆曰吾有一物無頭無尾無名無字無背無面諸人還識否師曰是諸佛之本源神會之佛性祖曰向汝道無名無字汝便喚作本源佛性師禮而退

江西道一禪師漢州什邡人也姓馬氏貌奇虎視引舌過鼻僧問和尚為什麼說即心即佛師云為止小兒啼僧云啼止時如何師云非心非佛僧云除此二種人來如何指示師云向伊道不是物僧云忽遇其中人來時如何師云且教伊體會大道僧問如何是西來意師云即今是什麼意龐居士問如水無筋骨能勝萬斛舟此理如何師云遮裏無水亦無舟說什麼筋骨一日師上堂百丈收却面前席師便下堂百丈問如何是佛法旨趣師云正是汝放身命處師問百丈汝以何法示人百丈竪起拂子師云只遮箇為當別有百丈拋下拂子僧問如何得合道師云我早不合道僧問如何是西來意師便打乃云我若不打汝諸方笑我也有小師行脚迴於師前畫箇圓相就上禮拜了立師云汝莫欲作佛否云某甲不解揑目師云吾不如汝小師

不對鄧隱峯辭師師云什麼處去對云石頭去師云石頭路滑對云竿木隨身逢場作戲纔到石頭即繞禪牀一匝振錫一聲問是何宗旨石頭云蒼天蒼天隱峯無語迴來舉似師師云汝更去見佗道蒼天汝便噓噓隱峯又去石頭一依前問石頭乃噓噓隱峯又無語歸師云向汝道石頭路滑有僧於師前作四畫上一長下三短問云不得道一長三短離此四字外請和尚荅師乃畫地一畫云不得道長短荅汝了也有一講僧來問云未審禪宗傳持何法師却問云座主傳持何法彼云忝講得經論二十餘本師云莫是師子兒否云不敢師作噓噓聲彼云此是法師云是什麼法云師子出窟法師乃默然彼云此亦是法師云是什麼法云師子在窟法師云不出不入是什麼法無對遂辭出門師召云座主彼即迴首師云是什麼亦無對師云遮鈍根阿師洪州廉使問云弟子喫酒肉即是不喫即是師云若喫是中丞祿不喫是中丞福

越州大珠慧海禪師者建州人也姓朱氏參馬祖祖問曰從何處來曰越州大雲寺來祖曰來此擬須何事曰來求佛法祖曰自家寶藏不顧拋家散走作什麼我遮裏一物也無師遂禮拜

問阿那箇是慧海自家寶藏祖曰即今問我者
是汝寶藏一切具足更無欠少使用自在何假
向外求覓師於言下自識本心踴躍禮謝師謂
曰禪客我不會禪並無一法可示於人故不勞
汝久立且自歇去時學侶漸多日夜叩激隨問
隨荅其辯無礙時有法師數人來謁曰擬伸一
問師還對否師曰深潭月影任意撮摩問如何
是佛師曰清譚對面非佛而誰又問師說何法
度人師曰貧道未曾有一法度人曰禪師家渾
如此師却問曰大德說何法度人曰講金剛般
若經師曰講幾座來曰二十餘座師曰此經是

阿誰說僧抗聲曰禪師相弄豈不知是佛說邪
師曰若言如來有所說法則為謗佛是人不解
我所說義若言此經不是佛說則是謗經請大
德說看又問經云若以色見我以音聲求我是
人行邪道不能見如來大德且道阿那箇是如
來曰某甲到此却迷去師曰從來未悟說什麼
却迷僧再禮拜問如何得大涅槃師曰不造生
死業曰如何是生死業師曰求大涅槃是生死
業捨垢取淨是生死業有得有證是生死業不
脫對治門是生死業曰云何即得解脫師曰本
自無縛不用求解直用直行是無等等僧曰如

禪師和尚者實謂希有禮謝而去有行者問即
心即佛那箇是佛師云汝疑那箇不是佛指出
看無對師云達即徧境是不悟永乖踈有律師
法明謂師曰禪師家多落空師曰却是座主家
多落空法明大驚曰何得落空師曰經論是紙
墨文字紙墨文字者俱空設於聲上建立名句
等法無非是空座主執滯教體豈不落空法明
曰禪師落空否師曰不落空曰何却不落空師
曰文字等皆從智慧而生大用現前那得落空
法明曰故知一法不達不名悉達師曰律師不
唯落空兼乃錯用名言法明作色問曰何處是

錯師曰律師未辯華竺之音如何講說曰請師
指出法明錯處師曰豈不知悉達是梵語邪律
師雖省過而心猶憤然又問曰夫經律論是佛
語讀誦依教奉行何故不見性師曰狂狗趂塊
師子齩人經律論是自性用讀誦者是性法法
明曰阿彌陀佛有父母及姓否師曰阿彌陀姓
憍尸迦父名月上母名殊勝妙顏曰出何教文
師曰出陀羅尼集法明禮謝讚歎而退有三藏
法師問眞如有變易否師曰若無變易決定是
凡僧也豈不聞善知識者能迴三毒為三聚淨
戒迴六識為六神通迴煩惱作菩提迴無明為

大智眞如豈無變易有道流問世間有法過自
然否師曰有曰何法過得師曰能知自然者曰
元氣是道否師曰元氣自元氣道自道曰若如
是者則應有二師曰知無兩人又問云何為邪
云何為正師曰心逐物為邪物從心為正有源
律師來問修道還用功否師曰用功曰如何用
功師曰饑來喫飯困來即眠曰一切人總如是
同師用功否師曰不同曰何故不同師曰他喫
飯時不肯喫百種須索睡時不肯睡千般計校
所以不同也有韞光大德問禪師自知生處否
師曰未曾死何用論生知生即是無生法無離

生法說有無生祖師云當生即是不生曰不見
性人亦得如此否師曰自不見性不是無性何
以故見即是性無性不能見識即是性故名識
性了即是性喚作了性能生萬法喚作法性亦
名法身馬鳴祖師云所言法者謂眾生心若心
生故一切法生若心無生法無從生亦無名字
迷人不知法身無象應物現形遂喚青青翠竹
總是法身鬱鬱黃華無非般若黃華若是般若
般若即同無情翠竹若是法身法身即同草木
如人喫筍應總喫法身也如此之言寧堪齒錄
對面迷佛長劫希求全體法中迷而外覓是以

解道者行住坐卧無非是道悟法者縱横自在無非是法又問太虛能生靈智否眞心緣於善惡否貪欲人是道否執是執非人向後心通否觸境生心人有定否住寂寞人有慧否懷傲物人有我否執空執有人有智否尋文取證人苦行求佛人離心求佛人執心是佛人此智稱道否請禪師一一爲説師曰太虛不生靈智眞心不緣善惡嗜欲深者機淺是非交爭者未通觸境生心者少定寂寞忘機者慧沉傲物高心者我壯執空執有者皆愚尋文取證者益滯苦行求佛者俱迷離心求佛者外道執心是佛者爲魔大德曰若如是應畢竟無所有禮謝而去

洪州泐潭法會禪師問馬祖曰如何是西來祖師意祖曰低聲近前來師便近前祖打一摑云六耳不同謀來日來師至來日猶入法堂云請和尚道祖云且去待老漢上堂時出來與汝證明師乃悟云謝大衆證明乃繞法堂一匝便去

池州杉山智堅禪師初與歸宗南泉行脚時路逢一虎各從虎邊過了南泉問歸宗云適來見虎似箇什麼宗云似箇猫兒宗却問師師云似箇狗子宗又問南泉泉云我見是箇大蟲一日普請擇蕨菜南泉拈起一莖云遮箇大好供養師云非但遮箇百味珍羞他亦不顧南泉云雖然如此箇箇須嘗他始得（玄覺云是相見語不是相見語）僧問如何是本來身師云舉世無相似

撫州石鞏慧藏禪師本以弋獵爲務惡見沙門因逐群鹿從馬祖庵前過祖乃逆之藏問和尚見鹿過否祖曰汝是何人曰獵者祖曰汝解射否曰解射祖曰汝一箭射幾箇曰一箭射一箇祖曰汝不解射曰和尚解射否祖曰解射曰和尚一箭射幾箇祖曰一箭射一羣曰彼此是命何用射一羣祖曰汝既知如是何不自射曰若教某甲自射即無下手處祖曰遮漢曠劫無明煩惱今日頓息藏當時毁棄弓箭自以刀截髮投祖出家一日在廚作務次祖問曰作什麼曰牧牛祖曰作麼生牧曰一迴入草去便把鼻孔拽來祖曰子眞牧牛師便休師住後常以弓箭接機（如三平和尚章述之）師問西堂汝還解捉得虛空麼堂以手撮虛空師云作麼生恁麼捉虛空堂却問師兄作麼生捉師把西堂鼻拽西堂作忍痛聲師云直須恁麼捉虛空僧問如何免得生死師云用免作什麼僧云如何免得師云遮底不生死

唐州紫玉山道通禪師者廬江人也姓何氏僧問如何出得三界師云汝在裏許得多少時也僧云如何出離師云青山不礙白雲飛于頔相公問如何是漂墮羅刹鬼國師云于頔客作漢問恁麼事怎麼于公失色師乃指云遮箇是漂墮羅刹鬼國于又曰如何是佛師喚于頔頔應諾師云更莫别求（有僧舉似藥山藥山云縳殺遮漢也僧云和尚如何藥山亦喚云某甲僧應諾藥山云是什麼）

洛京佛光如滿禪師（曾住五臺山金閣寺）唐順宗問佛從何方來滅向何方去既言常住世佛今在何處師答曰佛從無爲來滅向無爲去法身等虛空常在無心處有念歸無念有住歸無住來爲衆生來去爲衆生去清淨眞如海湛然體常住智者善思惟更勿生疑慮帝又問佛向王宮生滅向雙林滅住世四十九又言無法説山河及大海天地及日月時至皆歸盡誰言不生滅疑情猶若斯智者善分别師答云佛體本無爲迷情妄分别法身等虛空未曾有生滅有緣佛出世無緣佛入滅處處化衆生猶如水中月非常亦非斷非生亦非滅生亦未曾生滅亦未曾滅了見無心處自然無法説帝聞大悦

袁州南源道明禪師上堂云快馬一鞭快人一言有事何不出來無事各自珍重便下堂有僧問一言作麼生師乃吐舌云待我有廣長舌相

即向汝道洞山來參方上堂師云已相看了也洞山便去至明日却上問云昨日已蒙和尚慈悲不知什麼處是與某甲已相看處師云心心無間斷流入於性海洞山云幾放過洞山辭去師云多學佛法廣作利益洞山云多學佛法即不問如何是廣作利益師云一物莫違

朗州中邑洪恩禪師仰山初領新戒到謝戒師見來於禪林上拍手云和和仰山即東邊立又西邊立又於中心立然後謝戒了却退後立師云什麼處得此三昧仰云於曹谿脫印子學來師云汝道曹谿用此三昧接什麼人仰云接一宿覺用此三昧仰云和尚什麼處得此三昧來師云某甲於馬大師處學此三昧問如何得見性師云譬如有屋屋有六窻內有一獼猴東邊喚山山山應如是六窻俱喚俱應仰山禮謝起云所蒙和尚譬喻無不了知更有一事只如內獼猴困睡外獼猴欲與相見如何師下繩牀執仰山手作舞云山山與汝相見了譬如蟭螟蟲在蚊子眼睫上作窠向十字街頭叫喚云土曠人稀相逢者少黃蘗稱云中邑當時若不得仰山爲一句語何處有中邑也保福云還有人此道理麼若是不得只是箇弄精魂乎佛性義在什麼處玄覺云若不是仰山爭得見中邑且道什麼處是仰山得見中邑處

洪州百丈山懷海禪師者福州長樂人也師謂衆曰佛法不是小事老僧昔被馬大師一喝直得三日耳聾黃蘗聞舉不覺吐舌曰某甲不識馬祖要且不見馬祖師云汝已後當嗣馬祖黃蘗云某甲不嗣馬祖曰作麼生曰已後喪我兒孫師曰如是如是師上堂云併却咽喉脣吻速道將來溈山云某甲不道請和尚道師云不辭與汝道久後喪我兒孫五峯云和尚亦須併却師云無人處斫額望汝雲巖云某甲有道處請和尚舉師云併却咽喉脣吻速道將來雲巖曰師今有也師曰喪我兒孫師謂衆云有一人長不喫飯不道饑有一人終日喫飯不道飽衆皆無對

僧問如何是大乘頓悟法門師曰汝等先歇諸緣休息萬事善與不善世出世間一切諸法莫記憶莫緣念放捨身心令其自在心如木石無所辯別心無所行心地若空慧日自現如雲開日出相似俱歇一切攀緣貪瞋愛取垢淨情盡對五欲八風不被見聞覺知所縛不被諸境所惑自然具足神通妙用是解脫人對一切境心無靜亂不攝不散透一切聲色無有滯礙名爲道人但不被一切善惡垢淨有爲世間福智拘繫即名爲佛慧是非好醜是理非理諸知見揔盡不被繫縛處心自在名初發心菩薩便登[illegible]地一切諸法本不自空不自言色亦不言是非垢淨亦無心繫縛人但人自虛妄計著作若干種解起若干種知見若垢淨心盡不住繫縛不住解脫無一切有爲無爲解平等心量處於生死其心自在畢竟不與虛幻塵勞蘊界生死諸入和合迥然無寄一切不拘去留無礙往來生死如門開相似若遇種種苦樂不稱意事心無退屈不念名聞衣食不貪一切功德利益不爲世法之所滯心雖親受苦樂不干于懷麤食接命補衣禦寒兀兀愚癡如聾相似稍有親分於生死中廣學知解求福求智於理無益却被解境

風漂却歸生死海裏佛是無求人求之即乖理是無求理求之即失若取於無求復同於有求此法無實無虛若能一生心如木石相似不爲陰界五欲八風之所漂溺即生死因斷去住自由不爲一切有爲因果所縛他時還與無縛身同利物以無縛心應一切心以無縛慧解一切縛亦能應病與藥僧問如今受戒身口清淨已具諸善得解脫否答少分解脫未得心解脫未得一切解脫問云何是心解脫答云不求佛不求知解垢淨情盡亦不守此無求爲是亦不住盡處亦不畏地獄縛不愛天堂樂一切法不拘

始名爲解脫無礙即身心及一切法皆名解脫
汝莫言有少分戒善將爲便了有常沙無漏戒
定慧門都未涉一毫在努力猛作早與莫待耳
聾眼暗頭白面皺老苦及身眼中流淚心中慞惶
未有去處到恁麼時整理脚手不得也縱有福
智多聞都不相救爲心眼未開唯緣念諸境不
知返照復不見佛道一生所有惡業悉現於前
或忻或怖六道五蘊現前盡見嚴好舍宅舟船
車轝光明顯赫爲縱自心貪愛所見悉變爲好
境隨所見重處受生都無自由分龍畜良賤亦
揔未定問如何得自由荅如今對五欲八風情

無取捨垢淨俱亡如日月在空不緣而照心如
木石亦如香象截流而過更無疑滯此人天堂
地獄所不能攝也又不讀經看教語言皆須宛
轉歸就自己但是一切言教只明如今覺性自
己俱不被一切有無諸法境轉是導師能照破
一切有無境法是金剛即有自由獨立分若不
能恁麼得縱令誦得十二韋陀經只成增上慢
却是謗佛不是修行讀經看教若準世間是好
善事若向明理人邊數此是壅塞人十地之人
脫不去流入生死河但不用求覓知解語義句
知解屬貪貪變成病只如今但離一切有無諸

法透過三句外自然與佛無差既自是佛何慮
佛不解語只恐不是佛被有無諸法轉不得自
由是以理未立先有福智載去如賤使貴不如
於理先立後有福智臨時作得捉土爲金變海
水爲酥酪破須彌山爲微塵於一義作無量義
於無量義作一義師有時說法竟大衆下堂乃
召之大衆迴首師云是什麼（藥山目之爲百丈下堂句）
百丈大智禪師以禪宗肇自少室至曹谿以來
多居律寺雖別院然於說法住持未合規度故
常爾介懷乃曰祖之道欲誕布化元冀來際不
泯者豈當與諸部阿笈摩教爲隨行邪（舊梵語阿含新云阿

笈摩即小乘教也）或曰瑜伽論瓔珞經是大乘戒律胡
不依隨哉師曰吾所宗非局大小乘非異大小
乘當博約折中設於制範務其宜也於是創意
別立禪居凡具道眼有可尊之德者號曰長老
如西域道高臘長呼須菩提等之謂也既爲化
主即處于方丈同淨名之室非私寢之室也不
立佛殿唯樹法堂者表佛祖親囑受當代爲尊
也所裒學衆無多少無高下盡入僧中依夏次
安排設長連牀施椸架挂搭道具卧必斜枕牀
脣右脇吉祥睡者以其坐禪既久略偃息而已
具四威儀也除入室請益任學者勤怠或上或

下不拘常準其闔院大衆朝參夕聚長老上堂
升堂主事徒衆鴈立側聆賓主問醻激揚宗要
者示依法而住也齋粥隨宜二時均徧者務于
節儉表法食雙運也行普請法上下均力也置
十務謂之寮舍每用首領一人管多人營事令
各司其局也（主飯者目爲飯頭主菜者目爲菜頭佗皆倣此）或有假號竊形混
于清衆并別致喧撓之事即堂維那檢舉抽下
本住挂搭擯令出院者貴安清衆也或彼有所
犯即以拄杖杖之集衆燒衣鉢道具遣逐從偏
門而出者示恥辱也詳此一條制有四益一不
汙清衆生恭信故（三業不善不可共住準律合用梵壇法治之者當驅出院清衆既安恭信生矣）

二不毀僧形循佛制故（隨宜懲罰得留法服後必悔之）三不擾公
門省獄訟故四不洩于外護宗綱故（四來同居聖凡孰辨且如來應世尚有六羣之黨況今像末豈得全無但見一僧有過便雷例譏誚殊不知以輕衆壞法其損甚大今禪門若稍無妨害者宜依百丈叢林格式量事區分且立法防姦不爲賢士然寧可有格而無犯不可有犯而無教惟百丈禪師護法之益其大矣哉）
禪門獨行由百丈之始今略敘大要徧示後
代學者令不忘本也其諸軌度山門備焉

傳燈玉英集卷第三

傳燈玉英集卷第五

二十七張

潭州溈山靈祐禪師者福州長谿人也姓趙氏十五出家遊江西叅百丈太智禪師百丈許之入室一日侍立百丈問誰師曰靈祐百丈云汝撥鑪中有火否師撥云無百丈起撥得少火舉以示之云此不是火師發悟禮謝陳其所解百丈曰此乃暫時岐路耳經云欲見佛性當觀時節因緣時節既至如迷忽悟如忘忽憶方省已物不從佗得故祖師云悟了同未悟無心得無法只是無虛妄凡聖等心本來心法元自備足汝今既爾善自護持有司馬頭陀自湖南來百丈謂之曰老僧欲往溈山可乎（司馬頭陀叅禪外蘊人倫之鑒兼窮地理諸方刱院多取決焉）對云溈山奇絕可聚千五百衆然非和尚所住和尚是骨人彼是肉山設居之徒不盈千百丈云吾衆中莫有人住得否令喚典坐來（即祐師也）頭陀云此正是溈山主百丈是夜召師入室囑云吾化緣在此溈山勝境汝當居之嗣續吾宗廣度後學時華林聞之曰某甲忝居上首祐公何得住持百丈云若能對衆下得一語出格當與住持即指淨缾問云不得喚作淨缾汝喚作什麽華林云不可喚作木楔也百丈不肯乃問師師踢到淨缾百丈笑云第一坐輸却山子也遂遣師往溈山是山峭絕敻無人煙師猿猱為伍橡栗充食山下居民共營梵宇連率李景讓奏號同慶寺相國裴公休嘗咨玄奧繇是天下禪學輻湊焉師上堂示衆云夫道人之心質直無僞無背無面無詐妄心行一切時中視聽尋常更無委曲亦不閉眼塞耳但情不附物即得從上諸聖只是說濁邊過患若無如許

多惡覺情見想習之事譬如秋水澄渟清淨無為澹泞無礙喚佗作道人亦名無事之人時有僧問頓悟之人更有修否師云若真悟得本佗自知時修與不修是兩頭語如今初心雖從緣得一念頓悟自理猶有無始曠刼習氣未能頓淨須教渠淨除現業流識即是修也不道別有法教渠修行趣向從聞入理聞理深妙心自圓明不居惑地縱有百千妙義抑揚當時此乃得坐披衣自解作活計以要言之則實際理地不受一塵萬行門中不捨一法若也單刀趣入則凡聖情盡體露真常理事不二即如如佛仰山

問如何是西來意師云大好燈籠仰山云莫只遮箇便是麼師云遮箇是什麼仰山云大好燈籠師云果然不識普請摘茶師謂仰山曰終日摘茶只聞子聲不見子形請現本形仰山撼樹師云子只得其用不得其體仰山云未審和尚如何師良久仰山云和尚只得其體不得其用師云放子二十棒（玄覺云且道過在什麼處）師問雲巖云聞汝久在藥山是否巖云是師云藥山大人相如何雲巖云涅槃後有師云涅槃後有如何雲巖云水灑不著雲巖却問師百丈大人相如何師云巍巍堂堂煒煒煌煌聲前作聲色後非色蚊子上鐵牛無汝下觜處師過淨缾與仰山仰山擬接師却縮手云是什麼仰山云和尚還見箇什麼師云若恁麼何用更就吾覓仰山云雖然如此仁義道中與和尚提缾挈水亦是本分事師乃度淨缾與仰山師與仰山行次指栢樹子問云前面是什麼仰山云只遮箇栢樹子師却指背後田翁云遮阿翁向後亦有五百衆師問仰山從何處歸仰山云田中歸師云禾好刈也未仰山云好刈也師云作青見作黃見作不青不黃見仰山云和尚背後是什麼師云子還見麼仰山拈起禾穗云和尚何曾問遮箇師云此是

鵝王擇乳冬月師問仰山天寒人寒仰山云大家在遮裏師云何不直說仰山云適來也不曲和尚如何師云直須隨流石霜會下有二禪客到云此間無一人會禪後普請般柴仰山見二禪客歇將一橛柴問云還道得麼俱無語仰山云莫道無人會禪好歸舉似溈山云今日二禪客被慧寂勘破師云什麼處被子勘破仰山便舉前話師云寂子又被吾勘破（雲居錫云什麼處是溈山勘破仰山處）師睡次仰山問訊師便迴面向壁仰山云和尚何得如此師起云我適來得一夢汝試為我圓仰山取一盆水與師洗面少頃香嚴亦來問訊師云我適來得一夢寂子圓了汝更與我圓看香嚴乃點一椀茶來師云二子見解過於鶖子師上堂示衆云老僧百年後向山下作一頭水牯牛左脇書五字云溈山僧某甲此時喚作溈山僧喚作水牯牛喚作什麼即得（雲居代云師無異號資福代作圓相托起古人頌云不道溈山不道牛一身兩號實難酬離却兩頭應須道如何道得出常流）

洪州黃蘗希運禪師閩人也幼出家額間隆起如內珠音辭朗潤志意沖澹後遊天台逢一僧與之言笑如舊相識熟視之目光射人乃偕行屬澗水瀑漲乃捎笠植杖而止其僧率師同渡師曰兄要渡自渡彼即褰衣躡波若履平地迴

顧云渡來渡來師曰咄遮自了漢其僧歎曰真大乘法器師後參百丈問曰從上宗乘如何指示百丈良久師云不可教後人斷絕去也百丈云將謂汝是箇人乃起入方丈師隨後入云某甲特來百丈云若爾則佗後不得辜負吾百丈一日問師什麼處去來曰大雄山下采菌子來百丈曰還見大蟲麼師便作虎聲百丈拈斧作斫勢師即打百丈一摑百丈笑歸上堂謂衆大雄山下有一大蟲汝等諸人也須好看百丈老漢今日親遭一口師在南泉時普請擇菜南泉問什麼處去曰擇菜去南泉曰將什麼擇師

擧起刀子南泉曰大家擇菜去南泉謂師曰老
僧偶述牧牛歌請長老和師云某甲自有師在
師辭南泉門送提起師笠子云長老身材勿量
大笠子太小生師云雖然如此大千世界總在
裏許南泉云王老師底師便戴笠子而去後居
洪州大安寺裴相國休鎮宛陵建大禪苑請師
說法以師酷愛舊山還以黃蘗名之又請師至
郡以所解一編示師師良久云會麼公云未測師
云若便恁麼會得猶較些子若也形於紙墨何
有吾宗裴乃贈詩一章曰自從大士傳心印額
有圓珠七尺身挂錫十年棲蜀水浮盃今日渡

漳濱一千龍象隨高步萬里香華結勝因擬欲
事師爲弟子不知將法付何人師亦無喜色自
爾黃蘗門風盛于江表矣一日上堂大衆雲集
乃曰汝等諸人欲何所求因以棒趂散云盡是
噇酒糟漢恁麼行脚取笑於人但見八百一千
人處便去不可只圖熱鬧也老漢行脚時或遇
草根下有一箇漢便從頂上一錐看他若知痛
痒可以布袋盛米供養可中總似如此容易何
處更有今日事也汝等既稱行脚亦須著些精
神好還知道大唐國內無禪師麼時有一僧出
問云諸方尊宿盡聚衆爲什麼道無禪師師云

不道無禪只道無師闍梨不見馬大師下有八
十八人坐道場得馬師正眼者止三兩人廬山
和尚是其一人夫出家人須知有從上來事分
且如四祖下牛頭融大師橫說竪說猶未知向
上關棙子有此眼腦方辯得邪正宗黨且當人
事宜不能體會得但知學言語念向皮袋裏安
著到處稱我會禪還替得汝生死麼輕忽老宿
入地獄如箭急須努力莫容易事持片衣口食
空過一生明眼人笑汝宜自看遠近是阿誰面
上事若會即便會若不會即散去

杭州大慈山寰中禪師蒲坂人也姓盧氏頂骨
圓聳其聲如鍾一日南泉至問如何是庵中主
師云蒼天蒼天南泉又云如何是庵中主師云會
即便會莫忉忉南泉拂袖而出師上堂云山僧
不解荅話只能識病時有一僧出師前立師便
下坐歸方丈（法眼云衆中喚作病在目前不識去雲峯云且道大慈識病不識病此僧出來是病不是病若言是病每日行住不可總是病若言不是病出來又作麼生）趙州問般若以何爲體
師云般若以何爲體趙州大笑而出師明日見
趙州埽地問般若以何爲體趙州置箒拊掌大
笑師便歸方丈
潭州石霜山性空禪師僧問如何是西來意師
曰若人在千尺井中不假寸繩出得此人即荅

汝西來意沙彌（沙彌即仰山也）後擧問耽源如何出得
井中人耽源曰咄癡漢誰在井中後問潙山潙
山乃呼慧寂寂應諾曰出也及住仰山常擧前
語謂衆曰我耽源處得名潙山處得地
福州大安禪師者本州人也姓陳氏上堂云汝
諸人總來就安求覓什麼若欲作佛汝自是佛
而却傍家走忽忽如渴鹿趂陽燄何時得相應
去阿你欲作佛但無如許多顛倒攀緣妄想惡
覺垢欲不淨衆生之心則汝便是初心正覺佛
所以安在潙山三十來年喫潙山飯屙潙山屎
不覺潙山禪只看一頭水牯牛若落路入草便

牽出若犯人苗稼即鞭撻調伏既久可憐生受
人言語如今變作箇露地白牛常在面前終日
露迴迴地如汝諸人各自有無價大寶從眼門
放光照山河大地耳門放光領采一切善惡音
響六門晝夜常放光明亦名放光三昧汝自不
識取影在四大身中內外扶持不教傾側如人
負重從獨木橋上過亦不教失脚且是什麼物
任持便得如是汝若覓毫釐即不見故志公和
尚云內外追尋覓總無境上施爲渾大有雪峯
入山采得一枝木其形似蛇於背上題云本自
天然不假雕琢寄來與師師云本色住山人且

無刀斧痕
福州古靈神讃禪師行脚遇百丈開悟却迴本寺受業師問曰汝離吾在外得何事業曰並無事業遂遣執役一日因澡身命師去垢師乃拊背曰好所佛殿而佛不聖其師迴首視之師曰佛雖不聖且能放光師一日在牕下看經蜂子投牕紙求出師覩之曰世界如許廣闊不肯出鑽他故紙驢年去其師問曰汝行脚遇何人師曰蒙百丈指箇歇處其師於是告衆致齋請師說法師登坐舉唱百丈門風乃曰靈光獨耀迥脫根塵體露眞常不拘文字心性無染本自圓成但離妄緣即如如佛其師言下感悟曰何期垂老聞極則事

廣州和安寺通禪師者自幼寡言時人謂之不語通也因禮佛有禪者問云坐主禮底是什麽師云是佛禪者乃指像云遮箇是何物師無對至夜具威儀禮問禪者云今日所問某甲未知意旨如何禪者云坐主幾夏邪師云十夏禪者云還曾出家也未師茫然禪者云若也不會百夏奚為禪者乃命師同叅馬祖至江西馬祖已圓寂乃謁百丈頓釋疑情有人問師是禪師否師云貧道不曾學禪師良久却召其人其人應諾師指椶櫚樹子（其人無對）師一日令仰山將牀子來將到師云却送本處仰山從之師云牀子那邊是什麽物仰山云無物師云遮邊是什麽物仰山云無物師召云慧寂仰山云諾師云去

洪州東山慧和尚遊山見一巖僧問云此巖有主無師云有僧云是什麽人師云三家村裏覓什麽其僧又問如何是巖中主師云還氣急麽有小師行脚迴師云不用指東指西直道將來小師云對和尚不敢謾語師喝云遮打野漢請田和尚與瑫上坐煎茶次師敲繩牀三下瑫亦敲三下師云老僧敲有箇善巧上坐敲有何道理瑫曰某甲敲有箇方便和尚敲作麽生師舉起盞子煎茶了瑫却問和尚適來舉起盞子意作麽生師云不可更別有也大于和尚與南用到茶堂見一僧近前不審用云我既不納汝汝亦不見我不審阿誰僧無語師去不得平白地恁麽問伊用云大于亦無語師乃把其僧云是你恁麽累我亦然打一摑用便笑曰朗月與青天

京兆大薦福寺弘辯禪師唐宣宗問禪宗何有南北之名師對曰禪門本無南北昔如來以正法眼付大迦葉展轉相傳至二十八祖菩提達磨來為初祖暨第五祖弘忍大師在蘄州東山闡法時有二弟子一名慧能受衣法居嶺南為六祖一名神秀在北揚化其後神秀門人普寂立本師為第六祖而自稱七祖其所得法雖一而開導發悟有頓漸之異故曰南頓北漸帝曰云何名戒師曰防非止惡帝曰何為定對曰六根涉境心不隨緣帝曰何為慧對曰心境俱空照覽無惑帝曰何為方便對曰方便者隱實覆相權巧之門也被接中下曲施誘迪設為上根言捨方便但說無上道者斯亦方便之譚帝曰何為佛心對曰佛者西天之語唐言覺謂人有智慧覺照為佛心心者佛之別名有百千異號

體唯其一本無形狀非青黃赤白男女等相在天非天在人非人而現天現人能男能女非始非終無生無滅故號靈覺之性如陛下日應萬機即是陛下佛心帝曰如今有人念佛如何對曰如來出世為天人師善知識隨根器而說法為上根者開最上乘頓悟至理中下者未能頓曉是以佛為韋提希權開十六觀門令念佛生極樂故經云是心是佛是心作佛心外無佛佛外無心帝曰有人持經念佛持呪求佛如何對曰如來種種開讚皆為最上一乘如百川衆流莫不朝宗于海帝曰祖師既契會心印金剛經

云無所得法如何對曰佛之一化實無一法與人但示衆人各各自性同一法實藏當時然燈如來但印釋迦本法而無所得方契然燈本意故經云無我無人無衆生無壽者是法平等修一切善法不住於相帝曰禪師既會祖意還禮佛轉經否對曰沙門釋子禮佛轉經蓋是住持常法有四報焉然依佛戒修身參尋知識漸修梵行履踐如來所行之迹帝曰何爲頓見何爲漸修對曰頓明自性與佛同儔然有無始染習故假漸修對治令順性起用如人喫飯不一口便飽是日辯師對七刻賜紫方袍號圓智禪師仍勅修天下祖塔

福州龜山智眞禪師者揚州人也姓柳氏一日示衆曰動容眴目無出當人一念淨心本來是佛乃說偈曰心本絕塵何用洗身中無病豈求醫欲知是佛非身處明鑑高懸未照時後值武宗澄汰有偈二首示衆曰明月分形處處新白衣寧墜解空人誰言在俗妨修道金粟曾爲長者身其二曰忍僊林下坐禪時曾被歌王割截支況我聖朝無此事只令休道亦何悲

河中公畿和尚僧問如何是道如何是禪師云有名非大道是非俱不禪欲識此中意黃葉止

啼錢

湖南長沙景岑號招賢大師居無定所但徇緣接物隨請說法故時衆謂之長沙和尚上堂曰我若一向舉揚宗教法堂裏須草深一丈我事不獲已所以向汝諸人道盡十方世界是沙門眼盡十方世界是沙門全身盡十方世界是自已光明盡十方世界在自已光明裏盡十方世界無一人不是自已我常向汝諸人道三世諸佛共盡法界衆生是摩訶般若光光未發時汝等諸人向什麼處委光未發時尚無佛無衆生消息何處得山河國土來時有僧問如何是沙門眼師云長長出不得又云成佛成祖出不得六道輪迴出不得僧云未審出箇什麼不得師云晝見日夜見星僧云學人不會師云妙高山色青又青僧問教中云而常處此菩提坐如何是坐師云老僧正坐大德正立師遣一僧去問同參會和尚云和尚見南泉後如何會默然僧云和尚未見南泉已前作麼生會云不可更別有也僧迴舉似師師示一偈曰百丈竿頭不動人雖然得入未爲眞百丈竿頭須進步十方世界是全身僧問只如百丈竿頭如何進步師云朗州山澧州水僧云請師道師云四海五湖皇

化裏有客來謁師師召曰尚書其人應諾師曰不是尚書本命對曰不可離却即今祇對別有第二主人師曰非但祇對與不祇對時無始劫來是箇生死根本有偈曰學道之人不識眞只爲從來認識神無始劫來生死本癡人喚作本來身有秀才看佛名經問曰百千諸佛但見其名未審居何國土師曰黃鶴樓崔顥題後秀才題未曰未曾師曰閑題一篇無妨僧問南泉遷化向什麼處去師云東家作驢西家作馬僧云此意如何師云要騎却騎要下却下僧問南泉云貍奴白牯却知有三世諸佛不知有爲什麼三世諸佛不知有師曰未入鹿苑時猶較些子僧曰貍奴白牯爲什麼却知有師曰汝爭怪得伊僧問和尚繼嗣何人師曰我無人得繼嗣僧曰還參學也無師曰我自參學僧曰師意如何師有偈曰虛空問萬象萬象荅虛空誰人親得聞木叉丱角童僧問如何是平常心師云要眠即眠要坐即坐僧云學人不會師云熱即取涼寒即向火僧問如何是文殊師云牆壁瓦礫是又問如何是觀音師云音聲語言是又問如何是普賢師云衆生心是又問如何是佛師云衆生色身是僧曰河沙諸佛體皆同何故有種種名字

師云從眼根返源名爲文殊耳根返源名爲觀音從心返源名爲普賢文殊是佛妙觀察智觀音是佛無緣大慈普賢是佛無爲妙行三聖是佛之妙用佛是三聖之眞體用則有河沙假名體則揔名一薄伽梵僧問色即是空空即是色此理如何師偈曰礙處非牆壁通處勿虚空若人如是解心色本來同又偈曰佛性堂堂顯現住性有情難見若悟衆生無我我面何殊佛面僧問第六第七識及第八識畢竟無體云何得名轉第八爲大圓鏡智師有偈曰七生依一滅一滅持七生一滅滅亦滅六七永無遷又有僧問蚯蚓斷爲兩段兩頭俱動未審佛性在阿那頭師云妄想作麽僧云其如動何師云汝豈不知風火未散講華嚴僧問虚空爲是定有爲是定無師曰虚空有時但有假有虚空無時但無假無云如師所說有何教文師曰楞嚴云十方虚空生汝心中猶如片雲點太清裏又曰汝等一人發眞歸源十方虚空悉皆消殞所以道有是假有無是假無又問如淨瑠璃中内現眞金像此意如何師曰以淨瑠璃爲法界體以眞金像爲無漏智體體能生智智能達體

荆南白馬曇照禪師常云快活快活及臨終時叫苦苦又云閻羅王來取我也院主問曰和尚當時被節度使抛向水中神色不動如今何得恁麽地師舉枕子云汝道當時是如今是院主無對（法眼代云此時但掩耳出去）

終南山雲際師祖禪師初在南泉時問云摩尼珠人不識如來藏裏親收得如何是藏南泉云與汝來往者是藏師云不來往者如何南泉云亦是藏又問如何是珠南泉召云師祖師應諾南泉云去汝不會我語師從此信入

鄧州香嚴義端禪師示衆云兄弟彼此未了有什麽事相共商量如今學者須了却今時繼學得種種差別義終不代得自己見解空記持他巧妙章句即轉加煩亂去汝若欲相應莫傳留纖毫直似虚空無鎖無壁落無形無心眼又云佛是塵法亦是塵終日馳求有什麽休歇但時中不用挂情情不挂物無善可取無惡可棄莫欺被他籠罩始是學處

趙州觀音院（亦曰東院）從諗禪師曹州郝鄉人也姓郝氏抵池陽叅南泉值南泉偃息而問曰近離什麽處師曰近離瑞像曰還見立瑞像麽師曰不見立瑞像只見卧如來曰汝是有主沙彌無主沙彌師曰有主沙彌曰主在什麽處師曰和尚尊體萬福南泉器之異日問南泉如何是道南泉曰平常心是道師曰還可趣向否南泉曰擬向即乖師曰不擬時如何知是道南泉曰道不屬知不知知是妄覺不知是無記若是眞達不疑之道猶如太虚廓然虚豁豈可彊是非邪師曰知有底人向什麽處休歇南泉云山下作牛去師云謝指示南泉云昨夜三更月到窻師作火頭一日閉却門燒滿屋煙叫云救火救火時大衆俱到師云道得即開門衆皆無對南泉將鎖於窻間過與師師便開門又到黄蘗蘗見來便閉方丈門師乃把火於法堂内叫云救火黄蘗開門捉住云道道師云賊過後張弓又到寶壽寶壽見來即於禪牀上背面坐師展坐具禮拜寶壽下禪牀師便出又到鹽官云看箭鹽官云過也師云中也又到夾山將柱杖入法堂夾山曰作什麽師曰沁水夾山曰一滴也無沁什麽師倚杖而出師將遊五臺山次有大德作偈留云何處青山不道場何須策杖禮清涼雲中縱有金毛現正眼觀時非吉祥師云作麽生是正眼大德無對（法眼代云請上坐領某甲情同安顯代云是上坐眼）師上堂云如明珠在掌胡來胡現漢來漢現老僧把一枝草爲丈六金身用把丈六金身爲一枝

草用佛是煩惱煩惱是佛僧問未審佛是誰家煩惱師云與一切人煩惱僧云如何免得師云用免作麽師掃地有人問云和尚是善知識爲什麽有塵師曰外來又僧問清淨伽藍爲什麽有塵師曰又一點也又有人與師遊園見兔子驚走問云和尚是大善知識爲什麽兔子見驚師云爲老僧好殺師院有石幢子被風吹折僧問陀羅尼幢子作凡去作聖去師云也不作凡亦不作聖僧云畢竟作什麽師云落地去也師問一坐主講什麽經對曰講涅槃經師云問一段義得否云得師以脚踢空吹一吹云是什麽義坐主云經中無此義師云五百力士揭石義便道無大衆晚參師云今夜荅話去也有解問者出來時有一僧便出禮拜師云比來抛塼引玉却引得箇墼子（保壽云射虎不眞徒勞沒羽 長慶問覺上坐云那僧纔出禮拜爲什麽便收伊爲墼子 覺云適來那邊亦有人恁麽問 慶云向伊道什麽云也向伊恁麽道 玄覺云什麽處却成墼子去 叢林中道纔出來便成墼子 只如每日出入行住坐卧不可揔成墼子也 且道遮僧出來具眼不具眼）有僧遊五臺問一婆子云臺山路向什麽處去婆子云驀直去僧便去婆子云又恁麽去也其僧舉似師云待我去勘破遮婆子師明日去問路向什麽處去云驀直去師便去婆子云又恁麽去也師歸院謂僧曰我爲汝勘破遮婆子了也

（玄覺云前來僧也恁麽道趙州去也恁麽道什麽處是勘破婆子 又云非唯被趙州勘破亦被遮僧勘破）僧問恁麽來底人師還接否師云接僧云不恁麽來底師還接否師云接僧云恁麽來者從師接不恁麽來者如何接師云止止不須說我法妙難思一婆子問和尚住什麽處師云趙州東院西婆子無語師歸院問衆僧合使那箇西字或言東西字或言捿泊字師曰汝等揔作得鹽鐵判官僧曰和尚爲什麽恁麽道師曰爲汝等揔識字（法燈別衆僧云已知去處）僧問如何是囊中寶師云合取口（法燈別云眞諏似人）有新到僧謂師曰某甲從長安來橫擔一條拄杖不曾撥著一人師曰自是大德拄杖短（同安顯別云老僧遮裏不曾見恁麽人）有僧寫得師眞呈師師曰且道似我不似我若似我即打殺老僧不似我即燒却眞僧無對（玄覺代云留取供養）師敲火問僧云老僧喚作火汝喚作什麽僧無語師曰不識玄旨徒勞念靜（法燈別云截不如汝）新到僧參師問什麽處來僧云南方來師云佛法盡在南方汝來遮裏作什麽僧云佛法豈有南北師云饒汝從雪峯雲居來只是箇擔板漢（崇壽稠別云和尚是據客置主人）僧問如何是佛師云殿裏底僧云殿裏者豈不是泥龕塑像師云是僧云如何是佛師云殿裏底僧問學人迷昧乞師指示師云喫粥也未僧云喫粥也師云洗鉢

去其僧忽然省悟師上堂云纔有是非紛然失心還有荅話分也無樂普在衆和齒雲居云何必師云今日大有人喪身失命有僧云請和尚舉師便舉前語僧指傍僧云遮僧作恁麽語話師乃休僧問久響趙州石橋到來只見掠彴師云汝只見掠彴不見趙州橋僧云如何是趙州橋師云過來又有僧同前問師亦如前荅僧云如何是趙州橋師云度驢度馬僧云如何是掠彴師云箇箇度人（雲居錫云趙州爲當扶石橋扶掠彴）師聞沙彌喝參向侍者云敎伊去侍者乃敎去沙彌便珍重去師云沙彌得入門侍者在門外（雲居錫云什麽處是沙彌入門侍者在門外遮裏若曾得便見趙州）師問新到僧什麽處來僧曰從南來師云還知有趙州關否僧云須知有不涉關者師云遮販私鹽漢僧問如何是西來意師下禪牀立僧云莫即遮箇便是否師云老僧未有語在師問菜頭今日喫生菜熟菜菜頭拈起菜呈之師云知恩者少負恩者多僧問空劫中還有人修行也無師云汝喚什麽作空劫僧云無一物是師云遮箇始稱得修行喚什麽作空劫僧無語僧問如何是玄中玄師云汝玄來多少時邪僧云玄之久矣師曰闍梨若不遇老僧幾被玄殺僧問萬法歸一一歸何所師云老僧在青州作

得一領布衫重七斤半僧問夜生兜率晝降閻浮於其中閒摩尼為什麼不現師云道什麼其僧冉問師云毗婆尸佛早留心直至如今不得妙師問院主什麼處來對云送生來師云鴉為什麼飛去院主云怕某甲師云汝十年知事作恁麼語話院主却問鴉為什麼飛去師云院主無殺心師托起鉢云三十年後若見老僧留取供養若不見即撲破一僧出云三十年後敢道見和尚師乃撲破有僧辭師問什麼處去僧云雪峯去師云雪峯忽若問汝和尚有何言句但云冬即言寒夏即道熱又云雪峯更問汝畢竟

事作麼生但道親從趙州來不是傳語人其僧到雪峯一依前語舉似雪峯雪峯云也須是趙州始得玄沙聞云大小趙州敗闕也不知（雲居錫云什麼處是趙州敗闕若撿得出是上座眼）僧問如何是趙州一句師云老僧半句也無僧云豈無和尚在師云老僧不是一句僧問如何是出家師云不履高名不求苟得僧問澄澄絕點時如何師云遮裏不著客作漢問如何是祖師意師乃敲牀脚僧云只遮莫便是師云是即脫取去僧問如何是毗盧圓相師云老僧自㓜出家不曾眼花僧云豈不為人師云願汝常見毗盧圓相人問和尚還入地獄否

師云老僧末上入曰大善知識為什麼入地獄師云若不入阿誰敎化汝一日眞定帥王公入院師坐而問曰大王會麼王云不會師云自小持齋身已老見人無力下禪牀王公尤加禮重翌日令客將傳語師下禪牀受之少間侍者問和尚見大王來不下禪牀今日軍將來為什麼下禪牀師云第一等人來禪牀上接中等人來下禪牀接末等人來三門外接師寄拂子與王公曰若問何處得來但道老僧平生用不盡者時謂趙州門風皆悚然信伏矣

池州靈鷲閑禪師謂衆曰是汝諸人本分事若敎老僧道即與蛇畫足此是頓敎有僧便問與蛇畫足即不問如何是本分事師云闍梨試道看其僧擬再問師曰畫足作麼明永和尚聞如何是頓獲法身師云一透龍門雲外望莫作黃何點額魚仰山問寂寂無言如何視聽師云無縫塔前多雨水

鄂州茱萸山和尚初住隨州護國院金輪可觀和尚問如何是道師云莫向虛空裏釘橛觀云虛空是橛師乃打之觀捉住云莫打某甲已後錯打人在師便休（雲居錫云此人具眼不具眼因什麼喫打）趙州諗和尚先到雲居雲居問曰老老大大漢何不覔箇住處諗曰什麼處住得雲居曰山前有古寺基諗曰和尚自住取後到師處師曰老老大大漢何不住去諗曰什麼處住得師曰老老大大漢住處也不知諗曰三十年弄馬伎今日却被驢撲（雲居錫云什麼處是趙州被驢撲處）

衢州子湖巖利蹤禪師澶州人姓周氏上堂云子湖有一隻狗上取人頭中取人心下取人足擬議即喪身失命僧問如何是子湖一隻狗師曰嘷嘷臨濟下二僧到叅方揭簾師曰看狗二僧迴顧師歸方丈師與勝光和尚鋤園師驀按钁迴視勝光云事即不無擬心即差光乃禮拜擬問師與一蹋便歸院有一尼到叅師曰汝莫是劉鐵磨否尼曰不敢師曰左轉右轉尼曰和尚莫顚倒師便打師一日於中夜叫有賊衆皆驚走師到僧堂後架把住一僧叫云維那捉得也僧曰不是某甲師曰是即是只是汝不肯承當師有偈示衆曰三十年來住子湖二時齋粥氣力麤每日上山三五轉問汝時人會也無

洛京嵩山和尚僧問古路坦然時如何師曰不前僧曰為什麼不前師曰無遮障處僧問如何是嵩山境師曰日從東出月向西頹曰學人不會師曰東西也不會

日子和尚亞谿來參師作起勢亞谿曰遮老山
鬼猶見某甲在師曰罪過罪過適來失祇對亞
谿欲進語師乃叱之亞谿曰大陣前不妨難禦
師曰是是亞谿曰不是不是（趙州云可憐兩箇漢不識轉身句）
蘇州西山和尚僧問三乘十二分教則不問如
何是祖師西來的的意師舉拂子示之其僧不
禮拜去參雪峯雪峯問什麼處來僧曰浙中來
雪峯曰今夏在什麼處曰蘇州西禪雪峯曰何
不且從容曰佛法不明雪峯曰有什麼事僧舉
前話雪峯曰汝作麼不肯僧曰是境雪峯曰汝
見蘇州城裏人家男女否曰見雪峯曰汝見路

上林木否曰見雪峯曰凡覩人家男女大地林
沼摠是境汝還肯否曰肯雪峯曰只如招起拂
子汝作麼生不肯僧乃禮拜曰學人取次發言
乞師慈悲雪峯曰盡乾坤是箇眼汝向什麼處
蹲坐僧無語宣州陸亘大夫初問南泉曰古人
缾中養一鵝鵝漸長大出缾不得如今不得毀
缾不得損鵝和尚作麼生出得南泉召曰大夫
應諾南泉曰出也陸從此開解暨南泉圓寂院
主問曰大夫何不哭先師陸曰院主道得即哭
院主無對（長慶代云合哭不合哭）
池州甘贄行者將錢參貫文入僧堂於第一坐
面前云請上坐施財上坐云財施無盡法施無
窮甘云恁麼道爭得某甲錢却將去上堂無語
又於南泉設粥云請和尚念誦南泉云甘贄行
者設粥請大衆爲貍奴白牯念摩訶般若波羅
蜜甘乃禮拜便出去南泉却到厨内打破鍋子
雪峯和尚來甘閉門召云請和尚入雪峯隔籬
掉過納衣甘便開門禮拜又問一僧什麼處來
僧云潙山來甘云曾有僧問潙山如何是西來
意潙山舉起拂子上坐作麼生會潙山意僧云
借事明心附物顯理甘云且歸潙山去好（保福聞之乃仰手覆手）
杭州徑山鑒宗禪師湖州人姓錢氏有小師洪

諲以講論自矜（諲即徑山第二世法濟大師）師謂之曰佛祖正法
直截亡詮汝筭海沙於理何益但能莫存知見
泯絶外緣離一切心即汝眞性諲聞茫然禮辭
遊至潙山方悟玄旨
福州長谿龜山正原禪師宣州南陵人也姓蔡
氏師甞述二偈滄溟幾度變桑田唯有虛空獨
湛然已到岸人休戀栰未曾渡者要須船尋師
認得本心源兩岸俱玄一不全是佛不須更覔
佛只因如此便忘緣
唐杭州刺史白居易字樂天久參佛光得心法
兼禀大乘金剛寶戒元和中造于京兆興善法
堂致四問（語見興善章）十五年牧杭州訪鳥窠和尚有
問答偈頌（見鳥窠章）常致書于濟法師以佛無上
大慧演出教理安有徇機高下應病不同與平
等一味之說相反援引維摩及金剛三昧等六
經闢二義而難之又以五蘊十二緣說名色前
後不類立理而徵之並鉤深索隱通幽洞微然
未覩法師酬對後來亦鮮有代荅者復受東都
疑師八漸之目各廣一言而爲一偈釋其旨趣
自淺之深猶貫珠焉凡守任處多訪祖道學無
常師後爲賓客分司東都罄已俸脩龍門香山
寺寺成自撰記凡爲文動關教化無不賛美佛

乘見于本集其歷官次第歸全代祀即史傳存
焉耳
杭州天龍和尚上堂云大衆莫待老僧上來便
上來下去便下去各有華藏性海具足功德無
礙光明各各參取珍重僧問如何是祖師意師
竪起拂子僧問如何得出三界去師云汝即今
在什麼處五臺山秘魔巖和尚常持一木义每
見僧來禮拜即义却頸云那箇魔魅教汝出家
那箇魔魅教汝行脚道得也义下死道不得也
义下死速道學僧鮮有對（法眼代云乞命法燈代云但引頸示之玄覺云老兒家放却义子得也）

五臺山智通禪師自稱大禪佛初在歸宗會下時忽
一夜巡堂叫云我已大悟也衆駭之明日歸宗
上堂集衆問昨夜大悟底僧出來師出云智通
歸宗云汝見什麽道理言大悟試説似吾看師對
曰師姑天然是女人作歸宗默而異之師便辭
歸宗門送與拈笠子師接得笠子戴頭上便行
更不迴顧後居臺山法華寺臨終有偈曰舉手
攀南斗迴身倚北辰出頭天外見誰是我般人
黄州齊安和尚示學衆曰言不落句佛祖徒施
玄韻不墜誰人知得僧問如何識得自己佛師
曰一葉明時消不盡松風韻罷怨無人僧問如

何是自己佛師曰草前駿馬實難窮妙盡還須
畜生行人問大師年多少師曰五六四三不得
類豈同一二實難窮師有頌曰猛熾燄中人有
路旋風頂上屹然棲鎮常歷劫誰差互杲日無
言運照齊師後居鳳翔

傳燈玉英集卷第五

傳燈玉英集卷第六

袁州慧寂禪師溈山靈祐法嗣　鄧州智閑禪師
襄州法端禪師　杭州洪諲禪師
福州志勤禪師　益州應天和尚
福州慈慧禪師　京兆米和尚
晉州霍山和尚　襄州王常侍
益州法眞禪師大安禪師法嗣　韶州如敏禪師
泉州慧日大師　揚州慧覺禪師趙州諗禪師法嗣
隴州國清禪師　婺州朗禪師
杭州多福和尚　益州西目和尚
台州勝光和尚衢州利蹤法嗣　漳州浮石和尚

紫桐和尚　日容和尚
婺州俱胝和尚天龍和尚法嗣　襄州道吾和尚道常禪師法嗣
漳州羅漢和尚　筠州末山尼了然大愚和尚法嗣
鎮州義玄禪師洪州黃檗法嗣　睦州陳尊宿
杭州楚南禪師　福州靈觀禪師
杭州宗徹禪師　魏府大覺禪師
相國裴休公　袁州光穆禪師袁州仰山法嗣
晉州景通禪師　杭州文喜禪師
袁州光涌禪師　鄂州志閑禪師鎮州臨濟法嗣
幽州譚空和尚　鎮州壽沼禪師
鎮州慧然禪師　魏府存獎禪師

鎮州萬歲和尚　涿州紙衣和尚
虎谿庵主　襄州歷村和尚灌溪志閑法嗣
江州田道者　雙峯古禪師福州雙峯法嗣
洪州米嶺和尚杭州洪諲法嗣　昇州道欽禪師福州慈覺法嗣
越州全付禪師仰山光涌法嗣　郢州慧清禪師
韶州義初禪師　韶州溈究禪師
吉州如寶禪師光穆禪師法嗣　池州稽和尚志閑禪師法嗣
汝州寶應和尚魏府存獎法嗣　汝州思明禪師顒禪師法嗣
潞州水陸和尚慧然禪師法嗣　汝州南院和尚魏府大覺法嗣

袁州仰山慧寂禪師韶州懷化人也姓葉氏年十五欲出家父母不許後斷手二指跪致於父

母前誓求正法以荅劬勞參溈山祐問曰汝是有主沙彌無主沙彌師曰有主曰在什麼處師從西過東立祐知是異人便垂開示師問如何是眞佛住處祐曰以思無思之妙返思靈燄之無窮思盡還源性相常住事理不二眞佛如如師言下頓悟韋宙請溈山請一伽陀溈山曰覿面相呈猶是鈍漢豈況形於紙筆乃請師請師於紙上畫一圓相注云思而知之落第二頭不思而知落第三首一日師隨溈山去開田問曰遮頭得恁麼低那頭得恁麼高祐曰水能平物但以水平師曰水也無憑和尚但高處高平低

處伭平祐然之有施主送絹寂問和尚受施主如是供養將何報荅祐敲禪牀示之師曰和尚何得將衆人物作自己用祐怒問師什麼處去來師曰田中來祐曰田中多少人師插鍬而立祐曰今日南山大有人刈茅在師舉鍬而去（玄沙云我若見即踏倒鍬子僧問鏡清仰山插鍬意旨如何清云狗銜赦書諸侯避道又問只如玄沙蹋鍬其意如何清云勿奈船何打破戽斗又問南山刈茅意旨如何清云李靖三兄久經行陣雲居錫云且道鏡清下此一判著不著又僧問禾山云仰山插鍬意旨如何禾山云汝問我僧云玄沙蹋鍬意旨如何禾山云我問汝）溈山與師遊行次烏銜一紅柿落前祐將與師師接得以水洗了却與祐祐曰子什麼處得來師曰此是和尚道德所感祐曰汝也不得空然即分半與師（玄沙云大小溈山被仰山一坐至今起不得）鄭愚相公問不斷煩惱而入涅槃時如何師豎起拂子公曰入之一字不要亦得師曰入之一字不為相公（法燈別云相公不用煩惱）師見僧來豎拂子其僧便喝師曰喝即不無且道老僧過在什麼處僧曰和尚不合將境示人師乃打之師問香嚴師弟近日見處如何嚴曰某甲卒說不得乃有偈曰去年貧未是貧今年貧始是貧去年無卓錐之地今年錐也無師曰汝只得如來禪未得祖師禪（玄覺云且道如來禪與祖師禪分不分長慶稜云一時坐却）溈山封一面鏡寄師師上堂提起云且道是溈山鏡仰山鏡有人道得即不撲破衆無對師乃撲破師問雙峯師弟近日

見處如何對曰據某甲見處實無一法可當情師曰汝解猶在境雙峯曰某甲只如此師兄如何師曰汝豈無能知無一法可當情者溈山聞云寂子一句疑殺天下人（玄覺云金剛經道實無一法然燈佛與我受記他道實無一法可當情為什麼道解猶在境且道利害在什麼處）僧問法身還解說法也無師曰我說不得別有一人說得曰說得底人在什麼處師推出枕子溈山聞云寂子用劒刃上事師問一僧汝會什麼僧曰會卜師提起拂子曰這箇六十四卦中阿那卦收僧無對師自代曰適來是雷天大壯如今變為地火明夷師問僧名什麼曰靈通師曰便請入燈籠曰早箇入了也（法眼別云喚什麼作燈籠）師共一僧語傍有僧曰語底是文殊默底是維摩師曰不語不默底莫是汝否僧默之師曰何不現神通僧曰不辭現神通只恐和尚收入教師曰鑒汝來處未有教外底眼師未遷化前數年有偈曰年滿七十七老去是今日任性自浮沉兩手攀屈膝於韶州東平山示滅年七十七抱膝而逝

鄧州香嚴智閑禪師青州人也依溈山禪會祐和尚知其法器欲激發智光一日謂之曰吾不問汝平生學解及經卷冊子上記得者汝未出胞胎未辯東西時本分事試道一句來師懵然

無對師遂歸堂徧檢所集諸方語句無一言可將酬對乃自歎曰畫餅不可充饑於是盡焚之曰此生不學佛法也且作箇長行粥飯僧免役心神遂泣辭而去抵南陽覩忠國師遺跡遂憩止焉一日因山中芟除草木以瓦礫擊竹作聲俄然省悟遽歸沐浴焚香遙禮溈山贊云和尚大悲恩逾父母當時若為我說却何有今日事也乃述一偈曰一擊忘所知更不假修治處處無蹤跡聲色外威儀諸方達道者咸言上上機師上堂云道由悟達不在語言況見密密堂堂曾無間隔不勞心意暫借迴光日用全功迷徒自背僧問如何是直截根源佛所印師拋下拄杖散手而去問如何是西來意師以手入懷出拳展開與之僧乃跪膝以兩手作受勢師曰是什麼僧無對

襄州延慶山法端大師有人問蚯蚓斬為兩段兩頭俱動佛性在阿那頭師展兩手（洞山別云問底在阿那頭）

杭州徑山洪諲禪師吳興人也姓吳氏遭唐會昌沙汰衆皆悲惋諲曰大丈夫鐘此厄會豈非命也何乃效兒女子乎僧問掩息如灰時如何師曰猶是時人功幹僧曰幹後如何師曰耕人田不種僧曰畢竟如何師曰禾熟不臨場問龍

門不假風霜勢便透得者如何師曰猶是一品二品僧曰此既是階級向上事如何曰吾不知有汝龍門問如霜如雪時如何師曰猶是汙染曰不汙染時如何師曰不同色許州全明上座先問石霜一毫穿衆穴時如何石霜曰直須萬年後曰萬年後如何石霜曰登科任汝登科拔萃任汝拔萃後問師曰一毫穿衆穴時如何師曰光靴任汝光靴結果任汝結果佛曰長老問師曰一言定天下四句為誰留師曰汝言有三四我道其中一也無師有偈曰東西不相顧南北與誰留汝即言三四我即一也無

福州靈雲志勤禪師本州長谿人也初在溈山因桃華悟道有偈曰三十年來尋劒客幾逢落葉幾抽枝自從一見桃華後直至如今更不疑祐師覽偈詰其所悟與之符契祐曰從緣悟達永無退失善自護持（有僧舉似玄沙玄沙云諦當甚諦當敢保老兄猶未徹在衆疑此語玄沙問地藏云我恁麼道汝作麼生會地藏云不是桂琛即走殺天下人也）有僧問如何得出離生老病死師曰青山元不動浮雲飛去來雪峯問曰古人道前三三後三三意旨如何師曰水中魚山上鳥峯曰意旨作麼生師曰高可射兮深可釣問久戰砂場為什麼功名不就師曰君王有道三邊靜何勞萬里築長城又曰罷息干戈束手歸朝時如何師曰慈雲普潤無邊刹枯樹無花爭柰何問如何是西來意師曰井底種林檎曰學人不會師曰今年桃李貴一顆直千金問摩尼珠不隨衆色未審作什麼色師曰白色僧曰恁麼即隨衆色也師曰趙壁本無瑕相如誑秦主

益州應天和尚僧問人人有佛性如何是和尚佛性師曰汝喚什麼作佛性僧曰恁麼即和尚無佛性也師乃叫快活快活

福州九峯慈慧禪師遇溈山上堂云汝等諸人只得大體不得大用師抽身出去溈山召之師

更不迴顧溈山曰此子堪為法器

京兆米和尚（亦謂米七師）有老宿問月中斷井索時人喚作蛇未審七師見佛喚作什麼師曰若有佛見即同衆生（法眼別云此是什麼時節問法燈別云要且不是）老宿曰千年桃核師令僧去問仰山云今時還假悟也無仰山云悟即不無爭柰落在第二頭師深肯之又令僧去問洞山云那箇究竟作麼生洞山云却須問佗始得師亦肯之

晉州霍山和尚師聞五臺祕魔嵓和尚凡有僧到禮拜以木叉叉著師遂訪之才見不禮拜便入祕魔懷裏祕魔拊背三下師起拍手云師兄我一千里地來便迴

襄州王敬初常侍視事次米和尚至王公乃舉筆米曰還判得虛空否公擲筆入廳更不復出米致疑至明日憑鼓山供養主入探其意米亦隨至潛在屏蔽間偵伺供養主纔坐問曰昨日米和尚有什麼言句便不得見王公曰師子齩人韓獹逐塊米師竊聞此語即省前謬遽出朗笑曰我會也我會也公嘗問一僧一切衆生還有佛性也無僧云盡有公指壁上畫狗子云遮箇還有也無僧無對公自代云看齩著

益州大隨法真禪師僧問劫火洞然大千俱壞

未審此箇還壞也無師曰壞僧曰恁麼即隨佗去也師曰隨佗去也問生死到來時如何師曰遇茶喫茶遇飯喫飯僧曰誰受供養師曰合取鉢盂問如何是無縫塔師曰高五尺僧曰不會師曰鶻崙塼一日衆僧參次師口作患風勢曰還有人醫得吾口麼時衆僧競送藥以至俗士聞之亦多送藥師並不受七日後師自摑口令正乃云如許多時鼓遮兩片皮至今無人醫得吾口

韶州靈樹如敏禪師閩川人也僧問和尚年多少師曰今日生來日死又問和尚生緣什麼處

師曰日出東月落西
泉州莆田縣國歡崇福院慧日大師福州候官縣人也姓黄氏生而有異及長名文矩爲縣獄卒往往棄役往神光靈觀和尚及西院大安禪師所吏不能禁後謁萬歲塔譚空禪師落髮不披袈裟不受具戒唯以雜綵爲挂子復至觀和尚所觀曰我非汝師汝去禮西院去師攜一小青竹杖入西院法堂安遥見而笑曰入涅槃堂内去師應諾輪竹杖而入時有五百許僧染時疾師以杖子第點之各隨點而起

揚州城東光孝院慧覺禪師問宋齊丘還會道麼宋曰道也著不得師曰有著不得無著不得宋曰總不恁麼師曰著不得底宋無對張居士問爭奈老何師曰年多少張曰八十也師曰可謂老也曰究竟如何師曰直至千歲也未住有人問某甲平生愛殺牛還有罪否師曰無罪曰爲什麼無罪師曰殺一箇還一箇
隴州國清院奉禪師僧問如何是和尚家風師曰臺盤椅子火爐窻牖問如何是出家人曰銅頭鐵額鳥觜鹿身僧曰如何是出家人本分事師曰早起不審夜間珍重僧問牛頭未見四祖時爲什麼鳥獸啣花師曰如陜府人送鐵財與鐵牛曰見後爲什麼不啣花師曰木馬投明行八百
婺州木陳從朗禪師僧問放鶴出籠和雪去時如何師曰我道不一色因金剛倒僧問旣是金剛不壞身爲什麼却倒地師敲禪牀曰行住坐卧師將歸寂有頌曰三十年來住木陳時中無一假功成有人問我西來意展似眉毛作麼生
杭州多福和尚僧問如何是多福一叢竹師曰一莖兩莖斜曰學人不會師曰三莖四莖曲問如何是納衣下事師曰大有人疑在曰爲什麼如是師曰月裏藏頭

益州西睦和尚上堂有一俗士舉手云和尚是一頭驢師曰老僧被汝騎披無語去三日載來自言某甲三日前著賊師拈拄杖趂出師有時驀喚侍者侍者應諾師曰更深夜靜共伊商量
台州勝光和尚僧問如何是和尚家風師曰福州荔枝泉州刺桐問如何是佛法兩字師曰即便道僧曰請師道師曰穿耳胡僧笑點頭
漳州淨石和尚上堂云山僧鬧卜舖能斷人貧富定人生死時有僧出云離却生死貧富不落五行請師直道師曰金木水火土
紫桐和尚僧問如何是紫桐境師曰阿你眼裏著沙得麼曰大好紫桐境也不識師曰老僧不諱此事其僧出去師下禪牀擒住曰今日好箇公案老僧未得分文入手曰賴遇某甲是僧師曰禍不單行
日容和尚有僧上座參師拊掌三下云猛虎當軒誰是敵者僧曰俊鶻沖天阿誰捉得師曰彼此難當曰且休未斷遮公案師將拄杖舞歸方丈僧無語師曰死却遮漢也雲山云僧不別前語
婺州金華山俱胝和尚初住庵有尼名實際到庵戴笠子執錫繞師三匝云道得即拈下笠子三問師皆無對尼去後歎曰我雖丈夫而無丈

夫之氣擬徃諸方參尋其夜山神告曰將有大菩薩來説法果於旬日天龍和尚到師乃迎禮具陳前事天龍竪一指而示之師當下大悟自此凡有參學僧到師唯舉一指無別提唱有一童子於外被人詰曰和尚説何法要童子竪起一指歸而舉似師師以刀斷其指童子叫走師召一聲童子迴首師却竪起指頭童子領解師將順世謂衆曰吾得天龍一指頭禪一生用不盡言訖示滅長慶代衆云美食不中飽人喫玄沙云我當時若見拗折指頭玄覺云且道玄沙恁麼道意作麼生雲居錫云只如玄沙恁麼道肯伊不肯伊若肯何言拗折指頭若不肯俱胝過在什麼處先曹山云俱胝承當處鹵莽只認得一機一境一種是拍手拊掌是他西園奇怪又云且道俱胝還悟也未若悟爲什麼道承當處鹵莽若不悟又道用一指頭禪不盡且道曹山意旨在什麼處

襄州關南道吾和尚始聞巫者樂神云識神無師忽然省寤後參常禪師印其所解凡上堂示衆戴蓮華笠披襴執簡擊鼓吹笛口稱魯三郎有時云打動關南鼓唱起德山歌僧問如何是祖師西來意師以簡揖曰諾師有時執木劒橫在肩上作舞僧曰手中劒什麼處得來師擲於地僧却置師手中師曰什麼處得來僧無對師曰容汝三日內下取一語其僧亦無對師自代拈劒肩上作舞云恁麼始得

漳州羅漢和尚始於關南常禪師拳下悟旨乃為歌曰咸通七載初參道到處逢言不識言心

裏凝團若栲栳三春不樂止林泉忽遇法王氈上坐便陳疑懇向師前師從氈上那伽起袒膊當胷打一拳驟散凝團獦狚落舉頭看見日初圓從玆蹬蹬以碣碣直至如今常快活只聞肚裏飽膨脝更不東西去持鉢又偈曰宇內為閑客人中作野僧任從佗笑我隨處自騰騰

筠州末山尼了然灌谿閑和尚游方時到山乃入堂內然遣侍者問上座游山來為佛法來閑曰為佛法來然乃升座閑上參然問上座今日離何處閑曰離路口然曰何不蓋却閑無對（禾山代云爭得到這裏）閑問如何是末山然曰不路頂閑曰如何是末山主然曰非男女相閑乃喝云何不變去然曰不是神不是鬼變箇什麼閑於是服膺僧到參然曰太繿縷生僧曰雖然如此且是師子兒然曰為什麼被文殊騎僧無對僧問如何是古佛心然曰世界傾壞僧曰世界為什麼傾壞然曰寧無我身

鎮州臨濟義玄禪師黃蘗普請鋤蒠穀迴見師在後空手立乃問钁在何處師曰上座將去也黃蘗曰近前來共汝商量師向前乂手黃蘗將钁钁地曰我遮钁天下人拈掇不起還有人拈得起麼師掣得舉起云钁在義玄手裏黃蘗曰

今日自有人赴普請我不著去也便自歸院（潙山別仰山侍次方衆此話未了仰山便問钁在黃蘗手裏為什麼被臨濟奪却潙山曰賊是小人智過君子）師與黃蘗栽杉黃蘗曰深山裏栽許多樹作麼師曰與後人作古記乃將鍬拍地兩下黃蘗拈起拄杖曰汝喫我棒了也師作噓噓聲黃蘗曰吾宗到汝此記方出（潙山舉問仰山且道黃蘗後囑臨濟為復別有意旨仰山曰亦囑臨濟亦記向後潙山云向後作麼生仰山云一人指南吳越令行南塔和尚注云獨坐震威此記方出又云若遇大風此記亦出潙山云如是如是）一日上堂曰汝等諸人肉團心上有一無位真人常向諸人面門出入汝若不識但問老僧時有一僧問如何是無位真人師便打云無位真人是什麼乾屎橛（後雪峯聞乃曰臨濟大似白拈賊）師問樂普云從上來一人行棒一人行喝阿那箇親對曰揔不親師曰親處作麼生普便喝師乃打麻谷到參敷坐具問十二面觀音阿那面正師下牀一手收坐具一手搊麻谷云十二面觀音向什麼處去也麻谷轉身擬坐繩牀師拈拄杖打麻谷接却入方丈師將示滅乃說偈曰沿流不止問如何真照無邊說似佗離相離名人不稟吹毛用了極還磨

睦州陳尊宿初居睦州晦迹常製草屨密置於道上歲久人知乃有陳蒲鞋之號焉師因晚參謂衆曰汝等諸人未得箇入頭若得箇入頭已後不得孤負老僧時有僧出禮拜曰某甲終不

敢孤負和尚師曰早是孤負我了也師尋常見納僧來即閉門或見講僧乃召云坐主其僧應諾師曰擔板漢或曰遮裏有桶與我取水師問一長老曰了即毛端滴巨海始知大地一微塵長老作麼生對曰問阿誰師曰問長老長老曰何不領話師曰汝不領話我不領話僧問教意祖意是同是別師曰青山自青山白雲自白雲僧曰如何是青山師曰還我一滴雨來僧曰道不得請師道師曰法華峯前陣涅槃句後收師看經次陳操尚書問和尚看什麼經師曰金剛經尚書曰六朝翻譯此當第幾譯師舉起經曰

一切有爲法如夢幻泡影有一紫衣大德到禮拜師拈帽子帶示之曰遮箇喚作什麽大德曰朝天帽師曰恁麽即老僧不卸也師復問所習何業曰唯識師曰作麽生説曰三界唯心萬法唯識師指門扇曰遮箇是什麽曰是色法師曰簾前賜紫對御談經何得不持五戒無對問以字不成八字不是是何章句師彈指一聲曰會麽曰不會師曰上來表讃無限勝緣蝦蟇跳上梵天蚯蚓走過東海

杭州千頃山楚南禪師上堂曰諸子設使解得三世佛敎如缾注水及得百千三昧不如一念修無漏道免被人天因果繫絆時有僧問無漏道如何修師曰未有闍梨時體取曰未有某甲時誰人體師曰體者亦無問如何是易師曰著衣喫飯不用讀經看敎不用行道禮拜燒身煉頂豈不易也曰此既是易如何是難師曰微有念生便具五陰三界輪迴生死皆從汝一念生所以佛敎諸菩薩云佛所護念

福州烏石山靈觀禪師（住本山爲老峯亦云丁巖山時稱老觀和尚）師一日問西院安和尚此一片地堪著什麽物安曰好著箇無相佛師曰好片田地被兄放不淨問如何是佛師出舌示之其僧禮謝師曰住住你見什麽便禮拜僧曰謝和尚慈悲出舌相示師曰老漢近日舌上生瘡

杭州羅漢院宗徹禪師上堂僧問如何是西來意師曰骨剉也（師譬機多用此語故時人因號骨剉和尚）問如何是南宗北宗曰心爲宗僧曰還看敎也無師曰敎是心問性地多昏如何了悟師曰煩雲風卷太虛廓清曰如何得明去師曰一輪皎潔萬里騰光

魏府大覺禪師師臨終謂衆曰我有一隻箭要付與人時有一僧出曰請和尚箭師曰汝喚什麽作箭僧喝師打數下自歸方丈却喚其僧問曰汝適來會麽僧曰不會師又打數下擲却拄杖曰已後遇明眼人分明舉似便乃告寂

裴休字公美河東聞喜人也守新安日屬運禪師初於黄蘗山捨衆入大安精舍公入寺因覩壁畫乃問是何圖相主事對曰高僧眞儀公曰眞儀可觀高僧何在僧皆無對公曰此閒有禪人否曰近有一僧頗似禪者遂尋運師公覩之欣然曰休適有一問請上人代酬師曰請相公垂問公即舉前問師曰裴公公應諾師曰在什麽處公當下知旨既通徹祖心復博綜教相諸方禪學咸謂裴公不浪出黄蘗之門也至還鎭宣城創精藍迎請居之雖圭峯該通禪講爲裴之所重未若歸心於黄蘗而傾竭服膺者也又撰圭峯碑云休與師於法爲昆仲於義爲交友於恩爲善知識於教爲内外護斯可見矣仍集黄蘗語要親書序引冠於編首留鎭山門又親書大藏經五百函號迄今寶之又圭峯禪師著禪源諸詮原人論及圓覺經疏注法界觀公皆爲之序公父肅字中明任越州觀察使應三百年讖記重建龍興寺大佛殿自撰碑銘

仰山西塔光穆禪師僧問如何是正聞師曰不從耳入曰作麽生師曰還聞麽問祖意與教意同別師曰同別且置汝道缾背裏什麽物出來入去問如何是頓師作圓相示之曰如何是漸師以手空中撥三下

晉州霍山景通禪師初叅仰山仰山閉目坐師曰如是如是西天二十八祖亦如是中華六祖亦如是和尚亦如是景通亦如是語訖向右邊翹一足而立仰山起打四藤杖師因此自稱集雲峯下四藤條天下大禪佛（歸宗下亦有大禪佛名智通勝於五臺）

杭州文喜禪師僧問如何是涅槃相師曰香煙盡處驗問如何是自己師默然僧罔措再問師曰青天蒙昧不向月邊飛

仰山南塔光涌禪師僧問文殊是七佛師文殊

有師否師曰遇緣即有曰如何是文殊師師豎拂子示之僧曰莫遮箇是麼師放下拂子叉手問眞佛住在何處師曰言下無相也不在別處

灌谿志閑禪師師謂衆曰我見臨濟無言語直至如今飽不饑又曰大庾嶺頭佛不會黃梅路上沒衆生僧問久嚮灌谿到來只見漚麻池師曰汝只見漚麻池不見灌谿僧曰如何是灌谿師曰劈箭急（後人舉似玄沙玄沙云更學三十年未會禪）

幽州譚空和尚有尼欲開堂師曰尼女家不用開堂尼曰龍女八歲成佛又作麼生師曰龍女有十八變汝與老僧試一變看尼曰變得也是野狐精師乃打趂

鎭州寶壽沼和尚僧問萬境來侵時如何師曰莫管佗僧禮拜師曰不要動著動著即打折汝腰趙州諗和尚來師在禪牀背面而坐諗展坐具禮拜師起入方丈諗收坐具而出師問僧什麼處來曰西山來師曰見獼猴麼曰見師曰作什麼伎倆曰見某甲一箇伎倆也作不得師打之胡釘鉸參師問汝莫是胡釘鉸曰不敢師曰還解釘得虛空否曰請和尚打破某甲與釘師以拄杖打之胡曰和尚莫錯打某甲師曰向後有多口阿師與點破在（趙州云只遮一縫尚不柰何乃代云且釘遮一縫）問萬里無片雲時如何師曰青天亦須喫棒

鎭州三聖院慧然禪師至仰山仰山問汝名什麼師曰名慧寂仰山曰慧寂是我名師曰我名慧然仰山大笑而已師到德山纔展坐具德山曰莫展炊巾遮裏無殘飯師曰縱有也無著處德山以拄杖打師師接住却推德山向禪牀上德山大笑師哭蒼天而去

魏府興化存奬禪師師後爲唐莊宗師莊宗一日謂師曰朕收大梁得一顆無價明珠未有人酬價師曰請陛下珠看帝以手舒開幞頭脚師曰君王之寶誰敢酬價

鎭州萬歲和尚僧問大衆上堂合譚何事師曰序品第一

涿州紙衣和尚初問臨濟如何是奪人不奪境臨濟曰春煦發生鋪地錦嬰兒垂髮白如絲師曰如何是奪境不奪人曰王令已行天下徧將軍塞外絕煙塵師曰如何是人境俱不奪曰王登寶殿野老謳謌師曰如何是人境俱奪曰并汾已信獨處一方

虎谿庵主有僧問和尚何處人事師曰隴西人僧曰承聞隴西有鸚鵡還實也無師曰是僧曰和尚莫不是也無師便作鸚鵡聲僧曰好箇鸚鵡師便棒之

襄州歷村和尚煎茶次僧問如何是祖師西來意師舉茶匙子僧曰莫只遮便當否師擲向火中問如何是觀其音聲而得解脫師將火筯打柴頭問汝還聞否曰聞師曰誰不解脫

江州廬山雙谿田道者僧問如何是啐啄之機師以手作啄勢問如何是西來意師曰什麼處得箇問頭來

雙峯古禪師因上雙峯禮謁雙峯問大德什麼處住曰城裏住雙峯曰尋常還思老僧否曰常思和尚無由禮覲雙峯曰只者思底便是大德師從此領旨

洪州米嶺和尚尋常垂語曰莫過於此僧問未審是什麼莫過於此師曰不出是（其僧後問長慶爲什麼不出是長慶云汝擬喚作什麼）

道㠛禪師上堂謂衆曰彌勒世尊朝入伽藍暮成正覺乃說偈曰三界上下法我說皆是心離於諸心法更無有可得看佗恁麼道也大殺惺惺若比吾徒猶是鈍漢所以一念見道三世情盡如印印泥更無前後諸子生死事大快須薦取莫爲等閑業識茫茫蓋爲迷已逐物世尊臨入涅槃文殊請佛再轉法輪世尊咄文殊言吾

四十九年住世不曾一字與人汝請吾再轉法輪是謂吾曾轉法輪也然今時衆中建立箇賓主問荅事不獲已蓋爲初心爾

越州清化全付禪師僧問如何是正法眼師曰不可青天白日尿牀也問如何是佛法大意師曰華表柱頭木鶴飛問路逢達道人不將語默對未審將什麼對師曰眼裏瞳人吹叫子問亡僧遷化向什麼處去師曰長江無間斷聚沫任風飄曰還受祭祀也無師曰祭祀不無僧曰如何祭祀師曰魚歌舉棹谷裏聞聲

郢州芭蕉山慧清禪師僧問如何是芭蕉水師曰冬溫夏涼問賊來須打客來須看忽遇客賊俱來時如何師曰屋裏有一緉破草鞋只如破草鞋還堪受用也無師曰汝若將去前凶後不吉問古佛未出興時如何師曰千年茄子根曰出興後如何師曰金剛努出眼

韶州昌樂縣黃連山義初號明微大師僧問三乘十二分敎即不問請師開口不荅話師曰寶華臺上定古今曰如何是寶華臺上定古今師曰一點墨子輪流不移曰學人全體不會請師指示師曰靈覺雖轉空花不墜問如何是佛師曰胷題萬字背負圓光

韶州慧林鴻究號妙濟大師僧問千聖常行此路如何是此路師曰果然不見問魯祖面壁意如何師曰有什麼雪處

吉州資福如寶禪師僧問如何是玄言師曰汝與我掩却門問魯祖面壁意作麼生師曰勿交涉問遮箇還受學也無師曰未曾鑁地栽虛空師一日拈起蒲團示衆曰諸佛菩薩及入理聖人皆從遮裏出便擲下擘胷開曰作麼生衆無對

池州魯祖山敎和尚僧問如何是目前事師曰絲竹未將爲樂器架上葫蘆猶未收問如何是雙林樹師曰有相身中無相身曰如何是有相

身中無相身師曰金香山下鐵崑崙

汝州寶應和尚師問僧近離什麼處曰長水師曰東流西流曰總不恁麼師曰作麼生僧珍重師打之師問僧近離什麼處曰近離襄州師曰來作什麼曰特來禮拜和尚師曰恰遇寶應老不在僧便喝師曰向汝道不在又喝作什麼僧又喝師乃棒之其僧禮拜師曰遮棒本分汝打我我且打汝三五棒要此話大行師上堂曰諸方只具啐啄同時眼不具啐啄同時用有僧問如何是啐啄同時用師曰作家相見不啐啄啐啄同時失僧曰此猶未是某甲問處師曰汝問處又作麼生僧曰失師乃打之其僧不肯遂禮風穴和尚風穴問曰汝當時問先師啐啄話後來還有省處也無僧曰已見箇道理也曰作麼生僧曰某甲當時在燈影裏行照顧不著風穴云汝會也

汝州西院思明禪師僧問如何是臨濟一喝師曰千鈞之弩不爲鼷鼠而發機曰和尚慈悲何在師打之僧從漪到旬日乃曰莫道會佛法人覓箇舉話底人也無師聞之默然漪異日上法堂次師召從漪漪舉首師曰錯漪進三兩步師又曰錯從漪漪復近前師曰適來兩錯是上坐

錯是思明老錯曰是從漪錯師曰錯又曰上坐且遮裏過夏共汝商量遮兩錯漪不肯便去後住相州天平山每舉前話曰我行脚時被惡風吹到汝州有西院長老勘我連下三箇錯便待留我冬不說恁麼時錯我當時發足擬向南去便知道錯了也首山省念和尚云據天平作恁麼會解未夢見西院在何故話在

淄州水陸和尚僧問如何是學人用心處師曰用心即錯僧曰不起一念時如何師曰勿用處漢問此事如何保任師曰切忌問狹路相逢時如何師便攔胷托一托

汝州南院和尚問匹馬單槍來時如何師曰待

我斫棒僧問上上根器人還接否師曰接僧曰便請師接師曰且得平交師問新到僧近離什麼處曰漢上師曰汝也罪過我也罪過僧無語

傳燈玉英集卷第六

舒州投子山大同禪師本州懷寧人也姓劉氏閱華嚴教發明性海結茅而居一日趙州至桐城縣師亦出山相遇未相識趙州潛問俗士知是投子乃問曰莫是投子山主麼師曰茶鹽錢乞一箇趙州即先到庵中坐師後攜一缾油歸庵趙州曰久嚮投子到來只見箇賣油翁師曰汝只見賣油翁且不識投子曰如何是投子師曰油油師謂衆曰汝諸人來這裏擬覓新鮮語句攢華四六口裏貴有可道我今氣力稍劣脣舌遲鈍汝若問我我便隨汝荅對也無玄妙可及於汝亦不敎汝採根終不說向上向下有佛

有法有凡有聖亦不存坐繫縛汝諸人變現千般摠是汝生解自擔帶將來自作自受遮裏無可與汝不敢誑嚇汝無表無裏可得說似汝諸人還知麼僧問一切諸佛及諸佛法皆從此經出如何是此經師曰以是名字汝當奉持問金鏁未開時如何師曰開也問學人欲修行時如何師曰虛空不曾爛壞雪峯侍立師指庵前一塊石曰三世諸佛摠在裏許雪峯曰須知有不在裏許者師乃歸庵中坐一日雪峯隨師訪龍眠庵主雪峯問龍眠路向什麼處去師以拄杖指前面雪峯曰東邊去西邊去師曰漆桶雪峯辭

去師出門送驀召曰道者雪峯迴首應諾師曰途中善爲僧問故歲已去新歲到來還有不涉此二途者無師曰有僧曰如何是不涉者師曰元正啓祚萬物惟新問依稀似半月冉冉若三星乾坤收不得師向何處明師曰道什麼僧曰想師只有湛水之波且無滔天之浪師曰閑言語問師如何是出門不見佛師曰無所覩曰如何是入室別耶孃師曰無所生問如何是火燄裏藏身師曰有什麼掩處曰如何是炭堆裏藏身師曰我道汝黑似漆僧問曰抱璞投師請師雕琢師曰不爲棟梁材曰恁麼即卞和無出身處也師曰

擔帶即伶俜辛苦曰不擔帶時如何師曰不教汝抱璞投師更請雕琢問郍吒太子拚骨還父拚肉還母如何是郍吒本來身師放下手中杖子問一等是水爲什麼海鹹河淡師曰天上星地下木（法眼別云大似相違）問如何是祖師意師曰彌勒覓箇授記處不得問如何是毗盧師曰已有名字曰如何是毗盧師師曰未有毗盧時會取問歷落一句請師道師曰好問問四山相逼時如何師曰五蘊皆空問學人一問即和尚荅忽若千問萬問時如何師曰如雞抱卵問如何是和尚師師曰迎之不見其首隨之不見其形問月未

圓時如何師曰吞却兩三箇曰圓後如何師曰吐却七八箇問牛頭未見四祖時如何師曰與人爲師又問見後如何師曰不與人爲師問諸佛出世惟以一大事因緣如何是一大事因緣師曰尹司空爲老僧開堂如何是佛師曰幻不可求問達麼未來時如何師曰徧天徧地曰來後如何師曰蓋覆不得問金雞未鳴時如何師曰無遮箇音響曰鳴後如何師曰各自知時

湖州道場山如訥禪師僧問如何是教意師曰汝自看僧禮拜師曰明月鋪霄漢山川勢自分問如何得聞性不隨緣去師曰汝聽看僧禮拜師曰聾人也唱胡笳調好惡高低自不聞僧曰恁麼即聞性宛然也師曰石從空裏立火向水中焚問如何是道人師曰行運無蹤跡起坐絕人知僧曰如何即是師曰三爐力盡無煙䭾萬頃平田水不流問一念不生時如何師曰堪作什麼僧無語師曰透出龍門雲雨合山川大地入無蹤

建州白雲約禪師天台韶和尚叅師問什麼處來韶曰江北來師曰舡來陸來曰舡來師曰還逢見魚鼈麼曰往往遇之師曰遇時作麼生韶曰咄縮頭去師大笑

潭州石霜山慶諸禪師廬陵新淦人也姓陳氏抵大溈山爲米頭一日師篩米溈山曰施主物莫抛撒師曰不抛撒溈山於地上拾一粒曰汝道不抛撒遮箇是什麼師無對溈山又曰莫欺遮一粒子百千粒從遮一粒生師曰未審遮一粒從什麼處生溈山笑歸方丈晚上堂曰大衆米裏有蟲師後叅道吾問如何是觸目菩提道吾𠲗沙彌沙彌應諾曰添淨缾水著師從此省覺吾曰我疾作將欲去世心中有物久而爲患誰可除之師曰心物俱非除之益患吾曰賢哉僧問如何是西來意師曰空中一片石僧禮拜師曰會麼曰不會師曰賴汝不會若會即打破汝頭師居方丈有僧在明窓外問咫尺之間爲什麼不覩師顔師曰我道徧界不曾藏僧舉問雪峯徧界不曾藏意旨如何雪峯曰什麼處不是石霜僧迴舉呈師師曰老大漢有什麼死急（玄覺徵云只如雪峯是會石霜意不會石霜意若會也他爲什麼道死急若不會什麼生雪峯豈可不會然法且無異泰以師承不同解亦差別他云徧界不曾藏也須會學者來如得會亂說即不可）

潭州漸源仲興禪師一日隨道吾往檀越家弔喪師以手拊棺曰生邪死邪道吾曰生也不道死也不道師曰爲什麼不道道吾曰不道不道弔畢同迴途次師曰和尚今日須與仲興道儻更不道即打去也道吾曰打即任打生也不道死也不道師遂打道吾數拳道吾歸院令師且去師乃禮辭往石霜舉前語令請和尚道石霜曰汝不見道吾道生也不道死也不道師於此大悟乃設齋懺悔師一日將鍬子於法堂上石霜曰作什麼師曰覓先師靈骨石霜曰洪波浩渺白浪滔天覓什麼靈骨師曰正好著力石霜曰遮裏針劄不入著什麼力（太原孚上座代云先師靈骨猶在）

祿清和尚僧問不落道吾機請師道師曰庭前紅莧樹生葉不生華師良久曰會麼僧曰不會師曰正是道吾機因什麼不會僧禮拜師便打云須是老僧打你始得

筠州洞山良价禪師會稽人也姓俞氏謁南泉值馬祖諱辰南泉垂問衆僧曰來日設馬師齋未審馬師還來否衆皆無對師乃出曰待有伴即來南泉曰此子甚堪雕琢師曰和尚莫壓良爲賤次叅溈山問曰頃聞忠國師有無情說法良价未究其微溈山曰我遮裏亦有只是難得其人曰便請師道溈山曰父母所生口終不敢道曰還有與師同時慕道者否溈山曰有雲巖道人若能撥草瞻風必爲子之所重既到雲巖問無情說法什麼人得聞雲巖曰無情說法無

情得聞師曰和尚聞否雲巖曰我若聞汝即不聞吾說法也曰若恁麼即良价不聞和尚說法也雲巖曰我說汝尚不聞何況無情說師乃述偈曰也大奇也大奇無情解說不思議若將耳聽聲不現眼處聞聲方得知又問雲巖和尚百年後忽有人問還貌得師真如何祗對雲巖曰但向伊道即這箇是師良久雲巖曰承當這箇事大須審細師猶涉疑後因過水覩影大悟前旨因有一偈曰切忌從佗覓迢迢與我疎我今獨自往處處得逢渠渠今正是我我今不是渠應須恁麼會方得契如如因供養雲巖真有僧

問曰先師道只這是莫便是否師曰是僧曰意旨如何師曰當時幾錯會先師語曰未審先師還知有也無師曰若不知有爭解恁麼道若知有爭肯恁麼道（長慶稜云既知有爲什麼恁麼道又云養子方知父慈）師問僧什麼處來曰遊山來師曰還到頂否曰到師曰頂上還有人否曰無師曰恁麼即闍梨不到頂也曰若不到頂爭知無人師曰闍梨何不且住曰某甲不辭住西天有人不肯師問太長老曰有一物上拄天下拄地常在動用中黑如漆過在什麼處太曰過在動用（洞安顯別云不知）師乃咄云出去僧問蛇吞蝦蟇救即是不救即是師曰救即雙不覩不救即形影不彰僧問承古有言相逢不擎出舉意便知有時如何師乃合掌頂戴師問講維摩經僧曰不可以智知不可以識識奚作什麼語對曰讚法身語師曰法身是讚何用更讚師有時垂語曰直道本來無一物猶未消得佗鉢袋子僧便問什麼人合得師曰不入門者僧曰只如不入門者還得也無師曰雖如此不得不與佗師曰直道本來無一物猶未消得佗衣鉢這裏合下得一轉語且道下得什麼語有一上座下語九十六轉不愜師意末後一轉始可師意師曰闍梨何不早恁麼道有一僧聞

請舉如是三年執侍巾缾終不爲舉上座因有疾其僧曰某甲三年請舉前話不蒙慈悲善取不如惡取遂持刀向之曰若不爲某甲舉即便殺上座也上座悚然曰闍梨且待我爲汝舉乃曰直饒將來亦無處著其僧禮謝僧問師尋常教學人行鳥道未審如何是鳥道師曰不逢一人曰如何行師曰直須足下無絲去曰只如行鳥道莫便是本來面目否師曰認奴作郎曰如何是本來面目師曰不行鳥道師謂衆曰知有佛向上人方有語話分有僧問如何是佛向上人師曰非常（保福別云佛非　法眼別云方便呼爲佛）師洗鉢次見兩烏爭蝦蟇僧問曰這箇因什麼到恁麼地師曰只爲闍梨僧問如何是毗盧師法身主師曰禾莖粟幹問三身之中阿那身不墮衆數師曰吾常於此切（僧問曹山先師道吾常於此切意作麼生曹山云要頭即斫將去又問雪峯雪峯以拄杖擬之云我亦曾到洞山來）師因看稻田次朗上坐牽牛曰這箇牛須好看恐喫稻去師曰若是好牛應不喫稻師問僧世間何物最苦僧曰地獄最苦師曰不然在此衣線下不明大事是名最苦問和尚違和還有不病者無師曰有僧曰不病者還看和尚否師曰老僧看佗有分又曰離此殼漏子向什麼處與吾相見（泉無對）

涿州杏山鑒洪禪師臨濟問如何是露地白牛師曰吽濟曰啞却杏山口師曰老兄作麼生濟曰這畜生師乃休（與石室問答如彼章出之）

潭州神山僧密禪師師在南泉打羅次南泉問作什麼師曰打羅曰汝以手打脚打師曰却請和尚道南泉曰分明記取遇明眼作家但恁麼舉似（雲巖代云無本鋤者皆濕）師與洞山渡水洞山曰莫錯下脚師曰錯即過不得也洞山曰不錯底事作麼生師曰共長老過水一日與洞山鋤茶園洞山擲下钁頭曰我今日困一點氣力也無師曰若無氣力爭解恁麼道洞山曰汝將謂有氣力

底是也裴大夫問僧供養佛還喫否僧曰如大
夫祭家神大夫舉似雲巖雲巖代曰有幾般飯食
但一時下來雲巖却問師一時下來後作麼生
師曰合取鉢盂
幽谿和尚僧問大用現前不存軌則時如何師
起遶禪牀一匝而坐僧欲進語師與一蹋僧歸
位而立師曰汝恁麼我不恁麼汝不恁麼我却
恁麼僧再擬進語師又一蹋曰三十年後吾道
大行
澧州夾山善會禪師廣州峴亭人也姓廖氏師
上堂僧問曰如何是法身師曰法身無相又曰

傳燈玉英集卷八　十三　大

如何是法眼師曰法眼無瑕師又曰目前無法
意在目前不是目前法非耳目所到師上堂示
衆曰夫有祖以來時人錯會相承至今以佛祖
句為人師範如此却成狂人無智人去他只指
示汝無法本是道道無一法無佛可成無道可
得無法可捨故云目前無法意在目前他不是
目前法若向佛祖邊學此人未有眼目皆屬所
依之法不得自在本只為生死茫茫識性無自
由分千里萬里求善知識須有正眼永脫虛謬
之見定取目前生死為復實有為復實無若有
人定得許汝出頭上根之人言下明道中下根

認波波浪走何不向生死中定當取僧曰勞持
生死法唯向佛邊求目前迷正理撥火覓浮漚
僧問如何是道師曰太陽溢目萬里不挂片雲
曰如何得會師曰清清之水游魚自迷問如何
是本師曰飲水不迷源師有小師隨侍日久遣
令行脚游歷禪肆無所用心聞師聚衆迴歸省
覲而問和尚有如是奇特事何不早向某甲說
師曰汝蒸飯吾著火汝行益吾展鉢什麼處是
孤負汝處小師從此悟入僧問師若是教意某
甲不疑只如禪門中事如何師曰老僧也只解
變生為熟問如何是實際之理師曰一石上無根

傳燈玉英集卷八　十四　大

樹山含不動雲問如何是出窟師子師曰虛空
無影象足下野雲生問如何是夾山境師曰猿
抱子歸青嶂裏鳥銜華落碧巖前
投子感溫禪師僧問師登寶坐接示何人師曰
如月覆千谿僧曰恁麼即滿地不虧也師曰莫
恁麼道師見蟬蛻殼侍者問曰殼在遮裏蟬向
什麼處去也師拈殼就耳搖作蟬響聲其僧於
是開悟
福州牛頭微禪師僧問如何是和尚家風師曰
山畬粟米飯野菜澹黃虀僧曰忽遇上客來又
作麼生師曰喫即從君喫不喫任東西問不問

驪龍頷下珠如何識得家中寶師曰忙中爭得
作閑人
西川青城香山澄照大師僧問諸佛有難向火
燄裏藏身未審納僧有難向什麼處藏身師曰
水精甕裏著波斯問如何是初生月師曰太半
人不見
陝府天福和尚僧問如何是佛法大意師曰黃
河無滴水華嶽總平沈
鳳翔府招福和尚僧問東手為手皆出隊和尚
為什麼不出隊師曰住持各不同闍梨爭得怪
興元府中梁山遵古禪師僧問空劫無人能問

傳燈玉英集卷八　十五　大

法即今有問法何安師曰大悲菩薩甕裏坐
襄州谷隱和尚僧問如何是不觸白雲機師曰
鶴帶鵝顏淨生不棄
安州九嵕山和尚僧問如何是佛師曰即汝是
問遠聞九嵕及至到來只見一嵕師曰闍梨只
見一嵕不見九嵕曰如何是九嵕師曰水急浪
華麤
盤山和尚僧問如何出得三界師曰在裏頭來
多少時邪曰如何出得師曰青山不礙白雲飛
安州九嵕敬慧禪師僧問解脫深坑如何過得
師曰不求過僧曰如何過得師曰求過亦非

鄂州巖頭全豁禪師與雪峯(義存)欽山(文邃)為友自餘杭謁仰山纔入門提起坐具曰和尚仰山取拂子擬舉之師曰不妨好手後叅德山入方丈門側身問是凡是聖德山喝之師禮拜有人舉似洞山洞山曰若不是豁上座大難承當師聞之乃曰洞山老人不識好惡錯下名言我當時一手擡一手搦雪峯在德山作飯頭一日飯遲德山擎鉢下法堂雪峯曰鐘未鳴鼓未擊老和尚向什麼處去德山卻歸方丈師在堂中聞之拊掌曰大小德山猶未會句在時大衆駭之白德山曰豁上座不肯和尚請勘過德山令侍者喚入方丈問曰上座今日道老人未會句在且作麼生師密而啓述德山明日說法竟大衆下堂師於僧堂前拊掌曰慙愧大衆喜德山老人會句也佗後天下人近不得然只得三年(德山果二年示滅)一日與雪峯欽山聚話存驀然指一椀水邃曰水清月現存曰水清月不現師踢却水椀而去問堂堂來時如何師曰剌破眼問如何是祖師意師曰移取廬山來向汝道師與羅山卜塔基羅山中路忽曰和尚師迴顧曰作麼羅山舉手曰遮裏好片地師咄曰瓜州賣瓜漢又行數里歇憩間羅山禮拜問曰和尚豈不是三十年在洞山而不肯洞山師曰是又曰和尚豈不是法嗣德山又不肯德山師曰是曰不肯德山即不問只如洞山有何所闕師良久曰洞山好箇佛只是無光問二龍爭珠誰是得者師曰俱錯僧問雪峯聲聞人見性如夜見月菩薩人見性如晝見日未審和尚見性如何峯以拄杖打三下其僧後舉前語問師師與三摑問萬丈井中如何得到底師曰咄僧載問師曰脚下過也

福州雪峯義存禪師僧問祖意與教意是同是別師曰雷聲震地室內不聞又曰闍梨行脚為什麼事問剃髮染衣受佛依蔭為什麼不許認佛師曰好事不如無問如何是覿面事師曰千里未是遠問齊露投鋒時如何師曰好手不中的師問僧什麼處來對曰神光來師曰晝喚作日光夜喚作火光作麼生是神光僧無對師自代曰日光火光師問僧什麼處來僧曰近離浙中師曰舡來陸來曰二塗俱不涉師曰爭得到遮裏曰有什麼隔礙師便打師問僧什麼處來對曰離江西師曰江西與此間相去多少曰不遙師豎起拂子曰還隔遮箇麼曰若隔遮箇即遙去也師便打問學人乍入叢林乞師指示箇入路師曰寧自碎身如微塵終不敢瞎卻一僧師因舉六祖云不是風動不是幡動仁者心動師曰大小祖師龍頭蛇尾好與二十拄杖時太原孚上座侍立聞之咬齒師又曰我適來恁麼道也好與二十拄杖(雪竇云作麼生是祖師龍頭蛇尾便好喫拄杖只如雪峯自道我也好喫拄杖且道佛法還有作麼生久在衆上座云有不知却被兒孫且作麼生會東禪齊云雪峯語意道為當指劍有殺兒孫喚作自抽過抽過且置祖師道不是風動不是幡動且作麼生)師問僧近離什麼處僧曰離溈山曾問如何是祖師西來意溈山據坐師曰汝肯佗否僧曰某甲不肯佗師曰溈山古佛子速去禮拜懺悔玄沙曰山頭老漢蹉過溈山也(東禪齊云什麼處是蹉過的處蹉過莫便孫麼會也無忝應會鄉來會溈山意在只如雪峯云溈山古佛子教去懺悔是證明溈山是蹉認溈山古事也孫子細好見去也不難矣)師送僧出行三五步召曰上座僧迴首師曰途中善為僧問拈槌豎拂不當宗乘和尚如何師豎起拂子其僧自把頭出師乃不顧(法眼代云大衆看此一員戰將)師謂鏡清曰古來有老宿引官人巡堂云此一衆盡是學佛法僧官人云金屑雖貴又作麼生老宿無對鏡清代曰比來拋塼引玉(法眼別云官人何得貴耳賤目)普請往寺莊路逢獼猴師曰遮畜生一人背一面古鏡摘山僧稻禾僧曰曠劫無名為什麼彰為古鏡師曰瑕生也僧曰有什麼死急話端也不識師曰老僧罪過

泉州瓦棺和尚德山問曰汝還會麼師曰不會德山曰汝成持取箇不會好師曰不會成持箇

什麼德山曰汝似一團鐵師遂摳衣德山
河中南際山僧一禪師僧問幸獲親近乞師指
示師曰我若指示即屈著汝僧曰教學人作麼
生即是師曰切忌是非問如何是法身主師曰
不過來又問如何是毗盧師師曰不超越
潭州大光山居誨禪師初造于石霜之室石霜
將試其所得垂問曰國家每年放舉人及第朝
門還得拜也無師曰有人不求進曰憑何師曰
且不爲名石霜又因疾問曰除却今日別更有
時也無師曰渠亦不道今日是石霜然之僧問
只如達磨是祖否師曰不是祖僧曰旣不是祖
又來作什麼師曰爲汝不薦祖僧曰薦後如何
師曰方知不是祖
廬山棲賢懷祐禪師僧問如何是五老峯前句
師曰萬古千秋僧曰恁麼莫成斷絕也無師曰
鷺鷥欲與誰
蘄州九峯道虔禪師上堂有僧問無間中人行
什麼行師曰畜生行曰畜生復行什麼行師曰
無間行曰此猶是長生路上人師曰汝須知有
不共命者曰不共什麼命師曰長生氣不常問
人人盡言請益未審師將何拯濟師曰汝道巨
嶽還曾乏寸土也無曰恁麼即四海參尋當爲

何事師曰演若迷頭心自狂曰還有不狂者也
無師曰有曰如何是不狂者師曰突曉途中眼
不開問如何是學人自己師曰更問阿誰曰便
恁麼承當時如何師曰須彌還更戴須彌麼問
諸佛非我道如何是我道師曰我道非諸佛曰
旣非諸佛爲什麼却立我道師曰適來暫喚來
如今却遣出曰爲什麼却遣出師曰若不遣出
眼裏塵生
台州涌泉景欣禪師有彊德二禪客於路次見
師騎牛不識師乃曰蹄角甚分明爭奈騎牛者
不識師驟牛而去二禪客憩於樹下煎茶師迴
下牛近前不審與坐喫茶師問曰二禪客近離
什麼處曰離那邊師曰那邊事作麼生彼提起
茶盞師曰此猶是遮邊那邊事作麼生二人無
對師曰莫道騎者不識好
潭州雲蓋山志元號圓淨大師僧問然燈未出
時如何師曰昧不得問蛇子爲什麼吞師師曰
通身已不同問如何是納僧師曰參尋訪道
福州覆船山洪荐禪師僧問如何是本來面目
師閉目吐舌又開目吐舌僧曰本來有如許多
面目師曰適來見什麼問路逢達道人不將語
默對未審將什麼對師曰老僧也恁麼

吉州崇恩和尚僧問祖意教意是一是二師曰
少林雖有月葱嶺不穿雲
石霜輝禪師僧問佛出世先度五俱輪和尚出
世先度何人師曰總不度曰爲什麼不度師曰
爲伊不是五俱輪問如何是和尚家風師曰竹
笏瓦椀
郢州芭蕉和尚僧問從上宗乘如何舉唱師曰
已被冷眼人覷破了問不落諸緣請師直指師
曰有問有荅
潭州鹿苑暉禪師僧問不假諸緣請師道師敲
火鑪僧曰親切處更請一言師曰莫睡語問牛
頭未見四祖時如何師曰如月在水曰見後如
何師曰如水在月
潭州寶蓋約禪師僧問曰寶蓋高高挂其中事
若何請師言下言一句不消多師曰寶蓋挂空
中有路不曾通儻求言下言便是有西東
越州雲門山拯迷寺海晏禪師僧問如何是納衣
下事師曰如人皷硬石頭問如何是古寺一鑪
香師曰廣大勿人齅曰齅者如何師曰六根俱
不到問久響拯迷到來爲什麼不見拯迷師曰
闍梨不識拯迷
湖南文殊和尚僧問僧繇爲什麼寫誌公不得

師曰非但僧繇誌公也貌不成曰誌公爲什麼貌不成師曰彩繢不將來曰和尚還貌得也無師曰我亦貌不得曰和尚爲什麼貌不得師曰渠不以苟我顔色教我作麼生貌

鳳翔府石柱和尚遊方時遇洞山和尚垂語曰有四種人一人說過佛祖一步行不得一人行過佛祖一句說不得一人說得行得一人說不得行不得阿那箇是其人師出衆而對曰一人說過佛祖行不得者只是無舌不許行一人行過祖佛一句說不得者只是無足不許說一人說得行得者只是函蓋相稱一人說不得行不得若有斷命而求活此是石女披枷帶鎖洞山曰闍梨自己作麼生師曰該通會上卓卓寧彰洞山曰只如海上明公秀又作麼生師曰幻人相逢拊掌呵呵

南嶽玄泰上坐四方後進依附皆用交友之禮將于示滅並無僧至乃自出門召一僧付囑令備薪蒸又留偈曰今年六十五四大將離主其道自玄玄箇中無佛祖不用剃頭不須澡浴一堆猛火千足萬足偈終垂一足而逝

澧州樂普山元安禪師首問道于翠微臨濟常對衆美之曰臨濟門下一隻箭誰敢當鋒後至

夾山禮拜端身而立夾山曰雞棲鳳巢非其同類出去師曰自遠趨風請師一接夾山曰目前無闍梨夾山無老僧師曰錯也夾山曰住住闍梨且莫草草忩忩雲月是同谿山各異闍梨揩却天下人舌頭即得如何却教無舌頭人解語師茫然無對夾山遂打之師因茲服膺問瞥然便見時如何師曰曉星分曙色爭似太陽輝問經云飯百千諸佛不如飯一無修無證者未審百千諸佛有何過無修無證者有何德師曰一片白雲橫谷口幾多歸鳥夜迷巢問日未出時如何師曰水涵滄溟龍自隱雲騰碧漢鳳猶飛問祖意與教意是一是二師曰師子窟中無異獸象王行處絶狐蹤問終日驟飆時如何師曰嚮寶混沙中識者天然異曰恁麼即展手不逢師也師曰莫將鶴唳悮作鸎啼師上堂曰孫賓收鋪去也有卜者出衆持有僧出曰請師一卦師曰汝家邪死僧無語法眼代拊掌三下問如何是西來意師敲禪牀曰會麼曰不會師曰天上忽雷驚宇宙井底蝦蟇不擧頭問四大從何而有師曰湛水無波漚因風擊曰漚滅歸水時如何師曰不渾不濁魚龍任躍問生死事如何師曰一念忘機太虛無點問凝然時如何師曰時雷應節

震嶽驚蟄曰千般運動不異箇凝然時如何師曰靈鶴翥空外鈍鳥不離巢曰如何師曰白首拜少年擧世人難信問動是法王苗寂是法王根根苗即不問如何是法王師擧拂子僧曰此猶是法王苗師曰龍不出洞誰人奈何

洪州上藍令超禪師僧問如何是上藍本分事師曰不從千聖借豈向萬機求曰只如不借不求時如何師曰不可拈放汝手裏得麼問二龍爭珠誰是得者師曰其珠徧地目覩如泥

郢州四禪和尚僧問古人有請不背今請和尚入井還得也無師曰深深無別源飲者消諸患問如何是和尚家風師曰會得底人意須知月色寒

江西逍遙山懷忠禪師僧問不似之句還有人道得否師曰或即三日齋前或即五日齋後問劒鏡明利毫毛何惑師曰不空罥索問祖佛與阿那箇最親師曰眞金不肯博誰肯換泥丸曰恁麼即不肯也師曰汝貴我賤

京州盤龍山可文禪師僧問亡僧遷化向什麼處去也師曰石牛沿江路日裏夜明燈問如何是佛師曰癡兒捨父逃

撫州黃山月輪禪師夾山問師名什麼師曰名月輪夾山作一圓相曰何似遮箇師曰和尚恁

麽語話諸方大有人不肯在曰貧道即恁麽闍
梨作麽生師曰還見月輪麽曰闍梨恁麽道此
間大有人不肯師乃服膺參郭一日夾山抗聲問
曰子是什麽處人師曰閩中人曰還識老僧否師
曰和尚還識學人否曰不然子且還老僧草鞋
價然後老僧還子江陵米價師曰恁麽即不識
和尚未委江陵米作麽價夾山曰子善能哮吼
問如何是道師曰石牛頻吐三春霧木馬嘶聲
滿道途問如何得見本來面目師曰不勞懸石
鏡天曉自鷄鳴問如何是青霄路師曰鶴棲雲
外樹不倦苦風霜

洛京韶山寰普禪師僧問韶山在什麽處師
曰青青翠竹處僧曰莫只遮便是否師曰是即
是闍梨有什麽事曰擬申一問未審師還荅否
師曰看君不是金牙作爭解彎弓射尉遲僧曰
鳳凰直入煙霄路誰怕林間野鵲兒師曰當軒
畫鼓從君擊試展家風似老僧僧曰一句迴超
今古格松蘿不與月輪齊師曰饒君直透威音
外猶較韶山半月程僧曰過在什麽處師曰倜
儻之辭時人知有僧曰恁麽即眞玉泥中異不
撥萬機塵師曰魯般門下徒施巧妙僧曰學人
即恁麽師意如何師曰玉女夜拋梭寄錦於西
舍僧曰莫便是和尚家風也無師曰耕夫置玉
樓不是行家作僧曰此是文言和尚家風如何
師曰横身當宇宙誰是出頭人
太原海湖和尚因有人請灌頂三藏供養敷坐
訖師乃就彼位坐時有雲涉坐主問曰和尚什
麽年行道師曰坐主近前來涉近前師曰只如
憍陳如是什麽年行道涉茫然師咄曰遮尿牀
鬼僧問和尚院內人何太少定水院人何太多
師曰草深多野鹿巖高獬豸稀
嘉州白水寺和尚僧問如何是西來意師曰四
溟無窟宅一滴潤乾坤問曹谿一路合譚何事

師曰澗松千載鶴來聚月中香桂鳳凰歸
鳳翔天蓋山幽禪師僧問如何是天蓋水師曰
四海滂沲不犯涓滴僧問學人擬看經時如何
師曰既是大商何求小利
洪州建昌鳳棲山同安和尚僧問如何是和尚
家風師曰金雞抱子歸霄漢玉兎懷胎入紫微
僧曰忽遇客來將何秖待師曰金果早朝猿摘
去玉花晚後鳳啣來問終日在潭爲什麽釣不
得師曰玄源不隱無生寶莫謾垂鈎向碧潭問
澄機一句曉露不逢時如何師曰太陽門下無
星月天子殿前無貧兒問險惡道中如何進步
師曰玄身透過千差路碧海無波往即難問如
何是納衣下事師曰一片玉輪今古在豈同漁
父夜沉鈎問如何是大勿慙愧底人師曰空王
不坐無生殿迦葉堂前不點燈

傳燈玉英集卷第八

羅漢有三毒不說如來有二種語不道

語只是無二種語師曰作麼生是如來語曰聾人爭得聞師曰情知和尚向第二頭道長慶却問作麼生是如來語師曰喫茶去（雲居錫云什麼處是長慶向第二頭道處）因舉盤山云光境俱亡復是何物洞山云光境未亡復是何物師曰據此二尊者商量猶未得勦絕乃問長慶如今作麼生道得勦絕長慶良久師曰情知和尚向山鬼窟裏作活計長慶却問作麼生師曰兩手將犂水過膝一日長慶問見色便見心還見舡子麼師曰見曰舡子且置作麼生是心師却指舡子（歸宗柔別云和尚只解問人）漳州刺史王公師開堂王公禮跪三請躬自扶掖升堂師

曰須起箇笑端作麼然雖如此再三不容推免諸仁者還識麼若識得便與古佛齊肩時有僧出方禮拜師曰晴乾不肯去要待雨霖頭僧乃申問曰郡守崇建精舍大闡眞風便請和尚舉揚宗教師曰還會麼曰恁麼即群生有賴也師曰莫把那不淨塗污人好僧出禮拜師曰大德好與莫覆却舡子問泯默將何爲則師曰落在什麼處曰不會師曰瞌睡漢出去問摩騰入漢一藏分明達磨西來將何指示師曰上座行脚事作麼生曰不會師曰不會會取好莫傍家取人處分若是久在叢林粗委些子遠近可以隨

處任眞其有初心後學未知丈序山僧所以不惜口業向汝道塵劫來事只在如今還會麼然佛法付囑國王大臣郡守昔同佛會今方如是若是福祿榮貴則且不論只如當時受佛付囑底事還記得麼若識得便與千聖齊肩儻未識得直須諦信此事不從人得自己亦非言多去道轉遠直道言語道斷心行處滅猶未是在久立珍重異日上堂大衆雲集師曰有人從佛殿後過見張三李四從佛殿前過爲什麼不見且道佛法利害在什麼處僧曰爲有一分麤境所以不見師乃叱之自代曰若是佛殿即不見僧曰

不是佛殿還可見否師曰不是佛殿見什麼
因言辯意時如何師曰因什麼言僧低頭良久
師曰擊電之機徒勞佇思問欲入無爲海須乘
般若船如何是般若船師曰便請曰便恁麼進
去時如何師曰也是涅槃堂裏漢有尼到參師
曰阿誰侍者報曰覺師姑師曰既是覺師姑用
來作麼尼曰仁義道中即不無師自別云和尚
是什麼心行（玄覺因舉法眼見僧擔土乃以一塊土放擔上云吾助汝僧云謝和尚慈法眼不肯有一僧別云和尚是什麼心行法眼便休玄覺徵云此三則語一般別有道理什麼處是心行處）閩帥遣使送朱
記到師上堂曰去即印住住即印破僧曰不去
不住用印奚爲師乃打之僧曰恁麼即山鬼窟
裏全因今日也師默而已（玄覺云什麼處是山鬼窟裏抉中道住在不去不住處便是山鬼窟所以打破如此爲當王是鬼窟且道將櫃打伊覺作麼生）問欲達無生路應須識
本源如何是本源師良久卻問侍者適來僧問
什麼其僧再舉師乃喝出曰我不患聾
泉州睡龍山道溥號弘教大師福州福唐人也
姓鄭氏上堂曰莫道空山無祗待便歸方丈僧
問凡有言句不出大千頂未審頂外事如何師
曰凡有言句不是大千頂曰如何是大千頂師曰
摩醯首羅天猶是小千界
杭州龍興宗靖禪師台州人也僧問如何是六
通奇特之唱師曰天下舉去問如何是六通家

風師曰一條布納一斤有餘
福州南禪契璠禪師上堂曰若是名言妙句諸
方總道了也今日衆中還有超第一義者致得
一句麼若有即不孤負於人時有僧問如何是
第一義師曰何不問第一義曰見問師曰已落
第二義也問古佛曲調請師和師曰我不和汝
雜亂底曰未審爲什麼人和師曰什麼處去來
越州諸暨縣越山師鼐號鑒眞禪師初因閩王
請於清風樓齋坐久舉目忽覩日光豁然頓悟
而有偈曰清風樓上赴官齋此日平生眼豁開
方知普通年遠事不從蔥嶺路將來師臨終偈
曰眼光隨色盡耳識逐聲消還源無別旨今日
興明朝偈畢跏趺坐而逝
南嶽金輪可觀禪師福州人也姓薛氏夜參後
下堂師召曰大衆迴首師曰看月大衆看月師
曰月似彎弓少雨多風衆無對問如何是日用
事師拊掌三下僧曰學人未領此意師曰更待
什麼問路逢達道人不將語默對未審將何對
師曰咄出去
韶州雲門山文偃禪師姑蘇嘉興人也姓張氏
師上堂云我事不獲已向你諸人道直下無事
早是相埋沒了也你諸人更擬進步向前尋言

逐句求覓解會千差萬巧廣設問難只是贏得
一場口滑去道轉遠有什麼休歇時此箇事若
在言語上三乘十二分教豈是無言語因什麼
更道教外別傳若從學解機智得只如十地聖
人說法如雲如雨猶被呵責見性如隔羅縠以
此故知一切有心天地懸殊雖然如此若是得
底人道火不可燒終日說事不曾挂著脣齒未
曾道著一字終日著衣喫飯早晚觸一粒米挂
一縷線雖然如此猶是門庭之說也須實得恁
麼始得若約衲僧門下句裏呈機徒勞佇思直
饒一句下承當得猶是瞌睡漢師入室云故知
時運澆漓迨于像季近日師僧北去禮文殊南
去遊衡嶽若恁麼行脚名字比丘徒消信施苦
哉苦哉問著黑似漆相似只管取性過時設使
有三箇兩箇狂學多聞記持話路到處覓相似
言語印可老宿輕忽上流作薄福德業佗日閻
羅王釘你之時莫道無人向你說若是初心後
學直須著精神莫空記人說處多虛不如少實
向後只是自賺有什麼事近前師上堂大衆雲
集師以拄杖指面前云乾坤大地微塵諸佛總
在遮裏許爭佛法各覓勝負還有人諫得麼若
無人諫得待老漢與你諫時有僧出云便請和

尚諫師曰遮野狐精師曰汝諸人傍家行脚䓁
是河南海北各各盡有生緣所在還自知得試
出來舉看老漢與汝證明有麼有麼出來汝若
不知老漢讓你去也汝欲得知若生緣在北北
有趙州和尚五臺山有文殊摠到遮裏若生緣
在南南有雪峯卧龍西堂鼓山摠在遮裏汝欲
得識麼欲得識向遮裏識取若不見亦莫掠虚
見麼見麼且看老僧騎佛殿出去也珍重師上
堂云和尚納僧直須明取納僧鼻孔且作麼生
是納僧鼻孔衆皆無對師曰摩訶般若波羅蜜
大普請下去問牛頭未見四祖時如何師曰家

家觀世音曰見後如何師曰火裏蝍蟟吞大蟲
問如何是雪嶺泥牛吼師曰天地黑曰如何是
雲門木馬嘶師曰山河走問十二時中如何即
得不空過師曰向什麼處著此一問曰學人不
會請師舉師曰將筆硯來師作一頌曰舉不顧
即差互擬思量何劫悟問曰一口吞盡時如何
師曰我在汝肚裏曰和尚爲什麼在學人肚裏
師曰還我話頭來問生死到來如何排遣師展
手曰還我生死來
泉州東禪和尚初開堂僧問仁王迎請法王出
世如何提唱宗乘即得不謬於祖風師曰還奈

得麼曰若不下水焉知有魚師曰莫閑言語問
如何是佛法最親切處師曰過也
餘杭大錢山從襲禪師雪峯之上足也僧問不
因王請不因衆聚請師直道西來的的意師曰
那邊師僧過遮邊著曰學人不會乞師指示師
曰爭得恁麼不識好惡問閑門造車出門合轍
如何是閑門造車師曰造車即不問汝作麼生
是轍曰學人不會乞師指示師曰巧匠施工不
露斤斧
福州永泰和尚僧問承聞和尚見虎是否師作
虎聲僧作打勢師曰遮死漢問如何是天眞佛

師乃拊掌曰不會不會
池州和龍山壽昌院守訥禪師福州閩縣人也
姓林氏僧問未到龍門如何湊泊師曰立命難
存有僧參師問近離什麼處曰不離方寸師曰
不易來僧亦曰不易來師與一掌問如何是傳
底心師曰再三囑汝莫向人說
建州夢筆和尚僧問如何是佛師曰不誑汝曰
莫便是否師曰汝誑伦閻王請師齋問和尚還
將得筆來也無師曰不是稽山繡管慙非月裏
兔毫大王既垂顧問山僧敢不通呈又問如何
是法王師曰不是夢筆家風

福州古田極樂元儼禪師僧問如何是極樂家
風師曰滿目看不盡問萬法本無根未審教學
人承當什麼師曰莫寱語問久處暗室未達其
源今日上來乞師一接師曰莫閑眼作夜好曰
恁麼即優曇花拆曲爲今時向上宗風如何垂
示師曰汝還識也無恁麼即息疑去也師曰莫
向大衆前寱語問摩騰入漢即不問達磨來梁
時如何師曰如今豈謬曰恁麼即理出三乘華
開五葉師曰說什麼三乘五葉出去
福州芙蓉山如體禪師僧問如何是古人曲調
師良久曰聞麼曰不聞師示一頌曰古曲發聲

雄今時韻亦同若教第一指祖佛盡迷蹤
洛京憩鶴山和尚栢谷長老來訪師曰太老去
也谷曰還我不老底來師與一摑問驟馬不入
西秦時如何師曰向什麼處去
潭州溈山棲禪師僧問正恁麼時如何親近師
曰汝擬作麼生親近曰豈無方便門師曰開元
龍興大藏小藏問如何是速疾神通師曰新衣
成弊帛問曰如何是黃尋擒師曰賺却多少人
問如何是和尚家風師曰莫作野干聲
吉州潮山延宗禪師資福和尚來謁師下禪牀
接資福問曰和尚住此山得幾年也師曰鈍鳥

摟籮囷魚上箔曰恁麼即眞道人也師曰且坐喫茶問如何是潮山師曰不宿屍曰如何是山中人師曰石上種紅蓮問如何是和尚家風師曰切忌犯朝儀

益州普通山普明大師僧問如何是佛性師曰汝無佛性曰蠢動含靈皆有佛性學人爲何却無師曰爲汝向外求問如何是玄玄之珠師曰遮箇不是曰如何是玄玄珠師曰失却也

隨州雙泉山梁家庵永禪師僧問達磨九年面壁意如何師曰睡不著護國長老來師問隨陽一境是男是女各申一問問各別長老將何

祇對護國以手空中畫圓相師曰謝長老慈悲曰不敢師低頭不顧問如何得頓息諸緣去師曰雪上加霜

潭州保福院超悟禪師僧問魚未透龍門時如何師曰養性深潭曰透出時如何師曰纔昇霄漢衆類難追曰昇後如何師曰慈雲普覆潤及大千曰還有不受潤者無師曰有曰如何是不受潤者師曰直杌撐太陽

太原孚上坐參雪峯禮拜訖立于坐右雪峯纔顧視師便下看主事異日雪峯見師乃指日示之師搖手而出雪峯曰汝不肯我師曰和尚搖頭某甲擺尾什麼處不肯和尚曰到處也須諱却鼓山晏和尚問師父母未生時鼻孔在什麼處師曰老兄先道晏曰如今生也汝道在什麼處師不肯晏却問作麼生師曰將手中扇子來晏與扇子再徵之師默置晏罔測乃毆之一拳師在庫前立有僧問如何是觸目菩提師踢狗子作聲走僧無對師曰小狗子不消一踢

南嶽般舟道場寶聞大師惟勁福州人也師一日謂鑒上坐曰聞汝注楞嚴經鑒曰不敢師曰二文殊汝作麼生注曰請師鑒師乃揚袂而去唐光化中入南嶽住報慈東藏（亦號三生藏也）藏中有鏡

燈一座即華嚴第三祖賢首大師之所製也師覩之頓喻廣大法界重重帝網之門佛佛羅光之像因美之曰此先哲之奇功苟非具不思議善權之智何以創焉乃著五言頌五章覽之者悟理事相融

杭州佛日和尚初謁雲居膺和尚作禮而問曰二龍爭珠誰是得者雲居曰卸却業身來相見對曰業身已卸曰珠在什麼處師無對（同安代云賊頭即勿交涉）後參夾山未陞堦便問什麼處來師曰雲居來曰即今在什麼處師曰在夾山頂上曰老僧行年在坎五鬼臨身師乃上堦禮拜夾山又問闍梨與什麼人爲同行師曰木上座曰佗何不來相看師曰和尚看佗有分曰在什麼處師曰在堂中夾山便共師下到堂中師遂去取得拄杖擲于夾山面前夾山曰莫從天台得來否師曰非五嶽之所生曰莫從須彌山得來否師曰月宮亦不逢曰恁麼即從佗人得來也師曰自己尚是怨家從人得堪作什麼曰冷灰裏一粒豆子爆㖞維那來令安排向明燈下著師却問燈籠還解語也無夾山曰待燈籠解語即向汝道至明日夾山入堂問昨日新到上座在什麼處師出應諾夾山曰子未到雲居前在什麼處對

曰天台國清夾山曰天台有潺潺之瀑淥淥之波謝子遠來子意如何師曰久居巖谷不挂松蘿夾山曰此猶是春意秋意如何師良久夾山曰看君只是撐船漢終歸不是弄潮人一日大普請維那請師送茶師曰某甲爲佛法來不爲送茶來維那曰和尚教上座送茶曰和尚尊命即得乃將茶去作務處搖茶椀子作聲夾山迴顧師曰釅茶三五椀意在钁頭邊夾山曰絣有傾茶意籃中幾箇甌師曰絣有傾茶意籃中無一甌便傾茶師又問曰大衆鶴望請師一言夾山曰路逢死蛇莫打殺無底籃子盛將歸師曰手

執夜明符幾箇知天曉夾山曰大衆有人歸去、
歸去
洪州鳳棲山同安丕禪師僧問一見便休去時
如何師曰是也更來遮裏作麼問如何是點額魚
師曰不透波瀾僧曰慚恥時如何師曰終不仰
面僧曰恁麼即不變其身也師曰是也青雲事
作麼生問如何是和尚家風師曰金雞抱子歸
霄漢玉兔懷兒向紫微曰忽遇客來將何秪待
師曰金果朝來猿摘去玉花晚後鳳銜歸問如
何是觸目菩提師曰面前佛殿
廬山歸宗寺澹權禪師僧問金雞未鳴時如何

師曰失却威音王曰鳴後如何師曰三界平沈
問盡身供養時如何師曰將得什麼來曰所有
不惜師曰供養什麼人僧無語
楊州豐化和尚僧問如何是敵國一著棊師曰
下來問一棒打破虛空時如何師曰把一片來
雲居山昭化和尚道簡僧問如何是和尚家風
師曰隨處得自在問維摩豈不是金粟如來師
曰是曰為什麼却預釋迦會下聽法師曰佗不
爭人我問路逢猛虎時如何師曰千人萬人不
逢偏汝便逢
廬山歸宗寺懷惲禪師僧問無佛無衆生時如

何師曰什麼人如此問水清魚現時如何師曰
把一箇來僧無對（同安代云勸即失）問如何是五老峯師
曰突屼地問學人不到處請師說師曰汝不到
什麼處來
洪州大善慧海禪師僧問如何是解作客底人
師曰不占上問靈泉忽逢時如何師曰從什麼
處來問如何道即不違於師師曰莫惜口曰道
後如何師曰道什麼問如何道德相親去師曰
快道曰恁麼即不道也師曰用口作什麼
朗州德山和尚僧問路逢達道人不將語默對
未審將什麼對師曰秖恁麼僧良久師曰汝更

問僧再問師乃喝出
雲居山昌禪師僧問相逢不相識時如何師曰
既相逢為什麼不相識
池州嵇山章禪師曾在投子山投子喫茶次謂
師曰森羅萬象摠在遮一椀茶裏師便覆却茶
云森羅萬象在什麼處投子曰可惜一椀茶
新羅雲住和尚僧問諸佛道不得什麼人道得
師曰老僧道得曰諸佛道不得和尚作麼生道
師曰諸佛是我弟子曰請和尚道師曰不對君
王好與二十棒
雲居山懷岳號達空禪師僧問如何是大圓鏡

師曰不鑒照曰忽遇四方八面來時作麼生師曰
胡來胡現曰大好不鑒照師便打問如何是一
丸療萬病底藥師曰汝患什麼
昤玨和尚問學人不負師機還免披毛戴角也
無師曰闍黎也可畏對面不相識曰恁麼即吞
盡百川水方明一點心師曰饒脫毛衣猶披鱗
甲曰好來和尚具大慈悲師曰盡力道也出老
僧格不得
撫州荷玉山玄悟大師上堂曰雪峯和尚為人
如金翅鳥入海取龍相似時有僧問和尚如何
師曰什麼處去來問古人道若記一句論劫作

野狐精未審意旨如何師曰龍泉僧堂未曾鏁
曰和尚如何師曰風吹耳朵問如何是聲前一
句師曰恰似不道問古人云如紅鑪上一點雪
意旨如何師曰惜取眉毛好問如何指示即得
不昧於時中師曰不可雪上更加霜曰恁麼即
全因和尚去也師曰因什麼問古人道生也不
道死也不道意旨如何師良久僧禮拜師曰會麼
曰不會師曰也是廚寒甑足塵師有時舉拄杖
示衆曰從上皆留此一路方便接人時有僧出
曰和尚又是從頭起也師曰謝相悉問如何是
文殊師曰不可有第二月也曰即今事如何師

曰正是第二月問如何是如來語師曰猛風可繩縛師上堂良久有僧出曰爲衆竭力禍出私門未審放過不放過師默然問如何是和尚爲人一句師曰汝是九色鹿問抱璞投師時如何師曰不是自家珍曰如何是自家珍曰不琢不成珍

筠州洞山道延禪師（亦號廣順和尚）始因曹山和尚垂語云有一人向萬丈崖頭騰身擲下此是什麼人衆皆無語師出對曰不存曹山曰不存箇什麼曰始得撲不碎曹山深肯之僧問請和尚密付眞心師曰欺瞞裏無人作麼

衡州常寧縣育王山弘通禪師上堂示衆曰釋迦如來出世四十九年說不得底句今夜某甲不避羞恥與諸尊者共譚師良久云莫道錯珍重問學人有病請師醫師曰將病來與汝醫曰便請師醫師曰還老僧藥錢來問曹源一路即不問衡陽江畔事如何師曰紅鑪燄上無根草碧潭深處不逢魚問心法雙亡時如何師曰三脚蝦蟇背大象問如何是佛法大意師曰直待文殊過即向你道曰文殊過也請和尚道師便打

撫州金峯從志號玄明大師有進上座問如何是金峯正主師曰此去鎮縣不遙闍梨莫造次進曰何不道師曰口如礫磐問千山無雲萬里絕

霞時如何師曰飛猿嶺那邊何不猛吐却問如何是西來意師曰壁邊有鼠耳

襄州鹿門山華嚴院處眞禪師僧問如何是道人師曰有口似鼻忽遇客來時將何祇對師曰柴門草戶謝汝經過問祖祖相傳是什麼物師曰金襴袈裟問如何是函中般若師曰佛殿挾頭六百卷問和尚百年後向什麼處去師曰山下李家使牛去曰還許學人相隨也無師曰汝若相隨莫同頭角曰諾師曰合到什麼處曰佛眼辨不得師曰若不放過亦是茫茫問如何是禪師曰鸞鳳入雞籠曰如何是道師曰藕絲牽大象問劫壞時此箇還壞也無師曰臨崖覷虎眼特地一場愁師有一偈示衆曰一片凝然光燦爛擬意追尋卒難見炳然擲著豁人情大事分明皆摠辦是快活無繫絆萬兩黃金終不換任他千聖出頭來從是向渠影中現

撫州曹山慧霞了悟禪師僧侍立師曰道者可殺炎熱曰是師曰秖如炎熱向什麼處迴避得曰向鑊湯鑪炭裏迴避師曰秖如鑊湯鑪炭作麼生迴避得曰衆苦不能到師默置

衡州華光範禪師問如何是無縫塔師指僧堂曰此間僧堂無門戶師問僧曾到紫陵無曰曾

到師曰曾到鹿門無曰曾到師曰嗣紫陵即是嗣鹿門即是曰即今嗣和尚得麼師曰人情不打即不可問非隱現是學人阿那箇是和尚師曰盡乾坤曰此猶是學人阿那箇是和尚師曰適來道不錯

處州廣利容禪師（先住貞谿）有僧新到師舉拂子曰貞谿老師還具眼麼曰某甲不敢見人過師曰死在闍梨手裏也問自己不明如何明得師曰不明曰爲什麼不明師曰不見道自己事問魯祖面壁意作麼生師良久曰會麼曰不會師曰魯祖面壁因郡守受代辭師出送接話次郡守問和尚遠出山門將什麼物來師曰無盡之寶呈獻太守無對後有人進語曰便請師曰太守尊嚴師謂衆曰若來到廣利門下須道得第一句即開一線道與兄弟商量時有僧出禮拜師曰將爲是異國舶主元來是此郡商人

泉州盧山小谿院行傳禪師清原人也姓周氏僧問久嚮盧山石門爲什麼入不得師曰鈍漢曰忽遇猛利者還許也無師曰喫茶去

蜀川西禪和尚僧問佛是摩耶降未審和尚是誰家子師曰水上卓紅旗問三十六路阿那箇一路最妙師曰不出第一手曰忽被出頭時如

何師曰脊著地也不難
華州草庵法義禪師僧問如何是祖師西來意師曰爛炒浮漚飽滿喫問擬心即差動念即乖學人如何進道師曰有人常疑爲什麼不差曰即今事如何師曰早成差也
韶州華嚴和尚僧問旣是華嚴還將得來麼師曰孤峯頂上千華秀一句當機對聖明問如何是道師曰靈樹無横枝天機道合同
潭州報慈藏嶼庄化大師僧問如何是實見處師曰絲毫不隔曰恁麼即見也師曰南泉甚好去處問如何是西來意師曰昨夜三更送過江

問臨機便用時如何師曰海東有果樹頭心問如何是眞如佛性師曰阿誰無問如何是向上一路師曰楖𣗖道永問和尚年多少師曰秋來黃葉落春到便開花師嘗著眞贊曰日出連山月圓當戶不是無身不欲全露一日師在帳内坐僧問承師有言不是無身不欲全露請師全露師乃撥開帳（法眼別云像叢林）問古人面壁意如何師良久却喚某甲學人應諾師曰你去別時來師垂語曰一句徧大地一句纔問便道一句問亦不道問如何是徧大地句師曰無空缺如何是纔問便道句師曰低聲低聲如何是問亦不道

何師曰便合知時
襄州含珠山審哲禪師僧問如何是深深處師曰寸釘入木八牛拽不出問如何是正法眼師曰三門前神子師問僧曰有亦不是無亦不是不有不無俱不是汝本來名箇什麼曰學人已具名了師曰具名即不無名箇什麼曰只遮莫便是否師曰且喜沒交涉曰如何即是師曰親切處更請一問曰學人道不得請和尚道師曰別日來與汝道曰即今爲什麼不道師曰覓箇領話人不可得師又問一僧曰姓王姓張姓李俱不是汝本來姓什麼曰與和尚同姓師曰同

姓即且從本來姓箇什麼曰待漢水逆流即向和尚道師曰即今爲什麼不道曰漢水逆流也未師乃休
鳳翔府紫陵庄一禪師到盤龍見僧問盤龍云碧潭清似鏡盤龍何處安龍曰沉沙不見底浮浪足嶒岏師不肯自荅曰金龍迥透青霄外潭中豈曉玉輪機盤龍肯之
洪州鳳棲山同安院威禪師僧問如何是同安一曲師曰靈琴不引人間韻知音豈度百牙門曰誰人知得師曰木馬嘶時從彼聽石人拊掌阿誰聞曰知音如何師曰知音不度耳達者豈

同聞
韶州龍光和尚僧問賓頭盧一身爲什麼赴四天下供師曰千江同一月萬戶盡逢春師有一偈曰龍光山頂寶月輪照耀乾坤爍暗雲尊者不移元一質千家影現萬家春
襄州鳳凰山石門寺獻禪師至澤州時楚王馬氏出城延接王問如何是祖師西來大道師曰好好大哥御駕六龍千古秀玉堦排仗出金門王仰重延入天冊府供養數日方至夾山僧問今日一會何異靈山師曰天垂寶蓋重重異地湧金蓮葉葉新曰未審將何法示人師曰無絃

琴韻流沙界清和普應大千機問師唱誰家曲宗風嗣阿誰師曰一曲宮商看品弄辯寶須知碧眼胡曰恁麼即清涼分洞下滿月照青林師曰多子塔前分的意至今異世度洪音問衆手淘金誰是得者師曰張三李四出金門過搵乾坤石人在曰恁麼即不從人得也師曰三公九卿排班位看取金雞豎也無
襄州萬銅山廣德和尚僧問如何是和尚家風師曰山前人不住山後更忙忙問如何是透法身句師曰無力登山水茅戶絕知音問如何是佛法大意師曰始嗟黃葉落又見柳條青

定州石藏慧炬和尚僧問如何是伽藍師曰只遮箇曰如何是伽藍中人師曰作麼作麼曰忽遇客來時將何祇待師曰喫茶去

興元府青剉山和尚僧問如何是和尚家風師曰無底籃子拾生菜問如何是白馬境師曰三冬華木秀九夏雪霜飛

京兆香城和尚僧問三光景色謝照燭事如何師曰朝邑峯前卓五彩曰不涉文彩事作麼生師曰如今特地過江來問向上路請師舉唱師曰釣絲鉤不出問牛頭還得四祖意否師曰砂書不點落千字曰下點後如何師曰別將一撮

儀人天曰恁麼即人人有也師曰汝又作麼生問囊無繫蝨之絲廚絕聚蠅之糝時如何師曰日捨不求思從妄得

京兆重雲智暉禪師咸秦人也姓高氏洛中創溫室院常施藥有比丘患白癩衆惡之唯師延迎摩洗拭斯須有神光異香既而辭去遂失所在所遺瘡痂馨香酷烈遂取而塑觀音像以藏之一日閑步巖岫間倏覩摩納數珠銅瓶授笠觸之即壞謂侍者曰此吾前身道具耳欲就玆建寺以酬昔因當薙草開基有祥雲蔽日因目為重雲山先是谷多猛獸皆自引去師上堂

有僧問如何是歸根得旨師曰早是忘却問不意塵生如何是進身一路師曰足下已生草前程萬丈坑問要路坦然如何履踐師曰我若指汝則東西南北去也永興節度使王彥超早遊師戶庭嘗欲披緇師止之曰汝後當榮顯為教門外護厥後果如師言及鎮永興與師再會益加尊禮周顯德三年夏六月師詣府辭王公囑以山門事至七月二十四日無恙垂誡門人并示一偈曰我有一間舍父母為修蓋住來八十年近來覺損壞早擬移住處事涉有憎愛待他摧毀時彼此無相礙跌坐而逝

杭州瑞龍院幼彰禪師上堂曰老僧頃年遊歷於江外嶺南荊湖但有知識叢林無不參問來蓋為今日與諸人聚會各要知箇去處然諸方終無異說只教當人歇却狂心休從他覓但隨方任真亦無真可任隨時受用亦無時可用設垂慈苦口且不可乎晝作夜更饒善巧終不能指東為西脫或能爾自是神通作怪非干我事若是學語之輩不自省己知非直欲向空裏采華波中取月還著得心力麼汝今各且退思忽然肯去始知瑞龍老漢事不獲已迂迴太甚還肯麼時有僧問如何是瑞龍境師曰道汝不見得麼曰如何是境中人師曰後生可畏問廓然無雲如何是中秋月師曰最好是無雲曰恁麼即一輪高掛萬國同觀去也師曰捏目之子難與言

疏山證禪師參投子同禪師投子問曰近離什麼處曰延平來投子曰將得劒來麼曰將得來投子曰呈似老僧看師乃指面前地上投子便休師遂去三日後投子問新到僧在什麼處曰當時去也投子曰三十年學馬伎昨日被驢撲

洪州百丈安和尚號明照禪師僧問一藏圓光如何是體師曰勞汝遠來曰莫是一藏圓光麼

師曰更喫一椀茶問萬法歸一一歸何處曰未有一箇不問問如何是極則事師曰空王殿裏登九五野老門前不立人

鄧州黃蘗山慧禪師洛陽人也因受菩薩戒而歎曰大士攝律儀與吾本受聲聞戒俱止持作犯也然於篇聚增減支本通別制意且殊微細難防復於攝善中未嘗行於少分況饒益有情乎且世間泡幻身命何可留戀哉由是欲以身捐於水中飼鱗甲之類念已將行偶二禪者接之謂南方多知識師何滯於一隅也師直造疏山時仁和尚坐法堂受參師先覩視大衆然後

致問曰刹那便去時如何踈山曰畐塞虚空汝作麼生去師曰畐塞虚空不如不去踈山便休師下堂尋住黄蘗山聚衆開法

隨州隨城山護國院守澄淨果大師僧問盡大地是一隻眼底人來時師如何曰堦下漢問諸佛不到處什麼人履踐師曰聃耳驢頭曰何人通得彼中信師曰驢面獸顋

延州伏龍山延慶院奉璘禪師僧問如何是和尚家風師曰横身卧海曰裏挑燈問如何是伏龍境師曰山峻水流急三春足異華師問火頭培火了未曰抵聲師曰什麼處得遮消息來曰

不假多言師曰省錢易飽喫了還饑問如何是和尚家風師曰長齋冷飯曰又太寂寞生師曰僧家合如是

安州大安山省禪師僧問失路迷人請師直指師曰三門前去問舉步臨危請師指月師曰不指月曰為什麼不指月師曰臨坑不推人問重重關鏁信息不通時如何師曰爭得到遮裏曰到後如何師曰彼中事作麼生

洪州大雄山百丈超禪師僧問落日西山去林中事若何師曰洞深雲出晚澗曲水流遲僧辭問曰今日下山有人問和尚說什麼法向伊道什麼師曰但向伊道大雄山上虎生師子兒

常州正勤院蘊禪師僧問師唱誰家曲宗風事若何師曰適然簫韶外六律不能過曰不過底事作麼生師曰聲前拍不散句後覓無蹤問如何是禪師曰石裏蓮華火裏泉曰如何是道師曰楞伽峯頂一莖草曰禪道相去多少師曰泥人落水木人撈

京兆永安院善靜禪師京兆人也姓王氏父任牧守母夢金像而覺有娠師幼習儒學忽厭浮幻潛詣終南山禮廣度禪師披削復往南謁樂普安禪師師器之入室有僧辭樂普曰限汝十

日內下語得中即從汝發去其僧冥搜久之無語因經行偶入園中師怪問曰上坐豈不是辭去今何在此僧具陳所以師代曰竹密豈妨流水過山高那阻野雲飛其僧喜躍師囑之曰秪對和尚不須言是善靜語也僧遂白樂普普曰誰下此語曰某甲樂普曰非汝之語僧具言之僧問知有道不得時如何師曰知有箇什麼曰不可無也師曰恁麼即合道得曰道即不無爭奈語偏師曰水凍魚難躍山寒華發遲問不可以智知不可以識識時如何師曰鶴鷺並頭蹋雪睡月明驚起兩遲疑問如何是西來意師曰壁上畫枯松蜂來不見蘂問牛頭未見四祖時如何師曰異境靈松覩者皆羨曰見後如何師曰葉落已枝摧風來不得韻

蘄州烏牙山彦賓禪師僧問未作人身已前作什麼來師曰三脚石牛坡上走一枝瑞氣月前分問圧馬單槍直入時如何師曰饒你雄信解拈槍猶輸秦王一步在問久戰沙場為什麼功名不就師曰雙雕隨箭落李廣不當名

鳳翔府青峯山傳楚禪師涇州人也一日樂普問曰汝去什麼處來師曰掃雪來曰雪深多少師曰樹上總是曰得即也得汝向後有山住箇

雪窟定矣自授記乃訪于白水白水問樂普有生機一路是否師曰是白水曰止却生路向熟路上來師曰生路上死人無數熟路上不著活漢白水曰此是樂普底你作麼生師曰非但樂普夾山亦不柰何曰夾山為什麼不柰何師曰不見道生機一路問如何是明了底人一句師曰駿馬寸步不移鈍鳥昇騰出路

鄧州中度和尚僧問海內不逢師如何是寰中主師曰金雞常報曉時人不自知問如何是暗中明鏡師曰萬機昧不得曰未審照何物師曰什麼物不照問請和尚離聲色外荅師曰木人

常對語有性不能言
嘉州洞谿和尚初問樂普月樹無根枝覆蔭誰
師直指妙幽微樂普曰森羅秀處事不相侔添
水千波孤峯自異師於是領旨承嗣
京兆卧龍和尚初開堂有僧問杲日浮天際珠
光照舊都渝津通法海今日意如何師曰寶劒
揮時豈該明暗
泉州福清院師巍和尚號通玄禪師僧問枝分
夾嶺的紹道還寶坐旣登法靈請震師曰逍遥
迴物外物外霞不生問如何是西來的的意師
曰立雪未爲勞斷臂方爲的曰恁麼則一花開

五葉芬芳直至今師曰因圓三界外果滿十方知
京兆白雲無休禪師僧問路逢猛虎如何降伏
師曰歸依佛歸依法歸依僧問如何是白雲境
師曰月夜樓邊海客愁
江州廬山永安淨悟禪師僧問如何是出家底
事師曰萬丈懸崖撒手去曰如何是不出家底
事師曰迴殊雲嶺安巢節有異許由挂一瓢問
六門不通如何通信師曰闍梨外邊與誰相識
問如何是解作客底人師曰賣御珍林猶尚羞
誰能歷劫傍佗門問衆手淘金誰是得者師曰
黃帝不曾遊赤水珠承罔象也虛然

袁州木平山善道禪師初謁樂普問一漚未發
已前如何辯其水脉樂普曰移舟諳水勢擧棹
別波瀾師不愜意乃叅盤龍語同前問盤龍曰
移舟不辯水擧棹即迷源從此悟入問如何是
不動尊師曰浪浪宕宕問如何是木平一句師
曰畐塞虛空曰畐塞虛空即不問如何是一句
師乃打之金陵李氏嘗問如何是木平師曰不
動斤斧曰如何不動斤斧師曰木平時法服禮
師有偈贈曰木平山裏人貞古言復少相看陌
路同論心秋月皎壞衲線非蠶助歌聲有鳥城
闕今日來一漚曾已曉

陝府龍谿和尚上堂曰直饒說似箇無縫塔也
不免老僧下一箇橛作麼生免得下橛衆無語
師自代曰下去僧問如何是無縫塔師曰百寶
莊嚴今已了四門開豁已多時
郢州桐泉山和尚初叅黃山問天門一合十方
無路有人道得擺手出潭江師對曰蟄戶不關
龍無龍句黃山曰是你恁麼道師曰是即直言
是不是直言不是黃山曰擺手出潭江黃山復
問卞和到處荆山秀玉印從佗天子傳時如何
師曰靈鶴不於林下憩野老不重太平年
州文殊和尚僧問如何是祝融峯前事師曰

前瑞草生問仁王登位萬姓霑恩和尚出世
問師曰萬里長沙駕鐵船問如何是本蘭粧
師曰菊花原上景行人去路長

傳燈玉英集卷第十

傳燈玉英集卷第十二

南岳啓柔禪師（韶州文偃法嗣）　筠州法濟禪師
襄州宗慧大師　潁州注果禪師
朗州璘和尚　蘄州悟通大師
洪州道譙禪師　湖州朗禪師
西川乘和尚　潞州臻禪師
興元封和尚　澧州圓光禪師
信州雲震禪師　廬山清耀禪師
襄州清海禪師　南岳横龍和尚（白州瑞嵒法嗣）
溫州神祿禪師　鄂州誨機禪師（懷州玄泉禪師法嗣）
懷州玄泉和尚　潞府玄寄禪師

洪州隱微禪師（撫州道閑法嗣）　建州白雲和尚（泰禪師法嗣）
虔州常真禪師　吉州清平禪師
婺州金柱和尚　福州義因禪師
灌州靈岊和尚　吉州住山和尚
潭州寶應禪師　朗州智洪禪師（安州白兆志圓法嗣）
襄州行霸禪師　蘄州四祖皎禪師
蘄州真鑒禪師　灃州藥山和尚（潭州蘇首法嗣）
衡岳南臺禪師（潭州雲蓋景和尚法嗣）　幽州從實禪師
歸宗弘章禪師（廬山棲慘法嗣）　隨州道虔禪師（池州禪師法嗣）
揚州令崇禪師（洪州雲居懷岳法嗣）　梓州龍泉和尚
益州崇真和尚（襄州廣門處真法嗣）　襄州潭和尚

廬山行因禪師　嘉州真和尚
嘉州東汀和尚（撫州曹山慧霞法嗣）　泉州龜洋禪師（法嗣）
洋州龍穴和尚　益州崇真和尚
洋州龍穴和尚（襄州含珠審哲法嗣）　襄州真和尚
并州廣福禪師（鳳翔府紫陵微和尚法嗣）　石門慧徹禪師（襄州禪師法嗣）
興元大浪和尚　襄州延和尚（法嗣）
隨州圓照禪師（守澄法嗣）　隨城演化大師
安州崇教大師　蘄州行朗禪師（法嗣）
房州懷晝禪師　西川靈龕和尚（鳳翔青峯法嗣）
幽州傳法和尚　益州淨衆禪師
青峯清免禪師　昇州文益禪師（漳州桂琛法嗣）

襄州清谿禪師　昇州清涼休復禪師
撫州龍濟禪師　潞州延慶禪師
衡岳南臺禪師　泉州行欽禪師
漳州報劬禪師　泉州明慧禪師
福州廣平禪師（道希法嗣）　福州清慕禪師
福州靈峯禪師　福州東禪禪師
彰州報劬禪師　泉州明慧禪師
金州陵龍光禪師　郴州清海禪師
鄂州道欽禪師　韶州福澄和尚（婺州資法嗣）
杭州仁王禪師（杭州志球法嗣）　漳州無逸禪師（可休法嗣）
廬山道詮禪師（漳州惠輪法嗣）　連州寶華和尚（韶州白雲祥和尚法嗣）

韶州月華和尚　南雄州地藏和尚
英州樂淨禪師　韶州白雲和尚
潭州鹿苑禪師 朗州緣密法嗣　灌州羅漢和尚 西川澄遠法嗣
眉州黃龍禪師 鄂州誨機法嗣　棗樹和尚與元安都和尚
鄂州智顒禪師　眉州昌福達和尚
處州報恩禪師 婺州德謙法嗣　婺州普照和尚
婺州雙谿禪師　朗州楚勛禪師 朗州智洪法嗣
唐州保壽禪師 安州懷楚法嗣　谷隱知儼禪師 襄州智靜法嗣
石門紹遠禪師 襄州慧徹法嗣　鄂州靈竹禪師
朗州緣觀禪師 洪州安志法嗣　襄州周禪師 德延和尚法嗣

南岳般若寺啓柔禪師僧問西天以蠟人為驗此土如何師曰新羅人草鞋問如何是千聖同歸底道理師曰未逢苦空境無人不歎嗟師上堂聞三下板聲大衆始集師因示一偈曰妙哉三下板諸德盡來參既善分時節今吾不再三

筠州黃檗山法濟禪師僧問如何是和尚家風師曰與天下人作勝樣師上堂示衆曰空生大覺中如海一漚發各各當人無事又上堂良久曰若識得黃檗帳子（平生行脚事畢該畫）

襄州洞山守初宗慧大師僧問迢迢一路時如何師曰天晴不肯去直待雨霖頭曰諸聖作麼生師曰入泥入水問心未生時法在什麼處師曰風吹荷葉動決定有魚行問如何是免得生死底法師曰　見之不取思之三年　問蓮華未出水時如何師曰楚山頭倒卓曰出水後如何師曰漢水正東流尼問車住牛不住時如何師曰曰用駕車漢作麼問海竭人亡時如何師曰難得曰便恁麼去時如何師曰雲在青天水在缾問大衆雲臻請師撮其樞要師曰水上浮漚呈五色海底蝦蟇叫月明問正當恁麼時文殊普賢在什麼處師曰長者八十一其樹不生耳曰意旨如何師曰一則不成二則不是

潁州羅漢住果禪師問鑒壁偷光時如何師曰錯曰爭奈苦志專心師曰錯錯

朗州滄谿璘和尚師因事有頌曰　天地指前徑時人莫强移箇中生解會眉上更安眉

蘄州北禪寂和尚悟通大師問僧什麼處來曰黃州來師曰在什麼處院曰資福師曰福將何資曰兩重公案師曰爭奈在北禪手裏何曰在手裏即收取師便打

洪州泐潭道謙禪師問但有纖毫即是塵不有時作麼生師以手掩兩目問當陽舉唱誰是聞者師曰老僧不患耳聾

湖南永安朗禪師僧問如何是洞陽家風師曰入門便見曰如何是入門便見師曰客是相師問如何是至極之譚師曰愛別離苦

西川青城大面山乘和尚僧問如何是佛法大意師曰興義門前鼕鼕鼓曰學人不會師曰朝打三千暮打八百潞府妙勝臻禪師問金粟如來為什麼却絳釋迦會裏師曰香山南雪山北曰南贍部洲事又作麼生師曰黃河水急浪華麤問心心寂滅即不問如何是向上一路師曰一條濟水貫新羅

興元府普通封和尚僧問今日一會何以靈山師曰震動乾坤問如何是普通境師曰庭前有竹三冬秀户内無燈午夜明

澧州藥山圓光禪師僧問藥嶠燈連師當第幾師曰相逢盡道休官去林下何曾見一人

信州鵝湖山雲震禪師僧問如何是佛師曰闍梨不是師問僧近離什麼處曰兩浙師曰還將得吹毛劒來否僧展兩手師曰（將謂是箇闍柯仙元來却是措滿漢）

廬山開先清耀禪師僧問如何是燈燈不絕師曰青楊纔遮植日學人不會師曰無根樹下唱虛名問披雲一句師親唱長慶今朝事若何師曰家家觀世音問如何是披雲境師曰一瓶淥

水安窓下便當生涯度幾秋
襄州奉國清海禪師僧問青青翠竹盡是真如如何是真如師曰點瓦成金客問名不見形曰恁麼即礼謝下去也師曰昔時妄想至今存問承古人云見月休觀指歸家罷問程如何是家師曰試舉話頭看南岳横龍和尚楚王馬氏請住金輪問如何是祖燈師曰八風吹不滅曰恁麼即暗冥不生也師曰白日没閑人温州温嶺瑞峯院神禄禪師福州福清人也師有偈曰
蕭然獨處意沉吟誰信無絃發妙音終日法堂唯静坐更無人問本來心時有朋彦上坐躡前偈而問曰如何是本來心師召曰朋彦彦應諾師曰與老僧點茶來彦於是信入（朋彦即廣法大師後嗣天台國師住蘇州長壽）鄂州黄龍山誨機禪師清河人也姓張氏問如何是君王劒師曰不傷萬類曰佩者如何師曰血濺梵天曰大好不傷萬類師便打問佛在日爲衆生説法佛滅後有人説法也無師曰慙愧佛問切急相投請師通信師曰火燒裙帶香問如何是大疑底人師曰對坐盤中弓落盞曰如何是不疑底人師曰再坐盤中弓落盞
懷州玄泉第二世和尚僧問妙有玄珠如何取

得師曰不似摩尼絶　影艶碧眼胡人豈能見曰有口道不得時如何師曰三寸不能齊鼓韻啞人解唱木人歌　潞府妙勝玄密禪師僧問四山相向時如何師曰紅日不燭影暗地莫知音曰學人不會師曰鶻透羣峯何伸向背
洪州大寧院隱微禪師豫章新淦人也姓楊氏師上堂曰還有騰空底麼出來衆無出者師説偈曰　騰空正是時應須眨上眉從此出倫去莫待白頭兒僧問如何是十善橋師曰險曰過者如何師曰（僧問國泰安寧爲什麼珠不現師曰落在什麼處）
婺州明招德謙禪師師在泉州招慶以手指壁畫問僧曰是什麼神曰護法善神師曰沙汰時向什麼處去來僧無對師却令僧去問演侍者演曰汝什麼劫中遭此難來僧迴舉似師師曰直饒演上坐佗後聚一千衆有什麼用處僧乃礼拜請别語師曰什麼處去也清入路舉仰山插鍬話問師古人意在叉手處意在插鍬處師曰清上坐清應諾師曰還曾夢見仰山麼清曰不要下語只要上坐商量師曰若要商量堂頭自有一千五百人老師在師到雙嶺長老覩師風彩乃曰某甲致一問問闍梨若道得便捨院道不得即不捨金剛經云一切諸佛及諸佛法皆從此

經出（且道此經出何人説師曰）且道此經是（誰説）不説一時拈向那邊著只如和尚決定喚什麼作此經雙巖無對師舉經云一切賢聖皆以無爲法而有差别斯則以（無爲）爲極則憑何而有差别且如差别是過不是過若是過一切賢聖盡有過若不是過決定喚什麼作差别雙嵒亦無語師曰雪峯道底師别有頌示衆曰
明招一拍和人希此是真宗上妙機石火瞥然何處去朝生鳳子合應知　師將圓寂説偈示衆曰　驀刀叢裏逞全威汝等應當善護持火裏鐵牛生犢子臨岐誰解湊吾機
偈畢寂然長往
建州白雲令弇和尚問三台有請四衆臨筵既處當人請師一唱師曰要唱即不難曰便請師唱師曰　夜静水清魚不食滿舡空載月明歸
虔州天竺義澄常真禪師初參羅山（後同羅山在府師）問百年後忽有人問和尚（以何）指示羅山及放身便倒師從此契悟僧問如何是佛法大意師曰寒暑相催　吉州清平惟曠真寂禪師師上堂云不動神情便有輸羸之意還有麼出來時有僧出礼拜師云不是作家出去問（如何）是殺人劒師曰會麼曰如何是殺人刀師叱之問如何是師（子兒師曰毛衝拂宇宙發開金柱義昭南和尚有新利佛佛師揭某以手作除帽子勢韓朗）欲

近前師云賺殺人師因事而有頌曰
虎頭生角人難措石火電光須密布假饒烈士
也應難擬底那能解羞互　福州羅山義因禪師
僧問承古人有言自從認得曹谿路了知生死
不相關曹谿即不問如何是羅山路師展兩
手僧曰恁麼即一路得通諸路亦然曰什麼諸路
僧近前立師曰靈鶴煙霄外鈍鳥不離窠
灃州靈嵒和尚僧問如何是道中寶師曰地傾
東南天高西北曰學人不會師曰落照機前異
師頌曰舉揚三平曰解擊當胷前因何只半人
爲從途路曉所以不全身

吉州住山和尚師有示從頌曰
住山王路住山路嵒崖嶮峻人難措遊人擬議
隔千山一句分明超佛祖又白牛頌曰
我有古壇真白牛父子藏來經幾秋出門直
透孫峯頂遍來斷路虎谿頭　灃州寶應清進禪師
僧問如何是實相師曰沒却汝問至理無言
如何通信師曰千差萬别曰　得力處乞師指
示師曰瞌睡漢　朗州大龍山智洪禪師僧問
如何是佛師曰即汝是曰如何領會師曰更嫌
鉢盂無柄那問如何是微妙師曰風送水聲
來枕畔月移山影到牀邊

襄州白馬山行靄禪師僧問如何是清淨法身
師曰井底蝦蟇吞却月問如何是白馬正眼師
曰向南看北斗　蘄州四祖山清皎禪師福州人也
姓王氏有僧問曰師唱誰家曲宗風嗣阿誰師
曰楷師嵒畔祥雲起寶壽峯前震法雷師
後遺偈云吾年八十八蒲頭(參白)鋑顯顯鎮雙峯
明明千江月黄梅楊祖教自兆承宗訣日日
告兒孫勿令有斷絶
蘄州三角山志操禪師(第三世住)僧問教法甚多
宗歸一貫和尚爲什麼說得許多周遊者也師
曰爲你周遊者也曰請和尚即古即今師以手

敲繩牀　蘄州三角山真鑒禪師(第四世住)僧問
師唱誰家曲宗風嗣阿誰師曰忽然行政令便
見下堂堦　灃州藥山和尚(第七世住)師上堂謂衆
人曰夫學般若菩薩不懼得失有事近前時
有僧問藥山祖裔請師舉唱師曰萬機挑
不出曰爲什麼萬機挑不出師曰佗緣岸谷
問如何是藥山家風師曰蒜落不如初問法雷
哮吼時如何師曰宇宙不曾震曰爲什麼不曾
震師曰徧地婆娑未嘗哮吼曰不哮吼底事如何
師曰蓋國無人知
衡岳南臺寺藏禪師師問遠遠投師請師一接

師曰不隔戶問如何是南臺境師曰松韻拂
時石不點孤峯山下壘難齊曰如何是境中人
師曰嵒前栽野果接待往來賓曰恁麼即謝供
養師曰怎生嗞味問如何是法堂師曰無壁落
幽州潭柘水從實禪師僧問如何是道師曰
箇中無紫阜曰如何是禪師曰不與白雲連
師問僧作什麼來曰親近來師曰任汝白雲
朝岳頂爭奈青霄不展顏　歸宗寺弘章
禪師僧問學人有疑時如何師曰疑來多少
時也問小舩渡大海時如何師曰教尠子曰
如何得渡師曰不過來問枯木生華時如何

師曰把一朶來問混然覔不得時如何師曰是什
麼　隨州雙泉山道虔禪師僧問洪鐘未扣
時如何師曰絶音響曰扣後如何師曰絶音響
問如何是在道底人師曰無異念問如何是希
有底事師曰白蓮華向半天開　楊州風化院
令崇禪師僧問如何是敵國一著碁師曰下將
來問一棒打破虚空時如何師曰把將一片來
梓州龍泉和尚僧問如何是祖師西來意師曰不
在闍梨分上問學人欲跳萬丈洪崖時如何師
曰撲殺益州崇真和尚僧問如何是禪師曰澄潭
釣玉兎問如何是大人相師曰泥捏三官土地堂

襄州鹿門山第二世譚和尚志行大師僧問如
何是實際理地師曰南贍部洲北鬱單越曰恁
麼即事同一家也師曰隔須弥在問如何是清淨
法身師曰亥年生　盧山佛手嵒行因禪師
師宴处其嵒常有異鹿錦囊鳥馴繞其側
江南國主李氏嚮師三遣使召不起僧問如何
是對現色身師竪起一指法眼別云還有也未
嘉州東汀和尚僧問如何是却去底人師曰石女
紡麻纑曰如何是却來底人師曰扇車關棙良
計斷泉州龜洋慧忠禪師本州僊游縣人也
姓陳氏唐武宗廢教例爲白衣暨宣宗中興師
傳燈玉英集卷第十二　十二　濵
曰古人有言上昇道士不受籙成佛沙弥不
具戒過中不食不宇而櫳乃述偈三首曰
雪後始諳松桂别雲收方見濟河分不因世
主教還俗郝辯雞羣與鶴群　又一首多年麼
事譈騰騰雖著方袍未是僧今日修行依善慧
滿頭留鬚後燃燈又一首　形容雖變道常存
混俗心源亦不昏更讀善財巡礼偈當時何
处作沙門
洋州龍穴山和尚僧問如何是祖師西來意師
曰驕虎唱巴歌問大善知識爲什麼却與土地
燒錢師曰彼上人者難爲酬對

襄州含珠山真和尚問古鏡未磨時如何師曰
昧不得曰磨後如何師曰黑如漆
并州廣福道隱禪師僧問如何是指南一路師曰
妙引靈機事澄波顯異輪問三家同到請未
審赴誰家師曰　月應千家水門門盡有
僧　興元府大浪和尚僧問既是喝河神爲什
麼却被水吹却師曰隨流始得妙倚岸却成
迷陳州石鏡和尚僧問石鏡不磨還照也無師
曰前生是因今生是果　石門山乾明寺慧徹
禪師問金烏出海光天地與此光陰事若何
師曰龍出洞兮風雨至海岳傾時日月明問從上
傳燈玉英集卷第十二　十三　濵字
諸聖向什麼处去也師曰露柱挂燈籠問如
何是和尚家風師曰解接無根樹能挑海底
燈問如何是佛法大意師曰三門外松樹子見
生見長　襄州廣德延和尚僧問如何是大
通智勝佛師曰咸夏日輪新　齊後汝莫當
輝曜目覩曰如何是大通知勝佛後師曰
孤輪罷照　鷲峯頂汝報巴蘇莫亡騰師曰
事有頌曰　纔到洪山便探根四平八面不言
論他家自有眼雲志蘆管橫吹宇宙分
隨州龍居山智門寺守欽圓照大師僧問兩鏡
相對爲什麼中間無像師曰自己亦須隱曰

鏡破臺亡時如何師竪起拳問如何是和尚
家風師曰額上不帖牓　隨城上護國知遠演化
大師僧問舉子入門時如何師曰緣情體物是作麼
生問乾坤休駐意宇宙不留心時如何師曰
恐是戰爭收拾得却因歌舞破除休問直截
根源佛所印摘葉尋枝我不能意旨如何師
曰罷攀雲樹三秋果休戀碧潭孤月輪
安州大安山能和尚崇教大師僧問曰師唱誰
家曲宗風嗣阿誰師曰　打起南山鼓唱起北
山歌問如何是三冬境師曰千山添翠色萬
樹鎖銀華　蘄州烏牙山行朗禪師僧問未作
傳燈玉英集卷第十二　十四　濵字号
人身已前作什麼來師曰海上石牛歌三拍一
條紅線掌間分問迦葉上行衣何人合得披師曰
天然無相子不挂出塵衣
西川靈龕和尚僧問如何是諸佛出身处師曰
出处非干佛春來草自青問碌碌地時如何師
曰試進一步看　房州開山懷晝禪師僧問作
何行業即得不違千聖師曰妙行無倫匹情忘
體自殊問有耳不臨清水洗無心誰爲白雲
幽師曰無木挂千金日挂後如何師曰杳杳
人難辯　幽州傳法和尚僧問教意與祖意
是同是别師曰　華開金線秀古洞白雲深

問別人爲什麼徒弟多師爲什麼無徒弟
師曰海島龍多隱茅茨鳳不棲
益州淨衆寺歸信禪師僧問蓮華未出水時
如何師曰菡萏滿池流曰出水後如何師曰
葉落不知秋問不假浮囊便登巨海時如何
師曰紅觜飛超三界外綠毛也解道煎茶
青峯山清免禪師僧問久醞蒲萄酒今
日爲誰開師曰飲者方知問如何是祖師西
來意師曰耨池無一滴四海自滔滔
昇州清涼院文益禪師餘杭人也姓魯文氏
上堂曰只恁麼便散去還有佛法也無試說

看若無又來遮裏作麼若有大市裏人衆
處亦有何須到遮裏諸人各曾看還源觀
百門義海華嚴論涅槃經諸多冊子阿那
箇教中有遮箇時節若有試舉看莫是
恁麼經裏有恁麼語是此時時節麼有什麼文字
所以微言滯於心首常爲緣慮之場實際居
於目前翻爲名相之境又作麼生得翻去若也翻去又
作麼生得正去還會麼莫只恁麼念冊子
有什麼用處僧問如何披露即得與道相應
師曰汝幾時披露即與道不相應問六處不知
音時如何師曰汝家眷屬一群子師又曰作麼

生會莫道恁麼來問便是不得汝道六處不知
音眼處不知音耳處不知音若也根本是有爭
解無得古人道離聲色著聲色離名字著名
字所以無想天修得經八萬大劫一朝退墮諸事
儼然蓋爲不知根本真實次第修行三生六十
劫四生百劫如是直到三祇果滿他古人猶道不
如一念緣起無生超彼三乘權學等見又道彈指
圓成八萬門刹那滅却三祇劫也須體究若如
此用多少氣力問聲色兩字什麼人透得師却
謂衆曰諸上座且道遮箇僧還透得也未若
會此問處透聲色即不難問求佛知見何路

最徑師曰無過此問千百億化身於中如何
是清淨法身師曰總是問如何是古佛心師曰
流出慈悲喜捨問如何是一真之地師曰地則無一真
曰如何卓立師曰轉無交涉問蕩子還鄉時
如何師曰將什麼奉獻曰無有一物師曰日給
作麼生問要急相應惟言不二如何是不二
之言師曰更添些子得麼問如何是法身師
曰遮箇是應身因僧齋前上參師以手指簾
時有二僧同去卷簾師曰一得一失
東禪齊拈云上座且作麼生會有云爲伊不
明旨便去卷簾亦有道指者即會不指而

去者即失恁麼會還可不可既不許恁麼會且
問上座阿那箇得阿那箇失因雲門問僧什麼處
來云江西來雲門云江西一隊老宿寱語住也未僧
無語對僧問師不知雲門意作麼生師曰大小雲
門被遮僧勘破師令僧衆取土添蓮盆僧取土到師
曰橋東取橋西取曰橋東取師曰是真實是虛
妄師問實資長老古人道山河無隔礙光明處
處透作麼生是處處透底光資曰東畔打羅聲
歸宗柔別云和尚擬隔礙師指竹問僧還見麼
曰見師曰竹來眼裏眼到竹邊僧曰總不恁麼
法燈別云當時但舉眼向師歸宗別云和尚

只是不信某甲有俗士獻師畫障子師看了問
曰汝是手巧心巧曰心巧師曰那箇是汝心俗士無
對歸宗代云某甲今日却成容易襄州清谿
山洪進禪師在地藏時有二僧礼拜地藏和尚
曰俱錯二僧無語下堂請益脩山主脩曰汝自
巍巍堂堂却礼拜擬問他人豈不是錯師聞
之不肯脩乃問未審上坐作麼生師曰汝自
迷暗焉可爲人脩憤然上堂請益地藏地藏指
廊下曰典坐入庫頭去也脩乃省過又一日師
問脩山主曰明知生不生性爲什麼爲生之
所留脩曰筍必竟成竹去如今作篾使還得

麽師曰汝向後自悟在曰紹脩所見只如此上坐
意旨如何師曰遮箇是監院房那箇是典坐房脩
禮謝僧問衆盲摸象各說異端忽遇明眼人
又作麽生師曰汝但舉似諸方
昇州清涼院休復悟空禪師北海人姓王氏僧問如
何是佛師曰汝是衆生曰還肯也無師曰虛施
此間問如何是道師曰本來無一物何處有塵
埃僧礼拜師曰莫錯會問如何是一塵入正受
師曰色即空曰如何是諸塵三昧起師曰空
即色問古人得箇什麽便休歇去師曰汝得
箇什麽即不休歇去問如何是諸佛本源

師曰汝喚什麽作諸佛
撫州龍濟山主紹脩禪師初與大衆眼禪師
同參地藏同辭至建陽途中法眼忽問曰古人
道萬象之中獨露身是撥万象不撥（宋撥萬象萬象師曰）
法眼曰說什麽撥不撥師却迴地藏乃問古人
道萬象之中獨露身意旨如何地藏曰汝
道古人撥萬象不撥萬象師曰不撥地藏曰
兩箇也師沈思却問未審古人撥萬象不撥萬象地藏
曰汝喚什麽作萬象（師方悟師上堂曰具足凡夫法凡夫不知具足）
聖人法聖人不會聖人　若會即是凡夫凡夫若
知即是聖人此兩語一理二義若人辯得不妨於

佛法中有箇人入處若辯不得莫道不疑
僧問教云須弥納芥子芥子納須弥如何是
須弥師（曰穿破汝心曰如何是芥子師曰塞却汝眼曰如何納師曰把將須弥與芥子來曰前言何在師曰）前有
什麽言問刼火洞然大千俱壞未審遮箇還
壞也無師曰不壞曰為什麽不壞師曰同於大
千問纖毫不隔為什麽覿之不見師曰作
家弄影漢問如何是晉眼師曰纖毫覿不見者
為什麽覿不見師曰為伊眼太大問如何是大敗壞
底人師曰刼壞不曾遷曰此人還知有佛法也無
師曰若知有佛法渾成顛倒曰如何得不顛倒
曰直須知有佛法曰如何是佛法師曰大敗壞

路州延慶院傳殷禪師僧問見色便見心燈籠
是色那箇是心師曰汝不會古人意曰如何是古人
意師曰燈籠是心　衡岳南臺守安禪師僧問
人人盡有長安路如何得到師曰即今在什麽處
問寂寂無依時如何師曰寂寂底你師因有頌曰
南臺靜坐一爐香亘日凝然萬事忘不是息心除
忘想都緣無事可思量
泉州福清廣法大師行欽僧問如何是譚真逆
俗師曰客作漢問什麽曰如何是順俗違真師
曰喫茶去問如何是然燈前師曰然燈後曰如何
是然燈後師曰然燈前　曰如何是正然燈師曰

喫茶去
福州廣平玄旨禪師僧問如何是廣平境師曰
地數名山秀谿連海水清曰如何是境中人師
曰汝問我荅問如何是法身體師曰廓落虛
空　絶玷瑕曰如何是體中物師曰一輪明月散
秋江曰未審體與物分不分師曰適來道什麽
曰恁麽即不分也師曰穿耳胡僧笑點頭
福州昇山白龍清慕禪師僧問如何是白龍家
用一機師曰汝每日用什麽曰恁麽即徒勞側
聆　師便喝出問一切衆生日用而不知如何是
日用底師曰別祇對你争得

福州靈峯志恩禪師僧問如何是吹毛劒師曰
我進前汝退後曰恁麽即學人喪身命去也
師曰不打水魚自驚問如何是佛師曰更是阿
誰曰既然如此為什麽迷妄有差殊師曰但自
不云爭何須泣岐路
福州東禪玄亮禪師僧問祖祖相傳傳法印師今
繼嗣嗣何方師曰特謝證明曰恁麽即白龍當時
親受記今日應聖（更迷津師曰汝莫）錯認定盤星
漳州報劬院玄應定慧禪師泉州晉江縣人也
姓吳氏僧問曰如何是第一義師曰如何是第
一義曰學人請益師何以倒問學人師曰

汝適來請益什麼曰第一義師曰汝謂之倒問
邪師遺書辭陳守仍示一偈曰今年六十六世壽
有延促無生火熾然有爲薪不續出谷與歸
源一時俱備足
泉州報恩院宗顯明慧大師僧問不涉思量處
從上宗乘請師直道師良久僧曰恁麼即聽
響之流徒勞側耳師曰早是𧏖賦問如何是
人王師曰奉對不敢造次曰如何是法王師曰
莫孫負好曰未審人王與法王對譚何事師曰
非汝所聆
金陵龍光院澄忋禪師廣州人也姓陳氏有僧新

到師問什麼處來曰江南來師曰汝還禮渡江
舩子麼曰和尚爲什麼教礼渡江般子師曰是
汝善知識撫州太平院清海禪師僧問古人道不從
請益得祖師爲什麼道誰得作佛師曰悟了方
知問從上宗乘次弟指授未審今日如何舉唱
師曰　透出白雲深洞裏　名花異草嶺頭
生　郢州興陽山道欽禪師僧問如何是興陽
境師曰　松竹乍栽山影綠水流穿過院中庭
處州福澄和尚僧問下堂一句請師不吝師曰閑
今唯愧龐居士天上人間不可倍
杭州仁王院俊禪師僧問向上一路千聖不傳和尚

是向上不傳底事師曰向上問將來曰恁麼即
上來不當去也師曰既知如此踏步上來作什麼
漳州隆壽無逸禪師僧問絕妙宗風請師垂示
師良久僧曰恁麼即頓决疑情便契心源向
上宗乘如何言論師曰待汝自悟始得
廬山歸宗第十二世道詮禪師吉州安福人也
姓劉氏僧問九峯山中還有佛法也無師曰
有曰如何是九峯山中佛法師曰山中石頭大
底大小底小尋屬江南國絕僧徒例試經業師
之徒衆並習禪觀乃述一偈聞于州牧曰比擬
忘言合太虛免教和氣有親踈誰知道德

全無用今日爲僧貴識書
州牧曰旃檀林中必無雜樹唯師一院特奏免
試經僧問如何是歸宗境師曰千邪不如一直
問如何是佛師曰待得雪消後自然春到來
連州寶華和尚師上堂曰看天看地新羅國
裏和南不審曰消萬兩黃金雖然如是猶是
少分又曰盡十方世界是箇木羅漢檔箄頭上
道將一句來又曰天上龍飛鳳走山間虎嘯猿啼拈
向鼻孔道將一句來僧問如何是寶華境師曰前頭綠水後面青山僧以不會師曰來便一句師問僧什麼處來曰大
容來師曰大容近日作麼生曰近來合得一
甕醬師曰沙弥將一椀水來與遮僧照影師

見一僧從法堂階下過師乃敲繩牀僧曰若是遮
箇不請拈出師喜下地問之並無語處師乃打
師有時戴冠子謂衆曰若道是俗且身披
袈裟若道是僧又頭戴冠子大衆無對韶州
月華和尚初謁白雲雲問曰業箇什麼師曰
念孔雀經白雲曰好箇男子隨鳥雀後師遂
依附久之契旨僧問如何是月華家風師曰若問
家風即荅家風曰學人問家風師曰金鋼羅
漢師上堂有一官人出礼拜起低頭良久師曰
繫電之機徒勞佇思
南雄州地藏和尚師上堂有僧問既是地藏地藏還

來否師曰打開佛殿門裝香擬水師與大容
和尚在　白雲開火路大容曰三道寶階何
以箇火路師曰什麼處不是英州樂淨含往
禪師僧問如何是樂淨境師曰有功貪種竹
無暇不栽松曰忽遇客來將何供養師曰
滿園秋菓熟要者近前甞問如何是樂淨境
師曰　滿月團圓菩薩面庭前椽樹夜叉頭因
普請打籬次有僧問古人有種種開方便門和尚
爲什麼却攔截師曰牢下橛著
韶州後白雲和尚開堂謂衆曰上至諸佛下至
含識共箇真心且阿那箇是諸人心莫是情與無情

共一體麽恁麽見解何以三家村裏既如是不
得又作麽生會直下會得早是自相鈍置若
據祖師門下豈立遮箇階梯眨上眉毛早是
蹉過何況聲前薦得句後投機會中還有
知音麽去却擔簦請截流相見時有僧礼拜
師曰俊哉龍象蹴蹋無邊三乘五性皆惺悟
僧擬再伸問師曰去僧問古琴絶韻請師彈師曰
伯牙雖妙手時人聽者稀曰恁麽即再遇子期
也師曰笑發鶯弦斵穿知調不同潭州鹿苑文
襲禪師僧問遠遠投師請師接師曰喬巷重蕪
消息僧良久師曰會麽曰不會師曰長樂坡頭

信不通
灌州羅漢和尚僧問如何是佛法大意師曰井中紅
燄日裏浮漚曰如何領會師曰遙指扶桑日那邊
問如何是羅漢境師曰　地連香積水門對聖峯山
眉州黃龍繼達禪師僧問如何是衲師曰針去線不同
曰如何是帔　師曰横鋪四世界竪蓋一乾坤
曰道滿到來時如何師曰要羹與羹要飰與飰
問黃龍出世金翅鳥滿空飛時如何師曰問汝
金翅鳥還得飽也無棗樹和尚僧自鋤地次見師
乃不審師曰見阿誰了便不審曰見師不問訊
禮式不全師曰却是孤負老僧其僧歸堂卷被　第

一坐第一坐曰和尚近日可畏爲人切師聞之乃
打第一坐七棒第一坐曰某甲恁麽道未有
過打怎麽師曰枉喫如許多年鹽醋又打
七棒興元府玄都山澄和尚僧問喜得趨方丈
家風事若何師曰　動風開曉露明月正當
天曰如何拯濟師曰金雞樓上一下鼓問如何
是沙門行師曰一切不知
鄂州黃龍智顒禪師僧問如何是黃龍家風師
曰待價貢傳果僧問如何是諸佛之本源師曰
即此一問是何源曰恁麽即諸佛無異路去也師
曰延平劍已成龍去猶有刻舟求劍人

眉州昌福遠和尚僧問曰國有寶刀誰人得見師曰
師兄遠來不易曰此刀作何形狀師曰要也道不
要也道曰請師道師曰雖逢離婁商石牛水上卧時
如何師曰異中異妄計不淨沈曰便恁麽去時
如何師曰翅天日落把土成金
郢州報恩契從禪師初開堂陞坐乃曰烈士鋒前
還有俊鷹俊鶻兒麽放箇出來看所以道烈
士鋒前少人陪雲雷擊鼓鈳擊鼓鈳輪開誰是大
雄師子種蒲身鋒刃但出來時有僧出師曰看好精
彩僧擬伸問師曰什麽處去也
婺州普照瑜和尚僧問向去事如何師曰決在臨鋒

師乃頌曰　決在臨鋒處天然師子機頓呻出三
界非祖莫能知
婺州雙谿保初禪師示衆曰未透徹不須呈十
方世界廓然明孤峯頂上通機照不用看北斗
星　明州大龍山楚勛禪師上堂曰大衆只恁麽
散去已是重宣此義了也久立又奚爲然久立
有久立底道理知了經小劫如一食頃不知道理
便見茫然還知麽有知者出來大家相共商量
時有僧出展坐具曰展即徧周沙界縮即絲毫
不存展即是不展即是師曰你從什麽處得
來曰恁麽即展去也師曰勿交涉唐州保壽佳

祐禪師僧問如何是佛法大意師曰近前來近
前來僧近前來師曰會麽曰不會師曰石火
電光已經塵劫問如何是爲人底一句師曰開口
入耳曰如何理會師曰逢人告人谷隱知儼禪師
登州人也僧問如何是迦葉親聞底事師曰速
須作却問如何是諸佛照不著處師曰問遮
山鬼窟作麽曰照著後如何師曰出精怪
石門山紹遠禪師僧問師唱誰家曲宗風嗣阿
誰師曰十方無異類揭覺鳳林前問生死浪
前如何話道師曰毛袋横身絶飲啄青谿常
卧太陽春問春問如何是道師曰山深水冷

曰如何是道中人師曰金搥擊金䤨問天陰日
不出光輝何處去師曰鐵虵攅大路通身黑
似煙
鄂州靈竹守玲禪師僧問如何是西來意師曰
錫帶胡中五餅添漢地泉　問迷悟不入諸境
時如何師曰境從何來曰恁麼即入諸境去
也師曰龍頭虵尾漢
朗州梁山緣觀禪師僧問如何是和尚家風師
曰資揚水急魚行澀白鹿松高鳥泊難問師
唱誰家曲宗風嗣阿誰師曰龍生龍子鳳生鳳
兒問如何是西來意師曰

慜嶺不傳唐土信胡人謾說太平歌
有端長者訪師晤坐譚話時有僧問二尊不
並化爲什麼兩人居方丈師曰一亦非師有頌曰
梁山一曲歌格外人難和十載訪知音未嘗逢
一箇　又頌曰　紅䎹藏吾身何須塔用薪有人
相肯重灰裏貌全真
襄州廣德周禪師僧問見話不學時如何師曰
徧界没聾人誰是知音者曰如何是知音者
師曰斷絃續不得歷刼響泠泠僧問承教
有言阿逸多不斷煩惱不修禪定佛記此
人成佛無疑此理如何師曰盡又盡炭又無
盡盡炭無時如何師曰愁人莫向愁人道向
道愁人愁殺人

傳燈玉英集卷第十二

撫州稠

洪州百丈道常禪師　天台通慧禪師

廬山歸宗策眞禪師

江州棲賢禪師

廬州延規禪師　洛京興善棲倫禪師

洪州新興齊禪師　澤州謹禪師

宣州可勳禪師　洪州守訥禪師

杭州普照禪師　廬山慧朗禪師

杭州通辯禪師　荊門玉泉和尚

廬山義柔禪師　相州從漪禪師 襄州清谿法嗣

廬山圓通緣德禪師　昇州奉先禪師 金陵清涼法嗣

河東廣原和尚 撫州龍濟法嗣　襄州鷲嶺善美禪師

隆壽法騫禪師　眉州黃龍和尚

鄞州菩玄禪師　杭州慧日禪師

溫州大寧禪師　蘇州安國禪師

杭州五雲禪師　杭州報恩禪師

杭州明達禪師　福州宗一禪師

杭州永安禪師　廣州光聖禪師

天台普聞禪師　溫州鴈蕩禪師

杭州希辯禪師　杭州光慶禪師

福州玉泉禪師　杭州龍冊禪師

杭州慶蕭禪師　越州道圓禪師

杭州慶祥禪師　杭州傳法大師

越州義圓禪師　溫州瑞鹿遇安禪師

杭州龍華禪師　婺州遇臻禪師

溫州瑞鹿本先禪師　福州保明大師 杭州報恩法嗣

杭州千光禪師　衢州志澄大師

明州崇福禪師　處州報恩禪師

杭州道端禪師　杭州西山禪師

福州支提禪師　洪州雲居禪師 金陵報慈法嗣

洪州道齊禪師 金陵清涼法嗣　廬山棲賢禪師 金陵法安法嗣

廬山慧誠禪師　潭州雲蓋禪師 廬州匡觀法嗣

長壽法齊禪師 蘇州薦福法嗣

天台山德韶國師處州龍泉人也俗姓陳氏一日淨慧上堂有僧問如何是曹源一滴水慧曰

是曹源一滴水師於坐側豁然開悟師上堂曰
古聖方便猶如河沙祖師道非風幡動仁者心
動斯乃無上心印法門我輩是祖師門下客合
作麼生會祖師意莫道風幡不動汝心妄動莫
道不撥風幡就風幡通取莫道風幡動處是什
麼有云附物明心不須認物有云色即是空有云
非風幡動應須妙會如是解會與祖師意旨有
何交涉既不許如是會諸上坐便合知悉若於
遮裏悟去何法門而不明百千諸佛方便一時洞
了更有什麼疑情所以古人道一了千明一迷萬
惑上坐豈是今日會得一則明日又不會也莫是

有一分向上事難會有一分下劣凡夫不會如此
見解設經塵劫只自勞神無有是處問一切山河
大地從何而起師曰此問從何而來師有偈示
衆曰通玄峯頂不是人間心外無法滿目青山
第一會師開堂示衆云一毛吞海海性無虧纖
芥投鋒鋒利無動見與不見會與不會惟我知
焉乃有頌曰暫下高峯已顯揚般若圓通遍十
方人天浩浩無差別法界纖横處處彰師陞堂
日有僧問承古有言若人見般若即被般若縛
若人不見般若亦被般若縛既見般若為什麼却
被縛師云你道般若見什麼學云不見般若為

什麼却被縛師云你道般若什麼處不見又云
若見般若不名般若不見般若亦不名般若般
若且作麼生說見不見所以人道若欠一法不
成法身若剩一法不成法身若有一法不成法
身若無一法不成法身此是般若之真宗
第二上堂有僧問歸源性無二方便有多門如
何是歸源性師云你問我答學云如何是方便
門師云你荅我問學云如何趣向師云顛倒作
麼又僧問一身即無量身無量身即一身如何
是無量身師云一身學云恁麼即昔日靈山今
來親覩師云理當即行又云三世諸佛一時證

明上坐上坐且作麼生會若會時不遷無絲毫
可得移易何以故為過去未來現在三際是上坐
上坐且非三際澤霖大海滴滴皆滿一塵空性
法界全收珍重　第三上堂僧問四衆雲集人
天恭敬目覩尊顏願宣般若師云分明記取師
云夫一切問荅如針鋒相投無纖毫差相事
無不通理無不備良由一切言語一切三昧横
竪深淺隱顯去來是諸佛實相門只據如今一
時驗取珍重　第四上堂舉古人云如何是禪
三界綿綿如何是道十方浩浩因什麼道三界
綿綿何處是十方浩浩底道理要會麼塞却眼

塞却耳塞却鼻舌身意無空闕處無轉動處上
坐作麼會若如是會得始會法門　第五上堂
有僧問云天下太平大王長壽如何是王師云
日曉月明學云如何領會師云誰是學人又云
天下太平大王長壽國土豐樂無諸患難此是
佛語古不易今不遷一言可以定古定今會取
好諸上坐　第六上堂示衆云佛法現成一切具足
古人道圓同太虛無欠無餘若如是且誰欠誰
剩誰是誰非誰是會者誰是不會者所以道東
去亦是上坐西南北去亦是上坐上坐因什麼
得成東西南北若會得自然見聞覺知路絕一

切諸法現前何故如此為法身無相觸目皆形
般若無知對緣而照一時徹底會取好諸上坐
出家兒合作麼生此是本有之理未為分外識
心達本源故名為沙門若識心皎皎地實無絲
毫障礙上坐久立珍重　第七上堂有僧問欲
入無為海須乘般若船如何是般若船師云常
無所住如何是無為海師云且會般若船師又
云百千三昧門百千神通門百千妙用門盡不
出得般若海中何以故為於無住本建立諸法
所以道生滅去來邪正動靜千變萬化是諸佛
大定門無過於此諸上坐大家究取增於佛法

壽命珍重　第八上堂有僧問世尊有正法眼付囑摩訶迦葉只如迦葉在賓鉢羅窟未審付囑何人師云教我向誰說學云恁麼即靈山付囑不異今日師云你什麼處見靈山師又云靈山付囑分明諸上坐一時驗取若驗得時更無別理只是如今譬如太虛日明雲暗山河大地一切有爲世界悉皆明現乃至無爲亦復如是世尊付囑迄至于今並無絲毫差別更付阿誰所以祖師道心自本來心本心非有法法有本心非心非本法此是靈山付囑榜樣諸上坐徹底會取好莫虛度時光國王恩難報父母師

長恩難報諸佛恩難報十方施主恩難報況建置如是丈第佛法興隆若非國王恩力焉得如此若要報恩應須明徹道眼入般若性海始得久立珍重　第九上堂有僧問承先德云人空法亦空二相本來同如何是二相本來同師云山河大地學云不會乞師方便云什麼處是不方便處師又云大道廓然詎齊今古無名無相是法是修良由法界無邊心亦無際無事不彰無言不顯如是會得喚作般若現前理極同眞際一切山河大地森羅萬象墻壁瓦礫並無絲毫可得虧闕無事珍重　第十上堂有僧問承師有言九天輦王印七佛兆前心如何是印師云不露文如何是心師云你名安嗣又云法界性海如函如蓋如鉤如鏁如金與金色位位皆齊無纖毫參差不相混濫非一非異非同非別若歸實地去法法皆到底不是上來問箇如何若何便是不問時便非在長連牀上坐時是有不坐時是無只如諸方老宿言教在世如常河沙如來一大藏經卷卷皆說佛理句句盡言佛心因什麼得不會去若一向纖絡言教意識解會饒上坐經塵沙劫亦不能得徹此喚作顛倒知見識心活計並無得力處此蓋爲根腳下

不明若究盡諸佛法源河沙大藏一時現前不欠絲毫不剩絲毫諸佛時常出世時常說法度人未曾間歇乃至猿啼鳥叫草木叢林常助上坐發機未有一時不爲上坐有如是奇特處可惜許諸上坐大家究取令法久住世間增益人天壽命國王安樂無事珍重　第十一上堂舉古人云吾有一言天上人間若人不會綠水青山且作麼生是一言底道理古人語須是曉達始得若是將言而名於言未有箇會處良由究盡諸法根蔕始會一言不是一言半句思量解會喚作一言若會言語道斷心行處滅始到古人境界亦不是閉目藏睛暗覩無所見喚作言語道斷且莫賺會佛法不是遮箇道理要會麼假饒經塵沙劫說亦未曾有半句到諸上坐經塵沙劫不說亦未曾欠少半句應須徹底會去始得若如是斟酌名言空勞心力並無用處與諸上坐相共證明後學初心速須究取　第十二上堂有僧問一人執炬自盡其身一人抱冰橫屍於路此二人阿誰辦道師云不遺學者云不會乞師指示師云你名敬新學云未審還有人證明也無師云有學云什麼人證明師云敬新證明又僧問牛頭未見四祖時如何師云異境

靈蹤覩者皆羨僧又云見後如何師云適來向你道什麼又僧問承古有言敲打虛空鳴㲉㲉石人木人齊應諾六月降雪落紛紛此是如來大圓覺如何是敲打虛空底師云崑崙奴著鐵袴打一棒行一步學云恁麼即石人木人齊應諾也師云你還聞麼又云諸佛法門時常如是譬如大海千波萬浪未曾暫住未曾暫有未曾暫無浩浩地光明自在宗三世於毛端圓古今於一念應須徹底明達始得不是問一則語記一轉語巧作道理風雲水月四六八對便當佛法莫自賺諸上坐究竟無益若徹底會去實無

可隱藏無剎不彰無塵不現直下凡夫位齊諸佛不用纖毫氣力一時會取好珍重

杭州報恩寺慧明禪師有二禪客到師問曰上坐離什麼處曰都城師云上坐離都城到此山則都城少上坐此山剩上坐剩則心外有法少則心法不周說得道理即住二禪客不能對有朋彥上坐博學強記來訪師師曰言多去道遠矣今有事借問只如從上諸聖及諸先德還有不悟者也無朋彥曰若是諸聖先德豈有不悟者師曰一人發眞歸源十方虛空悉皆消殞今天台山嶷然如何得消殞去朋彥不知所措師

舉雪峯塔銘問老宿云夫從緣有者始終而成壞非從緣有者歷劫而長堅堅之與壞即且置雪峯只今在什麼處（法眼別云只今是成是壞）

圓通普照禪師上堂曰諸人還委得麼莫道語默動靜無非佛事好且莫錯會僧問如何是祖師西來意師曰汝還見香臺麼曰某甲未會乞師指示師曰香臺也不識問如何是第二月師曰揑目看花花數朶見精明樹幾枝枝

漳州羅漢宣法大師智依僧問纖塵不立爲什麼好醜現前師曰分明記取別處問人師問僧今夏在什麼處曰在無言上坐處師曰還曾問訝他否曰也曾問訝師曰無言作麼生問得曰若得無言什麼處不問得師喝之曰恰似聞老兄

金陵鍾山章義大師道欽上堂曰道遠乎哉觸事而眞聖遠乎哉體之則神我尋常示汝何不向衣鉢下坐地直下參取要須上來討箇什麼既上來我即事不獲已便舉古德少許方便斗藪㞦子龜毛兔角解落諸上坐欲得省要麼僧堂裏三門下寮舍裏參取好還有會處也未若有會處試說看與上坐證明問古人拈椎豎拂還當宗乘中事也無師曰古人道了也問學人創入叢林乞和尚指示師曰一手指天一手指

地僧問如何是西來意師曰不東不西

金陵報恩匡逸禪師上堂師顧大衆曰依而行之即無累矣還信麼如太陽赫弈皎然地更莫思量思量不及設爾思量得及喚作分限智慧不見先德云人無心合道道無心合人人道既合是名無事人且自何而凡自何而聖此若未會也只爲迷情所覆便去不得迷時即有質礙爲對爲待種種不同忽然惺去亦無所得譬如演若達多認影爲頭豈不是擔頭覓頭然正迷之時頭且不失及乎悟去亦不爲得何以故迷謂之失悟謂之得得失在於人何關於動靜

金陵報慈道場文遂導師上堂曰天人羣生類皆承此恩力威權三界德被四生共稟靈光咸稱妙義十方諸佛常頂戴汝誰敢是非及乎向遮裏喚作開方便門對根設教便有如此如彼流出無窮若能依而奉行有何不可所以清涼先師道佛即是無事人且如今覓箇無事人也不可得僧問如何是無異底事師曰千差萬別僧再問師曰止止不須說且會取千差萬別師問僧從什麼處來曰撫州曹山來師曰幾程到此曰七程師曰行卻許多山林谿澗何者是汝自己曰總是師曰衆生顛倒認物爲己曰如何

是學人自己師曰總是師又曰諸上坐各在止觀經冬過夏還有人悟自己也無止觀與汝證明令汝眞見不被邪魔所惑問如何是學人自己師曰好箇師僧眼目甚分明

漳州羅漢院守仁禪師師謂衆曰物物本來無處所一輪明月印心池便歸方丈師謂衆曰遮裏不曾與人揀話今日與諸上坐揀一兩則話還願樂麼諸上坐鶴脛長鳧脛短甘草甜黃蘗苦恁麼揀辯還愜雅意麼諸上坐莫道血脉不通泥水有隔好且莫錯會珍重問如何是圓常之理師曰無事不參差曰恁麼即縱橫法界也

師曰巧道有何難師問僧什麼處來曰福州來
師曰跋涉如許多山嶺阿那箇是上坐自己曰
某甲親離福州師曰恁麼商量別有商量曰更
作麼生商量師曰汝話墮也
杭州永明寺道潛禪師一日淨慧問曰子於衆
請外看什麼經師曰看華嚴經淨慧曰摠別同
異成壞六相是何門攝屬師對曰文在十地品
中據理則世出世間一切法皆具六相曰空還
具六相也無師無對淨慧曰子却問吾師乃問
曰空還具六相也無淨慧曰空師於是開悟禮
謝淨慧曰子作麼生會師曰空淨慧然之因士

女入院淨慧問師曰律中道隔壁聞釵釧聲即
名破戒見覩金銀合雜是破戒不是破戒師曰
好箇入路淨慧曰子向後有五百毳徒而爲王
侯所重在後忠懿王錢氏命入府受菩薩戒署
慈化定慧禪師建大伽藍號慧日永明請居之
師曰欲請塔下羅漢銅像過新寺王曰善矣予
昨夜夢十六尊者乞隨禪師入寺何昭應之若
是仍於師號加應真二字師坐道場常五百衆矣
問如何是覿面事師曰背後是什麼問文殊仗劒
擬殺何人師曰止止曰如何是劒師曰眼是
撫州黃山良匡禪師吉州人也上堂曰高山頂

上空蘿飯無可祇待諸道者唯有金剛眼睛
助汝發明真心汝若會得能破無明黑暗汝若
不會真箇不壞便起歸方丈問如何是物不遷
義師曰春夏秋冬問明鏡當臺森羅爲什麼不
現師曰鄉裏當臺曰爭奈即今何師曰又道
不現
杭州靈隱山清聳禪師上堂曰十方諸佛常在
汝前還見麼若言見將心見將眼見所以道一
切法不生一切法不滅若能如是解諸佛常現
前又曰見色便見心且喚什麼作心山河大地
萬象森羅青黃赤白男女等相是心不是心若

是心爲什麼却成物象去若不是心又道見色
便見心還會麼只爲迷此而成顛倒種種不同
於無同異中强生同異且如今直下承當頓豁
本心皎然無一物可作見聞若離心別求解脫
者古人喚作迷波討源卒難曉悟問根塵俱泯
爲什麼事理不明師曰事理且從喚什麼作俱泯
底根塵問無明實性即佛性如何是佛性師曰
喚什麼作無明
金陵報恩院玄則禪師初問青峯如何是佛青
峯曰丙丁童子來求火師得此語藏之於心及
謁淨慧淨慧詰其悟旨師對曰丙丁是火而更

求火亦似玄則將佛問佛淨慧曰幾放過[illegible]
錯會師乃投誠請益淨慧曰汝問我與汝道師
乃問如何是佛淨慧曰丙丁童子來求火師豁然
知歸問如何是諸聖密處師曰却須會取自
己曰如何是和尚密密處師曰待汝會始得師
謂衆曰諸上坐盡有常圓之月各懷無價之珍
所以月在雲中雖明而不照智隱惑內雖真而
不通無事久立問如何是學人本來心師曰汝
還曾道著也未曰只如道著如何體會師曰待
汝問始得問教中有言樹能生果作頗梨色未
審此果何人得喫師曰樹從何來曰學人有分

師曰去果八萬四千
金陵報慈道場玄覺導師上堂曰凡行脚人
參善知識到一叢林放下缾鉢可謂行菩薩道
之能事畢矣何用更來這裏舉論真如涅槃此
是非時之說然古人有言譬如披沙識寶沙礫
若除真金自現便喚作常住世間具足僧寶亦
如一味之雨一般之地生長萬物大小不同甘
辛有異不可道地與雨有大小之名也所以道
方即現方圓即現圓何以故爾法無偏正隨相
應現喚作對現色身還見麼若不見也莫閑坐地
金陵淨德道場達觀禪師智筠上堂謂衆曰夫

欲慕道也須上上根器始得造次中下不易承
當何以故佛法非心意識境界上坐莫恁麼儱
侗地佗古人道沙門眼把定世界函蓋乾坤綿
綿不漏絲髮所以諸佛讚歎不及比喻不及道
上坐威光赫弈亘古亘今幸有如是家風何不
紹續取爲什麼自生卑劣枉受辛勤不能曉悟
只爲如此所以諸佛出興於世只爲如此所以
諸佛唱入涅槃只爲如此所以祖師特地西來
金陵清涼法燈禪師泰欽初住洪州幽谷山雙
林院僧問如何是雙林境師曰畫也不成曰如
何是境中人師曰且去又曰境也未識且討人

問善行菩薩道不染諸法相如何是菩薩道師
曰諸法相曰如何得不染去師曰染著什麼處
問不久開選場還許學人選也無師曰汝是什
麼科目問如何是佛法大意師曰且問小意却
來與汝大意
杭州眞身寶塔寺紹巖禪師上堂曰山僧素寡
知見本期閑放念經待死豈謂今日大王勤重
苦勉山僧效諸方宿德施張法筵然大王致請
也只圖諸仁者明心此外無別道理諸仁者還
明心也未莫不是語言譚笑時凝然杜默時參
尋知識時道伴商量時觀山翫水時耳目絕對

時是汝心否如上所解盡爲魔魅所攝豈曰明
心更有一類人離身中忘想外別認徧十方世
界含日月包太虛謂是本來眞心斯亦外道所
計非明心也諸仁者要會麼心無是者亦無不
是者汝擬執認其可得乎問六合澄清時如何
師曰大衆誰信汝問見月忘指時如何師曰非
見月曰豈可認指爲月邪師曰衆學來多少
時也
撫州崇壽院契稠禪師上堂僧問如何是第一
義師曰何勞更問師又曰大衆欲知佛性義當
觀時節因緣作麼生是時節因緣上坐如今便

散去且道有也未若無因什麼便散去若有作
麼生是第一義上坐第一義現成何勞更觀恁
麼顯明得佛性常照一切法常住若見有法常住
猶未是法之眞源作麼生是法之眞源上坐不
見古人道一人發眞歸源十方虛空悉皆消殞
還有一法爲意解麼古人有如是大事因緣依
而行之即是何勞多說
洪州雲居山廣平院清錫禪師僧問如何是雲
居境師曰汝喚什麼作境曰如何是境中人師
曰適來向汝道什麼有廖天使入院見供養法
眼和尚眞乃問曰眞前是什麼果子師曰假果

子天使曰既是假果子爲什麼將供養眞師曰
也只要天使識假問如何是佛師曰容顏甚奇妙
洪州百丈山大智院道常禪師問如何是學人
行脚事師曰拗折拄杖得也未問古人有言釋
迦與我同參未審何人師曰唯有同參方得知
曰未審此人如何親近師曰恁麼即不解參也
師謂衆曰實是無事與上坐各各事佛更有何
疑得到遮裏古人只道十方同共聚箇箇學無
爲此是選佛處心空及第歸心空是及第且作
麼生會心空不是那裏閉目冷坐是心空此
正是識陰想解上坐要心空麼但且識心所以

道過去已過去未來更莫筭兀然無事坐何曾
有人喚設有人喚上坐應佗好不應好若應阿
誰喚上坐若不應不患聾也三世體空且不是
木頭所以古人道心空得見法王還見法王麼
也只是老病僧又莫是渠自代麼珍重僧舉人
問玄沙曰三乘十二分教即不問如何是祖師
西來意玄沙曰三乘十二分教不要其僧不會
請師爲說師示偈曰不要三乘要祖宗三乘不
要與君同君今欲會通宗旨後夜猿啼在亂峯
天台山般若寺通慧禪師敬遵上堂曰皎皎炟
赫地亘古亘今也未曾有纖毫間斷相無時無

節長時抄定上坐無通氣處所以道山河大地是上坐善知識放光動地觸處露現實無絲頭許法可作隔礙如今因什麼却不會特地生疑去無事不用久立師自述真讚曰真兮寥廓郢人圖賸嶽聳雲空澄潭月躍

廬山歸宗寺法施禪師策真曹州人也姓魏氏本名慧超升淨慧之堂問如何是佛淨慧曰汝是慧超師從此信入上堂示衆曰諸上坐見聞覺知只可一度只如會了是見聞覺知不是見聞覺知要會麼與諸上坐說破了也待汝悟始得久立珍重問承教有言將此身心奉塵刹是

則名爲報佛恩塵刹即不問如何是報佛恩師曰汝若是即報佛恩

洪州鳳棲山同安院紹顯禪師僧問王恩降盲師親受熊耳家風乞一言師曰已道了也雲蓋山僧乞瓦造殿有官人問既是雲蓋何用乞瓦無對師代曰罕遇奇人

江州廬山棲賢寺慧圓禪師師上堂有僧擬問師乃指其僧曰住住其僧進步問從上宗乘請師舉唱師曰前言不搆後語難追曰未審今日事如何師曰不會人言語

洪州觀音院從顯禪師泉州莆田人也問久負沒絃琴請師彈一曲師曰作麼生聽其僧側耳師曰賺殺人

廬州長安院延規禪師上堂曰古聖道圓同太虛無欠無餘又云一一法一一宗衆多法一法宗又道起唯法起滅唯法滅又云起時不言我起滅時不言我滅據此說話屈滯久在叢林上坐若是初心兄弟且須體道人身難得正法難聞莫同等閑施主衣食不易消遣若不明道箇箇盡須還佗上坐要會道麼珍重問如何是諸法空相師曰山河大地問如何是合道之言師曰汝問我荅問無著見文殊爲什麼不識師曰汝

道文殊還識無著麼

洛京興善棲倫禪師僧問如何是佛師曰向汝恁麼道即得因宮師致政李公繼勳終世有僧問是法住法位世間相常住未審李公向什麼處去也師曰恰被汝問著曰恁麼即虛申一問師曰汝不妨靈利

洪州武寧嚴陽新興齊禪師問如何得出三界去師曰汝還信麼曰信即深信乞和尚慈悲師曰只此信心亘古亘今怏須究取何必沈吟要出三界三界唯心師因雪謂衆曰諸上坐還見雪麼見即有眼不見無眼有眼即常無眼即斷恁麼會得佛身充滿

澤州古賢院謹禪師僧問如何是佛師曰築著汝鼻孔

宣州興福院可勳禪師僧問如何是道師曰勤而行之問古何是法空師曰不空師有偈曰秋江煙島晴鷗鷺行行立不念觀世音爭知普門入

洪州上藍院守訥禪師上堂曰盡令提綱無人埽地叢林兄弟相共證明晚進之流有疑請問僧問願開甘露門當觀第一義不落有無中請師垂指示師曰大衆證明曰恁麼即屈去也師曰閑言語問如何是佛師曰更問阿誰

杭州奉先寺法明普照禪師法瓌初開堂僧問釋迦出世天雨四華地搖六動未審今日有何祥瑞師曰大衆盡見曰法王法如是也師曰人王見在問淨慧寶印和尚親傳今日一會當付何人師曰誰人無分曰恁麼即雷音普震無邊剎也師曰也須善聽

廬山化城寺慧朗禪師江南宋齊丘請開堂師升坐曰今日令公請山僧爲衆莫非承佛付囑不忘佛恩衆中有問話者出來爲令公結緣僧問曰令公親降大衆雲臻從上宗乘請師舉唱師曰莫是孤負令公麼問師常苦口爲什麼學

人己事不明師曰闍梨什麼處不明曰不明
請師決斷師曰適來向汝道什麼曰恁麼即全
因今日去也師曰退後禮三拜
杭州慧日永明寺通辯禪師道鴻第三世住僧問遠
離天台境來登慧日峯久聞師子吼今日請師
通師曰聞麼曰恁麼即昔時崇壽今日永明也
師曰幸自靈利何須亂道師謂衆曰大道廓然
古今常爾眞心周徧如量之智皎然萬象森羅
咸眞實相該天括地亘古亘今大衆還會麼問
國王嘉命公貴臨筵未審今日當爲何事師曰
驗取曰此意如何師曰什麼處去來曰恁麼即

猶成造次也師曰休亂道問諸佛出世放百寶
光明師登寶坐有何祥瑞師曰可驗曰法王法
如是師曰也是虛言
荆門玉泉和尚僧問遠遠投師如何一接師拈
杖視之其僧禮拜師便喝問尺璧無瑕時如何
師曰我不重曰不重後如何師曰火裏蝍蟟飛
上天
廬山歸宗寺義柔禪師僧問諸佛出世說法度
人感天動地和尚出世有何祥瑞師曰人天大
衆前癡語作麼問優曇華拆人皆覩達本無心
事若何師曰讒語曰恁麼即南能別有深深旨

不是心心人不知師曰鉋叢林問靈龜未兆時
如何師曰是吉是凶問未達其源乞師方便師
曰達也曰達後如何師曰終不恁麼問
相州天平山從漪禪師僧問如何得出三界師
曰將三界來與汝出問如何是和尚家風師曰
顯露地問如何是佛師曰不指天地曰爲什麼
不指天地師曰唯我獨尊問洞深杳杳清谿水
飲者如何不升墜師曰更夢見什麼
廬山圓通院緣德禪師上堂曰諸上坐明取道
眼好是行脚僧本分事道眼若未明有什麼用
處只是移盤喫飯道眼若明有何障礙若未明

得彊說多端也無用處無事也好尋究僧問如
何是四不遷師曰地水火風問如何是古佛心
師曰水鳥樹林曰學人不會師曰會取學人
昇州奉先寺淨照禪師慧同僧問唯一堅密身
一切塵中見又云佛身充滿於法界普見一切
羣生前於此二途請師說師曰唯一堅密身一
切塵中見僧問如何是古佛心師曰汝疑阿那
箇不是問如何是常在底人師曰更問阿誰
河東廣原和尚僧問如何是佛法大意師示偈
曰刹刹現形儀塵塵具覺知性源常鼓浪不悟
未曾移

襄州鷲嶺善美禪師僧問百川異流還歸大海
未審大海有幾滴師曰汝還到海也未曰到海
後如何師曰明日來向汝道
隆壽法騫禪師上堂曰今日龍壽出世三世諸佛
森羅萬象同時出世同時轉法輪諸人還見麼
僧問如何是隆壽境師曰無汝插足處曰如何
是境中人師曰未識境在有僧到參至明日入
方丈請師心要師曰昨日相逢序起居今朝相
見事還如如何却覓呈心要心要如何特地踈
眉州黃龍第二世住和尚僧問如何是密室師曰斫不
開曰如何是密室中人師曰非男女相問國內

按劒者是誰師曰昌福曰忽遇尊貴時如何師
曰不遺
郢州大陽山警玄禪師僧問叢林浩浩法鼓喧
宣向上宗乘如何舉唱師曰佗無箇消息爭肯
應當曰今日宗乘蒙指示未審法嗣嗣何人師
曰梁山點出秦時鏡長慶峯前一擽輝問如何
是大陽境師曰孤鶴老猿啼谷韻瘦松寒竹鎖
青煙曰如何是境中人師曰作麼問如何是佛
師曰汝何不是佛曰學人不會時如何師曰迢
然不挂三秋月一句當陽豈在燈問如何是透
法身底句師曰大洋海底紅塵起須彌頂上水

横流

杭州慧日永明寺智覺禪師延壽纫唯一食持法華經七行俱下感群羊跪聽年二十八為華亭鎮将屬翠巖永明大師遷止龍冊寺大闡玄化時吴越文穆王知師慕道放令出家禮翠巖為師野蔬布襦以遣朝夕尋謁韶國師一見深器之密授玄旨僧問如何是永明妙旨師曰更添香著曰謝師指示師曰且喜勿交涉師有偈曰欲識永明旨門前一湖水日照光明生風來波浪起

温州大寧院可弘禪師僧問如何是正眞一路

師曰七顛八倒曰恁麼即法門無別去也師曰我知汝錯會去

蘇州安國長壽院朋彥大師僧問如何是玄旨師曰四稜榻地問如何是徑直之言師曰千迂萬曲曰恁麼即無不總是也師曰是何言歟

杭州五雲山華嚴道場志逢大師生惡葷血纫歲出家嘗夢升須彌山覩三佛列坐初釋迦次彌勒皆禮其足唯不識第三佛但仰視而已時釋迦示之曰此是補彌勒處師子月佛師方作禮覺後因閱大藏經乃符所夢遊方抵天台山雲居參國師頓悟玄秘一日因入普賢殿中宴坐倏有一神人跪膝于前師問曰汝其誰乎曰護戒神也師曰吾患有宿愆未殄汝知之乎曰師有何罪唯一小過耳師曰何也曰凡折鉢水亦施主物師每常傾棄非所宜也言訖而隱師自此洗鉢水盡飲之積久因致脾胃疾十載方愈（凡折退飲食及涕唾便利等並五為指默念呪警施心而傾棄之）僧問佛佛授手祖祖傳心未審和尚傳什麼師曰汝承當得麼曰學人承當不得還別有人承當得否師曰大衆笑汝

杭州報恩光教寺慧月禪師法端（第三世住）上堂曰數夜與諸上坐東語西話猶未盡其源今日與諸上坐大開方便一時說却還願樂也無久立珍

重僧問學人恁麼上來請師接師曰不接曰為什麼不接師曰為汝太靈利

杭州報恩光教寺通辯明達禪師紹安（第四世住）上堂曰一句滌神萬劫不朽今日為諸上坐舉一句分明記取珍重僧問大衆側聆請師不吝師曰奇怪曰恁麼即今日得遇於師也師曰是何言歟

福州廣平院守威宗一禪師上堂曰達磨云吾法三千年後不移絲髮山僧今日不移達磨絲髮先達之者共相證明若未達者不移絲髮僧問古人云任汝千聖見我有天眞佛如何是天眞佛師曰千聖是弟子

杭州報恩光教寺（第五世住）永安禪師上堂曰十方諸佛一時雲集與諸上坐證明諸上坐與諸佛一時證明還信麼切忌卜度僧問如何是大作佛事師曰嫌什麼曰恁麼即親承摩頂去也師曰何處見世尊問如何是西來意師曰汝過遮邊立僧移步師曰會麼曰不會師示偈曰汝問西來意且過遮邊立昨夜三更時雨打虚空濕電影豁然明不似蚰蜒急

廣州光聖道場師護禪師僧問國王三請來坐光聖道場未審和尚法嗣何方師曰一聲鼕鼓

萬戶齊窺曰恁麼即天台妙旨光聖親承也師曰莫亂道問學人乍入叢林西來妙訣乞師指示師曰汝未入叢林我已示汝了也曰如何領會師曰不要領會

台州天台山紫凝普聞寺智勤禪師僧問如何是空手把鋤頭師曰但恁麼諦信曰如何是步行騎水牛師曰汝自何來師有頌示衆曰今年五十五脚未蹋寸土山河是眼睛大海是我肚

温州鴈蕩山願齊禪師上堂有僧問夜月舒光為什麼碧潭無影師曰作家弄影漢其僧從東過西立師曰不唯弄影兼乃怖頭

杭州普門寺希辯禪師上堂曰山僧素乏知見復寡聞持頃雖侍坐於山中和尚亦不蒙一句開示以至今與諸仁者聚會更無一法可相助發何況能爲諸仁者區別緇素商量古今還怪得山僧麼若有怪者且道此人具眼不具眼有賓主義無賓主義晚學初機必須審細時有僧問如何是普門示現神通事師曰恁麼即闍梨怪老僧也曰不怪時如何師曰汝且下堂裏思惟去

杭州光慶寺遇安禪師初上堂有僧問無價寶珠請師分付師曰善能吐露曰恁麼即人人具足也師曰珠在什麼處僧乃禮拜師曰也是虛言問提綱舉領盡立主賓如何是主師曰深委此問曰如何是賓師曰適來向汝道什麼曰賓主道合時如何師曰其令不行問心月孤圓光吞萬象如何是吞萬象底光師曰大衆總見汝恁麼問曰光吞萬象從師道心月孤圓意若何師曰抖擻精神著曰鷲倚雪巢猶可辯光吞萬象事難明師曰謹退師有時示衆曰欲識曹谿旨雲飛前面山分明眞實箇不用別追攀師又曰古今相承皆云塵生井底浪起山頭結子空華生兒石女且作麼生會莫是和聲送事就物呈心句裏藏鋒聲前全露麼莫是有名無體異唱玄譚麼上坐自會即得古人意旨不然既恁麼會不得合作麼生會上坐欲得會麼但看泥牛行處陽燄翻波木馬嘶時空華墜影聖凡如此道理分明何須久立珍重

福州玉泉義隆禪師上堂曰山河大地盡在諸人眼睛裏因什麼說會與不會時有僧問曰山河大地眼睛裏師今欲更指歸誰師曰只爲上坐夫處分明曰若不上來伸此問焉知方便不虛施師曰依俙似曲纔堪聽又被風吹別調中

杭州龍冊寺第五世法曉榮禪師僧問祖祖相傳未審和尚傳阿誰師曰汝還識得祖未問如何是般若大神珠師曰般若大神珠分形萬億區塵塵彰妙體剎剎盡毗盧問日用事如何師曰一念周沙界日用萬般通湛然常寂滅常轉自家風

杭州臨安縣功臣院慶蕭禪師僧問如何是功臣家風師曰明暗色空曰恁麼即諸法無生去也師曰汝喚什麼作諸法師乃頌曰功臣家風明暗色空法法非異心心自通恁麼會得諸佛眞宗

越州剡縣清泰院道圓禪師僧問如何是祖師西來意師曰不可向汝道庭前栢樹子

杭州九曲觀音院慶祥禪師僧問險惡道中以何爲津梁師曰以此爲津梁曰如何是此師曰四棊著汝鼻孔

杭州開化寺傳法大師行明僧問如何是無盡燈師曰謝闍梨照燭

越州蕭山縣漁浦開善寺義圓禪師僧問一年去一年來方便門中請師開師曰分明記取曰恁麼即昔時師子吼今日象王迴師曰且喜勿交涉

溫州瑞鹿寺上方遇安禪師將示滅有嗣法弟子蘊仁者侍右師說偈曰不是嶺頭攜得事豈從雞足付將來自古聖賢皆若此非吾今日爲君裁言訖隱机而逝

杭州龍華寺慧居禪師上堂曰龍華遮裏也只是拈柴擇菜上來下去晨朝一粥齋時一飯睡後喫茶但恁麼參取珍重僧問學人未明自己如何辯得淺深師曰識取自己眼曰如何是自己眼師曰向汝道什麼

婺州齊雲山遇臻禪師僧問如何是無縫塔師曰五六尺其僧禮拜曰塔倒也師秋夕閑坐偶成頌曰秋庭肅肅風颼颼寒星列空蟾魄高搘頤靜坐神不勞鳥窠無端拈布毛

溫州瑞鹿寺本先禪師永嘉人也初叅天台韶國師國師導以非風幡動仁者心動之語師即時悟解乃述頌三首一非風幡動仁者心動頌曰非風幡動唯心動自古相傳直至今今後水雲徒欲曉祖師眞實好知音二見色便見心頌曰若是見色便見心人來問著方難荅求道理說多般孤負平生三事納三明自巳頌曰曠大刼來秖如是如是同天亦同地同地同天作麼形作麼形兮無不是師自爾足不歷城邑手不度財貨夘齋終日宴坐師有時示衆曰你等諸人還見竹林蘭若山水院舍人衆麼若道見則

心外有法若道不見焉奈竹林蘭若山水院舍人衆現在摐然地還會恁麼告示麼若會不妨靈利無事莫立師示衆云佛身充滿於法界普見一切羣生前隨緣赴感靡不周而常處此菩提坐若道佛身充滿於法界去菩薩界緣覺界聲聞界天界修羅界人界畜生界餓鬼地獄界如是等界應須勿有蹤跡去始得爲什麼有此二三說爲道法界唯是佛身便恁麼道恁麼道既成二三又作麼生說是充滿法界底佛身向遮裏爲你等亂道還得麼於遮箇說話若也薦得不妨省心力若也薦不得你等且道不歷僧祇

獲法身是箇甚人彼此出浴勞倦且退師有時云大凡叅學佛法未必學問話是叅學未必學揀話是叅學未必學代語是叅學未必學別語是叅學未必學捻破經論中奇特言語是叅學未必捻破諸祖師奇特言語是叅學若也於如是等叅學任你七通八達於佛法中儻無箇實見處喚作乾慧之徒豈不聞古德云聰明不敵生死乾慧豈免苦輪諸人若也叅學應須眞實叅學始得眞實叅學也行時行時叅取立時立時叅取坐時坐時叅取眠時眠時叅取語時語時叅取默時默時叅取一切作務時一切作務

時叅取既向如是等時叅且道叅箇甚人叅箇什麼說到遮裏須自有箇明白處始得若非明白處喚作造次叅學則無究了又云幽林鳥叫碧澗魚跳雲片展張瀑聲鳴咽你等還知得如是多景象示你等箇入處麼若也知得不妨叅取好又云天台教中說文殊觀音普賢三門文殊門者一切色觀音門者一切聲普賢門者不動步而到我道文殊門者不是一切色觀音門者不是一切聲普賢門者是箇什麼莫道別却天台教說話無事且退又云南泉遷化向甚處去東家作驢西家作馬若是未出三界修行底

人聞遮箇言語不妨狐疑不妨驚怛南泉遷化向甚處去東家作驢西家作馬或會云千變萬化不出眞常南泉遷化向甚處去東家作驢西家作馬或會云須會異類中行始會得遮箇言語南泉遷化向甚處去東家作驢西家作馬或會云東家是南泉西家是南泉南泉遷化向甚處去東家作驢西家作馬或會云東家郎君子西家郎君子南泉遷化向甚處去東家作驢西家作馬或會云東家是什麼西家是什麼南泉遷化向甚處去東家作驢西家作馬或會云乃作驢叫又作馬嘶南泉遷化向甚處去東家作驢西作

馬或會云喚什麼作東家驢西家馬南泉遷化向甚處去東家作驢西家作馬或云既問遷化荅在問處南泉遷化向甚處去東家作驢西家作馬或會云作寱桂處去南泉遷化向甚處去東家作驢西家作馬或會云東家作驢斷南泉甚處西家作馬斷南泉甚處如是諸家會也摠於佛法有安樂處南泉遷化向甚處去東家作驢西家作馬學人不會要騎便騎要下便下遮箇荅話不消得多道理而會若見法界性去也勿多事珍重又云鑑中形影唯憑鑑光顯現你等諸人所作一切事且道唯憑箇什麼顯現還

知得麼若也知得於叅學中千足萬足無事芯
立又云你等諸人夜間眠熟不知一切既不知
一切且問你等郍時有本來性若道郍時有本
來性郍時又不知一切與死無異若道郍時無
本來性郍時睡眠忽省覺知如故還會麼不知
一切與死無異睡眠忽省覺知如故如是等時
是箇什麼若也不會各自體究取無事莫立又
云諸法所生唯心所現如是言語好箇入底門
戶且問你等諸人眼見一切色耳聞一切聲鼻
嗅一切香舌知一切味身觸一切澀滑意分別一
切諸法只如眼耳鼻舌身意所對之物為復唯

是汝等心為復非是汝等心若道唯是汝等心
何不與汝等身都作一塊了休為什麼所對之
物却在汝等眼耳鼻舌身意外汝等若道眼耳
鼻舌身意所對之物非是汝等心又焉柰諸法
所生唯心所現言語留在世間何人不舉著汝
等見遮箇說話還會麼若也不會大家用心商
量教會去幸在其中莫令肰學無事且退師忽
謂上足如晝曰仲秋望日吾將順化師謂如晝
曰古人云騎虎頭打虎尾中央事作麼生如晝
荅曰也只是如晝師曰汝問我晝乃問騎虎頭
打虎尾中央事和尚作麼生師曰我也弄不出

言訖奄矣
福州長谿保明院通法大師道誠問圓音普震
三等齊聞竺土僊心請師密付師良久僧曰恁
麼即意馬已成於寶馬心牛頓作於白牛師曰
七顛八倒曰若不然者幾招哂笑師曰禮拜退
後問如何是和尚西來意師曰我不曾到西天
曰如何是學人西來意師曰汝在東土多少時
杭州千光王寺瓌省禪師上堂曰諸上坐佛法
無事昔之日月今之日月昔日風今日風昔日
上坐今日上坐莫道舉亦了說亦了一切成現
好珍重

衢州鎮境志澄大師僧問如何是定乾坤底劍
師曰不漏絲髮曰用者如何師曰不知問或因
普請鋤頭損傷蝦蟇蚯蚓還有罪也無師曰阿
誰是下手者曰恁麼即無罪過師曰因果歷然
明州崇福院慶祥禪師上堂曰諸禪德見性周
徧聞性亦然洞徹十方無內無外所以古人道
隨緣無作動寂常真如此施為全真智用問如
何是本來人師曰堂堂六尺甚分明曰只如本
來人還作如此相貌也無師曰汝喚什麼作本
來人曰乞師方便師曰教誰方便
處州報恩院師智禪師僧問曰如何是一相三

昧師曰青黃赤白曰一相何在師曰汝却靈利
問祖祖相傳傳祖印師今法嗣嗣何人師曰靈
鷲峯前月輪皎皎
杭州臨安光孝院道端禪師僧問如何是佛師
曰高聲問著曰莫即便是也無師曰勿交涉
杭州西山保清院遇寧禪師初開堂升坐有二
僧一時禮拜師曰二人俱錯僧擬進語師便
下坐
福州支提山雍熙寺辯隆禪師上堂曰巍巍實
相逼塞虛空金剛之體無有破壞大衆還見不
見若言見也且實相之體本非青黃赤白長短

方圓亦非見聞覺知之法且作麼生說見底道
理若言不見又道巍巍實相逼塞虛空為什麼
不見僧問如何是向上一路師曰脚下底曰恁麼
即尋常履踐師曰莫錯認
洪州雲居山義能禪師第九世住上堂曰不用上來
堂中憍陳如上坐為諸上坐轉第一義法輪還
得麼若自信得各自歸堂叅取僧問如何是佛
師曰即心是佛曰學人不會乞師方便師曰方
便呼為佛迴光返照看身心是何物
洪州雲居山道齊禪師第十一世住僧問如何是佛師
曰汝是阿誰問荆棘林中無出路請師方便為

畲開師曰汝擬去什麼處曰幾不到此師曰閑言語問如何是三寶師曰汝是什麼寶曰如何師曰土木瓦礫

廬山棲賢寺道堅禪師有官人問某甲收金陵布陣殺人無數還有罪也無師曰老僧只管看

廬山歸宗寺慧誠禪師第十四世住初上堂謂衆曰天人得道此爲證憑麼便散去已是周遮其如未曉再爲重敷方乃升坐僧問如何是佛師曰如何不是問如何是祖師西來意師曰不知師又曰問話且住諸上坐問到窮劫問也不著山僧荅到窮劫荅也不及何以故爲上坐各有本分事圓滿十方亘古亘今乃至諸佛也不敢措倈上坐謂之頂族只助發上坐所以道十方法界諸有情念念以證善逝果彼既丈夫我亦爾何得自輕而退屈諸上坐不要退屈信取便休祖師西來只道見性成佛其餘所說不及此說更有箇奇特方便舉似諸人分明記取到諸方莫錯舉久立珍重僧舉南泉云銅鉼是境鉼中有水不得動著境與老僧將水來鄧隱峯便拈鉼瀉水南泉乃休師曰鄧隱峯甚奇怪要且亂瀉

潭州雲蓋山海會寺用清禪師僧問有一人在萬丈井底如何出得師曰且喜得相見曰恁麼即穿雲透月去也師曰三十三天事作麼生僧無語師有頌示衆曰雲蓋鏁口訣擬議皆腦裂拍手趂玄空雲露西山月

長壽法齊禪師第二世住有百法坐主問令公請命四衆雲臻向上宗乘請師舉唱師曰百法明門論曰畢究作麼生師曰一切法無我問城東老母與佛同生爲什麼却不見佛師曰不見即道曰恁麼即見去也師曰城東老母與佛同生

傳燈玉英集卷第十三

天

明州布

南陽慧中國

洛京神會大師

澧州藥山惟儼和尚

汾州大達無業國師　鎮尸

玄沙宗一師備大師　漳州桂琛和尚

大法眼禪師

金陵寶誌禪師金城人也姓朱氏少出家止道林寺修習禪定宋太始初忽居止無定飲食無時髮長數寸徒跣執錫杖頭擐翦刀尺銅鑑或數日不食無飢容或歌吟如讖記齊武帝謂師惑衆收付建康獄旣旦人見其入市及檢獄如故帝延於宮中之後堂師在華林園忽一日重著三布帽亦不知於何所得之俄豫章王文惠太子相繼薨齊亦以此季矣由是禁師出入梁高祖即位下詔曰誌公迹拘塵垢神遊冥寂水火不能燋濡蛇虎不能侵懼語其佛理則聲聞以上譚其隱淪則遯僊高者豈以俗士常情空相拘制何其鄙陋一至於此自今勿得復禁帝一日問師曰弟子煩惑何以治之師曰十二識者以爲十二因緣治惑藥也又問弟子何時得靜心修習師曰安樂禁識者以爲修習禁者止也至安樂時乃止耳又製大乘贊二十四首盛行於世（餘諸辭句與夫禪宗旨趣頗符會略錄十首及師製十二時頌編于別卷）

婺州善慧大士者義烏縣人也降于雙林鄉傅宣慈家本名翕梁納劉氏女名妙光生普建普成二子二十四與里人稽亭浦漉魚獲已沈籠水中祝曰去者適止者留人或謂之愚會有天

竺僧達磨（時謂嵩頭陀）曰我與汝毗婆尸佛所發誓今兜率宮衣鉢見在何日當還因命臨水觀其影見大士圓光寶蓋大士笑謂之曰鑪韛之所多鈍鐵良醫之門足病人度生爲急何思彼樂乎嵩指松山頂曰此可棲矣大士躬耕而居之乃說一偈曰空手把鋤頭步行騎水牛人從橋上過橋流水不流有人盜菽麥瓜果大士即與籃籠盛去日常傭作夜則行道見釋迦金粟定光三如來放光襲其體大士乃曰我得首楞嚴定當捨田宅設無遮大會唱賣妻子獲錢五萬以營法會一日遣弟子傅暀致書于梁高祖書曰

雙林樹下當來解脫善慧大士白國主救世菩薩今欲條上中下善希能受持其上善略以虛懷爲本不著爲宗亡相爲因涅槃爲果其中善略以治身爲本治國爲宗天上人間果報安樂其下善略以護養衆生勝殘去殺普令百姓俱稟六齋今聞皇帝崇法欲伸論義未遂襟懷故遣弟子傅暀告白暀投太樂令何昌昌曰慧約國師猶復置啓今是國民又非長老殊不謙畢豈敢呈達暀燒手御路昌乃馳往同泰寺詢皓法師皓勸速呈帝覽之遽遣詔迎旣至帝問從來師事誰邪曰從無所從來無所來師事亦爾

帝又問何爲眞諦曰息而不滅帝曰若息而不滅此則有色有色故鈍若如是者居士不免流俗曰臨財無苟得臨難無苟免帝曰居士大識禮曰一切諸法不有不無帝曰謹受來旨曰大千世界所有色象莫不歸空百川叢注不過於海無量妙法不出眞如如來何故於三界九十六道中獨超其最視一切衆生有若赤子有若自身天下非道不安非理不樂帝默然大士辭退異日帝於壽光殿請誌公講金剛經誌公曰大士能耳帝請大士大士登坐執拍板唱經成四十九頌

天台山修禪寺智者禪師智顗荊州華容人也姓陳氏母徐氏始娠夢香煙五色縈繞于懷妨有奇相誓志出家恍焉如夢見大山臨海際峯頂有僧招手復接入一伽藍云汝當居此太建元年隱天台山佛隴峯有定光禪師先居此峯謂弟子曰不久當有善知識領徒至此俄爾師至光曰還憶疇昔舉手招引時否師即悟禮像之徵悲喜交懷乃執手共至庵所其夜聞空中鐘磬之聲師曰是何祥也光曰此是犍椎集僧得住之相此處金地吾已居之北峯銀地汝宜居焉隋煬帝請師受菩薩戒乃號師爲智者師常謂法華爲一乘妙典蕩化城之執教釋草庵

之滯情開方便之權門示眞實之妙理會衆善之小行歸廣大之一乘遂出玄義曰釋名辯體明宗論用判教相之五重也名則法喻齊舉謂一乘妙法即衆生本性在無明煩惱不爲所染如蓮華處于淤泥而體常淨故以爲名此經開權顯實廢權立實會權歸實如蓮之華有含容開落之義華之蓮有隱現成實之義亦謂從本垂迹因迹顯本夫經題不越法喻人單複具足凡七種（單三複三具足一）攝一切名妙法蓮華即複之一也（法譬爲複）名以召體體即實相謂一切相離實相無體故宗則一乘因果開示悟入佛之知見可尊尚故用則力用以開廢會之義有其力故然後判教相者以如來一代之說總判爲五時八教五時者一佛初成道爲上根菩薩說華嚴時二爲小機說阿含時三彈偏折小歎大褒圓說方等時四蕩相遣執說般若時五會權歸實授三乘人及一切衆生成佛記說法華涅槃時八教者謂化儀四教即頓漸祕密不定也化法四教即藏（生滅四諦）通（無生）別（無量）圓也（無作、諦唯法華圓理乃至治生產業一色一香無非實相）該三世如來所演飜彈其致（四教三接廣如本教）捨此皆魔說故教理旣明非觀行無以復性乃依一心三諦之理（眞俗中）示三止三觀一一觀心念念不可得先

空次假後中雙亡二邊而觀一心如雲外之月者此乃別教之行相也肯云破一切惑莫盛乎空建一切法莫盛乎假究竟一切性莫大乎中故一中一切中無假無空而不中空假亦爾即圓教之行相如摩醯首羅天之三目非縱橫並別故（第十四祖龍樹菩薩偈云因緣所生法我說即是空亦名爲假名亦名中道義然與瓔珞圓覺經說者摩訶三摩鉢底禪那三觀名目雖殊其致一也達磨大師以心傳心不帶名數直爲上上根智師忘筌悉書故與此教同而不同智者禪師窮理盡性備足之門故與禪宗異而非異也）三觀圓成法身不素即免同貧子也尚慮學者昧於修性或墮偏執故復創六即之義以絕斯患一理即佛者十法界衆生下至蠛蠓同稟妙性從本以來常住清淨覺體圓

滿一理齊平故執礙理者不信即心即佛觀此而生信也二名字即佛者雖
理性坦平而隨流者日用不知必假言教外薰
得聞名字生信發解故起信論云以有妄想心故能知名義自此已下即悟證者也三觀
行即佛者既聞名開解要假前之三觀而返源
故圓教外凡也圓觀五陰爲不思議境即五品位大師示居此位別教十信及藏通教皆名資糧位四相似即
佛者觀行功深發相似用故內凡也圓伏無明入十信鐵輪位不斷見思惑五七信以去見思惑自落得六根清淨如瓔珞云父母所生眼處見三千界云云思大禪師示居此位若別教乃地前三十心也藏通皆名加行位楞嚴唯識論三十心復別立四加行名位雖同詮言迴異惟通情者善巧融會五分真即佛者
三心開發得真如用位位增勝故發圓初住即銅輪位也如觀此一念成佛現百界身從此轉勝至等覺位凡四十一心盡日真因分位雖殊圓理無別若別教即名十地藏通皆言見道位六究
竟即佛者無明永盡覺心圓極證無所證故妙覺也起信云始本不二名究竟覺仁王名寂滅上忍也別教唯佛稱對圓行第二位耳藏通二教佛可知如上六位
既皆即佛不屈不濫通具法報化三身爲正三寶三德佛對交映乃至十種三法會稱無遺偈云道識性般若菩提大乘身涅槃三寶德一一皆三法隨居四土爲依
四土者一常寂光法性土也法身居之身土相稱二實報無障礙攝二受用也自受用土報佛自居他受用土登地菩薩所居三方便有餘四淨穢同
居並爲應化土也地前菩薩二乘凡夫所居其實則非身非土無優無劣
爲對機故假說身土而分優劣師得身土互融
權實無礙故三十餘年晝夜宣演生四種益具
四悉檀悉徧也檀翻名施禪師之法徧施有情隨根得益如云世界悉檀生歡喜益云云門人灌
頂日記萬言而編結之摠目爲天台教別即分
諸部類法華玄義文句大小止觀金光明仁王淨名涅槃請觀音十六觀經等及四教禪門凡百餘軸歷代

付授盛于江浙隨開皇十七年十一月帝遣使詔
師將行乃告門人曰吾今往而不返到剡東石
城寺百尺石像前不進顧侍者曰觀音來迎不
久應去作觀心偈唱諸法門綱要訖趺坐而逝
泗州僧伽大師者世謂觀音大士應化也推本
則過去劫值觀世音如來從三慧門而入道以
音聲爲佛事但以此土有緣之衆乃謂大師自
西國來唐高宗時至長安洛陽行化歷吳楚間
手執楊枝混于緇流或問師何姓即荅曰我姓
何又問師是何國人師曰我何國人壽於泗上
欲構伽藍因宿州民賀跋氏捨所居師曰此本
爲佛宇令掘地果得古碑云香積寺即齊李龍
建所創又獲金像衆謂然燈如來師曰普光王
佛也因以爲寺額中宗遣使迎大師至輦轂帝
及百官咸稱弟子三年示滅敕令就薦福寺漆
身起塔忽臭氣滿城帝祝送師歸臨淮言訖異
香騰馥帝問萬回曰僧伽大師是何人邪曰觀
音化身耳乾符中謚證聖大師
萬回法雲公者虢州閿鄉人也姓張氏唐貞觀
六年五月五日生始在弱齡嘯傲如狂三藏玄
奘自西國還訪公作禮稱是菩薩有兄萬年久
征遼左母程氏思其音信公曰此甚易爾乃告

母而往至暮而還有龍興寺大明師少而相狎公
來往明師之室屬有正諫大夫明崇儼夜過寺
見公左右神兵侍衛崇儼駭之詰旦言與明師
復厚施金繒作禮而去高宗召入內時有扶風
僧蔡頌者甚多靈迹先在內每曰回來回來及
公至又曰替到當去迨旬日而頌卒景雲二年
師卒于長安醴泉里壽八十時異香氤氳贈
柔爽制贈司徒虢國公喪事官給窆于京西香
積寺
天台豐干禪師者不知何許人也居天台山國
清寺剪髮齊眉人或問佛理止荅隨時二字嘗
誦唱道歌乘虎入松門衆僧驚畏本寺有寒山
子拾得二人執爨終日晤語時謂風狂子獨與
師相親一日寒山問古鏡不磨如何照燭師曰
冰壺無影像猨猴探水月曰此是不照燭也更請
師道師曰萬德不將來教我道什麼寒拾俱禮拜
師尋獨入五臺巡禮逢一老翁師問莫是文殊
否曰豈可有二文殊師作禮未起忽然不見趙州少師舉似和尚趙州代豐干云文殊文殊後回天台示滅初閭丘公名胤太祖朝請一字
出牧丹丘忽患頭疼醫莫能愈師訪之閭丘
且告之病師乃索淨器呪水噴之斯須立差閭
丘異之乞一言示此去安危之兆師曰到任記

謁文殊普賢曰此二菩薩何在師曰國清寺執爨洗器者寒山拾得是也閭丘拜辭乃行尋至山寺問此寺有豐干禪師否寒山拾得復是何人時有僧道翹對曰豐干舊院在經藏後今閴無人矣寒拾二人見在廚中執役閭丘入師房唯見虎迹

天台寒山子者本無氏族始豐縣西七十里有寒暗二巖以其於寒巖中居止得名也容貌枯悴時來國清寺就拾得取衆僧殘食食之或廊下徐行或望空慢罵寺僧以杖逼逐翻身拊掌大笑而去一日豐干告之曰汝與我遊五臺即

我同流若不與我去非我同流曰我不去豐干曰汝不是我同流寒山却問汝去五臺作什麼豐干曰我禮文殊曰汝不是我同流豐干滅後閭丘公入山訪之見寒拾二人圍鑪語笑閭丘不覺致拜二人連聲咄叱寺僧驚愕曰大官何拜風狂漢邪寒山復執閭丘手笑而言曰豐干饒舌久而放之自此寒拾相攜出松門更不復入寺閭丘至寒巖禮謁送衣服藥物二士高聲喝之曰賊便入巖石縫中唯曰汝諸人各各努力其石縫忽然而合閭丘哀慕令僧道翹尋其遺物於林間得葉上所書辭頌及題村墅人家屋壁共三百餘首傳布人間

天台拾得者不言名氏因豐干禪師山中經行聞兒啼聲遂見一子可數歲初謂牧牛子及問之云孤棄于此豐干乃名爲拾得攜至國清寺令知食堂香燈忽一日輒登坐與佛像對盤而餐復於憍陳如塑形前呼曰小果聲聞僧驅之罷其所主令廚内滌器常日齋畢澄濾食滓以筒盛之寒山來即負之而去一日掃地寺主問汝畢竟姓箇什麼拾得放下掃箒叉手而立寺主罔測寒山搥胸云蒼天蒼天拾得却問汝作什麼曰豈不見道東家人死西家助哀二人作

舞哭笑而去

明州奉化縣布袋和尚者未詳氏族自稱名契此形裁腲脮（上鳥罪切下奴罪切）蹙額皤腹出語無定常以杖荷一布囊凡供身之具盡貯囊中入鄽肆見物則乞或醯醢魚菹纔接入口分少許投囊中嘗雪中卧雪不沾身示人吉凶必應期無忒一僧在師前行師乃拊僧背一下僧回頭師曰乞我一文錢曰道得即與汝一文師放下布囊叉手而立先保福和尚問如何是佛法大意師放下布袋叉手保福曰爲只如此爲更有向上事師負之而去師在街衢立僧問在遮裏作什麼師曰等箇人曰來也來也（歸宗柔和尚別云歸去來）師曰汝不是遮箇人曰如何是遮箇人師曰乞我一文錢

師有歌曰只箇心心心是佛十方世界最靈物縱橫妙用可憐生一切不如心眞實騰騰自在無所爲閑閑究竟出家兒若覩目前眞大道不見纖毫也大奇萬法何殊心何異何勞更用尋經義心王本自絶多知智者只明無學地非聖非凡復若乎不彊分別聖情孤無價心珠本圓淨凡是異相妄空呼人能弘道道分明無量清高稱道情攜錫若登故國路莫愁諸處不聞聲一日師端坐而説偈曰彌勒眞彌勒分身千百億

時時示時人時人自不識偈畢而化

諸方雜舉徵拈代別語

外道問佛云不問有言不問無言世尊良久外道禮拜云善哉世尊大慈大悲開我迷雲令我得入外道去已阿難問佛云外道以何所證而言得入佛云如世間良馬見鞭影而行（玄覺徵云什麼處是世尊舉鞭處雲居錫云要會麼如今歸堂去復是阿難東禪齊拈云什麼處是外道悟處衆中道世尊良久時便是舉鞭處恁麼會還得已否）

緊那羅王奏無生樂供養世尊王敕有情無情俱隨王去若有一物不隨王即去佛處不得又無肽足王入大寂定王敕有情無情皆順於王如有一物不順王即入大寂定不得（安居）

歸云有情去也且彼只如山河大地是無情之物作麼生說亦隨王去底道理

泗州塔頭侍者及時鏁門有人問既是三界大師為什麼被弟子鏁侍者無對法眼代云弟子鏁大師法燈代云還我鏁匙來又老宿代云古州鏁度州鏁

或問僧承聞大德講得肇論是否曰不敢曰肇有物不遷義是否曰是或人遂以茶盞就地撲破曰遮箇是遷不遷無對法眼代拊掌三下

有兩僧各住庵尋常來往偶旬日不會一日上山相見上庵主問曰多時不見在什麼處下庵主曰只在庵裏造箇無縫塔子上庵主曰某甲也欲造箇無縫塔子就庵主借取樣子曰何不早道恰被人借去也法眼舉云且道借伊樣子不借伊樣子

有婆子令人送錢去請老宿開藏經老宿受施利便下禪牀轉一匝乃云傳語婆子轉藏經了也其人回舉似婆子婆子云比來請開全藏只為開半藏玄覺徵云什麼處是欠半藏處且道那箇婆子具什麼眼便恁麼道

龍濟修山主問翠巖曰四乾闥婆王奏樂供養世尊直得須彌振動大海騰波迦葉起舞菩薩得忍不動聲聞頓我只如迦葉作舞意旨如何對曰迦葉過去生中曾作樂人來習氣未斷山主曰須彌大海莫是習氣未斷否翠巖無對法眼代云正是習氣

有僧親附老宿一夏不蒙言誨僧歎曰只恁麼空過一夏不聞佛法得聞正因兩字亦得也老宿聞之乃曰闍梨莫𧦬音西速若論正因一字也無恁麼道了叩齒三下曰適來無端恁麼道鄰房僧聞曰好一鑊羹被兩顆鼠糞汚却玄覺徵云且道讚歎語不肯語若是讚歎為什麼道鼠糞汚却若不肯他有什麼過驗得麼

僧肇法師遭秦主難臨就刑說偈曰四大元無主五陰本來空將頭臨白刃猶似斬春風玄沙云大小肇法師臨死猶寱語

僧問老宿云師子捉兔亦全其力捉象亦全其力未審全箇什麼力老宿云不欺之力法眼別云不會古人語

李翱尚書見老宿獨坐問曰端居丈室當何所務老宿曰法身凝寂無去無來法眼別云汝作什麼來法燈別云非公境界

有道流在佛殿前背坐僧曰道士莫背佛道流曰大德本教中道佛身充滿於法界向什麼處坐得僧無對法眼代云識得汝

禪月詩云禪客相逢只彈指此心能有幾人知大隨和尚舉問禪月如何是此心無對歸宗柔代云能有幾人知

聖僧像被屋漏滴有人問既是聖僧為什麼有漏天台韶師代云無漏不是聖僧

死魚浮於水上有人問僧魚豈不是以水為命僧曰是曰為什麼却向水中死無對杭州天龍機和尚代云是伊為什麼不去岸上死

江南國主問老宿子有一頭水牯牛萬里無寸草未審向什麼處放歸宗柔代云好放處

江南相馮延已與數僧遊鍾山至一人泉問一人泉許多人爭得足一僧對曰不教欠少延已不肯乃別云誰人欠少法眼別云誰是不足者

有施主婦人入院行衆僧隨年錢僧曰聖僧前著一分婦人曰聖僧年多少僧無對法眼代云心期滿處即知

法燈問新到僧近離什麼處曰廬山師拈起香合曰廬山還有遮箇也無僧無對師自代云尋香來禮拜和尚

僧問仰山彎弓滿月羇鏃意如何仰山曰羇鏃僧擬開口仰山曰開口驢年也不會僧無對南泉代側身而立

有僧入冥見地藏菩薩地藏問是你平生修何業僧曰念法華經曰止止不須說我法妙難思為是說是不說無對歸宗柔代云共[illegible]歸夫欲識流通

劉禹端公因雨問先雲居和尚雨從何來曰從端公問處來端公歡喜讚歎雲居却問端公從何來無語有老宿代云適來道什麼歸宗柔別云謝和尚再三

昔有三僧雲遊擬謁徑山和尚遇一婆子時方收稻次一僧問曰徑山路何處去婆曰驀直去僧曰前頭水深過得否曰不濕脚僧又問婆住在什麼處曰只在遮裏三僧乃入店内婆煎茶

一瓶將盞子三箇安盤上謂曰和尚有神通者
即喫茶三人無對又不敢傾茶婆曰看老朽自
逞神通也於是便拈盞子傾茶行
法眼和尚謂小兒曰因子識得你邪你邪名什
麼無對 法燈代云但將衣袖掩面 法眼却問一僧若是孝順之
子合下得一轉語且道合下得什麼語無對 法眼
自代云代是孝順之子
僧問講彌陀經坐主水鳥樹林皆悉念佛念法
念僧作麼生講坐主曰基法師道真友不待請
如母赴嬰兒僧曰如何是真友不待請 法眼代云此是基法師語
泉州王延彬入招慶院見方丈門閉問演侍者

有人敢道大師在否演曰有人敢道大師不在
否 法眼別云太傅識大師
誌公云每日拈香擇火不知身是道場玄沙云
每日拈香擇火不知真箇道場 玄覺徵云只如此會者爲還有親疏也無
雲巖院主遊石室回雲巖問汝去入到石室裏
許看爲只恁麼便回來 院主無對 洞山代云彼中已有
人占了也雲巖曰汝更去作什麼洞山曰不可
人情斷絕去也
壇官會下有一主事僧將死鬼使來取僧告曰某
甲身爲主事未暇修行乞容七日得否使曰待
爲白王若許即七日後來不然須臾便至言訖
去至七日後方來覓其僧不見後有人舉問一
僧若來時如何抵擬佗 洞山代云被佗覓得也
臨濟見僧來舉起拂子僧禮拜師便打別僧來
師舉拂子僧並不顧師亦打又一僧來參師舉
拂子僧曰謝和尚見示師亦打 雲門代云只疑老漢 大覺云得即得猶未
見臨濟機在
閩王送玄沙和尚上船玄沙扣船召曰大王爭
能出得遮裏去王曰在裏許得多少時也 歸宗柔別云不
因和尚不得到遮裏
洪州大寧院上狀請第二坐開堂人問何不請
第一坐 法眼代云不勞如此

洞山行脚時會一官人曰三祖信心銘弟子擬
注洞山曰纔有是非紛然失心作麼生注 法眼代云恁麼
即弟子不注也
法眼和尚因患脚僧問訊次師曰非人來時不
能動及至人來動不得且道佛法中下得什麼
語僧曰和尚且喜得較師不肯 自別云和尚今日似減
僧問龍牙終日驅驅如何頓息龍牙曰如孝子
喪却父母始得 東禪齊云衆中道如喪父母何有閒暇爲復會還息得人談情變除此外且作麼生會龍牙意
僧問龍牙十二時中如何著力龍牙曰如無手
人欲行拳始得 東禪齊云好言語且作麼生會嘗問一僧佗道無手底人何更行得拳也及問伊佛法佗
便休去將知路布誑謼無眉毛漢子細體取古人意好
有庵主見僧來豎火筒曰會麼曰不會庵主曰
三十年用不盡底僧却問三十年前用箇什麼
歸宗柔代云也要知
招慶和尚拈鉢囊問僧你道直幾錢 歸宗柔代云留與人增價
有坐主念彌陀名號次小師喚和尚及回顧小
師不對如是數四和尚叱曰三度四度喚有什麼事小
師曰和尚幾年喚佗即得某甲幾喚便發業 法燈代云叱叱
鵓子趁鴿子飛向佛殿欄干上顫有人問僧一
切衆生在佛影中常安常樂鴿子見佛爲什麼
却顫 法燈代云怕佛
悟空禪師問忠坐主講什麼經曰法華經曆空

曰若有說法華經處我現寶塔當爲證明大德
講什麼人證明 法燈代云謝和尚證明
官人問僧名什麼曰無揀官人曰忽然將一桃
沙與上坐又作麼生曰謝官人供養 法眼別云此猶是揀底
廣南有僧住庵國主出獵人報庵主大王來請
起曰非但大王來佛來亦不起王問佛豈不是
汝師曰是王曰見師爲什麼不起 法眼代云此未見師意
僧辭趙州和尚趙州謂曰有佛處不得住無佛
處急走過三千里外逢人莫舉 法眼代云恁麼即不去也
僧問圓通和尚一塵纔起大地全收還見禪林
麼圓通曰喚什麼作塵又問法燈喚什麼作禪

林（東禪齊云此二尊宿語明伊問處不明伊問處若明伊問處還會麼也未試斷看忽然向伊道你指示我更要答話又作麼生會）
真道又答一轉子
玄覺和尚聞鳩子叫問僧什麼聲僧曰鳩子師
曰欲得不招無間業莫謗如來正法輪（東禪齊云上坐道見鳩子聲便成謗去什麼處是謗處若道不是還得麼上坐且道玄覺意作麼生）
保福僧到地藏地藏和尚問彼中佛法如何曰
保福有時示衆道塞却你眼敎你覷不見塞却
你耳敎你聽不聞坐却你意敎你分別不得地
藏曰吾問你不塞你眼見箇什麼不塞你耳聞
箇什麼不坐你意作麼生分別（東禪齊云那僧若了忽然惺去更不佗疑上坐如今還得麼若不會每日見箇什麼）

有僧與童子上經了令持經著函內童子曰某
甲念底著向那裏（法眼代云汝念什麼經）
一僧注道德經人問曰久嚮大德注道德經僧
曰不敢曰何如明皇（法眼代云是弟子）
雲門和尚問僧什麼處來曰江西來雲門曰江
西一隊老宿寱語住也未僧無對（五雲代云興猜來已）後有
僧問法眼和尚不知雲門意作麼生法眼曰大
小雲門被這僧勘破（五雲曰什麼處是勘破處要會麼法眼亦被這僧勘破）
因開井被沙塞却泉眼法眼問僧泉眼不通被沙
塞道眼不通被什麼物礙僧無對（師自代云被眼礙）
南陽慧忠國師問禪客從何方來對曰南方來

師曰南方有何知識曰知識頗多曰如何示人
曰彼方知識直下示學人即心是佛佛是覺義
汝今悉具見聞覺知之性此性善能揚眉瞬目
去來運用徧於身中挃頭頭知挃脚脚知故名
正徧知離此之外更無別佛此身即有生滅心
性無始以來未曾生滅身生滅者如龍換骨蛇
脫皮人出故宅即身是無常其性常也南方所
說大約如此師曰若然者與彼先尼外道無有
差別彼此云我此身中有一神性此性能知痛
癢身壞之時神則出去如舍被燒舍主出去舍
即無常舍主常矣審如此者邪正莫辨孰爲是

乎吾比遊方多見此色近尤盛矣聚却三五百衆
目視雲漢云是南方宗旨把佗壇經改換添糅
鄙譚削除聖意惑亂後徒豈成言教苦哉吾宗
喪矣若以見聞覺知是佛性者淨名不應云法
離見聞覺知若行見聞覺知是則見聞覺知非
求法也僧又問法華了義開佛知見此復若爲
師曰佗云開佛知見尚不言菩薩二乘豈以衆
生癡倒便同佛之知見邪僧又問阿那箇是佛
心師曰牆壁瓦礫是僧曰與經大相違也涅槃
云離牆壁無情之物故名佛性今云是佛心未審
心之與性爲別不別師曰迷即別悟即不別曰

經云佛性是常心是無常今云不別何也師曰
汝但依語而不依義譬如寒月水結爲冰及至
暖時冰釋爲水衆生迷時結性成心衆生悟時釋
心成性若執無情無佛性者經不應言三界唯
心宛是汝自違經吾不違也問曰無情說法有
何典據師曰不見華嚴云剎說衆生說三世一切
說衆生是有情乎曰師但說無情有佛性有情
復若爲師曰無情尚爾況有情邪曰若然者前
舉南方知識云見聞是佛性應不合判同外道
師曰不道佗無佛性外道豈無佛性邪但緣見
錯於一法中而生二見故非也曰若俱有佛性

且殺有情即結業互酬損害無情不聞有報師
曰有情是正報計我我所而懷結恨即有罪報
無情是其依報無結恨心是以不言有報曰教
中但見有情作佛不見無情受記且賢劫千佛
孰是無情佛邪師曰如皇太子未受位時唯一身
爾受位之後國土盡屬於王寧有國土別受位
乎今但有情受記作佛之時十方國土悉是遮
那佛身那得更有無情受記邪曰一切衆生盡
居佛身之上便利穢污佛身穿鑿踐蹋佛身豈
無罪邪師曰衆生全體是佛欲誰爲罪曰經云
佛身無罣礙今以有爲質礙之物而作佛身豈

不乖於聖言師曰大品經云不可離有為而說無為汝信色是空否曰佛之誠言那敢不信師曰色既是空寧有塁礙曰衆生佛性既同只用一佛修行一切衆生應時解脫今既不爾同義安在師曰汝不見華嚴六相義云同中有異異中有同成壞揔別類例皆然衆生佛雖同一性不妨各各自修自得未見他食我飽曰有知識示學人但自識性了無常時抛却殼漏子一邊著靈臺智性迥然而去名為解脫此復若為師曰前已說了猶是二乘外道之量二乘猒離生死欣樂涅槃道家亦云吾有大患為吾有身乃趣

乎冥諦須陀洹人八萬劫餘三果人六四二萬辟支佛一萬劫住於定中外道亦八萬劫住非非想中二乘劫滿猶能迴心向大外道還却輪迴曰佛性一種為別師曰不得一種曰何也師曰或有全不生滅或半生半滅半不生滅曰孰為此解師曰我此間佛性全不生滅汝南方佛性半生半滅半不生滅曰如何區別師曰此則身心一如心外無餘所以全不生滅汝南方身是無常神性是常所以半生半滅半不生滅曰和尚色身豈得便同法身不生滅邪師曰汝那得入於邪道曰學人早晚入邪道師曰汝不見金剛

經色見聲求皆行邪道今汝所見不其然乎曰某甲曾讀大小乘教亦見有說不生不滅中道正性之處亦見有說此陰滅彼陰生身有代謝而神性不滅之文那得盡撥同外道斷常二見師曰汝學出世無上正真之道為學世間生死斷常二見邪汝不見肇公云譚真則逆俗順俗則違真違真故迷性而莫返逆俗故言澹而無味中流之人如存若亡下士撫掌而不顧汝今欲學下士笑於大道乎曰師亦言即心是佛南方知識亦爾那有異同師不應自是而非他師曰或名異體同或名同體異因茲濫矣只如菩提涅

槃真如佛性名異體同真心妄心佛智世智名同體異緣南方錯將妄心言是真心認賊為子有取世智稱為佛智猶如魚目而亂明珠不可雷同事須甄別曰若為離得此過師曰汝但子細反觀陰入界處一一推窮有纖毫可得否曰子細觀之不見一物可得師曰汝壞身心相邪曰身心性離有何可壞師曰身心外更有物不曰身心無外寧有物邪師曰汝壞世間相邪曰世間相即無相那用更壞師曰若然者即離過矣禪客唯然受教常州僧靈覺問曰發心出家本擬求佛未審如何用心即得師曰無心可用

即得成佛曰無心可用阿誰成佛師曰無心自成佛亦無心曰佛有大不可思議為能度衆生若也無心阿誰度衆生師曰無心是真度生若見有生可度者即是有心宛然生滅曰今既無心能仁出世說許多教迹豈可虛言師曰佛說教亦無心曰說法無心應是無說師曰說即無無即說曰說法無心造業有心否師曰無心即無業今既有業心即生滅何得無心曰無心即成佛和尚即今成佛未師曰心尚自無誰言成佛若有佛可成還是有心有心即有漏何處得無心曰既無佛可成和尚還得佛用否師曰心

尚自無用從何有曰茫然都無莫落斷見否師曰本來無見阿誰道斷曰本來無莫落空否師曰空既是無墮從何立曰能所俱無忽有人持刀來取命為是有是無師曰是無曰痛否師曰痛亦無曰痛既無死後生何道師曰無死無生亦無道曰既得無物自在饑寒所逼若為用心師曰饑即喫飯寒即著衣曰知饑知寒應是有心師曰我問汝有心心作何體段曰心無體段師曰汝既知無體段即是本來無心何得言有曰山中逢見虎狼如何用心師曰見如不見來如不來彼即無心惡獸不能加害曰寂然無事

獨脫無心名爲何物師曰名金剛大士曰金剛大士有何體段師曰本無形段曰既無形段喚何物作金剛大士師曰喚作無形段金剛大士曰金剛大士有何功德師曰一念與金剛相應能滅殑伽沙劫生死重罪得見殑伽沙諸佛其金剛大士功德無量非口所說非意所陳假使殑伽沙劫住世說亦不可得盡曰如何是一念相應師曰憶智俱忘即是相應曰憶智俱忘誰見諸佛師曰忘即無無即佛曰無即言無何得喚作佛師曰無亦空佛亦空故曰無即佛佛即無曰既無纖毫可得名爲何物師曰本無名字

曰還有相似者否師曰無相似者世號無比獨尊汝努力依此修行無人能破壞者更不須問任意遊行獨脫無畏常有河沙賢聖之所覆護所在之處常得河沙天龍八部之所恭敬河沙善神來護永無障難何處不得逍遙

衡嶽慧思禪師武津人也姓李氏攝心坐夏獲宿智通倍加勇猛尋有障起四支緩弱不能行歩自念曰病從業生業由心起心源無起外境何狀病業與身都如雲影如是觀巳顛倒想滅輕安如故學侶日至以定慧法隨根引喻俾習慈忍行奉菩薩三聚戒衣服率用布寒則加之

以艾師示衆曰道源不遠性海非遙但向巳求莫從他覔覔即不得得亦不眞偈曰頓悟心源開寶藏隱顯靈通現眞相獨行獨坐常巍巍百億化身無數量縱令逼塞滿虛空看時不見微塵相可笑物兮無比況口吐明珠光晃晃尋常見說不思議一語標名言下當又偈曰天不能蓋地不能載無去無來無障礙無長無短無青黃不在中閒及內外超羣出衆太虛玄指物傳心人不會

洛京荷澤神會大師示衆曰夫學道者須達自源四果三賢皆名調伏辟支羅漢未斷其疑等

妙二覺了達分明覺有淺深教有頓漸其漸也歷僧祇劫猶處輪迴其頓也屈伸臂頃便登妙覺若宿無道種徒學多知一切在心邪正由巳不思一物即是自心非智所知更無別行悟入此者眞三摩提法無去來前後際斷故知無念爲最上乘曠徹清虛頓開寶藏心非生滅性絕推遷自淨則境慮不生無作乃攀緣自息吾於昔日轉不退輪今得定慧雙修如拳如手見無念體不逐物生了如來常更何所起今此幻質元是眞常自性如空本來無相既達此理誰怖誰憂天地不能變其體心歸法界萬象一如遠離思量智同法性千經萬論只是明心既不立心即體眞理都無所得告諸學衆無外馳求若最上乘應當無作珍重師於大藏經內有六處有疑問於六祖第一問戒定慧如何所用戒何物定從何處修慧因何處起所見不通流六祖荅曰定即定其心將戒戒其行性中常慧照自見自知深第二問本無今有有何物本有今無無何物誦經不見有無義眞似騎驢更覔驢荅曰前念惡業本無後念善生今有念念常行善行後代人天不久汝今正聽吾言吾即本無今有第三問將生滅却滅將滅滅却生不了生滅

義所見似聾盲荅曰將生滅却滅令人不執性將滅滅却生令人心離境未却離二邊自除生滅病第四問先頓而後漸先漸而後頓不悟頓漸人心裏常迷問荅曰聽法頓中漸悟法漸中頓修行頓中漸證果漸中頓頓漸是常因悟中不迷問第五問先定後慧先慧後定定慧後初何生爲正荅常生清淨心定中而有慧於境上無心慧中而有定定慧等無先雙修自心正第六問先佛而後法先法而後佛佛法本根源起從何處出荅曰說即先佛而後法聽即先法而後佛若論佛法本根源一切衆生心裏出

江西大寂道一禪師示衆云道不用修但莫汚染何爲汚染但有生死心造作趣向皆是汚染若欲直會其道平常心是道謂平常心無造作無是非無取捨無斷常無凡無聖經云非凡夫行非賢聖行是菩薩行只如今行住坐卧應機接物盡是道道即是法界乃至河沙妙用不出法界若不然者云何言心地法門云何言無盡燈一切法皆是心法一切名皆是心名萬法皆從心生心爲萬法之根本經云識心達本源故號爲沙門名等義等一切諸法皆等純一無雜若於教門中得隨時自在建立法界盡是法界若立眞如盡是眞如若立理一切法盡是理若立事一切法盡是事舉一千從理事無別盡是妙用更無別理皆由心之迴轉譬如月影有若干眞月無若干諸源水有若干水性無若干森羅萬象有若干虛空無若干說道理有若干無礙慧無若干種種成立皆由一心也建立亦得埽蕩亦得盡是妙用妙用盡是自家非離眞而有立處即眞立處盡是自家體若不然者更是何人一切法皆是佛法諸法即解脫解脫者即眞如諸法不出於如行住坐卧悉是不思議用不待時節經云在在處處則爲有佛佛是能仁有智

慧善機情能破一切衆生疑網出離有無等縛凡聖情盡人法俱空轉無等輪超於數量所作無礙事理雙通如天起雲忽有還無不留礙迹猶如畫水成文不生不滅是大寂滅在纏名如來藏出纏名大法身法身無窮體無增減能大能小能方能圓應物現形如水中月滔滔運用不立根栽不盡有爲不住無爲有爲是無爲家用無爲是有爲家依不住於依故云如空無所依心生滅義心眞如義心眞如者譬如明鏡照像鏡喻於心像喻諸法若心取法即涉外因緣即是生滅義不取諸法即是眞如義聲聞聞見佛性菩薩眼見佛性了達無二名平等性性無有異用則不同在迷爲識在悟爲智順理爲悟順事爲迷迷即迷自家本心悟即悟自家本性一悟永悟不復更迷如日出時不合於冥智慧日出不與煩惱暗俱了心及境界妄想即不生妄想既不生即是無生法忍本有今有不假修道坐禪不修不坐即是如來清淨禪如今若見此理眞正不造諸業隨分過生一衣一納坐起相隨戒行增薰積於淨業但能如是何慮不通久立諸人珍重

澧州藥山惟儼和尚上堂曰祖師只教保護若貪瞋起來切須防禦莫教振（五庚切）觸是你欲知枯木石頭却須擔荷實無枝葉可得雖然如此更宜自看不得絕却言語我今爲汝說遮箇語顯無語底佗那箇本來無耳目等貌時有僧問云何有六趣師曰我此要輪雖在其中无來不染問不了身中煩惱時如何師曰煩惱作何相狀我且要你考看更有一般底只向紙背上記持言語多被經論惑我不曾看經論策子汝只爲迷事走失自家不定所以便有生死心未學得一言半句一經一論便說恁麼菩提涅槃世摑不摑若如是解即是生死若不被此得失繫縛便無生死汝見律師說什麼尼薩耆突吉羅最是生死本雖然恁麼窮生死且不可得上至諸佛下至螻蟻盡有此長短好惡大小不同若也不從外來何處有閑漢掘地獄待你你欲識地獄道只今鑊湯煎煑者是欲識餓鬼道即今多虛少實不令人信者是欲識畜生道見今不識仁義不辯親踈者是豈須披毛戴角斬割倒懸欲識人天即今洗淨威儀持缾挈鉢者是保任免墮諸趣第一不得棄遮箇遮箇不是易得須向高高山頂立深深海底行此處行不易方有少相應如今出頭來盡是多事人覓箇癡鈍

入不可得莫只記冊子中言語以為自己見知見他不解者便生輕慢此輩盡是闡提外道此心直不中切須審悉恁麼道猶是三界邊事莫在納衣下空過到遮裏更微細在莫將等閑須知珍重

越州大珠慧海和尚上堂曰諸人幸自好箇無事人苦死造作要擔枷落獄作麼每日至夜奔波道我參禪學道解會佛法如此轉無交涉也只是逐聲色走有何歇時貧道聞江西和尚道汝自家寶藏一切具足使用自在不假外求我從此一時休去自己財寶隨身受用可謂快活

無一法可取無一法可捨不見一法生滅相不見一法去來相徧十方界無一微塵許不是自家財寶但自子細觀察自心一體三寶常自現前無可疑慮莫尋思莫求覓心性本來清淨故華嚴經云一切法不生一切法不滅若能如是解諸佛常現前又淨名經云觀身實相觀佛亦然若不隨聲色動念不逐相貌生解自然無事去莫久立珍重此日大眾普集久而不散師曰諸人何故在此不去貧道已對面相呈還肯休麼有何事可疑莫錯用心枉費氣力若有疑情一任諸人恣意早問時有僧法淵問曰云何是佛云何是法云何是僧云何是一體三寶願師垂示師曰心是佛不用將佛求佛心是法不用將法求法佛法無二和合為僧即是一體三寶經云心佛與眾生是三無差別身口意清淨名為佛出世三業不清淨名為佛滅度喻如瞋時無喜喜時無瞋唯是一心實無二體本智法爾無漏現前如蛇化為龍不改其鱗眾生迴心作佛不改其面性本清淨不待修成有證有修即同增上慢者真空無滯應用無窮無始無終利根頓悟用無等等即是阿耨菩提心無形相即是微妙色身無相即是實相法身性相體空即

是虛空無邊身萬行莊嚴即是功德法身此法身者乃是萬化之本隨處立名智用無盡名無盡藏能生萬法名本法藏具一切智是智慧藏萬法歸如名如來藏經云如來者即諸法如義又云世間一切生滅法無有一法不歸如也時有人問云弟子未知律師法師禪師何者最勝願和尚慈悲指示師曰夫律師者啓毗尼之法藏傳壽命之遺風洞持犯而達開遮秉威儀而行軌範牒三番羯磨作四果初因若非宿德白眉焉敢造次夫法師者踞師子之坐瀉懸河之辯對稠人廣眾啓鑿玄關開般若妙門等三輪空施若非龍象蹴蹋安敢當斯夫禪師者撮其樞要直了心源出沒卷舒縱橫應物咸均事理頓見如來拔生死深根獲見前三昧若不安禪靜慮到遮裏總須茫然隨機授法三學雖殊得意忘言一乘何異故經云十方佛土中唯有一乘法無二亦無三除佛方便說但以假名字引導於眾生曰和尚深達佛旨得無礙辯又問儒道釋三教同異如何師曰大量者用之即同小機者執之即異總從一性上起用機見差別成三迷悟由人不在教之同異講唯識道光坐主問曰禪師用何心修道師曰老僧無心可用無道可

修曰既無心可用無道可修云何每日聚眾勸人學禪修道師曰老僧尚無卓錐之地什麼處聚眾來老僧無舌何曾勸人來曰禪師對面妄語師曰老僧尚無舌勸人焉解妄語曰某甲却不會禪師語論也師曰老僧自亦不會講華嚴志坐主問禪師何故不許青青翠竹盡是法身鬱鬱黃華無非般若師曰法身無象應翠竹以成形般若無知對黃華而顯相非彼黃華翠竹而有般若法身故經云佛真法身猶若虛空應物現形如水中月黃華若是般若般若即同無情翠竹若是法身翠竹還能應用坐主會麼

曰不了此意師曰若見性人道是亦得道不是亦得隨用而說不滯是非若不見性人說翠竹著翠竹說黃華著黃華說法身滯法身說般若不識般若所以皆成爭論志禮謝而去人問將心修行幾時得解脫師曰將心修行喻如滑泥洗垢般若玄妙本自無生大用現前不論時節曰凡夫亦得如此否師曰見性者即非凡夫頓悟上乘超凡越聖迷人論凡論聖悟人超越生死涅槃迷人說事說理悟人大用無方迷人求得求證悟人無得無求迷人期遠劫悟人頓見維摩坐主問經云彼外道六師等是汝之師因其出家

彼師所墮汝亦隨墮其施汝者不名福田供養汝者墮三惡道謗於佛毀於法不入衆數終不得滅度汝若如是乃可取食今請禪師明爲解說師曰迷徇六根者號之爲六師心外求佛名爲外道有物可施不名福田生心受供墮三惡道汝若能謗於佛者是不著佛求毀於法者是不著法求不入衆數者是不著僧求終不得滅度者智用現前若有如是解者便得法喜禪悅之食人問言之與語爲同爲異師曰夫一字曰言成句名語且如靈辯滔滔譬大川之流水峻機疊疊如圓器之傾珠所以郭象號懸河春鸚

稱義海此是語也言者一字表心也內著玄微外現妙相萬機撓而不亂清濁渾而常分齊王到此猶慙大夫之辭文殊到此尚歎淨名之說如今常人云何能解源律師問禪師常譚即心是佛無有是處且一地菩薩分身百佛世界二地增于十倍禪師試現神通看師曰闍梨自己是凡是聖曰是凡師曰既是凡僧能問如是境界經云仁者心有高下不依佛慧此之是也又問禪師每云若悟道現前身便解脫無有是處師曰有人一生作善忽然偷物入手即身是賊否曰故知是也師曰如今了了見性云何不得

解脫曰如今必不可須經三大阿僧祇劫始得師曰阿僧祇劫還有數否源抗聲曰將賊比解脫道理得通否師曰闍梨自不解道不可障一切人解自眼不開瞋一切人見物源作色而去云雖老渾無道師曰即行去者是汝道講止觀慧坐主問禪師辯得魔否師曰起心是天魔不起心是陰魔或起不起是煩惱魔我正法中無如是事曰一心三觀義又如何師曰過去心已過去未來心未至現在心無住於其中間更用何心起觀曰禪師不解止觀師曰坐主解否曰解師曰如智者大師說止破止說觀破觀住止

沒生死住觀心神亂且爲當將心止心爲復起心觀觀若有心觀是常見法若無心觀是斷見法亦有亦無成二見法請坐主子細說看曰若如是問俱說不得也師曰何曾止觀人問般若大否師曰大曰幾許大師曰無邊際曰般若小否師曰小曰幾許小師曰看不見曰何處是師曰何處不是維摩坐主問經云諸菩薩各入不二法門維摩默然是究竟否師曰未是究竟聖意若盡第三卷更說何事坐主良久曰請禪師爲說未究竟之意師曰如經第一卷是引衆呵十大弟子住心第二諸菩薩各說入不二法門

以言顯於無言文殊以無言顯於無言維摩不以言不以無言故默然收前言語故第三卷從默然起說又顯神通作用坐主會麼曰奇怪如是師曰亦未如是曰何故未是師曰且破人執情作如此說若據經意只說色心空寂令見本性教捨僞行入真行莫向言語紙墨上討意度但會淨名兩字便得淨者本體也名者迹用也從本體起迹用從迹用歸本體體用不二本迹非殊所以古人道本迹雖殊不思議一也一亦非一若識淨名兩字假號更說什麼究竟與不究竟無前無後非本非末非淨非名只示衆生

本性不思議解脫若不見性人終身不見此理僧問萬法盡空識性亦爾譬如水泡一散更無再合身死更不再生即是空無何處更有識性師曰泡因水有泡散可即無水身因性起身死豈言性滅曰既言有性將出來看師曰汝信有明朝否曰信師曰試將明朝來看曰明朝實是有如今不可得師曰明朝不可得不是無明朝汝自不見性不可是無性今見著衣喫飯行住坐卧對面不識可謂愚迷汝欲見明朝與今日不異將性覓性萬劫終不見亦如盲人不見日不是無日人問律師何故不信禪師曰理幽難

顯名相易持不見性者所以不信若見性者號之爲佛識佛之人方能信入佛不遠人而人遠佛佛是心作迷人向文字中求悟人向心而覺迷人修因待果悟人了心無相迷人執物守我爲己悟人般若應用見前愚人執空執有生滯智人見性了相靈通乾慧辯者口疲大智體了心泰菩薩觸物斯照聲聞怕境昧心悟者日用無生迷人見前隔佛人問一心修道過去業障得消滅否師曰不見性人未得消滅若見性人如日照霜雪又見性人猶如積草等須彌只用一星之火業障如草智慧似火曰云何得知業障盡師曰見前心通前後生事猶如對見前佛後佛萬法同時經云一念知一切法是道場成就一切智故人問有人乘船船底刺殺螺蜆爲是人受罪爲復船當辜師曰人船兩無心罪正在汝譬如狂風折樹損命無作者無受者世界之中無非衆生受苦處僧問何者是佛師曰離心之外即無有佛曰何者是法身師曰心是法身謂能生萬法故號法界之身起信論云所言法者謂衆生心即依此心顯示摩訶衍義又問何名有大經卷内在一微塵師曰智慧是經卷經云有大經卷量等三千大千界内在一微

塵中一塵者是一念心塵也故云一念塵中演出河沙偈時人自不識又問何名大義城何名大義王師曰身爲大義城心爲大義王經云多聞者善於義不善於言說言說生滅義不生滅義無形相在言說之外心爲大經卷心爲大義王若不了了識心者不名善義只是學語人也又問般若經云度九類衆生皆入無餘涅槃又云實無衆生得滅度者此兩段經文如何通會前後人說皆云實度衆生而不取衆生相常疑未決請師爲說師曰九類衆生一身具足隨造隨成是故無明爲卵生煩惱包裹爲胎生愛水浸潤爲濕生欻起煩惱爲化生悟即是佛迷號衆生菩薩只以念念心爲衆生若了念念心體空名爲度衆生也智者於自本際上度於未形未形既空即知實無衆生得滅度者僧問言語是心否師曰言語是緣不是心曰離緣何者是心師曰離言語無心曰離言語既無心若爲是心師曰心無形相非離言語非不離言語心常湛然應用自在祖師云若了心非心始解心心法僧問如何是定慧等學師曰定是體慧是用從定起慧從慧歸定如水與波一體更無前後名定慧等學夫出家兒莫尋言逐語行住坐卧

並是汝性用什麼處與道不相應且自一時休歇去若不隨外境風心性水常自湛湛無事珍重

汾州大達無業國師上堂有僧問曰十二分教流于此土得道果者非止一二云何祖師東化别唱玄宗直指人心見性成佛豈得世尊說法有所未盡只如上代諸德高僧並學貫九流洞明三藏生肇融叡盡是神異間生豈得不知佛法遠近某甲庸昧願師指示師曰諸佛不曾出世亦無一法與人但隨病施方遂有十二分教如將蜜果换苦葫蘆淘汝諸人業根都無實事

神通變化及百千三昧門化彼天魔外道福智
二嚴爲破執有滯空之見若不會道及祖師來
意論什麼生肇融叡如今天下解禪解道恒河沙
數説佛説心有百千萬億纖塵不去未免輪迴
思念不亡盡須沈墜如斯之類尚不能自識業
果妄言自利利佗自謂上流並佗先德但言觸
目無非佛事舉足皆是道塲原其所習不如一
箇五戒十善凡夫觀其發言嫌佗二乘十地菩
薩且醍醐上味爲世珍奇遇斯等人翻成毒藥
南山尚自不許呼爲大乘學語之流爭鋒脣舌
之間鼓論不形之事並佗先德誠實苦哉只如

野逸高士尚解枕石漱流棄其利祿亦有安國
理民之謀徵而不赴況我禪宗途路且別看佗
古德道人得意之後茅茨石室向折脚鐺子裏
煑飯喫過三十二十年名利不干懷財寶不爲
念大忘人世隱跡巖叢君王命而不來諸侯請
而不赴豈同我輩貪名愛利汩沒世途如短販
人有少希求而忘大果十地諸賢豈不通佛理
可不如一箇博地凡夫實無此理佗説法如雲
如雨猶被佛呵云見性如隔羅縠只爲情存聖
量見在果因未能逾越聖情過諸影跡先賢古
德碩學高人博達古今洞明教綱蓋爲識學詮

文水乳難辯不明自理念靜求眞嗟乎得人身
者如爪甲上土失人身者如大地土良可傷哉
設有悟理之者有一知一解不知是悟中之則
入理之門便謂永出世利巡山傍澗輕忽上流
致使心漏不盡理地不明空到老死無成虛延
歲月且聰明不能敵業乾慧未免苦輪假使才
並馬鳴解齊龍樹只是一生兩生不失人身根
思宿淨聞之即解如彼生公何足爲羨與道全
遠共兄弟論實不論虛只遮口食身衣盡是欺
賢罔聖求得將來佗心慧眼觀之如喫膿血一
般㧾須償佗始得阿那箇有道果自然招得佗

信施來不受者學般若菩薩不得自謾如冰凌
上行似劒刃上走臨終之時一毫凡聖情量不
盡纖塵思念未忘隨念受生輕重五陰向驢胎
馬腹裏託質泥犁鑊湯裏煑煠一遍了從前記
持憶想見解智慧都盧一時失却依前再爲螻
蟻從頭又作蚊虻雖是善因而遭惡果且圖什
麼兄弟只爲貪欲成性二十五有向脚跟下繫著
無成辦之期祖師觀此土衆生有大乘根性惟
傳心印指示迷情得之者即不揀凡之與聖愚
之與智且多虛不如少實大丈夫兒如今直下便
休歇去頓息萬緣越生死流迥出常格靈光獨

照物累不拘巍巍堂堂三界獨步何必身長丈
六紫磨金輝項佩圓光廣長舌相若以色見我
是行邪道設有眷屬莊嚴不求自得山河大地
不礙眼光得大摠持一聞千悟都不希求一餐之
直汝等諸人儻不如是祖師來至此土非常有
損有益有益者百千人中撈摝一箇半箇堪爲
法器有損者如前已明從佗依三乘教法修行
不妨却得四果三賢有進修之分所以先德云
了即業障本來空未了還須償宿債
鎭府臨濟義玄和尚示衆曰今時學人且要明
取自己眞正見解若得自己見解即不被生死

染去住自由不要求佗殊勝自備如今道流且
要不滯於惑要用便用如今不得病在何處病
在不自信處自信不及即便忙忙徇一切境脫
大德若能歇得念念馳求心便與祖師不別汝
欲識祖師麼即汝目前聽法底是學人信不及
便向外馳求得者只是文字學與佗祖師大遠
在莫錯四大身不解説法聽法虛空不解説法
聽法是汝目前歷歷孤明勿形段者解説法聽
法所以山僧向汝道五蘊身田内有無位眞人
堂堂顯露無絲髮許間隔何不識取心法無形
通貫十方在眼曰見在耳曰聞在手曰執捉在

是曰運奔心若不在隨處解脫大約話破自看遠近時光可惜各自努力珍重

玄沙宗一師備大師上堂曰太虛日輪是一切人成立太虛見在諸人作麼生滿目覷不見滿耳聽不聞此兩處不省得便是瞌睡漢若明徹得坐却凡聖坐却三界夢幻身心無一物如針鋒許為緣為對直饒諸佛出來作無限神通變現設如許多教網未曾措著一分毫唯助初學誠信之門還會麼水鳥樹林却解提綱佗甚端的自是少人聽非是小事天魔外道是孤恩負義天人六趣是自欺自誑如今沙門不薦此事

翻成弄影漢生死海裏浮沉幾時休息去自家辛有此廣大門風不能紹繼得更向五蘊身田裏作主宰還夢見麼如許多田地教誰作主宰大地載不起虛空包不盡豈是小事若要徹即今遮裏便明徹去不教仁者取一法如微塵大不教仁者捨一法如毫髮許還會麼僧問學人創入叢林乞師提接師以杖指之僧曰學人不會師曰我恁麼為汝却成抑屈於人如今若的自肯當人分上不論初學入叢林可謂共諸人久踐與過去諸佛無所乏少如大海水一切魚龍初生至老吞吐受用悉皆平等所以道初發心者與古佛齊肩奈何汝無始積劫動誑妄情結成煩惱如重病人心狂熱悶顛倒亂見都無實事如今所覩一切境界皆亦如是對汝諸根盡成顛倒古人以無窮妙藥醫療對治直至十地未得惺惺將知大不容易古人思惟如喪考妣如今兄弟見似等閑何處別有人為汝了得可惜時光虛度何妨密密地自究子細觀尋至無著力處自息諸緣去縱未發萌種子猶在若總取我傍家打鼓弄粥飯氣力將此造次排遣生死賺汝一生有何所益應須如實知取好無事珍重

漳州羅漢桂琛和尚上堂曰諸上坐不用低頭思量思量不及便道不要揀擇委得下口處麼汝向什麼處下口試道看還有一法近得汝麼還有一法遠得汝麼同得汝異得汝麼既然如是為什麼却特地艱難去蓋為不丈夫男子儀儀傻傻無些子威光感感地遮護箇意根恐怕人問著我常道汝若有達悟處但去却人我披露將來與汝驗過直下作麼不肯莫把牛迹裏水以為大海佛法遍周沙界莫錯向肉團心上妄立知見以為疆界此見聞覺知識想情緣然非不是若向遮裏點頭道我真實即不得只如古人道此事唯我能知是何境界還識得麼莫是汝見我我見汝便是麼莫錯會師又曰諸人自生顛倒以常為斷悟假迷真妄外馳求彊捏異見終日共人商量便有佛法不與人商量便是世間閑人話到遮裏纔舉著佛法便道擬心即差動念即乖尋常諸處元無口如今口似紡車總便不差去佛法事不是隔日瘧皆由汝狂識凡情作差與不差解忽然見我拈箇趯子趯背便作意度顧覽不然見我把箇箒子掃東掃西便各照管是汝尋常打柴何不顧覽招呼便悟去上坐佛法莫向意根下測度汝成自賺我不

敢籠罩後學各自究去珍重

大法眼文益禪師上堂曰諸上坐為復只要弄脣觜為復別有所圖恐伊執著且執著什麼為復執著理執著事執著色執著空若是理理且作麼生執若是事事且作麼生執著色著空亦然山僧所以尋常向諸上坐道十方諸佛十方善知識時常垂手諸上坐時常接手十方諸佛垂手時有也什麼處是諸上坐時常接手處還有會處會取好若未會得莫道總是都來圓取諸上坐傍家行腳也須審諦著些精彩莫只藉少智慧過却時光山僧在眾見此多矣古聖所見諸境唯

見自心但師道不是風動幡動仁者心動但且
恁麼會好別無親於親處也僧問如何是不生
不滅底心師曰那箇是生滅底心僧曰爭柰學
人不見師曰汝若不見不生不滅底也不是問
承教云佛以一音演說法衆生隨類各得解學
人如何解師曰汝甚解師又曰此問已是不會
古人語也因什麼却向伊道汝甚解何處是伊
解處莫是於伊分中便點與伊麼莫是爲伊下
會問却反射伊麼且素非此理愼莫錯會除此
兩會別又如何商量諸上坐若會得此語也即

會得諸聖揔持門且作麼生會若也會得一音
演說不會隨類各解恁麼道莫是有過無過說
麼莫錯會好既不恁麼會作麼生說一音演說
隨類得解有箇去處始得每日空上來下去又
不當得人事且究道眼始得佗古人道一切聲
是佛聲一切色是佛色何不且恁麼會取

傳燈玉英集卷第十四

涅
妄
不知身本同
若欲存一捨一永與　更若
生死海裏沉淪煩惱因心有故無心煩惱何居
不勞分別取相自然得道須臾夢時夢中造作

覺時覺境都無覺時與夢顛倒二見不亡
取迷取覺求利何異販賣商徒動靜兩亡常寂
自然契合真如若言衆生異佛迢迢與佛常疎
佛與衆生不二自然究竟無餘
法性本來常寂蕩蕩無有邊畔安心取捨之
被他二境迴換斂容入定坐禪攝境安心覺
機關木人修道何時得達彼岸諸法本空
境似浮雲會散忽悟本性元空恰似熱病
無智人前莫說打你色身星散
報你衆生直道非有即是非無非有
何須對有論虛有無妄心亡

兩名由爾情作無情即本真如若欲存情覓佛
將網山上羅魚徒費功夫無益幾許枉用功夫
不解即心即佛真似騎驢覓驢一切不憎不愛
遮箇煩惱須除除之則須除身除身無佛無因
無佛無因可得自然無法無人
大道不由行得說行權爲凡愚得理返觀於行
始知枉用功夫未悟圓通大理要須言行相扶
不得執他知解迴光返本全無有誰解會此說
教君向己推求自見昔時罪過除却五欲瘡疣
解脫逍遙自在隨方賤賣風流誰是發心買者
亦得似我無憂

內見外見總惡佛道魔道俱錯被此二大波旬
便即厭苦求樂生死悟本體空佛魔何處安著
只由妄情分別前身後身孤薄輪迴六道不停
結業不能除却所以流浪生死皆由横生經略
身本虛無不實返本是誰斟酌有無我自能爲
不勞妄心卜度衆生身同太虛煩惱何處安著
但無一切希求煩惱自然消落
可笑衆生蠢蠢各執一般異見但欲傍鏊求餅
不解返本觀麵麵是正邪之本由人造作百變
所須任意縱横不假偏耽愛戀無著即是解脫
有求又遭羅罥慈心一切平等真如菩提自現

若懷彼我二心對面不見佛面
世間幾許癡人將道復欲求道廣尋諸義紛紜
自救己身不了專尋他文亂說自稱至理妙好
徒勞一生虛過永劫沉淪生老濁愛纏心不捨
清淨智心自惱眞如法界叢林返作荊棘荒草
但執黃葉爲金不悟棄金求寶所以失念狂走
彊力裝持相好口內誦經誦論心裏尋常枯槁
一朝覺本心空具足眞如不少
聲聞心心斷惑能斷之心是賊賊賊遞相除遣
何時了本語默口內誦經千卷體上問經不識
不解佛法圓通徒勞尋行數黑頭陀阿練苦行

希望後身功德希望即是隔聖大道何由可得
譬如夢裏度河船師度過河北忽覺牀上安眠
失却度船執則船師及彼度人兩箇本不相識
眾生迷倒羈絆往來三界疲極覺悟生死如夢
一切求心自息悟解即是菩提了本無有階梯
堪歎凡夫傴僂八十不能跋蹄徒勞一生虛過
不覺日月遷移向上看他師口恰似失嬭孩兒
道俗崢嶸聚集終日聽他死語不觀己身無常
心行貪如狼虎堪嗟二乘狹劣要須摧伏六府
不食酒肉五辛邪眼看他飲咀更有邪行猖狂
修氣不食鹽醋若悟上乘至眞不假分別男女

十二時頌　寶誌和尚

平旦寅狂機內有道人身窮苦已經無量劫不
信常擎如意珍若捉物入迷津但有纖毫即是
塵不住舊時無相貌外求知識也非眞
日出卯用處不須生善巧縱使神光照有無起
意便遭魔事撓若施功終不了日夜被他人我
拘不用安排只麼從何曾心地生煩惱
食時辰無明本是釋迦身坐臥不知元是道只
麼忙忙受苦辛認聲色覓疏親只是他家涂汙
人若擬將心求佛道問取虛空始出塵
禺中巳未了之人教不至假使通達祖師言莫

向心頭安了義只守玄沒文字認著依前還不
是暫時自肯不追尋曠劫不遭魔境使
日南午四大身中無價寶陽燄空華不肯拋作
意修行轉辛苦不曾迷莫求悟任你朝陽幾迴
暮有相身中無相身無明路上無生路
日昳未心地何曾安了義他家文字沒親疎莫
起功夫求的意任縱橫絕忌諱長在人間不居
止運用不離聲色中歷劫何曾暫拋棄
晡時申學道先須不耽貧有相本來權積聚無
形何用要安眞作淨潔却勞神莫認愚癡作近
鄰言下不求無處所暫時喚作出家人
日入酉虛幻聲音終不久禪悅珍羞尚不餐誰
能更飲無明酒沒可拋無物守蕩蕩逍遙不曾
有縱你多聞達古今也是癡狂外邊走
黃昏戌狂子興功投暗室假使心通無量時歷
劫何曾異今日擬商量却啾唧轉使心頭黑如
漆晝夜舒光照有無癡人喚作波羅蜜
人定亥勇猛精進成懈怠不起纖毫修學心無
相光中常自在超釋迦越祖代心有微塵還窒
閡廓然無事頓清閑他家自有通人愛
夜半子心住無生即生死生死何曾屬有無用
時便用沒文字祖師言外邊事識取起時還不

是作意搜求實沒蹤生死魔來任相試
雞鳴丑一顆圓珠明已久內外推尋覓總無境
上施爲渾大有不見頭又無手世界壞時終不
朽未了之人聽一言只遮如今誰動口

十四科頌　菩提煩惱不二　誌公和尚

眾生不解修道便欲斷除煩惱煩惱本來空寂
將道更欲覓道一念之心即是何須別處尋討
大道曉在目前迷倒愚人不了佛性天眞自然
亦無因緣修造不識三毒虛假妄執浮沉生老
昔時迷日爲晚今日始覺非早

持犯不二

丈夫運用無礙不爲戒律所制持犯本自無生
愚人被佗禁繫智者造作皆空聲聞觸途爲滯
大士肉眼圓通二乘天眼有翳空中妄執有無
不達色心無礙菩薩與俗同居清淨實無染世
愚人貪著涅槃智者生死實際法性空無言說
緣起略無人子百歲無智小兒小兒有智百歲

佛與衆生不二

衆生與佛無殊大智不異於愚何須向外求實
身田自有明珠正道邪道不二了知凡聖同途
迷悟本無差別涅槃生死一如究竟攀緣空寂
惟求意想清虛無有一法可得脩然自入無餘

事理不二

心王自在脩然法性本無十纒一切無非佛事
何須攝念坐禪妄想本來空寂不用斷除攀緣
智者無心可得自然無爭無喧不識無爲大道
何時得證幽玄佛與衆生一種衆生即是世尊
凡夫妄生分別無中執有迷奔了達貪瞋空寂
何處不是眞門

靜亂不二

聲聞猒喧求靜猶如棄麵求餅餅即從來是麵
造作隨人百變煩惱即是菩提無心即是無境
生死不異涅槃貪瞋如燄如影智者無心求佛
愚人執邪執正徒勞空過一生不見如來妙頂
了達婬慾性空鑊湯鑪炭自冷

善惡不二

我自身心快樂脩然無善無惡法身自在無方
觸目無非正覺六塵本來空寂凡夫妄生執著
涅槃生死太平四海阿誰厚薄無爲大道自然
不用將心畫度菩薩散誕靈通所作常含妙覺
聲聞執法坐禪如蠶吐絲自縛法性本來圓明
病愈何須執藥了知諸法平等脩然清虛快樂

色空不二

法性本無青黃衆生謾造文章吾我說佗止觀
自意擾擾顛狂不識圓通妙理何時得會眞常
自疾不能治療却教佗人藥方外看將爲是善
心內猶若豺狼愚人畏其地獄智者不異天堂
對境心常不起舉足皆是道場佛與衆生不二
衆生自作分張若欲除却三毒迢迢不離災殃
智者知心是佛愚人樂往西方

生死不二

世間諸法如幻生死猶若雷電法身自在圓通
出入山河無閡顛倒妄想本空般若無迷無亂
三毒本自解脫何須攝念禪觀只爲愚人不了
從佗戒律決斷不識寂滅眞如何時得登彼岸
智者無惡可斷運用隨心合散法性本來空寂
不爲生死所絆若欲斷除煩惱此是無明癡漢
煩惱即是菩提何用別求禪觀實際無佛無魔
心體無形無斷

斷除不二

丈夫運用堂堂逍遙自在無妨一切不能爲害
堅固猶若金剛不著二邊中道脩然非斷非常
五欲貪瞋是佛地獄不異天堂愚人妄生分別
流浪生死猖狂智者達色無礙聲聞無不恛惶
法性本無瑕翳衆生妄執青黃如來引接迷愚
或說地獄天堂彌勒身中自有何須別處思量
棄却眞如佛像此人即是顛狂聲聞心中不了
唯只趁逐言章言章本非眞道轉加鬬爭剛彊
心裏蚖蛇蝮蝎螫著便即遭傷不解文中取義
何時得會眞常死入無間地獄神識枉受災殃

眞俗不二

法師說法極好心中不離煩惱口談文字化佗
轉更增佗生老眞妄本來不二凡夫棄妄覓道
四衆雲集聽講高坐論義浩浩南坐北坐相爭
四衆爲言爲好雖然口談甘露心裏尋常枯燥
自已元無一錢日夜數佗珍寶恰似無智愚人
棄却眞金擔草心中三毒不捨未審何時得道

解縛不二

律師持律自縛自縛亦能縛佗外作威儀恬靜
心內恰似洪波不駕生死船筏如何度得愛河
不解眞宗正理邪見言辭繁多有二比丘犯律
便却往問優波優波依律說罪轉增比丘網羅
方丈室中居士維摩便即來呵優波默然無對
淨名說法無過而彼戒性如空不在內外婆娑
勸除滅不肯忽悟還同釋迦

境照不二

禪師體離無明煩惱從何處生地獄天堂一相
涅槃生死空名亦無貪瞋可斷亦無佛道可成
衆生與佛平等自然聖智惺惺不爲六塵所染
句句獨契無生正覺一念玄解三世坦然皆平
非法非律自制恬然眞入圓成絕此四句百非
如空無作無依

運用無礙不二

我今滔滔自在不羨公王卿宰四時猶若金剛
苦樂心常不改法寶喻於須彌智慧廣於江海
不爲八風所牽亦無精進懈怠任性浮沈若顛
散誕縱橫自在遮莫刀劍臨頭我自安然不采

迷悟不二

迷時以空爲色悟即以色爲空迷悟本無差別
色空究竟還同愚人喚南作北智者達無西東
欲覓如來妙理常在一念之中陽燄本非其水
渴鹿狂趁忩忩自身虛假不實將空更欲覓空
世人迷倒至甚如犬吠雷㕰㕰

頌　歸宗至眞禪師智常

歸宗事理絕日輪正當午自在如師子不與物
依怙獨步四山頂優遊三大路欠去飛禽墜嚬
呻衆邪怖機竪箭易及影沒手難覆施張若工
伎裁剪如尺度巧鑱萬般名歸宗還似土語默
音聲絕百妙情難措棄箇眼還聾取箇耳還瞽
一鏃破三關分明箭後路可憐大丈夫先天爲
心祖

頌　授指　香嚴襲燈大師智閑

古人骨多靈異賢子孫密安置此一門成孝義
人未達莫差池須志固遣狐疑得安靜不傾危
向即遠求即離取即急失即遲無計校忘覺知
濁流識今古僞一剎那通變異差我山石火氣
內裏發焚巔巢無遮欄燒海底法網踈靈談細
六月臥去衣被蓋不得無假僞達道人唱祖意
我師宗古來諱唯此人善安置足法財具慚愧
不虛施用處諦有人問少呵氣更審來說米貴

最後語

有一語全規矩休思惟不自許路逢達道人揚
眉省來處踏不著多疑慮却思看帶伴侶一生
參學事無成慇懃抱得栴檀樹

答鄭郎中

語裏埋筋骨音聲染道容即時纔妙會拍手趁
乖龍

譚道

的的無兼帶獨運何依賴路逢達道人莫將語
默對

頌　無心合道　洞山和尚良价

道無心合人人無心合道欲識箇中意一老一
不老

頌　龍牙和尚居遁

龍牙山裏龍形非世間色世上畫龍人巧巧描
不得唯有識龍人一見便心息
唯念門前樹能容鳥泊飛來者無心喚騰身不
慕歸若人心似樹與道不相違
一得無心便道情六門休歇不勞形有緣不是
余朋友無用雙眉却弟兄
悟了還同未悟人無心勝負自安神從前古德
稱貧道向此門中有幾人
學道無端學畫龍元來未得筆頭蹤一朝體得

眞龍後方覺從前枉用功
成佛人希念佛多念來歲久却成魔君今欲得
自成佛無念之人不較多
在夢那知夢是虛覺來方覺夢中無迷時恰是
夢中事悟後還同睡起夫
學道蒙師指却開無中有路隱人間饒君講得
千經論一句臨機下口難
菩薩聲聞未盡空人天來往訪眞宗爭如佛是
無疑士端坐無心只麼通
此生不息何時息在今生共要知心息只緣
無妄想妄除心息是休時

迷人未了勸盲聾土上加泥更一重悟人有意
同迷意只在迷中迷不逢
夫人學道莫貪求萬事無心道合頭無心始體
無心道體得無心道亦休
眉間毫相燄光身事見爭如理見親事有只因
於理有理權方便化天人一朝大悟俱消却方
得名爲無事人
人情濃厚道情微道用人情世豈知空有人情
無道用人情能得幾多時
尋牛須訪迹學道訪無心迹在牛還在無心道
易尋

明道頌　漳州羅漢桂琛和尚

至道淵曠勿以言宣言宣非指執云有是觸處
皆渠豈喩眞虛眞虛設辨如鏡中現有無雖彰
在處無傷無傷無在何拘何闕不假功成將何
法爾法爾不爾俱爲脣齒若以斯陳埋沒宗旨
宗非意陳無以見聞見聞不脫如水中月於此
不明翻爲剩法一法有形翳汝眼睛眼睛不明
世界崢嶸我宗奇特當陽顯赫佛及衆生皆承
恩力不在低頭思量難得撈破面門覆蓋乾坤
快須薦取脫却根塵其如不曉謾說而今

頌　三界唯心　大法眼禪師文益

三界唯心萬法唯識唯識唯心眼聲耳色色不
到耳聲何觸眼眼色耳聲萬法成辦萬法匪緣
豈觀如幻大地山河誰堅誰變

牛頭菴

國城南祖師庵庵舊址依雲嵐獸馴淑人相參
忽有心終不堪

乾闥婆城

乾闥婆城法法皆爾法爾不爾名相眞執日暖
月涼海深山起乾闥婆城是非亡矣

因僧看經

今人看古教不免心中鬧欲免心中鬧但知看

古教

問僧云會麼對不會

會與不會與汝面對若也面對眞箇不會、

庭柏盆蓮

一朶菡萏蓮兩株靑瘦柏長向僧家庭何勞問
高格

八漸偈并序　白居易

唐貞元十九年秋八月有大師曰凝公遷化于
東都聖善寺鉢塔院越明年春二月有東來客
白居易作八漸偈偈六句句四言贊之初居易
甞求心要於師師賜我言焉曰觀曰覺曰定曰

慧曰明曰通曰濟曰捨繇是入於耳貫於心嗚
呼今師之報身則化師之八言不化至哉八言
實無生忍觀之漸門也故自觀至捨次而贊之
廣一言爲一偈謂之八漸偈蓋欲以發揮師之
心教且明居易不敢失墜也旣而升于堂禮于
牀跪而唱泣而去偈曰

觀

以心中眼觀心外相從何而有從何而喪觀之
又觀則辯眞妄

覺

惟眞常在爲妄所蒙眞妄苟辯覺生其中不離

妄有而得真空

定

真若不滅妄即不起六根之源湛如止水是為禪定乃脫生死

慧

專之以定定猶有繫濟之以慧慧則無滯如珠在盤盤定珠慧

明

定慧相合合而後明照彼萬物物無遁形如大圓鏡有應無情

通

慧至乃明明則不昧明至乃通通則無礙無礙者何變化自在

濟

通力不常應念而變變相非有隨求而見是大慈悲以一濟萬

捨

衆苦既濟大悲亦捨苦既非真悲亦是假是故衆生實無度者

詩 心印 同安禪師 八首

問君心印作何顔心印誰人敢授傳歷劫坦然無異色呼為心印早虚言須知本自靈空性將

喻紅鑪燄裏蓮莫以無心便是道無心猶隔一重關

玄機

迢迢空劫勿能收豈為塵機作繫留妙體本來無處所通身何更問縱由靈然一句超羣象迥出三乘不假修撒手那邊諸聖外迴程堪作火中牛

塵異

濁者自濁清者清菩提煩惱等空平誰言卞璧無人鑒我道驪珠到處晶萬法泯時全體現三乘分處假安名丈夫皆有衝天氣不向如來行處行

佛教

三時次第演金言三世如來亦共宣初說有空人盡執後非空有衆皆緣龍宮滿藏醫方義鶴樹終談理未玄真淨界中纔一念閻浮早已八千年

還鄉曲

勿於中路事空王策杖咸須歸本鄉雲水隔時君莫住雪山深處我非忙尋思去日顔如玉嗟歎迴來鬢似霜散手到家人不識更無一物獻尊堂

破還鄉曲

返本還源事亦差本來無住不名家萬年松徑雪深覆一帶峯巒雲更遮賓主默時純是妄君臣道合正中邪還鄉曲調如何物明月堂前枯木華

轉位歸

涅槃城裏尚猶危陌路相逢沒了期權挂垢衣云是佛却裝珍御復名誰木人夜半穿靴去石女天明戴帽歸萬古碧潭空界月再三撈漉始應知

正位前

枯骨巖前差路多行人到此盡蹉跎鷺鷥立雪非同色明月蘆華不似他了了了時無所了玄玄處亦須呵殷勤為唱玄中曲空裏蟾光撮得麼

語默難測 雲頂山僧德敷 一十首

閑坐寂然聖莫知縱言無物比方伊石人把板雲中拍木女含笙水底吹若道不聞渠未曉欲尋其響你還疑教君唱和仍須和休問宮商竹與絲

祖教迴異

祖意迴然傳一句教中廣布引三乘净名倒嶽當

擧眼驚子孫潭月影澄鄽市賣魚忘進趣巖林飼
虎望超升雖知同體權方便也似炎天日裏燈

學雖得妙

㩲心學道數如麈認得曹谿有幾人若使聖凡
無罣礙便應塼瓦是修眞瞥然一念邪思起已
屬多生放逸因不遇祖師親指的臨機開口卒
難陳

問來秖對不得

莫誇秖對句分明執句尋言誤殺卿只合文殊
便是道膺佗居士香無聲見人須棄敲門物知
路仍忘穉子名儻若不疑言會盡何妨默默過

浮生

無指的

不居南北與東西上下虛空豈可齊現小毛頭
猶道廣變長天外尚嫌低頓乾四海紅塵起能
過三塗黑業迷如此萬般皆屬壞更須前進問
曹谿

自樂僻執

雖然僻執不風流懶出松門數十秋合掌有時
慵問佛折腰誰肯見王侯電光夢世非堅久慾
火蒼生早晚休自蘊本來靈覺性不能暫使挂
心頭

問答須知起倒

問答須教知起倒龍頭蛇尾自欺謾如王秉劒
猶王意似鏡當臺待鏡觀眨眼參差千里莽低
頭思慮萬重灘各於此道爭深見何當前程作
野干

言行相扶

言語行時不易行如烏如兔兩光明寧關晝夜
精勤得非是貪瞋懈怠生菩薩尚猶難說到聲
聞焉敢擬論評然無地位長閑坐誰料龍神來
捧迎

一句子

一句子玄不可盡颯然會了㮈藥何非干世事
成無事祖教心魔是佛魔貧子喻中明此道獻
珠偈裏顯張羅空門有路平兼廣痛切相招謙
肯過

古今大意

古今以拂示東南大意幽微肯易參動指掩頭
元是一斜眸拊掌固非三道吾舞笏同人會石
鞏彎弓作者諳此理若無師印授欲將何見語
玄談

因覽寶林傳 僧潤 三首

祖月禪風集寶林二千餘載道堪尋雖分西國
與東國不關人心到佛心迦葉最初傳去感悲
能末後得來深覺斯頓悟超凡衆嗟彼常迷古
與今

贈道者

一語眞空出世間可憐迷者蟻循環此生勝坐
三禪樂好句長吟萬事閑秋月圓來看晝夜野
雲散去落何山到頭自了方爲了休執佗經扣
祖關

贈禪客

了妄歸宗萬慮空河沙凡聖體通同迷來盡似
蛾投燄悟去皆如鶴出籠片月影分千澗水孤
松聲任四時風直須密契心心地休苦勞生睡
夢中

心王銘 傅大士

觀心空王玄妙難測無形無相有大神力能滅
千災成就萬德體性雖空能施法則觀之無形
呼之有聲爲大法將心戒傳經水中鹽味色裏
膠清決定是有不見其形心王亦爾身內居停
面門出入應物隨情自在無礙所作皆成了本
識心識心見佛是心是佛是佛是心念念佛心
佛心念佛欲得早成戒心自律淨律淨心心即
是佛除此心王更無別佛欲求成佛莫染一物

心性雖空貪瞋體實入此法門端坐成佛到彼
岸已得波羅蜜慕道眞士自觀自心知佛在內
不向外尋即心即佛即佛即心心明識佛曉了
識心離心非佛離佛非心非佛莫測無所堪任
執空滯寂於此漂沈諸佛菩薩非此安心明心
大士悟此玄音身心性妙用無更改是故智者
放心自在莫言心王空無體性能使色身作邪
作正非有非無隱顯不定心性離空能凡能聖
是故相勸好自防愼刹那造作還復漂沈淸淨
心智如世黃金般若法藏並在身心無爲法寶
非淺非深諸佛菩薩了此本心有緣遇者非去

來今

信心銘　三祖僧璨大師

至道無難唯嫌揀擇但莫憎愛洞然明白毫釐
有差天地懸隔欲得現前莫存順逆違順相爭
是爲心病不識玄旨徒勞念靜圓同太虛無欠
無餘良由取捨所以不如莫逐有緣勿住空忍
一種平懷泯然自盡止動歸止止更彌動唯滯
兩邊寧知一種一種不通兩處失功遣有沒有
從空背空多言多慮轉不相應絕言絕慮無處
不通歸根得旨隨照失宗須臾返照勝却前空
前空轉變皆由妄見不用求眞唯須息見二見
不住愼莫追尋纔有是非紛然失心二由一有
一亦莫守一心不生萬法無咎無咎無法不生
不心能隨境滅境逐能沈境由能境能由境
欲知兩段元是一空一空同兩齊含萬象不見
精麤寧有偏黨大道體寬無易無難小見狐疑
轉急轉遲執之失度必入邪路放之自然體無
去住任性合道逍遙絕惱繫念乖眞昏沈不好
不好勞神何用疎親欲取一乘勿惡六塵六塵
不惡還同正覺智者無爲愚人自縛法無異法
妄自愛著將心用心豈非大錯迷生寂亂悟無
好惡一切二邊浪由斟酌夢幻虛華何勞把捉

得失是非一時放却眼若不睡諸夢自除心若
不異萬法一如一如體玄兀爾忘緣萬法齊觀
歸復自然泯其所以不可方比止動無動動止
無止兩既不成一何有爾究竟窮極不存軌則
契心平等所作俱息狐疑盡淨正信調直一切
不留無可記憶虛明自照不勞心力非思量處
識情難測眞如法界無他無自要急相應唯言
不二不二皆同無不包容十方智者皆入此宗
宗非促延一念萬年無在不在十方目前極小
同大忘絕境界極大同小不見邊表有即是無
無即是有若不如此必不須守一即一切一切
即一但能如是何慮不畢信心不二不二信心
言語道斷非去來今

心銘　牛頭山初祖法融禪師

心性不生何須知見本無一法誰論熏鍊往返
無端追尋不見一切莫作明寂自現前際如空
知處迷宗分明照境隨照冥蒙一心有滯諸法
不通去來自爾胡假推窮生無生相生照一同
欲得心淨無心用功縱橫無照最爲微妙知法
無知無知知要將心守靜猶未離病生死忘懷
即是本性至理無詮非解非纏靈通應物常在
目前目前無物無物宛然不勞智鑒體自虛玄

念起念滅前後無別後念不生前念自絕三世
無物無心無佛衆生無心依無心出分別凡聖
煩惱轉盛計校乖常求眞背正雙泯對治湛然
明淨不須功巧守嬰兒行惺惺了知見網轉彌
寂寂無見暗室不移惺惺無妄寂寂明亮萬象
常眞森羅一相去來坐立一切莫執決定無方
誰爲出入無合無散不遲不疾明寂自然不可
言及心無異心不斷貪淫性空自離任運浮沈
非淸非濁非淺非深本來非古見在非今見在
無住見在本心本來不存本來即今菩提本有
不須用守煩惱本無不須用除靈知自照萬法

歸如無歸無受絕觀忘守四德不生三身本有
六根對境分別非識一心無妄萬緣調直心性
本齊同居不攜無生順物隨處幽棲覺由不覺
即覺無覺得失兩邊誰論好惡一切有為本無
造作知心不心無病無藥迷時捨事悟罷非異
本無可取今何用棄謂有魔興言空象備莫滅
凡情唯教息意意無心滅心無行絕不用證空
自然明徹滅盡生死冥心入理開目見相心隨
境起心處無境境處無心將心滅境彼此由侵心
寂境如不遣不拘境隨心滅心隨境無兩處不
生寂靜虛明菩提影現心水常清德性如愚不

立親疎寵辱不變不擇所居諸緣頓息一切不
憶永日如夜永夜如日外似頑嚚內心虛真對
境不動有力大人無人無見無見常現通達一
切未嘗不徧思惟轉昏汨亂精魂將心止動轉
止轉奔萬法無所唯有一門不入不出非靜非
喧聲聞緣覺智不能論實無一物妙智獨存本
際虛沖非心所窮正覺無覺真空不空三世諸
佛皆乘此宗此宗毫末沙界含容一切莫顧安
心無處無處安心虛明自露寂靜不生放曠縱
橫所作無滯去住皆平慧日寂寂定光明明照
無相苑朗涅槃城諸緣忘畢詮神定質不起法

坐安眠虛室樂道恬然優游真實無為無得依
無自出四等六度同一乘路心若不生法無差
互知生無生現前常住智者方知非言詮悟

息心銘　　僧亡名

法界有如意寶人焉久緘其身銘其膺曰古之
攝心人也戒之哉戒之哉無多慮無多知多知
多事不如息意多慮多失不如守一慮多志散
知多心亂心亂生惱志散妨道勿謂何傷其苦
攸長勿言何畏其禍鼎沸滴水不停四海將盈
纖塵不拂五嶽將成防末在本雖小不輕關爾
七竅閉爾六情莫視於色莫聽於聲聞聲者聾

見色者盲一文一藝空中小蚋一伎一能日下
孤燈英賢才藝是為愚蔽捨棄淳朴耽溺淫麗
識馬易奔心猿難制神既勞役形必損斃邪行
終迷脩途永泥莫貴才能日益惛瞢誇拙羨巧
其德不弘名厚行薄其高速崩內懷憍伐外致
怨憎或談於口或書於手邀人令譽亦孔之醜
凡謂之吉聖謂之咎賞翫暫時悲哀長久畏影
畏跡逾遠逾極端坐樹陰跡滅影沉厭生患老
隨思隨造心想若滅生死長絕不死不生無相
無名一道虛寂萬物齊平何貴何賤何辱何榮
何勝何劣何重何輕澄天愧淨皎日慚明安夫

岱嶺同彼金城敬貽賢哲斯道利貞

菩提達磨略辨大乘入道四行

夫入道多途要而言之不出二種一是理入二
是行入理入者謂藉教悟宗深信含生同一真
性但為客塵妄想所覆不能顯了若也捨妄歸
真凝住壁觀無自無他凡聖等一堅住不移更不
隨於文教此即與理冥符無有分別寂然無為
名之理入行入者謂四行其餘諸行悉入此中
何等四耶一報冤行二隨緣行三無所求行四
稱法之行云何報冤行謂修道行人若受苦時
當自念言我從往昔無數劫中棄本從末流浪

諸有多起冤憎違害無限今雖無犯是我宿殃
惡業果熟非天非人所能見與甘心忍受都無
冤訴經云逢苦不憂何以故識達故此心生時
與理相應體冤進道故說言報冤行二隨緣行
者眾生無我並緣業所轉苦樂齊受皆從緣生
若得勝報榮譽等事是我過去宿因所感今方
得之緣盡還無何喜之有得失從緣心無增減喜
風不動冥順於道是故說言隨緣行也三無所
求行者世人長迷處處貪著名之為求智者悟
真理將俗反安心無為形隨運轉萬有斯空
無所願樂功德黑暗常相隨逐三界久居猶

如火宅有身皆苦誰得而安了達此處故捨諸有息想無求經云有求皆苦無求乃樂判知無求真為道行故言無所求行也四稱法行者性淨之理目之為法此理衆相斯空無染無著無此無彼經云法無衆生離衆生垢故法無有我離我垢故智者若能信解此理應當稱法而行法體無慳於身命財行檀捨施心無悋惜達解三空不倚不著但為去垢稱化衆生而不取相此為自行復能利他亦能莊嚴菩提之道檀施既爾餘五亦然為除妄想修行六度而無所行是為稱法行

顯宗記　荷澤大師

無念為宗無作為本真空為體妙有為用夫真如無念非想念而能知實相無生豈色心而能見無念念者即念真如無生生者即生實相無住而住常住涅槃無行而行即超彼岸如如不動動用無窮念念無求求本無念菩提無得淨五眼而了三身般若無知運六通而弘四智是知即定無定即慧無慧即行無行性等虛空體同法界六度自茲圓滿道品於是無虧是知我法體空有無雙泯心本無作道常無念無念無思無求無得不彼不此不去不來體悟三明心通八解功成十力富有七珍入不二門獲一乘理妙中之妙即妙法身天中之天乃金剛慧湛然常寂應用無方用而常空空而常用用而不有即是真空空而不無便成妙有妙有即摩訶般若真空即清淨涅槃般若是涅槃之因涅槃是般若之果般若無見能見涅槃涅槃無生能生般若涅槃般若名異體同隨義立名故云法無定相涅槃能生般若即名真佛法身般若能建涅槃故號如來知見知即知心空寂見即見性無生知見分明不一不異故能動寂常妙理事皆如如即處處能通達即理事無礙六根不

染即定慧之功六識不生即如如之力心如境謝境滅心空心境雙亡體用不異真如性淨慧鑒無窮如水分千月能見聞覺知見聞覺知而常空寂空即無相寂即無生不被善惡所拘不被靜亂所攝不厭生死不樂涅槃無不能無有不能有行住坐卧心不動搖一切時中獲無所得三世諸佛教旨如斯即菩薩慈悲遞相傳受自世尊滅後西天二十八祖共傳無住之心同說如來知見至於達磨屆此為初遞代相承於今不絕所傳祕教要藉得人如王髻珠終不妄與福德智慧二種莊嚴行解相應方能建立衣為法信法是衣宗唯指衣法相傳更無別法內傳心印印契本心外傳袈裟將表宗旨非衣不傳於法非法不受於衣衣是法信之衣法是無生之法無生即無虛妄乃是空寂之心知空寂而了法身了法身而真解脫

叅同契　南嶽石頭和尚

竺土大僊心東西密相付人根有利鈍道無南北祖靈源明皎潔枝派暗流注執事元是迷契理亦非悟門門一切境迴互不迴互迴而更相涉不爾依位住色本殊質象聲元異樂苦暗合上中言明明清濁句四大性自復如子得其母

火熱風動搖水濕地堅固眼色耳音聲鼻香舌鹹醋然依一一法依根葉分布本末須歸宗尊卑用其語當明中有暗勿以暗相遇當暗中有明勿以明相覩明暗各相對比如前後步萬物自有功當言用及處事存函蓋合理應箭鋒拄承言須會宗勿自立規矩觸目不會道運足焉知路進步非近遠迷隔山河固謹白叅玄人光陰莫虛度

五臺山鎮國大師澄觀答皇太子問心要

至道本乎其心心法本乎無住無住心體靈知不昧性相寂然包含德用該攝內外能深能廣

非有非空不生不滅無終無始求之而不得棄之而不離迷現量則惑苦紛然悟眞性則空明廓徹雖即心即佛唯證者方知然有證有知則慧日沈沒於有地若無照無悟則昏雲掩蔽於空門若一念不生則前後際斷照體獨立物我皆如直造心源無智無得不取不捨無對無修然迷悟更依眞妄相待若求眞去妄猶棄影勞形若體妄即眞似處陰影滅若無心忘照則萬慮都捐若任運寂知則衆行爰起放曠任其去住靜鑒覺其源流語默不失玄微動靜未離法界言止則雙亡知寂論觀則雙照寂知語證則不可示人說理則非證不了是以悟寂無寂眞知無知以知寂不二之一心契空有雙融之中道無住無著莫攝其收是非兩亡能所雙絕斯絕亦寂則般若現前般若非心外新生智性乃本來具足然本寂不能自現實由般若之功般若之與智性翻覆相成本智之與始修實無兩體雙亡正入則妙覺圓明始末該融則因果交徹心心作佛無一心而非佛心處處成道無一塵而非佛國故眞妄物我舉一全收心佛衆生渾然齊致是知迷則人隨於法法法萬差而人不同悟則法隨於人人人一智而融萬境言窮

慮絕何果何因體本寂寥孰同孰異唯志懷虛朗消息沖融其猶透水月華虛而可見無心鑑象照而常空矣

證道歌　永嘉眞覺大師

君不見絕學無爲閑道人不除妄想不求眞無明實性即佛性幻化空身即法身法身覺了無一物本源自性天眞佛五陰浮雲空去來三毒水泡虛出沒證實相無人法刹那滅却阿鼻業若將妄語誑衆生自招拔舌塵沙劫頓覺了如來禪六度萬行體中圓夢裏明明有六趣覺後空空無大千無罪福無損益寂滅性中莫問覓比來塵鏡未曾磨今日分明須剖析誰無念誰無生若實無生無不生喚取機關木人問求佛施功早晚成放四大莫把捉寂滅性中隨飲啄諸行無常一切空即是如來大圓覺決定說表眞僧有人不肯任情徵直截根源佛所印摘葉尋枝我不能摩尼珠人不識如來藏裏親收得六般神用空不空一顆圓光色非色淨五眼得五力唯證乃知難可測鏡裏看形見不難水中捉月爭拈得常獨行常獨步達者同遊涅槃路調古神清風自高貌顇骨剛人不顧窮釋子口稱貧實是身貧道不貧貧則身常披縷褐道則

心藏無價珍無價珍用無盡利物應時終不吝三身四智體中圓八解六通心地印上士一決一切了中下多聞多不信但自懷中解垢衣誰能向外誇精進從佗謗任佗非把火燒天徒自疲我聞恰似飲甘露銷融頓入不思議觀惡言是功德此即成吾善知識不因訕謗起寃親何表無生慈忍力宗亦通說亦通定慧圓明不滯空非但我今獨達了河沙諸佛體皆同師子吼無畏說百獸聞之皆腦裂香象奔波失却威天龍寂聽生欣悅遊江海涉山川尋師訪道爲參禪自從認得曹谿路了知生死不相關行亦禪坐亦禪語默動靜體安然縱遇鋒刀常坦坦假饒毒藥也閑閑我師得見然燈佛多劫曾爲忍辱仙幾迴生幾迴死生死悠悠無定止自從頓悟了無生於諸榮辱何憂喜入深山住蘭若岑崟幽邃長松下優遊靜坐野僧家閴寂安居實蕭灑覺即了不施功一切有爲法不同住相布施生天福猶如仰箭射虛空勢力盡箭還墜招得來生不如意爭似無爲實相門一超直入如來地但得本莫愁末如淨瑠璃含寶月既能解此如意珠自利利佗終不竭江月照松風吹永夜清宵何所爲佛性戒珠心地印霧露雲霞體

上衣降龍鉢解虎錫兩股金環鳴歷歷不是標
形虛事持如來寳杖親蹤跡不求眞不斷妄了
知二法空無相無相無空無不空即是如來眞
實相心鏡明鑒無礙廓然瑩徹周沙界萬象森
羅影現中一顆圓光非内外豁達空撥因果漭
漭蕩蕩招殃禍棄有著空病亦然還如避溺而
投火捨妄心取眞理取捨之心成巧僞學人不
了用修行深成認賊將爲子損法財滅功德莫
不由斯心意識是以禪門了却心頓入無生知
見力大丈夫秉慧劒般若鋒兮金剛燄非但空
摧外道心早曾落却天魔膽震法雷擊法鼓布

傳燈玉英集卷第十五　三十四　變

慈雲兮灑甘露龍象蹴蹋潤無邊三乘五性皆
醒悟雪山肥膩更無雜純出醍醐我常納一性
圓明一切性一法徧含一切法一月普現一切
水一切水月一月攝諸佛法性入我性我性同
與如來合一地具足一切地非色非心非行業
彈指圓成八萬相刹那越却三祇劫一切數句
非數句與吾靈覺何交涉不可毀不可讚體若
虛空勿涯岸不離當處常湛然覓則知君不可
見取不得捨不得不可得中只麼得默時說說
時默大施門開無壅塞有人問我解何宗報道
摩訶般若力或是或非人不識逆行順行天莫

測吾早曾經多劫修不是等閑相誑惑建法幢
立宗旨明明佛勑曹谿是第一迦葉首傳燈二
十八代西天記入此土菩提達磨爲初祖六代
傳衣天下聞後人得道何窮數眞不立妄本空
有無俱遣不空空二十空門元不著一性如來
體自同心是根法是塵兩種猶如鏡上痕痕垢
盡除光始現心法雙亡性即眞嗟末法惡時世
衆生薄福難調制去聖遠兮邪見深魔彊法弱
多寃害聞說如來頓教門恨不滅除令瓦碎作
在心殃在身不須寃訴更尤人欲得不招無間
業莫謗如來正法輪栴檀林無雜樹鬱密深沈

傳燈玉英集卷第十五　三十五　濮

師子住境靜林閒獨自遊走獸飛禽皆遠去師
子兒衆隨後三歲便能大哮吼若是野干逐法
王百年妖怪虛開口圓頓教勿人情有疑不決
直須爭不是山僧逞人我修行恐落斷常坑非
不非是不是差之毫釐失千里是即龍女頓成
佛非即善星生陷墜吾早年來積
蹤尋經論分別名相不知休
却被如來苦訶責
覺虛行多年
如來圓頓

枉施功根境法中虛捏怪不見一法即如來方
得名爲觀自在了即業障本來空未了還須償
宿債饑逢王膳不能餐病遇醫王爭得差在欲
行禪知見力火中生蓮終不壞勇施犯重悟無
生早時成佛于今在師子吼無畏說深嗟懵懂
頑皮靼音析只知犯重障菩提不見如來開祕訣
有二比丘犯淫殺波離螢光增罪結維摩大士
頓除疑還同赫日銷霜雪不思議解脫力此即
成吾善知識四事供養敢辭勞萬兩黃金亦銷
得粉骨碎身未足酬一句了然超百億法中王
最高勝河沙如來同共證我今解此如意珠信

傳燈玉英集卷第十五　三十六　黄

受之者皆相應了了見無一物亦無人亦無佛
大千沙界海中漚一切聖賢如電拂假使鐵輪
頂上旋定慧圓明終不失日可冷月可熱衆魔
不能壞眞說象駕崢嶸謾進途誰見螗蜋能拒
轍大象不遊於兔徑大悟不拘於小節莫將管
見謗蒼蒼未了吾今爲君決

了元歌　騰騰和尚

修道道無可修問法法無可問迷人不了色空
悟者本無逆順八萬四千法門至理不離方寸
識取自家城郭莫謾尋他鄉郡不用廣學多聞
不要辯才聰俊不知月之大小不管歲之餘閏

煩惱即是菩提淨華生於泥糞人來問我若爲
不能共伊談論寅朝用粥充饑齋時更餐一頓
今日任運騰騰明日騰騰任運心中了了總知
且作佯癡縛鈍

草庵歌　石頭和尚

吾結草庵無寶貝飯了從容圖睡快成時初見
茅草新破後還將茅草蓋住庵人鎮常在不屬
中間與內外世人住處我不住世人愛處我不
愛庵雖小含法界方丈老人相體解上乘菩薩
信無疑中下聞之必生怪問此庵壞不壞壞與
不壞主元在不居南北與東西基上堅牢以爲

最青松下明窗內玉殿朱樓未爲對衲帔幪頭
萬事休此時山僧都不會住此庵休作解誰誇
鋪席圖人買迴光返照便歸來廓達靈根非向
背遇祖師親訓誨結草爲庵莫生退百年拋却
任縱橫擺手便行且無罪千種言萬般解只要
教君長不昧欲識庵中不死人豈離而今遮皮袋

一鉢歌

過剌剌鬧聒聒總是悠悠造抹撻如饑喫鹽加
得渴枉却一生頭枅枅究竟不能知始末拋却
死屍何處脫勸君努力求解脫閑事到頭須結
撮火落身上當須撥莫待臨時叫菩薩丈夫語
話須豁豁莫學癡人受摩捋趁時結裹學擺撥
也學柔和也麤獷也剃頭也披褐也學凡夫作
生活直語向君君未達更作長歌歌一鉢一鉢
歌多中一一中多莫笑野人歌一鉢曾將一鉢
度娑婆青天寥寥月初上此時影空含萬象幾
處浮生自是非一源清淨無來往更莫將心造
水泡百毛流血是誰教不如靜坐真如地頂上
從他鵲作巢萬代金輪聖王子只遮真如靈覺
是菩提樹下度衆生度盡衆生不生死不生不
死真丈夫無形無相大毗盧塵勞滅盡真如在
一顆圓明無價珠眼不見耳不聞不見不聞真

見聞從來一句無言說今日千言強爲分強爲
分須諦聽人人盡有真如性恰似黃金在鑛中
鍊去鍊來金體淨真是妄妄是真若除真妄更
無人真心莫謾生煩惱衣食隨時養色身好也
著弱也著一切無心無染著亦無惡亦無好二
際坦然平等道麤也餐細也餐莫學凡夫相上
觀也無麤也無細上方香積無根蔕坐亦行行
亦坐生死樹下菩提果亦無坐亦無行無生何
用覓無生生亦得死亦得處處當來見彌勒亦
無生亦無死三世如來總如此離則著著則離
幻化門中無實義無可離無可著何處更求無
病藥語時默默時語語默縱橫無處所亦無語
亦無默莫喚東西作南北瞋即喜喜即瞋我自
降魔轉法輪亦無瞋亦無喜水不離波波即水
慳時捨捨時慳不離內外及中間亦無慳亦無
捨寂寂寥寥無可把苦時樂樂時苦只遮修行
斷門戶亦無苦亦無樂本來自在無繩索垢即
淨淨即垢兩邊畢竟無前後亦無垢亦無淨大
千同一真如性藥是病病是藥到頭兩事須拈
却亦無藥亦無病正是真如靈覺性魔作佛佛
作魔鏡裏尋形水上波亦無魔亦無佛三世本
來無一物凡即聖聖即凡色裏膠清水裏鹹亦

無凡亦無聖萬行總持無一行真中假假中真
自是凡夫起妄塵亦無真亦無假若不喚時何
應喏本來無姓亦無名只麼騰騰信脚行有時
鄽市并屠肆一朶紅蓮火上生也曾策杖遊
京洛身似浮雲無定著幻化由來似寄居他家
觸處更清虛若覓戒三毒瘡痍幾時差若覓禪
我自縱橫汨碖眠大可憐不是顛世間出世天
中天時人不會此中意打著南邊動北邊若覓
法雞足山中問迦葉大士持衣在此中本來不
用求某甲若覓經法性真源無可聽若覓律窮
子不須教走出若覓修八萬浮圖何處求只知

黃葉止啼哭不覺黑雲遮日頭莫怪狂言無次
第篩羅漸入麤中細只遮麤中細也無即是圓
明眞實諦眞實諦本非眞但是名聞即是塵若
向塵中解眞實便是堂堂出世人出世人莫造
作獨行獨步空索索無生無死無涅槃本來生
死不相干無是非無動靜莫謾將身入空井無
善惡無去來亦無明鏡挂高臺山僧見解只如
此不信從佗造劫灰

浮漚歌　樂普和尚

雲天雨落庭中水水上漂漂見漚起前者已滅
後者生前後相續無窮已本因雨滴水成漚還

緣風激漚歸水不知漚水性無殊隨佗轉變將
為異外明瑩內含虛內外玲瓏若寶珠正在澄
波看似有及乎動著又如無有無動靜事難明
無相之中有相形只知漚向水中出豈知水亦
從漚生權將漚水類余身五蘊虛攢假立人解
達蘊空漚不實方能明見本來眞

牧護歌　蘇溪和尚即五洩小師也

聽說納僧牧護任運逍遙無住一條百納缾盂
便是生涯調度為求至理參尋不憚寒暑辛苦
還曾四海周游山水風雲滿肚內除戒律精嚴
不學威儀行步三乘笑我無能我笑三乘謾做

智人權立階梯大道本無迷悟達者不假修治
不在能言能語披麻日視雲霄遮莫王侯不顧
道人本體如然不是知佛去處生也猶如著衫
死也還同脫袴生死無喜無憂八風豈能驚怖
外相猶似癡人肚裏非常俏醋活計雖無一錢
敢與君王鬬富愁人攞手憎嫌智者點頭相許
郗知傀儡牽抽歌舞盡由行主一言為報諸人
打破盂缾歸去

翫珠吟　丹霞和尚

般若靈珠妙難測法性海中親認得隱顯常遊
五蘊中內外光明大神力此珠非大亦非小晝

夜光明皆悉照覓時無物又無蹤起坐相隨常
了了黃帝曾遊於赤水爭聽爭求都不遂罔象
無心卻得珠能見能聞是虛僞吾師權指喻摩
尼采人無數溺春池爭拈瓦礫將為寶智者安
然而得之森羅萬象光中現體用如如轉非轉萬
機消遣寸心中一切時中巧方便燒六賊爍眾魔
能摧我山竭愛河龍女靈山親獻佛貧兒衣下
幾蹉跎亦名性亦名心非性非心超古今全體
明時明不得權時題作弄珠吟

其二

識得衣中寶無明醉自醒百骸雖潰散一物鎮
長靈知境渾非體神珠不定形悟則三身佛迷
疑萬卷經在心心可測歷耳耳難聽罔象先天
地玄泉出杳冥本剛非鍛鍊元淨莫澄渟盤泊
輪朝日玲瓏映曉星瑞光流不滅眞氣觸還生
鑒照崆峒寂羅籠法界明挫凡功不滅超聖果
非盈龍女心親獻閻王口自呈護鵝人卻活黃
雀意猶輕解語非關舌能言不是聲絕邊彌汗
漫無際等空平演教非為說聞名勿認名兩邊
俱莫立中道不須行見月休觀指還家罷問程
識心心則佛何佛更堪成

獲珠吟　關南長老

三界兮如幻六道兮如夢聖賢出世兮如電國
土猶如水上泡無常生滅日遷變唯有摩訶般
若堅猶若金剛不可讚歎似兜羅大等空小極
微塵不可見攞之令聚而不聚撥之令散而不
散側耳欲聞而不聞瞪目覷之而不見謌復謌
盤陀石上笑呵呵笑復笑青松影下高聲叫自
從獲得此心珠帝釋輪王俱不要不是山僧獨
施為自古先賢作此調不坐禪不修道任運逍
遙只麼了但能萬法不干懷無始何曾有生老

心珠歌　韶山和尚

山僧自達空門久淬鍊心珠功已搆珠迴玲瓏主

客分往往聲如師子吼師子吼非常義皆明佛
性眞如理有時往往自思惟豁然大意心歡喜
或造經或造論或說漸兮或說頓若在諸佛運
神通或在凡夫興鄙吝此心珠如水月地角天
涯無殊別只因迷悟有參差所以如來多種說
地獄趣餓鬼趣六道輪迴無暫住此非諸佛不
慈悲豈是閻王配教做勸時流深體悉見在心
珠勿浪失五蘊身全尚不知百骸散後何處覓

傳燈玉英集卷第十五

傳燈玉英集後序

[illegible] 隨 [illegible]

夫道本無名因名而顯道法本無說因說以證
法故契經備于華藏闡機實之教宗唱列于寶
傳示圓頓之詮蓋一切衆生有三毒障輩風浪
鼓其妄念客塵翳於本性纏縛惱病動擾湛源
迷輪迴之轍沈生死之海
諸佛所以出世祖師由是西來自茲漸派宗風
直指心地傳密印於法嗣分慧燈於諸方如香
象截流師子鳴吼徑登菩提之路安處栴檀之
林了心非心咸爲佛等舉足下足莫匪道場實
拯溺之慈航乃證聖之捷路也緜是叢林之
茂著機緣之語成集
眞宗文明武定章聖元孝皇帝在宥之九載有
江吳僧道源撰七佛而下曁歷世高賢尊宿書
句編成傳燈錄三十軸詣闕進焉尋詔名臣刊
修臻畢遂成鉅典模印頒行黜
聖代之奇書爲眞乘之妙敎垂千劫而不朽度
羣品而有賴
體天法道仁明孝德皇帝陛下茂
天地之化育
邁堯舜之仁孝

御六辯而
臨萬寓
讚三寶以
福四生
欽奉眞乘
開通妙理臣早以餘暇恭披是錄精究義諦偶
達宗旨而又顧絍縢之重卷帙稍廣諒參學之
者津梯頗難因思佛門律論尚有纂鈔儒家史
傳具存紀略遂擇乎精粹撮其機要刪爲十五
卷題之曰傳燈玉英集鳳毛麟角益表稀奇甘
露醍醐罔非上味景祐龍集甲戌歲孟春七亥序

印經院
景祐二年十月十四日
內降推忠佐理功臣金紫光祿大夫行尚書吏部
侍郎知樞密院事上柱國琅邪郡開國公食邑二
千九百戶食實封肆伯戶王隨劄子奏臣先
進呈傳燈玉英集一十五卷計五冊蒙
聖恩降
勑編入藏錄欲望
聖慈下印經院開板摸印頒行所貴
眞乘要法廣布於絲區
善化妙緣永資於

慶祚取
進止奉
御寶批依奏所有合行事件本院遂具狀奏
聞准中書劄子奉
聖旨並依奏於景祐三年三月二十三日了
進呈奉
聖旨摹印流行

譯經證義同編修講經論文章大師賜紫沙門臣清滿　校勘
譯經筆受同編修慧悟大師賜紫沙門臣文一　校勘

入內內侍省內侍黃門勾當印經院日邵 [illegible]

入內內侍省內侍高品勾當傳法院印經院日朱 [illegible]

入內內侍省內侍高品勾當印經院日盧 昭度

傳燈玉英集卷第十五

甲十六

景祐天竺字源序　計二十二帋　馳

御製

原夫文籍旣生音韻斯辨五聲所配叶律
呂之和六書並分有形意之異由是詁訓
之說著於部録及乎常星夜隕載誕金僊
白馬東來遐傳貝諜則又梵文竺字寖入
於中區矣
鼎國而下翻譯繼多敷演空宗發揮義諦
唐氏中葉時非暇豫西明之館亦旣停豪
迦陵之音久無嗣響天猒亂德神與
睿圖
太祖皇帝揖讓開階
威靈燭遠摩伽法侶始綴於妙經
太宗皇帝恢布
文明闡揚
世範興國淨宇再啓於譯場
眞宗皇帝祚㬪重熙
化孚有截繼宣

聖教之作增新法寶之編嚴事葤脩勝緣
茂集朕欽承景業緬鑒
先猷敦清淨以保民務慈仁而庇物每謂
覺雄奥旨溥利群生助我無爲誠資國敎
滯於有相且匪予心然而假筌蹄則意象
方明捨文字則性理難究允繄精學克纉
微言景祐天竺字源者西天譯經三藏試
光禄卿傳梵大師法護譯經三藏試光禄
卿光梵大師惟淨所同綴集也西天章典
以八字爲句四句成頌成劫之初梵王先
說具百萬頌傳授天人以其梵王所說故
曰梵書住劫之初帝釋天主又略爲十萬
頌其後波贓尼仙又略爲八千頌此並音
字之本其支派論有一千頌字體有三百
頌字緣有二一者三千頌二者二千五百
頌又字緣字體有八界論揔八百頌其諸
經典文字不出十二轉聲三十四字母相
生相引合二合三句載𢇁環分體分用中

有邊際超越和會長短清濁不清不濁等聲蓋此方音切純清次清純濁不清不濁之比焉是書也華梵對翻都為七卷聲明之學寔肇於茲推而衍之觸類皆達昧其趣者重輕訛略或有差殊窮其致者錯綜會歸咸臻融暢庶使學徒祖習便於討求誠法海之津梁而眞乘之輗軏終篇奏御因得詳研賜以名題仍裁序引冀永流於花藏俾常續於潮音云耳

景祐天竺字源卷第一

譯經三藏朝散大夫試光祿卿光梵大師賜紫沙門臣惟淨等集進

夫欲善明天竺文字者先學十二轉聲三十四字母識辯五音其五音者謂牙齒舌喉脣等五音各有五字下有九字轉舌喉二音總計三十四字母又於其中逐音之內各以第五字屬鼻音呼此上且只是第一番三十四字向下二二令呼復有十

番字母每番三十四字都計三百七十四字足前第一番共有四百八字之本母若先於此四百八字調舌呼吸親得梵音即五音輕重清濁自分其次便用十二轉聲裝戴逐番字母調習輕重審的呼之乃名生字其生字者且如第一番字母第一箇葛字先將十二轉聲裝成生字一十二箇明辯輕重呼轉精熟即向下一十一番生字例上可明

十二轉聲十二番字母各分五音第一

十二番字母合辯五音第二

十二轉聲十二番字母略譯義旨第三

單開十二番生字第四

單開十二番生字第五

單開十二番生字第六

單開十二番生字第七

十二轉聲十二番字母各分五音第一

十二轉聲

准天竺聲明字源及涅盤經有十六轉聲然天竺學人傳授只分十二轉聲良以餘之四聲已在第三第四二聲之中收訖又向下生字別無裝戴去處所以只用十二轉聲

十六聲者

過阿引壹翳引嗢污引哩梨魯

盧伊愛引鄔奧引暗惡

十二聲者

過阿引壹翳引嗢污引伊愛引鄔

奧引暗惡

十二番字母各分五音

謂梵本中以牙齒舌喉脣五音次第排定字母一十二番如次列之故云各分五音

第一番三十四字母

牙音

葛　渴　哶(五割切)　竭　誐(迦可切)

齒音

拶(左末切)　擦(七曷切)　惹(仁左切)　嵳(昨何切)　倪(倪也切)

舌音

哳(陟轄切)　詫(丑轄切)　疕(尼轄切)　茶　拏

喉音

怛　撻(他達切)　捺　達　那

唇音

鉢　發　末　婆　摩

下九字融轉舌喉二音

耶　囉(歷加切)　囉　嚩　設　沙　薩　訶　刹

第二番三十四字母

牙音

葛也(二合)　渴也(二合)　哶(五割切)也(二合)　竭也(二合)　誐(迦可切)也(二合)

齒音

拶(左末切)也(二合)　擦(七曷切)也(二合)　惹(仁左切)也(二合)　嵳(昨何切)也(二合)　倪(倪也切)也(二合)

舌音

哳(陟轄切)也(二合)　詫(丑轄切)也(二合)　疕(尼轄切)也(二合)　茶也(二合)　拏也(二合)

喉音

怛也(二合)　撻(他達切)也(二合)　捺也(二合)　達也(二合)　那也(二合)

唇音

鉢也(二合)　發也(二合)　末也(二合)　婆也(二合)　摩也(二合)

下九字融轉舌喉二音

耶(重呼)　囉(歷加切)也(二合)　囉也(二合)　嚩也(二合)　設也(二合)

沙也(二合)　薩也(二合)　訶也(二合)　刹也(二合)

第三番三十四字母

牙音

葛囉(歷加切 二合 下同)　渴囉(二合)　哶(五割切)囉(二合)　竭囉(二合)　誐(迦可切)囉(二合)

齒音

拶(左末切)囉(歷加切 二合 下同)　擦(七曷切)囉(二合)　惹(仁左切)囉(二合)　嵳(昨何切)囉(二合)

倪(倪也切)囉(二合)

舌音

哳(陟轄切)囉(歷加切 二合下同)　詫(丑轄切)囉(二合)　疕(尼轄切)囉(二合)　茶囉(二合)　拏囉(二合)

喉音

怛囉(歷加切 二合下同)　撻(他達切)囉(二合)　捺囉(二合)　達囉(二合)　那囉(二合)

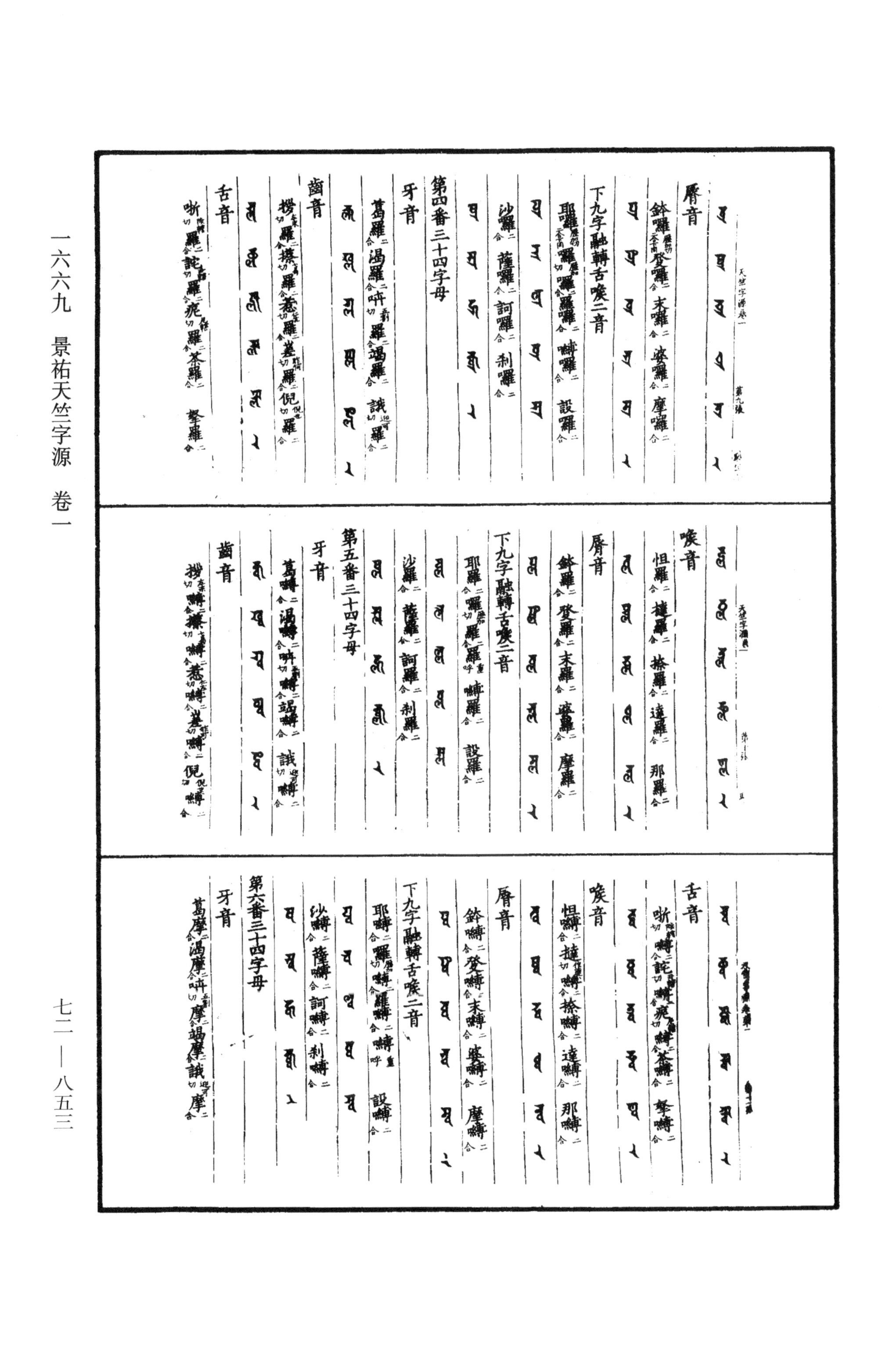

脣音

鉢囉（二合） 發囉（二合） 末囉（二合） 婆囉（二合） 摩囉（二合）

下九字融轉舌喉二音

耶囉（二合） 囉囉（二合） 嚩囉（二合） 設囉（二合）

沙囉（二合） 薩囉（二合） 訶囉（二合） 剎囉（二合）

第四番三十四字母

牙音

葛囉（二合） 渴囉（二合） 吽囉（二合） 竭囉（二合） 誐囉（二合）

齒音

拶囉（二合） 攃囉（二合） 惹囉（二合） 嵯囉（二合） 倪囉（二合）

舌音

吒囉（二合） 詫囉（二合） 痆囉（二合） 茶囉（二合） 拏囉（二合）

喉音

怛囉（二合） 撻囉（二合） 捺囉（二合） 達囉（二合） 那囉（二合）

脣音

鉢囉（二合） 發囉（二合） 末囉（二合） 婆囉（二合） 摩囉（二合）

下九字融轉舌喉二音

耶囉（二合） 囉囉（二合） 囉囉（重呼） 嚩囉（二合） 設囉（二合）

沙囉（二合） 薩囉（二合） 訶囉（二合） 剎囉（二合）

第五番三十四字母

牙音

葛嚩（二合） 渴嚩（二合） 吽嚩（二合） 竭嚩（二合） 誐嚩（二合）

齒音

拶嚩（二合） 攃嚩（二合） 惹嚩（二合） 嵯嚩（二合） 倪嚩（二合）

舌音

吒嚩（二合） 詫嚩（二合） 痆嚩（二合） 茶嚩（二合） 拏嚩（二合）

喉音

怛嚩（二合） 撻嚩（二合） 捺嚩（二合） 達嚩（二合） 那嚩（二合）

脣音

鉢嚩（二合） 發嚩（二合） 末嚩（二合） 婆嚩（二合） 摩嚩（二合）

下九字融轉舌喉二音

耶嚩（二合） 囉嚩（二合） 羅嚩（二合） 嚩嚩（重呼） 設嚩（二合）

沙嚩（二合） 薩嚩（二合） 訶嚩（二合） 剎嚩（二合）

第六番三十四字母

牙音

葛摩（二合） 渴摩（二合） 吽摩（二合） 竭摩（二合） 誐摩（二合）

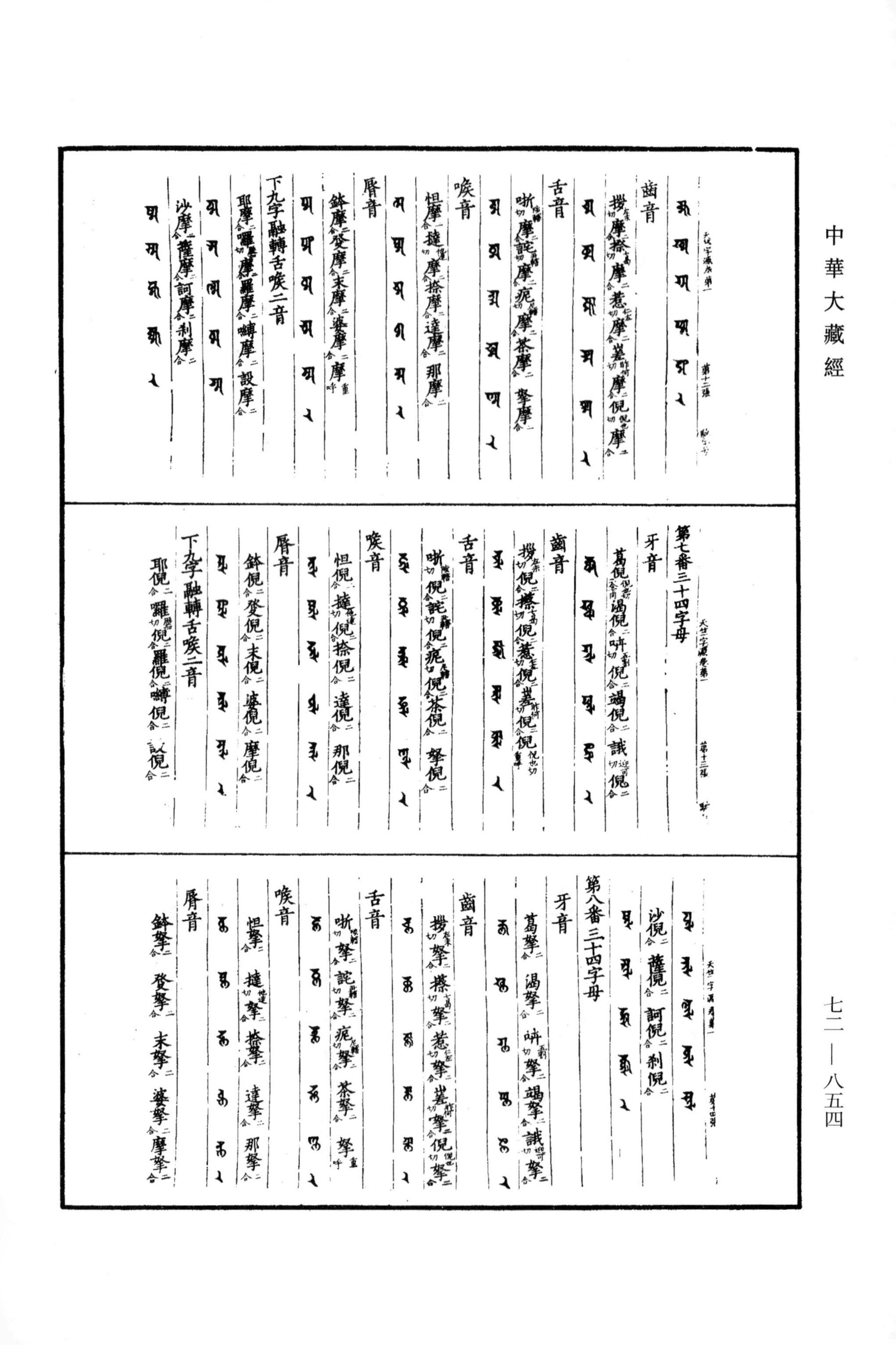

齒音

撥(左末切)摩二合　攃(七曷切)摩二合　惹(仁左切)摩二合　嵯(昨何切)摩二合　倪(倪也切)摩二合

舌音

㖃(陟轄切)摩二合　詫(丑轄切)摩二合　疕(尼轄切)摩二合　茶摩二合　拏摩二合

喉音

怛摩二合　撻(他達切)摩二合　捺摩二合　達摩二合　那摩二合

唇音

鉢摩二合　發摩二合　末摩二合　婆摩二合　摩(重呼)

下九字融轉舌喉二音

耶摩二合　囉(歷各切)摩二合　羅摩二合　嚩摩二合　設摩二合

沙摩二合　薩摩二合　訶摩二合　剎摩二合

第七番三十四字母

牙音

葛倪(倪也切)二合　渴倪二合　吽(五割切)倪二合　竭倪二合　誐(迎可切)倪二合

齒音

撥(左末切)倪二合　攃(七曷切)倪二合　惹(仁左切)倪二合　嵯(昨何切)倪二合　倪(倪也切)重呼

舌音

㖃(陟轄切)倪二合　詫(丑轄切)倪二合　疕(尼轄切)倪二合　茶倪二合　拏倪二合

喉音

怛倪二合　撻(他達切)倪二合　捺倪二合　達倪二合　那倪二合

唇音

鉢倪二合　發倪二合　末倪二合　婆倪二合　摩倪二合

下九字融轉舌喉二音

耶倪二合　囉(歷各切)倪二合　羅倪二合　嚩倪二合　設倪二合

沙倪二合　薩倪二合　訶倪二合　剎倪二合

第八番三十四字母

牙音

葛拏二合　渴拏二合　吽(五割切)拏二合　竭拏二合　誐(迎可切)拏二合

齒音

撥(左末切)拏二合　攃(七曷切)拏二合　惹(仁左切)拏二合　嵯(昨何切)拏二合　倪(倪也切)拏二合

舌音

㖃(陟轄切)拏二合　詫(丑轄切)拏二合　疕(尼轄切)拏二合　茶拏二合　拏(重呼)

喉音

怛拏二合　撻(他達切)拏二合　捺拏二合　達拏二合　那拏二合

唇音

鉢拏二合　發拏二合　末拏二合　婆拏二合　摩拏二合

下九字融轉舌喉二音

耶拏　囉(歷加切)拏　羅拏　嚩拏　設拏

沙拏　薩拏　訶拏　刹拏

第九番三十四字母

牙音

葛那　渴那　吽(五割切)那　竭那　誐(迎可切)那

齒音

撥(左末切)那　擦(七曷切)那　惹(仁左切)那　嵯(昨何切)那　倪(倪也切)那

舌音

吨(陟轄切)那　詫(丑轄切)那　疷(尼轄切)那　荼那　拏那

喉音

怛那　撻(他達切)那　捺那　達那　那(重呼)

脣音

鉢那　發那　末那　婆那　摩那

下九字融轉舌喉二音

耶那　囉(歷加切)那　羅那　嚩那　設那

沙那　薩那　訶那　刹那

第十番三十四字母

牙音

囉葛(歷加切下同)　囉渴　囉吽(五割切)　囉竭

囉誐(迎可切)

齒音

囉撥(左末切)　囉擦(七曷切)　囉惹(仁左切)　囉嵯(昨何切)

囉倪(倪也切)

舌音

囉吨(陟轄切)　囉詫(丑轄切)　囉疷(尼轄切)　囉荼

囉拏

喉音

囉怛　囉撻(他達切)　囉捺　囉達　囉那

脣音

囉鉢　囉發　囉末　囉婆　囉摩

下九字融轉舌喉二音

囉耶　囉囉(重呼)　囉羅　囉嚩　囉設

囉沙　囉薩　囉訶　囉刹

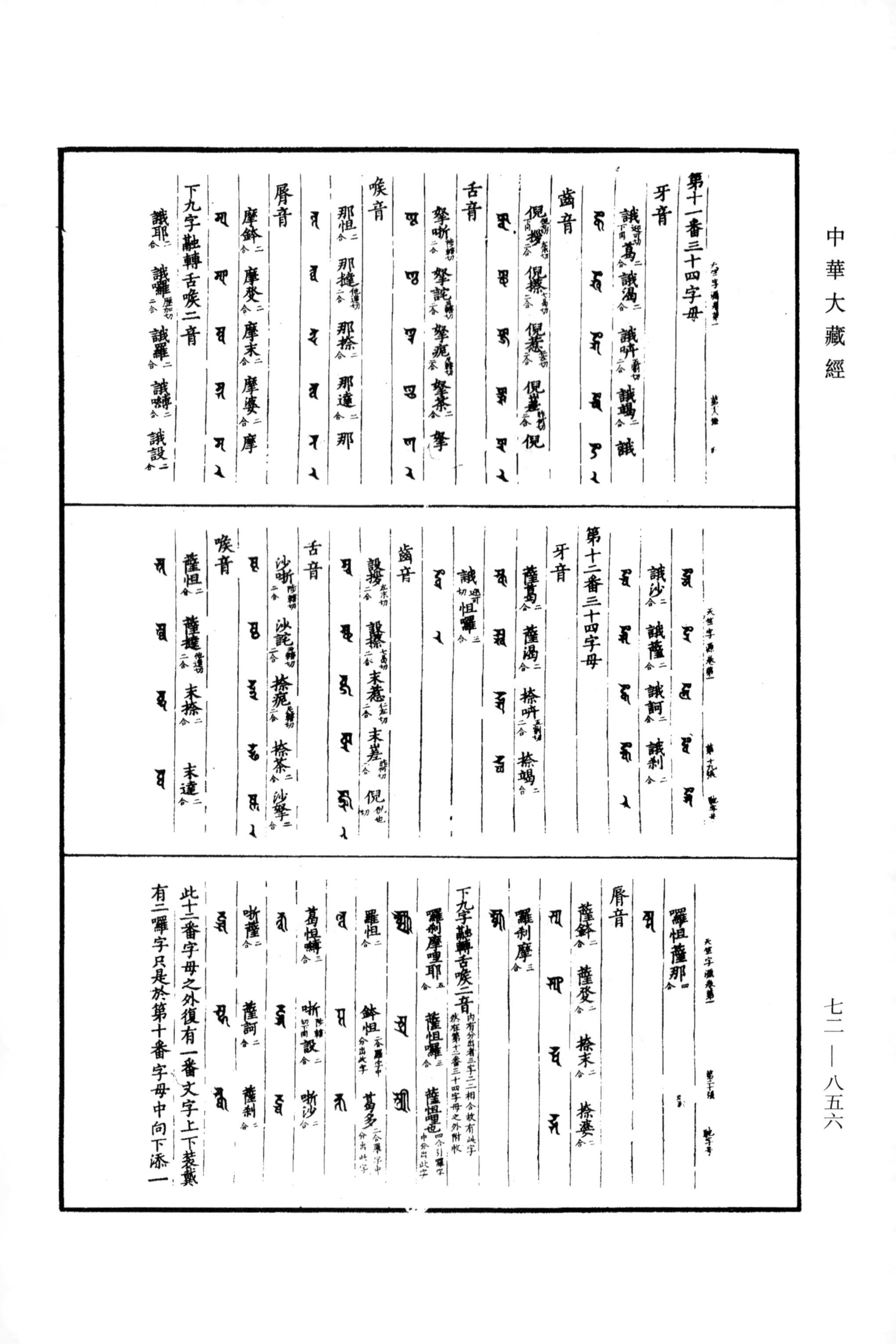

第十一番三十四字母

牙音

誐(迦可切下同)葛(二合)　誐渴(二合)　誐哶(霸切)(二合)　誐竭(二合)　誐

齒音

倪(倪也切下同)摻(左末切)(二合)　倪擦(七曷切)(二合)　倪惹(仁左切)(二合)　倪嵯(昨何切)(二合)　倪

舌音

拏哳(陟轄切)(二合)　拏詫(丑轄切)(二合)　拏痆(尼轄切)(二合)　拏荼(二合)　拏

喉音

那怛(二合)　那撻(他達切)(二合)　那捺(二合)　那達(二合)　那

脣音

摩鉢(二合)　摩癹(二合)　摩末(二合)　摩婆(二合)　摩

下九字融轉舌喉二音

誐耶(二合)　誐囉(歷加切)(二合)　誐羅(二合)　誐嚩(二合)　誐設(二合)

誐沙(二合)　誐薩(二合)　誐訶(二合)　誐刹(二合)

第十二番三十四字母

牙音

薩葛(二合)　薩渴(二合)　捺哶(五割切)(二合)　捺竭(二合)

誐(迦可切)怛囉(三合)

齒音

設摻(左末切)(二合)　設擦(七曷切)(二合)　末惹(仁左切)(二合)　末嵯(昨何切)(二合)　倪(倪也切)

舌音

沙哳(陟轄切)(二合)　沙詫(丑轄切)(二合)　捺痆(尼轄切)(二合)　捺荼(二合)　沙拏(二合)

喉音

薩怛(二合)　薩撻(他達切)(二合)　末捺(二合)　末達(二合)

囉怛薩那(四合)

脣音

薩鉢(二合)　薩癹(二合)　捺末(二合)　捺婆(二合)

囉刹摩(三合)

下九字融轉舌喉二音(內有分出者三字二二相合故有此字然在第十二番三十四字母之外附收)

囉刹摩哩耶(五合)　薩怛囉(三合)　薩怛哩也(四合引囉字中分出此字)

囉怛(二合)　鉢怛(二合囉字中分出此字)　葛多(二合囉字中分出此字)

葛怛嚩(三合)　哳(陟轄切下同)設(二合)　哳沙(二合)

哳薩(二合)　薩訶(二合)　薩刹(二合)

此十二番字母之外復有一番文字上下裝戴

有二囉字只是於第十番字母中向下添一

囉字別無正體天竺經典中或用一字二字多不用之所以不別列番次今恐漏略亦辯之于左

本母計三十四字

囉（居加切下同）葛囉三合　囉渴囉三合　囉吽（五割切下同）囉三合

囉鵠囉三合　囉識（迦可切下同）囉三合

囉撈（左末切下同）囉三合　囉擦（七曷切）囉三合　囉惹（仁左切）囉三合

囉嵯（昨何切）囉三合　囉倪（倪也切）囉三合

囉哳（陟轄切）囉三合　囉詑（丑轄切）囉三合　囉疕（尼轄切）囉三合

囉荼囉三合　囉拏囉三合

囉怛囉三合　囉撻（佗達切）囉三合　囉捺囉三合

囉這囉三合　囉那囉三合

囉鉢囉三合　囉癹囉三合　囉末囉三合

囉娑囉三合　囉摩囉三合

囉耶囉三合　囉囉囉三合（重呼）　囉羅囉三合

囉嚩囉三合　囉設囉三合　囉沙囉三合

囉薩囉三合　囉訶囉三合　囉刹囉三合

生字計四百八字例上可明此不復列

景祐天竺字源卷第一

景祐天竺字源卷第一

校勘記

一　底本，金藏廣勝寺本。本書惟金藏收録，無校。

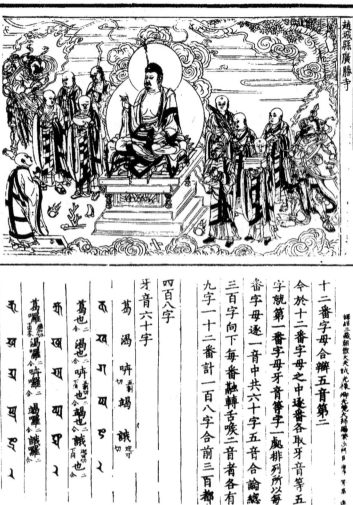

景祐天竺字源卷第二　計十二帋　馳

譯經三藏朝散大夫試光禄卿光梵大師賜紫沙門臣惟淨等集進

十二番字母合辦五音第二

今於十二番字母之中逐番各取牙音等五字就第一番字母一處排列所以每番字母逐一音中共六十字五音合論總三百字向下每番融轉舌喉二音者各有九字一十二番計一百八字合前三百都四百八字

牙音六十字

葛　渴　呿（五割切）　竭　誐（迦可切）

葛也（二合）　渴也（二合）　呿（五割切下同）也（二合）　竭也（二合）　誐（迦哥切下同）也（二合）

葛囉（歷末切下同）（二合）　渴囉（二合）　呿囉（二合）　竭囉（二合）　誐囉（二合）

葛羅（二合）　渴羅（二合）　呿羅（二合）　竭羅（二合）　誐羅（二合）

葛嚩（二合）　渴嚩（二合）　呿嚩（二合）　竭嚩（二合）　誐嚩（二合）

葛摩（二合）　渴摩（二合）　呿摩（二合）　竭摩（二合）　誐摩（二合）

葛儞（倪也切下同）（二合）　渴儞（二合）　呿儞（二合）　竭儞（二合）　誐儞（二合）

葛拏（二合）　渴拏（二合）　呿拏（二合）　竭拏（二合）　誐拏（二合）

葛那（二合）　渴那（二合）　呿那（二合）　竭那（二合）　誐那（二合）

囉（歷末切下同）葛（二合）　囉渴（二合）　囉呿（二合）　囉竭（二合）　囉誐（二合）

誐（迦哥切下同）葛（二合）　誐渴（二合）　誐呿（二合）　誐竭（二合）　誐

薩葛（二合）　薩渴（二合）　捺呿（五割切）（二合）　捺竭（二合）　誐（迦哥切）怛囉（三合）

齒音六十字

撥（左末切下同）　擦（七曷切下同）　惹（仁左切下同）　嵯（昨何切下同）　倪（頁也切下同）

撈也二合　攃也二合　惹也二合　嵳也二合　倪也二合

撈囉（下同）二合　攃囉二合　惹囉二合　嵳囉二合　倪囉二合

撈羅二合　攃羅二合　惹羅二合　嵳羅二合　倪羅二合

撈嚩二合　攃嚩二合　惹嚩二合　嵳嚩二合　倪嚩二合

撈摩二合　攃摩二合　惹摩二合　嵳摩二合　倪摩二合

撈倪（下同）二合　攃倪二合　惹倪二合　嵳倪二合　倪重呼

撈拏二合　攃拏二合　惹拏二合　嵳拏二合　倪拏二合

撈那二合　攃那二合　惹那二合　嵳那二合　倪那二合

囉（下同）撈二合　囉攃二合　囉惹二合　囉嵳二合　囉倪二合

倪（下同）撈二合　倪攃二合　倪惹二合　倪嵳二合　倪

設撈二合　設攃二合　末惹二合　末嵳二合　倪

舌音六十字

哳（下同）　詫（下同）　疕（下同）　茶　拏

哳也二合　詫也二合　疕也二合　茶也二合　拏也二合

哳囉（下同）二合　詫囉二合　疕囉二合　茶囉二合　拏囉二合

哳羅二合　詫羅二合　疕羅二合　茶羅二合　拏羅二合

哳嚩二合　詫嚩二合　疕嚩二合　茶嚩二合　拏嚩二合

哳摩二合　詫摩二合　疕摩二合　茶摩二合　拏摩二合

哳倪（下同）二合　詫倪二合　疕倪二合　茶倪二合　拏倪二合

哳拏二合　詫拏二合　疕拏二合　茶拏二合　拏重呼

哳那二合　詫那二合　疕那二合　茶那二合　拏那二合

囉（下同）哳二合　囉詫二合　囉疕二合　囉茶　囉拏二合

拏哳二合　拏詫二合　拏疕二合　拏茶二合　拏

沙哳二合　沙詫二合　捺疕二合　捺茶二合　沙拏二合

喉音六十字

怛　撻（他達切，下同）　捺　達　那

怛也二合　撻也二合　捺也二合　達也二合　那也二合

怛囉（下同）二合　撻囉二合　捺囉二合　達囉二合　那囉二合

怛囉(合二) 撻囉(合二) 捺囉(合二) 達囉(合二) 那囉(合二)

怛嚩(合二) 撻嚩(合二) 捺嚩(合二) 達嚩(合二) 那嚩(合二)

怛摩(合二) 撻摩(合二) 捺摩(合二) 達摩(合一) 那摩(合二)

怛倪(倪也切 百合) 撻倪(合二) 捺倪(合二) 達倪(合二) 那倪(合二)

怛拏(合二) 撻拏(合二) 捺拏(合二) 達拏(合二) 那拏(合二)

怛那(合二) 撻那(合二) 捺那(合二) 達那(合二) 那(重呼)

囉怛(合二) 囉撻(合二) 囉捺(合二) 囉達(合二) 囉那(合)

那怛(合) 那撻(合) 那捺(合) 那達(合) 那

薩怛(合二) 薩撻(合二) 末捺(合二) 末達(合二) 囉怛撻那(合四)

唇音六十字

鉢 發 末 婆 摩

鉢也(合二) 發也(合二) 末也(合二) 婆也(合二) 摩也(合二)

鉢囉(歷加切 三字同) 發囉(合二) 末囉(合二) 婆囉(合二) 摩囉(合二)

鉢羅(合) 發羅(合二) 末羅(合二) 婆羅(合) 摩羅(合二)

鉢嚩(合一) 發嚩(合二) 末嚩(合二) 婆嚩(合二) 摩嚩(合二)

鉢摩(合一) 發摩(合) 末摩(合二) 婆摩(合二) 摩(重呼)

鉢倪(倪也切 下同) 發倪(合二) 末倪(合二) 婆倪(合二) 摩倪(合二)

鉢拏(合一) 發拏(合二) 末拏(合二) 婆拏(合二) 摩拏(合二)

鉢那(合二) 發那(合二) 末那(合二) 婆那(合二) 摩那(合二)

囉(歷加切)鉢(合二) 囉發(合二) 囉末(合二) 囉婆(合二) 囉摩(合二)

摩鉢(合二) 摩發(合二) 摩末(合二) 摩婆(合二) 摩

薩鉢(合二) 薩發(合二) 捺末(合二) 捺婆(合二) 囉剎摩(合三)

如上十二番每番三十四字母中各除牙齒舌喉唇二十五字外餘有九字融轉舌喉二音聲明謂之邊際處音吸氣音等今以十二番一處辯之

第一番

耶 囉 羅 嚩 設

沙 薩 訶 剎

第二番

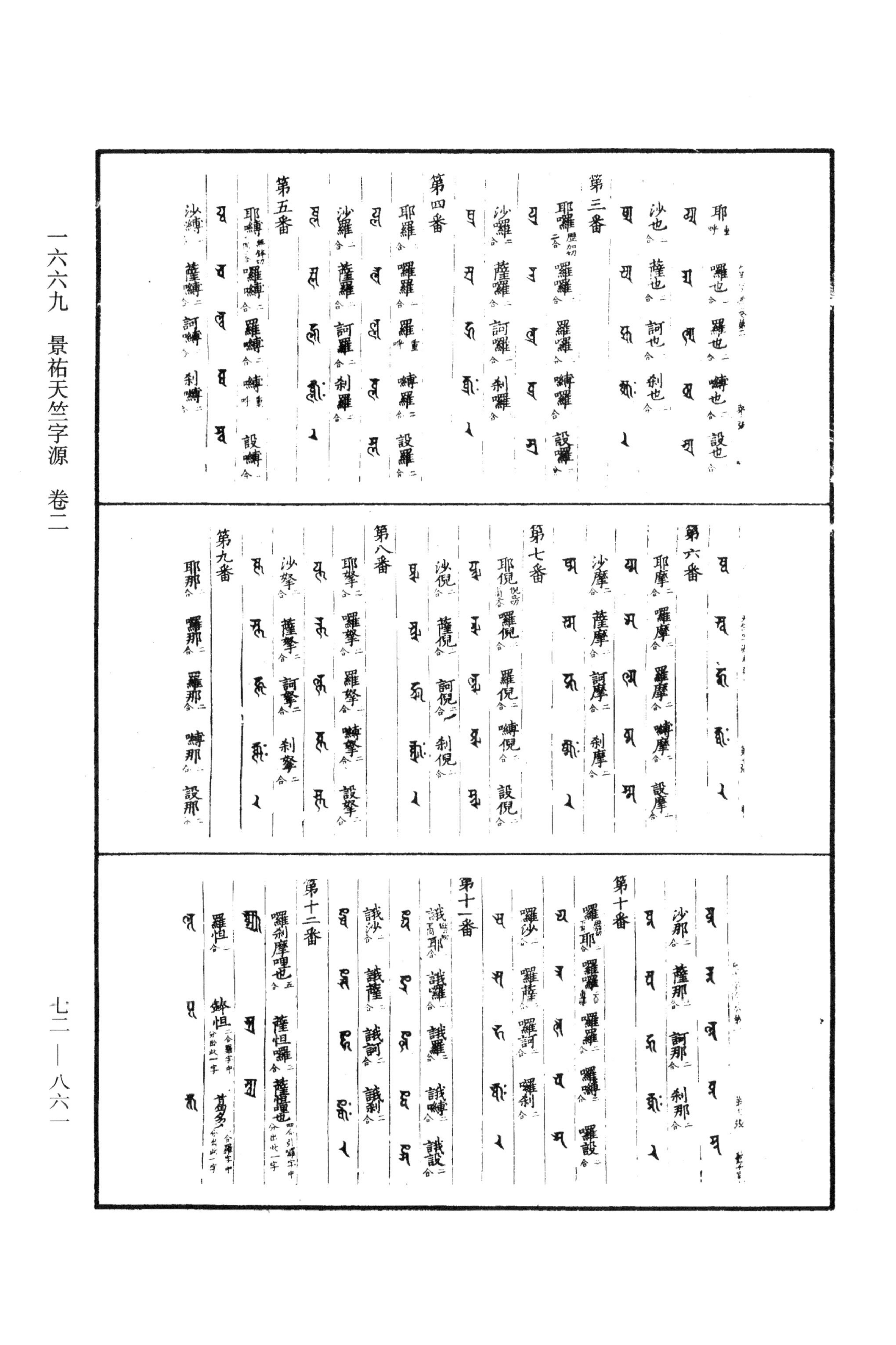

耶呼重　囉也合二　羅也合二　嚩也合二　設也合

沙也合二　薩也合二　訶也合二　刹也合二

第三番

耶囉歷加切二合　囉囉　羅囉　嚩囉　設囉

沙囉二合　薩囉二合　訶囉二合　刹囉二合

第四番

耶羅合　囉羅合二　羅呼重　嚩羅合二　設羅合二

沙羅合二　薩羅合二　訶羅合二　刹羅合二

第五番

耶嚩無鉢切二合　囉嚩合二　羅嚩合二　嚩呼重　設嚩合二

沙嚩二合　薩嚩合二　訶嚩合二　刹嚩合二

第六番

耶摩合二　囉摩合二　羅摩合二　嚩摩合二　設摩合二

沙摩合二　薩摩合二　訶摩合二　刹摩合二

第七番

耶倪倪勁切二合　囉倪合二　羅倪合二　嚩倪合二　設倪合二

沙倪合二　薩倪合二　訶倪合二　刹倪合二

第八番

耶拏合二　囉拏合二　羅拏合二　嚩拏合二　設拏合二

沙拏合二　薩拏合二　訶拏合二　刹拏合二

第九番

耶那合二　囉那合二　羅那合二　嚩那合二　設那合二

沙那合二　薩那合二　訶那合二　刹那合二

第十番

囉耶歷加切下同二合　囉囉二合下同　囉羅合二　囉嚩合二　囉設合二

囉沙二合　囉薩二合　囉訶二合　囉刹二合

第十一番

誐耶誐魚迦切下同二合　誐囉合二　誐羅合二　誐嚩合二　誐設合二

誐沙二合　誐薩合二　誐訶合二　誐刹合二

第十二番

囉刹摩哩也五合　薩怛囉合二　薩怛囉也四合引囉字中分出此一字

羅怛合二　缽怛二合囉字中分出此一字　葛多合羅字中分出此一字

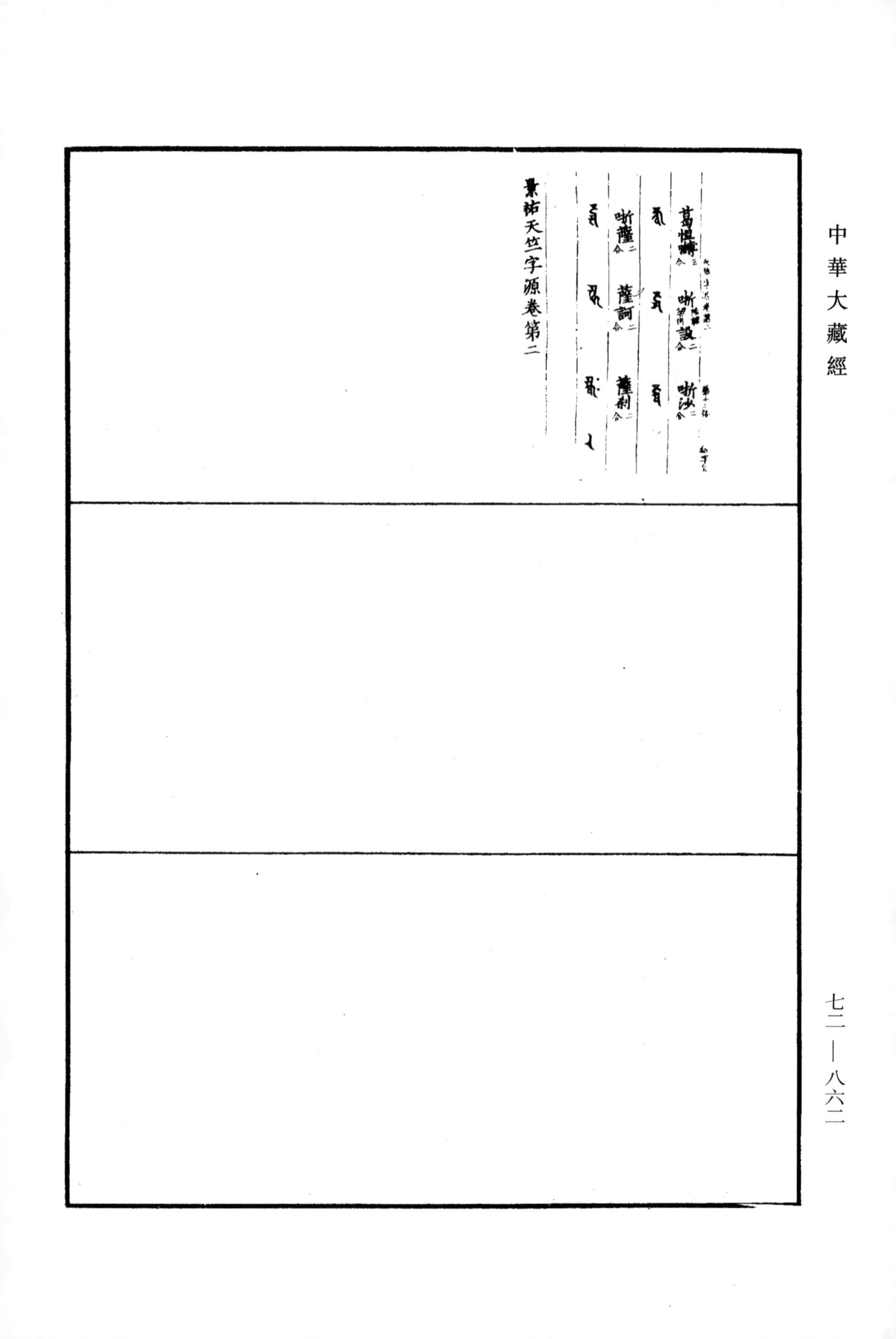

葛悍嚩三合　唽陟瑟切設二合　唽沙二合

唽薩二合　薩訶二合　薩刹二合

景祐天竺字源卷第二

景祐天竺字源卷第三

譯經三藏朝散大夫試光祿卿光梵大師賜紫沙門臣惟淨等奉　進

十二轉聲十二番字母略譯義旨

天竺文字攝義至多諸經論中委悉明辯所謂字緣字界義緣義界二三相合以義兼義此不具錄今依文殊問字母經及涅槃經略明一二

十二轉聲

過

一切法本不生義又涅槃經云過者不破壞故不流故常故即是三寶衆功德義

阿引

一切法寂靜義又云聖者義清淨義制度義教誨義

壹

一切法根本不可得義又云佛法梵行廣大清淨義

翳引

一切法災禍不可得義又云微妙甚深難得義能為

衆生自在說法成吉祥義

嗢

一切法譬喻不可得義又云最上最勝增長上上義如來性義

汚引

一切法損減不可得義又云如來之性最尊最上喻如牛乳諸味中上無我法義

伊

一切法求不可得義又云諸佛法性涅槃義

愛引

一切法自在不可得義又云如來進上屈伸舉動利益一切衆生義

鄔

一切法瀑流不可得義又云煩惱義如來永斷一切煩惱故

奧

一切法化生不可得義又云大乘義是究竟義大乘

暗

經典最為究竟

一切法邊際不可得義又

惡

云能遮一切諸不淨義

一切法遠離不可得義又

云勝乘義大涅槃經於諸

經中最為殊勝

第一番三十四字母

葛

一切法離作業義又云於

諸衆生起大慈悲生於子

想作妙善義

渴

一切法等虛空不可得義

又云非善友非惡友名離

穢義不信如來秘密藏故

誐（五割切）

一切法行不可得義又名

藏義即是如來秘密藏一

切衆生皆有佛性

竭

一切法一合不可得義又云

如來常音之義所謂如來

識（迦可切）

常住不變

一切法支分不可得義又

撦（右未切）

云一切諸行破壞之相

一切法遷變不可得義又

云所是能義調伏一切衆

生故名能義

擦（七曷切）

一切法影像不可得義又云

如來覆陰一切衆生如大

蓋義

惹（仁左切）

一切法生不可得義又云

正解脫義無有老相

嵯（昨何切）

一切法戰敵不可得義又

云煩惱繁茂如稠林義

倪（倪也切）

一切法智不可得義又云

是智慧義知真如法性故

吒（陟轄切）

一切法慢不可得義又云

於閻浮提示現半身而演

說法義

詫（丑轄切）

一切法長養不可得義又

云法身具足如滿月義

痆（尼轄切）

一切法究對不可得義又

云是愚癡義如小兒故

茶

一切法執持不可得義又

云不知師恩故

拏

一切法諍不可得義又云

非是聖義如外道故

怛

一切法如如不可得義又

云離驚長義說微妙法故

撻（他達切）

一切法住處不可得義又名愚

癡義衆生流轉生死纏裹如蠶

蟯蛝故

捺

一切法布施不可得義又云大

施義所謂大乘故

達

一切法界不可得義又云稱讃

功德義所謂三寶如須彌山高

峻廣大無傾倒故

那　一切法名色不可得義又云三
寶安任無傾動義

鉢　一切法勝義不可得義又云顛
倒義若言三寶悉皆滅盡是人
為自迷惑

發　一切法果報不可得義又云世
間災義若言世間災起之時三
寶亦盡是人愚癡違失聖旨

末　一切法繫縛不可得義又云佛
十力義

婆　一切法有不可得義又云重擔
義堪任荷負無上正法

摩　一切法我不可得義又云諸菩
薩嚴峻制度義所謂大乘大般
涅盤

耶　一切法乘不可得義又云諸菩薩在
在處處為諸眾生說大乘法

囉歷加切　一切法垢染不可得義又云能壞
貪欲瞋恚愚癡說真實法

羅　一切法相貌不可得義又云聲聞
乘動轉不住大乘安固無動

嚩　一切法言說不可得義又云如
來世尊為諸眾生雨大法雨

設　一切法能寂不可得義又云遠
離三箭義

沙　一切法鈍弱愚昧不可得義又
云具足義已得聞持一切大乘
經典故

薩　一切法真實不可得義又云為諸
眾生演說正法令心歡喜故

訶　一切法因不可得義又云心歡

喜義奇哉世尊離一切義

刹　一切法盡不可得義又云名曰
魔義無量諸魔不能毀壞如來
秘藏故

如上十二轉聲并第一番字母略明
義旨向下一十一番字母所有義理
二二相生依諸經中以義承義

第二番三十四字母

葛也二合　一切法離作業一切法乘不可
得義

渴也二合　一切法等虛空不可得一切法
乘不可得義

吽五割切也二合　一切法行不可得一切法乘不
可得義

噶也二合　一切法一合不可得一切法乘
不可得義

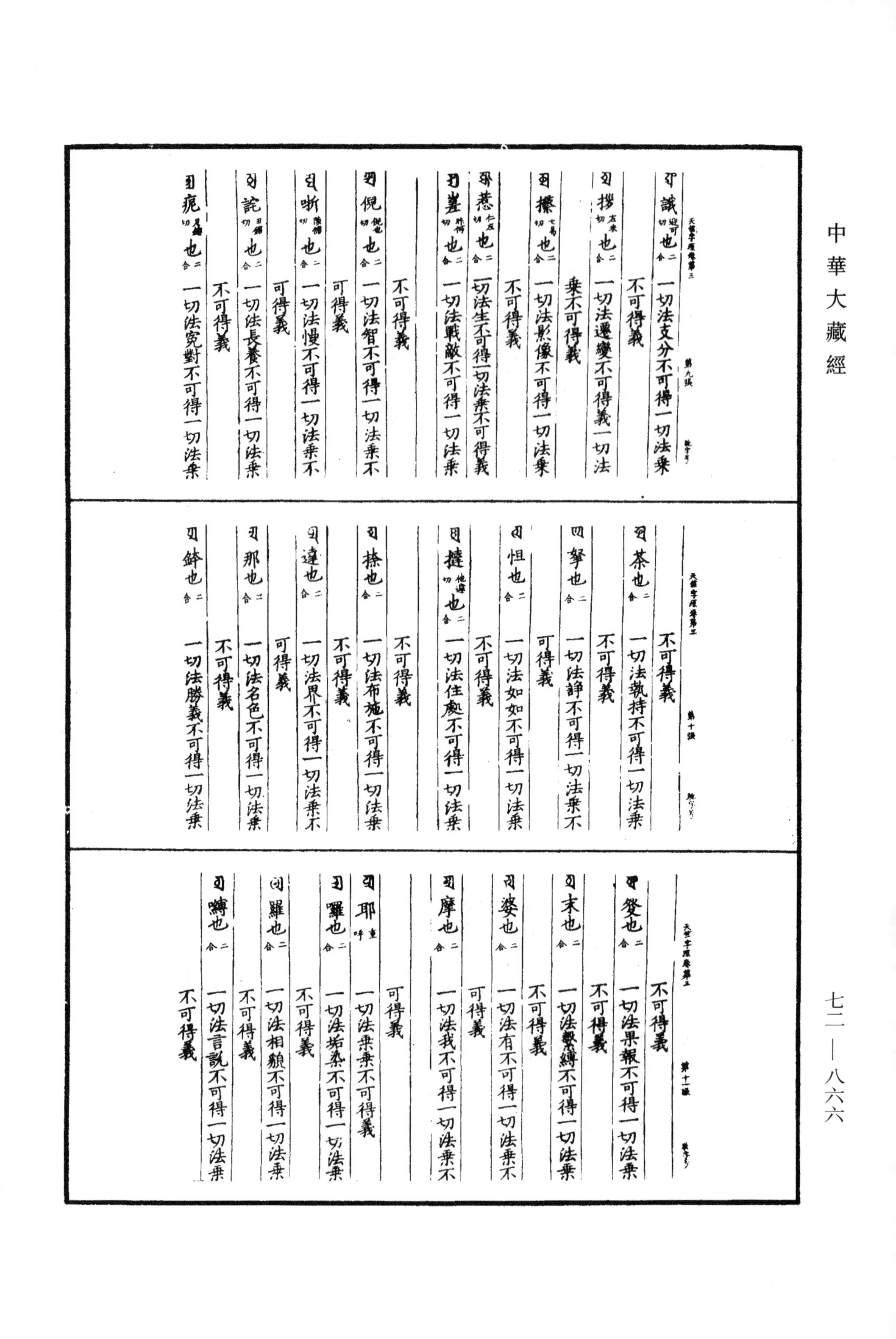

誐迎可切也二合 一切法支分不可得一切法乘
不可得義
拶左末切也二合 一切法遷變不可得義一切法
乘不可得義
攃七曷切也二合 一切法影像不可得一切法乘
不可得義
惹仁左切也二合 一切法生不可得一切法乘不可得義
嵳昨何切也二合 一切法戰敵不可得一切法乘
不可得義
倪倪也切也二合 一切法智不可得一切法乘不
可得義
哳陟鎋切也二合 一切法慢不可得一切法乘不
可得義
詑丑鎋切也二合 一切法長養不可得一切法乘
不可得義
疕尼鎋切也二合 一切法究對不可得一切法乘

不可得義
荼也二合 一切法執持不可得一切法乘
不可得義
拏也二合 一切法諍不可得一切法乘不
可得義
怛也二合 一切法如如不可得一切法乘
不可得義
撻他達切也二合 一切法住處不可得一切法乘
不可得義
捺也二合 一切法布施不可得一切法乘不
可得義
達也二合 一切法界不可得一切法乘不
可得義
那也二合 一切法名色不可得一切法乘
不可得義
鉢也二合 一切法勝義不可得一切法乘

不可得義
發也二合 一切法果報不可得一切法乘
不可得義
末也二合 一切法繫縛不可得一切法乘
不可得義
婆也二合 一切法有不可得一切法乘不
可得義
摩也二合 一切法我不可得一切法乘不
可得義
耶重呼 一切法乘乘不可得義
囉也二合 一切法垢染不可得一切法乘
不可得義
羅也二合 一切法相貌不可得一切法乘
不可得義
嚩也二合 一切法言說不可得一切法乘
不可得義

設也合二　一切法能寂不可得一切法乘
不可得義
沙也合二　一切法鈍弱愚昧不可得一切
法乘不可得義
薩也合二　一切法眞實不可得一切法乘
不可得義
訶也合二　一切法因不可得一切法乘不可得義
刹也合二　一切法盡不可得一切法乘不可得義

第三番三十四字母

葛囉曆加切二合下同　一切法離作業一切法垢染不
可得義
渴囉合二　一切法等虛空不可得一切法垢
染不可得義
吽五剛切囉合二　一切法行不可得一切法垢染
不可得義
鶻囉合二　一切法一合不可得一切法垢染

不可得義
誐迎可切囉合二　一切法支分不可得一切法垢
染不可得義
拶左末切囉合二　一切法遷變不可得一切法垢
染不可得義
攃七曷切囉合二　一切法影像不可得一切法垢
染不可得義
惹仁左切囉合二　一切法生不可得一切法垢染
不可得義
嵳昨何切囉合二　一切法戰敵不可得一切法垢
染不可得義
倪倪也切囉合二　一切法智不可得一切法垢染
不可得義
哳陟鎋切囉合二　一切法慢不可得一切法垢染
不可得義
詑丑鍺切囉合二　一切法長養不可得一切法垢染

不可得義
瘥左鍺切囉合二　一切法究竟對不可得一切法垢染
不可得義
荼囉合二　一切法執持不可得一切法垢
染不可得義
拏囉合二　一切法諍不可得一切法垢染不
可得義
怛囉合二　一切法如如不可得一切法垢
染不可得義
撻他達切囉合二　一切法住處不可得一切法垢
染不可得義
捺囉合二　一切法布施不可得一切法垢
染不可得義
達囉合二　一切法界不可得一切法垢染
不可得義
那囉合二　一切法名色不可得一切法垢

染不可得義
鉢囉二合　一切法勝義不可得一切法垢染
不可得義
發囉二合　一切法果報不可得一切法垢染
不可得義
末囉二合　一切法繫縛不可得一切法垢染
不可得義
婆囉二合　一切法有不可得一切法垢染
不可得義
摩囉二合　一切法我不可得一切法垢染
不可得義
耶囉二合　一切法乘不可得一切法垢染不
可得義
囉囉二合　一切法垢染垢染不可得義
羅囉二合　一切法相貌不可得一切法垢染
不可得義

嚩囉二合　一切法言說不可得一切法垢
染不可得義
設囉二合　一切法能寂不可得一切法垢
染不可得義
沙囉二合　一切法鈍弱愚昧不可得一切
法垢染不可得義
薩囉二合　一切法眞實不可得一切法垢
染不可得義
訶囉二合　一切法因不可得一切法垢染
不可得義
刹囉二合　一切法盡不可得一切法垢染
不可得義
第四番三十四字母
葛羅二合　一切法離作業一切法相貌不
可得義
渴羅二合　一切法等虛空不可得一切法

相貌不可得義
吽五斛切羅二合　一切法行不可得一切法相貌
不可得義
竭羅二合　一切法一合不可得一切法相
貌不可得義
誐迎可切羅二合　一切法支分不可得一切法相
貌不可得義
拶左末切羅二合　一切法遷變不可得一切法相
貌不可得義
攃七曷切羅二合　一切法影像不可得一切法相
貌不可得義
惹仁左切羅二合　一切法生不可得一切法相貌
不可得義
嵯昨何切羅二合　一切法戰敵不可得一切法相
貌不可得義
倪覲畦切羅二合　一切法智不可得一切法相貌

不可得義

唽陟儲切攞二合　一切法慢不可得一切法相貌不可得義

詑丑轄切羅二合　一切法長養不可得一切法相貌不可得義

疕尼轄切羅二合　一切法究對不可得一切法相貌不可得義

荼羅二合　一切法執持不可得一切法相貌不可得義

拏羅二合　一切法諍不可得一切法相貌不可得義

怛羅二合　一切法如如不可得一切法相貌不可得義

撻羅二合　一切法住處不可得一切法相貌不可得義

捺羅二合　一切法布施不可得一切法相

貌不可得義

達羅二合　一切法界不可得一切法相貌不可得義

那羅二合　一切法名色不可得一切法相貌不可得義

鉢羅二合　一切法勝義不可得一切法相貌不可得義

發羅二合　一切法果報不可得一切法相貌不可得義

末羅二合　一切法繫縛不可得一切法相貌不可得義

婆羅二合　一切法有不可得一切法相貌不可得義

摩羅二合　一切法義不可得一切法相貌不可得義

耶羅二合　一切法乘不可得一切法相貌

不可得義

囉羅二合　一切法垢染不可得一切法相貌不可得義

羅重呼　一切法相貌相貌不可得義

嚩羅二合　一切法言說不可得一切法相貌不可得義

設羅二合　一切法能寂不可得一切法相貌不可得義

沙羅二合　一切法鈍弱愚昧不可得一切法相貌不可得義

薩羅二合　一切法真實不可得一切法相貌不可得義

訶羅二合　一切法因不可得一切法相貌不可得義

刹羅二合　一切法盡不可得一切法相貌不可得義

第五番三十四字母

葛嚩二合　一切法離作業一切法言說不可得義

渴嚩二合　一切法等虛空不可得一切法言說不可得義

咔五割切嚩二合　一切法行不可得一切法言說不可得義

竭嚩二合　一切法一合不可得一切法言說不可得義

誐迎可切嚩二合　一切法支分不可得一切法言說不可得義

拶左末切嚩二合　一切法遷變不可得一切法言說不可得義

攃七曷切嚩二合　一切法影像不可得一切法言說不可得義

惹仁左切嚩二合　一切法生不可得一切法言說

不可得義

差昨何切嚩二合　一切法戰敵不可得一切法言說不可得義

倪倪也切嚩二合　一切法智不可得一切法言說不可得義

哳陟轄切嚩二合　一切法慢不可得一切法言說不可得義

詫[illegible]切嚩二合　一切法長養不可得一切法言說不可得義

疕尼轄切嚩二合　一切法究對不可得一切法言說不可得義

茶嚩二合　一切法執持不可得一切法言說不可得義

拏嚩二合　一切法諍不可得一切法言說不可得義

怛嚩二合　一切法如如不可得一切法言

說不可得義

撻他達切嚩二合　一切法住處不可得一切法言說不可得義

捺嚩二合　一切法布施不可得一切法言說不可得義

達嚩二合　一切法界不可得一切法言說不可得義

那嚩二合　一切法名色不可得一切法言說不可得義

鉢嚩二合　一切法勝義不可得一切法言說不可得義

發嚩二合　一切法果報不可得一切法言說不可得義

末嚩二合　一切法繫縛不可得一切法言說不可得義

麽嚩二合　一切法有不可得一切法言說

不可得義

摩嚩二合　一切法我不可得一切法言說不可得義

耶嚩二合　一切法乘不可得一切法言說不可得義

囉嚩二合　一切法垢染不可得一切法言說不可得義

羅嚩二合　一切法相貌不可得一切法言說不可得義

嚩重呼　一切法言說言說不可得義

設嚩二合　一切法能寂不可得一切法言說不可得義

沙嚩二合　一切法鈍弱愚昧不可得一切法言說不可得義

薩嚩二合　一切法真實不可得一切法言說不可得義

訶嚩二合　一切法因不可得一切法言說不可得義

刹嚩二合　一切法盡不可得一切法言說不可得義

第六番三十四字母

葛摩二合　一切法離作業一切法我不可得義

渴摩二合　一切法等虛空不可得一切法我不可得義

哘五剛切摩二合　一切法行不可得一切法我不可得義

竭摩二合　一切法一合不可得一切法我不可得義

誐迦可切摩二合　一切法支分不可得一切法我不可得義

摟古牙切摩二合　一切法邊際不可得一切法我不可得義

攃七曷切摩二合　一切法影像不可得一切法我不可得義

惹仁左切摩二合　一切法生不可得一切法我不可得義

嵳才何切摩二合　一切法戰敵不可得一切法義不可得義

倪倪乜切摩二合　一切法智不可得一切法我不可得義

哳陟轄切摩二合　一切法慢不可得一切法我不可得義

詫丑架切摩二合　一切法長養不可得一切法我不可得義

疟居轄切摩二合　一切法究對不可得一切法我不可得義

荼摩二合　一切法執持不可得一切法我不可得義

拏摩二合　一切法諍不可得一切法我不可得義

怛摩二合　一切法如如不可得一切法我不可得義

犍(他達切)摩二合　一切法住處不可得一切法我不可得義

捺摩二合　一切法布施不可得一切法我不可得義

達摩二合　一切法界不可得一切法我不可得義

那摩二合　一切法名色不可得一切法我不可得義

鉢摩二合　一切法勝義不可得一切法我不可得義

發摩二合　一切法果報不可得一切法我不可得義

末摩二合　一切法繫縛不可得一切法我不可得義

婆摩二合　一切法有不可得一切法我不可得義

摩(重呼)　一切法我我不可得義

耶摩二合　一切法乘不可得一切法我不可得義

囉摩二合　一切法垢染不可得一切法我不可得義

羅摩二合　一切法相貌不可得一切法我不可得義

嚩摩二合　一切法言說不可得一切法我不可得義

設摩二合　一切法能寂不可得一切法我不可得義

沙摩二合　一切法鈍弱愚昧不可得一切

法我不可得義

薩摩二合　一切法真實不可得一切法我不可得義

訶摩二合　一切法因不可得一切法我不可得義

刹摩二合　一切法盡不可得一切法我不可得義

第七番三十四字母

葛倪([illegible]切)二合　一切法離作業一切法智不可得義

渴倪二合　一切法等虛空不可得一切法智不可得義

哘(五[illegible]切)倪二合　一切法行不可得一切法智不可得義

竭倪二合　一切法一合不可得一切法智不可得義

誐逝可切倪二合 一切法支分不可得一切法智不可得義
撈奈來切倪二合 一切法還變不可得一切法智不可得義
攃七曷切倪二合 一切法影像不可得一切法智不可得義
惹仁左切倪二合 一切法生不可得一切法智不可得義
嵯昨何切倪二合 一切法戰敵不可得一切法智不可得義
倪倪也切重呼 一切法智智不可得義
蜥陟轄切倪二合 一切法慢不可得一切法智不可得義
詑丑轄切倪二合 一切法長養不可得一切法智不可得義
疕長轄切倪二合 一切法冤對不可得一切法智不可得義

茶倪二合 一切法執持不可得一切法智不可得義
拏倪二合 一切法諍不可得一切法智不可得義
怛倪二合 一切法如如不可得一切法智不可得義
撻他達切倪二合 一切法住處不可得一切法智不可得義
捺倪二合 一切法布施不可得一切法智不可得義
達倪二合 一切法界不可得一切法智不可得義
那倪二合 一切法名色不可得一切法智不可得義
鉢倪二合 一切法勝義不可得一切法智不可得義

天竺字源卷第三

癹倪二合 一切法果報不可得一切法智不可得義
末倪二合 一切法繫縛不可得一切法智不可得義
婆倪二合 一切法有不可得一切法智不可得義
摩倪二合 一切法我不可得一切法智不可得義
耶倪二合 一切法乘不可得一切法智不可得義
囉倪二合 一切法垢染不可得一切法智不可得義
羅倪二合 一切法相貌不可得一切法智不可得義
嚩倪二合 一切法言說不可得一切法智不可得義

設倪(二合) 一切法能寂不可得一切法智不可得義

沙倪(二合) 一切法鈍弱愚昧不可得一切法智不可得義

薩倪(二合) 一切法真實不可得一切法智不可得義

訶倪(二合) 一切法因不可得一切法智不可得義

刹倪(二合) 一切法盡不可得一切法智不可得義

第八番三十四字母

葛拏(二合) 一切法離作業一切法諍不可得義

渴拏(二合) 一切法等虛空不可得一切法諍不可得義

哢(切)拏(二合) 一切法行不可得一切法諍不

可得義

竭拏(二合) 一切法一合不可得一切法諍不可得義

誐(迎可切)拏(二合) 一切法支分不可得一切法諍不可得義

拶(左末切)拏(二合) 一切法遷變不可得一切法諍不可得義

攃(七曷切)拏(二合) 一切法影像不可得一切法諍不可得義

惹(仁左切)拏(二合) 一切法不可得一切法諍不可得義

嵯(昨何切)拏(二合) 一切法戰敵不可得一切法諍不可得義

倪(倪也切)拏(二合) 一切法智不可得一切法諍不可得義

晰(陟轄切)拏(二合) 一切法慢不可得一切法諍不可得義

詫(丑轄切)拏(二合) 一切法長養不可得一切法諍不可得義

痆(尼轄切)拏(二合) 一切法究對不可得一切法諍不可得義

茶拏(二合) 一切法執持不可得一切法諍不可得義

拏(重呼) 一切法諍諍不可得義

怛拏(二合) 一切法如如不可得一切法諍不可得義

撻(他達切)拏(二合) 一切法住處不可得一切法諍不可得義

捺拏(二合) 一切法布施不可得一切法諍不可得義

達拏(二合) 一切法界不可得一切法諍不可得義

那拏(二合) 一切法名色不可得一切法諍不

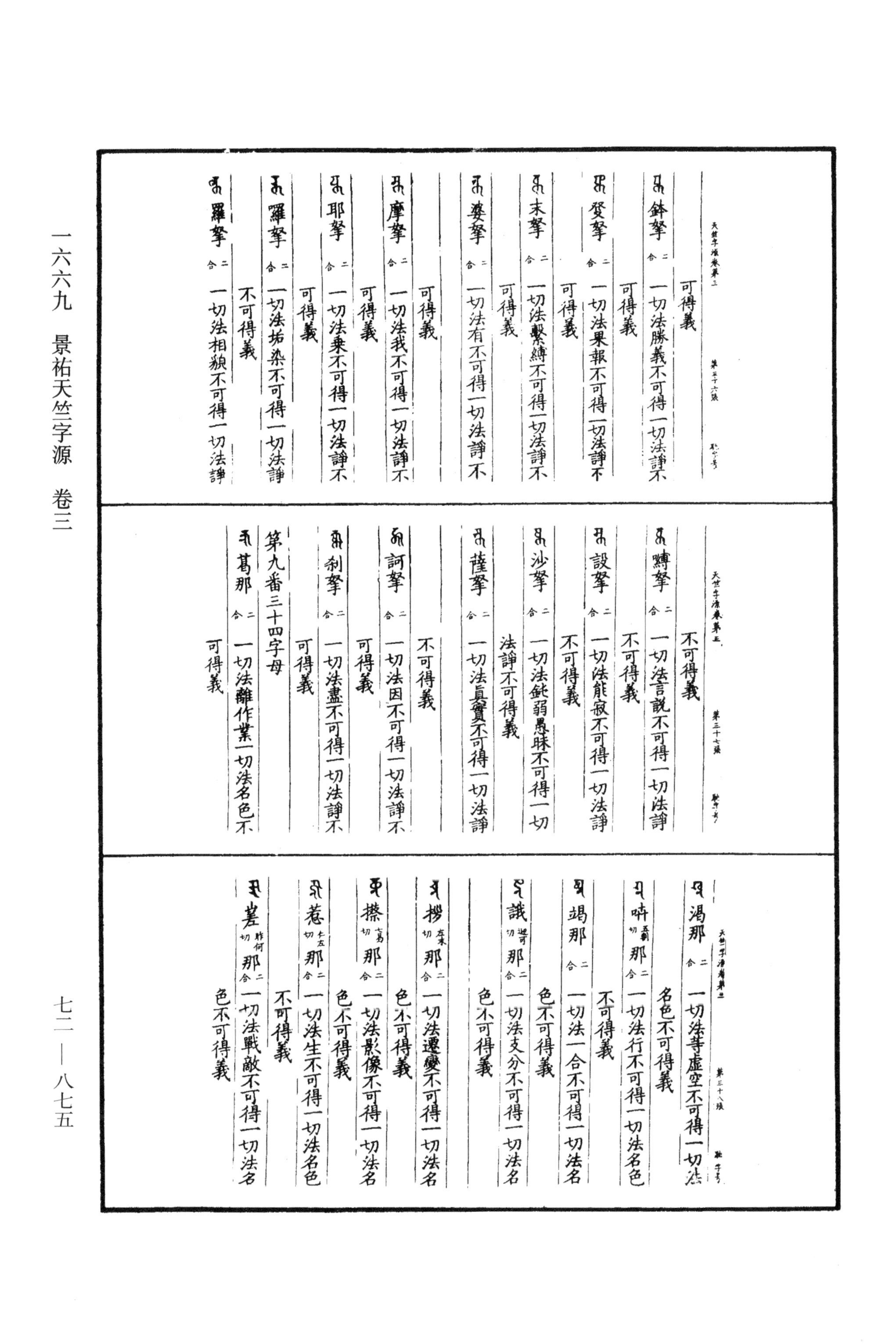

可得義
鉢拏二合一切法勝義不可得一切法諍不
可得義
登拏二合一切法果報不可得一切法諍不
可得義
末拏二合一切法繫縛不可得一切法諍不
可得義
婆拏二合一切法有不可得一切法諍不
可得義
摩拏二合一切法我不可得一切法諍不
可得義
耶拏二合一切法乘不可得一切法諍不
可得義
羅拏二合一切法垢染不可得一切法諍
不可得義
羅拏二合一切法相貌不可得一切法諍

不可得義
縛拏二合一切法言說不可得一切法諍
不可得義
設拏二合一切法能寂不可得一切法諍
不可得義
沙拏二合一切法鈍弱愚昧不可得一切
法諍不可得義
薩拏二合一切法眞實不可得一切法諍
不可得義
訶拏二合一切法因不可得一切法諍不
可得義
刹拏二合一切法盡不可得一切法諍不
可得義

第九番三十四字母

葛那二合一切法離作業一切法名色不
可得義

渴那二合一切法等虛空不可得一切法
名色不可得義
吶五割切那二合一切法行不可得一切法名色
不可得義
竭那二合一切法一合不可得一切法名
色不可得義
識逆可切那二合一切法支分不可得一切法名
色不可得義
撈左末切那二合一切法遷變不可得一切法名
色不可得義
攃七曷切那二合一切法影像不可得一切法名
色不可得義
惹仁左切那二合一切法生不可得一切法名色
不可得義
嵯昨何切那二合一切法戰敵不可得一切法名
色不可得義

倪（倪也切）那二合一切法智不可得一切法名色
不可得義
晰（陟轄切）那二合一切法慢不可得一切法名色
不可得義
詫（丑轄切）那二合一切法長養不可得一切法名
色不可得義
疕（丑轄切）那二合一切法寃對不可得一切法名
色不可得義
荼那二合一切法執持不可得一切法名
色不可得義
拏那二合一切法諍不可得一切法名色
不可得義
怛那二合一切法如如不可得一切法名
色不可得義
撻（他達切）那二合一切法住處不可得一切法名
色不可得義

捺那二合一切法布施不可得一切法名
色不可得義
達那二合一切法界不可得一切法名色
不可得義
那（重呼）一切法名色名色不可得義
鉢那二合一切法勝義不可得一切法名
色不可得義
發那二合一切法果報不可得一切法名
色不可得義
末那二合一切法繫縛不可得一切法名
色不可得義
婆那二合一切法有不可得一切法名色
不可得義
摩那二合一切法我不可得一切法名色
不可得義
耶那二合一切法乘不可得一切法名色不

可得義
囉那二合一切法垢染不可得一切法名
色不可得義
羅那二合一切法相貌不可得一切法名
色不可得義
嚩那二合一切法言說不可待一切法名
色不可得義
設那二合一切法能寂不可得一切法名
色不可得義
沙那二合一切法鈌弱愚昧不可得一切
法名色不可得義
薩那二合一切法眞實不可得一切法名
色不可得義
訶那二合一切法因不可得一切法名色
不可得義
刹那二合一切法盡不可得一切法名色不

可得義

第十番三十四字母

囉葛二合　一切法垢染不可得一切法離
作業義

囉渴二合　一切法垢染不可得一切法等
虛空不可得義

囉哘五割切二合　一切法垢染不可得一切法行
不可得義

囉竭二合　一切法垢染不可得一切法一
合不可得義

囉誐近可切二合　一切法垢染不可得一切法支
分不可得義

囉拶左末切二合　一切法垢染不可得一切法遷
變不可得義

囉縒七曷切二合　一切法垢染不可得一切法影像
不可得義

囉惹仁左切二合　一切法垢染不可得一切法生
不可得義

囉嵯昨何切二合　一切法垢染不可得一切法戰
敵不可得義

囉倪倪也切二合　一切法垢染不可得一切法智
不可得義

囉哳陟轄切二合　一切法垢染不可得一切法慢
不可得義

囉詫丑轄切二合　一切法垢染不可得一切法長
養不可得義

囉疧尼轄切二合　一切法垢染不可得一切法究
對不可得義

囉茶二合　一切法垢染不可得一切法執
持不可得義

囉拏二合　一切法垢染不可得一切法諍
不可得義

囉怛二合　一切法垢染不可得一切法如
如不可得義

囉撻他達切二合　一切法垢染不可得一切法住
處不可得義

囉捺二合　一切法垢染不可得一切法布
施不可得義

囉達二合　一切法垢染不可得一切法界
不可得義

囉那二合　一切法垢染不可得一切法名
色不可得義

囉鉢二合　一切法垢染不可得一切法勝
義不可得義

囉叜二合　一切法垢染不可得一切法果
報不可得義

囉末二合　一切法垢染不可得一切法繫
縛不可得義

囉婆 二合 一切法垢染不可得一切法有不可得義

囉摩 二合 一切法垢染不可得一切法我不可得義

囉耶 二合 一切法垢染不可得一切法乘不可得義

囉囉 重呼二合 一切法垢染垢染不可得義

羅羅 二合 一切法垢染不可得一切法相貌不可得義

囉嚩 二合 一切法垢染不可得一切法言說不可得義

囉設 二合 一切法垢染不可得一切法能寂不可得義

囉沙 二合 一切法垢染不可得一切法鈍弱愚昧不可得義

囉薩 二合 一切法垢染不可得一切法真實不可得義

囉訶 二合 一切法垢染不可得一切法因不可得義

囉刹 二合 一切法垢染不可得一切法盡不可得義

第十一番三十四字母

誐 迎可切 葛 二合 一切法支分不可得一切法離作業義

誐渇 二合 一切法支分不可得一切法等虛空不可得義

誐哘 五劉切 二合 一切法支分不可得一切法行不可得義

誐竭 二合 一切法支分不可得一切法一合不可得義

誐 一切法支分支分不可得義

倪 魚豈切 撈 桑切 二合 一切法智不可得一切法遷變不可得義

倪擦 七曷切 二合 一切法智不可得一切法影像不可得義

倪惹 仁左切 二合 一切法智不可得一切法生不可得義

倪嵳 昨何切 二合 一切法智不可得一切法戰敵不可得義

倪 一切法智不可得義

拏晰 陟轄切 二合 一切法諍不可得一切法慢不可得義

拏詑 丑轄切 二合 一切法諍不可得一切法長養不可得義

拏痆 尼轄切 二合 一切法諍不可得一切法究對不可得義

拏荼 二合 一切法諍不可得一切法執持不可得義

拏 一切法諍不可得義

那怛二合　一切法名色不可得一切法如如不可得義

那攩他達切二合　一切法名色不可得一切法住處不可得義

那捺二合　一切法名色不可得一切法布施不可得義

那達二合　一切法名色不可得一切法界不可得義

那　一切法名色不可得義

摩鉢二合　一切法我不可得一切法勝義不可得義

摩發二合　一切法我不可得一切法果報不可得義

摩末二合　一切法我不可得一切法繫縛不可得義

摩娑二合　一切法我不可得一切法有不可

得義

摩　一切法我不可得義

誐耶二合　一切法支分不可得一切法乘不可得義

誐囉二合　一切法支分不可得一切法垢染不可得義

誐羅二合　一切法支分不可得一切法相貌不可得義

誐嚩二合　一切法支分不可得一切法言說不可得義

誐設二合　一切法支分不可得一切法能寂不可得義

誐沙二合　一切法支分不可得一切法鈍弱愚昧不可得義

誐薩二合　一切法支分不可得一切法眞實不可得義

誐訶二合　一切法支分不可得一切法因不可得義

誐剎二合　一切法支分不可得一切法盡不可得義

第十二番三十四字母

薩葛二合　一切法眞實不可得一切法離作業義

薩渴二合　一切法眞實不可得一切法手虛空不可得義

捺哳五割切二合　一切法布施不可得一切法行不可得義

捺竭二合　一切法布施不可得一切法一合不可得義

誐迴可切怛囉二合　一切法支分不可得如如不可得垢染不可得義

設撈左末切二合　一切法能寂不可得一切法遷變不

可得義

設攃（七曷切 二合）一切法能寂不可得一切法影像不可得義

末惹（[illegible]切 二合）一切法繫縛不可得一切法生不可得義

末嵯（昨何切 二合）一切法繫縛不可得一切法戰敵不可得義

倪（倪也切 重呼）一切法智不可得義

沙哳（陟轄切 二合）一切法鈍弱愚昧不可得一切法慢不可得義

沙詫（丑轄切 二合）一切法鈍弱愚昧不可得一切法長養不可得義

捺痆（尼轄切 二合）一切法布施不可得一切法究對不可得義

捺荼（二合）一切法布施不可得一切法執持不可得義

沙拏（二合）一切法鈍弱愚昧不可得一切法諍不可得義

薩怛（二合）一切法眞實不可得一切法如如不可得義

薩撻（他達切 二合）一切法眞實不可得一切法住處不可得義

末捺（二合）一切法繫縛不可得一切法布施不可得義

末達（二合）一切法繫縛不可得一切法界不可得義

囉怛薩那（四合）一切法垢染不可得如如不可得眞實不可得名色不可得義

薩鉢（二合）一切法眞實不可得一切法勝義不可得義

薩癹（二合）一切法眞實不可得一切法果報不可得義

捺末（二合）一切法布施不可得一切法繫縛不可得義

捺婆（二合）一切法布施不可得一切法有不可得義

囉剎摩（三合）一切法垢染不可得盡不可得我不可得義

囉剎摩哩耶（五合）一切法垢染不可得盡不可得我不可得垢染不可得乘不可得義

薩怛囉（三合）一切法眞實不可得如如不可得垢染不可得義

薩怛哩也（四合）一切法眞實不可得如如不可得垢染不可得乘不可得義

羅怛（二合）一切法相貌不可得一切法如如不可得義

鉢怛（二合）一切法勝義不可得一切法如如不

可得義

葛多二合　一切法離作業一切法如如不可得義

葛怛轉三合　一切法離作業如如不可得言說不可得義

哳切薩𨁂設二合　一切法慢不可得一切法能寂不可得義

哳沙二合　一切法慢不可得一切法鈍弱愚昧不可得義

哳薩二合　一切法慢不可得一切法真實不可得義

薩訶二合　一切法真實不可得一切法因不可得義

薩刹二合　一切法真實不可得一切法盡不可得義

景祐天竺字源卷第三

景祐天竺字源卷第四　計三十二帋　馳

譯經三藏朝散大夫試光祿卿光梵大師賜紫沙門臣惟淨等集進

單開十二番生字者逐番各以十二轉聲裝戴字母單單而開兼本合數都計四千八百九十六字十二轉聲不計其數

第一番生字

牙音

葛　箇引　吉　繼引　骨　故引　計引

該　鼓引　諧　紺　各

渴　珂引　詰　契引　窟　枯引

鍺詰利切引　慨　庫引　靠　轄若紺切

恪

哻五割切　俄引　屹　儀引　杌　吳引　宜引

[齒豈]五岸切　仵引　遨　巖　噱宜灼切

竭　伽引　佶巨乙切　碁引　掘　渠引　岐引

○巨來切　衢引　橋　鉗　醵其虐切

識迦可切　識引　嶷　詣引　○虞律切　虞引　○倪止切引

○倪來切　○倪吉切引　○倪高切　巖　諤

齒音

搓本來切　佐引　唧　際引　卒子役切　粗引　濟引

截　儆引　躁　背　作

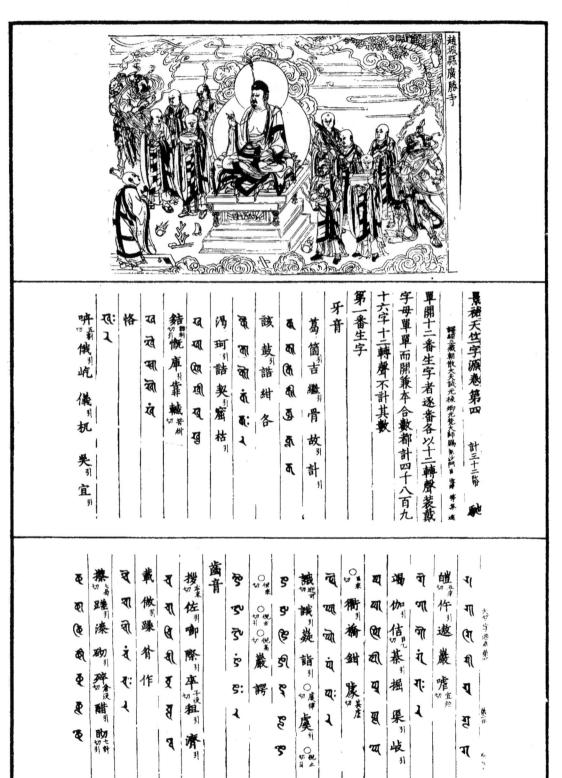

擦七曷切　蹉引　溱　砌引　猝倉役切　醋引　㘁七計切引

揉僉代切　麤引　操　慘　錯

惹仁左切　惹引　介切　兒切引　汝仁斗切　儒仁祖切引　逋仁際切引

○仁栽切　惹仁悲切引　饒仁相切　荏仁減切　弱仁作切

[illegible]昨何切　醝上聲引　疾　臍引　捽昨沒切　徂昨胡切引　齊引

栽　殂引　[illegible]　齰　昨

倪倪也切　○倪[illegible]切引　○倪遗切　○倪底切引　○倪層切　○倪枯切引　○倪札切引

○倪米切　語上聲　堯　○倪估切　○倪灼切

舌音

哳陟轄切　吒陟駕切引　窒陟栗切　致引　㤘竹律切　駐中句切引　[illegible]陟介切引

[illegible]卓皆切　跓知敢切引　嘲　詀竹咸切　啄竹角切

佗丑轄切　詫丑下切　耻　胎丑吏切引　黜　攄丑俱切引　[illegible]丑[illegible]切引

蠆丑邁切　悇抽據切引　[illegible]丑教切　覘丑艷切　逴丑略切

[illegible]尼轄切　拏女加切引　昵尼質切　尼引　肭內骨切　[illegible]女奈切引　抳女几切引

[illegible]女介切　女引　鐃女交切　[illegible]女減切　搦女角切

茶　[illegible]切引　秩　池引　[illegible]切　儲直魚切引　[illegible]直[illegible]切引

[illegible]宅買切　[illegible]切引　潮　湛　著

拏　[illegible]女加切引　[illegible]尼質切　呢女[illegible]切引　抐內骨切　[illegible]女奈切引　膩引

[illegible]尼街切　[illegible]尼呂切引　譊女交切　喃女咸切　搙女角切

喉音

怛　多引　蛭丁悉切　帝引　咄　妬引　堤引

帶　都引　到　擔去聲　○丁各切

撻他達切　他引　體　替引　突他骨切　菟湯故切引　[illegible]他計切引

泰　兔湯故切引　韜土刀切　睒吐濫切　托

捺奴曷切　儺諾何切引　禰奴禮切　[illegible]奴計切引　訥　努奴古切引　[illegible]切引

奈　怒奴故切引　猱奴刀切　南　諾重呼

達　陁引　迭徒結切　提引　揬徒骨切　途引　蹄引

[illegible]　徒引　陶　澹徒濫　鐸

那　[illegible]諾何切引　柅奴禮切　涅奴計切引　砮奴古切　奴引　埿奴禮切引

嫋奴買切 弩奴古切引 𡁴奴刀切 𫆛那含切 諾輕呼

脣音

鉢 播引 必 畢引 補 布引 閉引

拜 晡博胡切引 褒博毛切 絆 博

發 玻滂禾切引 匹 紕引 孛普没切 鋪引 辟引

泒匹賣切 怖引 飑普袍切 泮 粕疋各切

末 塺摸餅切引 謎莫計切引 没 暮引 彌引

埋莫皆切 摸引 𫇭莫袁切 曼 莫

婆 㜳薄波切引 佖毗蜜切 鼻引 勃 部引 毗引

𥟖蒲買切 菩引 暴薄号切 畔 薄蒲各切

摩 磨引 蜜 痲引 殁 基引 𢹂莫計切引

昧 謨引 冒 鋡身切 幕

下九字融轉舌喉二音

野 夜引 逸 異引 聿 喻引 易以豉切引

潩下同 踰引 遺 焰 藥

𪆁盧加切 羅引 哩 黎引 縷上聲 屢去聲引 禮引

痳洛代切 侶引 寮 𠸏 犖力角切

羅 邏引 棃 勵引 盧 路引 邐力紙切引

賚洛代切 魯引 勞去聲 藍 洛

嚩無可切 嚩引 尾 味引 舞 誣武夫切引 微引

𢦏無代切 幠武夫切引 ○無号切 鍐無范切 ○無各切

設 舍引 室 世引 術 恕引 試引

曬 輸引 少去聲 閃 爍

沙 嗄所嫁切引 始 尸引 率 跦去聲引 施去聲

𩠤所賣切 梳引 ○所到切 釤所感切 ○所覺切

薩 娑引 悉 捿息夷切引 窣 蘇引 西引

賽 素引 燥 糝蘇感切 索蘇各切

訶 歌呼個切引 咭許吉切 呬虛器切引 惚呼骨切 呼引 醯引

哈呼巫切 虎引 蒿 憾 郝

刹 乂引 吒 掣昌利切引 努 楚引 嗤引

癡丑賓切 菔智切引 ○ 初到切 懺 躐 劉角切

第二番生字

牙音

葛野合二 葛夜引二合 葛邐合二 葛異引二合 葛聿合二

葛喻引二合 葛易引二合 葛瀵二合 葛踰引二合 葛邐合二

葛焔合二 葛藥合二

渴野合二 渴夜引二合 渴邐合二 渴異引二合 渴聿合二

渴喻引 渴易引二合 渴瀵合二 渴踰引二合 渴邐合二

渴焔合二 渴藥合二

哘下同 野二合 哘夜引二合 哘邐合二 哘異引二合 哘聿合二

哘喻引二合 哘易引二合 哘瀵合二 哘踰引二合 哘邐合二

哘焔合二 哘藥合二

竭野合二 竭夜引二合 竭邐合二 竭異引二合 竭聿合二

竭喻引二合 竭易引二合 竭瀵合二 竭踰引二合 竭邐合二

竭焔合二 竭藥合二

誐下同 野二合 誐夜引二合 誐邐合二 誐異引二合 誐聿合二

誐喻引二合 誐易引二合 誐瀵合二 誐踰引二合 誐邐合二

誐焔合二 誐藥合二

齒音

撥下同 野二合 撥夜引二合 撥邐合二 撥異引二合 撥聿合二

撥喻引二合 撥易引二合 撥瀵合二 撥踰引二合 撥邐合二

撥焔合二 撥藥合二

攃下同 野二合 攃夜引二合 攃邐合二 攃異引二合 攃聿合二

攃喻引二合 攃易引二合 攃瀵合二 攃踰引二合 攃邐合二

攃焔合二 攃藥合二

惹下同 野合二 惹夜引二合 惹邐合二 惹異引二合 惹聿合二

惹喻引二合 惹易引二合 惹瀵合二 惹踰引二合 惹邐合二

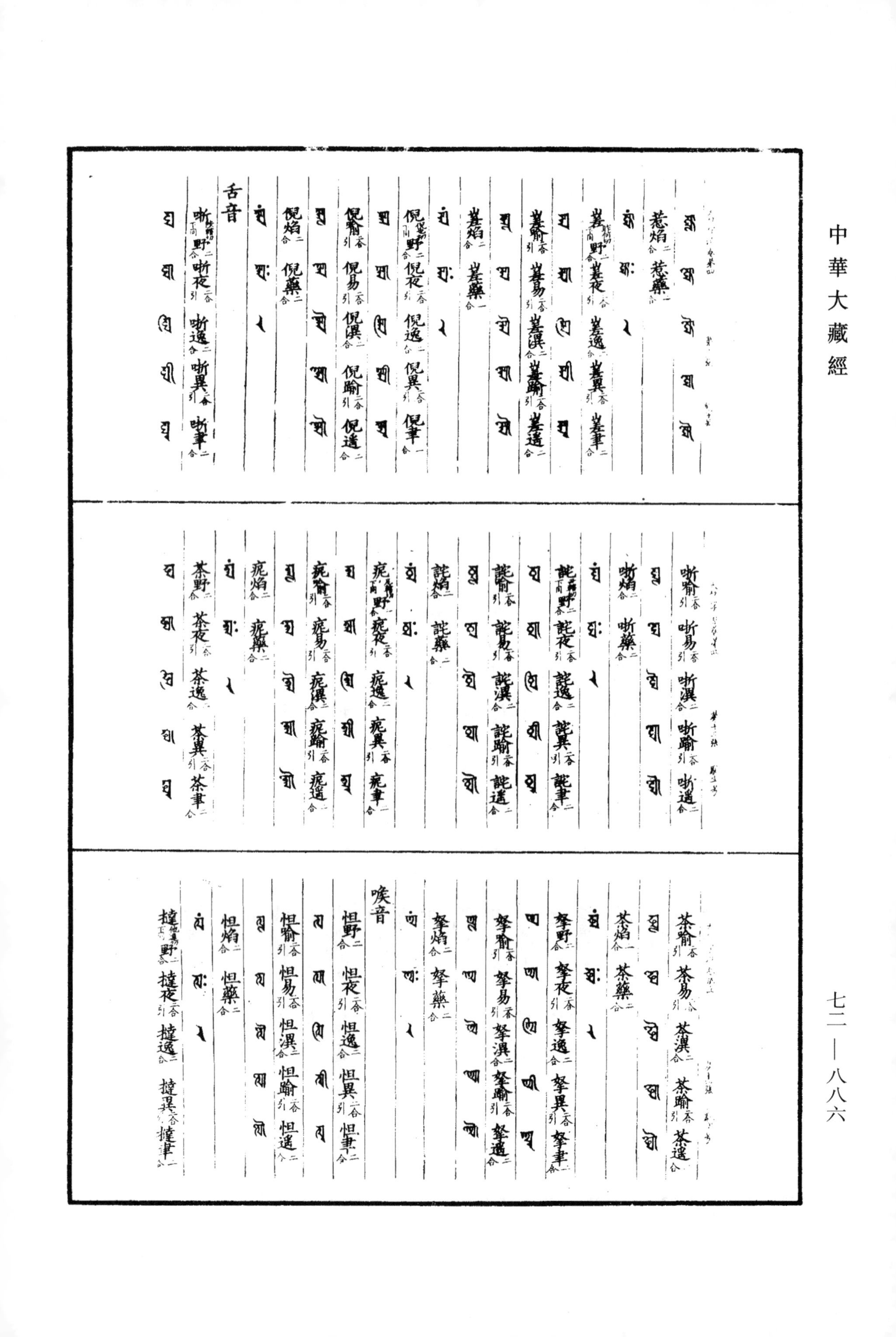

惹焰二合　惹藥二合

嵯野二合　嵯夜引二合　嵯逸合二　嵯異引二合　嵯聿合二

嵯喻引二合　嵯易引二合　嵯溟合二　嵯踰引二合　嵯遙合二

嵯焰合二　嵯藥合二

倪野二合　倪夜引二合　倪逸合二　倪異引二合　倪聿合二

倪喻引二合　倪易引二合　倪溟合二　倪踰引二合　倪遙合二

倪焰合二　倪藥合二

舌音

哳野二合　哳夜引二合　哳逸合二　哳異引二合　哳聿合二

哳喻引二合　哳易引二合　哳溟合二　哳踰引二合　哳遙合二

哳焰合二　哳藥合二

詫野二合　詫夜引二合　詫逸合二　詫異引二合　詫聿合二

詫喻引二合　詫易引二合　詫溟合二　詫踰引二合　詫遙合二

詫焰合二　詫藥合二

瘥野二合　瘥夜引二合　瘥逸合二　瘥異引二合　瘥聿合二

瘥喻引二合　瘥易引二合　瘥溟合二　瘥踰引二合　瘥遙合二

瘥焰合二　瘥藥合二

茶野合二　茶夜引二合　茶逸合二　茶異引二合　茶聿合二

茶喻引二合　茶易引二合　茶溟合二　茶踰引二合　茶遙合

茶焰合二　茶藥合二

拏野合二　拏夜引二合　拏逸合二　拏異引二合　拏聿合二

拏喻引二合　拏易引二合　拏溟合二　拏踰引二合　拏遙合二

拏焰合二　拏藥合二

喉音

怛野合二　怛夜引二合　怛逸合二　怛異引二合　怛聿合二

怛喻引二合　怛易引二合　怛溟合二　怛踰引二合　怛遙合二

怛焰合二　怛藥合二

撻野二合　撻夜引二合　撻逸合二　撻異引二合　撻聿合二

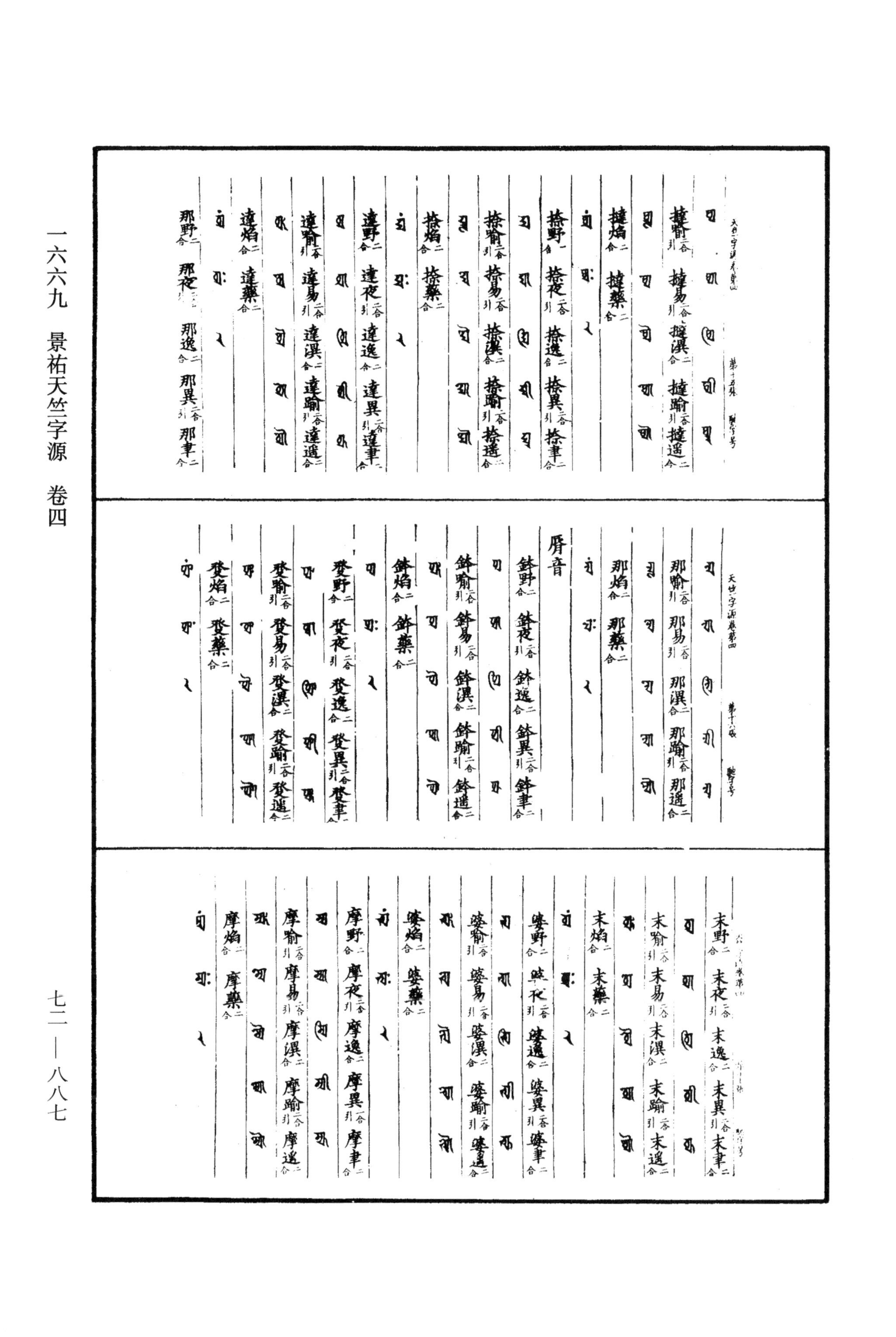

撻喻二合引 撻易二合引 撻湨二合 撻踰二合引 撻遥二合

撻焰二合 撻藥二合

捺野二合 捺夜二合引 捺逸二合 捺異二合引 捺聿二合

捺喻二合引 捺易二合引 捺湨二合 捺踰二合引 捺遥二合

捺焰二合 捺藥二合

達野二合 達夜二合引 達逸二合 達異二合引 達聿二合

達喻二合引 達易二合引 達湨二合 達踰二合引 達遥二合

達焰二合 達藥二合

那野二合 那夜二合引 那逸二合 那異二合引 那聿二合

那喻二合引 那易二合引 那湨二合 那踰二合引 那遥二合

那焰二合 那藥二合

脣音

鉢野二合 鉢夜二合引 鉢逸二合 鉢異二合引 鉢聿二合

鉢喻二合引 鉢易二合引 鉢湨二合 鉢踰二合引 鉢遥二合

鉢焰二合 鉢藥二合

發野二合 發夜二合引 發逸二合 發異二合引 發聿二合

發喻二合引 發易二合引 發湨二合 發踰二合引 發遥二合

發焰二合 發藥二合

末野二合 末夜二合引 末逸二合 末異二合引 末聿二合

末喻二合引 末易二合引 末湨二合 末踰二合引 末遥二合

末焰二合 末藥二合

婆野二合 婆夜二合引 婆逸二合 婆異二合引 婆聿二合

婆喻二合引 婆易二合引 婆湨二合 婆踰二合引 婆遥二合

婆焰二合 婆藥二合

摩野二合 摩夜二合引 摩逸二合 摩異二合引 摩聿二合

摩喻二合引 摩易二合引 摩湨二合 摩踰二合引 摩遥二合

摩焰二合 摩藥二合

下九字融轉舌喉二音

耶合二 耶夜引二合 耶逸合二 耶異引二合 耶聿合二

耶踰引二合 耶易引二合 耶瀷合二 耶踰引二合 耶遹合二

耶焰合二 耶藥合二

囉野合二下同 囉夜引二合 囉逸合二 囉異引二合 囉聿合二

囉踰引二合 囉易引二合 囉瀷合二 囉踰引二合 囉遹合二

囉焰合二 囉藥合二

羅野合二 羅夜引二合 羅逸合二 羅異引二合 羅聿合二

羅踰引二合 羅易引二合 羅瀷合二 羅踰引二合 羅遹合二

羅焰合二 羅藥合二

嚩野合二下同 嚩夜引二合 嚩逸合二 嚩異引二合 嚩聿合二

嚩踰引二合 嚩易引二合 嚩瀷合二 嚩踰引二合 嚩遹合二

嚩焰合二 嚩藥合二

設野合二 設夜引二合 設逸合二 設異引二合 設聿合二

設踰引二合 設易引二合 設瀷合二 設踰引二合 設遹合二

設焰合二 設藥合二

沙野合二 沙夜引二合 沙逸合二 沙異引二合 沙聿合二

沙踰引二合 沙易引二合 沙瀷合二 沙踰引二合 沙遹合二

沙焰合二 沙藥合二

薩野合二 薩夜引二合 薩逸合二 薩異引二合 薩聿合二

薩踰引二合 薩易引二合 薩瀷合二 薩踰引二合 薩遹合二

薩焰合二 薩藥合二

訶野合二 訶夜引二合 訶逸合二 訶異引二合 訶聿合二

訶踰引二合 訶易引二合 訶瀷合二 訶踰引二合 訶遹合二

訶焰合二 訶藥合二

刹野合二 刹夜引二合 刹逸合二 刹異引二合 刹聿合二

刹踰引二合 刹易引二合 刹瀷合二 刹踰引二合 刹遹合二

刹焰合二 刹藥合二

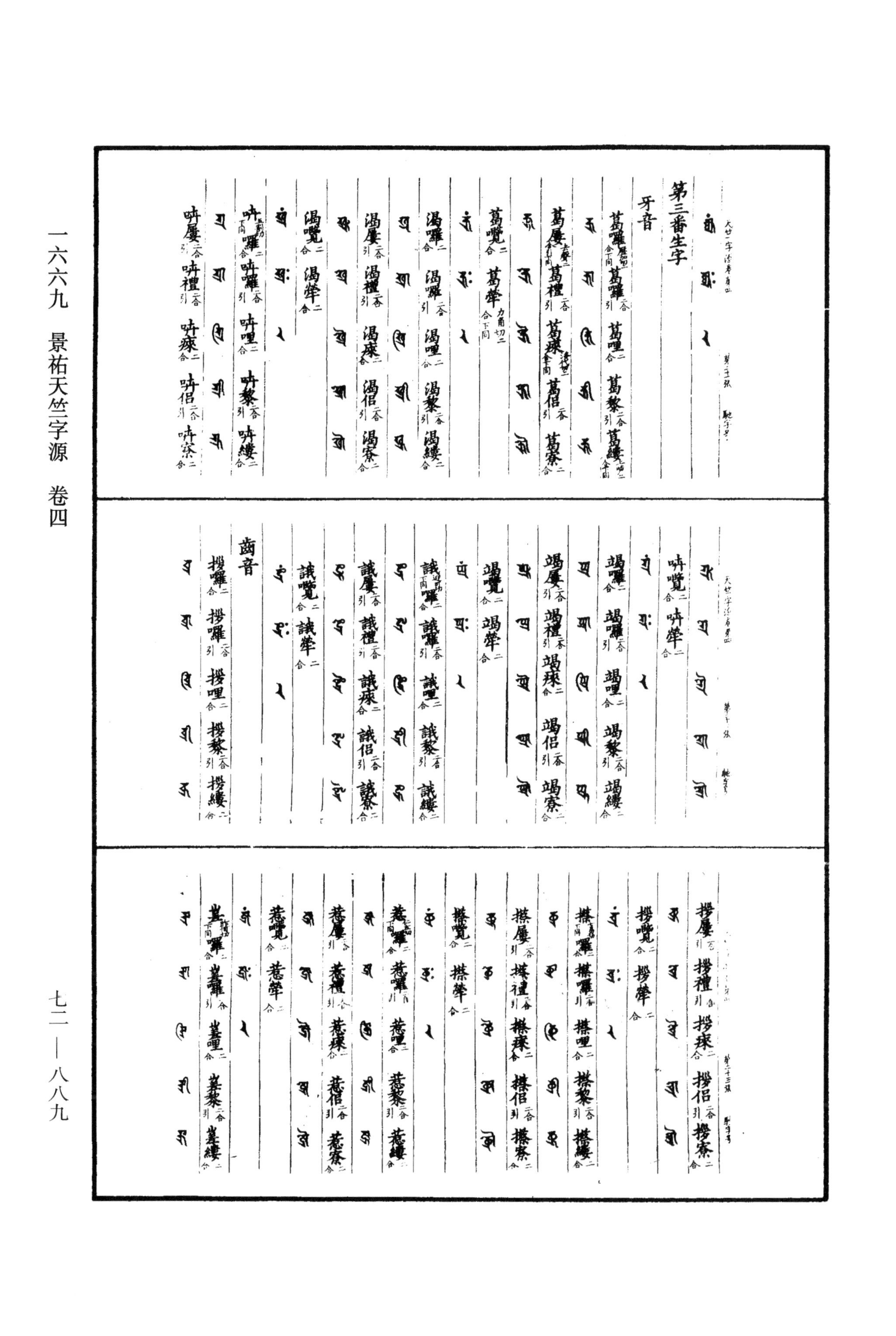

天竺字源卷第四 第二十二張 馳字号

第三番生字

牙音

葛囉(歷伽切)二合，下同 葛囉二合引 葛哩二合 葛黎二合引 葛縷二合，下同

葛屢(去聲)二合，下同 葛禮二合引 葛瘵(瀋代切)二合，下同 葛侶二合引 葛瘵二合

葛嚂二合 葛犖(力角切)二合，下同

渴囉二合 渴囉二合引 渴哩二合 渴黎二合引 渴縷二合

渴屢二合引 渴禮二合引 渴瘵二合 渴侶二合引 渴瘵二合

渴嚂二合 渴犖二合

哘囉(許勒切，下同)二合 哘囉二合引 哘哩二合 哘黎二合引 哘縷二合

哘屢二合引 哘禮二合引 哘瘵二合 哘侶二合引 哘瘵二合

天竺字源卷第四 第二十二張 馳字号

哘嚂二合 哘犖二合

竭囉二合 竭囉二合引 竭哩二合 竭黎二合引 竭縷二合

竭屢二合引 竭禮二合引 竭瘵二合 竭侶二合引 竭瘵二合

竭嚂二合 竭犖二合

誐囉(迎勒切，下同)二合 誐囉二合引 誐哩二合 誐黎二合引 誐縷二合

誐屢二合引 誐禮二合引 誐瘵二合 誐侶二合引 誐瘵二合

誐嚂二合 誐犖二合

齒音

撈囉二合 撈囉二合引 撈哩二合 撈黎二合引 撈縷二合

第二十三張 馳字号

撈屢二合引 撈禮二合引 撈瘵二合 撈侶二合引 撈瘵二合

撈嚂二合 撈犖二合

擦囉二合，下同 擦囉二合引 擦哩二合 擦黎二合引 擦縷二合

擦屢二合引 擦禮二合引 擦瘵二合 擦侶二合引 擦瘵二合

擦嚂二合 擦犖二合

惹囉二合，下同 惹囉二合引 惹哩二合 惹黎二合引 惹縷二合

惹屢二合引 惹禮二合引 惹瘵二合 惹侶二合引 惹瘵二合

惹嚂二合 惹犖二合

嵯囉(昨何切，下同)二合 嵯囉二合引 嵯哩二合 嵯黎二合引 嵯縷二合

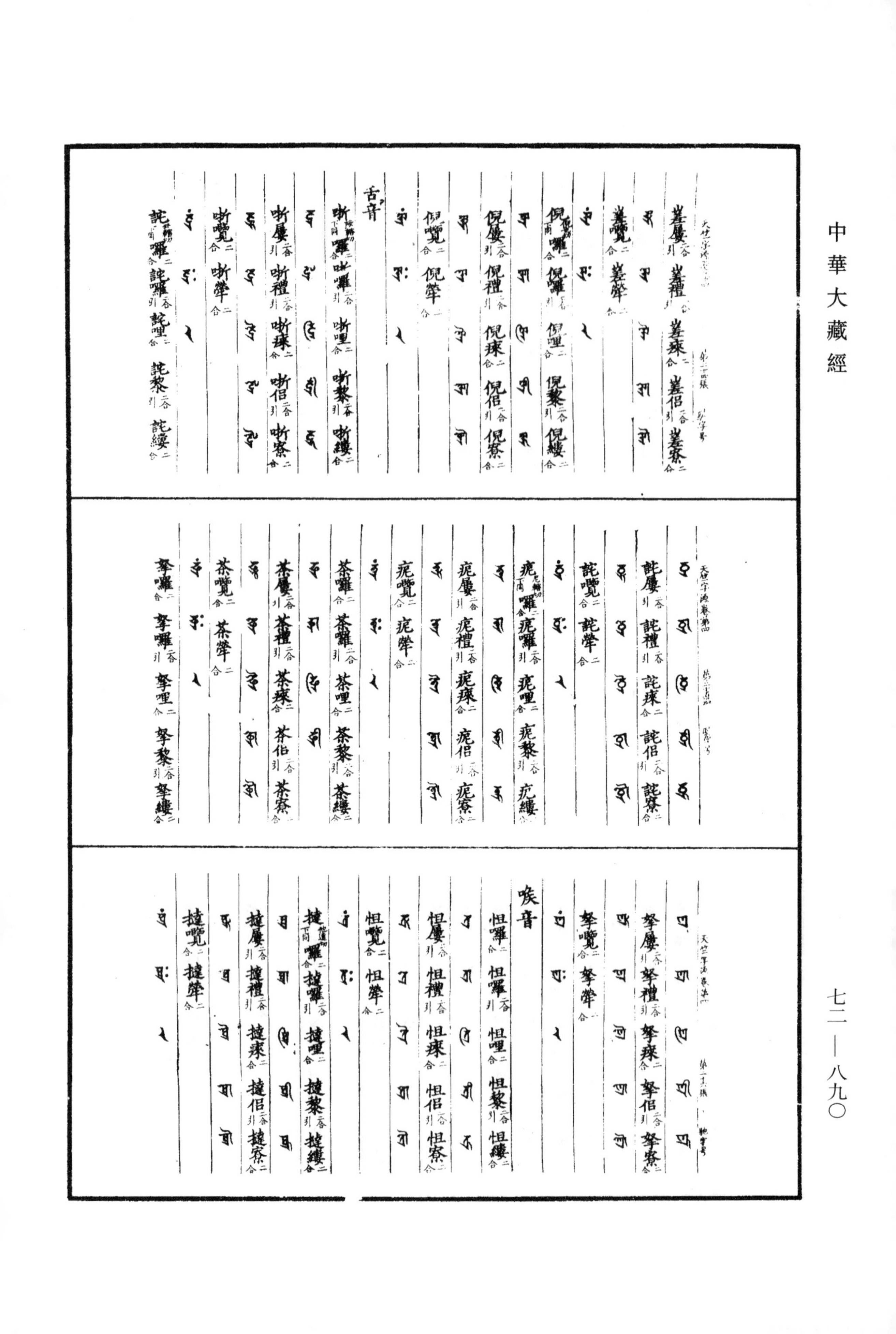

嵳屢引二合 嵳禮引二合 嵳琜合二 嵳侶引二合 嵳寮合二

嵳覽合二 嵳犖合二

倪[illegible]切下同囉合二 倪囉引二合 倪哩合二 倪黎引二合 倪縷合二

倪屢引二合 倪禮引二合 倪琜合二 倪侶引二合 倪寮合二

倪覽合二 倪犖合二

舌音

哳陟轄切下同囉合二 哳囉引二合 哳哩合二 哳黎引二合 哳縷合二

哳屢引二合 哳禮引二合 哳琜合二 哳侶引二合 哳寮合二

哳覽合二 哳犖合二

詫丑轄切下同囉合二 詫囉引二合 詫哩合二 詫黎引二合 詫縷合二

詫屢引二合 詫禮引二合 詫琜合二 詫侶引二合 詫寮合二

詫覽合二 詫犖合二

疕尼轄切下同囉合二 疕囉引二合 疕哩合二 疕黎引二合 疕縷合二

疕屢引二合 疕禮引二合 疕琜合二 疕侶引二合 疕寮合二

疕覽合二 疕犖合二

茶囉合二 茶囉引二合 茶哩合二 茶黎引二合 茶縷合二

茶屢引二合 茶禮引二合 茶琜合二 茶侶引二合 茶寮合二

茶覽合二 茶犖合二

拏囉合二 拏囉引二合 拏哩合二 拏黎引二合 拏縷合二

拏屢引二合 拏禮引二合 拏琜合二 拏侶引二合 拏寮合二

拏覽合二 拏犖合二

喉音

怛囉合二 怛囉引二合 怛哩合二 怛黎引二合 怛縷合二

怛屢引二合 怛禮引二合 怛琜合二 怛侶引二合 怛寮合二

怛覽合二 怛犖合二

撻他達切下同囉合二 撻囉引二合 撻哩合二 撻黎引二合 撻縷合二

撻屢引二合 撻禮引二合 撻琜合二 撻侶引二合 撻寮合二

撻覽合二 撻犖合二

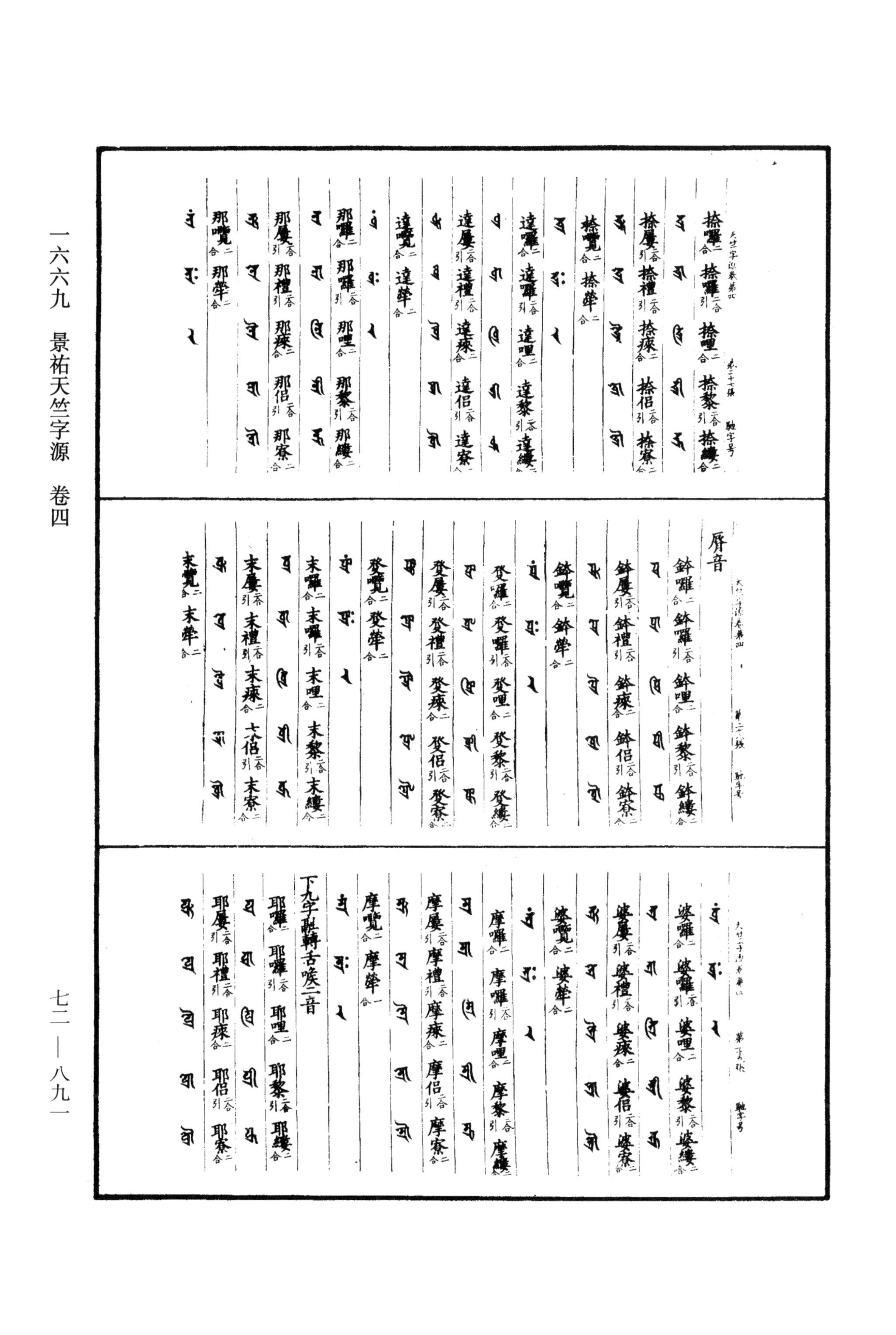

捺囉二合　捺囉引二合　捺哩二合　捺棃引二合　捺纓二合

捺屢引二合　捺禮引二合　捺瘶二合　捺侶引二合　捺寮二合

捺嚩二合　捺犖二合

達囉二合　達囉引二合　達哩二合　達棃引二合　達纓二合

達屢引二合　達禮引二合　達瘶二合　達侶引二合　達寮二合

達嚩二合　達犖二合

那囉二合　那囉引二合　那哩二合　那棃引二合　那纓二合

那屢引二合　那禮引二合　那瘶二合　那侶引二合　那寮二合

那嚩二合　那犖二合

唇音

鉢囉二合　鉢囉引二合　鉢哩二合　鉢棃引二合　鉢纓二合

鉢屢引二合　鉢禮引二合　鉢瘶二合　鉢侶引二合　鉢寮二合

鉢嚩二合　鉢犖二合

癹囉二合　癹囉引二合　癹哩二合　癹棃引二合　癹纓二合

癹屢引二合　癹禮引二合　癹瘶二合　癹侶引二合　癹寮二合

癹嚩二合　癹犖二合

末囉二合　末囉引二合　末哩二合　末棃引二合　末纓二合

末屢引二合　末禮引二合　末瘶二合　末侶引二合　末寮二合

末嚩二合　末犖二合

婆囉二合　婆囉引二合　婆哩二合　婆棃引二合　婆纓二合

婆屢引二合　婆禮引二合　婆瘶二合　婆侶引二合　婆寮二合

婆嚩二合　婆犖二合

摩囉二合　摩囉引二合　摩哩二合　摩棃引二合　摩纓二合

摩屢引二合　摩禮引二合　摩瘶二合　摩侶引二合　摩寮二合

摩嚩二合　摩犖一合

下九字駢轉舌喉二音

耶囉二合　耶囉引二合　耶哩二合　耶棃引二合　耶纓二合

耶屢引二合　耶禮引二合　耶瘶二合　耶侶引二合　耶寮二合

耶囕二合　耶犖二合

囉囉二合　囉囉引二合　囉哩二合　囉黎引二合　囉縷二合

囉屢引二合　囉禮引二合　囉瘶二合　囉侶引二合　囉寮二合

囉覽二合　囉犖二合

羅囉二合　羅囉引二合　羅哩二合　羅黎引二合　羅縷二合

羅屢引二合　羅禮引二合　羅瘶二合　羅侶引二合　羅寮二合

羅覽二合　羅犖二合

嚩囉二合　嚩囉引二合　嚩哩二合　嚩黎引二合　嚩縷二合

嚩屢引二合　嚩禮引二合　嚩瘶二合　嚩侶引二合　嚩寮二合

嚩覽二合　嚩犖二合

設囉二合　設囉引二合　設哩合　設黎引二合　設縷二合

設屢引二合　設禮引二合　設瘶二合　設侶引二合　設寮二合

設覽二合　設犖二合

沙囉二合　沙囉引二合　沙哩二合　沙黎引二合　沙縷二合

沙屢引二合　沙禮引二合　沙瘶二合　沙侶引二合　沙寮二合

沙覽二合　沙犖二合

薩囉合　薩囉引二合　薩哩合二　薩黎引二合　薩縷

薩屢引二合　薩禮引二合　薩瘶二合　薩侶引二合　薩寮二合

薩覽二合　薩犖二合

訶囉二合　訶囉引二合　訶哩二合　訶黎引二合　訶縷二合

訶屢引二合　訶禮引二合　訶瘶二合　訶侶引二合　訶寮二合

訶覽二合　訶犖二合

刹囉二合　刹囉引二合　刹哩二合　刹黎引二合　刹縷二合

刹屢引二合　刹禮引二合　刹瘶　刹侶引二合　刹寮二合

刹覽二合　刹犖二合

景祐天竺字源卷第四

景祐天竺字源卷第五

譯經三藏朝散大夫試光祿卿光梵大師賜紫沙門臣惟淨等集進

第四番生字

牙音

葛羅二合　葛邏二合引　葛梨二合　葛勵二合引　葛盧二合

葛路二合引　葛邏（方紙切下同天上方）　葛賚（紇亥切下同大上方）　葛魯二合引　葛勞二合去聲

葛藍二合　葛洛二合

渴羅二合　渴邏二合引　渴梨二合　渴勵二合引　渴盧二合

渴路二合引　渴邏二合引　渴賚二合　渴魯二合引　渴勞二合去聲

渴藍二合　渴洛二合

哘（五剛切下同）羅二合　哘邏二合引　哘梨二合　哘勵二合引　哘盧二合

哘路二合引　哘邏二合引　哘賚二合　哘魯二合引　哘勞二合去聲

哘藍二合　哘洛二合

竭羅二合　竭邏二合引　竭梨二合　竭勵二合引　竭盧二合

竭路二合引　竭邏二合引　竭賚二合　竭魯二合引　竭勞二合去聲

竭藍二合　竭洛二合

誐（迮下切下同）羅二合　誐邏二合引　誐梨二合　誐勵二合引　誐盧二合

誐路二合引　誐邏二合引　誐賚二合　誐魯二合引　誐勞二合去聲

誐藍二合　誐洛二合

齒音

拶（子末切下同）羅二合　拶邏二合引　拶梨二合　拶勵二合引　拶盧二合

拶路二合引　拶邏二合引　拶賚二合　拶魯二合引　拶勞二合去聲

拶藍二合　拶洛二合

擦（七曷切下同）羅二合　擦邏二合引　擦梨二合　擦勵二合　擦盧二合

擦路二合引　擦邏二合引　擦賚二合　擦魯二合引　擦勞二合去聲

擦藍二合　擦洛二合

惹（仁左切下同）羅二合　惹邏二合引　惹梨二合　惹勵二合引　惹盧二合

惹路二合引　惹邏二合引　惹賚二合　惹魯二合引　惹勞二合去聲

惹藍二合　惹洛二合

嵯（昨何切下同）羅二合　嵯邏二合引　嵯梨二合　嵯勵二合引　嵯盧二合

娑路二合引 娑邏二合引 娑賚二合 娑魯二合引 娑勞二合去聲

娑藍二合 娑洛二合

倪(倪佐切下同)羅二合 倪邏二合引 倪棃二合 倪勵二合引 倪盧二合

倪路二合引 倪邏二合引 倪賚二合 倪魯二合引 倪勞二合去聲

倪藍二合 倪洛二合

舌音

哳(陟轄切下同)羅二合 哳邏二合引 哳棃二合 哳勵二合引 哳盧二合

哳路二合引 哳邏二合引 哳賚二合 哳魯二合引 哳勞二合去聲

哳藍二合 哳洛二合

詫(丑亞切下同)羅二合 詫邏二合引 詫棃二合 詫勵二合引 詫盧二合

詫路二合引 詫邏二合引 詫賚二合 詫魯二合引 詫勞二合去聲

詫藍二合 詫洛二合

痆(尼軋切下同)羅二合 痆邏二合引 痆棃二合 痆勵二合引 痆盧二合

痆路二合引 痆邏二合引 痆賚二合 痆魯二合引 痆勞二合去聲

痆藍二合 痆洛二合

荼羅二合 荼邏二合引 荼棃二合 荼勵二合引 荼盧二合

荼路二合引 荼邏二合引 荼賚二合 荼魯二合引 荼勞二合去聲

荼藍二合 荼洛二合

拏羅二合 拏邏二合引 拏棃二合 拏勵二合引 拏盧二合

拏路二合引 拏邏二合引 拏賚二合 拏魯二合引 拏勞二合去聲

拏藍二合 拏洛二合

齒音

怛羅二合 怛　二合引 怛棃二合 怛勵二合引 怛盧二合

怛路二合引 怛邏二合引 怛賚二合 怛魯二合引 怛勞二合去聲

怛藍二合 怛洛二合

捷(他逸切下同)羅二合 捷邏二合引 捷棃二合 捷勵二合引 捷盧二合

捷路二合引 捷邏二合引 捷賚二合 捷魯二合引 捷勞二合去聲

捷藍二合 捷洛二合

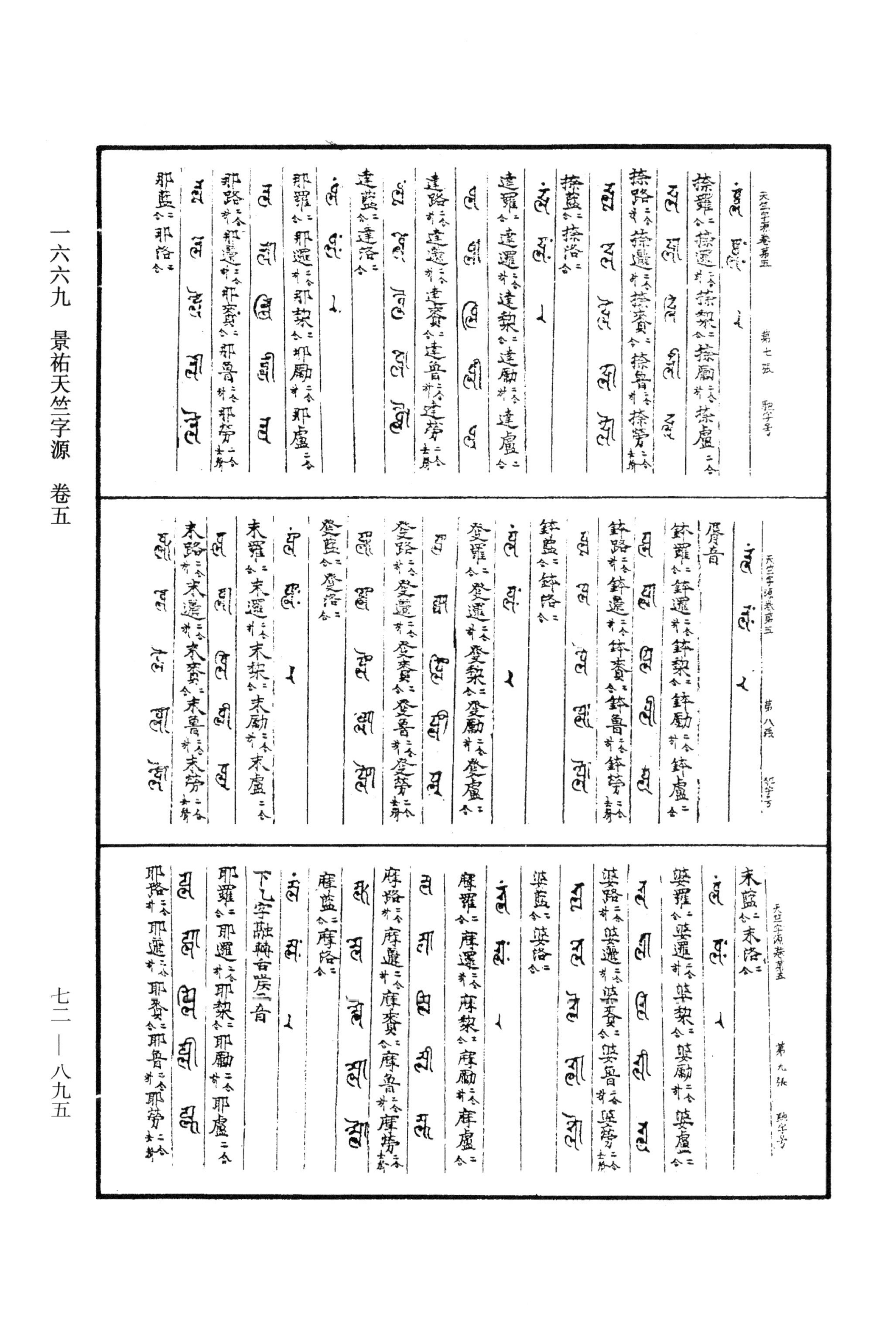

捺羅二合　捺還二合引　捺棃二合　捺勵二合引　捺盧二合

捺路二合引　捺邏二合引　捺賫二合　捺魯二合引　捺勞二合去聲

捺藍二合　捺洛二合

達羅二合　達還二合引　達棃二合　達勵二合引　達盧二合

達路二合引　達邏二合引　達賫二合　達魯二合引　達勞二合去聲

達藍二合　達洛二合

那羅二合　那還二合引　那棃二合　那勵二合引　那盧二合

那路二合引　那邏二合引　那賫二合　那魯二合引　那勞二合去聲

那藍二合　那洛二合

唇音

鉢羅二合　鉢還二合引　鉢棃二合　鉢勵二合引　鉢盧二合

鉢路二合引　鉢邏二合引　鉢賫二合　鉢魯二合引　鉢勞二合去聲

鉢藍二合　鉢洛二合

發羅二合　發還二合引　發棃二合　發勵二合引　發盧二合

發路二合引　發邏二合引　發賫二合　發魯二合引　發勞二合去聲

發藍二合　發洛二合

末羅二合　末還二合引　末棃二合　末勵二合引　末盧二合

末路二合引　末邏二合引　末賫二合　末魯二合引　末勞二合去聲

末藍二合　末洛二合

婆羅二合　婆還二合引　婆棃二合　婆勵二合引　婆盧二合

婆路二合引　婆邏二合引　婆賫二合　婆魯二合引　婆勞二合去聲

婆藍二合　婆洛二合

麽羅二合　麽還二合引　麽棃二合　麽勵二合引　麽盧二合

麽路二合引　麽邏二合引　麽賫二合　麽魯二合引　麽勞二合去聲

麽藍二合　麽洛二合

下乙字融轉合成二音

耶羅二合　耶還二合引　耶棃二合　耶勵二合引　耶盧二合

耶路二合引　耶邏二合引　耶賫二合　耶魯二合引　耶勞二合去聲

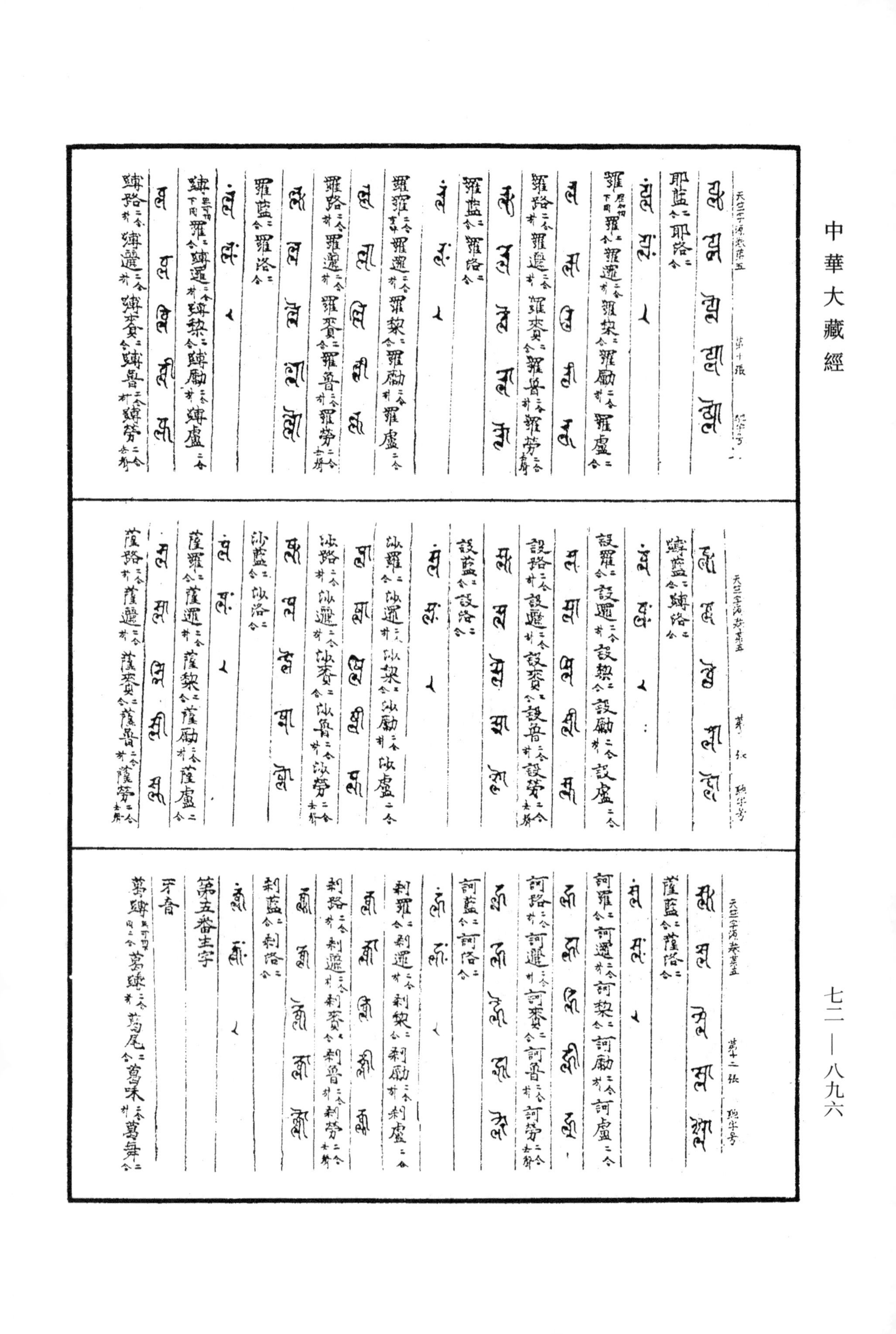

耶藍二合 耶路二合

囉履紀切下同囉二合 囉邏二合引 囉梁二合 囉勵二合引 囉盧二合

囉路二合引 囉邏二合引 囉賚二合 囉魯二合引 囉勞二合去聲

囉藍二合 囉路二合

囉囉二合 囉邏二合引 囉梁二合 囉勵二合引 囉盧二合

囉路二合引 囉邏二合引 囉賚二合 囉魯二合引 囉勞二合去聲

囉藍二合 囉路二合

嚩無可切下同囉二合 嚩邏二合引 嚩梁二合 嚩勵二合引 嚩盧二合

嚩路二合引 嚩邏二合引 嚩賚二合 嚩魯二合引 嚩勞二合去聲

嚩藍二合 嚩路二合

設囉二合 設邏二合引 設梁二合 設勵二合引 設盧二合

設路二合引 設邏二合引 設賚二合 設魯二合引 設勞二合去聲

設藍二合 設路二合

沙囉二合 沙邏二合引 沙梁二合 沙勵二合引 沙盧二合

沙路二合引 沙邏二合引 沙賚二合 沙魯二合引 沙勞二合去聲

沙藍二合 沙路二合

薩囉二合 薩邏二合引 薩梁二合 薩勵二合引 薩盧二合

薩路二合引 薩邏二合引 薩賚二合 薩魯二合引 薩勞二合去聲

薩藍二合 薩路二合

訶囉二合 訶邏二合引 訶梁二合 訶勵二合引 訶盧二合

訶路二合引 訶邏二合引 訶賚二合 訶魯二合引 訶勞二合去聲

訶藍二合 訶路二合

刹囉二合 刹邏二合引 刹梁二合 刹勵二合引 刹盧二合

刹路二合引 刹邏二合引 刹賚二合 刹魯二合引 刹勞二合去聲

刹藍二合 刹路二合

第五番生字

牙音

葛嚩無可切同二合 葛嚩二合引 葛尾二合 葛味二合引 葛舞二合

葛誣武夫切同二合引 葛微引二合 葛○無代切二合 葛憮武夫切同二合引 葛○武號切二合

葛鍐亡范切同二合 葛○無各切二合

渴嚩二合 渴嚩引二合 渴尾二合 渴味引二合 渴舞二合

渴誣引二合 渴微引二合 渴○無代切二合 渴憮引二合 渴○武號切二合

渴鍐二合 渴○無各切二合

哘五剛切下同嚩二合 哘嚩引二合 哘尾二合 哘味引二合 哘舞二合

哘誣引二合 哘微引二合 哘○無代切二合 哘憮引二合 哘○武號切二合

哘鍐二合 哘○無各切二合

竭嚩二合 竭嚩引二合 竭尾二合 竭味引二合 竭舞二合

竭誣引二合 竭微引二合 竭○無代切二合 竭憮引二合 竭○武號切二合

竭鍐二合 竭○無各切二合

誐迎可切下同嚩二合 誐嚩引二合 誐尾二合 誐味引二合 誐舞二合

誐誣引二合 誐微引二合 誐○無代切二合 誐憮引二合 誐○武號切二合

誐鍐二合 誐○無各切二合

齒音

拶子末切下同嚩二合 拶嚩引二合 拶尾二合 拶味引二合 拶舞二合

拶誣引二合 拶微引二合 拶○無代切二合 拶憮引二合 拶○武號切二合

拶鍐二合 拶○無各切二合

攃七曷切下同嚩二合 攃嚩引二合 攃尾二合 攃味引二合 攃舞二合

攃誣引二合 攃微引二合 攃○無代切二合 攃憮引二合 攃○武號切二合

攃鍐二合 攃○無各切二合

惹仁左切下同嚩二合 惹嚩引二合 惹尾二合 惹味引二合 惹舞二合

惹誣引二合 惹微引二合 惹○無代切二合 惹憮引二合 惹○武號切二合

惹鍐二合 惹○無各切二合

嵯昨何切下同嚩二合 嵯嚩引二合 嵯尾二合 嵯味引二合 嵯舞二合

嵯誣引二合 嵯微引二合 嵯○無代切二合 嵯憮引二合 嵯○武號切二合

嵯鍐二合 嵯○無各切二合

伲（伲也切 下同）嚩二合　伲嚩引二合　伲尾合二　伲味引二合　伲舞合二

伲誣引二合　伲微引二合　伲○二合 無代切　伲憮引二合　伲○二合 武號切

伲鍐合二　伲○二合 無谷切

舌音

哳（陟鎋切 下同）嚩二合　哳嚩引二合　哳尾合二　哳味引二合　哳舞合二

哳誣引二合　哳微引二合　哳○二合 無代切　哳憮引二合　哳○二合 武號切

哳鍐合二　哳○二合 無谷切

詫（丑亞切 下同）嚩二合　詫嚩引二合　詫尾合二　詫味引二合　詫舞合二

詫誣引二合　詫微引二合　詫○二合 無代切　詫憮引二合　詫○二合 武號切

詫鍐合二　詫○二合 無谷切

痆（尼轄切 下同）嚩二合　痆嚩引二合　痆尾合二　痆味引二合　痆舞合二

痆誣引二合　痆微引二合　痆○二合 無代切　痆憮引二合　痆○二合 武號切

痆鍐合二　痆○二合 無谷切

茶嚩合二　茶嚩引二合　茶尾合二　茶味引二合　茶舞合二

茶誣引二合　茶微引二合　茶○二合 無代切　茶憮引二合　茶○二合 武號切

茶鍐合二　茶○二合 無谷切

拏嚩合二　拏嚩引二合　拏尾合二　拏味引二合　拏舞合二

拏誣引二合　拏微引二合　拏○二合 無代切　拏憮引二合　拏○二合 武號切

拏鍐合二　拏○二合 無谷切

喉音

怛嚩合二　怛嚩引二合　怛尾合二　怛味引二合　怛舞合二

怛誣引二合　怛微引二合　怛○二合 無代切　怛憮引二合　怛○二合 武號切

怛鍐合二　怛○二合 無谷切

撻（他達切 下同）嚩合二　撻嚩引二合　撻尾合二　撻味引二合　撻舞合二

撻誣引二合　撻微引二合　撻○二合 無代切　撻憮引二合　撻○二合 武號切

撻鍐合二　撻○二合 無谷切

捺嚩合二　捺嚩引二合　捺尾合二　捺味引二合　捺舞合二

捺誣引二合　捺微引二合　捺○二合 無代切　捺憮引二合　捺○二合 武號切

捺鍐二合　捺〇二合 無音切

達嚩二合　達嚩引二合　達尾二合　達味引二合　達舞二合

達誐二合　達微二合　達〇二合 無代切　達憮二合　達〇二合 式號切

達鍐二合　達〇二合 無音切

那嚩二合　那嚩引二合　那尾二合　那味引二合　那舞二合

那誐二合　那微二合　那〇二合 無代切　那憮二合　那〇二合 式號切

那鍐二合　那〇二合 無音切

唇音

鉢嚩二合　鉢嚩引二合　鉢尾二合　鉢味引二合　鉢舞二合

鉢誐二合　鉢微二合　鉢〇二合 無代切　鉢憮二合　鉢〇二合 式號切

鉢鍐二合　鉢〇二合 無音切

癹嚩二合　癹嚩引二合　癹尾二合　癹味引二合　癹舞二合

癹誐二合　癹微二合　癹〇二合 無代切　癹憮二合　癹〇二合 式號切

癹鍐二合　癹〇二合 無音切

末嚩二合　末嚩引二合　末尾二合　末味引二合　末舞二合

末誐二合　末微二合　末〇二合 無代切　末憮二合　末〇二合 式號切

末鍐二合　末〇二合 無音切

婆嚩二合　婆嚩引二合　婆尾二合　婆味引二合　婆舞二合

婆誐二合　婆微二合　婆〇二合 無代切　婆憮二合　婆〇二合 式號切

婆鍐二合　婆〇二合 無音切

麽嚩二合　麽嚩引二合　麽尾二合　麽味引二合　麽舞二合

麽誐二合　麽微二合　麽〇二合 無代切　麽憮二合　麽〇二合 式號切

麽鍐二合　麽〇二合 無音切

下九字歇轉舌齒二音

耶嚩二合　耶嚩引二合　耶尾二合　耶味引二合　耶舞二合

耶誐二合　耶微二合　耶〇二合 無代切　耶憮二合　耶〇二合 式號切

耶鍐二合　耶〇二合 無音切

囉 無音切 下同 嚩二合　囉嚩引二合　囉尾二合　囉味引二合　囉舞二合

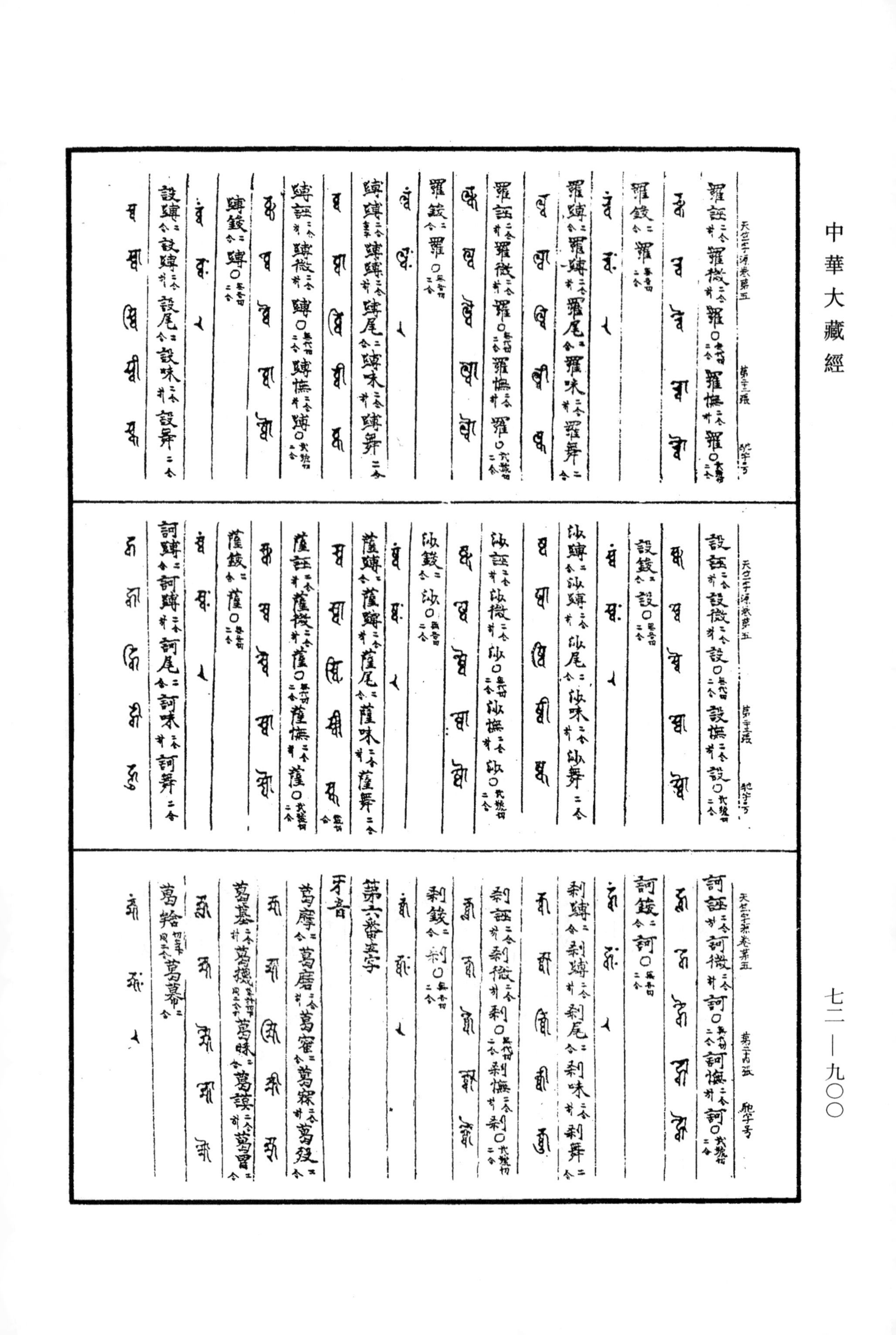

羅誐二合 羅徵二合 羅〇無音切二合 羅憮二合 羅〇式類切二合

羅鋑二合 羅〇無音切二合

羅嚩二合 羅嚩二合 羅尾二合 羅味二合 羅舞二合

羅誐二合 羅徵二合 羅〇無音切二合 羅憮二合 羅〇式類切二合

羅鋑二合 羅〇無音切二合

嚩嚩二合 嚩嚩二合 嚩尾二合 嚩味二合 嚩舞二合

嚩誐二合 嚩徵二合 嚩〇無音切二合 嚩憮二合 嚩〇式類切二合

嚩鋑二合 嚩〇無音切二合

設嚩二合 設嚩二合 設尾二合 設味二合 設舞二合

設誐二合 設徵二合 設〇無音切二合 設憮二合 設〇式類切二合

設鋑二合 設〇無音切二合

沙嚩二合 沙嚩二合 沙尾二合 沙味二合 沙舞二合

沙誐二合 沙徵二合 沙〇無音切二合 沙憮二合 沙〇式類切二合

沙鋑二合 沙〇無音切二合

薩嚩二合 薩嚩二合 薩尾二合 薩味二合 薩舞二合

薩誐二合 薩徵二合 薩〇無音切二合 薩憮二合 薩〇式類切二合

薩鋑二合 薩〇無音切二合

訶嚩二合 訶嚩二合 訶尾二合 訶味二合 訶舞二合

訶誐二合 訶徵二合 訶〇無音切二合 訶憮二合 訶〇式類切二合

訶鋑二合 訶〇無音切二合

剎嚩二合 剎嚩二合 剎尾二合 剎味二合 剎舞二合

剎誐二合 剎徵二合 剎〇無音切二合 剎憮二合 剎〇式類切二合

剎鋑二合 剎〇無音切二合

第六番五字

牙音

葛摩二合 葛磨二合 葛霍二合 葛寐二合 葛殺二合

葛蓉二合 葛擭二合 葛昧二合 葛謨二合 葛冒二合

葛辂二合 葛幕二合

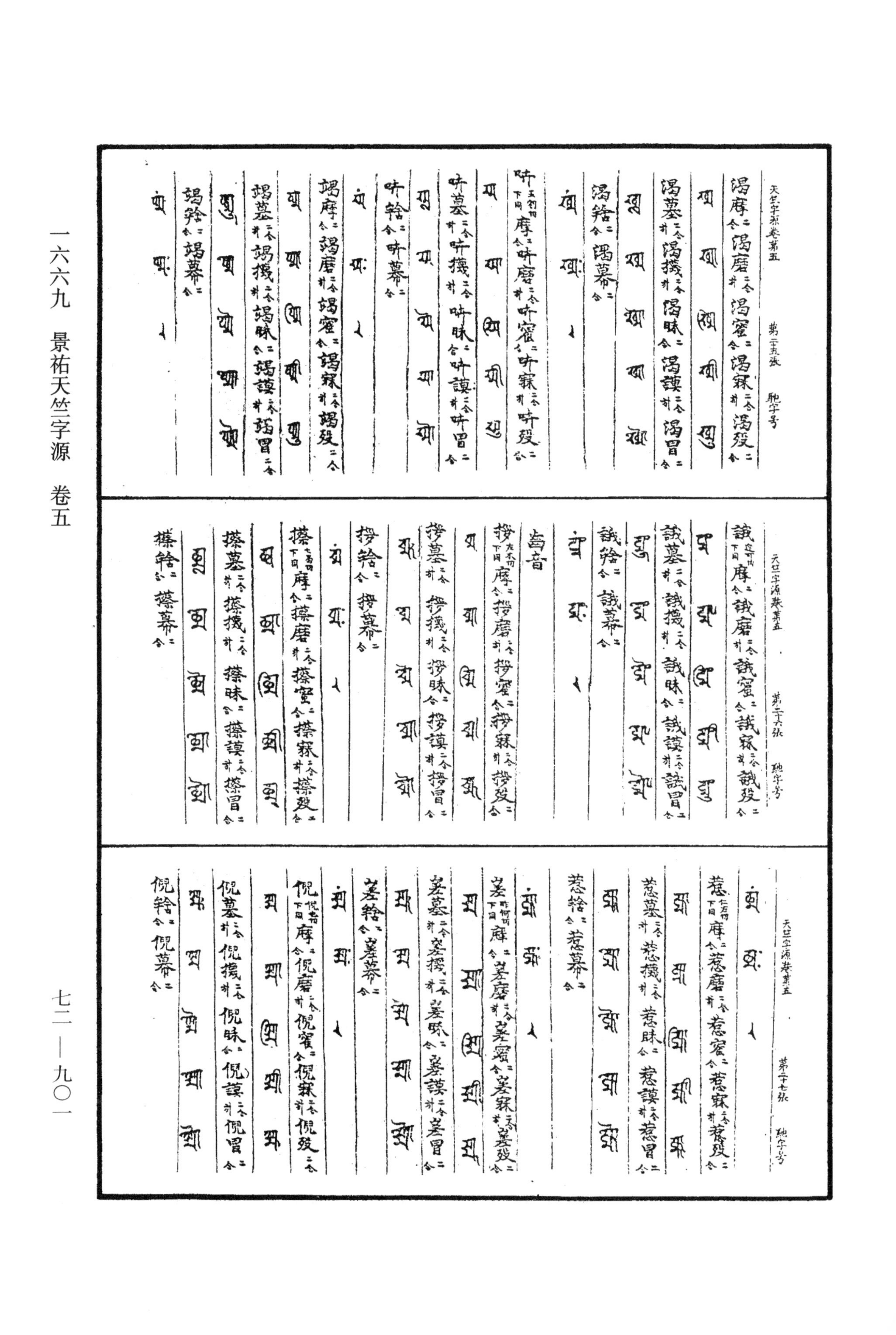

渴麽二合　渴磨引二合　渴窒二合　渴寐引二合　渴叕二合

渴墓引二合　渴攞引二合　渴昧二合　渴謨引二合　渴冒二合

渴鈴二合　渴幕二合

听五割切下同麽二合　听磨引二合　听窒二合　听寐引二合　听叕二合

听墓引二合　听攞引二合　听昧二合　听謨引二合　听冒二合

听鈴二合　听幕二合

竭麽二合　竭磨引二合　竭窒二合　竭寐引二合　竭叕二合

竭墓引二合　竭攞引二合　竭昧二合　竭謨引二合　竭冒二合

竭鈴二合　竭幕二合

識式可切下同麽二合　識磨引二合　識窒二合　識寐引二合　識叕二合

識墓引二合　識攞引二合　識昧二合　識謨引二合　識冒二合

識鈴二合　識幕二合

齒音

拶左末切下同麽二合　拶磨引二合　拶窒二合　拶寐引二合　拶叕二合

拶墓引二合　拶攞引二合　拶昧二合　拶謨引二合　拶冒二合

拶鈴二合　拶幕二合

攃七曷切下同麽二合　攃磨引二合　攃窒二合　攃寐引二合　攃叕二合

攃墓引二合　攃攞引二合　攃昧二合　攃謨引二合　攃冒二合

攃鈴二合　攃幕二合

惹仁左切下同麽二合　惹磨引二合　惹窒二合　惹寐引二合　惹叕二合

惹墓引二合　惹攞引二合　惹昧二合　惹謨引二合　惹冒二合

惹鈴二合　惹幕二合

嵯昨何切下同麽二合　嵯磨引二合　嵯窒二合　嵯寐引二合　嵯叕二合

嵯墓引二合　嵯攞引二合　嵯昧二合　嵯謨引二合　嵯冒二合

嵯鈴二合　嵯幕二合

倪倪吉切下同麽二合　倪磨引二合　倪窒二合　倪寐引二合　倪叕二合

倪墓引二合　倪攞引二合　倪昧二合　倪謨引二合　倪冒二合

倪鈴二合　倪幕二合

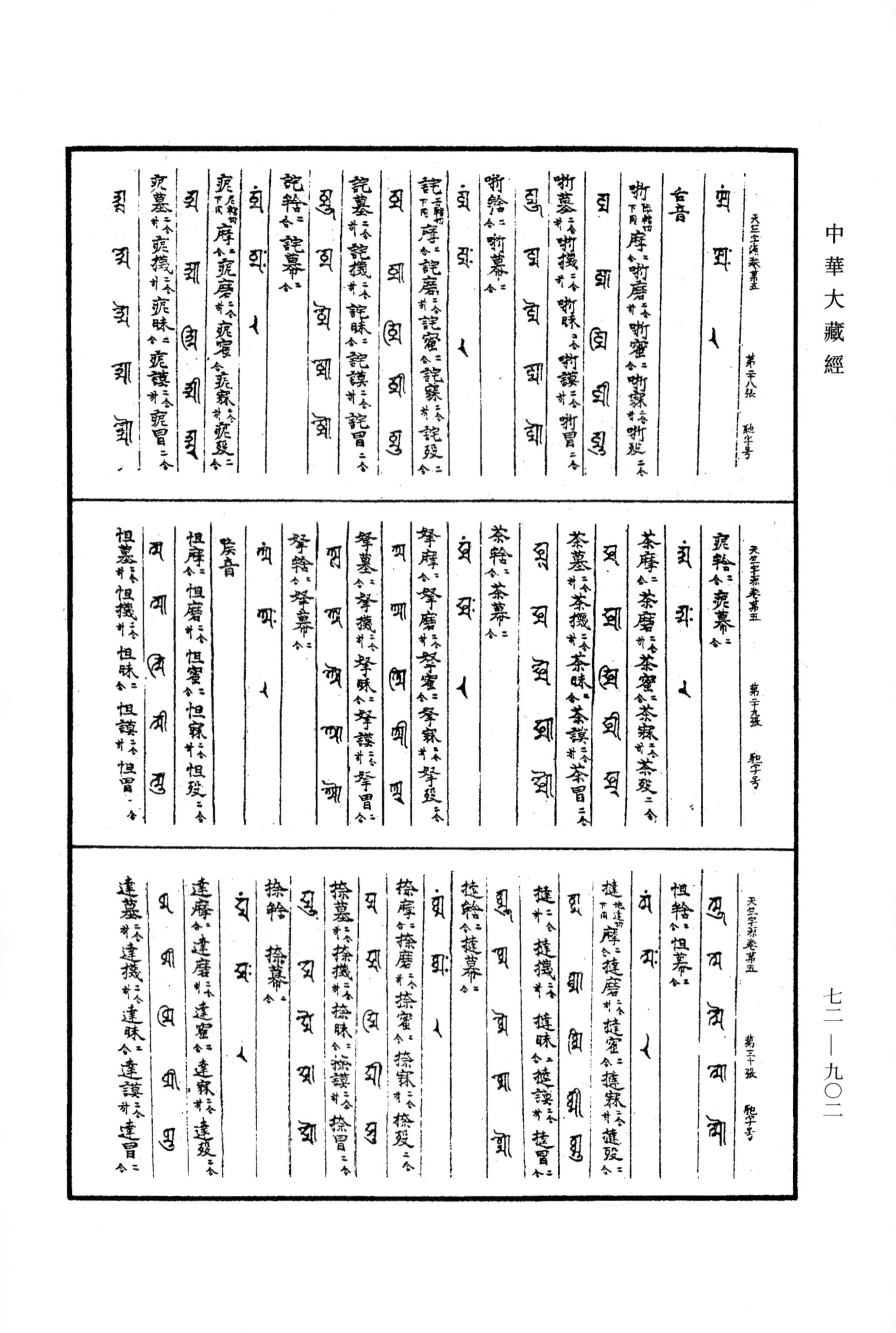

舌音

哳陟轄切下同麼二合 哳磨二合引 哳窒二合 哳寐二合引 哳癹二合

哳摹二合引 哳攠二合引 哳眛二合 哳謨二合引 哳冒二合

哳鉿二合 哳幕二合

詫丑轄切下同麼二合 詫磨二合引 詫窒二合 詫寐二合引 詫癹二合

詫摹二合引 詫攠二合引 詫眛二合 詫謨二合引 詫冒二合

詫鉿二合 詫幕二合

痆尼轄切下同麼二合 痆磨二合引 痆窒二合 痆寐二合引 痆癹二合

痆摹二合引 痆攠二合引 痆眛二合 痆謨二合引 痆冒二合

痆鉿二合 痆幕二合

荼麼二合 荼磨二合引 荼窒二合 荼寐二合引 荼癹二合

荼摹二合引 荼攠二合引 荼眛二合 荼謨二合引 荼冒二合

荼鉿二合 荼幕二合

拏麼二合 拏磨二合引 拏窒二合 拏寐二合引 拏癹二合

拏摹二合 拏攠二合引 拏眛二合 拏謨二合引 拏冒二合

拏鉿二合 拏幕二合

喉音

怛麼二合 怛磨二合引 怛窒二合 怛寐二合引 怛癹二合

怛摹二合引 怛攠二合引 怛眛二合 怛謨二合引 怛冒二合

怛鉿二合 怛幕二合

撻他達切下同麼二合 撻磨二合引 撻窒二合 撻寐二合引 撻癹二合

撻摹二合引 撻攠二合引 撻眛二合 撻謨二合引 撻冒二合

撻鉿二合 撻幕二合

捺麼二合 捺磨二合引 捺窒二合 捺寐二合引 捺癹二合

捺摹二合引 捺攠二合引 捺眛二合 捺謨二合引 捺冒二合

捺鉿 捺幕二合

達麼二合 達磨二合引 達窒二合 達寐二合引 達癹二合

達摹二合引 達攠二合引 達眛二合 達謨二合引 達冒二合

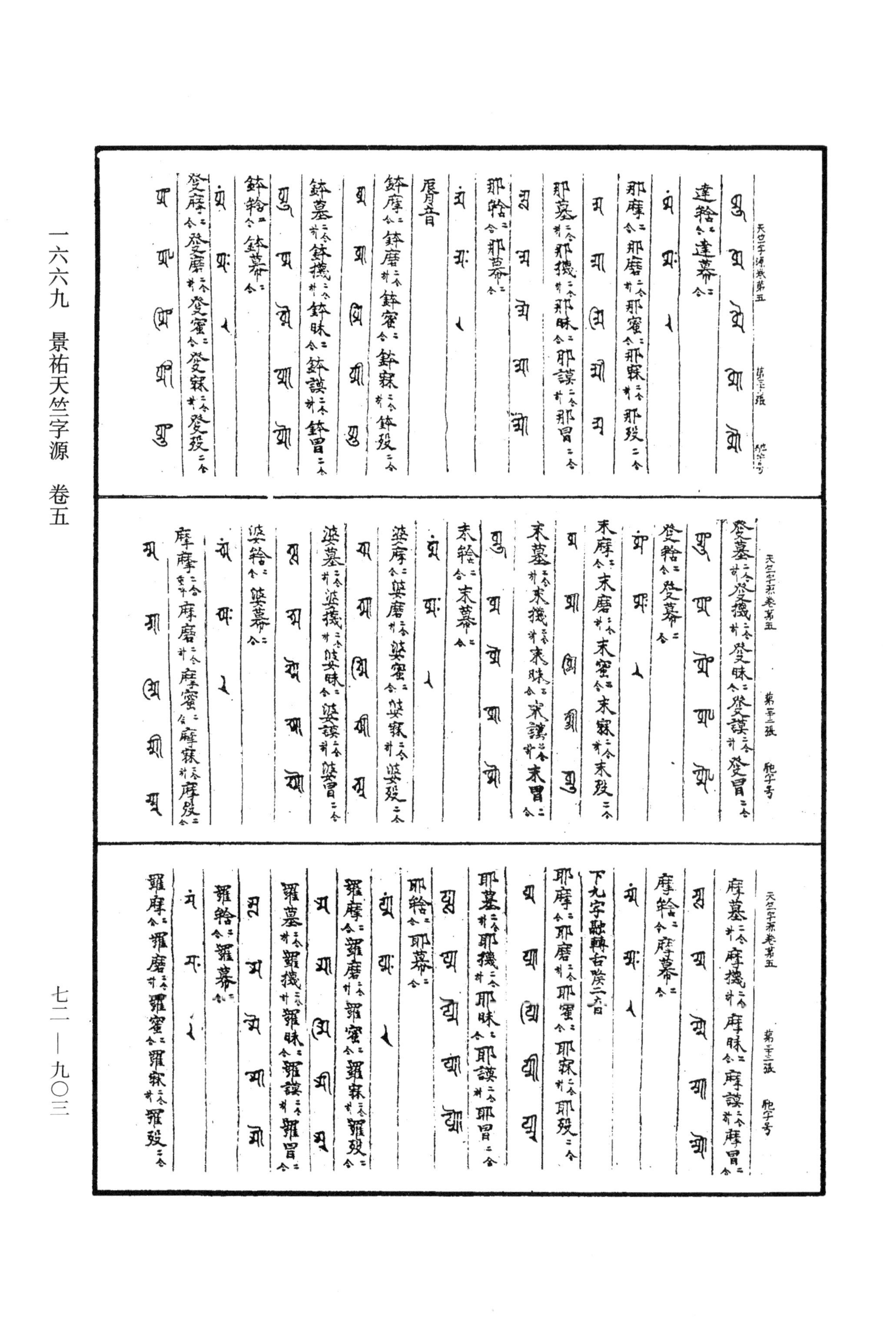

達鈴二合 達幕二合

那摩二合 那磨二合引 那寗二合 那寐二合引 那殁二合

那墓二合引 那攙二合引 那昧二合 那謨二合引 那冒二合

那鈴二合 那幕二合

唇音

鉢摩二合 鉢磨二合引 鉢寗二合 鉢寐二合引 鉢殁二合

鉢墓二合引 鉢攙二合引 鉢昧二合 鉢謨二合引 鉢冒二合

鉢鈴二合 鉢幕二合

發摩二合 發磨二合引 發寗二合 發寐二合引 發殁二合

發墓二合引 發攙二合引 發昧二合 發謨二合引 發冒二合

發鈴二合 發幕二合

末摩二合 末磨二合引 末寗二合 末寐二合引 末殁二合

末墓二合引 末攙二合引 末昧二合 末謨二合引 末冒二合

末鈴二合 末幕二合

婆摩二合 婆磨二合引 婆寗二合 婆寐二合引 婆殁二合

婆墓二合引 婆攙二合引 婆昧二合 婆謨二合引 婆冒二合

婆鈴二合 婆幕二合

摩摩二合重引 摩磨二合引 摩寗二合 摩寐二合引 摩殁二合

摩墓二合引 摩攙二合引 摩昧二合 摩謨二合引 摩冒二合

摩鈴二合 摩幕二合

下九字融轉舌齒二合

耶摩二合 耶磨二合引 耶寗二合 耶寐二合引 耶殁二合

耶墓二合引 耶攙二合引 耶昧二合 耶謨二合引 耶冒二合

耶鈴二合 耶幕二合

囉摩二合 囉磨二合引 囉寗二合 囉寐二合引 囉殁二合

囉墓二合引 囉攙二合引 囉昧二合 囉謨二合引 囉冒二合

囉鈴二合 囉幕二合

囉摩二合 囉磨二合引 囉寗二合 囉寐二合引 囉殁二合

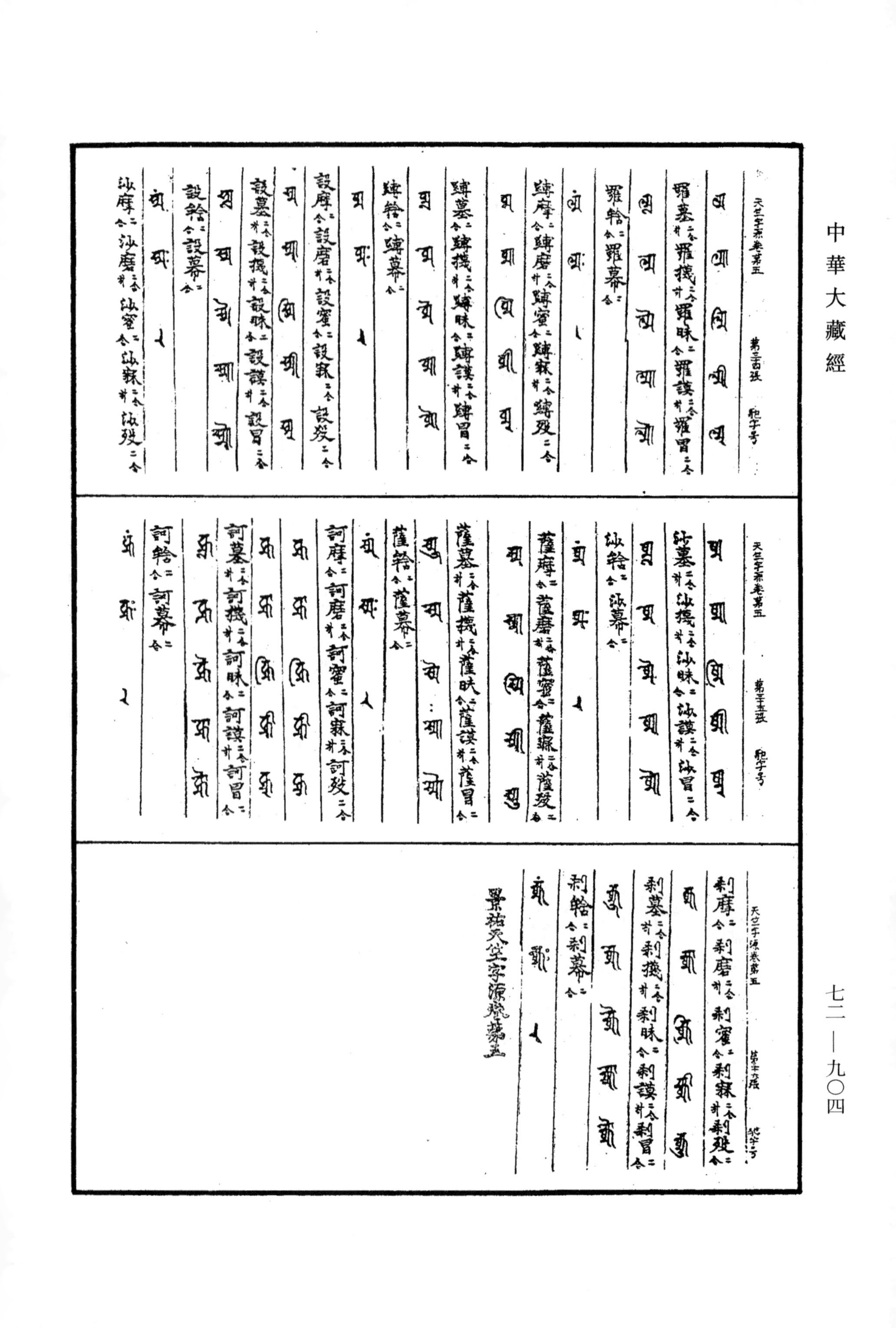

囉摹二合引　囉攞二合引　囉昧二合　囉謨二合引　囉冒二合

囉鈐二合　囉幕二合

嚩摩二合　嚩磨二合引　嚩窒二合　嚩寐二合引　嚩殁二合

嚩摹二合　嚩攞二合引　嚩昧二合　嚩謨二合引　嚩冒二合

嚩鈐二合　嚩幕二合

設摩二合　設磨二合引　設窒二合　設寐二合　設殁二合

設摹二合引　設攞二合引　設昧二合　設謨二合引　設冒二合

設鈐二合　設幕二合

沙摩二合　沙磨二合引　沙窒二合　沙寐二合引　沙殁二合

沙摹二合引　沙攞二合引　沙昧二合　沙謨二合引　沙冒二合

沙鈐二合　沙幕二合

薩摩二合　薩磨二合引　薩窒二合　薩寐二合引　薩殁二合

薩摹二合引　薩攞二合引　薩昧二合　薩謨二合引　薩冒二合

薩鈐二合　薩幕二合

訶摩二合　訶磨二合引　訶窒二合　訶寐二合引　訶殁二合

訶摹二合引　訶攞二合引　訶昧二合　訶謨二合引　訶冒二合

訶鈐二合　訶幕二合

刹摩二合　刹磨二合引　刹窒二合　刹寐二合引　刹殁二合

刹摹二合引　刹攞二合引　刹昧二合　刹謨二合引　刹冒二合

刹鈐二合　刹幕二合

景祐天竺字源卷第五

景祐天竺字源卷第六　　計三十六帋　　馱

譯經三藏朝散大夫試光祿卿明梵大師賜紫沙門臣惟淨等奉　詔

第七番生字

牙音

葛〇倪乞切二合　葛〇倪夜切二合引　葛〇倪遶切二合　葛〇倪志切二合引　葛〇倪屑切二合

葛〇倪祛切二合引　葛〇倪礼切二合引　葛〇倪橤切二合　葛語上聲二合　葛堯二合

葛〇倪佶切二合　葛〇倪灼切二合

喝〇倪乞切二合　喝〇倪夜切二合引　喝〇倪遶切二合　喝〇倪志切二合引　喝〇倪屑切二合

喝〇倪祛切二合引　喝〇倪礼切二合引　喝〇倪橤切二合　喝語上聲二合　喝堯二合

喝〇倪佶切二合　喝〇倪灼切二合

哘去聲下同〇倪乞切二合　哘〇倪夜切二合引　哘〇倪遶切二合　哘〇倪志切二合引　哘〇倪屑切二合

哘〇倪祛切二合引　哘〇倪礼切二合引　哘〇倪橤切二合　哘語上聲二合引　哘堯二合

哘〇倪佶切二合　哘〇倪灼切二合

竭〇倪乞切二合　竭〇倪夜切二合引　竭〇倪遶切二合　竭〇倪志切二合引　竭〇倪屑切二合

竭〇倪祛切二合引　竭〇倪礼切二合引　竭〇倪橤切二合　竭語引二合　竭堯二合

竭〇倪佶切二合　竭〇倪灼切二合

誐迎葛切下同〇倪乞切二合　誐〇倪夜切二合引　誐〇倪遶切二合　誐〇倪志切二合引　誐〇倪屑切二合

誐〇倪祛切二合引　誐〇倪礼切二合引　誐〇倪橤切二合　誐語引二合　誐堯二合

誐〇倪佶切二合　誐〇倪灼切二合

齒音

摻〇倪乞切二合　摻〇倪夜切二合引　摻〇倪遶切二合　摻〇倪志切二合引　摻〇倪屑切二合

天竺字源卷第六　第三張　馳字号

撈○倪桂切二合引　撈○倪礼切二合引　撈○倪來切二合　撈語引二合　撈堯二合

撈○倪佑切二合　撈○倪約切二合

擽下同七萬切○倪雲切二合　擽○倪夜切二合引　擽○倪邊切二合　擽○倪志切二合引　擽○倪履切二合

擽○倪桂切二合引　擽○倪礼切二合引　擽○倪來切二合　擽語引二合　擽堯二合

擽○倪佑切二合　擽○倪約切二合

蕊下同仁吉切○倪雲切二合　蕊○倪夜切二合引　蕊○倪邊切二合　蕊○倪志切二合引　蕊○倪履切二合

蕊○倪桂切二合引　蕊○倪礼切二合引　蕊○倪來切二合　蕊語引二合　蕊堯二合

蕊○倪佑切二合　蕊○倪約切二合

嵳下同昨何切○倪雲切二合　嵳○倪夜切二合引　嵳○倪邊切二合　嵳○倪志切二合引　嵳○倪履切二合

天竺字源卷第六　第四張　馳字号

嵳○倪桂切二合引　嵳○倪礼切二合引　嵳○倪來切二合　嵳語引二合　嵳堯二合

嵳○倪佑切二合　嵳○倪約切二合

倪倪重呼二合　倪○倪夜切二合引　倪○倪邊切二合　倪○倪志切二合引　倪○倪履切二合

倪○倪桂切二合引　倪○倪礼切二合引　倪○倪來切二合　倪語引二合　倪堯二合

倪○倪佑切二合　倪○倪約切二合

舌音

哳下同陟轄切○倪雲切二合　哳○倪夜切二合引　哳○倪邊切二合　哳○倪志切二合引　哳○倪履切二合

哳○倪桂切二合引　哳○倪礼切二合引　哳○倪來切二合　哳語引二合　哳堯二合

哳○倪佑切二合　哳○倪約切二合

天竺字源卷第六　第五張　馳字号

詫下同[illegible]切○倪雲切二合　詫○倪夜切二合引　詫○倪邊切二合　詫○倪志切二合引　詫○倪履切二合

詫○倪桂切二合引　詫○倪礼切二合引　詫○倪來切二合　詫語引二合　詫堯二合

詫○倪佑切二合　詫○倪約切二合

瘥下同[illegible]切○倪雲切二合　瘥○倪夜切二合引　瘥○倪邊切二合　瘥○倪志切二合引　瘥○倪履切二合

瘥○倪桂切二合引　瘥○倪礼切二合引　瘥○倪來切二合　瘥語引二合　瘥堯二合

瘥○倪佑切二合　瘥○倪約切二合

茶○倪雲切二合　茶○倪夜切二合引　茶○倪邊切二合　茶○倪志切二合引　茶○倪履切二合

茶○倪桂切二合引　茶○倪礼切二合引　茶○倪來切二合　茶語引二合　茶堯二合

茶○倪佑切二合　茶○倪約切二合

拏○倪也切二合　拏○倪夜切二合引　拏○倪遏切二合　拏○倪志切二合引　拏○倪屈切二合

拏○倪桂切二合引　拏○倪札切二合引　拏○倪來切二合　拏語引二合　拏堯二合

拏○倪佑切二合　拏○倪灼切二合

喉音

怛○倪也切二合　怛○倪夜切二合引　怛○倪遏切二合　怛○倪志切二合引　怛○倪屈切二合

怛○倪桂切二合引　怛○倪札切二合引　怛○倪來切二合　怛語引二合　怛堯二合

怛○倪佑切二合　怛○倪灼切二合

撻○倪也切下同二合　撻○倪夜切二合引　撻○倪遏切二合　撻○倪志切二合引　撻○倪屈切二合

撻○倪桂切二合引　撻○倪札切二合引　撻○倪來切二合　撻語引二合　撻堯二合

撻○倪佑切二合　撻○倪灼切二合

捺○倪也切二合　捺○倪夜切二合引　捺○倪遏切二合　捺○倪志切二合引　捺○倪屈切二合

捺○倪桂切二合引　捺○倪札切二合引　捺○倪來切二合　捺語引二合　捺堯二合

捺○倪佑切二合　捺○倪灼切二合

達○倪也切二合　達○倪夜切二合引　達○倪遏切二合　達○倪志切二合引　達○倪屈切二合

達○倪桂切二合引　達○倪札切二合引　達○倪來切二合　達語引二合　達堯二合

達○倪佑切二合　達○倪灼切二合

那○倪也切二合　那○倪夜切二合引　那○倪遏切二合　那○倪志切二合引　那○倪屈切二合

那○倪桂切二合引　那○倪札切二合引　那○倪來切二合　那語引二合　那堯二合

那○倪佑切二合　那○倪灼切二合

脣音

鉢○倪也切二合　鉢○倪夜切二合引　鉢○倪遏切二合　鉢○倪志切二合引　鉢○倪屈切二合

鉢○倪桂切二合引　鉢○倪札切二合引　鉢○倪來切二合　鉢語引二合　鉢堯二合

鉢○倪佑切二合　鉢○倪灼切二合

發○倪也切二合　發○倪夜切二合引　發○倪遏切二合　發○倪志切二合引　發○倪屈切二合

發○倪桂切二合引　發○倪札切二合引　發○倪來切二合　發語引二合　發堯二合

發○倪佑切二合　發○倪灼切二合

末○倪也切二合　末○倪夜切二合引　末○倪遏切二合　末○倪志切二合引　末○倪屈切二合

末○倪桂切二合引　末○倪札切二合引　末○倪來切二合　末語引二合　末堯二合

末倪佑切二合　末倪灼切二合

婆倪也切二合　婆倪夜切二合引　婆倪邊切二合　婆倪忘切二合引　婆倪屈切二合

婆倪袪切二合引　婆倪礼切二合引　婆倪來切二合　婆語引二合　婆堯二合

婆倪佑切二合　婆倪灼切二合

摩倪也切二合　摩倪夜切二合引　摩倪邊切二合　摩倪忘切二合引　摩倪屈切二合

摩倪袪切二合引　摩倪礼切二合引　摩倪來切二合　摩語引二合　摩堯二合

摩倪佑切二合　摩倪灼切二合

下九字融轉舌喉二音

耶倪也切二合　耶倪夜切二合引　耶倪邊切二合　耶倪忘切二合引　耶倪屈切二合

耶倪袪切二合引　耶倪礼切二合引　耶倪來切二合　耶語引二合　耶堯二合

耶倪佑切二合　耶倪灼切二合

囉歷忽下同倪也切二合　囉倪夜切二合引　囉倪邊切二合　囉倪忘切二合引　囉倪屈切二合

囉倪袪切二合引　囉倪礼切二合引　囉倪來切二合　囉語引二合　囉堯二合

囉倪佑切二合　囉倪灼切二合

羅倪也切二合　羅倪夜切二合引　羅倪邊切二合　羅倪忘切二合引　羅倪屈切二合

羅倪袪切二合引　羅倪礼切二合引　羅倪來切二合　羅語引二合　羅堯二合

羅倪佑切二合　羅倪灼切二合

嚩倪也切二合　嚩倪夜切二合引　嚩倪邊切二合　嚩倪忘切二合引　嚩倪屈切二合

嚩倪袪切二合引　嚩倪礼切二合引　嚩倪來切二合　嚩語引二合　嚩堯二合

嚩倪佑切二合　嚩倪灼切二合

設倪也切二合　設倪夜切二合引　設倪邊切二合　設倪忘切二合引　設倪屈切二合

設倪袪切二合引　設倪礼切二合引　設倪來切二合　設語引二合　設堯二合

設倪佑切二合　設倪灼切二合

沙倪也切二合　沙倪夜切二合引　沙倪邊切二合　沙倪忘切二合引　沙倪屈切二合

沙倪袪切二合引　沙倪礼切二合引　沙倪來切二合　沙語引二合　沙堯二合

沙倪佑切二合　沙倪灼切二合

薩倪也切二合　薩倪夜切二合引　薩倪邊切二合　薩倪忘切二合引　薩倪屈切二合

薩倪袪切二合引　薩倪礼切二合引　薩倪來切二合　薩語引二合　薩堯二合

薩倪佶切二合　薩倪灼切二合

訶倪也切二合　訶倪夜切二合引　訶倪遙切二合　訶倪恚切二合引　訶倪嚴切二合

訶倪袪切二合引　訶倪礼切二合引　訶倪來切二合　訶語二合引　訶堯二合

訶倪佶切二合　訶倪灼切二合

刹倪也切二合　刹倪夜切二合引　刹倪遙切二合　刹倪恚切二合引　刹倪嚴切二合

刹倪袪切二合引　刹倪礼切二合引　刹倪來切二合　刹語二合引　刹堯二合

刹倪佶切二合　刹倪灼切二合

第八番生字

牙音

葛拏二合　葛諏女知切同二合引　葛膗尼賞切同二合　葛呢女賓切同二合引　葛抐內骨切同二合

葛帑女奈切上同二合引　葛臓二合引　葛鞔尼衙切上同二合　葛粄尼賞切上同二合引　葛譊二合

葛喃女咸切二合　葛搙女肅切下同二合

渴拏二合　渴諏二合引　渴膗二合　渴呢二合引　渴抐二合

渴帑二合引　渴臓二合引　渴鞔二合　渴粄二合引　渴譊二合

渴喃二合　渴搙二合

吽吾莿切拏二合　吽諏二合引　吽膗二合　吽呢二合引　吽抐二合

吽帑二合引　吽臓二合引　吽鞔二合　吽粄二合引　吽譊二合

吽喃二合　吽搙二合

竭拏二合　竭諏二合引　竭膗二合　竭呢二合引　竭抐二合

竭帑二合引　竭臓二合引　竭鞔二合　竭粄二合引　竭譊二合

竭喃二合　竭搙二合

譏迎可切拏二合　譏諏二合引　譏膗二合　譏呢二合引　譏抐二合

譏帑二合引　譏臓二合引　譏鞔二合　譏粄二合引　譏譊二合

譏喃二合　譏搙二合

齒音

撄查莱切拏二合　撄諏一合引　撄膗二合　撄呢二合引　撄抐二合

撄帑二合引　撄臓二合引　撄鞔二合　撄粄二合引　撄譊二合

撄喃二合　撄搙二合

擦七葛切下同拏二合　擦諴引二合　擦聢二合　擦呢二合引　擦抐二合

擦帑引二合　擦膩引二合　擦鯢二合　擦敉引二合　擦譊二合

擦喃合二　擦搙合二

惹仁左切下同拏合二　惹諴引二合　惹聢合二　惹呢引二合　惹抐合二

惹帑切二合　惹膩引二合　惹鯢合二　惹敉引二合　惹譊合二

惹喃合二　惹搙合二

嵯昨何切下同拏合二　嵯諴引二合　嵯聢合二　嵯呢引二合　嵯抐合二

嵯帑引二合　嵯膩引二合　嵯鯢合二　嵯敉引二合　嵯譊合二

嵯喃合二　嵯搙合二

倪倪也切下同拏合二　倪諴引二合　倪聢合二　倪呢引二合　倪抐合二

倪帑引二合　倪膩引二合　倪鯢合二　倪敉引二合　倪譊合二

倪喃合二　倪搙合二

舌音

听陟駕切下同拏合二　听諴引二合　听聢合二　听呢引二合　听抐合二

听帑引二合　听膩引二合　听鯢合二　听敉引二合　听譊合二

听喃合二　听搙合二

詫丑駕切下同拏合二　詫諴引二合　詫聢合二　詫呢引二合　詫抐合二

詫帑引二合　詫膩引二合　詫鯢合二　詫敉引二合　詫譊合二

詫喃合二　詫搙合二

痆尼轄切下同拏合二　痆諴引二合　痆聢合二　痆呢引二合　痆抐合二

痆帑引二合　痆膩引二合　痆鯢合二　痆敉引二合　痆譊合二

痆喃合二　痆搙合二

茶拏合二　茶諴引二合　茶聢合二　茶呢引二合　茶抐合二

茶帑引二合　茶膩引二合　茶鯢合二　茶敉引二合　茶譊合二

茶喃合二　茶搙合二

拏拏二合　拏諴引二合　拏聢合二　拏呢引二合　拏抐合二

拏帑引二合　拏膩引二合　拏鯢合二　拏敉引二合　拏譊合二

拏喃合二　拏搙合二

天竺字源第六卷　第十八張

喉音

怛拏合二　怛詉引二合　怛暱合二　怛呢引二合　怛抐合二

怛帑引二合　怛膩引二合　怛䫉合二　怛敉引二合　怛譊合二

怛喃合二　怛搙合二

提他達切下同拏合二　提詉引二合　提暱合二　提呢引二合　提抐合二

提帑引二合　提膩引二合　提䫉合二　提敉引二合　提譊合二

提喃合二　提搙合二

捺拏合二　捺詉引二合　捺暱合二　捺呢引二合　捺抐合二

捺帑引二合　捺膩引二合　捺䫉合二　捺敉引二合　捺譊合二

天竺字源第六卷　第十九張

捺喃合二　捺搙合二

達拏合二　達詉引二合　達暱合二　達呢引二合　達抐合二

達帑引二合　達膩引二合　達䫉合二　達敉引二合　達譊合二

達喃合二　達搙合二

那拏合二　那詉引二合　那暱合二　那呢引二合　那抐合二

那帑引二合　那膩引二合　那䫉合二　那敉引二合　那譊合二

那喃合二　那搙合二

脣音

鉢拏合二　鉢詉引二合　鉢暱合二　鉢呢引二合　鉢抐合二

鉢帑引二合　鉢膩引二合　鉢䫉合二　鉢敉引二合　鉢譊合二

天竺字源第六卷　第二十張

鉢喃合二　鉢搙合二

發拏合二　發詉引二合　發暱合二　發呢合二　發抐合二

發帑引二合　發膩引二合　發䫉合二　發敉引二合　發譊合二

發喃合二　發搙合二

末拏合二　末詉引二合　末暱合二　末呢引二合　末抐合二

末帑引二合　末膩引一合　末䫉合二　末敉引二合　末譊合二

末喃合二　末搙合二

婆拏合二　婆詉引二合　婆暱合二　婆呢引二合　婆抐合二

婆帑引二合　婆膩引二合　婆䫉合二　婆敉引二合　婆譊合二

婆喃合二　婆搙合二

摩拏合二　摩諏引二合　摩睢合二　摩呢引二合　摩抐合二

摩帑引二合　摩膩引二合　摩規合二　摩敉引二合　摩譊合二

摩喃合二　摩搙合二

下九字皆轉舌喉二音

耶拏合二　耶諏引二合　耶睢合二　耶呢引二合　耶抐合二

耶帑引二合　耶膩引二合　耶規合二　耶敉引二合　耶譊合二

耶喃合二　耶搙合二

囉盧鵝切下同拏合二　囉諏引二合　囉睢合二　囉呢引二合　囉抐合二

囉帑引二合　囉膩引二合　囉規合二　囉敉引二合　囉譊合二

囉喃合二　囉搙合二

羅拏合二　羅諏引二合　羅睢合二　羅呢引二合　羅抐合二

羅帑引二合　羅膩引二合　羅規合二　羅敉引二合　羅譊合二

羅喃合二　羅搙合二

嚩拏合二　嚩諏引二合　嚩睢合二　嚩呢引二合　嚩抐合二

嚩帑引二合　嚩膩引二合　嚩規合二　嚩敉引二合　嚩譊合二

嚩喃合二　嚩搙合二

設拏合二　設諏引二合　設睢合二　設呢引二合　設抐合二

設帑引二合　設膩引二合　設規合二　設敉引二合　設譊合二

設喃合二　設搙合二

沙拏合二　沙諏引二合　沙睢合二　沙呢引二合　沙抐合二

沙帑引二合　沙膩引二合　沙規合二　沙敉引二合　沙譊合二

沙喃合二　沙搙合二

薩拏合二　薩諏引二合　薩睢合二　薩呢引二合　薩抐合二

薩帑引二合　薩膩引二合　薩規合二　薩敉引二合　薩譊合二

薩喃合二　薩搙合二

訶拏合二　訶諏引二合　訶睢合二　訶呢引二合　訶抐合二

訶嬭引二合　訶膩引二合　訶䍧合二　訶籹引二合　訶譊合二

訶喃合二　訶擰合二

剎拏合二　剎謸引二合　剎䁥合二　剎呢引二合　剎抐合二

剎嬭引二合　剎膩引二合　剎䍧合二　剎籹引二合　剎譊合二

剎喃合二　剎擰合二

第九番生字

牙音

葛那合二　葛嬭諾何切下同二合引　葛堄奴禮切下同合　葛涅奴計切下同二合引　葛砮奴古切下同合

葛奴引二合　葛堄奴禮切下同二合引　葛妳奴賣切下同二合　葛弩奴古切下同二合引　葛噥[illegible]同二合

葛楠那含切下同二合　葛諾合二

渴那合二　渴嬭引二合　渴堄合二　渴涅引二合　渴砮合二

渴奴引二合　渴堄引二合　渴妳合二　渴弩引二合　渴噥合二

渴楠合二　渴諾合二

吽青切那合二　吽嬭引二合　吽泥合二　吽涅引二合　吽砮合二

吽奴引二合　吽堄引二合　吽妳合二　吽弩引二合　吽噥合二

吽楠合二　吽諾合二

誐迦可切那合二　誐嬭引二合　誐堄合二　誐涅引二合　誐砮合二

誐奴引二合　誐堄引二合　誐妳引二合　誐弩引二合　誐噥合二

誐楠合二　誐諾合二

齒音

撥左末切那合二　撥嬭引二合　撥堄合二　撥涅引二合　撥砮合二

撥奴引二合　撥堄引二合　撥妳合二　撥弩引二合　撥噥合二

撥楠合二　撥諾合二

攃七曷切那合二　攃嬭引二合　攃堄合二　攃涅引二合　攃砮合二

攃奴引二合　攃堄引二合　攃妳合二　攃弩引二合　攃噥合二

攃楠合二　攃諾合二

惹(仁左切)那(合二)　惹姘(引二合)　惹坭(合二)　惹堲(引二合)　惹砮(合二)

惹奴(引二合)　惹坭(引二合)　惹妳(合二)　惹弩(引二合)　惹嶩(合二)

惹楠(合二)　惹諾(合二)

嵳(昨何切)那(合二)　嵳姘(引二合)　嵳坭(合二)　嵳堲(引二合)　嵳砮(合二)

嵳奴(引二合)　嵳坭(引二合)　嵳妳(合二)　嵳弩(引二合)　嵳嶩(合二)

嵳楠(合二)　嵳諾(合二)

倪(倪也切)那(合二)　倪姘(引二合)　倪坭(合二)　倪堲(引二合)　倪砮(合二)

倪奴(引二合)　倪坭(引二合)　倪妳(合二)　倪弩(引二合)　倪嶩(合二)

倪楠(合二)　倪諾(合二)

舌音

哳(陟鎋切)那(合二)　哳姘(引二合)　哳坭(合二)　哳堲(引二合)　哳砮(合二)

哳奴(引二合)　哳坭(引二合)　哳妳(合二)　哳弩(引二合)　哳嶩(合二)

哳楠(合二)　哳諾(合二)

詫(恥格切)那(合二)　詫姘(引二合)　詫坭(合二)　詫堲(引二合)　詫砮(合二)

詫奴(引二合)　詫坭(引二合)　詫妳(合二)　詫弩(引二合)　詫嶩(合二)

詫楠(合二)　詫諾(合二)

痆(尼轄切)那(合二)　痆姘(引二合)　痆坭(合二)　痆堲(引二合)　痆砮(合二)

痆奴(引二合)　痆坭(引二合)　痆妳(合二)　痆弩(引二合)　痆嶩(合二)

痆楠(合二)　痆諾(合二)

茶那(合二)　茶姘(引二合)　茶坭(合二)　茶堲(引二合)　茶砮(合二)

茶奴(引二合)　茶坭(引二合)　茶妳(合二)　茶弩(引二合)　茶嶩(合二)

茶楠(合二)　茶諾(合二)

拏那(合二)　拏姘(引二合)　拏坭(合二)　拏堲(引二合)　拏砮(合二)

拏奴(引二合)　拏坭(引二合)　拏妳(合二)　拏弩(引二合)　拏嶩(合二)

拏楠(合二)　拏諾(合二)

喉音

怛那(合二)　怛姘(引二合)　怛坭(合二)　怛堲(引二合)　怛砮(合二)

怛奴(引二合)　怛坭(引二合)　怛妳(合二)　怛弩(引二合)　怛嶩(合二)

怛𠹠合二　怛諾合二

撻佗達切那合二　撻𦗜引二合　撻坭合二　撻𡍼引二合　撻砮合二

撻奴引二合　撻坭引二合　撻嬭合二　撻弩引二合　撻嚷合二

撻𠹠合二　撻諾合二

捺那合二　捺𦗜引二合　捺坭合二　捺𡍼引二合　捺砮合二

捺奴引二合　捺坭引二合　捺嬭合二　捺弩引二合　捺嚷合二

捺𠹠合二　捺諾合二

達那合二　達𦗜引二合　達坭合二　達𡍼引二合　達砮合二

達奴引二合　達坭引二合　達嬭合二　達弩引二合　達嚷合二

達𠹠合二　達諾合二

那那尊二合　那𦗜引二合　那坭合二　那𡍼引二合　那砮合二

那奴引二合　那坭引二合　那嬭合二　那弩引二合　那嚷合二

那𠹠合二　那諾合二

脣音

鉢那合二　鉢𦗜引二合　鉢坭合二　鉢𡍼引二合　鉢砮合二

鉢奴引二合　鉢坭引二合　鉢嬭合二　鉢弩引二合　鉢嚷合二

鉢𠹠引二合　鉢諾合二

發那合二　發𦗜引二合　發坭合二　發𡍼引二合　發砮合二

發奴引二合　發坭引二合　發嬭合二　發弩引二合　發嚷合二

發𠹠合二　發諾合二

末那合二　末𦗜引二合　末坭合二　末𡍼引二合　末砮合二

末奴引二合　末坭引二合　末嬭合二　末弩引二合　末嚷合二

末𠹠合二　末諾合二

婆那合二　婆𦗜引二合　婆坭合二　婆𡍼引二合　婆砮合一

婆奴引二合　婆坭引二合　婆嬭合二　婆弩引二合　婆嚷合二

婆𠹠合二　婆諾合一

摩那合二　摩𦗜引二合　摩坭合二　摩𡍼引二合　摩砮合二

摩奴二合引　摩坭二合引　摩妳合二　摩努二合引　摩噥合二

摩楠合二　摩諾合二

下九字龇轉舌喉二音

耶𨙻合一　耶拏二合引　耶坭合二　耶埿二合引　耶砮合二

耶奴二合引　耶坭二合引　耶妳合二　耶努二合引　耶噥合二

耶楠合二　耶諾合二

囉歷加切𨙻合二　囉拏二合引　囉坭合二　囉埿二合引　囉砮合二

囉奴二合引　囉坭二合引　囉妳合二　囉努二合引　囉噥合二

囉楠合二　囉諾合二

羅𨙻合一　羅拏二合引　羅坭合二　羅埿二合引　羅砮合二

羅奴二合引　羅坭二合引　羅妳合二　羅努二合引　羅噥合二

羅楠合二　羅諾合二

嚩𨙻合二　嚩拏二合引　嚩坭合二　嚩埿二合引　嚩砮合二

嚩奴二合引　嚩坭二合引　嚩妳合二　嚩努二合引　嚩噥合二

嚩楠合二　嚩諾合二

設𨙻合一　設拏二合引　設坭合二　設埿二合引　設砮合二

設奴二合引　設坭二合引　設妳合二　設努二合引　設噥合二

設楠合二　設諾二合

沙𨙻合一　沙拏二合引　沙坭合二　沙埿二合引　沙砮合二

沙奴二合引　沙坭二合引　沙妳合二　沙努二合引　沙噥合二

沙楠合二　沙諾合二

薩𨙻合一　薩拏二合引　薩坭合二　薩埿二合引　薩砮合二

薩奴二合引　薩坭二合引　薩妳合二　薩努二合引　薩噥合二

薩楠合二　薩諾合二

訶𨙻合一　訶拏二合引　訶坭合二　訶埿二合引　訶砮合二

訶奴二合引　訶坭二合引　訶妳合二　訶努二合引　訶噥合二

訶楠合二　訶諾合二

刹𨙻合一　刹拏二合引　刹坭合二　刹埿二合引　刹砮合二

剎奴引二合　剎抳引二合　剎[illegible]二合　剎弩引二合　剎[illegible]二合

剎楠二合　剎諾二合

景祐天竺字源卷第六

景祐天竺字源卷第七

譯經三藏朝散大夫試光祿卿光梵大師賜紫沙門臣惟淨等集 計三十七帋 勅

第十番生字

牙音

囉(魯路切下同)葛二合 囉箇引二合 囉吉二合 囉蓋引二合 囉骨一合

囉敔引二合 囉計引二合 囉該二合 囉鼓引二合 囉誥二合

囉紺二合 囉各二合

囉渴二合 囉珂引二合 囉語二合 囉契引二合 囉窟二合

囉枯引二合 囉結(袪訖切下同)引二合 囉慨二合 囉庫引二合 囉𦼮二合

囉械(茫紺切)一合 囉恪二合

囉吽(五剛切)二合 囉俄引二合 囉屹二合 囉儀引二合 囉杌一合

字源第七卷 第二張 她字号

囉吳引二合 囉宜引二合 囉醋(五來切)二合 囉件引二合 囉遨一合

囉巖一合 囉噓(宜怕切)二合

囉竭二合 囉伽引二合 囉佶(巨乙切)二合 囉碁引二合 囉掘二合

囉渠引二合 囉岐引二合 囉(巨來切)二合 囉衢引二合 囉橋二合

囉鉗二合 囉嚎(其虐切)二合

囉議(迎可切)二合 囉誐引二合 囉疑二合 囉詣引二合 囉(虞律切)二合

囉虞引二合 囉(倪止切)二合引 囉(倪來切)二合 囉(倪畢切)二合引 囉(倪尚切)二合

囉巖二合 囉謗二合

齒音

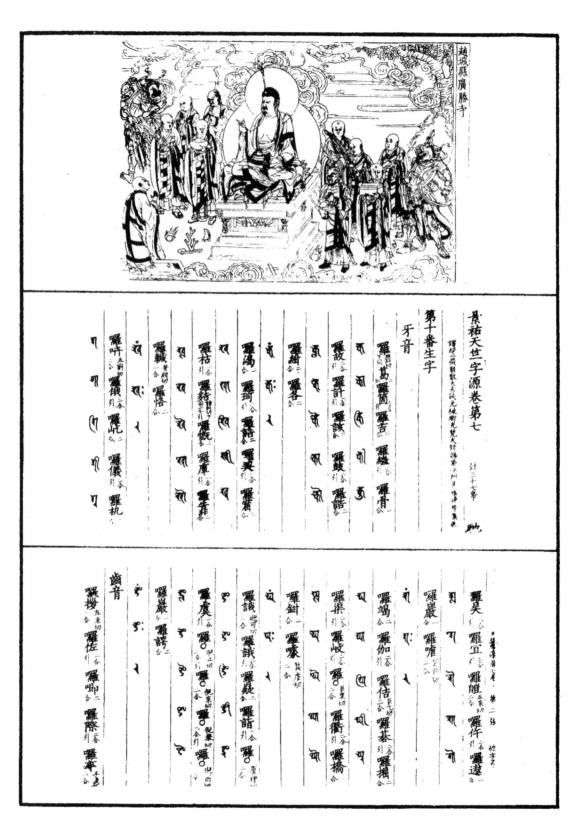

囉撈(左來切)二合 囉佐引二合 囉唧二合 囉際引二合 囉卒二合

天竺字源第七卷　第二張

囉租二合引　囉濟二合引　囉載二合　囉做二合引　囉蹀二合

囉胥二合　囉作二合

囉攃倉葛切二合　囉蹉二合引　囉漆二合　囉砌二合引　囉猝倉沒切二合

囉醋二合引　囉眦七計切二合引　囉棌倉代切二合　囉麤二合引　囉操二合

囉慘二合　囉錯二合

囉惹仁左切二合　囉惹二合引　囉尒仁卿切二合　囉皃仁儕切二合引　囉汥仁卒切二合

囉儒仁在切二合引　囉遁仁隊切二合引　囉○仁裁切二合　囉茹仁恕切二合引　囉鐃仁昭切二合

囉荏仁減切二合　囉弱仁作切二合

囉嵯昨何切二合　囉醝二合引　囉瘥二合　囉臍二合引　囉捽昨沒切二合

天竺字源第七卷　第四張　馳字号

囉徂昨胡切二合引　囉薺二合引　囉裁二合　囉殂二合引　囉曹二合

囉暫二合　囉昨二合

囉倪倪也切二合　囉○倪夜切二合引　囉○倪遮切二合　囉○倪晝切二合引　囉○倪屈切二合

囉○倪椄切二合引　囉○倪礼切二合引　囉○倪東切二合　囉語上声二合引　囉堯二合

囉○倪佶切二合　囉○倪約切二合

舌音

囉哳陟轄切二合　囉吒陟駕切二合引　囉窒陟栗切二合　囉致二合引　囉怞竹律切二合

囉駐中句切二合引　囉撴陟佺切二合引　囉鄹卓晉切二合　囉註知取切二合引　囉嘲二合引

囉詀竹減切二合　囉啄竹角切二合

天竺字源第七卷　第五張　馳字号

囉侘丑轄切二合　囉詫丑下切二合引　囉耻二合　囉眙丑吏切二合引　囉黜二合

囉攄丑俱切二合引　囉摛丑知切二合引　囉蠆丑邁切二合　囉絛抽據切二合引　囉趙丑教切二合

囉覘丑點切二合　囉逴丑略切二合

囉痆尼轄切二合　囉拏女加切二合引　囉昵尼質切二合　囉尼二合引　囉肭女骨切二合引

囉笓女奈切二合引　囉柅女几切二合引　囉嬭女介切二合　囉女二合引　囉鐃女交切二合

囉匿女減切二合　囉搦女角切二合

囉茶二合　囉蛇除駕切二合引　囉秩二合　囉池二合引　囉炢直律切二合

囉儲直魚切二合引　囉謻直離切二合引　囉豸宅買切二合　囉滌直貫切二合引　囉潮二合

囉湛二合　囉著除略切二合

囉拏合二　囉諏女加切二合引　囉瞷尼賀切二合　囉吒女咸切二合引　囉抐内骨切二合

囉帑荼絛切二合引　囉膩引二合　囉䙝尼衛切二合引　囉嫐尼肖切二合引　囉譊女交切二合

囉喃女咸切二合　囉搙女角切二合

喉音

囉怛合二　囉多引二合　囉蛭丁悉切二合　囉帝引二合　囉咄合二

囉妬引二合　囉堤引二合　囉帶合二　囉都引二合　囉到合二

囉檐吉申切二合　囉○丁各切二合

囉撻他達切二合　囉他引二合　囉體合二　囉替引二合　囉失他骨切二合

囉菟湯故切二合引　囉殀他計切二合引　囉祭合二　囉兔湯故切二合引　囉韜吐刀切二合

囉睒特濫切二合　囉托合一

囉捺奴曷切二合　囉儺諾何切二合引　囉禰奴禮切一合　囉迟奴計切二合引　囉訥合二

囉努奴吾切二合引　囉尼奴禮切二合引　囉奈合二　囉惄奴故切二合引　囉猱奴刀切二合

囉南合二　囉諾二合

囉達合二　囉陁引二合　囉迭徒結切二合　囉提引二合　囉揆徒骨切二合

囉途引二合　囉蹄引二合　囉僮合二　囉徒引二合　囉陶合二

囉濟徒濫切二合　囉鐸合二

囉那合二　囉䑐諾何切二合引　囉埿奴禮切二合引　囉涅奴計切二合引　囉砮努吾切二合

囉奴引二合　囉坭奴禮切二合引　囉嫁奴賀切二合　囉弩奴吾切二合引　囉嚢奴刀切二合

囉楠那含切二合　囉諾二合

脣音

囉鉢合二　囉播引二合　囉必合二　囉畢引二合　囉補合二

囉布引二合　囉閉引一合　囉拜合二　囉晡博胡切二合引　囉褒博毛切二合

囉絆合二　囉博合二

囉發合二　囉玻滂禾切二合引　囉匹合二　囉紕引二合　囉孚普夫切二合

囉鋪引二合　囉譬引二合　囉派匹賣切二合　囉怖引二合　囉飃普…切一合

囉泮合二　囉䏲匹各切二合

囉末合二　囉壓摸…切二合引　囉謐合二　囉謎莫計切二合引　囉沒合二

囉暮引二合　囉彌引二合　囉埋莫皆切二合　囉摸引二合　囉芼莫…切二合

天竺字源第七卷　第九張　馳字号

囉叏二合　囉莫二合

囉婆二合　囉婆二合引 薄波切　囉佖二合 毗璽切　囉鼻二合引　囉勃二合

囉部二合引　囉毗二合引　囉鞞二合 薄賣切　囉菩二合引　囉褒二合

囉畔二合　囉滿二合 薄末切

囉摩二合　囉磨二合引　囉靈二合　囉麻二合引　囉殁二合

囉蔓二合引　囉穫二合引 莫斫切　囉昧二合　囉謨二合引　囉冐二合

囉鋡二合 切身　囉幕二合

下九字融轉舌喉二音

囉野二合　囉夜二合引　囉逸二合　囉異二合引　囉聿二合

囉腧一合引　囉易二合引 以豉切　囉淟二合 羊更切　囉踰二合引　囉遙二合

天竺字源第七卷　第十張　馳字号

囉焰二合　囉藥二合

囉囉二合 歷加切　囉囉二合引　囉哩二合　囉黎二合引　囉縷二合 上聲

囉屢二合引 去聲　囉禮二合引　囉賚二合 洛代切　囉倡二合引　囉寮二合

囉覽二合　囉犖二合 力角切

囉羅二合　囉邏二合引　囉棃二合　囉勵二合引　囉盧二合

囉路二合引　囉邐二合引 力紙切　囉賚二合 洛代切　囉胥二合引　囉勞二合 去聲

囉藍二合　囉洛二合

囉嚩二合 無可切　囉嚩二合引　囉尾二合　囉味二合引　囉舞二合

囉誣二合 武夫切　囉微二合引　囉○二合 無代切　囉憮二合 武夫切　囉○二合 無界切

天竺字源第七卷　第十一張　馳字号

囉鍐二合 十梵切　囉○二合 無各切

囉設二合　囉舍二合引　囉室二合　囉世二合引　囉術二合

囉恕二合引　囉試二合引　囉曬二合引　囉輸二合引　囉少二合 去聲

囉閃二合　囉爍二合

囉沙二合　囉嗄二合引 所嫁切　囉始二合　囉戶二合引　囉率二合

囉瞬二合引 去聲　囉施二合引 去聲　囉膩二合 所賣切　囉梳二合引　囉○二合 所利切

囉釤二合 所減切　囉○二合 所蟹切

囉薩二合　囉娑二合引　囉悉二合　囉棲二合引 息支切　囉卒二合

囉蘇二合引　囉西二合引　囉賽二合　囉素二合引　囉燥二合

囉糝蘇紺切一合　囉索蘇各切二合

囉訶二合　囉歌呼箇切二合引　囉咭許吉切二合　囉皿虚惠切二合引　囉愢呼皆切二合

囉呼二合引　囉醯二合引　囉咍呼來二合　囉虎二合引　囉蒿二合

囉㰤二合　囉郝二合

囉剎二合　囉叉二合引　囉叱二合　囉掣昌制切二合引　囉芻二合

囉楚二合引　囉嗤二合引　囉瘥楚懈切二合引　囉敢初加切二合引　囉○初割切二合

囉礆二合　囉蹦測角切二合

第十一番生字

牙音

誐虐下同嵩二合　誐箇二合引　誐吉二合　誐繼二合引　誐骨二合

誐故二合引　誐計二合引　誐該二合　誐鼓二合引　誐誥二合

誐紺二合　誐各二合

誐渴二合　誐珂二合引　誐詰二合　誐契二合引　誐扂二合

誐枯二合引　誐銛諸剎切二合引　誐慨二合　誐庫二合引　誐靠二合

誐䶢二合　誐恪二合

誐吽五剎切二合　誐餓二合引　誐屹二合　誐儀二合引　誐杌二合

誐吳二合引　誐宜二合引　誐艤五東切二合　誐忤二合引　誐遨二合

誐巖二合　誐喧宜約切二合

誐竭二合　誐伽二合引　誐佶巨乙切二合　誐棊二合　誐掘二合

誐渠二合引　誐岐二合引　誐○三來切二合　誐衢二合引　誐擒二合

誐鉗二合　誐噱其虐切二合

誐　誐引　誐凝　誐諸引　○虞律切

虞引　○倪止切引　○倪來切　○倪古切引　○倪責切

巖　誐

齒音

倪倪世切下同摻倉含切二合　倪佐二合引　倪唧二合　倪際二合引　倪率子浚切二合

倪粗二合引　倪濟二合引　倪載二合　倪做二合引　倪躁二合

倪昝二合　倪作二合

倪摖(七肅切，二合)　倪躄(二合引)　倪濠(二合)　倪砌(二合引)　倪猝(倉沒切，二合)

倪醋(二合引)　倪眗(七引切，二合引)　倪操(倉代切，二合)　倪麤(二合引)　倪操(二合)

倪慘(二合)　倪錯(二合)

倪惹(仁友切，二合)　倪惹(二合引)　倪紒(仁勒切，二合)　倪兒(仁嚌切，二合引)　倪汝(仁辇切，二合)

倪儒(仁祖切，二合引)　倪遒(仁條切，二合引)　倪○(仁教切，二合)　倪茹(仁家切，二合引)　倪饒(仁損切，二合)

倪崔(仁澂切，二合)　倪弱(仁作切，二合)

倪差(昨何切，二合)　倪醝(二合引)　倪疾(二合)　倪臍(二合引)　倪捽(昨沒切，二合)

倪祖(昨胡切，二合引)　倪薺(二合引)　倪截　倪殂(二合引)　倪曹(二合)

倪暫(二合)　倪昨(二合)

倪(倪世切)　○(倪夜切引)　○(倪遑切)　○(倪忘切引)　○(倪居切)

○(倪祛切引)　○(倪禮切引)　○(倪米切)　語(上聲引)　堯(引)

○(倪估切)　○(倪灼切)

舌音

拏哳(陟轄切，二合)　拏吒(陟駕切，二合引)　拏窒(陟栗切，二合)　拏致(二合引)　拏怛(二合)

拏駐(中句切，二合引)　拏搬(陟企切，二合引)　拏皣(卓皆切，二合)　拏匼(知寂切，二合引)　拏嘲(二合引)

拏詁(竹感切，二合)　拏啄(竹角切，二合)

拏侘(丑轄切，二合)　拏詫(丑亞切，二合引)　拏耻(二合)　拏眙(丑吏切，二合引)　拏黜(二合)

拏攄(丑於切，二合引)　拏摛(丑知切，二合引)　拏蠆(丑邁切，二合)　拏悇(丑據切，二合引)　拏趠(丑教切，二合)

拏覘(丑艷切，二合)　拏連(丑略切，二合)

拏疣(二合)　拏孥(女加切，二合引)　拏昵(尼質切，二合)　拏尼(二合引)　拏肭(女骨切，二合)

拏迡(女余切，二合引)　拏梲(女兒切，二合引)　拏檄(茶切，二合)　拏女(二合引)　拏鐃(二合)

拏闐(女減切，二合)　拏搦(女角切，二合)

拏荼(二合)　拏蛇(除駕切，二合引)　拏秩(二合)　拏池(二合引)　拏炑(直切，二合)

拏儲(直魚切，二合引)　拏誃(二合引)　拏䵷(二合)　拏瘵(二合引)　拏潮(二合)

拏湛(二合)　拏着(直略切，二合)

拏　䛏(女加切，引)　曬(切)　呢(女夷切，引)　抐(內骨切)

帑(女余切，引)　膩(引)　䂬(尼衛切)　粄(切，引)　譊(女交切)

喃(女咸切)　搦(女角切)

喉音

那怛二合　那多引二合　那蛭丁結切二合　那帝引二合　那咄二合

那姤引二合　那提引二合　那帶二合　那都引二合　那到二合

那擯二合　那〇丁奈切二合

那撻他達切二合　那他引二合　那體二合　那替引二合　那宊他骨切二合

那蓖湯落切二合引　那狄他計切二合引　那泰二合　那兔湯故切二合引　那謟土刀切二合

那眹徒濫切一合　那耗二合

那捺奴葛切二合　那儺諾何切二合引　那禰奴禮切二合　那迭奴計切二合　那訥二合

那努奴古切二合引　那崖奴利切二合引　那奈二合　那怒奴故切二合引　那猱奴刀切二合

那南二合　那諾二合

那達二合　那陀引二合　那迭徒結切二合　那提引二合　那揆徒骨切二合

那塗引二合　那蹄引二合　那僮二合　那徒引二合　那陶二合

那濌徒盍切二合　那鐸二合

那　𨦵諾何切引　坭奴禮切　涅奴計切引　砮奴古切

奴引　坭奴禮切引　妳奴賣切　弩奴古切引　𡡉奴刀切

楠那含切　諾輕呼

脣音

摩鉢二合　摩播引二合　摩必二合　摩畢引二合　摩補二合

摩布引二合　摩閉引二合　摩拜二合　摩晡博胡切二合引　摩褒博毛切二合

摩絆二合　摩博二合

摩發二合　摩玻滂和切二合引　摩匹二合　摩紕引二合　摩哱普沒切二合

摩鋪引二合　摩譬引二合　摩派匹賣切二合　摩怖引二合　摩颮普毛切二合

摩泮二合　摩犓匹各切二合

摩末二合　摩麼模計切二合引　摩謐二合　摩謎莫計切二合引　摩沒二合

摩暮引二合　摩彌引二合　摩埋莫皆切二合　摩摸引二合　摩耄莫袁切二合

摩曼二合　摩莫二合

摩婆二合　摩婆薄波切二合引　摩𠎆毗蜜切二合　摩鼻引二合　摩勃二合

摩部引二合　摩毗引二合　摩稗蒲賣切二合　摩菩引二合　摩暴薄報切合

摩畔二合　摩薄蒲各切二合

摩　磨引　蜜　寐引　歿

蟇引　攈莫㪍切引　昧　謨引　冒

鈴身切　幕

下九字融轉舌喉二音

誐野二合　誐夜引二合　誐逸二合　誐異引二合　誐聿二合

誐喻引二合　誐易以豉切二合引　誐漢羊吏切二合　誐踰引二合　誐遙二合

誐焰二合　誐藥二合

誐囉[illegible]切二合　誐囉引二合　誐哩二合　誐梨引二合　誐縷上聲二合

誐屢去聲二合引　誐禮引二合　誐㾀洛代切二合　誐侶引二合　誐寮二合

誐覽二合　誐犖力角切二合

誐羅二合　誐邏引二合　誐黎二合　誐勵引二合　誐盧二合

誐路引二合　誐邐力紙切二合引　誐賚洛代切二合　誐魯引二合　誐勞去聲二合

誐藍二合　誐洛二合

誐嚩無可切二合　誐嚩引二合　誐尾二合　誐味引二合　誐舞二合

誐誣武夫切二合引　誐微引二合　誐○無代切二合　誐幠武夫切二合引　誐○無某切二合

誐鋑亡范切二合　誐○無蓋切二合

誐設二合　誐舍引二合　誐室二合　誐世引二合　誐術二合

誐悉引二合　誐試引二合　誐灑二合　誐輸引二合　誐少去聲二合

誐閃二合　誐爍二合

誐沙二合　誐嗄所嫁切二合引　誐始二合　誐尸引二合　誐率二合

誐疏去聲二合引　誐旋去聲二合引　誐曬所賣切二合　誐梳引二合　誐○所[illegible]切二合

誐釤所咸切二合　誐○所嵌切二合

誐薩二合　誐娑引二合　誐悉二合　誐掻息支切二合引　誐窣二合

誐蘇引二合　誐西引二合　誐賽二合　誐素引二合　誐燥二合

誐糝蘇敢切二合　誐索蘇各切二合

誐訶二合　誐歌呼箇切二合引　誐喆許吉切二合　誐呬虛器切二合引　誐惚呼骨切二合

誐呼二合引　誐醯二合引　誐咍二合呼來切　誐虎二合引　誐蒿二合

誐喊二合　誐郝一合

誐剎二合　誐叉二合引　誐吒二合　誐㦸昌利切二合引　誐芻二合

誐搋二合引　誐嗤二合引　誐瘥叉責切二合　誐蕺初戢切二合引　誐讖○初鄧切二合

誐儭二合　誐躤初角切二合

第十二番生字

牙音

薩葛二合　薩箇二合引　薩吉二合　薩繼二合引　薩骨二合

薩故二合引　薩計二合引　薩該二合　薩鼓二合引　薩誥二合

薩紺二合　薩各二合

薩濶二合　薩珂二合引　薩詰二合　薩契二合引　薩窟二合

薩秸二合引　薩鍇詰利切二合引　薩慨二合　薩庫二合引　薩靠二合

薩鰔苦紺切二合　薩恪二合

捺呿丘割切二合　捺俄二合引　捺屹二合　捺儀二合引　捺杌二合

捺吴二合引　捺宜二合引　捺皚魚來切二合　捺仵二合引　捺遨二合

捺巖二合　捺嚯寫枸切二合

捺竭二合　捺伽二合引　捺佶巨乞切二合　捺碁二合引　捺掘二合

捺渠二合引　捺岐二合引　捺○巨來切二合　捺衢二合引　捺橋二合

捺鉗二合　捺噱其虐切二合

誐迦可切怛囉三合　誐怛囉三合引　誐怛哩三合　誐怛棃三合引

誐怛縷上聲三合　誐怛屢三合引　誐怛禮三合引　誐怛㾮渚代切三合

誐怛侶三合引　誐怛賚三合　誐怛嚕三合　誐怛犖力角切三合

齒音

設撈左末切二合　設佐二合引　設唧二合　設際二合引　設卒子沒切二合

設租二合引　設濟二合引　設載二合　設做二合引　設躁二合

設昝二合　設作二合

設擦七曷切二合　設蹉二合引　設漆二合　設砌二合引　設猝倉沒切二合

設醋二合引　設呦七計切二合引　設採倉代切二合　設麤二合引　設操二合

設慘二合　設錯二合

末惹 仁左切 二合　末惹 二合引　末尒 二合　末兒 仁齋切 二合引　末汝 仁卒切 二合

末儒 仁祖切 二合引　末逼 仁際切 二合引　末○ 仁截切 二合　末若 仁拙切 二合引　末饒 仁報切 二合

末荏 仁濫切 二合　末鈉 仁作切 二合

末嵯 昨何切 二合　末醝 二合引　末疾 二合　末臍 二合引　末捽 昨没切 二合

末徂 昨胡切 二合引　末齎 二合引　末哉 二合　末殂 二合引　末曹 二合

末暫 二合　末昨 二合

倪 倪也切　○ 倪夜切引　○ 倪遮切　○ 倪志切引　○ 倪居切

○ 倪祖切引　○ 倪檀切引　○ 倪來切　語 上聲　堯

○ 倪佑切　○ 倪灼切

舌音

沙斫 陟轄切 二合　沙吒 陟駕切 二合引　沙窒 陟栗切 二合　沙致 二合引　沙㑊 竹律切 二合

沙駐 中句切 二合引　沙擻 陟金切 二合引　沙穌 卓皆切 二合　沙跓 知取切 二合引　沙嘲 二合

沙詁 竹感切 二合　沙喙 竹角切 二合

沙侘 丑轄切 二合　沙詫 丑下切 二合引　沙䟡 二合　沙胎 丑吏切 二合引　沙黜 二合

沙攄 丑俱切 二合引　沙摛 丑知切 二合引　沙蠆 丑邁切 二合　沙絛 抽據切 二合引　沙趠 丑教切 二合

沙覘 丑鑑切 二合　沙逴 丑略切 二合

捺痆 尼轄切 二合　捺拏 女加切 二合引　捺昵 尼質切 二合　捺尼 二合引　捺肭 內骨切 二合

捺𩧌 女余切 二合引　捺柅 女几切 二合引　捺𣝔 女介切 二合　捺女 二合引　捺鐃 女交切 二合

捺罔 女減切 二合　捺搦 女角切 二合

捺茶 二合　捺蛇 除駕切 二合引　捺秩 二合　捺池 二合引　捺烌 直律切 二合

捺儲 直魚切 二合引　捺誃 直離切 二合引　捺綈 宅賣切 二合　捺㾼 直賣切 二合引　捺潮 二合

捺湛 二合　捺著 直略切 二合

沙拏 二合　沙謶 女加切 二合引　沙昵 尼質切 二合　沙𪘏 女奧切 二合引　沙㕯 內骨切 二合

沙帤 女余切 二合引　沙膩 二合引　沙䵒 尼輸切 二合　沙㝹 尼呂切 二合引　沙譊 女交切 二合

沙喃 女感切 二合　沙搦 女角切 二合

喉音

薩怛 二合　薩多 二合引　薩䵷 丁悉切 二合

薩跖 二合引　薩堤 二合引　薩帶 二合　薩都 二合引　薩到 二合

薩譫去聲二合　薩𧃍丁含切二合

薩撻他達切二合　薩他二合引　薩體二合　薩替二合引　薩突他骨切二合

薩菟湯故切二合引　薩㹳他計切二合引　薩泰二合　薩菟湯故切二合引　薩謟土刀切二合

薩䫄薩羅切二合　薩托二合

末捺奴曷切二合　末儺諾何切二合引　末禰奴禮切二合　末泥奴計切二合引　末訥二合

末努奴古切二合引　末茷奴刹切二合引　末奈二合　末惄奴故切二合引　末𢹷奴刀切二合

末南二合　末諾二合囊呼

末達二合　末陁二合引　末迭徒結切二合　末提二合引　末揬徒骨切二合

末途二合引　末蹄二合引　末僮二合　末徒二合引　末陶二合

末濘徒盧切二合　末鐸二合

囉怛薩那四合　囉怛薩𡣢諾何切四合引　囉怛薩坭奴禮切四合

囉怛薩涊奴計切四合引　囉怛薩砮奴古切四合　囉怛薩奴四合引

囉怛薩坭奴禮切四合引　囉怛薩㳮奴買切四合　囉怛薩弩奴古切四合引

囉怛薩㺜奴刀切四合　囉怛薩𪐴那含切四合　囉怛薩諾四合輕呼

脣音

薩鉢二合　薩播二合引　薩𢶀二合　薩畢二合引　薩補二合

薩布二合引　薩閉二合引　薩拜二合　薩䋛博朋切二合引　薩褒博毛切二合

薩絆二合　薩博二合

薩嵏二合　薩玻滂和切二合引　薩匹二合　薩紕二合引　薩哱普沒切二合

薩鋪二合引　薩譬二合引　薩派匹賣切二合　薩怖二合引　薩飃普袍切二合

薩泮二合　薩粕匹各切二合

捺末二合　捺麼摸盯切二合引　捺謐二合　捺謎莫計切二合引　捺沒二合

捺慕二合引　捺彌二合引　捺埋莫皆切二合　捺摸二合引　捺耄莫報切二合

曼二合　捺莫二合

捺婆二合　捺鞶薄波切二合引　捺倊畋窶切二合　捺鼻二合引　捺勃二合

捺部二合引　捺毗二合引　捺稗蒲賣切二合　捺菩二合引　捺暴蒲報切二合

捺畔二合　捺薄蒲各切二合

囉剎摩合三　囉剎磨引三合　囉剎蜜合三　囉剎䕸引三合

囉剎歿合三　囉剎摹引三合　囉剎擑莫計切三合引　囉剎昧合三

囉剎謨引三合　囉剎冐合三　囉剎鈴切身三合　囉剎慕合三

下九字融轉舌喉三音

此第十二番内下九字中有四合一字并鉢多二合一字葛多二合一字共三字並是囉羅二字中分出別無本母此之二字子母相生共有三十六字不計四千八百九十六字之數義旨顯明學者詳審

囉剎摩哩耶合五　囉剎摩哩夜引五合　囉剎摩哩逸合五

囉剎摩哩異去五合引　囉剎摩哩聿合五　囉剎摩哩蕍引五合

囉剎摩哩易以豉切五合引　囉剎摩哩㵩羊巳切五合　囉剎摩哩蝓引五合

囉剎摩哩逌合五　囉剎摩哩焰合五　囉剎摩哩藥合五

薩怛囉歷加切三合　薩怛囉引三合　薩怛哩合三　薩怛棃引三合

薩怛縷上聲三合　薩怛屢去聲三合引　薩怛禮引三合　薩怛徠吾代切三合

薩怛侶引三合　薩怛寮合三　薩怛囕合三　薩怛犖力角切三合

薩怛哩野四合分出字　薩怛哩夜引四合　薩怛哩逸合四　薩怛哩異引四合

薩怛哩聿合四　薩怛哩蕍引四合　薩怛哩易以豉切四合引　薩怛哩㵩羊巳切四合

薩怛哩蝓引四合　薩怛哩逌合四　薩怛哩焰合四　薩怛哩藥合四

羅怛合二　羅多引二合　羅蛭丁悉切二合　羅帝引二合　羅咄合二

羅姤引二合　羅堤引二合　羅帶合二　羅都引二合　羅到合二

羅擔去聲二合　羅〇丁各切二合

鉢怛二合分出字　鉢多引二合　鉢蛭合二　鉢帝引二合　鉢咄合二

鉢姤引二合　鉢堤引二合　鉢帶合二　鉢都引二合　鉢到合一

鉢擔合二　鉢〇丁各切二合

葛怛二合分出字　葛多引二合　葛蛭合二　葛帝引二合　葛咄合二

葛姤引二合　葛堤引二合　葛帶合二　葛都引二合　葛到合二

葛擔合二　葛〇丁各切二合

葛怛嚀無影切三合　葛怛嚀引三合　葛怛尾合三　葛怛味引三合

葛怛舞三合　葛怛誣引三合　葛怛微引三合　葛怛〇無代切二合

葛怛憮引三合　葛怛〇無号切三合　葛怛鋑合三　葛怛〇無各切二合

嘶設(沙精切)二合　嘶舍二合引　嘶室二合　嘶世二合引　嘶術二合

嘶恕二合引　嘶試二合引　嘶臘二合　嘶輸二合引　嘶少(去聲)二合

嘶閃二合　嘶爍二合

嘶沙二合　嘶嗄(所嫁切)二合引　嘶嫋二合　嘶尸二合引　嘶率二合

嘶蹴(去聲)二合引　嘶旎(去聲)二合引　嘶瞶(所責切)二合　嘶搉二合引　嘶○(所劉切)二合

嘶鬱二合　嘶○(所豈切)二合

嘶薩二合　嘶娑二合引　嘶悉二合　嘶捜二合引　嘶窣二合

嘶穌二合引　嘶西二合引　嘶賽二合　嘶素二合引　嘶燥二合

嘶䅵二合　嘶索二合

薩訶二合　薩歌(呼箇切)二合引　薩呬二合　薩醯二合引　薩惣二合

薩呼二合引　薩醯二合引　薩咍二合　薩虎二合引　薩蒿二合

薩憾二合　薩郝二合

薩剎二合　薩叉二合引　薩叱二合　薩擊(叉剔切)二合引　薩翎二合

薩差二合引　薩嗤二合引　薩癡二合　薩敢二合引　薩○(初劉切)二合

薩懺二合　薩齱(測角切)二合

景祐天竺字源卷第七

三藏安世高譯
恒水經一卷
西晉釋法炬譯
本相猗致經一卷
三藏安世高譯
緣本致經一卷
頂生王故事經一卷
上二經並西晉釋法炬譯
文陀竭王經一卷
北涼沙門曇無讖譯
閻羅王五天使者經一卷
宋沙門慧簡譯
鐵城泥犁經一卷

西晉沙門曇無蘭譯
古來世時經一卷　失譯
阿那律八念經一卷
竺支曜譯
離睡眠經一卷
竺法護譯
是法非法經一卷
安世高譯
求欲經一卷
釋法炬譯
受歲經一卷
竺法護譯
梵志計水淨經一卷　失譯
苦陰經一卷　失譯
釋摩男本經一卷
吳支謙譯

樂想經一卷
竺法護譯
苦陰因事經一卷
釋法炬譯
漏分布經一卷
安世高譯
阿耨風經一卷
曇無蘭譯

諸法本經一卷
吴支謙譯
瞿曇彌記果　失譯
瞻婆比丘經一卷
釋法炬譯
魔嬈亂經一卷　失譯
弊魔試目連經一卷
吴支謙譯

上二十九經二十九卷同帙若字号
賴吒和羅經一卷　失譯
善生子經一卷
西晉沙門支法度譯
數經一卷
沙門法炬譯
梵志頞羅延問種尊經一卷　失譯
三歸五戒慈心猒離功德經一卷　失譯
須達經一卷　失譯
佛爲黄竹園老婆羅門說學經一卷　失譯
梵摩喻經一卷
吴支謙譯
尊上經一卷
竺法護譯
鸚鵡經一卷
宋求那跋陀羅譯

兜調經一卷　失譯
意經一卷
應法經一卷
上三經並竺法護譯
泥犁經一卷　失譯
優婆墮舍迦經一卷　失譯
齋經一卷
吴支謙譯
鞞摩肅經一卷
求那跋陀羅譯
婆羅門子命終愛念不離經一卷
十支居士八城人經一卷
上二經安世高譯
邪見經一卷　失譯
箭喻經一卷　失譯
普法義經一卷

安世高譯
廣義法門經一卷
三藏真諦譯
戒德香經一卷
東晉曇無蘭譯
四人出現世間經一卷　失譯
波斯匿王塵坌身經一卷
沙門法炬譯

須摩提女經一卷
吴支謙譯
婆羅門避死經一卷
安世高譯
施食獲五福報經一卷　失譯
頻婆娑羅王詣佛供養經一卷
釋法炬譯
長者子六過出家經一卷　失譯

上三十二經三十二卷同帙思字号
鴦崛摩經一卷
竺法護譯
鴦崛髻經一卷
釋法炬譯
力士移山經一卷
四未曾有法經一卷
上二經並竺法護譯
舍利弗目連遊四衢經一卷
沙門康孟祥譯
七佛父母姓字經一卷　失譯
放牛經一卷
右增一阿含別品同譯
緣起經一卷
三藏玄奘譯
十一想思念如來經一卷

求那跋陀羅譯
四泥犁經一卷
曇無蘭譯
阿那邠邸化七子經一卷
安世高譯
大愛道般泥洹經一卷
白法祖譯
佛母般泥洹經一卷
沙門慧簡譯
國王不離先泥十夢經一卷
曇無蘭譯
舍衛國王夢見十事經一卷　失譯
阿難同學經一卷
安世高譯
五蘊皆空經一卷
三藏義淨譯

七處三觀經一卷
安世高譯
佛說積骨經一卷　附七處三觀經内合卷
聖法印經一卷
竺法護譯
雜阿含經一卷　失譯
五陰譬喻經一卷
安世高譯

水沫所漂經一卷
曇無蘭譯
不自守意經一卷　失譯
滿願子經一卷　失譯
轉法輪經一卷
安世高譯
三轉法輪經一卷
三藏義淨譯

八正道經一卷
安世高譯
難提釋經一卷
法炬法立等譯
馬有三相經一卷
馬有八態譬人經一卷
上二經並竺支曜譯
相應相可經一卷
沙門法炬譯
治禪病秘要經二卷
北涼安陽侯沮渠京聲譯
上三十二經三十三卷同帙言字号
摩鄧女經一卷　失譯
摩鄧女解形中六事經一卷　失譯
摩登伽經三卷
吳竺律炎支謙同譯

舍頭諫經一卷
竺法護譯
鬼問目連經一卷　失譯
雜藏經一卷
沙門法顯譯
餓鬼報應經一卷　失譯
阿難問事佛吉凶經一卷
安世高譯
慢法經一卷　失譯
阿難分別經一卷
乞伏秦沙門聖堅譯
五母子經一卷　失譯
沙彌羅經一卷　失譯
玉耶女經一卷　失譯
玉耶女經一卷　失譯
阿遬達經一卷　失譯

修行本起經二卷　失譯
上十六經十九卷同帙辭字号
太子瑞應本起經二卷　失譯
過去現在因果經四卷
求那跋陀羅譯
法海經一卷
釋法炬譯
海八德經一卷　失譯

四十二章經一卷
漢迦葉摩騰竺法蘭同譯
柰女因緣經一卷
安世高譯
罪業報應教化地獄經一卷　失譯
龍王兄弟經一卷
吳支謙譯
長者音悅經一卷　失譯

上九經十三卷同帙安字号
禪祕要法經四卷
三藏羅什譯
七女經一卷
八師經一卷
上二經並吳支謙譯
越難經一卷
西晉淨信士聶遠譯
所欲致患經一卷
竺法護譯
阿闍世王問五逆經一卷
釋法炬譯
五苦章句經一卷
曇無蘭譯
堅意經一卷　失譯
淨飯王般涅盤經一卷

宋居士沮渠京聲譯
進學經一卷　失譯
得道梯橙錫杖經一卷　失譯
貧窮老翁經一卷
宋沙門惠簡譯
三摩竭經一卷　亦名須摩提女經　亦名恕和檀王經
吳天竺沙門律頭炎譯
萍沙王五願經一卷　亦名弗沙迦王
吳支謙譯
瑠璃王經一卷　竺法護譯
上十五經十八卷同帙定字号
生經五卷
竺法護譯
義足經二卷
吳支謙譯
上三經七卷同帙篤字号

上小乘重單合譯經
下小乘單譯經總
八十七部　二百二十四卷　一十七帙
自正法念處經下至療痔病經
正法念處經七十卷七帙初成美慎終宜令字号
般若流支譯
佛本行集六十卷　六帙榮業所基籍甚字号
闍那屈多譯

本事經七卷
三藏玄奘譯
興起行經二卷　失譯
業報差別經一卷
曇法智譯
上三經十卷同帙無字号
大安般守意經二卷
陰持入經一卷　或二卷

處處經一卷
罵意經一卷
分別善惡所起經一卷
上五經並安世高譯
出家緣經一卷　失譯
阿含正行經一卷
十八泥犁經一卷
法受塵經一卷
禪行法想經一卷
長者子懊惱三處經一卷
上五經並安世高譯
揵陀國王經一卷　失譯
須摩提長者經一卷　亦名會誦佛前
吳支謙譯
阿難四事經一卷　失譯
未生怨經一卷　失譯

四願經一卷
吴支謙譯
黒氏梵志經一卷　失譯
猘狗經一卷　失譯
分别經一卷　失譯
八關齋經一卷　失譯
阿鳩留經一卷　失譯
孝子經一卷　失譯
上二十二經二十三卷同帙竟字号
五百弟子自説本起經一卷
大迦葉本經一卷
四自侵經

天聖釋教總録中册
校勘記

一　底本，金藏廣勝寺本。此録原有上、中、下三册，今缺上册。在見存中、下兩册中亦有殘缺者，如中册首四版存文五行、册末未終，有缺文；下册首四版僅存十四行、第五版前半頁存文三行。此録惟金藏收録，無校。

廣品歷章三十卷三帙 亦名一切經源品次錄正元錄中收入計數紀述源由具如本錄
第一帙十卷高字号
第二帙十卷冠字号
第三帙十卷陪字号
大唐正元續開元釋教錄三
品歷章同第三帙
二百四十二卷經論及念誦法見行入藏者
已上三項總二百七十五卷逐
一函帙字号卷數列之于左
大烏樞瑟摩明王經三卷
穢跡金剛說神通大滿陀羅尼法術靈要門一卷
穢跡金剛禁百變法一卷
上三經並此天竺國三藏阿質達霰譯
卷計八卷同第八帙纓字号
菩提場莊嚴經一卷 內題云菩提場莊嚴陀羅尼經
除一切疾病陀羅尼經一卷

能淨一切眼陀羅尼經一卷
施餤口餓鬼陀羅尼經一卷
三十五佛名經一卷
八大菩薩曼荼羅經一卷
葉衣觀自在菩薩陀羅尼經一卷
訶利帝母經一卷 內題云訶利帝母真言法
毗沙門天王經一卷
觀自在菩薩說普賢陀羅尼經一卷
並三藏不空譯
上一十部共一十卷同第九帙世字号
文殊問字母品經一卷
金剛頂瑜伽千手千眼觀自在念誦法一卷 本錄有此名題今藏中闕此一卷
金剛頂蓮華部心念誦法一卷 內題云念誦儀軌
無量壽如來念誦儀軌一卷
阿閦如來念誦法一卷

天聖釋教總錄下冊 六

佛頂尊勝念誦法一卷 內題云陀羅尼念誦儀軌
金剛頂勝初瑜伽普賢菩薩念誦法一卷
金剛王菩薩念誦法一卷 內題云秘密念誦儀軌
普賢金剛薩埵念誦法一卷
金剛頂瑜伽五秘密修行儀軌一卷
並三藏不空譯
上一十部共一十卷除闕本一卷
外計九卷同第十帙祿字号

金剛壽命念誦法一卷 内題云金剛壽命陀羅尼念誦法
一字頂輪王瑜伽經一卷
一字佛頂輪王念誦儀軌一卷
仁王般若念誦法一卷
如意輪念誦法一卷 内題云觀自在如意輪菩薩念誦法
大虛空藏菩薩念誦法一卷
瑜伽蓮華部念誦法一卷
聖觀自在菩薩心眞言觀行儀軌一卷

内題云瑜伽觀行儀軌
觀自在多羅瑜伽念誦法一卷
甘露軍吒利瑜伽念誦法一卷 内題云供養念誦成就儀軌
並三藏不空譯
上一十部共一十卷同第十一帙修字号
華嚴入法界品四十二字觀門一卷
文殊讃法身礼一卷 内題云大聖文殊師利菩薩讃佛法身礼
受菩提心戒儀一卷
金剛頂瑜伽三十七尊礼一卷
般若理趣經釋二卷 内題云大樂金剛不空眞實三昧耶經般若波羅蜜多理趣釋
大曼荼羅十七尊釋一卷
金剛頂瑜伽護摩儀一卷
都部陀羅尼目一卷 内題云陀羅尼門諸部要目
大乗緣生論一卷
七俱胝佛母陀羅尼經一卷 内題云七俱胝佛説准提陀羅尼經
並三藏不空譯

上一十部共一十一卷同第十二帙富字号
大虛空藏菩薩所問經八卷 或云大集大虛空藏
三藏不空譯
右一經一部八卷同第十三帙車字号
仁王經二卷 内題云仁王護國般若波羅蜜多經
大乗密嚴經三卷
仁王念誦儀軌一卷 内題云仁王護國般若波羅蜜多經陀羅尼念誦儀軌
大聖文殊師利菩薩功德莊嚴經三卷
成就妙法蓮華經王瑜伽觀智儀軌一卷
並三藏不空譯
上五部共一十卷同第十四帙駕字号
金剛頂勝初瑜伽經中略出大樂金剛薩埵念誦儀一卷
大樂金剛薩埵修行成就儀軌一卷
大藥叉女歡喜母并愛子成就法一卷
普徧光明大隨求陀羅尼經二卷 内題云普徧光明清淨熾盛如意印心無能勝大明王

金剛頂超勝三界説文殊五字眞言勝相一卷
五字陀羅尼頌一卷
聖閻曼德迦威怒王立成大神驗念誦法一卷
文殊師利菩薩根本大教王金翅鳥王品一卷
不空羂索毗盧遮那佛大灌頂光眞言一卷
並三藏不空譯
上九部共一十卷同第十五帙肥字号

聖迦柅忿怒金剛童子菩薩成就儀軌經三卷
大威怒烏芻澁摩儀軌一卷
佛説摩利支天經一卷
金剛頂經一字頂輪王瑜伽一切時處念誦成佛儀軌一卷
佛爲優塡王説王法政論經一卷
大方廣如來藏經一卷
佛説一髻尊陀羅尼經一卷

速疾立驗摩醯首羅天説迦婁羅阿尾奢法一卷
並三藏不空譯
上八部共一十卷同第十六帙輕字号
大日經略攝念誦隨行法一卷
大毗盧遮那成佛神變加持經略示七支念誦隨行法一卷
木槵經一卷
金剛頂瑜伽文殊師利菩薩儀軌供養法一品一卷
曼殊師利童子菩薩五字瑜伽法一卷
金剛頂降三世大儀軌一卷
文殊師利菩薩及諸仙所説吉凶時日善惡宿曜經二卷
金剛頂經觀自在如來修行法一卷
金剛頂瑜伽中發阿耨多羅三藐三菩

提心論一卷 內題云亦名瑜伽總持教門說菩提心觀行修行儀
並三藏不空譯
上九部共二十卷同第十七帙策字号
瑜伽金剛頂經釋字母品一卷
修習般若波羅蜜菩薩觀行念誦儀軌一卷
仁王般若陀羅尼釋一卷
觀自在大悲成就瑜伽蓮華部念誦法門一卷
佛說大孔雀明王畫像壇場儀軌一卷
金剛手光明灌頂經最勝立印聖無動尊
大威怒王念誦儀軌法品一卷 或云金剛手身明讚頂經
末利支提婆花鬘經一卷
大聖天歡喜雙身毗那夜迦法一卷
觀自在菩薩如意輪瑜伽一卷
金輪王佛頂要略念誦法一卷
金剛瑜伽降三世成就極深密門一卷
並三藏不空譯

上十一部共十一卷同第十八帙功字号
大乘理趣六波羅蜜多經一部十卷
華嚴長者問那羅延力經一卷
般若波羅蜜多心經一卷
並罽賓國沙門般若與沙門利言等同譯
上三部共十二卷同第十九帙茂字号
新譯大方廣佛華嚴經一部四十卷 四帙
罽賓國三藏般若與沙門利言等同譯
第一帙十卷實字号
第二帙十卷勒字号
第三帙十卷碑字号
第四帙十卷刻字号
十力經一卷
安西國三藏勿提提犀魚譯 律示遵作精述
迴向輪經一卷
于闐國三藏尸羅達摩譯

十地經一部九卷
三藏尸羅達摩譯
上三部共十一卷同第二十四帙銘字号
守護國界主陀羅尼經一部一十卷
罽賓國三藏般若與牟尼室利等譯
上一經一十卷第二十五帙磻字号
本生心地觀經一部八卷
三藏般若與利言等同譯
上一經八卷第二十六帙谿字号
千鉢文殊經一部一十卷
三藏不空譯
上一經一十卷第二十七帙伊字号
右準正元續開元釋教録四朝翻譯經
論及念誦法讃録等計一百二十五部
二百四十二卷二十四帙并廣品歷章三
十卷本録三卷勒成三帙附正元録之
首已上總二百七十五卷二十七帙

皇朝新翻藏乘統收録下
皇宋大中祥符法寶録
序文
眞宗文明武定章聖元孝皇帝製
夫法以化人言以詮教以空爲法人將疇
觀謂法離言教復何㫁維摩雖存於默領
文殊亦啓乎劇談然則筌本非魚捨筌而
魚不可得指本非月去指而月安可求宜

哉眞乘爲乎祕實自雙林寂滅圓教隆興
感夕夢於金人傳經文於白馬毗尼之藏
朅來於西方
調御之仁大濟於東國示含生之覺路爲
繇寓之福田變桀暴之心成於調伏還殘
忍之性歸乎慈悲含靈之所依歷世之所
尚蓋以輔五常之治爲衆善之基也
國家鴻源濬發
元命會昌在宥蒸民裁成庶類挺生
文考振起
佛緣金輪之尊下臨於溥率鐵圍之遠咸
奉於聲明而又得自
天竺達於性理述宣奥妙開道寸民蒙驗鷲
嶺之希微協祇園之敷暢故令絕域罔不
賓王頒彼寶坊盈玆貝葉期慧日之普照
庶法雨之徧霑有詔万袍悉從翻譯中命

鴻筆共加詳研歲序貸更篇袠滋廣暨
予沖眇祗嗣慶靈紆懷
付囑之言復欽
燕翼之訓罔敢失墜常與闡揚思以一音
周于三界五印兹蜀之士接袂而來賓
千覺龍象之書盈編而充委紹遵
先志繼茂丕功始自興國汔于兹日凡譯
經律論四百一十三卷僧惟淨等共司傳
譯兵部侍郎修國史趙安仁續典潤文並
貢露章縷徵襄志思紹貞元之舊録用增
金地之烈輝俞詔云須纂集俄畢勒成二
十一卷并總録一卷國朝新譯及釋門
述作咸列於此神宗之作昭
聖教而有孚菲德之文並
賫製而增惕覽封奏之疊上求序引而
冠篇式廣勝因固諧多讓仍題曰大中

祥符法寶録云爾
總排新經入藏録下
譯經潤文尚書兵部侍郎兼宗正卿趙　安仁
翰林學士尚書户部郎中知制誥楊　億　等奉
勅編修
聖朝新譯大乘經律論小乘經律西方
東土聖賢集傳見入藏者總二百三十
二部五百六十九卷六十帙列之如左

大乘經
自佛母出生三法藏般若波羅蜜多經
至息除中天陀羅尼經計一百四十
部二百八十六卷三十帙
佛母出生三法藏般若波羅蜜多經一部二十五卷
三藏施護譯
第一至十十卷一帙尹字号
第十一至二十十卷一帙佐字号

佛母出生三法藏般若波羅蜜多經第二
十一至二十五共五卷
佛母寶德藏般若波羅蜜多經一部三卷
三藏法賢譯
聖佛母般若波羅蜜多經一部一卷
了義般若波羅蜜多心經一部一卷
上四經一十卷同帙時字号
五十頌聖般若波羅蜜多經一部一卷
聖八千頌般若波羅蜜多一百八名眞實圓
義陀羅尼經一部一卷
上四經並三藏施護譯
觀想佛母般若波羅蜜多菩薩經一部一卷
三藏天息災譯　後更名法賢
帝釋般若波羅蜜多心經一部一卷
徧照般若波羅蜜多經一部一卷
上二經三藏施護譯

聖佛母小字般若波羅蜜多經一部一卷
三藏天息災譯
金剛場莊嚴般若波羅蜜多教中一分一卷
佛母般若波羅蜜多大明觀想儀軌一部一卷
上二經三藏施護譯
上八經八部八卷同帙阿字号
未曾有正法經一部六卷
三藏法天譯
大方廣善巧方便經一部四卷
三藏施護譯
上二經二部一十卷同帙衡字号
大集會正法經一部五卷
大迦葉問大寶積正法經一部五卷
上二經二部一十卷同帙奄字号
上二經三藏施護譯
大乘無量壽莊嚴經一部三卷

三藏法賢譯
如幻三摩地無量印法門經一部三卷
護國尊者所問大乘經一部四卷
上二經三藏施護譯
上三經三部一十卷同帙宅字号
妙法聖念處經一部八卷
三藏法天譯
四無所畏經一部一卷

大自在天子因地經一部一卷
上三經三藏施護譯
上三經三部一十卷同帙曲字号
法身經一部一卷
三藏法賢譯
諸佛經一部一卷
十號經一部一卷
上二經三藏施護譯

較量一切佛剎功德經一部一卷
三藏法賢譯
大乘善見變化文殊師利問法經一部一卷
三藏天息災譯
妙吉祥菩薩所問大乘法螺經一部一卷
三藏法賢譯
外道問聖大乘法無我義經一部一卷
三藏法天譯
大乘舍黎娑擔摩經一部一卷
如意寶摠持王經一部一卷
上二經三藏施護譯
八大菩薩經一部一卷
三藏法賢譯
大乘寶月童子問法經一部一卷
分別布施經一部一卷
上二經三藏施護譯

上十二經十二部十二卷同帙阜字号
法印經一部一卷
大方廣未曾有經善巧方便品一卷
佛為娑伽羅龍王所說大乘經一部一卷
入無分別法門經一部一卷
上四經三藏施護譯
金耀童子經一部一卷
三藏天息災譯
月光菩薩經一部一卷
布施經一部一卷
寶授菩薩菩提行經一部一卷
尊那經一部一卷
上四經三藏法賢譯
大乘日子王所問經一部一卷
三藏法天譯
上十經十部十卷同帙微字号

大方廣菩薩藏文殊師利根本儀軌
經一部二十卷
三藏天息災譯
上十卷一帙旦字号
下十卷一帙熟字号
一切如來金剛三業最上祕密大教王
經一部七卷
三藏施護譯

上一經一部七卷一帙營字号
最上根本大樂金剛不空三昧大教王經一部七卷
三藏法賢譯
上一經一部七卷一帙桓字号
大方廣總持寶光明經一部五卷
三藏法天譯
祕密相經一部三卷
最勝妙吉祥根本智最上祕密一切名

義三摩地分一部二卷
上三經三藏施護譯
上三經三部一十卷同帙公字号
無二平等最上瑜伽大教王經一部六卷
祕密三昧大教王經一部四卷
上二經三藏施護譯
上二經二部一十卷同帙匡字号
瑜伽大教王經一部五卷
三藏法賢譯
發菩提心破諸魔經一部二卷
三藏施護譯
最上大乘金剛大教寶王經一部二卷
三藏法天譯
聖觀自在菩薩不空王祕密心陀羅尼
經一部一卷　三藏施護譯
上四經四部一十卷同帙合字号

大摩里支菩薩經一部七卷
三藏天息災譯
上一經一部七卷同帙濟字号
大乘不思議神通境界經一部三卷
三藏施護譯
一切如來大祕密王未曾有最上微妙
大曼拏羅經一部五卷
三藏天息災譯
一切祕密最上名義大教王儀軌一部二卷
三藏施護譯
上三經三部一十卷同帙弱字号
金剛手菩薩降伏一切部多大教王經一部三卷
三藏法天譯
金剛香菩薩大明成就儀軌經一部三卷
三藏施護譯
上二經二部六卷同帙扶字号

持明藏瑜伽大教尊那菩薩大明成就
儀軌經一部四卷
妙吉祥最勝根本大教經一部三卷
最上祕密那拏天經一部三卷
三藏法賢譯
上三經三部一十卷同帙傾字号
大乘莊嚴寶王經一部四卷
三藏天息災譯

妙臂菩薩所問經一部四卷
三藏法天譯
一切佛攝相應大教王經聖觀自在菩薩
念誦儀軌一部一卷
三藏法賢譯
普賢曼拏羅經一部一卷
三藏施護譯
上四經四部一十卷同帙綺字号

聖寶藏神儀軌經一部二卷
寶藏神大明曼拏羅儀軌經一部二卷
上二經三藏法天譯
大乘八大曼拏羅經一部一卷
三藏法賢譯
廣大蓮華莊嚴曼拏羅滅一切罪陀
羅尼經一部一卷
三藏施護譯
囉嚩拏説救療小兒疾病經一部一卷
三藏法賢譯
上五經五部七卷同帙迴字号
守護大千國土經一部三卷
三藏施護譯
大乘聖無量壽決定光明王如來陀羅尼
經一部一卷
三藏法天譯

聖多羅菩薩經一部一卷
三藏法賢譯
聖多羅菩薩一百八名陀羅尼經一部一卷
三藏法天譯
聖觀自在菩薩一百八名經一部一卷
三藏天息災譯
毗俱胝菩薩一百八名經一部一卷
三藏法天譯
讃揚聖德多羅菩薩一百八名經一部一卷
三藏天息災譯
毗沙門天王經一部一卷
三藏法天譯
上八經八部一十卷同帙漢字号
佛頂放無垢光明入普門觀察一切如來
心陀羅尼經一部二卷
三藏施護譯

大乘觀想曼拏羅淨諸惡趣經一部二卷
三藏法賢譯
出生一切如來法眼徧照大力明王經一部二卷
三藏法護譯
一切如來安像三昧儀軌經一部一卷
三藏法護譯
幻化網大瑜伽教十忿怒明王大明觀想
儀軌經一部一卷

妙吉祥瑜伽大教金剛陪囉嚩輪觀想成
就儀軌經一部一卷
上二經三藏法賢譯
帝釋巖秘密成就儀軌一部一卷
三藏施護譯
聖莊嚴陀羅尼經一部二卷
上七經七部一十卷同帙恵字号
寶帶陀羅尼經一部一卷

金身陀羅尼經一部一卷
上三經三藏施護譯
大護明大陀羅尼經一部一卷
普賢菩薩陀羅尼經一部一卷
上二經三藏法天譯
一切如來正法秘密篋印心陀羅尼經一部一卷
三藏施護譯
聖虛空藏菩薩陀羅尼經一部一卷
三藏法天譯
聖持世陀羅尼經一部一卷
三藏施護譯
大寒林聖難拏陀羅尼經一部一卷
三藏法天譯
上九經九部一十卷同帙説字号
樓閣正法甘露鼓經一部一卷
三藏天息災譯

大愛陀羅尼經一部一卷
善樂長者經一部一卷
上二經三藏法賢譯
聖大總持王經一部一卷
聖六字大明王陀羅尼經一部一卷
智光滅一切業障陀羅尼經一部一卷
華積樓閣陀羅尼經一部一卷
尊勝大明王經一部一卷
勝幡瓔珞陀羅尼經一部一卷
聖六字增壽大明陀羅尼經一部一卷
千轉大明陀羅尼經一部一卷
增慧陀羅尼經一部一卷
上九經三藏施護譯
上十二經十二部十二卷同帙感字号
俱枳羅陀羅尼經
消除一切災障寶髻陀羅尼經

妙色陀羅尼經
栴檀香身陀羅尼經
鉢蘭那賒嚩哩大陀羅尼經
宿命智陀羅尼經
慈氏菩薩誓願陀羅尼經
滅除五逆罪大陀羅尼經
無量功德陀羅尼經
十八臂陀羅尼經

洛叉陀羅尼經
辟除諸惡陀羅尼經
三藏法賢譯
上一十二經合一卷
寶生陀羅尼經
蓮華眼陀羅尼經
三藏施護譯
上二經合一卷

一切如來烏瑟膩沙最勝總持經一部一卷
三藏法天譯
持明藏八大總持王經一部一卷
大金剛香陀羅尼經一部一卷
最上意陀羅尼經一部一卷
無畏陀羅尼經一部一卷
上三經三藏施護譯
三藏法賢譯
消除一切閃電鄣難隨求如意陀羅尼
經一部一卷
三藏施護譯
最勝佛頂陀羅尼經一部一卷
無能勝大明心陀羅尼經一部一卷
上二經三藏法天譯
上三十二經一十部一十卷同帙武字号
妙吉祥菩薩陀羅尼經

無量壽大智陀羅尼經
宿命智陀羅尼經
慈氏菩薩陀羅尼經
虚空藏菩薩陀羅尼經
上五經合一卷
大吉祥陀羅尼經
寶賢陀羅尼經
上七經三藏法賢譯
上二經合一卷
聖最勝陀羅尼經一部一卷
三藏施護譯
大乘聖吉祥持世陀羅尼經一部一卷
三藏法天譯
延壽妙門陀羅尼經一部一卷
祕密八名陀羅尼經一部一卷
上二經三藏法賢譯

無能勝大明王陀羅尼經一部一卷
三藏施護譯
無能勝大明陀羅尼經一部一卷
聖無能勝金剛火陀羅尼經一部一卷
上二經三藏法天譯
大金剛妙高山樓閣陀羅尼經一部一卷
上十五經一十部一十卷同帙丁字号
施一切無畏陀羅尼經一部一卷

無能勝幡王如來莊嚴陀羅尼經一部一卷
如意摩尼陀羅尼經一部一卷
聖最上燈明如來陀羅尼經一部一卷
上四經三藏施護譯
一切如來名号陀羅尼經一部一卷
三藏法賢譯
聖曜母陀羅尼經一部一卷
三藏法天譯

息除賊難陀羅尼經一部一卷
觀自在菩薩母陀羅尼經一部一卷
上二經三藏法賢譯
諸佛心印陀羅尼經一部一卷
三藏法天譯
息除中天陀羅尼經一部一卷
三藏施護譯
上一十經一十部一十卷并大乘律
一卷附共一十一卷同帙俊字号
大乘律
大乘戒經一部一卷 附帙
大乘論
自佛母般若波羅蜜多圓集要義論至金
剛針論計一十一部一十九卷三帙
佛母般若波羅蜜多圓集要義論一部一卷
佛母般若波羅蜜多圓集要義釋論一部四卷

上二論二部五卷同帙乂字号
廣釋菩提心論一部四卷
菩提心離相論一部一卷
大乘二十頌論一部一卷
六十頌如理論一部一卷
上四論四部七卷同帙密字号
集諸法寶最上義論一部二卷
集大乘相論一部二卷
大乘破有論一部一卷
諸教決定名義論一部一卷
上十論三藏施護譯
金剛針論一部一卷
三藏法天譯
上五論五部七卷同帙勿字号
小乘經
自衆許摩訶帝經至解夏經計四十[redacted]

四部六十九卷七帙
衆許摩訶帝經一部一十三卷
三藏法賢譯
上一經一部一十三卷一帙多字号
大集法門經一部二卷
大生義經一部一卷
上二經三藏施護譯
分別縁生經一部一卷

三藏法天譯
信佛功德經一部一卷
三藏法賢譯
大三摩惹經一部一卷
三藏法天譯
決定義經一部一卷
三藏法賢譯
長者施報經一部一卷

三藏法天譯
四品法門經一部一卷
信解智力經一部一卷
上二經三藏法賢譯
上九經九部一十卷同帙士字号
給孤長者女得度因縁經一部三卷
三藏施護譯
分別善惡報應經一部二卷
三藏天息災譯
勝軍王所問經一部一卷
三藏施護譯
阿羅漢具德經一部一卷
三藏法賢譯
七佛經一部一卷
三藏法天譯
金光王童子經一部一卷

頻婆娑羅王經一部一卷
上二經三藏法賢譯
上七經七部一十卷同帙寔字号
初分説經一部二卷　三藏施護譯
毗婆尸佛經一部二卷
三藏法天譯
息諍因縁經一部一卷
淨意優婆塞所問經一部一卷
上二經三藏施護譯
帝釋所問經一部一卷
三藏法賢譯
嗟韈曩法天子受三歸依獲免惡道經一部一卷　三藏施護譯
上六經六部八卷同帙寧字号
光明童子因縁經一部四卷
尼拘陀梵志經一部二卷

上二經三藏施護譯
大正句王經一部二卷
三藏法賢譯
上三經三部八卷同帙晉字号
大堅固婆羅門縁起經一部二卷
灌頂王喻經一部一卷
輪王七寶經一部一卷
蟻喻經一部一卷

月喻經一部一卷
醫喻經一部一卷
園生樹經一部一卷
上七經三藏施護譯
舊城喻經一部一卷
戒香經一部一卷
上二經三藏法賢譯
上九經九部一十卷同帙楚字号

十二縁生祥瑞經一部二卷
三藏施護譯
護國經一部一卷
三藏法賢譯
較量壽命經一部一卷
三藏天息災譯
人仙經一部一卷
難你計溼嚩囉天説支輪經一部一卷
迦葉仙人説醫女人經一部一卷
薩鉢多酥哩踰捺野經一部一卷
上四經三藏法賢譯
諸行有為經一部一卷
解憂經一部一卷
上二經三藏法天譯
上九經九部一十卷同帙更字号

小乘律

自苾蒭迦尸迦十法經至沙彌十戒儀則
經計五部五卷一帙
苾蒭迦尸迦十法經一部一卷
苾蒭五法經一部一卷
目連所問經一部一卷
上三經三藏法天譯
解夏經一部一卷
三藏法賢譯
沙彌十戒儀則經一部一卷
三藏施護譯
上五經五部五卷同帙霸字号
聖賢集傳翻譯著撰
西方聖賢集傳　梵本翻譯者
自菩提行經至六道伽陀經計二十
一部二十九卷三帙
菩提行經一部四卷

法集要頌經一部四卷
上三經三藏天息災譯
法集名數經一部一卷
三藏施護譯
菩提心觀釋一部一卷
三藏法天譯
上四經四部一十卷同帙趙字号
佛吉祥德讚一部三卷

聖觀自在菩薩功德讚一部一卷
上二讚三藏施護譯
佛三身讚一部一卷
三藏法賢譯
一切如來說佛頂輪王一百八名讚一部一卷
三藏施護譯
佛一百八名讚一部一卷
三藏法天譯

聖多羅菩薩梵讚一部一卷
三藏施護譯
文殊師利一百八名梵讚一部一卷
三藏法天譯
聖金剛手菩薩一百八名梵讚一部一卷
三藏法賢譯
聖觀自在菩薩梵讚一部一卷
三藏法天譯
揵稚梵讚一部一卷
三藏法賢譯
上一十部一十二卷同帙魏字号
八大靈塔名號經
八大靈塔梵讚
三身梵讚
三藏法賢譯
上三經讚合一卷

七佛讚唄伽陀一部一卷
三藏法天譯
聖賢集伽陀一百頌一部一卷
三藏天息災譯
廣大發願頌一部一卷
三藏施護譯
勝軍化世百喻伽陀經一部一卷
三藏天息災譯
讚法界頌一部一卷
六道伽陀經一部一卷
上二部三藏施護譯
上七部七卷同帙困字号
東土聖賢著撰
自
太宗皇帝御製蓮華心輪迴文偈頌
至大宋大中祥符法寶録計一

十一部凡一百六十卷一十六帙
太宗皇帝御製
蓮華心輪迴文偈頌一部二十五卷合十一卷
上一部一十一卷一帙横字号
祕藏詮一部惣三十卷
祕藏詮二十卷
祕藏詮佛賦歌行一卷
祕藏詮幽隱律詩四卷

秘藏詮懷感詩四卷
秘藏詮懷感迴文詩一卷
上一十卷一帙假字号
中一十卷一帙途字号
下一十卷一帙滅字号
逍遥詠一部一十一卷
緣識一部五卷
上三部一十六卷同帙虢字号

妙覺集一部五卷
上一部五卷一帙踐字号
真宗皇帝御製
法音前集一部七卷
箋注 聖教序一部三卷
上二部一十卷同帙土字号
高僧集傳
大宋高僧傳一部三十卷
僧史略一部三卷
第一至第八八卷同帙會字号
第九至十六八卷同帙盟字号
第十七至二十四八卷同帙何字号
第二十五至三十并僧史略三卷
九卷同帙遵字号
景德傳燈録一部三十三卷
上十一卷一帙約字号

中十一卷一帙法字号
下十一卷一帙韓字号
大宋大中祥符法寶録一部二十二卷
應元崇德仁壽慈聖皇太后發願文一卷
上十一卷一帙弊字号
下十二卷一帙内一卷總録煩字号
又自大中祥符五年五月後續譯出經
論等自白衣金幢二婆羅門緣起經至
海意菩薩所問淨印法門經總一十七部
一百七卷未經編收名録今且以卷部
年次勒成一十帙附大中祥符法寶
録後收所異未再編修續録已來
不至湮墜經本今列于左
佛說白衣金幢二婆羅門緣起經一部三卷
佛說一切如來真實攝大乘現證三昧
大教王經一部三十卷 並三藏施護譯

并上一經一部三卷共三十三卷
上帙一十三卷内三卷附帙刑字号
中帙一十卷起字号
下帙一十卷翦字号
佛說福力太子因緣經一部四卷
佛說無畏授所問大乘經一部三卷
上二經三藏施護譯
上二經二部七卷同帙頗字号

佛說頂生王因緣經一部六卷
佛說佛十力經一部一卷
佛說勝義空經一部一卷
佛說隨勇尊者經一部一卷
佛說清淨心經一部一卷
佛說五大施經一部一卷
上六經三藏施護譯
上六經六部共十一卷同帙牧字号

大乘寶要義論一部一十卷一至三共三卷
三藏惟淨譯
大乘寶要義論四至六共三卷
三藏法護譯
大乘寶要義論七至十共四卷
三藏惟淨譯
上一論一部一十卷同帙用字号
佛說除蓋障菩薩所問經一部二十卷一至三共三卷
三藏法護譯
佛說除蓋障菩薩所問經四至六共三卷
三藏惟淨譯
佛說除蓋障菩薩所問經七至十共四卷
三藏法護譯
上一經一十卷一帙軍字号
佛說除蓋障菩薩所問經十一至十三共三卷
三藏惟淨譯

佛說除蓋障菩薩所問經十四至十六共三卷
佛說除蓋障菩薩所問經十七至二十共四卷
佛說八種長養功德經一卷
上二經三藏法護譯
上三經共十一卷同帙最字号
佛說身毛喜豎經三卷
三藏惟淨譯
佛說大乘大方廣佛冠經二卷
聖佛母般若波羅蜜多九頌精義論二卷
上四卷三藏法護譯
上二經一論共七卷同帙精字号
佛說海意菩薩所問淨印法門經一部
十八卷一至三共三卷
三藏惟淨譯
佛說海意菩薩所問淨印法門經四至六共三卷
三藏法護譯

佛說海意菩薩所問淨印法門經七至九共三卷
三藏惟淨譯
佛說海意菩薩所問淨印法門經十至
十二共三卷
三藏法護譯
上一經十二卷一帙宣字号
佛說海意菩薩所問淨印法門經十三
至十五共三卷

三藏惟淨譯
佛說海意菩薩所問淨印法門經十六至
十八共三卷
三藏法護譯
上六卷一帙　威字号
此一經總前計十八卷成一部起天
聖二年十月終天聖五年三月
右天聖釋教總録中都收開元舊録并

附續新編及正元法寶等録共計六百二
帙六百二號
天聖釋教總録下冊

同編修沙門臣[illegible]
同編修沙門臣[illegible]
同編修沙門臣[illegible]
同編修沙門臣[illegible]
同編修沙門臣[illegible]
同編修沙門臣[illegible]
同編修沙門臣[illegible]
同編修沙門臣[illegible]
同編修沙門臣[illegible]
同編修沙門臣[illegible]
同編修沙門臣[illegible]

同編修賜紫沙門臣清滿
同編修賜紫沙門臣[illegible]
同編修賜紫沙門臣[illegible]
同編修[illegible]大師賜紫沙門臣[illegible]
同編修左街講經首座演法大師賜紫沙門臣[illegible]
同編修右街講論首座廣濟大師賜紫沙門臣[illegible]
同編修左街講論首座[illegible]大師賜紫沙門臣[illegible]
同編修右街副僧録宗教大師賜紫沙門臣清[illegible]
同編修右街僧録[illegible]大師賜紫沙門臣[illegible]
同編修[illegible]大師賜紫沙門臣[illegible]
管勾編修入內內侍省內侍黄門臣黄[illegible]
管勾編修上御藥供奉臣羅[illegible]
管勾編修上御藥供奉臣藍元用
入內內侍省內侍高班勾當印經院傳法院提點[illegible]臣陳文一

中華大藏經（漢文部分）

校勘凡例

一《中華大藏經（漢文部分）》的底本以《趙城金藏》爲主；《趙城金藏》缺佚，則以《高麗藏》等作底本。各卷所用底本的名稱及涉及底本的其他問題，均在校勘記的第一條中說明。

一《中華大藏經（漢文部分）》選用的參校本共八種，即《房山雲居寺石經》（石）、宋《資福藏》（資）、《影印宋磧砂藏》（磧）、元《普寧藏》（普）、明《永樂南藏》（南）、明《徑山藏》（徑）、《清藏》（清）、《高麗藏》（麗）。

一校勘記中的「諸本」，若底本爲金藏，即包括石、資、磧、普、南、徑、清、麗全部八種校本；若底本爲麗藏，則包括石、資、磧、普、南、徑、清全部七種校本。其他情况若用「諸本」，校勘記中則另加說明。

一校勘採用底本與校本逐字對校的办法，只勘出經文中的異同及字句錯落，一般不加評注。參校本若有缺卷，或有殘缺、漫漶等字迹無可辨認者，則略去不校，校勘記亦不作記録。

一一經多卷，經名、譯者、品名出現同樣性質的問題，一般只在第一卷出校，並注明以下各卷同；分卷不同時，以底本爲主出校。

一古今字、異體字、正俗字、通假字及同義字，一般不出校。如：

古今字：宍（肉）；猗（倚）；距（跛）；鉾（矛）；誼（義）等。

異體字：脎（槃）；剎（刹）；皃（貌）；惱（惱）；㝵（碍、礙、閡）等。

正俗字：怪（恠）；滴（渧）；體（躰）；刺（刾）；閉（閇）等。

通假字：惟（唯）；嫉（疾）；頻（嚬、顰）；揣（摶）；尠（鮮）等。

同義字：言（曰）；如（若）；弗（不）等。